80세 나이에 거의 천 쪽이 되는 방대한 책을 저술했다는 사실이 믿어지는가? 저자의 이름은 플레밍 러틀리지다. 영어권에서 그녀의 이름은 전설이 되었다. 평생 설교자로 살아온 그녀에게 십자가 처형은 기독교 신학과 신앙의 정수였다. 이 책은 복음의 핵심인 십자가의 그리스도가 현시대의 설교단에서 서서히 사라지는 현상을 깊이 통탄하는 저자가 필생의 역작으로 내놓은 "십자가 속죄론" 연구서다. 그녀는 십자가와 죄와 죽음에 관한 모든 학문적 이슈를 성경의 빛 아래 자세히 살펴 조사한다. 성경 해석과 성경신학적 고찰로부터, 초기 교부의 저술들, 중세 스콜라 신학자들과 종교개혁자들의 글들, 지난 세기와 근년의 위대한 신학자의 연구들에서 보화를 얻어낸다. 그녀는 전통적 속죄론(대속代贖의 죽음)을 두 가지 모티프로 범주화하여 죄와 죄책에 대한 배상과 죄로부터의 해방과 구원이라는 시각에서 밀도 있게 다룬다. 독자들은 십자가 처형에 관한 중요한 성경신학 및 조직신학적 연구뿐 아니라 광범위한 독서를 통해 십자가 신학의 너비와 깊이와 높이를 확연하게 드러내는 저자의 열정과 헌신에 경의를 표하게 될 것이다. 십자가 처형과 속죄론에 관한 모든 학문적 논의를 다 담아내는 이 책은 오늘날 교회 강단에 십자가 복음을 되찾아와야 할 당위성과 필요성을 설득력 있게 호소한다. 존 스토트의 『그리스도의 십자가』와 함께 신학 고전의 반열에 오르리라 믿는다. 책 속 곳곳에 보화가 숨겨져 있다. 목회자들과 신학도들이 이 책을 통해 십자가의 복음을 새롭게 발견하는 큰 기쁨을 누리시기를 바란다.

류호준 백석대학교 신학대학원 구약학 교수 (은퇴)

본서는 저자가 평생 씨름한 결실을 정리한 역작으로서 퍼스펙티브를 넓힘과 동시에 더 넓히라고 도전한다. 저자는 경건치 않은 자를 의롭다(교정) 하는 십자가와 부활의 의미를 성경 전부에서 찬찬히 살피면서 서방 교회의 전통과 동방 교회의 전통을 교회사와 조직신학적 방식으로 융합한다. 대속 교리와 칭의 교리를 진정으로 고백하는 그(녀)는 죄의 보편성과 함께 이 교리까지 거부하는 미국의 예수 세미나와 승리주의적 기독교의 허상을 폭로한다. 나아가 죄의 권세를 깨뜨린 승리자 예수 그리스도(동방 교회)가 이룬 징벌적 고난과 대속적 죽음의 의미(안셀무스와 서방 교회)를 공동체적이고, 우주적이고, 종말론적으로 확장한다. 곧 십자가와 부활에서 성취된 하나님의 의가 성령님의 능력으로 지금도 이루어지고 있고 그리스도 예수의 날에 완성될 하나님 나라의 초월적 승리만이 세상을 창조주께 돌려드릴 것이니, 의인들은 십자가의 길을 따라 악의 세력과 폭력에 저항하면서 이 나라를 세우는 동역자의 삶을 살라고 도전한다.

유해무 고려신학대학원 교의학 교수 (은퇴)

이 책은 '만민을 구원하는 복음'이 어떻게 '경멸과 수치의 십자가'라는 치욕적인 사건으로부터 발원하는지를 추적한다. 저자는 십자가에 근거하지 않는 선포야말로 성서에 기초한 신앙이 아니라고 날카롭게 비판하면서, 십자가가 기독교의 핵심이며 삶을 구동하는 능력의 원천이라고 단언한다. 또한 일천 페이지에 달하는 엄청난 분량에 포함된 십자가와 관련된 모든 이론과 주장을 섭렵함으로써 예수가 유일한 구원자임을 밝히는 근거를 제공한다. 하나의 주제를 이처럼 집중 조명하는 저자의 치열한 탐구는 신앙에의 긍지와 복음 증언의 책무를 이해시킬 뿐 아니라 십자가에 대한 진지한 토론에 참여하도록 자극한다. 성서학과 교리사의 중요한 궤적을 따라가는 본서의 탄탄한 논지는 독서를 독려하는 또 하나의 중요한 촉매가 될 것이다.

윤철원 서울신학대학교 신학대학원 신약학 교수

플레밍 러틀리지는 북미와 영국에서 잘 알려진 설교가이자 설교학을 가르치는 학자인데 설교 전문가가 십자가에 대한 글을 썼다는 것은 두 가지 점에서 참으로 반가운 일이다. 우선, 서양의 기독교가 제국주의·인종차별·성차별에 앞장서거나 이를 부추기는 오랜 역사를 갖고 있으며 이를 치열하게 반성하는 과정에서 십자가의 폭력성과 대속의 비윤리성, 제례적 틀의 원시성이 늘 거론되고, 따라서 많은 서양의 목회자들이 그리스도의 십자가를 설교하기를 꺼리는 경향이 있다. 러틀리지는 악의 문제, 십자가 신학에 대한 심각한 비판과 무관심이 바로 이 주제를 오랫동안 고민하며 책을 집필하게 된 동기라고 밝히고 있고, 십자가가 설교의 핵심적이고 풍요로운 가치라는 것을 잘 증거하고 있다. 둘째, 이 책은 십자가 사상을 다채롭게 다루는 신학책이기도 하다. 기존의 신학은 어렵고 압축된 신학적 용어로 인간이 쉽게 이해하기 힘든 십자가 신비를 다루어왔는데 이 책에서 저자는 비교적 이해하기 쉬운 용어로 현대 문화와 목회적 상상력, 심리를 잘 연계해서 십자가 사상들을 다루고 있다.

이 책에서 저자는 십자가 신학에 대한 다양한 현대적 이해를 비판적으로 다루면서, 십자가 사상이 기독교 복음의 본질과 독특함이라는 것을 충실히 증거하고 있다. 십자가 처형의 비종교성과 역설, 십자가 사건과 정의, 종종 여성 신학이 십자가에 대한 비판의 표적으로 삼고 있는 안셀무스의 십자가 신학의 가치, 죄의 무게와 심판의 정당함 등을 저자는 자신의 십자가 신학의 토대로 제시한다.

이 토대 위에서 저자는 성경 속에 등장한 다양한 십자가 이해를 목회적 민감함과 현대적 정서 속에서 잘 다루고 있는데, 전통신학이 초점을 맞추어온 유월절과 출애굽 사건, 구약의 제사제도, 대속과 구속, 최후의 심판, 법정적 의미, 화해와 승리뿐만 아니라 지옥 강하, 악, 십자가라는 중요한 주제도 깊이 있게 포함되어 있다. 이 책은 모든 기독교인에게 우리 주 예수 그리스도의 죽음을 깊이 이해하고 그 십자가를 살아가는 데 소중한 길잡이가 될 것이다.

차재승 뉴브런즈윅 신학교 조직신학 교수

예수의 십자가 사건은 기독교 복음의 핵심을 구성한다. 그만큼 십자가 사건은 풍부하고 다양한 신학적 메시지를 품고 있을 뿐 아니라 신앙적 정체성의 보루로 우뚝하다. 이 책은 예수의 십자가 사건에 대한 신약성서 전문학자의 역사비평적 연구물이나 그것을 주제로 삼은 설교적 묵상집이 아니다. 저자의 목표는 오히려 성서학자·신학자들과 목회자·설교자 사이에 가교를 구축하고 접점을 제공하는 데 있어 보인다. 이에 따라 십자가 사건과 관련된 전통적 주제는 물론 이와 연관된 주요 개념들, 가령 속죄, 구속, 심판, 용서, 화해, 피의 제사, 출애굽과 유월절 어린 양, 묵시적 전쟁, 지옥 강하, 대속 등 다채로운 인접 개념들을 폭넓게 다룬다. 성서비평학은 물론 교회사와 교리학, 조직신학, 실천신학을 망라하는 이러한 복합적 통찰을 이와 같이 방대한 틀 속에 소화해내고 있다는 것이 이 책의 주된 장점이다. 이 세상의 분요한 일상에 쫓기며 살다가 십자가의 보배로운 유산을 망실하기 쉬운 오늘날 기독교 신자들은 물론 목회자, 신학자들에게 일독을 권한다. 서늘한 계몽과 각성의 일침이 될 수 있을 것이다.

차정식 한일장신대학교 신약학 교수, 한국신학학회 회장

예수의 십자가 사건과 의미를 이렇게 종합적이면서도 치밀하게 연구하고 성찰한 "한 권의 책"이 또 있을까 싶다. 저자 러틀리지의 말대로 20년을 넘어 한평생 공들였다는 고백이 자랑이나 과장이 아님을 단번에 느낄 수 있다. 언제부터인가 그리스도의 십자가 죽음에 대한 설교는 사라졌거나 인기가 없다. 성도나 목회자 모두 너무 잘 알고 있기 때문일까? 저자는 여성 특유의 섬세한 필체로 십자가 신학의 광맥을 녹여냈다. 논리적이면서 정서적이고, 학문적이면서 실제(설교)적이다. 고전적이면서 현대적이고, 복음적이면서 교파연합적이다. 십자가를 바라보는 저자의 관점이 조직신학적이면서 성서신학적이고, 역사신학적이면서 문학적이기도 하다 보니 기이하기까지 하다. 그래서 십자가 신학을 다룬 이 책의 장르와 내용은 가히 독보적이다. 십자가에 대한 여덟 개의 성경 모티프 강줄기를 따라가다 보면 독자는 마침내 "경건치 않은 자를 바르게 하는" 십자가의 큰 바다에 다다르게 된다. 이내 "예수 그리스도 십자가의 수위성과 비종교성"을 회복하고 싶은 마음이 간절해진다. 올해 꼼꼼하게 꼭 읽어보고 싶은 책이다.

허주 아세아연합신학대학교 신약학 교수, 한국복음주의신학학회 회장

놀랍고 매혹적인 연구다.…목회자들은 1년 동안 이 책의 내용을 (가능하다면 다른 사람들과 대화하면서) 성찰하는 것이 좋을 것이다. 그것 자체가 설교가 될 것이다.

「프레스비테리안 아웃룩」(*Presbyterian Outlook*)

영광스러운 부활에 이르기 전에 우리는 십자가의 비극적인 필요성을 충분히 감안해야 한다.… 저주받고 십자가에 처형되어 죽어서 묻힌 예수 그리스도에 대해 예리하고 단호하게 주장하는 이 책은 하나님의 아들의 십자가형은 우주적이고 완전한 범위의 좋은 소식임을 강력하게 보여준다.

리앤 반 디크 콜럼비아 신학교 학장

놀랍고 복잡하지만 명확한 이 책에서 플레밍 러틀리지는 가려고 하는 사람이 거의 없어 보이는 길—예수의 죽음의 의미에 대해 초기 그리스도인들의 탐구를 형성한 다양한 상상력—을 능숙하게 간다. 그녀는 포용주의를 설교할 뿐만 아니라 논의에 모든 관점을 초대함으로써 그것을 실천하는 극히 소수의 신학자 중 한 명이다.

스캇 맥나이트 『예수 신경』 저자

나는 그리스도의 십자가에 관해 반세기 동안 생각해오고 있지만 플레밍 러틀리지는 이 놀라운 책에서 내게 많은 것을 가르쳐줬다. 그리고 그녀가 내가 오랫동안 간직해온 사안들을 다룰 때 그녀는 내게 새롭게 영감을 고취해줬다. 이 책은 십자가 중심 설교와 십자가의 제자도가 진정으로 회복되기를 기도하는 우리 모두에게 귀한 선물이다!

리차드 마우 풀러 신학교

플레밍 러틀리지는 이 책에서 그리스도의 구속적인 죽음의 풍부한 주제에 대해 아주 정직하고 인내심 있게 완전히 설명하면서 십자가의 참상을 펼쳐 놓는다. 그녀는 자신의 신학적 시각의 요구로부터 물러나지 않으면서 만족, 대속, 교정과 하나님의 분노 모티프를 다룬다. 책 전체에서 러틀리지는 설교자의 풍성한 창고에서 자료들을 꺼낸다. 그녀는 모든 세계—문학에서의 예, 정치적 어리석음과 잔인성, 전쟁과 고문과 괴롭힘의 끔찍한 악, 종교적 소심함과 자기기만, 인간의 믿음 없음과 죄—를 응시한다. 그러나 언제나 복음이 울려 퍼진다. 그리스도의 십자가가 승리를 얻었으며 그것은 모두 하나님으로부터 나왔다. 이 책은 교회의 최고의 설교자 중 한 사람의 용기, 지성, 충실성에 대한 감동적인 증언이다.

캐서린 손데레거 버지니아 신학교

폭넓은 독서, 예리한 관찰, 명확한 사고와 충실한 설교에 대한 열정적인 관심을 보여주는 이 책은 읽기 벅차지만 그런 노력을 기울일 가치가 있다. 성직자들에게 특히 그렇지만 생각이 깊은 평신도들에게도 마찬가지다.

래리 W. 허타도 에딘버러 대학교

우리의 잘못을 간과하고 우리를 있는 그대로 받아주는 최대로 부드러운 하나님을 원한다고 생각하는 사람들에게 러틀리지는 "현실을 직시하라"고 도전한다. 20세기의 잔혹한 행위들은 인간에게는 뭔가 완전히 잘못된 것이 있으며 하나님만이 이것을 고칠 수 있음을 증언한다. 잘못된 것을 바로잡기 위해서는 그리스도의 십자가뿐만 아니라 우리의 십자가도 필요하다. 러틀리지는 목사들이 회중에게 십자가를 설교하도록 자극하는 정보와 관찰로 가득 찬, 바울 서신 같은 책을 우리에게 주었다.

매릴린 매코드 애덤스 럿거스 대학교

이 책에 강한 설교를 뒷받침해줄 강한 신학이 있다. 이 책을 마음에 두는 설교자들은 교회를 소생시킬 수 있을 것이다.

조지 헌싱어 프린스턴 신학교

기독교 신앙의 중심적인 신비에 대한 깊은 탐구이자 많은 것을 환기시키는 탐험이다. 이 책은 심사숙고하고 음미하고 다시 읽어야 할 책이다.…예수의 죽음은 거리끼는 것이고 걸림돌이라는 바울의 주장을 입심 좋게 되풀이하기는 쉽다. 그 주장이 세상과 그것을 창조한 삼위 하나님에 대한 당신의 인식을 변화시키게 하는 것은 별개의 문제다.

존 D. 윗블리에트 칼뱅 기독교 신앙 연구소

이 책을 읽는다는 것은 교회에서 궁극적으로 중요한 한 가지, 즉 수치 가운데 드러나는 힘이 있는 십자가의 도를 듣고 선포하는 일을 위해 바로 설교단 아래에서 행해진 유쾌하고, 정직하고, 복음적인 사고를 공유하는 것이다.

필립 G. 지글러 아버딘 대학교

나는 우리 시대에 이 책보다 더 필요한 책을 생각할 수 없다. 오늘날 복음을 요약하려는 선의의 많은 시도가 십자가를 언급하지 않고 있으며 우리는 거짓 복음은 아니라 해도 빈혈에 걸린 복음을 갖게 되었다. 만일 당신이 당신 자신과 나 같은 경건치 않은 자를 참으로 바로잡는 십자가에 관해 배우기를 원하거든 이 책을 읽고, 표시하고, 내적으로 소화하라.

마크 갈리 「크리스채너티 투데이」 편집인

뛰어나고…끈질긴 독자들은 자기의 마음이 변화되는 것을 발견할 것이다. 설교자들은 대담해져서 십자가를 좀 더 자주 말함으로써 교회에서 복음이 소생하는 데 기여할 것이다.

폴 스캇 윌슨 토론토 대학교

내가 플레밍 러틀리지의 이 책을 읽을 때 내 마음에 떠오른 단어는 "떠받치기"였다. 이 책은 기독교 선포에서 그리스도의 십자가의 중심성에 대한 열정적인 단언을 떠받치며, 십자가형의 말로 표현할 수 없는 참상과 수치에 대한 묘사를 떠받치고, 우리 모두 죄인이라는 단언을 떠받치고, 현재 교회에 상존하는 여러 형태의 신학적 어리석음 식별과 거절을 떠받친다. 이 책은 설교자와 평신도를 위해서 쓰였지만 학자에게도 도움이 될 것이다. 이 책은 유창하고 은혜롭게 교훈을 전달한다. 나는 이 책을 거듭 읽을 것이다.

니콜라스 월터스토프　예일 대학교

십가가형에서 우리는 기독교의 드라마와 기독교의 교리가 보편적이고 우주적으로 선포하면서 교차하는 것을 새롭게 감지한다. 우리는 참으로 운이 좋게도 그 교차점에서 우리 시대의 가장 재능 있는 설교자 중 한 사람인 플레밍 러틀리지를 만난다. 그녀의 저술에서 우리는 고결한 드라마와 눈길을 끄는 교리가 합류하는 것을 만나는데, 그것들은 협력해서 설교자를 강하게 해주고 회중을 건강하게 만들어줄 고단백 식사를 제공한다.

J. 루이스 마틴　유니온 신학교

문헌들과 현대의 사건들로부터 풍부한 예를 보여주는 이 책은 설교자들에게 풍부한 금광이다. 이 책은 또한 모든 독자로 하여금 구원의 신비에 관해 주의 깊게 성찰하도록 초대한다.

스티븐 웨스트홀　맥매스터 대학교

십자가형에 관한 러틀리지의 저서는 넓고도 깊다. 생각을 자극하고 종종 감동적인 이 책은 하나의 주제에 관해 더 이상 새로운 것이 나올 수 없다고 생각될 정도로 참으로 새로운 접근법을 제공한다.

데이비드 벤틀리 하트　『무한한 것의 아름다움』과 『무신론자들의 망상』 저자

이 저명한 설교자는 여러 해 동안 속죄 교리를 파고들었다. 이 책은 그녀의 수고에 대한 충실한 수확으로서 특히 그녀와 같은 설교자들을 위한 좋은 자료다.

로버트 젠슨　전 프린스턴 신학교 신학조사센터 소장

대담하고, 비타협적이고, 미묘하며, 방대한 이 저서에서 러틀리지는 우리가 십자가형의 의미에 관해 단지 개인적·영적·종교적·도덕적·치료적 축소를 피해서 속죄 이론들을 통과하고 그것을 넘어서게 해준다. 러틀리지는 십자가에 못박힌 그리스도를 단호하게 선포한다. 모든 사제, 설교자, 교수들이여! 당신이 교회 및 역사에서 교회의 사명에 관해 관심이 있거든 이 책을 읽으라!

더글라스 하링크 캐나다 더 킹스 대학교

사실상 잔인한 십자가가 장미들로 덮이기를 원했던 괴테는 "누가 십자가에 장미들을 두었는가?"라고 물었다. 플레밍 러틀리지는 장미들을 치워내고 우리로 하여금 십자가를, 아니 거기서 더 나아가 우리를 위해 십자가에 못박힌 분을 바라보도록 요청한다. 뛰어난 주해, 신학, 목회적 민감성을 특징으로 하는 이 책은 생각하는 그리스도인들과 생각하는 불신자들을 위한 책이다.

조지프 망기나 토론토 대학교

읽기 쉬운 이 책에서 설교자이자 신학자인 플레밍 러틀리지는 자신이 좋은 주해자라는 점도 보여준다. 다양한 해석자들과 대화하는 가운데 세심한 성경 주해 연구를 통해 그녀는 신학자, 성서학자, 설교자들이 널리 읽을 가치가 있는 책을 써냈다.

마르티누스 C. 드 보어 암스테르담 VU 대학교

설교자-신학자의 풍부한 전통 가운데서 플레밍 러틀리지의 예리한 음성은 깊이 성찰하면서 확신으로 가득 찬 상세한 해설로써 그리스도의 십자가형의 교정하는 의미를 증언한다. 성서, 교회의 상상력과 그것에 대한 비판의 역사, 문헌, 현대 신학, 일상의 뉴스로부터 채택한 다양한 참고 자료와 관찰로부터 독자들은 칭찬할 만하게 연구되었으면서도 복음을 선포하기에 적합한 이 책에 생각할 거리가 많음을 알게 될 것이다.

크리스토퍼 모스 유니온 신학교

이 놀라운 십자가 연구에서 플레밍 러틀리지는 많은 "은유, 모티프, 주제를 엮어서 해석학적으로 잘 추론된 종합을 끌어낸다. 그녀는 성서연구, 신학의 역사, 현대의 조직신학을 포함하는 믿을 수 없는 양의 자료를 검토했다. 그리고 그녀는 뛰어난 소통가다. 이 책은 위대한 책이다.

아르네 라스무손 스웨덴 예테보리 대학교

플레밍 러틀리지의 설교자로서의 명성은 널리 알려져 있으며 그녀의 수사 기법—로고스·에토스·파토스 및 내용·관여·열정—은 널리 존경을 받는다. 거의 20년에 걸친 열매이자 참으로 평생의 여정인 그녀의 십자가형 저서는 사실상 하나의 긴 설교로도 읽힐 수 있다.…예수 그리스도가 우리를 위해 죽었다고 말하는 것은 무엇을 의미하는가? 이 질문에 대한 많은 전통적 틀과 현대의 틀에 대한 자신의 저항에 정직하게 대면하는 러틀리지는 자신의 대답을 찾아서 성경적, 역사적, 해석적 자료를 넓고 깊게 탐구한다. 그녀는 우리가 오늘날 하나님의 일하심에 대해 충분히 듣지 않으며 우리 인간의 행위, 특히 우리의 종교적 행위와 상상력만 많이 듣는다고 주장한다. 러틀리지는 여기서 하나님의 일하심에 대한 풍성하고 놀라운 이야기를 들려주며, 그것의 의미를 학문, 문학, 영화, 일상의 뉴스에 반영된 우리 자신의 삶의 이야기 안으로 엮어낸다.…정보를 제공하고, 상기시키고, 비판하고, 예를 보여주고, 감추인 것을 드러내고, 도전하고, 안심시키고, 격려하며, 영감을 고취하는 그녀는 설교자와 듣는 사람 모두를 위해 책을 썼다. "그것이 설교할 만한가?"가 그녀의 주된 관심사다. 그 대답은 "그렇다"일 수밖에 없다.

더크 스미트 남아프리카 공화국 스텔렌보스 대학교

"그는 십자가에 달렸고 누가 처형되고 있는지를 가리키는 명패가 달렸다. 그것에 관해 말하기는 고통스럽지만 말하지 않는 것은 더 끔찍하다.…지구를 지탱하는 분이 매달렸고, 하늘을 고정시킨 분이 못박혔으며, 모든 것을 붙들어 매는 분이 나무에 고정되었다. 주님이 학대당했다. 하나님이 살해당했다."

사르디스의 멜리토(기원후 180년경 사망)

THE CRUCIFIXION

Understanding the Death of Jesus Christ

Fleming Rutledge

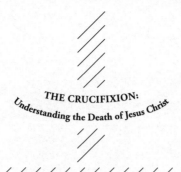

THE CRUCIFIXION:
Understanding the Death of Jesus Christ

예수와 십자가 처형

예수 그리스도의

죽음에 대한

신학적 해석

플레밍 러틀리지 지음   **노동래 · 송일 · 오광만** 옮김

새물결플러스

이 책이 나오는 데

가장 큰 도움을 주신 두 분께 본서를 헌정합니다.

레지널드 러틀리지

(그리스도의 종이자 56년 동안 나의 남편입니다.)

월리스 M. 앨스턴 주니어

(프린스턴 대학교 신학연구센터에서

1996-2007년 목회신학 프로그램을 설계하고 감독했으며

1997-98년과 2002년에는 동 센터 상주학자였습니다.)

목차

보소: 주교님, 저는 주교님이 저와 조금 더 머물러 계셔서 저로 하여
금…만일 우리가 구원받기를 바란다면 가톨릭 신앙이 그리스도에 관
해 우리에게 명하는 모든 것들이 적절하다는 것과 그것이 인간의 구
원에 무슨 소용이 있는지와 하나님께서 동정을 통해 어떻게 인간을
구원하시는지…이해할 수 있게 해 주시기를 원합니다.

안셀무스: 그대가 내게 조금도 인정을 베풀지 않고 내 기술이 알량없
음도 고려치 않고서 내게 이렇게 큰 일을 요구하니 하나님께서 나를
도우시기를 원합니다. 하지만 나는 나 자신을 믿는 것이 아니라 하나
님을 의지해서…그것을 해 보겠습니다. 그러나 나는 하나님의 도움을
받아 내가 할 수 있는 일을 할 것입니다.

캔터베리의 안셀무스,『인간이 되신 하나님』

사람들이 내게 본서를 얼마나 오랫동안 쓰고 있느냐고 물으면 나는 대개 21년간의 교구 사역에서 은퇴한 뒤, 달리 말하자면 18년 전에 본서를 쓰기 시작했다고 말한다. 그러나 진정한 의미에서 본서는 내 평생에 걸친 작업이다. 나는 13살 무렵에—그때는 아마도 1950년이었을 것이다—이미 예수가 세상의 죄를 위해 죽었다는 말이 무슨 의미인지 궁금해하기 시작했다. 나는 "내가 너희 중에서 예수 그리스도와 그가 십자가에 못박히신 것 외에는 아무 것도 알지 아니하기로 작정하였음이라"(고전 2:2)는 바울의 열정적인 말을 알고 있었지만 그 말이 무슨 뜻인지 자신이 없었다. 바울은 참으로 십자가를 배타적으로 자기 메시지의 중심에 둘 의도였는가? 성육신, 예수의 사역 그리고 부활은 어떠한가? 만일 "십자가에 못박힌 그리스도"가 참으로 복음의 핵심이라면 그것이 의미하는 바는 무엇인가?

또 다른 문제가 나를 골치 아프게 했다. 나는 약 15살 무렵에 부모님 집에 정기적으로 배달되던 「성공회」(*Episcopalia*)의 일종의 신학적인 '친애하는 애비에게'(Dear Abby) 칼럼 기고자에게 편지를 썼다. "도라 채플린 교수님, 만일 하나님께서 선하시다면 세상에는 왜 악이 이렇게 많은가요?"[1] 나는 내가 이 질문을 처음 생각해냈다고 생각할 정도로 순진한 젊은이였다. 도라 채플린 교수는 친절하게도 내 질문에 매우 진지하게 대답해줬다. 내가 제대로 기억하고 있다면 그분의 답변은 일종의 자유의지 신정론이었는데, 몇 달 동안은 그 답변으로 충분했지만 내가 대학생이 된 후 그 질문이 다시 시작되어서 졸업 후까지 계속 이어졌다. 기독교 신앙은 이 세상에 있는 악의 존재에 대해 뭐라고 말하는가?

---

1   Dora P. Chaplin은 제너럴 신학교 최초의 (기독교 교육) 여성 교수였고 1940년대와 1950년대에 널리 존경받는 교회 지도자였다.

나의 결혼과 육아 초기에 이 두 문제의 긴급성이 내 마음에 계속 남아 있었지만 뉴욕시 유니온 신학교와 제너럴 신학교에서 공부한 지 3년이 **지나서야** 그리스도의 십자가에 관해 더 이해해야 할 필요성이 절박해지고 불가피해졌다.

　　나의 현역 사역기간 동안 나는 30년 동안 중단하지 않고 성금요일에 미국 전역을 대상으로 설교하는 커다란 특권을 누렸다. 그래서 십자가 신학을 발전시킬 필요가 있었는데 나는 이에 따라 설교자들에게 도움이 될 책을 써야겠다고 결심했다. 그러나 21세기가 시작되던 즈음의 성금요일에 한때는 그렇게 많은 사람이 참석하고 그렇게 주의깊게 준비되던 세 시간짜리 설교 예배들이 사라져갔다. 성공회 교회들에서는 이런 예배의 중심이었던 설교와 묵상이 이제 주로 기도와 탄원, 상당한 간주 음악, 짧은 설교(선택사항), 십자가 숭상 및 따로 떼어둔 성찬 받기 등과 같은 예전으로 대체되었다. 나는 이처럼 십자가에 관한 설교의 지위가 격하된 것이 예수를 따르고자 하는 사람들에게 심각한 손실이라고 믿는다. 예전적인 교회들에서는 종려주일에 수난 내러티브를 읽도록 지정되어 있기 때문에 이론적으로는 그때 십자가를 설교할 기회가 제공되지만, 실제로는 주일 예배에서 너무도 많은 순서들이 진행되기 때문에 실질적인 설교를 할 시간이 별로 없다. 따라서 설교자가 십자가에 못박힌 그리스도를 1년에 한 번도 자세하게 설교하지 않을 수도 있다. 사도 바울이 말하는 **거리끼는 것**(불쾌한 것) 및 십자가의 해석을 둘러싼 어렵고 논란의 여지가 있는 문제들이 우리의 신앙의 핵심과 중심에서 실종되었다. 이는 복음 전도뿐만 아니라 그리스도인의 삶의 형성에도 영향을 주는 중대한 상실이다.

　　이러한 장애물에도 불구하고 또는 어쩌면 그러한 장애물 때문에 나는 설교하는 사람들뿐만 아니라 설교를 듣는 사람들에게도 도움이 되고자 했다. 만일 오늘날 교회들에서 십자가에 관한 설교가 적다면 그것은 설교자와 예전 집례자만의 잘못이 아닐 것이다. 그것은 부분적으로는 교회의 평신도들이 그 설교를 요구하지 않기 때문일 수도 있다.

이에 관해 절박성이 있어야 한다. 회중이 마치 그리스도의 고난이 발생하지 않았다는 듯이 습관적으로 성금요일을 빠뜨린다면 기독교 신앙의 핵심이 비게 된다. 본서는 균형을 잡기 위한 시도다.

그렇게 심오한 주제를 쉽게 접근할 수 있는 용어로 다루면서도 그리스도의 십자가형에 관한 교회의 가르침의 넓은 측면들을 고려하기는 어려운 과업이다. 본서는 학자들과 회중들 사이에 다리를 놓으려는 시도다. 나는 독자들에게—각주와 참고 문헌들에도 불구하고—본서가 어느 곳에서도 교리사인 척하지 않을 것이라고 약속한다. 나는 교리사 분야를 기꺼이 그럴 자격이 있는 사람들에게 맡겨둘 것이다. 나는 사역자이자 설교자로서 예수 그리스도의 죽음을 교회—하나님의 가시적인 백성 및 비가시적인 백성—에 논리정연하게 설명할 수 있게끔 성경과 전승에 대한 일련의 **신학적 성찰**을 시도했다.

중요한 점은 예수의 죽음에 관한 역사적 사실의 세부사항이 아니라 그것의 **살아 있는 의미**다. 예수가 십자가에 못박힌 당시의 십자가형, 십자가형의 방법과 역사, 예수의 처형에 관한 현재의 이론 등은 일반 독자들에게 관심이 가는 주제일 수 있다. 그러나 이런 주제들은 재미는 있겠지만 지엽적인 문제들이다. 역사적 사건은 언제나 의심할 여지 없는 사실이지만 십자가의 도가 구원을 위한 하나님의 능력이라는 바울의 선언 (고전 1:18)은 단순한 역사적 사건에 관한 진술이 아니다. 십자가에 관한 설교는 그 사건이 처음 발생한 후 2000년 동안 계속 인간의 실존과 인간의 운명을 바꾸고 있는, 살아 있는 실재에 관한 선언이다.

그러므로 십자가형의 메시지는 그 살아 있는 사건 외부에서 접근할 수 없다는 근본적인 전제가 뒤따른다. 그 사건의 내적 중요성에 관심이 없는 사람에게 예수의 십자가형은 바울이 쓴 것과 같이 "걸림돌"과 "어리석음"으로 남아 있을 것이다. 십자가는 신자들의 경험에서 형태를 잡아감에 따라 그 의미를 드러낸다.[2]

그러나 하나님의 은혜를 통해 자신에게 믿음이 없다고 생각하거나 자신의 믿음이 부적절하다고 생각하는 독자가 있을 수 있다. 그런 의심 자체가 "나의 믿음 없는 것을 도와 주소서!"라는 부르짖음을 이끌어 내는 신적 행동의 표지인데, 우리 주님은 주권적인 호의로 그러한 말에 즉각적으로 반응했다. 나는 특히 그런 독자를 염두에 두고 있다.

몇 가지 실제적인 해석상의 논평

이 책에 교파상의 편견이 있을지 궁금한 사람이 있을 것이다. 나는 성공회 신자다. 사실은 조상 대대로 성공회 신자였다. 본서의 어떤 부분은 불가피하게 미국 성공회 내의 특정한 강조점과 우선순위를 반영한다. 그러나 본서를 쓰는 동안 나는 줄곧 좀 더 넓은 교회에 시선을 고정했다. 주류 개신교 교파에서의 내 경험은 넓고도 깊으며, 나는 로마 가톨릭 교도들과도 상당한 교분을 쌓아왔다. 나는 캐나다 및 영국의 교회들과 신학교들에서 객원 설교자와 교사로 일한 적이 있다. 기독교가 특히 생기가 넘치는 것으로 보이는 글로벌사우스(선진국이 아닌 국가를 개발도상국이나 후진국 대신 일컫는 말—역자주)에 관해 직접 경험해보지는 못했지만 나는 성령께서 본서에 거하셔서 주님의 고난과 죽음이라는 보편적인 메시지가 더 넓은 세상에 거주하는, 주께서 사랑하시는 몇몇 사람의 마음을 움직

---

2   고전 1:18, 21-25; 롬 1:16-17.

이실 것을 믿는다.

　나는 학문적으로 훈련된 목회자뿐만 아니라 일반 독자에게도 유용한 책을 제시하기를 원했기 때문에 이 책에 학문적인 논의를 얼마나 많이 포함시켜야 하는가라는 어려운 결정을 내려야 했다. 본서를 쓰는 기간이 길어진 이유 중 하나는 내가 모든 종류의 해석 논쟁을 몇 년이고 추적하다가 뒤늦게서야 본서를 결코 "진짜" 학자들처럼 쓸 수 없다는 사실을 발견했기 때문이다. 내 좋은 친구인 윌리엄 윌리먼은 최근에 스탠리 하우어워스가 자신도 학자이지만 학자들을 결코 납득시킬 수 없을 것이기 때문에 이미 각주 달기를 그만두었다고 말했다는 재미있는 얘기―아니면 그것과 비슷한 이야기―를 들려주었다. 아무튼 윌리엄이 들려준 이 이야기는 나로 하여금 책을 쓰기 시작하도록 도움을 주었다. 각주들이 지면을 많이 차지하기는 하지만 관심이 있는 독자들은 참고 문헌들을 찾아보지 않고서도 본서를 읽을 수 있다.

　나는 설교자들 및 기타 성경 연구자들을 위해 참고 문헌의 끝부분에 성경 각 책들의 다소 **신학적인** 대표적 주석 몇 권을 열거했다. 성경 텍스트들에 관한 뛰어난 주석들은 많지만 명백한 신학적 성향을 띤 주석은 드물다. 역사비평 방법의 전성기 때에는 신학적인 관심을 갖고 있던 많은 학자들이 그 관심을 감춰두고 있었지만 1960년대와 1970년대에 학문적 지형이 변하기 시작해서 지금은 다시금 주해에도 재능이 있는 조직신학자뿐만 아니라 "성경신학자"도 많아졌다. 조직신학자와 성경신학자는 언제나 존재했지만, 그들은 최근에 더 대담해져서 교회에 큰 유익을 끼쳤다. 나는 설교자로서 이런 학자들이 가장 유용하다고 생각한다.

　본서의 모든 장 중에서 내게 개인적으로 가장 의미 있는 장은 "지옥 강하" 장이다. 성금요일 설교는 점점 더 악의 문제와 그리스도께서 십자가에 못박힘 간의 관계에 관해 성찰하는 시간이 되었다. 결국 나는 그 한 장을 쓰는 데 2년이 넘는 시간을 보냈다. 나는 공포에 대한 항의로, 희생자들에 대한 기억으로, 그리고 슬픔을 가눌 수 없을 정도로 비탄에 빠진 사람들과의 연대로 그 장을 썼다. 내가 이 서문의 마지막 부분을 쓰고 있는 시점인 2015년 초에 극복할 수 없는 것처럼 보이는 악의 징후들이 이례적으로 전세계에서 보도되고 있다. 뉴스를 검색하다 보면 기분이 전환되는 경우보다 경고를 받는 경우가 더 많아지고 있다. 이런 시기에 설교단에 서는 사람은 누구나 많은 방비를 필요로 한다. 만일 우리의 설교가 시대와 교차하지 않는다면 우리는 십자가를 지라는 요구를 피하고 있는 셈이다. 우리는 도스토옙스키가 『카라마조프가의 형제들』에서 신문에서 읽은 자료를 사용하여 악의 문제에 인간의 얼굴을 부여한 사례를 통해 배울 수 있다.

플레밍 러틀리지

학계와 교회라는 배경이 이 책에 강력한 영향을 끼쳤다. 1970년대 뉴욕에 소재한 유니온 신학교의 성서연구와 조직신학 두 분야에 존재했던, 많은 교수와 박사과정 학생들 간의 개인적인 따뜻한 관계와 상호 존중 풍토는 나와 같은 M.Div. 과정 학생들에게 비옥한 토양을 제공해주었다. 1970년대 중반에 그 과정을 졸업한 뒤 나는 몇 년 동안 유니온 신학교에서 두 분야 교수들 및 박사 과정 학생들과의 바울 서신 토론 그룹에 관여했다. 이 두 분야 사이의 역동적인 관계를 발견한 뒤로 나는 이에 미치지 못하는 것에는 결코 만족하지 못하게 되었다.

나의 14년간의 뉴욕 성공회 은혜교회(Grace Church) 사역이 이 책에 두 번째 영향을 준 요인이었다. 내가 1981년에 목회자의 일원으로 부임했을 때 급격히 증가하고 있던 젊은 회중은 특히 1970년대에 십자가가 설교된 결과로 발생한 부흥에 사로잡혀 있었다.[1] "예수 그리스도와 그가 십자가에 못박히신 것"(고전 2:2)은 죽어 있는 백인 남성들에게 특유한 문화에 한정된 개념이기는커녕 다양한 계층 출신의 뉴욕의 많은 젊은이에

---

[1] 은혜 교회의 부흥기였던 1975-81년의 설교자는 FitzSimons Allison, Paul F. M. Zahl과 James G. Munroe였다.

게 생명의 원천 자체였다. 이 복음을 통해 형성되고 있는 하나님의 백성의 회중 공동체에서 14년을 사역한 경험은 나로 하여금 복음에는 개종을 위한 힘뿐만 아니라 새로운 삶을 위한 독특한 힘이 있다는 것을 더욱더 확신하게 했다.

20년이 넘는 기간 동안 본서를 쓰면서 나는 많은 사람으로부터 갚을 수도 없고 충분히 감사를 표할 수도 없는 도움을 받았다. 나는 서로 격려하는 말씀의 종들과의 이 교제에서 하나님의 손길을 인식하고 깜짝 놀란다. 내가 그들의 관대함, 지식, 지원(자신에 대한 지원 및 서로에 대한 지원)에 대해 상세하게 감사를 표하지 않는 이유는 내가 그들을 알게 된 데 대해 얼마나 감사하게 생각하는지 표현할 방법을 모르기 때문이다.

몇몇 교수님들은 나의 신학생 시절부터 멘토가 되어주셨을 뿐만 아니라 훗날에는 친구가 되어주셨다. 그분들의 영향이 이 책 전체에 스며들어 있다. 폴 L. 레만, J. 루이스 마틴, 레이먼드 E. 브라운, 크리스토퍼 모스가 그분들이다. 리처드 A. 노리스, 시릴 C. 리처드슨, 사무엘 테리앙도 내 신학 교육에 중요한 역할을 했다. 신학교 졸업 후 초기에 바울 서신을 연구하기 위해 유니온 신학교에서 만났던, 앞서 언급한 그룹에서 나는 나중에 교수가 된 박사 과정 학생들을 만났다. 그들 중에 마르티누스 C. 드 보어, 낸시 J. 더프 그리고 제임스 F. 케이가 있었다.

내가 두 번에 걸친 프린스턴 소재 신학 탐구 센터(CTI)에서 상임으로 연구하던 기간에 저명한 많은 학자들이 내 연구에 관심을 보였으며 그것의 일부를 읽고 유용한 논평을 해주었다. 패트릭 밀러, 마크 리스너, 조지 린드벡, 트레시 데이비드 그리고 남아프리카 출신의 에티엔느 드 빌리에와 더크 스미트가 그들이었다. 특히 조지프 망기나는 몇 년 동안 내 파트너였다. 그의 학식, 문학적 상상력, 우정은 그의 귀한 가족과 더불어 끊임없는 즐거움이었다.

나는 특히 시간을 내서 본서의 장들이나 장들의 일부를 읽고 길고 유익한 논평을 해준 J. 루이스 마틴, 조지 헌싱거, 짐 케이, 케이트 손데 레거, 수전 이스트먼 그리고 조던 힐덴에게 감사한다. 매사추세츠주 올 리언즈 소재 성령교회 교구 사역자인 애덤 린턴을 특별히 언급할 필요 가 있다. 애덤은 내 동료들 중에서도 독특한데, 그는 고든 콘웰 신학교에 서 학위를 받았고 해군 목사로 복무한 경험이 있으며, 러시아 정교회에 서 20년을 보냈고 성공회 신부로 서임을 받았으며, 여러 언어에 능통하 고 칼 바르트의 『교회 교의학』에 해박하다. 그는 여러 해 동안 내 파트너 로서 나를 격려해줬다. 그와 그의 아내 로리 그리고 매우 흥미진진하고 생기가 넘치는 그의 케이프 코드 회중에게 나의 깊은 감사와 따뜻한 찬 사를 보낸다.

내가 1997년에 교구 사역을 떠난 이후 세 곳의 신학교들이 내게 큰 의미가 있었다. **첫 번째**는 듀크 신학교로서 나는 그곳에서 여러 번 설교 하고, 가르치고, 강의하는 특권을 누렸다. 이 일을 하는 동안 엘런 데이비 스, 수전 이스트먼, 리처드 헤이스, 리처드 리셔, 조엘 마커스가 내 파트 너들이었는데 그들은 아마 이 사실을 알면 깜짝 놀랄 것이다. **두 번째**는 프린스턴 신학교인데 웬첼 반 후이스틴의 확고한 우정은 말할 것도 없고 그곳에서 비벌리 가벤타, 패트 밀러와 매리 앤 밀러, 폴 로렘, 조지 헌싱 거와 데보라 헌싱거, 엘런 채리, 이안 토렌스 그리고 대니얼 밀리오리에 게서 받은 격려는 내게 매우 큰 의미가 있었다. 재키 랩슬리와 패트 밀러 는 내게 히브리어를 도와주었고, 낸시 람머스 그로스는 [프랑스 철학자 인] 폴 리쾨르에 관한 도움을 주었다. 나는 여러 해 동안 프린스턴 신학 교에 재직하고 있던 숙련된 도서관 사서인 스크레부테나스가 미국의 신 학 연구계에서 누구보다도 많은 사람에게 고맙다는 인사를 받는 사람이 라고 생각하는데, 그런 사람들 명단에 내 이름을 올리는 것을 영광스럽게 여긴다. **세 번째** 기관은 토론토 대학교 신학 대학 위클리프 칼리지로서 나는 그곳에—강사, 설교자, 교사로—세 번 방문했다. 나는 한 학기 동안 상임으로 연구하면서 설교법을 가르치도록 초대해준 조지 섬너 학장에게 늘 감사드릴 것이다. 그 시기는 내 생애에서 가장 도전적이고 보람 있는 기간 중 하나였다. 위클리프 칼리지와 기타 경로들을 통해 나는 캐나다의 네 개 주에서 설교하고, 강의하고, 가르치도록 초대받았는데 캐나다 성도들의 지원은 내게 큰 즐거움이었다. 위클리프에서의 동료들 중 특히 데이비드 뎀슨에게 경의를 표한다. 그의 아내 레슬리와 나는 우리가 성경에서 "보라!"라고 번역되어야 한다고 믿는 단어에 대한 열정을 공유했다.

지금은 고인이 된 몇몇 증인 중 많은 이들이 상상하지 못했을 방식으로 본서에 제시되어 있다. 그들 중 몇몇은 저술로 기여했고 그러한 기여들이 적절하게 각주에 표시되었지만, 그들은 삶을 통해 보여준 인상으로써 더 큰 공헌을 했다. 그들의 이름을 열거하는 것은 나로서는 의미심장한 일이다. 사춘기 시절부터 나의 삶에 영향을 준, 지금은 고인이 된 성인들을 열거하자면 다음과 같다. 존 M. 게셀, 앨버트 T. 몰레겐, 새무얼 J. 와일리, 딘 호스켄, 로렌스 G. 넬슨, 리처드 R. 베이커, 찰스 페리, 폴 L. 레만, 레이먼드 E. 브라운, 시릴 C. 리처드슨, 리처드 A. 노리스 주니어, 레지널드 H. 풀러, 윌 D. 캠벨, J. 크리스티안 베커, 퍼먼 스토, 아서 허츠버그(이들 중 한 명만 제외하고 모두 남성이라는 사실은 내가 어렸을 때 이후 얼마나 많은 변화가 있었는지를 잘 보여준다).

책을 쓰는 마지막 단계에서 나는 수차례 모든 일로부터 벗어났다. 이렇게 주의를 산만하게 만드는 일들로부터 벗어나지 않았더라면 본서를 완성하지 못했을 것이다. 매사추세츠주 올리언즈 소재 성공회 성령교회의 독실한 신도인 캐시 가다드와 내트 가다드는 내게 2주 동안 케이프

코드 내셔널 시쇼어에 있는 자신들의 게스트 하우스를 사용할 수 있도록 해주었다. 나는 모래 언덕을 산책하고 바닷새들을 지켜보는 것 외에는 전혀 방해받지 않고 집필에 몰두할 수 있었던 이 은혜로운 시간을 언제나 즐겁게 기억할 것이다. 이듬해 본서의 완성이 가까워졌을 때 나는 프린스턴 신학교의 새 도서관에서 두 번 작업했다. 마서가(街)에 위치한, 우아한 가구가 딸린 자신의 집에서 묵도록 허락해준 앨런 채리의 환대와 격려에 감사드린다. 본서에 기여한 고 다나 채리에게도 감사드린다.

나는 40년간 신학 도서관을 이용해왔고 집에도 상당한 신학 도서를 모아두었다. 확실히 1937년 태생의 학문적이지 않은 사람이 새로운 기술을 갑자기 익히기는 매우 어려웠다. 나는 마지막 순간에 각주와 참고 문헌 작업에 도움을 받기 위해 매 시간 여러 곳에 이메일을 날려보냈다.

나는 짐 케이, 조지 헌싱거, 리처드 헤이스, 엘런 데이비스, 수전 이스트먼, 조엘 마커스, 패트 밀러, 크리스토퍼 모스 그리고 특히 조지프 망기나에게 이 까다로운 요청을 했는데 그들의 안내와 광범위한 지적 자원은 고갈되지 않는 것 같았다(수전 이스트먼과 조엘 마커스는 뉴욕시 은혜교회에 대해 위에서 언급한 내용을 인지하고 기억할 것이다. 그들은 가장 저명한 1970년대와 1980년대 "동문"들이다).

나는 내가 언제나 아타나시오스의 다음과 같은 원칙에 근거해서 활동해왔다고 생각한다. "우리는 아무것도 빠뜨리지 않기 위해 같은 의미를 여러 형태로 설명한다. 설명되어야 할 것을 빠뜨리기보다는 반복한다는 비난을 받는 것이 더 낫기 때문이다"(De incarnatione 20). 위대한 아타나시오스에게 걸맞은 경의를 표함에도 불구하고 내 편에서는 그렇게 하는 것은 실수였다. 저술의 마지막 단계에서 나는 매우 중요한 조언을 받았다. 내가 CTI에서 처음 상임 연구원으로 일할 때부터 나의 격려자였던 로버트 "젠스" 젠슨은 친절하게도 현재보다 150쪽이나 많은 원고 전체를 읽고서 반복과 곁길로 새는 것으로 가득찬 책을 세상에 내보내려고 한다는 두려움을 내 마음에 불어넣어 주었다.

거의 절망하려 하고 있던 이 중대한 시점에 신적 섭리를 통해 나는 제이슨 비아시의 소개로 재능이 있는 젊은 편집인 애덤 조이스를 만나게 되었는데 그는 내게 원고를 줄일 뿐만 아니라 더 나은 순서로 구성하게 끔 도움을 주었다. 내가 위클리프 신학교에서 상급 설교법을 강의할 때 빛나는 별이었고 방금 전에 Ph.D. 학위를 받은 로버트 딘 역시 특히 신학 적 뉘앙스에 유념하면서 원고 전체를 읽어보았다. 지루한 작업을 하면서 도 뒤로 미루는 나의 습관을 참아주었을 뿐만 아니라, 더 중요하게는 이 작업이 성공할 수 있다고 믿고 고비마다 나로 하여금 앞으로 나아가게끔 격려해준 이 두 젊은이에게 나는 말로 다 표현할 수 없는 감사를 전한다. 그것은 나를 겸손하게 만드는 경험이었지만—내가 좋아하는 많은 구절 을 잘라내야 했다—독자들은 (믿거나 말거나) 매우 간결해진 결과에 대해 고맙게 생각할 것이다.

다른 사람들도 비록 어떻게 기여했는지 콕 집어 말하기는 어렵지만 본서를 저술하는 데 기여했다. 그들 중 일부는 기독교 신자가 아니지만 복음에 호기심을 갖고 있다. 나는 이러한 잠재적인 독자들—자신이 기 독교 신자가 아니라고 생각하지만 기독교에 관해 더 배우고 싶어하는 사 람—도 염두에 두고 집필했다. 본서를 쓰기 시작할 때부터 나는 이런 친 구들과 교류해왔다. 본서는 어느 정도는, 거명하지는 않았지만 실제적인 상대와 나눈 대화의 결과다.

나는 본서를 집필하는 마지막 몇 달 동안 부끄럽게도 친한 친구들 및 다른 관계들을 소홀히 했다. 나는 전화도 받지 않고, 소통도 하지 않았 으며, 시간을 내주지도 않았다. 그들은 모두 나를 이해해줬다. 특히 내 가 족과 확대 가족 모두에게 소중한 친구가 한 명 있는데, 그는 기독교에 대한 불굴의 증인이자 본보기인 페니 커리다. 그는 주님 사랑, 교회 돌봄, 히스패닉 공동체와 지도가 필요한 젊은이들을 위한 지칠 줄 모르는 노력으로 가는 곳마다 십자가에 못박히셨다 부활하신 분을 증거하고 있다.

또 다른 한 사람과 프로그램을 언급하고 싶다. 마지막으로 담당하던 교구를 떠났을 때 나는 이미 본서의 윤곽을 그리고 있었지만, 내가 1997년에 하늘에서 직접 떨어졌을지도 모르는 제의를 받고 나서야 큰 도약이 시작되었다. 폴 레만 교수에게 배우던 동료 학생으로서 그리 친하지 않던 월리스 올스턴이 느닷없이 내게 전화해서 나를 자신이 구상하고 설계하고 설립한 프로그램인 프린스턴 소재 신학 탐구 센터의 초대 상임 목회자-학자로 초청했다. 이 프로젝트에서 나는 프린스턴에 거주하는 학자들과 관련을 맺었을 뿐만 아니라 미국 전역 출신의 여러 목회자들과도 만났다. 내가 1997-98년과 2002년 두 번에 걸쳐 CTI에서 상임으로 일하는 동안 국제적인 성경신학자들 및 조직신학자들과 교류하지 않았더라면 본서는 지금보다 훨씬 빈약한 책이 되었을 것이다. 거기서 만난 많은 학자들이 나의 평생의 친구가 되었다. 이 시간과 공간과 동료 관계라는 선물의 중요성은 아무리 강조해도 지나침이 없다. 그 시간과 사람들, 그리고 무엇보다 하나님의 은혜 덕분에 이 책이 나올 수 있었다.

어드만스 출판사는 이전에 나온 내 저서 일곱 권 모두를 출간했지만, 나는 본서의 원고를 보낼 때까지 1,500개가 넘는 각주 및 수백 개의 성구 인용마다 일일이 확인해서 책을 펴낸다는 것이 어떤 것인지 조금도 알지 못했다. 18년 전에 본서를 집필하기 시작했을 때 나는 언제나 인용에 마땅히 기울여야 하는 주의를 기울이지는 않았다. 내 원고를 다듬는 작업은 극도로 지루한 작업이었는데, 본서의 교열 편집자인 톰 라아베가 (자신이 전에 몇 달 동안 일한 것은 말할 것도 없고) 날마다 나와 함께 작업한 3개월 동안 보여준 뛰어난 인내와 기량은 나를 감탄하게 만들었다. 매리

히트브링크와 바돌프-후버스의 필수적인 지원에도 감사드린다. 나는 빌렘 미네우르가 내 저서 여덟 권 모두의 표지를 디자인한 데 대해 자랑스럽게 생각한다. 그는 거장이며 그와 함께 일하는 것은 즐거운 일이다. 마지막으로 오랫동안 수석 편집인으로 일하다 본서의 작업이 끝날 무렵에 은퇴한 존 포트와 내가 본서를 결코 마무리하지 못할 것으로 보였을 때조차 계속 응원해준 윌리엄 B. 어드만스에게 경의를 표한다.

배우자의 지원이 없었더라면 책을 쓸 수 없을 것이라는 말을 하는 것이 관례인데, 본서의 경우 딕 러틀리지가 얼마나 많이 기여했는지 말하기란 거의 불가능할 것이다. 실로 그의 도움이 없었더라면 본서는 나올 수 없었을 것이다. 우선 이런 책을 쓰려면 돈이 많이 든다. CTI에서 일하던 축복받은 12개월과 위클리프 칼리지에서 넉넉한 보수를 받은 기간을 제외하면 나는 본서를 집필한 거의 대부분의 기간 동안 어떤 기관의 지원도 없이 궁핍하게 지냈다. 내가 책을 쓰느라 10년을 보내고 난 뒤 루스빌 재단이 거액을 기부해줘서 그 돈으로 2년분 사무실 임차료를 지불한 것이 큰 도움이 되었다. 그러나 재정적인 지원 면에서는 거의 모든 공을 남편에게 돌려야 한다. 그는 3년간의 내 신학교 교육비를 지불했을 뿐만 아니라 나도 모르게 사무실을 구해줘서 내가 방해받지 않고 작업에 전념할 수 있게 해줬다. 그는 완벽한 장소를 구했고 최초의 기부금이 바닥난 뒤 9년이나 더 임차료를 지불했다. 그러나 그의 재정적 지원은 조족지혈에 불과했다. 그는 수도 없이 혼자 식사를 차려 먹었는데 마지막 6개월 동안에는 그러는 날이 특히 더 많았다. 그토록 오랜 기간 동안 나를 보지 못하고 나와 얘기하지 못하는 데서 오는 상실감을 누가 상상할 수 있겠는가? 원고와 씨름하면서 남편에게 터뜨렸던 수많은 짜증을 누가 헤아릴 수 있겠는가? 중대한 마지막 몇 달 동안 냉장고가 고장나고 차고에 물이 차는 사고가 발생했어도 내 도움 없이 그런 문제들을 처리해야 했던 수고를 누가 알겠는가? 그러나 이런 것들마저 참으로 주님을 알고 그분을 사랑하며 완전한 헌신으로 그분의 교회를 섬기는 평생의 동지라는 귀한 선물과는 비교할 수 없다. 나는 이 동반 관계가 이 책과 우리의 결혼에 어떤 의미가 있는지에 관해 어떻게 말해야 할지도 모르겠다. 하나님의 은혜로운 모든 선물로 인해 그분을 찬양한다.

2015년 1월 15일

매사추세츠주 알포드에서 플레밍 러틀리지

서론

†

기독교는 독특하다. 세계의 종교들에는 공통적인 특징이 있지만 예수 그
리스도의 복음이 지중해 세계에서 꽃망울을 터뜨릴 때까지 인류 역사상
그 누구도 십자가에 못박힌 사람을 숭배한다는 것을 상상하지 못했다.
초기 그리스도인들의 설교는 순회 유대인 교사라는 인물 안에서 하나님
이 역사의 무대에 진입했다고 선언했다. 그 인물은 엘리트와 일반인 모
두에게 경멸적으로 버림받고 종교 당국 및 세속 당국 모두에 의해 거절
되고 정죄받아 사회에서 버려진 두 사람과 함께 불명예스럽게 십자가에
달려 끔찍하게 죽어서 인간의 쓰레기 더미에 버려졌고 누구의 눈에도 아
무런 지위가 없는 것으로 보이는, 불신당하고 사기가 떨어진 소수의 초
라한 제자들만 남겼다. 세상을 변혁시킨 종교가 이렇게 특이하게 시작했
다는 점이 충분히 인식되지 않고 있다. 오늘날 그리스도인들은 기독교의
중심 주장이 그 핵심에 있어서 희한하게도 **비종교적**이라는[1] 점을 깨닫

---

1   이 요소에 관한 증언이 많이 존재한다. Martin Hengel은 "종교 역사상 유례가 없는, 이스
    라엘의 메시아의 수난과 십자가형이라는 완전히 독특한 사건"에 관해 쓴다(*The Atonement:
    The Origins of the Doctrine in the New Testament* [Philadelphia: Fortress, 1981], 41). Roy A.
    Harrisville은 그 보편적인 종교에 대해 좀 더 구체적으로 이렇게 지적한다. "유대인들과
    이방인들 모두 부활 또는 불멸성을 긍정했다. 그 개념은 그들의 사상의 중심을 차지하고
    있었다. 그런데 그들은 메시아 또는 주가 죽을 수 있다는 것을 믿을 수 없었다"(*Fracture:*

지 못하고 너무도 자주 자기들의 신앙이 종교 중 하나라고 생각한다. 디트리히 본회퍼는 예수 그리스도의 약함과 고난당함은 "독실한 사람들이 하나님으로부터 기대하는 것"에 대한 전도(顚倒)였으며 지금도 그렇다고 말했다.[2] 이 책에 수록된 많은 논의는 "종교적"이라는 말과 "종교"라는 말을 이런 의미로 사용할 것이다.[3] 그런 곳들에서 정의된 바와 같이 "종교"는 인간의 필요, 바람, 갈망, 두려움이 투영된 일련의 신념이다. 종교적 상상은 굴욕과 죽음을 곡해하려 하지 않고 오히려 그것을 고양하려고 한다. 따라서 예수 그리스도의 십자가는 모든 종교에 의문을 제기하고 신앙, 삶 그리고 인간의 미래에 대한 완전히 새로운 토대를 구축하는, 되풀이될 수 없는 사건이라는 독자의 추측을 강화하는 것이 십자가형에 관

The Cross as Irreconcilable in the Language and Thought of the Biblical Writers [Grand Rapids: Eerdmans, 2006], 276-77). 학자들만 이 점을 알아차린 것은 아니다. Donald Barthelme의 별나고 암시적인 판타지 중 하나에서 코르테스와 몬테수마가 종교에 관해 이야기한다. 몬테수마는 기독교에 관해 배우고 있는 중이다. 그는 "'특히 성령 같은 것들'과 성부도 문제가 없다. 하지만 '내가 보기에 성자가 제물로 바쳐져야 한다는 것은 잘못된 것 같다. 내가 보기에 오히려 그에게 제물이 바쳐져야 한다'"고 말한다("Cortes and Montezuma," *New Yorker*, August 22, 1977).

2　Dietrich Bonhoeffer, *Letters and Papers from Prison*, ed. Eberhard Bethge, enlarged ed. (New York: Macmillan, 1972), 360. 나치 치하에서 Bonhoeffer의 상황이 점점 더 위험해질수록 그는 십자가에 못박힌 분에게 더 가까이 나아갔다. 우리는 Bonhoeffer의 감옥으로부터의 사색에 관한 완전한 신학적인 조사를 아직도 기다리고 있지만, "종교 없는 기독교"(280-82)에 관한 몇 가지 생각에서 그는 기독교가 인간의 목적을 위해 이용될 수 있다는 아이디어에 저항했다. 그래서 그는 불신자들에게는 하나님에 관해 마음껏 얘기했지만 "종교적인 사람들"과의 대화는 거북스러워했다. 인류가 성숙했다면―Bonhoeffer가 잠정적으로 품었던 개념―그것은 인류가 계몽주의를 거친 뒤 "종교"가 더 이상 그 필요에 봉사하지 않는다는 것을 알 수 있기 때문이었다. 이는 오늘날 서양에서 대다수 지적 지도자들이 취하는 입장이다. 그러므로 그리스도인들이 자기들의 신앙의―여기서 말하는 의미에서―비종교적인 성격을 인식할수록 우리는 비종교적인 "십자가의 도"(고전 1:18)를 통하여 우리의 필요라는 개념을 뒤집는 복음의 거리끼는 것을 더 많이 추천할 것이다.

3　장 칼뱅이 『기독교 강요』(*The Institutes of Christian Religion*, 생명의말씀사 역간)를 썼을 때 Bonhoeffer를 압박했던 탈계몽주의(post-Enlightenment) 문제는 아직 발생하지 않았다. 그러나 "인간의 마음은 우상들의 영원한 위조"이기 때문에(*Institutes* 1.11.8) 칼뱅은 여기서 제시된 종교의 정의에 동의했을 것이다.

한 본서의 주된 목적이 될 것이다.[4]

사도 바울은 로마에 있는 그리스도인들에게 편지를 쓰면서 "**나는 복음을 부끄러워 하지 않는다**"는 말로 그의 강력한 서론을 절정으로 이끌었다. 우리는 "그가 왜 부끄러워해야 하는가?"라고 질문할 수도 있을 것이다. 왜 이렇게 부인할 필요가 있는가? 영적 인도나 영감 또는 지시를 받기 위해 성경을 펼쳐드는 사람은 부끄러워한다는 말과 같은 무뚝뚝한 표현을 보고 어리둥절할 수도 있다. 우리가 오랫동안 종교 서적을 찾아봐도 이런 언어는 결코 발견할 수 없을 것이다. 바울은 로마서에서 자기가 "부끄러워하지 않는다"라고 말할 때 그의 독자들이 그 말이 무슨 뜻인지 알 것이라고 가정하는 것 같다. 그러나 바울은 고린도 교인들에 관해서는 그렇게 자신할 수 없어서 좀 더 자세히 말한다. 그는 십자가형은 대개 처형당한 사람과 관련이 있는 사람에게 수치를 불러 일으킨다고 말한다. 바울은 고린도전서에서 이 점에 관해 상당히 구체적으로 말한다. "하나님께서 전도의 미련한 것으로 믿는 자들을 구원하시기를 기뻐하셨다." 바울은 이렇게 계속한다. "우리는 십자가에 못박힌 그리스도를 전하니, 유대인에게는 **거리끼는 것**이요 이방인에게는 **미련한 것**이로되…하나님의 **어리석음**이 사람보다 지혜롭고 하나님의 **약하심**이 사람보다 강하니라"(고전 1:21, 23, 25). 바울은 고린도의 그리스도인들에게 그들이 주장하는 신앙의 수치스러운 성격을 상기시키기 위해 여기서 강조한 단어

---

4   본서 전체에서 "종교"와 "종교적"이라는 말을 사용할 때에는 다른 관점에서 종교를 순전히 인간의 구성 개념이라고 정의한 Ludwig Feuerbach(*The Essence of Christianity*, 1841)와 Sigmund Freud(*The Future of an Illusion*, 1927)의 비평을 채용할 것이다. Robert Jenson은 그의 저서의 "The Identification of God"이라는 장에서 "참된 하나님은 우리가 우리의 가치를 자신에게 투영하고 따라서 하나님을 우상숭배적으로 생각한다는 것을 아시며 우리의 유치함에 의해 마음이 흔들리지 않는다. 하나님은 우리에게 새로운 가치를 주시며 우리의 정체성을 반박하는 데 몰두한다"라고 주장한다(*Systematic Theology*, vol. 1, *The Triune God* [New York: Oxford University Press, 1997], 53).

들을 쌓아 올린다. 고린도의 그리스도인들은 자기들이 영적으로 뛰어난 존재라고 생각하고서 자부심으로 가득찬, 자랑하기 좋아하는 집단이었다. 바울은 그리스도인의 확신의 정당한 토대는 오로지 매우 수치스러운 "십자가의 도"이기 때문에 그들의 자랑은 잘못된 것이라고 말한다. 따라서 이전에 바리새인 사울로 살던 시절에 분명히 어리석음을 달갑게 여기지 않았던 바울은 자기와 자신의 동료 사도들이 "그리스도 때문에[그리스도를 위해] 바보들"이라고 단호하게 선언한다(고전 4:10).

그리스도의 십자가형의 특이성

물론 바울이 표현한 신의 어리석음이라는 주제는 다른 종교에서도 발견된다. 그 주제 자체는 바울의 메시지에 특유한 것이 아니다. 신약성경 복음의 완전한 독특성은 어리석음 자체가 아니라 거룩한 어리석음과 정부가 후원한 고문 및 공개 처형이라는 역사적 사건―이는 **영적 색조나 구속적인 종교적 특성이 없는** 사건이라는 점이 강조되어야 한다―이 연결되었다는 점이다. 오늘날 너무도 많은 미국의 기독교는 영감을 고취하는 것―햇빛, 역광, 또는 촛불―으로 포장해서 다가오기 때문에 사람들이 이 중요한 요점에 귀를 기울이기가 쉽지 않다. 더욱이 우리는 십자가가 장식 역할을 하는 것에 너무 익숙해진 나머지, 그것이 누군가의 잔디밭에서 불태워지지 않는 한 좀처럼 십자가가 수치와 스캔들의 대상이라고 생각하지 못한다. 1세기 로마 제국에서 사람들이 십자가형을 얼마나 불쾌하게 생각했는지를 이해하려면 우리는 상당한 상상력을 발휘할 필요가 있다.

우리는 보편적으로 인지된 표현인 "십자가형"의 특이한 점부터 시작할 수 있다. 우리가 이렇게 말하는 것이 특이하다는 점을 이해할 수 있다면, 그것은 우리가 예수의 죽음의 독특성을 이해하는 데 도움이 될 것이다. 역사적으로 유명한 죽음이 많이 있었다. 우리는 존 F. 케네디나 마리 앙투아네트 혹은 클레오파트라의 죽음을 생각할 수 있을 것이다. 그러나 우리는 (그런 죽음에 대해) "암살", "참수" 혹은 "독살"이라고 말하지 않는다. 그런 단어를 불쑥 사용하면 그 말이 무슨 뜻인지 이해되지 않을 것이다. 그러나 예수의 처형에 대해 "십자가형"이라는 말이 사용되는 것은 그 말이 여전히 특권적인 지위를 유지하고 있음을 보여준다. 이 세속적인 시대에조차 "십자가형"이라는 말이 무슨 뜻인지 아는 사람이 많을 것이다. 아직도 특별한 주의를 끌고 있는, 하나님의 아들로 알려진 사람의 이상한 죽음에는 뭔가 특별한 것이 있다. **이** 죽음, **이** 처형은 아직도 전 세계적인 영향을 끼치고 있다. 역사상 다른 어떤 인간의 죽음에 대해서도 이런 말을 할 수 없다. 이 점에서 예수의 십자가는 독보적이다. 그것은 독특하다(*sui generis*). 로마 시대에 수천 건의 십자가형이 있었지만 세상을 변혁시키는 중요성은 차치하고 조금이라도 중요성이 있다고 기억되는 십자가형은 오직 예수의 처형뿐이다.[5]

다른 유명인들의 죽음에 대한 고찰은 이 점을 좀 더 보여줄 것이다. 본회퍼와 같은 참된 순교자들은 사후에 그들의 생전에는 갖지 못했던 고결함과 명성을 얻게 되었다. 마찬가지로 에바 페론, 존 레논, 다이애너 스펜서와 같은 매혹적인 인물들의 요절은 영원히 신화적인 스타의 위치라는 분위기를 전달한다. 그러나 예수의 죽음은 이런 죽음 중 어느 것과도 비슷하지 않다. 예수를 믿지 않는 사람들이나 기독교에 대해 조금밖에

---

5 스파르타쿠스가 반란을 일으킨 뒤 수천 명의 노예들이 십자가형을 받았다고 기록되었지만 우리는 그들 중 누구의 이름도 알지 못한다.

알지 못하는 사람조차도 다른 순교자들이나 희생자들의 죽음과는 달리 예수의 죽음은 추가적인 중요성을 갖고 있다는 인상을 갖고 있을 것이다. 기독교 신학에 대한 지식은 약해졌을지라도 우리는 여전히 십자가형에 의한 그의 죽음은 반복될 수 없는 모종의 중요성을 가진 것으로 생각되었다는 기억을 간직하고 있다.

그 독특한 사건으로부터 그의 제자들의 죽음들도 그 자체의 필연적인 의미를 이끌어냈다.

독자에 대한 호소

1986년에 출간된 존 스토트의 『그리스도의 십자가』(*The Cross of Christ*, 한국기독학생회출판부 역간) 이후 특히 목사들과 평신도들을 위한 십자가형에 관한 주요 연구서가 나오지 않고 있다는 것은 놀라운 일이다. 그 이후 해석의 전선에 많은 일이 일어났다. 나는 대속(代贖)으로서 그리스도의 죽음 개념이 상당한 기간 동안 공격을 받고 있던 시기인 18년 전에 본서를 쓰기 시작했다.[6] 그 이후 이 주제를 둘러싼 분위기가 한층 더 치열해졌다. 적극적이고 때로는 호전적이기조차 한 반대가 십자가에 대한 설교와 가르침의 상실이 만연해진 한 가지 요인일 것이다. 최근에 속죄라는 주

---

6   특정한 개신교 진영에서는 Green과 Baker가 지적하는 바와 같이 형벌 대속 모델이 오랫 동안 사용됨으로써 신성하게 여겨졌고 최근까지 이렇다 할 경쟁 모델이 없었다(Joel B. Green and Mark D. Baker, *Recovering the Scandal of the Cross: Atonement in New Testament and Contemporary Contexts* [Downers Grove, Ill.: InterVarsity, 2000], 23-26, 『십자가와 구원의 문화적 이해』, 조이선교회 역간). 그러나 부분적으로는 학계의 공격 때문에, 그리고 부분적으로는 (유감스럽게도) 교리적인 문제들에 대한 관심의 결여 확산 때문에 이 합의가 붕괴되고 있다. 그러나 그렇게 된 가장 큰ㅡ그리고 올바른ㅡ이유는 아마도 이 모델의 **배타적**이고 **엄격하게 도식적**인 사용에 대한 비판이 정곡을 찌르기 시작했기 때문일 것이다.

제에 관한 중요한 책들과 논문들이 많이 나왔는데, 그중 많은 저술은 "대리적 속죄"와 "형벌 대속"에 대해 매우 비판적이다.[7] 이 관점에 익숙한 사람이라면 본서를 훑어본 다음 본서가 대속이라는 주제를 옹호하는 또 하나의 책에 지나지 않는다고 믿고서 더 이상 읽지 않겠다고 결심할 수도 있을 것이다. 그것은 성경의 이미지와 신학적 해석의 전체 범위를 진지하게 다루려는 저자의 의도에 대한 심각한 오해다.

따라서 나는 독자들에게 본서의 신학적인 편견에 관해 미리 결론을 내리지 말고 끝까지 읽어본 후 전체적으로 판단할 것을 요청한다. 본서의 중요한 목표는 그리스도의 십자가에서 무슨 일이 일어났는가에 관한 논의를 확대하고 그 주제를 기독교 선포의 중심으로 되돌리도록 격려하는 것이다.

본서는 평신도와 목회자, 가톨릭과 개신교 및 모든 교파의 잠재적인 독자들을 위해 구상되었다. 그 주제 자체가 모든 경계를 초월한다. 본서는 특히 할 일이 많은 가운데 복음을 진지하게 전하기 위해 설교에 도움을 받기를 원하는 바쁜 목회자들을 겨냥할 것이다. 본서는 또한 자신의 종교를 더 잘 이해하기 원해서 본서의 특정 부분들을 개인적으로나 스터디 그룹에서 읽고자 하는 탐구적인 평신도들을 위한 것이기도 하다. 본서는 개론 과정을 배우는 신학생들에게 유용할 수도 있다. 본서는 특히 십자가에 달린 인물에 마음이 끌리지만 그를 어떻게 생각해야 할지 모르는 독자에게 도움이 될 것이다.

기독교는 전세계적으로 엄청난 도전들에 직면해 있다. 교회 안에 새로운 시대에 적합한 토대를 완전히 새로 쌓으라고 요구하는 사람들이 많

---

7   유용한 최근 간행물 요약이 Michael Hardin in "Out of the Fog: New Horizons for Atonement Theory," *Stricken by God? Nonviolent Identification and the Victory of Christ*, ed. Brad Jersak and Michael Hardin(Grand Rapids: Eerdmans, 2007), 54-77에 제시되어 있다.

이 있는데, 이 요구에는 종종 여전히 전통적인 형태가 활력의 원천이라고 생각하는 이들에 대한 경멸이 수반된다. 다른 한편으로 전통주의자들은 자주 이전의 방어 전술을 변형하여 사용한다. 교회의 좌파에서는 독선과 문화적 유행의 추구가 상존하는 위험이다. 우파에서는 반발과 두려움이 주된 동기인 경우가 흔하다. 따라서 각자 자신에게 도움이 되는 곳에 구분선을 긋는다.

오늘날의 신학적 투쟁에서는 많은 이들이 상처를 입는다. 고정관념, 낙인, 색안경을 통해 많은 피해가 가해진다. 종종 이 점이 인식되고 이에 대해 탄식하는 이들도 있지만, 이 문제에 관한 효과적인 해결책은 거의 없었다. 모든 당사자가 다른 사람들이 취하는 입장의 뉘앙스를 이해하기 위해 진지한 노력을 기울일 필요가 있다. 공감적으로 정확하게 소통하기 위해 다른 쪽의 관점을 이해하기 위해 애쓰는 것이야말로 그리스도인다운 행동이다. 본서의 주장은 물론 여러 지점에서 변증적일 테지만, 본서의 주된 목적은—마음을 정하지 않은 사람은 차치하고—의견을 달리하는 사람들을 물리치려는 것이 아니라 대화에 기여하고 그 대화를 계속하려는 것이다.

공감적 상상력의 역할

자기 세대에서 가장 존경받는 개신교 신학자 중 한 사람인 윌리엄 C. 플래처는 십자가형의 해석과 관련된 문제들에 관해 저술했다. 대체 또는 교환으로서 십자가라는 주제에 관한 논문에서 그는 그리스도가 무엇을 이루었는지를 보여주기를 원하는 자신의 경험 하나를 제시한 뒤 다소 낙심해서 **"나는 그 문제에 관해서는 이 이야기나 인간의 어떤 이야기라도**

효과가 있을지 모르겠다"라고 말한다.[8]

플래처가 잘 알았듯이 타락한 피조물 편에서는 "효과가 있는" 어떤 유비도 없다. 상징, 이미지, 모티프, 주제 중 어느 것도 하나님이 십자가에서 무엇을 하고 있었는지를 유비로서든 이론으로서든 논리적으로 "설명하지" 못한다. 그것들은 언어의 표상(表象)이며 따라서 상상력과 참여를 필요로 한다. 신앙인으로서 우리는 그것들을 **해석한다**기보다 그것들 안에 **살며**, 실로 스캇 맥나이트가 지적하듯이 그것들은 우리 안에 산다.[9] 십자가에 못박힌 그리스도의 복음을 받아들이는 가장 참된 방법은 성경의 모티프들이 어떻게 상호작용하고 서로를 상세히 설명하는지에 관한 깊은 이해를 배양하는 것이다.

결국 특수한 신학 지식은 우리를 거기까지만 데려다줄 수 있다. 우리는 그 **이야기**를 알 필요가 있다. 존경받는 미국 작가인 조지프 미첼은 남부의 교회에서 자라서 그 언어를 알았다. 그의 생애 말년 몇십 년 동안 그는 뉴욕 은혜 교회에 자주 출석했다. 그는 교구민들에게 노스캐롤라이나주에서 임종 순간의 자기 누이와 나눈 대화를 들려줬다.[10] 그가 누이 옆에 앉아 있을 때 그녀가 물었다. "예수가 오래전에 십자가 위에서 죽은 것이 지금 내 죄와 무슨 관계가 있어?" 신학 교육을 받지는 않았지만 본능적인 신학자였던 미첼은—꼼꼼한 작가에게서 예상할 수 있는 바와 같이—어떻게 말해야 할지 한참을 생각하다가 마침내 특유의 더듬거리는 말투로 대답했다. "아---무-튼- 그는 우리의 대표자였어." 학문적 탐구

---

8   William C. Placher, "Christ Takes Our Place: Rethinking Atonement," *Interpretation* 53, no. 1 (January 1999): 13.

9   Scot McKnight, *A Community Called Atonement* (Nashville: Abingdon, 2007), 37. 나는 Robert Dean이 내게 이 참고 문헌을 알려준 데 대한 빚을 지고 있다.

10   Joseph Mitchell은 그가 죽기 1년 전에 내가 이 이야기를 말할 수 있도록 허락해줬다.

는 그 질문과 답변 사이의 시간에 침묵을 지켜야 한다. 조지프 미첼과 그의 누이는 어떤 의미에서는 잘 훈련받은 여러 학자들보다 더 나은 성경 독자였다. 왜냐하면 누이의 질문과 그의 답변은 교실에서 차분하게 사색된 것이 아니라 그들의 오장육부에서 쥐어짜내진 것이었기 때문이다. 그러나 분석이 있어야 하기 때문에 학자들의 연구 역시 필요하다. 조지프 미첼은 자기 누이에게 뭔가를 말해줄 필요가 있었다. 구원 이야기는 "말로 표현될 수 없는" 것이 아니다. 신약성경은 시작부터 끝까지 사도들의 설교에 대한 살아 있는 증언이다. 십자가는 설교될 것이 의도되었다. 더 많은 사람들이 "오래전에 십자가에서 죽은 예수의 죽음이 지금 우리와 무슨 관계가 있는가?"라고 자문할 것이기 때문에 새로운 세대에서마다 다양한 이론들이 다시 검토될 것이다. 많은 것이 성경의 언어-그림에 대한 우리의 반응에 의존한다. 미첼과 같이 상상력이 풍부한 작가들은 그들의 평생을 제약이 없고 유동적인 은유의 세상에서 보낸다.[11] 구약성경과 신약성경은 많은 자료로부터 이끌어낸 이미지들을 통해 변화무쌍하고 무진장한 풍성한 창고를 만들어주는데, 우리는 그곳에서 모든 시대와 모든 세대를 위한 의미와 자양분을 끌어낸다. 어떤 이미지도 그 전부를 공정하게 다루지 못한다. 모든 이미지가 구원의 위대한 드라마의 일부다. 유월절 양, 광야로 내보내진 염소, 속죄, 대속, 전쟁터에서의 승리자, 대표적인 인간—이것들 각각 및 모두 그리고 다른 것들에는 자신의 자리가 있으며 이것들 중 하나라도 빠지면 십자가가 쪼그라든다. 우리는 성경의 **모든** 이미지에 대해 여지를 둘 필요가 있다. 우리는 십자가를 하나의 지적인 구성 개념에 불과한 것으로 보는 것이 아니라 우리에게 오늘날을

---

11 Mitchell은 비평가들이 강바닥들과 버려지고 텅 빈 호텔 방들에 대한 자신의 묘사를 무의식의 심연으로 내려간 것으로 해석했을 때 기분나빠하지 않았다.

살아갈 힘을 주는, 역동적이고 살아 있는 진리로 보고 그것의 다양한 **모든** 측면에서의 의미를 고찰할 때 가장 풍부한 결실을 맺을 것이다.

해석의 필요

십자가에서의 하나님의 행동에 관해 신약성경은 여러 방식으로 말하기 때문에 그것은 다양한 이론을 이끌어냈다. 예컨대 "그리스도께서 너희를 사랑하신 것 같이 너희도 서로 사랑 가운데서 행하라. 그는 우리를 위하여 자신을 버리사 향기로운 제물과 희생제물로 하나님께 드리셨느니라"(엡 5:2)와 같이 간단해 보이는 문장을 예로 들어보자. 이 사랑스러운 구절은 헌금 순서에서 자주 말해지기 때문에 많은 교인들에게 알려져 있다. 우리 중 일부는 이 구절의 단어들과 리듬에 너무도 익숙한 나머지 실제로 그것들에 관해 생각하지는 않는다. 그러나 예수의 죽음을 설명하려는 맥락에서는 그런 구절을 면밀하게 검토할 필요가 있다. 그리스도께서는 왜 "우리를 위하여 자신을 버리셨는가?" 이 "제물"은 누구에게 드려졌는가? 이 "희생제물"이 성취한 것이 있다면 그것은 무엇이었는가? 성금요일에 십자가에 달린 예수를 묵상할 때 우리는 무엇을 보는가? 극적인 구조 장면은 보이지 않는다. 예수는 누구의 자리도 대신하지 않는 것으로 보인다. 그가 그곳에 있어야 할 어떤 명백한 이유도 없다. 모든 요소는 그가 **자신이 저지르지 않은** 무언가에 대한 형벌을 받고 있음을 암시한다. 거기까지는 명백하다. 그러나 무엇이 우리로 하여금 그가 다른 누군가를 대신해서 처벌받고 있다는 결론을 내리게 하는가? 예수는 왜 애초에 희생제물로 드려질 필요가 있었으며, 에베소서의 익숙한 구절에 나오는 표현을 사용하자면 왜 **우리를 위해** 희생제물로 드려졌는가?

많은 그리스도인들은 자기들이 종종 들었던 말을 반복해서 예수의 십자가상에서의 죽음은 하나님이 우리를 얼마나 사랑하는지를 보여준다고 말할 것이다. 이 점은 에베소서 5:2과 신약성경의 다른 많은 곳에서 명백하게 진술된다. 예수 자신이 요한복음에서 "사람이 친구를 위하여 자기 목숨을 버리면 이보다 더 큰 사랑이 없다"고 말한다(15:13). 그러나 왜 하나님의 아들이 우리에게 이 더 큰 사랑을 보여주기 위해 그처럼 특이하고 끔찍한 방식으로 죽을 필요가 있었는가? 이 질문은 매우 중요하며 제쳐두어서는 안 된다.

이해를 추구하는 신앙

9세기에서 10세기로 넘어가던 무렵 캔터베리의 안셀무스 이후, 그리고 특히 종교개혁 이후 십자가형의 메시지에 관한 분쟁이 교회 역사의 특징이 되었다. 이 상황은 뭔가가 잘못되었다는 신호다. 일군의 그리스도인들—특히 복음주의를 신봉하는 개신교인들—이 그리스도의 죽음에서 무슨 일이 일어났는가에 관한 특정한 "이론"을 고수하는가 또는 부정하는가에 따라 그들을 진짜라거나 가짜라고 평가하던 때가 있었다. 그리스도와 성 삼위일체의 성격을 정의하는 데 성공했던 위대한 교회 공의회들이 십자가에 대해서는 우리에게 이에 필적할 만한 공의회의 정의를 남겨주지 않았기 때문에, 이는 유지하기 어려운 입장이다.[12] 이 사실 자체가 암시하는 바가 있다. 혹시 초기 교회의 위대한 지성들이 그 도전을 다룰

---

12 Jaroslav Pelikan, *The Christian Tradition: A History of the Development of Doctrine*, vol. 1, *The Emergence of the Catholic Tradition (100-600)* (Chicago: University of Chicago Press, 1971), 141.

역량이 없었다고 생각하는 사람이 있는가? 자료들이 이 점에 관해 침묵하는 데는 이유가 있으며 그 이유는 하나의 이론을 다른 이론보다 선호하기보다는 다양한 측면을 선호했기 때문이라고 생각하는 것이 더욱 현명해 보인다.

이에 관한 우리의 주요 증인은 성경 자체다. 역설적이게도 성경의 증언이 다양하기 때문에 십자가를 둘러싼 해석 "이론들"과 "모델들"이 나오게 되었다. 상당히 많은 복음주의 그리스도인들이 여전히 이러저러한 형태의 "형벌 대속" 모델을 고수한다. 캔터베리의 안셀무스의 "만족" 이론은 잘 알려져 있으며 종종 공격을 받았다. 그 이론은 3장과 4장 사이의 가교 장에서 길게 논의될 것이다. 구스타프 아울렌은 『승리자 그리스도』(Christus Victor)라는, 속죄에 관한 고전적인 저술에서 수상쩍게 합리주의적 용어인 "이론"이라는 단어를 부정하고 "모티프"와 "아이디어"라는 용어를 선호했다.[13]

사실 "이론"이라는 말은 성경의 증언을 이해하고자 할 때 선택하기에는 빈약한 단어다.[14] 구약성경이나 신약성경은 결코 이론들을 제시하지 않는다.[15] 대신 우리는 이야기, 이미지, 비유, 상징, 무용담, 설교, 노래, 편지 그리고 시를 발견한다. 이보다 덜 이론적인 글을 발견하기는 어려울 것이다. 성경 저자 중 가장 지적인 재능이 있었던 사람이었을 바울조차도 기독교 복음을 제시할 때 고도로 맥락에 의존했고 비체계적이었다.

---

13 이 주제들은 각각 11장 3-4 단락과 9장에서 논의될 것이다.

14 Hans Urs von Balthasar는 "십자가가 모든 체계를 타파하기 때문에 우리의 목표는 어떤 체계를 세우는 것이 아니다"라고 말한다(*Theo-Drama: Theological Dramatic Theory* [San Francisco: Ignatius, 1994], 4:319). 그가 사용하는 "신의 드라마"(theo-drama)라는 호칭은 우리가 여기서 말하고 있는 내용을 요약한다.

15 보수적인 복음주의 진영에서 종종 사용하는 성경의 "원리들"이라는 표현도 마찬가지로 부적합하다.

그렇다고 해서 생각할 거리가 없다는 뜻은 아니다. 오히려 우리는 여기서 성경 텍스트에 의해 제시된 문제들에 대해서뿐만 아니라 그 텍스트의 서사 구조 및 시와 언어에 대해서도 반응하는, 교리와 예술적 수완 간의 창의적인 균형을 추구한다. 이해를 추구하는 신앙(*fides quaerens intellectum*)이라는 안셀무스의 어구는 오늘날 우리에게도 여전히 적용된다.[16] 신학 연구는 그것을 통해 교회가 자신의 메시지를 끊임없이 재고하는 과정이다.[17]

그러므로 본서에서는 성경의 언어를 합리주의적이고 환원주의적인 접근법 안으로 욱여넣기보다는 그것의 비유적인 힘을 강조하기 위해 "모티프", "주제" 그리고 "이미지"라는 용어들이 다소 교환가능한 의미로 사용될 것이다. 스티븐 사이크스는 속죄 연구에서 시를 잃지 않으면서 분석하는 방법을 우리에게 보여준다. 그는 "물어봐야 할 질문들이 있기 때문에 이론들이 발생하며" 따라서 이론들에는 "설명상의 가치가 있다"고 말한다. 매력적으로 절제된 표현에서 그는 "하나님이 인간의 죄에 관해서 한 일은…지극히 놀라우며" 따라서 설명을 필요로 한다고 말한다. 그러나 사이크스는 이론보다는 광범위한 이미지를 강조함으로써 이 일을 하려고 한다. 그는 노래에 "마디들"이 있는 것을 예로 사용해서 관련 성경 구절들이 "힌트들과 암시들"이라고 말한다. 그는 한층 더 나아가 자신의 논지를 내러티브 형태로 구성하기로 결심하고서 자기 저서를 『속죄 이야기』(*The Story of Atonement*)라고 부른다.[18]

---

16 널리 사용되는 Daniel L. Migliore의 『기독교 조직신학 개론』은 '이해를 추구하는 신 앙'(Faith Seeking Understanding)으로 불린다(Grand Rapids: Eerdmans, 1991, 새물결플러스 역간).

17 "조직신학은 교회가 복음을 말할 자신의 사명을 **철저하게 고찰하는,** 계속적인 교회 공동의 노력이다(Jenson, *Systematic Theology,* 1:22, 강조는 덧붙인 것임).

18 Stephen Sykes, *The Story of Atonement,* Trinity and Truth Series (London: Darton, Longman,

하나님

그리스도론은 메시아(그리스어로 *Christos*) 예수의 과거, 현재, 미래에 관한 성찰이다. 그의 십자가형을 논의할 때 그런 성찰이 필요하다. 그러나 이 책이 오로지 그리스도론으로만 생각된다면 그것은 실수일 것이다. 그것은 십자가의 **신학**(theology; *theos* — 하나님; *logos* — 말 또는 언어)이다. 우리는 십자가에 관해 말할 때 오로지 예수에 관해서만 이야기하는 것이 아니라 **하나님**에 관해서도 말한다.

근본적인 문제 중 하나는 하나님이 정확히 어떤 존재인지 전혀 명확하지 않다는 점이다. 우리는 세속적인 사회가 되었다기보다는 일반적으로 종교적인 사회가 되었다. 차별화되지 않은 영적 목표, 치료요법, 프로그램들이 널리 선전된다. 미국에서 인기 있는 종교는 제시되는 모든 것들의 혼합물로 보인다. 분별력이 있는 관찰자들은 이처럼 새로운 형태의 영성은 미국의 전형적인 특징을 보인다는 점을 지적해왔다. 즉 그것은 매우 개인주의적이고, 자기 준거적이며, 제멋대로이고, 위대한 세계 종교 중 어느 것의 역사나 전통과는 그다지 관련이 없다.[19] 우리 시대에는 교회가 주 예수 그리스도의 아버지이신 하나님이 자신에 대해 알려준 정체성을 주장하는 것보다 더 중요한 소명이 없다.

그렇다면 우리가 말하는 하나님은 어떤 존재인가? 다음과 같은 세

---

and Todd, 1997), 50 그리고 passim. 최근의 저술 중에서는 Bruce Longenecker가 *Narrative Dynamics in Paul*에서 바울 서신들에 대한 내러티브 구조를 끄집어냈고 A. Katherine Grieb 가 *The Story of Romans*에서 내러티브 구조를 채택했다.

19 티베트 난민이 정착한 인도 북부의 마을들은 서양 출신의 "영적 여행자들"의 유입을 견뎌야 했다. 어느 티베트 불교 지도자는 이렇게 불평했다. "나는 이 사람들의 말을 듣고 웃지 않을 수 없었다, 그들에게 불교는 일시적인 유행이다"(Stephen Kinzer, "As the World Heals, Tibet's Exiles Feel Forsaken," *New York Times*, June 24, 1999).

가지가 이스라엘과 교회의 성경 역사에서 연대순으로 열거되었다.

첫째, 하나님은 아브라함의 하나님, 이삭의 하나님, 야곱의 하나님
이다.[20] 이것이 하나님이 알려준 자신의 정체성이다. 즉 하나님은 이렇
게 알려지기로 작정했다. "나는 네 조상의 하나님이니 아브라함의 하나
님, 이삭의 하나님, 야곱의 하나님이니라"(출 3:6). 로버트 젠슨이 기억하
기 쉽게 쓴 바와 같이 "하나님이 누구든 그는 이집트에서 이스라엘을 일
으켰고 예수를 죽은 자 가운데서 일으킨 존재다."[21] 이 존재가 시내산에
서 그의 언약을 세우고, 예언자들을 보내 묵시적인 주의 날을 선포하고,
새 언약의 약속(렘 31:31)을 통해 자기 백성을 바빌로니아 유수에서 보존
하신 하나님이다. 이 하나님의 특이성은 놀랍다. 이스라엘의 하나님은 자
신을 지도상에서 특정할 수 있는 곳에서 사는, 죽을 존재인 개인들에게
맞춘다. 그들은 자신들에게 독특한 삶의 이야기들을 갖고 있는데 그 이
야기들이 항상 교훈적인 것은 결코 아니다. 이 하나님은―종교들의 신
들과 달리―순전히 자기가 그렇게 하고 싶었기 때문에 자신의 주권적인

---

20 나는 하나님을 "아브라함과 사라[이삭과 리브가, 야곱과 라헬]"의 하나님으로 부르는 현재
의 경향에 대해 많이 생각해봤다. 여기에는 많은 문제가 있다. 하갈은 어떻게 되는가? 레아
의 위치는 무엇인가? 이스라엘의 열두 지파는 빌하와 실바를 통해서도 유래했다(창 35:25-
26). 우리가 이런 복잡한 문제들을 생각해보면 "아브라함과 이삭과 야곱의" 단순성이 위안
이 될 수도 있다. 성경에는 그 당시의 문화와 시대라는 기준은 차치하고 어떤 기준에 의하
더라도 여성들에게 놀랍도록 탁월한 위치가 주어지는 대목이 많이 등장한다. 그러한 대목
들을 인위적으로 하나님의 이름 안으로 욱여넣을 필요가 없다. 구원사에서 남성과 여성의
동등성을 강조할 수 있는 다른 방법이 많이 존재한다(우리는 드보라, 미리암, 아비가일, 룻,
에스더뿐만 아니라 신약성경에 나오는 덜 알려진 수많은 여성들에 관해 훨씬 더 많이 설교
하고 가르칠 필요가 있다). 예수 자신이 여성을 존중했다는 사실이 잘 기록되어 있음에도
불구하고 그는 구약성경에 나타난 하나님의 이름을 한정하지 않고 사용한다: "하나님이 너
희에게 말씀하신 바 '나는 아브라함의 하나님이요, 이삭의 하나님이요, 야곱의 하나님이로
라' 하신 것을 읽어보지 못하였느냐?"(마 22:31-32) 내가 누군가를 실망시켰다면 미안하지
만 나는 예수가 자기 아버지에게 부여한 이름을 넘어가기를 원하지 않는다.

21 Jenson, *Systematic Theology*, 1:63.

자유의지로써 한 무리의 분리된 민족을 선택하기로 작정했다. 이 선택은 선택된 사람들의 영적 성취와 아무런 관계가 없다는 점에서 **종교와 무관하다**. 오히려 이스라엘 자손에게 확실한 점 한 가지가 있다면 그것은 그들이 선택받을 만한 가치가 없다는 것이기 때문에, 우리는 그들의 상태에도 불구하고 그들이 선택되었다고 말할 수 있다. 하나님이 "아브라함의 하나님, 이삭의 하나님, 야곱의 하나님"이라고 불릴 때마다 **그럴 가치가 없는 선택**이 상기된다.

둘째, 하나님은 나사렛 예수의 십자가형과 부활에서 가장 완전하게 그리고 결정적으로 계시된 하나님이다. 이 결정적인 사건의 서로 맞물린 이중적 성격은 성경에서 선포된 하나님의 독특성을 보여준다. 부활 자체가 들어보지 못한 개념은 아니다. 죽었다가 다시 살아나는 신들은 고대 근동의 도처에 존재했다.[22] 기독교의 선포의 독특한 점은 하나님이 예수의 부활한 생명 안에서뿐만 아니라 특히 그의 십자가상의 죽음에서 완전하게 활동하고 있었다는 충격적인 주장이었다. 같은 내용을 다른 말로 표현하자면 예수의 죽음 자체는 주목할 만한 점이 전혀 없었을 것이다. 놀라운 점은 **이 소름끼치는 죽음에서 우주의 창조주가 제시되었다**는 것이다.

셋째, 하나님은 삼위일체 하나님이다. 그분은 세 위격—아버지와 아들과 성령—으로 존재하는 한 하나님이다. 나사렛 예수는 자유롭게 활동

---

22 다양한 이름하에 죽었다가 다시 살아나는 신—아티스, 타무즈, 오시리스—에 관한 신화는 고대의 많은 신비 종교들의 가장 현저한 특징 중 하나였다. 이러한 신들의 죽음과 예수의 죽음 사이의 지극히 중요한 차이는 예수의 죽음은 역사에서 확인할 수 있는 사건으로 일어났다는 점이다. 근동 종교의 신들은 자연의 순환 주기의 일부로서 반복적으로 "죽었다" "살아났다." 신의 죽음은 결코 역사적 사건으로 제시되지 않았다. 이 점은 고대 근동 학계에서 널리 연구된 현상이다. 최근 연구로는 Tryggve N. D. Mettinger, *The Riddle of Resurrection: "Dying and Rising Gods" in the Ancient Near East*(Stockholm: Almqvist & Wiksell, 2001)가 있다.

하는 성인(聖人)이 아니었다. 만일 그가 니케아 신조에서 인증한 삼위일체 하나님의 제2의 위격이자 독생자가 아니라면, 하나님의 자아가 골고다에 직접 관여하지 않은 것이다. 그랬더라면 예수는 이스라엘의 역사에서 보여진 영원한 계획과 무관할 것이고, 십자가는 일시적인 관심거리에 지나지 않는 우발적인 사건일 것이다.[23] 많은 사람이 초기 교회 공의회들의 그리스도론으로부터 예수를 떼어 놓는 데 대해 우리가 지불하는 대가를 깨닫지 못하고서 인간 예수를 묘사하려는 현시대의 시도에 매력을 느낀다. 칼케돈의 정의―예수는 **완전히 신**이면서 **완전히 인간**이었다. 그러나 완전히 인간인 예수가 성육신한 하나님이 아니라면 결국 구원은 하나님께로부터 온 것이 아니다―는 우리가 그것을 통해 우리의 제안들을 검증하는 수단으로 남아 있다. 확실히 삼위일체라는 주제는 복잡하기로 악명이 높은데, 교회가 그것이 쓸모없는 추상적 개념인 것처럼 성직자들과 신도들에게 그것을 무시하도록 권장한 것이 교회에 전혀 도움이 되지 않았다. 다행히 우리 시대의 신학에서는 삼위일체 하나님에 대해 얘기하고 그 하나님을 예배하는 것에 관한 관심이 소생하고 있다.[24] 그리스도

---

23 최근 수십 년 동안 쓰인 유월절 음모, 가짜 죽음, 마지막 순간의 바꿔치기, 유다가 중심이 된 공모, 잘못된 열심 등 오늘 있다가 내일 사라지는 책들이 "일시적인 관심"의 좋은 예다.

24 본서에서 경륜적 삼위일체와 내재적 삼위일체에 관해 되살아난 논쟁을 충분히 논의하는 것은 가능하지 않다. 한 존재 안의 세 위격 교리는 구원론(soteriology; *soteria*[구원]에서 파생된 용어다)과 불가분적인 관련이 있다. 예수 그리스도 안에서 우리를 구원하는 존재가 참으로 **하나님**인가? 내재적 삼위일체와 경륜적 삼위일체를 동시에 말하는 방법은 "아버지와 아들과 성령"이라고 말하는 것이다. 삼위일체의 이름은 둘 모두를 통합한다. 그것은 하나님이 스스로 존재하는(내재적) 방식이고 우리를 대하는(경륜적) 방식이다. 하나님은 자신을 창조하거나 구속하거나 유지하지 않기 때문에 현재 인기가 있는 삼위일체에 대한 대체어 중 하나인 "창조주, 구속자, 유지자"는 이 역할을 수행하지 못한다. 이런 용어들은 하나님을 우리와 관련하여 설명해주지만 하나님 자신 안에서의 관계에 관해서는 설명해주지 않기 때문에 하나님의 **본질**(*ousia*)이 확인되지 않는다. 그러나 우리가 "아버지, 아들 그리고 성령"이라고 말할 때에는 우리는 하나님이 자신 안에 계시기도 하고 우리를 향하기도 하신다고 말하는 것이다. 그러므로 삼위일체 교리는 하나님이 사랑이라는 말이 무슨

사건은 삼위 하나님이 성육신에서 승천과 최후 심판까지의 전 과정에 한 분으로서 직접 행동한다는 사실에서 그 의미를 도출한다.

능력으로서 십자가의 도

십자가를 가장 명시적으로 복음의 핵심 내용으로 주장하는 사람은 사도 바울이다. 우리의 주제의 중심에 고린도전서의 처음 두 장이 놓여 있다. 바울은 고린도 교인들의 행동이 그들이 자랑하는 신앙에 상응하지 않는 것을 우려한다. 그는 그들에게 십자가에 못박힌 그리스도(고전 1:17; 2:2) 안에 있는 그들의 토대를 상기시키려 한다. 그는 단도직입적으로 십자가는 고린도 교인들처럼 거기서 벗어나려고 하는 자들에게는 참으로 거리끼는 것(*skandalon*)이자 미련한 것이라고 선언한다. 그는 복음을 받는 두 방법 간의 차이를 대조한다. "**십자가의 도**가 멸망하는 자들에게는 미련한 것이요, 구원을 받는 우리에게는 하나님의 능력이라"(고전 1:18). 뒤에서 이 중요한 구절을 좀 더 자세히 다루겠지만, 우리는 여기서 "십자가의 도(*logos*)"라는 어구를 살펴볼 것이다. 이는 이상한 어법이다. 바울은 왜 단지 "십자가"라고 말하지 않는가? 우리가 "십자가 설교"라고 번역한다면 그 어구의 뜻이 좀 더 명확해질 것이다. 고린도 교회에는 여러 문제가

뜻인지에 대한 해답 중 하나다. 그 말은 하나님은 자신의 삼위 위격 안에서 사랑이며, 우리가 아들의 성육신, 십자가형 그리고 부활에서 그의 행동을 볼 때 우리를 향해서 사랑이라고 말한다. Catherine LaCugna가 다음과 같이 말하는 것처럼 말이다. "원래 삼위일체 교리의 모든 요점은 하나님(하나님의 **본질**)은 세 위격으로가 아니면 존재하지 않는다는 것이었다. 역으로 신적인 위격들은 신적 **본질**(*ousia*) 이외의 다른 것이 아니다. 그것들이 본질이다"(*God for Us: The Trinity and Christian Life* [San Francisco: HarperSanFrancisco, 1993], 369). 하나님의 내적 존재 또는 본질은 상호관계적이고, 내적 역동성이 있으며, 위격 간에 관계를 맺고 있다. 달리 말해서 "하나님은 사랑이다"(요일 4:16).

있었지만 바울은 그 어려움들의 밑바탕에 십자가 설교를 소홀히 한 것이 깔려 있다고 믿는다. 우리는 바울이 "십자가의 도"라는 용어를 사용할 때 그 배후에 놓여 있던 가정을 설명할 필요가 있다.

사도들의 설교의 힘이 세계의 무대에서 최초로 폭발했을 때 그 힘은 이미 과거의 일이 된 사건에 기반을 두고 있었지만, 그것의 의미는 그곳에 구속되지 않았다. "십자가의 도는 하나님의 능력"이라는 바울의 말은 하나님은 특히 **그 메시지 안에서** 현존하며 강력하다는 뜻이다. 그는 같은 편지에서 한걸음 더 나아가 "우리가 흙에 속한 자의 형상을 입은 것 같이 또한 하늘에 속한 자의 형상을 입으리라"고 쓴다(고전 15:49). 바울은 이 말을 통해 십자가와 부활에서, 우리 모두를 대표하는 흙에 속한 아담이 우리를 **훨씬 더 많이** 대표하는 하늘에 속한 예수의 미래에 동화되고 따라서 하나님과 함께하는 우리의 미래를 보장한다는 것을 보여준다. **과거와 미래** 사이의 이 대조는 현재의 윤리적 삶과 관계가 있는데, 따라서 바울은 그의 편지를 이렇게 결론짓는다. "그러므로 내 사랑하는 형제들아, 견실하며 흔들리지 말고 항상 주의 일에 힘쓰는 자들이 되라. 이는 너희 수고가 주 안에서 헛되지 않은 줄 앎이라"(고전 15:58).

여기에 그리스도인의 행동에 광범위한 함의가 있는 중요한 구분이 있다. 이 시대에 행하는 그리스도인의 행동들은―아무리 하찮아 보이고, 세상에서의 성공을 가치 있게 여기는 사람들에게는 아무리 "헛되게" 보일지라도―이미 다가오고 있는 하나님 나라 안으로 세워져 가고 있다. 달리 말하자면 그리스도인들은 그리스도의 십자가를 단순히 존경심을 품고 기도하는 마음으로 바라보기만 하는 것이 아니다. 그리스도의 십자가는 "죽은 자를 살리시며 없는 것을 있는 것으로 부르시는"(롬 4:17) 창조하는 말씀의 힘이기 때문에, 우리는 그것의 힘을 통해 움직이고, 기운을 공급받고, 보장받고, 안전해진다. 우리의 수고는 "헛되지 않을" 뿐만 아니라 우리가 지금은 "거울로 보는 것같이 희미하게" 보지만 시간이 완전히 차면 "얼굴과 얼굴을 대하여" 보는(고전 13:12) 방식으로 하나님의 미래 안으로 세워져 가고 있기 때문에 영원한 의미도 갖고 있다.

거리끼는 것으로서 하나님의 말씀

주류 교회와 복음주의 교회 모두에서 십자가에 관한 설교와 가르침이 부족하며, 21세기에 다양한 신흥 교회들도 십자가로부터 멀어지는 경향이 있다.[25] 기독교 신앙에서 십자가형이 중요한 위치를 차지하고 있는 점에

---

25 본서에서 "주류"라는 용어는 1950년대까지 미국에서 가장 중요했던 개신교 교파들을 가리키는 말로 사용될 것이다. 주요 교파들은 미국 북장로교회(Presbyterian Church; PCUSA), 미국 연합 그리스도의 교회(United Church of Christ; UCC), 미국 감리교회(United Methodist Church; UMC), 미국 복음주의 루터교회(Evangelical Lutheran Church in America; ELCA) 그리고 미국 성공회(Episcopal Church in the United States; TEC) 등이다. 다른 그룹으로는 미국 침례교회, 복음주의 언약교회, 미국 개혁교회(Reformed Church in America; RCA), 기독교 개혁교회(Christian Reformed Church; CRC) 그리고 약간의 다른 교파들이 포함된다. 본서에서는 일반적으로 처음 다섯 개 교파를 의미한다. 교회에 적용된 "복음주의자"라는 말은 정의하기가 훨씬 더 어렵다. 유럽에서 그 말은 단순히 "개신교"를 의미하는 반면 미국에서는 그 단어는 좀 더 정치적인 함의를 갖고 있으며 때때로(반드시 그런 것은 아니다) 근본주의에 치우쳐 있다. 그러나 미국의 모든 복음주의자들이 "보수적"인 것은 아니다. 상당히 많은 이들이 자신을 성경과 고전적인 기독교에 헌신하면서도 정치적으로 좌파로 인식하는 "자유주의적" 또는 심지어 "급진적"인 사람들이다. 본서에서 "복음주의자"는 대개 미국의 넓은 교회 내에서 사회정치적으로 하나의 집단을 적시하는 용어로 사용될 것이다. 아프리카계 미국인 교회─우리는 종종 이 교회에 대해 관찰할 기회가 있을 것이다─는 어느 정도는 독자적인 부류에 속하며 위의 어느 그룹에도 쉽게 들어맞지 않는다. 마찬가지로 오순절주의 교회의 존재와 힘도 인정되어야 할 것이다. 이 교회들은 성경신학에 점점 더 많이 기여하고 있다(특히 Gordon Fee와 Amos Yong). "신흥 교회"(emerging church)로 불리는 느슨한 연합이 어떤 영향을 끼칠지에 관해 판단하기에는 아직 이르다.

이것이 개신교의 지형이다. 로마 가톨릭교회는 확실히 논란에 쌓여 있기는 하지만 여전히 교파를 언급하지 않고 그 자체로 적시하고 논의할 수 있다(이는 분명히 부러운 점이다). 정교회도 대체로 마찬가지인데, 개신교에 비하면 확실히 그렇다. 본서에서는 주로 개

비추어볼 때, 교회에서 왜 십자가 설교를 멀리해야 하는지가 명백한 것은 아니다. 그러나 한 가지 이유는 확실히 십자가형의 해석에 관한 논란과 관련이 있는데, 이는 그것을 선포하는 이들의 확신을 훼손한다.

바울 역시 그의 설교를 들은 사람들의 노골적인 적대감은 아니더라도 거북스러움에 영향을 받았다. 앞에서 언급한 바와 같이 그는 "내가 복음을 부끄러워하지 아니하노니 이 복음은…구원을 주시는 하나님의 능력이 됨이라"(롬 1:16)고 말해야 한다고 느꼈다. 이 말들은 바울의 비판자들에 대한 그의 선제적인 입장을 반영한다. 이 사도가 고린도 교인들에게 보낸 서신에 의하면 십자가에 처형된 메시아의 복음에는 세속적인 사람들과 세련된 사람들의 경멸을 야기하는 뭔가가 있었다. 이는 교회 밖 사람들뿐만 아니라 교회 **안**의 사람들, 특히 고린도 교회 회중에게도 마찬가지였다. 따라서 바울은 십자가에 초점을 맞춘 자신의 설교를 옹호하기 위해 고린도 교회에 근본적인 말로 편지를 쓴다.

> 십자가의 도가 멸망하는 자들에게는 미련한 것이요 구원을 받는 우리에게는 하나님의 능력이라. 기록된 바 "내가 지혜 있는 자들의 지혜를 멸하고 총명한 자들의 총명을 폐하리라" 하였으니 지혜 있는 자가 어디 있느냐? 선비가 어디 있느냐? 이 세대에 변론가가 어디 있느냐? 하나님께서 이 세상의 지혜를 미련하게 하신 것이 아니냐? 하나님의 지혜에 있어서는 이 세상이 자기 지혜로 하나님을 알지 못하므로 하나님께서 전도의 미련한 것으로 믿는 자들을 구원하시기를 기뻐하셨도다. 유대인은 표적을 구하고 헬라인

신교에 관해 다루겠지만 기독교 세계의 이 진영들도 무시하지 않을 것이다. 개신교, 가톨릭, 정교회 모두 사도들과 교부들의 전통을 물려받았기 때문에 우리는 우리 자신의 상황에도 불구하고 함께 붙어 있는데, 이는 우리의 "불행한 분열"(1928년 『성공회 기도서』, 37)의 와중에서 감사할 이유다.

은 지혜를 찾으나 우리는 십자가에 못박힌 그리스도를 전하니 유대인에게
는 거리끼는 것이요 이방인에게는 미련한 것이로되 오직 부르심을 받은 자
들에게는 유대인이나 헬라인이나 그리스도는 하나님의 능력이요 하나님의
지혜니라. 하나님의 어리석음이 사람보다 지혜롭고 하나님의 약하심이 사
람보다 강하니라(고전 1:18-25).

바울 자신이 훈련된 학자로서 어리석음을 분별할 뛰어난 역량을 갖추고
있었기 때문에 이에 관해서는 뭔가 솔직하지 못한 점이 있다. 그러나 그는
매우 진지하게 지혜와 어리석음에 관해 말하고 있으며, 실제로 우리는 이
점으로 인해 그의 용기를 더 인정하게 된다. 이방인의 사도가 되기 위해서
그는 종교 엘리트 중의 지도자로서 높은 신분을 버리고 모든 종류의 사람,
특히 노예들과 경제적·사회적으로 밑바닥 계층의 사람을 포함한 모든 종
류의 사람에게 십자가형을 받은 그리스도를 선포하느라 온 세상을 돌아
다니는, 거의 상상할 수 없는 위험과 고난의 삶을 살아야 했다.[26]
    바울의 사도직의 이같이 이례적인 측면이 언제나 충분히 인식된 것
은 아니다. 그가 자신에 관해 말하는 바와 같이 그는 "히브리인 중의 히
브리인"(빌 3:5)일 뿐만 아니라 최고 수준의 지성인이었기 때문에 그가 자
신의 익숙한 공간에서 나오는 것은 작은 일이 아니었다. 그의 목숨은 반
복적으로 위험에 처했으며, 그는 다수가 사회의 하찮은 존재 출신인 개
종자들의 한 가운데서 십자가에 처형된 그리스도의 복음을 전하는 자가
되기 위해 유대인 지식 계급과의 유대 관계를 끊어버렸다. 우리가 고대
로마에 관해 생각할 때 우리는 상류 계급, 황제, 원로원 의원들을 떠올린

---

26   특히 다음 구절들을 보라. 고전 4:8-13; 고후 1:8-10; 4:8-12; 6:4-10; 11:23-29. 고린도
     교회의 엘리트주의자와 도피주의자는 바울과 그의 동료들이 자기들을 위해 견딘 일에 관
     해 들을 필요가 있었다.

다. 우리는 그 사회의 통치자들에게는 아무것도 아니었던, 토지를 소유하지 못했던 로마 제국 내 "대중들"의 비참한 정황에 대해 생각하도록 배우지 않았다.[27] 현대의 독자는 다음과 같은 바울의 말을 읽을 때 이 점을 명심할 필요가 있다. "형제들아, 너희를 부르심을 보라. 육체를 따라 지혜로운 자가 많지 아니하며 능한 자가 많지 아니하며 문벌 좋은 자가 많지 아니하도다. 그러나 하나님께서 세상의 미련한 것들을 택하사 지혜 있는 자들을 부끄럽게 하려 하시고 세상의 약한 것들을 택하사 강한 것들을 부끄럽게 하려 하시며"(고전 1:26-27).

바울은 결코 이를 가볍게 말하지 않았다. 바울은 로마 시민이라는 큰 영예를 갖고 있었는데, 우리는 빌립보서에서 바울이 자신의 지위에 관해 자랑할 수도 있었음을 알 수 있다. "만일 누구든지 다른 이가 육체를 신뢰할 것이 있는 줄로 생각하면 나는 더욱 그러하리니"(빌 3:4). 그러나 십자가에 못박힌 주의 성령 안에서 그는 자신의 뛰어난 지위를 내려놓기 위해 씨름한다. "그러나 무엇이든지 내게 유익하던 것을 내가 그리스도를 위하여 다 해로 여길뿐더러 또한 모든 것을 해로 여김은 내 주 그리스도 예수를 아는 지식이 가장 고상하기 때문이라. 내가 그를 위하여 모든 것을 잃어버리고 배설물로 여김은 그리스도를 얻고 그 안에서 발견되려 함이니 내가 가진 의는 율법에서 난 것이 아니요 오직 그리스도를 믿음으로 말미암은 것이니 곧 믿음으로 하나님께로부터 난 의라"(빌 3:7-9).

---

27 *capite censi*(머릿수; 대중을 의미함)는 그리스어 *hoi polloi*에 해당하는 라틴어다. 위대한 웅변가이자 저술가인 키케로는 황폐한 인술라(집단 주택 구획)를 갖고 있었다. 우리는 키케로를 우리의 인간적인 동시대인으로 생각하는 경향이 있지만, 여러 인술라들을 소유했던 그와 그의 동시대인 크라수스는 "빈민가 건물주"로 불려도 합당할 것이다. 이로 미루어 우리는 초기 기독교가 상류층의 눈에는 보이지 않던 사람들에게 놀랄 만한 매력이 있었을 것이라는 점을 어렴풋이 짐작할 수 있다. Neil Elliott, *The Arrogance of Nations: Reading Romans in the Shadow of Empire* (Minneapolis: Fortress, 2008), 36-40을 보라.

오늘날 십자가의 의미를 이해하고 이를 설명하려는 사람은 누구나 이와 유사한 버림의 과정을 겪어야 한다. 바울이 언급한 "세상의 기준"은 그리스도가 다스리는 새 시대에는 더 이상 유용하지 않다. 사도 바울의 유명한 기독론 구절인 빌립보서 2:7-8은 이렇게 말한다. "[그는] 오히려 자기를 비워 종(doulos)의 형체를 가지사 사람들과 같이 되셨고, 사람의 모양으로 나타나사 자기를 낮추시고 죽기까지 복종하셨으니 곧 십자가에 죽으심이라."

마지막 어구 "곧 십자가에 죽으심이라"는 아마도 이미 회람되고 있던 고백문에 바울이 삽입한 말일 것이다. 그는 십자가형의 거리끼는 것을 강조하기 원한다. 십자가형은 바울 당대에 인기 있는 주제가 아니었으며 오늘날에도 인기 있는 주제가 아니다. 특히 바울이 "내가 너희 중에서 예수 그리스도와 그가 십자가에 못박히신 것 외에는 아무 것도 알지 아니하기로 작정하였음이라"(고전 2:2)고 말하고, "그러나 내게는 우리 주 예수 그리스도의 십자가 외에 결코 자랑할 것이 없으니 그리스도로 말미암아 세상이 나를 대하여 십자가에 못박히고 내가 또한 세상을 대하여 그러하니라"(갈 6:14)고 선언하는 것에 비추어볼 때 십자가가 인기가 없는 주제라는 것을 이해하기 어렵다. 때로는 교회가 고의로 그런 과격한 구절들을 무시하고, 예수의 죽음에 대한 좀 더 일반적이고 덜 불쾌한 해석에 집중하기로 결심한 것으로 보인다. 예를 들어 "예수는 자기가 우리를 얼마나 사랑하는지 보여주기 위해 죽었다"라는 식으로 말이다. 그것은 확실히 사실이지만, 그 말은 특색이 없게 들리며 십자가형의 끔찍함에 훨씬 못 미친다. 이 표현이 제기하는 질문은 바로 이것이다. 십자가에서 예수는 단순히 우리에게 뭔가를 "보여주고" 있었는가, 아니면 무슨 일이 실제로 **일어나고** 있었는가? 이 질문은 우리의 논의에서 중요한 요인이 될 것이다.

해석의 필요

바울의 논지는 사람들을 불쾌하게 만들지 않으면서 "십자가의 도"를 설교하거나 가르칠 수는 없다는 것이다. 사복음서는 예수가 재판과 처형을 받는 과정에서 야기한 적대감을 묘사함으로써 이 점을 각기 자신의 방식으로 보여준다. 그의 죽음이 왜 불쾌한지 그리고 이것이 무엇을 의미하는지를 이해하는 것이 도전 과제다. 그 사건은 설명을 필요로 한다. 몇 개의 놀라운 문장에서 조엘 D. 그린과 마크 D. 베이커는 그리스도의 죽음은 너무도 조화되지 않기 때문에 그것이 간단하게 전용될 수 없었다고 선언한다. 그들은 엠마오로 가던 두 제자 이야기를 예로 들어서 **십자가형은 그 자체로 쉽게 설명되는 것이 아니라 설명을 필요로 한다**고 말한다. "로마의 십자가형에 의한 예수의 죽음은 그 자체 안에 자명하고 명백한 설명이 들어 있지 않은 사건이었다. [두 제자들의] 감정과 말은 예수의 사역의 성격과 그가 최후를 장식한 방식 간에 불일치가 있다고 생각되었음을 전달한다.…기독교 운동의 초기 몇십 년 동안 십자가가 **거리끼는 것**이라는 점은 십자가의 **의미**보다 훨씬 명백했다."[28]

십자가형의 보편적이고, 세상을 변혁시키는 중요성은 무엇인가? 그것은 자명하지 않다. 우리가 박물관에 가서 십자가에 달린 예수의 그림을 바라보는 관람자의 말을 들어보면 그 사건의 시각적 묘사가 모호하다는 점을 알게 될 것이다. 세속 문화에서는 나무 말뚝에 잔인하게 못박힌 인물에게서 무슨 일이 벌어지고 있는지 알 도리가 없다. 만일 우리가 예컨대 성 안드레아의 십자가형 그림을 보면 이 점이 명확해진다. 관람자는 안드레아의 십자가가 X자 형태라는 점을 제외하면 두 십자가형 간에

---

28 Green and Baker, *Recovering the Scandal*, 11, 15, 강조는 덧붙인 것임.

무슨 차이가 있는지 알아차릴 수 없다. 왜 예수의 죽음을 묘사하는 것에 다른 이들의 죽음 묘사보다 더 많은 울림이 있어야 하는가? 궁극적으로 어떤 그림이나 영화, 텔레비전 프로그램도 예수의 십자가형의 구원의 의미를 설명해줄 수 없다. 우리는 성경 말씀을 믿음으로 들어야 한다. 이것이 기독교 설교와 가르침의 주된 목표다(또는 주된 목표여야 한다).[29] 그리스도의 십자가는 저절로 해석되지 않는다. 실제로 일부 기독교 전통이 인식하는 바와 같이 십자가라는 상징 **자체**는 너무도 쉽게 단순한 표장(標章)이 되거나, 미신이나 마법적인 사고로 이어지는 부적이 될 수 있다. 그의미로부터 분리되면 십자가가 심지어 바로 그렇게 죽은 이 자체를 조롱하는 대의에 대한 충성을 나타내는 표지가 될 수도 있고, 종종 그렇게 되기도 했다. 콘스탄티누스, 십자군, KKK의 십자가와 같이 말이다.

삼위일체, 십자가 그리고 하나님의 말씀

수치스러운 "십자가의 도"는 하나님 자신의 말씀이다. 수치스러운 일(scandal)과 하나님이 연결되었다는 것 자체가 비종교적이다. 이것은 기독교 메시지의 또 다른 측면이다. 십자가의 도는 더욱이 세 위격으로 존재하는 하나님의 말씀인데, 이는 이에 관해 들어보지 못한 지성인들에게는

---

29 나는 이 점을 철회하고 싶지 않지만, 동시에 펠라기우스주의의 조짐을 인지한다(그리고 그것을 거부한다). 다음과 같은 Karl Barth의 말은 전적으로 옳은 말이다. "그리스도에 대해 이야기되고 그의 이야기가 들려지고 그것에 대해 귀를 기울이는 곳마다 그가 스스로 말한다. **그리스도가 선포를 필요로 하는 것이 아니라 선포가 그를 필요로 한다.** 그는…그 것을 가능케 한다. 그는 자신을 선포의 기원이자 대상으로 만든다. 그는 선포의 토대이자 진리이며 능력이다"(*Church Dogmatics* IV/1 [Edinburgh: T. & T. Clark, 1956], 227, 강조는 덧붙인 것임). 달리 말하자면 십가가는 해석될 필요가 있지만, 인간 행위자를 통해 해석하는 존재는 성령이다.

십자가에 못박힌 하나님이라는 구경거리가 종교적 감성에 불쾌한 일이었던 만큼이나 불쾌한 개념이다. "십자가의 도" 사건에서 성 삼위일체 자신—아버지, 아들, 성령—이 행동하여 무에서(*ex nihilo*) 창조세계 자체를 존재케 했던 것과 동일한 우주적인 능력으로 십자가형이라는 과거 사건을 (갈 3:1에서와 같이) 현재 시점으로 가져온다. 아버지의 말씀(창 1:3), 말씀이자 창조의 대리인으로서 아들(요 1:3; 히 1:2), 아들이 종의 형태로 세상에 내려옴(빌. 2:7), 생명을 주는 성령(겔 37:9-10; 요 3:5-7; 행 4:31). 위의 모든 일이 예수의 십자가와 부활에서 일어나고 있다. 그것은 하나님의 새로운 창조 활동이며 창조 자체보다 훨씬 더 위대한 하나님의 재생 사업이다. "우리는 놀랍게 창조되었지만" "더 놀랍게 회복되었기" 때문이다.[30]

삼위일체 자신 안에서 수행된 십자가와 부활을 단일 사건으로 이해하는 것이 매우 중요하며 본서의 논의에서 계속 도움이 될 것이다.[31] 수치스러운 "십자가의 도"는 인간의 말이 아니다. 그것은 십자가에 처형된 이에 관한 설교에 존재하는, 성령의 능력을 부여받은 하나님의 임재다. 바울, 요한, 사도행전 저자 같은 다양한 신약성경 저자들에게 매우 중요했던 성령은 메시지 안에 거하고 설교자에게 능력을 부여함으로써 그리스도 안에서 나타난 하나님의 행동 선포가 창조의 말씀 자체의 삼위일체적인 능력에서 비롯되는 새로운 창조 사건이 되게 한다.

하나님의 창조의 말씀에 대한 헌신은 삼중적인 말씀을 "높이" 보는 견해에 근거한다. **첫째**, 예수 그리스도 자신이 성육신한 말씀이다. **둘째**,

---

30 Book of Common Prayer(1979), 성탄절 뒤 두 번째 주일. 7세기의 레오 성사집[베로나 성사집]에서 도출함.

31 F. W. Dillistone은 십자가-부활 사건을 "두 측면이 있는 구원 행동"으로 부른다(*The Christian Understanding of Atonement* [Philadelphia: Westminster, 1968], 88).

성경으로 기록된 하나님의 말씀은 그리스도 예수에게서 나타난 하나님에 대한, 신뢰할 수 있으면서도 역동적이고 폭발적인 증언이다. **셋째**, 복음 설교는 현재 시점에서 성령에 의해 창조된 말씀 사건이다.[32]

"십자가의 도": 소극적이지 않고 적극적이다

"십자가의 도"는 사도들의 설교에서 최초로 들려졌다. 초기 기독교 설교는 전에 들었던 인간의 어떤 연설 형태와도 달랐다.[33] 우리가 복음 설교의 특징을 이해하기 위해서는, 성경 자체의 특징을 이해해야 한다.[34] "우리가 성경에게 질문한다"와 "성경이 우리에게 질문한다"라는 말 사이에는 근본적인 구문상의 차이가 있다. 우리는 교회에서 "소그룹에서 성경을 사용하기"와 같은 말을 종종 듣는다. 그러나 우리는 성경을 "사용"하

---

32 저자가 말씀을 강조한다고 해서 성사를 약화시키려 한다고 생각하는 것은 저자의 의도를 오독하는 것이다. 사실 주의 만찬은 1장의 중요한 부분을 차지하며 세례는 마지막 두 장의 중심 주제다. 본서에서는 많은 교회에서 설교가 훨씬 덜 중요하게 다루어지는 이 시대에 말씀과 성사 모두 동등한 효능이 있으며 서로 맞물려 있다고 주장한다. 예를 들어 성공회 교회에서는 성찬 예식을 강조하는 예전 운동이 매우 성공적이어서 성경 설교의 가치가 점점 더 평가 절하되었고 간략한 훈계로 대체되고 있다. 이런 경향은 회중으로 하여금 성경을 해석 없이 단순히 암기하기만 하면 충분한 것처럼 거의 기계적으로 읽어도 된다고 생각하게끔 조장한다. 말씀에 대한 이러한 마술적인 견해에서는 말씀을 그것이 새로운 상황에서 설명되고 들려질 때마다 새로운 힘으로 반복적으로 일어나는 사건으로 보는 이해가 불충분하다.

33 Amos N. Wilder, *Early Christian Rhetoric: The Language of the Gospel* (Peabody, Mass.: Hendrickson, 1999). Wilder의 책의 한 가지 핵심 주제는 "예수와 그의 최초 제자들의 말이…새롭고 강력한 발화(utterance)로 당대의 말과 글의 세계 안으로 뚫고 들어왔다"는 것이었다(9). 그의 책의 1장 제목은 "새로운 발화"였다. Wilder는 "언어-사건"으로서 초기 기독교 설교의 성격을 강조한다.

34 Northrop Frye의 존경할 만한 *The Great Code*에 대한 리뷰에서 유대인 저술가이자 비평가인 Naomi Bliven은 이렇게 말한다. "성경은 **케리그마**다.…성경의 문학적 권위는 그것이 **계시**라는 저자들의 확신에 이차적이다"(*New Yorker*, May 31, 1982, 강조는 덧붙인 것임).

지 않는다. 만일 우리가 성경을 사용하려고 하면 성경은 우리에게서 빠져 나가고 대신 모호하고 역동성이 훨씬 덜한 뭔가를 남겨놓을 것이다. "영적인" 여러 잡지들에 실리는 이야기들과 달리 성경의 내러티브는 하나님을 향한 우리의 여정에 관해 말하지 않는다. 그 반대 방향이다. 올바른 접근법은 "내가 성경에 어떤 질문을 해야 하는가?"가 아니라 **"성경이 내게 어떤 질문을 하는가?"**다. 하나님은 아담이 자신을 찾기를 기다리지 않고 "아담아, 네가 어디 있느냐?"—이는 타락한 인간에게 한 최초의 말이다—라고 질문하며 아담에게 찾아왔다. 하나님은 욥에게 이렇게 말했다. "너는 대장부처럼 허리를 묶고 내가 **네게** 묻는 것을 [**내게**] 대답할지니라"(욥 38:3). 하나님은 이렇게 말씀하는 존재다. "내가 **네가 알지 못하는** 크고 은밀한 일을 네게 보이리라"(렘 33:3).

달리 말하자면 성경을 통해 부여된 새로운 지식은 **질문을 고안해낼 우리의 능력을 넘어서는 곳에 존재하는 원천**으로부터 온다. 예수도 자신의 사역에서 위로부터 오는 이 특질을 지속적으로 보여주었기 때문에 사람들은 "이것이 무엇인가? 새로운 가르침이다!"(막 1:27)라고 말했다. 여기서 전달하는 메시지는 이 말씀은 인간의 이해 능력을 뛰어넘으며 그 저자에게서 해석을 받아야 한다는 것이다. 인간 행위자를 통한 하나님의 아들의 십자가형이라는, 생각할 수 없는 사건에 대한 해석에서는 특히 더 그렇다.

그러므로 우리는 성경을 해석할 때 가급적 우리 자신의 전제들을 제쳐두고, 성경 텍스트 앞에 와서 그것이 우리에게 말하는 바를 듣기 위해 최선을 다한다. 말씀은 개별적인 부분들의 단순 합보다 훨씬 많은 것을 발견하는 공동체를 만들 능력을 갖고 있기 때문에 함께 성경을 공부하는 그룹들에서 이적이 발생한다. 결국 성경은 믿음을 갖고 읽도록 의도되었다. 우리는 최소한 믿음이 발생할 수도 있다는 생각에 열린 마음을 갖고 성경을 읽어야 한다. 믿음은 인간의 성취가 아니라 하나님으로부터 오는 선물이기 때문이다. 윌리엄 스트링펠로우가 교회에 영속적으로 기여한 것 중 하나는—거친 뉴욕 거리의 아이들 집단으로부터 성경 리더를 만들어낸 그의 로마서 수업에서와 같이—말씀이 자신이 원하는 바를 일어나게끔 할 수 있는 능력을 이례적으로 잘 포착했다는 것이다.[35] 복음은 활동성이 없지 않다. 복음은 믿음과 행동 모두를 이끌어낼 능력을 갖고 있다. 따라서 골로새서 1:5-6에서 말씀은 사도들의 설교와 사명의 **내용**으로 묘사되는 것이 아니라 동사의 **주어**인 **능동적인 행위자**로 묘사된다. "진리의 말씀인 복음이 온 세상에서 열매를 맺고 자라고 있는 것처럼 여러분에게도 이르렀습니다"(개역개정의 번역을 따르지 아니함).

이 이유로 십가가는 그것이 평범한 또는 심지어 이례적인 역사적 사건인 것처럼 해석될 수 없다. 예수의 사례는 다른 사례와 전혀 다르다. 우리가 앞으로 1000년 동안 역사적 사실들을 연구하고, 빌라도의 동기를 사색하고, "유대인들"의 역할을 토론하여 대안적인 설명들을 제안한다고 하더라도 우리는 이 죽음이 완전히 독특한 이유를 지금보다 더 잘 알게 되지 않을 것이다. 바울은 로마서 1:17에서 복음은 "믿음으로 믿음에 이르게 한다"고 말한다. 이 말은 결코 방어하기 쉬운 전제가 아니었다. "십자가의 도" 자체와 마찬가지로 성경의 타협하지 않는 성격은 걸림돌, 즉

---

35 Stringfellow는 로마서 공부에서 빈민가의 히스패닉계 젊은이 그룹을 인도한 경험에 관해서 썼다. 그렇게 생각하기는 어렵지만 그는 특히 단순히 그 젊은이들에게 로마서 구절들을 계속 읽게 했다고 말한다. 궁극적으로 그는 그들에게 "이 구절은 뭐라고 말하나요?"라는 질문 하나만 던졌다. "이 구절에 동의하나요?"나 "이 구절은 당신에게 무엇을 의미하나요?" 또는 "이 구절에 대해 어떻게 생각하나요?"가 아니라 단순히 **"이 구절이 뭐라고 말하나요?"**였다(Stringfellow, *Count It All Joy: Reflections on Faith, Doubt, and Temptation* [Grand Rapids: Eerdmans, 1967], 62-72). Stringfellow처럼 말씀 자체가 말하는 힘을 확신한 사람이 별로 없는데, 그의 최고의 저술들의 이례적인 특성은 그가 말씀을 철저히 신뢰했다는 사실에 기인한다. 그의 저술은 성경을 계시이자 능력이라고 주장한다는 특징이 있다.

거리끼는 것(고전 1:23)이다. 그러나 우리는 "아무튼 믿음으로써 그것을 받아들이기만 하면 된다"고 중얼거리는 수준으로 전락해서는 안 된다. 우리는 성경 자체 안에 학문 연구, 성찰 및 텍스트와의 씨름이 하나님의 백성인 우리의 소명의 일부라는 증거를 갖고 있다. 복음서 저자들과 사도들이 그들 자신이 받은 히브리어 성서를 깊이 연구한 것도 이 점을 증거한다.

그러나 성경 자체는 거리끼는 것이라는 점도 여전히 사실이다. 우리가 어떻게 이 인간의 책을 진지하게 하나님의 말씀으로 받아들일 수 있는가? 여기서 우리는 계시 교리를 떠올린다. 예수 그리스도의 생애와 죽음과 미래는 인간 증인들에게 맡겨졌다. 모든 설교 활동은 증인들에 대한 이 위임에 근거한다. 성경 설교자, 교사 그리고 증인의 확신은 개인적인 오만이 아니라는 점이 언제나 이해되는 것은 아니다. 그러한 확신은 하나님의 충분성이 인간의 불충분성을 압도할 것이라는 역설적인 믿음에서 나온다. 바울이 쓴 바와 같이 "누가 이 일을 감당하리요? 우리는…하나님께 받은 것 같이 하나님 앞에서와 그리스도 안에서 말한다"(고후 2:16-17). 실수들과 부족함이 그의 회중들에게 잘 알려졌던 아프리카계 미국인 설교자 조니 레이 영블러드는 세련되지 못한 스타일로 이렇게 선언한다. "이것[하나님의 말씀]은 양날의 칼입니다. 그것은 뒤로 가 내게서 지옥을 잘라내고 앞으로 와서 여러분을 잘라냅니다. 그리고 하나님의 말씀의 진리는 나의 삶의 방식에 근거하지 않습니다. 그것은 하나님의 말씀 자체에 근거합니다. 하나님은 죄인을 보내어 죄인에게 설교합니다. 나는 다른 거지에게 빵이 어디 있는지 말해주는 또 다른 거지일 뿐입니다."[36]

---

36 Samuel G. Freedman, *Upon This Rock: The Miracles of a Black Church* (New York: HarperPerennial, 1994), 13.

"십자가의 도"를 성령을 통하여 해석하기

본서는 성경 해석의 역사에서 상서로운 순간에 저술되었다. 우리 모두는 역사비평 해석학파에서 애썼던 여러 세대의 재능 있고, 헌신되고, 경건한 사람들에게 심대한 감사의 빚을 지고 있다. 우리는 그들의 통찰과 도구들 없이는 다시는 연구를 수행할 수 없을 것이다. 그러나 이런 식으로 텍스트를 설명하는 방법은 아마도 우리로 하여금 갈 데까지 가게 만들었을 것이다.[37] 학계에 큰 변화가 있었는데, 이러한 변화가 이 시기들의 검증을 이겨낼 믿음을 위해 성경을 탐구하는 데 관심이 있는 사역자들이나 평신도들에게 많은 희망을 제공하고 있다. 우리는 최근 몇십 년 동안 적혀 있는 대로의 텍스트, 그리고 전체로서의 성경을 더욱 중시하고 텍스트의 비유적이거나 수사적인 특질뿐만 아니라 "분명한 의미"에 좀 더 호응하는 좀 더 문학적인 해석 방법으로 전환되고 있음을 보고 있다.[38] 이 변화는 "포스

---

37 나는 이 격심한 변화가 일어나고 있던 바로 그 시기(1970년대 중반)에 신학교에서 공부했다. 가장 중요한 역사비평학자들 일부는—비록 그것이 자기 연구의 근본 원리의 많은 부분으로부터 떠나는 것을 의미했지만—이 움직임이 얼마나 중요한지 알 수 있었다. 특히 인상적인 예는 Raymond E. Brown인데 그는 위대한 W. F. Albright 학파에서 수학했고, 어느 기준으로 보든 역사비평 시대의 거장 중 한 명이다. Brown은 그의 주요 저술인 *The Death of the Messiah*(『메시아의 죽음 1, 2』, 기독교문서선교회 역간)에서 오늘날의 좀 더 문학적인 접근법으로 확실히 전향함으로써 학자로서의 그의 범위와 자유를 보여주었다. 훗날 포덤 대학교에서 열린 강의에서 이에 대해 반추하며 그는 이렇게 말한다. "나는 내 연구의 도구들을 의심하기 시작했다"(출처: 1984년 3월 8일자 나의 강의 노트). 그의 세대의 많은, 아마도 대다수의 학자들은 그런 이동을 할 수 없었거나 할 의향이 없었을 것이다. 그는 그 변화가 교회와 신도석의 일반 그리스도인들을 유익하게 할 것으로 믿었기 때문에 자기가 그렇게 변한 데 대해 자부심을 느꼈으며, *The Death of the Messiah*를 검토한 많은 이들이 자신의 접근법이 변했다는 사실을 알아차리지 못한 데 대해 짜증이 났다(1998년에 내게 보낸 개인 서신).
38 그리 멀지 않은 과거에 사역자들은 회중들에게 J 문서, E 문서, P 문서와 신명기 사가, Q, 원 누가복음 등의 신비를 알려줘야 한다고 생각했다. 마치 이 학문적 가설이 텍스트 자체보다 더 재미있고 중요하기라도 하듯이 말이다.

트모더니즘"이라고 불리는 현상에 큰 빚을 지고 있는데, 지형을 바꾼 중요한 이 현상을 두려워하고 이에 저항하는 이들이 많지만, 학자들이 포스트모더니즘 덕분에 "과학적인" 텍스트 분석에서 벗어나 내러티브, 비유, 이미지, 텍스트의 정경 형성을 훨씬 더 생산적으로 이해하기 시작했기 때문에 그것은 실제로는 우리에게 큰 도움을 주었다. 포스트모더니즘의 이러한 기여 덕분에 우리는 다시금 근대 이전 신앙의 선조들과 더 많이 접촉하게 되었고, 오늘날의 목회자들은 바로 직전 시기의 목회자들과 달리 1500년 전에 쓰인 성경 주석을 읽고 있을지도 모른다.

그러므로 이 "현장에서의 성경신학" 책의 중요한 목표 중 하나는 교회 안에서 특히 "십자가의 도"를 설교하는 것과 관련하여 목사들과 교사들의 용기를 강화시켜주는 것이다. 본서는 신약성경 증언의 복잡성을 존중하면서, 동시에 독자들로 하여금 십자가에 못박힌 주님의 메시지가 능력을 주고 자유케 하는 성령의 힘으로 모든 사람의 마음에 직접 작용한다는 점을 믿게끔 격려하도록 고안되었다. 십자가의 의미는 단순한 사람들에게 숨겨지지 않았다. 그것은 학자들에게만 적합한 신비로운 주제가 아니다. 모든 신자에게 주어진 성령께서 해석해줄 것이기 때문에 아무도 자신은 성경 텍스트의 의미로부터 차단되어 있다고 느낄 필요가 없다. 여기에 십자가의 도의 삼위일체적 성격의 또 다른 측면이 있다.[39]

---

39 요한복음에서보다 해석에 있어서 성령의 사역이 더 명확하게 묘사된 곳은 없다. "보혜사(*parakletos*) 곧 아버지께서 내 이름으로 보내실 성령, 그가 너희에게 모든 것을 가르치고…진리의 성령이 오시면 그가 너희를 모든 진리 가운데로 인도하시리니"(요 14:26; 16:13). 그러므로 십자가에 관한 본서는 성령이 예수께 속한 모든 것을 해석할 것이라는 주님의 이 약속에 소망과 신뢰를 두고서 쓰였다. 이 해석과 확인 작업은 삼위 하나님에 의해 수행되며, 이 사실의 중요성은 예수가 두 절 뒤에 반복하는 말을 통해 강조된다. "무릇 아버지께 있는 것은 다 내 것이라. 그러므로 내가 말하기를 '그가 내 것을 가지고 너희에게 알리시리라' 말하였노라"(16:15). 특히 삼위일체 하나님의 성령은 능력, 즉 인간적으로 확립된 모든 능력을 초월하는 새로운 이해를 갖춘 해석자를 만들어내는 능력이다(3:1-8; 14:26;

사복음서의 상호 관계

확실히 십자가형 이야기를 책임 있게 해석한다는 것은 언제나 도전적이고 미묘한 과업일 것이다. 복음서 저자마다 그것을 다르게 제시하는데, 그 넷 사이에는 상당한 변이가 있으며 심지어 모순도 존재한다. 여기에 바울과 히브리서 저자의 음성이 가세하면 그림이 복잡해진다. 마르틴 헹엘은 이를 "접근법의 다양성"이라고 부른다.[40] 그 차이들에 관해 레이먼드 브라운은 다음과 같이 간략하게 요약한다.

> 요한복음과 누가복음의 수난 내러티브들에서는 마가복음과 마태복음에서 발견되는 극도의 혼란, 응답되지 않은 기도, 하나님에게서 버려짐이 나타나지 않는다. 예수는 계속 자기 아버지와 연합해 있다. 우리가 복음서들의 기독론을 예수의 인간으로서의 약점이나 하나님의 능력을 명백히 볼 수 있게 끔 해주는 스펙트럼 상에 표시한다면 마가복음은 한쪽 끝에 위치하고 요한복음은 다른 끝에 위치하며, 그 중간에서 마태복음은 마가복음에 더 가깝고 누가복음은 요한복음에 더 가까울 것이다. 그러나 요한복음과 누가복음에서 예수에 대한 묘사는 같지 않다. 요한복음의 예수는 누가복음의 예수에게 부여된 용서와 치유를 명확하게 보여주지 않는다. 누가복음의 예수는 요한복음의 예수에게서 명백히 드러나는 당당함과 능력을 보여주지 않는다.[41]

16:13-14).

40 Hengel, *The Atonement*, 53.

41 Raymond E. Brown, *The Death of the Messiah: From Gethsemane to the Grave; A Commentary on the Passion Narratives in the Four Gospels*, 2 vols. (Garden City, N.Y.: Doubleday, 1994), 90-1.

이러한 차이들은 해석자들과 설교자들에게 재미있는 도전과 기회를 제공한다.[42] 성경 전체에 관한 그들의 설교가 수집된 위대한 많은 설교가들은 서로 다른 증언들에 충분한 주의를 기울였는데 그들의 설명은 오늘날에도 여전히 귀중한 자료로 남아 있다.[43] 그러나 그 배후에는 예컨대 알렉산더 맥라렌으로 하여금 로마서 9-11장을 완전히 건너뛰게 한 것과 같은 한두 가지 관점이 놓여 있다. 진지하게 접근하는 모든 해석자들은 조만간, 의식적이든 무의식적이든 바울의 눈을 통해 누가-행전을 읽을 것인지 아니면 누가-행전의 렌즈를 통해 바울 서신을 읽을 것인지를 결정해야 한다. 본서의 핵심적인 목적은 바울에 의해 가장 급진적으로 정의된, 그러나 프리즘을 통해 굴절된 것처럼 사복음서 모두 및 다른 서신서들을 통해 굴절된 것으로서 십자가에 관한 메시지를 설명하는 것이다. 네 번째 복음서에 관해서 말하자면 요한은 십자가에 관해서뿐만 아니라 거의 모든 것에 대해서도 독특한 관점을 지니고 있다. 그는 예수가 죽을 때 그의 일을 마친 것을 강조한다("다 이루었다"[요 19:30]는 라틴어 *consummatum est*로 멋지게 번역되었다). 본서에서 채택한 관점은 요한복음이 바울 서신 및 누가-행전과 양립할 수 있지만, 자체에 독특하고 특별한 기독론적인 권위를 보유하고 있다는 것이다.

---

42 신약 학자인 Joel Marcus는 어느 성금요일에 글래스고 소재 성마리아 대성당의 연단에서 복음서 저자들 각자의 상이한 관점에서 십자가형을 인상적으로 제시했는데, 이 설교는 *Jesus and the Holocaust: Reflections of Suffering and Hope*(New York: Doubleday, 1997)로 출간되었다.

43 나는 설교를 준비할 때 Calvin, Spurgeon 그리고 Alexander McLaren의 여러 권짜리 전집을 규칙적으로 참조한다.

사도 바울에게 있었다고 가정되는 문제

"십자가 신학"(*theologia crucis*)은 올바르게 바울로 거슬러 올라간다. 이상하게도 이것이 오늘날 십자가 신학을 소홀히 하는 한 가지 이유일지도 모른다. 이방인에 대한 위대한 사도는 널리 오해되거나, 의심을 받거나, 무시된다.[44] 많은 교인들은 그의 서신들을 이해하지 못할 뿐만 아니라, 바울 자신에 대해 개인적으로 적대감을 드러내며 따라서 설사 그의 서신들을 읽는다 해도 적대감의 렌즈를 통해서 읽는다. 일반인들이 바울을 희화화할 정도로까지 그의 개인적인 특질들과 단점들은 과장되었다. 그의 확신은 자만으로 간주되고, 복음에 대한 열정은 불관용으로 간주되며, 유대인에 대한 그의 태도는 반유대주의로 여겨진다. 여성에 관한 그의 견해는 결혼 혐오자로, 성에 관한 그의 가르침은 무지한 것으로, 그의 그리스도 설교는 강박관념으로 간주된다. 이런 묘사들의 대부분이 불공정하고 부정확하다는 점을 이해하려면 상당한 노력이 필요하다.[45] 초기 교회에서 많은 이들이 바울을 싫어했으며 심지어 두려워했다는 것은 사실이다. 그의 서신, 특히 갈라디아서와 고린도후서에서 이 점이 분명하게 나타난다. 그러나 바울은 당대에 큰 사랑과 존경을 받기도 했다(이 점은 바울 서신들과 사도행전에 분명히 나타나 있다).[46]

---

[44] 이는 미국의 주류 교회(약간의 예외가 있음)에서뿐만 아니라 보수적인 복음주의 진영에서도 마찬가지다. 바울은 특히 사도행전에 등장할 때 종종 소환되지만 좀처럼 자신의 독자적인 목소리를 내도록 허용되지 않는다.

[45] 나는 어느 교회를 가든 이런 불평들을 계속 접하고 있다. 이런 이의들 중 어느 정도의 토대가 있는 유일한 항목은 성애(性愛)인데, 그는 성애에 별 관심이 없는 것으로 보인다. 성에 관련된 주제에 대한 성경의 가르침을 완전히 설명하려면 우리는 성경의 다른 곳, 특히 아가, 막 10:2-9 그리고 엡 5:22-33을 살펴봐야 한다.

[46] 바울의 메시지가 지속적인 힘을 갖고 있다는 Fay Weldon—그는 영국의 유명한 소설가이자 극작가이며 수필가다—의 증언은 주목할 만하다. "Converted by St. Paul"이라는 최근

또 다른 문제는 그의 서신들을 읽기가 어렵다는 점인데, 이 점은 다른 신약성경 저자도 인식하고 있었다. "그중에 알기 어려운 것이 더러 있으니"(벧후 3:16). 내러티브 형태로 제시된 복음서들은 바울의 까다로운 서신들보다 접근하기 쉽다. 많은 그리스도인들은 바울의 진정한 목소리가 사도행전에서 발견되지 않는다는 것을 알지 못하며 따라서 바울이 아테네에서 미지의 신에 관해서 한 비전형적인 연설(행 17:22-31)에 과도한 중요성이 부여된다.[47] 많은 사람들에게, 바울 사도가 쓴 것이 확실한 서신들에 나타난 그 자신의 음성은 고린도전서 13장의 아가페 장과 로마서 8장의 마지막 부분 등과 같은 소수의 익숙한 구절들을 통해서만 알려져 있다. 이 유명한 절들은 흔히 잘못된 이유로 사랑받고 있을 뿐이다. 바울 서신들의 일부 구절들이 그것들의 변증적인 맥락에서 분리되면, 그것들은 너무도 쉽게 감상적이 되고 순화된다. 오늘날 많은 그리스도인들은 베드로 사도를 지나치게 단순화하는 묘사에 이끌린다. 우리는 희한하게도 베드로의 성격상의 단점들은 기꺼이 간과하고 실로 바로 그런 결점들

저술에서 그녀는 자신이 바울 서신을 읽은 후 바울이 자기가 전에 알았던, 희화화된 인물과는 판이하다는 점을 발견하고 교회로 돌아왔다고 말한다. "나는 성 바울이 여성의 적이라고 상정했다.…그러나 바울 서신들을 읽고서 나는 이 이례적인 인물, 재치가 있고 비전을 품은 이 인물, 하나님이 주신 가장 놀라운 이야기를 갖고 있는 인물을 발견했고 그를 믿었다"(Weldon, "Converted by St. Paul: Unconvinced by the Modern Church of England," in *Why I Am Still an Anglican*, ed. Caroline Chartres [London: Continuum, 2006], 134).

47 많은 설교자들 및 심지어 훈련된 신학자들조차 사도행전과 바울 서신들 간에 아무런 긴장이 없는 듯이 행동한다. 이는 신학자들과 성경학자들 간의 건설적인 대화 부재의 불행한 예라고 주장할 수 있을 것이다. 사도행전에서 바울의 것이라고 기록된 설교는 우리가 직접 그의 서신들을 통해 알고 있는 바울의 설교와 그다지 유사하지 않다. 우리 모두는 사도행전이나 바울 서신 중 어느 것을 강조할지 선택해야 한다. 우리는 좋든 싫든 어느 하나의 렌즈를 통해서 다른 하나를 읽어야 한다. 교회는 대체로 사도행전의 렌즈를 통해 바울 서신을 읽는 경향이 있는데, 그로 인해 바울의 급진성이 완전히 제거되는 불행한 결과가 초래되었다.

때문에 베드로를 사랑하면서도, 바울에 대해서는 매우 엄격하다.[48]

그래서 이유가 무엇이든 간에 오늘날의 많은 회중들은 바울의 서신들과 그의 십자가 신학을 거의 이해하지 못한다. 서신서를 소홀히 하고 사복음서에 초점을 맞추는 것이 교회의 신학적 토대를 위협하는 심각한 질적 저하를 가져온다.[49] 이 말이 과장으로 들리겠지만 본서를 계속 읽다 보면 그 말이 과장이 아닌 이유가 분명해질 것이다. 우리는 이후의 장들에서 바울에 대한 몇몇 비난들을 다루겠지만, 이 맥락에서는 특히 바울의 십자가 설교를 열렬히 옹호할 필요가 있다.[50]

복음서에 대한 해설서로서 바울 서신

많은 교인이 바울 서신들은 "육체를 따라" 예수를 알았던 많은 사람이 아직도 살아서 활발히 활동하고 있던 때인 부활 후 겨우 20-30년 안에

---

48 유명한 저자인 Phyllis Tickle은 때때로 교회 그룹들에 대한 연설에서 불관용적이고 독재적인 바울에 근거할 것이 아니라 따뜻하고 포용적인 베드로에 근거한 "신흥 교회"를 만들자고 호소한다. 그녀는 놀랍게도 바울의 보편적 복음에 대해 알지 못한다. 그녀는 안디옥에서 벌어진 논쟁에 대한 바울의 설명에서 "포괄적"이었던 사람은 베드로가 아니라 바울이었음을 알지 못하는 것 같다(갈 2:11-16).

49 예전적인 교회에서 행진할 때—때로는 횃불과 함께—복음서를 들고 목회자에게 그중 한 구절을 읽게 하는(평신도는 절대로 읽을 수 없는) 관행은 복음서와 서신서의 상대적인 중요성에 관해 왜곡된 메시지를 보낸다. 더욱이 많은 교회들에서는 대개 복음서가 설교할 텍스트로 선택되며 아이들에게 배포되는 유인물에도 복음서 텍스트가 인쇄된다. 구약성경과 서신서들은 거의 존재하지 않는 것처럼 말이다.

50 어느 정도 자료들과 씨름할 필요가 있다는 점을 부인할 수 없다. 일반적으로 지역 교회의 성경 공부 모임에서든 학문 연구에서든 몇 년 동안 공부해야 비로소 바울의 기본적인 가정들이 그리스도인들의 제2의 천성이 되기 시작한다. 이는 우리의 기본적인 입장이 인간 중심적이기 때문이다. 즉 우리는 인간의 역량이라는 관점에서 생각하는 데 너무 익숙해져서 철저하게 신본주의적인 바울(그리고 성경 전체)의 입장에 익숙해지는 데 오랜 기간이 소요되기 때문이다.

쓰였다는 점을 알지 못한다. 복음서들이 자신을 예수께 더 가깝게 데려다 줄 것으로 생각하는 그리스도인들은 자기들이 시간상으로나 물리적으로 예수가 사역한 시공간과 더 가깝다고 생각하는 복음서들을 우대했다. 요한복음 저자는 이 오해를 바로잡기 위해 애를 썼다. 예컨대 예수의 대제사장적인 기도의 세 번째 부분에서 주님은 특별히 "그들[사도들]의 말로 말미암아 나를 믿는 사람들"을 위해 기도한다(요 17:20). 미래의 신자들은 예수의 생애 이야기가 다시 들려진다는 의미에서뿐만 아니라 **성령의 행동을 통한 사도적 설교가 예수를 임재하도록 만들기 때문에** 예수의 임재 곁으로 들어갈 것이다.[51] **탁월한** 사도 바울은 그의 서신들에서 직접 이 일을 한다.

따라서 바울 서신들에는 예수의 가르침이 거의 언급되지 않는다. 그리스도의 **능력**을 전달하는 것은 "십자가의 도"다. "예수 그리스도와 그가 십자가에 못박히신 것"(고전 2:2)은 이방 세계 전역을 불태운 강력한 메시지였다. 바울이 없었더라면 우리는 그가 추출한 복음을 알지 못했을 것이다. 그러므로 바울의 가르침에 대해 추가적인 주장을 할 수 있다. 그의 서신들이 없다면 우리는 사복음서를 어떻게 해석해야 할지를 알지 못할 것이다. 바울은 흔히 오해되는 것처럼 단순한 예수의 교훈들을 지적이고, 추상적이며, 모호하게 만들어서 망쳐 놓은 사람이 아니다. 우리가 갖고 있는 것이 심판을 다루는 예수의 비유들뿐이라 해도 우리는 감사하게도 바울 서신들을 찾아볼 수 있을 것이다. 실로 바울이 아니었다면 우

---

51 "예수 그리스도는…선포될 때…경험적인 대상으로서가 아니라 믿는 사람들에게만, 그리고 설교의 인간성과 시간성을 통해서만 알려진 복음의 구원하는 능력으로서 임재한다. 그는 단순히 선포되는 인물로서만 임재하는 것이 아니라, **기독교 선포의 내주하는 행위자로서 임재한다**"(James F. Kay, *Christus Praesens* [Grand Rapids: Eerdmans, 1994], 61, 강조는 덧붙인 것임).

리는 예수의 사역을 어떻게 평가해야 할지 알지 못했을 수도 있다. 우리가 바울이 바로 사도들의 수장인 베드로와 벌인 논쟁을 생생하게 묘사한 대목에서 알 수 있는 것과 마찬가지로(갈 2:11-14), 예수와 가장 가까운 제자들 사이에 심각한 분쟁이 있었다.

예수가 불미스런 인물들과 식사하던, 확고한 관행을 예로 들어보자. 오늘날의 문화적 환경에서는 그것은 예수의 모든 행위 중 가장 많이 찬미되고 가장 많이 인용되며 문제가 가장 덜 제기되는 행동 중 하나가 되었지만, 그것은 다양한 해석에 열려 있다. 그것이 무엇을 의미하는가? 이후의 장들에서 우리는 사람들이 극악무도한 죄를 저지르고도 아무런 영향을 받지 않는 **처벌 받지 아니함**(impunity)**의 문제**를 검토할 것이다. 그것이 예수가 한 일인가? 우리는 복음서들에서 예수가 "의인을 부르러 온 것이 아니라 죄인을 부르러" 왔으며(마 9:13과 그 병행 구절들),[52] 먼저 된 자가 나중 되고 나중 된 자가 먼저 될 것이라는 것(마 19:30 등)을 배운다. 그러나 "경건치 아니한 자를 의롭다 하심"이라는 어구를 쓴 사람은 바로 바울이다. **죄**가 비행들의 축적이 아니라 **권세**(Power)라고 명확하게 말하는 사람은 바울이다.

"유대인이나 헬라인이나 다[모든 인간이] 죄 아래 있다고 우리가 이미 선언하였느니라. 기록된 바 '의인은 없나니 하나도 없으며'"(롬 3:9-10)라고 말하는 사람은 바울이다. 회개로부터 그리스도 안에 있는 하나님의 무조건적인 은혜를 선포하는 좀 더 급진적인 방법으로서 칭의로 주의를 돌리는 사람도 바울이다. 로마서 11장에서 우리에게 하나님의 미래에 관

---

52 누가는 특히 처벌 받지 않음이나 일반 사면에 대한 어떠한 암시도 제공하지 않도록 대비하는 것으로 보인다. 마태복음에 기록된 말은 눅 5:32에서 "죄인을 불러 회개시키러"로 수정되었다. 비록 누가가 회개라는 주제를 선호한 것은 바울이 명백히 고의적으로 이를 생략하는 것과는 상당히 다르지만, 이 점이 바로 중요한 교정 역할을 하는 누가의 특징이다.

한 가장 완전한 관점을 주어서 지옥과 저주에 관한 복음서의 언급에 새로운 시각을 허용하는 사람도 바울이다. 그리고 유대인 대학살 후의 정밀 조사를 가장 잘 견뎌낼 수 있는 성경의 단락은 유대인 문제에 대한 바울의 언급이다. 초기 교회 지도자들은 그들이 바울 서신들을 수집해서 신약성경에서 다른 어느 저자들보다 그에게 더 많은 지면을 할애할 때 자기들이 무슨 일을 하고 있는지 알았다. **경건치 아니한 자가 의롭게 된다**는 바울의 메시지에 붙잡히는 경험은 우리가 결코 잊을 수 없는 경험이다.

"역사적 예수"와 "신앙의 그리스도"

역사적 예수와 신앙의 그리스도 문제는 예수-바울 문제와 밀접한 관련이 있다. 유명해지기를 바라는 학자들이 (존재한다고 상정된) 양자 간의 불일치를 활용하는 사례가 1980년대와 1990년대에 급증했다. 예수에 관한 신약성경의 증언을 신뢰할 수 없다는 저술과 말이 끊임없이 쏟아져 나왔다. 기독교 역사상 예수를 신적인 메시아이자 부활하신 주님으로 믿는 교회의 신앙에 대해 그토록 널리 공격이 가해진 적이 없었다. 주류 교회의 많은 지도자들이 자기의 교인들로 하여금 성경과 역사적 신조에 대한, 시대에 뒤떨어지고 무지한 신뢰를 포기하도록 설득하는 운동에 가세했다. 이런 텍스트들은 예수 세미나 학자들이나 교회와 다투고 있는 다른 많은 학자들의 연구로 대체되어야 한다고 제안되었다.[53]

---

53 예수 세미나는 1980년대와 1990년대에, 특히 성탄절과 부활절에 그들의 주장을 내놓기 시작했다(이 학자들은 자기들의 의제에 주의를 끄는 데 성공했는데, 그것을 부러워한 사람은 좀 더 조용한 학자들뿐이었다). 그 세미나는 주요 주간지 표지, 유선 TV 대담 프로그

학계 바깥에서는 오늘날 성경을 신뢰할 수 없다는 증거로 빈번하게 인용되는 모순들이 수백 년 전에 오리게네스나 칼뱅 같은 신학자들에 의해 지적되었다는 사실을 아는 사람이 거의 없다. 오늘날 회의적인 학자들이 자신들이 그들의 자칭 발견과 지적인 용기를 통해 비로소 가능해진 통찰의 창시자인 듯 행동하는 것은 매우 부정직한 처사다.[54] 예수라는 인물을 축소하고 폄하하려고 하는 저자들은 토머스 제퍼슨이 복음서에서 자기 마음에 드는 부분들만 가위로 오려내 따로 붙였을 때 한 일과 마찬가지로 자기들의 구미에 맞는 예수를 만들어내고 있음을 아무리 강조해도 지나침이 없을 것이다.

예수에 대한 열쇠는 그의 십자가형과 부활이다. 역사적 인물로서 예수에 관한 성경 외의 1세기 자료는 아무것도 알려지지 않았다. 신약성경이 우리가 갖고 있는 유일한 증언이다. 그러므로 신약성경에서 주님이라고 선포된 예수는 인간 역사상 어느 누구보다 보편적이고 시공을 초월하여 영원히 모든 문화와 모든 장소의 모든 사람에게 속하는 인물에 근접한 반면, 현대의 "역사적 예수"의 재구성은 그것을 만들어낸 문화 환경의 산물일 것임이 확실하다. 그것은 대담한 주장이지만 그리스도인들은 신약성경의 선포를 지지하기를 부끄러워하지 않아야 한다. 이처럼 예수를 주님으로 선포한 것은—우리가 1장에서 확실히 해 두기를 바라는 바와 같이—예수의 사역에서 나온 것이 아니라(결국 예수의 사역은 다른 성인들의

램에 성공적으로 등장했고 전국의 일간지 머리면을 장식했다. 다음과 같은 머리기사들이 있었다; "학자들은 예수의 말들이 복음서 저자들에 의해 날조되었다고 말한다", "학자들은 예수가 결코 자신의 재림을 예언한 적이 없다고 말한다", "학자들은 부활에 의심을 보낸다", "학자들은 예수의 시신이 개들에게 먹혔다고 생각한다."

54 유명한 루터교 목사이자 설교자였고 훗날 뉴욕의 유니온 신학교 및 프린스턴 신학교 교수였던 고(故) Paul Scherer의 아내 Dorothy Scherer는 예수 세미나에 관해 강력한 논평을 했다. 예수 세미나 회원인 Marcus Borg에 대해 Scherer 여사는 조용히 이렇게 말했다. "그는 우리에게서 예수를 빼앗아가기를 원하는 것으로 보인다."

사역과 비교할 수 있다) 십자가에 못박히고 부활하신 분에 대한 독특한 사도적 **케리그마**(선포)에서 비롯되었다. 루크 티모시 존슨은 이렇게 썼다.

> 기독교 신앙은 언제나 예수에 관한 몇몇 역사적 주장과 관련이 있어왔지만, 결코—그것이 시작했을 때에나 지금이나—예수에 관한 역사적 재구성에 의존한 적이 없다. 오히려 기독교 신앙은 (당시에나 지금에나) **예수의 현재의 힘**에 관한 종교적 주장에 기초한다.…기독교 신앙은 과거에 관한 인간의 재구성을 지향하지 않는다. 그것은 우상숭배의 한 형태일 것이다. 참된 기독교 신앙은 그리스도인들이 부활한 그리스도를 통하여 자신들 가운데서 강력하게 일하고 계신다고 선언하는, 살아 계신 하나님께 대한 반응이다.[55]

예수라는 인물에 관해서는 실로 신비롭고 다루기 어려운 요소가 있다. 이 어려움이 존재하지 않았던 것처럼 진행하면 무책임한 처사일 것이다. 신약성경에 나타난 예수에 관한 묘사는 부활에 의해 형성되었다. 그러나 기독교 신앙을 정직하게 탐구하는 사람은 신약성경에 묘사된 사건과 가장 가까웠던 사람들이 자기들과 함께 갈릴리의 길을 거닐었던 사람과 자기들이 주님(*Kurios*)으로 선포한 존재 간에 불일치가 있다고 인식했다는 일말의 증거도 없다는 점을 납득할 것이다. 사도의 증언에 따르면 1세기 팔레스타인에서 하나님 나라를 전했던 나사렛 예수는 지금 하나님 우편

---

55 Luke Timothy Johnson, *The Real Jesus: The Misguided Quest of the Historical Jesus and the Truth of the Traditional Gospels* (New York: HarperCollins, 1996), 133, 142-43. 예수 세미나에 관한 묘사를 원하는 사람에게는 *The Real Jesus*에 수록된 Johnson 교수의 개관이 도움이 될 것이다. 그 책의 부제가 보여주듯이 그의 접근법은 매우 변증적이지만, 그 책은 항상 재미가 있으며, 진지한 학문 연구의 산물이다. 내가 보기에는 그의 저술에서 가장 심각한 결점은 튀빙겐 학파의 신약성경 연구(및 개신교 진영의 연구 일반)를 인정하지 않는 것이지만, 대체로 그 책은 여전히 예수 세미나 및 그 동맹군들에 대한 최상의 비평서 중 하나로 남아 있다.

에서 통치하는 선재하는 아들이자 메시아다.

그러므로 반대자들이 만들어내고 있는 온갖 소음에 비추어볼 때 기독교의 교사들과 설교자들이 날마다 "믿음으로 믿음에 이르도록"(롬 1:17) 성경을 설명하는 것이 더욱더 중요하다. 예수가 "성경도, 하나님의 능력도 알지 못한다"(마 22:29; 막 12:24)고 말한 사람들과 동일한 부류의 사람들에 맞설 효과적인 다른 해결책은 없을 것이다. 교회는 성경에서 멀어졌기 때문에 약해졌다. 많은 사람이 믿을 의향이 있지만, 교육을 받고 조금이라도 문화적 교양이 있는 사람은 아무도 실제로 성경의 증언을 진지하게 대하지 않을 것이라고 생각해서 믿기를 두려워한다. 이에 대한 한 가지 해결책은 사도의 복음을 견고하게 설명하는 것이다.

그러므로 본서의 입장은 고백적이다. 십자가에 못박힌 나사렛 예수는 그의 부활에서 현재 교회의 살아 계신 주님이자 장차 온 **우주**(*kosmos*)의 심판자가 되기 위해 오실 이(*ho erchomenos* ─ 계 1:8)다. 이렇게 고백한다고 해서 가장 진지한 의심이 차단되지는 않는다. 많은 신자는 수시로 신앙의 위기를 겪지만 심각한 의심의 와중에서도 계속해서 성경에서 발견되는 예수 그리스도에 대한 믿음의 고백에 근거해 살아간다. 우리는 바울 및 다른 증인들이 바보가 아니었고 사기꾼도 아니었다고 믿을 수 있고, 바울이 쓴 말을 스스로 주장할 수 있다. "그러나 내게는 우리 주 예수 그리스도의 십자가 외에 결코 자랑할 것이 없으니 그리스도로 말미암아 세상이 나를 대하여 십자가에 못박히고 내가 또한 세상을 대하여 그러하니라.…이후로는 누구든지 나를 괴롭게 하지 말라. 내가 내 몸에 예수의 흔적을 지니고 있노라"(갈 6:14, 17).

올바른 역동적 긴장 발견하기

십자가형에 관한 충분한 논의를 시작하기 전에 우리는 몇 가지 문제들을 간략하지만 단호하게 다뤄야 한다.

- 우리의 주제가 부활과 어떤 관계가 있는가?
- 예수의 생애와 사역은 어떤가?
- 성육신 교리는 어디에 들어맞는가?

1. **부활**과 관련해서는 고린도전서 15장이 핵심적인 자료다. 바울이 십자가에 대해 말할 때 그는 부활을 같은 사건의 일부로 전제한다. 앞에서 언급한 바와 같이 "우리는 십자가에 못박힌 그리스도를 전하니 유대인에게는 거리끼는 것이요 이방인에게는 미련한 것"(고전 1:23)이라는 선언으로 시작하는 서신에서 "만일 죽은 자의 부활이 없으면 그리스도도 다시 살아나지 못하셨으리라. 그리스도께서 만일 다시 살아나지 못하셨으면 우리가 전파하는 것도 헛것이요 또 너희 믿음도 헛것"(고전 15:13-14)이라는 구절과 "그리스도께서 다시 살아나신 일이 없으면 너희의 믿음도 헛되고 너희가 여전히 죄 가운데 있을 것"(고전 15:17)이라는 구절을 발견한다. 확실히 이 강력한 선언들은 십자가에 집중하면 부활의 필수불가결성(*sine qua non*)으로부터 이탈하게 될 것이라는 모든 의심을 가라앉힐 것이다. 십자가형에 관한 본서에서 우리가 부활에 관해 할 수 있는 가장 강력한 진술은 **"예수가 죽은 자 가운데서 살아나지 않았더라면 우리는 결코 그에 관해 듣지 못했을 것이다"**라는 말이다.

2. 예수의 생애와 사역 그리고 가르침은 어떠한가? 우리는 십자가에 초점을 맞추고 이러한 것들은 존중하지 않는가? 그렇지 않다. 예수의 생

애는 한결같이 자신을 희생제물로 바치는 것을 지향하고 있기 때문이다. 존 던이 "그의 모든 생애는 계속적인 수난이었다"라고 썼듯이 말이다.[56] 우리로 하여금 계속 예수라는 인물에 끌리게 하는 한 가지 특징은 이 땅에 존재했던 다른 모든 사람과 달리 그는 자기 생애의 모든 순간에서 완전히 타인을 향했다는 것이다. 칼뱅은 이렇게 묻는다. "그리스도가 어떻게 죄를 폐하고 우리와 하나님 사이의 분리를 없앴는가?…" 그리고 그는 이렇게 답변한다. "이에 대해 우리는 일반적으로 그는 자신의 모든 순종의 길을 통해 우리를 위해 이 일을 이루었다고 답변할 수 있다.…그는 종의 형체를 가진 때부터 우리를 구속하기 위해 해방의 대가를 치르기 시작했다."[57] 생애와 죽음은 하나였다. 그의 죽음은 불운한 실수나 그의 목적에서 이탈한 것이 아니라, 우리의 유익을 위해 자신을 내어주도록 의도된 생애의 절정이었다.

　　3. **성육신**은 기독교 고백의 또 다른 필수적 기둥이다.[58] 예수라는 인

56　John Donne, "Death's Duel," February, 25, 1631.

57　Calvin, *Institutes* 2.16.5. T. F. Torrance는 *The Mediation of Christ*, rev. ed. (Colorado Springs: Helmers and Howard, 1992; orig. 1983), 79에서 "그의 모든 순종의 길"이라는 어구를 사용한다.

58　Joseph Mangina가 내게 동방 교회 교부학 학자들인 John Behr와 Khaled Anatolios가 최근에 교부들에게는 십자가로 향하지 않는 성육신은 없다고 주장하고 있다고 알려줬다(동방 교회의 도해집에서는 전통적으로 갓 태어난 예수가 이미 수의를 두르고 있는 것으로 묘사된다). 성자가 육체가 된 것과 그가 죽음을 향해 나아간 것은 동일한 신적 목적(*telos*)의 두 측면이다. 십자가와 성육신 간의 불가분성에 관한 이 요점은 십자가형이 새겨 놓은 선혈이 낭자한 간극을 인식하지 못하고서 성육신이 창조를 거룩하게 만든다고 말하는 (몇몇 성공회 진영에서 두드러진) 경향에 대한 구제 수단이다. 이 점은 현대 켈트주의에서 특히 두드러진다.
　　흔히 전통적으로 성공회가 성육신을 강조했다고 주장된다. 이 말이 엄격하게 정확한 것은 아니다. 그것은 종교개혁 시기에 영국 국교회가 탄생한 때부터 시작된 것이 아니다. 확실히 토머스 크랜머의 『성공회 기도서』(1549년판과 1552년판)는 종교개혁 전의 "가톨릭" 자료에서 기도들과 예전들을 광범위하게 차용해왔지만, 그 책의 전반적인 신학적 기조는 1549년에 대륙에서 영국으로 건너온 종교개혁주의자인 마르틴 부처에게 큰 영향을 받아서 아우구스티누스적이자 종교개혁적인 신학이었다. 1559년도판 책은 개신교 신자

간이 "십자가에서 죽기까지" 자신을 내어준 데서 하나님 자신의 자아가 완전히, 유보 없이, 무조건적으로 투자되었다. 만일 예수가 십자가에서 자신의 사역을 완수했을 때 하나님의 성육신이 없었다면, 하나님 편에서는 아무 일도 일어나지 않은 것이고 우리는 자신을 의지해야 한다. 예수의 희생제사에서 하나님의 성육신이 없었다면, 무력한 인간이 공헌할 수 있는 것과 별도의 구원 수단이 없다.

우리는 완전한 기독론을 살펴보았다. 성육신한 분은 완전한 하나님인 동시에 완전한 인간이다. 니케아 공의회는 예수가 아버지와 단지 비슷한 본질(*homoiousia*)에 지나지 않는 것이 아니라 동일한 본질(*homoousia*)이라고 결정했고,[59] 칼케돈 공의회는 정의에서 "우리 주 예수 그리스도는…섞이거나, 변하거나, 나뉘거나, 갈라짐이 없이 두 특성으로 인식된다.…그분은 두 위격 안으로 갈라지거나 분리되지 않고 하나이자 동일한 아들이다"라고 선언했다.

그래서 나는 본서의 기초를 이루는 주요 균형 몇 가지를 다음과 같이 제시한다.

인 엘리자베스 1세 치하에서 재간행되었다. 17세기 영국 국교회 안에서는 개혁적/개신교와 가톨릭/로드주의라는 두 개의 뚜렷한 신학적/교회적 입장이 있었다. 1633년에 캔터베리 대주교가 된 윌리엄 로드는 당시 만연하던 칼뱅주의 신학에 반대하고 종교개혁 이전의 예전 관행과 국왕의 신적 권리를 유지하기 위해 매진한 사람 중 한 명이었다. 그는 1645년에 의회의 명령에 의해 처형되어지만─당시는 그런 시대였다─오늘날 로드와 그의 동료들은 미국 성공회 교회의 핵심을 차지하기 위한 싸움에서 승리자로 인정받을 수 있다. 18세기와 19세기의 자유주의도 성공회-가톨릭 종파의 19세기의 큰 성공과 20세기말의 광범위한 개혁에 큰 역할을 수행했다. 이러한 전개로 인해 영국 국교회에서 속죄─이는 영국 국교회에서 주요한 개신교 주제다─를 덜 강조하게 되었고, 성공회 교회에서 성육신을 매우 강조하게 되었다(간략한 개요에 대해서는 Paul F. M. Zahl, *The Protestant Face of Anglicanism* [Grand Rapids: Eerdmans, 1998], 1-8을 보라).
59 따라서 신학자이자 윤리학자인 Paul L. Lehmann은 자기 학생들에게 인간의 구원이 이오타(i)라는 글자 하나에 달렸다고 말하곤 했다.

- 그리스도의 죽음과 관련된 성경의 주요 모티프 각각에 대해 자세하게 그리고 경미한 모티프에 대해 어느 정도 설명될 것이다.
- 예수 그리스도의 성육신, 사역, 십자가와 부활은 전체로서 기독교 메시지의 완전히 통합된 측면들로 가정된다.
- 그리스도는 같은 위격 안에서 완전한 신인 동시에 완전한 인간이라는 정통적인 고백이 긍정된다.

우리가 논의를 진행해 나감에 따라 더 많은 그런 균형들이 출현할 것이다. 그러나 "균형"이라는 말은 아마도 올바른 단어가 아닐 것이다. 예컨대 예수의 신적/인간적 특성에 관한 기독론적 긍정은 "균형"이 아니라 역설(paradox)이다. 역설적 긍정에 중간적인 타협점은 없다. **긴장 자체에서** 진로가 발견된다. 이는 양 극단 사이의 중간에서 단조롭고 안전한 위치를 추구함으로써 "둘 다 취하기"와 동일한 것이 아니다.[60] 기독교 신학과 그리스도인의 삶은 우리의 사고와 행위가 외견상 모순되는 것으로 보이는 두 진리 간의 역동적인 긴장에 관여하는 지점인 변경(frontier)들에서 가장 잘 발견된다. "내가 너희 중에서 예수 그리스도와 그가 십자가에 못 박히신 것 외에는 아무 것도 알지 아니하기로 작정하였다"(고전 2:2)고 선언하는 사도 바울의 자기 교정적인 고백에 의해 늘 이 긴장을 순화시키

---

60 다른 맥락에서 Arthur Schlesinger Jr.는 "길의 중간은 확실히 불가결한 중앙이 아니다. 그것은 죽은 중앙이다"라고 말한다. 원래의 인용문은 그의 1949년 저서 *The Vital Center: The Politics of Freedom*에서 나왔지만, 그 말은 오랫동안 변형되면서 살아남았다. 그는 자기 책의 2판([Cambridge, Mass.: Da Capo Press, 1988], xiii) 서론에서 "불가결한 중앙"이 "길의 중간"을 의미하는 것으로 잘못 적용되는 데 항의했다. 그는 또한 *Slate*(January 10, 1997)에서 클린턴 대통령이 그 용어를 "길의 중간"을 의미하는 것으로 잘못 사용하는 것에 분연히 항의했다. 미디어에서 이 용어를 사용하는 용법에 대해서나 영국 국교회/성공회에서 자기들의 전통을 묘사하기 위해 사용하는 용법에 대해서도 똑같이 이 항의를 제기할 수 있을 것이다.

기 원하는 우리의 성향이 약화된다.

두 가지 주요 사고 범주

역동적인 긴장에 관해 말하자면 그리스도의 십자가형을 해석하기 위해
본서에서 제안된 두 가지 범주가 있다. 성경의 증언에서는 이 둘이 겹치
지만, 명확성을 위해 우리는 처음부터 그 둘을 구분한다. 이 두 가지 주제
는 다음과 같다.

1. 속죄(특히 4, 6, 7, 8, 11장에서 다루어진다)
2. 하나님의 묵시적 침입과 **권세들**의 정복(3장과 5장에서 예시(豫示)되
   고 9장과 10장에서 **승리자** 그리스도로 완전하게 전개된다)

본서에서 교리상 및 윤리상의 다른 모든 문제들은 이 두 범주 안에서 각
자의 위치를 발견한다고 주장된다. 여기에는 오늘날 주류 교회들에서 소
중하게 생각하는 창조, 성육신, 하나님 나라(하나님의 통치)라는 세 가지
주제가 포함된다. 오늘날 이 주제들이 강조되느라 십자가 신학이 기독교
가르침의 중심에서 쫓겨나는 경향이 있지만, 사실 그 주제들은 십자가
신학의 일부다. 우리는 이미 창조와 성육신이라는 핵심적인 교리를 다루
기 시작했다. 공관복음서들에서 매우 두드러지는 하나님 나라라는 주요
주제는 기독론을 떠나서 자유롭게 떠도는 것이 아니며 그래서도 안된다.
이 점은 마태복음을 완전히 읽으면 특히 명확해진다.[61] "하나님 나라가

---

61 Dale Allison은 마태복음을 처음부터 끝까지 읽으면 복음서 저자의 고(高)기독론이 명확

가까이 왔다"는 예수의 공표는 십자가형과 부활에서 완전히 계시될 묵시적 종말론을 전제한다. 우리는 하나님 나라 선포가 그리스도 사건에서 결정적으로 계시된 하나님의 의로움(*dikaiosyne*)에 본질적으로 그리고 독특하게 결합되지 않으면—비록 더 고상하며 더 좋다고 할지라도—어떻게 또 다른 인간의 프로젝트로 이해될 위험이 있는지 알게 될 것이다.

이 두 가지 주제가 모든 페이지에서 언급되지는 않겠지만 우리가 논의를 진행해나갈 때 언제나 전제될 것이다.

독자를 위한 간략한 안내

목차

목차가 보여주는 바와 같이 본서는 다음과 같이 구성되었다.

1부: 십자가형은 네 개의 장으로 구성되어 다음 사항들을 간략하게 개관한다. (1) 처형 형태로서 십자가형의 성격과 기독교 역사에서 그것의 독특성, 그리고 (2) 예수가 이렇게 특수한 방식으로 죽었다는 사실에 의해 제기된 몇 가지 주요 문제들. 3장과 4장을 연결하는, 안셀무스에 관한 가교 장.

3장과 4장은 매우 중요한 문제인 부정의와 **죄**에 초점을 맞춘다. 죄라는 주제를 2부로 미루지 않고 이 책 앞부분의 주요 섹션으로 옮기

해지며, 그것이 하나님 나라(마태복음에서는 하늘나라로 불린다) 선포와 연결되어 있음을 보여주었다. Jack Dean Kingsbury의 *Matthew: Structure, Christology, Kingdom*은 마태의 고기독론을 광범위하게 다룬 저술이다.

는 데에는 구체적인 이유가 있다. 십자가의 근저의 의미의 중심에 **권세**(Power)로 이해된 **죄**가 놓여 있는데, 그것이 바로 죄를 본서의 시작 부분에서 다루는 이유다.

2부: 성경의 모티프는 성경 자료의 풍성함과 다양성을 펼친다. 2부 서론은 신약성경 저자들이 매우 깊고 풍성한 많은 모티프들을 사용해서 십자가의 의미를 설명하는 방식을 개관한다. 이후의 여덟 개 장은 주요 모티프 각각을 차례로 살펴본다.

첫 네 장 각각은 부분적으로는 각기 별도로 존재하며, 안셀무스에 관한 "가교" 장과 함께 절반쯤 독립적인 전체를 구성하도록 의도되었다. 따라서 그 장들은 1부로 묶였다. 이 책 전체의 논지에 가장 중요한 장들은 아마도 1장과 4장일 것이다.

안셀무스에 관한 가교 장은 특히 논란의 대상이 되고 있지만 필수적인 이 신학자의 저술을 무시하라는 권고를 받은 신학생과 목회자들에게 추천된다.

2부는 성경 자료를 깊이 탐구하기 원하는 사람들에게 흥미가 있을 것이다. 각각의 장은 어느 정도는 독자적으로 존재한다. 이 섹션은 매우 중요하지만 모든 내용을 읽고 싶지 않은 사람은 각각의 자료를 주제별로 참고할 수도 있다(목차를 보라). 2부의 몇 장만 읽으려면 8-12장을 읽기 바란다. 그 장들은 가장 중요한 내용과 나의 원래의 연구를 담고 있다.

기술적인 측면

대문자/소문자

독자들은 곧바로 **죄**나 **사망**이 대문자로 시작할 때도 있고 그렇지 않은 때도 있는 것을 알아차릴 것이다(본 번역서에서는 대문자로 시작하는 경우는 돋움체로 표기함-편집자주). 그 단어들이 대문자로 시작할 경우, 이는 독자들에게 맥락상 **죄**와 **사망**이 권세로 이해되도록 요구된다는 신호를 보내줄 것이다. "권세"(또는 "권세들")라는 단어는 하나님의 원수로서 인간의 통제 외부에서 그리고 인간의 통제를 벗어나 작동하는, 독특하고 반(半)자율적인 행위자의 존재를 나타내기 위해 대문자로 시작했다. "**율법**"이라는 단어는 간혹 대문자로 시작하는데 이는 그것이 **권세들**의 노예 상태에 있음을 나타내기 위함이다. 그것이 바울이 로마서 7장에서 그리고 특히 갈라디아서 전체에서 "**율법**"이라는 단어를 사용하는 방식이다. **죄**, **사망**, "**율법**" 그리고 "**권세들**"을 대문자로 시작하는 것은 바울을 연구하는 많은 학자들에게서 다소 표준적인 방법이 되었다.[62]

죄라는 단어가 대문자 없이 사용될 때 그 단어는 좀 더 일반적인 위반이라는 의미로 사용되는데, 20세기에 신약성경의 묵시적 성격을 회복할 때까지 그 용법이 우세했다. 나는 성경이나 그 단어에 대문자를 쓰지 않은 저자에게서 인용할 때에는 결코 대문자 표시를 하지 않을 것이다. 마찬가지로 "**권세들**"도 그 단어에 대문자를 사용한 저자들을 인용할 때는 나도 대문자를 사용할 것이다. 본서에서 악의 현존을 매우 강조함에도 불구하고 나는 "악"에 대문자를 사용하지 않는데 이는 **죄**나 **사망**과 달

---

[62] 이렇게 대문자로 시작하는 것은 특히 Ernst Käsemann 계열의 성경 신학자들(J. Louis Martyn, Beverly Gaventa, Douglas Campbell, Susan Eastman 등) 사이에서 흔한 관행이다.

리 악은 신약성경에서 **권세들**의 하나로 의인화되지 않기 때문이다. 오늘날 "악"이 선호하는 단어가 되었지만, 바울에게는 **죄**와 **사망**이 그것들의 포로인 **율법**과 함께 모든 악의 요약이었다.

포괄적인 언어

"그", "그를", "사람들"(men, 영어에서는 사람이라는 뜻과 남성이라는 뜻이 있는데, 남성이라는 뜻이 여성을 배제하는 것으로 비쳐져 문제가 될 수 있음—편집자 주) 이라는 단어를 가급적 피하는 것이 오늘날 우리들 대다수에게 자연스러운 현상이 되었고 나도 글을 쓸 때 일반적으로 그 관행을 따르지만, 그럼에도 나는 맹목적으로 이 관행을 따르지는 않는다. 내가 시인, 소설가 또는 1960년대 이전의 학자들로부터 인용하거나 다른 사람의 영어 운율을 보존하기를 원할 때에는(예컨대 "우리 인간[men]을 위해 그리고 우리의 구원을 위해") 나는 일반적인 단어인 "사람"(man)이라는 단어를 사용할 것이다 (우리말에는 "사람"이 "남성"만을 의미하는 용법이 없으므로 이 번역서에서는 문제가 되지 않는다—편집자 주).

성경 번역본

나는 달리 언급하는 경우를 제외하고 미국 개정표준역(Revised Standard Version)을 사용했다(이 번역서에서는 달리 언급하는 경우를 제외하고 개역개정본을 사용하였다—편집자 주). 내가 보기에 미국 신개정표준역(New Revised Standard Version)을 사용함으로써 얻는 유익보다 그렇게 함으로써 문학적품질 및 강력한 문장 구조를 상실하는 데서 오는 손실이 더 크다(예컨대다음 번역본들을 비교하라. "왜냐하면 아담 안에서 모든 사람이 죽는 것과 같이 더더욱 그리스도 안에서 모든 사람이 살아날 것이기 때문이다"[RSV]; "아담 안에서 모든 사람이 죽는 것 같이 그리스도 안에서 모든 사람이 살아날 것이다"[NRSV]).

기대

십자가는 우리의 신앙의 시금석이다. 우리가 십자가가 유대인에게는 거리끼는 것이고 이방인에게는 어리석은 것이라는 바울의 진술에서 본 바와 같이 십자가는 처음부터 불쾌감을 야기했다. 우리는 좀 더 낙천적이고 승리주의적인 선포와 관행을 선호하기 때문에 미국 문화 전체에서와 마찬가지로 미국의 기독교에서도 십자가를 변두리로 밀어내려는 경향이 있다. 경제 대공황으로 우리의 방식에 잠시 제동이 걸렸지만, 그것이 우리의 문화에서 소비, 감각, 즉각적인 만족에 바탕을 둔 자기중심적인 경향을 없애지는 못했다. 이 모든 현상은 겨우 살아가는 사람과 참으로 가난한 사람 간의 격차는 말할 것도 없고 엄청난 갑부들과 분투하는 중산층 간의 격차의 기하급수적인 확대와 동시에 발생했다. 이와 대조적으로 "십자가의 도"(고전 1:18)는 기독교 공동체로 하여금 다른 사람들을 위한 분투를 제자도의 방식으로 수용하라고 요구한다.

이것은 음울하고 재미없는 소명이 아니다. 십자가의 길을 가는 그리스도인 순례자들은 고통의 한가운데서도 하나님의 심장 안으로 이끌리는 것을 발견할 것이다. 예수 자신이 그의 가장 유명한 설교에서 십자가를 지려는 사람에게 영원한 지복(至福)을 약속했다. "나로 말미암아 너희를 욕하고 박해하고 거짓으로 너희를 거슬러 모든 악한 말을 할 때에는 너희에게 복이 있나니 기뻐하고 즐거워하라. 하늘에서 너희의 상이 큼이라"(마 5:11-12). "누구든지 자기 목숨을 구원하고자 하면 잃을 것이요, 누구든지 나와 복음을 위하여 자기 목숨을 잃으면 구원하리라"(막 8:35).

십자가에 못박힌 그리스도의 비교할 수 없는 부요의 일부를 밝히려는 노력인 본서가 주님의 선물을 이해하고 받기를 추구하는 사람들에게 힘과 격려의 원천이 되기를 소망한다. 본서가 우주를 죽음에 대한 속박에서 구원하고 우리 각자 및 모두를 자신의 완전하고, 진실하고, 영원한 인간성 안으로 통합시키기 위해 고난당하고 죽은 분의 복음에 기여하기를 소망한다.

1부 십자가형

1장

십자가의 수위성

기독교 신학이 기독교적인지 아닌지에 관한 내적 기준은 십자가에 못
박힌 그리스도에 달려 있다.…우리는 십자가는 모든 것의 시금석이라
는 루터의 "보석 감정" 진술로 돌아간다. 즉 십자가는 모든 것을 시험
한다(*Crux probat omnia*).

위르겐 몰트만, 『십자가에 달리신 하나님』[1]

---

1   Jürgen Moltmann, *The Crucified God: The Cross of Christ as the Foundation and Criticism
    of Christian Theology* (New York: Harper and Row, 1973, 대한기독교서회 역간), 7. *Crux
    probat omnia*: 십자가는 모든 것을 시험한다.

†

사복음서에 나타난 수난 내러티브의 두드러짐

비평적 성서 연구가 등장하기 한참 전에, 네 명의 복음서 저자들이 예수의 삶을 네 개의 상이한 방식으로 전하고 있다는 것이 관찰되었다. 네 개의 수난 내러티브는 각각의 세부 내용과 신학적 강조에 있어서 크게 다르다. 예컨대, 성금요일 설교자 세대에게 큰 사랑을 받았던 "십자가 위의 일곱 말씀"은 마태복음과 마가복음만 일치할 뿐 다양한 기사 간에 상당한 차이를 보인다.

그러나 복음서 저자들은 모두 수난 내러티브에 막대한 관심을 기울이고 있으며, 모두 그들의 복음서가 예수 이야기의 절정으로서 십자가를 향하게 한다.[2] 사복음서 모두에서 수난 이전의 사건들은 수난의 서곡으로서 수난에서 절정을 이루는 것으로 제시되며, 부활은 예수의 신원(伸寃) 및 승리로 설명된다. 사복음서 모두 예수의 세 차례에 걸친 엄숙한 수난 예언을 적절히 수록한다. 이 점에서 사복음서는 바그너의 연작 오페

---

2   실제로 Martin Kähler는 "복음서" 장르를 확대된 서론을 지닌 수난 내러티브로까지 정의했다. *The So-Called Historical Jesus and the Historic, Biblical Christ* (Philadelphia: Fortress, 1964), 80 각주 11.

라 "니벨룽의 반지"(*The Ring of Nibelung*)와 다소 닮았다. 일반적으로 "사랑을 통한 구속"으로 알려져 있는 라이트모티프(leitmotif, 음악적 주제)가 이야기 앞부분에 놓이고 그것이 끝 부분에서 다시 등장할 때, 우리는 그것에 우리의 감정이 완전히 관여하는 반응을 보일 것이다. 유비를 너무 밀어부쳐서는 안되지만 예수의 수난 예고는 이와 다소 비슷한 방식으로 기능한다.

정반대의 관점에서 보면 사복음서 각각은 수난 내러티브를 대단원, 즉 그 이전에 일어난 모든 것의 성격을 규정하는 계시의 절정으로 제시한다. 사복음서는 사후(事後)에 각각의 관점에 따라 예수의 희생적 삶이 어떻게 그의 희생적 죽음으로 이어졌는지를 보여주도록 고안되었다. 예수가 안식일에 사람을 고친 사건은 훗날 그에게 적대적으로 돌아설, 율법에 거하는 바리새인들에 대한 조기 경고다(막 2:1-4). 귀신 들린 소년을 고친 사건은 구경꾼들을 놀라게 하는데, 여기서 예수는 "이 말을 너희 귀에 담아 두라. 인자가 장차 사람들의 손에 넘겨지리라"라고 말한다(눅 9:44). 하나님 나라의 부요를 약속하는 비유들은 종교 지도자들의 강한 적개심을 불러일으킨다. 그들은 "이 사람의 이 지혜와 이런 능력이 어디서 났느냐?"라고 말하고 "예수를 배척했다"(마 13:54, 57). 예수가 선천적으로 보지 못하는 사람을 고친 사건은 자신을 대적하여 음모를 꾸밀 사람들과 직접적으로 충돌하게 만든다(요 9장). 그리고 이 충돌은 끝까지 이어진다. 어느 찬송가가 노래하듯이 말이다.

도대체 왜, 내 주께서 무슨 일을 하셨길래 그랬는가? 왜 이렇게 분노하고 앙심을 품는가?
그는 저는 자를 뛰게 하셨고, 보지 못하는 자를 보게 하셨다.
이 얼마나 달콤한 개입인가! 그러나 그들은 이 일에 대해 불쾌해 하고 그를

대적해 일어난다.[3]

사복음서에서 예수의 생애와 가르침을 다루는 부분은 초기 교회의 예배라는 상황에서 읽기와 해석에 적합하도록 짧은 개별적 단위(발췌문, pericope)로 나뉘어 있다. 그러나 최후의 만찬이 시작되면서 서술 방법이 바뀐다. 예수의 체포, 재판, 고통과 처형을 묘사하는 부분은 복음서들의 나머지 부분과 다르다. 이러한 일련의 사건은 드라마적인 긴 내러티브로 전개되는데, 이는 이전의 자료들이 짧은 발췌문들로 나뉜 것과 판이하다. 수난 이야기들은 사복음서 전체 분량의 1/4분에서 1/3을 차지하며, 성경 해석자들은 일반적으로 그리스도의 고난이 초기 기독교 공동체의 삶에 매우 중요하게 여겨져서 사복음서가 기록되기 전 이러한 수난 이야기가 구전을 통해 형성되었다는 데 동의한다.

사복음서 각각에 나타나는 예수의 세 차례 수난 예고는 그 방법을 보여준다. 이 구절들은 독자(청자)에게 특별한 무게감으로 다가온다. "이 때로부터 예수 그리스도께서 자기가 예루살렘에 올라가 장로들과 대제사장들과 서기관들에게 많은 고난을 받고 죽임을 당하고 제삼일에 살아나야 할 것을 제자들에게 비로소 나타내시니"(마 16:21). 네 명의 복음서 저자들 모두 의도적으로 간격을 두고 배치한 이 수난 예고들은 내러티브들이 절정을 향해 거침없이 나아가면서 무게와 추진력을 얻는다. 특히 마가와 요한은 그들의 복음서를 예수의 수난이 주요 사건이라는 데 의문이 없게끔 배열했다. 그래서 마가복음에서 절정의 기독론 진술("이 사람은 진실로 하나님의 아들이었도다"-15:39)은 예수가 십자가에서 죽는 순간까지 발설되지 않는다. 요한복음에 관해서 말하자면, 자신의 **영광의 때**에 대한

---

3 Samuel Crossman(1624-1683)의 찬송가, "My Song Is Love Unknown."

예수의 반복적인 언급은 십자가에서 "들림"을 의미하는데, 예수는 이 사건을 자신에 대한 가르침의 핵심으로 삼는다.[4] 요한복음 12장에서 예수가 "내 때가 아직 이르지 않았도다"라는 말을 멈추고 "내 때가 왔도다"라고 말하기 시작하는 순간에 요한복음 전체의 방향이 변한다. 그 순간부터 예수는 아버지께로 돌아가기 시작하는데, 이는 그가 십자가에 "들릴 때" 성취된다.[5] 요한복음 저자는 7:30에서처럼 이 점을 다른 방식으로도 분명히 한다. "손을 대는 자가 없으니 이는 그의 때가 아직 이르지 아니하였음이러라." 영광의 때가 이르자 예수는 자발적으로 그리고 의도적으로 자신을 포기한다. "예수께서 그 당할 일을 다 아시고 나아가 이르시되 '너희가 누구를 찾느냐?' 대답하되 '나사렛 예수라' 하거늘, 이르시되 '내가 그니라' 하시니라"(요 18:4-5).

기독교 이해의 중심으로서 십자가

기독교 신학에서 십자가의 위치는 기독교의 초기부터 문제가 되었다. 우리가 이것을 아는 이유는 바울이 고린도 교회와 갈라디아 교회에 보낸 서신들은 예수의 부활 후 20-25년 사이에 기록되었는데, 그 서신들이 주님의 죽음의 독특한 의미에 관해 입장을 분명히 밝히기 때문이다. 바울

---

4   "예수께서 이르시되 '너희가 인자를 든 후에 내가 그인 줄을 알고'"(요 8:28. 또한 3:14; 12:32-24).
5   나는 요한이 바울처럼 (그리고 마가처럼) 십자가 신학 자체를 갖고 있다고 주장하지 않는다. 요한 문헌은 자체의 관점을 갖고 있다. 나는 요한복음이 다른 세 복음서들과 마찬가지로 예수의 수난과 죽음을 향하도록 구조가 짜였음을 지적한다. 즉 요한복음의 구조는 "보라, 세상 죄를 지고 가는 하나님의 어린 양이로다"로 시작하여 "다 이루었다(tetelestai, '마쳤다')"에서 절정에 달한다(요 1:29, 36; 19:30).

은 이 서신들에서 십자가의 문제를 정확히 다루고 있다. 왜냐하면 위르겐 몰트만이 『십자가에 달리신 하나님』(*The Crucified God*)의 첫 문장에서 기록한 것처럼, "십자가는 사랑받지 못하고 있으며 사랑 받을 수 없"기 때문이다. 일반적으로 안락한 사회에서는 영광의 신학(*theologia gloriae*)이 매번 십자가 신학(*theologia crucis*)을 몰아낼 것이다. 우리는 이 점이 특히 낙관주의와 긍정적 사고가 나란히 지배하는 미국에 해당한다는 것을 목격할 것이다.[6]

십자가에 관해 가르치는 것은 매우 어려운 일이다. 우리는 고린도후서에서 이에 관한 어떤 측면을 보는데, 이 서신에서 바울은 복음에 대한 그들의 신뢰가 갱신되기를 바라면서 자신의 모든 정신적, 감정적 자원을 소진한다. 예수가 우리에게 요구하는 바대로 십자가를 지는 일은 자아가 그리스도의 길로 향하도록 완전히 방향을 재설정하는 것을 의미한다. 디트리히 본회퍼는 자신의 운명을 알기 한참 전에 기억할만한 기록을 남겼다. "그리스도가 사람을 부를 때, 그는 그 사람으로 하여금 와서 죽으라고 명령한다."[7]

십자가형은 기독교의 진정성을 가리는 시금석으로서, 부활을 포함한 모든 것에 참된 의미를 부여하는 독특한 특징이다. 부활은 독립적인 무대 장면이 아니다. 그것은 고립된 신적 현란함의 과시가 아니다. 그것은 그것을 야기한 혐오스런 첫 번째 행위와 분리되지 말아야 한다. 부활

---

6   미국의 특징인 낙관주의에 관해 많은 연구가 수행되었지만, 미국의 기독교에 대한 이러한 일반화에는 상당한 예외가 존재한다. 흑인 노예들은 주님의 고난과 죽음에 관한 감동적인 노래들을 만들었다. 매년 고난 주간마다 부유한 여러 백인 교회들에서 불리는 "거기 너 있었는가, 그때에"라는 노래가 원래 이 노래가 불렸던 정황을 무시한 채 어느 정도 잘못 유용되고 있지 않은가라고 질문해볼 수 있다.

7   Dietrich Bonhoeffer, *The Cost of Discipleship* (New York: Macmillan, 1963), 7. 좀 더 최근의 영어 번역본들에서는 이 유명한 진술의 구문이 이 번역본에서처럼 강력하지 않다.

은 바로 십자가에 못박혀 죽은 한 사람의 신원이다. 기독교 선포의 중심에 십자가가 없다면 예수 이야기는 카리스마적인 영적 인물에 관한 또 하나의 이야기로 취급될 수 있다. 기독교를 종교사에서 다른 종교와 확연히 달라지게 만드는 요소는 십자가형이다. **십자가형에서 하나님의 본성이 참으로 밝혀진다.** 부활은 역사적으로 십자가에 못박힌 아들을 향한 하나님의 강력한, 역사를 초월한 긍정(Yes)이므로, 우리는 **예수의 십자가형이 지금껏 발생한 가장 중요한 역사적 사건**이라고 주장할 수 있다. 역사에 심겼으나 역사를 초월하는 사건인 부활은 현재 우리의 삶에서 십자가의 모순과 수치를 제거하지 않는다. 오히려 부활은 "주님이 오실 때까지" 그 길로서의 십자가를 승인한다.

고린도 교회의 회중은 십자가형과 관련한 자신의 올바른 위치를 알지 못하는 것으로 보이기 때문에 그 교회는 중요한 시험 사례 중 하나다. 그들은 자신을 십자가 **안**에 위치시키는 것이 아니라, 자기들이 마치 이미 죽은 자들로부터 살아난 것처럼 자신들을 십자가 **너머에** 위치시키거나(고전 2:15, 14:37의 신령한 자[*pneumatikoi*]), 고난이 그들 뒤와 아래에 있는 것처럼 자신들을 십자가 **위에** 위치시켰다(고후 12:11의 "지극히 크다는 사도들"). 바울이 판단하기에는 이 문제들이 고린도 교회 그리스도인들에게 사랑이 부족한 이유였다. 그것이 바로 바울이 유명한 고린도전서 13장을 쓴 이유다("사랑[*agape*]은 모든 것을 참으며 모든 것을 믿으며 모든 것을 바라며 모든 것을 견디느니라"—13:7). 감상적이고 지나치게 "영적인" 사랑은 십자가에서 나타난 그리스도의 지속적이고 무조건적인 **아가페**를 실천할 수 없다. 오직 십자가형의 관점을 통해서만 세상이 "사랑"이라고 부르는 모든 것과 대조되는 기독교의 사랑의 본질을 볼 수 있다. 바울에 따르면 기독교 공동체는 십자가가 현존하는 모든 제도에 의문을 제기하면서 그에 상응하는 인내와 믿음을 요구하는 곳에 올바로 위치할 필요가 있다.

영어의 "증인"(witness)에 해당하는 그리스어(*martys*)에 "순교자"(Martyr)라는 의미도 있다는 사실은 의미론적으로 사도적 증인-순교자들이 그들의 증언에 큰 희생이 따를 것을 얼마나 빨리 이해했었는지를 가리킨다. 바울은 그의 교회들을 향하여 "시대의 표적을 분별하라"고 요청한다(이는 예수가 마 16:3에서 직접 사용한 표현이다). 그들은 "빛의 갑옷"을 입고(롬 13:12) "어둠의 일"을 대면할 수 있도록 하나님께서 주신 기회를 엿보고 있는 중이다. 놀랍게도 사순절 기간이 아닌 대림절 기간이 기독교 공동체의 위치를 가장 잘 규명한다. 위기와 심판, 지금 그러나 아직과 같이 두 사건의 사이에 있는 대림절은 우리를 어떤 특별한 영적 성소에 두는 것이 아니라, 약속된 하나님 나라가 그에 상응하는 고통 및 투쟁의 표적과 더불어 현재에 최대의 압력을 행사하는 접경에 위치시킨다. 마치 이 점을 매듭지으려는 듯 바울은 부활 장의 핵심 부분에서 자신이 순간마다 위험에 처한다고 말한다. "형제들아, 내가 그리스도 예수 우리 주 안에서 가진 바 너희에 대한 나의 자랑을 두고 단언하노니 나는 날마다 죽노라"(고전 15:31). 바울은 그들이 이 세상에서의 부활의 삶이 비록 자유롭고 "영생에 대한 확실한 소망"을 확신하더라도 언제나 십자가의 표지에 의해 특징지어져야 한다는 점을 이해하기를 원한다.

십자가 신학에 대한 영지주의의 도전

다양한 형태의 영지주의는—특히 십자가 신학과 관련하여—언제나 가장 널리 퍼져 있고 가장 유명한 기독교의 경쟁자였다.[8] 이는 신약성경 시

---

8 "현대 영지주의는 미국의 그리스도인들을 포함한 미국인들의 자연 종교다.…우리의 의

대에도 그랬고, 오늘날에도 마찬가지다.[9] 영지주의는 본질상 산만하고 변덕스럽기 때문에 이 철학을 정의하기란 만만한 일이 아니다. 영지주의를 간략하게 설명하면 필연적으로 지나치게 단순해질 것이다. 그러나 몇 가지 기본 개념은 제시될 수 있다.

영지주의의 복잡한 내용으로 진입하는 첫 단계는 매우 간단하다. 우리는 "지식"을 의미하는 그리스어 단어 그노시스(*gnosis*)에서부터 시작한다. 다양한 형태의 영지주의는 모두 **특권적인 영적 지식이 구원의 길**이라는 믿음에 기반을 두고 있다. 이는 너무도 친숙한 종교적 관념이어서 겉보기에는 위험 요소가 전혀 없다.[10] 예수 자신이 특권을 받은 무리를 모아 사적으로 가르쳤다. 이 특권이 모든 사람에게 열려 있는 것이 아니라는 주장과 더불어 어려움이 나타나기 시작한다. 자신의 가르침에 대해 말하는 부처의 진술을 예로 들어보자. "이 교리는 심오하고, 난해하고, 이해하기 어렵고, 희귀하고, 탁월하고, 논리적 토론을 초월하고, 미묘하며, **현자에게만 이해될 수 있다.**"[11] 열두 제자에 대한 예수의 가르침은 심지어 다른 이들은 이해하지 못하는 "비유"의 형태였을 때조차 난해한 교리와는 정반대였다. 그것은 오순절 이후 열두 제자가 급진적인 평준화

식을 고양시키고 우리의 추정상의 '참된' 자아에 대한 편안함을 강화해주는 기분 좋은 종교와 영적 알약—이런 것들은 미국의 오랜 특산품이다." Richard John Neuhaus, *Death on a Friday Afternoon: Meditations on the Last Words of Jesus from the Cross* (New York: Basic Books, 2000), 117.

9 영지주의는 **가장 널리 퍼져 있고 가장 인기 있는** 기독교에 대한 대안이다. 금욕주의는 **가장 가치 있는** 대안이지만, 금욕주의의 고상하고 엄격한 교의를 받아들이는 사람은 언제나 극소수였다.

10 인기 있는 많은 기독교 연설가들과 작가들이 이 주제를 탐구한다. 예를 들어 Richard Rohr는 습관적으로 "종교의 목적"이자 "진지한 영적 여정에 있는 모든 이에게 매우 중요한 관조적인 시각"인 예수의 "더 심오한 지혜의 가르침"을 언급한다. 이는 Rohr 자신의 홍보물에서 인용된 전형적인 영지주의 용어다.

11 Huston Smith, *The Religions of Man* (New York: Harper, 1958), 115에 인용됨.

의 복음을 설교하는 역할을 준비시키기 위함이었다. 예수가 그들에게 은밀히 가르친 것은 온 세상에 알려져야 했다. 왜냐하면 그가 다음과 같이 말했기 때문이다. "감추인 것이 드러나지 않을 것이 없고 숨은 것이 알려지지 않을 것이 없느니라. 내가 너희에게 어두운 데서 이르는 것을 광명한 데서 말하며 너희가 귓속말로 듣는 것을 집 위에서 전파하라"(마 10:26-27).

이와 대조적으로, 영지주의자들은 신비를 퍼뜨리는 사람들이다. 그들은 자기들이 다른 사람들은 모르는 것을 안다고 주장한다.[12] 『숨겨진 복음서 영지주의』(The Gnostic Gospels, 루비박스 역간)의 저명한 저자인 일레인 페이절스가 어느 인터뷰에서 죄, 회개, 최후의 심판은 대중에게 호소력이 있는 반면 영지주의적 조명은 엘리트들을 위한 것이라고 한 발언은 아마도 자신의 의도를 벗어난 실수였을 것이다.[13] 바울이 고린도 교회 교인들에게 경고하는 것처럼 "지식(gnosis)이 모든 사람에게 있는 것은 아니"다(고전 8:7). 고린도 교회 교인들이 상정한 "지혜"에 대한 바울의 비꼬는 언급들(3:18; 4:10; 6:5)은 그 회중 안에 존재하는 지적 우월의식을 바로잡기 위한 시도의 일환이다. 그는 그들이 자신이 선포하는 **세상의 지혜를 미련한 것으로 만드는** 하나님의 체제 전복적인 계획의 메시지로 돌아오기를 바란다. 특히 바울은 지식(gnosis)을 재정의한다. 고린도 교회 교인들은

---

12 R. A. Norris가 1974년에 제너럴 신학교에서 실시한 강연에서 기록한 내용.
13 1980년 4월 *Rockefeller Foundation Illustrated*의 Joseph Roddy와의 인터뷰. 내가 무례를 범할 의도는 없지만 30년 뒤 이 책이 집필되고 있는 현재 Elain Pagels는 자신의 부인에도 불구하고 여전히 영지주의를 추천하며 정통 신앙을 폄하하고 있다. 그녀는 1940년대에 나그함마디 문서가 발견되기 전에는 교회에 쪼개짐이나 분열이 거의 알려진 바가 없다는, 널리 지지받고 있는 견해를 계속 장려하고 있다. 사실 우리는 신약성경 자체를 통해 교회의 분열과 투쟁에 대해 알고 있다. 그렇다고 해서 내가 나그함마디 텍스트의 중요성을 부정하려는 것은 아니다. 그것은 참으로 특별하지만, 종종 생각되는 것처럼 초기 기독교에 관해 실제로 새로운 정보를 많이 추가해주지는 않는다.

바울에게 "우리 모두 지식(*gnosis*)을 갖고 있다"는 메시지를 보냈던 것으로 보인다. 바울은 이 메시지에 대해 그 말은 사실이지만 지식에는 한계가 있다고 답변한다. "지식은 교만하게 하며 사랑은 덕을 세우나니, 만일 누구든지 무엇을 아는 줄로 생각하면 아직도 마땅히 알 것을 알지 못하는 것이요, 또 누구든지 하나님을 사랑하면 그 사람은 하나님도 알아 주시느니라"(8:1-3). 이 구절에서 바울은 다음의 두 가지 일을 한다. (1) 그는 **지식**에 대한 강조에서 **아가페**에 대한 강조로 이동한다. (2) 그는 지식의 방향을 뒤집는다. 사랑을 통해 **우리**에 대한 지식을 갖고 있는 분은 **하나님**이시다. 바울은 이 모든 것을 고린도전서 13장에 기록한다.

> 내가 예언하는 능력이 있어 모든 비밀과 모든 지식(*gnosis*)을 알고 또 산을 옮길 만한 모든 믿음이 있을지라도 사랑(*agape*)이 없으면 내가 아무 것도 아니요.···사랑은 언제까지나 떨어지지 아니하되 예언도 폐하고 방언도 그치고 지식(*gnosis*)도 폐하리라. 우리는 부분적으로 알고(*gnosis*) 부분적으로 예언하니 온전한 것이 올 때에는 부분적으로 하던 것이 폐하리라.···우리가 지금은 거울로 보는 것 같이 희미하나 그때에는 얼굴과 얼굴을 대하여 볼 것이요, 지금은 내가 부분적으로 **아나** 그때에는 주께서 나를 **아신** 것 같이 내가 온전히 **알리라**[강조된 단어들의 어원은 모두 *gnosis*다]. 그런즉 믿음, 소망, 사랑, 이 세 가지는 항상 있을 것인데 그중의 제일은 사랑이라(2, 8-10, 12-13).

고린도전서 13장을 **이 맥락에서** 주의 깊게 읽어보면 그것이 특히 윤리적 측면에서 매우 반영지주의적인 텍스트임을 알 수 있다. 특권을 받은 영적 지식(*gnosis*)에 관한 모든 개념은 임박한 하나님의 날에 의해 의문시된다. 바울이 두 번 언급하는 "지금은/그때에는"은 인간의 지식(*gnosis*)이 하나님—우리에 대한 그분의 지식이 예수 그리스도의 **아가페** 사랑 안에 성육신된 분—의 완벽한 지식(*gnosis*) 안에 포함될 날인 그리스도의 재림을 가리킨다.

난해한 지식에 대한 영지주의적 강조는 많은 영향을 미친다. 영지주의가 있는 곳에는 영적 위계가 존재한다. 이 위계가 언제나 처음부터 분명한 것은 아니다. 왜냐하면 많은 영지주의 프로그램에 전형적으로 나타나는 점잖은 영적 경로는 복리와 개인적 풍요를 약속하고 종종 여성, 동성애자, 장애인, 자기가 주변으로 밀려났다고 생각할 수도 있는 사람들을 특별히 강조하며, 모든 이들에게 신에 대한 접근을 약속하기 때문이다. 그러나 머지않아 위계가 스스로 드러날 것이다. 왜냐하면 영지주의에서 더 고차원적 실재(reality)는 '영적'이므로 종교적 진보는 영적 깨달음을 달성한 정도에 달려 있기 때문이다. (남성이든 여성이든) 스승들은 제자들을 발전된 의식의 여러 단계를 거치도록 이끈다. 이는 자연스럽게 숙련자가 정점에 위치하는 계층화를 초래한다. 명상, 영적 운동, 의식의 고양이 자신의 성향과 맞지 않는 사람들은 뒤쳐지게 된다.[14]

고린도 교회는 이러한 분열적 등급의 특히 두드러진 예였다. 바울은 고린도전서 12장에서 특별히 은사가 주어졌다고 간주된 자들에게 더 많

---

14 1916년에 펜실베이니아주 성공회 주교였던 Philip J. Rhinelander는 뉴욕의 제너럴 신학교에서 "십자가 신앙"(*The Faith of the Cross*)이라는 제목하에 패독 강연(Paddock Lectures)을 했다. 그가 사용한 단어는 아직 영성 개념에 사로잡혀 있지 않았던 한 세기 전 성공회에서는 특이한 말이 아니었을 것이다. 그의 성찰은 여기서 논의되고 있는 많은 내용과 일치한다. 예컨대 기독교 신앙을 내부자의 지식 문제로 만들려는 영지주의적 경향에 대해 그는 이렇게 대응한다. "십자가의 비밀은 난해하지도 않고 어렵지도 않다. 그것은 대다수에게는 이해될 수 없어서 절망적이고 깨달은 소수에게는 특권인 것이 아니다. 열쇠가 필요하지만, 그 열쇠는 모두의 손에 쥐어진 것으로 가정된다. 갈보리의 신비를 읽어내는 것은…자신의 타고난 권리를 내던지지 않은 모든 자녀가 쉽게 도달할 수 있는 범위 안에 있다(Philip J. Rhinelander, *The Faith of the Cross*, Paddock Lectures, General Theological Seminary, 1914 [New York: Longmans, Green and Co., 1916], 15).

은 명예가 주어질 경우 영적 기교가 어떻게 회중을 혼란시킬 수 있는지를 보여준다. 오늘날 "은사주의적인" 회중에서는 좀 더 세속적인 은사(예컨대 행정, 가사, 재정 관리, 사회 활동)를 가진 사람들은 [미리 준비한 원고 없이] 즉석에서 기도를 하고, 안수를 하고, 방언을 하고, 기타 화려한 "영적" 은사를 행사하는 사람들보다 열등하다고 느낄 수 있다. 오늘날 비은사주의적인 주류 회중에서조차 명상 훈련을 옹호하고 실천하는 이들에게 영적 열등감을 느끼는 사람들을 발견하는 것이 어렵지 않다. 바울은 이러한 태도를 반박하기 위해 "오직 하나님이 몸을 고르게 하여 부족한 지체에게 귀중함을 더하사 몸 가운데서 분쟁이 없고 오직 여러 지체가 서로 같이 돌보게 하셨느니라"라고 기록한다(고전 12:24-25).[15] J. 루이스 마틴이 말했듯이 하나님의 새로운 창조세계는 "종교적 구분의 모든 표시들을 뒤로 제쳐두는 교회다."[16]

바울이 방금 인용한 절에서 "부족한"이라고 한 말은 그의 진짜 의견을 표현하는 것이 아니다. 대신 그는 고린도 교회 영지주의자들의 견해를 그들에게 되돌려주고 있다. 이 특정한 지식(*gnosis*)을 갖고 있는 자들은 이미 좀 더 높은 차원에서 살고 있다고 생각되었기 때문에 이 세상에서 행한 행위는 아무래도 상관이 없다고 생각했다. 십자가 신학의 핵심 요소인 **이 세상에서의 구속적 고통**은 영지주의에는 낯선 개념이다. 영지주의는 비록 영적인 노정에서 종종 자선 행위를 권장하지만 세상을 위

---

15 사도 이후 시대의 몇몇 기독교 영지주의자들, 특히 발렌티누스파는 바울을 매우 높게 평가했다. 그들은 바울이 마치 영지주의자였던 것처럼 그를 교묘하게 읽었다. 이러한 해석에 따르면 바울은 대중에게는 좀 더 낮은 수준의 서면 지식(*exoteric*, 공개적 지식)을 권장하고, 난해한(*esoteric*) 구술 가르침은 엘리트 신참자에게 은밀하게 전달하도록 권장했다. 오늘날 "그리스도 안에서"라는 바울의 개념의 상정된 "신비주의"를 강조하며 그를 영지주의 용어로 묘사하는 경우가 흔하지만, 이는 그러한 모든 구분을 급진적으로 철폐하는 바울을 잘못 이해하는 것이다.

16 J. Louis Martyn, *Galatians*, Anchor Bible 33A (New York: Doubleday, 1997), 27.

한 고통에 별로 가치를 부여하지 않는다. 영지주의는 물질적 현실을 영적이지 않다고 여기기 때문에, 이 세상에서의 행위는 기독교에서와 같이 윤리적 핵심이 될 수 없다.[17] 요한1서 전체는 반영지주의 서신으로서, 그리스도의 성육신의 물질성을 강조하고(요일 1:1-2) 사랑하라는 계명을 지키는 것을 그리스도를 "아는" 것에 대한 참된 시험 기준이라고 강조한다. "'그를 아노라'[이는 *gnosis* 계열의 단어다] 하고 그의 계명을 지키지 아니하는 자는 거짓말하는 자요 진리가 그 속에 있지 아니하되, 누구든지 그의 말씀을 지키는 자는 하나님의 사랑이 참으로 그 속에서 온전하게 되었나니, 이로써 우리가 그의 안에 있는 줄을 아노라"(2:4-5). "'빛 가운데 있다' 하면서 그 형제를 미워하는 자는 지금까지 어둠에 있는 자요"(2:9). 디모데전서는 이 점을 명확히 진술한다. "디모데야, 망령되고 헛된 말과 거짓된 지식[*gnosis*]의 반론을 피함으로 네게 부탁한 것을 지키라"(딤전 6:20).

사실상 인간의 모든 종교는 영지주의적이다. 오늘날 미국의 절충적인 종교성은 개인의 영적 경험을 강조하며, 정의 및 존엄을 위한 인간의 투쟁에는 관심이 없다.[18] 동양의 위대한 종교들에는 영지주의적인 경향이 강하게 드러나는데, 그 종교들에서는 엘리트에 대해서는 엄격한 영적 훈

---

17 이와 동일한 이 세상의, 물질적인 몸에 대한 영지주의적 무관심으로 인해 고린도 교회 교인들은 당시 훨씬 더 널리 퍼져 있던 영혼의 불멸 개념을 지지하며 기독교의 몸의 부활 선포를 평가 절하했다. 바울이 고전 11장에서 말하는 내용의 배후에는 이러한 실수가 놓여 있다.

18 세속적인 많은 미국 유대인들은 그들이 아무리 자신들의 성경에 나오는 하나님의 언어로부터 멀어져 있다 할지라도 그들의 적극적인 정의와 평화 지지 활동에서 예언자 전통을 계속 유지하고 있다. 이 점은 팔레스타인과 이스라엘의 교착상태가 어느 때보다 위험해지고 윤리적으로 심각해짐에 따라 최근 몇 년간 이스라엘의 정책을 비판하고 있는 강력한 소수파 유대인들의 목소리에 반영되어 있다. 이러한 내부로부터의 비판에 대한 자극은 성서 신앙의 두드러진 특징이다.

련을 요구하지만 일반 대중에게는 기도 윤당(prayer wheels, 커다란 바퀴에 미리 기도문을 써놓고 바퀴를 돌리면 그 기도를 드린 것으로 인정해 주는 장치 —편집자 주), 부적, 우상과 같이 인기 있고 까다롭지 않은 의식을 요구한다.[19] 오늘날 미국에서 매우 인기가 높은 여러 형태의 불교는 사실상 영지주의 영성의 형태로 보인다.[20] 달라이 라마는 가는 곳마다 계속 그를 숭배하는 군중의 관심을 끌고 있지만, 그의 말과 십자가 신학 사이에는 많은 차이점이 있다. 그는 「뉴욕타임즈」의 구스타프 니부어와의 인터뷰에서 사람들이 자신에게 매력을 느끼는 이유를 "우리는 모두 행복을 열망하며 고통을 피하고 싶어 한다"라는 말로 설명하려 했다.[21] 얼마나 많은 미국의 그리스도인이 이 말을 듣고 그 말과 (예컨대) 자주 되풀이되는 마틴 루터 킹의 "구속적 고통"이 서로 얼마나 다른지 깨닫겠는가? 그러나 기독교는 고통 자체를 위한 고통을 권장하지 않으며, 세상에서 다른 이들의 고통을 줄이는 것이 그리스도인의 책무 중 일부라는 점을 분명히 해둘 필요가 있다. 그러나 아무리 상상의 나래를 펼쳐도 기독교가 사랑과 정의를 위해 고통을 피하는 것을 권장한다고 말할 수 없다. 아마도 기독교 신앙은 십자가 설교에 뿌리를 내릴 때 하나님 나라를 위해 이 세상에서 고난 받는 것의 위치를 인식하고 이를 받아들인다고 말하는 것이 이 점을 가장 명확하게 요약하

---

19 이는 동양의 신앙에 특이한 요소가 아니다. 그것은 분명히 종교개혁 동안에 그리고 그 이후 개신교와 가톨릭 사이 간 갈등의 주요 초점이 되었다. 그리스도인을 포함한 모든 사람은 미신의 영향에서 자유롭지 못하고, 종교적 헌신을 온갖 종류의 우상에게 바칠 가능성이 있다. 이슬람의 칭찬할 만한 특징 중 하나는 형상들 및 엄격한 일신론(monotheism)에서 벗어나게 하는 것들을 거부하는 것이다.

20 널리 영적 지도자로 여겨지는 불교 신자인 Thich Nhat Hanh은 일전에 「뉴스위크」 편집인에게 다음과 같이 말한 적이 있다. 십자가형이 "나에게는 매우 괴로운 이미지다. 거기에는 기쁨이나 평화가 없고, 이것은 예수를 공정하게 대하는 것이 아니다"(*News Week*, March, 27, 2000).

21 Gustav Niebuhr, "For the Discontented, a Message of Hope," *New York Times*, August, 14, 1999.

는 방법일 것이다. 예수는 산상설교에서 "의를 위하여 박해를 받은 자는 복이 있나니 천국이 그들의 것임이라"고 말했다(마 5:10).

요약하자면 신약성경에 반영된 영지주의의 세 가지 특징은 아래와 같다.

1. 영적 지식(*gnosis*)에 대한 강조
2. 영적 성취의 위계
3. 물질적/물리적 삶에 대한 평가 절하와 이에 상응한 물질 세계에서의 윤리적 투쟁 회피

영지주의는 다른 여러 측면에서도 기독교와 다르다. 예를 들어 다양한 영지주의 체계들은 하나님과 인간, 혹은 하나님과 피조물을 명확히 구별하지 않는다. 따라서 영지주의자가 보기에 예수는 하나님의 아들이지만, 우리 모두도 잠재적으로 또는 실제적으로 하나님의 자녀다.

그러므로 예수는 하나님의 아들이지만, 잠재적으로나 실제적으로 우리 모두 하나님의 자녀다. 이 개념은 겉으로 보기에는 하나님은 창조주이고 우리는 하나님의 형상으로 만들어졌지만 하나님의 본질은 아닌 피조물이라고 주장하는 정통 기독교의 가르침보다 훨씬 더 매력적으로 보인다.[22]

---

22 영지주의의 침식 효과 중 하나는 우리 모두가 본래 하나님의 자녀라는, 널리 받아들여지고 있는 견해를 통해 세례의 신학적 본질이 평가 절하되고 있다는 점이다. 이 가르침은 교회에 깊이 스며들어 있다. 우리는 입양과 은혜를 통한 하나님의 자녀로서 이것이 세례에서 효력을 발생하게 된다는 고전적인 기독교의 입장이 이제 여러 진영에서 의심받고 있다. 아이러니하게도 성공회에서 세례를 성례에서 제외한 것—많은 교구에서 세례는 더 이상 성찬을 받기 위한 필수 요건이 아니다—은 세례 언약을 새롭게 강조한 것과 동시에 발생했다.

바울이 고린도전서에서 "혈과 육은 하나님 나라를 이어 받을 수 없"다고 한 말은 영지주의적인 의미(**몸 자체는 영적이지 않다**는 의미)로 해석될 수도 있지만, 바울은 이 말을 도움을 받지 않은 인간은 영적 지식에 대한 "자연적인" 또는 선천적인 잠재력이 없으며 그것을 과분한 하나님의 선물로만 받을 수 있음을 의미하는 **반**(反)영지주의적인 의미로 사용한다. 예수가 니고데모에게 "육으로 난 것은 육이요 영으로 난 것은 영이니"(요 3:6)라고 한 말은 영지주의식으로 물질적인 "육"은 악하고 (또는 중요하지 않고) 더 고차원적인 "영적" 세계가 하나님께 이르는 길이라고 이해되기 쉽다. 그러나 신약성경에서 "육"(*sarx*)은 요한복음에서든 바울 서신에서든 간에 결코 이런 식으로 사용되지 않는다. 요한복음에서 육은 악이 아니라 **무능**을 함의한다("살리는 것은 영이니 육은 무익하니라"-6:63). 사실 예수는 심오하게 반영지주의적인 가르침에서 우리에게 자신의 살(*sarx*)을 먹으라고 내어준다. "내 살은 참된 양식이요 내 피는 참된 음료로다. 내 살을 먹고 내 피를 마시는 자는 내 안에 거하고 나도 그의 안에 거하나니"(6:55-56). "그때부터 그의 제자 중에서 많은 사람이 떠나가고 다시 그와 함께 다니지 아니하더라"는 요한의 보도는 주목할 만하다. 왜냐하면 그들은 예수의 이 물질주의적인 가르침을 불쾌하고 반종교적인 것으로 생각했기 때문이다(6:66).

많은 그리스도인이 기독교의 전통 가르침에서 "물러나" 교회의 신앙과 "더 이상 보조를 맞추지 않는다." 많은 지도자와 교사도 마찬가지다.[23] 영지주의가 큰 인기를 끄는 데는 여러 이유가 있다. 영지주의의 상

---

23 영지주의 영성의 매력은 오늘날 신학 교육에 상당히 퍼져 있다. 1960년대 후반과 1970년대 초반에 자유주의적인 신학교, 특히 초교파 신학교에서의 삶은 혁명적인 사회 운동에 대한 요구에 의해 지배되었다. 성직자들이 시위 현장에 나가 경찰 저지선에서 대치하느라 너무 바쁜 나머지 거의 기도하지 않으며 설교 준비에 거의 시간을 쓰지 않는다고 자랑하

당 부분은 오늘날 미국의 태도와 조화된다. 영지주의는 정통 기독교가 경직되었다고 생각하는 사람에게 개방성과 유연성을 더 많이 제공하는 것처럼 보인다. 영지주의는 "종교적, 창조적 충동을 확립된 신조에서 분리시키는 길"을 약속한다.[24] 영지주의는 여성, 예술가, 자유 사상가, 자유로운 영혼들을 더 환영하는 것으로 여겨진다. 영지주의는 자기가 색다르거나, 반체제적이거나, 모험적이거나, 인습 타파적이라고 생각하는 사람들에게 매력적이다. 영지주의는 확실히 더 "영적"인 것처럼 보이고, 따라야 할 길, 습득할 기법, 얻을 지식을 제한적인 독단 없이 다양하게 제공한다. 예를 들어 물질 세계를 평가 절하하는 영지주의는 우리의 성적 본성에 관한 두 가지 관점을 제공하는데, 두 관점 모두 방탕한 삶의 방식에 기여한다. 그 관점들에게는 성행위가 신과의 접촉을 제공하는 강렬한 영적 행위로 여겨지거나, 육체는 영적이지 않으므로 어떻게 하든 그것은 중요하지 않다고 본다. 어떤 경우건, 영지주의자는 성적 제약에서 자유롭다. 바울이 고린도 교회 교인들에게 다음과 같이 말할 때, 그는 이러한 가르침을 염두에 두고 있는 것처럼 보인다. "너희 몸이 그리스도의 지체인 줄을 알지 못하느냐?…음행을 피하라. 사람이 범하는 죄마다 몸 밖에 있거니와 음행하는 자는 자기 몸에 죄를 범하느니라. 너희 몸은 너희가 하나님께로부터 받은 바 너희 가운데 계신 성령의 전인 줄을 알지 못하느

는 말이 종종 들렸다. 1980년대와 1990년대에는 강조점이 쏜살같이 "영성"으로 이동하여 그 경향이 오늘날까지 이어지고 있는데, 영성이라는 단어와 개념은 상당히 최근까지 개신교에서 사실상 알려져 있지 않았다. 이처럼 사회적 행동에서 해방신학으로 그리고 영성으로 강조점이 급격히 변하면서 아홉 가지 성격 유형의 에니어그램, 미로 걷기, 만물에 정령이 깃들어 있다는 켈트 종교 등이 예수 세미나의 막강한 영향과 뒤섞여 '종교의 뷔페 식사'를 제공받는 신실한 그리스도인들이 큰 혼란에 빠지게 되었다. 이렇게 불안정한 환경에서 고전적, 성서적 기독교는 상실되었다.

24 Frederick Crews, "The Consolation of Theosophy," *New York Review of Books*, September, 19, 1996.

냐? 너희는 너희 자신의 것이 아니라"(고전 6:15-19). 성관계에 대한 성경의 견해는 대부분의 "영적" 사고에는 완전히 낯선 방식으로 세속적이고 "육적"(fleshy)이다. 역설적으로, 다양한 형태의 영지주의에서 자주 볼 수 있는 자유분방한 성적 태도는 몸은 영원한 중요성에 어떤 차이도 가져오지 않는다는 사고에서 비롯된다. 세례 시 주어지는 하나님의 선물인 내주하는 성령이 성행위의 결과와 더불어 (문자적으로 이해된) 몸을 달리 평가하게 만든다는 개념은 영지주의의 생각이 아니라 기독교의 생각이다. 따라서 성에 관하여 자유방임적인 우리 사회에서 변형된 몇몇 영지주의 관점이 왜 그토록 매력적인지 우리는 어렵지 않게 이해할 수 있다.

그러나 영지주의와 사도적 신앙 간의 가장 심각한 불일치는 인간의 종교적 역량에 대한 영지주의의 주장에 놓여 있다. 기독교를 영지주의 체계의 하나로 믿는 사람이 많다는 것은 놀라운 일이다. 브라운 대학교의 어느 심리학 교수는 정직하게 선언한다. "모든 종교는 특정 개인이 **신성하고, 난해하고, 초월적인 지식**에 특별히 접근할 수 있다고 가정하며… 이것이 종교적 관점 자체의 일부라고 믿는다.…**선택된 소수들만 이렇게 특권적으로 접근할 수 있다**는 생각은 사람들이 특정한 종교 전통에서 떨어져 나갈 때 가장 나중에 사라질 요소 중 하나다."[25]

영지주의의 모든 다양성을 고려하더라도 우리는 영지주의의 구원 묘사에서는 구속 능력(하나님의 능력)은 **구속받을 수 있는 우리의 능력** 안에 포함되어 있다고 요약할 수 있다.[26] 따라서 십자가형은 불필요해진다.

---

25 Joachim I. Krueger, "Holy Celebrity," *Psychology Today*, September/October 2013, 33, 강조는 덧붙인 것임.

26 Roy A. Harrisville, *Fracture: The Cross as Irreconcilable in the Language and Thought of the Biblical Writers* (Grand Rapids: Eerdmans, 2006), 276.

종교적 영지주의 대 비종교성의 신선한 바람

디트리히 본회퍼는 나치 형무소에서 이렇게 썼다. "내가 말하는 **이 세속성**이라는 용어는 인생의 의무, 문제, 성공과 실패, 경험과 곤혹 속에서 거리낌 없이 사는 것을 의미한다. 그렇게 함으로써 우리는 하나님께 우리 자신을 완전히 맡기고 우리의 고통이 아니라 세상에서의 하나님의 고통을 진지하게 받아들인다."[27] 따라서 인생의 지상적, 세속적, 물질적, 물리적 차원에 높은 가치를 부여하는 것은 유대-기독교 전통의 가장 두드러진 특징 중 하나로, 이 점에서 유대-기독교 전통은 종교적 영지주의와 구별된다. 세속성 자체는 기독교를 통해 가능해졌다는 주장이 잘 논증되어 왔다.[28] 본회퍼가 "비종교적인 기독교"(religionless Christianity)와 세속적 세상에서의 복음에 관해 저술하기 시작했을 때 그는 확실히 이 개념을 전개하고 있었다. 그의 서신 중 가장 강력한 구절 중 하나는 다음과 같다. "도덕, 정치, 과학에서의 작업 가설로서 신은 극복되고 폐지되었다. 그리고 철학**과 종교**에서도 같은 현상이 발생했다.···하나님은 우리로 하여금 우리가 하나님 없이 우리의 삶을 관리하며 살아가야 한다는 것을 알게 했을 것이다. 우리로 하여금 하나님이라는 작동 가설 없이 이 세상을 살아가게끔 하는 하나님이 바로 우리가 끊임없이 그 앞에 서야 하는 하나님이다."[29]

　본회퍼는 이러한 개념들을 충분히 전개할 만큼 오래 살지 못했지만,

27　Dietrich Bonhoeffer, *Letters and Papers from Prison*, ed. Eberhard Bethge, enlarged ed. (New York: Macmillan, 1972), 369-70, 강조는 덧붙인 것임.

28　"기독교 복음의 핵심에는···급진적 세속성이 존재한다." Richard K. Fenn, *Beyond Idols: The Shape of a Secular Society* (New York: Oxford University Press, 2001).

29　Bonhoeffer, *Letters and Papers*, 360, 강조는 덧붙인 것임.

그는 하나님이 종교적 절박함을 제외한 다른 어떤 것과도 무관하기라도 한 것처럼 하나님을 "은밀한 장소에 숨겨두는 것"에 반대한다. 그는 또한 하나님이 "작동 가설"이 아님을 전달하려고 했다. 하나님은 우리의 모든 현대성, 우리의 우월감, 우리의 가장 강력한 형태의 세속적 삶에 있어서 이미 우리보다 앞서 있는 살아 계신 하나님이다. 그는 성경 메시지가 약한 순간에만 기댈 수 있는 대상이 아니라고 역설했다. "우리는 세속성에 빠져 있는 인간을 비난할 것이 아니라, 인간으로 하여금 그의 가장 강한 지점에서 하나님과 대면하게끔 해야 한다."[30] 우리가 불신자로부터 동의까지는 아니더라도 존중을 받고 싶다면 이것이 기독교 신학에 가장 중요한 요점이다. 이 구절은 자주 인용되는 다음과 같은 말로 끝난다. "하나님은 스스로 세상 밖으로 밀려나 십자가에 달린다." 우리는 예수의 십자가 죽음은 믿음의 영역에서 발견할 수 있는 가장 세속적이고 비종교적인 사건이라고 주장해도 무방하다.

따라서 기독교 메시지의 핵심에서 비종교성에 대해 열려 있는 공간은 다양한 형태의 영지주의로는 불가능한 방식으로 모든 종류의 사람들을 위한 길을 열어준다. (고린도에 존재하던 것과 같은 기독교 영지주의를 포함한) 영지주의에는 언제나 핵심 집단과 영적 엘리트가 존재한다.[31] 영지주

---

30 Bonhoeffer, *Letters and Papers*, 346. 이 부분은 부분적으로는 정신분석에 대한 공격이다. 공정하게 말하자면, Bonhoeffer는 새로운 현상을 수용할 만큼 오래 살지 못했고, 기질적으로도 정신분석과 맞지 않았다(비록 그의 아버지가 베를린 대학교의 정신 신경 의학과 학장이었음에도 불구하고 정신분석과 기질적으로 맞지 않았거나 혹은 그의 아버지가 정신 신경의학과 학장이었기 "때문에" 맞지 않았을 것이다). 그는 정신분석이 모든 강조점을 "내적 삶"에 두었고, 그로 인해 윤리적 삶과 공동체적 책임을 포함한 "하나님과 관련된 전인(全人)"의 적이라고 우려했다. 그 구절을 여기서 인용한 이유는 그것이 십자가형의 비종교성에 관해 우리가 전개하고 있는 요점과 잘 어울리기 때문이다.

31 이 문제는 다양한 방식으로 표출된다. 예컨대 어떤 집단에서는 일관된 명상을 실천할 수 있는 자들이 기도문을 몇 차례 외우다 곰돌이 푸처럼 다음 간식을 찾아 배회하는 자들보다 영적 여정에서 앞서 있다고 간주한다. 다른 맥락에서 나는 한때 충분히 성령 충만하지

의는 예지를 터득한 자들만 알아낼 수 있는 신비를 약속한다.[32] 영지주의는 "구원 받을 수 있는 능력"이 구원의 조건임을 미묘하게 또는 그다지 미묘하지 않게 암시한다. 이와 대조적으로 기독교 복음은—신약성경의 급진적 형태로 선포되는 경우—**바로 예수의 죽음이 비종교적이기 때문에** 어떤 사람의 영적 숙련 여부와 상관없이 이 세상의 다른 어떤 종교 체계보다 참으로 더 "포용적"이다. 사실 "십자가의 도"는 성경의 원칙에 따라 살려고 하는 보수적인 많은 그리스도인이 흔쾌히 인정하는 것보다 훨씬 더 철저하게 구별을 철폐한다. 기독교 복음은 "경건한 자"와 "경건하지 않은 자"(롬 4:5), 영적인 것과 영적이지 않은 것 사이의 모든 구별을 철폐하고 신자와 불신자를 막론하고서 인류 전체를 위한 하나님에 대한 비전을 제시하는데, 이러한 하나님의 목적은 너무 포괄적이고 충격적이어서 사도 바울조차 일시적으로 말을 잇지 못한다(롬 11:36). 우리는 본서의 뒤에서 칭의 또는 교정(*dikaiosos*) 및 하나님의 의(*dikaiosyne*) 같은 바울의 개념을 검토할 때 이 주제로 돌아올 것이다.

영지주의와 십자가

우리는 왜 영지주의에 이렇게 많은 시간을 할애하고 있는가? 그것은 여러 형태의 영지주의가 십자가형에 대한 성경의 증언을 이해하는 데 방해

않다고 간주되기 때문에 오순절교회로부터 설교 초청에서 배제되었다.

32 Walker Percy의 *Love in the Ruins*에서 Tom Moore 박사는 다음과 같이 말한다. "Ayn Rand, 부처, 초심리학자인 전 듀크 대학교 Rhine 박사와 가깝게 지내는 성공회 여신도들을 조심하라.…그들은 영지주의적인 교만의 먹잇감이 되고…난해한 교리를 갈망하게 된다." Walker Percy, *Love in the Ruins* (New York: Farrar, Straus and Giroux, 1971), 94.

가 되기 때문이다. 우리가 살펴본 영지주의의 모든 특성 중 우리의 연구에 가장 중요한 점은 영지주의적 기독교가 십자가에 관심이 없었다는 사실이다. 루크 티모시 존슨은 이 문제에 대한 좋은 안내자다. 그는 영지주의 복음서들에 대한 논평에서 먼저 그것들에는 정경 복음서들과 달리 내러티브 구조가 없다는 점을 지적하고 나서 이렇게 말한다. "더욱 두드러지는 점은 영지주의 복음서들에는 수난 기사가 없다는 것이다. 예수의 죽음은 생략되거나 가볍게 언급될 뿐이다. 그것들은 신적 계시를 강조한다. [이와 대조적으로] 정경 복음서들에서 수난 기사들은 핵심적이고 결정적인 역할을 한다. 정경 복음서들은 메시아의 고난을 강조한다."

그런 다음 존슨은 여기서 강조되고 있는 요점인 분투와 갈등이라는 대가 없이 개인의 "영적" 만족을 권장하는 종교적 가르침을 정확히 지적한다. "영지주의 기독교에서는 **마음의 깨달음이 고통을 피하게 해준다.**"

그는 이렇게 계속한다. "정경 복음서들은 부활의 관점에서 예수를 바라본다.…그러나 정경 복음서들은 그 관점**만** 갖고 있는 영지주의 복음서들과는 판이하게 예수의 고난 및 죽음이라는 현실과 긴장 관계에 놓여 있는 힘을 유지한다.…정경 복음서의 어느 곳에서도 신적 영광을 위해 십자가의 수치를 제거하지 않는다. 각각의 정경 복음서에서 영광에 이르는 길은 진정한 고난을 통과한다."[33]

영지주의 복음서에서 예수의 수난 내러티브의 부재는 영지주의적 기독교와 사도적 기독교 사이의 차이에 대해 많은 것을 말해준다. 교회들에서 이 점이 충분히 이해되지 않고 있다. 바울이 고린도에 보낸 서신들을 잘 읽으면 좋은 해독제가 될 것이다. 바울은 이 서신들, 특히 고린도

---

33 Luke Timothy Johnson, *The Real Jesus: The Misguided Quest of the Historical Jesus and the Truth of the Traditional Gospels* (New York: HarperCollins, 1996), 150-51.

후서로 결합된 여러 서신들에서 자신이 사도로서 겪은 고난을 길고 자세하게 언급한다. 이는 자랑하기 위함이 아니라 오히려 그와 정반대로 반항적인 고린도 교회 교인들로 하여금 부활의 생명이 독특하게 생명을 부여하지만, 이 부활의 생명에는 그리스도의 십자가를 지는 것을 통하는 방법 외에는 이 세계에서 달리 발현될 수 없는 '아직 아니다'라는 측면이 존재한다는 것을 이해하도록 도와주기 위한 최후의 요청이다.[34] 특히 교회 지도자들은 십자가의 삶에 대한 바울의 묘사에 유념해야 한다. "우리[사도들]가 사방으로 욱여쌈을 당하여도 싸이지 아니하며, 답답한 일을 당하여도 낙심하지 아니하며, 박해를 받아도 버린 바 되지 아니하며, 거꾸러뜨림을 당하여도 망하지 아니하고, 우리가 항상 예수의 죽음을 몸에 짊어짐은 예수의 생명이 또한 우리 몸에 나타나게 하려 함이라. 우리 살아 있는 자가 항상 예수를 위하여 죽음에 넘겨짐은 예수의 생명이 또한 우리 죽을 육체에 나타나게 하려 함이라. 그런즉 사망은 우리 안에서 역사하고 생명은 너희[그리스도인들] 안에서 역사하느니라"(고후 4:8-12).

수난 내러티브의 중요성

예수에 대한 요즘의 논쟁은 주로 그의 신성이나 신성의 부재에 초점을 맞추고 있는 것으로 보인다. 주류 교회들은 예수가 하나님의 독생자라는 신조의 주장을 방어하는 입장에 서는 경향이 있다. 그러나 초기 교회에

---

34 William Stringfellow는 1970년대에 쓴 글에서 "은사주의 운동"이 사회정치적 맥락과 분리되지 않고 그러한 문제 및 투쟁과 관련을 가질 때 그것에 대한 설득력 있는 옹호를 제공한다(*An Ethic for Christians and Other Aliens in a Strange Land* [Eugene, Ore.: Wipf and Stock, 1973], 143-51).

서의 상황은 완전히 달랐다. 예수의 완전한 인성에 대한 부인(이는 가현설이라 불리는 이단이었다)이 1세기 정통 신앙의 주된 적이었다. 신적 구속자와 구원자들로 가득한 종교적 환경에 처해 있던 기독교 초기에는 예수의 구체적이고 고난 받는 인성을 주장하는 것보다 그를 또 다른 신으로 주장하기가 훨씬 쉬웠다. 오늘날에는 상황이 완전히 바뀌었다. (세속 사회에서 및 자유주의적인 신학 진영에서는) 신성에는 반대하고 인성이 거의 당연시여겨지고 있는 것으로 보인다. 그러나 과거에도 항상 그랬던 것은 아니다. 기독교 초기 몇 백 년 동안에는 예수를 세상 밖으로 완전히 끌어내려고 위협하는 강력한 조류에 전투적으로 맞설 필요가 있었다. 우리 시대에 규칙적으로 사도신경과 니케아 신경을 암송하는 교인들은 그 신경에서 본디오 빌라도의 이름을 부르는 데 너무 익숙해져 있다 보니 신학 성명서에서 이것이 얼마나 이상한 일인지 깨닫지 못한다. 이 신경들에 들어가지 않았더라면 잘 알려지지 않았을 이 지방 총독의 이름이 기독교 고백의 중심에 영원히 보존되어 왔다. 이는 그 고백이 우리 가운데 나타난 하나님의 성육신—그런 일이 있었다면 이는 반영지주의적인 사건이다—의 놀랍도록 구체적이고 역사적인 성격을 확고히 해주기 때문이다. "구원사에 있어서 신성모독적인 인물"이 사도신경에 등장하는 이유는 예수라는 인물의 인간적 삶과 죽음에 관한 지리적, 연대적, 역사적 특수성의 논쟁에 종지부를 찍기 위함이다.[35]

사도신경과 니케아 신경에서 예수의 전체 생애와 관련되어 사용된 유일한 용어는 "고난을 받아"다. "동정녀 마리아에게서 나시고 본디오 빌라도에게 고난을 받아 십자가에 못박혀 죽으시고 장사되셨다." 오늘날

---

35   Jan Lochman, *The Faith We Confess: An Ecumenical Dogmatics* (Philadelphia: Fortress, 1984), 118.

누가 이 말이 얼마나 이례적인지 알겠는가? 가르침, 비유, 치유, 축귀 등으로 매우 유명했던 사람의 삶과 사역을 어떻게 이 한 마디로 표현한다는 말인가! 이런 일들 중 어느 것도 두 신경에 언급되지 않으며, 신약성경 서신들에도 이런 일들은 거의 언급되지 않는다. 이 두 신경의 표현은 예수의 수난을 그가 성취한 모든 것의 절정이자 완성이며 중요성 면에서 다른 모든 것을 그 안에 포함하는 것으로 보는 초기 그리스도인들의 확신을 생생히 보여준다. 그러나 부유한 미국에서는 고난이 제거되고 십자가형이 결여된 다양한 형태의 기독교가 그 어느 때보다 흔해졌다.

캐나다 출신의 더글러스 존 홀은 십자가 신학에 중요한 공헌을 한 북미 신학자다.[36] 그는 십자가형이 특히 고통, 한계, 유기(遺棄), 절망이라는 인간의 상태를 "내부로부터 정복"했다고 말한다. 그는 기독교 공동체는 다른 어떤 것에 의해서도 아니고 바로 **십자가 신학**에 의해 식별된다고 주장한다. 우리의 참된 정체성을 주장하려면 우리는 우리의 끈질긴 낙관적 지향을 버려야 한다.[37] 그는 교회가 자신을 십자가 공동체, **함께 고난 받는** 공동체, 타인을 섬기기 위해 기꺼이 고난의 낙인을 짊어지는 공동체로 이해할 것을 요구한다. 그는 "종교와 [기독교] 신앙 간의 기본적인 차이는 바로 종교들의 고난을 피하려고 하는 성향, 어둠 없이 빛을 가지려고 하고, 신뢰와 위험 없이 전망을 가지려 하고, 절망과 지속적으로 대화하지 않은 채 희망을 가지려고 하는 성향, 즉 성금요일 없이 부

---

36 Douglas John Hall, *God and Human Suffering: An Exercise in the Theology of the Cross* (Minneapolis: Augsburg, 1989). Hall의 좀 더 최근 저술은 다른 주제로 넘어갔지만, 이 특별한 책은 십자가라는 주제에 대해 많은 것을 제공한다.

37 우리는 언제나 이런 진술이 흑인 교회보다는 백인 교회를 묘사하고 있다는 점을 기억해야 한다. 흑인 교회는 고통과 믿음을 어떻게 통합시키는지에 관해 우리에게 많은 것을 가르쳐 주었다.

활절을 맞으려고 하는 성향"이라고 선언한다.[38] 여기서 홀은 우리가 서론에서 언급했던 것과 동일하게 기독교와 종교를 구별한다. 포이어바흐와 프로이트는 커다란 지적 용기를 내어 "신학은 인류학"이고(포이어바흐) 종교는 "인간이 자신의 무력함을 견딜 수 있도록 만들기 위한 필요에서 탄생한" 희망적 사고(프로이트)라고 말했다.[39] 고통의 회피가 종교의 목적이라면, 그토록 많은 사람들이 종교의 다양한 발현에 이끌리고 십자가에서 멀어지는 것은 놀랄 일이 아니다.[40]

위르겐 몰트만은 홀보다 훨씬 더 예리하다. 그에게 십자가 신학은

---

38 Hall, *God and Human Suffering*, 126. 캐나다 사람인 Hall은 "북미"에 대해 말하지만, 캐나다 각지에서 상당한 시간을 보낸 나는 그가 주로 미국에 대해 말하고 있는 것 같다고 생각한다.

39 지적 호기심이 있는 그리스도인이라면 반드시 읽어야 하는 Freud의 『환상의 미래』(*The Future of an Illusion*)보다 더 신랄하게 종교를 논박하는 주장은 없다. 그는 "종교 개념들의 정신적 기원"에 대해 논의하면서 다음과 같이 말한다. "그것들은 환상으로서 인류가 지닌 가장 오래되고, 가장 강하고, 가장 시급한 소망의 성취다. 그것들의 힘의 비밀은 이러한 소망의 강함에 놓여 있다"(*The Freud Reader*, ed. Peter Gay [New York: Norton, 1989], 695와 703). 확실히 그렇다. 어떤 인간의 소망도 십자가에 못박힌 하나님을 생각해 낼 수 없었다는 것이 이 책의 주장이다.

40 기독교의 중심 사건은 너무도 불쾌하며 우리가 인간의 종교적 상상력에서 나왔다고 알고 있는 종교 사상에는 너무도 비위가 거슬린다. 그 종교가 철학적으로 매우 정교하거나 인간적으로 매우 감동을 주는 종교일지라도 말이다. 나는 개인적으로 쿠란과 바가바드 기타(Bhagavad-Gita)의 일부는 상당히 감동적이라고 생각하지만, 그 누구도 이것들 안에 "십자가의 도"에 필적할 만한 것이 존재한다고 나를 납득시킬 수 없었다. 이슬람은 예수가 사실은 십자가에 못박히지 않았다고 가르친다(쿠란 4:157). John Stott는 이렇게 쓴다. "나는 여러 아시아 국가의 절에 들어가 불상 앞에 공손히 서 보았다. 불상은 다리를 꼬고, 팔짱을 끼고, 눈을 감고, 입가에 미소를 머금고 있었다.…그러나 나는 매번 얼마 지나지 않아 발길을 돌려야 했다. 대신 나는 상상 속에서 십자가에 외로이 달려 몸이 뒤틀리고 괴로워하며…하나님으로부터 버림 받고 어둠 속에 내던져진 그 인물을 향했다. 그 인물이 바로 나를 위한 하나님이다! 그는 고통에 대한 면역을 제쳐놓았다. 그는 우리의 살과 피, 눈물과 죽음의 세계로 들어왔다.…인간에게는 여전히 우리를 비난하는 의문 부호가 찍혀 있지만 우리는 이 물음표 위에 담대하게 또 다른 표, 곧 하나님의 고통을 상징하는 십자가를 찍는다"(*The Cross of Christ* [Downers Grove, Ill.: InterVarsity, 1986], 335-36).

"단순히 신학의 한 장(章)이 아니라 모든 신학의 핵심적인 특징"이다.[41] 전통적으로 십자가 신학과 관련된 인물들은 사도 바울과 마르틴 루터다. 우리 시대에는 지하에서 나오는 십자가 신학의 힘을 증언하는 목소리를 부정하거나 무시할 수 없다. 따라서 제2차 세계대전이라는 인간 이하의 어둠 가운데서 발언했던 본회퍼, 몰트만, 요한 크리스티안 베커 등 많은 이들이 십자가가 모든 것을 시험한다는 새로운 이해로 우리를 이끌었다. 예를 들어 몰트만이 모든 "불경스런 참상"을 지니고 있는 성금요일에 대한 관심을 요구할 때 그는 불경하고, 끔찍하며, 사악한 사건들을 직접 목격하고서도 그것들을 외면하고 영광의 신학(theologia gloriae)으로 향하지 않기로 결심한 자로서 말한다. 몰트만은 제2차 세계대전 후 "부숴지고 망가졌던" 다른 생존자들과 함께 괴팅켄에 있는 신학교로 돌아와 십자가형에 대한 강의를 통해 회복된 경험을 묘사했다. "버림 받고 십자가에 못 박힌 분의 관점에서 본 하나님을 말하지 않은 신학은 그때 우리에게 아무런 말도 하지 못했을 것이다."[42] 루돌프 불트만 이후 세대의 가장 중요한 신약성경 학자라고 할 수 있는 에른스트 케제만은 1970년대에 아르헨티나의 "더러운 전쟁"(Dirty War)에서 딸을 잃었다. 이후 그의 십자가 신학은 극심한 고통 속에서 나왔다.[43] 일본계 미국인 신학자인 코수케 코야마는 다음과 같이 말했다. "예수 그리스도는 즉답(卽答)이 아니다. 만약 예수 그리스도가 답이라면 그는 십자가형에 묘사된 방식의 답이다."[44] 우

---

41   Moltmann, *The Crucified God*, 72.

42   Moltmann, *The Crucified God*, 1.

43   Martin Henel의 저서 *Crucifixion*은 Elisabeth Käsemann 추모에 헌정되었다. 그녀의 끔찍한 감옥 생활과 마지막 날들에 관한 이야기는 htpp: memoryinlatinamerica.blogspot. com/2011/07/argentina-elisabeth-kaesemann.html에서 찾아볼 수 있다.

44   Kosuke Koyama, *Mount Fuji and Mount Sinai: A Critique of Idols* (London: SCM, 1984), 241.

리는 이러한 관찰에 대한 요약으로 몰트만을 인용한다. "십자가에 못박힌 그리스도로부터 도망쳐야 한다고 느껴보지 않은 그리스도인은 아마도 아직 그리스도를 철저하게 이해하지 못했을 것이다."[45]

"역사적" 예수: 십자가에 못박힌 사람

홍보를 좋아하는 예수 세미나와 그 추종자들에 의해 주도된 "제3차 역사적 예수 탐구"는 몇 년 동안 종교 관련 언론 보도를 지배해왔다.[46] 이러한 재구성주의자들은 세상을 변혁시키는 십자가/부활 사건의 의의에 대한 사도 바울의 호소력 있는 진술을 신학적 부가물로 치부한다. 바울은 신화 작가로서 그의 신학적인 저술들은 이 학자들이 제시하는 역사적인 실제 예수―에세네파 밀교 해설자, 갈릴리의 경건한 하시드 또는 카리스마적인 기적 행위자, 치유자 및 현자, 정치 혁명가, 농민 견유학자, 대안적인 영성의 교사[47]―와는 관계가 없다고 여겨진다. 예수에 대한 이러한 해석 중 어느 것도 예수의 십자가형에 아무런 초월적 의의를 부여하지 않는다. 그의 처형은 일반적으로 신성한 황제의 질서 및 권위를 위협하

---

45 Moltmann, *The Crucified God*, 38.
46 제1차 "탐구"는 19세기에 있었고, Albert Schweitzer의 기이하기는 하지만 획기적인 고전인 *The Quest of the Historical Jesus*(1906)에 의해 종결되었다. 1960년대의 소위 제2차 탐구는 Rudolf Bultmann의 제자들과 관련이 있는데―"제2의 탐구"가 불타오른 시기는 1970년대였지만―그중에서 Günther Bornkamm의 *Jesus of Nazareth*(1956)은 당시에 큰 영향을 미쳤다. 예수 세미나와 그 후예들은 "제3차 탐구"로 불린다. 제3차 탐구와 관련된 인물로는 Robert Funk, Marcus Borg, John Shelby Spong, John Dominic Crossan, James M. Robinson 등이 있다. 이 시기에 E. P. Sanders의 연구도 나왔는데 이 연구는 제2성전기 유대교에 대한 관심을 제고시켰다.
47 Johnson, *The Real Jesus*, 2장에 요약됨.

는 것으로 여겨진 사람을 기다린 불가피한 운명이란 측면에서 이해된다. 이러한 이해는 예수의 죽음에 관한 모든 이야기에서 중요한 역할을 하지만, 그것은 전체적으로 볼 때 부활을 통해 신원된 예수의 십자가형을 그의 전체 생애와 사역을 규정짓는 **바로 그** 특징으로 제시하는 신약성경의 전반적인 메시지를 충분히 설명하지 못한다.

우리는 애초에 사도들과 초기 그리스도인들의 케리그마(kerygma, 선포)를 통해 교회가 생겨났다는 점을 반드시 기억해야 한다. 사람들이 영적 방향에 관한 제시를 받았거나 의로운 삶에 대한 지침을 받아서 이전의 삶의 방식을 포기한 것이 아니었다. 그들은 자기들이 들은 충격적인 소식 때문에 개종했다. 사도적 선포가 신약성경의 대부분을 차지한다.[48] 성령에 의해 주도된 새로운 신앙에 대한 선포는 십자가/부활 사건을 중심으로 한다.[49] 사도적 **케리그마**는 인간사에 혁명을 가져왔다는 압도적 인상을 준다. 베드로전서는 이 새 설교에 대해 이렇게 말한다. "이것은… 복음을 전하는 자들로 **이제** 너희에게 알린 것이요 천사들도 살펴 보기를

---

48 목회 서신과 야고보서는 간헐적으로만 호소력이 있는 케리그마적 색조를 띠지만(이와 관련하여 주목할 만한 구절은 딤후 4:6-8로, 이 구절은 바울이 실제로 한 말로 들린다), 이 서신서들의 가치는 케리그마에 대한 주석으로서 다르게 이해되어야 한다. 야고보서는 케리그마적 특징이 전혀 없는 것은 아니지만 그 자체로 하나의 범주다. 신약성경 내부의 이러한 구별은 정경적 관점에서는 부적절해 보일 수 있지만, 우리 모두는 의식적으로든 무의식적으로든 성경 안에서 어떤 종류를 사용하여 다른 종류를 해석하고 판단해야 할지 결정해야 한다.

49 승천과 오순절은 예전적으로는 부활절과 분리되어 있지만 실제로는 십자가/부활 사건 전체에 끊임 없이 이어지는 그 사건의 일부다. 교회력에서 볼 수 있는 시간 순서상의 구분은 누가-행전의 설명에 기초하지만, 요한복음은 오순절 사건이 부활절에 발생했음을 보여준다(요 20:22). 두 경우 모두에서 성령의 은사가 죽음과 부활의 능력을 현재화하므로 확실히 그것은 실제로는 그 전체 사건의 분리할 수 없는 일부다. 무엇보다 롬 8장과 엡 1-2장의 세례에 관한 구절들 역시 이렇게 주장한다. 여기서 승천과 오순절 사건에 예전상으로나 설교상으로 더 관심을 기울이라고 요청하는 것은 부적절하지만, 본서의 주장은 자연스럽게 그 방향으로 향할 것이다.

원하는 것이니라"(1:12). 서신서들에서 "이제"라는 단어는 종종 그리스도의 십자가형과 부활의 결과로써 존재하는 완전히 새로운 상태를 가리키는 데 사용된다. 이 급진적 새로움, 이 변혁은 바울 서신과 베드로의 서신에 매우 빈번하게 등장하는 "그러나 이제"(*nuni de*)라는 어구를 통해 정형화된다. 바울은 로마서에서 이 단어를 6번 사용한다. 예를 들면 다음과 같다. "[그러나] 이제는 율법 외에 하나님의 한 의가 나타났으니…곧 예수 그리스도를 믿음으로 말미암아 모든 믿는 자에게 미치는 하나님의 의니 차별이 없느니라"(3:21-22). 우리는 베드로전서 2:10과 2:25에서 "그러나 이제"가 두드러지게 사용된 것을 볼 수 있다. 위대한 서신인 에베소서에 전형적인, 압도적인 언어로 표현된 구절에서는 그 단어가 이렇게 표현된다. "그러므로 생각하라. 너희는 그때에 육체로는 이방인이요…그리스도 밖에 있었고 이스라엘 나라 밖의 사람이라. 약속의 언약들에 대하여는 외인이요 세상에서 소망이 없고 하나님도 없는 자이더니 [그러나] 이제는 전에 멀리 있던 너희가 그리스도 예수 안에서 그리스도의 피로 가까워졌느니라"(2:11-13).

이러한 예문과 수십 개의 그런 구절들을 볼 때 "그러나 지금"이 알리는 새로운 상황은 예수의 가르침 그 자체에 의한 결과가 아님이 분명하다. 확실히 예수의 가르침과 사역은 "때가 찼고 하나님의 나라가 가까이 왔으니 회개하고 복음을 믿으라"(막 1:15)는 예수의 선언을 통해 입증되듯이 하나님의 새로운 행위를 시작하는 사건들이었다. 예수의 행위에 담긴 메시아적 성격과 의의는 누가복음 4:16-21에 수록된 그의 취임 연설에 잊을 수 없게끔 묘사되어 있다. 그러나 복음서들의 증언을 취합해 볼 때 십자가형 이전의 예수의 사역은 잠정적인 사역에 불과했다. 그의 사역에 최종적으로 도장을 찍고, 돌이켜 생각해볼 때 그전에 행해진 예수의 모든 행위를 조명해주고 설명해주는 것은 십자가이며 오직 십자가

뿐이다. 그래서 사복음서 모두 세 번의 엄숙한 수난 예고를 수록한다. 요한복음은 자신만의 독특한 언급을 추가하는데, 요한복음에서 예수는 자신의 십자가형의 "때"를 결정적 순간으로 부르며 마지막 숨을 내쉬면서 "다 이루었다[tetelestai, '끝났다, 완성했다']라고 말한다(19:30).

부활에 의해 비할 바 없을 정도로 그 정당성이 입증된 십자가는 새로운 사건(novum), 즉 인간 경험의 새로운 요소로서, 신약성경의 선포를 세상에서 유일무이한 것으로 만드는 결정적이고 세상을 변화시키는 하나님의 행위다. 초기 교회는 "본디오 빌라도 치하에서" 일어난 예수의 역사적 죽음과 뒤이어 발생한 부활이라는 메타 역사적 사건이 모든 것을 영원히 바꿔놓았다고 주장했다.

성육신과 십자가형

오늘날 교회에서 가르치고 기념하는 많은 내용—창조, 성육신, 영성—이 항상 십자가에 못박힌 그리스도(고전 1:23)에 관한 설교에 뿌리를 내리고 있는 것은 아니다. 우리는 이러한 상황이 예수가 겪었던 고통, 박탈 그리고 비인간화와 분리된 승리주의 형태의 교회의 삶으로 귀결될 수 있다고 지적했다.[50] 이것은 윤리적 도전에 불과한 것이 아니다. 그것은 신학

---

50 부활에 대한 강조는 동방 정교회의 특징인데, 이 전통은 그것의 아름다움, 풍요로움, 지속력에도 불구하고—특정 국가 및 상황에서의 로마 가톨릭 및 개신교와 달리—우리 시대에 그다지 많은 윤리적 또는 정치적 역동성을 보여주지 못했다(러시아 정교회는 대체로 푸틴 정권과 결탁했다). 그러나 동방 정교회 예전의 신비함과 초월성은 부활을 **우리에게 알려진 영역 외부로부터 능력이 부여된 사건**이라는 느낌을 보존하는 큰 미덕을 갖고 있다. 이는 오늘날 미국의 대다수 부활절 설교에서 찾아볼 수 없는 통찰이다. 부활 중심의 정교회 내에서도 몇몇 상쇄적 영향이 존재한다. 도스토예프스키의 저술은 십자가에 못박힌 그리스도와의 깊은 유사성을 보여준다.

적 도전이기도 하다. 영지주의의 비현실성(otherworldliness)에 대한 효과적인 해결책은 무엇인가? 십자가형이 없는 성육신만으로는 그 일을 해내지 못할 것이다. 십자가는 단순히 가정되기만 해서는 안 되며 항상 해석되고 중심에 재배치되어야 한다. 인간의 본성에는 원심력이 작용하고 있다. 우리는 십자가의 불쾌감으로부터 벗어나기를 원한다. 성육신에 대한 현재의 경향은 하나님의 아들이 육신을 입음으로써(incarnatus est) 이 세상을 거룩하게 만들었기 때문에 성육신은 세상을 **현재의 모습 그대로** 포용하는 것을 의미한다고 해석하려고 한다. 그러나 이러한 해석은 현재 존재하는 세계와 마땅히 되어야 할 세계―장차 올 세계, 하나님이 가져오실 세계―사이의 긴장을 감상적으로 회피하기 십상이다. 성육신에만 초점을 맞추면 종종 환경 운동에서 그러하듯이 창조세계가 타락하지 않았다고 간주하는 경향을 낳는다.[51]

성육신**에만** 초점을 맞추면 문제가 야기된다. 그렇다고 우리가 성육신의 의미를 최소화하려는 것은 아니다. 십자가의 의미가 성육신에 달려 있기 때문이다. 성탄절은 "니케아 교리의 잔치"로 묘사되어왔다. 그 아기는 "하나님의 하나님, 빛의 빛, 바로 그 하나님의 그 하나님/낳아졌으되 창조되지 않은"이다."[52] 십자가에 못박히신 이가 "만물이 생기기 전에 아버지로부터 낳아지지 않았다면", 십자가의 메시지는 모든 힘을 잃는다.[53] 거의 오로지 성육신만 강조하면 마치 십자가가 사소한 주제이

---

51   이 효과는 켈트족과 미국 원주민의 관습을 무비판적으로 낭만화함으로써 증대되었다.

52   찬송가 "참 반가운 신도여"(Adeste fideles)의 가사는 서구 교회 전체에서 널리 불린다. 박식한 초기 교회 음악 전문가인 웨이드(John Francis Wade[1711-86])가 라틴어 가사를 작사하고 초기 곡조를 편곡한 것으로 인정받고 있다. 이에 못지않게 유명한 찰스 웨슬리의 크리스마스 찬송가 "들으라! 전령 천사들이 노래한다"(Hark! The Herald Angels Sing)에는 다음과 같은 가사가 나온다. "육신에 가려진 하나님을 보라/성육신한 하나님을 환영하라."

53   뉴욕 클로이스터스 미술관에 전시되어 있는, 수태고지를 묘사하는 유명한 "수태고지 제단화"(Merode Altarpiece, Robert Camoin and workshop, South Netherlands, c. 1427-32)

기라도 한 것처럼 십자가가 쪼그라든다. 이와 반대로 성육신과 십자가는 성쇠를 같이한다. 어떤 성공회 신자도 급진적 성육신주의자인 케네스 리치보다 이 주제를 유창하게 저술하지 못했다. 『폭풍의 눈』(The Eye of the Storm)에서 리치는 자기가 "창조 중심의 성육신적, 성례적 종교"가 그 자체로는 충분하지 않을 뿐만 아니라 매우 위험하기도 하다는 것을 어떻게 알게 되었는지 말한다. 그런 종교는 심판, 예언, 투쟁 또는 구속의 여지를 남겨두지 않는다. 바로 그런 종교가 무솔리니, 프랑코, 스탈린이 등장할 영적 토양을 제공했고, 오늘날에도 억압적 정권이 출현할 영적 토양을 제공한다.[54] 리치의 또 다른 저서 『우리는 십자가에 못박힌 그리스도를 전한다』(We Preach Christ Crucified)에는 "성육신 및 수난의 수치"로 적절히 명명된 부분이 있는데, 거기서 그는 "베들레헴과 갈보리, 구유와 십자가가 서로 양립한다"고 말한다.[55]

보스톤 트리니티 교회에서 오랫동안 강력한 설교를 전했던 시어도어 파커 페리스는 어느 성금요일 설교에서 예수의 인성의 완전성과 그의 십자가 위에서의 고난 사이의 연결 관계, 즉 성육신과 십자가형 간의 연결 관계를 도출했다. 왜 자신을 버렸느냐는 예수의 절규(마 27:46; 막 15:34)를 곰곰이 생각하면서 페리스는 이렇게 말한다. "내게는 예수가 이러한 종류의 어둠을 통과해야 한다는 것이 거의 불가피해 보인다.…예수를 인간으로 변장한 하나님으로 생각한다면, 예수의 십자가형은 당신에게 아무 의미가 없을 것이다. 그러나 당신이 예수를 그의 인성 깊은 곳에

에서 태아 상태의 아기 그리스도가 **이미 그의 십자가를 지고 있다**(Art Resource에 의한 이 그림의 온라인 복제는 이 점을 제외한 거의 모든 세부 사항을 그대로 반영한다).

54 Kenneth Leech, *The Eye of the Storm: Spiritual Resources for the Pursuit of Justice* (London: Darton, Longman, and Todd, 1992), 153.

55 Kenneth Leech, *We Preach Christ Crucified* (New York: Church Publishing, 1994), 13.

서 하나님의 본질을 드러낸 실제 인간으로 생각한다면, 이것[고난]은 불가피하다.…고난은 인간 존재의 본질적인 부분이다."[56] 인간의 불행의 가장 깊은 곳이 성육신한 주님에 의해 조사되었다.

십자가에 개인적으로 참여하기란 어렵고 고통스러운 일이지만, 교회 지도자들은 그것이 없이는 그들의 사역 한 가운데에 구멍이 날 것이다. 리치는 이렇게 말한다.

[십자가에 못박힌] 그리스도를 어리석음과 수치의 상징, 곧 모순의 표지로 떠받치고 영혼에 위기(*krisis*), 곧 영혼으로 하여금 구원의 능력인 말씀에 열리게 하는 난기류와 격변을 야기하는 것이 설교자의 임무다.…그리스도의 죽음 선포에는 상처 입은 그리스도, 즉 고난 받고, "그의 마음에 모든 상처를 품고 있는" 그리스도에 관여하는 것이 포함된다[에디스 시트웰]. 만약 이러한 참여가 발생하지 않는다면, 설교자는 말만 늘어 놓기와 고통 받는 자를 모욕하고 고통을 하찮게 여기는 거짓 정복 의식에 빠질 위험이 있다.[57]

리치는 그리스도인의 신경을 너무도 자주 마비시키는 자부심과 자기만

---

56 Theodore Parker Ferris, *What Jesus Did* (Cincinnati: Forward Movement Miniature Book, 1969), 83. 나는 Ferris의 성금요일 설교를 딱 한 번 들었지만, 그의 설교는 잊을 수 없었다. 그는 자신이 말하고 있는 고통에 참여하고 있는 것처럼 보였기 때문에 매우 효과적인 성금요일의 세 시간 설교자였다.

57 Leech, *We Preach Christ Crucified*, 14, 21. Leech가 *krisis*라는 단어를 사용하는 것에 주목하라. 이 단어는 요한복음에 나오는 중요한 그리스어 용어다. 이 단어의 의미는 "심판" 또는 "분열"인데, 영어의 crisis(위기) 역시 이 두 의미를 내포한다. 요점은 예수가 무대에 등장함으로써 위기가 촉발된다는 것이다. 때때로 요한은 이 위기를 특별히 수난의 다가옴과 연결한다. "이제 이 세상에 대한 심판(*krisis*)이 이르렀으니 이 세상의 임금이 쫓겨나리라"(요 12:31). 요한복음의 앞에서 그것은 좀 더 일반적으로 성육신을 가리킨다. "그 정죄(*krisis*)는 이것이니 곧 빛이 세상에 왔으되 사람들이 자기 행위가 악하므로 빛보다 어둠을 더 사랑한 것이니라"(요 3:19). 어쨌든 모든 사람과 모든 사람의 행위를 심판하는 것이 예수의 사명이라는 것이 이 대목의 요점이다.

족에 직면하는 유일한 방법은 십자가에 **참여**하라고 설교하는 것이라고 주장하는데, 우리는 이 중요한 주제를 다시 다룰 것이다.

성찬 예전: 성금요일 또는 부활절?

최근 수십 년 사이에 신학적 강조점이 이동함에 따라 성찬 예전이 계획되거나 해석될 때 부활이 십자가형보다 위에 놓이게 되었다. 이것이 주로 예전 상의 개혁 때문인지 아니면 현대의 문화적 분위기 때문인지는 논쟁의 여지가 있지만, 전수받은 현재의 지혜에 의하면 성찬이 부활절 예전으로 보이기 때문에 [성찬 예전에서] 죄, 사망, 속죄를 지나치게 강조하는 것은 부적절하다. 이 점이 『성공회 기도서』의 개정에 큰 역할을 했다. 크랜머의 성찬 기도는 너무 참회적이고 충분히 축하하지 않는 것으로 여겨졌다. 크랜머의 기도가 기도서 1형식에 보존되어 있기는 하지만, 그것은 실제로 거의 사라졌다.[58] 그리스도의 십자가형을 연구할 때 이러한 전개를 검토할 필요가 있다. 그것에 관한 성경적 근거가 있는가?

부활을 십자가와 그것의 의미보다 우위에 놓는 것은 사도적 설교와

---

58 토마스 크랜머의 성만찬 기도(1549년과 1552년)에 나타난 그리스도의 죽음에 대한 강조가 자리를 잘못 잡았다는 것이 성공회 교회 전체에서 거의 신조가 되었다. 왜냐하면 주의 만찬이 현재 부활 예전으로 제시되고 있기 때문이다. 크랜머와 영국의 종교개혁에 대한 이러한 관점은 광범위한 결과를 초래했으며, 이제 십자가 밑에서 예배드리는 회중을 찾기가 더 어려워졌다. 나는 이 지점에서 오해받고 싶지 않다. 『성공회 기도서』는 개정될 필요가 있었다. 그러나 개정의 결과로 "가장 귀한 죽음과 희생" 및 "온 세상의 죄를 위한" 속죄 주제가 1970년대 많은 성공회 신자들이 요구했던 것보다 더 많이 삭제되었다. 이 새로운 강조가 득세하다 보니 이제는 연로한 성공회 신자들만이 "예수의 복된 수난과 귀한 죽음을 기념하는 것"에 대한 예전적 강조가 무엇을 의미했는지 기억하고 있을 뿐이다(동시에 크랜머는 그 기념에서 "예수의 힘 있는 부활과 영광스러운 승천"을 똑같은 정도로 포함시켰다).

충돌한다. 십자가와 부활을 분리하거나 한 쪽을 다른 한 쪽보다 우위에 두려는 생각은 존재하지 않았다. 햄치즈 샌드위치를 만들 때 우리는 햄과 치즈 둘 중에서 무엇이 더 중요한지 묻지 않는다. 둘 중 하나라도 빠진다면 이 샌드위치는 햄치즈 샌드위치가 아니다. 우스꽝스런 주제에서 고상한 주제로 옮겨가자면, 우리는 부활이 없는 십자가나 십자가가 없는 부활을 취할 수 없다. 부활은 단순히 죽은 사람이 재출현하는 것이 아니다. 그것은 그를 십자가에 못박은 세력에 의해 존재할 권리가 부정되었다고 생각된 사람을 하나님의 강력한 행위로 신원한 사건이다. 그러나 이와 동시에 영광스럽게 부활한 사람은 십자가형을 당했던 바로 그 사람이다. "의심하는 도마"가 부활한 주님의 몸에 있는 못 자국과 창 자국을 보여달라고 요청하는 장면은 사소한 세부사항이 아니다(요 20:25). 요한계시록은 부활한 그리스도에 대한 확장된 찬양이지만, 그는 부활했음에도 불구하고 "일찍이 죽임을 당한 것처럼 서 있는 어린 양"이고, 여전히 그 몸에 상처를 지니고 있으며, 그 피로 구원받은 자들의 옷을 영원히 깨끗케 하는 존재다(계 5:6-7).[59]

바울이 "내가 너희 중에서 예수 그리스도와 그가 십자가에 못박히신 것 외에는 아무 것도 알지 아니하기로 작정하였음이라"(고전 2:2)고 말한 것은 그가 부활을 덜 중요하다고 여겨서가 아니다. 바울이 변증적인 용어로 십자가의 중심성을 주장한 이유는 고린도 교인들이 십자가를 완전히 건너 뛰고 싶어 했기 때문이다. 이 경향은 오늘날 미국 교회에서 지속되고 있다. 리처드 니부어는 『미국에 있는 하나님 나라』(*The Kingdom of God in America*)에서 이 점을 잊을 수 없게 제시한다. "분노하지 않는 하나님이

---

59 찰스 웨슬리는 그의 가장 위대한 찬송가 중 한 곳에서 그리스도가 다시 올 때 그를 경배하는 자들의 환희를 이끌어낼 "영광스러운 상처"에 대해 쓴다("대속하신 구주께서", 찬송가 174장).

십자가가 없는 그리스도의 사역을 통해 죄 없는 사람들을 심판이 없는 하나님 나라로 이끌었다."[60] 이런 일이 일어날 때 종교성, 고양, 영성이 있을지는 몰라도 기독교는 사라진다.

수난과 부활은 하나의 내러티브 안에 함께 묶여 있다. 로버트 젠슨은 우리에게 3세기에 시작된 "고대의 하나의 성삼일(Triduum) 예배를 상기시켜주는데, 이 예배는 세족 (성)목요일에 시작하여 성금요일을 거쳐 부활 성야까지 삼일 동안 준수된다.[61] 현대판 성삼일 예배에 완전히 몰두해 본 적이 있는 오늘날의 예배자들은 기독교의 핵심적인 행사들을 이런 식으로 준수할 때 교회 공동체는 그 어떤 약식 예전이나 선별 예식과 견줄 수 없는 방식으로 전체 드라마 안으로 이끌려 들어간다고 증언할 수 있다. 여러 개신교 교단에서 발생한 예전 운동의 영향으로 더 많은 미국의 그리스도인들에게 몇몇 행태의 성삼일 예배가 소개되었다. 종려주일에서 부활절로 손쉽게, 아무런 위협 없이 건너뛰려는 현재 우리의 경향을 교정해 줄 수 있는 것이 있다면 무엇이든 환영한다.[62]

---

60 H. Richard Niebuhr, *The Kingdom of God in America* (New York: Harper Torchbooks, 1959), 193.

61 Robert Jenson, *Systematic Theology*, vol. 1, *The Triune God* (New York: Oxford University Press, 1997), 181.

62 몇몇 교파에서는 흔히 종려주일에 수난 내러티브를 극적으로 낭독하여 십자가로부터 벗어나는 경향에 맞서 균형을 잡고 있다. 이는 수난 이해와 그것에 대한 참여에 크게 기여했다. 그러나 가야 할 길은 아직도 힘든 오르막길이다. 왜냐하면 종려주일 예전이 너무 길어서 설교를 재빨리 해치우는 경향이 있기 때문이다. 현재 고난주간 기간에 예배에 참석하는 개신교 신자는 거의 없다. 프린스턴 신학교 성서신학 교수인 Clifton Black은 이렇게 말한다. "많은 그리스도인이 편리하게 성금요일을 회피하는 것은 오랜 세월 동안 이어져 내려오고 있는 이단이다. 부활주일이 매우 완벽한 승리 신호를 보내기 때문에 하나님이 사실상 골고다를 무효로 했다는 것이 암묵적으로 그런 태도를 정당화하는 근거로 보인다. 이러한 혼란은 단순히 나쁘기만 한 것이 아니라 무정하고 심지어 위험한 신학을 만든다. 그것은…심지어 감히 하나님이 거부한 것, 즉 십자가에 못박힌 그리스도의 상처를 지워버리는 것을 시도한다(Black, "The Persistence of the Wounds," in *Lament: Reclaiming Practices in Pulpit, Pew, and Public Square* [Louisville: Westminster John Knox, 2005], 57).

십자가 표지 아래의 주의 만찬

그러므로 주의 만찬은 그리스도의 죽음에 대한 성례인가? 또는 그의 부활에 대한 성례인가? 아니면 둘 다인가? 주의 만찬에 관한 가장 단호한 신약성경의 가르침 중 하나는 고린도 교회의 부자들이 가난한 사람들에게 보인 둔감한 태도에 관해 논의하는 가운데 나타난다.[63] 공동체가 애찬 (*agape* meal)과 주의 만찬(Lord's Supper)을 위해 모일 때 심각한 오용이 있었다. 그 회중에서는 확실히 애찬과 주의 만찬 때 부유한 자들은 자신이 먹을 음식과 포도주를 갖고 일찍 도착해서 자기들끼리 먹은 반면, 일이 끝나고 빈손으로 모임에 늦게 온 사람들은 창피를 당하는 경우가 발생했다. 고린도전서 11장에서 바울은 이 상황을 직접 그리고 다소 길게 다룬다. "너희의 모임이 유익이 못되고 도리어 해로움이라.…너희가 함께 모여서 주의 만찬을 먹을 수 없으니…너희가 하나님의 교회를 업신여기고 빈궁한 자들을 부끄럽게 하느냐?"(11:17, 20, 22) 바울은 고린도 교회의 의식이 조롱거리로 변질되었기 때문에 화가 나 있다. 그들의 잘못을 교정하면서 바울은 이렇게 말한다. "너희가 이 떡을 먹으며 이 잔을 마실 때마다 주의 죽으심을 그가 오실 때까지 전하는 것이니라"(11:26).[64] 바울이 보기에는, 고린도 교회 교인들이 이미 성취된 영적 불멸을 지나치게 강조한 나머지(15:50-56) 주의 만찬이 균형을 잃게 되었고, "나중 된 자로서

---

63 "주의 만찬"(*kuriakon deipnon*, 고전 11:20)은 사도 시대에 사용된 용어이기 때문에 가장 덜 분열적인 표현이다. 많은 루터교 신자들은 성찬(*eucharist*, 감사)이라는 용어가 성례에서 주님이 아닌 회중을 주체로 만드는 것으로 보이기 때문에 아직도 그 용어를 거부한다.

64 Rudolf Schnackenburg, *The Church in the New Testament* (New York: Herder and Herder, 1965), 42-45. Günther Bornkamm, *Early Christian Experience* (New York: Harper and Row, 1969), 123-30도 보라.

먼저 되고 먼저 된 자로서 나중 되리라"(마 20:16)[65]는 주님의 말씀에 나타난 바와 같이 새로 재구성된 실재 안에 있는 그리스도의 "몸을 분별하지"(11:29) 못하는 지경에 이르게 되었다. 바울은 그 편지의 첫 부분에서 자신이 했던 말에 주의를 환기시킨다. "육체를 따라 지혜로운 자가 [너희 중에] 많지 아니하며 능한 자가 많지 아니하며…그러나 하나님께서 세상의 약한 것들을 택하사 강한 것들을 부끄럽게 하려 하시며 하나님께서 세상의 천한 것들과 멸시 받는 것들[여기서 이 말은 고린도 교회의 '천하고 멸시받는' 교인들뿐만 아니라 **또한 특히** 십자가에 못박힌 예수도 가리키는 이중 언급이다]과 없는 것들을 택하사 있는 것들을 폐하려 하시나니"(고전 1:26-28).[66]

바울이 경고하는 또 다른 이유를 이해할 필요가 있다. 이곳의 목적상 핵심 구절은 11:26이다. "너희가 이 떡을 먹으며 이 잔을 마실 때마다 주의 죽으심을 그가 오실 때까지 전하는 것이니라." 회중의 계층화에 대한 우려와 더불어 바울은 고린도 교회의 두 가지 근본적 실패를 다루는데, 이 실패는 오늘날에도 교회에 흔히 남아 있다. 고든 피의 말마따나 "[고린도 교회 교인들의] 새 영성으로 인해 그들은 (1) **그리스도의 죽음**과 (2) **그가 오실 때까지**라는 [바울의] 두 요점을 모두 놓친 것으로 보인다.[67] 고린도 교회 교인들은 기독교적 삶의 "그러나 아직"이란 측면을 거의 이해하지 못하는 것으로 보인다. 그들은 오로지 "이제는"만을 원한다.

---

65 마 20:16은 이 유명한 말씀을—모든 일꾼이 하루의 일이 끝난 후 주인의 관내함으로 인해 어떤 일꾼은 거의 일을 하지 않았음에도 모두 같은 금액을 받아서 하루 종일 수고하며 더 위를 견딘 일꾼이 화를 낸다는—일꾼 비유의 특별히 놀라운 맥락에 위치시킨다. 차별을 없애고 모두를 포함하는 이 비유는 확실히 주의 만찬에 적실성이 있다.

66 이것은 성경에서 무로부터의 창조(*creatio ex nihilo*)에 관한 가장 분명한 언급 중 하나다.

67 Gordon D. Fee, *The First Epistle to the Corinthians*, New International Commentary of the New Testament (Grand Rapids: Eerdmans, 1987), 번호는 덧붙인 것임.

그들은 자신들이 이미 그리고 항상 부활 안에서 살고 있다고 생각한다. 바울이 알고 있듯이 이는 하나님의 백성들 가운데서 십자가의 삶의 형태에 영향을 미친다.

이미 강조된 바와 같이 십자가와 부활은 하나의 실체를 이룬다. 그러나 여기서 바울은 특히 주의 **죽음**을 강조하는데, 이는 그가 고린도에 서신을 쓴 목적이 온갖 수치와 역설로 가득찬 십자가를 기독교 선포에 없어서는 안 될 초석으로 회복시키는 것이기 때문이다.[68] 따라서 "분별해야 할 몸"에는 (1) "너희를 위하여"(11:24) 주어졌고 빵과 잔을 통해 받은 십자가에 못박힌 그리스도의 몸과, (2) 교회 자체로서의 그리스도의 몸—이 경우 그리스도의 몸은 특정 지역 교회인 고린도 회중과 그 교인들을 그들의 주님께 이어주는 유기적 연결을 의미한다[69]—이라는 두 가지 의미가 있을 것이다. 부유한 교인들이 노동자 계층의 교인들을 등한시한다면, 그리스도의 몸은 **어떤** 의미로도 분별되지 않는다. 우리는 바울이 이런 이유들로 먼저 "그가 오실 때까지" 세상에서 그리스도인의 존재

---

68 그리스도를 "걸림돌"(*skandalon*; *proskomma*도 보라: 롬 9:33, 벧전 2:8)로 언급하는 신약성경의 놀라운 묘사에 비추어볼 때, "초석"(cornerstone)은 적절한 용어로 보인다.

69 요한은 이 유기적 연결을 포도나무와 가지로 정의한다(요 15:5). 성찬 주체의 본질에 대한 훨씬 이후의 논쟁에서처럼 여기서 "몸"에 대한 바울의 언급이 문자적인 빵을 언급하고 있다는 주장을 옹호하기는 어려울 것이다. 바울은 거기에 관심이 없었을 것이다. 그가 관심을 가진 것은 주의 만찬에 참여하는 모든 사람의 급진적인 평등화다. 다민족적인 환경이나 광범위한 사회경제적 차이가 있는 상황에서 주의 만찬이 기념되는 곳에서는 하나님의 은혜를 통해 일어나는 하나 됨의 기적에 대한 경이로움이 있어야 한다. 초기(기원후 110년 경)교회의 어느 성만찬 찬송가가 이렇게 표현하듯이 말이다.

비탈에 뿌려진 낟알이
나누어진 이 빵에서 하나가 되었듯이
모든 땅으로부터 당신의 교회가 모여지이다.
주의 아들을 통해 왕국으로.
"아버지, 심으신 주께 감사드립니다",
성공회 찬송가 #302-303, F. Bland Tucker (1895-1984)가 그리스어 가사에서 번역함.

를 결정하는 표지로서 십자가의 위상을 확고히 해두기 위해 부활에 관한 그의 절정의 장을 서신의 마지막 부분으로 미루고 있다고 결론지을 수 있을 것이다.[70] 기념의 의미만 있는 성찬은 신자들이 이미 성취한 불멸의 개념을 장려하는데, 고린도전서 15장은 바로 이러한 개념을 반박하기 위해 쓰였다.

사복음서에서는 마지막 만찬과 십자가 상의 죽음이 명백히 연결되고 있다. 각각의 복음서에서 예수는 자신이 배신당하고 체포될 것을 알면서 만찬 식탁에서 겟세마네 동산으로 직행한다. 요한복음에서 예수가 제자들의 발을 씻는 극적인 행위는 특히 마지막 만찬 맥락에서 발생하는데, 이 때 "예수께서는 자기가 세상을 떠나 아버지께로 돌아가실 때가 이른 줄" 알고 계신다(요 13:1). 이렇게 성경의 증언은 주의 마지막 만찬과 주의 죽음이 단절되지 않고 연결되는 것을 다양한 방식으로 강조한다. 예컨대 누가가 누가복음 22장을 구성하는 방식을 주목하라. 누가복음 22장은 (1) 예수를 죽이고자 음모를 꾸미는 대제사장들과 서기관들 및 (2) "가룟인이라 부르는 유다에게" 사탄이 들어가는 것으로 시작한다(눅 22:2-6).[71] 이어서 누가는 분명히 하나님에 의해 미리 정해진 큰 다락방(22:1과 22:7에 나타난 유월절에 대한 언급이 유월절 식사를 할 다락방에 대한 연결고리를 제공해준다)을 찾으라는 예수의 지시로 곧장 이동한다(22:9-13).

성찬이라는 주제의 맥락에서 예수에 관해 좀 더 생각해보자. 예수는

---

70 Beverly R. Gaventa, "You Proclaim the Lord's Death: I Corinthians 11:26 and Paul's Understanding of Worship," *Review and Expositor* 80 (1983): 380.

71 누가와 요한만이 유다의 결심에서 마귀를 언급한다. 마태와 마가는 그렇게 하지 않는다. 일반적으로 마태복음이나 마가복음보다 덜 묵시적이라고 여겨지는 누가복음과 요한복음은 덜 묵시적임에도 불구하고 예수를 배반한 사건에서 (유다 자신이 아닌) 사탄을 행위자로 분명히 적시한다. 본서에서 취하는 입장은 그것들을 하나로 합치지 않고 복음서들의 중요한 차이를 존중하는 것이다. 그러나 동시에, 사복음서 중 한 두 복음서를 다른 복음서들과 차단하는 것이 반드시 좋은 것은 아니다.

자신의 사역에 관해 제자들과 교회에 무엇을 전하고 싶어 했는가? 전통적인 기도는 "주께서 배반당하시던 밤에…"로 시작한다. 이 내용은 복음서들에 수록된 마지막 만찬 기사뿐만 아니라 특히 고린도전서 11:23-26에 수록된 바울의 요약에도 등장한다.

> 내[바울]가 너희에게 전한 것은 주께 받은 것이니 곧 주 예수께서 잡히시던 밤에 떡을 가지사 축사하시고 떼어 이르시되 '이것은 너희를 위하는 내 몸이니 이것을 행하여 나를 기념하라' 하시고, 식후에 또한 그와 같이 잔을 가지시고 이르시되 '이 잔은 내 피로 세운 새 언약이니 이것을 행하여 마실 때마다 나를 기념하라' 하셨으니, 너희가 이 떡을 먹으며 이 잔을 마실 때마다 주의 죽으심을 그가 오실 때까지 전하는 것이니라.

사복음서와 고린도전서는 주께서 자신이 곧 배반당할 것을 알고서 **"너희를 위해 주는 내 몸과 내 피"**에 대해 의도적으로 그리고 엄숙하게 말했다는 압도적인 인상을 준다(마태는 "죄 사함을 얻게 하려고 많은 사람을 위하여 흘리는"이란 표현을 추가한다). 준 몸과 흘린 피에 대한 매우 구체적인 이 이야기는 오직 예수의 **죽음의** 관점에서만 이해될 수 있다.[72] "내 피로 세운 새 언약"은 승천이나 순교자의 영웅적 죽음을 통해서가 아니라 신적 인물에 대해서 상상된 죽음 중 가장 기이한 죽음에 의해 확립된다.

따라서 사도 바울은 다투기 좋아하는 고린도 교회 교인들을 훈계한

---

72 요한복음의 떡과 잔에 관한 말씀은 언제나 그렇듯이 특이하다. "내 살을 먹고 내 피를 마시는 자는 내 안에 거하고 나도 그의 안에 거하나니"(요 6:56). 이 구절을 마치 예수가 영지주의의 신비로운 식사에 대해 말하고 있는 것처럼 잘못 이해하기 쉬울 것이다. 그러나 사실 요한의 저술은 강력하게 반영지주의적이며 요 6:56의 그리스어는 놀랍도록 세속적이고 물질주의적이다.

다. "떡이 하나요 많은 우리가 한 몸이니 이는 우리가 다 한 떡에 참여함이라"(고전 10:17). 주께서 식탁에서 죄인들을 환대하셨듯이, 성찬 예배도 "각계각층"의 사람들을 높이고 단결시킨다.[73]

우리는 주의 만찬에서 부활하신 주님을 만나는가? 물론이다. 주의 만찬 성례는 부활의 예전인가? 물론이다. 그러나 부활은 십자가형과 별개로 일어나지 않았다. 성찬을 받으러 나오는 사람들은 완벽해진 성인들의 빛나는 무리가 아니다. **아직은** 말이다. 따라서 "주의 죽으심을 그가 오실 때까지 전하는"(고전 11:26) 소명을 갖고 있는 하나님의 순례 백성을 위한 영원한 안식처가 이 세상에 없음을 깨닫는 것이 신학적으로나 윤리학적으로 매우 중요하다.

십자가의 수위성 요약

신약성경의 증인들은 주의 죽음을 설교, 예배, 그리고 새 신앙의 윤리의 맨 앞에 두기 위해 온 힘을 다해 싸워야 했다. 바울이 사용하는 *skandalon*("걸림돌", "함정")은 십자가가 정도를 벗어났음을 잘 전달한다. 초기 교회 안팎의 세력은 모든 기회를 활용하여 국가가 주도한, 품위를 저하시키는 처형이 전 우주의 구원을 확보했다는 터무니없이 비종교적인 주장을 최소화하거나 무시했다. 그러나 네 명의 복음서 저자들은 영적으로 좀 더 친숙한 방향으로 나아가라는 이러한 압력에 저항했고, 대신 길게 이어지는 수난 내러티브가 자신의 저술의 절정이 되도록 했다.

"십자가의 도"의 모든 적들 중에서, 현대 미국인의 종교 생활과 유

---

73 『성공회 기도서』(Book of Common Prayer, 1979), 814.

사한 것은 특히 영지주의다. "긍정적 사고"가 우리의 주특기이며, 우리는 어렵고 고통스러운 문제들을 회피하거나 봉쇄하는 데도 능하다. 영지주의가 그리스도의 물리적 삶과 지극히 소름끼치는 죽음을 부인하는 것을 기꺼이 지지하는 사람들이 항상 존재해왔지만, 소비주의 문화는 이 주장에 특히 취약하다. 왜냐하면 많은 사람이 여가, 경제적 자원, 그리고 "영적"인 것을 포함한 더 새롭고 더욱 이국적인 느낌을 실험하고자 하는 성향을 가지고 있기 때문이다. 이런 종류의 종교와 달리 기독교 복음은 십자가를 내세운다. 바울의 고린도 서신은 이 물질 세계에서 겪는 구속적인 고통을 그리스도께 참여하는 가장 참된 방법으로 주장한다는 점에서 특히 주목할 만하다. 바울은 자신의 사역을 자기만족에 빠져 있는 고린도 교회 교인들의 사역과 대조한다. 바울이 그들의 증상에 대해 내린 진단은 그들이 "십자가의 도"에 기초하지 않았다는 것이다.[74]

신약성경의 증인들과 특히 요한1서 저자는 예수의 인간적, 육체적 실재를 신앙의 핵심으로 확보하기 위해 최일선에서 싸우고 있다. 예수는 "생명의 말씀에 관하여 우리가 들은 바요 눈으로 본 바요 자세히 보고 우리의 손으로 만진 바"인 실재다(요일 1:1). 그의 삶은 실제 인간의 삶이었고, 그의 죽음은 실제 인간의 죽음이었다. 그는 인간의 피부로 덮인 신이 아니었고, 그의 죽음은 영적 영광 안으로의 승천이 아니었다. 이 물리적 영역에 그가 존재했다는 사실은 진정한 기독교 신앙의 특징이다. "이로써 너희가 하나님의 영을 알지니 곧 예수 그리스도께서 **육체로** 오신 것

---

74 고린도 교회 교인들에게 매우 화가 난 바울은 다음과 같이 반어적으로 말한다. "너희가 이미 배 부르며 이미 풍성하며 우리 없이도 왕이 되었도다. 우리가 너희와 함께 왕 노릇 하기 위하여 참으로 너희가 왕이 되기를 원하노라. 내가 생각하건대 하나님이 사도인 우리를 죽이기로 작정된 자 같이 끄트머리에 두셨으매 우리는 세계 곧 천사와 사람에게 구경거리가 되었노라"(고전 4:8-9).

1장 십자가의 수위성 139

을 시인하는 영마다 하나님께 속한 것이요"(요일 4:2). 신약성경 저자들은 성육신과 십자가가 서로 경쟁한다고 생각하지 않는다. 그러나 교회는 십자가형의 불쾌감(*skandalon*)을 선포하고 살아내는 고통스런 어려움을 버리고 편리한 성육신의 매력을 넘겨받지 않도록 경계해야 한다.

이 장은 십자가의 수위성에 관한 내용을 다루었다. 우리는 십자가의 **비종교성**에 관하여는 아직 충분히 언급하지 않았다. 그것은 다음 장의 주제다. 성공회 주교 필립 라인란더는『십자가의 신앙』(*The Faith of the Cross*)에서 최초의 그리스도인들이 비종교성을 중요한 위치에 두기로 결정했다는 놀라운, 그러나 충분히 주목 받지 못하고 있는 이 사실을 다음과 같이 요약한다.

> 만일 이 땅에서 진정한 영웅을 발견한 사람들이 있다면 그들은 바로 제자들이었다. 그들은 실제로 영웅 숭배자들이었다. 그런데 십자가의 현장에서 그들을 압도했던 끔찍한 충격과 수치를 생각해보라. 그것은 위대한 대의를 위한 멋진 순교도 아니었고, 생명을 희생해서 얻은 영광스런 정복도 아니었으며, 노래하고 기념할 만한 서사시도 아니었다. 십자가는 그런 것과는 거리가 멀었다. 십자가는 단지 완전한 파멸이자 말문이 막히는 실패였다. 십자가는 더럽고, 터무니없고, 엄청나게 부당하고, 견딜 수 없는 악에 의한 선의 패배, 마귀에 의한 하나님의 패배였다.…그들의 영웅이요, 선택된 지도자였던 예수가 죄인들과 같은 부류로 취급되었다. 그는 저주받으며 내쫓겼다. 이 잘못을 바로잡고, 그에 대한 혐의를 지우고, 그의 명성을 보존하고, 그에게 중대한 가혹 행위가 가해졌음을 증명하고, 그의 삶을 과장하여 그의 죽음을 잊게 하려는 충성심이 얼마나 불타올랐을지 생각해보라.…그러나 복음서 저자들에게 이런 종류의 일은 아무것도 일어나지 않았다. 그들은 말 그대로 십자가를 기뻐한다.…그들은 예수의 행위 중 가장 멋지고 훌륭한 일

은…그가 두 강도 사이에서 흉악범으로서의 죽음을 맞이한 것이라고 절대적으로 확신하면서 이 점을 분명히 밝힌다. 흔한 범죄자로 처형되었다는 점이 그들의 영웅의 가장 위대한 영웅적 행위였다.[75]

요약하자면, 십자가형은 기독교의 진위를 결정하는 시금석이자 부활을 포함한 다른 모든 것이 그것을 통해 참된 의미를 갖게 되는 독특한 특징이다.

---

75   Rhinelander, *Faith of the Cross*, 81-82.

2장

십자가의 비종교성

우리가 십자가에 못박힌 하나님에 관해 말하려면 버림, 유기, 소외의 신학이 필요한데, 이 신학은 너무도 심오하여 역설과 큰 대담함 및 위험으로 특징지어지는 언어로만 표현될 수 있다. 고대 세계의 가장 발전된 문명 중 하나에 의해 시행된 하나님의 아들의 십자가형은 세상을 구원함에 있어서 받아들일 만하거나 합리적인 방식으로 보이지 않는다. 거기에는 너무 충격적이고 저속한 뭔가가 있어서 겟세마네에서의 고뇌만이 그 전체 이야기 중 유일하게 이해할 수 있는 부분이다.

케네스 리치,『우리는 십자가에 못박힌 그리스도를 전한다』[1]

---

1   Kenneth Leech, *We Preach Christ Crucified* (New York: Church Publishing, 1994), 69-70.

†

우리가 처형 수단으로서 십자가형이 대중에게 얼마나 큰 혐오를 야기했는지를 이해하려면 상당한 상상력을 발휘하는 노력이 필요하다. 그러나 우리는 사도 바울이 "십자가의 걸림돌(*skandalon*, 갈 5:11)"과 같은 어구에서 사용한 그리스어 *skandalon*("걸림돌," "함정")의 의미를 좀 더 완전히 이해하기 위해 노력해야 한다. 우리 중 대다수는 예수의 **죽음**을 수치로 생각하는 데 길들여져 있지만 사실은 (그의) **죽음 자체**가 아니라 죽은 **방식**이 이러한 불쾌감을 자아낸다.

처형 방법이 전달하는 메시지다

1998년 여름, 웨스트민스터 사원은 그 정문 위에 새로 새긴 10개의 조각상을 공개했다. 숨죽이게 만드는 한 번의 손짓으로 500년 넘게 비어 있던 틈새들이 20세기 기독교 순교자들의 상으로 채워졌다. 미국인들이 가장 잘 알아볼 수 있는 인물들은 마틴 루터 킹, 디트리히 본회퍼, 오스카르 로메로, 그리고 이디 아민 치하의 우간다 성공회 대주교였던 자나니 루움이다. 이렇게 추모된 10명의 남성과 여성은 그들의 주님을 증언하다가 목숨을 잃었다. 그러나 그들이 어떻게 죽었는지에 대한 정보는 없다. 그 조각상에는 총, 교수형 집행자의 올가미, 칼 어느 것도 표현되어 있지 않다. 요점은 그들이 **어떻게** 죽었는가가 아니라 그들이 죽었다는 **사실 자체다.**[2]

"어떻게"가 특히 중요하기 때문에 예수의 죽음은 다르다. 1장에서 우리는 수난 내러티브와 바울 서신에서 예수의 고난 및 죽음에 수위성이 부여됨을 지적했다. 그러나 더 주목할 만한 점은 그리스도인들이 예수의 '죽음'이나 '처형'에 대해 말할 뿐만 아니라, 마치 그가 죽은 **방식**이 특별히 중요하기라도 하다는 듯이 구체적으로 "십자가형"에 대해 말한다는 것이다. 사실 예수가 죽은 방식에는 특별한 의미가 있다. 많은 학자들은 빌립보서 2:8의 초기 기독교 고백에 바울이 추가한 내용으로 보이는 곳에서 그만의 독특한 특징이 발견된다고 믿는다. "사람의 모양으로 나타나사 자기를 낮추시고 죽기까지 복종하셨으니 곧 **십자가에 죽으심**이라." 예수가 죽은 **방식**은 그 신앙의 성격을 영원히 특징지었다. 예수 자신이 자기의 제자가 되려는 자는 누구든지 "자기 십자가를 지고 나를 따를 것이니라"고 말하면서 십자가의 죽음을 핵심으로 삼았다. 다른 지도자들이 자신의 추종자들에게 영웅답게 죽으라고 요구했을지 모르지만, 그들은 이처럼 의도적으로 죽음의 **수단**에 주의를 기울이지는 않았다.

역사의 많은 위인들이 그들의 행동으로 인해 너무 이르게 폭력적 죽음을 맞이했다. 그러나 여기서도 예수의 죽음은 특별하다. 그는 나치에

---

2 수세기 동안 기독교 순교자들이 그들이 고문당한 도구를 손에 들고 있는 모습으로 묘사되었던 것은 사실이다. 바르톨로메오는 살가죽을 벗기는 칼을, 카타리나는 수레바퀴를, 라우렌시오는 석쇠를 들고 있는 식으로 말이다. 나는 이 상징들이 그리스도의 십자가에서 나온 **파생물**로서 그 순교자들이 어떻게 주님의 죽음에 참여했는지를 보여주기 위해 사용되었다고 말해도 무방하다고 생각한다. 이러한 경우에 있어서조차, 강조점은 그들이 **어떻게** 죽었는지가 아니라 그들이 죽었다는 **사실 자체**다.

의해 교수형을 당하거나(본회퍼), 미친 독재자에 의해 살해되거나(루움), 우익 폭력배에 의해 암살당하거나(로메로), 광적인 삼류 인종차별주의자의 총에 맞아 죽지(킹) 않았다. 이 사람들의 죽음은 정도의 차이는 있지만 비정상적이고, 불법적이며, 은밀했다. 그러나 바울이 사도행전에서 그리스도에 대해 말하듯이, "이 일은 한쪽 구석에서 행한 것이 아니다"(행 26:26). 예수는 공개적으로, 고의적으로, 그리고 [그런 행위를 한 자들이] **제재 받지 않고** 사형에 처해졌다(우리는 '제재 받지 않다'라는 단어를 나중에 다룰 것이다). 그의 처형은 당대 최고의 사람들이라고 할 수 있는 종교 및 정부 당국의 최고위 대표들에 의해 시행되었다. 우리가 정부에 의해 목숨을 잃은 다른 지도자들을 생각해볼 수 있지만, 그들의 죽음과 예수의 죽음 사이에는 다시금 큰 차이가 있다. 소크라테스는 이례적으로 위엄 있는 죽음을 허락받았고, 잔 다르크는 화형을 당하는 순간에도 프랑스 성인의 화신이 되는 과정에 있었으며, 토머스 모어는 단두대에 자신의 머리를 올려 놓으면서 우아한 재담을 말하도록 허용되었다. 튜더 왕가 치하 영국의 공개적인 능지처참은 예수의 죽음과 가장 유사할지 모르지만, 그 형벌은 귀족층까지 포함된 사회의 전 계층에 대해 시행된 반면 십자가형은 거의 전적으로 인간 쓰레기들에게 사용되었고 로마 시민에게는 절대로 사용되지 않았다.

혜롯 아내의 끈질긴 요청에 따라 집행된 세례 요한의 처형은 마태복음과 마가복음에서 예수 자신의 운명에 대한 전조로 묘사되어 있다. 세례 요한은 통치자의 위법행위를 추궁한 것을 제외하고는 사형 받을 만한 중죄나 기타 여하한 범죄도 저지르지 않았지만 그 통치자와 그의 아내의 명령으로 잔인한 운명을 맞이했다. 요한의 죽음은 기억에 남을 만큼 끔찍했다. 머리가 잘려 접시에 놓인 것을 누가 잊을 수 있겠는가? 그러나 이 소름끼치는 이미지조차 십자가형과 같은 정도의 오명을 지니지 않는다. 신앙의 상징으로서 십자가의 극단적인 특이성을 파악하려면 이 **오명 자체**가 강조되어야 한다.

처형 방식으로서 십자가가 지닌 독특한 비종교성

1995년 「뉴욕 타임즈」의 한 기사는 전국적인 시민 분쟁에서 발생한 한 사건을 보도했는데, 이 분쟁은 20년 후에 더욱 가열되었다. 휴일에 미국의 공원과 기타 공공장소에서 종교의 상징을 전시하는 것과 관련하여 오하이오주 콜럼버스의 캐피틀 스퀘어 심의위원회는 십자가가 "기독교 신앙의 본질적인 상징"이기 때문에 그렇게 전시될 수 없다고 주장했다. 그 기사에 따르면 시 당국은 크리스마스 트리와 [유대교 축제일인] 하누카 촛대를 허용했지만, 콜럼버스에 사는 어떤 사람이 공유지에 십자가를 세우려 하자 당국은 "십자가는 **다른 상징들과 달리** 전적으로 종교적인 상징"이라는 이유로 이를 거부했다.[3]

우리는 이 구분을 한 콜럼버스 심의위원회를 응원할 수도 있다. 크리스마스 장식에 관해 계속되는 논쟁은 온갖 종류의 깊은 감정이 관련되고 대개는 아무도 만족시키지 못하고 끝나기 때문에 때로는 재미있고 언제나 도전적이다. 여기서 우리는 두 가지 이유로 이 특정 사건을 언급한다. 첫째, 세속 기관도 십자가의 독특한 지위를 인정하며 모호하지 않은 용어로써 그렇게 말하고 있다는 점을 주목할 만하다. 둘째, 그러나 이 심의위원회의 평가는 우리에게 십자가를 "종교적 상징"이라고 묘사한 데 초점을 맞출 수 있는 기회를 제공한다. 대부분의 사람들은 그런 정의를

---

3   *New York Times*, January 14, 1995.

두 번 생각하지 않을 것이다. 대부분의 그리스도인들은 그 정의에 의문을 제기할 생각조차 없을 것이다. 그러나 가장 근본적인 수준에서 **십자가는 결코 "종교적"이지 않다.** 그리고 이 점은 아무리 강조해도 지나침이 없다. 십자가는 핵심적인 믿음의 대상 중 가장 **비종교적인** 대상이다. 요한 크리스티안 베커는 십자가를 "복음의 가장 비종교적이고 끔찍한 특징"이라고 지칭한다.[4]

십자가형은 기독교와 "종교"를 본질적으로 구분한다. 베커의 저술에서 정의된 종교는 조직적인 신앙 체계이거나 **인간의 필요와 희망에서 투영된** 견해들과 관행들의 느슨한 모음이다. 어떤 인간도 개별적으로든 집단적으로든 그들의 소망, 희망, 염원, 필요를 십자가에 못박힌 인간에게 투영하지 않을 것이기 때문에 십자가는 "비종교적이다."[5] "그리스도인들"(*The Chrstians*, 1981)이라는 PBS 텔레비전 시리즈에서, 매우 공평한 해설자가 이렇게 말했다. "기독교는 **자기들의 하나님의 고난과 불명예에 초점을 맞추는** 유일한 주요 종교다. 십자가형이 우리에게 너무 친숙하고 감동적이어서 **그것이 하나님의 이미지로서 얼마나 특이한 것인지** 깨닫기가 어렵다"(강조는 덧붙인 것임). 십자가를 "감동적"이라고 묘사하는 것은 주목할 만하지만, 그것이 요점은 아니다.[6] 우리는 **십자가형이 믿음의**

---

4   J. Christiaan Beker, *Paul the Apostle: The Triumph of God in Life and Thought* (Philadelphia: Fortress, 1980), 207.

5   "새로운 메시지를 다른 모든 사람들의 신화들로부터 구별하는 요인은 십자가형이다.…바울이 "십자가의 도"라고 묘사한 기독교 메시지의 핵심은 로마의 정치적 사고뿐만 아니라 고대 종교의 모든 기풍과 특히 학식 있는 사람들이 품고 있던 하나님에 관한 개념에도 반하는 것이었다.…십자가에 못박힌 메시아가 하나님의 아들 또는 신이라고 믿으라는 주장은 유대인, 그리스인, 로마인, 야만인, 곧 모든 사람에게 용어상의 모순으로 보였을 것이다. 그리고 이러한 주장은 확실히 불쾌하고 어리석은 것으로 간주되었을 것이다." Martin Hengel, *Crucifixion* (Philadelphia: Fortress, 1977), 1, 5-6. 이 책은 원래 Ernst Käsemann 기념 논문집의 일부였다.

6   비록 아벨라르두스(Abelard)라는 이름과 관련된 유명한 모범적 또는 도덕적 영향 모델을

대상으로서 심히 부적절하다는 해설자(또는 대본 작가)의 인식에 초점을 맞춘다. 그는 처형 방법으로서 십자가형의 혐오스럽고 비종교적인 성격뿐만 아니라 그것이 사람들의 종교적 상상에서 나왔을 가능성이 별로 없다는 것을 많은 그리스도인보다 잘 이해하고 있다.[7]

교회들은 때때로 "예수가 왜 죽어야만 했는가?"라는 제목 아래 기독교 교육 강좌를 제공한다. 그러나 이 질문은 사실 올바른 질문이 아니다. "예수가 왜 **십자가에 못박혔는가?**"가 더 나은 질문이다. 죽음뿐만 아니라 죽음의 **방식**도 강조되어야 한다. 십자가형은 노예의 죽음을 의미한다.[8] 대서양을 횡단하는 악명 높은 중간 항로에서 죽은 자들은 말할 것도 없고, 감독이나 소유주의 변덕으로 살해된 미국 식민지의 모든 노예들을 생각해보라. 아무도 그들의 이름이나 개인사를 기억하지 못한다. 그들의

차용하는 데서 볼 수 있듯이 많은 사람이 강조점을 십자가의 감동에 두지만, 십자가는 결코 단순히 "감동적"이기만 한 것이 아니다.

7 Robert L. Wilken은 4세기 초 기독교 변증가인 락탄티우스의 말을 인용한다. [이교도들은] "우리가 사람을, 그것도 놀랄 만한 방법으로 처벌 받고 고통 받은 사람을 숭배한다"고 말하기 때문에 예수의 고난을 "비난한다"(*The Christians as the Romans Saw Them*, 2nd ed. [New Haven: Yale University Press, 2003], 155).

8 저명한 학자인 Peter Brown은 십자가형이 특별히 노예들에게만 사용된 것이 아니라 로마 시민이 아닌 사람들에게 적용되었으므로, 십자가형을 이런 식으로 언급하는 내게 주의를 주었다. 물론 그의 말이 옳지만 그럼에도 불구하고 십자가형이 가장 낮은 계층의 사람들에게 적용된 처형 방법이라고 강조하는 것은 정당하다. 상류층의 대다수는 어떻게든 십자가형을 피할 수 있었다. 미국에서 전기의자형은 엄밀히 말하자면 가난한 흑인의 죽음을 가리키는 말이 아니지만, 그것은 실제로는 대개 그런 식으로 집행되어 왔다. 키케로는 한 연설에서 십자가형을 노예들에게 가해진 *servitutis extremo summoque supplicio*, 즉 가장 극단적 형태의 고문으로 지칭했다. 몇몇 로마 작가들은 십자가형을 *servile supplicium*, 곧 노예의 죽음으로 지칭한다. 귀에 거슬리지만 동정적인 노예 묘사로 유명한 희극작가 플라우투스는 그의 등장인물들의 우연한 발언을 통해 십자가형이 문제를 일으킨 노예들을 기다리고 있는 당연한 처형 방법으로 여겨졌음을 보여준다. Hengel에 따르면 실제로 십자가형은 "무엇보다 노예들에게서 발생하는 문제의 억제책"으로 사용되었다(Hengel, *Crucifixion*, 51-52, 54; Raymond E. Brown, *The Death of the Messiah: From Gethsemane to the Grave; A Commentary on the Passion Narratives in the Four Gospels*, 2 vols. [Garden City, N.Y.: Doubleday, 1994], 947).

이야기는 그들의 시신과 함께 버려졌다. 이것이 바로 우주의 창조자이자 주님에 의해 선택된 운명, 곧 **아무것도 아닌 자의 죽음**이었다.

하나님의 아들은 모든 피조물 중에 가장 낮고 가장 작은 자들, 이름 없이 잊힌 자들, 곧 "만물의 찌꺼기들"(고전 4:13)과 그렇게 연대했다. 여기에는 조금이라도 "종교적인" 것이 존재하지 않는다.[9] 이 맥락에서 다소 출신 사울이라는 바리새인의 관심을 끈, 하나님께 저주를 받아 "나무"에 달린 자의 시신을 전시하지 말라고 금하는 신명기 21:23이 특히 흥미롭다. 몸을 찔러 죽이기든 교수형이든 다른 어떤 사형 방법도 **종교적 맥락에서 특별히 신에게 버림 받은 것으로 적시되지 않는다.** 우리는 이 사실을 가급적 최대로 강조해야 한다. 위르겐 몰트만은 이렇게 말한다.

> 기독교 신앙은 처음부터 십자가에 못박힌 그리스도를 숭배한다는 점을 통해 주변 종교들과 구별되었다. 이스라엘의 관점에서 볼 때 이런 식으로 처형된 사람은 자신의 백성으로부터 거절당했고, 율법의 하나님에 의해 하나님의 백성 가운데서 저주를 받았으며, 생명의 언약에서 배제되었다. "나무에 달린 자마다 저주 아래에 있는 자라"(갈 3:13, 신 21:23). 율법에 의해 신성모독자로 정죄 받아 그렇게 죽임당한 사람은 누구나 저주를 받아 살아 있는 자의 무리와 하나님과의 교제에서 배제된다.[10]

영향력 있는 유대인 철학자인 Walter Benjamin은 마티아스 그뤼네발트(Matthias Grünewald)의 소름끼치는 십자가형 제단화(祭壇畫)를 그의 사무실에 보관했다(Karl Barth 도 그랬다). Benjamin은 이 그림이 *Ausdruckslose*, 즉 "말을 넘어서는 것, 말로 표현할 수 없는 것"을 나타낸다고 말했다(Roy A. Harrisville, *Fracture: The Cross as Irreconcilable in the Language and Thought of the Biblical Writers* [Grand Rapids: Eerdmans, 2006], 279).

10 Jürgen Moltmann, *The Crucified God: The Cross of Christ as the Foundation and Criticism of Christian Theology* (New York: Harper and Row, 1973), 33.

150 1부 십자가형

이것이 십자가형이 유대인들에게 어떻게 이해되었을지에 대한 몰트만의 설명이다. 헬레니즘 세계의 이방인 지식인들에게 십자가형이 어떤 식으로 이해되었을지에 대한 몰트만의 논의 중 일부를 발췌해보자. "고대의 인본주의자들에게 십자가에 못박힌 그리스도는 부끄러움[이었다]. 십자가형은…가장 품위를 손상시키는 형벌로 간주되었다. 따라서 인본주의적인 로마 사회는 '십자가의 종교'를 언제나 미적이지 않고, 존경할 만하지 않으며, 비뚤어진 것으로 여겼다.…존경할 만한 사람들 앞에서 노예에게나 어울릴 법한 이 끔찍한 죽음을 말하는 것은 예의에 어긋나는 모욕으로 간주되었다.[11]

예수가 당한 죽음은 순교자의 죽음에 해당하지 않는다. 그 죽음은 독특하고, 독특한 의미가 있다. 사복음서는 예수가 수난당하는 동안 겪은 신체적 고통에 관해 전혀 언급하지 않는다. 예수의 수난 내러티브에서 신체적 고통이 언급되지 않는 것은 우리가 예상하는 바와는 매우 다르다. 복음서 저자들은 우리가 다른 곳에 초점을 맞추기를 원한다.

불명예와 수치로서 십자가형

첨단 기술과 항생제 시대의 자손인 우리와 우리보다 앞 시대 사람들 간에는 큰 차이가 있다. 우리가 죽음을 보는 것이 흔하고 보편적이었던 시기를 회상하기 위해 로마 시대를 되돌아볼 필요는 없다. 19세기 말과 20세기 초의 모든 가정은 죽음을 코앞에서 경험했다. 사람들은 종종 빅토리아 시대 사람들에게는 성교가 입에 담을 수 없는 주제였던 반면 오

---

11 Moltmann, *The Crucified God*, 33.

늘날에는 죽음이 입에 담을 수 없는 주제라고 말한다. 우리의 문화를 반영하는 카드 산업은 조문 카드에 "죽음"이라는 말을 사용하는 것을 금기로 선언했다. 죽음에 대한 그러한 거리낌은 우리 조상들을 괴롭히지 않았다. 죽음은 매일 가까운 곳에서 발생하는 일상사였다. 그러나 십자가형은 뭔가 다른 것이었다. 팔레스타인이나 더 넓은 로마 제국에서 십자가형을 보거나 그것에 관한 논의를 듣는다면 어땠을까? 우리가 이 점을 이해하기란 매우 어렵다! 오늘날 미국에는 십자가형에 비교할 만한 어떤 것도 존재하지 않는다. 우리는 심지어 가족이 집에서 자연사하는 것을 보지도 않는다. 우리는 고통당한 시체들이 마을 여기저기에 전시되어 있는 광경은 더더욱 보지 않는다. 우리는 튜더 왕조 시대에 고문 받아 죽는 사람을 보기 위해 군중이 몰려들었다는 사실을 안다. 이는 오늘날 공공 정책으로서는 상상할 수 없는 일이다. 그리고 우리는 미국에서 한때 교수형이나 사형(私刑)이 사회적 행사였다는 사실도 알고 있다. 그러나 우리 중 대다수는 이러한 일들과 전혀 관련이 없을 뿐만 아니라 이러한 예들 중 어느 것도 십자가형과의 유사성이 없을 것이다.

　이라크에서 미국인들이 저지른 잔혹 행위에 관한 필립 고레비치와 에롤 모리스의 면밀한 논문에 이런 말이 등장한다. "물론 서구 문명의 지배적인 상징은 거의 나체 상태로 고문을 받아 죽은 남자의 모습, 또는 더 간단히 말하자면 고문 도구 자체인 십자가다. 그러나 예수의 야만적 죽음에 대해 우리가 품고 있는 생각은 종교적 상상과 이상화의 산물이다. 실제로 그의 모습을 보았다면 끔찍했을 것이다. 갈보리에 카메라가 있었다면, 20세기 신자들은 예수의 십자가형에 감명되어 그 장면을 담은 사진을 그들의 제단이나 집에 걸어 놓았을까?"[12] 예술에서 십자가형을 묘

12　Philip Gourevitch and Errol Morris, "Exposure: The Woman behind the Camera at Abu

사할 때 확실히 "종교적 상상력과 이상화"가 작용해왔고 그럴 필요가 있었다. 그뤼네발트의 소름끼치는 그림조차도 완전한 공포를 전달하지 못한다. 십자가 죽음의 신학적 이해를 위해 우리가 해야 할 일은 "종교적 상상력"을 발휘하는 것이 아니라 그것을 중단하는 것이다.

여러 해 동안 암으로 고생하다 죽은 수전 손택은 이렇게 썼다. "가장 두려운 것은 고통 자체가 아니라 **체면을 손상하는** 고통이다."[13] 이 짧은 단어들 속에 그것을 통해 십자가형을 바라봐야 할 근본적인 통찰이 담겨 있다. 예수의 사망이 단순히 하나의 죽음으로만 이해된다면—비록 그 죽음이 고통스럽고 고난의 죽음일지라도—중요한 요점이 상실될 것이다. 십자가형은 특별히 개인의 존엄에 대한 궁극적인 모욕, 즉 창피를 주고 인간성을 말살하는 최후의 처방으로 고안되었다. **체면 손상이 십자가형의 요체였다.**[14] 조엘 그린의 말마따나 "주요 교차로나 통행량이 많은 주요 도로에서 나체로 공개 처형을 당한 뒤, 새나 짐승의 밥으로 던져진 십자가형의 희생자들은 지독하게 잔인한 조롱거리로 삼을 최적의 대상이었다."[15]

따라서 디트리히 본회퍼가 썼듯이 십자가의 의미는 신체적 고통에

Ghraib," *New Yorker*, March 24, 2008.

13　Susan Sontag, *AIDS and Its Metaphors* (New York: Penguin Books, 1989), 37.

14　안셀무스의 『인간이 되신 하나님』(*Cur Deus Homo*, 한들출판사 역간)에서 십자가는 *tam indecentia*(상당히 불쾌한 것)로 언급되는데, 문제는 왜 하나님이 그토록 부적절하고 어울리지 않는 죽음을 맞이하셨는가(1.6.185)다.

15　Joel Green, "Crucifixion," in *The Cambridge Companion to Jesus*, ed. Markus Bockmuehl (Cambridge: Cambridge University Press, 2001), 91. Morna Hooker는 대중 앞에서 벌거벗겨짐이 특히 유대인에게는 "십자가형의 핵심 부분"이라고 예리하게 설명한다. 그녀는 2세기 인물인 사데의 멜리토의 말을 인용한다. "주권자가 나체로 인해 알아볼 수 없게 되었고, 그를 가릴 수 있는 옷 하나도 허용되지 않았다. 그것이 하늘의 빛이 그를 외면하고, 날이 어두워진 이유다"(*Not Ashamed of the Gospel: New Testament Interpretations of the Death of Christ* [Grand Rapids: Eerdmans, 1994], 9-10).

만 놓여 있는 것이 아니라 특히 거절과 수치에 놓여 있다.[16] 십자가형이
무엇을 의미하는지 이해하려면 우리는 그것의 소름끼치는 특성들을 직
시해야 한다. "놀라운 은혜"를 선포하는 믿음의 맥락에서 볼 때 십자가는
매력적이거나 승리를 구가하거나 구속적인 것이 아무것도 없는, 완전히
불명예스러운 사건처럼 보일 것이다. 예컨대 범죄자에게 사십 대까지 때
리는 것을 허용하지만 "그것을 넘기지는 못할지니…네 형제가 네 앞에서
체면을 손상할까 하노라(개역개정은 네가 네 형제를 경히 여기는 것이 될까 하노
라)"고 말하는 신명기 25:3을 비교해보라. 토라의 이 조항은 광야의 엄격
한 율법에도 하나님의 자비가 반영되어 있음을 보여준다. 하나님의 말씀
은 악인을 "네 형제"로 언급하고, 비록 그가 죄를 지었더라도 그 형벌을
집행하는 자 "앞에서" 영원히 수치를 당해서는 안 된다고 말함으로써 그
를 보호한다. 범죄자와 형벌 집행자 간의 보편적 인간성의 관계가 유지
되어야 한다. 여기에 파급효과가 있다. 하나님 자신의 율법이 이스라엘
동족인 "형제"의 체면을 손상하는 것을 금하지만, 하나님 자신의 아들은
저주 받은 자에게서 형제애는 말할 것도 없고 어떤 보편적 인간성의 흔
적조차 부정하기 위해 고안된 방법을 통해 죽었다.[17]

---

16 Dietrich Bonhoeffer, *The Cost of Discipleship* (New York: Macmillan, 1963), 98. 본서의 발간
    을 준비하고 있는 현재 수치에 대한 관심이 상당히 커짐에 따라 신학적 주제로서의 수치
    가 긴급한 주제가 되었다. *Christianity Today*의 2015년 3월호 커버 스토리는 Andy Crouch
    의 "수치의 귀환"(The Return of Shame)이었다. 아시아 문화에서 '체면'의 중요성은 수치
    와 관련이 있고 따라서 아시아 국가들에서 복음전도와 관련이 있다.
17 Marilyn McCord Adams는 "명예 강령(honor code)을 그것의 명예와 수치 계산법과 함께"
    강조한다. 그녀는 하나님이 악을 패배시키기 위해 지금까지 한 일과 앞으로 할 일을 이해
    함에 있어서 **수치**의 범주가 **도덕**의 범주보다 더 유용하다고 주장한다(*Horrendous Evils and
    the Goodness of God* [Ithaca, N.Y.: Cornell University Press, 1999], 107, 124-28). 수치의 범
    주는 사악성이나 불경의 범주와 다른 방식으로 작용한다. 왜냐하면 자주 언급되는 것처럼
    사악성에는 어떤 비뚤어진 매력이 지속적으로 존재하지만, 수치에는 어떤 매력도 없기 때
    문이다. 수치의 만연은 품위 저하, 체면 손상 그리고 결국 비인간화와 관련이 있기 때문에
    극단적인 악의 깊이에 대한 척도다. 타인에게 수치를 주는 것은 그 사람이 네 발 달린 짐

우리는 이미 다음과 같은 본회퍼의 말을 주목한 바 있다. "하나님은 스스로 세상 밖으로 밀려나 십자가에 달린다." 그는 자신의 사형이 집행되기 8개월 전에 이 말을 기록했는데, 그래서 이 말은 특별한 힘을 갖고 있다. 아돌프 히틀러의 죄수인 그는 계속해서 이렇게 말한다. "[그리스도]는 이 세상에서 약하고 무력하다. 그리고 그것이 그가 우리와 함께하고 우리를 돕는 유일한 방법이다. 마태복음 8:17은 그리스도가 자신의 전능을 통해서가 아니라 약함과 고난을 통해 우리를 돕는다는 점을 분명히 밝힌다.…그것은 종교적인 인간이 하나님께 기대하는 것의 정반대다. 인간은 비종교적인 세상을 통해 하나님의 고난에 동참하도록 부름 받는다."[18]

우리는 바로 이 **비종교성**, 즉 "종교적 인간이 기대하는 것의 정반대"를 거듭 강조할 것이다.

1998년 와이오밍주 라라미에서 발생하여 머지 않아 동성애자 박해에 반대하는 지속적인 투쟁의 상징이 된 끔찍한 사건을 살펴봄으로써 우리는 더 깊은 이해를 얻을 수 있을 것이다. 게이 청년 매튜 셰퍼드는 두 명의 남성으로부터 거의 죽을 정도로 폭행을 당한 후 울타리에 묶인 채 버려졌다. 18시간 후 거의 얼어붙는 날씨 속에 한 행인이 혼수상태에 빠져 있는 그를 발견했는데 이 행인은 잠시 그를 허수아비로 착각했다. 셰퍼드는 5일 후 병원에서 의식을 회복하지 못하고 죽었다.

승만큼의 존엄도 없고 짓밟아 죽여야 할 벌레와 더 유사한, 쓸모없는 존재임을 선언하는 과정의 일부다. 십자가형은 희생자가 어떤 수준에서도 인간 사회에 부적합하다는 것을 보여주기 위해 수치에 수치를 더하는 처형 방식이었다.

18 Dietrich Bonhoeffer, *Letters and Papers from Prison*, ed. Eberhard Bethge, enlarged ed. (New York: Macmillan, 1972), 360. 마 8:17은 다음과 같이 기록한다. "이는 선지자 이사야를 통하여 하신 말씀에 '우리의 연약한 것을 친히 담당하시고 병을 짊어지셨도다' 함을 이루려 하심이더라."

매우 잔인한 이 죽음에 사람들은 말을 제대로 잇지 못했다. 어떤 사람은 침입자들에 대한 경고로서 죽은 코요테를 목장 울타리에 못박아 걸어 놓던 옛 서부의 관행을 떠올리며 셰퍼드가 "동물처럼" 묶여 매달려 있었다고 말했다. 여기서 강조되는 것은 희생자의 비인간화다. 다른 사람을 인간 이하의 존재로 선언하는 것은 그 사람, 혹은 그 사람이 속한 집단을 제거하는 데로 나아가는 첫걸음이라는 점이 잘 입증되어 있다. 따라서 "동물처럼"이라는 어구는 적절한 표현이다.[19] 그러나 모든 진술 중 가장 강력한 진술은 다음과 같았다. "울타리에 묶이는 것에는 믿을 수 없는 상징성이 있다. 사람들은 그것을 허수아비에 비유했다. 그러나 그것은 십자가형과 더 비슷해 보였다."[20]

셰퍼드의 죽음을 십자가형과 비교한 사람들은 그들이 찾을 수 있는 가장 강력한 이미지를 사용했다. 두 번째로 강력한 이미지는 아마도 "사형"(私刑, lynching)일 것이다. 실제로 그 단어에는 인종 혐오의 의미가 함축되어 있어서 매우 강한 반응을 일으킨다. 그러나 "십자가형"이 "믿을 수 없는 상징"의 목록 맨 위에 있다는 점을 주목하라. 영어 단어 중 어떤 것도 이처럼 복잡하고 공감을 불러일으키는 반응을 야기하지 않는다. "사형 집행", "암살", "살인"과 같은 용어들은 "십자가형"에 근접하지도 못한다. 이 한 단어를 통해 매튜 셰퍼드의 고통에 대한 특이한 참상이 환기된다. 왜냐하면 그는 단지 그의 성적 지향 때문에 폭행을 당했을 뿐만 아니라, 그에게 가해진 이 폭행을 당할 만한 짓을 저지르지 않았기 때문이다. 이 용어는 다른 차원의 의의도 암시한다. 십자가형은 많은 죽음을 상징하는 하나의 죽음이다. 그것은 다른 사람의 악행으로 야기된 무고한

---

19 1994년 르완다 대학살이 발생하기 전 몇 주 동안 후투족 학살자들은 투치족 희생자들에 대한 살해 증오를 불러일으키기 위해 *inyenzi*, 즉 "바퀴벌레들"이라는 단어를 사용했다.

20 James Brooke, "Gay Man Dies from Attack," *New York Times*, October 13, 1998.

죽음이다. 그것은 보편적인 의미를 갖는 상징적 죽음이다. 이러한 것들이 "십자가형"이라는 용어의 몇몇 함의들이지만, 우리의 논의에 가장 중요한 함의는 아마도 이 표현에 비인간화와 따라서 비종교성의 극치가 내포되어 있다는 점일 것이다.[21]

우리는 "체면을 손상하는 고통"에 관한 수전 손택의 통찰에 주목했다.『에이즈와 그 비유』(*AIDS and Its Metaphors*)에서 그녀는 "얼굴의 특권적 지위"에 대해 더 자세히 기록한다. 그녀의 지적에 의하면 심장마비나 독감과 같이 얼굴을 손상시키거나 변형시키지 않는 질병은 결코 가장 깊은 두려움을 불러일으키지 않는다. 동방 정교회에는 그리스어로 "최고의 굴욕"이라 불리는 성화가 있다. 이 성화는 십자가에서 고통 가운데 죽어가는 그리스도의 머리를 묘사한다.[22] 이 성화가 전달하는 상당한 정서적 충격은 화가가 구현하는 얼굴 표정에서 기인한다. 그리스도는 "그의 얼굴에 고통을 받고 있다."[23] 손택의 도발적인 관찰은 교회가 항상 자신의 주

---

21 Marilyn McCord Adams는 이렇게 쓴다. "우리의 타락으로 인해 예수는 십자가에서 가장 심한 고통을 당한다. 왜냐하면 십자가형은 (단칼에 목을 베는 것처럼) **깔끔한** 죽음이 아니기 때문이다. [그뤼네발트의] 이젠하임(Isenheim) 제단화는 십자가형이—죽일 때—어떻게 인간성을 희화화하고, 몸을 비틀고, 정신과 영의 균형을 파괴하며, 흠집을 내는 데 있어서뿐만 아니라 품위를 저하시키는 일에도 얼마나 탁월한지를 생생하고 현실적으로 묘사한다"(*Horrendous Evils*, 98).

22 이 그림의 주제는 이전 세기들에서는 그리스도가 언제나 십자가에서 승리를 구가하는 인물로 그려지고 있다는 일반적인 규칙의 예외다. 이 성화는 승리가 아닌 고통과 굴욕을 강조하기 때문에 주목할 만하다. 그러나 이 고통스러운 얼굴조차도 예수의 얼굴이 실제로 어떻게 되었을지에 근접하지도 못한다.

23 이어지는 Sontag의 말에 의하면, 얼굴과 몸의 분리는 "유럽 문화의 주요 성상 전통의 하나인 기독교의 순교 묘사의 특징 중 하나다. 기독교의 순교 성상에서는 얼굴에 묘사된 것과 몸에 일어나고 있는 일 사이에 놀라운 괴리가 존재한다. (그리스도 자신의 이미지는 아니지만) 성 세바스티안, 성 아가사, 성 라우렌시오의 수많은 이미지들은 얼굴 아래에 가해지고 있는 잔학 행위들을 초월하는 여유 있는 얼굴 모습을 보여준다. 아래로는 육체의 파멸이 그려진다. 위로는 얼굴에 성육신한 사람이 고통이나 두려움을 나타내지 않은 채 다른 곳, 보통 위쪽을 바라본다. 그들은 이미 다른 곳에 존재한다. 사람의 아들이면서 동시에 하나님의 아들인 **그리스도만이 얼굴에 고통을 받는다.** 그는 고난을 받는다"(*AIDS and Its*

님과 결부시키는 이사야서 구절과 결합될 수 있다.

> 그의 모양이 타인보다 상하였고
>
> 그의 모습이 사람들보다 상하였으므로…
>
> 그는…고운 모양도 없고 풍채도 없은즉 우리가 보기에
>
> 흠모할 만한 아름다운 것이 없도다.…
>
> 그는 멸시를 받아 사람들에게 버림 받았으며…
>
> 마치 사람들이 그에게서 얼굴을 가리는 것 같이
>
> 멸시를 당하였고 우리도 그를 귀히 여기지 아니하였도다(사 52:14; 53:2-3).

우리는 여전히 십자가로부터 "우리의 얼굴을 가리고 그것을 귀히 여기지 않는다." 교회가 십자가를 중심에 두는 것은 언제나 어려웠다.[24] 우선 그것은 미학에 대한 심각한 모욕이었다. 마르틴 헹엘은 이렇게 말한다. "로마 세계는 대체로 만장일치로 십자가형이 끔찍하며 혐오스럽다고 여겼다.…고대 때 십자가형에 대한 언급이 상대적으로 적은 이유는 **역사적** 문제라기보다는 **미적**인 문제다.…십자가형은 특히 로마 시대에 만연했고 빈번하게 시행되었지만, 교양 있는 문학계는 그것과 무관하기를 원했고 일반적으로 그것에 대해 침묵했다.[25]

이 점이 더 심각한데, 초기 교회는 까다로운 사람들의 경멸보다 훨

Metaphors, 40, 강조는 덧붙인 것임).

24 이것은 처음부터 사실이었다. 유대 기독교는 부활을 통한 십자가의 반전에 초점을 맞추면서 십자가를 경시한 것으로 보인다. 이 양상은 사도행전에 수록된 설교들에서 두드러지며, 사도행전의 바울과 서신서의 바울 사이의 차이점이다. 참조. Beker, *Paul the Apostle*, 202.

25 Hengel, *Crucifixion*, 38, 강조는 덧붙인 것임. 모든 것에서 유쾌한 것을 좋아하는 성향이 있는 성공회 신자들은 상류 계층 스타일의 이러한 미적 경멸을 인지할 것이다. 누가 십자가에 못박힌 사람을 숭배의 핵심 대상으로 삼기를 원하겠는가?

씬 나쁜 결과에 의해 위협받았다. 처음 3세기 동안 십자가는 황제의 정복 표시가 아니었다. 메달이나 훈장에는 십자가 장식이 없었다. 십자가 모양의 보석도 없었고, 십자가 모양에 에나멜 도료를 입히지도 않았으며, 십자가 모양의 귀금속도 없었다. 십자가는 모순과 치욕의 표시였고, 빈번히 십자가에 못박힌 자를 따르는 자들의 추방이나 죽음을 의미했다.[26] 콘스탄티누스 황제 치하에서 기독교가 로마 제국의 공식 종교로 확립된 후, 상황이 완전히 변했다. 마르틴 헹엘의 강력한 요점 중 하나는 콘스탄티누스 황제 이후 십자가(*crux*)라는 단어가 신성화되었다는 것이다. 십자가는 더 이상 평범한 담화에서 사용되지 않았다. 십자가 대신 "교수대"를 의미하는 *furca*(교수대, 형틀)가 사용되었다. 이는 흥미로운 사실을 보여준다. 왜냐하면 이러한 변화는 언제나 십자가의 참혹함으로부터—아무리 지독하다 해도 십자가형만큼 말로 할 수 없이 참혹하지는 않은—다른 무언가로의 이동을 보이기 때문이다. 그것은 또한 얄팍한 경건이 어떻게 십자가를 숭배하는 바로 그 과정에서 십자가의 수치를 앗아가는지도 보여준다.

종종 대중적 경건보다 상대적으로 훨씬 정직한 예술과 음악조차도 십자가형의 섬뜩함을 완전히 전달할 수는 없다. 그림이나 조각이나 영

---

26 고전시대 학자들은 그리스도인들로 하여금 그들의 신앙의 선조들의 용기와 덕을 수용하도록 장려하기 위해 초기 교회 순교사의 상당 부분이 과장되었다고 지적한다. 그리스도 이후 첫 200년 동안 로마 제국에서 일어난 그리스도인에 대한 박해는 일반적으로 생각되는 것만큼 계속적이거나 가혹하지 않았다. 기독교가 용인되던 시기가 있었다. 네로가 64년 로마 대화재의 책임을 그리스도인들에게 전가했고 베드로와 바울이 그의 재위 중에 처형되었다는 것은 잘 입증된 사실이지만 그의 기독교 박해 정도는 후대 기독교 전통에 의해 부풀려졌다. 그러나 이후의 박해는 충분히 실제적이었고 가혹했다. 가장 심한 박해를 가한 황제들은 데키우스(249-51)와 디오클레티아누스였는데, 디오클레티아누스의 대박해는 303년에 시작되었고 콘스탄티누스 황제 재위 기간인 312년에 끝났다.

화 어느 것도 그 일을 하지 못한다.[27] J. S. 바흐의 "수난곡"(Passions)은 비록 그 매혹적인 아름다움으로 인해 십자가형의 끔찍함과 거리를 유지하도록 해주지만, 대부분의 미술 작품보다 우리를 십자가로 더 가까이 데려다준다. 야로슬라프 펠리칸은 바흐가 크리스마스와 성금요일을 어떻게 결합하는지를 보여주면서 바하의 사고에서 십자가의 명확한 중요성을 설명한다. "십자가형과 부활 이야기의 중심성"은 성탄의 열광적 반응으로 가득찬 칸타타에서조차 "'사순절 음악'이 언제나 적절하다는 것을 암시했다."[28]

펠리칸은 게오르크 프리드리히 헨델에게 관심을 돌려서 이렇게 말한다. "현대의 청중은 '메시아'(Messiah)의 수난 부분이 아기 예수 탄생에 대한 자기들의 생각에 방해가 된다고 느낄 수 있고, 현대의 지휘자들은 [메시아의 고난과 죽음에 관한] 이 부분들을 생략함으로써 그 정서에 영합하여 이 오라토리오를 크리스마스 칸타타로 바꿔놓으며, 그리고 사실은 그리스도의 부활의 승리를 기념하는 노래인 '할렐루야'를 크리스마스 캐롤로 바꿔놓아도 괜찮다고 생각할 수 있다."[29] 십자가에 대한 혐오는 이렇게 콘서트장까지 진출한다. 그러나 "메시아" 전곡이 연주될 때에는 이사야 53장에서 인용한 절인 "그는 멸시를 받아 사람들에게 버림 받았으며"뿐만 아니라 시편에서 인용한 좀 더 직접적인 절인 "그는 모욕과

---

27 멜 깁슨도 영화 "패션 오브 크라이스트"(The Passion of the Christ)에서 이를 시도했지만 실패했다. 그는 확실히 채찍질과 십자가형을 충격적으로 다루었지만, 우리는 이제 생생한 폭력에 익숙해져 있고 우리의 감각은 둔감해졌다. 영화의 세부 사항과 효과를 쌓아 올린다고 해서 이 일을 할 수 있는 것은 아니다. 십자가형의 진정한 끔찍함은 그것이 주는 충격의 가치가 아니라 소름끼치고 역겨운 특성인데, 여기에는 예컨대 냄새와 소리 등 간접적으로 전달될 수 있는 것보다 훨씬 더 많은 것들이 포함된다.

28 Jaroslav Pelikan, Bach among the Theologians (Philadelphia: Fortress, 1986), 11.

29 Pelikan, Bach among the Theologians, 11.

침 뱉음을 당하여도 그의 얼굴을 가리지 않았다"도 제시된다.[30]

전 세계의 문학 중 아우슈비츠의 깊은 곳에서 들려오는 프리모 레비의 음성보다 더 비범한 것은 없다. "우리 중 정의로운[의로운] 자들은…그들이 아닌 다른 이들이 저질렀지만 자신이 연루되었다고 느끼는 악행에 대해 회한, 수치, 고통을 느꼈다."[31]

이것은 겉으로 보기보다 훨씬 더 고통스럽다. 레비가 묘사하는 수치는 형언할 수 없는 수치다. 그는 자신의 경험을 토대로 모욕적인 취급을 당한 희생자들이 그런 일을 당할 만한 일을 전혀 하지 않았음에도 불구하고 어떻게 수치로 뒤덮였는지 숙고한다. 비인간적인 행위의 흉악성은 전염성이 있다. 그리스도인들에게는 십자가에 못박힌 분께 가해진 수치의 메아리가 존재한다. 따라서 우리는 홀로코스트의 희생자들과 십자가를 연결할 때 이러한 처사가 많은 유대인에게 야기하는 분노를 망각하고 있는 것으로 보이지 않도록 아주 조심해야 한다. 하지만 우리는 십자가형의 **수치**가 그것의 의미를 결정함에 있어서 육체적 고통보다 더욱 중요하다는 점을 계속 강조해야 한다.

예언자 나훔의 책은 하나님의 진노가 임하고 있는 니느웨의 수치를 묘사한다.

---

30 음악 역사가 Michael Marissen은 "메시아"가 반유대주의적이라고 공격했다(*Tainted Glory in Handel's Messiah: The Unsettling History of the World's Most Beloved Choral Work* [New Haven: Yale University Press, 2014]). 이 공격은 노골적인 거부는 아니더라도 대체로 당혹감을 야기했다. 대부분의 비평가들은 이 이미지("어찌하여 열방이 함께 그토록 격렬하게 분노하는가?")가 보편적이며 헨델의 청중 중 그 누구도 그 이미지를 기원후 70년에 발생한 예루살렘 멸망에 대한 승리의 합창으로 이해하지 못했을 것이라고 생각한다. 바흐의 "요한 수난곡"(*St. John Passion*)의 문제가 있는 텍스트에 관한 Marissen의 연구는 더 많이 수용되었다.

31 Primo Levi, *The Drowned and the Saved* (New York: Vintage Books, 1988), 86.

보라, 내가 네게 말하노니

만군의 여호와의 말씀에

네 치마를 걷어 올려 네 얼굴에 이르게 하고

네 벌거벗은 것을 나라들에게 보이며

네 부끄러운 곳을 뭇 민족에게 보일 것이요,

내가 또 가증하고 더러운 것들을 네 위에 던져

능욕하여

너를 구경거리가 되게 하리니

그때에 너를 보는 자가 다 네게서 도망하며(나 3:5-7).

이와 같은 구절을 기독교 신앙의 관점에서 읽을 때 우리는 여기에 예수가 견딘 수치와 불명예에 대한 언급이 숨어 있음을 알아챌 수 있다. "니느웨"에 대한 하나님의 심판은 그의 아들이 모든 세세한 부분까지 전부떠맡은, 온 세상의 수치에 대한 심판이 된다.[32] 우리가 예수 그리스도께서 세상의 죄를 졌다고 말할 때 이 말은 특히 그가 인간이 서로에게 가한수치와 품위 손상, 그리고 무엇보다 그가 받아야 할 이유가 전혀 없었던수치와 품위 손상을 당했다는 것을 의미한다.

---

32 니느웨에 대한 무자비한 심판을 선언하는 나훔서는 사 40-55장을 제외하고 구약성경에서 가장 보편주의적 책인 요나서와 함께 읽으면 좋다. 요나서에 나타난, 이교도 니느웨를 향한 하나님의 긍휼은 나훔서에 나타난 아시리아의 도시에 대한 하나님의 심판과 변증법적인 관계에 있다.

바울과 고린도 교회 교인들 간의 대결: 종교와 세속주의

우리는 우리보다 초기 그리스도인들이 십자가를 이해하기가 더 쉬웠을 것이라고 생각할 수 있는데, 아마도 그럴 것이다. 그러나 동시에 그들은 십자가가 무엇을 수반하는지 알았기 때문에 우리보다 십자가를 외면할 이유가 더 많았다. 그들은 오늘날의 우리와 달리 십자가형이 혐오의 대상임을 너무도 잘 알고 있던 동시대 사람들의 경멸에 직면해야 했다. 초기 그리스도인들에게는 그리스도의 수난을 부활로 이르는, 불행하지만 우발적 사건으로 묘사하면서 그것을 가급적 빨리 빠져나가는 것이 논리적인 대처법이었을 것이다. 고린도 교회의 교인들이 바로 이렇게 하려고 했지만 바울은 그들이 그렇게 하도록 허락하려고 하지 않는다.

고린도전서 1:18-25은 21세기의 그리스도인들이 1세기의 그리스도인들과 공유하는 이 난관 속으로 우리를 끌어들인다. 이 구절은 우리로 하여금 고린도 교회가 오늘날 급성장하고 있는 많은 미국 교회들과 다르지 않다는 점을 기억하도록 도움을 준다. 교회 주차장은 항상 만원이고, 새 예배들이 추가되고, 표적과 이적이 넘쳐나고, 변화된 삶에 대한 간증이 제공되고, 교회의 열광에는 그 어떤 한계도 없는 것 같다. 그러나 바울은 심각한 위험을 내다본다. 왜냐하면 고린도 교회 교인들의 삶이 잘못된 중심을 향하고 있기 때문이다. 그래서 그는 이렇게 기록한다.

> 십자가의 도가 멸망하는 자들에게는 미련한 것이요 구원을 받는 우리에게는 하나님의 능력이라. 기록된 바
> "내가 지혜 있는 자들의 지혜를 멸하고 총명한 자들의 총명을 폐하리라" 하였으니
> 지혜 있는 자가 어디 있느냐? 선비가 어디 있느냐? 이 세대에 변론가가 어

디 있느냐? 하나님께서 이 세상의 지혜를 미련하게 하신 것이 아니냐? 하나님의 지혜에 있어서는 이 세상이 자기 지혜로 하나님을 알지 못하므로 하나님께서 전도의 미련한 것으로 믿는 자들을 구원하시기를 기뻐하셨도다.… 부르심을 받은 자들에게는 유대인이나 헬라인이나 그리스도는 하나님의 능력이요 하나님의 지혜니라. 하나님의 어리석음이 사람보다 지혜롭고 하나님의 약하심이 사람보다 강하니라(1:18-25).

여기서 바울은 자신의 십자가 선포를 변호한다. 그는 맹위를 떨치는 고린도 교회 교인들의 종교성과 주변 도시의 세련된 교양이라는 두 가지 요소에 맞서고 있다. 그는 "유대인은 표적을 구하고 헬라인은 지혜를 찾는다"고 말한다. 우리가 이 말을 현대의 용어로 해석하자면 "유대인"은 종교적인 사람들로, 그리고 "그리스인"은 세속적 사람들로 이해될 수 있다(물론 주의할 점이 있기는 하지만 말이다).[33] 십자가형은 불쾌할 정도로 비종교적이기 때문에 바울 시대의 유대인들뿐만 아니라 종교적인 사람들 모두에게 일반적으로 "거리끼는 것"이다. 십자가형은 그것의 본질적인 성격 때문뿐만 아니라 그것이 교양 있고 세련된 사람들에게 가하는 모욕 때문에 세속적인 사람들에게 "어리석은 것"이다.[34] 교회에 출석하는 사람들 대다수는 일요일 아침에는 "유대인"이고 그 외의 시간에는 "그리스인"이다. 종교적인 사람들은 환상적인 경험과 영적 고양을 원한다. 세속

---

33 이러한 해석은 Karl Barth의 로마서 주석 *The Epistle to the Romans*, 6th ed. (Oxford: Oxford University Press, 1968), 382-407에서 매우 정교하게 이루어졌다

34 여기서 "종교"와 "세속"의 대조는 역사적인 것이 아니라 인상에 따른 것이다. 로마인들 사이에 그리고 헬레니즘 세계 전체에 많은 종교가 존재했었다(Wilken, *The Christians as the Romans Saw Them*, 48-62; Neil Elliott, *The Arrogance of Nations: Reading Romans in the Shadow of Empire* [Minneapolis: Fortress, 2008], 121-28). 요점은 바울이 사용한 "유대인"과 "헬라인"이라는 용어를 설명하고 현대화하는 것이다.

적인 사람들은 증거, 논거, 입증, 철학, 과학을 원한다. 놀라운 사실은 이
들 중 **아무도** 십자가에 대해 듣기를 원치 **않는다**는 것이다. 십자가는 "유
대인에게는 거리끼는 것이요 이방인에게는 어리석은 것"이다(1:23). 십
자가는 종교적인 사람들에게 적합한 헌신의 대상이 아니며, 그것에 관
한 주장들은 세속적인 사람들이 받아들이기에는 너무 극단적이다. 종교
적인 동시에 비종교적인 것이 오늘날 미국 문화의 역설이다. 우리는 대
부분의 시간 동안에는 세속적이고 물질주의적이지만, 동시에 너무도 경
건한 나머지 대통령 후보들은 교회에 출석했다 나오는 사진을 찍어야 한
다. 바울은 양 극단, 즉 십자가를 거리끼는 것(*skandalon*)과 어리석은 것으
로 간주하는 것 모두에 반대한다.

    바울은 고린도 교회 교인들에게 그들이 처음 기독교 신앙으로 부름
받았을 때 그들 대다수가 사회적으로 낮은 계층에 속했음을 상기시킴으
로써 자신의 주장을 전개한다. "형제들아, 너희를 부르심을 보라. 육체를
따라 지혜로운 자가 많지 아니하며 능한 자가 많지 아니하며 문벌 좋은
자가 많지 아니하도다"(고전 1:26). 이어서 바울은 그의 생생하고 독특한
문체를 통해 일련의 역설들을 소환한다.

> **그러나 하나님께서** 세상의 미련한 것들을 택하사 지혜 있는 자들을 부끄럽
> 게 하려 하시고 세상의 약한 것들을 택하사 강한 것들을 부끄럽게 하려 하
> 시며 하나님께서 세상의 천한 것들과 멸시받는 것들과 없는 것들을 택하사
> 있는 것들을 폐하려 하시나니, 이는 아무 육체도 하나님 앞에서 자랑하지
> 못하게 하려 하심이라. 너희는 하나님으로부터 나서 그리스도 예수 안에 있
> 고 예수는 하나님으로부터 나와서 우리에게 지혜와 의로움과 거룩함과 구
> 원함이 되셨으니, 기록된 바 '자랑하는 자는 주 안에서 자랑하라' 함과 같게
> 하려 함이라(고전 1:27-31).

바울은 "자랑하다"라는 단어를 고린도 교회 교인들 자신의 태도에서 끌어온다. 그들은 확실히 바울에게 영적 매력이 충분하지 않다고 불평하고 있었다. 바울은 이 비난을 받아들이고 그것을 십자가에 못박힌 분의 복음의 대의를 호소하는 데 이용한다.

> 형제들아, 내가 너희에게 나아가 하나님의 증거를 전할 때에 말과 지혜의 아름다운 것으로 아니하였나니 내가 너희 중에서 예수 그리스도와 그가 십자가에 못박히신 것 외에는 아무 것도 알지 아니하기로 작정하였음이라. 내가 너희 가운데 거할 때에 약하고 두려워하고 심히 떨었노라. 내 말과 내 전도함이 설득력 있는 지혜의 말로 하지 아니하고 다만 성령의 나타나심과 능력으로 하여 너희 믿음이 사람의 지혜에 있지 아니하고 다만 하나님의 능력에 있게 하려 하였노라(고전 2:1-5).

바울은 자신의 요점을 주장하기 위해 자기가 개인적인 약점이 있고 수사적으로 둔하다는 반대자들의 비난을 수용한다. 우리는 오늘날 교회에서 이와 유사한 상황을 볼 수 있다. 그리스도의 십자가를 용기 있고 충실하게 설명하지만, 인상적인 발언이 득세하는 이 시대에 선호되는 현란하고 허식적인 스타일이 결여된 설교자와 교사들은 주목을 받지 못한다. 그들은 자신들의 이미지를 개선하고, 좀 더 대중적이고 심지어 상업적인 매력을 배양하라는 충고를 받게 될 것이다. 고린도 교회 교인들이 바울에 대해서 제기한 비판은 바로 이런 선상에 있었음이 분명하다. 그들은 "지혜"—이 경우 그들의 감각을 어지럽게 만드는 영감을 받은 연설을 의미한다—를 듣기를 원했다.

　　바울은 단호하다. 화려한 언변은 십자가의 **케리그마**에 도움이 되지 않는다. 그는 **예수 그리스도와 그가 십자가에 못박히신 것** 외에는 모든 것을 버리기로 결심했다고 선언한다(고전 2:2). 고린도 교회 교인들은 개인주의적이고 자기에게 몰두하는 그리스도인의 삶 개념에 심취해 있었으며, 이는 그들의 공동체 전체에 치명적인 영향을 끼치고 있었다. 바울은 십자가를 이러한 경향에 반하는 방식으로 제시한다. 그의 서신은 회중 안에 존재하는 공격적이고 자기 홍보적인 "영성"의 문제를 다룬다. 종교와 영성은 "안"에 있다. 그러나 십자가는 영원히 "밖"에 머문다. 히브리서에 이렇게 기록된 것처럼 말이다. "그러므로 예수도 자기 피로써 백성을 거룩하게 하려고 성문 **밖에서** 고난을 받으셨느니라. 그런즉 우리도 **그의 치욕을 짊어지고** 영문 **밖으로** 그에게 나아가자"(13:12-13).[35]

성령의 역할

바울은 고린도 교회의 악습으로 인해 심각하게 우려하며 (고린도후서의 내용이 입증하듯이) 궁지에 몰려 있다. 바울 자신이 풍성한 은사를 받았지만(고전 14:18; 고후 12:1-4), 그의 성령 충만한 선포를 통해 존재하게 된 회중이 지금 그들 자신의 은사를 오용하고 있다. 오늘날에도 오순절주의 복음전도자들이 방언이나 즉각적인 치유 같이 눈부시고 현란한 현시(顯示)에 초점을 맞출 때 이러한 오용이 발생한다.[36] 바울은 특히 고린도전서

---

35 "치욕을 짊어지라"는 요구는 결코 학대하는 배우자, 부모, 고용주 등에게 복종하라는 의미로 해석되어서는 안 된다. **그리스도를 위해** 치욕을 짊어지는 일은 우리가 10장에서 살펴볼 주제인 권세와 정사들에 맞서 그를 증거하는 결과로 찾아온다.

36 "오순절주의자"(Pentecostal. 대문자로 시작)는 공식적으로 그 이름으로 자신을 나타내는 그리스도인들을 지칭한다. "오순절주의자"(pentecostal. 소문자로 시작)는 일반적으로 종종 좀 더 가시적이고 극적인 현시를 포함하는 성령의 역사를 강조하는 그리스도인을 가리키는 데 사용된다. 미국의 몇몇 주류 교회에서 발생한 유사 오순절적인 "은사주의 운동"—대체로 중산층과 상류층의 현상이었다—은 1970년대 이후 그 힘의 대부분을 잃었

12-14장에서 이에 대해 경고한다. 우리는 본서 전체에서 교회의 "고린 도적인" 사고방식을 언급할 것이다. 영적 기교를 강조하면서 이에 상응 하는 속죄와 자기희생적인 섬김을 가볍게 여기는 모든 곳에서 우리는 다 시금 고린도 교회 교인들을 만난다.

오순절주의 관점에서 성령에 관해 많은 글을 쓴 토마스 A. 스메일은 성령과 십자가 사이의 관계를 감탄이 나올 정도로 명확히 제시한다. "자 신의 좀 더 눈부신 영광을 증진하기 위해 십자가에 못박힌 그리스도의 영광을 폄하할 수 있는 영, 우리에게 고통이 없고 대가가 없는 승리를 제 공하기 위해 그리스도의 고난을 지나쳐버리는 영은 확실히 자신이 아닌 그리스도를 영화롭게 하고, 따라서 갈보리의 온전한 영광을 드러내며 그 리스도가 자신의 죽음을 통해 우리를 위해 획득한 모든 복을 우리에게 가져다 주는 것을 사명으로 하는 신약성경의 성령이 아니다."[37]

스메일은 어느 예배에서 자신이 최초로 방언을 한 경험에 관한 감동

다. 현재 그러한 진영의 강조는 선택적 영성을 지향하는 경향이 있다. 오늘날 중산층 사 이에서 벌어지고 있는 일부 유사 오순절 사역은 일종의 "번영 복음"을 제시한다. 특히 일 부 아프리카계 미국인과 라틴계 이민자, 그리고 **오순절주의**가 우세해지고 있는 개발도상국 들에서의 좀 더 진정한 **오순절주의**는 은사주의 운동과 유사하지만 동일하지는 않다. **오순 절주의**가 특히 방언, 황홀경, 치유 기적 같은 현시를 매우 강조하기는 하지만, 그렇다고 해 서 그것이 반드시 바울이 고린도 서신에서 꾸짖고 있는 영적 엘리트주의를 보여주는 것 은 아니다. 그리고 고린도 교회나 부유한 미국 교회의 상황과 달리 가난한 사람들이 **오순 절주의**에 큰 매력을 느끼고 있다. **오순절주의**에 대한 최고의 회고록은 널리 찬사를 받고 있 는 Mark Richard의 *House of Prayer No. 2: A Writer's Journey Home*(New York: Nan A. Talese, 2011)을 보라. "[그 책에 등장하는 **오순절 교회** 아프리카계 미국인 목사인] 럭스 목사에게 그가 누군가에게 안수하여 그 사람이 성령 안에서 죽게 될 때 어떤 일이 일어나느냐고 물 으면, 그는 '초자연적 존재가 자연적 존재를 산산이 무너뜨릴 때 그 사람은 자신보다 더 큰 무언가에 의해 압도되고, 하나님이 아담에게서 갈비뼈를 빼냈을 때 아담이 잠들었던 것처 럼 잠에 빠진다'고 말한다. 그러한 상태에서는 영적 전달이 존재하는데 그 사람 안에서 무 언가 변화가 일어나 그(녀)로 하여금 하나님의 실재를 알게 해준다(187).

37 Thomas A. Smail, *Reflected Glory: The Spirit in Christ and Christians* (Grand Rapids: Eerdmans, 1975), 105.

적인 이야기를 들려준다. 그가 무슨 일을 하고 있는지 거의 알지 못하는 상태에서 방언을 말하고 있을 때 그가 알지도 못하고 그 후로 다시 본 적도 없는 어느 젊은 여성이 그의 이상한 음절들을 그곳에 모인 회중에게 해석해 주었다. "갈보리를 통하지 않고는 **오순절**로 가는 길이 없다. 성령은 십자가로부터 온다."[38] 확신을 갖게 된 스메일은 이 내용을 그 후 자신의 모든 가르침의 핵심으로 삼았다.[39]

스메일은 지도자들의 유혹으로 희생이나 고난이 없는 승리주의적인 기독교에 빠진 독자들에게 목회적 관심을 기울인다. 우리가 고린도전서 1-2장에서 볼 수 있듯이, 바울은 고린도 교회에서 바로 이 승리주의적인 기독교를 발견한다. "천한 것들과 멸시 받는 것들"(고전 1:28)에 대한 바울의 강조는 거의 확실히 십자가에 관한 언급이다. 유대인과 그리스인 모두에게 십자가형은 사람이 겪을 수 있는 가장 "천하고 멸시 받는 것"이었다. 십자가형은 "살 가치가 없다. 인간도 아니다"라는 분명한 신호를 보냈다(로마인들은 십자가형에 대해 *damnatio ad bestias*, 즉 짐승의 죽음을 선고받은 것이라고 말했다). 십자가형은 1세기의 회중이든 21세기의 회중이든 받아들이기가 매우 어렵다. 바울 시대에도 그랬고, 오늘날에도 그렇다. 그러나 바울은 하나님의 성육신한 아들이 천함과 불경건(ungodliness)을 취한 것이—그리고 오직 이것만이—"하나님의 능력"이라고 주장한다. 이것이 없다면 복음도 없다. 이것이 없다면 장황한 종교성만 존재할 뿐이다. 십자가가 없다면 우리는 세상에게 줄 새롭거나 혁신적인 것을 갖고 있지

---

38 바울은 고전 14:13-18에서 해석 없는 방언을 명시적으로 금했다.
39 Smail, *Reflected Glory*, 105. 그는 더 나아가 이렇게 말한다. "성령의 기능은 우리 안에서 그리스도의 형상—그의 진리, 사랑, 힘—을 반영하는 것이다. 그러나 성령이 우리를 그의 고통으로 이끌지 않는다면 어떻게 그 기능을 진정으로, 그리고 완전하게 발휘할 수 있겠는가? 그리스도의 십자가를 지는 것을 빠뜨리고서는 실제로 그리스도를 반영할 수 없다"(112).

않는 "그리스인"과 "유대인"에 불과하다. 신약성경 전체에서 오순절적인 측면이 명확하다. 바울과 요한이 가르치는 것처럼 그리고 누가가 사도행전 전체에서 보여주는 것처럼 십자가에서 죽고 부활한 그리스도는 바로 이 영원한 성령, 곧 세 번째 위격 안에서 영원히 살아 있는 현존이자 능력이다.

십자가형의 역설

몰트만은 어떻게 "예수의 불평하지 않는 고난과 무기력한 죽음이 모든 사람에게 율법 및 그 수호자들의 힘과 권세에 대한 가시적인 입증"이 되는지를 보여준다. "결과적으로 제자들은 그를 배신하여 '다 그를 버리고 도망쳤다'"(막 14:50).[40] 몰트만은 더 나아가 모든 추종자가 진짜 영웅을 버리는 일은 없기 때문에 제자들의 도망은 역사적으로 논쟁의 여지가 없다고 지적한다. 마가가 보기에 제자들의 도망은 예수의 죽음이 가장 비참한 죽음임을 가리킨다. 제자들은 예수의 치욕적이고 수치스러운 죽음을 하나님께 대한 순종, 그의 사명의 신원, 또는 영웅적인 순교로 볼 수 없었을 것이다. 오히려 **예수의 죽음은 십자가형에 의한 것이었기 때문에**, 그들은 그 죽음이 예수가 생전에 사람과 하나님 앞에서 주장한 내용들을 완전히 부정한다고 보았을 것이다. 그는 세속 당국에 의해 국가에 대한 위협으로 판단되었지만, 제자들이 볼 때 이보다 훨씬 더 나쁜 점은 예수가 바로 신앙과 도덕의 수호자인 종교 당국으로부터 불경한 자에게 가해지는 처형이 합당한, 신성모독자로 정죄되었다는 사실이었다. 하나님의

---

40   Moltmann, *The Crucified God*, 132.

이름으로 행해진 사역이 이런 볼썽사납고 비종교적인 최후로 귀결되었다는 것은 참으로 끔찍한 일이었을 것이다.

구약성경과 신약성경 간의 관계를 이 측면에서 숙고해보면 십자가에 관한 모든 관점 중 가장 과격한 관점이 분명해질 것이다. 가장 무뚝뚝하게 표현하자면, **아무도** 십자가에 못박힌 메시아를 예상하지 못했다. 이사야서 53장은 예언적 암시에 대한 단서를 제공했지만("그는 멸시를 받아 사람들에게 버림 받았으며…여호와께서는 우리 모두의 죄악을 그에게 담당시키셨도다"-53:3, 6), 사실상 어느 누구도 예수가 부활하기 전까지는 이 말이 이스라엘의 메시아를 가리키는 것임을 이해하지 못했다. 이사야가 예언한 "새 일"은 여러 방식으로 해석되었지만—지금도 그렇다—참으로 새로운 일은 바울이 "십자가의 도"라고 부르는 것이다.[41] 하나님이 이사야를 통해 선포하는 내용을 누가 알 수 있었겠는가?

> 보라! 내가 새 일을 행하리니
> 이제 나타낼 것이라. 너희가 그것을 알지 못하겠느냐?
> 반드시 내가 광야에 길을 내리니(43:19).

광야를 통과하여 구속에 이르는 길이 하나님의 아들이 걸어간 굴욕의 길이 될 줄 누가 알 수 있었겠는가? 종교적이든 세속적이든 어떤 통찰이 인간이 된 하나님의 끔찍하고, 벌거벗겨지고, 저주 받은 죽음을 예언했겠는

---

41 나는 사 40-55장이 바빌로니아 포로 기간 중 알려지지 않은 예언자에 의해 쓰였다는 것을 당연하게 여기지만 편의상 이 부분의 저자를 "이사야"라고 부른다. 이 점이 더 중요한데, 나는 Brevard Childs와 마찬가지로 신학상으로 이사야서가 포함되어야 정경 전체가 완성된다고 믿는다. Brevard Childs의 *The Struggle to Understand Isaiah as Christian Scripture*(Grand Rapids: Eerdmans, 2004)를 보라.

가? 포로기의 무명의 선지자는 자신의 조국에서 멀리 떨어진 곳에서 "여호와께 새 노래로 노래하라"(사 42:10)고 열광적으로 노래했다. 그러나 그 누가 그 노래의 내용이 저주 받은 한 인간에 대한 찬양인 줄 알았겠는가? 그 누구도 **이사야 53장을 눈앞에 두고서도** 십자가에 못박히는 하나님의 아들을 결코 상상하지 못했을 것이다.

십자가와 전기의자

위르겐 몰트만은 "십자가의 해석에 대한 십자가의 저항"이라는 어구를 사용한다.[42] 2,000년이 지나는 동안 십자가가 길들여지고, 낭만화되고, 이상화되고, 잘못 적용되고 있는 오늘날 십자가를 본래의 맥락에서 이해하기는 지극히 어렵다. 이따금 오늘날 사람들이 이해할 수 있는 십자가의 대응물을 찾기 위해 애쓰는 현대의 해석가는 로마 시대의 십자가를 미국의 전기의자와 비교할 것이다. 우리는 이 비유가 여러 이유로 부적절하다는 점을 살펴보겠지만, 이 비유로부터 몇 가지를 배울 수 있다. 전기의자를 숭배한다고 상상해보라. 그것을 교회의 초점으로 삼고, 그것을 작은 모형으로 만들어 목에 걸고, 행진 시 그것을 높이 들며 전기의자가 지나갈 때 우리의 머리를 숙인다고 상상해보라. 이러한 시나리오가 터무니없다는 것은 쉽게 파악될 수 있다.

그러나 그 비교에서 다른 특징들은 우리에게 도움이 될지도 모른다. 예를 들어 전기의자가 사용되던 시기에, 그것은 거의 언제나 가장 낮은 계층의 범죄자들의 처형 수단으로 사용되었는데, 그들 대다수는 힘 있는

---

42 이 어구는 『십자가에 달리신 하나님』(*The Crucified God*)의 2장 제목이다.

자들과 아무런 연줄도 없고 다른 자원도 없는 흑인들이었다.[43] 마찬가지로 로마인들은 십자가를 결코 고위직을 지냈던 사람을 처형하는 데 사용하지 않았고, 로마 시민을 처형하는 데도 사용하지 않았다.[44] 또 다른 접점은 고속도로에서 발생한 사고의 잔해를 보기 위해 속도를 늦춰본 사람이라면 누구에게나 익숙한, 역겨움과 매력이라는 모순된 반응이다. 가장 까다로운 사람조차도 (실물은 말할 것도 없고) 전기의자 사진을 접하면 당황스러운 매력을 경험할 것이다.[45] 사형(私刑)이든 교수형이든 전기 처형이든 사형 집행 장소에 와서 환호하며 박수를 치는 데 이골이 난 사람들이 언제나 존재했었다. 예수가 십자가에 못박혀 죽어가고 있을 때 갈보리에서도 확실히 이런 일이 일어났다. 지금과 마찬가지로 그때에도 한 무리의 사람들이 사형당하고 있는 자를 비방하는 데서 쾌감을 느꼈다. 이러한 여가가 지루해지면 그들은 자기들에게 편할 대로 각자의 집으로 안전하게 돌아가서 처형당한 자는 더 이상 생각하지 않았다. "지나가는 모든 사람들이여, 너희에게는 관계가 없는가?"(애 1:12)

하지만 매우 중요한 차이들이 존재한다. 전기 처형은 적어도 이론상으로는 인간적이며 신속하게 집행되도록 의도되었지만, 십자가형은 고통을 심화시키고 지속시키기 위해 특별히 고안된 처형 방식이었다. 이런

---

43 1995년 O. J. Simpson 재판 당시 그가 유죄 평결을 받더라도 절대로 사형되지 않을 것이라는 것이 널리 알려져 있었다. 그의 명성, 팬들, 그리고 강력한 연줄로 인해 그의 사형이 불가능해졌을 것이다.

44 Martin Hengel은 이에 대한 조사를 통해 예외가 별로 없음을 알아내 이 규칙을 입증한다 (*Crucifixion*, 39-40).

45 "올드 스파키"(Old Sparky)라는 전기의자의 별명은 불편함과 매력 모두를 가리는 역할을 했다. 사람들은 동일한 방식으로 전시된 고문 도구들에 끌린다. 철의 여인(iron maiden, 안쪽에 못이 박혀 있는 여성 모양의 상자—역자 주) 및 다른 고문 도구들은 끔찍한 매력의 전율을 이끌어낸다. 독극물 주사가 더 선호되고 더 "인간적"인 처형 방식이라고 알려져 있어서 현재는 전기의자의 사용이 대부분 중단되었지만, 2010년 버지니아주에서 한 건의 전기의자 처형이 있었다.

의미에서 전기의자가 끔찍하기는 하지만 십자가는 그것보다 훨씬 더 무시무시했다. 또 다른 차이점은 전기의자 처형을 받는 사람은 마스크나 덮개로 얼굴이 가려짐으로써 수전 손택이 지적한 "체면의 특권"이라는 인간의 존엄이 허용된다는 점이다. 가장 중요한 차이점은 전기 처형의 경우 참관이 허용된 소수만 참관하는 가운데 실내에서 비공개로 집행된 반면에 십자가형은 가급적 많은 사람이 볼 수 있도록 집행되었다는 것이다. 공개 전시로 인한 치욕은 질질 끄는 고통과 더불어 십자가형의 주요 특징이었다. 그것은 이 사람이 이 땅의 쓰레기요, 살 가치가 없으며, 인간이라기보다는 곤충이라는 일종의 광고나 공표였다. 십자가에 못박힌 가엾은 사람은 [못박힌 채] 표본처럼 고정되어 있었다. 십자가가 공개된 곳에 설치된 이유는 편의나 위생 상의 이유에서가 아니라 공개적인 노출을 최대화하기 위해서였다.[46]

십자가형의 심리적 고문

1996년에 조지타운 대학교는 캠퍼스에 있는 오래되고 좀 더 전통적인 십자가상을 대체할 새로운 십자가상을 세울 것을 25명의 예술가에게 의뢰했다. 조각가이자 연합 그리스도의 교회 목사인 찰스 맥컬러는 비틀린 나무 조각을 이용해 극도로 괴로워하는 그리스도를 표현한 십자가상을 만들었다. 그는 그런 작품을 만드는 것에 대해 설득력 있게 말했다. "십

---

46 물론 범죄 억제도 십자가형의 동기 중 하나였다. 폭동을 계획 중에 있을지도 모르는 모든 사람에게 십자가형은 "이 일이 당신에게도 일어날 수 있다"는 경고였다. 이 점은 노예 반란을 예방하는 데 특히 중요했을 것이다. 아이러니하게도 여기서 "법과 질서"가 정의되고 있다.

자가상을 그리거나, 색칠하거나, 조각하는 일은 무서운 경험이다. 왜냐하면 예술가는 십자가에 매달려 죽는 끔찍한 고통과 굴욕을 느껴야 하기 때문이다. 이렇게 고문당해 죽는 죽음의 진정한 잔인성을 아무리 강조해도 지나치지 않다. 나는 십자가형을 죽음 일반의 추상적인 개념이 아니라 국가의 살해로 제시하는 것이 중요하다고 믿는다"[47]

로마 제국의 처형 수단으로서 십자가형은 처형된 자를 인류 구성원에서 제거해 버리는 것을 **명시적인 목표**로 삼았다. 이 점을 아무리 강조해도 지나치지 않다. 그것이 바로 십자가형의 기능이었다. 그것은 체제를 전복하려는 생각을 하고 있을지도 모르는 모든 자에게 십자가에 못박힌 자들은 처형 집행자나 구경꾼과 **같은 종족이 아니며** 따라서 그들이 소모될 수 있을 뿐만 아니라 의식화된 박멸(ritualized extermination)을 당해도 마땅하다는 것을 알리도록 의도되었다.

따라서 십자가형을 집행할 때 조롱과 야유라는 요소는 단지 허용되기만 한 것이 아니라 사실상 그 광경의 일부였고 십자가형 프로그램의 구성요소가 되었다. 어떤 의미에서 십자가형은 일종의 오락이었다. 십자가 앞을 지나가는 행인의 구체적인 역할은 구경거리가 되도록 지정된 사람의 비인간화와 체면 손상을 악화시키는 것이라는 점을 모든 사람이 알고 있었다. 십자가형은 인간 안에 놓여 있는 가학적이고 비인간적인 충동을 거의 연극 공연처럼 표출해내도록 영리하게 고안되었다(우리는 사악하게 고안되었다고 할 수 있을 것이다). 기독교 복음에 따르면 이 모든 것을 하나님의 아들이 자발적으로 그리고 의도적으로 자기 안으로 끌어들여서 흡수했다.

---

47 Peter Steinfels가 *New York Times*, March 1999에 기고한 "신앙" 칼럼에서 인용함. 강조는 덧붙인 것임.

매우 불쾌한 십자가의 죽음

예수의 십자가 죽음을 해석하려고 하는 사람은 누구나 임상적인 묘사를 포함시킬지 여부를 결정해야 한다. 신약성경 저자들은 물리적 세부 사항에 대해 눈에 띄게 침묵하고 있으므로, 이런 세부 사항을 소개하는 것이 적절하거나 도움이 되는지 묻는 것은 정당하다.[48] 다른 한편으로는 신약성경 시대 사람들은 모두 십자가형들을 직접 목격했으므로 이에 대한 묘사를 필요로 하지 않았다. 복음서 저자들 및 다른 신약성경 저자들은 그들의 독자들이 오늘날 우리는 상상할 수 없는 십자가형에 대해 친숙하다고 가정할 수 있었다. 우리들 대다수는 고문으로 죽은 사람을 본 적도 없다. 그래서 마르틴 헹엘은 이렇게 말한다. "우리가 고대의 십자가형이라는 가혹한 실재에 대해 숙고하면, 우리는 현재의 신학 및 설교에서 너무도 자주 발견되는 급격한 현실감의 상실을 극복하는 데 도움을 받을 수도 있다."[49] 초기 신학자 오리게네스는 예수의 죽음을 매우 불쾌한 십자가의 죽음(*mors turpissima crucis*)이라고 불렀다. 로마의 위대한 정치가이자 저술가인 키케로는 십자가형을 섬뜩함에 있어서 화형(*crematio*)과 참수형(*decollatio*)을 능가하는 최고의 형벌(*summum supplicium*)이라고 불렀다.[50] 우

---

48 나는 오랫동안 이 문제로 씨름해왔다. 나는 평소 산만한 십대 무리들이 영 라이프(Young Life) 소속의 한 연설가의 "십자가 이야기"라는 것에 골똘히 주의를 집중하는 장면을 직접 보았다. 십자가형의 소름끼치는 세부사항이 그들에게 공포 영화와 동일한 매력을 불러오는 것 같았고 그런 의미에서 그 이야기는 탁월한 기술이었다. 그러나 그것은 복음서 저자들의 침묵과 뚜렷한 대조를 이루었고, 나는 그것이 조작적인 것이 아닐까라는 생각이 들었다.

49 Hengel, *Crucifixion*, 90.

50 Hengel, *Crucifixion*, 33, 51. 키케로는 십자가형에 비해 상대적으로 자비로운 사형 방식인 참수형을 당했다. 참수의 끔찍한 측면은 절단된 머리(키케로의 경우에는 머리 및 절단된 양손)를 전시하는 것이었다. 십자가형을 받은 희생자는 **살아 있는 동안** 전시되었다.

리가 십자가형에서 무슨 일이 발생했는지에 대한 기본적인 지식을 알면 이런 말들을 이해하는 데 도움이 될 것이다.[51]

로마의 사형 집행의 첫 단계는 채찍질이었다. 로마의 군인들은 가죽 끈으로 만든 채찍을 사용했는데, 이 채찍에는 작은 금속이나 뼈 조각들이 고정되어 있었다. 예수가 채찍에 맞고 있는 그림들은 언제나 예수가 허리에 천을 두르고 있는 모습을 보여주지만, 사실 죄수는 나체로 등과 엉덩이를 최대한 노출시키는 자세로 기둥에 묶여 있었을 것이다. 채찍에 맞으면 우선 피부가 뜯겨 나가고 피하조직이 드러난다. 채찍질이 계속되면 열상(裂傷)이 발생하여 골격근이 찢어지기 시작한다. 이는 큰 고통뿐만 아니라 상당한 출혈도 초래한다. 채찍질의 목적은 죄수를 기절하거나 죽기 직전 상태까지 약화시키는 것이었다. 이 때 흔히 조롱과 조소가 뒤따랐다. 예수의 경우 신약성경은 조롱을 강화하기 위해 가시 면류관, 자주색 옷, 모조품 규(scepter)가 추가되었다고 말해준다.

십자가에 못박히기 직전에 채찍을 맞은 죄수의 상태는 이전의 신체 상태, 군인들의 열성, 출혈 정도 등에 좌우되었다. 예수의 경우 이런 사항들을 알 수는 없지만, 그가 십자가 가로대(patibulum)를 직접 지고 갈 수

---

51   이 세부 사항들 중 일부는 널리 보급된 William D. Edwards 등이 공저한 논문 "On the Physical Death of Jesus Christ," *Journal of the American Medical Association* 255, no. 1(March 21, 1986)에서 취했다. 이 「미국의학협회저널」(*JAMA*) 논문은 어느 정도 합당한 이유로 비난 및 심지어 조롱을 받고 있는데, 이는 이 논문이 엄격한 의학적 고려에서 벗어나 과학적인 것이 아니라 신학적인 성경의 세부 내용에 의존하고 있으며 심지어 토리노의 수의(Shroud of Turin)도 언급하기 때문이다! 이 *JAMA* 논문의 특별하고 제한된 가치는 그것이 **방법론**에 대해 설득력 있게 설명하고 있다는 점이다. Raymond E. Brown은 십자가형을 받은 사람의 사망 원인으로 충격(shock)을 제안하는 최근의 논문을 선호한다. 그 논쟁의 요약은 Brown, *Death of the Messiah*, 1088-92를 보라. (2012년 전국공영라디오[NPR]에서 주관한 Terry Gross와의 인터뷰에서 「마리아의 유언」[*The Testament of Mary*]의 저자인 Colm Toibín은 권위 있는 어조로 십자가에 못박힌 희생자들이 일사병으로 죽었다고 선언했다. 나는 그가 어디에서 그 정보를 얻었는지 모른다.)

없었다는 사실은 그가 매우 쇠약해진 상태에 있었고 저혈량증(혈액 순환 쇼크)에 근접했을 수도 있었음을 가리킬 것이다.

그리고 나서 십자가에 못박힐 죄수들은 거리를 행진하며 대중의 경멸에 완전히 노출되었다. 행렬이 십자가형 장소에 도착하면 죄수들은 자신의 눈 앞에 무거운 나무 직립 말뚝(*stipes*)이 땅에 똑바로 박혀 있는 것을 보게 되는데, 그들이 지고 온 십자가 가로대는 이 직립 말뚝과 장부 맞춤으로 결합된다. 십자가에 못박힐 사람은 등이 땅에 닿도록 내동댕이쳐지고, 이 때 채찍에 맞은 그의 상처에 먼지가 박히면서 고통이 더욱 악화된다. 그의 양손은 십자가 가로대에 묶이거나 못박히는데, 로마인들은 묶는 것 보다 못질하는 것을 선호했던 것 같다. 우리는 공동묘지의 발굴물들을 통해 그들이 손에 어떻게 못을 박았는지를 더 정확히 알 수 있다. 2천 년 동안의 기독교 성화와 달리 못은 사람의 무게를 지탱할 수 없는 손바닥에 박힌 것이 아니라 손목을 관통해 박혔다. 이어서 희생자가 기대고 있는 십자가 가로대가 나무 직립 말뚝에 들어올려졌고, 이어서 희생자의 두 발이 묶이거나 못박혔다. 이때부터 본격적인 십자가형이 시작되었다.

십자가에 못박힌 죄수들은 그 상태로 3, 4일까지 살았다. 흔히 예수가 십자가 위에서 고통당한 시간은 비교적 짧았다고 전해진다. 아마도 그는 채찍에 맞아 쇠약해졌거나, 이례적으로 더 많은 피를 흘렸거나, 심장 파열을 겪었을 것이다. 그러나 우리가 정확한 이유를 알 수는 없다. 아무튼 "십자가형의 주요 병리 생리학적 효과는 극심한(excruciating, 이 영어 단어의 어원은 라틴어 *excruciatus*인데 이 단어는 십자가에서 파생되었다) 고통을 주는 호흡 곤란이었는데 특히 날숨에 큰 어려움이 있었을 것으로" 추측되었다.[52] 십자가에 달린 사람에게는 우리가 하루에도 수천 번씩 무의식적

---

52 *JAMA* 논문에서 인용함.

으로 내뱉는 수동적인 날숨이 불가능해진다. 손목이 못박히거나 묶인 채 매달려 있는 신체의 무게로 인해 숨을 내쉬는 데 필요한 근육이 아래로 눌린다. 따라서 십자가에 달린 사람은 숨을 내쉴 때마다 엄청난 노력을 해야만 했을 것이다. 숨을 조금이라도 쉴 수 있는 방법은 다리와 발로 몸을 위로 밀어올리거나 양팔로 몸을 끌어올리는 것뿐이었다. 그러나 어느 쪽이든 극심한 고통을 야기했을 것이다.[53] 이 일차적 요인에 신체 기능의 통제 불능, 곤충들이 몸에 난 상처와 구멍에 우글거림, 말할 수 없는 갈증, 근육 경련, 손목의 절단된 중앙 신경으로부터 오는 극심한 고통, 채찍에 맞아 상처 입은 등이 나무 말뚝에 쓸리면서 오는 고통이라는 이차적 요인들이 더해진다. 이러한 고통은 우리의 모든 상상을 초월한다. 끝으로 구경꾼들과 로마 군인들, 그리고 행인들에 의한 욕설과 침 뱉음, 쓰레기 투척과 같은 행위들이 추가되었다.

신약성경은 로마와 근동(중동)이라는 두 세계의 삶을 우리에게 보여준다. 십자가형은 로마인의 눈에 매우 불쾌한 것이었다. 그것은 팔레스타인 사람들에게는 훨씬 더 불쾌했을 것이다. 중동 문화는 오늘날까지도 "신체에 깃든 예민한 개인적 명예 의식"을 갖고 있다.[54] 예를 들어 신체를 절단하는 형벌은 단순한 물리적 잔인함이나 영구적 장애 이상의 형벌로 여겨질 것이다. 신체 절단은 절단당한 사람이 남은 생애 동안 가시적인 불명예와 수치의 표를 달고 사는 것을 의미할 것이다. 육체에 가해진 모든 행위가 특별히 잔인한 것으로 이해되었는데, 이는 그것이 고

---

53 숨을 내쉬는 동안에만 말을 할 수 있기 때문에, 말하는 것은 더욱 어려웠을 것이다.
54 사학자인 Peter Brown과 그의 아내 Betsy는 오래전부터 지금까지 지중해 동부 문화에 학문적으로뿐만 아니라 개인적으로도 유대 관계가 있다. 그들은 십자가형에 관한 몇 가지 독특한 점을 발견했는데, 여기에는 죄수가 자신의 처형자라는 점도 포함된다. 이 단락의 대부분과 네 개의 인용을 포함한 다음 단락의 전반부의 출처는 1999년 2월 3일에 실시한 Peter 및 Betsy와의 인터뷰다.

통을 가해서뿐만이 아니라 불명예를 가져왔기 때문에 더 그렇게 이해되었다. 게다가 예수의 수난 내러티브는 부분적으로는 "고대의 굴욕 의식"을 반영한다.[55] 예수에 대한 조롱, 침 뱉음과 경멸, "그의 왕권의 전도 (inversion)", 가시 면류관과 자색 옷을 통한 "세심한 폐위"는 총체적인 불명예 의식의 핵심으로 이해되었을 것이고 십자가형은 그 절정이었을 것이다.[56]

십자가형의 또 다른 측면 중 십자가에 못박혀 헐떡이며 몸을 들어 올리고 있는 사람은 자신의 처형자가 되도록 강제된다는 점은 널리 알려지지 않았다. 십자가에 달린 자에게는 누군가에 의해 교수형을 당하거나 참수를 당하는 비뚤어진 존엄성조차 허락되지 않는다. 십자가에 매달린 사람은 체중으로 인해 횡격막이 눌려 질식되기에 그의 체중이 자신을 죽이는 셈이어서, 그는 참으로 그리고 철저히 홀로 죽는다. 알렉산드르 솔제니친은 스탈린의 강제노동수용소에서 죄수들이 손을 담요 밖에 내밀

---

55 우리는 상상력을 발휘해야 특별히 나체가 희생자를 얼마나 수치스럽게 만들었는지 이해할 수 있다. Thomas Cahill은 예수에 관한 소책자 『영원한 언덕의 욕구』(Desire of the Everlasting Hills)에서 성적 굴욕과 수치가—이라크 전쟁의 아부 그라이브 교도소 가혹 행위 사건이 분명히 보여준 것처럼—십자가형에 이르기까지의 의식의 일부였을 것이라는 논박할 수 없는 요점을 제시한다. 채찍에 맞고 조롱당하는 죄수는 자신의 성기를 손으로 가릴 수 없었고, 자신을 향한 구경꾼들의 응시, 조소 그리고 음담패설에 속수무책으로 노출되었을 것이다. 그리고 Cahill이 지적하듯이 가장 저열한 종류의 성희롱이 분명히 이 "여흥"의 일부였을 것이다. "애처롭게 몸서리치는 인간 벌레" 그리고 "우스운 이무기 형상의 돌"이라는 Cahill의 십자가에 못박힌 사람에 대한 묘사는 정곡을 찌른다. Cahill은 예수의 죽음에서 **유대인으로서** 그의 정체성에 관해 특히 통찰력 있는 논평을 한다. 그는 예수의 "할례 받은 우스꽝스럽고 작은 성기"가 할례 받지 않은 로마 군인들과 행인들에게 노출되어 조롱 받는, 예수의 수치가 지닌 유대교적 특징을 환기시킨다. Thomas Cahill, *Desire of the Everlasting Hills* (New York: Nan A. Talese, 1999), 107-8.

56 Claus Westermann은 사 40-66장 주석에서 이렇게 말한다. "우리가 시편에서 보듯이 고대 이스라엘에서 고난과 수치는 오늘날 우리가 이해할 수 없는 방식으로 항상 병행했고 분리될 수 없었다"(Westermann, *Isaiah 40-66* [Philadelphia: Westminster, 1977; 1st Ger. ed. 1966], 214).

고 자도록 강요됨으로써 자신의 몸을 위로하기 위해 인간이 보편적으로 사용하는, 몸을 쓰다듬거나 주무르거나 감싸 안는 단순한 동작이 불가능했다고 묘사했다.[57] 자신의 몸이 자신에게 적대적으로 작용하고, 십자가형의 경우 실제로 자신의 격렬한 고통과 질식의 도구가 되는 것은 특히 끔찍한 일이다.

이 모든 것을 말하기는 했지만 우리는 어느 정도 이것들을 모두 제쳐놓아야 한다. 신약성경 저자들이 십자가형의 세부 사항에 관해 침묵하는 이유를 우리가 다 알 수는 없지만, 주된 이유는 그들이 우리가 다른 것에 집중하기를 원했기 때문일 것이다.

거절과 유기

예수는 궁극적인 타자의 역할을 떠맡았다. 그는 자신이 인간보다 못한 쓰레기가 되도록 허락했다. 인간의 모든 악한 충동이 그에게 집중되었다.[58] 이제 어떤 의미에서 십자가형은 인간의 잔인성을 보여주는 많은 장면 중 하나의 야만적인 장면에 지나지 않음이 분명하다. 그러나 십자가형에는 그것을 다른 것과 차별화하는 한 가지 특징이 있다. 그리스도의

---

57 Alexandr I. Solzhenitsyn, *The Gulag Archipelago* (New York: Harper and Row, 1973), 184 각주 5.

58 Morna Hooker는 오싹하게 만드는 문장에서 누가가 베드로의 부인을 기술한 후 "우리는 예수를 향한 간수들의 조롱을 듣는다. 그리고 **이 조롱은 밤새 이어진다**"(*Not Ashamed*, 87, 강조는 덧붙인 것임)는 점을 우리에게 상기시킨다. 다음 날 해가 떠서 공개 처형으로 인한 죽음을 맞이할 때까지 칠흑 같은 어둠 속에서 몇 시간 동안 가학적인 만행을 겪은 우리 주님의 경험을 곰곰이 생각해보라. 복음서의 내용에서 알 수 있듯이, 예수가 채찍질 외에도 이례적으로 많은 개인적 관심을 받았다고 가정할 때, 그가 비교적 신속하게 사망했다는 것이 놀랄 일은 아니다.

십자가를 해석하는 궁극적인 기준이 "나의 하나님, 나의 하나님, 어찌하여 나를 버리셨나이까?"라는 "유기의 부르짖음"이라고 믿는 사람이 많다. [예수가 십자가 상에서 한 말 중] 한 명이 아닌 **두** 명의 복음서 저자가 전하는 **유일한 말**인 예수의 이 독특하고 끔찍한 말을 설명하지 않고서는 십자가 사건에 대한 정직한 해석은 존재할 수 없다.[59]

이 외침은 무언가를 드러내는 방식으로 그리고 예상치 못한 곳들에서 나타나 우리의 집단적 상상력을 사로잡는다. 영국의 학자이자 문학 평론가인 존 웨이트먼은 부조리에 대한 주제를 살피면서 이렇게 말한다. "구약성경, 그리스 문학과 라틴 문학, 그리고 자신을 어떤 종교의 신자로 생각했을지도 모르는 후세의 많은 저자들의 저술에는 부조리에 관한 직접적이거나 간접적인 표현이 존재한다. 우리는 심지어 '엘리 엘리 라마 사박다니'라는 외침이 잠시이기는 하지만 예수가 거의 부조리한 사람이라는 점을 증명한다고 주장할 수도 있다."[60]

이 말은 주목할 만한 진술인데, 이는 이 진술이 십자가의 **비종교성**에 예리한 초점을 맞추고 있고, 또 예수가 "기저귀의 악취에서 수의의 악취"로 이동하는 우리의 손상되고 참으로 터무니없는 인간 상태와 완전히 동일시한 것을 입증함에 있어서 이 유기의 부르짖음이 얼마나 중요한지를 보여주기 때문이다.[61] 예수는 이 순간에 십자가 위의 자신의 고통스러운 투쟁에서 무심하게 조롱하는 우주의 침묵과 친구가 되려는 인간의 시도,[62] 특히 **종교적 시도**의 모든 헛수고를 구현한다.

---

59 마태와 마가만 유기의 부르짖음을 기록한다. 나중에 언급하겠지만, 누가와 요한은 다른 말을 강조한다.

60 John Weightman, "The Outsider," *New York Review of Books*, January 15, 1998. 이 인용문의 출처는 Albert Camus의 수정주의 전기에 대한 에세이 리뷰다.

61 Robert Penn Warren, *All the King's Men*.

62 "이 무한한 우주의 영원한 침묵은 나를 겁나게 한다." Blaise Pascal, *Pensées* III, 206 (XIV,

바흐의 "마태 수난곡"(*St. Matthew Passion*)의 특징 중 하나는—이 특징은 명백히 바흐 자신의 발명품이다—음악적으로 눈길을 끌 뿐만 아니라 신학적으로도 매우 중요하다는 것이다. 야로슬라프 펠리칸은 그것을 이렇게 묘사한다.

[바흐는] 예수의 모든 말씀에 대응하는 다양한 화음을 연주하는 현악 사중주인 "후광"(halo)을 사용하는데, 사람들은 이 현악 사중주가 "광배(光背)처럼 그리스도의 말씀 주변을 떠다닌다"고 말한다[음악 사학자이자 바흐 전기 작가인 필립 스피타를 인용함].…바흐는 확실히 [그 당시 작곡가들 중에서] "후광"이라는 주제를 정지시키기에 가장 적절한 지점이 바로 유기의 부르짖음, 곧 '엘리 엘리 라마 사박다니'라는 것을 아는 유일한 사람이었다.…아버지의 영광은 십자가 위에 달린 고독한 인물로부터 물러난다.…**이제 그는 완전히 홀로 되었고 버림받는다.**[63]

201, 『팡세』, 두란노서원 역간).

[63] Pelikan, *Bach among the Theologians*, 79-80, 강조는 덧붙인 것임. 예수는 십자가 위에서 참으로 하나님께 버림받았는가? 누가는 하나님이 실제로 십자가 현장에 부재했다는 인상을 주지 않기 위해 유기의 외침을 생략했을 수도 있다. 이 점에 관해 Raymond E. Brown은 뛰어난 통찰을 제공한다. 그는 예수의 유기의 부르짖음에서 하나님이 그 자리에 현존하면서 정오의 어둠이라는 징후를 통해 "말씀하고" 계시는데, **"예수는 하나님의 이러한 방식의 말씀을 듣지 못하고"** 하나님의 침묵을 경험하고 있다고 제안한다(출처: 1994년 3월 8일 포덤 대학교에서 Brown 교수가 강의한 내용을 내가 기록한 메모, 강조는 덧붙인 것임). 나는 Clifton Black의 주석보다 더 나은 주석을 발견하지 못했다. "마태복음과 마가복음에 나타난 십자가형 기사의 종말론적 분위기는 하나님의 사랑하는 아들이 그날 오후 3시에 실제로 버림받지 않았음을 보여준다고 주장하며 서둘러 전능자를 변호하는 것은 내게는 미심쩍어 보인다.…*sub specie aeternitatis*, 즉 영원의 관점에서(Spinoza) 그것은 사실이다. 고통스러운 처형의 관점에서—복음서 저자들의 관점에서—**예수가 현존을 더 이상 인식할 수 없는 하나님께 궁극적으로 그리고 신실하게 기도했다**는 것도 그에 못지않게 사실이다"("The Persistence of the Wounds," in *Lament: Reclaiming Practices in Pulpit, Pew, and Public Square*, ed. Sally A. Brown and Patrick D. Miller [Louisville: Westminster John Knox, 2005], 51, 강조는 덧붙인 것임). 이 두 인용문은 예수 자신은 아버지가 자기에게서 물러났다고 인식했음을 암시한다.

갈라디아서 3:10-14 - 그리스도의 저주받은 죽음

이 장의 절정으로서, 우리는 갈라디아서 3장의 이례적인 구절로 돌아온다.[64] 이 구절은 4개의 구약성경 텍스트들을 언급하고 있기 때문에 이해하기가 다소 어렵다. 또한 이 구절에는 바울의 가장 까다로운 사고 양식도 포함되어 있다. J. 루이스 마틴의 갈라디아서 3:10-14 번역은 독자들이 줄거리를 따라가는 데 도움이 된다.

> 자신의 정체성이 **율법** 준수에서 나오는 사람은 저주의 권세 아래 있다. "누구든지 율법 책에 기록된 대로 모든 일을 항상 행하지 아니하는 자는 저주 아래에 있는 자다"[신 27:26]라고 기록되어 있기 때문이다. "**믿음**을 통해 바르게 된 사람은 살 것이다"[합 2:4]라는 사실로 미루어볼 때 확실히 어느 누구도 **율법**을 통해서는 하나님 앞에서 바르게 되지 못한다. 더욱이 **율법**은 믿음에 기원을 두지 않는다. 만약 **율법**이 믿음에서 유래한다면 성경은 다음과 같이 말하지 않을 것이다. "계명을 행하는 자는 그것을 통해서 살 것이다"[레 18:5].
> 그리스도는 우리 대신 저주가 되어서 율법의 저주에서 우리를 구속했다. "나무에 달린 자는 누구나 저주를 받은 자다"[신 21:23b]라고 기록되어 있기 때문이다. 그가 이렇게 한 것은 아브라함의 축복이 예수 그리스도 안에서 이방인들에게 미치게 하도록, 즉 우리가 믿음을 통해 약속된 성령을 받게 하기 위함이었다.[65]

---

64 겟세마네 장면은 유기의 부르짖음에 관한 논의와 관련이 있지만, 이 장면에 대한 주요 주석은 9장에서 다룰 것이다.

65 J. Louis Martyn 역, *Galatians*, Anchor Bible 33A (New York: Doubleday, 1997), 307, 강조는 덧붙인 것임. Martyn은 두 가지 이유 때문에 law를 대문자로 시작하는 "Law"로 표현한다. 그 단어의 첫 번째 의미는 기본적으로 토라(Torah)다. 바울에게 이 단어는 두 번째 의

이처럼 중요한 구절이 교회에서 자주 간과된다. 『개정표준성구집』(Revised Common Lectionary)에는 이 구절이 성금요일 관련 구절로도 언급되어 있지 않은데 이는 이해할 수 없는 일이다.[66] 이 구절은 바울의 기준을 통해서 보아도 복잡하지만, 그렇다고 해서 그것이 이 구절을 소홀히 하는 데 대한 충분한 이유는 아니다. 이 구절이 홀대 받는 이유는 아마도 이 구절의 메시지가 대중이 받아들이기에 너무 강렬하기 때문일 것이다. 바울은 언제나 교회에 강한 메시지를 전달하지만, 신약성경 저자들 중에서 우주를 뒤흔드는 메시아 사역의 보편성과 관련하여 가장 심오한 통찰력을 부여받은 사람은 바로 바울이다.[67]

바울의 주장을 가장 단순한 요소로 줄이면 우리는 다음과 같은 내용을 알게 된다.

- **모든 사람**은 하나님의 저주의 권세 아래서 산다. **율법**(또는 토라)이 율법의 요구를 이루지 못하는 자에게 저주를 선언하기 때문이다 (신 27:26).[68]
- **율법**을 통해 "바르게 되는 것"(*dikaiosis*, 전통적으로 "칭의"로 번역됨)[69] 은 불가능하다. 왜냐하면 **율법**이 믿음에서 유래하지 않기 때문이

미를 가진다. **율법**은 죄와 사망처럼 **권세** 중 하나가 되었다. 그것은 본래 **권세**였던 것이 아니라 (롬 7:11에 나타난 바와 같이) **죄**에 의해 무기로 바뀐 것이다.

66 평생 주류 교회의 성금요일 예배에 참석해온 나는 내가 성금요일 설교를 했을 때를 제외하고 갈라디아서의 이 구절이 설교 시 언급된 것을 한 번도 들어본 적이 없다.

67 갈 3:10-14은 10장에서 좀 더 자세히 다루어질 것이다.

68 "설령 누가 율법의 요구대로 살기를 원한다고 하더라도 그러한 삶이 불가능함을 입증하는 것은 다름 아닌 율법이다." Herman N. Ridderbos, *The Epistle of Paul to the Churches of Galatia* (Grand Rapids: Eerdmans, 1953), 125.

69 이 대조는 **율법**을 통한 의와 믿음을 통한 의 사이의 비교다. 참조. 롬 9:30-31; 10:5-6(또는 달리 말하자면 우리 자신의 의로움과 하나님으로부터 오는 의로움 사이의 비교다. 참조. 롬 10:3).

다. 믿음은 **율법**과 달리 생명을 줄 수 있다(레 18:5, 합 2:4).

- 따라서 하나님 자신이 바르게 하는 일을 해야만 한다. 그는 **율법**의 저주의 모든 힘을 십자가 위에서 짊어진 예수 그리스도를 통해 그렇게 했다(신 21:23).
- 이제 우리의 정체성은 **율법** 준수로부터 유래하는 것이 아니라 그리스도를 믿는 믿음을 통한 성령의 선물에서 유래한다.

여기서 우리의 논의에 중요한 점은 하나님이 죄 없는 아들의 위격 안에서—우리를 위해 그리고 우리를 대신해—자발적이고 의도적으로 자신을 가장 큰 저주의 상태에 빠뜨렸다는 바울의 선언(*kerygma*)이다. 기독교 메시지의 핵심에는 이처럼 마음을 으스러뜨리는 역설이 놓여 있다.

사복음서 중 갈라디아서 3:10-14과 가장 밀접한 관계가 있는 대목은 유기의 부르짖음이다. 이 결정적인 대목에서 성금요일 설교 전통이 갈라진다. 몇몇 복음주의 진영에서는 유기의 부르짖음을 갈라디아서 3:13("우리를 위하여 저주를 받은 바 되사")과 연결하는 것이 일반적인 관례지만, 다른 많은 설교자들은 여전히 이 연결을 알아차리지 못한 채 예수의 '엘리 엘리 라마 사박다니'라는 발언과 씨름한다. 이 발언에는 확실히 오해의 여지가 많다. 때때로 자기 아들을 저주 받고 버려지도록 허용하는 아버지는 틀림 없이 괴물일 것이라는 반론이 제기된다. 그러나 여기서 삼위일체적 사고가 필수적이다. 성자와 성부는 성령의 힘을 통해 협력해서 이 일을 한다. 성자가 인간과 **죄**에 대한 하나님의 저주 사이를 중재하는 일은 삼위가 함께 수행하는 프로젝트다. 저주의 선고가 우리를 대신해서 그리고 우리를 위해서 예수에게 내려지는데, 이는 두 번째 위격인

예수의 **자발적인 작정에 의한** 것이다.[70]

고린도후서에 이와 밀접히 연관된 놀라운 구절이 있는데, 그 구절은 다음과 같이 시작한다. "**모든 것이 하나님께로서 났으며** 그가 **그리스도로 말미암아** 우리를 자기와 화목하게 하시고." 이 구절은 성부가 **성자의 뜻에 반해서** 행동하는 것이 아니라 성부와 동일한 뜻을 갖고 있는 **성자를 통해서 그리고 성자 안에서** 행동하고 있다는 불가결한 확언을 단단히 못박아 둔다. **하나님 안에서** 놀라운 거래가 일어나고 있다.[71] 이 구절은 구문론적으로 복잡하지만 신학적으로 너무도 놀라운 바울의 또 다른 문장으로 끝난다. "하나님이 죄를 알지도 못하신 이[그리스도]를 우리를 대신하여 죄로 삼으신 것은 우리로 하여금 그 안에서 하나님의 의[*dikaiosyne*]가 되게 하려 하심이라(고후 5:18, 21).

누구도 "하나님이 그를 죄로 삼으셨다"는 표현이 정확히 무슨 뜻인지 이해하지 못한다. 하나님의 아들이 어떻게 죄가 될 수 있는가? 바울은 **죄**를 악행의 축적으로 이해하는 것이 아니라 온 인류를 장악하고 있는 죽음의 **권세**로 이해하기 때문에 이 표현은 마치 예수가 **죄**의 무서운 **권세**에 압도되거나 동화된 것으로 보이거나 **죄**에 의해 큰 곤경에 처해 있는 것으로—즉 멸절시키려는 **죄**의 의도에 상응하는 방식으로 그것에 간

---

70 *Opera trinitatis ad extra indivisa sunt*—"삼위일체의 행위는 나뉠 수 없다." Christopher Morse가 Augustine, *On the Trinity* 1.5에서 인용한 말. Morse, *Not Every Spirit: A Dogmatics of Christian Disbelief* (New York: Trinity, 1994), 207을 보라.

71 "성자, 성부, 성령의 삼위일체 관계는 그들의 모든 행위, 특히 화해와 속죄의 행위에 적용된다. 이 화해와 속죄의 행위에 의해서 성자를 통해 그리고 성령 안에서 하나님께 나오는 모든 자는 죄와 사망과 심판으로부터 구속되고 구원을 받는다. 따라서 성삼위일체에 대한 믿음은 단순히 하나님의 내적 생명과 내적 존재에 관한 우리의 지식뿐만 아니라 구원의 복음의 본질과도 관련이 있다.…실로 하나님이 자신을 우리에게 아버지, 아들, 성령으로 3중으로 주는 것이 바로 우리의 구원이다." T. F. Torrance, *The Mediation of Christ*, rev. ed. (Colorado Springs: Helmers and Howard, 1992; orig. 1983), 126.

혀 있는 것으로ㅡ들린다. 바울은 예수의 죄 **없음**("죄를 알지도 못하신 이")
을 "하나님이 이를 죄로 삼으셨다"와 대조하면서 진술되고 있는 내용의
충격을 고조시키기 위해 "그는 죄를 알지도 못한다", "그는 죄가 되었다"
라는 두 표현을 가능한 한 최대로 가까이 위치시킨다. 바울이 "예수가 결
코 죄를 지은 적이 없다"거나 "예수가 죄를 범하지 않았다"고 말하지 않
는다는 점을 주목하라. 이는 바울에게는 **죄**란 사람이 범하는 무언가가 아
니라 사람이 속수무책으로 잡혀 있는 **권세**를 의미하기 때문이다. 여기서
갈라디아서와의 연결은 매우 복잡하며, 우리가 로마서 7:5-25도 고려하
지 않으면 이를 완전히 이해할 수 없다. 이 구절에서 바울은 **죄**와 **율법**이
제 3의 동업자인 **사망**과 관련해서 공모하고 있음을 보여준다. "**죄**가 기회
를 타서 계명[토라 또는 **율법**]으로 말미암아 내 속에서 온갖 탐심을 이루
었나니 이는 율법이 없으면 죄가 죽은 것임이라. [그러나]…죄가 기회를
타서 계명으로 말미암아 나를 속이고 그것으로 나를 죽였는지라."[72] 사도
바울은 여기서 **죄**를 의인화하는데, 이는 죄가 이제껏 흔히 가르쳐진 것처
럼 단순히 "과녁을 빗맞히는 것"을 의미하지 않고 인간에게 적대적인 능
동적 **권세**이기 때문이다.[73] 로마서 7:11에서 바울은 **죄**가 **율법**을 인간에게
사망을 가하는 도구로 사용하는ㅡ마치 **죄**가 **율법**을 치명적인 곤봉으로
사용하고 있는 것처럼ㅡ것으로 묘사한다. 그리고 실제로 이것이 어느 정
도 바울이 말하고 있는 내용이다.

리처드 A. 노리스는 **율법**의 역할을 다음과 같이 더 자세히 설명한다.

---

72 토라가 죄의 대리인이 될 수 있다는 생각은 유대인들에게 매우 불쾌하고 충격적일 것이
    다. 이 생각이 바로 기독교와 유대교가 헤어지게 된 한 가지 이유다.
73 하마르티아(*Hamartia*)는 "과녁에서 빗나가는 것"을 의미하지만, 성서신학을 어원에 고정
    시키는 것은 심각한 제한이다. 성경의 단어들은 광범위한 의미를 갖고 있어서 기본적인
    정의를 통해서는 그 의미를 파악할 수 없다.

"**죽음**이란 결국 '내가 전하라고 명령하지 아니한 말을 제 마음대로 내 이름으로 전하든지 다른 신들의 이름으로 말하는 그 선지자'에게 내려지는 모세 율법에 정해진 형벌이었다(신 18:20). 예수는 확실히 그런 경우에 해당했다. 따라서 그는 자동으로 저주받은 자로 취급받았다.…성경은 '나무에 달린 자는 하나님께 저주를 받았음이니라'고 기록하고 있기 때문이다(신 21:23)."[74]

바울은 신명기 21:23을 인용하면서 그답게 대담한 해석을 취한다. 의미심장하게도 그는 "하나님께"라는 표현을 생략한다.[75] 바울에게는 하나님이 아니라 율법의 저주가 예수를 정죄했기 때문이다.[76] 바울은 예수

---

74 Richard A. Norris, *Understanding the Faith of the Church* (New York: Seabury Press, 1979), 133-4.

75 Martin이 *Galatians*에서 주장하듯이, "저주"는 정확하게는 하나님의 저주가 아니라 **율법**의 저주다. 이는 몇몇 문제를 해결하지만 다른 문제들을 제기한다. 주해상으로 갈라디아서의 맥락에서는 확실히 **율법**의 저주를 의미한다. 특히 이러한 이해는 **율법** 대비 복음의 (연대기적, 신학적) 우선성, 저주 대비 축복의 우선성, 정죄 대비 자비의 우선성을 보장하는 큰 장점이 있다. 바울은 확실히 갈라디아서에서 하나님과 **율법** 간의 거리를 최대한 멀리 떨어뜨려 놓는다. (Martinus C. de Boer는 *Galatians: A Commentary* [Louisville: Westminster John Knox, 2011], 213에서 이 점을 강조한다.) 갈라디아서가 없다면 우리는 복음이 참으로 얼마나 급진적인지 알지 못할 것이다. 다른 한편으로 비록 하나님이 **율법**의 저주를 **직접** 내리는 존재는 아닐지라도 하나님은 그것과 관련하여 일어나는 모든 것에 대한 책임에서 벗어날 수 없다. 우리는 이 관계에서 하나님을 완전히 빼버릴 수 없다. "저주"와 "유기의 부르짖음" 간의 관계는 주해적으로 입증될 수 없다. 그것은 설교자들의 직감에서 우러나오는 신학적, 설교학적, 시적 도약이다(그리고 바울은 무엇보다 설교자였다).

제2차 세계대전이 끝나고 뉘른베르크 재판이 시작되자 E. B. White는 「뉴요커」(*New Yorker*)에 어떤 글을 기고했는데, 그 글은 **율법** 아래서의 그리스도의 죽음과 놀라울 정도로 적실성이 있었다. "소위 군사 재판인 이러한 재판들은…우리가 지금 갖고 있는 정의의 예로서가 아니라 **언젠가 존재할 수도 있는 정의에 대한 미리보기**로 제시된다면 선례로서 매우 가치가 있을 것이다.…그 누구도, 심지어 승자라도 어떤 사람이 나무에 매달릴 때 **그 사람이 자신을 교수형에 처한 법을 제정하는 데 도움을 주지 않았다면** 그것이 정의의 실현이 아님을 잊지 말아야 한다(Max Frankel, "The War and the Law," *New York Times Magazine*, May 7, 1995에서 인용됨, 강조는 덧붙인 것임).

76 칼뱅의 말처럼, 성자 예수가 **율법** 아래 태어나고, **율법**에 의해 정죄를 받아 **율법**의 저주 아래 십자가에 처형됨으로써 우리를 **율법**의 저주에서 구속한 것은 "요구를 조금도 감해주지

가 죽음을 통해 자신을 원수—**죄**, 죄의 협력자인 **율법**, 죄의 삯인 **사망**—에게 내주었다고 선언한다(롬 6:23; 7:8-11). 이것이 예수의 전쟁이었다. 이것이 바로 예수가 십자가에 못박힌 가장 중요한 이유 중 하나, 어쩌면 가장 중요한 이유였을 것이다. **다른 어떤 처형 방식도 죄 아래에 있는 인간의 극한 상태에 상응하지 않았을 것이기 때문이다.**

로마의 엄한 심판 아래에 있던 예수의 상황은 **죄** 아래에 있던 우리의 상황과 유사했다. 그는 정죄 받았고, 의지할 곳이 없어졌고, 무력해졌으며, 그의 인간성을 박탈 당했다. 그는 짐승의 지위로 격하되었고(*damnatio ad bestias*), 살아 있을 가치가 없으며 노예에게 적절한 죽음을 당하기에 합당한 존재로 선언되었다. 바울에 의하면 우리가 노예가 아니라면 무엇이었겠는가? 여기서 핵심 구절은 로마서 6:16-18이다. "너희 자신을 종으로 내어주어 누구에게 순종하든지 그 순종함을 받는 자의 종이 되는 줄을 너희가 알지 못하느냐? 혹은 죄의 종으로 사망에 이르고 혹은 순종의 종으로 의에 이르느니라. 하나님께 감사하리로다. 너희가…죄로부터 해방되어 의에게 종이 되었느니라."[77] 이것이 십자가에서 발생한 일이다. 하나님의 아들이 자신을 내어주어 **죄**의 종이 되었고, **율법**의 정죄를 받았으며, **사망**의 지배를 받게 되었다.

않는 완고하고 엄격한 부과"에 의한 것이었다. "사도 바울의 선언처럼, '그리스도께서 우리를 위하여 저주를 받은 바 되사 율법의 저주에서 우리를 속량하셨다'"(갈 3:13). Calvin, *Institutes of the Christian Religion*, ed. John T. McNeill, trans. Ford Lewis Battles, Library of Christian Classics (Philadelphia: Westminster, 1960), 2.7.15과 2.16.6.

77 중요한 관련 구절인 요 8:31-36도 보라: "그러므로 예수께서 자기를 믿은 유대인들에게 이르시되 '너희가 내 말에 거하면 참으로 내 제자가 되고 진리를 알지니 진리가 너희를 자유롭게 하리라.' 그들이 대답하되 '우리가 아브라함의 자손이라. 남의 종이 된 적이 없거늘 어찌하여 우리가 자유롭게 되리라 하느냐?' 예수께서 대답하시되 '진실로 진실로 너희에게 이르노니 죄를 범하는 자마다 죄의 종이라. 종은 영원히 집에 거하지 못하되 아들은 영원히 거하나니 그러므로 아들이 너희를 자유롭게 하면 너희가 참으로 자유로우리라.'"

이 구절들을 연결하면 우리는 예수가 하나님과 비종교성(Godlessness)을 맞바꿨음을 알 수 있다. 그는 하나님의 본체였지만 종의 형체를 취했다(빌 2:7). 그는 무죄함을 포함한 모든 특권을 비웠다. 그는 십자가에서 문자적으로 종의 형체를 취했는데 우리는 이에 관해 좀 더 설명해야 한다. 예수가 **문자적으로** 겪은 종의 죽음은 만군의 주가 원수의 군대와 전쟁을 벌이는 **종말론적 전장**에서 완전히 다른 의미를 지닌다. 우리가 9장에서 살펴보는 바와 같이 이 전장에서 그리스도는 승자다. 비록 지금은 이 승리가 믿음의 눈을 갖지 않은 모든 자에게는 숨겨져 있지만 말이다. 우리가 보는 십자가 사건의 내용은 종의 죽음을 맞이하는 예수가 "죄가 되었다"는 것이다. 이 말은 예수가 자신의 원수가 되었다는 것을 의미하는가? 그것은 그렇게 보일 것이다.[78] 십자가에서 자신의 육체가 자신을 대적하여 자신을 질식시켜 죽게 했던 것처럼, 그의 인성이 **율법**의 저주, 즉 인간에게 죽음을 가하는 형벌을 흡수했다(롬 7:11).[79] 자신을 "죄가 되게" 함으로써 그는 극한 상태—에베소서는 이를 다음과 같이 완벽하게 묘사한다. "그때에 너희는…이스라엘 나라 밖의 사람이라. 약속의 언약들에 대하여는 외인이요 세상에서 소망이 없고 하나님도 없는 자이더니"(엡 2:12)—의 우리와 동맹을 맺었다. 그래서 그가 우리의 절망적인 상

---

78 나의 독자들이 이 주장이 논리적으로 이치에 맞지 않는다고 항의한다면, 나는 아마도 그 말이 옳을 것이라고 인정해야 할 것이다. 이 이미지가 항상 조화를 이루는 것은 아니다. 예수가 어떻게 십자가 위에서 **죄의 노예**이면서 동시에 **죄가 될** 수 있겠는가? 그러나 요한복음에서 예수는 몇 개의 절 안에서 자신을 "양[우리]의 문"이자 "선한 목자"로 묘사한다. 그가 어떻게 목자이면서 동시에 문일 수 있는가? 질서 및 논리를 바라는 우리의 소망이 반드시 성경 텍스트의 광범위한 성격에 도움이 되는 것은 아니다.

79 그러나 어느 가톨릭 학자의 좋은 지적을 주목하라. "우리를 위해 죽은 바로 그 행동에서 하나님의 아들인 예수를 저주할 수 있는 율법은 절대적일 수 없다. 사실 율법은 예수를 저주함으로써 자신의 몰락을 자초했다"(Peter F. Ellis, *Seven Pauline Letters* [Collegeville, Minn.: Liturgical Press, 1982]).

태로 들어왔다. 그가 십자가에서 "나의 아버지, 나의 아버지, 어찌하여 나를 버리셨나이까?"라고 외친 것은 전혀 놀랄 일이 아니었다.[80] 여기서 중요한 것은 하나님이 그의 아들의 위격 안에서 우리를 위해 자발적으로 그리고 의도적으로 자신을 가장 큰 저주와 비종교성 안으로 밀어 넣었다는, 갈라디아서 3:13에 언급된 바울의 놀라운 선언(kerygma)이다.[81]

---

80 몇몇은 유기의 부르짖음이 결코 절망의 외침이 아니라 승리로 끝나는 시편의 첫 구절이라고 말한다. 칼뱅은 주님의 이 외침에 대한 주석에서 다음과 같이 아름답게 균형잡힌 해석을 제시한다. "그는 하나님을 자신의 하나님으로 받아들이고, 이로써 믿음의 방패를 갖고서 다른 쪽에서 그를 향해서 쏘아대고 있는 유기를 용감하게 물리친다"(Harmony of the Gospels, 마 27:46에 관한 주석). 이와 비슷하게 Martin은 다음과 같이 기록한다. "예수는 십자가에 못박힌 자로서 율법의 저주 아래 섰다. 그러나 이제 바울은 [갈 3:13에서] 그 사건에서 하나님이 율법의 저주하는 음성의 편이 아닌 그리스도의 편에 서 계셨음을 본다"(Galatians, 320).
    하나님이 실제로 예수를 버렸는지 여부에 관해 신학자들 사이에 상당한 불일치가 존재한다. Moltmann은 하나님이 하나님을 버렸다고 말한다. 비록 삼위일체의 분리나 하나님이 자신의 본성을 부정한다는 암시를 피하기 위해 그가 많은 노력을 기울이고 있지만 말이다. Barth는 "하나님에 맞서는 하나님"을 강력히 반대하면서 하나님이 자신의 본성을 부정할 수 없다고 주장한다. 그러나 그는 예수가 하나님의 본성 안에서 자신의 특권을 포기했다고 확언한다(Church Dogmatics IV/1 [Edinburgh: T. & T. Clark, 1956], 184-85, 『교회교의학 4/1』, 대한기독교서회 역간). Moltmann의 주장은 교묘하며 명백한 함정을 피하려 한다. 십자가에 관한 이 두 명의 주요 신학자들은 하나님이 예수를 버린 사건에 **하나님이 관여했다**고 말하고 싶어한다.

81 몇몇 독자들은 누가복음에 수록된 예수의 십자가 상의 발언이 평온한 것과 대조하면서 유기의 부르짖음을 강조하는 데 반대할 수도 있다. (그 자체로 하나의 범주에 속하는 네 번째 복음서는 다른 맥락에서 논의될 것이다.) 본서에서 유기의 부르짖음을 강조하는 설득력 있는 이유 중 하나는 우리가 다른 형태의 죽음이 아닌 **십자가형**에 대해 탐구하고 있다는 것이다. 유기의 부르짖음을 의도적으로 생략한 누가는 이 특정 이슈와 관련하여 마가, 마태, 바울, 심지어 히브리서보다도 우리에게 알려주는 바가 없다. 그는 예수가 아버지를 향한 신실한 복종 가운데 자신의 운명을 맞이하는 것으로 제시하기를 원하기 때문이다("아버지, 내 영혼을 아버지 손에 부탁하나이다"—눅 23:46).
    우리가 Paul Lehmann의 통찰을 따르면 가장 확실하게 길을 찾을 것이다. 자신의 외아들 피터가 비극적으로 죽은 뒤 Lehmann은 언제나 그랬듯이—그러나 이제 더 큰 영혼의 고뇌를 안고서—가장 심원한 문제들과 계속해서 공개적으로 씨름했다. 커다란 상실을 겪은 뒤 어떻게 인도를 구하느냐는 질문에 그는 이렇게 말했다. "그것은 '나의 하나님, 나의 하나님, 어찌하여 나를 버리셨나이까?'(마가복음/마태복음에 수록된 말씀)와 '아버지, 내 영혼을 아버지 손에 부탁하나이다'(눅 23:46) 간의 긴장에서 발견됩니다."

비종교성의 의의

이 장의 목적은 하나님의 목적이 메시아가 죽었다는 **사실**을 통해서뿐만 아니라 그가 죽은 **방식**을 통해서도 드러난다는 점을 보여주는 것이었다. 우리는 일종의 처형 수단인 십자가형에 부착되는 수치와 부도덕의 깊이에 대해 말하고자 했고, 초기 그리스도인들이 십자가에 못박힌 메시아를 세상에 선포하기 위해서는 얼마나 큰 대담함과 용기가 필요했는지 설명하려 했다. 왜냐하면 당시에 십자가에 못박힌 메시아는 지금과 마찬가지로 받아들일 수 없는 메시지였기 때문이다. 마르틴 헹엘은 "새로운 종교적 가르침에 대한, 끊임없이 변하는 혐오의 형태"에 관한 연구를 묘사한다. 그는 유복하게 태어나 고등 교육을 받은 바울과 같은 사람이 왜 부득이 "나는 복음을 부끄러워하지 않는다"라고 말해야 했는지를 보여준다.

> 바울이 "십자가의 도"라고 언급한 기독교 메시지의 핵심은 로마의 정치적 사고뿐 아니라 고대 종교의 모든 기풍과 특히 교육받은 사람들의 하나님 개념에도 반했다.…유일한 참 하나님의 선재하는 외아들, 곧 창조의 중재자이자 세상의 구속자가 최근에 외딴 갈릴리의 보잘 것 없는 유대인 가정에 태어났고 설상가상으로 십자가에서 보편적인 범죄자의 죽음을 맞이했다는 것을 믿는다면, 그것은 미쳤다는 표시로 간주될 수 있었다. 그리스나 로마의 진짜 신들은 그들이 **불멸**의 존재라는 사실로 인해 인간과 구별될 수 있었다. 그들은 수치의 표시인 십자가와 전혀 관계가 없었다.[82]

우리는 교회가 십자가를 보지 못할 때 어떤 일이 발생하는지를 보여주기

---

82 Hengel, *Crucifixion*, 5.

위해 바울이 고린도에 보낸 서신들에 수록된 구절들을 살펴보았다. "십자가의 도"에 대한 바울의 주장은 지금과 마찬가지로 기분을 상하게 했다. "고린도" 교회는 자축하며 그들의 영적 성취를 확신하고 있었기 때문이다. 반면에 그리스도의 십자가는 그리스도의 사악한 죽음을 통해 모든 구별을 철폐하는 하나님을 드러낸다.[83]

십자가형은 "극도로 역겨운" 처형 방식으로서 지금 우리가 상상할 수 있는 모든 것보다 더 심한 것이었다. 그러나 우리가 성령의 인도하에서 십자가형을 숙고하면, 가장 추악한 십자가 위의 죽음(*mors turpissima crucis*)을 통한 모든 인간을 향한 하나님의 상상할 수 없는 사랑에 더 가까이 다가가는 데 도움이 될 수 있다. 십자가는 종교적인 사람("유대인")이건 세속적인 사람("그리스인")이건 **모든 사람**에게 똑같이 불쾌하다. 십자가가 많은 사람에게 그토록 위협적인 이유는 그것이 내부인과 외부인의 구분을 급진적으로 약화시키기 때문이다. 예수의 죽음의 불경건성에 의해 인간의 모든 업적, 특히 종교적 업적에 의문이 제기된다. 만약 삼위 하나님이 아들의 저주 받은 죽음을 통해 경건한 자들의 공동체 **밖에** 있는 우리에게 가장 잘 드러난다면, 이는 우리가 일반적으로 종교라고 부르는 것에 대한 완전한 재고를 의미한다. 십자가가 여러 측면에서 우리에게 이의를 제기하기 때문에 우리는 이에 관한 논의를 계속하면서, 그리고 3장의 논의를 예견하면서 "고린도 교회"에 대해서뿐만 아니라 "갈라디아 교회"에 대해서도 말할 수 있다.

---

83 고린도 교회 교인들은 자신들의 (소위) **영적** 성취를 자축했고, 반율법적인 경향이 있었다. 우리가 앞으로 보겠지만 갈라디아 교회는 그들과 반대로 새로운 율법주의로 이끌렸다.

3장

정의 문제

오, 악인이여! 그대는 정죄되어 영원히 구속받았도다.

셰익스피어,『헛소동』(*Much Ado about Nothing*)

✝

그리스도가 왜 십자가형을 받아야 했는가? 그것이 우리가 묻는 질문이다. 왜 삼위일체 하나님이 피조물인 인간에 대한 자신의 사랑을 입증하기 위해 이토록 끔찍한 형태의 죽음을 선택했는가? 다른 방식의 죽음으로는 그럴 수 없었는가?

이 장에서 우리는 위의 인용구를 통해 암시된 정의와 공의[의로움] 사이의 관계를 조사할 것이다. 셰익스피어의 극에서 경관 도그베리의 무식한 말실수는 웃음을 자아내기 위한 것이지만, 사실 그의 실언은 정곡을 찌른다.[1] 예수의 **저주**는 세상의 **구원**을 의미하고, 더 나아가 자기 백성의 죄에 대한 하나님의 저주는 자신의 구속 목적의 일부다. 이사야는 이 점을 명확히 말한다. "넘치는 공의로 파멸이 작정되었음이라"(사 10:22). 그리스도의 십자가는 우리가 심판(정죄, 파멸)과 하나님의 공의(심판과 구원 **모두**로 경험되는) 간의 관계를 가장 명확하게 보는 장소다. 하나님의 공의에 해당하는 그리스어 단어는 "**디카이오쉬네**"(*dikaiosyne*)인데 이

---

1 오늘날 셰익스피어가 그리스도인이었고 기독교적인 많은 주제를 자신의 극에 도입했다고 믿는 사람은 이전보다 적다. 그럼에도 불구하고 나는 극작가가 이 농담의 근본적인 의미를 매우 진지하게 다루고 있으며, 그가 "저주"와 "구원"이라는 이 두 단어를 나란히 둔 것을 통해 무엇이 암시되는지를 정확히 알고 있다고 생각한다.

단어는 "정의"로도 번역된다. 따라서 우리는 정의 문제에 한 장을 할애한다.

불공정(injustice)이 의미하는 바의 깊이를 재보지 않는다면 우리는 예수를 처형하기 위해 사용된 **방법**과 그의 죽음의 **의미** 사이의 중요한 관계를 파악할 수 없다. 불공정은 이런 책을 읽을 시간과 의향을 지닌 지배계층에게 위협적인 주제이기 때문에 여기에 상당한 모순이 존재한다. 불의를 가장 많이 겪는 사람들은 교육 수준이 낮고, 가난하며, 눈에 띠지 않는 사람들이다. 정의는 법률 및 법관들과 관련이 있다. 불의를 겪을 가능성이 가장 큰 사람들은 유능한 변호사를 고용할 경제적 여유가 없거나 심지어 아는 변호사가 한 명도 없는 반면에 변호사들과 법관들은 책을 살 수 있는 돈이 있는 사람들이다. 달리 말하자면 이 장에서 제기되는 이 문제들로 인해 영향을 받을 가능성이 가장 큰 사람들은 그 문제들에 관해 독서를 할 가능성이 가장 낮은 사람들이다. 이 점은 특권층 독자들에게 부담을 가중시키겠지만 이러한 도전은 "자기 십자가를 지고 나를 따르지 않는 자는 내게 합당하지 않다"는 예수의 가르침(마 10:38)과 무관치 않다. 다른 이의 곤경을 이해하고자 하는 노력은 그리스도인이라는 사실이 의미하는 바의 핵심적인 특징이다.

구약성경에 나타난 정의

라디오 방송의 한 설교자가 신약성경은 예수가 어떤 생각을 했는지에 대해 거의 알려주지 않는다고 말했다. 그러고 나서 그는 이렇게 말했다.

"예수가 어떤 생각을 했는지 알고 싶다면 구약성경을 읽으세요."[2] 이 예는 모든 성서학자들이 알고 있지만 거의 언급하지 않는 것을 매우 간단히 진술하는 방식이다. 우리는 소위 구약성경이 예수, 바울 그리고 최초의 그리스도인들이 갖고 있던 유일한 성경임을 잊는 경향이 있다. 그럴 뿐만 아니라 그들은 오늘날 우리가 거의 상상할 수 없는 방식으로 토라, 예언서 그리고 시편을 외우고 있었다. 우리가 예수에 관해 알지 못하는 것들이 많지만 우리는 그의 생각과 마음이 성경과 친밀하고도 지속적인 상호작용을 통해 형성되었다는 점만큼은 확신할 수 있다.[3] 우리가 "그리스도의 마음"을 품으려면(고전 2:16) 구약성경을 알아야 한다.

교회에 출석하는 평범한 미국인에게 하나님에 관해 설명해보라고 요청하면 그(녀)는 거의 확실히 하나님을 "자애롭다"(loving)고 묘사할 것이다. 하나님은 일반적으로 동정심이 많고, 자비롭고, 모든 사람을 환영하고 수용하고 포용하는 분으로 묘사된다. 미국인 중 하나님이 정의롭다고 말하는 백인은 별로 없을 것이다. 그러나 하나님을 정의롭거나 공의로운(히브리어와 그리스어 모두 정의와 공의에 대해 동일한 단어를 사용한다) 분으로 밝히는 내용이 구약성경 예언 문학의 상당 부분을 차지하기 때문에, 고대 이스라엘은 정의를 믿음의 중추로 여겼을 것이다. "정의"라는 단어가 특별히 사용되지 않을 때에도 이 개념은 뚜렷이 존재한다. 토라의 많은 부분이 이 개념으로 가득 차 있다. 다소 평범한 예를 들자면 신명기에서 하나님은 모세에게 이렇게 말한다.

너희가 이 산을 두루 다닌 지 오래니 돌이켜 북으로 나아가라. 너는 또 백성

---

2   유감스럽게도 나는 이 설교자의 이름을 기억하지 못한다.
3   예수가 성경에 완전히 몰입한 것을 오늘날의 젊은이들이 전자 매체에 지속적으로 접속하는 것과 비교하더라도 그것이 지나친 처사는 아니다.

198   1부 십자가형

에게 명령하여 이르기를 "너희는 세일에 거주하는 너희 동족 에서의 자손이 사는 지역으로 지날진대 그들이 너희를 두려워하리니 너희는 스스로 깊이 삼가고 그들과 다투지 말라. 그들의 땅은 한 발자국도 너희에게 주지 아니하리니 이는 내가 세일 산을 에서에게 기업으로 주었음이라. 너희는 돈으로 그들에게서 양식을 사서 먹고 돈으로 그들에게서 물을 사서 마시라"(신 2:3-6).

하나님의 정의의 웅장한 규모에 비추어볼 때 이 구절은 별로 언급할 가치도 없는 매우 작은 예이지만, 이 예는 이처럼 작은 세부사항에서도 하나님이 어떻게 "경건하고" "선택된" 이스라엘(야곱)의 자녀들**뿐만 아니라** "불경건하고" "거절된" 에서의 자녀들의 이익까지 돌보고 있는지를 보여준다.[4]

(이사야가 즐겨 사용하는 표현인) "이스라엘의 거룩한 자"는 구약성경에서 지속적으로 정의의 하나님으로 묘사된다. "정당한", "공정한", "거룩한"이라는 단어는 사실상 하나님의 이름과 동의어다.

> 오직 만군의 여호와는 정의로우시므로 높임을 받으시며 거룩하신 하나님은 공의로우시므로 '거룩하다' 일컬음을 받으시리니(사 5:16).

정의가 시행되는 곳마다 하나님 자신이 임재한다. "여호사밧이…온 나라의 견고한 성읍에 재판관을 세우되…재판관들에게 이르되 '너희가 재판하는 것이 사람을 위하여 할 것인지 여호와를 위하여 할 것인지를 잘 살

---

4   기록된 바 "내가 야곱은 사랑하고 에서는 미워하였다"(롬 9:13). 이는 사도 바울의 서신에서 강력한 주제가 될 것이다. 우리는 본서의 마지막 장에서 야곱과 에서를 다시 살필 것이다.

피라. **너희가 재판할 때에 여호와께서 너희와 함께 하심이니라.** 그런즉 너희는 여호와를 두려워하는 마음으로 삼가 행하라. 우리의 하나님 여호와께서는 불의함도 없으시고 치우침도 없으시고 뇌물을 받는 일도 없으시니라' 하니라"(대하 19:4-7).

하나님의 정의의 내용은 무엇인가? 이사야 1:11-17의 한 구절은 기원전 8세기 예언서들의 다른 여러 구절을 대표하며 문제들을 명확히 진술한다.[5] 자신의 예언자를 통해 말씀하시는 야웨는 매우 강한 용어로 이스라엘 백성의 종교의식이 외관상 꼼꼼하고 호화스러울지라도 자신이 더 이상 그것을 기뻐하지 않는다고 선언한다.

> 여호와께서 말씀하시되 "너희의 무수한 제물이 내게 무엇이 유익하뇨? 나는…번제…에 배불렀고…헛된 제물을 다시 가져오지 말라. 분향은 내가 가증히 여기는 바요…성회와 아울러 악을 행하는 것을 내가 견디지 못하겠노라"(사 1:11-13).

오늘날의 공동체들에서 교회에 출석하는 선량한 중산층은 살인자가 아니고 직접적으로나 문자적으로나 자신의 손에 피를 묻히지 않았지만, 그럼에도 불구하고 그들을 향한 고발은 가차 없으며 회개와 개혁의 요구는 분명하다.

너희는 스스로 씻으며 스스로 깨끗하게 하여 내 목전에서 너희 악한 행실을

---

5   일반적으로 이사야서를 크게 기원전 8세기의 예언자 이사야가 기록한 부분과 기원전 5세기의 포로였던 무명의 예언자가 기록한 부분(이사야 40-55장)으로 나눌 수 있음이 논박할 수 없는 것으로 여겨진다. (몇몇이 "제3이사야"로 부르는, 포로기 후에 기록된 자료도 존재한다.) 본 연구에서는 이사야서 전체를 하나로 간주할 것이다.

버리며 행악을 그치고 선행을 배우며 정의를 구하며 학대받는 자를 도와주며 고아를 위하여 신원하며 과부를 위하여 변호하라(사 1:16-17).

하나님의 정의는 모호하거나 확실한 형태가 없는 것이 아니다. 그것은 일반적이거나 막연하지 않다. 하나님의 정의는 구체적이고 개별적이며, 하나님이 인간의 물질적 필요의 세심한 부분에 관심을 기울이고 있음을 보여준다. 오늘날 경제 거래에 적용될 수 있는 아래의 예들을 보라.

너는 가난한 자의 송사라고 정의를 굽게 하지 말며(출 23:6).

너는…과부의 옷을 전당 잡지 말라(신 24:17).

주 여호와께서 이같이 말씀하셨느니라. "이스라엘의 통치자들아,…내 백성에게 속여 빼앗는 것을 그칠지니라"(겔 45:9).

하나님은 "정의의 왜곡"을 미워한다. 자신을 방어할 수 없는 사람들을 위한 정의는 하나님 자신의 일이다. 그것은 하나님이 어떤 존재인지에 관해 증언한다. "너희의 하나님 여호와는 신 가운데 신이시며 주 가운데 주시요…사람을 외모로 보지 아니하시며 뇌물을 받지 아니하시고 고아와 과부를 위하여 정의를 행하시며 나그네를 사랑하여 그에게 떡과 옷을 주시나니, 너희는 나그네를 사랑하라. 전에 너희도 애굽 땅에서 나그네 되었음이니라"(신 10:17-19).

이 마지막 절에는 핵심 아이디어가 담겨 있다. 이스라엘 공동체가 그 사회의 가장 연약한 구성원과 심지어 구성원이 아닌 자에게도 제공하는 돌봄은 이스라엘 백성이 종이 되었을 때 하나님이 그들에게 제공한

돌봄을 반영해야 한다. 그 공동체의 활동은 일반 원칙에 따라 수행되는 것이 아니라 자기들을 향한 하나님의 정의롭고 자비로운 조치에 대한 생생한 기억에서 유래한다("내 조상은 방랑하는 아람 사람으로서" 신 26:5).

이처럼 정의는 하나님의 본성의 핵심적인 부분이기 때문에 하나님은 온갖 형태의 불의에 대해 적개심을 선언했다. 가난한 자와 약자를 착취한 자들에게 하나님의 분노가 임할 것이다. 하나님은 자신의 목적이 전복되는 것을 허용치 않을 것이다.

> 그들이 침상에서 죄를 꾀하며 악을 꾸미고…그것을 행하는 자는 화 있을진저! 밭들을 탐하여 빼앗고 집들을 탐하여 차지하니 그들이 남자와 그의 집과 사람과 그의 산업을 강탈하도다.…야곱 족속의 우두머리들과 이스라엘 족속의 통치자들[아],…이 말을 들을지어다.…이러므로 너희로 말미암아 시온은 갈아엎은 밭이 되고 예루살렘은 무더기가…되리라(미 2:1-3; 3:9-12).

하나님의 의로운 심판이 효력을 발휘하는 주의 날에 가장 확실하게 심판받을 사람들은 특권층, 부자 그리고 부주의한 자들이다.

> "너희가 번창하고 거부가 되어 살지고 윤택하며 또 행위가 심히 악하여 자기 이익을 얻으려고 송사 곧 고아의 송사를 공정하게 하지 아니하며 빈민의 재판을 공정하게 판결하지 아니하니, 내가 이 일들에 대하여 벌하지 아니하겠으며 내 마음이 이 같은 나라에 보복하지 아니하겠느냐?" 여호와의 말씀이니라(렘 5:27-29).

우리가 이사야서의 구절에서 보았듯이 정의와 연결되지 않은 예배는 하나님께 가증한 대상이다. 예언서 문헌의 가장 현저한 구절 중 하나에서 하나님은 부자들뿐만 아니라 불공평을 의식하지 못하는 선량한 교회 출석자들에게도 반대를 선언한다. 이 구절은 마틴 루터 킹이 가장 좋아하던 구절 중 하나였다. "내가 너희 절기들을 미워하여 멸시하며 너희 성회들을 기뻐하지 아니하나니…네 노랫소리를 내 앞에서 그칠지어다. 네 비파 소리도 내가 듣지 아니하리라. 오직 정의를 물같이, 공의를 마르지 않는 강같이 흐르게 할지어다"(암 5:21-24).

정의가 물같이 흐를 때마다 그것은 하나님이 일하고 있다는 표지다.[6] 더욱이 크든 작든 간에 현세에서 발생하는 정의의 잠정적인 승리는 야웨의 날을 미리 맛보는 것이다. 모든 불의가 영원히 시정될 하나님의 날의 도래는 구약성경의 예언 문학 및 묵시 문학의 중심 주제다. 완벽한 정의의 왕국이 도래한다는 약속은 이 찬양 시편에서 증언하는 바와 같이 지금 그 왕국을 기대하는 우리에게도 기쁨을 준다.

> 야곱의 하나님을 자기의 도움으로 삼으며 여호와 자기 하나님에게 자기의 소망을 두는 자는 복이 있도다.…[여호와는] 억눌린 사람들을 위해 정의로 심판하시며 주린 자들에게 먹을 것을 주시는 이시로다.…여호와께서 나그네들을 보호하시며 고아와 과부를 붙드시고 악인들의 길은 굽게 하시는도다. 시온아, 여호와는 영원히 다스리시고 네 하나님은 대대로 통치하시리로다. 할렐루야!(시 146:5, 7, 9-10)

---

6 미국 앨라배마주 몽고메리에 있는 Maya Lin의 시민권 운동을 추모하는 기념관에는 직립 석판 위로 쏟아지는 폭포가 있다. 그 폭포 아래에 자리 잡은 이 직립 석판에는 암 5:24b이 새겨져 있다. 폭포 앞에는 물이 넘쳐 흐르는 웅덩이가 있는데, 이 물웅덩이 주변에 Jonathan Daniel, Andrew Goodman, Michael Schwerner, James Chaney, Medgar Evers, Viola Liuzzo 등 부당하게 숨진 시민권 운동 순교자들의 이름이 곳곳에 새겨져 있다. 자신을 희생한 그들의 죽음은 완벽한 정의가 영원히 통치하게 될 주의 날의 도래를 증언한다.

그래서 완벽한 정의가 시행되는 하나님 나라의 도래가 구약성경의 메시아 관련 구절들의 중심 주제다.[7]

정의를 가져오는 메시아

예수가 와서 하나님 나라를 선포할 때, 구약성경의 이러한 배경은 그의 선포의 불가결한 부분을 형성한다. 이 나라에 대한 기대가 그의 설교의 맥락이다("때가 찼고 하나님의 나라가 가까이 왔으니 회개하고 복음을 믿으라"-막 1:15). 수백 년에 걸친 히브리 예언자들의 증언에 따르면 메시아의 도래는 하나님의 통치가 가까웠다는 표지일 것이다.

> 여호와의 말씀이니라. 보라, 때가 이르리니 내가 다윗에게 한 의로운 가지를 일으킬 것이라. 그가 왕이 되어 지혜롭게 다스리며 세상에서 정의와 공의를 행할 것이며(렘 23:5).

> 이는 한 아기가 우리에게 났고 한 아들을 우리에게 주신 바 되었는데 그의 어깨에는 정사를 메었고…그 정사와 평강의 더함이 무궁하며 또 다윗의 왕좌와 그의 나라에 군림하여 그 나라를 굳게 세우고 지금 이후로 영원히 정의와 공의로 그것을 보존하실 것이라. 만군의 여호와의 열심이 이를 이루시리라(사 9:6-7).

---

7   도래할 왕국은 "악인들"에 대한 심판을 포함한다. 이는 신약성경의 복음에서 급진적으로 재해석될 것이다(본서의 결론 장을 보라).

나사렛 회당에서 취임 설교를 할 때 예수는 매우 의도적으로 이 메시아 역할을 취한다.

> 예수께서 그 자라나신 곳 나사렛에 이르사 안식일에 늘 하시던 대로 회당에 들어가사 성경을 읽으려고 서시매 선지자 이사야의 글을 드리거늘 책을 펴서 이렇게 기록된 데를 찾으시니 곧 "주의 성령이 내게 임하셨으니 이는 가난한 자에게 복음을 전하게 하시려고 내게 기름을 부으시고 나를 보내사 포로 된 자에게 자유를, 눈 먼 자에게 다시 보게 함을 전파하며 눌린 자를 자유롭게 하고 주의 은혜의 해를 전파하게 하려 하심이라" 하였더라. 책을 덮어 그 맡은 자에게 주시고 앉으시니 회당에 있는 자들이 다 주목하여 보더라. 이에 예수께서 그들에게 말씀하시되 "이 글이 오늘 너희 귀에 응하였느니라" 하시니(눅 4:16-21).

예수가 예언의 성취에 관해 이런 식으로 말한 것은 자신을 메시아로 선언한 것과 마찬가지다. 하나님 나라의 표지는 예수의 사역 안에 이미 존재하는데, 그의 사역은 스스로 도울 수 없는 자들을 대신하여 하나님이 개입하는 것을 강조한다. 바로 이것이 우리가 선지자들을 통해 인지하고 있는 하나님의 정의에 대한 개관이다.

예수의 이야기에서 구약성경의 예언적 메시지가 가장 명확하게 드러나는 또 다른 곳은 그의 어머니 마리아의 찬가다. 마리아가 정의를 갈망하는 소위 아나빔(Anawim) 집단의 일원으로서 가장 낮고 천한, 사회의 최하층 출신임을 기억하면 우리는 그녀의 찬가를 좀 더 잘 이해할 것이다.[8]

---

8   *Anawim*은 구원을 주께 의지하는 가난한 자들을 가리키는 히브리어다.

내 영혼이 주를 찬양하며 내 마음이 하나님 내 구주를 기뻐하였음은 그의
여종의 비천함을 돌보셨음이라.…[그가] 마음의 생각이 교만한 자들을 흩
으셨고, 권세 있는 자를 그 위에서 내리치셨으며, 비천한 자를 높이셨고,
주리는 자를 좋은 것으로 배불리셨으며, 부자는 빈 손으로 보내셨도다(눅
1:46-48a, 51b-53).

마리아 송가에 너무 친숙한 나머지 우리는 그것의 통렬함을 많이 상실하
고 있지만, 그 찬양이 사무엘상 2:1-10에 수록된 그것의 원형인 한나의
노래와 나란히 놓이면 사회경제적으로 가장 낮은 계층에 속한 사람들을
위한 정의라는 주제가 우리에게 확 다가온다. 이 두 찬가는 열광적으로
기쁨을 표현한다. 이 찬가들은 기쁨의 분출이다. 하나님의 정의는 극적인
반전을 가져올 테지만, 현재 사회경제적으로 최상위층에 속한 자들(바로
우리를 의미하는 독자들)에게 하나님의 정의가 반드시 좋은 소식으로 받아
들여지지는 않을 것이다. 한나는 마리아와 동일한 용어로 기뻐한다.

내 마음이 여호와로 말미암아 즐거워하며…[그가] 가난한 자를 진토에서
일으키시며, 빈궁한 자를 거름더미에서 올리사 귀족들과 함께 앉게 하시며
영광의 자리를 차지하게 하시는도다(삼상 2:1, 8).

우리는 이 모든 구절을 통해 주의 도래가 완전히 편안하기만 한 사건으
로 예견되지 않았다는 것을 알 수 있다. 자기가 안전하다고 생각했던 사
람들은 자신들의 기초가 잘못되었음을 알게 될 것이다. 자기의 성취를
의지한 사람들은 형편없는 사람들이 그들의 공간을 차지하고 있는 것을
발견하게 될 것이다. 평생 종교적 의무를 주의 깊게 지켜온 사람들은 하
나님이 다른 무언가를 찾고 있었을 수도 있음을 발견하게 될 것이다. 메

시아의 도래는 참으로 평화가 아니라 "칼"을 가져올 것이다(마 10:34).

용서하고 잊어버리라고?

잘 알려져 있는 미가서 6:8("여호와께서 네게 구하시는 것은…아니냐?")은 정의와 자비가 하나님의 속성의 두 가지 근본 측면이라고 선언한다. 이 둘 사이의 관계를 파악하는 것이 기독교 신학, 설교, 목회적 돌봄의 핵심 과제다. 우리 시대에 이는 특히 절박한 문제가 되었다. 기독교의 용서가 정의의 문제와 별개로 이해될 수 있다는, 즉 정의를 언급하지 않고서 용서가 제공될 수 있다는 인상이 만연해 있다. 그러나 용서는 결코 종종 제안되는 것처럼 단순하거나 신속하게 처리할 수 있는 것이 아니다. 그것은 복잡하고 까다로운 문제다. 용서와 보상 문제는 참으로 정의 문제와 별개로 논의되어서는 안 된다. 끔찍한 잘못이 저질러진 뒤 가해자가 사과할 때 피해자(들)는 자기에게 너무 큰 것이 요구되고 있다고 느끼는데, 이는 전적으로 타당한 감정이다. 피해자가 간단하게 "용서하고 잊어버린다"는 인상이 주어지면, 그 잘못은 표면 아래 계속 남게 되고 더 큰 피해를 초래할 것이다.

　미국의 최근 역사에서 학교들과 기타 공공장소에서 발생한 여러 총기 난사 사건은 계속해서 미국을 얼어붙게 만들고 자기 반성의 거센 흐름을 유발하고 있다. 용서에 관한 많은 논쟁도 벌어지고 있다. 총기사건의 상당수는 기독교가 강한 지역에서 발생했다. **아이들**이 아이들에게 총을 쏜 세 사건, 즉 존즈버러 중학교, 파두카 고등학교 그리고 콜럼바인 고등학교 총기 난사 사건에 이르는 일련의 총기사건에서 시신이 식기도 전에 용서에 대한 요구가 나왔다. 선의의 기독교 청소년 지도자들이 아직도 떨며 울고 있는 젊은이들에게 "당신은 에릭과 딜런을 용서합니까?"라고 물었다.[9] 그리스도인과 유대인을 비롯한 사려 깊은 많은 사람이 이에 대해 심각한 이의를 제기했다.[10] 한 심리학자는 이렇게 말했다. "용서는 어렵다. 용서에는 시간이 걸리고 고통이 따른다. 용서는 단순한 선언이나 자동적인 반사 행위가 아니다. 거짓 용서는 그 어떤 내면의 변화도 없이 용서하는 시늉을 할 뿐이다. 거짓 용서는 말뿐이다. 그것은 참된 결단을 방해하고 사람들을 그들의 실제 감정에서 멀어지게 한다."[11]

이 말은 이 장의 주제와 관련된 강한 주장이다. 그러나 신학적 요점이 훨씬 더 큰 관련이 있다. **그렇게 생각하는 사람이 많지만 용서 자체는 기독교의 본질이 아니다. 기독교 복음의 전 범위가 적용되려면 용서가 반드시 정의와의 관계에서 이해되어야 한다.** 남아프리카공화국의 데스몬드 투투 대주교의 말처럼, "용서는 싸지 않고 손쉽지도 않다. 용서에는 대가가 따른다. 화해는 쉬운 선택 사항이 아니다. 그것을 위해 하나님은 자신의 아들의 죽음이라는 대가를 치르셨다."[12]

---

9 Eric Harris와 Dylan Klebold는 콜럼바인 고등학교 총기 난사 사건의 살인자들이다.

10 예컨대 *Wall Street Journal*, December 15, 1997에 실린 "용서의 죄"라는 제목의 파두카 고등학교 총기 난사 사건 관련 칼럼에서 라디오 진행자인 Dennis Prager는 "기분을 좋게 만드는 자동적 용서 교리"에 이의를 제기했다. 여기서 "자동적"이라는 단어가 핵심이다. 용서는 값비싼 것으로서 반드시 그렇게 보여야 한다. "존즈버러에서 무엇이 빠졌는가?"라는 또 다른 칼럼에서 Paul Greenberg는 이렇게 말했다. "[살해된 청소년들의 추모식이 거행된 1998년 3월 24일] 화요일 밤에 위로의 말, 즉 자비와 은혜와 용서의 말들은 있었지만 나는 정의에 관해서는 어떤 말도 들은 기억이 없다. **자비와 은혜와 용서가 정의로부터 분리된다면 그것들에 어떤 의미가 있을 수 있겠는가?**"(*Greenville [S.C.] News*, April 6, 1998, 강조는 덧붙인 것임)

11 Jeanne Safer, "Must You Forgive?"(*Psychology Today*, July/August, 1999)

12 Desmond Tutu, 1998년 Mollegen Lecture, *Virginia Seminary Journal*, January 1, 1999. 이 책이 발주되었을 때 미국은 사우스 캐롤라이나주 찰스톤에 소재한 이매뉴얼 아프리카 감리교회의 지도자 9명—그들은 성경공부 모임 중이었다—을 살해한 청년에게 제공된 은혜와 자비에 매료되어 있었다. 이것은 싸거나 쉽지 않은, 우리 가운데서의 용서에 대한 놀라운 사례다. 그것은 오랫동안 깊이 수양된 이매뉴얼 교회 성도들의 기독교 신앙에서 자

코소보 전쟁 중에 어떤 기자가 마케도니아의 알바니아계 추방자들에 대해 보도했다. 그는 코소보의 교수, 작가, 지식인들이 겪은 분노를 묘사했는데, 그들은 집뿐만 아니라 대체할 수 없는 평생의 업적인 그들의 책, 논문, 파일들을 빼앗겼다. 이 기자는 "이처럼 깊은 상처가 아물 수 있겠는가?"라고 물었다. 알바니아계 신문 편집자인 아르디안 아리파지는 자기가 어렸을 때 들었던 한 이야기를 그에게 들려주었다.

아르디안 아리파지가 말을 시작했다. "말을 듣지 않는 아들이 있었는데 이 아이의 아버지는 아들이 잘못을 저지를 때마다 나무판자에 못 하나를 박곤 했습니다. 어느 날 아들이 그 이유를 물었습니다. 그는 아버지의 대답을 듣고 나서 이제 말을 잘 듣기로 결심했습니다. 그가 착한 일을 할 때마다 그의 아버지는 나무판자에서 못을 하나씩 뽑았습니다. 마침내 모든 못이 빠졌습니다." 아리파지는 잠시 침묵했고, 이로 인해 이 이야기의 교훈에 앞서 긴장감이 맴돌았다. 그는 이렇게 말했다. "그래요. 못들은 빠졌어요. 하지만 그 흔적은 늘 그대로 남아 있었죠."[13]

이제 르완다에 "남아 있는 흔적들"을 생각해보자. 그곳에서는 1994년 몇 주 동안 약 80만 명이[14] 학살당했는데, 이 사건은 집단학살의 세기였던 20세기에 발생한 최악의 학살 행위 중 하나였다. 성공회 주교인 데이비

연스럽게 우러나왔다.

13 *New York Times*, April 26, 1999.

14 정확한 숫자는 파악할 수 없을 것이다. 책임 있는 추정 범위는 50만 명에서 100만 명 사이다. 투치족 열 명 중 일곱 명이 살해되었다고 믿어도 무방하다. 10여 년이 지난 현재 설령 이 사건에 대해 안다 해도 지극히 일반적인 내용만 알고 있는 미국의 대중은 이 집단학살의 세부 내용을 별로 알지 못한다. 집단학살이 벌어지는 동안 폭력적이며 반복적이고 가학적인 강간 및 생식기 훼손이 종종 후투족 여성들의 협조로 투치족 여성들에게 널리 자행되었다는 사실을 들어본 사람은 거의 없다.

드 버니는 이 참상이 발생한 지 2년 뒤에 르완다를 4주간 여행하며 그곳 사람들의 이야기를 들었다. 한 기자가 여행에서 돌아온 그를 인터뷰했다.

그는 고개를 절레절레 저으면서 말했다. "나는 그리스도인이 무기를 들어 형제, 자매를 쳐 죽이는 나라에 한 달간 머무르면서 매일 수백 명의 과부들의 눈동자를 바라보았다. 누가 이들을 돌봐줄 것인가? 내가 [수년 전 우간다에서 교사로서] 가르친 그들의 많은 성직자들이 살해되었다. 나는 그 일로 마음을 추스리기가 어려웠다. 나는 어떤 답도 가지고 있지 않다. 해줄 조언도 많지 않다. 그곳의 증오, 분노, 슬픔은 너무 크다. 내가 내 모든 존재를 걸고 믿고 있는 한 가지가 있다면, 그것은 **정의의 체계를 바로 세울 수 있는 수단이 갖춰져야 비로소 화해의 노력을 기울일 수 있다**는 것이다."[15]

이 말은 우리가 논의 중인 문제에 관해 발견할 수 있는 가장 명확한 진술이다. "정의가 없이는 평화도 없다"라는 익숙한 가두 시위 구호가 있지만, 버니 주교의 한탄은 인간 문제의 핵심에 자리하고 있는 정의의 필요성을 지극히 개인적인 방식으로 명확하게 설명한다.

이런 이야기들에서 우리는 도피, 부정, 회피의 힘과 매력을 감지하는데, 이것들은 우리로 하여금 십자가를 등지게 만드는 것과 똑같은 요인이다. "용서하고 잊어버리라" 신드롬은 개인적 측면과 정치적 측면 모두에서 매우 큰 힘을 행사한다. 이안 부루마는 "공적 생활에서의 정치적 논쟁을 치유라는 수사로 꾸준히 대체하는 것은 불안감을 준다"고 주장한다.[16] 엘살바도르에서 캄보디아에 이르기까지 전 세계적으로 편만해 있

---

15 David Birny, James H. Thrall과의 인터뷰, *Episcopal Life*, July/August 1996, 강조는 덧붙인 것임.
16 "The Joys and Perils of Victimhood," *New York Review of Books*, April 8, 1999.

는 매우 불완전한 조사와 정의의 결여는 오늘날까지도 계속 분석되며 개탄되고 있다.

남아프리카공화국의 예

우리 시대에 남아프리카공화국의 진실과 화해 위원회를 통해 "끔찍한 잔학행위의 역사를 받아들이기"라는 가장 힘든 조치가 시행되었다. 1993년 인종차별 정책 이후에 시행될 헌법이 협상 중에 있을 때 물러나는 백인 정권은 남아메리카의 군사 정권들과 같은 방식의 포괄적 사면을 원했다. 넬슨 만델라와 아프리카 국민회의는 어떤 사면에도 결코 동의하지 않았을 것이다. 그러나 내전을 막고 평화적인 정권 이양이 가능하게끔 타협이 이루어졌다. 이 합의는 완전한 공개를 조건으로 오직 사안별로만 사면을 허가한다는 것이었다.[17] 이 타협의 결과 만델라 대통령이 성공회 대주교인 데스몬드 투투를 위원장으로 하는 진실과 화해 위원회 위원을 임명했다. 이 위원회는 3년간의 진지한 청문회를 거쳐 1998년 11월 조사 보고서를 발표했는데, 이 보고서에 대해 양 진영에서 비난이 빗발쳤고 만델라도 냉담한 반응을 보였다. 특히 만델라 대통령이 이끄는 아프리카 국민회의는 최악의 투쟁 기간에 있었던 그들의 몇몇 활동에 대한 불리한 증언에 격노했다. 그러나 이제 진실과 화해 위원회의 공명정대함이 그 위원회의 활동 중 가장 두드러진 측면 중 하나였음이 대체로 인정

---

17 Michael Ignatieff, "Digging Up the Dead," *New Yorker*, November 10, 1997. Ignatieff는 추가적으로 피해자 가족은 물론 반인종차별주의 측의 제대 군인들도 사면을 별로 좋아하지 않았지만 "사면이 가해자들로 하여금 미끼를 물도록 유인할 수 있는 유일한 방법임이 입증되었다"고 설명했다.

되고 있는데, 이는 이 위원회가 백인 정부의 광범위한 범죄뿐 아니라 잉카타 자유당, 아프리카 국민회의, 만델라 대통령의 전 부인 위니의 악행도 자세히 묘사했기 때문이다. 특히 이런 일은 전례가 없었기 때문에 이러한 압력하에서 확고한 경로를 유지하기 위해서는 이례적인 도덕적 용기와 끈기가 필요했다.

진실 위원회의 모델은 애초에는 남미에서 개발되었지만 남아프리카 공화국의 진실 위원회 이전에 그렇게 깊이 조사하거나 그렇게 많이 요구했던 위원회는 없었다. 칠레의 인권 전문가인 호세 잘라케트는 이런 위원회들은 잔혹행위에 관한 진실이 가급적 많이 발견될 수 있도록 조직되어야 하지만, 이 진실이 "공식적으로 공표되고 공개적으로 드러나야 한다"고 말한다. 그는 [과거에 발생한 불행한 사실을] 인정하는 것이 목표라고 말했다.[18] 예컨대 과테말라의 역사 해명 위원회는 적절한 권한이 부족했기 때문에 진실을 인정하는 데 실패했다. 군부에 의해 무력화되었기 때문에 이 위원회는 애초에 과테말라 내전에 불길한 성격을 불어 넣었던 최고 수준의 은폐와 부인 정책을 지속했다. 어떤 이름도 언급되지 않았고 어떤 가해자도 피해자와 대면할 필요가 없었다.[19] 진실과 인정이 반드시 같은 것으로 보이지는 않는다. 인정이 없다면 불완전한 정의조차 달

---

18 Timothy Garton Ash, "The Truth about Dictatorship," *New York Review of Books*, February 19, 1998

19 Larry Rohter, "Guatemala Digs Up Its Army's Secret Cemeteries," *New York Times*, June 7, 1999. 내전 피해자들의 시신 발굴에 관한 길고 상세한 이 기사에 이 정보가 묻혀 있다. "페톤 정글의 여러 곳에서, 그들[발굴자들]은 손과 발이 등 뒤로 묶여 있는 유골들을 발견했는데, 그들의 사지를 묶은 밧줄은 유골들의 목도 단단히 당기고 있었다. 이는 피해자들이 '강압적 자기 교살'이라는 고문에 의해 사망했음을 증명한다." 이 기사를 읽고서 나는 즉시 본서 2장에 인용된, "자신의 사형 집행자가 되도록 강제된다"는 Peter Brown의 십자가형 묘사가 떠올랐다. 그러므로 가장 끔찍한 고통을 겪은 사람들과 함께 있어 보면 우리는 하나님의 아들이 그곳에 함께 계셨음을 알게 된다.

성할 수 없다.

이에 반하여 남아프리카공화국에서 진행된 절차는 완전한 인정을 고수했다는 점에서 주목할 만하다. 3,000쪽 분량의 보고서는 "그런 위원회가 펴낸 보고서 중 한 나라의 과거를 가장 광범위하고 유례없이 조사한 보고서"로 평가 받았다.[20] 청문회 자체가 종종 극도로 괴로운 일이었다. 백인 관료들은 때로는 소름끼치는 자세한 설명을 곁들이며 그들이 야기한 고문과 사망에 관해 종종 거만하게 그리고 아무런 가책도 없이 증언했다. 희생자 가족들은 빈번하게 방청석에 출석해서 증언을 지켜보았다. 생존자들은 자기를 고문했던 자들이 보는 앞에서 그들이 받은 고통에 대해 증언했다. 완전한 공개의 대가로 가해자들은 사면—그들이 기소당하지 않는다고 선언되었음을 의미한다—을 받았다.[21] 이 방법은 확실히 불완전하기는 했지만 남아프리카공화국의 모든 국민에게 이 나라가 화해를 추구하며 앞으로 나아가기로 결정했지만 **정의가 포기되지 않았음**을 상기해주었다.[22]

진실과 화해 위원회는 오랫동안 많은 희생자와 그 가족들의 참혹한 증언을 듣는 고통은 말할 것도 없고, 이해 관계를 달리하는 모든 압박에 대처하느라 치열하게 씨름해야 했다. 그러나 차츰 이 과정은 힘을 얻게 되었고, 이를 지켜보는 세계는 이 위원회의 지혜를 알게 되었다. 수많은 고문자들과 살인자들이 그들의 죗값을 치를 필요가 없었기 때문에 어느 누구도 이 절차에 심각한 하자가 없다고 주장할 수는 없었다. 그러나 그

---

20 사설, *New York Times*, November 1, 1998.
21 모두에게 사면이 주어진 것은 아니었다. 반인종차별주의의 영웅인 Stephen Biko의 죽음과 연루된 네 명은 사면을 받지 못했는데, 이는 진실과 화해 위원회가 그들의 증언을 믿지 않았기 때문이었다.
22 Bill Keller, "A Glimpse of Apartheid's Dying Sting," *New York Times*, February 19, 1993, 강조는 덧붙인 것임.

청문회의 카타르시스적인 성격은 널리 인정받고 있다(비록 때로는 마지못해 인정받고 있지만 말이다). 명백한 허점에도 불구하고, 대다수 분석가들은 모든 절차가 범죄자들을 포함한 모두를 향한 존엄과 공평과 존중의 분위기 속에서 진행되었다고 결론지었다. 그것은 다른 점에는 어떨지 몰라도 이 점에서는 하나님 나라의 정의를 희미하게나마 미리 보여주었다.[23]

이처럼 이례적인 공명정대함은 상층부에서 나왔다. 데스몬드 투투는 많은 일로 유명하지만, 아마도 압제당한 사람들 자신이 압제자들로 변하는 것을 막기 위해 수십 년간 경계해온 노력으로 가장 유명할 것이다. 그래서 진실과 화해 위원회는 그 보고서에 아프리카 국민회의에 대한 비판도 기꺼이 포함시켰다.[24] 비록 투투 자신도 정치 문제에 관여해왔지만, 그는 교회가 민주주의적인 미래에 발생할 수 있는 인권 유린에 이의를 제기할 수 있으려면 모든 정당으로부터 독립할 필요가 있다는 입장을 확고하게 유지해왔다. 그 자신의 말로 표현하자면 "우리는 정치적으로 철저하게 대담하기를 원하지만, 특정 정당의 당원이 됨으로써 당파적인 방식으로 결정하기를 원치 않는다." 대주교로서 그가 취한 입장은 다음과 같다. 교회는 "모든 집단을 다룰 수 있어야 한다. 우리는 기도할 때 어떤 정당을 대변하는 교회에 속하지 않으며 각양각색의 모든 사람에게 '주께서 이렇게 말씀하십니다'라고 말할 수 있다. 오늘 압제받는 사람들이 내일은 압제자들로 변한다[변할 수도 있다]. 우리는 종종 그러한 일이 일어나는 것을 본다. 우리는 직접 끔찍한 일을 당해보았기 때문에 절

---

23   그러나 관찰자들은 비록 진실과 화해 위원회가 최선을 다해 정의의 문제를 **다루기**는 했지만 정의를 **제공**할 수는 없었음을 인정할 것이다. 이 사실은 인간의 정의의 부적절성을 강조한다.

24   투투는 자기의 오랜 친구인 만델라에게 아프리카 국민회의가 그들의 잔학행위를 인정하지 않으면 진실과 화해 위원회 위원장직을 사임하겠다고 말했다(*New York Times*, May 13, 1997에 보도된 기사).

대로 다른 사람을 자신이 당한 대로 대우하지 않을 것이라고 생각한 사람이 실제로 그런 일을 하는 것을 본다."[25]

많은 주요 저자들과 정치 분석가들이 남아프리카공화국의 진실과 화해 위원회에 감명을 받았다. 티모시 가튼 애쉬는 감탄해서 이렇게 썼다. "청문회는 일종의 정치 극장이다. 청문회는 일종의 공중 도덕 연극이다. 투투 주교는 이를 잘 알고 있음을 보여주었다. 그는 생존자들이 자기가 받은 고통에 대해 이야기하고 비밀경찰들이 자기의 만행을 고백할 때 다른 사람들보다 먼저 눈물을 흘린다."[26]

그리스도인들은 여기에 극장 이상의 것이 존재하고 있음을 쉽게 알아차릴 것이다. 그런 고통을 당한 사람들과 자신을 완전히 동일시할 수 있는 투투의 역량에서 우리는 십자가에 처형당한 이의 이미지를 볼 수 있다. 오랜 인종차별에 반대하는 노고를 겪는 동안의 많은 시련을 통해 다듬어진, 정치적 정의에 대한 그의 불굴의 헌신은 하나님의 더 큰 정의와 급진적인 자비에 뿌리를 두고 있었다.[27]

1998년 1월에 투투는 전립선암 치료를 위해 뉴욕에 있었다. 그는 이

---

25 *The Living Church*, April 12, 1992에 실린 데스몬드 투투와의 인터뷰 기사. 나는 명확한 의미 전달을 위해 단어의 순서와 구두점을 약간 바꿨다. 진실과 화해 위원회에 대한 투투의 완전한 설명은 그의 저서 *No Future without Forgiveness*(New York: Image Books, 1999)에서 찾아볼 수 있다.

26 Ash, "The Truth about Dictatorship." 그러나 투투 자신은 이 평가에 거리를 둘 수 있다. 그는 진실과 화해 위원회에 관한 저서에서 "언론이 나에게 초점을 맞추고 정작 초점의 대상이 되어야 할 목격자들로부터 관심을 돌렸기 때문에" 하나님께 자신이 다시는 울음을 터뜨리지 않게 해달라고 간청했다고 말한다(*No Future without Forgiveness*, 144).

27 Miroslav Volf는 투투를 다음과 같이 묘사할 수 있었을 것이다. "그리스도의 십자가는 우리에게 폭력에 대한 유일한 대안은…진리와 정의는 하나님에 의해 지지되어 왔고 앞으로도 그럴 것이라는 점을 아는 가운데 남을 포용하기 위해 폭력을 기꺼이 흡수하는 것이라고 가르친다"(*Exclusion and Embrace: A Theological Exploration of Identity, Otherness, and Reconciliation* [Nashville: Abingdon, 1996], 295).

기간 동안 한 번의 인터뷰만 했다.[28] 그는 진실과 화해 위원회의 일을 이렇게 설명했다. "지나간 일은 잊어버리라고 말하는 것으로는 충분하지 않습니다.…화해는 쉽게 오지 않습니다. 화해가 쉽게 올 것이라고 믿으면 화해는 절대로 오지 않을 것입니다. 우리는 현실을 직시해야 합니다." 동시에 그는 이렇게 말했다. "우리는 유발된 증오를 영구화하지 않으면서 고통 받는 자들에게 정의를 시행하려고 합니다." 그는 계속해서 말했다.

우리는 처벌을 통해 과거가 수정될 수 없다는 것을 압니다. 대신에 우리는 기억이 오래 지속된다는 것을 알고 있기 때문에 이러한 기억을 인정하는 것을 목표로 합니다. 자존감 높은 시민들로 구성된 민주주의를 건설하려면 이것은 매우 중요합니다. 불의와 억압의 희생자는 인간으로서 자존감과 존엄을 상실합니다. 회복적 정의는 손상되었거나 상실된 인간성의 회복에 초점을 맞춥니다. 하지만 자의식의 회복은 기억의 회복, 즉 당신에게 일어난 일이 **일어났음**을 인정하는 것을 의미합니다. 당신은 미친 것이 아닙니다. 뭔가 매우 악한 일이 당신에게 일어났습니다. 그리고 국가는 당신을 믿습니다.[29]

---

28 투투 주교는 청문회에서뿐만 아니라 암과의 개인적 싸움에서도 영웅답게 행동했다. 그는 청문회 회기 동안 감정적으로 지치게 하는 증언을 청취하고 청문회가 열리지 않는 기간에 미국에 가서 치료를 받았다. 진실과 화해 위원회 위원 대다수는 오랜 위원회 활동을 하는 동안 또는 활동 종료 후 신체적 혹은 정서적 외상 징후를 보였다.

29 데스몬드 투투와의 인터뷰, *Parade magazine*, January 11, 1998. 이와 같은 맥락에서, 백인인 남아프리카공화국 사람으로서 현재 새로운 남아프리카공화국의 판사인 Albie Sachs도 이렇게 말했다. "진실과 화해 위원회는 큰 기여를 했다.…매우 깊은 감정들이 표출됐고, 그 누구도 과거의 참상을 부인할 수 없다. **참상에 관한 최악의 현상 중 하나는 아마도 이러한 참상이 발생하지 않았다고 부인하는 일일 것이다.**…[이제는] 그 누구도 그런 일이 일어나지 않았다고 말할 수 없다"(L. Gregory Jones, "Truth and Consequences in South Africa," *Christianity Today*, April 5, 1999에서 인용, 강조는 덧붙인 것임).

세속 작가인 마이클 이그나티에프는 종교 사상가는 아니지만 진실과 화해 위원회에 대한 그의 분석은 어떤 점에서는 투투의 분석과 맞닿아 있는데, 그는 자신이 이 점을 알든 모르든 간에 이를 통해 신학적 맥락에 빛을 비춰준다.

사회가 사면이라는 딜레마와 씨름하는 것을 지켜보면 **정의**에 대한 생각이 달라진다. **정의는 처벌과 관련이 있고** 사람들을 감옥에 가두는 것과 관련이 있다. **그러나** 정의는 다른 것도 의미할 수 있는데, 그것은 바로 진실과 도덕의 회복, 자녀들이 밤에 사라지지 않는 **도덕적인 세계의 재건**이다.···100주년 기념관에서 열린 청문회는 자신이 도덕적 질서에 속해 있다고 믿는 것이 인간에게 얼마나 필요한지를 깨닫게 한다. [피해자 가족인] 흑인과 백인 모두를 진실과 화해 위원회 앞으로 이끄는 것은 진실은 진실이고, 거짓은 거짓이며, 행동에는 책임이 따르고, 국가가 일정 기준을 준수하는 공적인 **영역**을 만들고자 하는 충동이다. 수십 년간의 오명을 쓴 남아프리카공화국에서 이는 아마도 가장 깊은 열망일 것이다.[30]

이 구절에서 이그나티에프는 두 종류의 정의를 대조하는데, 하나는 단순히 처벌하는 **정의**이고 다른 하나는 **영역**—성경의 용어로는 하나님의 새로운 창조세계인 하나님 나라—과 분리될 수 없는 정의다. 투투 주교는 바로 이것을 우리 가운데 실현해놓았다.[31] 투투 주교는 40년 넘게 날이면

---

30 Ignatieff, "Digging Up the Dead," 강조는 덧붙인 것임.
31 투투 주교의 위대한 은사가 반드시 조직신학이나 성서주해 영역에 놓여 있는 것은 아니다. 그는 때로 이상한 교리에 빠져들었다. 우리는 어떤 한 사람이 모든 것을 하거나 모든 것이 되는 은사가 주어지지 않는다는 사실을 기억하는 편이 낫다. 투투가 우리에게 준 선물은—특히 그의 억제할 수 없는 성격에 비추어볼 때—그가 불굴의 성경적 신앙의 맥락에서 활기, 유머, 기쁨을 참으로 놀라운 정치적 현실주의, 감상주의의 결여, 고통을 견디는

날마다 미국의 백인들이 상상조차 할 수 없는 압력을 받으면서도 이 세상에서 한결같이 궁극적으로는 하나님의 영역에 의해 결정되는 참된 실재에 따라 사는 사람의 화신이었다. 처음에는 교회의 리더로서, 그다음에는 진실과 화해 위원회의 위원장으로서 그는 말과 행동으로 자신이 처벌에 관심이 없다는 것을 보여주었다. 그는 새 창조에 관심이 있다.

이렇게 자세히 살펴본 목적은 두 가지다. 하나는 진리와 정의에 대한 인간의 저항이 얼마나 깊이 자리 잡을 수 있는지를 보여주기 위함이고, 다른 하나는 (우리가 이미 보았고 앞으로 계속 보게 될) **범죄가 클수록 인간의 정의를 집행할 수 없다**는 핵심 개념을 설명하기 위함이다. 개인적인 정의의 사례보다 집단적인 정의의 사례를 강조한 이유는 국내외에서 발생할 수 있는 모든 종류의 불의에 대한 대규모 개입이나 공모를 무시하기가 너무 쉽기 때문이다. 하위 계층 노동자와 불법 체류자에 대한 착취, 군부 통치, 무고한 민간인의 죽음, 고질적인 여성 학대, 교도소의 끔찍한 상황, "용의자 송환"과 "강화된 심문", 공공 정책으로서 집단 강간 및 기근, 전쟁 지역에서 스스로 규칙을 정하는 민간 계약업자들 등 악한 예들은 끝이 없다.

능력과 독특하게 조합시켜 놓은 것이다. 다시 말하지만 그는 다음과 같은 Miroslav Volf의 말을 예시하는 인물이다. "용서받고 용서할 마음이 있는 자만이 정의를 불의로 왜곡시키려는 유혹에 빠지지 않고 끈질기게 정의를 추구할 수 있을 것이다"(*Exclusion and Embrace*, 123).

부인 극복하기

우리는 대규모의 불의와 그것에 대한 인간의 반응 또는 무반응의 예를 살펴보는 데 상당한 지면을 할애했다. 나와 직접 관련이 없는 사람에 대해 신경을 쓰려면 노력이 필요하다. 타블로이드판 신문들은 지역의 살인 사건과 스캔들로 꽉 차 있다. 독자들이 그런 기사에 관심을 보이기 때문이다. 심층 뉴스에 관심이 있는 진지한 뉴스 소비자들만이 대규모 불의의 희생자들의 절규에 귀기울인다.[32] 그러나 성경에서는 교외의 부유한 부인들을 무안하게 만드는 아모스의 묘사(암 4:1), 예루살렘에 대한 예수의 한탄(눅 13:34), 그리고 둔감한 지역 회중에 대한 야고보의 질책(약 2:2-8) 등 집단적 우상숭배와 태만이 가장 주목을 받는 대상이다. 우루과이 예수회 소속 후안 루이스 세군도의 자주 인용되는 말은 우리에게 "[부유한] 우리를 만족시키는 세상은 [가난하고 힘이 없는] 그들에게는 매우 파괴적"[33]이라는 점을 상기시킨다. 한때 보수주의자였던 살바도르 대주교 오스카르 로메로는 바로 이것을 발견하여 변화되었고 이 변화로 인해 결국 목숨을 잃었다.

거대한 불의는 우리가 사는 세상에서는 뭔가가 끔찍하게 잘못되었고 바로잡히기를 절규한다는 기본적인 전제를 입증한다. 이는 독자들에게는 말할 필요가 없을 정도로 명백해 보일지 모르지만, 그렇지 않다. 잘

---

32 어떤 정치 만화는 한 여성이 TV 앞에 앉아 미국의 부유한 교외에서 살해된 엄마와 아기의 운명을 슬퍼하며 울고 있는데(이 살해 사건은 당시 세간의 관심사였다) 그녀 옆의 바닥에는 수단의 다르푸르에서 벌어진 집단 학살이 헤드라인으로 실린 신문이 버려져 있는 모습을 묘사했다.

33 Juan Luis Segundo, *The Liberation of Theology*, Robert McAfee Brown, *Making Peace in the Global Village* (Philadelphia: Westminster, 1981), 12에서 바꿔 쓴 말; 널리 존경받고 있는 내과의사 Paul Farmer의 *Pathologies of Power: Health, Human Rights, and the New War on the Poor* (Berkeley and Los Angeles: University of California Press, 2005), 157도 보라.

못은 우리가 생각하는 것만큼 쉽게 인정되지 않는다. 한 관찰자에 의하면 "모든 증거에도 불구하고 현대 미국인들은 계속 행복이 인간의 자연스러운 상태라고 스스로를 확신시키려고 한다."[34] 우리는 대개 인생의 어두운 측면에 대해 순진하며, 전세계에 지나친 낙천주의자들로 알려져 있다.[35] 우리의 끝없는 낙천주의, "쾌활한 비극 회피"는 우리의 정체성의 일부분이다. 그것은 우리의 에너지와 성공을 견인하는 엔진의 핵심 부품이다.[36] 우리는 아무것도 엔진의 부드러운 작동을 방해하기를 원치 않는다. 그러나 그런 태도에는 단점도 있다. 이러한 경향은 현실을 왜곡하고 감상적으로 바라보게 만든다. 워커 퍼시는 자신의 소설에서 상황을 있는 그대로 받아들일 수 없어서 자기 주위의 다른 모든 사람들로부터 눈에 띄는 일군의 인물들을 만들어냄으로써 이러한 경향에 항의한다. 그 인물들은 "조정"되지 않는다. 그들 중 한 명은 "나는 이 시대를 참을 수 없다"고 말한다.[37] 우리 중에서 그들의 짐을 기꺼이 나눠 지려는 사람이 별로 없기 때문에 그런 사람들은 종종 혼자 살아간다.

우리는 이러한 사고를 받아들이지 못하는 것으로 보인다. 우리의 도피주의적 사고방식이 계속 작동해서 현실을 재조정하여 삶의 견딜 수 없

---

34 Jeffery Smith, 우울증에 관한 그의 저서 *Where thr Roots Reach for Water*에 대한 *Wall Street Journal*, September 13, 1999 서평에 인용된 말.

35 지금은 기억하기 어렵지만, 오클라호마시 폭탄 테러가 발생했을 때 해외에서는 널리 이 사건을 미국 생활의 분수령, 곧 무죄 추정 원칙을 버리는 계기로 보았다. 심지어 일부 유럽 신문들은 마치 제2차 세계대전과 자국의 영토에서 잦은 테러 공격을 겪은 다른 나라 시민들이 이제는 미국인들이 현실을 직시할 때라고 말하는 것과 같은 조롱의 글을 실었다. 9.11 테러는 또 다른 문제였다. 이 테러 공격은 너무도 끔찍한 나머지 가장 냉소적인 해외의 관찰자들조차 일시적으로 침묵했다. 그러나 12년 후인 2013년에 발생한 보스턴 마라톤 폭탄 테러에 대한 반응은 "할 수 있다"는 우리의 정신이 전혀 꺾이지 않았음을 보여주었다. 그렇다고 해서 미국의 낙관주의 **자체**를 비판하려는 것은 아니다. 문제는 낙관주의 문화가 인생의 비극적인 측면을 냉철하게 파악하는 것과 균형을 이루지 않는다는 점이다.

36 포덤 종교문화센터의 Peter Steinfels, *New York Times*, September 10, 2005.

37 Walker Percy, *Lancelot* (New York: Farrer, Straus and Giroux, 1977), 157.

는 측면들을 차단한다. 그렇지 않다는 증거에도 불구하고 세계와 인간 본성이 근본적으로 온화하다고 믿는 것은 미국 사람들에게 매우 중요하다.[38] 미국의 부인 방식은 달라이 라마의 메시지와 잘 어울리는데, 그의 메시지가 미국에서 높은 인기를 구가하는 것은 바로 이런 이유 때문이다. 독실한 불교 신자로서 달라이 라마를 잘 아는 영화배우 리처드 기어는 달라이 라마에 관해 이렇게 말했다. "그와 함께 있으면 당신은 이 사람은 당신이 행복해지는 것 외에는 아무것도 원치 않는다고 느끼게 된다.…그는 우리로 하여금 우주 만물이 태평하기만을 바라는 아이처럼 단순해지게끔 한다."[39] 사람들은 세상이 태평하고 사람들이 행복하기를 원하는 성인과 함께 있을 때 복을 받았다고 생각하지만 **그 성인이 그 일이**

---

[38] 많은 사람이 대개 "모든 것에도 불구하고 나는 여전히 사람의 마음은 참으로 선하다고 믿는다"는 유명한 문장 때문에 안네 프랑크(Anne Frank)의 일기에 대해 알고 있다. 이 문장은 수 년 전에 (좀 더 상반된 의미를 지니고 있는) 원래의 맥락에서 떨어져 나와 영감을 주는 구호로 윤색되어서, Cynthia Ozick가 주장한 바와 같이 많은 사람들로 하여금 인간성에 대한 감상적인 견해를 근본적인 종교의 진리로 오해하게 함으로써 큰 피해를 입혔다. 최근 몇 년간 이처럼 길들여지고 정제된 버전의 안네 프랑크는 많은 비판을 받았다. Ozick는 영향력이 있는 글에서 안네에 관한 원래의 연극이 국제적으로 성공한 것이 그 일기가 읽히는 방식에 영구히 영향을 주었는데 그것은 좋은 방향의 영향이 아니었다고 지적한다. 그는 인디애나 대학교의 Alvin Rosenfeld의 말을 인용하는데, Rosenfeld는 "안네 프랑크가 쉬운 용서에 대해 바로 쓸 수 있는 공식이 되었다"고 말했다. Ozick의 논문은 그토록 끔찍한 결과로 귀결되었음에도 안네를 "명랑하고 천진난만하며 확고한 이상주의자", "재미있고 희망차며 행복한 안네"로 봐야한다고 주장하는 사람들로 인해 그녀의 진정한 이미지가 오용되고 있는 데 대한 격렬한 항변이다. 그녀의 이미지는 그녀가 사망한 포로 수용소에서 그녀와 함께 생활하며 그녀를 알았던 사람의 증언을 통해 입증되었다(Ozick, "Who Owns Anne Frank?," *New Yorker*, October 6, 1997). 2013년에 암스테르담 소재 안네 프랑크 박물관은 수정된 그녀의 이야기를 발표했다. 분별력 있는 관찰자들은 이 새로운 전시가 그녀의 이야기를 미화하는 경향을 지속할 뿐이라며 새로운 버전의 이야기에 반대했다(예컨대 Edward Rothstein, in "Playing Cat and Mouse with Searing History," *New York Times*, October 13, 2013).

[39] Orville Schell, *Virtual Tibet: Searching for Shangri-La from the Himalayas to Hollywood* (New York: Metropolitan Books, 2000), 56에 인용됨.

일어나게 하지는 못한다.[40]

예수 그리스도의 십자가는 오직 우주의 창조주만이 자신이 창조한 세상에 완벽한 정의를 실현할 수 있고, 그 창조주가 자기 아들의 몸에서 그 일을 했으며, 장차 임할 주의 날에 그렇게 할 것이라는 메시지를 전한다. "세상을 심판하시는 이가 정의를 행하실 것이 아니니이까?"(창 18:25)

정의와 자비 사이의 관계

미국의 그리스도인들이 직면한 문제는 이처럼 이중적이다. **첫째**, 좋은 기분을 추구하는 문화 가운데서 우리는 어떻게 인간의 본성이 타락했다는 성경의 평가에 책임 있게 대처할 것인가?

인생의 마음에는 악이 가득하여 그들의 평생에 미친 마음을 품고 있다가 후에는 죽은 자들에게로 돌아가는 것이라(전 9:3).

---

40 달라이 라마(Dalai Lama)는 전 세계적으로 감탄할 만한 용기의 상징이며, 그의 확고한 존재감 및 자기 민족과 그들의 염원에 대한 그의 영향력으로 인해 계속 중국 공산 정권에 대한 골칫거리가 되고 있다. 그러나 불의와 고통을 자신의 세계관과 결합시킬 능력이나 의지가 없다는 점이 그의 한계다. 그를 그의 친구인 데스몬드 투투와 비교하면 흥미롭다. 두 사람 모두 웃음으로 유명하다. 그러나 몇몇 관찰자들이 지적한 바와 같이 달라이 라마는 종종 웃음을 사용해서 불쾌한 주제에서 다른 곳으로 주의를 돌린다. 그와 투투는 친구 사이이지만 투투는 결코 웃음을 이런 식으로 사용하지 않는다. 그의 웃음은 하나님이 악에 승리한다는 종말론적 표지다. 그는 투쟁의 강렬함을 뼛속 깊이 느꼈는데, 달라이 라마의 태도나 저술에서는 이런 면모가 나타나지 않는다. 달라이 라마에게 고통이란 연민에 이르는 길이고, 연민은 행복해지고 고통을 종식시키는 데 이르는 길이다. 그의 가르침은 종종 고통과 연민이 고통 받는 실제 인간과는 관련이 없고, 개인의 행복 및 심지어 "목표 달성"에 이르는 단계들인 것으로 들린다. Dalai Lama, with Howard C. Cutler, *The Art of Happiness: A Handbook for Living* (New York: Riverhead Books, 1998), 128-30, 228, 310 그리고 그 책의 다른 여러 구절들.

[내 백성은] 악을 행하기에는 지각이 있으나 선을 행하기에는 무지하도다 (렘 4:22).

만물보다 거짓되고 심히 부패한 것은 마음이라. 누가 능히 이를 알리요?(렘 17:9)

이런 솔직한 진술들은 "구약성경의 분노에 찬 하나님"이라는 유물로 일축되거나 이전 세기들의 지옥의 불을 연상케 하는 설교의 근원으로 멸시되거나 "자존감"을 위협하는 것으로 거부될 수 있다. 그러나 21세기의 점점 커져가는 잔학 행위는 말할 것도 없고 20세기 전체로 미루어볼 때 이 구절들은 매우 현실적이다.

두 번째 과제는 그리스도인들로 하여금 세속의 정의조차도 모든 인간 사이의 깊은 연대감을 토대로 집행되어야 하며 집행될 수 있다는 것을 이해하게끔 돕는 것이다. 우리가 "하나님의 은혜가 아니라면 내가 그 자리에 있을 것"[41]이라는 점을 한순간이라도 잊지 않도록 말이다. 역설적이기는 하지만 **모든** 인간이 똑같이 정의와 자비를 필요로 한다고 생각하면 우리는 감상적이지 않고 엄격하면서도 모든 종류의 비인간성—중범죄 교도소의 간수들이 저지른 비인간적 행위를 포함한다—에 한결같이 반대하는 법 체계를 훨씬 더 잘 지지할 수 있을 것이다.

---

41 *Bartlett's Familiar Quotations*에 따르면 최초로 이 유명한 말을 한 사람은 영국의 개신교 개혁가 중 한 사람인 존 브래드포드(1510-1555)로, 그는 몇몇 죄수들이 처형을 받으러 끌려가는 모습을 보면서 이 발언을 했다. 브래드포드는 이후 튜더 왕조의 매리 여왕 재위 시절의 박해 기간 중에 토머스 크랜머, 니콜라스 리들리, 휴 라티머와 함께 런던 탑에 수감되었고, 그들과 함께 공동 감방에서 신약성경을 연구했다. 그는 1555년에 말뚝에 묶여 화형당했다. 브래드포드가 이 말을 실제로 했든 안했든 이 말은 그의 성격과 일치했다. 그는 자신을 위해 용서를 구하고 다른 이들을 용서하며 생을 마감했다. www.britannia.com/bios.

그러나 특정한 야만 행위의 경우 그리스도인이 어떻게 반응해야 하는지를 결정하기는 매우 어렵다는 사실을 부인할 수 없다. 정의와 자비 사이의 관계가 항상 명확한 것은 아니다. 우리는 모두 사랑하는 사람을 죽인 살인자를 용서한―부분적으로는 희생자가 그러기를 원했을 것이라는 확신에 의해―부모나 배우자의 감동적이고 극적인 사례를 들어본 적이 있을 것이다. 투투는 종종 캘리포니아 출신의 비엘 일가에 대해 언급했는데, 반인종분리 정책 백인 운동가였던 그의 딸 에이미는 1993년 케이프타운에서 과격한 흑인들에 의해 잔인하게 살해되었다. 그녀의 부모는 남아프리카공화국을 수차례 방문해서 용서를 건네고 있으며 그들이 세운 에이미 비엘 재단과 협력해서 흑인 청소년들을 돕고 있다. 그러나 다른 한편으로 투투 주교는 스티븐 비코 일가의 예도 드는데, 비코 일가는 그 흑인 지도자의 살해범들을 용서할 수 없고 용서하지도 않을 것이라고 말한다. 투투는 그들의 태도는 용서가 "길고 힘든 과정"이며 절대로 싸구려로 격하되어서는 안 된다는 것을 보여준다고 말한다.[42] 이 두 상반된 예는 정의와 자비 사이의 변증법적인 관계를 보여준다.

용서를 넘어서

신약성서학자인 레지널드 풀러는 그리스도가 행한 일과 그가 우리에게 요구하는 것의 전 범위를 포용하기에 "용서는 너무 빈약한 단어"라고 말한다.[43] 최악의 상황에서 우리가 변화는 차치하고 어떻게 용서를 말할 수

---

42 1998 Mollegen 강연.

43 Reginald Fuller, *Interpreting the Miracles* (London: SCM, 1963), 51 각주. 나는 Fuller 교수가 같은 말을 하는 것을 직접 들었다.

있는가? 수백만 명이 몰살당한 사건은 용서하라고 절규하지 않는다. 수백만 명의 죽음을 들먹일 필요도 없다. 친부가 자기 아이를 전자레인지로 태워 버린 사건은 어떤가? "그런 것을 알고 나서도 용서라는 말이 나오는가?"[44] 용서는 충분치 않다. 정의도 반드시 있어야 한다.

AMC TV 채널의 유명한 드라마인 "브레이킹 배드"(Breaking Bad)의 창작자이자 제작 책임자인 빈스 길리건은 고등학교 화학 교사로서 마약 밀매자이자 가차없는 살인자로 변하는 월터 화이트라는 등장인물에 관해 NPR 라디오 방송사의 "프레쉬 에어"(Fresh Air) 프로그램과 인터뷰했다.[45] 인터뷰 진행자가 길리건에게 다음과 같은 그의 발언에 대해 물었다. "무신론을 이해하기란 근본주의 기독교를 이해하는 것만큼이나 어렵다." 자칭 타락한 가톨릭 불가지론자인 길리건은 여전히 "우리 말고 다른 존재가 있다"고 믿기를 원한다. 그는 만일 "우주적 정의"가 없다면 이 모든 것의 의미는 무엇인지 고심한다. "망가지는" 사람들에게 많은 생각거리를 제공한 이 지성인은 "우주적 정의"를 희망하며 이 결론에 도달한다. "용서는 충분치 않다. **무언가 잘못되었고 반드시 바로 잡혀야 한다.**" 미로슬라브 볼프는 이에 동의한다. "십자가는 순수하고 간단한 용서가 아니라, 하나님이 불의와 기만적인 세계를 바로잡은 것이다."[46] 사도 바울은 이러한 바로잡음을 교정(그리스어로 *dikaiosis*이며 "칭의"라고도 번역된다)이라 부르는데, 우리는 이 단어와 개념에 대해 좀 더 자세히 살펴볼 것이다.

---

44 T. S. Eliot, "Gerontion."

45 이 인터뷰는 http://www.npr.org/player/v2/mediaPlayer.html?action=1&t=1&islist=false&id=140111200&m=140593722에서 찾아볼 수 있다.

46 Volf, *Exclusion and Embrace*, 298, 강조는 덧붙인 것임. 교회에서 이 점이 항상 이해되는 것은 아니다. 성직자의 성적 학대가 계속 폭로되고 있다는 사실은 용서가 무조건적으로 주어지는 동시에 하나님의 공의(*dikaiosyne*)가 잘못된 것을 바로잡기 위해 작동하는 방식을 전혀 이해하지 못했음을 드러낸다.

바로잡는다는 것은 약간의 재배열과 개선이 아니다. 신구약성경의 관점에서 볼 때 모든 피조물이 철저하게 잘못되었다. 하나님의 아들의 성육신이 존재하는 모든 것에 대한 하나님의 축복으로 이해되어서는 안 된다. 그것은 **십자가 위로 임한 성육신**이었으며 따라서 만물의 존재 방식에 대해 **의문을 제기하는** 성육신이었다. 소설가 워커 퍼시만이 있는 그대로의 세상을 못견디는 것은 아니다. 플래너리 오코너, 그레이엄 그린, 코맥 매카시 같은 소설가들은 이 "악한 세대"(갈 1:4)에 적응하지 못하는 인물들을 만들어낸다. 메시아는 자신을 맞이할 영적 준비가 되어 있는 정화되고 계몽된 세상에 온 것이 아니라, 창조 당시의 선한 인류보다는 가인이 그의 형제 아벨을 살해했던 날의 인류에 더 가까운 인류에게로 왔다. 실로 십자가형의 야만성은 바로 이 진단을 드러낸다. 성경은 처음부터 끝까지 타락한 인류의 곤경이 너무도 심각하고, 너무도 중대하며, 안으로부터는 치유할 수 없어서 하나님의 개입이 아닌 그 어떤 것으로도 그것을 바로잡을 수 없음을 증언한다.[47]

균형 및 균형과 정의 사이의 관계

1994년 4월 두 대의 미국 공군 전투기가 이라크 북부의 비행 금지 구역에서 두 대의 미국 육군 헬리콥터를 격추하여 26명이 죽은 끔찍하고 불운한 "아군 폭격" 사건이 발생했다. 원래 기소된 6명의 공군 장교 중 짐

---

47 Cormac McCarthy의 "노인을 위한 나라는 없다"(*No Country for Old Men*)에서 보안관 Bell은 이렇게 말한다. "나는 가끔 한밤중에 잠에서 깨어나 그리스도의 재림에 미치지 못하는 것은 아무 것도 이 열차의 속도를 늦출 수 없다는 것을 죽음이 확실한 것만큼이나 확실히 알게 된다."

왕 한 명만이 군사 재판에 회부되었다. 1995년 6월에 군 배심원은 짐 왕이 무죄라고 평결했다. 그 평결의 시시비비를 논하는 것은 우리의 목적이 아니다. 정의에 관한 이 장의 관심사는 희생자 가족이 정의가 세워지지 않았다고 생각한 것 때문에 그들의 고통이 크게 악화했다는 데 있다. 희생된 육군 조종사 중 한 명의 부모는 비통해 하면서 이 사건을 공군의 "엄청난 눈가림"으로 묘사했다.

고통스러워하는 가족들이 특별히 복수심에 불타 있는 것 같지는 않았다. 그들은 극단적인 처벌을 요구하지 않았다. 그들은 단지 누군가가 그들의 고통을 진지하게 받아들이기를 원했다. 공군이 발표한 질책과 훈계는 그 상실에 상응하지 않는 듯했다. 젊은 과부 카예 마운시는 "26명이 잔인하게 죽임을 당했는데 어떻게 **한 명도** 책임을 지지 않을 수 있는지 나는 여전히 당황스럽다"고 말했다.[48] 여기서 그리스도의 죽음과 관련하여 숙고해볼 점이 많이 있다. 심각한 문제가 걸려 있을 때 책임(accountability)의 개념과 빚짐(owing)이라는 말이 얼마나 쉽게 작동하는지 주목하라. 우리는 그러한 잔혹행위의 희생자들에게 무언가를 빚지고 있다. 아무도 그들에게 이 단어가 무엇을 의미하는지 설명할 필요가 없다. 정의가 있어야 하고 그 정의는 어떤 식으로든 그 손실의 정도와 관련이 있어야 한다는 것이 인간의 일반적인 기대다.

단 한 사람이라도 진정으로 처벌을 수용했다면 26명의 죽음에 대한 위로가 됐을 것이라는 암시에 주목하라. 한 사람이 많은 사람을 위한다. 이 개념이 요한복음에 극적으로 표현된다. "그해의 대제사장인 가야바가 그들에게 말하되…'한 사람이 백성을 위하여 죽어서 온 민족이 망하지 않게 되는 것이 너희에게 유익한(expedient) 줄을 생각하지 아니하는

---

48   Bob Pool, "Military Briefing Fails to Ease Widow's Mind," *Los Angeles Times*, July 14, 1994.

도다' 하였으니…그해의 대제사장이므로 예수께서 그 민족을 위하시고 또 그 민족만 위할 뿐 아니라 흩어진 하나님의 자녀를 모아 하나가 되게 하기 위하여 죽으실 것을 미리 말함이러라"(요 11:49-52).

이 부분에서 두 가지 개념이 작동하고 있다. 방금 언급된 하나는 한 사람이 많은 사람을 위해 책임을 진다는 개념이다. 다른 하나는 중죄에 대한 정의롭거나 "적당한"(expedient) 해결책은 해당 범죄의 심각함과 어느 정도 관계가 있어야 한다는 개념이다. 이것이 비례적 정의의 개념이다. 범죄의 중대함을 나타내기 위해 가치 있는 무언가가 요구된다. 하나님의 아들이 제물이라면 이는 최고의 중대함을 암시하지 않는가?

분노는 어디에 있는가?

케네스 L. 우드워드는 천국에 관한 「뉴스위크」 기사에서 "천국에 관한 현대의 대다수 고려에서 하나님의 정의 개념이 빠져 있다"고 지적했다.[49] 부유한 백인 미국인들이 천국을 생각할 때 그들은 천상의 고요함, 자연미, 가족 상봉을 생각하는 경향이 있다. 흑인 미국인들과 기타 사회적 약자 집단은 궁극적 정의가 실현될 것이라는 하나님의 약속을 훨씬 더 많이 생각할 것이다. 큰 불의를 겪은 사람에게는—요한계시록이 놀랍게 약속하듯이—모든 잘못이 바로잡힐 것이라는 점을 알 필요가 있다(계 21:3-4).

확실히 대다수 사람은 인종과 상관없이 정의가 **자신을 위한** 것일 때 그것에 큰 관심을 보이는 경향이 있다. 우리의 공공 담론의 상당 부분에서 **모든 사람을 위한** 정의 개념은 빠져 있다. 사람들은 문제가 자신들에

---

49 Kenneth L. Woodward, "Heaven," *Newsweek*, March 27, 1989.

게 직접적인 영향을 미치는 경우 정의를 추구하지만, 다른 사람이나 자신이 속하지 않은 다른 집단을 위해 정의를 지지하는 대중적 열정을 불러일으키기는 어렵다. 시민권 운동은 여러 집단에 속한 많은 인원을 동원할 수 있었기 때문에 하나님의 정의가 실현된 참된 기적이었다. 유감스럽게도 이런 일은 드물다. 무관심과 타인에 대한 배려의 부족이 이와 관련이 있다. 자신의 특권을 잃지 않으려는 결의가 더 큰 동인일 수도 있다. 여기에는 신학적 차원이 존재한다. 모든 사람을 위한 정의는 두려운 생각이다. 그것이 **결국 자기에게도 닥칠 수 있는** 가능성이 높아지기 때문이다. 에베소서 저자의 말처럼 우리는 **모두** "다른 이들과 같이 본질상 진노의 자녀"다(엡 2:3).

오늘날 하나님의 분노에 대해 말하면 많은 사람들이 메스꺼움을 느끼지만, 성경의 두드러진 이 주제를 외면할 수는 없다. 전 세계의 억압 받는 사람들은 불의와 부당함에 분노하는 하나님에 대한 성경의 묘사를 통해 힘을 얻어왔다. 데스몬드 투투 같은 자유의 투사가 지닌 유머와 활기는 하나님이 무력한 자, 발언권이 없는 자, 힘 센 친구가 없는 자, 제도에 의해 학대받고 억압받는 자의 편이라는 확신에서 비롯되고 그 확신을 통해 강화되며 유지된다. "분노는 어디에 있는가?"가 우리 시대의 구호가 되었다. 이 구호는 국제적 제약업계의 시장 조종, 최고경영자들의 천문학적인 부 그리고 경찰관의 방해 행위 등 모든 것에 적용되어 왔다. "분노는 어디에 있는가?"는 많은 해석자들에게 왜 국회의원들과 공직자들 그리고 일반 유권자들이 그토록 무관심해 보이는지 묻는다. 빈부격차가 왜 이리 커졌는가? 왜 이리도 많은 정신질환자들이 허점을 이용해 빠져나가는가? 왜 총기 폭력이 계속해서 미국 문화의 특징이 되고 있는가? 왜 사형수를 수감하는 건물들에 무고한 자들이 이렇게 많은가? 왜 미국의 감옥에는 흑인과 히스패닉계 남성이 압도적으로 많은가? **분노는 어디에 있**

는가? 대중은 자신들을 개인적으로 성가시게 만드는 온갖 종류의 것들로 인해 사이버 공간에서 분노를 표출하지만(넘비[자기중심적 태도] 증후군), 하나님의 심중에 있는 분노는 눈에 띄지 않고 다뤄지지 않는다. 하나님의 마음에 무엇보다도 분노가 있다는 것이 성경의 메시지다.[50] 만약 우리가 하나님의 진노 개념에 반대한다면, 다음에 어떤 것으로 인해 분노하게 될 때—우리의 재산 가치가 위협받거나 우리 자녀들의 교육 기회가 제한되거나, 세금 우대 조치가 제거될 때—잠시 멈춰서 숙고해볼 수도 있을 것이다. 우리 모두 무언가에 대해 화를 낼 수 있다. 그러나 하나님의 분노는 순수하다. 하나님의 분노에는 특권을 유지하려는 목적이 없을 뿐더러 특권이 없는 자들을 위해 표출된다. 그것은 마치 하나님이 짜증을 부리듯이 이따금씩 불타오르는 감정이 아니다. 그것은 모든 불의에 대한 그의 반감과 잘못된 상황을 바로잡으려는 그의 성향을 묘사하는 방식의 하나다.[51]

---

50 이러한 문제를 매우 명료하게 설명하는 Lesslie Newbigin은 하나님의 진노에 관해 이렇게 말한다. "우리는 온 세상이 죄의 지배 아래 있고 따라서 하나님께 적대적인 상태에 있음을 알고 있다. 그러나 하나님은 과거에도 이 세상을 사랑했고 지금도 여전히 사랑한다. 그것이 바로 하나님이 세상을 구하기 위해 자신의 힘을 쏟아부은 이유다. 우리는 이 사실을 절대로 잊어서는 안 된다. 때때로 그리스도인들은 그리스도의 십자가를 설명하기 위해 그리스도의 사랑과 자기희생이 하나님의 분노를 돌이키고 우리의 구원을 확보했다고 주장해왔다. 하나님의 분노가 세상의 죄에 대하여 드러난다는 것은…사실이다. 하나님의 분노는 실재다. 우리가 십자가를 이해하려면 반드시 이것을 이해해야 한다. 그러나 우리의 구원을 확보한 사랑 역시 하나님으로부터 온다. 하나님 안에는 분노와 사랑이 모두 존재한다. 분노는 하나님의 사랑의 반대 측면이다. **그러나 하나님의 분노는 하나님 외부의 그 무엇으로도 돌이켜지지 않는다.** 하나님이 세상을 사랑해서 자신의 아들을 세상의 구세주로 내어 주셨기 때문이다"(*Sin and Salvation* [London: SCM, 1956], 56, 강조는 덧붙인 것임).

51 C. F. D. Moule은 내가 선호하는 입장을 다음과 같이 요약한다. 하나님의 분노(그리스어로 *orge*)는 하나님의 감정(라틴어로 *affectus*)이 아니라 잘못된 것에 맞서는 그의 행동(*effectus*)이다. "Punishment and Retribution: Delimiting Their Scope in New Testament Interpretation," in *Stricken by God? Nonviolent Identification and the Victory of Christ*, ed. Brad Jersak and Michael Hardin (Grand Rapids, Eerdmans, 2007), 256.

1990년 9월 2일 뉴욕시에서 미국 전역을 공포에 몰아넣은 살인 사건이 발생했다. 유타주 프로보에 사는 왓킨스 가족(아버지, 어머니, 어린 두 아들)이 오랫동안 고대했던 US 오픈 테니스 경기를 관람하기 위해 즐거운 마음으로 뉴욕에 도착했다. 이 가족이 플러싱 메도스행 열차를 타기 위해 지하철 승강장에서 기다리고 있을 때 4명의 젊은이들이 이들을 공격했다. 맏아들이 얼굴을 걷어차이고 있는 어머니를 구하려다 살해당했다. 에드윈 토레스 판사는 4명의 폭행범 모두에게 가석방 없는 종신형을 선고했는데, 이는 당시 뉴욕에서 가장 무거운 형벌이었다. 이 선고를 통해 그는 사회에 무거운 경종을 울리는 놀라운 진술을 했다. "한 무리의 약탈자들이 어린아이의 부모가 보는 앞에서 그를 에워싸고 그에게 덤벼들어 죽였다. 그러고서도 로즈랜드 블럭까지 걸어가서 새벽 4시까지 춤을 추었다. 마치 그들이 짓밟아 죽인 것이 곤충 한 마리에 지나지 않는다는 듯이 말이다. 어머니가 자신의 눈 앞에서 폭행당해 죽어가는 아들을 품에 안고 있는 장면은 참으로 끔찍한 재난이다. **그것은 처벌되지 않을 수 없다.**"[52]

우리가 다소 길게 다룰 개념인 **처벌 받지 아니함**(impunity)에 관한 이 판사의 말은 확실히 일반적으로 심판 개념을 싫어하는 사람들로부터도 공감어린 반응을 불러일으킬 것이다.

1989년에 정치와는 담을 쌓은 젊은 미국인 수녀 다이애나 오티즈가 알레한드로라 불리는 미국인의 지휘를 받던 과테말라 보안군 요원들에게 납치되어 고문당한 사건이 발생했다. 자세하고 매우 참혹한 증언을 통해 그녀는 이렇게 말했다.

---

52 *New York Times*, January 4, 1992, 강조는 덧붙인 것임.

나는 많은 질문을 받았습니다. 모르는 사람들뿐만 아니라 친구들로부터 질문을 받았습니다. 그런데 그들은 내게 **우리 정부로부터 정의를 제공 받았는지는 묻지 않고 내가 나를 고문한 자들을 용서해 주었는지를** 물었습니다. 나는 진실을 원했습니다. 나는 정의를 원했습니다. 그들은 다른 주제로 넘어갈 수 있도록 내가 용서해 주기를 원했습니다. 나는 내가 용서하면 모든 것이 잘 될 것이라고 생각했습니다. 내가 아니라 그들에게 말입니다. 기독교는 사회 정의가 아니라 개인의 용서에 관심이 있는 듯했습니다.

　　미국이 고문해야 하는지 아니면 잔인하고 비인간적이며 모멸적인 처우를 해야 하는지에 관한 논의에 한 단어를 소개하고자 합니다. 그 단어는 **처벌 받지 아니함**입니다. 그것은 생존자들에게 상당히 중요한 단어입니다. 생존자들은…정의, 즉 그것을 시행하기 위한 책임을 요구합니다. 우리는 우리의 정부로부터나 다른 어느 곳으로부터도 정의를 얻지 못합니다. 따라서 이것이 우리가 조직을 설립하는 목표 중 하나입니다.[53]

이런 예들은 정의와 자비 간의 복잡한 관계와 처벌 받지 않는 것의 처참한 결과를 보여준다. 우리는 용서가 단순한 문제가 아님을 보여주기 위해 광범위한 영역을 넘나들었다. 우리가 기독교 신학과 윤리를 순전히

53　Sr. Dianna Ortiz, O.S.U., "Theology, International Law, and Torture: A Survivor's View," *Theology Today* 63, no. 3 (October 2006): 344-48("처벌 받지 아니함"에 대한 강조는 원 저자의 것이고 나머지 강조는 덧붙인 것임). 처녀인 젊은 수녀가 설명한 고문, 강간 그리고 그 여파에 대한 조사가 이루어졌고 그녀의 말은 대체로 입증되었다. 그녀가 말한 세부 내용은 매우 끔찍하다. Dianna 수녀의 이야기는 그녀의 저서 *The Blindfold's Eyes: A Journey from Torture to Truth* (Maryknoll, N.Y.: Orbis, 2002)에서 구할 수 있다. 설득력 있는 이야기를 http:www.salon.com/2002/11/19/ortiz/에서 온라인으로 구할 수 있다. 그녀는 수년간의 항의와 1996년 백악관 앞에서 행한 5주간의 철야 단식에도 불구하고 빌 클린턴 대통령과 조지 H. W. 부시 대통령으로부터 인정을 받지 못했다. 클린턴 대통령은 결국 미국과 과테말라 관련 문서를 공개하라고 지시했다. 그녀는 국제 고문 철폐 및 생존자 지원 연합(TASSC) 설립에 도움을 주었다.

용서의 관점에서만 생각한다면, 우리는 하나님의 성품의 핵심적인 측면을 소홀히 하게 되고, 십자가의 가장 완전한 차원을 이해하지 못하게 될 것이다. 하나님의 새로운 창조 세계는 정의로운 세계여야만 한다. 그렇지 않다면 하나님의 약속이 힘 있는 사람에게 속수무책으로 당하는 사람에게는 조롱거리로 보일 것이다. 나아가 하나님의 정의를 고려하지 못하면 우리는 신약성경의 케리그마(kerygma)에 재구성되어 있는 특별한 방식을 놓치게 될 것이다.

세례 요한은 광야에서 "독사의 자식들아, 누가 너희에게 일러 장차 올 [하나님의] 진노를 피하라 하더냐?"라는 불같은 메시지를 선포했다. 오늘날 하나님의 진노에서 서둘러 벗어나고자 하는 우리는 우리가 모든 형태의 악에 단호히 맞서지 않는 신을 믿을 때 발생할 결과에 대해 곰곰이 생각해보았는지 자문해볼 수 있을 것이다. 미로슬라브 볼프는 "분개하지 않는 하나님은 불의, 기만, 폭력의 공범일 것"이라고 말한다.[54] 우리가 이 말을 거북해하는 이유는 아마도 우리 자신이 공범이기 때문일 것이다. 그러나 대다수 사람들은 어떤 지점에서는 자기의 "피가 끓어 오른다"고 말할 것이다. 그렇다면 끓는점이 몇 도인지가 문제일 것이다.[55] 불의에 대해 우리의 피가 끓지 않는다면, 우리가 어떻게 예언자 이사야를 통해 이렇게 말씀하신 하나님을 섬길 수 있겠는가?

불의한 법령을 만들며, 불의한 말을 기록하며, 가난한 자를 불공평하게 판결하여 가난한 내 백성의 권리를 박탈하며 과부에게 토색하고 고아의 것을

---

54 Volf, *Exclusion and Embrace*, 297.
55 나는 1970년대 남미 군사 정권의 탄압이 최고조일 때 보수적인 복음주의 선교 단체 대표와 대화를 나눈 적이 있다. 나는 그 단체의 정치적 상황에 관한 입장에 대해 물었다. 그는 정확히 이렇게 말했다. "우리는 불의에 피가 끓는 사역자를 모집하지 않습니다."

약탈하는 자는 화 있을진저(사 10:1-2).

분노는 어디에 있는가? 하나님 자신이 분노한다. 그것은 하나님의 구속 목적에 반하는 모든 것에 대한 분노다. 그것은 **감정**이 아니다. 그것은 잘못을 바로잡는 하나님의 의로운 **행동**이다. 그것은 스스로 도울 힘이 없는 사람들을 위한 하나님의 개입이다.

하지만 아무도 궁극적으로 하나님이 **직접** 개입할 것이라고는 상상하지 못했을 것이다. 자신의 권리를 빼앗긴 가난한 자 중 한 사람이 됨으로써, 정의를 강탈당한 자 중 한 사람으로 죽음으로써 하나님의 아들은 극한의 굴욕을 감수했고, 도움을 받지 못하는 자들과 완전한 연대를 이루었다. 왕의 왕이자 주의 주이신 그가 자발적으로 많은 이들로부터 조롱을 당했고, 가장 극한의 순간에 자신을 위해서는 아무것도 할 수 없었다(막 15:31).[56]

그러나 더욱 충격적인 점은 그가 **피해자들뿐만 아니라 가해자들을 위해서도** 무력함과 굴욕을 겪었다는 것이다. 주님의 이러한 이중 배상은 본 연구의 주요 주제이며 본서 전반에 걸쳐 전개될 것이다. 종교 기득권층에 재앙을 선포하며 심판을 내린 바로 그 하나님이(마 23장, 눅 11장) 자신이 내린 심판과 자신이 선포한 재앙을 받게 되리라고 어느 누가 생각이나 했겠는가? 이는 매우 비도덕적이고 비종교적인 생각이다. 우리가 앞으로 계속 보겠지만, 십자가형은 하나님이 자신에게 형을 선고하는 것을 드러낸다. 하나님의 분노가 하나님 자신에게 표출되었다.[57] 모든 인간 가운데서 혼자만 완벽하게 의로웠던 하나님의 아들이 자신을 희생제물

---

56 Martin Hengel, *Crucifixion* (Philadelphia: Fortress, 1977), 31.

57 이 행동이 성부가 성자와 맞서는 것이 아님을 아무리 강하게 또는 아무리 자주 강조하더라도 지나치지 않다. 그것은 성삼위일체의 세 위격 안에서 수행된다.

로 드린 데서 완벽한 정의가 시행된다. 따라서 **피해자건 가해자건 어느 누구도** 자기의 공로로 심판을 벗어난다고 주장할 수 없다. 오직 하나님의 아들의 공로만이 심판을 벗어나게 할 수 있다.

디카이오쉬네: 정의와 하나님의 공의

2012년 라이베리아 전 대통령이자 군 지도자 찰스 테일러가 국제사법기관으로부터 징역 50년을 선고받았다(이는 제2차 세계대전 직후 있었던 뉘른베르크 재판 이래로 국가원수가 받은 첫 유죄판결이었다). 그는 "인류 역사상 가장 극악무도하고 잔인한 범죄를 계획, 방조, 교사한 죄"로 유죄 판결을 받았고 정의가 실현되었다는 느낌이 들었다. 그러나 검사장은 기자회견에서 이렇게 말했다. "오늘의 선고가 절단된 팔다리를 대체하지 않고, 살해된 사람들을 살려내지 않습니다. 이 선고가 강간을 당하거나 강제로 성노예가 된 사람들의 상처를 치유하지도 않습니다."[58]

인간의 정의 체계는 사회가 제대로 작동하는 데 매우 중요하지만, 거기까지만 할 수 있을 뿐이다. 인간의 정의는 잘못을 바로잡을 수 없다. 따라서 우리는 정의의 개념을 확장할 필요가 있다. 우리는 성경의 이해에 있어서 큰 도약을 시도하려고 한다. **아가페** 사랑이라는 중요한 개념은 성경의 용어를 전혀 모르는 사람들 사이에서도 잘 알려져 있다. 그러나 똑같이 중요한 단어인 **디카이오쉬네**(*dikaiosyne*)는 거의 알려지지 않았다. 기원전 2세기에 히브리어 성서가 그리스어로 번역되었을 때(이 번역

---

58 네덜란드 레이츠헨담 국제형사재판소 검사장 Brenda Hollis, *New York Times*, May 31, 2012에 인용됨.

본은 70인역으로 알려져 있고 LXX로도 표기된다), 보통 "공의"(righteousness)로 번역되지만 **미쉬파트**(*mishpat*, 정의)와 밀접히 연관되어 있으면서 거의 동의어인 히브리어 어군(체다카; *tsedaqa*)은 **디카이오스**(*dikaios*), **디카이오쉬네**(*dikaiosyne*), **디카이오시스**(*dikaiosis*), **디카이우**(*dikaioo*)라는 단일 그리스어 단어군으로 이어졌다. 영어 사용자들에게는 여기에 문제가 있다. 왜냐하면 영어 성경 번역본에는 이 그리스어 어군의 번역을 위해 여러 단어들, 예컨대 "의로운"(righteous), "공의"(righteousness), "공정한"(just), "정의"(justice), "칭의"(justification), "의롭게 하다"(justify)가 사용되기 때문이다. 만약 우리가 **여러** 영어 단어와 **하나의** 그리스어 어군 사이의 의미론적이고 신학적인 연관성을 이해하기 위해 노력할 수 있다면 우리는 중요한 도구를 갖게 될 것이다. 그러나 이것이 영어 사용자들에게는 쉬운 일이 아니다. 왜냐하면 영어 단어 "공의"와 "정의"는 완전히 다른 단어로 들리기 때문이다. 그러나 **영어에서는 어의상 아무런 관련이 없는 이 두 단어 "정의"와 "공의"는 히브리어 구약성경과 그리스어 신약성경에서는 동일 어군에 속한다.**[59] 실제로 성경 사전에서 "정의"를 찾아보면 "공의"를 찾아보라고 나올 것이다. 이러한 연관성이 작동하면 신학적 이해 및 윤리적 동기부여에 큰 진전이 이루어질 수 있다.[60]

그렇다면 우리는 가장 근본적인 수준에서 먼저 하나님의 **정의**와 하나님의 **공의**가 본질적으로 같다는 점을 알아야 한다. 그러나 우리가 더 나아가기 전에는 이러한 사실이 도움이 되지 않을 것이다. "하나님의 공

---

[59] 나는 마치 *tsedaqa*(공의)와 *mishpat*(정의)가 동일 어군에 속하기라도 한 듯이 이 단어들을 부정확하게 사용한 데 대해 비난을 받을 수도 있다. Jacqueline Lapsley가 내게 지적해주었듯이, "공의와 정의"라는 어구가 시편과 예언서에 매우 자주 등장하므로 **이사일의**(二詞一意) 원칙(단일 개념이 접속사 "그리고"로 연결된 두 단어에 의해 표현되는 원칙)에 따라 이 두 단어를 마치 같은 단어인 것처럼 말해도 무방하다.

[60] 우리는 이 중요한 개념에 대해 8장과 12장에서 좀 더 철저하게 논의할 것이다.

의"에서 사용되는 것과 같은 공의는 대개 우리가 일반적으로 생각하는 의미가 아니다. 따라서 그 단어에 대한 우리의 오해를 극복하기 위해서는 약간의 노력이 필요하다. 현대인에게 '공의'는 일련의 도덕규범이나 제약에 집착하는 것을 함축하는 답답한 말로 들린다. 우리는 "공의로운" 하나님께 매력을 느끼지 않을 것이다(우리가 정의를 추구하지 않는 한 말이다!). 그러나 히브리어의 "공의"라는 단어는 우리의 율법주의나 도덕주의 개념과는 거리가 멀다. 구약성경에서 하나님이 정의로우며 공의롭다고 하는 말은 하나님이 우리를 향해서 갖고 있는 위협적이고 추상적인 특질을 가리키는 것이 아니다. 공의는 **잘못된 것을 바로잡는 하나님의 힘**을 가리키기 때문에 이 단어는 명사라기보다는 동사에 훨씬 가깝다.[61] 그 말 자체는 그다지 거슬리지 않지만 그 근저의 급진적 메시지, 그리고 우리가 저항하는 메시지는 하나님이 우리의 저항에도 불구하고 올바로 바로잡는다는 것이다. 이것이 바울이 사용하는 **디카이오시스**(*dikaiosis*)의 참된 의미인데, 이 단어는 전통적으로 "칭의"로 번역되었지만 좀 더 좋은 번역은 "교정"(rectification)이다("교정하다"[rectifiy]는 라틴어 **렉투스**[*rectus*, 올바른] +

---

61 Gerhard von Rad는 공의가 하나님이 이스라엘과 맺은 언약 안에서의 "바른 관계"라고 강조했는데, 이는 20세기에 광범위하게 인정 받았다. 하나님의 공의는 그분의 헤세드(*chesed*), 언약적 신실함이다. 이러한 이해는 21세기까지 이어져 내려왔다. 많은 성직자와 성경 교사가 여전히 공의가 "바른 관계"를 뜻한다고 말한다. 그러나 이러한 이해는 공의의 개념을 이스라엘과의 언약이라는 맥락을 넘어 우주 전체의 질서로 확장시킨 학자들로부터 도전을 받고 있다(나는 그들의 입장이 옳다고 생각한다). 분명히 이 확장된 개념의 공의가 사도 바울과 제2이사야(사 40-55장)가 의도한 바이며, 요한계시록(21:24-26)도 마찬가지일 것이다. 아마도 "바른 관계"가 공의의 적절한 정의가 아니라는 점에 관해 우리가 할 수 있는 가장 간결한 말은 그 단어가 동사가 아니라는 점일 것이다! 하나님의 공의와 관련해서 기억해야 할 가장 중요한 점은 그것이 잘못된 것을 바로 잡는 하나님의 **강력한 행동**이라는 것이다. "구약성경에서 공의는 어떤 우주적 조화의 존재론적 상태가 아니라, 인류를 위해 하나님이 이 세상에 개입함으로써 시작되었고 하나님의 뜻에 따라 행해진 사건이다"(Brevard Childs, *Biblical Theology of the Old and New Testaments: Theological Reflection on the Christian Bible* [Minneapolis: Fortress, 1993], 490).

피카레[*ficare*, 만들다]의 합성어다).[62] "교정"은 이러한 기본 의미를 포괄하는 유일한 단어다. 교정은 "칭의"보다 더 나은 표현이다. "교정하다" — 바로 잡다 — 라는 동사가 "의롭게 하다"라는 동사보다 "공의"에 더 가깝기 때문이다. "교정"이라는 단어가 비교적 흔한 일상용어가 아니기 때문에 이 상적이지는 않지만, 그래도 이 단어가 우리가 지니고 있는 단어 중 최선의 동등어다. 본서에서는 앞으로 "교정"(바로잡음)이라는 단어를 사용할 것이다.

추적으로서 디카이오쉬네, 적극성으로서 디카이오쉬네

우리가 하나님으로부터 등을 돌릴 때조차도 우리에게 다가오는 하나님이 성경에 여러 방식으로 묘사되어 있다. 이러한 묘사 중 몇몇은 다른 묘사들보다 우리의 현대적 감성에 좀 더 잘 들어맞는다. 예컨대 호세아는 하나님의 이러한 움직임을 부모와 자녀의 측면에서 말한다. 하나님의 공의는 하나님의 사랑의 한 측면이다. 하나님은 그들이 자기에게서 등을 돌리기로 결심함에도 불구하고 자신의 언약 백성을 추적한다.

이스라엘이 어렸을 때에 내가 사랑하여 내 아들을 애굽에서 불러냈거늘, 선지자들이 그들을 부를수록 그들은 점점 멀리하고 바알들에게 제사하며 아로새긴 우상 앞에서 분향하였느니라. 그러나 내가 에브라임[이스라엘의 자녀]에게 걸음을 가르치고 내 팔로 안았음에도 내가 그들을 고치는 줄을 그

---

62 J. Louis Martyn은 상당수의 다른 학자에게 **디카이오스**(*dikaios*) 단어군을 "교정"(명사)과 "교정하다"(동사)로 번역해야 한다고 주장한 최초의 성서학자였다(*Galatians*, Anchor Bible 33A [New York: Doubleday, 1997], 239-50을 보라.)

들은 알지 못하였도다. 내가 사람의 줄 곧 사랑의 줄로 그들을 이끌었고…
내 백성이 끝끝내 내게서 물러가나니 그들은 멍에를 지게 되었고 그것을 제
거할 자가 없도다. 에브라임이여, 내가 어찌 너를 놓겠느냐? 이스라엘이여,
내가 어찌 너를 버리겠느냐?…내 마음이 내 속에서 돌이키어 나의 긍휼이
온전히 불붙듯 하도다. 내가 나의 맹렬한 진노를 나타내지 아니하며 내가
다시는 에브라임을 멸하지 아니하리니, 이는 내가 하나님이요 사람이 아님
이라. 네 가운데 있는 거룩한 이니 진노함으로 네게 임하지 아니하리라(호
11:1-9. 7절은 개역개정을 따르지 아니함).[63]

호세아가 사용한 부모와 자녀의 이미지에는 부모의 "맹렬한 분노"가 담
겨 있다. 하나님이 자기 백성에게 응분의 대가를 치르게 할 권리를 갖고
있다는 점이 당연하게 여겨진다. 그러나 하나님의 공의는 가혹한 형벌을
선고하는 초연한 판사의 공의와 다르다. 재판석에서 내려와 억제할 수
없는 동정심을 쏟아내는 것이 "네 가운데 있는 거룩한 이"인 하나님의
본성이다.

동시에 호세아는 할 말을 다하지 않는다. 자신의 창조세계를 회복하
기 위해 하나님이 하는 일은 찾고 추적하며, 용서하고 회복하는 것만이
아니다. 하나님의 공의 때문에 하나님은 자신이 사랑하는 것을 파괴하는
모든 것에 대적하기 위해 무슨 일이든 하게 한다. 그리고 이는 자신의 구
속 목적에 저항하는 모든 것에 대해 하나님의 적개심을 선언하는 것을
의미한다. 이것이 하나님의 정의에 담겨 있는 적극적 원리다.

하나님의 정의(공의와 동의어)는 까마득한 외딴곳에 존재하지 않는다.

---

63 예레미야 역시 이 모티프를 사용한다: "에브라임은 나의 사랑하는 아들, 기뻐하는 자식이
아니냐? 내가 그를 책망하여 말할 때마다 깊이 생각하노라. 그러므로 그를 위하여 내 창자
가 들끓으니 내가 반드시 그를 불쌍히 여기리라." 여호와의 말씀이니라(렘 31:20).

하나님의 공의는 취약한 인간이 헛되이 그것에 맞서도록 내던져지는 정적이고 무자비한 속성이 아니다. 어떤 법적 규범에 따라 비인격적인 정의를 제공하는 판사의 속성과 같은 것도 아니다. 데스몬드 투투의 주장처럼 하나님의 정의는 보복적이 아니라 회복적이다.[64] "하나님의 사랑이 저항 받으면 분노로 표출되기" 때문에[65] 많은 사람이 이를 이해하지 못하는 것은 당연하다. 따라서 하나님의 정의가 지닌 모든 차원을 설명하려면 다른 종류의 표현이 있어야 한다. 공동체(호세아는 이 공동체를 "에브라임"으로 부른다)를 위협하는 모든 것은 반드시 드러나고, 거부되며, 제거되어야 한다.[66] 여기서 우리는 하나님의 사랑의 추적뿐만 아니라 하나님의 적극적인 행위에 대해서도 말할 필요가 있음을 알게 된다. 대상을 절대로 놓아주지 않을 사랑에 관한 호세아의 메시지는 (예컨대) 이사야의 거친 언어로 보완될 필요가 있다.

> 그러므로 주 만군의 여호와 이스라엘의 전능자가 말씀하시되…"**내가 또 내 손을 네게 돌려 네 찌꺼기를 잿물로 씻듯이 녹여 청결하게 하며 네 혼잡물을 다 제하여 버리고** 내가 네 재판관들을 처음과 같이, 네 모사들을 본래와 같이 회복할 것이라. 그리한 후에야 네가 '의의 성읍'이라, '신실한 고을'이라 불리리라" 하셨나니 시온은 **정의**로 구속함을 받고, 그 돌아온 자들은 **공의**로 구속함을 받으리라(사 1:24-27).

---

64 Tutu, *No Future without Forgiveness*, 54.

65 James D. Smart, *Doorway to a New Age* (Philadelphia: Westminster, 1972), 50.

66 Christopher Morse는 이렇게 말한다. "자유로이 세상을 창조하고 그것을 사랑하기로 작정한 하나님은 이 운명에 방해가 되는 모든 것을 거부한다"(*Not Every Spirit: A Dogmatics of Christian Disbelief* [New York: Trinity, 1994], 248).

마지막 문장에서 "공의"가 어떻게 인간의 미덕이나 올바른 행동이 아닌 이스라엘에 정의와 공의를 회복시키는 **하나님의 행위**를 명확하게 가리키고 있는지를 주목하라. 여기서도 "공의"는 명사가 아닌 동사의 성격을 갖고 있다. 이는 하나님이 **공의롭다기**보다는 하나님께서 공의를 행한다는 뜻이다.[67] 하나님께서 자신의 손을 돌려 이스라엘을 심판할 것은 사실이지만(여기서 "심판하다"라는 단어가 "공의"와 같은 어군에 속해 있음을 기억하라), 심판의 목적은 파멸이 아니라 불순물을 용해하여 제거하는 것이다. 이 일은 **이스라엘의 저항에도 불구하고** 분명히 일어날 것이다. 그것은 처음부터 끝까지 하나님의 행동일 것이다. 목표는 회복과 갱신이다. 때가 차면 언약 백성은 하나님 자신의 언약적 신실함을 반영하는 거울이 될 것이다. 그러나 이는 인간의 역량이란 측면을 통해 일어나지 않을 것이다. 이는 하나님 쪽에서 우리 쪽으로 이동하는 것을 통해 일어나야 하고 또 그렇게 일어날 것이다.

묵시 신학의 출현

예수로 말미암아 정의의 전체 개념이—그의 사역에서 암묵적으로 그리고 바울 서신에서 명시적으로—급진적으로 재형성된다. 그러나 언약의 종말에 대한 조짐으로 이해되었던 바빌로니아 포로 생활이 이스라엘 자

---

67 Käsemann은 하나님의 공의를 "적극적이고 구원을 만들어내는 힘"으로 부른다. Richard Hays는 이 말을 인용하여 바울이 롬 3장에서 인용한 시 143편을 신중히 읽음으로써 이 핵심 개념을 유용하게 확장한다. 70인역 시편에 사용된 그리스어 디카이오쉬네(*dikaiosyne*)는 명백히 ("전가된" 공의와 대조되는) 하나님의 공의를 의미한다. "하나님의 공의는 시편 저자에게 다가가 그를 구원하는 능력으로 생각된다"(Hays, *The Conversion of the Imagination: Paul as Interpreter of Israel's Scripture* [Grand Rapids: Eerdmans, 2005], 58-60).

손에게는 "신학적 비상 사태"였기 때문에 구약성경의 몇몇 후기 문헌에 이미 이러한 급진적 변화에 대한 준비가 존재했다.[68] 공의를 더 이상 "의인"과 "악인"에 대한 시편의 친숙한 구별(예컨대 시 34:21)의 관점에서 생각할 수 없었다. 이스라엘은 자기가 안전하다고 생각했지만, 이제 의존할 단단한 기반이 없어졌다. 대체로 하나님과 이스라엘 공동체 간의 협업으로 이해되었던 언약이 이제는 더 이상 그런 식으로 이해될 수 없었다. 하나님의 축복과 저주(신 12:26-28) 간의 구별이 포로 생활을 통해 종점에 도달했다면, 모든 배열은 최종적인 절망의 메시지로 보일 것이다. 하나님의 공의가 전면적으로 이스라엘 위에 임했다. 다윗의 왕좌가 무너졌다. 예루살렘은 결국 하나님께서 거하는 시온이 아니었다. 하나님이 그 언약을 취소한 것 같았다. "우리의 뼈들이 말랐고 우리의 소망이 없어졌으니 우리는 다 멸절되었다"(겔 37:11).

구약시대 후기에 기록된 에스겔, 스가랴, 다니엘서는 몇몇 후기 시편 및 지혜 문학처럼 이것을 다른 방식으로 표현한다.[69] 바빌로니아에 정복되기 전에도 상황이 예상대로 풀리지 않고 있다는 것이 분명해지고 있었다. 어느 모로 보나 하나님의 목적은 결국 불변하는 것이 아니었다. 하박국 시대에 바빌로니아 사람들은 이스라엘의 근간을 문자적으로 그리고 비유적으로 일소하려 하고 있었다.

---

68 John Bright는 바빌로니아에 의한 예루살렘의 함락이 어떻게 이 민족을 "신학적 비상 사태"에 빠뜨렸는지를 설명하면서 이 놀라운 어구를 사용한다. 이스라엘의 종말이 왔을 때, "공식적인 신학은 그것을 설명하는 데 도움이 되지 않았다"(*A History of Israel* [Philadelphia: Westminster, 1972], 331-32).

69 지혜 문학이 언약을 전혀 언급하지 않는다는 사실은 유명하다. 전도서는 "해 아래 새로운 것이 없는"(전 1:9) 것처럼 보이는 포로 세계의 관점을 반영한다. 이 점은 바울이 비교적 언약에 대해 별로 언급하지 않는 것을 이해하는 데 중요한데, 이에 대해서는 뒤에서 논의될 것이다.

여호와여, 내가 부르짖어도 주께서 듣지 아니하시니 어느 때까지리이까?…
어찌하여 내게 죄악을 보게 하시며 패역을 눈으로 보게 하시나이까?…율법
이 해이하고 정의가 전혀 시행되지 못하오니 이는 악인이 의인을 에워쌌으
므로 정의가 굽게 행하여짐이니이다(합 1:2-4).

하박국은 하나님의 명백한 부재라는 문제뿐만 아니라 악이 보상을 받고
신실함이 박해를 받는─"정의가 왜곡되는"─수수께끼도 제기한다. 이
러한 딜레마는 포로기 후에야 전면적으로 드러났다. 이전의 공식이 이전
시대에는 충분히 잘 작동했지만("여호와께서 정의를 사랑하시고…악인의 자손
은 끊어지리로다. 의인이 땅을 차지함이여, 거기서 영원히 살리로다"-시 37:28-29),
이 공식은 이에 반하는 사건들로 대체되었고 더 이상 작동하지 않았다.
연대상으로는 구약성경의 가장 마지막 책인 다니엘 시대에 이스라엘은
완전히 새로운 형태의 개입을 예언한 신명기-이사야에게서 시작된 긴장
을 잘 알고 있었다. 새로운 종말 신학은 세례 요한의 설교를 위한 준비를
하였다. 그것은 예수의 사역과 사도 바울의 케리그마의 틀을 확립했고,
바울은 공의와 정의의 전체 개념을 십자가에 비추어 재구성했다.

　　포로기의 신학적으로 극단적인 상황에서 새로운 메시지가 마치 하
늘에서 내려온 것처럼 나타났는데, 그것은 바로 포로기의 이사야적인 예
언자가 주장한 내용이다. "너희의 하나님이 이르시되 '너희는 위로하라,
내 백성을 위로하라. 너희는 예루살렘의 마음에 닿도록 말하며 그것에게
외치라. 그 노역의 때가 끝났고 그 죄악이 사함을 받았느니라.'…너는 알
지 못하였느냐? 듣지 못하였느냐? 영원하신 하나님 여호와, 땅끝까지 창
조하신 이는 피곤하지 않으시며 곤비하지 않으시며 명철이 한이 없으시
며"(사 40:1-2, 28). 에른스트 케제만은 상당히 많이 인용되고 있는 "묵시
는 모든 기독교 신학의 어머니였다"라는 말로 성서신학계에 새로운 운동

을 일으켰다.[70] 신학적 강바닥으로부터 거센 물결이 솟아올라 다시금 그것이 속한 본류로 흘러 들어간다. 클라우스 코흐가 "묵시의 회복"으로 부른 것이 20세기 신약성서신학에서 가장 중요한 운동이라는 주장은 상당한 설득력이 있다.[71] 우리 시대에 이처럼 묵시 신학이 재발견되어 십자가에 대한 우리의 이해를 새롭게 형성하고 있다.

그리스어 **아포칼립시스**(*apokalypsis*)는 "계시" 또는 "공개"를 의미한다. 한 걸음 더 나아가면 우리가 이 소망을 받을 수 있는 유일한 길은 **그 메시지 자체**가 우리의 영역 외부에서 올 때, 따라서 "묵시" 또는 "계시"뿐이라는 점이 명백해질 것이다. 새로운 케리그마 또는 선언은—종교적인 것이든 아니든 간에—인간이 꿈꾸거나 우리의 소망을 투사할 수 있었던 모든 것을 넘어서고 그것으로부터 독립적인, 흥분시키는 게시판이다.[72] 따라서 하나님의 아들이 겪은 비종교적이고 상상할 수 없는 굴욕과 십자가형은 묵시적인 사건이다. 이 사건은 실로 **바로 그** 묵시적 사건이다. 그러므로 이 사건은 오직 하나님에 의해서만 시작될 수 있었다. 묵시 신학을 뒷받침하는 본질적·근본적 개념은 신적 작용(divine agency)이 주된 역할을 한다는 개념이다. 포로기 후 정의롭고 공의로운 영역을 건설함에 있어서 인간과 하나님 간의 모종의 상부상조라는 모든 환상은 포기되어야만 했다. 포로기의 심연으로부터 신명기-이사야를 통해 발해진 언

---

70 Ernst Käsemann, *New Testament Questions of Today*, trans. W. J. Montague, (London: SCM, 1969), 102. 튀빙겐의 학자 Käsemann은 1960년에 발표한 "기독교 신학의 시작"(The Beginnings of Christian Theology)이라는 획기적인 논문을 통해 신약성서 연구에 파란을 일으켰는데, 그 여파가 오늘날까지도 이어지고 있다.

71 "Käsemann은 갑자기 지류가 본류라고 선언했다." Klaus Koch, *The Rediscovery of Apocalyptic: A Polemical Work on a Neglected Area of Biblical Studies and Its Damaging Effects on Theology and Philosophy* (London: SCM, 1972), 14.

72 이것은 『환상의 미래』(*The Future of an Illusion*)에 등장하는 Freud의 거대한 주장에 대한 간접적인 반응이다.

급은 참으로 새로운 메시지다.

> 이제부터 내가 새 일 곧 네가 알지 못하던 은비한 일을 네게 듣게 하노니,
> 이 일들은 지금 창조된 것이요 옛 것이 아니라. 오늘 이전에는 네가 듣지 못
> 하였으니 이는 네가 말하기를 "내가 이미 알았노라" 하지 못하게 하려 함이
> 라(사 48:6-7).

이사야 40-55장의 혁명적인 특성은 아무리 강조해도 지나침이 없다.[73]
한결같은 고양 면에서 성경 전체를 통틀어 이에 필적할 만한 부분이 존
재하지 않는다. 이사야 40-55장을 읽으면 우리는 마치 다른 우주로 옮겨
진 것처럼 느껴진다. 그리고 실제로 바로 그런 일이 발생하고 있다. 이사
야 자신이 천상의 어전 회의실로 들어 올려져서 거기서 "하나님이 친히
자신의 초월적인 능력의 영역에서 내려와서 자기 백성을 노예 상태에서
해방시키고 그들을 변화된 본향으로 회복시킬 것"이라는 신적 선언을 듣
는다. 여기서 핵심 주제는 의인의 보상과 악인의 형벌이라는 낡은 의미
의 "정의"가 아니다. 그것은 "선악 간에" 인간이 할 수 있는 모든 것과 **무
관하게**(롬 9:11)[74] 도래하는 하나님의 승리다. 포로기 후의 이사야는 "우

---

73 오늘날 사 40-55장은 이름을 알 수 없는 한 예언자에 의해 이사야서가 처음 기록되
  고 200년이 지난 뒤 바빌로니아에서 기록되었다는 것이 널리 인정되고 있다. 그의 저술
  은 그것의 정경적인 이유로 인해 그의 위대한 선임자의 저술 안으로 받아들여졌다. 특
  히 Christopher Seitz, "How Is the Prophet Isaiah Present in the Latter Half of the Book?"
  in Seitz, *Word without End: The Old Testament as Abiding Theological Witness* (Grand Rapids:
  Eerdmans, 1998), 168–93을 보라.
74 이는 롬 9-11장에서 가장 우주적-보편적인 구절이다. 여기서 바울은 말 1:2-3을 인용한
  다. "내가 야곱은 사랑하고 에서는 미워하였다"(롬 9:13). 이 절은 "택하심을 따라 되는 하
  나님의 뜻이…행위로 말미암지 않고 오직 부르시는 이로 말미암"음을 강조한다(롬 9:11).
  "믿음 대 행위"와 같은 축약된 공식은 로마서의 이러한 장들에 나타난 바울의 급진적인
  비전과는 거리가 멀다. 이 점은 본서의 마지막 장에서 더 자세히 논의될 것이다.

리의 의는 다 더러운 옷 같다"는 말로써(사 64:6) 의인과 악인을 구분하는
전통적 기준에 놀라운 질책을 가한다.

이 짧은 개요를 요약하자면 다음과 같다. 즉 "묵시"신학을 가장 단순
한 차원에서 정의하자면 그것은 포로기 후 히브리 사람들에게서 나타난
세계관으로서 이 신학에서는 인간의 상황이 너무도 비극적이고 해결 불
가능한 것이기 때문에 유일한 구원의 희망은 이 세상 밖에서 주어진다.

"정죄되어 구원받다"

정의를 다루는 이 장에서 묵시 신학을 소개한 이유는 신약성경의 세계를
구축해서 정의와 공의를 **인간의 가능성**으로 바라보는 우리의 일반적인
이해에 이 묵시 신학이 얼마나 급진적인 도전을 제기하는지를 보여주기
위함이다. 신약성경의 모든 저술은 타락한 인류 및 똑같이 타락한 창조
질서가 인간의 지혜로 어떻게 해볼 수 없는 수준으로 병들어 죽을 지경
에 처해 있음을 전제로 한다.[75] 여기서 결정적 요인은 예수의 곡식과 가
라지 비유에서 정확히 적시된다(마 13:24-30). 이 비유는 한 농부의 밭에
어떻게 해로운 잡초의 씨가 뿌려졌는지를 말해주는데, 일꾼들이 주인에
게 묻자 주인은 "원수가 이렇게 하였다"라고 대답한다. 본서에서 따를 해

---

[75] 그렇다고 해서 인류나 창조 질서가 창조주의 흔적을 보존하고 있지 않다는 말은 아니다.
타락으로 인해 그 기초가 교란되기는 했지만, 창조세계는 여전히 하나님을 찬양한다. 계
몽주의 시대의 많은 기독교 사상가들은 이 견해를 갖고 있었다. 별들과 행성들은 "빛을 내
면서" "신이 우리를 만들었음"을 선포한다(Joseph Addison [1672-1719], 시 19:1-6을 다
른 말로 바꿔 쓴 글). Christopher Smart는 정신 불안 혐의로 구금되어 지내던 동안 고양이
지오프리에 관한 사랑받는 시를 썼는데, 여기서 그는 하나님을 찬양하는 창조세계를 다른
어떤 사람 못지않게 잘 묘사했다(*Jubilate Agno*, fragment B).

석은 어떤 사람은 태워질 가라지고 또 다른 사람은 곳간에 모아질 곡식이라는 것이 아니라, 우리 각자가 셰익스피어의 말처럼 "좋은 것과 나쁜 것이 섞여 있는 실"이라는 것이다.[76] 복음서에서는 사탄으로 제시되고 바울 서신에서는 **권세**로 제시되는 원수가 모든 인류와 창조 질서를 속박하고 있는데, 우리는 이 주제를 10장에서 좀 더 자세히 다룰 것이다.

세상에 대한 **죄**와 **사망**의 지배는 우리가 본서에서 묻는 질문과 분리될 수 없다. 왜 삼위 하나님은 두 번째 위격이 그토록 소름끼치는 **방식**의 죽음에 동의했는가? 그 **방법 자체**가 그 죽음의 의미에 관해 우리에게 무엇을 말해주는가? 이 질문에 대한 신속하고 쉬운 답변은 없다. 성경의 기사는 잘 다듬은 답을 제시하는 것이 아니라 힌트와 암시를 제공한다.

그러나 이러한 방향의 생각을 철저하게 적용하면 우리는 좀처럼 인정되지 않는 한 지점에 도달하게 된다. 결국 세상의 죄를 위한 그리스도의 십자가형은 억압과 불의의 **희생자들**만이 아니라 **가해자들 역시** 하나님의 구원을 필요로 함을 드러낸다. 우리는 모두 특정 상황에서는 가해자가 될 수 있다.[77] 체코슬로바키아의 대통령이었다가 그 뒤 체코 공화국의 대통령이 된 바츨라프 하벨은 공산 정권 치하에서 반체제 활동을 한 혐의로 여러 차례 수감되었는데, 그중 가장 길었던 수감 기간은 1979년부터 1983년까지였다. 그는 스탈린주의자 집단 치하의 삶에 관해 광범위한 저술 활동을 했다. 그의 성찰 중 하나를 살펴보자. "[선과 악 간의] 경계선은 "그들"과 "우리" 사이를 명확하게 가르지 않았고 **각 사람**에게 양면이 있었다. **아무도 희생자이기만 한 것이 아니었다.** 모든 사람이 어느

---

76 William Shakespeare, *All's Well That Ends Well*, 4.3.84.

77 René Girard와 그의 해석자 James Alison의 관점은 바로 이 지점에서 실패한다. 이 점은 앞으로 자세히 논의될 것이다.

정도 공동 책임이 있었다.…많은 사람이 양쪽에 서 있었다."[78]

그런 정권 밑에서 살아본 적이 없는 우리는 **모든** 사람이 **죄의 권세**
아래에 있다는 진실을 부정하는 것에 관해 조심해야 한다. 하나님이 보
기에는 모든 사람이 그들을 비인간적인 행동의 궤도로 빨아들일 수 있는
세력으로부터 구원 받을 필요가 있다. 이것이 아무도 날마다 작은 배신
을 할 필요로부터 벗어날 수 없었던 상황 하에서 사는 것에 관한 하벨의
방대한 관찰에서 잘 예시된 극한의 상황이다.[79]

전 세계에 만연한 괴물 같은 불의의 속성은 우리로 하여금 용서만으

---

78 Ash, "The Truth about Dictatorship," 36-37에서 인용됨. 강조는 덧붙인 것임. 극도로 잔인
한 정권을 겪었던 다른 많은 작가 역시 거의 같은 취지로 말했다. Adam Michnik은 그단스
크 형무소에서 동일한 맥락의 편지를 썼다. Primo Levi는 "모든 논리에도 불구하고 동정심
과 잔인성이 같은 인물에게서 그리고 동시에 공존할 수 있다"고 썼다(The *Drowned and the
Saved* [New York: Vintage Books, 1988], 56). 알렉산드르 솔제니친의 『수용소 군도』(*Gulag
Archipelago*, 열린 책들 역간)에 나오는 이 주제에 관한 한 구절은 자주 인용되는데, 이 구
절은 케이블 TV 법정 드라마 "디바이드"(*The Divide*, 2014)에도 등장한다. 그의 덜 알려
진 인용문을 소개한다. "모든 것이 그렇게 간단하다면 얼마나 좋겠는가! 몰래 악을 저지르
는 악인들이 어딘가에 존재하고, 그래서 그들을 다른 사람들로부터 분리하여 말살하기만
하면 된다면 얼마나 좋겠는가! 그러나 선과 악을 분리하는 선은 모든 인간의 심장을 지나
간다. 누가 자신의 심장을 기꺼이 파괴하려 들겠는가?"(*The Gulag Archipelago* [New York:
Harper and Row, 1976], 1부, 168) 이 구절은 책의 초반에 등장한다. 솔제니친은 이 구절
바로 앞에 이 구절을 이해할 마음이 없는 사람은 그의 책 "표지를 덮어버려야 한다"고 썼
다.

79 이러한 상황에 대한 가장 잊을 수 없고 끔찍한 묘사는 스탈린 치하 프라하에서 지낸 Heda
Margolius Kováy의 삶에 관한 설명인 *Prague under Stalin, Under a Cruel Star: A Life in
Prague, 1941-1968* (New York: Holmes and Meier, 1997)을 보라. 그녀의 아들의 회고록도
거의 똑같이 가슴을 미어지게 한다(Ivan Margolius, *Reflections of Prague: Journeys through the
20th Century* [Chichester: John Wiley and Sons, 2006]). 동독의 스탈린 시대를 다룬, 독일
어로 만들어진 아카데미 수상작 영화 "타인의 삶"(*The Lives of Others*)은 2006년 관객들에
게 큰 감명을 주었지만, 일상의 세세한 내용은 이런 회고록을 통해서만 알 수 있다. 어떤
면에서는 스탈린 시대가 나치 시대보다 더 나빴다. 선과 악의 경계를 구별하기가 어려웠
고, 뚜렷한 적이 없었다. 제복이나 가죽 장화, 만(卍)자 완장, 노란색 별, 신원 식별 표시도
없었다. 모든 사람은 기만과 거짓말이라는 거미줄에 휩쓸려 들어갔다. 이런 경우에는 어떻
게 아무도 더럽혀지지 않을 수 없었는지를 이해기가 더 쉽다.

로는 하나님의 목적의 진정한 그림을 제대로 보여주지 못함을 인정하게 한다. 끔찍한 악에 대해 깊이 생각해본 많은 사람의 반응은 비록 용서 **자체**가 기독교의 본질이라고 믿는 사람이 많지만 사실은 그렇지 않다는 것을 강조한다. "용서하고 잊어버리라"는 정책은 개인적 차원뿐만 아니라 정치적 차원에서도 지속적인 해를 끼칠 수 있다. 정의가 결여된 평화는 훗날의 보복 행위를 위한 발판을 마련해주는, 환상에 불과한 평화다. 거대한 잔혹 행위 이후 인간 사회에 남아 있는 상처들은 이제 부활해서 통치하고 있지만 여전히 **죽임 당한 어린 양**으로 서 있는 그리스도 자신의 상처임을 우리가 알 때, 이 투쟁에서 인내할 힘이 생긴다(계 5:6).

구약성경과 신약성경 모두에서 이처럼 중요한 역할을 하는 하나님의 진노가 하나님의 자비에 감싸여 다가오기 때문에 우리는 그것을 포용할 수 있다.[80] 셰익스피어의 극중 인물인 도그베리의 영감을 받은 실언을 전용하자면, 십자가는 우리가 그리스도 안에서 어떻게 "정죄받아 구속되었는지"를 보여준다.[81] 우리가 세례에서 하나님으로부터 버림받은 그리스도의 죽음(저주)과 연합하듯이 우리는 또한 그의 부활(구원) 안으로 다시 살아난다. 바울의 말대로 "만일 우리가 그의 죽으심과 같은 모양으로 연합한 자가 되었으면 또한 그의 부활과 같은 모양으로 연합한 자도" 될 것이다(롬 6:5). 우리는 바울이 "그의 죽음과 같은 죽음"이라고 한 말은 매우 끔찍하고 비종교적인 십자가형을 의미한다고 확신한다. 하나님의 진노가 하나님 자신의 사랑에서 비롯되어, 하나님 자신의 선택에 의해,

---

80 Colin Gunton은 이를 달리 표현한다. "구원은 심판과 밀접한 관계가 있다." 이 말은 심판을 무시할 경우 "화해에 대한 기독교의 대화"가 "도덕적 옳고 그름을 무시하는 감상주의"로 전락한다는 그의 요점으로 이어진다(*The Actuality of Atonement: A Study of Metaphor, Rationality, and the Christian Tradition* [Grand Rapids: Eerdmans, 1989], 108). 우리는 화해에 관해 추가로 논의할 때 이 요점으로 돌아올 것이다.

81 *Much Ado about Nothing*, 4.2.50.

하나님 자신에게로 떨어진다. 특권에 익숙한 사람들에게는 "정의의 연관 관계"가 명확하지 않을 수도 있지만 이 땅의 문제 있는 여러 지역에서 억압받고 고통당하는 그리스도인들에게는 그것을 자세히 설명할 필요가 없다. 하나님은 십자가에 못박힌 그리스도 안에서 멸시 받고 버림 받은 사람들과 하나가 되었다. **역사상 존재했던 다른 어떤 처형 방법도 이 점을 이처럼 결정적으로 확립할 수는 없었다.**

요약

반복하자면 이 장에서 살펴본 모든 내용의 배후에는 **우리의 세상에서는 무언가가 심각하게 잘못되었고 그것이 반드시 바로잡혀야 한다**는 기본 가정이 깔려 있다. 만약 불의를 보았는데도 우리의 피가 어느 지점에서 끓지 않는다면 우리는 아직 하나님의 깊이를 이해하지 못한 것이다. 그러나 그것은 무엇이 우리를 화나게 하는가에 달려 있다. 자기 자신이나 자신이 속한 집단만을 위해 분개하는 것은 인간적이긴 하지만 그리스도께 참여하는 것은 아니다. 그러나 자기 목소리를 낼 수 없고 억압 받는 사람들을 위해 분개하는 것은 하나님의 일을 하는 것이다.

　여기에 큰 난제가 있다. 정의의 명분을 내세울 때마다 우리는 쉽사리 우리 자신과 우리의 일을 부풀려 생각하게 될 수 있다. 복음의 급진성을 이해하려면 하나님은 **그들이 누구이든 간에** 모든 약자의 편이라는 점을 반드시 깨달아야 한다. 만약 승리한 혁명가가 압제자를 공격한다면, 종전의 압제자는 갑자기 하나님이 편을 들어주는 약자가 된다. 구분과 심판에 관한 성경 구절을 언제나 의인과 악인 **개인들**을 일컫는 구절로 이해하는 사람도 있지만, "그들"과 "우리"를 분리하려는 인간의 이 경향은 가장 깊은 차원의 해석이 아니다. 오히려 "모든 사람에게 선악의 양면성이 있다." 따라서 우리가 타락한 이 세상에 사는 한, 하나님이 모든 것을 새롭게 하심으로써 "옛 아담"의 파괴가 완성될 때까지 우리는 *simul iustus et peccator*(의로우면서 동시에 죄인)다(계 21:5; 사 42:9; 43:19; 갈 6:15).[82]

우리는 성경 용어인 "정의", "공의", "칭의"가 어떻게 그리스어의 **디카이오쉬네**(*dikaisyne*)라는 같은 어군에 속하는지에 관해 알아보았다. 하나님의 공의라는 말은 하나님의 정의를 의미하며, 그 말은 **상황과 관계를 바로잡는 하나님의 행동**을 의미한다. "공의"는 명사라기보다는 동사의 힘을 갖고 있다. 공의는 정적인 특질이 아니라 필요한 것을 발생시키는 힘의 지속적인 발현이다. 공의는 추상적인 개념도 아니다. 그것은 하나님에 의해 형성된 공동체의 맥락에서만 이해될 수 있다. 그 공동체는 아무리 흠이 있더라도 새로운 인류의 형상이다. 하나님의 공의를 이렇게 이해하면 십자가와 부활에 관한 관점이 확장될 수 있다.

이스라엘이 여전히 약속의 땅에서 왕에 의해 통치되고 있었을 때, 이스라엘의 많은 사람들은—오늘날의 미국인들처럼—그들의 언약적 특권을 당연한 하나님의 축복의 표지로 여겼다. 그러나 예루살렘이 바빌로니아 사람들에게 함락되자 그들은 더 이상 득의양양할 수 없었다. 인간이 취할 수 있는 대안은 바닥이 났다. 종말론적 희망이 역사의 진보에 대한 확신을 대체하기 시작했다. 포로기 후 예언서들에서 정의와 공의로써 하나님의 왕국을 개시할 메시아에 대한 기대가 점증하고—묵시 사상의 핵심인—하나님의 개입이 선포되었다. 이 묵시적이고 메시아적인 사건이 어떻게 **십자가에서** 발견되는지, 그래서 어떻게 하나님의 승리가 예수의 고난에 숨겨져 있는지를 보여준 점이 사도 바울의 뛰어난 독창성이었다.

---

82 본서의 내용 요약의 핵심적인 측면인 "옛 아담"은 12장에서 논의될 것이다.

그리스도가 재림하여 교회 자체에 하나님의 심판을 내릴 때까지 교회가 계속 이 땅에서 승리의 덫에 빠지는 것이 아니라 고통을 겪는 것이 그리스도 안의 참된 삶에 대한 표지가 된다(벧전 4:12-19). 이러한 고통은 단순히 교회의 정결과 보존만을 위한 것이 아니라 온 세상을 위한 것이다(마 28:18-19). 실수를 방지하기 위해 바울을 통해 우주적이고 보편적인 언급이 분명한 언어로 표현되었다. "하나님이 모든 사람을 순종하지 아니하는 가운데 가두어 두심은 모든 사람에게 긍휼을 베풀려 하심이로다"(롬 11:32). 따라서 하나님의 정의와 공의의 모든 영역은 일반적인 범죄와 처벌이라는 체계에서 완전히 새로운 영역으로 옮겨졌다. 거기에서는 **필요한 것을 수여하는 능력**으로 이해되는 하나님의 공의(*dikaiosyne*)가 법을 통한 공의 체계를 해체하고 우리를 새로운 세계를 창조하는 하나님의 공의 안으로 통합한다. 믿음을 통해 이 일이 우리의 세상에서 발생할 때 그것이 아무리 불완전할지라도—남아프리카공화국의 진실과 화해 위원회처럼—우리는 하나님께서 역사하고 계심을 알게 된다.

가교 장

우리 시대를 위한 안셀무스 재고찰

하나님의 정의에 관해 저술한 모든 사람 중에서 베크 수도원 원장이었고, 첫 천년기가 끝나갈 무렵 캔터베리 대주교였던 안셀무스보다 더 유명하거나 논란을 일으켰던 사람은 없다. 그는 "정의 문제"와 "죄의 중대성"이라는 문제를 깊이 성찰했기 때문에 그 제목의 장들을 연결하는 가교 장 역할을 한다. 그는 두 가지 상반된 이유로 예수의 죽음에 대한 이해에 막대한 영향을 끼쳤다.

1. 안셀무스의 중요한 저술인 『인간이 되신 하나님』(*Cur Deus Homo?*)은 이 책이 없이는 기독교 교리사를 연구할 수 없을 만큼 영향력이 크다.[1]

2. 이 책의 명성과 영향력은 그것에 가해진 경멸의 정도와 필적한다. 안셀무스는 십자군 전쟁에서 이라크 전쟁에 이르기까지 모든 것

---

[1] 때때로 안셀무스는 (두 번째 천년기가 시작되는 불길하고 미심쩍은 바로 그날에) 부당한 관점을 단독으로 기독교 안으로 도입한 장본인으로 묘사된다. 그러나 이것은 정확하지 않다. 안셀무스의 통찰은 암브로시우스, 푸아티에의 힐라리우스, 빅토리누스 등에서 예견된다(J. N. D. Kelly, *Early Christian Doctrines* [New York: Harper and Row, 1959], 388. 사 53:4-6; 롬 5:12-21; 8:3-4; 고후 5:21; 갈 3:10-14; 벧전 2:24; 3:18 등도 보라).

에 대해 비난을 받는다. 그의 "만족설"은 사법적이고, 봉건적이고, 융통성이 없고, 전제주의적이고, 보복적이고, 가학적이고, 비도덕적이며, 폭력적이라고 비난받는다.

이 장은 이러한 관점이 지나치게 문자주의적이고, 상상력이 없고, 극단적이며, 공감하지 않는 안셀무스 저술 해석에서 비롯된다고 주장한다. 성경은 과학이나 철학이라기보다는 예술인데, 신학은 주로 성경의 내러티브 형태에 기초하기 때문에 신학 역시 일종의 예술이다. 우리는 먼저 안셀무스를 예술가, 심지어 이야기꾼으로 이해하고 그런 다음에 그를 사상가로 이해해야 한다.[2] 그에게 신학이란 일차적으로 지적인 작업이 아니다. 그가 공연히 *fides quaerens intellectum*(이해를 추구하는 신앙)이라는 어구를 만들어낸 것은 아니다. 신앙은 이해에 선행하고, 그리스도의 이야기에 기초한다.

　제2천년기로 전환할 무렵의 많은 사람에게는 안셀무스가 예레미야나 바울보다 우리와 더 멀리 떨어져 있는 존재처럼 보인다. 그를 잊힌 존재로 내버려 두기 원하는 사람도 있다.[3] 이 "가교 장"의 목적은 우리를

2　확실히 안셀무스의 학문적 훈련은 이야기 형식에 불리하게 작용한다. 도식적 형태의 주장으로 인해 그가 포스트모던 환경에서 지지를 받지 못하는 것도 이해할 만하다.

3　안셀무스에 반대하는 세 가지 관점이 세 학자—Anthony W. Bartlett(*Cross Purposes: The Violent Grammar of Christian Atonement* [Harrisburg, Pa.: Trinity, 2001]), Douglas Campbell(*The Deliverance of God: An Apocalyptic Rereading of Justification in Paul* [Grand Rapids: Eerdmans, 2009]), James Carroll(*Constantine's Sword: The Church and the Jews* ([New York: Houghton Mifflin, 2001])—에 의해 제시된다. Bartlett은 *Cur Deus Homo*를 "신적 폭력의 교본"이라 부르고 "폭력이 그것의 고동치는 심장"이라고 말한다(76, 84). 예수의 삶과 죽음에서 입증된 유일한 폭력은 인간이 예수에게 가한 폭력이기 때문에 이는 매우 이상한 주장이다. Campbell의 말은 어느 정도는 정당한데, 그는 안셀무스의 논거가 너무 문자적이고, 신약성경 특히 바울의 유동적인 역학에 충분히 조화되지 않는다고 여긴다(50-5). 케임브리지 대학교의 기독교사 교수인 Eamon Duffy는 Carroll의 안셀무스 평가에 대해 이렇게 논평한다. "숨막힐 정도로 우둔하다⋯안셀무스의 설명에는—Carroll

위한 그리스도의 구속 사역에 관한 안셀무스의 가르침의 특정 요소들이 오늘날 우리에게 여전히, 특히 정의와 관련하여 매우 중요하다는 점을 보여주는 것이다. 이는 인간의 곤경과 하나님이 십자가에서 제시한 치유책을 생각함에 있어 안셀무스가 오늘날 적실성이 있음을 보여주는 사례다. "종결"(closure)이라는 단어에 대한 현재의 반발은 안셀무스가 "용서하고 잊어버리다", "앞으로 나아가다", "잊어버리다"와 같은 어구에서 발견되는 천박한 회복 개념에 저항하기 때문에 여전히 우리에게 적실성이 있음을 암시한다.[4] 아마도 몇몇 독자들은 안셀무스에 대해 물려받은 혐오를 그들의 머리에서 지워버리고 그의 『인간이 되신 하나님』을 새롭게 보기를 원할 것이다.[5]

은 그렇게 생각하는 듯한데―무고한 성자를 괴롭히는 가학적인 성부 문제는 없고…인간의 재난을 바로잡기 위한 성삼위일체 모두의 즐거운 협력만 존재할 뿐이다"("A Deadly Misunderstanding," *New York Review of Books*, July 5, 2001). "교정하다"의 용법에 주목하라. 우리는 이 장 전반에 걸쳐 "교정하다"가 *dikaiosyne*(칭의)의 가장 좋은 번역이라고 주장할 것이다.

4   바로 우리가 논의한 이유로 인해 "종결"이라는 용어에 대해 불쾌하게 생각하는 사람이 많다. 손실을 입은 많은 사람은 그것이 무슨 대가를 치르게 했는지에 대해 충분히 이해하지 못하고서 자기들이 너무도 빨리 "종결"하기를 기대하는 타인에 의해 그들에게 가해지는 압력에 항의해왔다. TV 평론가 Cokie Roberts는 그녀가 사랑하던 여동생이 암으로 사망한 지 9년 후에 이렇게 말했다. "나는 '종결'이라는 단어를 싫어하고 '앞으로 나아가라'는 생각을 혐오한다"(*Good Housekeeping*, October 1999에 인용됨). 저명한 범죄 소설가인 Richard Price(필명은 Harry Brandt다)의 소설 "백인들"(*The Whites*)에 등장하는, 살인 사건의 세부 사항에 관한 두 경찰의 대화에서 한 경찰이 다른 경찰에게 묻는다. "영어 단어에서 가장 허튼소리가 뭔지 아나?" 대답은 바로 "종결"이다([New York: Henry Holt, 2015], 24).

5   안셀무스의 *Cur Deus Homo*를 [영어에서] "Why God-Man?"(왜 신인인가?)이라는 제목으로 부르는 것조차 못마땅하게 생각하는 사람들이 있다. 그는 성육신이라는 표제 아래 예수의 희생적, "법률적" 죽음 개념을 몰래 들여왔다는 비난을 받고 있다. 그러나 우리가 서론에서 보았듯이 예수의 성육신은 죽음으로의 성육신이었다.

정의는 시행되는 것으로 보여야 한다

무언가가 심각하게 잘못되었고, 그것이 반드시 바로잡힐 필요가 있다. 앞 장의 지하철역에서 일어난 젊은 살인자들의 이야기에서 보았듯이, 처벌 받지 않고서 그냥 넘어갈 수 없는 무언가가 존재한다. 이것은 추상적인 철학 명제가 아니다. 도덕 질서가 있으려면 정의가 시행되어야 하고 또 시행되는 것으로 보여야 한다. 그리스도의 십자가에서 정의는 참으로 시행되는 것으로 보이지만, 이 정의는 매우 이상해서 그것이 어떻게 작동하는지를 설명하려는 해석은 종종 곤경에 빠진다. 우리는 우선 우리가 지난 수년간 배워온 바와 달리 하나님은 예수의 십자가형에서 일반사면을 선언하지 않았다고 말할 수 있다. 하나님은 잘못에 대해 처벌 받지 않는 것을 좋아하지 않기 때문에 용서와 구속에 대한 기독교의 강조는 적절한 맥락에서 이해되어야 한다. 범죄자를 제외한 그 누구도 일반사면에 만족하지 않을 것이다. 하나님의 정의를 언급하지 않더라도 우리 인간의 정의감은 중대한 범죄가 저질러진 경우 배상이 이루어지고, 형이 집행되며, 보상이 이루어질 것을 요구한다.

지난 수년 동안 십자가에서 우리가 모종의 정의가 시행되고 있음을 본다는 직관으로부터 십자가를 설명하려는 많은 시도가 이루어졌다. 만일 당신이나 내가 하나님이라면 우리는 우리가 정죄를 받아 마땅하다고 생각하는 범법자들이 형벌을 받도록 조치를 취했을 것이다. 그러나 하나님은 당신이나 내가 했을 만한 조치를 취하지 않았다. 하나님은 자신이 직접 그 자리에 들어가도록 주선했다. 정죄당할 만한 일을 하지 않은 단 한 사람인 예수가 부당한 판결에 처해졌고 부당한 형벌을 감수했다. "그리스도께서도 단번에 죄를 위하여 죽으사 **의인으로서 불의한 자를 대신하셨으니** 이는 우리를 하나님 앞으로 인도하려 하심이라"(벧전 3:18).

십자가에서 우리는 세상의 불의에 대한 하나님의 반응을 본다. 여기서 우리는 앞서 언급된 어떤 것은 "처벌 받지 않고 넘어갈 수 없다"라는 재판관의 음성도 듣고 있는가? 십자가형에서 우리는 누군가가 대가를 치를 뿐만 아니라 형벌도 받는 것을 보고 있는가? 최근 몇 년 동안 십자가의 "처벌적" 해석에 반대하는 많은 주장이 제기되었다. 그러나 우리가 어떤 것은 "처벌 받지 않고 넘어갈 수 없다"는 개념을 받아들인다 해도, 우리는 골고다 사건이 세상의 모든 악에 대한 하나님의 궁극적인 형벌과 어떤 관계가 있을 가능성을 생각할 필요가 없지 않은가? 우리는 앞으로 이를 더 자세히 살피면서 이러한 개념이 반드시 삼위일체의 관점에서 생각되어야 하며 절대로 성부를 성자나 성령으로부터 분리하지 않는다고 계속 주장할 것이다.

안셀무스를 건조한 학자풍의 사상가로만 본다면 우리는 절대로 그를 이해하지 못할 것이다. 그의 저술에는 상당한 따뜻함과 부드러움이 있음에도 불구하고 이 점은 종종 간과된다. 그의 기도문을 읽어보고 그 기도문대로 기도하는 사람은 그를 그리스도의 양 떼에 동정적으로 관심을 기울인 사람으로 인식할 것이다.[6] **이성**을 강조하기는 했지만, 그는 근본적으로 신자였고 설명에 대한 그의 열정은 하나님을 향한 그의 사랑에 의해 형태와 의미를 부여받았다. 안셀무스의 대화자 보소의 짧은 진술이 이 점을 보여줄 것이다. "제가 온 목적은 주교님으로 하여금 제 믿음에서 의심을 제거하게끔 하는 것이 아니라 제가 확신해야 할 이유를 제게 보여주시게끔 하기 위해서입니다"(1.15).[7]

---

6 *The Prayers and Meditations of Saint Anselm with the Proslogion* (London: Penguin Books, 1973).

7 안셀무스에 관한 모든 인용의 출처는 *St. Anselm, Basic Writings*, trans. S. N. Deane(La Salle, Ill.: Open Court, 1974)이다. 나는 몇몇 경우에 구문을 단순화하기 위해 표현을 약간 변경

보소는 이미 신자이고 그의 믿음은 이해를 추구하고 있다. 그의 진술은 오늘날의 그리스도인들, 즉 계속해서 자신의 믿음을 의심하지만 기독교 전통이 자신의 믿음에 대한 방대한 지적 지지를 제공한다는 것을 아는, 21세기 그리스도인들을 격려하는 역할을 할 수 있다.[8]

인간의 보편적 곤경

안셀무스는 우선 인간의 곤경의 차원들과 우리의 지휘와 통제를 초월한 하나님에 의한 구원 행위의 필요성을 우리에게 소개한다.[9] "하나님이 그토록 귀히 여기시는 인류가 완전히 망가졌고, 하나님이 인간과 관련하여 세우신 목적이 실패로 돌아가는 것이 적절치 않았으며, 더욱이 인류가 그들의 창조주 자신에 의해 구원되지 않는 한 이 목적이 성취될 수 없었음을 생각해보라"(1.4).

우리와 하나님 간의 "완전히 망가진" 관계가 그리스도 안에서 어떻게 회복되는가? 이것이 바로 안셀무스가 보소와 논의하는 질문이다. 안셀무스는 두 가지를 지적한다. 첫째, 인간이 죄로 인해 하나님께 빚진 것을 갚길 원하지만 그렇게 **할 수 없으면 궁핍하다.** 둘째, 인간이 그러한 회

했다.

8 Stanley Hauerwas는 Barth에 관한 이야기를 말하면서 즐거워한다. "미숙한 학생"이 이성이 Barth의 신학에 어떤 역할을 하고 있는지 물었을 때 그는 "나는 그것을 사용합니다!"라고 대답했다. Hauerwas, *With the Grain of the Universe: The Church's Witness and Natural Theology* (Grand Rapids: Brazos, 2001), 167 각주 58.

9 논의를 전개해감에 따라 우리는 그러한 구원 행위가 "묵시적"이라고 올바로 불리고 있음을 알게 될 것이다. 그렇다고 내가 안셀무스가 기원후 첫 천년기의 전환기에 신약성경의 종말론적 세계관에 따라 살았다고 제안하는 것은 아니다. 그러나 몇몇 경우에 우리는 안셀무스와 종말론적 관점 간의 접점을 볼 수 있다.

복을 원치 **않으면 부당하다**.

> **보소**. 어떤 것도 이보다 더 분명할 수 없습니다.
>
> **안셀무스**. 하지만 인간은 궁핍하건 부당하건 행복하지 않을 것입니다.
>
> **보소**. 그것 역시 분명합니다.
>
> **안셀무스**. 그렇다면 인간이 [하나님께 빚진 것을] 갚지 않는 한, 인간은 행복하지 않을 것입니다(1.24).

이 짧은 대화가 오늘날 우리에게는 고풍스럽지만 사실 이 대화는 1,000년 전 안셀무스의 고민만큼이나 현대 인류의 딜레마를 정확히 묘사한다. 행복의 의미가 우리에게 명확하진 않지만 우리는 여전히 행복을 갈망한다. 예수가 전한 팔복에서 사용된 그리스어 **마카리오스**(*makarios*)가 "행복"이라는 뜻으로 받아들여진다면, 예수 자신이 행복을 인간의 최고의 선으로 정의한 셈이다. "화평케 하는 자는 행복한 자다"(마 5:9, 개역개정을 따르지 아니함). 오늘날 우리의 소비주의 문화에서 "행복 추구"에 대한 미국인의 집착은 독립선언서보다 광고 문구에서 더 많이 표출된다.[10] 그러나 안셀무스가 볼 때, 행복의 정의는 "최고의 선, 곧 하나님을 향유하는 것"이다(2.1).

인간이 **궁핍한** 존재이거나 **부당한** 존재라는 안셀무스의 묘사는 우리의 심금을 울린다. 우리는 대개 그런 용어들을 사용할 때 인간을 궁핍한 자와 그렇지 않은 자로 나눠서 하위 계층과 상위 계층을 구분한다. 궁핍한 하위 계층은 사회 계층 차원에서 부당한 존재가 될 수 있는 기회가 전혀

---

10 행복을 가져다준다고 선전되는 재화와 용역은 매우 부유한 자들만 이용할 수 있기 때문에 점점 더 광적으로 행복—지위? 부? 성적 만족?—을 추구하는 세태는 미국의 극도로 부유한 자들과 그 외 다른 모든 사람들 사이의 거대한 격차를 돋보이게 만든다.

없다. 대신에 그들은 상위 계층의 불의를 감수한다. 부당한 상위 계층은 자신을 궁핍한 존재로 생각할 수 없다. 그들은 자기들이 자족하다고 생각하고 이에 자부심을 느끼며 "하나님은 스스로 돕는 자를 돕는다"고 생각한다. 그러나 복음의 관점에서는 부유하든 가난하든 간에 우리 모두는 복잡한 혼합물이다. 우리는 모두 불의를 행할 수 있고 언제라도 궁핍해질 수 있다. "모든 사람에게 선악의 양면성이 있다."[11] 안셀무스의 시대와 우리의 시대 간에 명암의 차이가 있음을 감안하더라도, 우리는 그가 "인간이 행복[복됨]을 얻으려면 죄 용서가 필요하기" 때문에[12] 그리스도가 자기의 죽음을 통해서 구원코자 한 사람은 보편적인 인간, 즉 궁핍한 사람과 부당한 사람 **모두**라고 말했다고 이해할 수 있다(1.10).

안셀무스는 참된 행복에 필요한 것이 무엇인지 계속 숙고하면서 주장을 펼친다. "죄가 완전히 제거되지 않은 자에게 행복이 주어져서는 안 된다. 그리고…죄 용서는 죄의 정도에 따라 그 죄를 통해서 짊어지게 된 부채를 지불하지 않고서는 발생하지 말아야 한다"(1.24).

오늘날 많은 사람은 이런 생각을 이해하려고 노력하지 않을 것이다. 우선—이 점에 대해서는 뒤에서 자세히 설명될 것이다—자신이 은혜에 의해 지탱된다는 사실을 아직 이해하지 못하는 사람에게 죄에 관해 말해봐야 아무 소용이 없기 때문이다. 안셀무스는 이를 명확히 알고 있기 때문에—우리에게는 건조한 추론처럼 들리는—죄에 대한 그의 발언은 실상은 믿음에 근거하고 있다. 그러나 우리는 안셀무스와 같은 방식

---

11 Václav Havel의 이 인용문은 3장 각주 78에 자세히 설명되어 있으며, 본서 전반에 걸쳐 거듭 재등장할 것이다.
12 "필요하다"라는 말은 모호하다. 왜냐하면 그 개념은 성경적이라기보다는 합리주의적이고 철학적이기 때문이다. 성경은 본질적으로 내러티브이며 논리적 필요성을 다루지 않는다. 하나님은 아무 것도 필요로 하지 않기 때문이다. 이 점은 이 장의 뒤에서 논의된다.

으로 생각하지 않기 때문에 방금 언급된 구절의 가정들 역시 안셀무스에게 유리하게 해석하기 어렵다는 것을 보여준다. 우리는 그 죄인들이 우리와 **같은 종류의** 죄인이라면, 그들이 행복해져서는 안 될 이유가 없다고 생각한다. 달리 말하자면 우리는 현대적인 자유 사상가이거나 매력적인 불량배라면 그들이 행복해져도 괜찮다고 생각한다. 그러나 죄인인 사람들이 신나치주의자나 아동 성폭행범과 같이 우리가 용납할 수 없는 방식으로 죄를 지은 자들이라면 우리는 안셀무스에 더 가까워진다. 우리는 확실히 **그들**이 행복해지는 것을 원치 않는다. 이런 경우 우리는 모종의 지불이 있어야 한다는 안셀무스의 주장에 기꺼이 동의한다. 하나님의 정의가 만족되어야 하기 때문이다. 우리가 안셀무스가 자기 자신과 당신과 나를 비롯하여 죄에 빠져 있는 **모든** 종류의 인간을 의미하고 있다는 것을 깨달을 때 긴장이 찾아온다.

빚과 피해 배상

"죄의 정도에 따라 그 죄를 통해서 짊어지게 된 부채의 지불"에 관한 안셀무스의 주장을 억지로 추상화하지 않는 한 우리가 이 점에 관해 그에게 반대하는 것은 이상해 보인다. 우리는 이 세상에서 "죄의 정도에 따른" 배상 요구에 익숙하다. 유대인들은 1930년대와 1940년대에 대량으로 도난당한 자신들의 재산에 대한 상환을 계속 요구해오고 있다. 제2차 세계대전 때 일본인에 의해 매춘을 강요받은 한국의 "성노예들"은 1997년 마침내 일종의 배상을 받았다. 세계무역센터 부지 근로자들은 자신들의 폐 손상에 대해 소송을 제기했다. 걸핏하면 소송을 일삼는 사회에 살고 있는 미국인들은 매일 손해 배상을 청구한다. 따라서 우리는 안셀무스가 하는 말을 이해할 수 있어야 한다.[13] 그는 "고통과 피해"에 대한 오늘날의 소송을 연상케 하는 맥락에서 자신의 발언을 이어간다.

그[범죄자 또는 죄인]가 앗아간 것을 원상태로 되돌리지 않는 한 그는 여전히 잘못이 있다. 그러나 그가 가한 모욕을 고려할 때 앗아간 것을 원상으로 되돌리는 것만으로는 충분치 않고, 그는 자기가 취한 것보다 **더 많**은 것을 돌려줘야 한다. 타인의 안전을 위태롭게 하는 사람이 가해진 고뇌에 대해 어떤 배상을 하지 않고 단순히 그 사람의 안전을 회복시키는 것만으로는 충분치 않기 때문이다. 따라서 타인의 명예를 훼손하는 사람의 경우 단순히 피해자의 명예를 회복시켜 주는 것만으로는 부족하고 끼친 피해의 정도에 따라 자기가 명예를 훼손한 사람에게 **만족스러운** 방식으로[이것이 안셀무스가 말하는 "만족"의 개념이다] 명예를 회복시켜야 한다[14](1.11).

누가 이것을 이해하지 못하겠는가? 이 점에서 안셀무스는 우리와 동시대인이며 새롭게 읽혀야 한다. 안셀무스는 계속해서 같은 맥락에서 "지난 일은 잊어버리라"는 말이 옳은지 질문한다. "하나님이 자신에게서 앗아간 명예에 대한 보상 없이 자비심 하나만으로 죄를 없애는 것이 적절한지(proper) 다시 고려해보자.…이런 식으로 죄를 용서하는 것은 처벌하

---

13 내가 1970년대에 뉴욕의 유니온 신학교에서 공부할 때 몇몇 아프리카계 미국 학생은 안셀무스의 주장 중 특히 이 부분을 이해했다. 배상은 그들을 제외한 나머지 학생들보다 그들에게 뜻하는 바가 더 컸다.

14 "만족"이라는 단어가 이렇게 이해되면 이 단어는 그렇게 도식적으로 들리지 않는다. Hugo Grotius(1583-1645)는 안셀무스에 대한 자유주의자의 비판을 예상했지만, "만족"의 비성서적 유래에도 불구하고 그것을 성경 용어의 "암시적 표현"으로 주장할 수 있기 때문에 그 개념을 지지했다(Jaroslav Pelikan, *The Christian Tradition: A History of the Development of Doctrine*, vol. 4, *Reformation of Church and Dogma [1300-1700]* [Chicago: University of Chicago Press, 1984], 360을 보라).

지 않는 것과 다름없다. 보상이나 처벌 없이 죄를 삭제하는 일은 옳지 않은데, 죄가 처벌 받지 않는다면 그 죄는 처리되지 않고 지나가는 것이다"(1.12).

우리는 "적절한"(proper)이라는 단어가 하나님의 행위를 가리키기에 적합한 단어가 아니라거나 하나님께 "적절한" 것이 무엇인지 결정하는 일이 우리에게 달려 있지 않다고 이의를 제기할 수 있다. 그러나 다시 말하지만 우리는 단순히 이런 도식적인 방식으로 생각하지 않으며 성경의 내러티브 방식이 도식적인 사고방식을 지지하지도 않는다. 그러나 안셀무스의 주장은 그것이 아무리 억지 주장인 것처럼 보일지라도 우리가 본서에서 거듭 지적하게 될 요점, 즉 처벌이 없는 사회는 용납될 수 없다는 요점과 같다.[15] 죄가 드러나고, 지목되고, 포기되지 않는다면 정의가 존재하지 않으며 하나님은 치욕을 당한다. 우리는 3장에 수록된 남아프리카 공화국의 진실과 화해 위원회에 대한 투투 주교의 논평에서 이 점을 보았다. 그가 지적한 바와 같이 조사된 범죄들이 처벌을 받지는 않겠지만 그 범죄들은 온 세상이 볼 수 있도록 실상이 드러났고, 그 범죄들이 무엇이었는지가 지목되었다. 그것들의 진상이 밝혀졌다. 그것들은 처리되지 않고 지나가지 않았다. 투투 등이 지적한 바와 같이 남아프리카공화국의 예는 칠레의 경우와 판이했다. 피노체트 장군은 영국으로 망명하여 대처 수상과 칵테일을 즐기도록 허용되었다.[16] 칠레의 행방불명자 가족들

---

15 "아랍의 봄"이었던 2011년 "처벌 받지 아니함"이라는 단어가 튀니지, 이집트, 리비아, 시리아, 바레인과 같은 억압적인 정권에 관한 기사에서 계속 재등장했다.

16 남아프리카공화국에서는 이런 일이 허용되지 않았다. 투투 주교는 인종차별 정권의 범죄를 드러낸 일 자체가 일종의 처벌이었다고 설명한다. 가정에서는 선량한 남편이자 아버지인 자들이 자행한 만행이 만천하에 드러났기 때문이다. "따라서 그것은 가해자가 무사히 넘어가도록 허용되기만 한 사례는 아니다"(Tutu, *No Future without Forgiveness* [New York: Image Books, 1999], 51). 이 점 역시 안셀무스의 주요 관심사를 보여준다.

은—신적 정의든 다른 정의든 간에—정의가 있는지 궁금할 것이다. 다시 안셀무스의 말을 들어보자.

> 그래서 비록 인간이…하나님의 뜻과 약속에 복종하기를 거부할지라도 인간은 그것을 피할 수 없다. 인간이 명령하는 뜻에서 벗어나려고 하면 처벌하는 뜻의 힘에 빠지기 때문이다(1.15).
> [속죄 또는 "만족"이 없는] **하나님 편의 동정**은 죄에 대한 보상으로 오로지 처벌만을 허용하는 **하나님의 정의에 정면으로 위배된다.** 따라서 하나님이 자신과 모순될 수 없으므로 그의 자비는 이런 성격을 띨 수 없다(1.24).

동정만으로는 잘못된 것을 바로잡을 수 없다. 자비는 수 세기에 걸쳐 자행된 참상을 교정하지(rectify. "올바른"을 뜻하는 라틴어 *rectitudo*에서 나온 단어다) 못한다. 이렇게 **교정**을 강조하는 것이 본서의 핵심적인 관심사다. 그러나 안셀무스가 사용하는 처벌이라는 단어는 많은 자유주의 그리스도인에게 문제를 야기하므로 반드시 검토되어야 한다.

"슬픔을 가눌 수 없는 필요"로서 처벌

안셀무스가 말하는 처벌은 무슨 뜻이었는가? 안셀무스의 말을 잘 살펴보면 지옥 불에 대한 언급이 없다. 안셀무스는 그렇게 거친 사람이 아니다. 그가 사용하는 "처벌"은 로마서 1:24-28에 나타난 바울의 개념과 비슷한 것일 수 있는데, 이 구절에서 바울은 "하나님께서 그들을" 자신의 행위의 결과에 "넘겨 주셨다"고 세 번 말한다. 여기서 바울이 암시하고 있는 죄의 참된 "처벌"은 **죄** 자체다(그런데 여기서 바울이 결코 "처벌하다"라는 단어를 사용하지 않는 점이 눈에 띈다). 타락의 결과(창 2-3장)로 인간은 **죄**(그리고 그것의 동맹인 **사망**과 **율법**)의 노예가 되었고 하나님으로부터 분리되어 인간의 편에서는 회복할 소망이 전혀 없게 되었다. 그렇면 "하나님이 이러한 인간의 노예 상태가 지속되도록 허용하려고 하는가?"가 문제다. 우리는 안셀무스가 여기서 온 세상이 **죄**의 힘 아래 갇혀 구세주를 필요로 하고 있다는 이해에 있어서뿐만 아니라, 이 옛 세계를 불안정하게 하려는 하나님의 결의[17]를 묘사함에 있어서도 바울과 의견이 일치한다고 주장한다.

안셀무스의 어구 "처벌하는 의지"에서 말하는 의지는 **건설적**이고 **회복적**이다.[18] 하나님의 공의는 세상을 구속하려는 그분의 신성한 목적을 파괴하는 모든 것에 저항하고 결국 그 모든 것을 제거해야 하는 사랑의 공의임을 우리는 살펴보았다. 이 대목에서 폴 리쾨르의 논평이 적실성이 있다. "**[인간의 복수가 아닌 신의]** 복수 개념은 다른 무언가를 숨긴다. 복수란 파괴뿐만 아니라 파괴를 통한 회복을 의미한다.…질서는 부정을 통해 스스로를 재확인한다. 따라서 처벌의 부정적인 순간에 최초의 고결성에 대한 주권자의 긍정이 기대된다."[19]

리쾨르의 이 논평이 안셀무스의 처벌 개념이 그를 비방하는 자들이 생각하는 것과는 다르다는 것을 충분히 보여주지 못한다면, 안셀무스가

---

17 "따라서 최후의 두려운 시간에 / 이 무너져 내리는 연극은 파멸시키고 / 트럼펫 소리가 높이 들리고 / 죽은 자들은 살고 산 자들은 죽을 것이다. / 그리고 음악 소리는 하늘을 어지럽힐 것이다." John Dryden, "A Song for St. Cecilia's Day," 1687.

18 한 정신분석가가 나에게 "[치료에 있어서] 부정적 순간은 긍정적 순간에 도움이 된다"고 설명한 적이 있다. 이 확신은 하나님의 정의와 자비에 관한 이번 장에서 다루고 있는 많은 내용의 기초가 된다. 하나님의 정의는 언제나 하나님의 자비에 도움이 된다.

19 Paul Ricoeur, *The Symbolism of Evil* (Boston: Beacon Press, 1967, 『악의 상징』, 문학과지성사 역간), 43. 우리는 Ricoeur의 말이 우리의 복수가 아닌 하나님의 복수에만 유효하다는 점을 강조해야 한다(롬 12:19).

『모놀로기온』(*Monologium*, 71)에서 "영원한 처벌"을 "슬픔을 가눌 수 없는 필요"로 정의한다는 점을 고려하라.[20] 그 점을 아무리 강조해도 지나침이 없다. 안셀무스는 처벌을 목회자의 심정으로 이해한다. 그는 우리의 곤경에 대해 슬퍼한다. 그는 처벌 개념을 좋아하지 않는다. 오히려 사도 바울처럼 그는 우리가 뿌린 대로 거둔다고 말한다("하나님께서" **죄**의 힘에 "그들을 넘겨주셨다"—롬 1:24, 26, 28에서 세 번 반복됨). 궁극적인 "처벌"은 하나님의 축복의 **향유**로부터 추방되는 것일 것이다. 여기서 우리는 다시금 안셀무스의 목회적 관심이 끓어오르고 있음을 본다. 다음 구절에서 안셀무스는 "하나님을 좇아 하나님의 생각을 하고 있다."

> **안셀무스**. 하나님은 하나님 자신을 향유할 수 있는 이성적 존재[안셀무스에게 이 이성적 존재란 **인간**을 의미한다]보다 더 귀한 것을 창조하지 않으셨습니다. 하나님이 이 이성적 존재의 완전한 멸망을 겪으시리라고[허락하시리라고] 생각하는 것은 하나님의 성품과 전혀 어울리지 않습니다.
>
> **보소**. 어떤 이성적인 존재도 다르게 생각할 수 없지요.
>
> **안셀무스**. 따라서 하나님께서 인간 본성에서 자신이 시작하신 일을 완전하게 하실 필요가 있습니다. 그러나 우리가 이미 말했듯이 이것은 첫값을 완전히 치르지 않고서는 불가능한데, **어떤 죄인도 이 일을 스스로 할 수 없습니다**(2.4, 강조는 덧붙인 것임).

이 대화는 안셀무스의 사고가 하나님의 은혜를 **압도적인 침입**으로 드러

---

20 Adam Linton은 이것이 도스토예프스키의 『카라마조프가의 형제들』(*The Brothers Karamazov*, 민음사 역간)에 나타난 지옥에 대한 생각과 일치한다고 내게 지적해주었는데, 이 생각은 시리아의 성 이삭에게서 따온 것으로, 그의 생각은 이 소설 전체에서 중요한 역할을 한다.

내는 묵시적 해석과 모순되지 않는다는 것을 보여준다(이 주제는 8장과 9장에서 상세히 다루어질 것이다). 하나님은 피조물을 향한 자신의 뜻이 우리의 저항으로 말미암아 좌절되도록 허용하지 않을 것이다. 하나님이 이 이성적 존재의 완전한 멸망을 허용하리라고 생각하는 것은 하나님의 성품과 전혀 어울리지 않는다. 우리가 보여주기를 바라는 바와 같이, 이 점은 매정한 해석자들이 안셀무스를 영원히 가둬 놓고자 하는 법적/사법적 영역보다는 교부적인 승리자 그리스도(*Christus Victor*)와 더 일맥상통한다.

"필요"는 바른 용어인가?

안셀무스가 보소를 한심한 바보로 만들고 있는 것은 아닌지 의아해 하는 사람에게는 안셀무스의 주장에 대한 보소의 이의가 기분 좋은 놀라움으로 다가올 수 있다.

> **보소**. 하지만 만약 그렇다면 하나님은 인간의 구원을 확보하기 위해 어울리지 않는 것[하나님의 성품과 전혀 어울리지 않는 것]을 피하도록 **강제된** 것처럼 보입니다. 그렇다면 하나님이 우리의 유익을 위해서가 아니라 자신의 유익을 위해서 인간의 구원을 확보한다는 것을 어떻게 부정할 수 있겠습니까? 그러나 만약 그렇다면 자신을 위해 무언가를 하는 하나님께 우리가 무슨 감사를 해야 한다는 말입니까? 하나님이 **필요**해서 우리를 구원한다면 우리가 어떻게 우리의 구원을 하나님의 은혜로 돌릴 수 있단 말입니까?(2.5, 강조는 덧붙인 것임)

안셀무스는 (보소를 통해 말하면서) 많은 사람이 오늘날까지도 제기하고 있는 두 가지 비난을 예상한다(그런 비난에는 이유가 없지 않다). 첫째, 하나님은 오로지 자신의 명예에만 관심이 있는 것처럼 들린다. 둘째, 모든 것이 이성적인 필요로 제시되어 사랑이나 은혜의 요소가 없는 것처럼 보인다. 안셀무스는 이러한 이의가 답변되지 않은 채 넘어가도록 허용하지 않는데, 이 점은 칭찬할 만하다.

안셀무스. 누군가가 마지못해 해야만 할 필요가 있는 일로부터 이익을 본다면, 그 사람에게 돌아갈 감사는 적거나 전혀 없습니다. 그러나 그가 **스스로** 타인의 유익이라는 필요를 **취하고** 이 필요를 망설임 없이 계속 유지한다면 그는 확실히 이 호의에 대해 더 큰 감사를 받을 만합니다. **이 호의는 필요가 아닌 은혜로 불려야 하기 때문입니다**(2.5, 강조는 덧붙인 것임).

안셀무스는 필요에 대해 우리가 생각하는 방식으로 말하지 않는다. 하나님이 외부의 어떤 힘을 따르도록 제약되었다는 논리적 추론의 의미에서는 하나님은 아무것도 "필요로 하지 않는다." 오히려 안셀무스가 말하는 필요는 **존재론적** 필요다. 그것은 하나님도 부정할 수 없는 하나님 자신의 자비로운 본성에서 나온다. 이 점에서 안셀무스의 저술은 논리인 동시에 찬가이기도 하다. 그는 자신의 주장의 각 단계에서 하나님께 영광을 돌린다. 안셀무스에게 "필요"란 기계적인 무언가를 의미하지 않는다. 오히려 그것은 우리의 구원 이야기가 신자에게 기쁨을 가져다주는 내적 논리를 갖고 있음을 의미한다.

명예는 공의를 의미한다

안셀무스가 말하는 하나님의 "명예"는 무엇을 의미하는가? 안셀무스가
사용한 이 단어는 종종 마치 하나님이 자신의 특권 외에 다른 것은 전혀
생각하지 않는 옹졸한 폭군인 것처럼 희화화된다. 그는 하나님으로 하
여금 봉건 영주의 역할을 맡게 한다고 비난받아왔다.[21] 만일 안셀무스
가 하나님의 "명예"가 아니라 그분의 "공의"에 대해 말했다면 더 이해하
기가 쉽고 확실히 더 성경적이었을 것이다. 안셀무스의 주장에서 "명예"
가 "공의"로 대체되어도 그의 주장이 변질되지 않는다.[22] 우리는 하나님
의 공의는 명사가 아니라 동사로 이해하는 것이 좋으며, 그것은 잘못된
것을 바로잡는 하나님 자신의 자비로운 행동이라고 계속 강조할 것이다.

---

21 봉건제의 맥락이 안셀무스에게 종종 불리하게 작용해왔으며, 그의 접근법에 공감하지 않
   는 사람들은 그가 하나님의 "명예"를 강조하는 것을 비난한다. 그러나 안셀무스의 관심은
   이러한 비판자들이 그에게 귀속시키는 것과는 판이하다. 안셀무스에게 있어서 모든 개념
   은 하나님이 영광을 받아야 할 필요가 아니라 우리가 하나님께 영광을 돌려야 할 필요를
   중심으로 전개되기 때문이다.

22 Eamon Duffy는 James Caroll의 *Constantine's Sword*에 나타난 안셀무스에 대한 평가를 비
   판한다. "*Cur Deus Homo*는 사실 마인츠에서 최근에 런던으로 온 학식 있는 유대인들에게
   서 나온 유대교의 기독교 비판을 특별히 염두에 둔 것었다. 이 유대인 지식인들에게는 기
   독교가 아픔을 느끼지 않고 영원한 존재가 여인의 태를 통해 시간 안으로 내려와 굶주림
   과 갈증, 고통과 죽음을 겪는 미천한 존재가 되었다고 주장해서 하나님의 명예를 더럽히
   기 때문에 기독교는 역겨운 것이었다. 따라서 안셀무스의 목적은 성육신이 하나님의 명
   예를 더럽히기는커녕 고통 가운데 있는 인류를 구원하려는 하나님의 사랑의 의지의 깊이
   를 드러낸다는 것을 보여주기 위함이었다. 그러므로 '명예'에 대한 안셀무스의 주장은 봉
   건주의적 서열에 대한 집착이 가져온 결과물이 아니라, 기독교의 이야기가 하나님을 명
   예를 실추시킨다고 생각했던 지적인 유대인들을 향한 인신공격적인 논증(*argumentum ad
   hominem*)이었다. 안셀무스가 생각하는 '명예'는 자신의 존엄성에 대해 창조주가 갖고 있
   는 것으로 상상된 지나친 예민함을 가리키는 것이 아니라, 현실에 대한 깊은 논리를 비유
   적으로 표현한 것이다. 이 현실에서는 죽음과 타인 및 하나님으로부터의 인간의 소외로
   말미암아 우주의 균형이 무너지는데, 이 상황은 오직 하나님의 행동을 통해서만 교정될
   수 있다(Duffy, "A Deadly Misunderstanding").

안셀무스의 말처럼 "사물의 배열에서 하나님의 명예[공의]를 유지하는 요소이자 바로 하나님 자신인 최고의 정의[공의]보다 더 정의로운 것은 아무것도 없다"(1.13).

이 대목에서 안셀무스는 본서 3장의 요지, 즉 하나님의 공의는 하나님이 어떤 존재인가에 관한 중요한 부분이라는 점을 확언한다. 하나님은 자신의 공의를 드러낼 때 자기 자신을 드러낸다. 더욱이 "누구도…**본래는 하나님을 모욕하지 못한다. 그러나 하나님이 관심을 가지는 한에 있어서는** 피조물이…자신의 뜻을 하나님의 뜻에 거스를 때 하나님을 모욕하는 것처럼 보인다"(1.15, 강조는 덧붙인 것임).

이 문장은 안셀무스를 이해하는 데 있어서, 그리고 더 나아가 하나님의 공의를 이해하는 데 있어서 가장 중요하다. 안셀무스뿐만 아니라 구약성경 역시 하나님을 자신의 명예를 보전하는 데만 연연해 하는, "질투하는" 하나님으로 주장한다고 오독될 수 있다. 방금 인용한 문장에서 안셀무스는 하나님이 자신의 명예를 방어할 필요가 없다고 말한다. 다만 하나님은 **피조물을 위해서**—하나님과의 관계를 바로잡으려는 의지도 없고 그렇게 할 수 있는 능력도 없는 불쌍한 인간을 위해서—자신의 명예에 관심을 가진다.

안셀무스가 말하는 "명예"는 우리가 흔히 이해하는 명예와는 딴판이다. 하나님은 자신의 특권에 사로잡힌 보잘것없는 독재자가 아니다. 이와 반대로 안셀무스가 늘 염두에 두고 있는 삼위일체의 행동이 빌립보서 2:5-7에 묘사되어 있다. "곧 그리스도 예수의 마음이니 그는 근본 하나님의 본체시나 하나님과 동등됨을 취할 것으로 여기지 아니하시고 오히려 자기를 비워('비우다'의 그리스어 어원은 **케노시스**[kenosis]다) 종의 형체를 가지사 사람들과 같이 되셨고." 하나님의 명예는 하나님의 공의, 거룩함, 완전함이다. 그러나 그것은 하나님의 사랑과 자유이기도 한데, 그것들은 성자의 자기 비움에서 나타난다.

오직 하나님만이 그토록 무거운 죄의 무게에서 구원할 수 있다

우리는 『인간이 되신 하나님』 2.6에서 안셀무스의 논리의 핵심을 포착할 수 있다. 여기서 그는 죄의 무게가 너무도 무거워서(*nondum considerasti quanti ponderis peccatum sit*, 형제님은 아직 죄의 중대성을 고려하지 않았습니다) "하나님을 제외한 전체 우주보다 더 큰" 대가를 치르지 않는 한 속죄나 만족이 있을 수 없다고 강조한다.

> **보소**. 그래서 ~처럼 보입니다.
>
> **안셀무스**. 따라서 하나님을 제외한 그 누구도 이것을 만족시킬 수 없습니다.
>
> **보소**. 저는 그 말을 부정할 수 없군요.
>
> **안셀무스**. 그러나 오로지 인간만이 이것을 **해야** 합니다[하나님은 이미 배상을 **해야만** 하는 존재는 가해자라고 정해 놓으셨습니다].
>
> **보소**. 지당하신 말씀입니다.
>
> **안셀무스**. 따라서 그것이 필요하다면…앞서 말한 만족, 즉 **하나님만이 충족시킬 수 있고 오직 인간만이 충족시켜야 하는** 만족이 선결되지 않을 경우 [구원]이 불가능하다면, 신인(神人)이 이 만족을 충족시킬 수밖에 없습니다.
>
> **보소**. 하나님을 찬양합니다! 우리는 위대한 발견을 했습니다.[23]

---

23   *Cur Deus Homo?* 2.6, 강조는 덧붙인 것임.

안셀무스는 몇몇 진영에서 너무도 오랫동안 비난을 받아오고 있어서 이처럼 단순하고 우아한 일련의 사고 단계가 언제나 정당한 평가를 받는 것은 아니다. 물론 『인간이 되신 하나님』에 나타난 안셀무스의 주장들은 때때로 지나치게 이성적이어서 우리에게는 본의 아니게 우습게 들린다. 그래서 우리는 그의 주장에 어느 정도 익숙해질 필요가 있다. 그가 자신이 "오류가 없는 이성"(2.21)이라고 부르는 것에 의존하는 것은 오늘날에는 순진하게 보인다. 방법론적으로 그는 각 논리적 단계를 얼마나 잘 이끌어 왔는가! 순전히 성경적인 관점에서는 이러한 논리적 절차가 수상해보일 것이다. 성경에는 이런 논리적 절차와 조금이라도 비슷한 요소가 전혀 없기 때문이다. 그러나 신인(神人)의 필요성에 관한 안셀무스의 긴 설명이 끝나자 보소는 "하나님을 찬양합니다!"라고 외친다. 우리는 다른 이유로 미소짓는다. 우리는 안셀무스의 멋진 어구에서 "이해를 통해 기쁨을 누리기"(1.1) 때문이다.[24]

동방 정교회의 관점에서 본 안셀무스

데이비드 벤틀리 하트는 최근 자신이 속한 동방 정교회의 관점에서 안셀무스를 인정했다.[25] 그는 동방 정교회의 전통이 안셀무스를 지나치게 단순화하고 오해한다며 이를 나무란다. 그에 따르면 많은 정교회 신학자들

---

24 Ellen Charry는 여러 지점에서 안셀무스의 목회적 관심이 합리주의를 뒤엎고, 안셀무스가 "그의 독자들이 참으로 하나님의 자비를 신뢰할 수 있게 되기를 원했다"고 지적한다(*By the Renewing of Your Minds: The Pastoral Function of Christian Doctrine* [New York: Oxford University Press, 1997], 168).

25 David Bentley Hart, "A Gift Exceeding Every Debt: An Eastern Orthodox Appreciation of Anselm's *Cur Deus Homo*," *Pro Ecclesia* 7, no. 3 (Summer 1998): 330-49.

이 "서구의 구원 이야기들이 너무 빈번히 그리스도를 통해 이루어진 속죄를 순전히 죄에 대한 하나님의 분노를 달래기 위한…단순한 거래 현상으로 축소했다"고 믿고 있고,[26] 이러한 현상의 책임이 안셀무스에게 있다고 비난한다. 하트는 안셀무스가 이 외에도 다양한 방식으로 오해되고 있다고 지적한다. 예컨대 많은 사람이 『인간이 되신 하나님』의 실제 텍스트를 보지 않은 채 "부정적인 판단의 혼란"에 빠져 안셀무스가 "처벌적 수난"을 열광적으로 대변한다고 생각한다.[27] 이것이 바로 이번 장의 요지다.[28]

하트는 안셀무스의 제시 방식이 "단순하고 경제적인 속죄 모델"에 적합하다는 것을 인정한다.[29] 그러나 하트는 계속해서 이렇게 말한다. "안셀무스의 주장은 뉘앙스가 제거되고 나면 …신학적 사고가 무심코 고안해 낼 수 있는 모든 오해에 취약하다. 그것은 실제로 좀 더 넓은 신학적 내러티브에서 동떨어진 하나의 신학 '이론'이 된다." 이 말은 공허한 이론을 피하고 주제의 풍성함과 내러티브의 힘을 선호해야 한다는 것을

---

26 Hart, "Gift Exceeding Every Debt," 334.
27 Hart, "Gift Exceeding Every Debt," 340.
28 Robert Dean은 자신의 복음주의적인 학생들이 "처벌적 수난"을 안셀무스에게서 기원한 것으로 보기를 원한다고 내게 말해줬다. 그는 안셀무스 자신은 오히려 "그러므로 빼앗긴 명예가 되돌려지거나 처벌이 가해질 필요가 있다"고 말한다고 지적한다. 달리 말하자면 하나님은 처벌보다 만족을 선택했다(*Cur Deus Homo?* 1.13).
29 루터교 남부 신학교 Daniel Bell 교수는 우리가 현대의 자본주의적 가정이 안셀무스의 텍스트에 영향을 주도록 허용할 때 어떻게 그를 오해할 수밖에 없는지를 지적했다. 벨은 이렇게 말한다. "특히 안셀무스는 그리스도의 십자가 사역이 어떻게 희소성 중심으로 돌아가는 자본주의 논리 및 빚, 형평성, 죽음에 대한 자본주의의 계산법과 관련이 있을 수 없는지를 보여준다. 대신에 안셀무스는 하나님의 자비의 경제를 조명하는데, 이 경제는 그리스도가 죽음의 결박을 끊은 것만큼이나 확실하게 자본주의의 제약을 초월하는, 풍성함과 관대함을 특징으로 하는 경제 질서다"(*The Economy of Desire: Christianity and Capitalism in a Postmodern World* [Grand Rapids: Baker Academic, 2012], 149). 나는 이 놀라운 인용문에 대해 Robert Dean에게 감사한다.

깔끔하게 표현한다.

하트는 동방 정교회 신학자인 블라디미르 로스키를 안셀무스의 입
장에 반대하는 대표자로 인용한다.[30]

로스키는 동방 정교회 신학자들이 서구의 구원론을 형성한다고 간주하는
모든 것—서구 구원론의 "법률적" 범주의 율법주의, 그것이 묘사하는 하나
님의 무자비함, 그것의 속죄 모델의 기계적 단순성—이 『인간이 되신 하나
님』에 전형적으로 표현되어 있다고 생각한다.…로스키는 안셀무스가 부활
과 승천을 단순히 행복한 결말로 축소해버리고, 구원을 인간 본성상의 변화
가 아닌 인류를 향한 하나님의 태도상의 변화로 축소해버리는 것에…특히
불쾌해 한다. 이렇게 생각된 구원은 매우 화가 나 있는 하나님과 복수심에
불타는 그의 분노의 요구를 만족시킬 수 없는 인류 간에 연기되는 한 편의
드라마에 지나지 않는다.[31]

이 말은 우리가 끊임없이 듣고 있는 안셀무스에 대한 반대를 능숙하게
요약하는데 이런 반대는 비단 동방 정교회에서만 제기되는 것은 아니
다.[32] 하트는 안셀무스의 "이론"이 신자들에 대한 목회적 관심뿐만 아니

---

30 Vladimir Lossky, "Redemption and Dedication," in *In the Image and Likeness of God, ed. John
H. Erickson and Thomas E. Bird* (Crestwood, N.Y.: St. Vladimir's Seminary Press, 1974),
97-110을 보라.

31 Hart, "Gift Exceeding Every Debt," 340.

32 Girard의 관점에서 안셀무스에 대해 책 한 권 분량의 비판을 한 Anthony W. Bartlett의 비
판(*Cross Purposes*)이 바로 이런 종류의 반대다. Bartlett의 안셀무스 이해에는 이상한 점
이 있다. 그는 "모방 인류학"—설사 그런 것이 있다 할지라도 이는 "이론"에 지나지 않는
다—에 너무도 초점을 맞추는 나머지 『인간이 되신 하나님』에서 발견되는 성경 내러티브
의 메아리에 귀를 닫은 것처럼 보인다. 우리는 Bartlett에게 시적 상상이 결여되어 있다고
비난할 수 있는데, 오늘날 학계의 많은 성경 이해에 대해서도 이런 불평을 제기할 수 있다.

라 신앙과 기도에도 깊이 뿌리박고 있다(우리는 그의 주장이 이제껏 인정 받아온 것보다 훨씬 더 성경과 유사하다고 첨언한다)고 주장하고, 따라서 그것을 순전히 합리주의적이고 도식적인 것으로 규정하는 것은 부당하다고 주장한다. 더 중요한 점은, 우리를 대신한 하나님의 행동에 관한 안셀무스의 견해가 사실은 그가 등한시했다고 비난 받고 있는 교부들의 내러티브와 상당히 유사하다는 것이다. 하트는 이렇게 설명한다.

> 죄가 하나님의 선한 창조세계의 질서를 어지럽혔고, 인류가 사망과 마귀의 손에 넘어갔기 때문에 하나님이 인류를 구원코자 소외와 노예 상태 안으로 들어온다.…엄청난 언어상의 차이를 제쳐두면, 안셀무스의 저술은 새로운 구원 내러티브가 아니다. 사실 **죽음으로부터의 인류의 구원**에만 관심이 있는 교부들의 구원론과 **죄 용서**에만 관심이 있는 이후의 속죄 이론 간의 이와 같은 안일한 구별은…아마도 강조 및 이미지와 관련되어서만 지지될 수 있을 것이다. (몇 명만 거명하자면) 아타나시오스, 니사의 그레고리오스, 다마스쿠스의 요한 같은 인물들은 안셀무스 못지않게 인류를 사망에 결박시켜 놓은 죄가 십자가에서 극복되었다고 인식했고, 안셀무스는 불순종으로 하나님을 배신한 자들[모든 인간]에 대한 **사망의 지배를 상대로 한 성자의 전투**에 대해 이 교부들 못지않게 관심이 있었다. 실제로 『인간이 되신 하나님』에서 죄 문제는 다소 회피되고 있다. 신적 정의를 훼손하지 않으면서 사망이 극복될 수 있게끔 그리스도의 은혜를 통해 이 죄책의 문제가 해결된다(강조는 덧붙인 것임).[33]

이 놀라운 요약은 안셀무스에게 적절한 초점을 맞추도록 할 뿐만 아니

---

33   Hart, "Gift Exceeding Every Debt," 342.

라, 본서의 많은 부분을 위한 계획을 제시한다. 우리는 **죄와 율법**을 좀 더 생생하게 고려함으로써 하트의 설명에 약간의 수정을 가할 것이다. 그러나 안셀무스와 교부 신학자들 모두 인간의 역경을 **사면을 필요로 하는 죄와 구원을 필요로 하는 속박 모두**로 이해하고 있다는 하트의 주장은 이 장의 논증에서 핵심적인 요소다.

하트의 또 다른 주장은 안셀무스를 본서의 틀에 훨씬 더 확고하게 위치시킨다.

> 안셀무스는 이미 기독교 신학 전통에 위치해 있고, 이미 그리스도가 자신 안에서 인간의 본성을 재현했고 우리 대신 악을 정복했다는 것을 알고 있다. 바로 이 내러티브로부터 안셀무스는 그 이야기의 희생적 논리의 내적 필요를 좀 더 잘 이해하기 위해 그것을 축소했다(그러나 이 축소는 절대로 최종적이거나 배타적이지 않다).…안셀무스의 설명이 부활과 승천을 단순한 결말로 남겨두는 것처럼 보인다 해도…그것은 또한 교부들의 사고에 이따금 등장하는 특정 난제(*aporia*), 즉 부활이 어떻게 그리스도의 자기희생을 뒤엎는 것이 아니라 그것의 정당성을 입증하고 있는지를 말하지 않는다는 문제를 해결한다.[34]

하트는 다른 관점에서 J. L. 마틴과 거의 같은 말을 하고 있다. 부활은 성자의 구속적 죽음의 **대체물**이 아니라 그것에 대한 하나님의 **정당성 입증**이다. "성자의 부활은 성자의 십자가를 무색하게 만들지 않는다."[35]

---

34 Hart, "Gift Exceeding Every Debt," 344.
35 J. Louis Martyn, *Galatians*, Anchor Bible 33A (New York: Doubleday, 1997), 166.

페미니스트의 안셀무스 비판

최근 몇 년간 안셀무스는 특별히 몇몇 페미니스트 신학자들로부터 공격을 받고 있는데, 이들은 『인간이 되신 하나님』에 나타난 안셀무스의 주장을 개탄스러운 속죄 모델의 대표적인 예로 본다. 십자가 사건은 무고한 아들이 앙심을 품은 아버지의 분노로 인해 고통을 당하는 일종의 아동 학대로 보인다는 것이다.[36] 그러나 안셀무스는 이런 비판을 예상했다. 그는 보소로 하여금 이렇게 말하게 한다.

> 하나님이 그가 기뻐하는 사랑하는 아들을…그런 식으로…다루는 것이 어떻게 정당하거나 합리적일 수 있습니까?…죄인을 위한 예수의 고통스러운 죽음에 도대체 어떤 정의가 있길래 모든 인간 중 가장 정의로웠던 그가 죽어야만 합니까? 모든 사람 중에 가장 정의로운 존재가 바로 예수인데 말입니다. 어떤 사람이 죄인을 풀어주기 위해 무죄한 자를 정죄한다면, 그 사람은 이로 인해 정죄를 받는 것이 마땅하지 않겠습니까?(1.8)

> 하나님이 무고한 자의 희생이 없이는 죄인을 살려주지 않기로 작정하거나 살려줄 능력이 없어서, 무고한 자의 피를 기뻐하거나 그것을 요구한다면 이는 이상한 일입니다(1.10).

안셀무스는 천 년이 지난 지금 교회에서 재고되고 있는 이 중요한 이의를 알아차리지 못한 것이 아니다. 그는 "신인"이 자신이 무엇을 하고 있

---

36 Leanne Van Dyk는 "Do Theories of Atonement Foster Abuse?" *Dialog* 35, no. 1 (Winter 1996): 22-25에서 이 관점과 대결한다.

는지 **완전히 아는 가운데** 죽는다고 강조한다. 십자가형은 "하나님의 삼위일체적 생명 안에서 발생한 사건이다."[37] 그것은 절대로 의심하지 않고 있는 아들에게 아버지가 가한 행위로 해석되어서는 안 된다.[38]

안셀무스는 성자가 스스로 자신의 목숨을 내려놓았다는 것을 보여주기 위해 애를 쓴다(요 10:18). "성부는 성자에게 죽음을 강요하거나 성자가 자신의 의사에 반하여 살해되도록 허용하지도 않았다. 성자는 인간을 구원하기 위해 스스로 죽음을 견뎠다"(1.8).

성부가 자기에게 순종하라고 명령했기 때문에 성자에게는 선택권이 없었다는 이의에 대해 안셀무스는 예수의 십자가형 사건은 결코 그런 식으로 발생한 것이 아니라고 답변한다.

성자는 그렇게 귀한 생명을…그렇게 선뜻…자의로 자신을 성부께 드렸습니다. 따라서 **우리가 한 위격에 대해 말할 때 우리는 삼위 하나님 전체를 가리키게 됩니다.** 이 인간으로서 예수는 바로 이 전체 하나님께 자신을 드렸습니다. 그리고 성자가 우리를 위해서 성부께 간구한다는 말을 들을 때 그 말을 듣는 사람의 마음에 성부와 성자의 이름에 의해 놀라운 헌신이 자극됩니다(2.18, 강조는 덧붙인 것임).

---

37 Robert Jenson, *Systematic Theology*, vol. 1, *The Triune God* (New York: Oxford University Press, 1997), 189. Jenson은 안셀무스에 대한 가장 중요한 비판 중 하나는 우리가 화해를 그리스도의 신성과 인성 중 하나를 통해 일어난 것으로 생각할 것이 아니라 그의 두 본성이 동시에 함께 작용하여 일어났다고 생각해야 하는데, 안셀무스는 속죄 사역이 그리스도의 인성을 통해 이루어졌다고 생각하는 점이라고 지적한다. 안셀무스가 인성을 신성으로부터 분리한다는 비난이 사실이라면 그것은 실제로 그에게 불리하게 작용할 것이다. 그러나 많은 신학자들은 이러한 이해가 부당하다고 생각한다.

38 안셀무스의 기도는 (특히 그의 시대를 고려해 볼 때) 하나님의 **모성적** 이미지에 이례적인 관심을 보인다는 특징이 있다. 이 점이 더 인상적인 이유는 그의 이러한 관심이 이념적 혹은 정치적 고려에 의해 강요된 것이 아니었기 때문이다.

성자는 자신의 죽음 외에는 자신의 전능함의 높이를 세상에 드러낼 수 있는 다른 방법이 없다는 데 대해 성부 및 성령과 동의했습니다(1.9).

현혹적일 정도로 단순한 마지막 문장에는 기쁜 소식과 니케아 신조적인 진리의 세계가 존재한다. 안셀무스가 어떻게 이보다 더 명쾌할 수 있는지 상상하기란 어려울 것이다. 성자가 십자가 위에서 자신을 바친 것은 하나님의 영원한 삼위일체적 내적 존재에서 나왔다. 우리가 설교를 하거나 가르치거나 배울 때, 성부의 뜻을 성자의 뜻과 분리하거나 사랑에서 비롯되지 않은 어떤 것이 지속된다고 주장하는 모든 해석을 우리는 강력하게 거부해야 한다. 하나님의 정의와 하나님의 자비는 모두 영원한 사랑이라는 하나님의 단일한 의지에서 나온다.

하나님과 우리 중 누가 화해되는가?

안셀무스에 대한 반대 중 하나는 그가 하나님 안에서 변화가 발생해야 하는 것처럼—십자가형이 반역적인 피조물에 대한 하나님의 태도를 바꾼 것처럼—보이게 만든다는 것이다.[39] 그러나 신약성경은 결코 하나님이 우리에게 화해된다고 언급하지 않는다. 신약성경은 우리가 하나님께 화해되는 것에 대해서만 말한다. 이 요소는 오늘날 화해에 대한 대다수의 논의에서 열쇠가 되었다. 예수의 희생으로 인해 성부가 어떻게든 그의 마음을 바꾸었다고 결론짓지 않는 한 우리가 어떻게 하나님의 진노에 관해 말할

---

39   이러한 이의는 십자가형이 인간의 감정에 미치는 영향에 집중하는 "주관적" 속죄 이론의
      형성에 영향을 미쳤다. 본래 아벨라르두스(1079-1142)와 관련이 있는 주관적 또는 "모범
      적" 견해는 오늘날 René Girard와 그의 제자들에 의해 개정된 형태로 옹호되고 있다.

수 있겠는가? 이는 참으로 성부를 부정적으로 보이게 할 것이다. 그러나 안셀무스는 그렇게 말하지 않는다. 안타깝게도 왜곡된 이 주장은 그 자체의 생명을 갖고 있다. 하트는 분연히 이 왜곡을 바로잡는다. "그리스도의 죽음은…인류를 향한 하나님의 태도에 변화를 일으키지 않는다. 하나님의 태도는 결코 변하지 않는다. 그는 자신의 피조물의 구원을 원하며 피조물을 그 자체의 잔임함 가운데 내버려두지 않을 것이다."[40]

　　우리가 안셀무스의 "만족"이라는 용어를—전면적으로 수용하지는 않더라도—이해하려면 우리는 그리스도의 자기희생을 통해 **일어난 변화가 하나님 안에서 일어난 것이 아니**라는 점을 분명히 해 두어야 한다. 이 점은 매우 중요하다. 이 점이 강조되지 않을 경우 하나님은 그의 진노를 반드시 달래져야 하는 감정으로 생각하는 자들의 비판에 무방비로 노출되어 있는, 변덕스러운 하나님이 되고 만다. 화해에 관한 우리의 모든 논의에서 이 점이 매우 중요하다. 하나님이 변하는 것이 아니라 인간과 피조물의 하나님**에 대한** 관계가 변한다. 이 점에 관해서는 기독교의 많은 교리에서와 마찬가지로 '이미-그러나 아직'의 특징이 존재한다. 하나님에 대한 우리의 관계는 우리가 세례를 받아 그리스도의 죽음 안으로 통합됨으로써 **이미** 변했다(롬 6:3-4). 그러나 우리는 재림 때 있을 완전한 구속을 **기다리면서** 온 우주와 함께 "신음한다"(롬 8:22). 그때 우리는 부활한 예수의 영광스러운 몸으로 "**변화될 것이다**"(고전 15:52). 이 점이 언제나 하나님의 진노에 관한 많은 논의를 명확히 하고 하나님의 심판이 그분의 사랑의 종으로 이해되지 않을 때 발생하는 오해를 제거할 것이다. 우리는 성경 전반에 걸쳐 같은 사상을 발견한다. 예를 들어 이사야는 이렇게 말한다.

40　Hart, "Gift Exceeding Every Debt," 348.

내가 넘치는 진노로 내 얼굴을 네게서 잠시 가렸으나 영원한 자비로 너를 긍휼히 여기리라. 네 구속자 여호와께서 말씀하셨느니라(사 54:8).

하나님의 심판은 하나님의 사랑 안에 둘러 쌓여 있다.

이 점을 확실히 해두었으니 이제 우리는 안셀무스에 대한 논의를 마무리할 수 있다. 3장에서 우리는 정의와 자비 간의 관계에 대해 살펴보았다. 사실 우리는 하트처럼 좀 더 많은 것을 말할 수 있다. 하트는 십자가가 "단순히 사후에 정의와 자비 간의 화해를" 가져온 것이 아니라 선재하는 하나님의 사랑에 대한 "자식의 어조"임을 보여준다. 그는 이렇게 요약한다. "신인[*Deus Homo*] 안에서 그리고 인간의 역사 안에서 하나님의 정의와 자비는 한 가지, 하나의 행동, 생명, 존재이며…정죄하는 공의는 회복하는 사랑이기도 하다는 것이 드러난다."[41]

그리고 여기서 안셀무스는 보소의 입을 통해 그리스도의 업적에 관한 거의 최고의 요약을 제공한다. "그는 우리를 우리의 죄, 자신의 진노, 지옥, 그가 멸하기 위해서 온 마귀의 권세에서 해방시켰다. 이는 우리가 그 일을 할 수 없기 때문이었다. 그리고 그는 우리에게 천국을 사 주었다. 그리고 이 모든 것을 행함으로써 그는 우리를 향한 자기의 위대한 사랑을 보여주었다"(1.5).

안셀무스의 이 짧은 요약은 여러 면에서 본서가 의도하는 바와 일치한다. 그의 요약은 놀라울 정도로 포괄적이다. 그것은 본질적으로 학문적 공식이 아닌 **내러티브** 형태와 **케리그마**의 형태를 갖고 있다. 여기서 명시적으로든 암묵적으로든 간에 핵심이 되는 많은 성경적·교리적 주제들이 적시되어 있다.

---

41 Hart, "Gift Exceeding Every Debt," 344.

여러 사람이 지적했듯이 결국 안셀무스의 방법—보소를 통해 합리주의적인 결론을 이끌어내려는 그의 작업 방식—이 성경의 내러티브 방식과는 일치하지 않는다는 것은 확실히 맞는 말이다. 그뿐만 아니라 "만일 ~하다면 ~하다"는 진리 입증 방식은 성경의 (그리고 현대의) 사고방식에는 이질적인 것처럼 보인다. 그러나 오늘날 그의 저술을 읽는 대다수는 아니더라도 많은 독자는 성경의 내러티브를 자신의 논증 안으로 통합시키는 안셀무스의 천재성을 알아차리지 못하며, 그의 신앙의 본질적인 달콤함도 인식하지 못한다. 그는 십자가 상에서 하나님이 행한 행동의 모든 측면에 신적 사랑이 작동하고 있다고 가르친다. 성경에서 발견되는 다양한 이미지와 주제가 우리의 이해를 안내한다.

안셀무스의 저술에 나타난 또 다른 모티프는 본서의 결론에서 환기될 것이다. 간단하게 미리 언급해두자면 안셀무스를 편협하고 처벌적이라고 확신하는 사람들은 그가 주님의 죽음이 지닌 보편적 의미를 암시하는 것을 주목할 필요가 있을 것이다. 콜린 건튼은 이 점에 관해 이렇게 말한다. "예를 들어 안셀무스는 그리스도를 통해서 얻은 구원이 이 기관[교회]의 시공간적 제약 밖에 있는 사람들에게도 도움이 될 만큼 매우 중요하다는 것과, 아무것도 우리가 의식적인 그리스도인의 삶의 형태가 아닌 다른 형태의 삶에서도 성령의 역사를 추구하고 발견하는 것을 막지 못한다는 것을 자주 주장했다."[42]

---

42 Colin Gunton, *The Actuality of Atonement: A Study of Metaphor, Rationality, and the Christian Tradition* (Grand Rapids: Eerdmans, 1989), 171.

요약

이 "가교" 장은 앞 장의 주제였던 정의에 대한 우리의 이해에 안셀무스가 어떻게 기여했는지에 대한 해설로서, 안셀무스가 강조한 죄의 중대성을 다루는 다음 장을 이어준다. 안셀무스가 제시한 그리스도의 자기희생에 할애된 이번 장에서 우리는 크게 오해받고 있는 그의 가르침들이 여전히 독특한 가치를 지니고 있음과, 오늘날 그가 일반적으로 대우받고 있는 수준보다 훨씬 더 경청할 가치가 있음을 보여주려고 노력했다.[43] 우리는 안셀무스를 일반적으로 처벌적 고난의 지지자로 보는 견해를 단호히 거부했다. 우리는 그의 합리주의적 접근법에도 불구하고 그의 독실한 신앙, 목회적 관심 그리고 성경의 내러티브에 대한 민감성을 강조했다. 우리는 그의 삼위일체 신학과 "이해를 추구하는 신앙"의 불가결한 역할도 강조했지만, 특히 하나님과 그분의 피조물 간의 깨어진 관계가 "변제되지 않고 지나갈" 수 없다는 안셀무스의 주장에 초점을 맞췄다. 그리스도가 행한 일을 표현하는 안셀무스의 용어는 "만족"이다. 그러나 우리가 그 단어를 "배상", "보상" 또는 이번 장의 전반에 걸쳐 선호되고 있는 단어인 "교정"으로 생각해도 무방하다.

사실 인간 존재의 비극은 **교정**을 요구한다. 따라서 우리는 이번 장을 이번 장의 시작 내용으로 마무리한다. **무언가가 심각하게 잘못되었고, 그것이 반드시 바로잡혀야 한다.**[44] 우리가 이것을 뼈에 사무치도록 느낄

---

43 우리가 안셀무스의 가정을 단호히 거부해야 하는 한 대목이 있는데, 이 대목에서 그는 보소에게 수사적으로 질문한다. "왜 유대인들이 박해하여 죽였을까요?"(1.9). 여기서 그는 신약성경에 등장하는 민족으로서 유대인과 그리스도의 종교적 적을 구별하지 않는다. 그러나 안셀무스는 다른 지점들에서는 자기가 **모든** 인간이 "예수를 박해하여 죽였다"는 것을 알고 있음을 보여준다.

44 아프리카계 미국인 그리스도인들은 정의 없이는 화해가 있을 수 없다는 그들의 끈질긴 관

때, 모든 인간의 일반적인 상황에서뿐만 아니라 우리 자신의 특별한 상황에서도 무언가가 잘못되었다고 느낄 때, 하나님은 우리를 그리스도의 십자가로 더 가까이 이끌기 위해 일하신다.

심에서 비록 암묵적일지라도 종종 안셀무스에 동의한다. 1987년 뉴욕시에서 열린 하워드 비치(Howard Beach) 재판이 이 점을 잘 보여주었다. 길을 잃고 우연히 백인 동네에 들어간 소수의 흑인 청년들에게 노골적으로 인종차별 공격을 가한 자들에게 징역형이 선고되자 법정은 흑인 공동체의 환호("판사님, 감사합니다," "주님을 찬양합니다")로 가득 찼다. 확실히 죄의 중대성은 정의의 집행에서 매우 중요한 고려사항이었다.

4장

죄의 중대성

죄를 알고 싶거든 감람산으로 가라.

거기서 고통으로 몸부림치며 머리와 피부, 의복이 피로 물들어 있는

사람을 볼 것이다.

죄는 고통이 모든 혈관을 통해 잔인한 먹잇감을 사냥하도록 강요하는

압박이고 악이다.

조지 허버트, "고뇌"(The Agonie)[1]

형제님은 아직 죄의 중대성을 고려하지 않았습니다.

(*Nondum considerasti quanti ponderis peccatum sit*).

캔터베리의 안셀무스

1　George Herbert, "The Agonie," in George Herbert, *The Complete English Poems*, ed. John Tobin (New York: Penguin Books, 1991), 33.

†

누가 온통 죄에 관해 다룬 장을 읽겠는가? 확실히 죄는 가장 마음에 들지 않는 주제 중 하나다. 우리 시대에 죄의 범주는 질병, 부적응, 신경증, 결핍, 중독 같은 다른 범주들로 대체되었다. 50년 전 미국에서는 라인홀드 니부어의 영향으로 죄를 진지하게 공동체의 고통으로 바라볼 수 있었지만 이러한 문화는 니부어가 생각했던 것보다 한층 더 그리고 더욱 빠르게 이기적이고 자기 확증적인 성향으로 변했다.[2] 오늘날 사람들은 죄에 관한 이야기를 들으려 하지 않는다. 그러나 더 중요한 점은 죄가 대다수 그리스도인에게 항상 오해되어 왔을지도 모른다는 것이다. 더글라스 존 홀은 이 점을 놀라운 말로 제시한다. "'성경적인 죄 개념이 대다수 그

---

2 Niebuhr는 *The Nature and Destiny of Man*(1941)에서 역사적 증거에도 불구하고 "자신을 계속 본질상 해롭지 않고 고결한 존재로 간주하는" "현대인의 안일한 양심"을 흔들기를 원했다 (1:93-96). 본서의 1964년 2판 서문에서 그는 "나는 '타락'과 '원죄'라는 전통적인 종교적 상징을 사용했다.…내 유일한 후회는 내가 한편으로는 원죄의 전설적인 특징과 다른 한편으로는 그것의 미심쩍은 함의가 현대인의 마음에 그토록 불쾌할 줄 깨닫지 못했다는 것이다"라며 유감을 표한다. 서문 말미에서 그는 "역사적으로 중요한 상징들을 통해 현대인이 자신의 비극과 모순적인 역사를 이해하는 데 큰 도움을 얻을 수 있을지" 의심하는 것처럼 보인다. 그가 "현대인의 마음"이 성경적 관점에 저항한다고 한 말은 옳았지만, 그는 타락과 원죄라는 "역사적 상징들"이 지닌 힘이 현대인들에게도 지속될 것으로 예측하지는 못했다. Reinhold Niebuhr, *The Nature and Destiny of Man: A Christian Interpretation*, 2nd ed., 2 vols. (New York: Scribner, 1964).

리스도인에게 이해된 적이 있는가'는 좋은 질문이다. 누구든 신약성경의 사복음서와 서신서를 읽은 후 2, 3세기의 기독교 저술을 읽으면 죄의 축소 과정이 시작되었음을 깨닫게 될 것이다. 이미 죄(단수)가 죄들(복수)로 변했다." 홀은 이어서 종교개혁자들이 죄의 급진적인 의미를 다시 주장했다고 말한다. "그들은 죄가 불순종, 반항, 거부, 배신을 의미한다는 것을 알았다. 요컨대 그들은 죄를 관계적인 용어로 보았다.…인간 삶의 근본적인 관계—하나님과 우리 사이의 관계—가 깨졌고, 이 관계의 깨짐은 우리의 다른 모든 관계에 나타난다.…우리가 '죄들'(복수)이라고 말해야 하는지도 의문이다. 그러나 그래야 한다면, 우리는 죄들은 잘못된 것의 **원인**이 아니라 그것의 **결과**임을 이해해야 한다."[3]

우리가 죄, 특히 단수인 **죄**에 관한 성경의 가정들을 기꺼이 받아들이지 않는 한 성경을 진지하게 받아들일 수 없다. 이는 일종의 딜레마다. 하나님의 선행하는 사랑을 미리 또는 동시에 알지 못하면 자신이 죄에 관여하고 있음을 이해할 수 없기 때문이다. 다른 어떤 단어나 어구도 은혜에 관한 핵심적인 사실을 "선행하다"라는 단어만큼 잘 포착하지 못하기 때문에, 우리는 그 단어를 회복해야 한다. 은혜는 죄의 인지에 **선행하고**, 죄의 고백에 **선행하며**, 죄에 대한 회개에 **선행하고**, 죄를 버리는 것에 **선행한다**. 독자들은 자신을 죄인으로 알든지 그렇지 않든지 간에 이미 자신을 향한 하나님의 은혜로운 의도에 붙들려 있다.

그래서 나는 정의에 관한 장을 죄에 관한 이번 장 앞에 두었고 안셀무스로 하여금 이 두 장을 연결하게끔 했다. 하나님의 정의는 그분의 자비와 경쟁하지 않는다. **둘 다** 하나님의 구속 목적의 발현이다.[4] 하나님의

---

3   Douglas John Hall, "The Political Consequences of Misconceiving Sin," *Witness*, March 1995, 강조는 덧붙인 것임.
4   몇몇 메노파 문헌에서는 정의와 자비가 하나님의 존재 안에서 다투고 있다—우위를 점

공의(*dikaiosyne*, "정의"[justice]로 번역된 그리스어 단어와 같은 단어)를 손상시키거나 보복하는 것이 아니라 해방하고 회복하는 것으로 이해할 수 있다면, 우리는 좀 더 열린 마음과 가슴으로 죄를 논할 수 있다.

역설: 죄를 안다는 기쁜 복음

기독교에는 신기한 현상이 존재한다. 과거에 많은 사람이 자기의 죄를 기쁨으로 고백했으며, 심지어 자신을 "비참한 범죄자"라고 불렀다. 이 어구는 1979년판 『성공회 기도서』에서 삭제되었는데 이는 이 어구가 반감을 일으키는 것으로 생각되었고, 이 표현을 들으며 자라지 않은 오늘날

하기 위한 두 본성의 폭력—고 주장한다. 이는 폭력이 하나님에게서 유래하는 것으로 암시하는데, 이러한 저술들에서는 이 입장을 절대적으로 거절한다(예컨대 David Eagle, "Anthony Bartlett's Concept of Abyssal Compassion and the Possibility of a Truly Nonviolent Atonement," *Conrad Grebel Review* 24 [2006]: 67). Walter Brueggemann은 Jerome F. D. Creach의 *Violence in Scripture*에 대한 서평에서 Jung과 유사한 신관을 지지하는 것처럼 보인다. Brueggemann은 구약성경에 나타난 폭력을 비유적으로 이해하는 것을 지지하는 Creach의 주장에 "불안해" 한다. 그는 이렇게 묻는다. "하나님이 호세아 11:1-9에서와 같이 더불어 다투고 있는 상대를 향해 폭력적인 성향이 있다면 어떻게 되겠는가? 하나님 자신의 삶 자체가 불안정하고 다툼에 빠져 있다면 어떻게 되겠는가?("Warrior God," *Christian Century*, December 11, 2013) 이는 (본서 3장에 인용된) 호세아서의 아름다운 구절을 이상하게 이해하는 것처럼 보인다. 이 구절은 구약성경에서 하나님을 인간적으로 묘사하는 많은 예 중 하나로서, 마치 하나님이 자신의 자녀를 실제로 멸망시켜야 할지 아니면 말아야 할지를 결정하려는 인간의 아버지인 양 문자적으로 이해할 것을 요구하지 않는다. 삼상 15:11에서 하나님은 "내가 사울을 왕으로 세운 것을 후회한다"고 말하는데, **같은 장**에서(15:29) 사무엘은 하나님은 "사람이 아니므로 후회하지 않는다"고 말한다. 확실히 성경의 독자들은 **교리적** 의미가 아닌 **문학적** 의미에서 하나님에 관한 두 가지 내용을 동시에 유념하도록 기대된다. 기독교 전통은 하나님에 관해 그분을 자신의 삶 안에서 "불안정"하다고 보는 모든 교리적인 정의를 거부한다. "우리가 그에게서 듣고 너희에게 전하는 소식은 이것이니 곧 하나님은 빛이시라. 그에게는 어둠이 조금도 없으시다는 것이니라"(요일 1:5).

의 많은 교인이 길을 가다가 교회에 와서 이 말을 들으면 당황하거나 심지어 그냥 나가 버릴 것이 뻔했기 때문이었다. 여기서 우리가 **이미** 복음의 신성한 빛에 사로잡혀 있지 않다면, 우리가 스스로를 "비참한 범죄자"는 고사하고 악인이라고 생각하기를 기뻐할 수 없다는 근본적인 역학이 작용하고 있다. 그리스도의 십자가를 통한 죄의 극복에 담겨 있는 하나님의 "선행적"인 목적을 전하는 것 외에는 사람들로 하여금 죄를 알 수 있게끔 도와 줄 수 있는 방법이 없다. 우리는 가벼운 마음으로 하나님의 자비로운 보좌 앞에 나오지만, 은혜의 빛을 받기 전에는 아무도 이것을 이해할 수 없다. 그리스도의 빛은 이미 성취된 눈부신 구속을 통해 죄를 드러낸다. 남아프리카공화국의 소설가이자 노벨상 수상자인 J. M. 쿳시는 이렇게 말한다. "개종의 경험에는 언제나 이유 없는 무언가가 존재한다. 죄인은 욕망이나 탐욕 또는 자존심에 심하게 눈이 멀어 있어서 그의 인생의 전환점에 이르게 한 정신적인 논리는 **그의 눈이 열린 후 뒤돌아볼 때에만** 보인다는 것이 바로 죄인의 본질이다."[5]

그리스도의 빛에 대해 "눈이 열린" 사람만이 자신의 행위가 드러나는 것을 즐거워한다. 우리 사회 전체가 찬송가 "나 같은 죄인 살리신"(Amazing Grace)을 알고 있으며 그것을 좋아한다는 점은 당혹스럽다. 사람들은 무슨 생각으로 "나 같은 죄인 살리신 주 은혜 놀라워"를 부르는 걸까? 이 찬송가 작사자는 자신의 악한 행위를 깨닫게 된 노예상이었다. 오늘날 이 찬송가를 부르는 사람 대다수는 이 배경을 전혀 모른다. 자존감에 관한 오늘날의 담론에 깊이 적셔 있기 때문에 스스로를 비참한 존재로 인지하지 못하는 사람이 이 노래를 힘차게 부른다는 것은 놀라운

---

5 가브리엘 마르께스(Gabriel Garcia Márquez)의 *Memories of My Melancholy Whores*에 대한 J. M. Coetzee의 서평, *New York Review of Books*, February 23, 2006, 강조는 덧붙인 것임.

일이다.[6] 자신이 저지른 일에도 불구하고 그리스도에 의해 구원받았음을 알게 된 늙은 노예상의 경외심과 일반적인 영적 자기 개선에 관한 현대의 개념 간의 몰이해의 틈이 벌어졌다. 이 찬송가 작사자의 기쁨은 특히 자신이 죄의 짐에서 벗어났다는 기쁨이었다. 그의 감사는 "은혜의 방법과 영광의 소망"에 대한 것이었다.[7] 죄의 고백과 **선행하는** 축복의 상태 간의 관계가 오늘날 아무리 제대로 이해되고 있지 않다고 할지라도 그 관계는 여전히 불가분적이다.

바흐가 "춤의 제왕"을 축하하다

'의혹이 있지만 기꺼이 이 장을 읽어보겠다'고 생각하지 않는 독자를 위해 나는 J. S. 바흐의 음악과 기쁨을 고취하는 그것의 능력에 기초해서 몇 가지 고무적인 생각을 제시하고자 한다. 바흐의 음악에서 죄에 대한 지식은 열광적인 기쁨에 둘러싸여 있다. 바흐가 교회 예배에 독특하게 기여한 점은 그가 종종 가장 깊은 고뇌의 구절을 무곡(舞曲) 형식과 결합시키는 방식 및 이 무곡 형식이 기쁨을 고취하는 능력이다. 야로슬라프 펠리칸은 신학자로서 바흐를 다루는 그의 저술에서 이것을 "고백과 축제"로 부른다.[8] 이 대목에서 음악의 효과는 어느 정도는 마르틴 루터가 경험한 **시련**(Anfechtung) ― 영혼을 위협하는 공격 ― 과 유사하다. 이는 죄, 소외

---

6 에드워드 M. 케네디(Edward M. Kennedy) 상원 의원이 그의 조카인 존 F. 케네디 2세(John F. Kennedy Jr.)를 추모하는 미사에서 "그는 놀라운 은혜를 갖고 있었다"라고 한 말은 "놀라운 은혜"라는 표현의 원래 의미가 완전히 실종된 사례다.

7 『성공회 기도서』 일반 감사 기도문, 58.

8 Jaroslav Pelikan, *Bach among the Theologians* (Philadelphia: Fortress, 1986), 21-22.

감과 시련의 다른 모든 발현이 **구속의 은혜라는 맥락 안으로부터** 이해될 때 어떻게 인간에게 속이 후련해지는 행복을 가져다주는지를 우리가 이해하는 데 도움이 될 것이다. 지금까지 위대한 어떤 예술가, 작가, 작곡가도 이러한 통찰에 있어서 또는 이 통찰을 기쁨의 삶과 연결짓는 능력에 있어서 바흐를 능가하지 못했다. 바흐는 바울처럼 십자가 상의 수치 및 수모를 강조하고 따라서 십자가가 오늘날 고통 가운데 있는 자들에게 호소력이 있음을 강조하면서도 십자가에서 얻은 승리를 무아지경적으로 기뻐한다.[9]

가장 깊고 가슴을 쥐어짜는 탄식과 활기차고 삶을 긍정하는 무곡 형식 사이를 오가는 바흐의 칸타타나 수난곡을 듣다 보면 어떤 사람의 가장 깊은 두려움과 수치의 경험을 다른 누군가가 약속과 희망의 맥락에서 이해하고 있음이 암시된다. 바흐는 우리가 영원히 우리 자신의 책략에 의존할 필요가 없다는 것을 깨달은 신자의 기쁨을 전달한다. 하나님은 "능히 너희를⋯그 영광 앞에 흠이 없이 기쁨으로 서게 하실 이"시다 (유 24).

슬픔에 잠긴 한탄과 행복에 도취된 무곡 형식이 결합된 바흐의 칸타타에 비유하자면, 그리스도께 참여하는 것은 우리가 가식을 버리고 속박 가운데 있는 죄인이라는 우리의 정체성을 공개적으로 인정하며, **동시에** 우리를 구원하기 위해 죽으신 그리스도 안에서 승리가 이미 우리의 것임을 짜릿한 기쁨으로 깨닫는 것을 의미한다. 하나님의 은혜의 행위는 죄에 대한 우리의 자각보다 **앞서기** 때문에 우리는 완전한 자유를 의미하는 그리스도의 무조건적인 사랑—이는 완전히 자유로운 행동이다—을 인

---

9   Victor Austin은 최근에 바흐의 권위에 관한 논문을 발표했다. "Authority in Bach's Passion and Anglican-Catholic Dialogue," *Living Church*, October 17, 2010.

식함과 동시에 우리가 얼마나 죄의 속박에 깊이 참여하고 있는지를 인지하게 된다. 더욱이 우리는 이 사랑을 우리가 스스로 만들어 놓고 있던 지옥의 밑바닥으로부터 인식하는 것이 아니라, 하나님이 우리를 위해 준비하고 있는 하늘의 관점에서 인식한다. 십자가에서 죽었다가 살아나 승리한 분의 면전에서 구원 받은 모든 무리는 일체의 속박을 벗어 던지고 서로 간의 사랑과 기쁨의 축제에 참여할 것이다. 그리고 거기서는 아무도 따돌림 받지 않고 프레드 아스테어와 마이클 잭슨을 합쳐 놓은 것처럼 춤을 출 수 있을 것이다. 따라서 "춤의 제왕"(Lord of the Dance)은 부활한 그리스도와 하나님 나라를 가리키는 적절한 제목이다. "위대한 춤은…언제나 전부터 시작되었다.…우리가 추는 춤이 중심이며 모든 것은 이 춤을 위해서 만들어졌다. 그에게 영광을 돌리라!"[10]

은혜를 받아야 잘못을 안다

교회는 늘 기독교의 이야기를 회개하겠다는 결심을 통해 극복할 수 있는 개인의 잘못이나 죄책이란 측면에서 재구성하고픈 유혹을 받아오고 있다. 이는 복음의 본질을 훼손한다. 유대교의 대축제일인 속죄일(Yom Kippur)의 예전에 "회개하면 엄한 판결이 내리지 않을 것이다"라는 말이 있다. 내가 이것이 기독교와 유대교 간의 주된 차이점이라고 지적한 것은 전혀 유대교를 무시하려는 의도가 아니다.[11] 기독교 선포의 기초는 구

---

10   C. S. Lewis, *Perelandra* (New York: Macmillan, 1965), 214.
11   기독교로 개종한 유대인 Ephraim Radner는 레위기 주석에서 다소 다른 용어로 이 점을 긍정한다. "유대교의 주해와 기독교의 주해는 이 지점에서 완전히 갈라진다. 예루살렘 성전이 파괴된 이후 속죄일에 급진적인 회개의 정신이 스며들었고, 속죄일의 유용성을 위한

약성경의 끝 부분에 등장하는 묵시 문헌의 저자들이 인간의 회개가 인류를 잘못으로부터 구원해낼 만큼 충분히 강력하거나, 철저하거나, 신뢰할 수 있는 것이 아님을 깨닫기 시작한 묵시문헌에 이미 존재하고 있었다. 항거할 수 없는 하나님의 은혜의 유입만이 우리의 자멸을 막을 수 있을 것이다. 오스틴 파러가 "그리스도는…우리를 택하셨고, **우리가 자신에게 대항하여 싸우고 있음에도 불구하고** 우리를 자신의 신적인 생명과 연관시켜 주셨다. 그는 우리 안에서 우리의 모든 회개를 이루어 내셨다"고 말한 바와 같이 말이다.[12]

칼 바르트는 자기 고향인 스위스 바젤 소재 교도소 수감자들에게 정기적으로 설교했다. 그 맥락을 알게 되면 그의 설교에 신랄함이 더해진다. 그의 설교를 들었던 청중은 공식적으로 유죄 판결을 받은 자들이었다. 그의 설교 중 하나는 에베소서 2:8의, "너희는 그 은혜에 의하여 믿음으로 말미암아 구원을 받았으니, 이것은 너희에게서 난 것이 아니요 하나님의 선물이라"에 기초했다. 그는 이 설교에서 스위스의 한 전설을 예시했다.

아마 여러분 모두는 어떤 사람이 밤에 부지중에 말을 타고 얼어붙은 콘스탄스 호수를 건너간 전설에 대해 알 것입니다. 그가 맞은편 호숫가에 도착해서 자신이 어디를 지나쳐 왔는지를 듣게 되었을 때 그는 겁에 질려 주저앉았습니다. 이 모습이 바로 하늘이 열리고 땅이 밝게 빛나면서 우리가 "그대는 은혜로 말미암아 구원을 받았다!"라는 말을 들을 때 우리가 처해 있는 상황입니다. 그런 순간에 우리는 겁에 질려 있는 전설 속의 그 사람과 다르

효과적인 토대로서 회개가 요구된다. 그러나 예수는 자신의 육체의 고통을 통해 참된 또는 완벽한 참회자가 된다"(*Leviticus*, Brazos Theological Commentary on the Bible [Grand Rapids: Brazos, 2008], 169).

12 Austin Farrer, *Saving Belief* (New York: Morehouse-Barlow, 1965), 105.

지 않습니다. 이 말을 듣게 되면 우리는 마지못해 뒤를 돌아보며 이렇게 자문하지 않겠습니까? "내가 어디에 있었던 거지? 심연 위, 큰 위험에 빠져 있었구나! 내가 무엇을 한 거지? 내가 가장 어리석은 짓을 저질렀구나! 무슨 일이 일어난거지? 나는 죽을 수밖에 없었는데도 기적적으로 벗어나서 이제는 안전하구나!" 여러분은 우리가 정말로 이러한 위험 가운데 살고 있는지 묻습니다. 맞습니다. 우리는 죽음의 문턱에서 살고 있습니다. 그러나 우리는 구원받았습니다. 우리의 구주와 우리의 구원을 보십시오! 십자가에 달린 예수 그리스도를 보십시오.…여러분은 예수님이 누구를 위해 십자가에 달렸는지 아십니까? **우리**를 위해서였습니다. 그분은 **우리의** 죄 때문에 **우리의** 속박을 공유하고 **우리의** 고난을 짊어지셨습니다! 그분은 **우리의** 생명을 십자가에 못박으십니다. 하나님은 **우리를** 이렇게 다뤄야만 했습니다. 하나님은 이 어두움으로부터 **우리를** 구원하셨습니다. 이 소식을 듣고도 깨어지지 않는 사람은 "은혜를 통해서 너희가 구원을 받았다!"라는 하나님의 말씀을 아직 이해하지 못했을지도 모릅니다.[13]

부지중에 말을 타고 밤에 강을 건넌 사람의 이야기는 "잃어버린 자가 아니라 구원 받은 자가 자신이 죄인임을 이해할 수 있다"[14]는 그리스도인의 삶의 핵심적인 현상을 예시해준다. 개리 앤더슨은 "죄와 타락에 관한 인간의 개념은 과분하고 헤아릴 수 없는 구원의 순간에 대한 고찰에 지나지 않는다."고 주장한다.[15] 적절하게 이해된다면 자신의 악한 상태에 대

---

13 Karl Barth, *Deliverance to the Captives*, first paperback ed. (New York: Harper and Row, 1978), 38. 강조는 원저자의 것임. 글자에 강조 표시를 하는 것은 Barth의 전형적인 특징이다.

14 Samuel Terrien, *The Psalms and Their Meaning for Today: Their Original Purpose, Contents, Religious Truth, Poetic Beauty, and Significance* (Indianapolis: Bobbs-Merrill, 1952), 170.

15 Gary A. Anderson, "*Necessarium Adae Peccatum*: The Problem of Original Sin," in *Sin,*

한 지식은 유익하며 심지어 즐거운 지식으로 다가온다.[16]

천막 부흥 집회의 친숙한 풍자 만화는 설교자가 청중에게 죄의식을 부추겨서 "예수께 나아와" 자비와 용서를 구하게끔 하려고 노력하는 것으로 묘사한다. 이는 우리가 펼치고 있는 주장과는 정반대의 접근법이다. 회중이 구원을 이해하게 되면 그 **결과**로 죄의식이 찾아올 것이다. 그리고 위험이 **이미 지나갔다**는 지식은 심오하고 진지한 회개를 가져올 것이다. 그때가 바로 죄에 관해 말하기 시작할 적절한 때다.

해석자는 여기서 기로에 서게 된다. 죄 문제에 대한 개인적인 깊은 반응이 없이는 십자가형의 의미를 적절하게 제시할 수 없기 때문이다. 선행하는 하나님의 은혜에 대한 인간의 반응은 자신의 사악한 상태를 인정하고 하나님의 변치 않는 자비를 신뢰하는 것이다. 그래서 우리는 재의 수요일 및 정신이 번쩍 들게 하는 "큰 죄와 작은 죄"의 목록을 갖고 있으며 시편 51편을 엄숙하게 낭송한다.

> 나의 죄악을 말갛게 씻으시며 나의 죄를 깨끗이 제하소서. 무릇 나는 내 죄과를 아오니 내 죄가 항상 내 앞에 있나이다. 내가 주께만 범죄하여 주의 목전에 악을 행하였사오니 주께서 말씀하실 때에 "의로우시다" 하고 주께서 심판하실 때에 "순전하시다" 하리이다.…주의 얼굴을 내 죄에서 돌이키시고 내 모든 죄악을 지워 주소서(시 51:2-4, 9).

Death, and the Devil, ed. Carl E. Braaten and Robert W. Jenson (Grand Rapids: Eerdmans, 2000), 39.

16 그 말 외에는 충분히 강력한 판단을 전달하는 다른 단어를 생각할 수 없는 상황에서 죄라고 하는 단어를 생각하게 된 비종교인에 관한 흥미로운 예가 Gilles Pontecorvo의 유명한 다큐멘터리 영화 "알제리 전투"(*The Battle of Algiers*)에 등장한다. Pontecorvo 감독의 어떤 숭배자는 어느 정도 감정 섞인 음성으로 그가 더 많은 걸작을 만들지 않은 것이 죄라고 말한다(Criterion Collection supplement, *The Battle of Algiers*).

특히 재의 수요일에 사용되는 이 시편은 "죄의식"이 어떻게 겁에 질린 죄책감에서 나오는 것이 아니라 하나님과 그분의 선하심에 대한 갈망에서 비롯되는지를 보여준다. 그 사람이 무슨 일이 일어나고 있는지 미처 깨닫기도 전에 하나님은 그(녀)의 마음 가운데서 역사하고 있다. 그래서 우리는 복음을 제시할 때 먼저 사람들에게 죄를 깨닫게 하려고 시도하지 않는다. 하나님의 선행하는("앞서가는") 자비의 움직임이 먼저 와서 하나님의 임재를 드러내고, 우리와 하나님의 거룩하심 간의 격차를 드러냄으로써 죄의식을 일깨운다. 우리가 이 점을 깨닫게 될 때 우리는 **이미** 하나님의 은혜 **안에 서 있는** 것이다("우리가 서 있는 이 은혜"―롬 5:2). 이는 죄의 고백이 왜 그처럼 복된 안도감으로 다가올 수 있는지를 설명하는 또 다른 방식이다.

그렇다면 죄는 오로지 성경적인 개념이다. 물론 이 단어는 성경을 전혀 모르는 사람들에 의해 비성경적인 맥락에서 사용되지만, 성경 밖에서는 그 단어를 사용하는 사람에 의해 정의되는―거의 언제나 자신을 제외한 다른 사람들과 관련하여 사용된다―모종의 잘못을 의미할 뿐이다. 성경적 의미에서 죄 가운데 있다는 것은 잘못을 저질렀다는 것보다 훨씬 더 중대한 의미를 지닌다. 그것은 하나님의 영원한 사랑으로부터 비극적으로 분리되어 있음을 의미한다. 그것은 하나님의 천국 잔치에서 배제된 채 건널 수 없는 장벽 반대편에 있음을 의미한다. 그것은 우리의 최악의 자아 속에 무력하게 갇혀서 우리의 현재 상태와 하나님이 의도한 우리의 상태 간의 큰 괴리를 비참하게 인식하는 것을 의미한다. 그것은 전세계적으로 탐욕, 잔혹, 강탈, 폭력의 지배가 지속되는 것을 의미한다. 하나님의 본성으로 미루어볼 때 이 상태가 영원히 지속되도록 허용될 수는 없다. 그리스도 안에서 하나님을 알고 나면, 우리는 더 이상 맏아들이 여전히 영원한 시기와 분개에 사로잡힌 채 밖에서 이 잔치를 들여다보는 채로 아버지의 즐거운 잔치가 영원히 지속된다고 상상할 수 없다(눅 15:25-32). 이러한 흐름의 사고는 우리가 지금까지 몇 페이지에 걸쳐 이야기해 온 내용, 즉 죄에 대해 이야기하다 보면 이내 하나님을 찬양하지 않을 수 없게 된다는 내용을 보여준다. 우리를 둘러싼 하나님의 자비가 없다면 우리는 완전히 죄에 빠져 있을 것이기 때문에 죄를 직시할 관점을 갖지 못했을 것이다. 그래서 우리는 죄가 드러나고 고백되는 곳마다 **하나님의 구속의 힘이 이미 존재하며 작용하고 있다**고 확언한다.

핵심적인 선포: 그리스도가 죄를 위해 죽었다

여기서 우리는 서론에서 처음 언급했던 이유 때문에 **죄**라는 단어를 돋움체로 표기한다. 우리가 사도 바울의 관점에서 말할 때마다, **죄**와 **사망**은 **권세**와 마찬가지로 돋움체로 표기된다(이 주제는 이후의 장들에서 자세히 논의될 것이다). **죄**란 잘못된 개별 행위들의 집합이라기보다는 훼손, 구속, 죽음을 작정한—하나님의 목적을 완전히 망치는—공격적이고 악의적인 힘이다. 잘못된 행위는 그 힘이 작용하고 있다는 표지일 뿐 힘 자체가 아니다. 그것은 우리의 우주적 원수인 "그것 자체"다.[17]

신약성경은 거듭 "그리스도가 **죄를 위해** 죽었다"[18]라는 공식을 사용해서 그리스도의 죽음을 설명하는데, 이 공식은 교인들에게 너무 익숙해져서 우리는 이 공식이 무엇을 의미하는지 생각해보지를 않는다. 그 공식을 가장 잘 확증해 주는 가장 이른 시기의 진술은 바울이 기록한 고린도

---

17   그 **원수**에 대한 자세한 설명은 9장에서 제시된다.
18   "~를 위해"로 번역될 수 있는 **휘페르**(huper), **페리**(peri), **안티**(anti)에 대한 주장은 11장에서 길게 다룰 것이다.

전서의 부활에 관한 장에서 발견된다. "내가 받은 것을 먼저 너희에게 전하였노니 이는 **성경대로 그리스도께서 우리 죄[들]를 위하여 죽으시고** 장사 지낸 바 되셨다가 성경대로 사흘 만에 다시 살아나사"(고전 15:3-4).[19]

여기서 바울은 "성경대로"라는 표현을 통해 불가침 영역에 대한 자신의 입장을 명확히 밝히고 있다. 미국의 주류 교회들은 **예수가 죄를 위해 죽었다는 신약성경의 명확한 진술**을 무시, 폄하, 일축하려고 하는 실수를 저질러왔다.[20] 십자가형과 **죄** 사이의 관계는 성경 텍스트에 영구적으로 그리고 강력하게 묘사되어 있다. 우리가 죄악됨을 인정하는 것이 복음을 듣고 받아들이는 사람들에게 기쁜 소식으로 다가온다는 것을 살펴보았으므로, 이제 만연한 **죄** 문제에 대해 논의해보자.

죄: 개인적인가, 집단적인가?

개인이—특히 약한 모습을 보이지 않도록 길들어진 남성이—잘못을 인정하는 것이 어려운 일이라면, 집단이 잘못을 인정하기는 얼마나 더 어렵겠는가? 민족, 부족, 회사 또는 인간의 기타 집단은 대개 자기들이 그들의 적, 경쟁자, 적대자보다 우월하다고 생각하는 경향이 있다. **우리 자**

---

19 여기서 복수("죄들")가 사용되고 있다는 사실은 이 고백이 매우 이른 시기에 존재했다는 데 대한 증거다. 바울은 이전에 존재하던 공식을 인용하지 않을 때에는 단수(죄)를 사용한다.

20 일부 진영에서는 성경의 근본적인 이 선포에 강한 반감을 드러낸다. 특히 우리는 몇몇 페미니스트/여성주의자 신학자들의 연구에 주목할 수 있다. Delores Williams는 죄의 정복을 (예수의 **삶**이 아니라) 예수의 **죽음**과 연결하는 것이 유색인종에게 해로운 방식으로 사망과 고통을 미화한다고 믿는다. 이 지적에 어느 정도 일리가 있지만 십자가와 죄의 정복 간의 연결을 부정하는 것은 기독교의 메시지 전체를 거부하는 셈이다. 복음의 오용을 막는 교정 수단은 그것을 전면적으로 부인하는 것이 아니라 새롭게 제시하는 것이다.

신을 포함해서 어떤 국가나 민족이 무언가를 잘못했다고 인정하기가 얼마나 어려운지 생각해보라. 베트남, 아프가니스탄, 이라크에서 벌어진 전쟁들은 계속 미국을 괴롭힐 것이다. 모든 고통과 사후의 통찰에도 불구하고 우리는 여전히 무죄를 입증하는 요인을 찾는 경향이 있다. 우리는 베트남의 농부들과 아랍 민간인들의 사망이 덜 중요하기라도 한 것처럼 거의 전적으로 **미국인** 사상자들의 관점으로만 생각한다.[21]

우리가 성경이 묘사하는 내용의 모든 측면을 이해하려면 이 점과 관련된 우리의 성향을 직면해야 한다. 성경은 개인의 범죄에 관한 이야기로 가득 차 있지만(모든 남녀 족장은 어느 시점에서는 나쁘게 묘사된다), 더 나아가 우리가 앞 장에서 보았듯이 사회 전체에 대한 광범위한 비난을 포함한다. 우리는 개인을 생각하는 데 너무 익숙한 나머지 성경이 복수인 "너희"라고 말할 때에도 무의식적으로 단수인 "너"로 바꿔버린다. 예컨대 성경의 한 절을 예로 들어보자.

> "주 여호와의 말씀이니라. 네가 잿물로 스스로 씻으며 네가 많은 비누를 쓸지라도 네 죄악이 내 앞에 그대로 있으리니"(렘 2:22).

개인주의 문화의 맥락에서 이 절을 읽는 미국인들은 여기서 말하는 "너"가 한 개인이라고 생각하겠지만 이 말은 이스라엘 백성 전체에게 주어졌다. 그래서 폴 리쾨르는 이렇게 말한다. "만일 죄가 적절하지 않다는 느낌에 지나지 않는 것으로 정의된다면, 극히 일부의 행동만 죄에 해당할 것이다. 그러나 죄는 인간이 그것을 알든 모르든 간에 하나님 앞에서 모

---

21 이라크의 사상자 수 파악 프로젝트(The Iraq Body Count [IBC])는 교차 확인된 영안실 보고서, 병원 기록서, NGO 및 공식적인 수치를 토대로 2014년 6월 현재 **민간인** 사망자 수를 125,000-140,000명으로 추정한다.

든 인간이 처해 있는 실제 상황을 포함한다."[22]

　　여기서 우리는 죄의 본질의 핵심에 더 가까이 다가간다. 개인과 전체 사이의 불가피한 연결 관계는 쉽게 설명될 수 있다. 예컨대 니얼 오브라이언 목사는 자신이 필리핀 제도에 있을 때 가난한 사람들의 고통을 직면한 결과 전통적인 사제에서 운동가로 변하게 된 경위를 설명한다. 그는 "선한 사람들이 악을 자행하는 수수께끼"에 대해 곰곰이 생각하기 시작했다. 한 예로 그는 "산라몬 근교에서 대농장을 경영하고 있는 한 여성이 성찬식에 갈 수 없을까 봐 울면서도, 자신의 농장에서 죽어가는 아이들은 걱정하지 않았다"고 말한다.[23] 이 예는 개인이 더 큰 양심의 요구는 무시하면서 자신의 도덕적 순결에 초점을 맞추는 것이 얼마나 쉬울 수 있는지를 보여준다. 이것이 모든 그리스도인이 숙고할 필요가 있는 죄의 중대성의 한 측면이다.[24] 부유한 미국 사회는 자신의 안전과 평안에 초점을 맞추면서도 동시에 농장의 이주 노동자, 많은 이민자, 죄수들의 참담한 상황이 공존하고 있기 때문에 우리가 필리핀에 가야만 이런 모순을 볼 수 있는 것은 아니다. 기업들은 교육이나 예술 기금을 기부하고서 자기들이 자비롭다고 생각하면서도 동시에 습지를 오염시키고, 노동자를 착취하고, 해로운 제품을 판매하며, 이에 관해 거짓말을 일삼는다.[25] 이는

22　Paul Ricoeur, *The Symbolism of Evil* (Boston: Beacon Press, 1967), 7.

23　Niall O'Brien, *Revolution from the Heart* (New York: Oxford University Press, 1987), 188.

24　어느 농장 노동자 대변인은 "사람들이 농장의 일꾼들을 보기를 원하지 않는다"고 말했다. "그들은 자기들의 공동체에서 일하고 있는 갈색 피부의 하찮은 사람들을 보고 싶어 하지 않는다. 그들은 오전 6시경에는 노동자들이 서로 경쟁해서 서로의 품삯을 깎기를 원하고, 오후 6시에는 그들이 사라지기를 원한다." "As Economy Booms, Migrant Workers' Housing Worsens," *New York Times*, May 31, 1998.

25　세계 최대의 주철 파이프 제조업체 중 하나인 알라바마주 버밍햄 소재의 맥와인 사는 두드러진 예다. 「뉴욕 타임즈」가 PBS의 "프론트라인" 프로 및 캐나다 방송사와 제휴하여 작성한 일종의 폭로 기사 "위험한 기업"(Dangerous Business)은 여러 페이지에 걸쳐 세 가지 이슈를 다루었다(January 9-11, 2003). 맥와인 일가는 평온함과 사회복지 관련 자선 활

거대한 규모로 자행되는 집단적인 **죄**다. 전세계적으로 가난한 사람들과 유색인들은 의지할 데 없이 소외되고, 무시되고, 경시된다.

2,000년대 초에 매우 부유한 미국인들과 나머지 미국인들 간의 격차가 급격히 벌어졌는데, 이 상황이 많은 사람의 양심을 자극하기 시작했다. 그런 격차와 그것이 야기하는 고통은 우리 사회 전체가 가담하고 있는 **죄**의 결과다. 예언자 아모스는 놀라울 정도로 현대적으로 들리는 구절에서—말하자면—도시의 세련된 구역에 사는 부유한 여인들이 자신의 수영장 주위에 앉아서 가난한 사람들의 고생은 아랑곳하지 않고 손톱을 손질하며 칵테일을 홀짝거리는 것을 통렬하게 비판한다.

> 사마리아의 산에 있는 바산의 암소들아, 이 말을 들으라. 너희는 힘없는 자를 학대하며 가난한 자를 압제하며 가장에게 이르기를 "술을 가져다가 우리로 마시게 하라" 하는도다(암 4:1).

이 여성들은 거의 확실히 자기들이 개인적으로 궁핍한 사람들을 짓누르고 있다는 것을 모르고 있다. 그들은 궁핍한 사람들을 생각하지 않을 뿐이다. 이는 공의의 하나님 앞에서 변명이 되지 못하며, 하나님은 상류 사회에게 엄한 판결을 내린다.

"[내가] 겨울 궁과 여름 궁을 치리니, 상아 궁들이 파괴되며 큰 궁들이 무너

동으로 유명했지만, 그들의 공장 상태를 보도한 이 기사로 맥와인 사는 "미국의 가장 위험한 기업 중 하나"로 전락했다. David Barstow와 Lowell Bergman이 장기간에 걸쳐 철저하게 조사하여 작성한 기사들은(그들은 이 기사들로 2004년 골드스미스 상을 받았다) 노동자들이 수년 간 주의 태만, 괴롭힘, 협박, 은폐, 부인 속에 끔찍한 부상과 죽음을 당한 끔찍한 사례들을 자세히 서술한다. 항의하려고 하는 노동자들을 향한 회사의 은밀하고 처벌적인 태도는 맥와인 일가가 제시하려고 했던 이미지와는 완전히 딴판이었다.

지리라." 여호와의 말씀이니라(암 3:15).

개인과 사회가 복잡하게 얽혀 있는 상황에서 우리는 죄가 도처에 편만하며 불가피함을 목격한다.[26] 우리는 십자가 신학의 핵심에 자리잡고 있는 구원이라는 모티프에 대해 말할 준비를 하고 있다. 기독교 공동체가 죄의 집단적인 성격을 이해하지 못하고, 개별적인 그리스도인들이 이 문제에 개인적으로 깊이 반응하지 않을 경우 그런 **십자가 신학**(theologia crucis)은 심각하게 약화될 것이다. 폴 리쾨르는 우리에게 죄 개념이 "즉각적으로 그리고 근본적으로 개인적인 **동시에** 공동체적"임을 상기시켜준다. 그는 죄를 마치 해결되지 않은 개인적 실수의 목록인 양 순전히 개인적으로 이해하는 데 반대한다. 창세기 2-3장에 수록된 아담과 하와에 관한 위대한 야웨 문서 내러티브는 **죄**에 대한 집단적인 속박이 어떻게 대대로 전달되는지를 보여준다. 리쾨르는 "원죄"를 신학적 구성 개념이 아니라 "[예전적] 죄의 고백의 '우리'에서…인정되는 수수께끼같은 유대"의 비유로 이해하는 것이 가장 좋다고 설명한다.[27] "우리"라는 말은 아담의 불순종에 나타난 우리의 연대성을 가리킨다. 이 "수수께끼같은 유대"에 대한 가장 명확한 설명은 로마서 5:12-21에서 발견된다. 바울은 모든 인류에게 아담이라는 이름을 준다. 이 아담 공동체는 보편적이기 때문에 가장 포괄적인 공동체다. "그러므로 한 사람으로 말미암아 죄가 세상에 들어오고 죄로 말미암아 사망이 들어왔나니, 이와 같이 모든 사람이 죄를

---

26 미국의 건국 국부들이 원죄를 그런 식으로 언급하지는 않았지만 그들이 원죄 의식을 갖고 있었다는 사실은 그다지 기억되지 않는다. 예컨대 James Madison은 이렇게 말한다. "파벌의 잠재적 불씨가…인간의 본성에 심겨 있다"(The Federalist Papers [New York: Penguin, 1987], 124).

27 Ricoeur, The Symbolism of Evil, 83-4.

지었으므로 사망이 모든 사람에게 이르렀느니라"(롬 5:12). 이 보편적 개념인 "아담"이 고린도전서에도 사용된다. "아담 안에서 모든 사람이 죽는다"(고전 15:22). 죄의 힘에 속박되어 있는 인간의 유대는 그리스도인들이 이해해야 하는 가장 중요한 개념 중 하나다.[28]

그러나 우리가 죄에 속박되어 있다고 말하는 것만으로는 부족하다. 이 속박의 결과로 우리는 죄에 **징집된**, 죄의 **적극적인 대리인**이 되었다. 필립 지글러는 이 주제에 관한 에른스트 케제만의 주장에 대한 예리한 분석에서 이렇게 말한다.

> 죄의 지배를 받으면 그것의 대표, 즉 그것의 "일원, 부분, 도구"가 된다.…우리의 존재 자체에서 "우리는 우주를 혼란에 빠뜨리는 힘의 옹호이며", 우리의 삶은 실제로 우리를 사로잡고 있고 우리가 섬기는 그 힘을 "변호한다." 그것이 바울이 죄의 책임을 무지라는 측면에서 규정하지 않고 "알려진 주님에 대한 반역"의 측면에서 규정한 이유다.[29]

따라서 인간은 포로 상태에 있을 뿐 아니라 "적극적인 공모" 상태에 있다.[30]

---

28 성공회 신자였던 외교부 직원 Moorhead (Mike) Kennedy가 테헤란에서 오랫동안 인질로 잡혀 있다 풀려난 후 여러 교회의 초청을 받아 그 경험에 관해 강연했을 때, 그는 청중을 "동료 성공회 신자 여러분"이 아니라 "동료 인질 여러분"으로 부르곤 했다. 이 표현은 재미 있으면서도 시사하는 바가 있었다. 이 점을 의식했든 그렇지 않았든 간에 그는 모두가 죄의 **권세** 아래 있다는 바울의 선언을 반향했다.

29 Philip Ziegler, "Christ Must Reign: Ernst Käsemann and Soteriology in an Apocalyptic Key," from *Apocalyptic and the Future of Theology: With and Beyond J. Louis Martyn*, ed. Joshua B. Davis and Douglas Harink (Eugene, Ore.: Cascade, 2012), 206. 인용의 출처는 Käsemann이다.

30 Ziegler, "Christ Must Reign," 208.

죄의 이중적 측면: 이번 장의 주제 중 하나

죄는 하나님과 관련되지 않고서는 의미가 없는 범주다. 연재만화 『캘빈과 홉스』(Calvin and Hobbes)는 이 점을 사랑스럽게 보여준다. 어린 소년 캘빈은 그의 친구인 호랑이 인형 홉스와 눈 덮인 비탈을 썰매를 타고 쏜살같이 내려오면서 죄에 관한 토론을 벌인다(이 장면의 있을 법하지 않은 성격이 이 만화의 매력의 일부다). 둘은 이렇게 대화한다.

> **캘빈**. 나는 크리스마스가 신경 쓰여.
> **홉스**. 네가 착하지 않아서 걱정하는 거야?
> **캘빈**. 그게 바로 문제야. 그것은 모두 상대적이거든. 산타 할아버지는 무엇을 착하다고 하실까? 얼마나 착해야 착하다는 자격을 얻을 수 있는 걸까? 난 사람을 죽인 적이 없어. 이건 착한 일이야, 그렇지? 나는 어떤 흉악 범죄도 저지르지 않았어. 전쟁을 일으키지도 않았어.…이만하면 꽤 착하다고 봐야 하지 않겠어? 이만하면 내가 많은 선물을 받아야 한다고 생각하지 않아?
> **홉스**. 그런데 어쩌면 착하다는 건 나쁘지 않다는 것 이상을 의미할지도 몰라.
> **캘빈**. 거봐, 그래서 내가 걱정하는 거야.[31]

이 짧은 대화는 재치 있고 익살스럽게 네 가지 중요한 이슈를 제기한다. (1) 선악에 대한 산타의 정의는 무엇인가? (그것에 대한 **하나님의** 정의는 무엇인가?) (2) 선하다고 인정을 받으려면 얼마나 선해야 하는가? (그리고 그것을 누가 결정하는가?) (3) 선은 악의 부재 이상일지도 모른다(이는 선의 부재

---

31 Bill Watterson의 연재 만화 Calvin and Hobbes December 23, 1990.

[*privatio boni*]로서 악이라는 이슈를 제기한다).[32] 마지막으로 우리는 이렇게 결론 내릴 수 있다. (4) **철학적**으로 이해된 이러한 난제는 걱정을 가져온다. **신**학적 답변만이 근본적인 걱정에서 해방시켜 준다.

연재만화 속 호랑이 홉스가 제안하듯이 "나쁨"은 단순히 과녁에서 벗어나는 것 이상을 의미할 수 있다. 아담과 하와 이야기는 "과녁을 벗어나거나"(이는 죄에 해당하는 그리스어 **하마르티아**[*hamartia*]의 문자적 의미다) "선의 부재"보다 훨씬 더 고의적이고, 훨씬 더 의도적이며, 훨씬 더 **적극적**인 무언가가 존재한다는 것을 보여준다. 하나님 앞에서는 "누구도 완벽할 수 없다"거나, "내가 실언했다"거나, "우리 모두 실수한다"는 말에 의지하는 것만으로는 부족하다. C. S. 루이스는 "타락한 인간은 단순히 개선이 필요한 불완전한 피조물이 아니라, 자신의 무기를 내려놓아야 하는 반역자다"라고 말한다.[33]

죄가 예수의 이야기에 나오는 바리새인처럼 자신을 타인보다 호의적으로 비교함으로써 정의되는 것은 더더욱 아니다. "하나님이여, 나는 다른 사람들 곧 토색, 불의, 간음을 하는 자들과 같지 아니하고 이 세리와도 같지 아니함을 감사하나이다"(눅 18:11). 그 바리새인은 죄가 한 사람을 다른 사람과 비교함으로써 정의되는 것이 아니라, 자신이 개인적으로 사악한 세상에 얼마나 깊숙이 휘말려 있는지를 파악함으로써 정의된다는 것을 깨닫지 못한다. **죄**는 인간의 보편적인 상태지만, 만약 하나님의 지시를 받고, 하나님으로 가득 차고, 하나님께 푹 빠져 있지 않다면 우리는 이것을 충분히 명확하게 인식할 수 없다. 죄는 **인류**학적 개념이 아니

---

32 선의 부재로서의 악이라는 정의는 10장에서 다뤄질 것이다.
33 C. S. Lewis, *Mere Christianity* (New York: Harper and Row, 1952, 『순전한 기독교』, 홍성사 역간), 59.

라 **신학적** 개념이다.[34] 하나님이 우리에게 자신을 알려줄 때, 우리는 우리가 단지 "'죄악된 세상'의 고립된 희생자가 아니라 그 세상에 정착한 거주자이자 그 세상의 거짓 신들을 섬기는 가신으로서 그 죄악된 세상의 방식과 수단에 적극적으로 길들어 있음"을 깨닫는다.[35] 유명한 찬송가 "만세 반석"(Rock of Ages)에는 신학적으로 매우 중요한 몇 행이 등장하는데, 그중에서도 핵심적인 절은 다음과 같다.

> 내 눈물이 영원히 흐르고,
> 나의 열정은 지칠 줄 몰라도
> 어느것도 속죄할 수 없었습니다.
> 주께서 구원해 주셔야 하고, 주님만이 구원하실 수 있습니다.
> 죄를 **이중으로 치유**하여 주소서.
> **죄책감과 죄의 권세**에서 나를 구원하소서.[36]

가장 짧은 이 공간에 두 개의 중요한 확언이 들어 있다.

- "어느 것도 속죄할 수 없었습니다." 캔터베리의 안셀무스가 이를 보여주기 위해 그토록 애썼던 것처럼, **하나님만**이 죄에 대한 교정 수단을 제공할 수 있다. 우리 편에서 종교적 노력을 아무리 많이

---

34 Northrop Frye의 정의는 가치가 있다. "죄란…하나님의 활동을 막기 위해 노력하는 문제이고, 언제나 자신이나 이웃의 인간적 자유를 축소하는 결과를 초래한다"(*The Great Code: The Bible and Literature* [New York: Harcourt Brace Jovanovich, 1982], 130). 이 정의의 특별한 가치는 인간적 자유를 하나님의 목적─하나님의 "활동"─과 동일시하는 데 있다.

35 Ziegler, "Christ Must Reign," 209.

36 Augustus Montague Toplady, 1773. 인용된 행에 대한 약간의 논란이 있다. 원 가사에는 "나를 진노에서 구하시고 순결케 하옵소서"라는, 좀 더 웨슬리다운 표현이 수록되어 있다. 그러나 토플래디의 1776년 찬송에는 여기서 인용된 행들이 수록되어 있다.

기울이더라도 유의미한 변화를 가져올 수 없다. 우리가 **죄**의 권세의 영역에서 자신을 구원할 수 없기 때문에 구속과 속죄는 우리의 영향력이 미치는 영역의 외부에서 와야 한다.

• "죄를 **이중으로 치유**하여 주소서. **죄책감과 죄의 권세**에서 나를 구원하소서." **죄**는 두 개의 요소로 구성되어 있는데, 두 가지가 똑같이 중요하다. **죄**는 죄책감**이자** 권세다. 리쾨르는 이 두 측면을 "**주관적 무게**"와 "**객관적 악행**"으로 표현한다.[37]

이처럼 죄는 이중적인 측면을 갖고 있다.

1. **죄**는 **책임 있는 죄책감**으로서 이에 대해 반드시 배상이 이뤄져야 한다. 그렇다면 십자가형은 죄에 대한 희생제물로 이해된다.[38]
2. **죄**는 무대에서 몰아내야 할 **외부의 힘**이다. 모든 인간은 이 힘에 사로잡혀 있고(롬 3:9; 요 8:34), 이것보다 더 큰 힘으로 말미암아 해방되어야 한다. 따라서 십자가형은 **죄**와 **사망**의 권세에 대한 그리스도의 승리로 이해되는데, 우리는 이를 흔히 승리자 그리스도 (*Christus Victor*)라 부른다.[39]

많은 해석자가 둘 중 하나를 강조해왔지만, 두 범주 **모두** 사도들과 복음서 저자들에게 매우 중요했고 따라서 우리에게도 중요하다.[40]

---

37 Ricoeur, *The Symbolism of Evil*, 95.
38 안셀무스는 여러 사고 형태를 사용하면서 "만족"이라는 대안적 용어를 제공한다.
39 나는 여기서 Ricoeur의 주장뿐만 아니라 J. Christiaan Beker, *Paul the Apostle: The Triumph of God in Life and Thought* [Philadelphia: Fortress, 1980], 209의 주장도 차용하고 있다.
40 Nancy J. Duff 역시 이와 유사한 주장을 편다. "인간은 죄에 대해서 발생한 **죄책감에 대해 용서받아야** 할 뿐만 아니라, 인간의 의지를 사로잡아 몇몇 사람이 다른 사람들에 의해

시편 51편의 증언

우리가 본성상 종교적으로 통찰력이 있어서 죄나 기독교 케리그마의 어떤 측면을 신학적으로 이해하게 되는 것이 아니다. 사실 (인류학적으로 정의되는) "종교"는 그러한 이해에 대한 효과적인 장애물이 될 수도 있다. 인류학에서 빠져 나와 신학으로 들어가는 가장 빠른 길은 성경으로 직행하는 것이다.

시편은 언제나 신뢰할 수 있는 자료다. 재의 수요일에 읽도록 지정된 위대한 시편인 51편을 다시 살펴보자. 이 시편은 전통적으로 밧세바와 간통을 저지른 다윗 왕이 그 일이 폭로된 후 지은 시편으로 간주된다. 설사 이 시편의 기원이 그것과 다를지라도, 영감에 의해서 이 시편의 저자가 다윗에게 귀속되고 있다. 우리는 이 시편이 누군가 자신의 사악함을 직면할 수밖에 없게 된 특별한 상황에서 쓰였다는 것을 쉽게 상상할수 있다. 이 시편은 이렇게 시작한다.

> 하나님이여, 주의 인자를 따라 내게 은혜를 베푸시며
> 주의 많은 긍휼을 따라 내 죄악을 지워 주소서.

자비를 바라는 이 시편 저자의 탄원이 어떻게 하나님에 대한 지식에 근거하고 있는지 주목하라. "인자"와 "많은 긍휼"이라는 표현은 인간의 희망적 사고에서 나온 투영(인류학적으로 정의된 "종교")이 아니라, 이스라엘 역사에서 드러낸 하나님의 자기계시의 일부다. 이스라엘이 광야와 약속된

희생당하게 만드는 **죄의 힘으로부터 해방**될 필요가 있다"("Atonement and the Christian Life: Reformed Doctrine from a Feminist Perspective," *Interpretation* 53, no. 1 [January 1999]).

땅에서 경험한 하나님은 신뢰할 수 있고 신실한 신임이 입증되었다. 따라서 비록 이 시편 저자의 영은 자신의 사악함에 대한 깨달음으로 인해 거의 부서질 지경에 처해 있지만, 하나님을 향한 그의 신뢰는 훨씬 더 강하다. 그는 특히 하나님에 **관해** 두 가지를 신뢰한다. 첫째, 하나님은 죄로부터 깨끗하게 **할 수 있고** 둘째, 하나님은 죄 씻어냄을 **제공한다**. 그래서 다윗은 큰 고통 속에서 그러나 동시에 명백한 확신 가운데 주께 호소한다.

> 나의 죄악을 말갛게 씻으시며
> 나의 죄를 깨끗이 제하소서.

그는 계속해서 이렇게 말한다.

> 내가 주께만 범죄하여
> 주의 목전에 악을 행하였사오니
> 주께서 말씀하실 때에 "의로우시다" 하고
> 주께서 심판하실 때에 "순전하시다" 하리이다.

여기서 다시 죄가 어떻게 하나님이 제공한 시점에서만 이해될 수 있는지 드러난다. 이 구절은 충격적이다. 죄는 명백히 다른 인간을 해친다. 그러나 시편 저자는 "내가 **주께만** 범죄했다"고 단언한다. 이 말은 이 열정적인 수사적 표현이 하나님의 공의에 대한 시편 저자의 심오한 이해를 반영한다는 한 가지를 제외하고는 레반트 지역의 과장법으로 거의 무시될 수 있다. 하나님의 공의에 비춰보면, 알고 저지른 잘못이든 모르고 저지른 잘못이든 우리의 잘못은 깨끗한 눈으로 덮인 벌판에 흩어져 있는 쓰레기처럼 더러워 보인다.[41] 다시 말하지만 문제는 특정한 잘못이 아니라 하나님과 우리 사이의 비통한 단절이다. 네덜란드 신학자 G. C. 베르카우어는 이렇게 말한다.

> 다양한 형태의 모든 죄에는 언제나 공통적인 특징이 있는데 그것은 바로 죄가 항상 **하나님을 대적**한다는 것이다. 우리가 죄와 하나님 간의 이러한 관계를 무시하고 우리의 죄를 단순히 삶의 "현상"으로 간주하는 한, 우리는 결코 죄의 본질에 도달할 수 없다. 죄가 적의, 반항, 불순종, 하나님으로부터 멀어지는 것으로 묘사되면 이 사실이 분명해진다. 이런 종류의 용어들은, 죄의 관계적 성격에 대한 여지를 전혀 남겨두지 않고 죄가 성가신 "결핍"이라고 암시하는 보편적인 견해와는 천양지차다.[42]

그러므로 시편 저자가 "내가 주[하나님]께만 범죄하여 주의 목전에 악을 행하였사오니"라고 한 말은 **죄를 이해하는 것**과 **하나님을 아는 것** 간의 관계에 대한 놀라운 인정이다. 죄의 고백은 심지어 기쁜 생각과도 결합하는데 이 둘의 병치는 우리가 앞서 바흐에 관해 말한 내용을 연상시킨다.

> 내게 즐겁고 기쁜 소리를 들려 주시사
> 주께서 꺾으신 뼈들도 즐거워하게 하소서.

다시 말하지만 하나님이 우리의 뼈를 꺾었다는 표현은 확실히 현대적인 감성이 아니다. 비록 자신을 알게 된 데서 오는 고통이 우리가 흠이 없게

---

41 이사야와 바울 모두 죄를 쓰레기로 말하는데, 이보다 훨씬 더 충격적인 것은 그들이 "의로운 행동"을 "더러운 옷"(사 64:6)으로, "율법의 의"를 배설물(빌 3:6-8)로 여긴다는 점이다.

42 G. C. Berkouwer, *Sin* (Grand Rapids: Eerdmans, 1971), 242.

되는 영원한 유산(살전 3:13)에 이르도록 은혜로운 하나님께서 주신 대로
일지라도, 우리 안의 "옛 아담"은 그것을 원치 않는다. 오늘날 우리가 살
고 있는 문화적 풍조로 미루어볼 때, 이는 매우 이해할 만하다. 정죄와 구
속 **모두**에 담겨 있는 하나님의 목적의 단일성에 관한 메시지는 우리에게
많이 들리지 않는다. 아마도 이 연결 관계를 깨닫게 되는 것은 일종의 선
물로서 우리는 그것에 대해 감사할 수밖에 없을 것이다. 이 깨달음은 하
나님의 은혜를 통해 주어진다. 하나님이 우리의 입술을 열어줄 때만 우
리의 입은 그분을 찬양할 수 있다(시 51:15). 이 참회의 시 전체에 기쁨의
음조가 존재한다. 시편 저자는 이렇게 기도한다.

> 주의 구원의 즐거움을 내게 회복시켜 주시고
> 자원하는 심령을 주사 나를 붙드소서.
> 그리하면 내가 범죄자에게 주의 도를 가르치리니
> 죄인들이 주께 돌아오리이다.

신약성경에 기록된 죄를 위한 예수의 죽음

그 이야기에 대해 말할 때, 그리스도를 통해 성취된 죄로부터의 해방을
이해하기 위해서는 우리는 반드시 특정한 전제를 지니고 있어야 한다. **죄**
에 대한 성경의 묘사에는 세 가지 기본 전제가 있다.

1. 타락. 아담과 하와 이야기는 신화적인 용어로써 모든 인류가 하나
   님 안에 있는 우리의 과거 및 미래의 운명에 맞서 커다란 반역을

저지르는 원시 재앙을 말해준다.[43]

2. 그 후 **죄**의 힘에 속박된 전 인류의 연대

3. **죄**, 악, **죽음**의 세력들(이는 세례식 때 자주 언급되는 "세상, 육신, 마귀"를 의미한다)과 정복할 수 없는 하나님의 목적 간의 우주적 전쟁

위에서 제시한 기본적인 전제가 없으면 우리는 **죄**에 관한 성경의 묘사를 이해할 수 없다.[44] 첫 번째 전제는 창세기에 나오는데, 바울은 로마서 5:12-21에서 이 전제가 십자가에 못박힌 분의 이야기에서 어떤 위치를 차지하는지를 설명한다. 두 번째 전제는 바울이 로마서 3:10-18에서 인용하고 있는 시편과 이사야서의 구절들에서 예시된다. 성경의 세 번째 전제는 신약성경의 많은 부분에 반영된 세계관을 형성한, 포로기 후의 종말론적 틀에서 출현한다. 우리는 논의를 전개해 나가면서 이러한 근본 전제들을 계속 언급할 것이다.

---

43 Ronald Goetz는 오해해서 이렇게 말한다. "역사적인 아담과 하와는 결코 존재하지 않았다. 주류 신학에서는 그 이야기가 오늘날에도 적실성이 있다고 과시하며 그것에 관심을 기울이고 있지만, 주류 신학이 죄에 대해 말할 때…그것은 타락의 역사성이 무너진 것의 함의를 직면하기 싫어한다"(*Christian Century*, March 11, 1992, 275). 그러나 아담 이야기의 진리는 역사성에 의존하지 않는다. 바울이 그 이야기를 "역사적" 사건으로 믿었다는 것을 입증할 수조차 없다. 그 이야기가 하나님과 우리 자신에 관하여 중요한 무언가를 말해줄 수 있는 힘은 줄어들지 않는다. 아담과 하와는 그 이야기에서 실제 인물들처럼 보인다(바로 이 점이 야웨 문서 저자가 보여주는 천재성의 일부다). 그러나 참으로 중요한 것은 그들이 우리를 대표한다는 점이다. 따라서 바울은 "아담" 이야기를 전 인류의 음울한 이야기로 볼 수 있었다. F. F. Bruce는 롬 7장에서 바울이 "창세기의 타락 이야기를 일인칭 단수 시점에서 다시 말하고 있다"고 주장한다(*Paul: Apostle of the Heart Set Free* [Grand Rapids: Eerdmans, 1997], 194). 이 타락 이야기는 우리가 두 번째 아담인 예수 그리스도께 통합됨으로써 완전히 반전된다. 이에 관해서는 12장에서 자세히 논의될 것이다.

44 나는 성경의 모든 부분이 죄 안에 있는 연대를 똑같이 강조하지도 않고, 타락을 명시적으로 언급하지도 않는다는 점을 알고 있다. 지혜 문학의 저자들은 창세기 2-3장의 야웨 문서 저자와 같은 목소리로 말하지 않는다. 그러나 바울이 아담을 모든 인간의 삶을 특징짓는 논리 전개의 시조로 삼았을 때, 그는 확실히 자기의 회중에 속한 모든 이들이 그가 무엇을 말하고 있는지 알 것으로 기대했다(롬 5장; 고전 15장).

신약성경은 도처에서 여러 방식으로 예수 그리스도가 죄(들)를 극복하기 위해 이 땅에 와서 죽었다고 분명하게 진술한다.[45] 하지만 신약성경은 많은 이미지와 모티프를 사용해서 십자가를 해석하기 때문에 교회의 다양한 교파들은 이러한 모티프들을 지나치게 도식화된 범주 안으로 욱여넣고 특정한 해석을 중심으로 뭉친 후 다른 진영을 의심하고 있는데, 이러한 경향은 교회에 해를 입히고 있다. 신약성경의 증언을 모조리 버리지 않는 한, 우리는 **죄의 극복**이 십자가형의 핵심이라는 점을 인정해야만 한다. 죄를 언급하지 않은 채 십자가를 해석하려는 현대의 시도는 성경의 관점에서도 이치에 맞지 않고 인류 전체가 존 헨리 뉴먼이 "거대한 원시 재앙"이라고 부르는 것의 상속자이며 우리의 외부에 있는 더 강한 힘만이 이 틈을 메울 수 있다는 우리 시대의 압도적인 증거에 비추어서도 이치에 맞지 않는다.[46] 신약성경의 저자들은 모두 정도의 차이는 있지만 바로 이 관점에서 예수의 사명을 이해한다.

각각의 복음서에서 몇 가지 예를 들어보자.

---

45 관련 구절들을 일부만 언급하자면 다음과 같다. 마 1:21; 26:28; 막 2:10; 눅 1:77; 7:47-49; 요 1:29; 8:24; 행 2:38; 3:19; 5:31; 10:43; 13:38; 26:18; 롬 4:25; 5:16; 6:1-10; 8:2-4; 고전 15:3; 고후 5:21; 갈 1:4; 골 1:14; 2:13-15; 히 1:3; 2:17; 9:26-28; 10:12; 13:11-12; 벧전 2:24; 3:18; 요일 1:7; 2:1-2; 3:5; 4:10; 계 1:5.

46 "거대한 원시 재앙"이라는 이 어구는 Brendan Gill이 Edward Albee의 연극인 "누가 버지니아 울프를 두려워하는가?"(*Who's Afraid of Virginia Woolf?*)의 (초연된 지 14년 후의) 재상연 리뷰에서 인용한 말이다. 이 어구가 인용된 맥락은 적절하다. Gill은 몇몇의 의견과 달리 이 연극이 결혼 "또는 다른 형태의 성적인 관계에 관한 것이 아니라, 오히려 뉴먼 추기경이 인류가 어떤 거대한 원시 재앙에 관련되어 있다고 말했을 때 간접적으로 언급하고 있는 관계에 관한 것"이라고 주장한다(Gill, "In Vino Veritas," *New Yorker*, April 12, 1976).

마태복음

신약성경의 첫 책인 마태복음의 첫 장은 다음과 같은 천사의 말로 시작한다. "다윗의 자손 요셉아, 네 아내 마리아 데려오기를 무서워하지 말라.…[그녀가] 아들을 낳으리니 이름을 예수라 하라. **이는 그가 자기 백성을 그들의 죄에서 구원할 자이심이라**"(마 1:20-21). 마태복음의 저자는 그 백성에게 왜 구원이 필요한지를 설명하지 않는다. 구원의 필요성이 이미 전제되어 있다. 예수의 이름 **예슈아**(Yeshua)는 '하나님께서 구원하신다'는 뜻이다. 마태복음의 언급은 메시아의 이름과 죄로부터의 구원 간의 연결 관계를 명확히 밝힌다.

마가복음

이 복음서의 앞 부분에서 사람들이 지붕을 뜯고 한 중풍병자를 예수의 발 앞에 내려놓았을 때, 예수는 (비록 모호하지만) 공개적으로 자신을 "**땅에서 죄를 사하는 권세가 있는** 인자"(막 2:10)로 선언한다. 이 텍스트는 중풍병에 걸린 사람의 죄가 무엇이었는지 또는 그 죄가 왜 사해질 필요가 있었는지 말하지 않는다. 인간은 일반적으로 죄에 빠져 있다고 가정된다. 마가복음에 나오는 이 구절의 초점은 죄를 용서한다는 예수의 주장에 맞춰진다. 그리고 예수 주변에 있던 사람들은 이 주장을 즉각 메시아적 주장으로 인식해서 "오직 하나님 한 분 외에는 누가 능히 죄를 사하겠느냐?"라는 반응을 보인다.

누가복음

세 번째 복음서 저자는 일반적으로 속죄제사로서의 십자가형에 관심이 없는 것으로 여겨진다. 그러나 죄의 극복이라는 주제는 누가복음의 서두인 세례요한의 영아기에 관한 아름다운 내러티브에 등장한다. 사가랴의 노래 속에 자기 아들 요한에 관한 이 말이 등장한다.

> 이 아이여, 네가 지극히 높으신 이의 선지자라 일컬음을 받고 주 앞에 앞서 가서 그 길을 준비하여 주의 백성에게 **그 죄 사함**으로 말미암는 구원을 알게 하리니"(눅 1:76-77).

누가복음에서 이 주제는 부활한 예수의 마지막 말에도 등장하는데, 여기서 예수는 그것을 **케리그마**의 내용이 되게 한다. "또 이르시되 '이같이 그리스도가 고난을 받고 제 삼일에 죽은 자 가운데서 살아날 것과 또 그의 이름으로 **죄 사함**을 받게 하는 회개가 예루살렘에서 시작하여 모든 족속에게 전파될 것이 기록되었으니'"(눅 24:46-47). 민족들이 죄 사함을 받아야 하는 이유는 한 마디도 언급되지 않는다. 다시 말하지만 사람들이 죄를 용서 받아야 한다는 것이 전제되어 있다. 누가는 자신의 두 권짜리 저술의 두 번째 책인 사도행전을 예수의 승천과 성령의 강림으로 시작하는데, 여기서 베드로는 지체 없이 이스라엘 백성에게 이렇게 선언한다. "너희가 회개하여 각각 예수 그리스도의 이름으로 세례를 받고 **죄 사함**을 받으라. 그리하면 성령의 선물을 받으리니"(행 2:38). 아무도 자기는 죄가 없다고 이의를 제기하지 않는다. 모두가 죄인이라는 사실이 전제되어 있다.

요한복음

요한복음의 수난 내러티브가 예수의 죽음을 속죄로 강조하는 것으로 유명하지는 않지만, 이 복음서 저자는 다소 길게 예수를 유월절 어린 양으로 묘사하며 이를 위해 예수가 지상에서 보낸 마지막 며칠 동안 발생한 일들의 순서를 바꾼다. 더욱이 요한복음의 첫 장면들 중 하나에서 세례 요한은 "보라, 세상 **죄를 지고 가는** 하나님의 어린 양이로다"라고 선언한다(요 1:29). 요한복음 8장에서 예수는 바리새인들에게 말하면서 죄로부터의 해방과 예수 자신에 대한 믿음 간의 긴밀한 연관성을 명확히 밝힌다. "너희가 만일 내가 그인 줄 믿지 아니하면 **너희 죄 가운데서 죽으리라**"(요 8:24).[47]

이 경우들 어디서도 요한복음 저자는 그것이 무슨 뜻인지 설명할 필요를 느끼지 않는다. 구약성경의 배경에 비추어서 죄는 당연히 인간의 기본적인 상황으로 간주되며, 오직 창조주 하나님만이 인간의 이런 상황을 원래의 완벽한 상태로 회복할 수 있다.

이어서 신약성경의 다른 부분에서 죄의 극복을 그리스도의 삶과 죽음의 핵심적인 목적으로 보는 간략한 예들을 살펴보자.

---

47 전문가들은 이 대목에서 내가 누가복음과 요한복음이 죄 용서를 특별히 예수의 십자가형과 연관짓고 있지 않다는 사실을 고려하지 않는다고 항의할 수도 있다. 그러나 나는 여기서 신약 전반을 관통하는 (확실히 누가복음과 요한복음도 마찬가지다) 근본적인 전제에 대해 말하고 있는데, 그 전제는 바로 죄가 인간을 죽음의 상태에 이르게 하지만 예수가 우리를 거기서 구속하기 위해 왔다는 것이다. 모든 복음서가 이 전제에 동의하며, 1장에서 설명한 것처럼 사복음서 모두에서 수난 내러티브가 두드러진 역할을 한다는 사실은 이 전제가 매우 중요함을 입증한다.

히브리서

히브리서의 주제는 이 서신의 첫 부분에 등장하는데, 그것은 그리스도가 **"죄를 정결케"** 하는 일을 한다는 것이다(1:3). 본서의 6장에서 우리는 그리스도가 어떻게 "하나님의 일에 자비하고 신실한 대제사장이 되어 백성의 **죄를 속량하**"기 위해 "범사에 형제들과 같이 되셨는지"를(2:17) 좀 더 자세히 살펴볼 것이다.

베드로전서

이 사도적 서신은 "[그가] 친히 나무에 달려 그 몸으로 **우리 죄를 담당하셨다**"(2:24)라고 매우 명료하게 진술한다.

요한1서

이 서신은 특별히 십자가형과 죄 용서를 강하게 연결한다. "그[하나님의] 아들 예수의 피가 우리를 **모든 죄에서** 깨끗하게 하실 것이요"(1:7), "그는 우리 죄를 위한 화목제물이니 우리만 위할 뿐 아니요 온 세상의 **죄를 위하심이라**"(2:2), "하나님이 우리를 사랑하사 **우리 죄를** 속하기 위하여 화목제물로 그 아들을 보내셨음이라"(4:10).

요한계시록

일곱 교회에 대한 서두의 인사말은 주의를 끄는 어구로 예수 그리스도를 정의하고, 이어서 그리스도인들의 보편적 동의를 전제하는 듯한 표현을 그에게 귀속시킨다. 그 표현은 "충성된 증인으로 죽은 자들 가운데서 먼저 나시고 땅의 임금들의 머리가 되신 예수 그리스도"를 언급하고, 다음과 같은 말로 그에게 영광을 돌린다. "우리를 사랑하사 그의 피로 **우리 죄에서** 우리를 해방하시고 그의 아버지 하나님을 위하여 우리를 나라와 제사장으로 삼으신 그에게 영광과 능력이 세세토록 있기를 원하노라. 아멘"(1:5-6).

바울 서신에 나타난 권세로서 죄

바울은 **죄**의 본질과 편재성에 관해 사복음서에 **암시되어** 있는 내용을 다른 어떤 사도적 저자들보다 **명시적으로** 밝힌다. 로마서에서 바울은 전 인류가 어떻게 **죄**에 속박되었을 뿐만 아니라 어떻게 **죄**와 협력하는지를 설명한다. 미리 언급한 바와 같이 바울은 창세기의 타락 이야기에 의존해서 아담을 인간(인류)을 대표하는 첫 번째 사람으로 언급하고 그리스도를 결정적인 마지막 사람으로 언급한다. 다음은 로마서의 매우 중요한 부분이다.

> 한 사람으로 말미암아 죄가 세상에 들어오고 죄로 말미암아 사망이 들어왔나니 이와 같이 모든 사람이 죄를 지었으므로 사망이 모든 사람에게 이르렀느니라.···아담으로부터 모세까지 아담의 범죄와 같은 죄를 짓지 아니한 자들까지도 사망이 왕 노릇 하였나니 아담은 오실 자의 모형이라.···한 사람의 범죄를 인하여 많은 사람이 죽었은즉···한 사람 예수 그리스도의 은혜로 말미암은 선물은 많은 사람에게 넘쳤느니라.···한 사람으로 말미암아 정죄에 이르렀으나 은사는 많은 범죄로 말미암아 의롭다 하심에 이름이니라.···한

사람이 순종하지 아니함으로 많은 사람이 죄인 된 것같이 한 사람이 순종하심으로 많은 사람이 의인이 되리라(롬 5:12-19).

우리는 이 핵심 구절을—특히 본서의 마지막 장들에서—한 번 이상 언급할 것이다. 그러나 **사망**과 **죄**가 똑같이 인간의 상황을 지배하고 있다는 것이 이 대목에서 두드러진 핵심 요점인데, 이는 존 밀턴이 기억하기 쉽게 아담의 "최초의 불순종"이라고 부르는 것이 가져온 결과다.[48] 하나님의 아들의 "최초의 순종"을 통해서만 이 상황이 바로잡힐 수 있다. 아담은 "오시기로 된 분의 모형"이다. 예수 그리스도의 역사에서 "아담"(인류)의 전체 역사가 올바르게 반복된다. 그 **재연**에서 죄와 사망의 권세는 궤멸된다.[49]

여기서 우리는 **죄는 권세**라는 바울의 주요 가르침을 소개한다. 죄는 악한 힘인데 인간은 외부의 도움 없이는 그것을 통제할 수 없다. 찰스 쿠사는 바울이 로마서 3장에서 어떻게 죄의 두 개념을 결합할 수 있는지를 보여준다(비록 두 번째 개념이 더 우세하지만 말이다).

- 죄는 무언가 인간이 행하거나 관여하는 **동사**다(롬 3:23).
- 죄는 인류가 그것의 아래에 놓여 있는 **지배**다(롬 3:9).[50]

위의 진술은 몇 페이지 앞에서 우리가 리쾨르의 주장을 따라 설명한 죄

---

48 Milton, *Paradise Lost*, 1.1.

49 "재연"(recapitulation; 총괄갱신)은 2세기의 이레나이우스와 관련이 있다. 우리는 이에 관해 12장에서 상세히 살펴볼 것이다.

50 Charles B. Cousar, *A Theology of the Cross: The Death of Jesus in the Pauline Letters*, Overtures to Biblical Theology (Minneapolis: Augsburg Fortress, 1990), 57.

4장 죄의 중대성 321

의 이중적인 측면을 정의하는 또 다른 방식이다. **동사**는 "반드시 배상되어야 할 **책임 있는 죄책**"을 암시하고, **지배** 개념은 "반드시 극복되어야 할 외부의 힘"을 암시한다. 바울은 이 두 개념을 모두 알고 있지만, 로마서에서는 두 번째 개념을 강조한다. 로마서 1-3장에서 죄는 모든 사람을 포괄하여 "의인은 없나니 하나도 없"다. 따라서 이 세상의 체제 안에서는 어디서도 구원을 찾을 수 없다. 이는 사람을 의로운 사람과 의롭지 않은 사람으로 구별하는 유대인의 개념—바리새인인 바울은 그 속에서 성장했다—과 결이 다르며, 사람을 "나쁜 사람"과 "착한 사람"으로 분류하는 우리의 일반적인 경향과도 결이 다르다. 바울은 그의 서신들에서 **죄**가 군림하는 군주인 것처럼 그것을 의인화한다. 바울은 로마서 5:21에서 "죄가 지배권을 획득했다"고 말한다.[51] 그는 **죄**가 가장 선호하는 특유의 무기인 **사망** 및 **율법**을 갖고서(롬 7:10-11) 모든 것을 초토화시키는 군대처럼 온 세상 속으로 힘차게 진격한다고 묘사한다. "죄가 세상에 들어오고 죄로 말미암아 사망이 들어왔나니 이와 같이 모든 사람이 죄를 지었으므로 사망이 모든 사람에게 이르렀느니라"(롬 5:12). 따라서 **죄와 사망**은 "누구도 벗어날 수 없는 보편적인 힘의 특징을 갖고 있다."[52]

오늘날 교회들이 이 점을 잘 이해하지 못하지만, 때때로 예상치 못한 자료들이 이 문제에 빛을 비춰준다. 「뉴욕 매거진」의 한 독자가 성형 수술에 대한 기사를 읽고 시선을 사로잡는 편지를 보냈다. "귀사의 표지 기사를 읽으면서 나는 친절한 마음과 강인한 정신이 존경받고, 존중되며, 다른 사람들에게 자극을 준다면 우리 사회가 어떻게 될지 궁금해지기 시작했습니다. 미와 날씬함에 대한 집착은 부유한 나라들만 누릴 수 있는

---

51 Ernst Käsemann *Commentary on Romans* (Grand Rapids: Eerdmans, 1980)에 사용된 영어 번역.

52 Käsemann, *Commentary on Romans*, 149.

사치입니다. 우리의 도시들과 이 세상의 다른 곳에서 사람들이 굶주리고 있는데 우리는 대중 매체와 그것이 제공하는 거짓 우상들을 숭배합니다. 그러나 우리는 노예들입니다. 허영은 질병이고, 우리 미국인들은 이 질병에 감염되어 있습니다."[53]

이 편지를 쓴 사람은 많은 교인이 더 이상 알지 못하는 것—죄란 나쁜 행실이나 심지어 지독한 잘못이 아니라 전염병이다—을 본능적으로 이해하고 있다.[54] 훨씬 더 중요한 바울의 요지는 죄가 우리 모두를 장악하고 있는, 노예로 만드는 힘이라는 점이다.[55] 그 편지에 사용된 "숭배", "거짓 우상", "노예"라는 용어에 주목하라. 이 단어들은 이 편지를 쓴 사람이 이를 알든 모르든 간에 바울이 인정했을 법한 범주다. 실제로 이 편지는 로마서 6:16-18과 매우 유사하다. "너희 자신을 종(douloi)으로 내주어 누구에게 순종하든지 그 순종함을 받는 자의 종이 되는 줄을 너희가 알지 못하느냐? 혹은 죄의 종으로 사망에 이르고 혹은 순종의 종으로 의

---

53 *New York*, August 5, 1996. 이 편지가 쓰인 뒤로 보톡스와 다른 성형 시술들에 대한 노예화가 기하급수적으로 증가했다.

54 이는 죄가 불결을 의미한다는 개념과 쉽게 연결될 수 있다. 레위기의 상당 부분이 정화와 관련이 있다. 이는 사소한 주제가 아니지만, 신약성경에서는 별 역할을 하지 않기 때문에 본서의 목적상으로는 중요한 내용이 아니다.

55 William Stringfellow는 특별히 이 점에 있어서 전문가다. 그는 일반적으로 죄보다는 사망에 대해 말하기를 선호하지만 요점은 동일하다. "죄는…인간이 나쁘다거나 인간에게 악한 성향이 있다거나 인간이 교만하고 이기적이라는 것을 의미하지 않는다. 대신에 죄는 인간이 사망의 힘에 장악되어 사망에게 속박되고 사망의 노예가 된 것이며, 사망의 오만이 하나님의 자리를 찬탈한 것이다"(*Count It All Joy: Reflections on Faith, Doubt, and Temptation* [Grand Rapids: Eerdmans, 1967], 90-1). 자신의 무신론을 화려하게 선전한 것으로 유명한 Christopher Hitchens는 자기가 죽어가고 있다는 것을 알고서 자신의 저술들의 최종 모음집에서 사망을 계속 "외계인"이라고 부른다(*Mortality* [New York: Twelve, 2012]). 작가, 해설가, 텔레비전 명사였던 Andrew A.(Andy) Rooney는 사망과 사망의 약탈을 혐오했는데, 이는 그의 대화에서 명확히 드러난다. 이 점에서 이 두 무신론자들은 자기들이 생각한 것보다 신약성경과 가까웠다. 고전 15:26에서 바울은 사망을 예수에 의해 정복될 "마지막 원수"로 언급한다.

에 이르느니라. 하나님께 감사하리로다. 너희가 본래 죄의 종이더니 너희에게 전하여 준 바 교훈의 본을 마음으로 순종하여 죄로부터 해방되어 의에게 종이 되었느니라."

미국인들은 광고와 겉모습의 **노예들**이며, 그것들에 문자적으로 및 비유적으로 투자함으로써 그것들에게 **순종**한다(그것들을 **숭배**한다). 이는 **죽음**으로 이어진다(부자들이 사치를 추구할 때 많은 사람이 굶주린다). 우리는 많은 것들을 선택할 수 있는 복을 받았다고 생각하지만 우리는 자유인이 아니라 **죄의 노예**다. 뉴욕 매거진에 편지를 보낸 사람은 광고와 겉모습 대신 "친절한 마음과 강인한 정신"이 존경받기를 바라지만, 그녀는 우리가 문화적 집착에 **속박**되어 있음을 알고 있다. 바울이 전하는 복음은 인간의 마음에 하나님의 의가 임할 때만 우리가 하나님의 뜻을 향하게 되고 **의에 이르는 순종**(친절한 마음과 강인한 정신이 존경받는 사회)을 낳을 것이라고 말한다. 그러면 우리는 **의의 노예**가 될 것이다. 다소 충격적인 이 어구는 (자주 인용되는 밥 딜런의 노랫말로 표현하자면) "당신은 누군가를 섬겨야 한다"는 바울의 확신을 보여준다. 우리는 궁극적인 그리스도의 지배나 두 번째로 궁극적인 **죄**의 지배 중 하나의 지배를 받으며 살 것이다.[56]

---

56 요한의 저술에서 두 지배에 대한 비유는 어둠과 빛이다(요 11:9-10; 요일 1:5-7). 이 두 영역이 현재 갖고 있는 효과나 궁극적인 존재에 있어서 동등하지 않다는 사실은 아무리 강조해도 지나치지 않다.

회개의 재정립

우리는 앞서 속죄일 제의시 언급되는 "회개하면 엄한 판결이 내리지 않을 것이다"[57]라는 단언을 통해 유대교와 기독교 간의 차이를 언급했다. 정신분석학자 도로시 마틴은 죄는 "**우리의 의지의 주권을 초월**하여 우리를 사로잡는 강력한 힘"이며 따라서 단순히 (오늘날 흔한 표현인 "나쁜 선택"은 말할 것도 없고) "나쁜 행동"의 문제가 아니라고 말한다.[58] 네 번째 복음서 역시 이 점을 이해한다. "예수께서 대답하시되 '진실로 진실로 너희에게 이르노니 죄를 범하는 자마다 **죄의 종이라**'"(요 8:34).[59] 이 말씀의 의미는 **회개조차도** 죄를 극복할 수 **없고** 우리를 하나님께로 회복시킬 수 **없다**는 것이다. 우리는 여기서 두 가지를 주목한다.

1. **엄한 판결이 존재한다.** 이는 안셀무스의 죄의 중대성(*ponderis peccatum*)과 유사하다. 전체 구약성경의 전통은 인간의 삶에 존재하는 죄의 중대성을 증언한다. 죄의 중대성을 완화시키거나 최소화하려는 그리스도인들의 시도는 히브리적 사고에 반한다.

2. **두 번째 요지는 회개가 충분하지 않다**[60]는 것으로, 이 점에서 기독

---

57 나는 이 점에 관한 통찰에 대해 랍비의 아들이었고 지금은 고인이 된 Dana Charry에게 빚을 지고 있다. 그는 자신이 속죄 예전이 충분하지 못함을 알아차리지 못했을 경우 유대교에서 기독교로 개종하지 않았을 것이라고 말했다. 우리는 이 대화를 1997년 가을에 프린스턴에서 나눴다.

58 Dorothy Martyn, "Compulsion and Liberation: A Theological View," *Union Seminary Quarterly Review* 36, nos. 2-3 (Winter/Spring 1981): 128, 강조는 덧붙인 것임. Martin은 *Beyond Deserving: Children, Parents, and Responsibility Revisited*(Grand Rapids: Eerdmans, 2007)에서 이러한 성경적 관점을 정교하게 설명했다.

59 막 2:1-12; 마 9:1-8; 눅 5:17-26에 나오는 중풍병자 치유 기사는 육체적 장애에서 벗어나는 것은 죄를 극복하는 것에 비하면 부차적이라고 지적한다.

60 구약성경은 특히—바울이 롬 4:1-25에서 보여주는 바와 같이—아브라함의 **무조건적**인

교와 랍비 유대교는 극명한 차이를 보인다. 상황을 바로잡으려면 **먼저** 하나님 편에서 무언가가 일어나야 한다. 권세의 전체 영역이 **죄**와 **사망**이 영향력을 갖고 있지 않는 또 다른 영역으로부터 침입당해야만 한다.

바리새인 바울이 그의 서신들에서 회개에 대해 함구하고 있는 것은 확실히 우연이 아니다. 그는 하나님의 "엄한 판결"이 내리지 않게(다른 역본에서는 "약화시키게") 하려면 회개가 선행되어야 한다거나 반드시 필요하다는 일체의 개념과 거리를 둔다.[61] 지나친 단순화의 위험이 있지만 바울이 제시하는 순서는 죄-회개-은혜-용서가 아니라, 은혜-죄-구원-회개-은혜다. 은혜가 처음부터 끝까지 이 순서를 견인한다.[62]

하나님의 영역(또는 복음서의 용어로는 하나님 나라)의 승리는 확실하다. 바로 이 점이 바울이 "그리스도께서 죽은 자 가운데서 살아나셨으매 다시 죽지 아니하시고 **사망이 다시 그를 주장하지 못할 줄을 앎이로라.**··· 너희도 너희 자신을 **죄에 대하여는 죽은 자요** 그리스도 예수 안에서 **하나님께 대하여는 살아 있는 자로 여길지어다**"(롬 6:9-11)라고 한 말의 의

선택과 부름에서 이 진리를 담고 있다.

61　Ellen Charry는 바울 시대의 "랍비" 유대주의에 관해 말하는 것에 대해서 내게 주의를 주었다. 바리새파적 유대주의는 랍비주의의 원형이지만, 바울 시대에는 속죄일 예전을 포함한 기도서가 없었다. 바울은 제2성전기 유대교에 존재할 뿐만 아니라 누가-행전의 일부에도 암시된 사죄에 선행하는 인간의 행위로서의 회개 개념을 거부한다. 바울의 관점에서 볼 때, 누가는 회개가 하나님의 은혜로운 칭의의 결과이지 그 반대가 아니라는 점을 신중하게 보여주지 못했다.

62　바울은 그의 모든 서신에서 딱 두 번 회개를 언급하는데, 그중 한 곳에서 회개의 근원을 명시적으로 밝힌다. "네가 하나님의 인자하심이 너를 인도하여 회개하게 하심을 알지 못하느냐?"(롬 2:4) 회개를 언급하는 다른 곳은 고린도 교회 교인들이 바울에게 적대적인 태도를 보이는 지극히 개인적이고 이례적인 맥락에서 등장한다(고후 7:10). 바울의 바리새파 유대주의 배경에서 볼 때, 바울이 다른 곳에서는 회개에 대해 언급하지 않는다는 것은 주목할 만한데, 이는 결코 우연일 수 없다.

미다. 십자가-부활 사건은 우주에서 획기적인 전환점이다. 회개는 이것을 가능케 하지 못한다. 하나님이 회개를 포함한 모든 것을 일으킨다. "새 피조물"이 존재한다(고후 5장). 우리가 처해 있던 곤경이 극적으로 그리고 결정적으로 뒤집어졌다. 바울의 이름으로 기록된 골로새서 1:13의 세례 관련 텍스트가 멋지게 확언하듯이 우리는 이미 새로운 상황에 놓여 있다. "그가 우리를 흑암의 권세에서 건져내사 그의 사랑의 아들의 나라로 옮기셨다." 그러나 우리가 아직 "피조물도 썩어짐의 종 노릇 한 데서 해방되어 하나님의 자녀들의 영광의 자유에 이르"게 될(롬 8:21) 때인 우주의 구속을 기다리고 있기 때문에 이러한 전복의 '아직'이란 측면도 똑같이 중요하다.

이렇게 성경 자료를 간략하게 개관한 것은 **죄를 위한** 예수의 죽음에 관한 신약성경의 증언의 넓이와 깊이를 확실히 납득시키기 위함이었다. "세상 죄를 지고 가는 하나님의 어린 양"은 개인적인 실패에서 제도적인 악에 이르는 전 범위에서 우리를 구원하기 위해 자신을 내주었다.

단순히 나쁜 행위와 나쁜 선택만이 아니다

더글라스 존 홀은 죄의 중대성에 관해 저술했다. 그는 먼저 — 우리의 불의한 행위는 말할 것도 없고 — 우리의 **의로운** 행위조차 "더러운 옷 같다"(사 64:6)[63]고 말하는 예언자 이사야를 인용한 뒤 이렇게 말한다.

---

63 이곳의 히브리어 번역은 언제나 어렵다. 오리게네스와 시리아의 마르티리우스 사도나는 히브리어에 가깝게 "생리로 얼룩진 누더기"라고 번역했다(Robert L. Wilken, *Isaiah: Interpreted by Early Christian and Medieval Commentators*, Church's Bible Series [Grand Rapids: Eerdmans, 2007], 505-6에 인용됨). 좀 더 완곡한 번역은 "더러운 누더기"(KJV),

죄를 심지어 인간의 "가장 위대한" 업적이나 성공으로 알려진 것과 연결하고, 죄를 개인들이 자신의 가장 훌륭하고 명예로운 행위로 간주하는 것과도 연결하는 것은—비록 이렇게 연결하는 것이 이스라엘의 예언자들만큼이나 오래된 일이기는 하지만—우리 현대인들에게는 이해하기 어려워보인다. 이처럼 심오한 성경적 신앙의 범주에서는 우리 중 대다수가 『인간이 되신 하나님』에서 안셀무스의 대화 상대로 등장하는, 인간을 대표하는 가상의 인물인 보소의 정신 수준에서 거의 진보하지 않은 것처럼 보인다. 확실히 죄가 나쁜 행위라는 개념을 넘어서지 못하고 있는 보소는 안셀무스와의 대화에서 하나님 편에서의 단순한 용서의 선언이 인간의 상황을 고칠 수 있다고 제안한다. 이에 대한 응답으로 안셀무스는 [죄의 교리와 관련하여] 지금까지 진술된 것 중 가장 통찰력이 있을 수도 있는 발언을 한다. "형제님은 아직 죄의 중대성을 고려하지 않았습니다."[64]

이 "심오한 성경적 신앙의 범주"는 사실 널리 오해를 받고 있다. 우리는 죄가 "나쁜 행위"라고 생각한다. 「피플」(People)은 독자들을 대상으로 죄를 주제 삼아 부분적으로는 진지하고 부분적으로는 농담조의 설문 조사를 실시한 적이 있다. 그 결과가 "죄 지수"로 발표되었는데, 여기서 각각의 죄는 죄 계수로 평가되었다. 그 결과는 흥미롭고 유익하다. 살인, 강간, 근친상간, 아동 학대, 조국에 대한 스파이 행위는 뒤로 갈수록 최악의 죄로 평가되었고 흡연, 욕설, 자위 행위, 불법 비디오 촬영은 훨씬 낮은 순위를 기록했다. 장애인 주차 구역에 주차하는 것은 놀랍게도 높은 순

"더럽혀진 옷"(RSV), "더러운 옷"(NRSV)이 있다. 어떤 번역이든 그 단어는 극단적인 이미지다.

64 Douglas John Hall, *God and Human Suffering: An Exercise in the Theology of the Cross* (Minneapolis: Augsburg, 1989), 78.

위에 오른 반면에 혼전 동거는 낮은 지수를 받았다. 새치기는 이혼이나 사형에 처할 죄보다 나쁜 것으로 간주되었다. 예상할 수 있는 바와 같이 집단적인 죄는 이스라엘 예언자들의 죄 목록에서는 최상위를 차지하고 있지만 이 설문조사에서 그것에 대한 언급은 없었다. 여기서 우리의 목적에 가장 적실성이 있는 내용은 "전반적으로 독자들은 자신들이 한 달에 약 4.64개의 죄를 범한다고 말했다"는 조사 결과다.[65] 우리는 이 내용을 비웃을지 모르지만, 이 조사 결과에는 확실히 죄를 특정한 행위로 보는 우리의 인식이 깊이 배어 있다. 예전에는 이러한 잘못된 관점을 바로 잡기 위한 예전상, 교리문답상의 기회들이 있었지만 그것들은 대체로 제거되었다. 예컨대 성공회 신자들은 한때 일반 고해(General Confession)에서 "우리에게는 어떤 건강도 없습니다"라고 말하곤 했다. 이 표현이 불가피하게 제기한 질문들로 인해 교회는 죄가 개별적인 위반 행위들이 아니라 보편적인 병폐임을 가르칠 수 있는 기회를 얻었다. 도로시 세이어스의 말마따나 죄는 "인간의 인격 중심에 있는 내면의 깊은 혼란이다."[66] W. H. 오든은 죄를 "타고난 오류"로 불렀다.[67]

시인들과 소설가들은 종종 선한 교인들이 알지 못하는 것을 이해한다. 시인 리타 도브는 바울의 "죄의 삯은 사망"(롬 6:23)이라는 표현을 "삶의 삯은 죄"로 바꾸어 표현했다.[68] 플래너리 오코너의 소설 『현명한 피』

---

65 *People*, February 10, 1986.

66 Dorothy L. Sayers, *Letters to a Diminished Church: Passionate Arguments for the Relevance of Christian Doctrine* (Nashville: Nelson, W Publishing Group, 2004), 59. 재미있지만 매우 진지한 이 편지 모음집에서 Sayers는 「피플」의 것과 유사한 죄 목록(18쪽)을 만들어낸다.

67 Auden, "September 1939."

68 Rita Dove, "Black on a Saturday Night," in *On the Bus with Rosa Parks: Poems* (New York: Norton, 1999). 다소 유감스럽게도 Dove의 작품에 대한 어떤 주요 연구는 이 말이 로마서에서 인용된 표현이라는 것을 적시하지도 않는다(Theresa Steffen in *Crossing* Color [New YOrk: Oxford University Press, 2001], 148-49). 이 시는 존 윌리엄스에 의해 곡이 붙여졌다.

(*Wise Blood*, 한국기독학생회출판부 역간)에 등장하는 헤이즈 모츠의 통찰은 특히 적절하다. 어떤 열광적인 시각 장애인이 헤이즈를 붙들고 죄들을 회개하라고 요구한다. 그 시각 장애인은 헤이즈에게 우상숭배와 신성 모독을 시작으로 지은 죄들을 하나하나 열거하고 그것들을 포기하라고 요구한다. 헤이즈는 이렇게 말한다. "그것들은 말에 지나지 않잖아요." **"만일 내가 죄중에 있다면, 내가 어떤 죄를 짓기도 전에 죄중에 있는 거라고요"**(강조는 덧붙인 것임).

이 마지막 세 단락에서 우리는 죄가 전염병 또는 "내면의 깊은 혼란"으로도 이해될 수 있음을 보여주기 위해 우리의 중심 주제인 "권세로서의 죄"에서 벗어난 것처럼 보인다.[69] 우리가 "죄 중에" 있다고 말하는 이 비유적인 방식들은 모두 유용하다. 이 방식들은 죄가 개별적인 비행들이라는 개념을 반박하기 때문이다. 바울은 죄를 다양하게 정의하는 방식을 모르지 않는다. 예컨대 바울은 "모든 사람이 죄를 지었으므로 사망이 모든 사람에게 이르렀느니라"(롬 5:12)고 말하면서 **권세**에 의한 정복뿐만 아니라 전염도 암시한다.[70] 이러한 견해에서는 죄란 **우리가 저지르는**

---

[69] 나는 본서에서 오염, 감염, 더러움이라는 주제를 많이 언급하지 않을 것이다. 이 주제는 이스라엘의 예배에서 일정한 역할을 담당했던 정결 의식과 관련이 있다(민 8:21; 19:12; 레 15장 등). 신약성경에서 정결 의식은 예수의 가르침을 돋보이게 하는 장식 역할을 하는 외에는 중요하게 다뤄지지 않는다. 예수는 바리새인들과의 논쟁에서 "입에서 나오는 그것이 사람을 더럽게 하는 것이니라"(마 15:11)고 가르쳤고 거리낌 없이 나병 환자들을 만졌다(마 8:3). 마찬가지로 베드로는 사도행전에서 "하나님께서 깨끗하게 하신 것을 네가 속되다 하지 말라"는 말을 듣는다(행 10:15). Paul Recoeur는 창조세계에 무엇이 잘못되었는가에 관한 포괄적인 연구에서 성경의 전체 맥락에서의 오염이라는 주제를 고려한다. 오염 또는 불결에 대한 그의 분석은 어떤 면에서는 **권세**로서 **죄** 개념과 일치한다(글자체 변경은 덧붙인 것임). 그에 의하면 "좀 더 고대의 잘못 개념은 오염 개념으로…**외부로부터** 감염되는 얼룩이나 흠이다." "**외부로부터**"라는 표현에 주목하라. 이 표현은 인간의 의지력의 영역 너머에서 오는 오염처럼 작동하는 **대적** 개념을 확증한다. Ricoeur, *The Symbolism of Evil*, 8(강조는 덧붙인 것임), 12, 50.

[70] Marilynne Robinson의 『길리아드』(*Gilead*, 마로니에북스 역간)에 나오는 나이든 현명한 설

무언가가 아니라 헤이즈 모츠의 말처럼 우리가 **속해 있는** 무언가다. 그러나 바울의 가장 중요한 관심사는 죄가 우리의 삶을 속박하고 있는 **권세**임을 보여주는 것이다. 신학적으로 이해된 **죄**는 우리의 인격을 해로운 방식으로 형성하여 우리를 완벽주의자, 꾸물거리는 자, 속이는 자, 학대하는 자, 중독자, 음모가, 부랑배, 광신자, 간통자로 만들고 우리의 통제를 벗어난 근원으로부터 인간을 괴롭히는 다른 현상들이 발현되게 하는 무의식적인 충동 및 동인과 유사하다. 우리는 죄를 고의로 저지른 구체적이고 개별적인 행동이라는 관점에서 이해하는 것이 아니라, 우리가 (거의) 통제할 수 없는 충동으로 이해한다. 이는 **죄**를 노이로제로 부름으로써 그것을 용납하는 것과는 완전히 다르다. 이제 우리가 완곡한 표현으로 **죄**의 상태를 격하시키도록 조장하지 않는다는 점이 명백할 것이다. 우리는 **죄의 노예화하는 힘**을 강조하기를 원한다.

감상성: 우매한 자의 제물

우리의 공공 생활이 눈에 띄게 거칠어지고, 위험에 대한 두려움이 커져서 문을 잠그고, 도난 경보기를 설치하며, 자녀들을 길에 나다니지 않게 하고 있지만, 미국인들은 여전히 감상적이다. 플래너리 오코너는 감상성을 "결백(innocence)을 지나치게 강조하는 방향의…왜곡"이라고 정의한다. 아담과 하와의 타락에 대해 의논한 후, 그녀는 "감상성이란 구체적인

교자는 종종 **죄**의 지배의 편재성을 숙고한다. 그는 "위반"이라는 단어를 좋아하지 않는다. 그는 이렇게 생각한다. "절대로 하나의 위반만 있는 것이 아니다. **인간의 삶의 살에는 상처가 있다.** 이 상처는 아물더라도 흉터가 남고 종종 전혀 아물지 않는 것처럼 보이기도 한다"(*Gilead* [New York: Farrar, Straus and Giroux, Picador, 2004], 122, 강조는 덧붙인 것임).

현실에서 이 과정[타락과 구속]을 건너뛰고 가짜 결백 상태에 일찍 도달하는 것"이라고 말한다.[71] 이 "일찍 도달하는 것"이 감상성을 이해하는 열쇠다. 그것은 게으른 사람이 분투하지 않고 삶에 관한 정보를 얻는 방법이다. 우리가 결백을 믿는 것은 매우 중요하다. 그러나 그런 믿음은 불쾌한 진실을 숨기기 위한 책략이며, 일종의 부인이다.

이러한 경향에 비추어 볼 때 우리는 성경이 그 어떤 감상적 조작의 영향도 받지 않았음을 기억해야 한다. 성경을 문학 작품으로 이해하는 불신자 비평가들도 이 점을 널리 인정하고 있다. 성경은 형 가인에 의한 아벨의 살해를 시작으로 결백하지 않은 인간의 모습을 적나라하게 묘사한다. 우리는 주일 학교에서 단정하게 차려입은 예의바른 아이들을 너무 많이 봐서, 성경이 인간의 본성을 얼마나 똑바로 직시하는지를 잊고 있다. 구약성경은 영감을 주는 이야기 모음집이기는커녕 생각할 수 있는 온갖 종류의 범죄와 악행을 다루는 볼썽사나운 미성년자 관람 불가 이야기들로 넘쳐나는데, 그중 상당 부분은 하나님 자신이 선택한 사람들에 의해 자행된다.

이스라엘 작가인 아비샤이 마르갈리트는 몇 년 전 자기가 이스라엘의 감상성이라고 생각한 것을 호되게 비판했다. 그는 감상성을 이렇게 정의한다. "감상성은 표현된 대상(혹은 사건)을 완전히 결백한 대상으로 바꿈으로써 현실을 왜곡한다." 그는 감상성이 자기 의와 밀접한 관련이 있다고 믿는다. 감상성은 "자신의 결점을 전혀 보지 못하게 만든다."[72] 우리가 인간의 결백을 믿을 수 있다면, 조금만 더 나아가면 **우리 자신의**

---

71 O'Connor, "The Church and the Fiction Writer," from *Mystery and Manners* (New York: Farrar, Straus and Giroux, 1969).

72 Avishai Margalit, "The Kitsch of Israel," *New York Review of Books*, November 24, 1988.

결백도 믿을 수 있는데 바로 이것이 핵심이다.[73] 자신의 결백을 믿는 사람은 "우매한 자의 제물"을 바치는 자다. "그들은 악을 행하면서도 깨닫지 못하기 때문이다"(전 5:1). 결백을 믿는 사람은 **죄**에 관한 성경의 메시지에 둔감하게 되어 있다. 우리에게는 이렇게 이상한 면이 있다. 우리의 문화가 피상적인 의미에서는 더 냉소적이고 더 충격을 받지 않게 될수록 더욱 많은 감상성을 쏟아내는 것처럼 보인다. TV나 영화에 나오는 성과 폭력이 더 노골적일수록 우리를 존재한 적이 없는 노먼 록웰의 세상으로 도피할 수 있다고 가장하도록 조장하는 향수어린 작품을 더욱 많이 요구하게 되는 것 같다.

그러나 어떤 면에서는 현실을 외면하기가 점점 더 어려워지고 있다. 강간이나 살인을 저지르는 아이들의 나이가 점점 내려가고 있고, 학교나 교회가 총기 사고로부터 안전하지 못하며, 인터넷으로 인해 치명적인 정보가 유포될 수 있는 가능성이 매우 높아졌다. 너무도 많은 성직자가 아동 성추행으로 체포되었고, 너무도 많은 교사가 학생들을 성적으로 학대하다가 체포되었으며, 너무도 많은 정직한 시민으로 추정되는 사람이 너무도 많은 아동 포르노 영상을 내려받았다. 인간의 본성에는 뭔가 역겨운 것이 있는데, 그것은 십자가형의 역겨운 측면과 정확히 상응한다. 십자가형의 끔찍함은 우리로 하여금 감상성을 치우고 표면 아래에 놓여 있는 추악함을 직시하게 만든다. 십자가의 치욕과 능욕은 범죄와 죄의 편

---

73 민권 운동 기간 중에 Will Campbell은 이렇게 썼다. "[민권 운동을 한 사람들 중에] 결백한 사람은 아무도 없었다. 모두 죄가 있었고, 모두 죄인이었으며, 심판과 구속의 메시지를 절실히 필요로 했다.…새롭고 극적인 항의 운동은…태우고 치유하는 주님의 복음도 들어야 한다.…우리는 잘못된 출발 지점[그는 희생자들의 고통을 의미하는데, 그것은 사회 운동에 대한 세속적인 견해와 다르지 않다]에서, 그리고 인간이 죄에 얼마나 깊이 연루되어 있는지에 대해 피상적으로 이해하고서 기독교 사회 운동에 뛰어 들었다"(*Race and the Renewal of the Church* [Philadelphia: Westminster, 1962], 48).

재성에 상응한다. 죄의 중대성을 인정하지 않는 그리스도의 속죄에 대한 견해들은 두 가지 측면에서 부정확하다. 이 견해들은 인간의 상태에 관해 부정확하고, 구약성경과 신약성경의 증언에 관해 부정확하다. 죄는 인간의 삶에 중대한 영향을 미치는, 거대한 미지의 요인이다. 그것은 우리가 행하는 무언가가 아니라 우리의 앙숙에 의해 우리에게 가해지는 것으로서, 우리를 유혹해서 자기의 대리인으로 삼는 외부의 **권세**다. 여기에는 너무 큰 것이 걸려 있기 때문에 감상성의 여지가 전혀 없다. 십자가는 악의적이고 무자비한 **대적**의 힘에 맞서 싸우는 하나님의 전투의 절정 장면이기 때문에 모든 인간의 삶에서 가장 두드러지는 사건이다.

"폐기된, 인간의 내재적 타락 개념"

낙관적인 미국 기독교는 인류가 가만히 내버려지면 자멸할 것이라는 생각에 저항한다. 미국의 "할 수 있다"는 정신이 21세기에 큰 타격을 입었고 이 나라의 미래가 예전만큼 밝지는 않지만, 정치적 좌우 진영 모두 계속해서 종교적 자기 의와 죽이 잘 맞는 자기 의를 드러내고 있다. 에이브러햄 링컨이 대통령직을 수행했을 때 그에게는 그런 비극적인 의식이 거의 없었다.[74] 죄를 이해하려면 우리 안에 자리잡고 있는 죄의 힘을 인식해야 한다. 소설가 윌리엄 골딩은 이러한 문제들을 어느 누구 못지않게 효과적으로 기록했다. 『파리 대왕』(*Lord of the Flies*)의 매듭은 살해된 돼지의 머리에서 나오는 신탁 형태로 풀린다. "네가 그 짐승을 잡아서 죽일

---

74 그의 두 번째 취임사는 이 점을 가장 잘 보여줬지만, 그는 이 점을 그의 많은 편지에서도 보여줬다.

수 있다고 생각한 건 망상이었어! 너도 그럴 수 없다는 걸 알고 있었지? 나는 네 일부야!"[75] 무인도에 고립된 "결백한" 소년들이 끔찍한 행동을 저지른 절정 이후, 이 소설은 "인간 마음의 어두움"을 명시적으로 언급하며 끝난다.[76] 후에 골딩은 충격적인 결말에 관해 언급하면서 소년들을 구조하러 온 성인인 해군이 단정하고 위엄 있게 보이지만, 곧 인간 사냥이라는 임무를 수행하기 위해 떠날 것이라고 말했다. 그는 추기(追記)에서 이렇게 묻는다. "그렇다면 누가 이 성인과 그의 순양함을 구할 것인가?"

소설가 해리 크루스는 자신의 자서전에서 타락한 인간성에 대해 말한다. 조지아주의 시골 마을 베이컨 카운티에서 몹시도 빈곤한 삶을 살아가는 그와 그의 흑인 친구 윌랄리는 일종의 도피로서 시어스(Sears) 카탈로그의 모델들에 관해 공상에 잠긴다. "내가 아는 사람들은 거의 모두 무언가가 없었어. 손가락 하나가 잘렸거나, 발가락 하나가 떨어져 나갔거나, 귀 한쪽이 반쯤 씹혀 없어졌거나, 울타리 철사를 흘낏 보다가 한 쪽 눈을 보지 못하게 되었어.…그런데 이 카탈로그에 나오는 사람들은 몸에 그런 상처가 하나도 없더라고. 그들의 몸은 멀쩡했을 뿐만 아니라…정말 멋졌어." 그러나 크루스는 어린 나이였음에도 카탈로그의 사진들이 거짓말을 하고 있다는 것을 알았다. **"이런 방법 말고는 이 세상을 살아갈 수 있는 다른 방법이 없기 때문에** 멋진 옷 아래에는 분명히 이런저런 상처나 부기(swelling)나 종기들이 있었을 것이다. 왜냐하면 그러한 것들 없이 세상을 사는 일은 불가능했기 때문이다. 그리고…나는 카탈로그에 나오

---

75 불멸의 연재만화 "포고"는 좀 더 밝은 어조로 이렇게 말했다. "그렇단다, 얘야. 우리는 적을 만났는데 그 적은 바로 우리란다." 출처: Walt Kelly의 연재만화. 이 만화에 대한 평가는 Brad Leithauser, "Lyrics in the Swamp," *New York Review of Books*, April 25, 2002를 보라.

76 이 책이 1995년 미국에서 출판된 이후 지금까지 미국 고등학교 학생들을 위한 도서로 지정되어 왔지만, 우리가 그 어느 때보다 감상적이라는 사실은 무엇을 의미하는가?

는 모든 사람들이 꼭 혈연관계는 아닐지라도 서로 관련이 있고 아는 사이이며, 그렇기 때문에 이따금씩 서로 간에 악감정과 문제가 발생할 수밖에 없었고, 사랑뿐만 아니라 폭력과 증오도 생길 수밖에 없다는 결론을 내렸다."[77]

이 이야기는 죄의 지배 아래 있는 인간의 곤경을 잘 설명한다. **이 세상에는 이런 방법 말고는 살아갈 수 있는 다른 방법이 없다.**

한없이 낙관적이었던 스코틀랜드계 미국인 재벌 앤드루 카네기(1835-1919)는 그의 자서전에서 자기가 중요하게 생각하는 성장의 한 지점에 관해 이렇게 기록했다.

> 내가 초자연적 요소 및 대속을 통한 구원 계획, 그리고 이 구원 계획 위에 세워진 모든 내용을 포함한 신학에 의심을 품었을 때, 다행스럽게도 나는 다윈과 스펜서의 저술인 "윤리 자료"(The Data of Ethics), "첫 번째 원리"(First Principles), "인간의 유래"(The Descent of Man)를 접하게 되었다. 인간이 유익한 것은 유지하고 해로운 것은 버리면서 어떻게 자신에게 유리한 정신적 음식들을 흡수했는지를 설명하는 대목을 읽으면서, 나는 빛이 홍수처럼 밀려 들어와 모든 것이 분명해졌던 것을 기억한다. 나는 신학과 초자연적인 것을 제거했을 뿐만 아니라 진화의 진리를 발견했다. "모든 것이 좋아지기 때문에 모든 것이 좋다"가 나의 좌우명, 나의 참된 위안의 원천이 되었다. 인간은 타락할 본능을 가지고 창조된 것이 아니라 낮은 형태에서 높은 형태로 올라왔다. 그리고 완벽을 향한 인간의 행진은 끝나지 않는다.

---

77 Harry Crews, *Childhood: The Biography of a Place* (Athens: University of Georgia Press, 1995), 58, 강조는 덧붙인 것임.

오늘날 이 말을 정색하고 읽을 수 있는 사람이 있겠는가? 그러나 그의 발언은 여기서 멈추지 않는다. 미완의 상태로 남아 있는 그의 자서전 마지막 문단의 일부 내용은 다음과 같다.

> 내가 이 내용[그가 앞서 기록해 놓았던 내용]을 읽고 있는 지금, 얼마나 큰 변화가 일어났는가! 세상은 전과 달리 전쟁으로 몸부림치고 있다! 사람들이 서로를 짐승을 도살하듯이 죽이고 있다! 그럼에도 나는 감히 모든 희망을 포기할 수 없다.

그의 자서전은 여기서 갑자기 중단된다.[78]

그후 자행된 유대인 대학살과 기타 집단 학살이 우리의 주의의 주된 관심이 되는 사이에 카네기의 낙관주의를 근간부터 흔들어 놓은 제1차 세계대전의 공포는 반쯤 잊혔다.[79] 하지만 그토록 많은 반대 증거에도 불구하고 많은 사람이 여전히 인간의 잠재력에 관해 착각하고 있다. 어떤 인간도 인류에 대한 **죄와 사망**의 지배를 깨뜨릴 능력을 결코 갖지 못했다는 것이 입증되었다. 오직 하나님만이 그 일을 할 수 있다. 하지만 하나님이 그 일을 하고 있다는 증거는 대체로 우리에게 감춰졌다. 기독교의 소망은 우리에게 **오직 약속의 형태로만** 알려진다. 하나님의 약속의 신뢰성을 경험적으로 입증할 수 있는 방법은 없다.[80] 그것은 오직 믿음으로만

---

78 "The Talk of the Town," *New Yorker*, November 22, 1982에 실린 카네기 회고록 인용문에서 발췌함.

79 그러나 특히 제1차 세계대전 발발 100주년이었던 2014년에는 이 전쟁을 서구 문명 및 그것에 대한 견해에 관한 거대한 전환점으로 언급하는 논문이 많이 등장했다(특히 좋은 예가 A. O. Scott, "A War to End All Innocence: The Enduring Impact of World War I," *New York Times*, June 20, 2014다).

80 나는 David Tracy와 나눈 대화에 감사한다. 그는 Simone Weil와 Walter Benjamin을 인용하여 극단적인 악의 존재는 낙관론을 "날려 버리고" 희망의 길을 닦는다. 그는 설득을 위한

파악될 수 있다. 따라서 마치 하나님의 구원 작업이 "결백한" 인간을 통해 순수하고 더럽혀지지 않은 방식으로 드러날 것처럼 감상성—우매한 자의 제물—에 굴복하는 것은 복음에 대한 배신이다. 사건들은 인간의 진보가 환상이며 우리가 벼랑 끝에서 살고 있음을 보여주었다. 9·11 테러와 특히 2013년 보스톤 마라톤 폭탄 테러 이후의 테러 공격들은 자기들은 비교적 다른 곳에서 발생하는 격동으로부터 면제되어 있다고 생각하는 미국인들의 성향을 뒤흔들어 놓았다.

카네기가 "인간이 타락할 본능을 가지고 **창조**되지 않았다"라고 한 말은 옳았다. 오히려 인류는 하나님의 형상으로 창조되었으며 하나님은 그 인류를 좋다고 선언했다(창 1:31). 그러나 불행하게도 "아담의" 불순종으로 인해 인간의 본성에서 하나님의 형상은 망가졌고, 그 결과 창세기 4-11장에 오싹하게 묘사되어 있는 것처럼 인간은 충동의 노예가 되었다. 사도 바울이 로마서 5장에서 재작업하고 있는 아담-그리스도 이야기는 그리스도의 십자가 사역을 완전히 이해하는 데 매우 중요하며, 우리는 이 이야기를 여러 번 언급할 것이다. 사실 이 이야기는 여러 면에서 본서의 핵심이다.

이성적 시도에 기초한 변증보다는 "힌트와 추측"—T. S. Eliot: "반쯤 추측된 힌트, 반쯤 이해된 선물"—에 더 매력을 느낀다. "기독교 신학의 관점에서 이는 역사를 근본적으로 구조적이고, 연속적이고, 현실적인 내러티브로 보는 누가/행전의 견해보다, 고통의 기억들의 파편들에 표현된 마가복음의 파편적이고 묵시론적인 복음을 선호하는 것으로 이해될 수 있다." 나라면 이를 좀 더 **신** 중심의 용어로 표현했겠지만, 마가복음과 누가/행전에 대한 Tracy의 통찰과 묵시론적 환경에 대한 그의 애착은 놀랄 만하다(출처: 1998년에 David Tracy와 프린스턴에서 나눈 대화에 대한 나의 메모).

"구제 불능의 어둠"과 속죄의 대가

서론에서 우리는 "당신과 내가 어떤 곤경에 처해 있길래 하나님의 아들이 십자가형을 당할 필요가 있었는가?"라는 질문을 했다. 하나님이 그리스도 안에서 십자가상에서 행한 일의 정도는 그에 상응하는 정도의 해석을 요구한다. 하나님의 아들의 굴욕적인 죽음은 보통 이상의 해석을 요구한다. 우리는 이미 보소를 향한 안셀무스의 우레 같은 경고를 두 번 언급했는데, 이 경고는 원어인 라틴어로 읽어보면 훨씬 더 인상적이다. *Nondum considerasti quanti ponderis peccatum sit*(형제님은 아직 죄의 중대성을 고려하지 않았습니다).

스티븐 웨스터홈은 십자가형에 관해 "그토록 비참한 구제책은 비참한 곤경을 필요로 한다"고 주장한다.[81] 예수의 십자가형은 매우 중대한 것이기 때문에 이에 필적할 만한 중대한 죄의 개념을 요구한다. 레위기에 나오는 속죄제와 속건제 지침은 제물에 **가치**가 할당됨을 보여준다(레 5:14-6:7). 여기서 제물의 가치와 죄의 크기 사이에 모종의 동등성이 있어야 한다는 개념이—암시되어 있을 뿐이기는 하지만—존재한다. 십자가에 달린 예수를 볼 때 우리는 그것의 불명예와 하나님으로부터 버림받았음을 보고, 그것에 상응하는 죄의 중대성과 무게를 본다. 이러한 일련의 개념들은 십자가형을 **만족**으로 간주하는 개념과 관련이 있다. 내가 레위기에 나타난 암시를 너무 무리하게 주장하려는 것은 아니지만, 그것은 제물의 가치와 위반 또는 죄의 무게 간에 상응 관계가 있음을 시사한다. 우리가 이러한 가치 개념을 십자가로 가져가서 십자가형의 극단적인 인

---

81 Stephen Westerholm, "Righteousness, Cosmic and Microcosmic," in *Apocalyptic Paul: Cosmos and Anthropos in Romans*, ed. Beverly R. Gaventa (Waco: Baylor University Press, 2013), 33.

간성 말살과 굴욕에 주목한다면, 우리는 죄가 너무도 중대해서 하나님의 아들이 자신을 제물로 드린 것—단두대의 예리한 칼날을 통한 것이 아니라 십자가형의 수모에 굴복함을 통한 것이었다—외에는 하늘과 땅의 어느 것도 우리의 죄에 상응하는 가치를 갖고 있지 못하다고 결론 지을 것이다.

「뉴요커」 편집자인 데이비드 렘니크는 아하론 아펠펠트의 소설들에 관하여 이렇게 말했다. "아펠펠트의 모든 책에서 주제는 언제나 결백함으로부터의 묵시적 타락이다. 홀로코스트는 유대인과 인류에게 결백과 타락을 보여준다. 그전에는 비교적 결백하다는 생각이 존재했지만 그 후로는 끔찍하고 **구제불능**의 어둠이 존재한다.[82]" 안셀무스와 마찬가지로 데이비드 렘니크는 현상황을 "구제불능"으로 결론짓는다. "누구도 죄를 대속할 수 없었다."

구제불능의 악 개념이 놀라운 곳에서 등장한다. 아래는 『말콤 X 자서전』(*The Autobiography of Malcolm X*)에서 발췌한 내용이다.

나는 하나님께서 지금 이 세상의 소위 백인 "기독교" 사회에 그들이 세상의 비백인들을 착취하고 노예로 삼은 범죄에 대해 회개하고 속죄할 수 있는 마지막 기회를 주고 있다고 믿는다.…미국의 백인들은 회개할 능력과 속죄할 능력이 있는가?

희생자인 많은 흑인들—실제로는 대다수 흑인들—은 그 범죄들을 용서할 수 있고 잊을 수 있기를 원할 것이다. 그러나 미국의 대다수 백인들은 자기들 안에 그 범죄에 대해 진지하게 배상할 수 있는 어떤 것도 갖고 있

---

[82] David Remnick, in "Book Currents," *New Yorker*, June 22-29, 1998.

지 않은 것처럼 보인다.…사실 백인 사회가 수세기 동안 자행했던 수백만 명에 대한 노예화, 강간, 거세, 짐승 취급과 같은 범죄를 어떻게 배상할 수 있겠는가? 정의의 하나님이 강탈당한 흑인들의 노동, 그들의 생명, 그들의 참된 정체성, 그들의 문화, 그들의 역사, 그리고 그들의 존엄성에 대해 어떤 배상을 요구하겠는가? 인종 차별이 없는 다방, 극장과 공중 화장실―전 범위의 위선적 통합―은 배상이 아니다.[83]

주류 교회들에서 배상(속죄) 개념을 피하려는 경향을 보이고 있지만, 말콤은 배상의 필요성을 가정하고 이 개념의 의미가 단순하다는 듯이 이 단어를 당당하게 사용한다. 특히 우리는 배상이 **가능하지 않다**는 그의 암시에 주목해야 한다. "백인 사회가 어떻게 배상**할 수** 있겠는가?", "정의의 하나님이 어떤 배상을 요구하겠는가?" 그가 "배상"이라는 단어를 사용한 것은 위반의 중대성과 인간의 교정 노력의 불가능성 모두를 강조한다.

이 축적된 증언은 세상을 뒤엎는 변화에 미치지 못하는 것은 **죄**의 효과를 뒤집기에 충분치 않음을 암시한다.[84]

---

83 Alex Haley and Malcolm X, *The Autobiography of Malcolm X* (New York: Grove Press, 1965), 376. 우리는 말콤 X를 잃은 것이 미국에 얼마나 큰 손실인지 결코 알 수 없을 것이다. 이 발췌문은 그의 기독교에 대한 분노어린 반감을 보여주지만, 용서가 가능하고 심지어 바람직하기까지 하다는 암시가 내재되어 있다.
84 Paul Minear는 *The Golgotha Earthquake: Three Witnesses*(Cleveland: Pilgrim Press, 1995)라는 책에서 이 결론에 도달한다. 특히 89, 122-25를 보라.

요약 및 결론: 죄와 사망의 지배

죄는 인간의 의지, 능력, 도덕적 결심에 의해 극복될 수 없다. 죄를 계속 피할 수 있는 행동들이나 행동의 실패들이라는 관점에서 생각한다면 이는 거짓이고 오도하는 것이며 인간의 본성에 부합하지 않는다. 죄와 죄의 동료인 사망은 반(半)자율적인 권세로서 이 세계를 지배한다. 그러나 우리 미국인들은 보통 그렇게 생각하지 않는다. 우리는 "좋은 선택을 함으로써" 죄(우리가 그것을 죄로 부르지는 않는다)에 저항할 수 있다고 믿고, 사망에 대해 생각하지 않거나 사망을 길들임으로써 사망을 저지할 수 있다고 믿는다. 성경의 이야기는 우리를 이와 완전히 다른 세계관 안에 올바로 위치시킨다.

우리 시대의 어떤 소설가도 이 세계관을 코맥 매카시보다 더 권위 있게 전달하지 못한다. 『국경을 넘어』(The Crossing, 민음사 역간)에서 우리는 그의 수수께끼 같은 현자들 중 한 명을 만난다. "그 노인은 그 늑대가…사람들이 모르는 것을 알고 있다고 [말했다]. 그것은 세상에는 사망이 부여한 질서 외에 다른 질서가 없다는 것이다."[85] 매카시의 소설 대다수는 사망을 전 세계에 퍼져 있는 권세가 폭력을 통해 그것의 희생자들을 만들어 내는 모습으로 묘사한다. 걸작 『핏빛 자오선』(Blood Meridian, 민음사 역간)에서 매카시는 "모든 피조물이" "썩어짐의 종 노릇" 가운데 "탄식하며…고통을 겪고 있"다는 바울의 묘사(롬 8:21-22)를 예시한다. 매카시는 살상을 일삼는 약탈자들이 그것에 편승하는 적대적인 지형을 묘사하는데, 거기서는 바람에 날리는 가차없는 먼지, 즉 "사물의 침전물"조차

---

85   Cormac McCarthy, *The Border Trilogy: The Crossing* (New York: Knopf, Everyman's Library, 1999), 45, 강조는 덧붙인 것임.

사망과 함께 활기를 띤다. "이 약탈자들의 이동은 마치 현실의 가장 작은 미립자에까지 기록될 만큼 매우 끔찍한 무언가가 있는 것처럼 보였다." 곧이어 그는 이 공포의 세계에 십자가형을 환기시킨다. "사막 지대의 분지 평야 서쪽 가장자리에 있는 언덕에서 그들은 마리코파 부족이 아파치족 한 사람을 매달아 놓은 조잡한 나무 십자가를 지났다.…그들은 계속 이동했다."[86] 극도의 공포와 십자가형 이미지를 나란히 둔 것은 분명히 의도적이며, 약탈자들이 이 십자가를 지나치는 장면은 성경의 특정 장면을 떠오르게 한다. "지나가는 모든 사람들이여, 너희에게는 관계가 없는가?"(애 1:12)[87]

매카시는 죄가 아닌 사망을 환기시키고 있지만, 아담 이후로 이 두 권세가 밀접히 연관되어 왔다는 점을 우리가 아무리 강조해도 지나치지 않다. 로마서 7장은 이를 제시하는데, 23-24절에서 바울은 "죄의 법"과 "사망의 몸"을 명시적으로 연결한다.『핏빛 자오선』에서 살상을 일삼는 글랜튼 무리는 "그들보다 앞서 존재하는 어떤 목적을 부여 받은 사람들처럼, 필수적이고 초연한 명령의 혈통을 물려받은 사람들처럼 이동했

---

86 Cormac McCarthy, *Blood Meridian* (New York: Vintage International, 1992), 247. McCarthy가 자주 반복하는 "그들은 계속 이동했다"라는 표현은 마치 "매우 끔찍한…이 약탈자들의 이동"이 사망에 의해 견인된 강제 행진이기라도 하듯이 피할 수 없는 운명이라는 인상을 준다. 실제로 사망이 과거에 이 행진을 강제했고 지금도 그것을 강제하고 있다 (McCarthy는 1849-50년 멕시코 국경 지대에서 활동했던 악명 높은 두피 사냥꾼 무리인 글랜튼 갱단의 실제 활동을 장기간 숙고해서 그의 걸작을 교향곡적인 확장으로 구성했다).
87 예레미야애가의 텍스트는 오랫동안 그리스도의 십자가형과 연관되어 왔다.

> 나의 고통과 같은 고통이 있는가 볼지어다.
> 여호와께서 그의 진노하신 날에 나를 괴롭게 하신 것이로다.
> 높은 곳에서 나의 골수에 불을 보내어 이기게 하시고
> 내 발 앞에 그물을 치사(애 1:12-13).

하나님의 심판을 십자가와 연결하는 것은 우리가 이미 논의했듯이 오랜 역사를 지니고 있다. 우리가 이러한 연결을 언제나 삼위일체의 관점에서 이해해야 하지만 말이다(이 이미지를 본질적으로 성자로부터 성부를 분리시킬 정도로까지 받아들여서는 안 된다).

다."[88] 매카시의 무서운 핵심 인물인 홀든 판사는 이렇게 질문한다.

> "당신은 사망이 무엇이라고 생각합니까?…사망이 주체가 아니라면 무엇이
> 겠습니까?" 그는 술집에 있는 무리들 중에서 한 사람을 선택하여 예시로 사
> 용한다. "그런 사람이 자신을 향한 적대적인 악한 힘이 존재하지 않는다고
> 말할 수 있겠습니까? 거기에 어떤 힘이나 세력이나 원인이 없다고 말할 수
> 있겠습니까? 어떤 이단아가 주체와 원고들을 똑같이 의심할 수 있겠습니
> 까?…그는 누구에게 말하고 있습니까? 당신은 그를 보지 못합니까?"[89]

이런 방식으로 매카시는 **사망**에 대한 포괄적 그림을 구축하는데, 여기서
사망은 인간 **대리인**을 징발하여 자신의 일을 하도록 지시하는 파멸적인
주체로 묘사된다(여기서 판사 홀든은 뼈까지 서늘하게 만드는 그런 대리인의 전형
적인 예다). 우리 자신을 판사 홀든과 같은 정도의 **죄**와 **사망**의 대리인들로
생각하기 어렵다면, 우리는 우리의 성경적 안테나를 발달시켜 이 전체
구조를 죄와 사망의 악한 **권세**로 변화시키는지 볼 수 있어야 한다. 우리
는 이에 관한 내용을 "군·산 복합체"에 관한 드와이트 D. 아이젠하워의
유명한 경고와 같은 구체적 표현을 통해 가장 쉽게 이해할 수 있을 것이
다. 오늘날 이 점은 이라크 전쟁 중에 국방부와 독립적인 민간 군사기업
간의 사악한 상호연결을 통해 잘 드러났다.[90] 인간적으로 말해서, 이러한
권세들의 밀폐된 궤도로부터 탈출할 수는 없다. 우리는 완전히 다른 힘의

---

88   McCarthy, *Blood Meridian*, 152.
89   McCarthy, *Blood Meridian*, 329-30.
90   민간 군사 기업은 처벌을 받지 않는 문화에서 작전을 수행했는데, 이는 언제나 최악의 인
      간 본성을 폭발시킨다.

영역으로부터의 구원을 바랄 수 있을 뿐이다. "주여, 언제까지입니까?"[91]

그러나 **죄**에 관한 이 장은 시작과 마찬가지로 기쁜 어조로 마무리된다. 하나님의 은혜가 예기치 않게 우리에게로 와서, 우리가 자신의 죄에서 벗어나려고 헛되이 궁리하는 우리의 제한된 영역 안으로 침투해 들어온다. 우리가 **죄**에 갇혀 있다는 것을 아는 것은 회복을 위한 **전제 조건**이 아니다. 그러한 지식은 구속과 해방의 즐거운 소식**에서 비롯되고**, 그것에 **의해 극복된다**. 새로운 삶에 대한 이 기쁨의 확신 속에서, 하나님의 백성은 무릎을 꿇고 **자기들이 이미 받은 죄**로부터의 구원의 필요성을 인정한다.

그래서 우리는 이 장을 시작과 같은 어조로 마무리 짓는다. 하나님의 은혜는 죄의 고백으로 이르는 **길을 준비하고**, 그 고백 **안에 존재한다**. 그리고 그 고백이 있기 전에 이미 회복이 이루어졌는데, 고백은 이 회복의 원인이 아니라 표시다.

---

91 이 고통의 절규는 성경의 여러 곳에서 발견된다. 예컨대 시 13:1; 35:17; 79:5; 94:3; 사 6:11; 렘 12:4; 합 1:2; 계 6:10.

2부 성경의 모티프

서론

십자가형의 모티프

†

그것이 설교가 되겠는가?

우리는 1부에서 기초를 놓았으니 2부에서는 그리스도의 십자가를 해석하기 위해 성경에 사용된 중요한 이미지와 주제들을 살피려 한다. 모티프들을 이런 방식으로 분리할 때는 몇 가지 문제가 있다. 하지만 본서는 일부만 전문적인 학자들을 위해 쓰였다. 본서의 주요 관심은 "그것이 사람들에게 설교가 되겠는가?"라는 고전적인 도전, 그리고 나아가 "그것이 사람들에게 가르치는 내용이 있겠는가?"에 있다. 그것이 반드시 신학적인 훈련을 받은 것은 아니지만 깊게 이해하기를 원하는 그리스도인에게 깨달음과 격려를 제공하겠는가? 나는 학문적인 논쟁에 주눅이 든 독자들이 자신의 설교, 가르침, 성경 공부, 사회적 행동, 그리고 개인의 신앙에 관해 본서에서 다소의 격려를 얻기를 바란다.

하지만 "예수 그리스도와 그가 십자가에 못박히신 것"이라는 어구가 정확히 무엇을 의미하는지를 파악하는 것은 상당히 벅찬 도전이다. 스스로 신자라고 생각하는 사람들이 "예수가 십자가에 못박혔을 때 무슨 일이 발생했는가?"라는 질문을 받는다면, 죄에 대해 상당한 의구심이 있는 이 세대에서조차 많은 응답자들이 자동으로 "예수가 우리를 위해 죽으셨다"는 전통적인 성경의 언어를 사용해서 답변할 것이다. 서론에서 논의된 영향들을 대표하는 또 다른 답변은 "그것은 하나님이 우리를 얼마나 사랑하는지 보여주기 위해서였다"일 것이다. 많은 복음주의자들은 대개 "예수가 십자가 위에서 나를 대신했다"라고 말할 것이다. 하지만 좀 더 자세하게 질문한다면 평생 교회에 출석하고 있는 사람들조차 더 이상의 내용을 말하기가 어려울 수도 있다. 누구나 십자가를 기독교의 상징으로 인식하지만, 십자가의 해석에 관해 당혹해하는 사람이 많다. 본서의 2부에서 우리는 성경이 십자가형을 선포하고 해석하는 다양한 방법에 초점을 맞출 것이다.

모티프들을 어떻게 분류할 것인가?

2부의 목적은 사실 본서 전체의 관심사인 신약성경에 사용된 다양한 주제들과 모티프들을 적시해서 그리스도의 십자가형을 설명하는 것과 그 **것들을 성경의 내러티브 안에 위치시켜 그 내러티브를 하나의 협소한 이론적인 터널에 억지로 집어넣는 것을 피하는 것이다.**[1] 물리학자들은 "일원적인"이라는 용어를 사용해서 모순되어 보이는 데이터 집합에 놓여 있는 근저의 일관성을 나타낸다. 본서에서 제안하는 내용은 그리스도의 십자가형(그리고 그 문제에 관한 한 부활도 마찬가지다)에 대한 성경의 다양한 기사들 근저에 일원적인 실재가 있다는 것과 다양한 모티프들이 동일한 진

---

1   최근인 2014년까지도 형벌 대속 모델이 여전히 우리가 가져야 할 유일한 모델로 옹호되고 있다는 점은 다소 실망스럽다(Donald MacLeod, *Christ Crucified: Understanding the Atonement* [Downers Grove, Ill.: InterVarsity, 2014]).

리를 입증한다는 것이다.[2]

성경의 이미지들과 개념들이 여덟 개 장으로 나눠졌다. 이 구조에는 본질적으로 어려움이 있다. 우선 여덟 개의 장으로 나눠졌다고 해서 여덟 개의 이미지만 있다는 뜻은 아니다. 그리고 성경의 주제들을 개별적인 장들로 나눔으로써 이미지들이 어떻게 종종 중첩되고 서로를 해석하는지 보여주려는 본서의 중심적인 관심사가 훼손될 수도 있다. 세 번째 문제는 각 장의 제목이 임의적으로 보일 수도 있다는 것이다. 과거에 학자들은 종종 그 주제들을 편리하게 세 개의 범주로 분류했다.[3] 여덟 개는 그러한 입장에서 일반적으로 갖고 있는 범주 수보다 많은 숫자다. 이는 특정한 신학적인 입장이나 스티븐 사이크스가 "아이디어 복합체"(idea-complexes)라고 부른 것들보다는 **성경의 실제 이미지**가 환기되기 때문이다.[4] 실제로는 모티프들의 수가 여덟 개를 넘지만, 그것들을 모두 살펴볼 수도 없고 심지어 그것들이 무엇인지에 대해 동의가 이루어질 수도 없다. 그런 분류는 언제나 결정적이지 않을 것이다. 물론 다른 모든 연구들처럼 이 연구도 성경의 실제 이미지들이 여기서 신학적인 아이디어 복합체로 정의되고 있다는 비판에 열려 있을 것이다. 그렇지만 본서의 2부는

---

2 윌리엄스 대학의 물리학 교수이자 학장을 지낸(지금은 은퇴했음) Stuart Crampton이 내게 "일원적"이라는 개념을 소개해줬다.

3 다양한 학자들이 세 개로 분류하는 다른 방법들을 제안했다. Gustav Aulén의 분류는 여러 세대의 신학생들에게 친숙했다. (1) "객관적" 또는 라틴적 견해(안셀무스), (2) "주관적" 견해(아벨라르두스), (3) "고전적" 견해: **승리자 그리스도**(교부들, 마르틴 루터). Aulén의 세 가지 분류는 해석사에 기초한다. 나는 지난 수년 동안 성경의 이미지들 자체에 근거한 분류법을 사용해왔다. (1) **승리자 그리스도**: 예수는 마귀의 권세들의 정복자로 파악된다. (2) **희생제물**: 예수는 죄를 위한 흠 없는 제물로 파악된다. (3) **대속**: 예수는 우리 대신 심판 받은 재판관으로 파악된다. 궁극적으로 나는 셋으로 나누는 이 구분에 만족하지 못하게 되었고, 지금은 다음 단락에 제시된 두 가지 강조를 선호한다.

4 Stephen W. Sykes, *The Story of Atonement*, Trinity and Truth Series (London: Darton, Longman, and Todd, 1997), 88.

독자들에게 성경의 증거의 깊이와 풍요로움에 대해 어느 정도의 개념을 제공해줄 것이다.

논쟁적인 결정이 내려진 곳마다 그것들은 바로 그곳에서 설명될 것이다. 십자가 해석에 관해 계속되는 논쟁들은 구약성경과 신약성경에 나타난 다양한 주제들과 모티프들의 역동적이고 유연한 **조합**이 최상의 진행 방법임을 암시한다.

두 부분 접근법 제안: 속죄와 구원

예행 연습으로서 (여덟 개는 고사하고) 세 개가 아니라 **두** 개의 전반적인 범주 관점에서 생각해보자. 이 둘은 검토된 각각의 모티프들에 다소간 적용할 수 있으며, 이전 장들에서 이미 예상되었다. 두 범주는—함께 취해지면—어떤 식으로든 성경의 다양한 이미지를 다른 어떤 범주 못지 않게 잘 망라한다. 성경 전체를 취해서 구약성경과 4복음서 그리고 서신서들과 요한계시록을 함께 고려하면, 우리는 그리스도의 십자가에서 두 가지 일이 발생했음을 보게 된다.

죄를 대속함에 있어서 하나님의 결정적인 행동: 십자가는 희생제물, 속죄제, 속건제, 화목제, 대속제로 이해된다. 이와 관련된 모티프는 희생양, 하나님의 어린 양, 이사야 53장의 고난 받는 종이다.

죄와 사망이라는 외부의 권세들에 대한 하나님의 결정적인 승리: 십자가는 **권세들**에 대한 승리와 속박, 노예 상태, 압제로부터의 구원으로 이해된다. 이와 관련된 주제들은 새로운 출애굽, 지옥 정복, 승리자 그리스도다. 이 범주는 특히 하나님 나라와 연결되며 따라서 매우 미래 지향적이다.

이 두 범주는 본서의 4장에서 제시한 두 가지 핵심적 요점인 책임져야 할 죄책으로서 죄**에 대한 배상** 및 외부의 힘으로서 죄로**부터의 구원**과 유사하다. 물론 우리는 이 두 범주를 엄격히 고수하는 것을 조심해야한다. 중복과 혼합이 있다. 하지만 이 두 범주를 강조하고 구별하며, 각각의 중요성을 주장하는 좋은 이유들이 있다. **둘 다** 성경의 증언과 일치하기 때문에 우리는 때때로 죄책으로서의 죄를 언급하기도 하고, **권세로서의 죄**를 언급하기도 할 것이다. 하지만 바울을 따라서 우리는 주로 **권세로서의 죄**를 강조할 것이다.

종교개혁 이후 종종 속죄의 본질에 관한 신랄한 논쟁으로 인해 교회에 애석한 분열들이 초래되었는데, 일부 교파에서는 속죄에 관한 하나의 설명만 옳고 다른 설명들은 틀렸다고 주장한다. 니케아 공의회나 칼케돈 공의회에서 그리스도와 성 삼위일체의 본성에 관해서는 정통적인 입장을 내놨지만 십자가형과 관련해서는 정통적인 입장을 결정한 적이 없었기 때문에 속죄에 관해 하나의 설명만이 옳다는 주장은 유지하기 어려운 입장이다. 최근 몇십 년 동안 속죄 "이론들"을 강력하게 반대하는 반응이 실제로 유용했었다. "이론들"은 인간의 지적 역량에서 나오는데, 우리는 여기서 인간의 지적 역량을 훨씬 뛰어 넘는 사건을 다루고 있다.

리앤 반 디크는 개혁주의 관점에서 이 점을 잘 표현한다.

속죄 이론들은 구원의 내부 역학을 정의하거나 설명한다고 주장하지 않는다. 그 이론들은 제한되고 유비적인 언어로써 고장난 세상을 위한 하나님의 결정적인 행동의 실재를 표현하려고 한다. [십자가 사건에서] 모종의 승리가 발생했고, 우주에서 모종의 힘이 이동했으며, 모종의 보석금이 지불되었고, 모종의 치유가 시작되었고, 모종의 궁극적인 사랑이 보여졌고, 모종의 극적인 구조의 효과가 발생했다. 물론 기독교 신앙의 끔찍한 역설은 이 구조, 이 승리, 이 치유가 악명 높은 공개 처형을 통한 죽음 때문에 발생했다는 점이다. 이것이 속죄의 어두운 신비다. 속죄에 대한 어떤 이론도 그 핵심적인 역설을 효과적으로 설명할 수 없다. 오히려 다양한 속죄 이론들은 우리의 관심을 집중하고 진리를 밝혀주며, 그 이론들을 넘어 하나님을 가리키려고 한다.[5]

상상력의 역할과 역사의 역할

오늘날 성경 해석은 상상력이 부족한 문자주의적 사고로 인해 시달리고 있다. 이것은 "근본주의자"(좀 더 정확하고 유용한 용어는 "성경무오설 신봉자"다)에게만 국한된 문제가 아니다. 문자주의적 사고는 주류 교회와 세속적인 환경에서도 만연해 있다. 자신을 계몽된 성경 독자라고 생각하는 사람은 그리스도의 승천 이야기에서 "위"와 "아래"라는 순진한 개념에 대해 불평할 것이다. 그러면서도 잠시 뒤에 그는 엘리베이터를 타고 "올라"가고 있다고 말하거나 어떤 친구가 회사에서 "승진한다"(위로 올라간다)고 말할 것이다.[6]

---

5   Leanne Van Dyk, "Do Theories of Atonement Foster Abuse?" *Dialog* 35, no. 1 (Winter 1996).

6   Raymond Brown은 그의 어느 각주에서 문자주의적 사고에 대한 재미있는 사례를 제시한다. "해마다 나는 성탄절 전에 예수의 탄생 이야기에 관한 성탄절 칼럼을 쓸 반짝이는 아이디어를 생각해 낸 신문사 기자들을 만난다. 내가 그 이야기들에 관한 긴 주석을 썼다는 것을 알게 되어서 나를 찾아오는 그들은 거의 언제나 그 기고문이 '실제로 무슨 일이 일어났는가?'에만 초점을 맞출 것이라고 말한다.…나는 그 기자들에게 복음서 저자들의 마음에서 탐지할 수 있는 주요 주제와는 거리가 먼 문제들에 집중하는 대신 그 이야기들의 메시지에 집중하면 탄생 이야기들을 더 잘 이해할 수 있다고 설득하려 하지만 거의 성공하지 못했다. 그런 노력은 기자들에게 보통 자기가 무엇이 중요한 이슈인지 전혀 모르는 경건한 설교자에게 잘못 왔다는 확신을 남긴다"(Raymond E. Brown, *The Death of the*

오늘날 문자주의적 사고의 많은 부분은 의심의 여지 없이 소설이나 시를 읽는 사람이 점점 적어지고 있다는 사실에 기인한다.[7] 예컨대 속죄 용어에 관해 우리가 듣는 불평의 대부분은 언어가 작동하는 방법에 대한 오해에 기인한다. 샐리 맥페이그는 이 점을 잘 지적한다. "시인은 많은 비유, '이것'을 '저것'으로 보는 여러 가지 방법, 직접 말할 수 없는 것을 '말하려는' 많은 시도들을 많이 배치한다. 시인은 어떤 비유에 반하는 또 다른 비유를 제시하며, 이 비유들을 나란히 놓음으로써 생겨난 불꽃이 마음에도 어떤 불꽃을 일으키기를 소망한다."[8]

이 말은 어떤 이미지가 다른 이미지와 상호작용하여 "불꽃"을 일으키는 방식에 대한 묘사로 인해 특히 가치가 있다. 이것이 이 단락에 제시된 내용의 목표다.

지나치게 합리적인 "이론들"은 성경의 회화적, 시적, 내러티브적인 구조들을 제한적인 범주들 안에 억지로 집어넣는다. 종종 좀 더 접근하기 쉬운 복음서 이야기들에 비해 메마른 교리로 이해되는 바울의 서신들조차 대부분 시급한 상황과 관련이 있다. 바울은 전장(戰場)에 나와 있는 사람이다. 그는 복음 이야기에—또는 더 정확히 말하자면 그 이야기의 주님께—사로잡힌 사람이다. 바울이 예수의 생애에 관해 다시 말하기보다는 그 이야기를 구체적인 상황에서 복음의 원수들을 향해 휘두를 말씀의 검으로 삼았다고 해서 그의 설교가 그 이야기에 기초를 덜 두고 있는

Messiah: From Gethsemane to the Grave; A Commentary on the Passion Narratives in the Four Gospels, 2 vols. [Garden City, N.Y.: Doubleday, 1994], 1:24 각주).

7 Eugene Peterson은 신학생들에게 일년 내내 문학 작품을 읽으라는 숙제를 내주고 싶다고 말했다.

8 Sallie McFague, *Speaking in Parables: A Study in Metaphor and Theology* (Philadelphia: Fortress, 1975), 39. Cousar 역시 바울의 암시적인 언어를 다루는 부분에서 McFague의 이 단락을 인용한다(Charles B. Cousar, *A Theology of the Cross: The Death of Jesus in the Pauline Letters*, Overtures to Biblical Theology [Minneapolis: Augsburg Fortress, 1990], 86).

것은 아니다.[9] 그 문제에 관한 한 합리주의로 인해 맹렬한 비난을 받았던 안셀무스조차 동정적인 독자들로부터 성경의 장식에 결코 무심하지 않았던 사람으로 여겨질 것이다. 그는 "다른 많은 것도 만일 우리가 그것들을 주의 깊게 조사한다면 그렇게 얻은 우리의 구속에 형언할 수 없는 아름다움을 줄 것이다"라고 썼다.[10]

그러나 우리가 감정이 이해보다 더 중요하다고 주장하는 것은 아니다. 폴 리쾨르는 "상징은" 감정이 아니라 **생각**을 일으킨다"고 썼다.[11] 구스타프 아울렌은 성경의 이미지들은 독자로 하여금 그 아이디어를 이해하게끔 도와주기 위한 "대중적인 도움"일 뿐이라고 주장했지만, 찰스 쿠사는 아울렌이 "비유의 생성 능력"을 인식하지 못했다고 비난하면서 이 점에서 그의 오류를 올바로 지적한다.[12] 신약성경이 십자가형에 대해 말할 때 사용하는 다양한 이미지를 살펴볼 때 우리는 바로 이 **생성 능력**을 추구할 것이다.

그러나 우리는 **십자가 자체는 비유가 아니라는** 사실을 절대로 잊어서는 안 된다. 신약성경에 사용된 비유와 이미지들의 목적은 우리가 그 **역사적인 사건**을 이해하고 특히 그 사건에 반응하도록 돕는 것이다. 특히 이 지점에서 우리는 성경을 오로지 문학으로만 읽는 사람들과 갈라선

---

9 "그리스도의 십자가형은 참으로 역사에서 발생한 사건이었지만, 그것은 다른 시간과 다른 이야기들을 회상되는 과거의 사건으로만 보게 하는 것이 아니라, 중요한 의미에서 '예수 그리스도의 계시' 안에서[갈 1:12]…[바울에게 그랬듯이] 그 청중들에게 새롭게 일어나는 현재의 사건으로도 보게 만든다." John M. G. Barclay, "Paul's Story: Theology as Testimony," in *Narrative Dynamics in Paul: A Critical Assessment*, ed. Bruce Longenecker (Louisville: Westminster John Knox, 2002).

10 『인간이 되신 하나님』 1.3. 안셀무스의 기도는 그 자체의 아름다움을 갖고 있다. 그렇다고 해서 그 책에 지나치게 도식적인 스콜라 철학의 병폐가 있음이 부정되지는 않는다.

11 Paul Ricoeur, *The Symbolism of Evil* (Boston: Beacon Press, 1967), 19, 237.

12 Cousar, *Theology of the Cross*, 86.

다. 영국 학자인 J. M. 캐머런은 「뉴욕 서평」(*New York Review of Books*)이라는 문학 저널에서 성경의 메시지를 언급하면서 메스를 휘둘러 비유를 역사와 구별한다.

> 시적 신화 또는 문학적 측면 **외부에** 놓여 있는 것…이에 대한 많은 사례가 있다. 그중 하나만 살펴보자. 바울은 **십자가형의 비신화적, 역사적, 잔인할 정도로 사실적인 특성**을 고수한다. 바울이 "우리는 십자가에 못박힌 그리스도를 선포하니, 유대인에게는 걸림돌이요 이방인에게는 미련한 것으로 되"라고 쓴 말에 대해 우리는 이렇게 해석할 수 있다. 이방인들에게 그 선포가 미련한 것인 이유는 그리스 세계는 죽고, 고통당하고, 부활한 신들에 관한 이야기로 넘쳐나지만 이런 것들은 "그때"[*in illo tempore*, 규정되지 않는 막연한 과거의 때를 의미하기 위해 사용되는 어구] 발생한 것들이지… "본디오 빌라도 아래서" 발생한 것이 아니기 때문이다. 유대인들과 관련해서는 여기에 약속의 메시아, 처형대에 달린 이 허수아비 같은 인물이 있다. 그리고 그 사건이 십자가형을 시행한 로마의 총독과 마찬가지로 역사적인 사건이었다는 사실이 바로 걸림돌이다.[13]

우리는 지성적인 세속 저널에 이 점을 단호하게 전면에 내세운 캐머런의 담대함에 고마워해야 한다. 십자가는 "종교"와 예수 그리스도의 복음이 서로 갈라지는 지점이다. 기독교 메시지가 갑자기 무대에 등장했을 때 존재하게 된 "담화-사건"(speech-event)은 문학적 상상을 통해 만들어진

---

13 J. M. (James Monro) Cameron, "A Good Read," *New York Review of Books*, April 15, 1982, 강조는 덧붙인 것임. 옥스퍼드 대학교에서 철학을 전공한 Cameron은 영국에서 존경받는 강사였으며 토론토 대학교의 교수였다. 1964-5년에는 예일 대학교의 강사였다. 로마 가톨릭 신자인 그는 신학적 문제들에 관하여 매우 예민한 글을 썼다.

것이 아니었다.[14] 그것은 죽은 자의 부활을 통해 도출되었다.

향후 계획

본서의 2부는 신약성경에 사용된 다양한 모티프를 다소 자세하게 제시해서 그리스도의 십자가의 획기적 의의를 전달하고자 한다. 문맥이 요구하는 바에 따라 각각의 모티프가 문학적/비유적 방법과 문자적/역사적 방법을 모두 사용하여 말하게 하는 것과, 몇몇 실을 선택하고 다른 실들은 버리는 것이 아니라 그것들이 상호작용하도록 허용해서 그것의 전체 문맥에서 설교하고, 가르치고, 기도하고 작업하는 데 대한 깊은 헌신을 지원하는 것이 2부의 목표다.

---

14 "담화-사건"이라는 용어는 Amos Wilder가 만든 어구다. Amos Wilder, *Early Christian Rhetoric* (Cambridge: Harvard University Press, 1971), 18.

5장

유월절과 출애굽

†

구약성경과 신약성경

그리스도의 십자가에 관해 우리는 구약성경에서 무엇을 배워야 하는가?
구약성경에 대한 신약성경의 관계는 계속해서 많은 논의를 만들어내고
있는 광범위한 주제다. 그 관계가 어떠하든 구약성경은 기독교 공동체에
게 하나님의 살아 있는 말씀이다.[1] 교회에서 구약성경이 소홀히 취급되
고 있는 현상황은 큰 걱정거리다. 하나님의 아들의 십자가형에 관해 성
경이 우리에게 말하고 있는 것을 이해하려고 할 때, 우리가 이스라엘의

1　많은 주류 교회에서는 구약성경을 "히브리 경전"(Hebrew Scriptures)으로 부르는 것이 유
행이 되었다. 일반적으로는 좋은 의도로 그렇게 한다. 그 말은 하나님의 구원 계획에서 유
대인의 우선성을 존중하고 싶은 마음에서 나왔기 때문이다. 하지만 많은 구약 전문가들이
최근에 지적해온 바와 같이 구약성경과 히브리 경전은 다르다. 그 책들은 다른 순서로 배
열되었고, 그러한 까닭에 상당히 다른 인상을 준다. 구약성경을 히브리 경전으로 부름으로
써―설사 좋은 의도에서 그렇게 한다고 할지라도―그리스도인들이 타나크(Tanakh, 히브
리 성경)를 전용하는 것이 주제넘은 짓에 가까워지고 있다. 차이를 인정하고 구별을 용인
하는 것이 더 바람직할 것이다. 교회가 직면하는 진정한 도전은 용어가 아니다. 설교와 가
르침과 예배에서 구약성경이 마땅히 받아야 하는 존경의 위치를 회복하는 것이 진정한 도
전이다. 구약성경을 의도적으로 그리고 지속적으로 설교하고 가르치지 않는다면, 예배 때
신약성경의 두 곳과 아울러 구약성경에서 선정한 부분을 읽는 현재의 관행은 충분하지 못
할 것이다.

역사로부터 들려오는 많은 음성을 이해하면서 주의 깊게 듣는 것이 매우 중요하다.[2]

그리스도인들이 구약성경으로 알고 있는 것의 중요성은 아무리 강조해도 지나침이 없다. 사도적 저자들이 십자가와 부활의 복음을 선포할 때 그들은 히브리 경전을 활용했다. 구약성경은 단지 신약성경에 더 많은 정보를 주는 원천이나 신약성경에 덧붙여진 재미있는 여흥, 또는 심지어 신약성경의 불가결한 서곡이 아니다. 신약성경은 구약성경이 없이는 **효과가 없을 것이다.** 나사렛 예수는 율법과 선지자들 외의 다른 성서를 알지 못했다. 사도들은 다른 성서를 몰랐다. 신약성경은 구약성경이 없이는 이해될 수 없다. 구약성경은 단순한 역사서가 아니었다. 그것은 이스라엘의 하나님이 그들 가운데서 행한 일의 의미를 발견하기 위한 살아 있는 광맥이었다.[3]

하지만 구약성경의 필요한 특성 및 구약성경과 예수 그리스도 이야기 사이의 관계를 강조할 때 우리는 옛 언약과 새 언약 간에는 특정한 불연속성도 있다는 점을 이해해야 한다. 정확히 얼마나 많은 불연속성이 존재하는지, 그리고 그것이 정확히 어떻게 나타나는지에 관해 활발한 논의가 진행중인데, 그 주제에 대해 우리는 본서의 뒷부분에서 좀 더 살필 것이다. 현재로서 우리는 복음의 새로운 것(*novum*)은 "종말론적으로" 새롭다는 로이 A. 해리스빌의 견해에 동의한다. 즉 신약성경의 복음은 "옛

---

2   구약과 신약 간의 관계는 내 구약 설교집 *And God Spoke to Abraham* (Grand Rapids: Eerdmans, 2011) 서론에서 길게 논의되었다.

3   각기 다른 관점에서 쓰인 세 권의 책이 신구약 성경을 성찰하는 데 유익하다. *The Character of Christian Scripture: The Significance of a Two-Testament Bible* by Christopher R. Seitz (Grand Rapids: Baker Academic, 2011), *The God of Israel and Christian Theology* by Kendall Soulen (Minneapolis: Augsburg Fortress, 1996), 그리고 *The Conversion of the Imagination: Paul as Interpreter of Israel's Scripture* by Richard Hays (Grand Rapids: Eerdmans, 2005).

것이 새것의 종으로서 지위를 유지한다는 조건하에서만 옛것과의 연속성이 가능하다는 역학을 가지고 있다."[4] 불연속성에 대한 논의는 본서 전체에서 계속될 것이다. 여기서 요점은 십자가나 예수 그리스도 안에서 하나님에 관한 다른 어떤 내용을 이해하고자 하는 사람은 반드시 구약성경을 잘 알아야 한다는 것이다. 신약성경 전체에서 히브리 경전, 특히 율법과 예언서들에 대한 철저한 지식과 하나님의 말씀으로서 그 책들의 권위에 대한 헌신이 가정되었다.

해방이라는 주제

2부 서론에서 십자가형에 관한 주제들과 모티프들을 이해하기 위해 **두 개의 넓은 범주**가 제안되었다.

1. 속죄가 이뤄질 필요가 있는 **죄와 죄책**이 있다.
2. 인류가 거기서 **해방될** 필요가 있는 **노예 상태, 속박, 압제**가 있다.

두 범주는 본서 전체에서 서로 밀접하게 관련될 것이다. 이 장에서는 두 번째 범주인 **속박에서의 해방**이 전면에 등장한다. 해방에 관한 원래의 내러티브는 이스라엘 백성의 우르 이야기로서, 이것은 신명기에 깊이 새

---

4 Roy A. Harrisville, *Fracture: The Cross as Irreconcilable in the Language and Thought of the Biblical Writers* (Grand Rapids: Eerdmans, 2006), 60. Harrisville은 그리스도 사건을 통해서 찾아온 시대의 전환을 가급적 최대로 강조하기 위해 "십자가의 도"에 관한 자신의 책에 『균열』(*Fracture*)이라는 제목을 붙인다. 복음의 급진성이 걸려 있다. 우리는 예수 그리스도의 십자가와 부활에서 완전히 새로운 것을 보는가? 본서의 매 단계에서 우리는 이 질문에 직면할 것이다.

겨진 고대의 신조에서 볼 수 있듯이 그 이후 영원히 히브리 백성의 정체성을 규정한, 근본적인 출애굽 사건이다.

> 내 조상은 방랑하는 아람 사람으로서 이집트에 내려가 거기에서 소수로 거류하였더니 거기에서 크고 강하고 번성한 민족이 되었는데, 이집트 사람이 우리를 학대하며 우리를 괴롭히며 우리에게 중노동을 시키므로 우리가 우리 조상의 하나님 여호와께 부르짖었더니, 여호와께서 우리 음성을 들으시고 우리의 고통과 신고와 압제를 보시고, 여호와께서 강한 손과 편 팔과 큰 위엄과 이적과 기사로 우리를 이집트에서 인도하여 내시고 이곳으로 인도하사 이 땅 곧 젖과 꿀이 흐르는 땅을 주셨나이다. 여호와여, 이제 내가 주께서 내게 주신 토지 소산의 만물을 가져왔나이다(신 26:5-10).

패트릭 밀러는 그 위대한 신조가 "하나님이 자신의 백성과 동행하는 방법에 대한 패러다임"이라고 쓴다. "[그것은] 아벨의 피가 땅에서 부르짖었을 때의 인간의 고통의 첫 외침부터 소돔과 고모라의 희생자, 사사시대에 압제하에 있던 백성, 바빌로니아에 유배된 백성, 탄식시에 표현된 고난 받는 사람의 부르짖음을 거쳐 십자가 위에서 고난 받는 하나님의 의로운 자의 유기의 부르짖음에 이르기까지 확고하게 입증된 방법이다."[5]

---

5   Patrick D. Miller, *Deuteronomy*, Interpretation Series (Louisville: John Knox, 1990)(『신명기: 목회자와 설교자를 위한 주석』, 한국장로교출판사 역간), 182.

유월절과 성만찬

지금까지도 유대인들은 유월절 세데르 축제 기간에 출애굽 이야기를 말할 때 "그들"이라고 말하는 대신 "우리"라고 말한다. 이 중요한 전통은 성경 자체가 출애굽을 일관되게 살아 있는 사건으로 이해하는 데서 유래했다. 예컨대 홍해에서 이 사건이 일어나고 수백 년이 지난 뒤 예언자 아모스는 이렇게 쓴다.

> 여호와께서 이와 같이 말씀하시되…
> "내가 **너희**를 애굽 땅에서 이끌어 내어,
> 사십 년 동안 광야에서 인도하고,
> 아모리 사람의 땅을 **너희**가 차지하게 하였고"(암 2:6, 10).

조상에 관한 옛 이야기는 갓 등장하고 있는 세대를 위한 새로운 이야기가 되고, 그들은 자기의 부모와 조부모들이 그들 전에 그랬듯이 그 이야기의 배우들이 된다. 설사 그 이야기가 아무리 "영감을 주는" 것이라고 해도 만일 단순히 과거의 일화에 관한, 마음을 뒤흔드는 내러티브에 머무른다면 그것은 고대의 이스라엘이 알았던 것처럼 삶을 변화시키는 이야기는 아니다. 유대의 한 자료를 인용하자면, "적절하게 이해된 전통은 우리로 하여금…우리의 공동의 이야기를 말할 수 있게 해준다. 우리는 자신의 개인적인 삶의 이야기 각각에서, 그 이야기가 진행되는 과정에서 변화된다. 그러면 우리는 더 이상 단순히 그 이야기를 연구하거나 다시 말하지 않는다. 그 대신에 **우리**가 그 이야기가 **된다**."[6] 하나님의 구원

---

6   Michael Goldberg, *Jews and Christians: Getting Our Stories Straight* (Philadelphia: Trinity,

행위에 대한 감사는 고대 신명기의 신조에서처럼 첫 곡식을 드리는 것을 통해 그 이야기를 자신의 삶에서 구현하게 하는데, 이는 본질적으로 **신학적**인 개념으로서 세속적이고 동화된 유대인들에게까지 지속적으로 각인되어서 외인들과 일시 체류자들에 대한 그들의 인류애적 본능과 관심은 오늘날에도 유명하다.[7]

유월절은 토라에 규정되었다. "너희는 이 날을 기념하여 여호와의 절기를 삼아 영원한 규례로 대대로 지킬지니라.…너희는 무교절을 지키라. 이 날에 내가 너희 군대를 애굽 땅에서 인도하여 내었음이니라. 그러므로 너희가 영원한 규례로 삼아 대대로 이 날을 지킬지니라"(출 12:14, 17). 유월절은 "기념일"로 지켜져야 한다. 성경적으로 이해된다면, 이것은 우리가 통상적으로 "기념"이라는 단어로 의미하는 것과 동떨어진 세상이다. 성경적 사고에서 기념(기억)은 "상기하다"를 의미하지 않는다. "기억하다"는 **현재적**이며 **능동적**인 것을 의미한다. 이것이 바로 유월절 해설서인 하가다에 하나님에 의해 속박에서 벗어나 자유를 얻은 사람은 우리 조상들이 아니라 우리라고 진술된 이유다. 유월절 저녁 식사는 과거의 하나님의 구원 행위에 대한 기념이 아니라 동일한 구원의 능력을 현재에 전용한 것이다.[8]

1991), 99, 강조는 덧붙인 것임.

7   뉴욕의 박애주의자였던 Frederick P. Rose에게 (사망하기 두 달 전에) 한 친구가 찾아와서 1999년 "인종 청소"가 자행되는 동안 코소보 무슬림 난민들을 위해 100만 달러를 모금하자고 제안했다. Rose는 기꺼이 동의했다. 하지만 그는 "우리는 유대인들이 무슬림을 돕고 있다는 것을 세상에 보여주고 싶기 때문에" 그 돈은 반드시 미국 유대인위원회를 통해 모금되어야 한다고 주장했다. 이틀 뒤 그들은 140만 달러를 모금했다(Frederick P. Rose의 사망 기사, *New York Times*, September 16, 1999).

8   기독교 교회에서도 고난 주간 동안 유월절을 모방하는 것이 한동안 유행했지만(그리스도인들이 유대교의 뿌리와 접촉하려고 했다는 뜻이다), 이 실험은 이제 시들해지고 있다. 진정한 유대인의 세데르 축제는 집안에서, 가족과 친구들의 가슴에서 열린다. 이것은 교회의 강당에서 복제될 수 있는 것이 아니다. 유월절 세데르의 모방은 사실 예전 의식으로서도,

이 기억의 문제는 성경의 이해에서 매우 중요하다. 출애굽 이야기는 이렇게 시작한다. "이스라엘 자손은 고된 노동으로 말미암아 탄식하며 부르짖으니, 그 고된 노동으로 말미암아 부르짖는 소리가 하나님께 상달된지라. 하나님이 그들의 고통 소리를 들으시고 하나님이 아브라함과 이삭과 야곱에게 세운 그의 언약을 기억하사 하나님이 이스라엘 자손을 돌보셨고, 하나님이 그들을 기억하셨더라"(출 2:23-25).[9]

이 구절은 때때로 마치 하나님이 이스라엘 백성을 잊고 있다가―이스라엘 사람들은 그의 마음에서 떨어져 나갔다가―갑자기 그들을 떠올리기라도 한 것처럼 우스워 보일 때가 있었다. 마찬가지로 하나님께 "기억해달라"고 요청하는 기도들도―마치 하나님이 우리로 하여금 자신이 잊어버릴 수도 있다는 것을 상기시켜 드리게 할 필요가 있는 것처럼―오해되어 왔다. 그것은 결코 교회의 기도에서 **기억하다**는 말의 뜻이 아니었다. 성경에서 기억한다는 것은 현재의 행위를 가리킨다. 만일 어떤 여성이 자기 어머니를 **기억**해달라고 하나님께 기도한다면, 그것은 "제발 제 어머니에 대해 가끔 생각해주세요"를 의미하지 않는다. 이 말은 "제 어머니를 위해 행동을 취해주세요"라는 뜻이다. 마찬가지로 만일 우리가 성만찬이 "기념"이라고 말한다면, 그것은 우리가 단순히 예수의 최후

가족 모임으로서도 효과가 없다.

9 우리는 종종 현대 고고학이 창세기와 출애굽기에 묘사된 사건들이 발생한 적이 없음을 증명했다는 대중 매체의 보도를 읽거나 듣는다. 이런 일은 그런 발표들을 이해할 맥락이 없는 신자들에게는 매우 곤혹스럽다. F. W. Dillistone은 이 점에서 도움이 된다. "족장들 이야기에 관해 어떤 결론들에 도달할 수 있든 간에―그 이야기들에 출애굽 이전 기간에 실제로 무슨 일이 발생했는지에 관한 믿을 만한 기사들이 얼마나 많이 포함되었든지 간에―이집트에서 노예 생활을 해왔던 히브리인 집단이 모세의 지도하에 이집트에서 나와 자유를 얻었다는 것과, 이 구속의 일반적인 패턴이 그 민족의 기억에서 결코 지워진 적이 없었다는 것에는 의심의 여지가 없다. 모세는 인간 행위자였지만, 진정한 구주와 구원자는 야웨 자신이었다"(F. W. Dillistone, *The Christian Understanding of Atonement* [Philadelphia: Westminster, 1968], 81).

의 만찬에 관하여 **생각하고 있다**는 의미가 아니다. 성찬 예배에서 "이를 행하여 나를 기념하라"는 예수의 말을 반복할 때, 우리가 단순히 예수를 떠올리는 것이 아니다. 예수는 사람들의 친교 속에 **능력으로써 적극적으로 임재**한다. 성만찬에 관한 논쟁들로 인해 기독교 교회가 분열되었음에도 불구하고, 우리가 성경적인 기념 개념을 이해하면 도움이 될 것이다. 우리는 단지 다락방에서 예수가 행한 행위들에 **관해 생각**하는 것이 아니다. 우리는 **그분이** 현재 식탁에 모인 공동체와 **함께 계시고 행동하신다**는 것을 인정한다. 성만찬에서 예수가 실제로 임재한다는 교리는 가장 지적인 사람부터 가장 단순한 사람에 이르기까지 모든 사람에게 이런 식으로 이해될 수 있다.

유월절과 출애굽은 여러 방법으로 성만찬에 반영되었다. 그것들 모두 뭔가 완전히 새로운 일을 행하는 하나님의 적극적인 임재를 강조하는데, 고대의 구원 사건이 원형으로 회상될 정도다. **뭔가 완전히 새로운 일**은 이번에는 출애굽에서처럼 위로부터 개입한 것이 아니라 그 개입이 **성자가 자신을 드린 형태로 하나님 자신의 생명 안으로부터** 발생했다. 그 희생제물은 홍해를 건넌 것에 기초한 용어들로 묘사된다. 성공회 예전의 성찬 기도문에 표현된 것처럼 "그가 우리를 속박에서 자유로, 죄에서 의로움으로, 사망에서 생명으로 이끄셨다." 하나님의 아들이 사망에서 생명으로 옮겨간 것이 그 기도에서 반복되며, 그 기도문에 있는 "우리"라는 표현을 통해 유월절 해설서인 하가다에서와 같이 그 사건이 우리의 이야기가 된다. 출애굽 이미지는 바로 그것을 바라보는 방법을 배운 사람들을 위해서 존재한다.

예수의 죽음은 기독교 교회의 최초의 시기부터 새로운 유월절로 해석되어 왔으며, 그의 부활은 새로운 출애굽으로 해석되어 왔다. 신약성경 내부에서 가장 초기의 명시적인 연결은 대체로 부활 후 25년 이내에 작성된 것으로 추정되는 고린도전서 5:7-8에서 이루어졌다. "우리의 유월절 양, 곧 그리스도께서 희생되셨느니라. 이러므로 우리가 명절을 지키되 묵은 누룩으로도 말고, 악하고 악의에 찬 누룩으로도 말고, 누룩이 없이 오직 순전함과 진실함의 떡으로 하자." 사복음서 모두―요한복음은 언제나 그렇듯이 동일한 틀 안에서 다소 다른 그림을 제시한다―수난 내러티브를 특히 유월절이라는 상황 안에 위치시킨다. 주요 주제 두 가지가 강조된다.

1. 어둠의 천사가 이스라엘 백성들의 집을 "넘어간" 날 밤에서와 같은 **죽음으로부터의 구원**.
2. 홍해[10]를 건넌 출애굽의 절정에서와 같은 **노예 상태로부터의 해방**.

이 문맥에서 "유월절 어린 양"의 피는 죄를 위한 제물이 아니라 하나님이 직접 정한, 자기 백성을 죽음으로부터 보호하는 수단이었다. 하지만 제4복음서 저자는 대담하게도 최후의 만찬이 발생한 날을 하루 앞당겨서 예수의 죽음이 유월절 어린양을 도살한 날에 일어난 것으로 묘사함으로써 예수를 속죄제("보라, 세상 죄를 지고 가는 하나님의 어린 양이로다"-요 1:29)로뿐만 아니라 그의 피가 죽음에서 구원하는 유월절 어린 양으로도 동일시되도록 양자를 결합한다. 베드로전서에서도 유월절 어린 양(벧전 1:19)이 2:23-24에서는 이사야 53장의 고난 받는 종과 가깝게 표현되는,

---

10 오늘날 많은 주석들은 "갈대 바다"나 홍해라고 언급한다. 확실히 큰 물을 건넜다고 표현하면―그런 물이 있었다는 것을 가정할 경우―실제 홍해를 건넜다고 표현하는 것보다 선입관을 상당히 덜 가지게 했을 것이다. 하지만 나는 성경에 표현된 이 어구가 그토록 오랫동안 노래와 이야기들로 기려졌고, 그토록 많은 사람에게 그토록 많은 의미가 있었다면, 그 어구는 전통적인 형태로 남겨져야 한다고 생각한다.

숨이 멎을 만큼 놀라운 조치가 취해진다. 이 묘사들은 성경의 증언을 이처럼 무궁무진하게 만드는, 상상력이 풍부한 도약의 사례들이다.

종말론적 관점에서 본 출애굽

신약성경의 관점에서 보면 출애굽을 종말론적(eschatological) 사건으로서 미래에 투사하기 위한 동력이 이미 구약성경 안에 존재한다. 그리스어 **에스카톤**(eschaton)은 "마지막"을 의미한다. 그러므로 에스카톤에 대해 말한다는 것은 최후의 심판, 재림, 새 하늘과 새 땅에 대해 말한다는 의미인데, 이런 것들은 전통적으로 마지막 일들이라는 범주에 속했다. 하지만 종말론은 주제들의 밀집이 아니라 사상의 세계다. 기본적인 좋은 정의로는 C. K. 바레트의 것이 있다. "종말론적 특징을 보이는 사고에서는 시간 안에서 발생하는 일련의 사건들의 중요성은 그것들 중 마지막 사건의 관점에서 정의된다. 마지막 사건은 단순히 그 일련의 사건 중 하나가 아니다. 그것은 전체의 의미를 드러내는 결정적인 사건이다."[11]

구약성경의 포로기 후의 몇몇 텍스트에 종말론적인 새로운 출애굽의 전조들이 있다. "주 여호와의 말씀이니라. 내가 나의 삶을 두고 맹세하노니 내가 능한 손과 편 팔로 분노를 쏟아…너희를 여러 나라에서 나오게 하며 너희의 흩어진 여러 지방에서 모아내고…내가 애굽 땅 광야에서 너희 조상들을 심판한 것 같이 너희를 심판하리라. 주 여호와의 말씀

---

11 C. K. Barrett, "New Testament Eschatology," *Scottish Journal of Theology* 6 (1953): 136-55, 225-43. Barrett 자신도 인정하는 것처럼 보이듯이, 그의 정의는 **묵시적** 종말론의 급진성을 밝히기에 충분하지 않기 때문에 우리는 본서 9장에서 종말론에 대한 다른 정의를 살펴볼 것이다.

이니라"(겔 20:33-36).

에스겔서의 다른 부분에서 이 예언자가 이 종말론적인 **심판**이 어떻게 하나님의 **구원**의 구성 요소인지를 보여주기 때문에 우리는 이 분노와 심판의 예언에 의해 옆길로 빠져서는 안 된다. 포로기의 미지의 예언자 역시 출애굽 이미지를 사용하여 자신의 백성을 구속하기 위한 하나님의 **미래의** 행위들을 묘사한다.

…바다 깊은 곳에 길을 내어
구속 받은 자들을 건너게 하신 이가 어찌 주가 아니시니이까?
여호와께 구속[대속] 받은 자들이 돌아와
노래하며 시온으로 돌아오니,
영원한 기쁨이 그들의 머리 위에 있고
슬픔과 탄식이 달아나리이다(사 51:10-11).[12]

미래의 출애굽이라는 개념은 말기의 구약성경에 낯설지 않았다. 유배 경험은 다른 점에 있어서와 마찬가지로 이 점에서 히브리 사상가들로 하여금 **단지 과거의 구원 사건의 확장으로서만 아니라** 장차 **새로운** 출애굽, **새 창조**로서 앞으로 도래할 때를 전망하게 했다. 포로기의 위대한 이사야서 예언자는 다른 구절에서도 이 어조로 노래했다.

보라, 내가 새 일을 행하리니

---

12 여기서 "구속함을 받은"과 "대속함을 받은"이라는 용어가 사용된 것에 주목하라. 우리는 7장에서 이사야서가 이 개념을 사용하는 것을 다시 다룰 것이다. 우리는 다른 모티프를 언급하지 않고 단독으로 제시된 모티프를 거의 보지 못한다. 사 40-55장에서 해방(새로운 출애굽)이 놀랍게도 창조 및 구속과 결합되었다.

이제 나타낼 것이라. 너희가 그것을 알지 못하겠느냐?

반드시 내가 광야에 길을,

사막에 강을 내리니(사 43:19).

히브리 백성들 사이에서 하나님의 미래의 개입에 대한 강조가 엄청나게 증가했는데, 이는 백성의 의로움을 근거로 한 것이 아니라 하나님의 큰 자비에 근거한 것이었다. 하나님이 의로움을 가져다주지 않는 한 이 땅에는 어떤 참되고 지속적인 의로움이 존재하지 않을 것이라는 점이 여러 사건들로 드러났기 때문에, 의로움 자체가 좀 더 명확하게 종말론적인 개념이 되었다.[13]

성전 파괴라는 재앙과 다윗의 보좌의 붕괴 이후 이스라엘의 사상가들 사이에서 중대한 변화가 일어났다. 어떤 의미에서 이런 사상가 중 다수는 역사를 포기했다. 포로기 후 지혜 문학(전도서, 아가서, 잠언, 욥기)은 역사를 전혀 언급하지 않으며, 묵시 문헌들(스가랴서, 다니엘서)은 역사 너머로부터 오는 신적 구원을 기대한다. 그렇다고 해서 역사에 방향이나 목표가 없다거나 인간이 역사에 관여하지 않는다는 뜻은 아니다. 그와

---

13 Markus Barth는 이렇게 쓴다. "구약성경은 바울 시대 훨씬 전에 심지어 최고·최강의 언약의 도구들(예컨대 하나님의 나타남과 약속, 율법의 선물, 땅, 성전, 제사 제도, 제사장적인 왕조, 거룩한 절기, 거룩한 전쟁들)조차 그것들 자체는 이스라엘이 평화를 누릴 것이고 살 것이라는 확신을 제공하지 못한다는 것을 보여준다. 직무를 수행하고 사역을 하는⋯'언약의 중보자'인 하나님의 참된 종이 반드시 있어야 한다(Markus Barth, *Justification* [Grand Rapids: Eerdmans, 1971], 35-36 각주). 이 마지막 문장은 특히 사 52:13-53:12을 이해하는 좋은 방법이 될 것이다. 덧붙여 말하자면, 나는 한때—아마도 성경에서 가장 논쟁의 대상이 되는 주요 구절임이 분명한—이 유명한 텍스트에 대해 다양한 유대적 관점과 기독교적 관점에서 접근한 여러 해석들을 탐구하면서 일년의 대부분을 보낸 적이 있다. 결국 나는 그 해석들 중 어느 것에도 만족하지 못했다. 그 구절이 유대인들에게 의미하는 바와 그리스도인들에게 의미하는 바 사이에는 큰 차이가 있었다. 나는 이 구절이 유대인들과 그리스도인들이 종말에 완전히 화해할 때까지는(롬 11장) 믿음을 통해 성령 안에서 이해되어야 할, 하나의 특성에 대한 신비로운 하나님의 계시라는 결론을 내렸다.

반대로 역사는 여전히 하나님의 활동 영역이며, 하나님의 백성이 그 속에서 살면서 그들의 증언을 남겨두는 공간이다. 차이는 역사적 사건들을 보는 방법에 놓여 있다. 묵시는 **보는 방법**이다. 그것은 인간의 사건들에서 장차 올 것에 대한 표지로서 하나님의 침입하는 힘을 **지금** 알아차리는 방법이다. 유대인 학자인 나훔 사르나는 이 점에 관해 다음과 같이 말한다. "출애굽은…미래의 구속의 패러다임이 된다. 그것은 장차 역사의 시간에서 일어날 **하나님의 개입에 대한 패턴**을 제공한다."[14]

의도했든 의도하지 않았든, 사르나는 여기서 하나님의 개입하는 힘이라는 묵시적 주제를 언급하고 있다. "종말론"이라는 단어와 "묵시적"이라는 단어는 미래 지향적이기는 하지만 호환성은 없다. 핵심적인 묵시 개념—이후의 몇 개 장에서 좀 더 자세하게 설명된다—은 **하나님의 주권적 개입**으로서, 이 개념에는 그 개입이 일어나기 위해서 이에 상응하여 인간의 능력을 내려놓는 것이 수반된다. 이처럼 신적 행위를 강조한다고 해서 우리에게는 할 일이 전혀 없다거나 우리의 활동이 의미 없다는 뜻이 아니라는 점을 역설해야 한다. 오히려 이 말이 의미하는 바는 인간의 활동은 하나님의 미래의 통치를 **가리키고, 그것에** 미리('미리'에 해당하는 영어 단어 'proleptically'는 그리스어 *prolepsis*['기대하다, 예상하다']에서 나온 말이다) **참여한다**는 뜻이다. 하지만 인간의 활동은 하나님의 통치를 가져오지 못한다. 하나님만이 그의 목적을 완성할 수 있다. 현대에 유행하는 용어로 표현하자면, 성경은 결코 우리가 "하나님의 공동 창조자"라고 암시한 적이 없다. 오히려 우리는 은혜롭게도 하나님께서만 창조하실 수 있는 것에 **참여자**가 되도록 부름 받고 감동한다.[15] "종말론"이라는 단어가

---

14 Nahum Sarna, *Exploring Exodus: The Origins of Biblical Israel* (New York: Schocken Books, 1986), 3, 강조는 덧붙인 것임.

15 구약성경 전체에서 "창조하다"를 의미하는 히브리어 동사 "바라"(*bara*)는 하나님이 주어

반드시 이러한 구별을 명확히 하는 것은 아니다. **하나님만이** 마지막 일들이 일어나게 할 수 있음을 주의 깊게 보여주지 않으면서도—하나님만이 할 수 있음을 강조하는 것이 묵시록의 특징이다—"마지막 일들"을 언급할 수 있고, 따라서 종말론적으로 말할 수 있다. 하나님의 백성의 역할은 **하나님이 이미 하시고 있는 일에 참여하는 것이다.**

출애굽에 대한 그리스도인의 해석과 유대인의 해석

랍비 마이클 골드버그는 상상력이 풍부하고 공감을 불러일으키는 그의 저서 『유대인과 그리스도인: 우리의 이야기들을 바로잡기』(*Jews and Christians: Getting Our Stories Straight*)[16]에서 출애굽과 수난/부활이라는 두 이야기 간의 관계에 대해 자기가 어떻게 이해하고 있는지를 보여준다. 두 내러티브에 대해 그가 사용하는 용어는 "마스터 스토리"(master stories)다. 그는 두 사건 모두 "우리가 그것을 통해 성서의 나머지, 따라서 역사 자체의 나머지를 이해할 수 있는 방향을 갖게 되는" 근본적인 원천으로 기능한다고 강력하게 말한다. 골드버그는 계속해서 이렇게 쓴다.

> 따라서 그리스도인들에게는 예수의 십자가형을 둘러싼 사건들에 관한 서술은 이스라엘이 이집트로부터 해방된 이야기를 포함한 성경의 다른 부분들을 가장 명료하게 밝혀주는 성경 이야기다. 교회는 그리스도의 이야기의 그 부분을 교회의 형성에 중요한 기독교의 마스터 스토리로 여기며, 그것을 출

로 등장할 경우에만 사용된다.

16 사실 랍비 Goldberg가 마태의 수단 내러티브를 매우 공감적으로 재진술하기 때문에 그가 어떻게 그 내러티브의 진리에 납득되지 않고 남아 있는지 상상하기가 어렵다.

애굽으로부터 시작하여 출애굽의 자연스러운 후속편, 결정적인 절정, 궁극적인 성취가 된 것으로 이해한다. 그렇다면 유대인들은 어떻게 말하는가? "아니다! 그것은 결코 우리 유대인의 마스터 스토리인 출애굽을 해석하는 방법이 아니다." 유대인들은 기독교의 이야기가 제시하는 것은 출애굽 내러티브에 대한 참된 해석도 아니고 출애굽 내러티브를 잘 이해한 것도 아니며, 오히려 그 내러티브에 관한 심각한 오독과 심원한 왜곡이라고 말한다.[17]

십자가와 부활 이야기에 대한 유대인의 전용(轉用)이 그리스도인들에게 거슬리는 것보다 출애굽을 십자가와 부활에 의해 성취된 예기적 사건으로 해석하는 그리스도인의 이해가 유대인들에게 더 거슬린다. 랍비 골드버그가 비록 자신은 기독교의 관점을 공유하지는 않아도 그 관점을 진지하게 존중했듯이, 그리스도인들도 비슷한 공감을 가지고 유대인의 관점에 동참하려고 노력할 수 있다. 사실 출애굽에 대한 그리스도인의 관점이 유대인의 관점을 좀 더 기꺼이 수용하는 것이 그 반대의 경우보다 쉬울 수 있다. 브레버드 차일즈는 유대인의 관점에서 문제를 적시한다. "예수 그리스도의 죽음, 부활과 메시아 왕국은 머지 않아 구약성경의 유월절의 진정한 내용을 실현한 것으로 이해되었고 유대인의 유월절 위에 포개졌다."[18]

랍비 골드버그는 어느 한 쪽도 자신의 이해를 포기하라고 요구하지 않으면서 이 난제에 관심을 집중케 함으로써 큰 공헌을 했다[19] 신약 성경

---

17 Goldberg, *Jews and Christians*, 14. 실제 이스라엘 민족의 신학적인 실재에 관한 고통스러울 정도로 논쟁이 심한 문제는 별개의 이슈다.

18 Brevard Childs, *The Book of Exodus: A Critical, Theological Commentary*, Old Testament Library (Philadelphia: Westminster, 1974), 209, 강조는 덧붙인 것임.

19 Goldberg의 책의 가장 설득력 있는 부분은 맨 나중에 있는데, 거기서 그는 그리스도인들과 유대인들에게 **그들의 삶에서** 자신들의 "마스터 스토리"의 가장 깊은 의미를 보여주라

복음의 관점에서 볼 때 출애굽은 선택 받은 백성(그리고 이는 그리스도인과 유대인 모두에게 해당한다)을 정의하는 역사적 사건일 뿐만 아니라, **권세들**이 십자가라는, 결정적이고 묵시적인 사건을 미리 가리키는 하나님의 구원하는 능력의 예기적인("예상하는"이라는 뜻) 침입이기도 하다. 여기서 십자가는 하나님의 최후의 전투의 첫 단계이자 결정적인 단계에 관여하는 장소다.[20] 확실히 이 대목에서 그리스도인들은 하나님이 이스라엘을 "특별한 백성"(출 19:5; 신 14:2을 보라)으로 세운 것이 그리스도 사건으로 말미암아 무효가 되었다고 생각할 유혹을 받을 수도 있고 종종 그런 유혹을 받아왔다는 위험이 있다. 이러한 생각은 단호하게 거부되어야 한다(롬 9:4). 그리스도인들이 역사적인 출애굽을 하나님의 택함을 받은 백성인 이스라엘이라는 신학적 실재에 관해서 뿐만 아니라 그 백성의 물리적인 보존에 관해서도 완성된 사건으로 인식하는 것이 매우 중요하다. 브레버드 차일즈는 "에스더서는 구약성경 전체에서 **민족적인 의미에서** 유대 백성의 종교적 의의에 대한 가장 강력한 정경의 인가를 제공한다"고 주장한다.[21]

부활절 예전으로서 출애굽

미국의 주류 교회들은 남의 기분을 상하게 하지 않으려고 최선을 다해왔지만, 동시에 우리는 구약성경이 우리에게서 슬그머니 멀어지게 만들 위

고 촉구한다.

20 이 내용은 10장에서 훨씬 더 자세히 다뤄질 것이다.

21 Brevard Childs, *Introduction to the Old Testament as Scripture* (Philadelphia: Fortress, 1979), 606-7, 강조는 덧붙인 것임.

험에 처해 있다. 만일 우리가 진정으로 반유대주의와 싸우고자 한다면 히브리 경전에 대한 사랑을 강화하는 것보다 좋은 방법이 무엇이겠는가? 오늘날 미국의 백인 그리스도인들의 정신적인 소양에는 격차가 있다. 이스라엘의 자녀들이 이집트에서 탈출하는 긴장감 있는 이야기는 우리의 머리카락을 곤두서게 해야 하지만, 설교자가 그것을 언급하면 듣는 사람이 그(녀)를 멍하게 바라볼 가능성이 크다. 우리는 기본적인 토대를 형성하는 핵심적인 이야기들에 관한 설교를 더 많이 들을 필요가 있다. 우리 그리스도인들은 구약성경과 유대인들의 핵심적 사건의 기본적인 개요를 이야기할 수 있어야 하며, 왜 부활 성야의 절정에서 언제나 출애굽 구절을 읽는지 이해할 필요가 있고, 이 핵심적인 텍스트가 우리 회중들 안에서 가르쳐지는 것을 들을 필요가 있다. 놀라운 힘에 대한 이 이야기는 모든 그리스도인의 사고 방식에 없어서는 안 될 부분이 되어야 한다.[22]

히브리인의 해방 이야기는 교회의 상당수 부활절 이미지의 원천이다. 출애굽 내러티브가 십자가와 부활의 원형이라는 사실은 다음의 두 부활절 찬송의 승리의 외침에서 가장 잘 나타나 있다.

> 너희 신실한 자들아, 와서
> 승리의 기쁨을 구가하라.
> 하나님께서 자신의 백성 이스라엘을
> 슬픔의 자리에서 기쁨의 자리로 인도하셨다.
> 바로의 쓰라린 멍에를 푸시고,
> 야곱의 아들과 딸들로 하여금

---

22 80대인 사람들은 세실 드밀의 블록버스터 영화 "십계"에서 모세 역을 맡은 찰턴 헤스턴을 어느 정도 기억할 것이다. 하지만 상업물은 예배 공동체를 형성하는 이야기로 기능할 힘이 거의 없다.

발을 물에 적시지 않고서

홍해의 물을 건너게 하셨다.[23]

어린 양의 큰 잔치에서 우리는 노래하네.

승리하신 우리 왕께 찬양하라.…

…그곳에 유월절의 피가 부어졌고

사망의 어두운 천사가 그의 검을 칼집에 넣었다네.

이스라엘의 무리는 승리의 행진을 한다네.

원수들을 익사시킨 물을 건넌다네.[24]

이 찬송들은 미리암과 이스라엘 여인들이 탬버린을 가지고 춤을 추며 즐거워하던 바로 그 바닷가로 우리를 데려 간다.

미리암이 그들에게 화답하여 이르되,

"너희는 여호와를 찬송하라. 그는 높고 영화로우심이요,

말과 그 탄 자를 바다에 던지셨음이로다"(출 15:21).[25]

---

23   8세기에 다마스쿠스의 요한이 쓴 찬송 텍스트, trans. John Mason Neale. 성공회 찬송가 #199.

24   1632년의 라틴 찬송, trans. Robert Campbell. 성공회 찬송가 #174.

25   문자주의적 사고에 대해 말하자면, 이집트인들이 익사했을 때 바닷가에서 축하한 것에 관해 수 세기 동안 많은 불평이 있었다. 탈무드 자체에서조차 출애굽 이야기를 개선하기 위해 많은 시도가 이루어졌다. 미안하지만 이 대목은 죽은 원수에 대해 걱정할 장소가 아니다. 비유적인 홍해 해안에 대해 우리는 우리 자신의 심약한 재고(再考)에 초점을 맞출 것이 아니라 그 이야기의 직관에 집중해야 한다. D-Day에 오마하 해변에 상륙한 군대가 죽은 독일인들을 걱정하느라 내륙에 있는 그들의 진지로 가는 도중에 멈추었겠는가? 이런 사고는 이야기가 미치는 영향을 무디게 만든다. 그것은 기적의 생동력을 밀어내고 우리가 추정하는 좀 더 세련된 감정들로 대체한다. 홍해 사건에 대한 랍비들의 윤색은 성경적이지 않다. 그것은 우리로 하여금 승리와 해방이라는 주된 메시지에서 다른 곳으로 주의를 돌리게 한다. 확실히 미리암과 이스라엘 여인들은 익사한 이집트 사람들을 걱정하지 않았다. 원수에게 주의를 기울일 적절한 때는 이스라엘의 이야기에서 나중에 그들이 "너희가 이집트 땅에서 체류자였기 때문에" 체류자들에게 자비를 보이라는 가르침을 받을 때다.

가장 회의적인 학자들조차 이 구절이 그 사건이 무엇이었든 바로 그 사건 자체가 발생한 곳까지 거슬러 올라간다는 점에 동의하기 때문에, 이 절은 우리를 소름이 돋게 한다. 그러므로 이 구절은 성경에 기록된 가장 오래된 단편들 가운데 하나다. 이 텍스트는 스티븐 사이크스가 주장한 바와 같이 신약성경의 이미지와 직접 연결된다. 그는 이렇게 쓴다. "노예 상태는 죄의 결과를 나타내는 비유다.…속박된 사람들은 자유로워질 필요가 있다. 우리는 사탄의 노예가 되었다. 이것은 개인적인 죄와 오류뿐 아니라 제도적인 악 등 모든 기반에 두루 미친다."[26] "제도적 악"은 여전히 중요하다. 출애굽 사건을 지나치게 영적으로 해석하거나, 비역사화하거나, 개인화시키지 않는 것이 중요하다. 그렇지 않으면 그것은 그 날카로움을 잃을 것이다. 부유한 공동체는 그들이 종종 가난한 사람들의 희생하에 성취되는 부유, 편리함, 지위 추구의 노예가 되었다는 것을 깨달을 필요가 있다.[27]

몇몇 공동체들은 완전한 부활 성야 예식을 거행함으로써 출애굽 이야기를 예전적으로 재연한다. 칠흑같이 깜깜한 밤에 치르는 철저한 예전만이 땅이 흔들리고, 바다가 갈라지며, 무덤이 열리는 부활의 능력을 이집트에서 탈출하고, 물들을 가르며, 해안에서 구조된다는 관점에서 적절하게 나타낼 수 있다.[28] 고대의 찬송가인 **엑술테트**(*Exsultet*, "이제 기뻐하

그리고 궁극적으로 두 번째 유월절에 예수가 "아버지, 저들의 죄를 사하여 주옵소서. 그들은 자신들이 하는 것을 알지 못하니이다"라고 말하는 때 및 바울이 "그리스도께서 **경건하지 않은 자들**을 위하여 죽으셨다"라고 말하는 때다.

26 Sykes, *The Story of Atonement*, 16.

27 가난한 자들에 대한 부자들의 태도에 관한 논문 몇 편이 2013년에 출간되었다. 최근 연구들에 근거한 주제는 부자들이 가난한 사람, 힘 없는 사람, 심지어 가난하지는 않지만 아무튼 사회경제적 차원에서 지위가 낮은 사람들에게까지 공감이 부족하다는 것이었다(예컨대 Daniel Goldman, "Rich People Just Care Less," *New York Times*, October 25, 2013).

28 부활 성야 및 그 예전의 가장 중요한 의식인 세례를 베푸는 행위는 2세기까지 거슬러 올라

라!")는 부활 성야에 불리는 노래다.[29] 몇몇 모티프―속죄제, 빚을 갚음 (만족), 피의 제사 그리고 **승리자 그리스도** 등―들이 새로운 출애굽에서 그리스도에 의해서 우리를 위해 행해진 해방의 긴장감 있는 재연에 어떻게 결합되어 있는지 주목하라.

보이지 않으시고 전능하시며 영원하신 하나님과 주님의 독생자 우리 주 예수 그리스도를 언제 어디서나 우리의 온 마음과 정신과 목소리로 찬송하는 것은 참으로 옳고 선합니다. 예수 그리스도는 유월절 축일에 아담의 죄라는 우리 빚을 갚아주셨고 그의 피로 주님의 신실한 백성을 구원하신 참된 유월절 어린 양이기 때문입니다.

이 밤은 주께서 우리 조상, 이스라엘의 자녀들을 이집트의 속박에서 이끌어 내 그들로 하여금 마른 땅을 통해 홍해를 건너게 하신 밤입니다.

이 밤은 그리스도를 믿는 모든 사람이 죄의 어두움으로부터 구조되어 생명의 은혜와 거룩함으로 회복된 밤입니다.

이 밤은 그리스도가 사망과 지옥의 속박을 깨뜨리고 무덤에서 승리하여 다시 살아나신 밤입니다.

갈 수 있다. 요즘에는 낮에 약식 성야를 지키는 것을 비난만 할 수는 없다. 그런 예배는 이르게는 기원후 12세기에 사룸 전례(Sarum rite)에서 사용되었다. 하지만 우리는 예전 학자인 Marion Hatchett의 말에 동의할 수 있을 것이다. "그 의식은 그 내용 때문에 1세기에 그랬던 것처럼 밤에 시작되어야 한다.…가장 극적인 효과를 위해서, 그 예식은 새벽 전에 회중들이 모여서, 성체 성사가 시작될 때 햇빛이 교회 안으로 들어오도록 스케줄을 짜야 한다"(*Commentary on the American Prayer Book* [New York: Seabury Press, 1981], 243). 로마의(명목상) 가장 초기의 교회들은 여전히 한밤에 부활절 불을 밝히는 고대의 예전을 준수한다.

29 로마 가톨릭교회에서는 엑술테트가 *Praeconium*으로 불린다. 이 찬송의 정확한 연대를 밝히는 것은 불가능하지만, 이르게는 교황 조시모(기원후 418년 사망) 때 로마에서 기원한 것으로 보인다.

정식 예배에서는 이 찬송에 이어 전통적으로 아홉 개의 교훈이 읽히는데 그것들은 모두 **구약성경에서** 가져온 교훈들이다. 예배를 줄여야 할 경우에도 한 가지 교훈은 **반드시 필요한데** 그것은 홍해에서의 구원 이야기를 말해주는 출애굽 구절(출 14:10-15:1)이다. 이 구절은 잔인하게 압제 받던 한 무리의 노예들이 여행복을 입고 몇 가지 가재도구를 챙겨서 한밤에 모여 급하게 예기적인 식사를 한 뒤, 그들의 지도자 모세를 통해 주신 하나님의 말씀만을 의지해서 위험을 무릅쓰고 미지의 땅으로 떠날 준비를 하는 것에 관한 이야기를 전해준다. 그들은 하나님의 말씀을 따라 노예 상태로 지내던 집을 나와 자유의 길로 갈 준비가 되었다. 부활 성야에서 행해야 할 모든 예식을 다 거행할 경우 바로 이 분위기가 재현된다. 즉 한밤에 어두운 교회에서 출애굽 이야기가 들려질 때 예배자들은 최종적이고 결정적인 구원인, 죽은 자의 부활 직전에 전율하게 된다.

삶에서의 출애굽

이 이야기는 가장 초기의 그리스도인들에게 그랬듯이 오늘날의 우리에게도 동일한 힘을 가질 수 있으며, 마땅히 그래야 한다. 초기 그리스도인들은 출애굽 사건을 그것으로부터 메시아이신 예수의 죽음과 부활을 이해하는 구약의 **특히 탁월한** 사건으로 이해했다. 그들의 예배에서는 주의 만찬이 새로운 유월절이고 부활이 새로운 출애굽이라고 설명될 필요가 없었다. 그 예배 공동체는 설명을 듣지 않고도 예수가 죽음을 통과하여 생명으로 나아간 것이 이스라엘 백성이 속박에서 자유로 나아간 것의 종말론적 **의의**를 밝혀준다는 것을 이미 이해했다. 동방 정교회의 부활절 예전은 특히 이러한 연계들로 풍부하다. 아프리카계 미국인 공동체가 노예 생활에서의 해방을 경험했기 때문에 출애굽 내러티브는 그들에게도 매우 중요했다.[30] "가라 모세" 같은 흑인 영가에서 가수들은 자신을 옛 히브리 노예들과 동일시한다. 그들에게는 해석이 필요 없다. 그들은 그 이야기가 자신들의 이야기임을 알고 있다.[31]

출애굽 내러티브는 시달리는 기독교 공동체에서 강력한 기능을 발휘했다. 백인인 로버트 스파이크는 인권 운동이 절정이 달했던 시기에 미국 기독교교회협의회의 종교 및 인종 위원회 위원장이었다. 1963년 여

---

30 Richard Lischer는 마틴 루터 킹 목사의 (출판된 글이 아닌) 실제 **설교**에 관한 책인 『설교자 킹 목사』(*The Preacher King*)에서 킹 목사가 출애굽과 예수의 고통당하는 사랑이라는 핵심적인 두 주제를 얼마나 강력하게 그리고 일관성 있게 결합하는지를 보여준다. Lischer는 예수의 속죄로서 대속적 죽음이라는 모티프가 아프리카계 미국인의 강단에서는 거의 아무런 역할을 하지 못하지만, 그럼에도 불구하고 십자가가 핵심적인 이유는 흑인 교회가 십자가에서 그들의 주님이 자기들의 고난을 지고 있으며 그들도 동참하게 될 승리 안에서 그 고난을 이긴 것을 보기 때문이라는 점을 우리에게 상기시켜준다. 킹 목사는 신학교에서 가르치는 **십자가 신학**이 교회로 하여금 행동을 촉구하게 하기보다 "독일적이고 공상적"이라고 우려했다. Lischer는 계속해서 이런 유보들에도 불구하고 "공인으로서 킹 목사의 성품은 점점 더 십자가에 달리신 분을 반향하게 되었다.…십자가에 달리신 구주는 자신의 낙담, 실패, 거부, 그리고 임박한 죽음을 조직화하는 원리였다"(*The Preacher King: Martin Luther King, Jr., and the Word That Moved America* [Oxford: Oxford University Press, 1995], 188-89)고 말한다. 이것이 바로 십자가가 한 공동체에서 어떤 때에는 특정한 방법으로 작용하고, 다른 때나 다른 공동체에서는 또 다른 방법으로 기능하는 방법의 강력한 예다.

31 1990년대 초에 뉴욕에서 공연된 연극 "가짜 애인"(*Beau Jest*)에는 논쟁적인 장면이 포함되었다. 그 연극은 세속적이고 동화된 어느 유대인 가족의 가정에서 행해지는 유월절 세데르 축제를 보여주었다. 그들은 오랜 관습에 따라 한 이방인을 초대했는데, 이번에 초대받은 사람은 흑인 남성이었다. 그는 교회에서 성장한 많은 아프리카계 미국인들과 마찬가지로 성경을 잘 알고 있었다. 손님을 초대한 가족의 식구들은 유월절 해설서인 하가다를 읽고, 전통적인 행동들을 수행하고 전통적인 질문(예컨대 "오늘 밤은 왜 다른 날 밤과 다른가?")을 하는 등 유서깊은 모든 조치를 시행했다. 하지만 잠시 후 그 가족이 그 모든 것이 실제로 무엇을 의미하는지 이해하지도 못했고 거기에 별로 관심도 없다는 것이 명백해졌다. 그 집에 초대 받은 흑인 방문자는 하가다를 펴서 출애굽 이야기를 읽어주고 그 가족에게 그들의 전통의 힘을 처음으로 드러내준다(하지만 실제 삶에서 몇몇 유대인들은 이처럼 출애굽 내러티브를 보편화하는 데 대해 화를 내는데, 우리는 여기에 어느 정도 정당한 면이 있다는 것을 주목할 필요가 있다).

름 그는 조지아주 서배너를 여행했는데, 그곳에서는 호세아 윌리엄스와 앤드루 영이라는 젊은 흑인 지도자들이 투표권을 얻기 위해 위험한 야간 행진을 준비하려고 대중 집회를 이끌고 있었다. 이미 서배너에 거주하는 흑인이 500명 넘게 투옥된 상태였다. 백인 중에는 이런 부류의 소위 대중 집회를 본 사람이 거의 없었다. 그 모임은 여러 면에서 사실상 그리스도인의 예배였다. 설교는 열정적이었고, 노래는 우레와 같았다. 신학 교육을 받았던 스파이크는 그의 동료들에게 "나는 유월절 밤에 이집트에 있다거나…25년 전 바르샤바의 유대인 빈민가에 있다거나, 그리 오래되지 않은 과거에 남아프리카공화국[에서 인종 차별 철폐를 요구하는 사람들을 학살한 장소인] 샤프빌에 있다는 강력한 느낌을 받았다"라고 편지를 썼다.[32] 이처럼 옛이야기는 과거와 미래의 성령의 힘이 사람들 사이에 운행할 때 되살아난다.

나는 내 머리 위 공중에 있는 자유를 보네.
오 주님, 나는 내 머리 위 공중에 있는 자유를 봅니다.

---

32 Taylor Branch, *Pillar of Fire: America in the King Years, 1963-65* (New York: Simon and Schuster, 1998), 127. 나는 바르샤바의 유대인 빈민가 봉기를 일으킨 사람들이 소탕되었기 때문에 그것은 그다지 적절하지 않다고 생각해서 그것을 언급하지 않으려고 했었다. 하지만 나는 Spike가 한 말의 의미가 무엇인지 알고 있다고 생각한다. 1943년 4월-5월에 일어난 바르샤바 유대인 빈민가 봉기는 유월절에 발생했다(이것은 1944년 8월-9월에 폴란드 자국 군대가 일으킨 바르샤바 봉기와 혼동하지 말아야 한다. 이 봉기는 제2차 세계 대전 기간 중에 유럽의 저항 운동에 의해 발생한 군사적 행동으로는 가장 규모가 큰 것이었지만, 이 봉기도 실패로 돌아갔다). 만약 그 봉기를 종말의 때의 관점에서 본다면, 그것은 자유의 각성을 영원히 억압할 수 없다는 것을 역사에 심어놓은 표지였기 때문에 실패가 아니었다. 자유를 위한 투쟁은 "현재의 이 악한 세대"에는 의심 받으면서 작동하겠지만, 그럼에도 불구하고 그것은 하나님이 숨어 있는 때조차 그분이 임재한다는 표지다. 유대인 빈민가 봉기(와 마음이 찢어질 듯한 1944년의 봉기)는 하나님이 그러한 극단적인 상황에서도 임재했다는 표지로 기억될 것이다. 믿음이 없는 세상의 눈에는 무익해 보이는 행동이 하나님의 신비로운 계획의 일부일 수 있다.

어딘가에 틀림없이 하나님이 계신다네.[33]

앤드루 영은 인권 운동에 관한 책에서 1964년 앨라배마주 버밍햄에서 물이 갈라진 것을 회상한다. "마틴[루터 킹]이 감옥에 있는 상태에서 부활 주일 동이 텄다.…우리는 부활 주일 오후에 뉴필그림 침례교회에서 시 교도소까지 행진하기로 계획했다.…교회 예배가 끝날 때쯤에는…가장 좋은 옷을 차려 입은 사람 약 5천 명이 모였다."

참가자들은 축제 분위기에 젖어서 행진을 시작했다. 갑자기 그들은 자기들 앞에 경찰, 소방차, 소방대원들이 길을 막고 있는 것을 보았다. "황소"라는 별명이 있는 불 코너가 큰 소리로 말했다. "이 시위대를 해산시키라!" 5천 명의 사람들이 멈춰서서 그들의 지도자들로부터 지시를 기다렸다.

와이어트 워커와 내가 행진을 인도하고 있었다. 우리는 어떻게 해야 할지를 몰랐다. 나는 이 시위대를 해산시키고 싶지 않았다.…나는 사람들에게 그 자리에서 무릎을 꿇고 기도하자고 부탁했다.…갑자기 가장 믿음직하고 두려움을 모르는 앨라배마 기독교 인권 운동 지도자 중 한 분이었던 찰스 빌럽스 목사님이 벌떡 일어서더니 큰소리로 외쳤다. **"주님이 이 운동에 함께 하십니다! 일어서십시오! 우리는 계속 행진할 것입니다!"**…불 코너 서장은 처음에는 깜짝 놀랐지만 이내 소리를 질렀다. "저들을 막아, 저들을 막아!" 하지만 경찰은 모두 조금도 움직이지 않았다.…짖어대며 달려들려고 가죽끈을 잡아당기던 경찰견들마저…지금은 아주 조용해졌다.…나는 소방관 한 명이 눈물을 글썽이면서 호스를 자기 발 옆에 내려놓는 것을 보았다. 우리

---

33 http://ctl.du.edu/spirituals/freedom/civil.cfm.

는 "나는 예수께서 나와 동행하시기를 원해요"라는 노래를 부르면서 붉은
색 소방차 사이로 행진했다.

…[불 코너 서장의 부하] 경찰들은 우리를 체포하기를 거부했고, 그의
소방대원들은 우리에게 호스로 물을 뿌리기를 거부했으며, 그의 경찰견들
은 우리를 물기를 거부했다. 이것은 참으로 대단한 증언의 순간이었다. 나
는 바리케이드를 통과하며 행진할 때 황홀경에 빠진 한 노파를 결코 잊지
못할 것이다. 그녀는 바리케이드를 통과하면서 이렇게 외쳤다. "전능하시고
위대하신 하나님께서 홍해를 한 번 더 가르셨다!"[34]

폴 레만은 출애굽과 인권 운동 이야기들을 묵시적인 언어로 강력하게 다
시 썼다. 다음은 그의 책 『정치의 변모』(The Transfiguration of Politics)에서 요
약한 글이다.

[마틴 루터 킹 주니어의] "꿈 연설"을 읽는다는 것은 이제 워싱턴 몰에서
또는 대중매체를 통해 그것을 들은 모든 사람이 그 연설이 행해진 날을 다
시 체험하는 것이다. 그리고 그렇게 함으로써 우리는 킹 여사의 말을 다시
확언할 수 있다. "그곳에 있던 우리 모두에게는 그분의 말씀이 더 높은 어
떤 곳에서부터 흘러나와 마틴을 통해서 그분 앞에 있는 지친 사람들에게 전
해지는 것 같았습니다. 그렇습니다. 하늘 자체가 열렸고 우리는 다 변형된
(transformed) 것 같았습니다." 아마도 "변모된"(transfigured)이라는 단어
가 더 정확한 말일 것이다. 그리고 이것은 또 다른 출애굽이 벌어지고 있기
때문만이 아니라, 진리의 순간이 뚫고 들어왔으며 다시는 과거로 돌아갈 수

---

34 Andrew Young, *An Easy Burden: The Civil Rights Movement and the Transformation of America*
(New York: HarperCollins, 1996), 223.

없기 때문이기도 하다. 모세와 엘리야가 양 옆에 있었다. 의로움과 부활이 움직이고 있었다. 그런데 아직도 견뎌야 할 큰 고통이 남아 있었다.[35]

이 압축된 글은 우리가 지금까지 강조해왔던 거의 모든 요소를 담고 있다. 하나님이 활동하고 있다. 그분의 활동은 또 다른 힘의 영역으로부터 뚫고 들어옴이라는 형태를 취한다. 처음부터 끝까지 하나님이 주도한다. 하나님은 자신의 지친 백성에게 더 높은 곳에서 오는 그분의 말씀을 주신다. 또 다른 출애굽이 진행되고 있다. 하나님이 이미 하시고 있는 일에 우리가 참여하는 것이 "변모하는 것"이다. 그것은 자신이 존재의 완전히 다른 질서에 속한다는 것과 다시는 거기서 돌아설 수 없다는 사실에 대한 발견이다. 하지만 여전히 견뎌야 할 큰 고통이 있다. 리처드 리셔는 『설교자 킹 목사』에서 킹 목사가 출애굽과 예수의 고통당하는 사랑이라는 핵심적인 두 주제를 얼마나 강력하게 그리고 일관성 있게 결합하는지를 보여준다.

출애굽 이야기는 한 공동체에서 어떤 때에는 특정한 방법으로 작용하고, 다른 때나 다른 공동체에서는 또 다른 방법으로 기능한다. 1999년 동티모르 사람들이 억압당하고 있을 때 로마 가톨릭의 벨로 주교는 자신의 양떼를 위해 위험을 무릅썼고 훗날 노벨 평화상을 받았다. 내전이 벌어지는 동안 세스 미단스 기자는 동티모르의 딜리에서 기사를 썼다. "이곳 이 작은 도시의 깨진 마음에, [로마 가톨릭 사제는] 그의 초라한 청중에게 고난은 보상을 받게 되어 있으며 심지어 그들에게도 부활 같은 것이 있다고 설득하려고 애를 썼다. 1975년 인도네시아인들이 침략하기 오래 전부터 동티모르에서 사역해왔던 주앙 페이게이라쉬 신부는 이렇게

---

35   Paul L. Lehmann, *The Transfiguration of Politics* (New York: Harper and Row, 1975), 182-83.

말한다. "여러분은 평화를 위해 고통당했고, 자유를 위해 고통당했고, 자신의 땅을 가질 수 있기 위해 고통당한 이스라엘 사람들과 같습니다."[36]

이처럼 출애굽 내러티브는 계속해서 생명의 약속을 내밀어서 수백 년 동안 전 세계에서 압제 받아온 사람들로 하여금 하나님이 그들 가운데서 행동하고 있다는 약속을 붙들게 했다. 폐허 속에서 분투하는 사제는 노예가 된 이스라엘 백성의 이야기와 현재의 구속적인 고난을 연결한다. 그는 거룩한 이야기의 관점에서 십자가와 부활을 모두 묘사했다.

> 바로가 가까이 올 때에 이스라엘 자손이 눈을 들어 본즉 애굽 사람들이 자기들 뒤에 이른지라. 이스라엘 자손이 심히 두려워하여 여호와께 부르짖고 그들이 또 모세에게 이르되 "애굽에 매장지가 없어서 당신이 우리를 이끌어 내어 이 광야에서 죽게 하느냐?"…모세가 백성에게 이르되 "너희는 두려워하지 말고 가만히 서서 여호와께서 오늘 너희를 위하여 행하시는 구원을 보라. 너희가 오늘 본 애굽 사람을 영원히 다시 보지 아니하리라. 여호와께서 너희를 위하여 싸우시리니 너희는 가만히 있을지니라"(출 14:10-14).

Seth Mydans, "At Last, Timorese Can Pray and Count the Costs," *New York Times*, October 4, 1999.

6장

피의 제사

사랑을 모르는 사람은 시험해보라.

그리고 십자가 위에서 창에 찔려 흘러 나온 그 즙을 맛보라.

그러고 나서 그런 것을 맛본 적이 있는지 말해보라.

사랑은 달콤하고 신성한 그 술이다.

그것을 나의 하나님은 피로 느끼지만 나는 포도주로 느낀다.

조지 허버트, "고뇌"(The Agonie)[1]

---

1   George Herbert, "The Agonie," in George Herbert, *The Complete English Poems*, ed. John Tobin (New York: Penguin Books, 1991), 33.

†

근대 주류 교회에서는 그리스도의 십자가를 희생제사로 이해하는 데 부정적인 반응을 보이고 있다. 신약성경의 "피" 이미지가 기독교 역사 내내 찬송과 경건에서 두드러진 요소였음에도 불구하고 이 이미지에 대한 경멸이 널리 퍼졌다.[2] 이 장은 그것이 계속 중요하다고 주장할 것이다. 신학자인 조지 헌싱어는 "신약성경에서 도출된 대로의 그리스도의 피라는 모티프는 그것의 비유적인 범위, 복잡성과 풍성함에 있어 타의 추종을 불허한다"고 썼다. 그러고 나서 그는 이 장 서두의 인용구로 사용한 조지 허버트의 시를 인용한다.[3]

　　제사, 특히 **피**의 제사라는 모티프는 예수 그리스도를 통한 우리의

2　나는 사역 초기에 중요한 교구의 성금요일 예배에 설교자로 초대를 받았다. 주임 사제는 호인이고 훌륭한 지도자였다. 하지만 내가 그날 설교하기 위해 도착했을 때 그는 내게 "피"에 관해서는 설교하지 말라고 지시했다. 두어 해 후 나는 선도적인 성공회 신학교의 존경하는 한 교수로부터 피에 관해 설교하면 수용되지 않는다는 말을 다시 들었다. 나는 그 당시 학문의 유행의 최첨단에 서고 싶었기 때문에 이 말을 받아들였다. 하지만 돌이켜보니 이러한 제한으로 말미암아 내가 얼마나 당황해하고 괴로워했는지 알게 되었다. 예수가 나를 위하여 그리고 온 인류를 위하여 자신을 희생제물로 바쳤다는 아이디어는 나의 온 생애 동안 내 대들보가 되었다. 내가 오해했는가? 좀 더 적절하게 표현하자면 나는 이제 더 이상 십자가의 피를 설교하지 말아야 하는가?

3　George Hunsinger, *Disruptive Grace: Studies in the Theology of Karl Barth* (Grand Rapids: Eerdmans, 2000), 361.

구원 이야기의 중심이며, 이 주제 없이는 기독교의 선포는 그 힘을 상당히 상실하고 신학적으로 **및 윤리적**으로 영양실조에 걸리게 된다.

다음은 그리스도의 피에 대한 신약성경의 많은 언급 중 몇 가지 예다.

성령이 그들 가운데 여러분을 감독자로 삼고 하나님이 **자기 피로**[4] 사신 교회를 보살피게 하셨느니라(행 20:28).

아버지께서는 모든 충만으로 예수[그리스도] 안에 거하게 하시고, **그의 십자가의 피로** 화평을 이루사…그로 말미암아 자기와 화목하게 되기를 기뻐하심이라(골 1:19-20).

너희가 알거니와…대속함을 받은 것은 은이나 금 같이 없어질 것으로 된 것이 아니요, 오직 흠 없고 점 없는 어린 양 같은 **그리스도의 보배로운 피로** 된 것이니라(벧전 1:18-19).

이는 죄를 위한 짐승의 피는 대제사장이 가지고 성소에 들어가고 그 육체는 영문 밖에서 불사름이라. 그러므로 예수도 **자기 피로써** 백성을 거룩하게 하려고 성문 밖에서 고난을 받으셨느니라(히 13:11-12).

---

4 일부 번역본은 이 어구를 "자기 아들의 피로"라고 번역하지만 그리스어는 단순히 "자신의 피로"(*dia tou haimatos tou idiou*)라고 말하는데, 이는 신학적으로 성부의 전적인 참여를 좀 더 암시한다. Fitzmyer는 "누가가 성부 하나님과 성자 하나님의 행위를 아주 밀접한 관계가 있는 것으로 생각해서 말할 때 한 분에서 다른 분에게로 슬며시 옮겨가는 버릇이 있었을 수도 있다. 그렇다면 이것은 요한복음의 말하기 패턴과 유사하다"라고 유익하게 논평한다(Fitzmyer, *The Acts of the Apostles*, Anchor Bible 31 [New York: Doubleday, 1998], 680). "자기 아들의 피"라는 어구는 누가에게는 이례적인 표현이다. 이는 이 어구가 좀 더 이른 시기의 교회의 신앙고백의 일부분을 누가가 취한 것임을 암시한다. 이것은 롬 3:24b-25a의 언어가 바울의 전형적인 어투가 아닌 것과 비슷하다. 바울이 이미 로마에 퍼져 있던 한 공식을 인용했을 수도 있다.

이 네 구절을 다른 많은 구절의 대표로 보면 우리는 이 모티프가 버려도 되는 것이 아님을 알 수 있다. 우리가 성경과 성만찬 예전을 철저히 조사해서 피와 제물에 대해 언급하는 모든 부분을 제거한다면, 이는 거기서 말하는 핵심 중 많은 부분을 찢어내는 셈이다. 그럼에도 오늘날 주류 교회에서 "그리스도의 피"라는 모티프를 듣기가 그리 쉬운 일은 아니다. 이렇게 된 데는 많은 이유가 있는데 그중에는 피상적인 이유("원시" 신앙에 대한 속물 의식)도 있고, 진지한 이유도 있다. 우리는 이 장에서 좀 더 진지한 몇몇 이유를 다룰 것이다.

비유로서의 "그리스도의 피"

시를 읽는 데 익숙하지 않은 문화의 문자주의적 사고가 확실히 희생제물 모티프에 반대하는 한 가지 이유다. 우리가 노골적으로 폭력적인 영화와 비디오 게임에 특화된 거대한 오락 산업을 지지하면서도 동시에 "정치적으로 올바른" 옷으로 자신을 세심하게 가리고 있다는 것은 우리 시대의 특이한 점들 가운데 하나다. 여러모로 좀 더 세련되었던 이전 시기에 그리스도인들은 사실 시인 윌리엄 쿠퍼의 가사 "샘물과 같은 보혈은 주님의 피로다"(찬송가 258장)를 혐오감 없이 불렀다. 그들은 과장하는 문학적 이미지에 익숙했다. 그들이 이런 수사를 문자적으로 취해야겠다고 생각하지는 않았을 것이다. 오늘날 복음주의 회중들이 "보혈의 능력"(찬송가 268장)을 부를 때 그러하듯이 말이다. 이 문제를 다른 각도에서 고찰해보면, 대다수 개신교도들은 바로크 시대의 피 흘리는 예수상에 흥미를 느끼지 않는다. 하지만 그 이유가 신학적인 망설임 때문인지 아니면 북유럽인들이 그것은 지중해 사람들의 악취미에 지나지 않는다고 생각했기

때문인지를 구별하기가 항상 쉬운 것은 아니다.[5]

문자주의적 사고는 활기 있는 성경 해석의 적이다(나는 안셀무스와 관련해서도 이와 비슷한 취지로 말한 바 있다). 오로지 문자적인 의미의 "피"에 초점을 맞추는 사람은 완전히 요점을 놓치게 될 것이다. 존 던이 그의 회중에게 하나님이 "여러분을 위해 도살당한 어린 양의 피로 여러분의 이름을 쓰셨습니다"라고 말했을 때 그는 시인으로서 그리고 설교자로서 말한 것이다. 가장 대담한 삽화가조차 이 일이 실제로 발생했다면서 예수의 피를 물감 삼아 삽화를 그리는 것은 주저할 것이다! 조지 허버트의 시는 우리에게 상상력을 갖고 복음에 반응하라고 손짓하는 이미지로 가득하다. 유감스럽게도 오늘날 많은 사람이 사회과학의 언어를 듣는 데만 익숙해져서 비유적인 언어의 힘을 인식하거나 그것에 사로잡히지 못한다.[6]

---

5   이것을 구별하기가 언제나 쉬운 것은 아니다. 예술가 Barry Moser가 성경 전체를 삽화로 표현하겠다는 야심찬 프로젝트를 공개하자, 「뉴욕타임즈」가 그것을 특집기사로 다뤘다 (May 26, 1999). 편집자들은 많은 그림 중에서 한 장만 실었다. 그 그림은 조금도 과장하지 않고 아주 놀라운 것이었다. 「뉴욕타임즈」의 인기 있는 내부 섹션들 중 한 곳의 머리면에 실린 이 삽화는 십자가에 못박힌 그리스도의 발에 신원 미상의 여인(아마도 막달라 마리아일 것이다)이 입을 맞추고 있는 모습을 보여주었다. 그 발에서 피가 그 여인의 얼굴로 흘러내리고 있고, 그녀는 그 피를 마시고 있는 듯했다. 그 효과는 혐오스럽고, 색정적이고, 매혹적이고, 충격적이었다. 「뉴욕타임즈」가 기독교 신앙이 우스워 보이게끔 하려고 특별히 이 그림을 선택했다는 의심을 살 만 했다. 다른 한편 우리는 단순히 결벽이나 내숭 때문에 그 그림을 거부하려고 하지는 않을 것이다. "그리스도의 피"가 가리키는 것이 무엇이든지 간에 그것은 Moser의 삽화에서 일어나고 있는 일이 아니라는 것 하나는 확실하다.

6   주요 신학대학교의 저명한 어느 교수가 1993년 11월 장로교의 "다시 상상하기" 컨퍼런스에서 한 말이 그 행사에 대한 여러 보도에 널리 인용되었다. 그녀는 교회가 "피가 뚝뚝 떨어지고 온갖 이상한 것들을 갖고 있는" 십자가에 초점을 맞추는 데서 벗어날 필요가 있다고 말했다. 사실 신약성경은 그런 것들을 말하지 않는다. 성경에서 "이상한 것"은 발견되지 않는다. 물론 그 말은 무심코 내뱉은 말이었고, 연사가 실제로 생각한 것을 적절하게 대표하려는 의도가 아니었다. 그럼에도 불구하고 그 말은 의도적으로 환원주의적인 견해 또는 성경의 이미지에 대해 놀라울 정도로 세련되지 못한 견해임을 드러냈다. 나는 그녀 자신이 이런 즉흥적인 진술로 기억되기를 원치는 않을 것이라고 확신하기 때문에 여기서 그녀의 이름을 언급하지 않는다.

영국의 신학자 케네스 리치는 반동주의적인 보수주의자가 아니지만, "우리가 피를 신뢰하고 예수의 성취를 신뢰할 필요"가 있다고 말한다.[7] 이 진술의 단순성이 "피"에 대해 끊임없이 제기되었던 모든 반대—그것의 야만성, 상스러움, 조잡함—를 무력화하지 않는가? 우리는 비유적으로 말하기를 배울 수 없는가? 신약성경에는 피와 관련한 끔찍한 혼란이나 피의 참상에 관한 것은 아무것도 없다. 수난 내러티브는 물리적인 사항들을 언급하지 않는 것으로 유명하다. 이것은 여러 면에서 중요하다. 예수의 "피"는 시각이나 후각의 관점에서 환기되는 것이 아니라 그것의 효과, 그것의 내적 의의—"예수의 성취"—로 이해된다. 이것은 고전적인 수사법에서는 **환유**로 불리는데 요즘에는 **비유**로 불리는 것이 좀 더 일반적이다.[8]

히브리서는 특히 좋은 예다. 제사라는 주제를 철저히 다루는 것으로 유명한 저자는 구약성경의 제사들의 세부적인 내용을 올바로 다루는 데 관심이 없다.[9] 히브리서에서는 포괄적이고 유동적인 상상이 작동한다. 이 서신(논문이라고 부르는 것이 더 적절하다)에서 이스라엘 백성이 광야에서 실제로 어떻게 그들의 희생제사를 드렸는지에 관한 역사적 세부 사항은 전혀 언급되지 않으면서, 구약의 여러 모티프들이 완전히 새로운 방식으

---

7   Kenneth Leech, *We Preach Christ Crucified* (New York: Church Publishing, 1994), 29.
8   나는 여기서 오해를 받지 않을까 우려한다. 나는 "텍스트"를 연구하는 많은 학자처럼 비유가 거기에 존재하는 모든 것이라고 주장하려는 것이 아니다. 나는 텍스트 배후에 무엇이 놓여 있든 문제가 되지 않는다고 말하려는 것이 아니다. 나는 Joel Marcus에게서 많은 경우에 "문자적인 의미가 비유보다 더 주도적이다"라는 유대의 주해 원리를 배웠다. 하지만 나는 성경의 저자들이 이미지 그림, 그리고 "비유들"로 말하기로 선택했을 때, 우리는 그 구절들을 그것들이 기능할 수 없는 좁은 통로로 강제로 밀어 넣지 말고 우리의 상상력을 발휘해야 한다고 주장한다.
9   히브리서가 어떤 여성에 의해 쓰였다고 제안된 적이 있다. 추가 증거가 나오지 않는 한, 이러한 편향적인 추측은 의심스럽게 여겨져야 한다.

로 결합된다. 일반적인 개념으로 충분했다. 여기서 두드러진 점은 하나님이 이스라엘 백성이 죄가 있는 상태로는 자기에게 가까이 나아올 수 없다는 것을 알고서, 그들에게 자신의 임재 안에서 살 수 있는 방법을 제공했다는 것이다. 대신에 흠이 없고 죄가 없는 다른 생명이 드려졌다. 제사장이 동물이 흘린 피를 드리는 것이 죄 사함을 얻는 수단이었다.

우리는 사도 바울이 신약성경 저자 중 가장 순수하게 지적인 사상가라고 생각하는데, 그렇게 생각하는 데는 어느 정도 일리가 있다. 하지만 바울도 손쉽게 비유적인 표현들을 사용했다. 로마서 5:9-10에서 그는 "그의 피로"라는 어구를 예수의 죽음과 동의어로 사용한다.[10] 고린도전서 5:7에서 바울은 "우리의 유월절 양, 곧 그리스도께서 희생되셨다"라고 말한다. 고린도전서 10:16은 "그리스도의 피에 참여"하는 것에 관해 말한다. 신약성경 전체에서 그리스도의 "피"라는 어구는 그리스도의 "죽음"이라는 어구보다 세 배나 자주 등장하는데, 이는 주의를 끌 만한 수치다. 수 세기 동안 행해진 이스라엘의 제사 제도는 하나님의 백성으로 하여금 "피 흘림이 없으면 죄 용서가 없다"(히 9:22)는 것을 이해하도록 준비시켰다. 최후의 만찬에서 예수 자신이 말한 "[성찬] 제정의 말씀"은 분명히 희생제사를 가리킨다. "이것은 많은 사람을 위하여 흘리는 나의 피, 곧 언약의 피니라"(막 14:24). 성경의 증언은 많은 주제와 이형들로 이루어져 있다. 그러나 희생제사, 그리고 특히 **죄를 위한** 희생제사로 해석된 예수의 죽음이 신약성경의 지배적인 아이디어 중 하나라는 점에 대해서는 의문의 여지가 전혀 없다.[11]

---

10 Cousar는 "그의 피로"와 "그의 아들의 죽음으로" 간의 유사성을 지적한다(Charles B. Cousar, *A Theology of the Cross: The Death of Jesus in the Pauline Letters*, Overtures to Biblical Theology [Minneapolis: Augsburg Fortress, 1990], 63).

11 나는 믿을 만한 사람으로부터 과정 신학에서 용서라는 주제로 학위 논문을 쓰고 있던 박

확실히 여기에 문제가 있다. 몇몇 학자는—희생 제물의 죽음은 차치하고 실제 피와 실제 죽음으로부터 멀리 떨어진 첨단 기술 사회에서 사는—우리와 같은 [미국의] 중산층 그리스도인에게는 피와 연관된 이미지가 더 이상 흥미를 끌 수 없게 된 것이 아닌지 궁금해한다.[12] 하지만 우리는 우리에게서 흘린 피의 힘이 상실되었는지 질문할 수 있다. 확실히 재클린 케네디—그녀는 상징을 능수능란하게 다루는 사람이었다—는 "나는 그들이 자기들이 무슨 짓을 저질렀는지 보기를 원해요"라고 말하면서 자기의 스타킹에 묻은 남편의 피를 지우지 못하게 하거나 자기의 분홍색 정장을 바꾸지 못하도록 완강하게 거부했을 때 피의 힘을 의식하고 있었다. 반면에 신약성경의 수난 내러티브들은 우리 안에서 이런 종류의 반응을 일으키는 데는 전혀 관심이 없다. 그 내러티브들은 우리가 그 피를 "보기"를 원하지 않는다. 요한복음이 예수의 옆구리에서 "피와 물"이 흘러나왔다고 우리에게 말해줄 때 중요한 것은 분명히 문자적인 것이 아니라 신학적인 것이다. 실제로 많은 사람이 가장 훌륭하다고 (그리고 확실히 가장 섬뜩하다고) 생각하는 십자가형 그림인 마티아스 그뤼네발트의 이젠하임 제단화에서 우리는 피를 전혀 보지 못한다. 신약성경에서 "그리스도의 피"는 골고다에서 물리적으로 발생한 일에 대한 묘사가 아니다. 다시 말하지만, 그것은 **환유** 또는 **제유**—그것의 의미를 확대하거나 강조하기 위해 어느 한 개념으로 다른 것을 가리키거나 부분으로

사 후보생에 관한 이야기를 들었다. 논문 심사 과정의 구술 방어를 들은 심사 위원 중에 유대인 학자가 있었다. 그 후보생이 발표를 마치고 한동안 논의가 진행된 뒤, 그 유대인 교수가 목소리를 높이며 자신은 당황스럽다고 말했다. 유대인인 그는 희생제사 없이는 용서가 없다고 알고 있었다. 그런데 그 후보생은 어떻게 그 주제에 관해 학위 논문을 쓰면서 희생제사에 대해 한 번도 언급하지 않을 수 있는가? 그 질문에 대한 답변은 기록되지 않았다. 하지만 그 질문은 요점을 잘 지적한 것이었다.

12 예컨대 David L. Wheeler, "The Cross and the Blood: Living or Dead Images?" *Dialog* 35, no. 1 (Winter 1996): 7-13을 보라.

전체를 가리키는 것—다. 왜 그토록 많은 사람이 그 용어를 문자적으로 해석하기를 고수하는가? 마치 반대자들이 거의 의도적으로 "예수의 피"가 하나의 이미지이며 그것도 매우 강력한 이미지라는 것을 완강히 부인하는 것처럼 보인다. 아프리카계 미국인 회중이 "내 마음에 그의 피가 뿌려졌네. 그의 이름에 영광을 돌리세"라는 복음성가를 부를 때, 그들은 이 가사를 문자적으로 생각하지 않는다. 이 가사가 문자적이라고 암시하는 것은 거의 비뚤어진 생각인 것 같다. 그들은 자기들의 삶에서 십자가에 못박힌 예수의 능력에 대해 생각한다. 우리는 여기서도 시의 영역에 있다.[13]

피: 생명인가? 죽음인가?

"피"가 생명을 대표하는지 아니면 죽음을 대표하는지에 대해 많은 논의가 있었다. 중요한 많은 학자가 모든 생물의 생명이 피에 있다고 주장하는 레위기 17:11—"육체의 생명은 피에 있음이라. 내가 이 피를 너희에게 주어 제단에 뿌려 너희의 생명을 위하여 속죄하게 하였나니, 생명이 피에 있으므로 피가 죄를 속하느니라"—이나 다른 구절들(창 9:4과 신 12:23을 보라)에 의존했다. 그들은 "피"는 생명을 쏟는 것을 의미한다고 주

---

13 하지만 이 모든 것을 확실히 해두고 나서, 우리는 만일 **피의** 제사가 그것에 있는 전부였다면, 하나님은 그의 메시아에게 십자가형보다 더 많은 피를 흘리는 죽음을 마련했을 것이라고 말해야 한다. 채찍질과 못질로 피가 흘렸지만, 복음서들에 **구체적으로** 언급된 피는 창에 찔린 상처에서 흐른 피뿐이다. 그리고 그것은 예수가 죽은 뒤에 발생했다. 예수가 참수나 할복으로 죽었더라면 피가 훨씬 더 많이 흘렀을 것이다. 우리는 십자가형의 더 깊은 의미를 다른 곳에서 찾아야 한다.

장한다.[14] 이 견해는 비교종교학과 구약 시대의 제의를 연구하는 많은 학자의 신조처럼 되었다. 이 견해에서 희생제물로서 죽음의 본질적인 요소는 생명을 쏟는 것이다. 죽음은 유쾌하지는 않지만 피를 얻기 위해서는 어쩔 수 없이 필요한 부수적인 과정으로 여겨진다. 이 문제는 매우 중요하다. 예수가 **생명**을 내준 것만 강조된다면, 우리는 그가 하나님께 버림받은 것이나 저주 아래 놓인 것을 설명할 방법이 없다. 그런데―우리가 본서의 2장에서 주장했듯이―이것은 그리스도의 십자가형의 가장 심오한 측면 중 하나다. 그리스도의 희생의 본질이 그의 생명을 주는 것이라는 말은 확실히 옳다. 그러나 죽음에서 생명을 분리하는 이런 학자의 주장은 우리가 십자가 위에서 일어난 대표, 대속, 화해, 대리적 고난 또는 교환에 대해 말할 수 없음을 의미한다. 하나님이 하나님 자신을 심판한다는 개념이 제거되기 때문이다. 따라서 이런 해석에서는 우리가 십자가의 야만성에 대해서는 여전히 아무것도 알지 못할 것이다. 만약 그것이 단순히 피에 들어 있는 생명을 얻는 문제라면, 확실히 피가 좀 더 깨끗하고 심미적인 방식으로 주어질 수도 있었을 것이기 때문이다.

결국 이 피가 생명을 의미하는지 죽음을 의미하는지에 관한 논쟁은 불필요하다. 이 주제에 관한 19세기 해석자 제임스 데니의 솔직한 가르

---

14 이는 특히 이전 세대들의 Vincent Taylor 및 B. F. Westcott와 관련이 있는 중요한 견해로서 오늘날에도 여전히 많은 학자에게 널리 지지를 받고 있다. 일례로, 예컨대 Nahum Sarna 는 "피는 생명의 본질로서, 성경은 이 점에 대해 여러 번 명시적으로 언급한다"고 썼다 (Nahum Sarna, *Exploring Exodus: The Origins of Biblical Israel* [New York: Schocken Books, 1986], 92-3). 그리스도가 자신을 내어 주는 맥락에서 피가 **언제나** 죽음이 아니라 생명을 의미한다는 견해는 자신을 진보적이라고 생각하고 "어떤 형태의 폭력도 용인할 마음이 없는" 사람들을 위해서만 그것(피)을 사용하라고 추천하는 학자들의 신조다(James Rowe Adams, ed., *The Essential Reference Book for Biblical Metaphors: From Literal to Literary*, 2nd ed. [Dallas, Word, 2008], 255-57). 이 견해는 십자가형에 의한 죽음에서 그것의 독특한 중요성을 빼앗아간다.

침이 가치가 있다. 데니는 바울에게 합당한 복음을 위해 분개하면서 B. F. 웨스트코트가 생명과 죽음을 나누고, 바친 피와 흘린 피를 나누며, 우리가 이용할 수 있도록 해방된 생명과 죽음에 내려 놓은 생명을 나누는 "이상한 변덕"이 있다며 그를 공격했다.

나는 감히 성경의 어느 부분에 대한 해석에서든지 이러한 구분을 통해 히브리서에 도입된 해석이야말로 끊임없이 문제를 일으키는, 가장 근거가 없는 공상이라고 말하겠다.…예수의 죽음을 통해서 그의 죽음이 아닌 그의 생명이 사람들을 위해 "해방"되고 "이용될 수 있게" 되었다고 말하는 것은 의미가 없다. 오히려 그의 부활하신 생명을 의미 있게 하고 죄인들을 구원하는 능력이 되게 하는 것은 그 이상도 그 이하도 아닌 바로 **그의 죽음이 그 안에 있었다**는 것이다.[15]

스티븐 사이크스는 전적 헌신, 자신의 전 존재를 드림이라는 의미에서 생명을 주는 것으로서 희생제사 개념을 강조했다. 당신의 최상의 이익에 전적으로 헌신하고, 당신이 번성하는 것에 전념하고, 당신을 위해 모든 적에 대항해 싸우고, 당신의 삶에서 파괴적인 모든 것을 제거하기로 결심하고, 당신이 어떤 존재인지에 대해 모든 세부사항에 관심을 기울이며, 당신만을 생각하고 자신에 대해서는 전혀 생각하지 않는 사람이 있다고 상상해보라. 예수가 바로 우리 모두와 관련하여 그런 존재다. 그분은 그의 생애에서 자신을 희생했고, 그의 죽음에서 자신을 희생했다. 예수가 **자신**을 내줌으로써 성취한 것을 우리가 이해할 때, 생명을 드림과

---

15 James Denney, *The Death of Christ*, ed. R. V. Tasker (London: Tyndale Press, 1951; orig. 1902), 149.

불경건한 죽음을 받아들인 것 사이에서 하나를 선택해야 할 유용한 이유를 식별하기가 어렵다.

희생 개념

희생 개념에는 몇 가지 기본적인 아이디어들이 존재한다. 예컨대 야구에서 다른 주자를 진루시키기 위해 자신이 안타를 칠 기회를 포기하는 희생 번트를 생각해보라. 이 단어는 자신의 생명을 "숭고하게 희생한" 군인들을 언급할 때도 사용된다. 체스를 두는 사람들은 나중에 이익을 얻기 위해 졸(pawn) 하나를 "희생한다." 전문직종에 종사하는 여성은 자신의 경력을 "희생"하고 싶지 않아서 결혼하지 않거나 아이를 낳지 않겠다고 말할지도 모른다. 다른 측면에서 보자면, 우리는 확실히 자신의 아이들이 성공할 수 있도록 부모가 포기하는 것을 흔히 "희생"이라는 단어로 묘사하는 것에 익숙하다. 이 개념의 중대성은 문맥에 의존한다. 마틴 루터 킹은 희생에 관해 많이 이야기했다. "운동에 관여하는 희생적인 삶을 살아야 합니다."[16]

이 모든 용례에서 적어도 두 가지 아이디어가 존재한다.

- 가치 있는 어떤 것이 포기된다.
- 그 목적은 더 큰 유익을 얻기 위함이다.

---

16 Taylor Branch, *Parting the Waters: America in the King Years, 1954-63* (New York: Simon and Schuster, 1988), 727에 인용됨.

영어에서 "sacrifice"(희생[하다])"라는 단어는 명사일 수도 있고 동사일 수도 있다. 우리는 그 단어가 사용되는 두 방법을 모두 살펴봄으로써 의미의 중요한 층들을 식별할 수 있다. 그 단어가 동사로 쓰일 때 우리는 일반적으로 어떤 사람이 **희생하는**, 즉 어떤 것을 포기하는 것을 본다. 명사로 쓰일 때에는 그 단어는 포기하는 **행위**(야구에서 "희생")를 의미할 수도 있고, 체스에서 졸이나 부두교 제의에서 도살된 수탉처럼 포기되거나 제공된 것 **자체가 희생**일 수도 있다(특히 이 점을 주목하라).

예수에게서는 이 모든 의미가 결합되어 있다. 예수는 제사장의 역할을 취해 예루살렘에서 죽음이 자신을 기다리고 있다는 것을 알면서도 의도적으로 그곳으로 **감**으로써(능동태 동사) 희생을 제공한다. 그다음에 그는 저항하기를 거절함으로써 자신이 **희생되도록**(수동태 동사) 허용한다. 그리고 그는 자신을 포기함으로써 자신이 직접 **희생**(명사)이 되었다. 예수가 이 모든 의미를 한 인격 안에 결합한 유일한 인물은 아니었지만, 사도들이 설교에서 이 희생은 **모든 시대의 모든 인류와 온 우주에 효력이 있는** 희생이라고 주장한다는 점에서 그것은 종교사에서만 아니라 세계사에서 유일한 희생이다.[17]

이제 성경적으로 이해된 희생제사의 목적을 살펴보자.

---

17 **에파팍스**(*ephapax*, "단번에")는 히브리서의 독특한 단어이며, 예수가 자신을 제물로 드림과 관련하여 네 번 반복되었다. "이제 자기를 **단번에** 제물로 드려 죄를 없이 하시려고 세상 끝에 나타나셨느니라"(히 9:26; 또한 7:27; 9:12; 10:10).

레위기의 속죄제

하나님께 희생제사를 드린다는 성경의 모티프는 구약성경과 신약성경에서 중요한 모티프다. 본서에서는 이 주제에 관해 깊이 다룰 수 없다. 우리가 살피고 있는 모든 주제 중 이 주제는 종교사에 정통하지 않은 사람에게 가장 두려운 주제다. 평범한 그리스도인 탐구자들이 고대 문화 일반과 특히 구약 종교의 희생제사 제도의 복잡성을 풀어보려고 하면 정신이 산란해질 수도 있다. 역사비평 방법을 훈련받은 설교자가 그리스도의 희생에 관해 설교하려고 하는 것은 참으로 가련한 일이다. 그런 설교자가 속죄제, 속건제, 감사제, 소제, 속죄제 염소, 대리, 집단 학살, 속죄의 희생제물, 달래기 위한 희생제물, 언약적 희생제물 등의 차이를 어떻게 다룰 수 있겠는가?[18] 하지만 지난 40년 동안 신학교 교육이 너무도 많이 바뀌어서, 지금은 설교자들이 배경을 연구하려는 노력을 **거의 기울이지 않는** 위험이 발생했다. 그렇지만 이 점을 상기시켜 주는 것이 적절할 것이다. 신학적인 어떤 것을 말하려고 하는 설교자나 교육자가 고대 근동에서 발굴된 모든 것들의 의미에 볼모로 잡힐 필요는 없다. 조만간 해석자는 역사적 연구에서 발견한 것들에 압제당하지 않으면서도 그런 것들을 고려하는 **그리스도의 속죄제사의 신학**에 도달해야 한다. 희생제사 개념은 좀 더 적절한 보편적인 의미를 갖고 있다.

정교한 규정과 의식을 서술하는 레위기는 오늘날 어떤 진영에서는

---

18 나는 이런 제사들에 관한 기술적인 세부 사항에 관한 현대의 비평적 연구를 처음 배우기 시작했을 때, 설교단 아래에서 고대 근동에 대한 전문가가 튀어나올까 봐 두려워서 예수의 희생제사에 대해 한 마디도 말할 수 없었다. 다행히도 우리는 이제 더 이상 이런 것에 사로잡혀 있지 않다. 오늘날의 신학생들은 내가 경험했던 것과 동일한 두려움을 경험할 필요가 없다.

낯설게 여겨지고, 심지어 웃기는 것으로 제시되기까지 한다. 하지만 우리가 어디서 그리고 어떻게 그것을 찾을 수 있는지 알기만 한다면, 레위기에는 기름진 토양이 상당히 많이 들어 있다.[19] 제일 먼저 기억해야 할 점은 이러한 법들이 낯선 땅에 사는 하나님의 백성에게 주어졌다는 것이다. 이스라엘 백성은 성경 역사의 대부분 동안 그런 현실에서 살았다. 그들은 가나안이나 바빌로니아 또는 로마 제국에서 "체류"했다. 그들이 참으로 고국에 있던 시기는 너무 짧았다. 이것은 그리스도인들에게도 마찬가지이거나 마땅히 그러해야 한다. 하나님의 백성은 늘 편치 않은 상황에 처할 것이기 때문이다. 우리는 낯선 신들에게 포위당했거나 그들에게 점령된 땅에 있는 포로로 산다.[20] 교회는 언제나 낯선 땅에 있다는 의식을 가져야 한다. 만일 우리가 이 긴장을 느끼지 않는다면 우리는 사실상 교회가 아니다. "시온에서 편안한 자들에게 화가 있을 것이다"(암 6:1, 개역개정본을 따르지 아니함).

---

19 Ephraim Radner의 신학적인 레위기 주석은 많이 무시당하는 레위기가 그리스도인과 유대인 모두에게 전 세계적이고 실로 "우주적인" "역사적" 중요성을 갖는다고 주장한다. Radner는 레위기를 기독론적으로 읽을 때, 제사에만 초점을 맞추는 것에 주의를 준다. 제사는 "자신을 드림이라는 실재를 통해 하나님과 다양하게 연관된… [레위기에서] **모든** 피조물의 특성을 좀 더 넓게 드러내는 것을…반영하는 요소"이기 때문이다(Ephraim Radner, *Leviticus*, Brazos Theological Commentary on the Bible [Grand Rapids: Brazos, 2008], 174). 우리가 Radner의 상상력이 풍부한 독법에 모두 동의해야만 오리게네스, 라쉬, 파스칼과 같은 현대 이전의 해석자들과 대화 가운데 펼치는 레위기에 대한 그의 재고(再考)를 이해할 수 있는 것은 아니다. 레위기는 결코 대속, 제의적 정결, 피의 제사 및 이와 관련된 문제들에만 초점을 맞추지 않았다. 희년을 설명하는 장(레 25장)에서는 경제적 정의와 노예 상태에서의 해방이라는 주제가 강력하게 제시되었다. F. W. Dillistone, *The Christian Understanding of Atonement* (Philadelphia: Westminster, 1968), 183-84를 보라.

20 이방인과 외인이라는 이 주제는 Walker Percy의 소설들에 잘 나타나 있다. 그래서 그의 에세이 모음집의 제목도 『낯선 땅의 이정표』(*Signposts in a Strange Land*)다. 마찬가지로 요한계시록에 관한 특이하지만 탁월한 William Stringfellow의 책의 제목은 『낯선 땅에서 사는 그리스도인들과 기타 외계인들을 위한 윤리』(*An Ethic for Christians and Other Aliens in a Strange Land*)다. Stanley Hauerwas와 Will Willimon의 잘 알려진 공저의 제목은 『하나님의 나그네 된 백성』(*Resident Aliens*, 복있는사람 역간)이다.

레위기의 성결법은 18장에서 시작하며 그 책 전체를 뒤돌아보는 빛
을 비춰준다. 일반적으로 포로 초기 때부터 기록되기 시작한 것으로 추
정되는 성결법은 하나님의 백성을 바빌로니아 사람들 및 나중에는 디아
스포라의 다른 땅들에 사는 백성들과 **구별하기** 위해 고안되었다. 이 구
별, 이 떼어둠은 거룩한 공동체는 열방의 소위 신들과 완전히 구별되고
그 신들과 전혀 다른 하나님에 대한 영원한 증인이어야 한다는 고상한
목적을 갖고 있다. "많은 신들과 많은 주들"이 있었고, 또 지금도 그러하
기 때문에(고전 8:5) **"나는 너희 하나님이다"**라고 말하는 것은 결코 사소
한 일이 아니다. 오늘날 이것이 적실성이 있다는 것은 명백하다. 가나안
의 신들과 바빌로니아의 신들은 이름, 조각상, 그리고 제단들로써 경배
를 받았지만 오늘날의 바알들도 이에 못지 않은 우상들이다.[21] 오늘날 유
명인사들이 "우상"으로 불리는데, 이 단어는 한때는 종교적 숭배의 대상
에게만 사용되었다. 요즘 우리는 대성당을 쌓아올리듯이 "재산을 쌓아
올린다"고 말한다. 사치품 소유, 색정적인 감각, 온갖 종류의 자아 추구
및 자기 강화 등은 오늘날 우리가 추구하는 신들의 몇몇 예로서 우리는
그것들에 엄청난 돈, 관심, 시간과 에너지를 희생한다. 사실 우리는 우리
의 삶의 대부분을 그것들에 희생하고 있다. 레위기의 많은 부분이 오늘
날 우리에게 이상하게 보이기는 하지만 성결법의 신학적 토대가 지금처
럼 적실성이 있었던 적은 없었다.

여호와께서 모세에게 말씀하여 이르시되 "너는 이스라엘 자손에게 말하여

---

21 레위기는 예루살렘이 바빌로니아에게 함락된 뒤 비로소 현재의 형태로 결합되었다. 하지
만 레위기는 훨씬 오래된 자료들에 의존하고 있는데, 나는 그래서 "가나안 사람들"을 언급
했다. 내 말은 가나안 사람들과 바알들이라는 말이 그 당시부터 지금까지 우상숭배 일반
을 가리킨다는 뜻이다.

이르라. 나는 여호와 너희의 하나님이니라. 너희는 너희가 거주하던 애굽 땅의 풍속을 따르지 말며 내가 너희를 인도할 가나안 땅의 풍속과 규례도 행하지 말고, 너희는 내 법도를 따르며 내 규례를 지켜 그대로 행하라. 나는 너희의 하나님 여호와이니라. 너희는 내 규례와 법도를 지키라. 사람이 이를 행하면 그로 말미암아 살리라. 나는 여호와이니라"(레 18:1-5).

레위기 전체에서 반복되는 "나는 여호와니라"라는 엄숙한 단언에 주목하라. 레위기에 규정된 내용 중 그것 자체를 넘어 한 분 하나님을 가리키기 위해 계획되지 않은 것은 하나도 없다. 레위기에 수록된 대부분의 실제 명령들은 오늘날 우리에게는 생각할 수 없는 것들이지만 조금만 노력하면 우리는 "거룩"한 백성이 되라고 부름 받은 하나님의 백성에게 거룩이 갖는 중요성을 파악할 수 있다. "거룩"은 히브리어(*qadhosh, qodhesh*)나 그리스어(*hagios*) 모두에서 번역어 "신성한", "성인", "성화"를 포함하는 단어 집단에 속한다. 이 단어의 어근은 "~로부터 분리되다, ~로부터 구별되다"를 의미한다. "분리되는" 목적은 만연한 이교 문화 속에서 이스라엘의 하나님을 영화롭게 하는 것이다.[22] 이렇게 될 수 있는 유일한 방법은 독특한 생활 방식을 통하는 것이다. 하나님의 백성은 이 세상에서—바울이 고린도 교회에게 말했던 "많은 신과 많은 주"와 대조적으로 참된 하나님을 선포하는—다른 존재 방식을 고수한다. 궁극적으로 그 구별은 레위기를 넘어 주변 문화의 신들과 온 세상에서 독특하고 "종교"에서 들어본 적이 없는 십자가에 못박힌 메시아 간의 구별이다.[23]

---

22 바빌로니아에서 사드락, 메삭, 아벳느고, 다니엘의 처신을 서술하는 단 1-3장의 내러티브들은 이 시대에 큰 힘을 갖고 있다.

23 "비록 하늘에나 땅에나 신이라 불리는 자가 있어 많은 신과 많은 주가 있으나, 그러나 우리에게는 한 하나님 곧 아버지가 계시니 만물이 그에게서 났고 우리도 그를 위하여 있고,

이처럼 구별된 삶을 살도록 요구된다고 해서 이스라엘이 그 주변에 있는 백성을 경멸하도록 허용되는 것은 아니다. 특히 중요한 구절에서 레위기는 이렇게 지시한다. "너희와 함께 있는 거류민을 너희 중에서 낳은 자같이 여기며 자기같이 사랑하라. 너희도 애굽 땅에서 거류민이 되었었느니라"(레 19:34). 엘렌 데이비스는 이 구절을 "레위기 안의 불안정하게 만드는 요인"이라고 부른다. 이는 엄격한 성결법 안에서조차 미래의 길이 늘 열려 있음을 의미한다. "레위기의 시각에는 성장하여 그 시각의 한계들을 터뜨릴 겨자씨가 포함되어 있다.…이것이 예수와 그를 따르는 사람들에게서 일어난 일이다."[24] 분리됨은 하나님의 백성 편의 우월감을 부추기는 것을 의미하지 않는다. 우월한 존재는 **하나님**이지 그의 종들이 아니다.[25] 공동체의 구성원들은 우상숭배에 허우적거리는 가나안 사람들을 멸시해서는 안 된다. 구약성경 전체를 고려해보면, 이스라엘에 대한 궁극적인 계획은 그들이 이 땅의 **모든** 백성에게 복이 되는 것이다.

또한 한 주 예수 그리스도께서 계시니 만물이 그로 말미암고 우리도 그로 말미암아 있느니라"(고전 8:5-6).

24 Ellen F. Davis, "Reading Leviticus in the Church," *Virginia Seminary Journal* (Winter 1996-1997).

25 Philip Hughes는 그의 히브리서 주석에서 "~로부터의 분리"와 "~으로의 분리"를 멋지게 구분한다. 이 구분은 "분리"됨이라는 개념과 관련된 몇몇 문제를 제거한다. 그는 그리스도인들이 거룩한 구역들을 떠나서 예수가 "수치를 개의치 않고 십자가를 참았던"(히 12:2) 장소인 "진영 밖으로" 나가라고 부름을 받았다고 말하는 히 13:12-13을 언급하면서 이 점을 지적한다. "예수는 성문 밖에서 고난을 받음으로써 자신을 거룩하지 않은 세상과 동일시한다.…우리의 거룩하지 않은 토대 위에서 그분은 우리로 하여금 자신이 짊어지고 십자가 위에서 속죄한 우리의 죄 대신에 자신의 거룩함을 활용할 수 있게 해준다.…이러한 그리스도를 따르는 것은 진영 안에 두기에는 너무도 수치스러운 십자가가 세워진 곳인 진영 밖으로 나가는 것과 불가피하게 관련을 맺게 된다." 그는 이어서 F. F. Bruce를 매우 효과적으로 인용한다. "예수가 거기서 쫓겨났기 때문에 전에 신성했던 것은 이제 신성하지 않게 되었다. 그리고 예수가 그곳에 있었기 때문에 전에 신성하지 않던 곳은 이제 신성한 터전이 되었다"(Philip Edgcumbe Hughes, *A Commentary on the Epistle to the Hebrews* [Grand Rapids: Eerdmans, 1977], 580-82).

아브라함에게 한 약속에 관하여 말하는 로마서 4장을 예견하면, 아무리 불의하다고 하더라도, **경건하지 않은 사람**을 위하여 십자가에서 죽은(롬 5:6) 분에게서 벗어난 사람은 아무도 없다. 그러므로 하나님의 백성은 자신을 구별하기도 하고, 구별하지 않기도 한다.

초기 그리스도인들에게는 신약성경이 없었다. 그들의 주님의 이상한 죽음의 의미를 발견하기 위한 유일한 자료는 그들이 이미 알고 있었던 경전이었다. 초기 기독교 지도자들이 하나님의 아들의 끔찍한 죽음이 어떻게 하나님의 마음과 계획에 있었는지 이해하기 위해 히브리 성경의 모든 음절을 얼마나 주의 깊게 찾아보았을지 상상해보라. 그것은 틀림없이 흥미진진한 과정이었을 것이다. 레위기를 읽고 동시에 예수를 생각하는 사람이라면 아무도 레위기의 규정 목록에서 "흠 없는 수컷"과 같은 어구를 알아차리지 않을 수 없었을 것이다. 부활 후 처음 몇 년 동안은 히브리 경전에서 이런 내용을 자세하게 살폈을 것이다. 만일 우리가 구약성경을 이와 비슷한 방법으로 읽으면서 단서를 찾기 위해 노력한다면, 우리는 자기 백성에게 메시아의 도래를 예비한 하나님의 마음에 훨씬 더 가까이 다가갈 수 있다.[26]

레위기 1:3은 청원자가 그의 제물을 "회막 문에서 여호와 앞에 기쁘게 받으시도록" 드려야 한다고 규정한다. 여기서 기본적인 전제는 우리가 오늘날 종종 입심 좋게 말하는 것처럼 "우리의 있는 모습 그대로"는 하나님 앞에서 받아들여지지 않는다는 것이다. 우리가 받아들여질 수 있다고 여겨지기 전에 뭔가가 일어나야 한다. 우리가 이번 주에는 받아들

---

26 우리는 구약성경 읽기와 관련해서 제국주의적이 되기를 원치 않는다. 그리스도인들은 구약성경이 우리만의 책이 아니라는 것을 기억할 필요가 있다. 하지만 우리가 유대인들을 불쾌하게 할까 두려워 초기 교회가 예수에 관해 히브리 경전에서 보았던 놀라운 것들을 인식하지 못한다면, 교회는 계속 영양실조로 시달릴 것이다.

여질 수 있다가 다음 달에는 잘못된 위치에 놓이게 될 것이라고 예상할 수도 없다. 레위기에서는 하나님의 거룩과 인간의 사악함 간의 간격이 너무도 커서 정기적으로 희생제사를 드려야 한다고 가정된다.

히브리 제사 제도의 규정들은 부분적으로는 속죄의 한 측면으로서 의식적인 부정으로부터 정결해지는 데 목적이 있다. 이 점에서 그 규정들은 다른 종교의 희생제사들과 크게 다르지 않다. 따라서 우리는 하나님이 그 백성의 사악함에 비추어 **하나님 자신이** 그들의 지속적인 회복을 위한 **수단을 제공했다**는 것을 배운다. 구약의 제사 제도에는 그것으로부터 멀리 떨어져 있는 우리가 보기에 이해하기 어려운 부드러움을 갖고 있다. 하지만 우리는 어쩌면 늘 고집스러운 백성에게 자기 앞에 설 수 있는 수단을 주시는 하나님의 인내와 친절이라는 일반적인 개념을 이해할 수도 있을 것이다. 하나님의 의로움은 자신의 백성을 의롭게 만들기 위해 능동적으로 작용한다.

레위기는 서두에서 이렇게 지시한다. [예배자는] "그 예물이 소의 번제이면 흠 없는 수컷으로 회막 문에서 여호와 앞에 기쁘게 받으시도록 드릴지니라. 그는 번제물의 머리에 안수할지니 그를 위하여 기쁘게 받으심이 되어 그를 위하여 속죄가 될 것이라"(레 1:3-4). "그를 위하여"는 "그를 대표하여" 또는 "그를 대신해서"를 의미할 수 있다. 손을 얹는 것은 그 동물이 예배자를 대신하는 대표라고 선언하는 효과가 있다.[27] 여기에는 확실히 대체에 대한 암시가 있다. 어떤 의미에서 희생되는 동물은 용서와 배상을 필요로 하는 사람을 **대신한다**. 그래서 대신 죽은 동물의 피는 죄에 대한 보상 또는 죄를 "덮은 것"으로 받아들여진다(출 29:35-37도 보라).

---

27 이것은 부분적으로 Joseph Mitchell이 죽어가는 그의 누이가 제기한 질문에 관한 이야기에서 도달한 아이디어다(서론을 보라).

속죄제에 대한 규정은 4장부터 시작한다. "여호와께서 모세에게 말씀하여 이르시되…누구든지 여호와의 계명 중 하나라도 그릇 범하였으되, 만일 기름 부음을 받은 제사장이 범죄하여…만일 이스라엘 온 회중이 여호와의 계명 중 하나라도 부지중에 범하였으면…만일 족장이 그의 하나님 여호와의 계명 중 하나라도 부지중에 범하였으면…." 모든 개인과 모든 집단을 위한 광범위한 규정이 마련되었다. 피의 제사의 결과는 제사장이 그들을 위해 속죄를 하고 그들의 죄가 사함을 받는다는 것이다. 여기서의 근본적인 전제는 죄에 대한 **배상**이 있어야 한다는 것인데, 이는 3장에서 강조된 사상이다. 죄는 단순히 용서받고 그런 다음에는 마치 아무런 일도 없었던 듯이 제쳐둘 수 있는 것이 아니다. 어떤 사람이 끔찍한 잘못을 범했다 하더라도 우리 그리스도인들은 일흔 번씩 일곱 번이라도 용서해야 한다고 알고 있다. 하지만 그럼에도 불구하고 우리 안에 있는 무엇인가가 정의를 요구한다. 구약성경과 신약성경 모두 이 문제에 대해 심오하게 말하고 있다. "실수가 있었어"라거나 "그런 의도가 아니었어"라고 말하는 것으로는 충분치 않다. 레위기의 전체 체계는 아무도 "모르고 저지른" 죄는 중요하지 않다고 생각하지 못하게 하려고 마련되었다.[28]

속죄에는 **대가가 따른다**는 사상이 제의의 기본적인 요소다. 뭔가 가치가 있는 것이 배상으로 제공되어야 한다. 희생된 동물의 생명 및 피흘림과 관련된 두려움이 이 배상을 대표한다. "피 흘림이 없은즉 죄 사함이

---

28 이 점이 중요한데, 제사에 관한 법에 고의적인 죄를 위한 규정은 없다. 민 15:30-31의 다소 충격적인 구절을 보라. "고의로 무엇을 범하면…그의 백성 중에서 끊어질 것이라. 그런 사람은…그의 죄악이 자기에게로 돌아가서 온전히 끊어지리라." **그리스도가 경건하지 않은 자들을 위해 죽으셨다**는 선언을 재해석할 수 있는 가능성이 많이 있다. 이 이슈는 본서의 마지막 몇 장의 핵심 주제다.

없느니라"(히 9:22). 피는 주는 사람에게는 궁극적인 비용을 대표한다. 여기에 우리 자신도 모르게 우리를 사로잡고 있는 강력한 어떤 것이 있다. 신약성경에서 "그리스도의 피"라는 어구는 이러한 원시적인 의미의 희생적, 속죄적 의미를 갖고 있다. 그러기를 원할지라도 우리는 이러한 연결관계를 근절할 수 없다.

레위기 5:15은 죄를 범한 사람은 반드시 "몇 세겔 은에 상당한" 속건제물을 여호와께 가져와야 한다고 규정한다. 제물에 **가치**를 부여하는 것을 강조하는 데 주목하라. 여기서 제물의 가치와 죄의 중대성 사이에 모종의 상관관계가 있어야 한다는 점이 암시된다. 드리는 희생제물이—마치 몇 년 동안 입지 않고 옷장 뒤쪽에 걸어둔 오래된 옷처럼—단지 우리가 없애려고 하는 어떤 것이라면 배상이 이루어지지 않는다. 여기서는 안셀무스가 사용한 용어인 "만족" 및 그 단어가 암시하는 비교할 만한 대가가 옳은 것 같다. 우리는 이 개념에 익숙하다. 우리는 중죄를 범한 사람들이 가벼운 형을 선고받을 때 격분한다. 문제는 참으로 커다란 범죄에 대해 적절한 처벌이 없다는 것이다. 수백만 명의 집단 학살은 차치하고, 어떻게 폭탄 테러의 희생자들에게 보상하기에 충분히 가치가 있는 것이 있을 수 있겠는가? "형제님은 아직 죄의 중대성을 고려하지 않았습니다"라는 안셀무스의 요지가 여기서도 적절하다. 히브리서에서 명시적으로 도출된 결론은 동물의 희생은 충분치 않다는 것이다. 예수의 죽음을 이해하는 가장 간단한 방법 중 하나는 우리가 십자가를 볼 때, 하나님이 우리를 죄에서 해방시키기 위해 어떤 대가를 치렀는지 보는 것이다.

자신이 이미 하나님의 은혜의 영역 안에 있음을 모르는 사람에게는 이 중 어느 것도 설득력이 없을 것이다. 구약성경은 모두 죄와 심판에 관한 것이라는 생각이 널리 퍼져 있음에 비추어볼 때, 구약성경이 은혜를 포함하고 있다는 점을 교회가 좀 더 의도적으로 가르칠 필요가 절실하다. 한 백성을 선택함에 있어서 하나님의 구속의 목적(창 12:1-3; 17:1-27)은 그 백성에게 계명과 규정들을 주기 **오래 전에** 효력을 발휘했다.[29] 이 언약의 확실성이 우리로 하여금 자신의 죄악된 상태를 완전히 알면서도 하나님 앞에 나올 수 있게 해주는 기초다. 우리는 "우리의 있는 모습 그대로"는 하나님 앞에서 머무를 수 없다. 구약성경의 제사 제도가 오늘날 우리에게 아무리 소름끼치게 보일지라도 그것은 하나님의 백성은 희생 제물을 바치기 **전에 이미** 은혜 안에 있음을 보여준다. 하나님은 이미 그들에게 **"너희는 내 백성이다"**라고 선언했다.[30] 하나님 자신이 우리가 그에게 가까이 나아갈 수 있는 수단을 정해 놓았다. 토라에 수록되어 있는 규정들은 부족 풍습들의 목록이 아니다. 그것들은 살아 계신 하나님께로부터 온 선물이다.

그리스도가 탄생하기 직전 몇 년 동안에 출현한 묵시는 우리가 레위기를 읽는 데 영향을 준다. 인간의 능력을 넘어서는 곳으로부터의 하나님의 개입을 강조하는 이 포로 후 세계관은 단순히 일련의 재앙적인 사건들에 종교적으로 적응한 것이 아니었다.[31] 일련의 재앙 자체가 하나님

---

29 우리는 이것이 매일의 생활에서 어떻게 작동하는지 볼 수 있다. 만일 어떤 아이가 꾸중을 듣는다면, 아이가 그 메시지를 안전하게 받을 수 있게끔 그 꾸중은 무조건적으로 사랑하는 사람에 의한 것이어야 한다. 그것이 은혜가 작동하는 방식이다. 우리가 4장에서 말했듯이, 우리가 **이미 안전하다**는 지식이 우리로 하여금 꾸지람을 감사함으로 받을 수 있게 해준다.
30 심지어 엄한 경고가 많이 있는 레위기의 끝부분에도 이런 말씀이 있다. "그런즉 그들이 그들의 원수들의 땅에 있을 때에 내가 그들을 내버리지 아니하며 미워하지 아니하며 아주 멸하지 아니하고 그들과 맺은 내 언약을 폐하지 아니하리니, 나는 여호와 그들의 하나님이 됨이니라. 내가 그들의 하나님이 되기 위하여 민족들이 보는 앞에서 애굽 땅으로부터 그들을 인도하여 낸 그들의 조상과의 언약을 그들을 위하여 기억하리라. 나는 여호와이니라"(레 26:44-45).
31 이것은 결코 종교사학자, 인류학자, 사회학자, 문학비평가 등에게 만족스럽게 설명될 수 없다. 그것은 성경의 자기 변호에 근거한 믿음의 주장이다. 묵시가 필사적인 조치라는 반대 주장은 늘 있을 것이다. 예컨대 Jasper Griffin, "New Heaven, New Earth," *New York Review of Books*, December 22, 1994를 보라.

의 목적이 밝혀지는 측면이다. 구약의 제사들이 효과적이지 않다고 선언할 때가 왔다. 그렇다고 해서 하나님이 한 동안 제사 제도를 시험해보고 나서 그것이 효과를 발휘하지 않는 것을 알고 그 제도를 버렸다는 뜻은 아니다. 제사 제도의 부적절성은 그것의 설계 결함이 아니라 애초부터 하나님의 목적의 한 부분이었다. "레위 계통의 제사 직분으로 말미암아 온전함을 얻을 수 있었으면…다른 한 제사장을 세울 필요가 있느냐?"(히 7:11) 하나님은 애초에 제사가 이스라엘을 올바르게 만들어줄 효능이 없음을 알고서 자기 백성을 위해 **실패하지 않을 제사**, 즉 성자의 자기 희생을 마련했다. 그리스도의 희생은 인간의 죄에 대한 하나님의 반응이 아니라 하나님의 존재 자체 안에 있는 원래의 조치였다는 것은 신학적으로 매우 중요한 요점이다. 하나님이 자신을 희생적으로 제공한 것은 바로 하나님의 속성 안에 존재한다.

레위기에 등장하는 아사셀 염소와 속죄일

레위기 16장에는 속죄일에 대한 두 개의 묘사―짧은 설명(16:6-10)과 긴 설명(16:11-28)―가 있다. 긴 설명에는 좀 더 흥미로운 세부사항이 있다. 여기서 두 마리 염소가 등장하는데 그중 하나는 도살해야 하고 다른 하나는 멀리 보내야 한다.

> 또 [아론은] 백성을 위한 속죄제 염소를 잡아 그 피를 가지고 휘장 안에 들어가서…속죄소 위와 속죄소 앞에 뿌릴지니 곧 이스라엘 자손의 부정과 그들이 범한 모든 죄로 말미암아 지성소를 위하여 속죄하고(레 16:15-16).

그 지성소와 회막과 제단을 위하여 속죄하기를 마친 후에 살아 있는 염소를 드리되, 아론은 그의 두 손으로 살아 있는 염소의 머리에 안수하여 이스라엘 자손의 모든 불의와 그 범한 모든 죄를 아뢰고 그 죄를 염소의 머리에 두어 미리 정한 사람에게 맡겨 광야로 보낼지니, 염소가 그들의 모든 불의를 지고 접근하기 어려운 땅에 이르거든 그는 그 염소를 광야에 놓을지니라(레 16:20-22).

속죄제 수송아지와 속죄제 염소의 피를 성소로 들여다가 속죄하였은즉 그 가죽과 고기와 똥을 밖으로 내다가 불사를 것이요(레 16:27).

이곳 레위기 16장에는 두 유형의 동물이 등장하는데 그중 하나는 속죄 제물이고 다른 하나는 아사셀 염소다. 예수와 이 두 동물들 사이를 문자적으로 연결하려고 너무 열심히 시도하면 우리는 온갖 종류의 문제에 직면할 것이다. 우선 두 동물 중 어느 것도 어린 양이 아니다. 예수는 "하나님의 염소"라고 불린 적이 없었다! 결코 제사와 희생제물의 세부적인 내용에 대한 전문가가 아니었던 히브리서 저자조차 속죄제를 위해 일반적으로 사용되었던 것이 어린 양의 피가 아니라 "숫소와 염소의 피"였다는 것을 알았다. 이런 의미에서 신약성경에는 상징들의 융합이 상당히 많이 존재한다. 우리는 이것이 오늘날 우리에게 허용하는 자유에 대해 고맙게 생각할 수도 있다.

공교롭게도, 신약성경에는 아사셀 염소 이미지의 직접적인 흔적이 거의 없다.[32] 모나 후커와 E. G. 셀윈은 그것의 이미지가 베드로전서

---

32 나는 막 1:12("성령이 곧 예수를 광야로 몰아내신지라")나 히 13:13("그런즉 우리도 그의 치욕을 짊어지고 영문 밖으로 그에게 나아가자")에서 아사셀 염소 이미지를 조금이라도 언급한 사람을 나 외에는 한 사람도 볼 수 없었다.

2:24("친히 나무에 달려 그 몸으로 우리 죄를 담당하셨으니")에 존재한다고 제안했지만, 이것은 전혀 확실하지 않다.[33] 우리는 신약성경에서 예수를 명시적으로 아사셀 염소로 지칭하는 사례를 찾을 수 없다. 그러나 신학자들은 희생양으로 삼는 현상이 사실상 인간의 본성에 보편적이기 때문에, 예수가 우리의 죄를 짊어진 것을 속죄제물로뿐만 아니라 희생양으로 생각해도 일리가 있다고 이해해왔다. T. F. 토랜스는 확실히 그렇게 생각한다. "대대로 이스라엘 백성의 기억을 떠나지 않았던 그 제의[아사셀 염소를 내보내는 것]는 그 백성으로 하여금 속죄에서 하나님이 무엇을 하려고 했는지 이해하도록 돕기 위해 **두 종류**의 희생이 **모두** 필요했다는 점을 명백히 보여준다."[34] 미로슬라브 볼프 역시 이 주제를 발전시켰다. 그는 "십자가가 희생양 삼기의 기제를 발가벗겼다"고 쓴다.[35] 예수가 희생양의 예표(豫表)였다는 말에서 우리는 예수가 우리가 우리 자신의 모든 걱정과 두려움을 그분께 투사한, 죄 없는 인물이었음을 인식한다. 신약의 다양한 구절들이 확언하듯이 예수는 실로 우리의 죄 안으로 들어왔다. 확실히 우리는 그가 우리의 죄의 짐을 짊어지고 "광야로 내쫓겨" 또는 "진영 밖으로" 나가 악마의 세력으로부터 전력을 기울인 공격을 받은 아사셀 염소로 기능했다는 데 동의할 수 있다.

문학비평가이자 문화인류학자인 르네 지라르의 저서와 교회를 위해

---

33 E. G. Selwyn, *The First Epistle of St. Peter* (London: Macmillan, 1964), 94; Morna Hooker, *Not Ashamed of the Gospel: New Testament Interpretations of the Death of Christ* (Grand Rapids: Eerdmans, 1994), 127.

34 Thomas F. Torrance, *The Mediation of Christ*, rev. ed. (Colorado Springs: Helmers and Howard, 1992; orig. 1983), 36.

35 Miroslav Volf, *Exclusion and Embrace: A Theological Exploration of Identity, Otherness, and Reconciliation* (Nashville: Abingdon, 1996), 292. 아사셀 염소(희생양)라는 모티프는 성서학자들의 분야라기보다는 신학자들의 분야인 것 같다. 이 점은 두 분야 간에 좀 더 많은 대화가 필요함을 암시한다.

그의 저서를 해석한 그의 제자 제임스 앨리슨으로 인해 희생양 현상은 최근에 상당한 견인력을 얻었다.[36] 지라르에게는 우리가 지지할 수 있는 요소가 많다. 자신의 죄를 죄 없는 희생자에게 전가하는 희생양 삼기(이 용어는 레 16:20-22에서 유래했다)는 인간의 보편적인 현상으로서, 그 원수의 효과성을 가장 적나라하게 보여주는 것들 중 하나다(지라르는 이런 식으로 표현하지 않을 것이다). 특히 우리는 지라르와 앨리슨이 예수가 자신을 낮은 자, 희생당한 자, 압제당한 자―라틴 아메리카인들이 **아반도나도스**(abandonados)라고 부르는 이들―와 동일시했음을 강조한 데 대해 동의할 수 있다. 확실히 이러한 동일시는 우리로 하여금 예수가 왜 좀 더 볼품 있는 다른 방법으로 죽임을 당하지 않고 **십자가형을 받았는지** 이해하도록 도움을 준다. 하지만 희생자들에 대한 지라르의 끈질긴 강조는 가해자들을 위해서나 그들에 관해서는 말할 것을 하나도 남겨두지 않는데, 가해자 문제는 우리가 하나님의 의(dikaiosyne theou)의 의미를 조사할 때 우리의 핵심적인 관심사 중 하나가 될 것이다. 지라르와 앨리슨의 제시에는 모든 인류를 장악하고 있는 **권세들**에 대한 인식 역시 결여되었다.[37] 실

---

36 Girard의 저서는 비학문적인 독자에게는 난해하다. James Alison은 종교적인 구도자들과 대중적인 독자 일반을 위하여 Girard의 사상을 해석하는 많은 책을 썼다. 상당히 많은 그리스도인이 Alison을 통해 Girard의 사상을 받아들였다. 그의 사상에는 사람들로 하여금 Girard/Alison을 본서의 사상들과 융합하게 하는 십자가 신학과의 관련성이 있다. 그래서 나 역시 (Girard의 책은 아니지만) Alison의 책을 읽었고, Girard 자신의 저서에 익숙한 학문적 신학자들인 Miroslav Volf와 William Placher의 평가에 일반적으로 동의한다. 다른 많은 사람들과 마찬가지로 Placher는 Girard가 만약 사람들이 희생양에 대한 보편적 신화를 그의 눈을 통해서 보기만 한다면 희생양을 삼는 문제는 없어질 것이라고 생각하는 것 같다고 불평한다(Placher, "Christ Takes Our Place: Rethinking Atonement," *Interpretation* 53, no. 1 [January 1999]: 7-9). George Hunsinger는 『파괴적인 은혜』(*Disruptive Grace*) 21-41에서 Girard를 자세히 조사한 후 기독교 신학을 위한 그의 통찰 중 몇몇을―중요한 유보 조건을 붙여―찾아냈다.

37 Miroslav Volf는 Girard가 희생자들에 대한 하나님의 관심을 강조한 것에 동의하지만, 거기서 훨씬 더 나아가 그 문제를 다룬다. 그는 다음 사항에 주목한다. (1) Girard는 위반자들

로 죄의식이 완전히 결여되었다. 따라서 희생자들에 대한 강조는 감상적인 "피해자 연구"로 바뀔 위험이 있다.[38]

우리는 신약성경에서 희생양 개념에 대한 더 이상의 지지를 발견할 수 없다. 하지만 히브리서는 그것의 나머지가 "진영 밖에서" 불살라지는, 도살된 속죄제물인 다른 동물에 관해 많은 것을 말한다. 우리는 이제 신약성경의 그 독특한 책으로 넘어간다.

히브리서에 나타난 희생제물 주제

히브리서는 기원의 신비를 비롯한 몇 가지 이유로 인해 신약성경에서 독특한 책이다. 우리에게는 히브리서가 신약성경 중 거의 전적으로 죄를 위한 희생제물로서 그리스도의 죽음에 초점을 맞춘 유일한 책이라는 점이 중요하다. 이에 반해 바울은 로마서 3:25과 5:9 그리고 고린도전서 5:7에서처럼 때때로 이 주제를 사용하기는 하지만 이 주제를 강조하지는 않는다. 바울은 신약성경의 다른 어떤 저자보다 십자가에 대한 자신의 관점에 더 많은 지면을 할애한다. 우리가 바울 서신에 그토록 큰 관심을 기울이는 이유는 바로 이 점 때문이다. 하지만 가급적 가장 포괄적인 견해를 제시하기 위해 우리는 전체 그림의 한 부분으로서 히브리서의 특별

의 교정(*dikaiosyne*)을 상상하지 못함, (2) 희생양 삼기의 "정체가 드러난" 후에도 그것이 지속되는 것에 관한 그의 순진성(*Exclusion and Embrace*, 93, 118, 292-3). Girard에 대한 추가적인 비판은 Placher, "Christ Takes Our Place"를 보라.

38 독자들은 4장의 감상성에 대한 단락을 다시 살펴보기 바란다. Gerhard Forde는 루터의 십자가 신학(*theologia crusis*)을 다룰 때 감상성 및 감상성의 희생자들에 대한 강조를 비판하는 것으로 시작한다. "하나님과 그의 그리스도는…운영되는 대상이 아니라 사안들의 **운영자다**"(*On Being a Theologian of the Cross: Reflections on Luther's Heidelberg Disputation, 1518* [Grand Rapids: Eerdmans, 1997], viii-ix).

하고 독특한 천재성을 살펴봐야 한다.[39]

19세기에 히브리서는 개신교 설교자들 사이에서 가장 인기 있는 성경 책 중 하나였다. 그러나 우리 시대에는 히브리서가 관심을 훨씬 덜 받아왔다.[40] 이것은 불행한 일이다. 히브리서는 신약성경에 나타난 몇몇 고(高)기독론과 고난당하는 예수의 인간성에 대한 가장 고통스러운 묘사들을 결합하기 때문이다. 이것만으로도 히브리서는 귀하게 여겨져야 한다. 히브리서는 예수 그리스도에 관한 선포로 시작한다. 그는 "[하나님이] 만유의 상속자로 세우시고 또 그로 말미암아 모든 세계를 지으셨느니라.

---

39 성경의 다양한 책들과 그 안에 들어 있는 다양한 목소리를 어떻게 취급할 것인가 우리가 십자가를 이해할 때 반드시 내려야 할 많은 결정 중 하나다. 예컨대 우리가 바울이 피에 대해 말하는 방식과 히브리서가 피에 대해 말하는 방식을 구별하는 것이 옳을 것이다. 바울 전문가들은 바울이 제사 의식에 별로 관심이 없었다고 지적한다. "그의 피로"라는 말은 "제사 제도를 가리키는 언급이 아니다"(Cousar, *Theology of the Cross*, 63). 확실히 구약성경의 제사 의식을 강조하는 면에서 신약성경 중 히브리서와 비교할 만한 책은 없다. 하지만 정경의 맥락에서 작업하는 설교자나 주해자는 맹목적으로 히브리서의 통찰을 제쳐 둬야 한다고 생각하지 않을 것이다. 아무 생각 없이 바울과 히브리서를 융합하는 것은 좋은 생각이 아니다. 그렇게 하면 바울의 급진성을 둔화시킬 것이기 때문이다. 하지만 바울이 일반적으로 현저하게 제의적인 함의를 지니고 있는 "피"라는 단어를 사용하지 않는다고 해서 바울을 가치 있게 여기는 사람들이 확신 있게 그리고 감사하는 마음으로 히브리서를 설교할 수 없다는 뜻은 아니다. 롬 3:25에서 바울은 "그리스도 예수를 하나님이 그의 피로써 믿음으로 말미암는 화목제물(hilasterion)로 세우셨다"고 언급함으로써 여러 이미지를 결합한다. 여기서 피는 제의 용어다. 바울은 아마도 신약 교회의 공유재산이었지만 전형적인 바울의 용어는 아니었던 이런 용어를 편하게 전용했다.

40 실제로 사람들은 때때로 히브리서는 현대인의 감성에 맞지 않아서 오늘날의 교구들에서는 가르칠 수 없다고 말한다. 히브리서를 여러 번 가르쳐본 나는 이런 주장에 대해 강하게 반대한다. 히브리서를 이해하기 위해서는 그 책의 특수한 용어와 관점을 배우기 위해 어느 정도 노력해야 한다. 하지만 그것은 바울의 세계관을 이해하는 것보다 절대로 어렵지 않다. 사실 나는 많은 사람이 광야의 성막과 아론의 제사장직에 관해 듣기를 좋아한다는 것을 발견하고 당황했었다. 그들은 심지어 멜기세덱도 좋아하는데, 이는 그것들이 모두 "역사적"이고 따라서 바울의 급진적인 메시지보다는 덜 도전적이기 때문이다. 대중문화에서 천사에 대한 관심이 갑자기 부상함에 따라 히 1장의 천사들에 관한 가르침은 최근에 새롭게 적실성이 있는 주제가 되었다. 그러므로 대체로 히브리서는 결코 가르칠 수 없는 책이 아니다.

이는 하나님의 영광의 광채시요 그 본체의 형상이시라. 그의 능력의 말씀으로 만물을 붙드시며 죄를 정결하게 하는 일을 하시고 높은 곳에 계신 지극히 크신 이의 우편에 앉으신" 아들이다(히 1:2-3).

놀랍게도 이 독특한 신적인 존재가 "범사에 형제들과 같이 되심이 마땅하다. 이는 하나님의 일에 자비하고 신실한 대제사장이 되어 백성의 죄를 속량하려 하심이다. 그가 시험을 받아 고난을 당하셨은즉 시험 받는 자들을 능히 도우실 수 있다"(히 2:17-18).

이 속량(*hilasterion*)이 어떻게 이루어졌는가? 히브리서는 이것을 매력적으로 자세히 설명하는데, 우리는 이 내용을 난해하고 가까이 할 수 없는 것으로 일축해서는 안 된다.

알려지지 않은 히브리서 저자는 그리스도께 대제사장의 역할을 부여했다. 성경의 다른 어떤 부분도 이 점을 이처럼 정교하게 강조하지 않는다. 그리스도의 죽음은 바로 구약의 제사라는 선상에 있는 희생제물로 적시된다. 하지만 그리스도의 죽음과 구약의 제사를 사실상 비교할 수 없게 만드는 큰 차이가 있다. 히브리서 저자는 먼저 예수의 대제사장직과 레위 시대의 제사장직을 대조하고, 이어서 다른 많은 점을 비교함으로써 주님의 제사가 월등하게 탁월함을 가르친다. 어느 유명한 학자에 따르면 그것은 "성경의 책들에 수록된 논증 중 가장 길게 지속되는 논증이다."[41] 그것을 여기서 다 인용하기에는 너무 길다. 그래서 여기서는 대략적인 내용만 제시한다. 특히 **대조**에 주목하라.

• 그리스도는 **이전의 제사장들과 달리** 시험을 받았고, 우리의 연약

---

41   Bruce Metzger, Introduction to Hebrews, in *New Oxford Annotated Bible* (Oxford: Oxford University Press, 1973).

함을 동정하지만 **죄는 없다**(4:15).

- 그리스도는 이 세상의 혈통을 따라서 대제사장이 된 것이 아니라 "불멸의 생명의 능력을 따라" 대제사장이 되었다(7:16).

- 이전의 제사장들은 죽었지만 그리스도는 **영원히** 그의 제사장직을 유지하며, 우리를 위해 "항상 살아서 간구한다"(7:23-25).

- 그리스도의 사역과 그가 중재한 언약은 우월하다. 그것들은 옛 제사장직의 약속보다 **더 나은 약속들**에 근거하고 있기 때문이다 (8:6-7). 저자는 구약성경의 유명한 "새 언약" 구절(렘 31:31-34)을 인용함으로써 "더 나은 약속"을 예증한다.

- "그리스도께서는 **참 것의 그림자**[복사본]인 손으로 만든 성소에 들어가지 아니하시고 바로 그 하늘에 들어가셨다"(9:24). 그는 "주께서 세우신 것이요, 사람이 세운 것이 아닌 참 장막에서 섬기는 이시다"(8:2). "[레위의] 율법은 장차 올 좋은 일의 **그림자일 뿐이**요 **참 형상**이 아니므로 해마다 늘 드리는 같은 제사로는 나아오는 자들을 언제나 온전하게 할 수 없다"(10:1).[42]

- 그리스도는 "날마다 제사 드리는 것과 같이 할 필요가 없으니 이는 그가 **단번에** 자기를 드려 이루셨기 때문이다"(7:27; 참조. 9:25-26). "이 [레위의] 제사들에는 **해마다** 죄를 기억하게 하는 것이 있지만…[그러나 그리스도는] 죄를 위하여 **한 영원한 제사**를 드리셨다"(10:3-4, 12).

---

42 B. F. Westcott는 이에 관해 아름답게 썼다. "'그림자'와 '이미지'의 차이는 '모형'과 '성례'의 차이로 잘 예시된다. 여기에 옛 언약과 새 언약의 특징적인 차이들이 모여 있다. 전자는 그것을 넘어서 그리고 그것 밖에 있는 은혜와 진리를 **증언한다**. 반면에 후자는 그것을 통해서 은혜와 진리가 우리에게 명확히 깨달아지게 하는 **보증과 수단이다**"(B. F. Westcott, *The Epistle to the Hebrews* [1889; reprint, Grand Rapids: Eerdmans, 1967], 304, 강조는 덧붙인 것임).

- "[레위의] 제사장마다 매일 **서서** 섬기며 자주 같은 제사를 드리되, 이 제사는 언제나 죄를 없게 하지 못하거니와…[그러나 그리스도는] 하나님 우편에 **앉으셨다**"(이는 힘의 표지다, 10:11-12). 이 이미지는 그의 제사의 효능과 최종성을 전달했다.

- "[그는] **염소와 송아지의 피**로 하지 아니하고 **오직 자기의 피**로써 영원한 속죄를 이루사 단번에 지성소에 들어가셨다"(9:12-14).[43]

주의 깊게 도출된 이 대조들은 전문적이거나 난해해 보일 수도 있지만 사실은 그렇지 않다. 수용하는 마음으로 이 구절들에 접근한다면, 우리는 저자의 목적이 매우 목회적이라는 것을 알게 될 것이다. 아래의 몇몇 절이 보여주는 것처럼, 그 메시지는 우리의 두려움과 불안을 겨냥한다. 저자는 그리스도의 십자가 희생 전에는 대제사장을 통해서가 아니고는, 그 것도 일년에 한 번밖에는, 휘장("성전의 휘장") 뒤에 있는 은혜의 보좌에 나아가지 못했다고 강조한다. "단번에"라는 뜻의 **에파팍스**(*ephapax*)는 히브리서 저자에게 매우 중요했으며, 우리에게도 매우 중요해야만 한다. 이 단어는 네 번 반복된다(히 7:27; 9:12; 9:26; 10:10). 십자가형이라는 독특한 사건은 완전하고 충분하다. 그 이상 행해질 수도 없고 행해질 필요도 없다. 그리스도가 자신의 피를 단번에 희생제물로 드려서 결코 죄를 없애지 못했던 희생된 동물들의 피를 대체함으로써 모든 것이 변했다. 그 문제에 있어 선택권이 없었던 말 못하는 짐승들과 달리, 예수는 완전히 지각이 있는 인간으로서 가장 완전하고 가장 의도적인 방식으로 우리를 위해 자신을 내주었다. 하나님의 아들이 취한 이 행위가 하나님 앞에서 우

---

43 원서에서는 RSV의 오류들을 수정하기 위해 NIV를 사용했으나 이 번역서에서는 어미를 제외하고 개역개정본을 사용했다.

리의 상황을 극적으로 바꾸었다. 예수 자신이 우리의 영원한 대제사장이기 때문에 이제 우리와 하나님 사이에는 장벽(휘장)이 없다. 다정한 목회적 보증을 주목하라.

우리가 이 소망을 가지고 있는 것은 영혼의 닻 같아서 튼튼하고 견고하여 휘장 안에 들어 가나니, 그리로 앞서 가신 예수께서 멜기세덱의 반차를 따라 영원히 대제사장이 되어 우리를 위하여 들어 가셨느니라(히 6:19-20).

그러므로 형제들아, 우리가 예수의 피를 힘입어 성소에 들어갈 담력을 얻었나니,…우리가 마음에 뿌림을 받아 악한 양심으로부터 벗어나고 몸은 맑은 물로 씻음을 받았으니 참 마음과 온전한 믿음으로 하나님께 나아가자 (10:19-22).

이는 그리스도가 성취한 것에 대한 확신으로 가득하고 죄인들을 위한 약속으로 충만한 놀라운 구절들이다. 히브리서는 어떤 점에서 인간 예수에 대한 그림을 어느 복음서 못지 않게 풍부하게 제공한다.[44] 히브리서 저자는 우리 모두의 영원한 구원을 위하여 자신을 주신 구주를 향한 사랑과 감사의 마음을 고취하려고 한다. 우리의 구주는 "믿음의 주요 또 온전하게 하시는 이"로서 "그 앞에 있는 기쁨을 위하여 십자가를 참으사 부끄러움을 개의치 아니하시더니 하나님 보좌 우편에 앉으셨다"(히 12:2). 이

---

44 그는 우리의 "한평생의 종노릇" 안으로 들어와(히 2:15), 시험을 받고(2:18; 4:15), 그의 생애 내내 고난을 당하고 순종하였으며(5:8), 죄인인 우리의 적대감을 견뎠고(12:3), 모든 면에서 자신의 뜻을 하나님의 뜻에 맞추었으며(10:7-10), "하나님의 은혜로 말미암아 **모든 사람을 위하여** 죽음을 맛보기 위해"(2:9) 고난을 통해 자신을 드린 것을 온전케 했다 (2:10).

마지막 절은 십자가의 "수치"를 강조하기 때문에 우리의 주제와 특히 관계가 있다. 또한 히브리서는 겟세마네 동산 장면에 대한 자체의 묘사를 갖고 있는데, 그 묘사는 우리로 하여금 우리 주님이 친히 우리의 죄를 짊어진 그의 고통에 가까이 데려다준다.[45] "그는 육체에 계실 때에 자기를 죽음에서 능히 구원하실 이에게 심한 통곡과 눈물로 간구와 소원을 올렸고, 그의 경건하심으로 말미암아 들으심을 얻었다. 그가 아들이시면서도 받으신 고난으로 순종함을 배워서 온전하게 되셨은즉, 자기에게 순종하는 모든 자에게 영원한 구원의 근원이 되셨다"(5:7-9).

그리스도는 순종과 자기희생으로써 하나님이 "기뻐하지 않은"(히 10:6) 첫 속죄제를 폐기했다. 불의와 우상숭배로 얼룩진 제의의 희생제사를 하나님이 기뻐하지 않는다는 이 주제는 이사야 1장부터 말라기 1장에 이르기까지 히브리 예언자들의 뚜렷한 주제다. 그리스도는 자신이 드린 제물(이 제물은 바로 자신이었다)을 대체함으로써 이것을 시정했다. 옛 질서는 무효가 되고 폐기되었다. 옛 질서는 하나님의 아들의 성육신 때 그를 위해 **예비된 몸** 안에서 세워진 새로운 질서로 대체되었다. 따라서 우리는 다시금 성육신의 목적이 십자가에서 그의 성육신한 생애 전체를 드리는 것이었음을 알게 된다. "내가 하나님의 뜻을 행하러 왔나이다"(히 10:7)는 우리 주님의 생애 전체에 대한 언급이다. 이것이 처음부터 끝까지 그의 태도였다."[46]

---

45 그가 우리의 죄를 친히 짊어졌다고 말할 때, 나는 우리가 다양한 의미를 도출해낼 수 있다고 믿는 방식을 예시하고 있다. 하나님의 어린 양이라는 이미지와 관련하여 우리는 십자가를 죄를 제거하는 것("치워버리는 것"), 죄를 짊어지는 것(고후 5:21), 죄에 대한 배상(히 2:17), 그리고 죄에 대한 승리로 이해할 수 있다. 이것들은 서로 배타적인 것이 아니다. 각각은 저마다의 역할이 있다.

46 F. F. Bruce, *The Epistle to the Hebrews*, 2nd ed., New International Commentary on the New Testament (Grand Rapids: Eerdmans, 1997), 236.

그리스도의 희생적인 죽음의 기적은 제사장과 희생물이 하나가 되었다는 데 있다. 생각이 없는 동물이 비자발적으로 도살당하는 대신, 하나님의 아들이 다 알면서 자신을 바친다. 사악한 인간이 궁극적으로 소용이 없는 희생제사를 끝없이 반복적으로 드리는 대신, 예수의 죽음은 영원히 거하는 분에 의해 **단번에** 행해졌다(7:24). 신체적으로 흠이 없는 단순한 동물 대신, 이 제물은 비록 우리를 위한 희생제물로 자신을 드리기 위해 "천사들보다 낮아졌지만" 사실은 성육신하신 아들이다. 하나님은 이 아들을 "만유의 상속자로 세우시고 또 그로 말미암아 모든 세계를 지으셨다. 이는 하나님의 영광의 광채시요 그 본체의 형상이시다. 그의 능력의 말씀으로 만물을 붙드신다"(히 1:2-3). 성경의 어느 책도—골로새서나 요한복음조차도—그리스도의 높아진 신성과 그의 고난당하는 인성이라는 두 기둥을 히브리서처럼 명시적으로 결합하지 않는다. 성삼위의 내적 존재에서 나온 이 사업—인간의 구원—은 믿을 수 없게도 죄인인 인간의 마음과 정신이 영원히 완전하게 되며 하늘에 계신 아버지의 가까운 임재에서 안식을 누리는 **결과**를 가져온다. 그러므로 "우리가 예수의 피를 힘입어 성소에 들어갈 담력을 얻었다"(10:19). 하나님이 많은 아들딸들을 영광에 이르게 했기 때문이다(2:10).

T. F. 토랜스는 그의 책의 "속죄와 성삼위" 장에서 히브리서의 용어를 사용하여 그리스도의 생명과 죽음이 하나라고 선포한다. 그는 늘 동방 정교회를 신경쓰이게 했던 서방 교회의 특징인, 십자가와 예수의 성육신한 생애 전체를 너무 날카롭게 구별하는 것을 경고한다. 그는 "우리는 그리스도의 속죄의 죽음을 통해 구원을 받는 것이 아니라 **그리스도 자신으로 말미암아** 구원을 받는다"고 쓴다.[47] 『그리스도의 중재』(*The*

47   출처: George Hunsinger, *Disruptive Grace*, 32 각주 33에서 인용한, Torrance의 미발표 논문.

Mediation of Christ)에서 발췌한 아래의 글에는 히브리서에서 차용한 내용
이 많이 있다.

> 성육신과 단번의 속죄에서 하나님의 존재와 행위의 하나 됨은 인간과 하나
> 님, 역사와 영원 간의 관계를 이어준다. 그의 하나의 위격 안에서 하나님이
> 시자 인간인 예수 그리스도 자신이 길과 진리와 생명이며, 아버지께 가는
> 다른 길은 없다. 그분 안에서는 제사장과 희생제사, 제물과 제물을 드리는
> 사람이 하나이며 따라서 그는 자신 안에서 우리로 하여금 하나님의 즉각적
> 인 임재 안으로 들어가게 할 문을 열어놓은 새롭고 살아 있는 길이다. 그는
> 우리의 선구자, 우리의 대제사장이며, 우리의 소망은 확실하고 튼튼한 닻
> 같이 그분 안에 있다.…그분 안에서 하나님이 우리에게 가까이 오셨고, 우
> 리는… 그분이 영원한 성령을 통해 아버지께 자신을 속죄제물로 드린 데 포
> 함된 자들로서 완전한 확신을 갖고서 하나님께 가까이 나아갈 수 있다. 확
> 실히 죄인인 우리가 그리스도의 피로 말미암아 아버지께 나아갈 수 있다는
> 것은 바로 이 뜻이다.[48]

히브리서는 신약성경 책중에서 진기한 책이다. 이 책의 출처가 전혀 알
려지지 않았고 이 책의 접근법이 독특하다는 이유로 히브리서의 특이성
과 이 책이 제기하는 문제들을 얼버무리고 넘어간다면 실수하는 것이다.
하지만 (유대교와 기독교의 대화뿐만 아니라 물리학에 관한 현대의 발전에 대한 관
심으로 유명한) 토랜스와 같은 중요한 신학자가 히브리서의 언어가 그의
이전 저술을 업데이트하기에 적합하다고 생각했다면 우리는 그리스도의

강조는 덧붙인 것임.
48 Torrance, *The Mediation of Christ*, 114-15.

희생제물 이미지에 아직 발견되지 않은 생명이 있다고 확신할 수 있다. "그는 자기를 단번에 제물로 드려 죄를 없이 하시려고 세상 끝에 나타나셨다"(히 9:26).

하나님의 어린 양

피의 제사에 관한 이 장은 초기부터 교회의 성화집에서 현저한 주제였던 하나님의 어린 양(Agnus Dei) 이미지를 다루기에 적합한 곳이다. 그러나 교회의 상상에서 그토록 강력한 역할을 했던 이 상징의 신비와 광채를 주장하기 전에 하나님의 어린 양의 배경을 간략히 탐구하는 것이 좋을 것이다. 이 어구 자체는 성경에 두 번밖에 등장하지 않는데, 두 경우 모두 요한복음의 앞부분에 등장한다. "이튿날 요한이 예수께서 자기에게 나아오심을 보고 이르되 '보라, 세상 죄를 지고 가는 하나님의 어린 양이로다'"(1:29). "또 이튿날 요한이 자기 제자 중 두 사람과 함께 섰다가 예수께서 거니심을 보고 말하되 '보라, 하나님의 어린 양이로다'"(1:35-36). 이 복음서에서 이 "어린 양"을 다시 언급하지는 않지만, 요한은 수난 내러티브에서 중요한 변경을 가한다(우리는 이 점에 대해 이미 5장에서 언급했다). 그는 예수의 사망 시간을 변경해서 예수가 유월절 어린 양들이 도살되는 때 죽은 것으로 묘사한다. 이로써 구약성경에서 구별되는 두 어린 양들—(1) 속죄제물, (2) 그것의 피가 죽음에서 구원되는 것의 표지였던 유월절 어린 양—이 하나로 결합된다. 상상력이 풍성한 이 이동 덕분에 우리는 일관성 자체에 대한 맹목적 고수에서 벗어날 수 있다.

그러나 그것의 배경은 풍부한 함의를 지니고 있기 때문에 배경을 완전히 생략하는 것은 큰 손실일 것이다. "하나님의 어린 양"이라는 어구는

최소한 네 개의 독특한 전통을 지니고 있는데, 각각의 전통은 자체의 복합성과 풍성함을 갖고 있다.[49]

묵시적 어린 양

유대교의 묵시문학에는—개연성이 없어 보일 수는 있지만—악을 파괴하는 전투적인 어린 양이 등장한다. 「에녹1서」 90:38에는 메시아적 인물이 어린 양으로 제시되었는데, 그 어린 양은 자라서 숫양이 된다. 그 숫양의 원수들은 "그 양의 뿔을 자르려고 하지만 그들에게는 그럴 힘이 없었다." 그러고 나서 숫양은 큰 승리를 쟁취했다. 「요셉의 유언」 19:8에서는 메시아적 어린 양이 힘과 지배의 상징인 커다란 뿔을 가진 열두 마리 황소들 가운데 나타나서 그의 원수들을 발아래 짓밟는다. 만일 세례 요한이라고 불린 역사적인 인물이 실제로 예수를 하나님의 어린 양으로 언급했다면, 그는 거의 확실히 이 묵시적 어린 양을 염두에 두었을 것이다. 우리가 아는 한 세례 요한은 고난당하고 죽는 메시아에 대한 개념을 갖고 있지 않았다.[50] 그러나 "세상 죄를 지고 가는"이라는 수식구는 파괴하는 어린 양에 부합하지 않는다. 따라서 요한복음 저자가 염두에 둔 것이 무엇인가라는 흥미로운 질문이 제기된다. 요한 학파의 저술인 요한계시록

---

49 분명히 해두자면, 나는 이 사중적인 분석에서 대체로 C. H. Dodd, *Interpretation of the Fourth Gospel* (Cambridge: Cambridge University Press, 1965)을 따르지만, Raymond Brown, Rudolf Schnackenburg, 그리고 Rudolf Bultman의 주석서에 있는 자료들을 추가한다. 단순성을 위해 나는 그들이 동의하지 않는 많은 부분을 내가 믿기에 무책임하지 않은 방식으로 얼버무리고 넘어갔다.

50 "하나님의 어린 양"이라는 호칭이 요한복음에 다시는 사용되지 않는다는 사실을 포함해서 이 복음서 저자가 실제로 세례 요한 전통에 접했다고 생각할 좋은 몇몇 이유가 있다. 심지어 Bultmann도 그렇게 생각한다(Bultmann, *The Gospel of John* [Philadelphia: Westminster, 1971], 95).

에 등장하는, 일곱 뿔이 달린 정복하는 어린 양은 확실히 묵시적 어린 양과 연결되지만("어린 양은 만주의 주시요 만왕의 왕이시므로 그들을 이기실 터이요"—계 17:14), 그 어린 양은 "죽임을 당했기" 때문에 그 어린 양은 유월절 어린 양 및 십자가에 못박힌 그리스도와도 밀접하게 연결된다. 그러므로 어린 양 이미지의 이 측면이 무시되어서는 안 된다.

이사야 53장의 고난 받는 종으로서 어린 양

이사야 53:7에서는 죄가 없고 대신해서 고난을 받는 종이 어린 양으로 묘사된다.

> 그가 곤욕을 당하여 괴로울 때에도
> 그의 입을 열지 아니하였음이여.
> 마치 도수장으로 끌려가는 어린 양과
> 털 깎는 자 앞에서 잠잠한 양 같이
> 그의 입을 열지 아니하였도다.

이 이미지가 베드로전서 2:23-24의 배후에 있는 것이 거의 확실하다. "그는 죄를 범하지 아니하시고 그 입에 거짓도 없으시며, 욕을 당하시되 맞대어 욕하지 아니하시고, 고난을 당하시되 위협하지 아니하시고, 오직 공의로 심판하시는 이에게 부탁하시며, 친히 나무에 달려 우리 죄를 담당하셨다." 초기 기독교 시대 전에 그리스도와 이사야서의 고난 받는 어린 양이 연결된 증거가 없기 때문에 역사적 인물인 세례 요한이 이것을 염두에 두었을 것 같지는 않지만, 요한복음 저자는 이것을 생각하고 있었을 수도 있다. 고난 받는 종 구절에서 그리스도인들에게 가장 깊이 울려퍼지는 부분은 5절이다.

> 그가 찔림은 우리의 허물 때문이요,
>> 그가 상함은 우리의 죄악 때문이라.
> 그가 징계를 받으므로 우리는 평화를 누리고,
>> 그가 채찍에 맞으므로 우리는 나음을 받았도다.

이 절은 어린 양 이미지와 구체적으로 연결되지는 않았지만, 예수의 대리적인 자기 희생으로 인해 그분을 사랑하는 사람들의 상상력에서는 그 둘이 곧바로 동일시된다.[51]

유월절 어린 양

초기 그리스도인 청중들은 이 이미지를 잘 알고 있었을 것이다. (사 53장에 등장하는 어린 양은 고난 받는 종 구절의 중심이 아닌 반면에) 많은 이방인을 비롯한 대다수의 사람들은 유월절 의식의 **핵심적 특징**이었던 도살된 양에 관해 알고 있었다. 우리는 고린도전서 5:7("우리의 유월절 양 곧 그리스도께서 [우리를 위해] 희생되셨느니라")로부터 예수를 유월절 어린 양과 동일시한 것이 매우 초기—늦어도 부활 후 2, 30년 이내—에 나타난 것이 틀림없음을 알 수 있다. 더욱이 요한복음은 "그의 뼈가 하나도 꺾이지 아니하리라"(요 19:36; 참조. 출 12:46)라는 언급 등 유월절 이미지로 가득차 있다.

---

51 Elizabeth Schüssler-Fiorenza는 그렇게 생각한다. "이 복음서[요한복음]의 현재의 문맥에서 하나님의 어린 양의 속죄 기능과 그것을 이사야 53장 및 유월절 어린 양에 비추어 해석하는 것이 용인된다"(*The Book of Revelation: Justice and Judgment* [Philadelphia: Fortress, 1985], 96).

죄를 없애는 것이 유월절 어린 양의 기능은 아니었지만, 레이먼드 브라운이 쓴 바와 같이 초기 그리스도인들은 노예 상태로부터의 해방의 표지로서 문설주 위에 바른 어린 양의 피와 죄로부터의 해방의 표지로서 제물로 드려진 어린 양의 피를 엄격히 구별하지 않았을 것이다. 고린도전서 5:7에 언급된 유월절 어린 양은 희생물로 불린다. "세상의 죄를 지고 가는 어린 양의 기능은 유월절 어린 양 개념에 대한 그리스도인들의 깊은 이해에 쉽게 들어맞을 수 있었을 것이다."[52]

레위기 14장의 속죄제물로서 어린 양

속죄제물은 일반적으로 황소나 숫염소였지만 신약성경 저자들의 생각에 들어 있는 다양한 모티프에서는 엄밀한 구분이 없었다. 그들은 레위기 14장과 23:12의 희생으로 드려진 어린 숫양과 다양한 다른 의미들을 혼합했다. 그러나 레위기에 규정된 어린 양들은 종종 어린 암양들도 있었기 때문에 우리는 레위기의 언급들을 너무 강하게 주장할 수 없다. 강조는 다른 곳에 놓여야 한다. 브레버드 차일즈가 언급했듯이 신약성경에서 "도살된 어린 양은 이스라엘의 구속, 실로 온 세상의 구속에 대해 **하나님께 치르는 비용**을 가리키는 상징이 된다. 베드로전서는 유월절 어린 양을 고난 받는 종과 결합하는데, 이는 이후 기독교 신학의 모델이 된다."[53]

이 네 "어린 양" 범주 가운데 어느 것도 그것 하나만으로는 요한복

---

52 Raymond E. Brown, *The Gospel according to John* (New York: Doubleday, 1966, 『앵커바이블 요한복음 1·2』, 기독교문서선교회 역간), 62. 이 구절은 **탁월한** 역사비평 학자인 Brown이 학계에서 좀 더 의식적으로 문학비평으로 전환하기 이전이었던 그의 초기 저술에서도 이미지를 통해 연구할 수 있었던 방식을 보여준다.

53 Brevard Childs, *The Book of Exodus: A Critical, Theological Commentary*, Old Testament Library (Philadelphia: Westminster, 1974), 213.

음에 수록된 세례 요한의 말의 전체 무게를 전달하기에 충분치 않다. "보라, 세상 죄를 지고 가는 하나님의 어린 양이로다!" 어린 양의 이미지에 이 모든 전통—묵시적 어린 양, 이사야서의 주의 종, 유월절 어린 양, 그리고 레위기의 속죄제물—이 **결합**되어 그것이 그토록 풍부한 함의를 지니게 된다. C. H. 도드가 논란이 있기는 하지만 뛰어난, 그 주제에 관한 논의에서 썼듯이, "[묵시적] '어린 양'은 메시아인데, 전투적이고 정복하는 메시아다. 그러나 십자가에 못박힌 역사적인 메시아를 염두에 둔 그리스도인의 저술에서는 하나님의 양떼의 [묵시적] 지도자는 희생제사의 어린 양과 **융합되었다**."[54]

이 중요한 이슈들에 대한 논쟁은 계속 일어날 것이다. 그러나 모든 논쟁을 제쳐두면, 바흐, 하이든, 모차르트, 스트라빈스키 등의 위대한 미사곡이 불려지는 한 "하나님의 어린 양"(*Agnus Dei*)의 신비한 기운은 계속 우리와 함께할 것이다.[55]

---

54 Dodd, *Interpretation*, 232, 강조는 덧붙인 것임. 이와 비슷하게, Schnackenburg는 이렇게 쓴다. "예수가 유월절 어린 양과 동일시되자마자⋯필연적으로 그의 속죄의 죽음에 대한 사상이 포함되었다.⋯요한계시록에 등장하는 승리하는 어린 양은 여전히 도살당했음을 알 수 있는 흔적을 지니고 있어서 동일한 예표론이 작동한다." 달리 표현하자면 초기 기독교는 주저하지 않고 여러 모티프를 결합했다. Schnackenburg, *The Gospel according to St. John*, 3 vols. (New York: Crossroad, 1982), 1:299-300.

55 고난 주간에 불리는 "오, 거룩하신 예수"(Ah, Holy Jesus)라는 위대한 찬송은 요 10:1-18의 목자와 양이라는 서로 관련이 있는 이미지를 사용하여 "세상 죄를 지고 가는 하나님의 어린 양"인 예수를 환기시킨다. "보라, 양을 위해 선한 목자가 드려지네; 노예가 죄를 지었는데, 아들이 고난을 당하네; 우리는 아무런 관심도 없는데, 우리의 속죄를 위해; 하나님이 중보하셨네." Johann Heerman, 1585-1647, trans. Robert Seymour Bridges. 성공회 찬송가 #158.

이삭의 결박: 신학적 해석

그 절정에서 하나님이 개입하여 이삭 대신 숫양을 준비하는, 모리아산에서 이삭을 제물로 바치는 이야기(창 22:1-14)는 성금요일에 교회가 읽도록 지정된 텍스트 중 하나다.[56] 이 이야기가 모든 족장 내러티브 중에서 가장 세련되고 다듬어진 이야기라는 것은 우연이 아니다. 그 이야기는 하나님의 명령에 따라 그의 유일한 적자이자 약속의 상속자인 이삭을 제물로 드리기 위해 모리아산으로 가는 아브라함의 여정에 대해 말하는 아브라함 이야기의 절정 역할을 하도록 배치되었다. 성금요일에 이 이야기를 읽는 전통에서 이 이야기는 구약성경과 하나님의 아들의 죽음 간의 연결로 이해되었다.

이 이야기는 오랫동안 유례없이 도전적인 구약 이야기로 인정받아 왔다. 쇠렌 키르케고르는 『공포와 전율』(*Fear and Trembling*)이라는, 특이하지만 가끔은 통찰력을 주는 명상집에서 이 이야기가 궁극적으로 변덕스럽고 독단적이며 신뢰할 수 없는 하나님을 드러내지는 않는지 묻는다.[57] 아브라함에게 자기 아들을 도살하라고 명령하는 것으로 미루어 볼 때 아브라함이 수십 년간 그토록 충실하게 따랐던 온 세상의 구원에 대한 약속이 하나님의 일시적인 공상에 지나지 않는다는 것을 드러내는 것 같았다. 하나님이 자신의 약속을 저버렸고, 한술 더 떠 잔인하게도 아브라함에게 줄곧 장난쳐왔던 것을 파괴하라고 명령했다. 그 아버지와 아들이 전혀 중요하지 않은 것처럼, 이 모든 순종과 신뢰의 세월이 끔찍한 하늘의 농담에 불과한 것처럼, 하나님이 그들을 저버렸다. 키르케고르는

---

56 히브리 전통에서 이 이야기는 **아케다**(*Akedah*, 이삭의 "결박")로 불린다.

57 『공포와 전율』을 쓸 당시에 Søren Kierkegaard는 그의 전 약혼녀 Regina와의 관계에서 중대한 개인적 위기로 고통스러워하고 있었다. 그녀는 다른 남자와 약혼을 추진 중이었다.

그 이야기의 "공포와 전율" 속으로 들어가지 않는 설교자를 이렇게 풍자한다. "그 담화를 전달해야 하는 사람은 설교하기 15분 전까지 잠을 잘 잘 수 있다. 그 담화를 듣는 사람은 듣는 동안 졸 수도 있다. 만사가 부드럽게 진행되고 있기 때문이다.…그것은 순식간에 지나간다. 1분만 기다리면 당신은 숫양을 볼 것이고, 시련은 끝난다." 키르케고르는 우리에게 "아브라함을 잊거나…아브라함의 생애의 의미를 구성하는 끔찍한 역설로 말미암아 경악하기를 배우라"고 권한다. 키르케고르의 통찰 중 하나는 특히 유용하다. 키르케고르는 그의 영웅 아브라함을 인정받을 수 있는 더 큰 선을 위해 자신의 딸 이피게네이아를 희생시켜 비극적인 영웅이 된 아가멤논과 비교한다. 반면에 아브라함은 명백한 목적 없이 아들을 죽이라는 명령을 받는다. 이것은 최고로 어리석은 짓으로 보인다. 키르케고르는 이 대목에서 이렇게 말한다. "그 비극적인 영웅은 눈물이 필요하며 그것을 요구한다. 그리고 감정이 너무 메말라 아가멤논과 함께 울 수 없었던 사람은 아무도 없었다. 하지만 우리는 매우 당황하여 아브라함을 위하여 울어줄 수 없다.…우리는 아브라함을 위해 울 수 없다. 우리는 이스라엘이 시내산에 접근했을 때와 마찬가지로 **종교적인 공포심**을 가지고 그에게 접근한다."[58]

『공포와 전율』에서 이 것 외에는 그리 유익한 내용이 없지만, 특히 이 점은 참으로 옳은 지적이다. 오늘날 우리는 사라의 관점을 취해서 그

---

58 Søren Kierkegaard, *"Fear and Trembling" and "The Sickness unto Death"* (Garden City, N.Y.: Doubleday Anchor Book, 1941, 1954), 71(『공포와 전율』, 도서출판 치우 역간; 『죽음에 이르는 병』, 한길사 역간). 그 이야기의 궤적을 묘사하는 Kierkegaard의 유명한 어구는 "윤리적인 것의 목적론적 정지"다. 이 어구는 어감이 좋지만 실제로는 우리를 문제의 핵심―인간적으로 감지할 수 있는 미래가 없을 때조차 하나님을 신뢰하는 것―으로 데려가지 않는다. 그 어구는 인간이 자신이 만든 재앙 안에서 자신을 파괴할 수도 있는 가능성과 관련이 없지 않은 사상이다.

이야기를 인상적으로 설명하는 것을 흔히 들을 수 있다. 페미니스트들은 우리가 이 내러티브에서 언급조차 되지 않는 사라를 위해 울어야 한다고 주장한다.[59] 그러나 이것은 비신학적인 목적에서 그 이야기를 잘못 적용하는 것이다. 사라를 위하여 울든 아브라함과 이삭을 위하여 울든 간에 그것은 그 이야기에는 없는 현대의 심리학적 왜곡을 그 이야기에 집어넣는 것이다. "그 구절에 대한 고대의 반응은…감상적인 특징의 흔적을 보여주지 않는다."[60] 말하는 사람의 영향을 받지 않고 이 이야기를 듣는 아이들은 감상적으로 반응하지 않는다. 아이들은 대답하기 곤란한 질문을 할 수도 있지만, 그들은 어른들이 아이들이 질문할 것이라고 생각하는 종류의 어려운 질문은 하지 않는다. 아이들은 이 이야기들 들을 때 아브라함과 사라를 위해 눈물을 흘리기보다는 키르케고르의 **종교적인 공포심**을 느끼는 경향이 있다.[61] 이야기의 끔찍함을 흡수하는 방법은 한 가지만이 아니다.[62]

---

59 나는 페미니즘을 멀리 하고자 하는 것이 아니라 감상적, 편향적 독법을 멀리 하고자 한다. 나는 페미니스트들이 이런 식으로 그 이야기의 중심축을 비트는 것이 전혀 유익하지 않다고 생각한다. 그렇게 하면 잘못된 주제로 주의가 돌려진다. 사라도 흥미로운 인물이고 그녀가 차지할 위치가 있기는 하지만, 이곳은 그 자리가 아니다. 만일 우리가 그 이야기에 관해 문자적인 생각을 고수한다면 우리는 아브라함이 사라에게 왜 자신과 아이가 먼 길을 가려고 하는지 말해주지 않았을 가능성이 높다고 말할 수 있을 것이다(사라는 두 사람이 안전하게 귀가한 후 여섯 번 크게 소리를 지르고 그 자리에서 죽었다는 훗날의 유대 전승이 있지만 말이다).

60 Gerhard von Rad, *Biblical Interpretations in Preaching*, trans. John E. Steely (Nashville: Abingdon, 1977), 38에 인용된 구약학자 Otto Procksch의 말.

61 Milan Kundera의 "두 번째 눈물" 개념이 여기서 우리에게 도움을 줄 수 있다. 두 번째 눈물은 우리가 이미 눈물을 흘리고 있는 사람들에게 유대감을 보여주기 위해 그들과 함께 흘린 눈물이다. 그 눈물은 대신 흘리는 눈물이다. 그러나 그것은 직접적인 정서적 관여에서 나오는 것이 아니며 따라서 어느 정도는 거짓이다. "Kundera는 첫 번째 눈물을 흘린 적이 없으면서도 두 번째 눈물을 흘리는 저속한 왜곡에 관심을 보이지 않는다"(Avishai Margalit, "The Kitsch of Israel," *New York Review of Books*, November 24, 1988).

62 아동 학대, 여성의 소외, 그리고 잔인한 남성 신들과 싸우는 것은 오늘날 도덕적 의무다. 그러나 이런 관심사들이 아브라함과 같은 믿음을 가지고 그 이야기를 읽는 것을 어렵게

키르케고르가 아브라함을 시내산에 비유한 것은 바울이 로마서에서 아브라함을 환기시킨 것과 다르지 않다. 여기서 이 족장은 믿음을 통해서 받은, 선택에 있어서 하나님의 무조건적인 행동과 약속을 구현했기 때문에 특정한 한 사람 이상의 존재가 된다. "그러므로 상속자가 되는 그것이 은혜에 속하기 위하여 믿음으로 되나니, 이는 그 약속을 그 모든 후손에게 굳게 하려 하심이라. 율법에 속한 자에게뿐만 아니라 아브라함의 믿음에 속한 자에게도 그러하니 아브라함은 우리 모든 사람의 조상이라. 기록된 바 '내가 너를 많은 민족의 조상으로 세웠다' 하심과 같으니, 그가 믿은 바 하나님은 죽은 자를 살리시며 없는 것을 있는 것으로 부르시는 이시니라"(롬 4:16-17).

아브라함이라는 인물을 이미 창세기에서 부각한 것 이상으로 더 부각하기는 불가능할 것이다. 하지만 바울은 아브라함을 그리스도의 죽음과 부활이 "모든 믿는 자의 조상"으로서 그의 참된 묵시적 중요성을 계시하는 전경으로 가져왔다(롬 4:20-25). 이 구절은 바울에 의해 사라가 임신하기를 기다리는 아브라함의 믿음과 연결되었지만, 이 사도는 네 장 뒤에서는 특히 **아케다**(*Akedah*, 이삭의 "결박")를 언급하고 있는 것 같다. "그런즉 이 일에 대하여 우리가 무슨 말 하리요? 만일 하나님이 우리를 위하시면 누가 우리를 대적하리요? 자기 아들을 아끼지 아니하시고 우리 모든 사람을 위하여 내주신 이가 어찌 그 아들과 함께 모든 것을 우리에게 주시지 아니하겠느냐?"(롬 8:31-32)

교회는 이 구절에 영향을 받아 창세기 22:1-14을 성금요일에 읽을 말씀으로 선정했다. 하지만 주의할 점이 더 있다. 오늘날 아케다 이야기를 너무 **문자적으로** 취하는 경향이 있는데, 그런 태도도 옳지 않지만 그

만들었다.

렇다고 해서 우리가 그 이야기를 **가볍게** 다룰 수 있는 것은 아니다. 이삭의 결박 이야기를 **가볍지 않게** 다룬다는 것은 우리가 복잡하고 역설이 가득한 이 시대에 익숙해져 있는 독법보다 그것을 좀 더 단순하게 신뢰하면서 읽는 것을 의미할 수도 있다.[63]

이제 우리는 이러한 점들에 주의하면서 **아케다** 이야기에 접근한다. 우리는 우선 그 이야기를 그것의 문맥에서 보아야 한다. 아브라함 이야기는 창세기 12장에서 시작해 수십 년 뒤 이삭을 제물로 바치라고 명령하는 22장에서 절정에 이른다. 마지막 이야기는 의도적으로 처음 이야기와 같은 형식으로 말해진다.

너는 너의 고향과	네 아들
친척과	네 사랑하는 독자
아버지의 집을 떠나	이삭을 데리고
내가 네게 보여 줄	내가 네게 일러 준
땅으로 가라(12:1)	모리아 땅으로 가서(창 22:2)

---

63 Gretchen Wolff Pritchard는 수년간 이야기들을 어른들의 논평 없이 아이들에게 직접 들려주는 것을 옹호해왔다. 내 할머니가 내게 아브라함 이야기와 이삭 이야기를 읽어주셨을 때, 할머니는 그것을 도덕화하거나 해석하려고 시도하지 않으셨다. 사실 할머니는 그 이야기에 대해 어떤 논평도 하지 않으셨다. 할머니는 그저 안전과 신뢰를 전달하는 방식으로 읽기만 하셨다. 성인이 **이야기 자체**에 대해 아이 같은 신뢰를 회복하는 것을 Paul Ricoeur는 "제2의 순진성"이라고 부른다(Paul Ricoeur, *The Symbolism of Evil* [Boston: Beacon Press, 1967], 351).

12장에서 아브라함은 과거와 단절하라는 명령을 받는다. 22장에서 그는 미래와 단절되라는 명령을 받는다.[64] 이것이 그 이야기의 좀 더 깊은 의미다. 아브라함 앞에 놓인 길은 단순히―그 자체로도 말로 형언할 수 없는―아이를 제물로 바치러 가는 길만은 아니다.[65] 그 길은 "하나님께 버림 받은 자리로 들어가는 길"이다.[66] 아브라함은 구원의 헌장을 불태워버리고 "죽음과 지옥 외에는 아무것도 남기지 말라"는 명령을 받았다.[67]

우리는 "하나님께서 아브라함에게 말씀하신" 처음과 마지막 때인 창세기 12:1과 22:2 사이의 기간에 아브라함과 사라에게 일어난 모든 것을 기억할 필요가 있다. 아이를 낳지 못하는 아내와 함께 사는, 나이 많은 이 남자는 오랫동안 약속을 의지해 살았다. 하나님은 나타났다가 물러가고, 다시 나타났다가 다시 물러갔다. 사라는 이 모든 우스꽝스러움에 그저 웃을 수밖에 없었는데, 이는 놀랄 일도 아니다.[68] 하지만 바울이 말하듯이 아브라함은 이러한 시련에도 아랑곳하지 않고 **그가 믿은 하나님 때**

---

64 Gerhard von Rad, *Genesis*, rev. ed., Old Testament Library (Philadelphia: Westminster, 1972), 239. 이하의 내용 중 많은 부분은 그의 *Old Testament Theology*, 2 vols. (New York: Harper and Row, 1962; Louisville: Westminster John Knox, 1965) 및 *Biblical Interpretations in Preaching*의 창 22장에 관한 내용에서 취한 것이다. 나는 칼뱅의 창세기 주석(설교자들을 위한 또 다른 뛰어난 자료다) 및 Nahum Sarna, *Understanding Genesis: The Heritage of Biblical Israel*(New York: Schocken Books, 1970)에도 의존했다.

65 내가 그 이야기의 끔찍함을 무시하려는 것은 아니다. 마르틴 루터는 특히 이 점을 잘 알고 있다. 루터는 자신이 그 이야기에 참여자가 되는 것은 말할 것도 없고 구경꾼도 될 수 없었다고 쓴다. 그는 자신과 우리 모두는 그 부자가 두려운 제단에 올라갔을 때 산기슭에 남겨진 짐 나르는 짐승들과 다를 바 없다고 말한다. 하지만 루터의 반응은 아가멤논의 눈물보다는 **종교적 공포심**을 보여주는 좋은 예다.

66 Von Rad, *Genesis*, 244.

67 John Calvin, *Genesis*, 22.2, in *Calvin's Commentaries*, ed. David W. Torrance and Thomas F. Torrance, trans. William B. Johnston (Grand Rapids: Eerdmans, 1963).

68 사라의 상스러운 비웃음에 관한 기록(창 18:9-15)은 기독교 저술과 랍비의 저술에서 많이 언급되었다. 나는 오랫동안 "사라의 웃음은 믿음의 변함없는 동반자다"라는 말을 인용해 왔다(Ernst Käsemann, *Perspectives on Paul* [Philadelphia: Fortress, 1971], 69).

문에 계속 바랄 수 없는 중에 바라고 믿었다. 그러므로 우리에 앞서 오랫동안 급진적인 믿음을 가지고 살았던 한 사람이 있다. 창세기 22장에서 하나님이 나타나신 데 대해 그가 보인 반응은 많은 것을 시사한다. "그 일 후에 하나님이 아브라함을 시험하시려고 그를 부르시되 '아브라함아' 하시니, 그가 이르되 '내가 여기 있나이다.' 여호와께서 이르시되 '네 아들, 네 사랑하는 독자 이삭을 데리고…내가 네게 일러 준 한 산 거기서 그를 번제로 드리라.' 아브라함이 아침에 일찍이 일어나…"(창 22:1-3).

이 내러티브는 성경의 모든 내러티브처럼 매우 간결하다. 우리가 꼭 알아야 할 필요가 있는 내용만 기록되어 있고 더 이상은 기록되지 않았다. 아브라함은 오랫동안 하나님을 따르고 믿어 왔기에 그것이 습관이 되었다. 그는 야곱처럼 기도로 하늘의 문을 두드려대지 않았다. 아브라함은 **자기가 믿은 하나님 때문에** 명령이 어떤 내용인지 듣기도 전에 복종할 준비가 되어 있었다. 그는 하나님이 그렇게 요구할 충분한 권리를 갖고 있다고 믿은 것 같다. 다음날 아브라함은 침상에 몸져누워 있는 대신 하나님의 뜻을 행하기 위해 일찍이 일어났다.[69]

우리는 상상할 수도 없는 행동에 대한 아브라함의 이해할 수 없어 보이는 묵인을—한 사람을 제외하고는 하나님이 그리로 들어오라고 요구한 적이 없었던—믿음의 높이부터 깊이까지를 아우르는, 믿음의 전체 영역에 대한 실증으로 이해해야 한다. 아브라함이 스스로 그 행동을 해야만 했던 사실은 **신학적으로** 그 행동의 야만성과 관련이 있는 것이 아니다. 그것은 **신학적으로** 다른 어떤 것과 관련이 있다. 즉 하나님은 아브라함에게 지극히 이례적인 믿음—하나님이 이삭을 죽일 때 비켜 서 있는 것이 아니라, 자기가 직접 그 일에 능동적인 참여자가 되어야 할 정도

---

69 Calvin, *Genesis*, 22.3.

로 이례적인 믿음—을 입증하라고 요구했다. 아브라함의 시험은 우리에게 하나님은 상상할 수 없는 어둠 속에서도 믿을 수 있는 분이심을 보여주는 단 한 번뿐인 사건이다. 많은 사람이 이 이야기에서 하나님이 "납득할 수 없는 자기모순" 가운데 그가 한 일들과 상반되는 듯이 보일 때조차 하나님을 신뢰하는 것이 무엇인지를 배우고 힘을 얻었다.[70]

아브라함의 믿음의 깊이는 그 내러티브에서 매우 미묘한 언어로 제시되었다. 첫째, 다음과 같은 말이 계속 반복된다.

네 아들,
네가 사랑하는,
독자,
이삭…

그것은 고통의 북소리다. 그러고 나서 두 번 반복되는 진술이 있는데, 이 진술 역시 북소리다.

그 두 사람은
함께
갔다.

두 사람이 지정된 장소에 가는 도중에 서로 무슨 말을 했을지 많은 상상력이 동원되었지만, 이 이야기를 우리에게 전해 주는 사람인 우리의 이야기꾼의 탁월한 예술적 수완은 그런 모든 추측을 무색하게 한다.

---

70 Von Rad, *Old Testament Theology*, 1:171.

두 사람이 동행하더니

이삭이 그 아버지 아브라함에게 말하여 이르되

"내 아버지여" 하니,

그가 이르되 "내 아들아, 내가 여기 있노라."

이삭이 이르되

"불과 나무는 있거니와

번제할 어린 양은 어디 있나이까?"

아브라함이 이르되

"내 아들아,

번제할 어린 양은

하나님이 자기를 위하여 친히 준비하시리라" 하고

두 사람이

함께

나아갔다.

이것은 주석이 필요 없는 대화다. 이 대화 자체로 그 중요성이 충분히 이해된다. 그토록 과묵하고 그토록 절제된 그 내러티브의 속도는 이제 고통스러울 정도로 늦춰진다.

이에 아브라함이 그곳에 제단을 쌓고

나무를 벌여 놓고

그의 아들 이삭을 결박하여

제단 나무 위에 놓고

손을 내밀어

칼을 잡고

그 아들을 잡으려 했다.

이삭은 저항하지 않은 것으로 보이는데, 이 점은 유대인 해석자들에게 깊은 인상을 준 요인이다. 이처럼 극단적인 상황에 이삭이 보여준 신뢰는 하나님께 대한 자기 아버지의 신앙을 반영하는 것이라 해도 지나친 말이 아닐 수도 있다. 그러나 이삭은 단지 여느 아들 중 하나가 아니기 때문에 이것으로 아브라함의 개인적인 소망만 끝장나는 것이 아니었다. 그는 유일하게 미래에 대한 약속을 보유하고 있는 아들이다. 이삭의 끝은 온 세상을 위한 소망과 축복과 구원의 끝을 의미한다. 해설자는 잠시 뜸을 들인다.

> 아브라함은 손을 내밀어
> 칼을 잡고
> 그 아들을 잡으려 했다.…

그리고 갑자기 이야기가 빨라진다.

> 여호와의 사자가 하늘에서부터 그를 불러 이르시되
> "아브라함아, 아브라함아! 그 아이에게 네 손을 대지 말라. 그에게 아무 일도 하지 말라. 네가 네 아들 네 독자까지도 내게 아끼지 아니하였으니 내가 이제야 네가 하나님을 경외하는 줄을 아노라."
> 아브라함이 눈을 들어 살펴본즉
> 한 숫양이 뒤에 있는데 뿔이 수풀에 걸려 있는지라.
> 아브라함이 가서 그 숫양을 가져다가
> 아들을 대신하여 번제로 드렸더라.
> 아브라함이 그 땅 이름을 "여호와 이레"라 하였다.

우리는 여기서 방금전에 읽은 것의 무게에 경의를 표하며 잠시 멈춰서 침묵한다. 기쁨의 환호가 없다는 점에 주목하라. 그 부자는 함께 말할 수 없는 어떤 것의 측면을 보았다. 어쩌면 그들은 집으로 돌아오는 사흘간의 여정 내내 아무 말도 하지 않았을지도 모른다. 어쩌면 이 사건은 그날 이후 하나님의 이해할 수 없는 모든 침묵을 아우르는 것으로 이해되었을지도 모른다.

아브라함은 그렇게 그의 아들을 죽은 자들 가운데서 돌려 받았다. 아브라함은 그 아들을 인간이 경험할 수 있는 극한의 한계에서 받았으며, 이로 인해 우리는 하나님의 선물들이 우리의 조작, 우리의 상상, 우리의 기대, 우리 자격을 훨씬 넘어서는 영역에서 오는 것으로 인식한다. 하나님을 믿는다는 것, 아브라함이 그랬던 것처럼 하나님을 "경외한다"는 것은 하나님을 온전히 신뢰하고, 약속들의 성취가 불가능해진 것으로 보일지라도 하나님의 손에 우리 자신과 우리의 생명을 온전히 맡기는 것을 의미한다.

이제 이 단락의 결론을 내리자. 우리는 여기서 성금요일에 읽는 구절을 살펴보았다. 우리는 특히 두 절—"내 아들아, 번제할 어린 양은 하나님이 자기를 위하여 친히 준비하시리라"와 "네가 네 아들, 네가 사랑하는 독자까지도 내게 아끼지 아니하였다"—을 주목한다. 아브라함은 우리에게 상상할 수 없는 상황에서도 확고한 신뢰를 보여준 유례없는 본보기다. 하나님은 다른 누구에게도 이렇게 요구하지 않았다. 그것은 단 한 번 발생한 사건이었고, 결코 반복되지 않았다. 궁극적인 "반격"의 날(Calvin), 하나님이 하나님께 대항한 것으로 보인 날, 하나님 자신의 아들이 십자가 위에서 "나의 하나님, 나의 하나님, 어찌하여 나를 버리셨나이까?"라고 부르짖었던 날까지는 말이다.

이삭에 대해서는 대체물이 제공되었다. 아브라함은 수풀에 걸려 있는 숫양을 보았다. "내 아들아, 번제할 어린 양은 하나님이 자기를 위하

여 친히 준비하시리라." 예수가 깊이를 알 수 없는 어둠 속에서 세상의
죄를 지기 위해 십자가에 이르렀을 때 그를 대신할 대체물은 없었다. 예
수 자신이 그 어린 양이었다.[71] 하나님은 자기의 아들, 자기의 외아들을
아끼지 않았다. 그 아들이 직접 우리를 위한 대체물이 되었다. 하지만 최
종적으로 **아케다**(이삭의 결박)와 십자가 사이의 결정적인 차이는 성부가
성자를 [일방적으로] 희생시키지 않는다는 것이다. 성부 하나님과 성자
하나님은 **함께, 한 뜻으로** 복되신 삼위일체의 제2위께서 우리 인간들과
우리의 구원을 위해 "단번에" 완전한 번제물이 되는 하나님의 영원한 목
적을 수립했다.

성전 휘장과 속죄소

마가복음, 마태복음, 누가복음은 각각 수난 내러티브의 절정에서 "성전
휘장"에 두드러진 위치를 부여한다. 마가복음은 이렇게 서술한다. "예수
께서 큰 소리를 지르시고 숨지시니라. 이에 성소 휘장이 위로부터 아래
까지 찢어져 둘이 되니라"(막 15:37-38). 수동태 "찢어져"를 주목하라. 이
는 하나님이 행위자임을 나타낸다. 마태와 누가는 매우 비슷한 용어를
사용하며—누가는 그 사건을 예수가 죽은 바로 바로 그 순간에 일어난
것으로 묘사하지 않고 그 직전에 일어난 것으로 제시하기는 하지만—세
저자 모두 그 표지를 예수의 죽음의 순간과 연결한다. 찢어진 휘장의 표

---

71 여기서 나는 특히 숫양은 그리스도의 예표가 아니라는 von Rad의 견해에 반대한다. 하지
    만 나는 창 22:7에서 "어린 양"이라는 단어가 사용된 것이 우리에게 이러한 해석을 열어준
    다고 믿는다. 그리고 그 단어는 그리스도인들의 사용에 의해서 및 롬 8:31-32의 암시에 의
    해서 신성해졌다.

지에 관해 많은 설교 상의 상상력과 해설 상의 상상력이 발휘되었다. R. E. 브라운은 이 해석적 장황함을 익살스럽게 "무성한 웃자람"으로 칭한다.[72] 그것은 고전적인 융합 사례의 결과다. 히브리서에 수록된 휘장에 관한 독특한 논의가 복음서들에 제시된 상당히 다른 묘사와 설교적으로 결합되었기 때문이다.[73] 공관복음의 수난 내러티브에 나오는 휘장에 대해 우리는 몇 가지를 지적한다. 첫째, 예수는 예루살렘 성전이 파괴될 것을 예언했다. 따라서 휘장이 찢어진 것은 성소의 파괴에 대한 신호를 보냄으로써 예수의 말이 옳다는 것을 입증한다. 둘째, 마가의 묘사는 성전과 성전 제사장들의 부패(예컨대 말 1:6-3:4에서와 같은)에 대한 하나님의 진노의 행위를 암시한다. 셋째, 옷을 찢는 것은 애도의 표시였으므로 그 요소 역시 있을 수 있다. 넷째, 마태가 주의 깊게 고안한, 메시아의 죽음으로 묵시적인 시대 전환이 발생하고 있음을 가리키는 네 개의 표지에 휘장이 찢어진 사건이 포함되어 있다.[74]

휘장 이미지와 그것의 추론으로서 속죄소(자비의 보좌)가 히브리서에서는 공관복음들에서의 의미와는 다른 의미로 등장한다. 여기서 휘장은 히브리서에 독특한, 그리스도를 자신을 속죄제로 드린 대제사장으로 보

---

72 Raymond E. Brown, *The Death of the Messiah: From Gethsemane to the Grave; A Commentary on the Passion Narratives in the Four Gospels*, 2 vols. (Garden City, N.Y.: Doubleday, 1994), 2:1098. Brown은 2:1098-1118에서 공관복음서에서 휘장이 찢어진 것의 묵시적 의미를 철저하게 논의한다.

73 나는 신약성경의 각각의 개별적인 목소리가 그것의 병행 구절을 갖도록 허용되는 한 풍성한 암시를 주는 이 표지에 대한 자유로운 해석을 엄격하게 단속할 마음이 없다(사실 나도 그러한 해석을 하나 제안했다). (히브리서의 의미와 비교하여) 복음서들 안에서의 그 표지의 다층적인 의미를 놓쳐서는 안 된다. 따라서 나는 그 표지가 희생이라는 주제에 딱히 어울리지는 않지만 여기서 그것을 언급한다.

74 설교자들 사이에 예수의 가르침에서 발췌한 것들만을 강조하고 마태의 전반적인 내러티브 구조—(특히 Jack Dean Kingsbury and Dale Allison이 묘사한 바와 같이) 이 구조는 확실히 예수를 메시아이자 하나님의 아들로 밝히기 위해 고안되었다—를 무시하는 경향이 널리 퍼져 있기 때문에 마태의 기독론의 힘이 종종 간과된다.

는 전반적인 묘사를 지지하는 세부사항으로 등장한다. 확실히 휘장에 대한 히브리서의 독특한 시각이 신약성경의 주요 주제라고 할 수는 없다. 더욱이 히브리서 저자가 성막과 성전의 실제 구조를 이해하지 못했다고 거듭 지적한 역사가들로 인해 휘장 문제는 점점 관심에서 멀어지기 십상이다. 휘장이라는 주제가 꼼꼼한 종교사학자의 관점에서는 골치 아픈 사안이기는 하지만, 그것은 어린아이에게까지도 예수의 죽음의 중요한 측면을 전달하기에 매우 유용한 수단이다. 설교자들이나 교사들은 중요한 두 가지 해석—복음서들에서 "찢어짐"이라는 모티프가 성전 파괴를 가리키는 묵시적 표지로 사용된 것과 히브리서에서 그것이 하나님의 임재로 나아가는 길을 열어준 것으로 묘사된 것—을 재미있게 결합할 수 있다. 어른들과 아이들이 모두 성전의 장비들에 매료되며, 따라서 이러한 접근법에 매력을 느낀다.

히브리서는 휘장과 지성소를 세 번 명시적으로 언급한다. 히브리서 저자는 예루살렘 성전에 의존하는 것이 아니라 광야의 회막 또는 성막에 의존하고 있지만, 그리스도가 단번에 드린 희생제사의 혜택에 대한 믿음을 일깨우는 것을 주된 목적으로 하는 비학문적인 상황에서는 이 차이가 엄격하게 고수될 필요가 없다. 히브리서는 이렇게 묘사한다. "예비한 첫 장막이 있고 그 안에 등잔대와 상과 진설병이 있으니 이는 성소라 일컫고, 또 **둘째 휘장**['성전의 휘장'] 뒤에 있는 장막을 지성소라 일컫나니, 금 향로와 사면을 금으로 싼 언약궤가 있고…그 위에 **속죄소**(자비의 보좌, 히브리어로 *kapporet*, 그리스어로 *hilasterion*)를 덮는 영광의 그룹들이 있다"(히 9:2-5).

예수가 거기서 그의 생애의 마지막 주간에 매일 가르쳤던 예루살렘 성전 자체는 종교적 특권의 서열을 따라 배치되었다. 히브리서에서 명시적으로 언급하지는 않지만 우리가 성전의 배치에 관한 일반적인 지식을 갖고 있으면 휘장이 찢어진 것을 이해하는 데 도움이 될 것이다. 그 성전 뜰 안에는 일련의 뜰이 있었다. 첫 번째 뜰은 이방인의 뜰로서 누구나 들어갈 수 있었다. 이 곳은 예루살렘 성전에서 다른 신앙을 갖고 있는 여행자, 구경꾼, 순례자들이 들어갈 수 있는 유일한 부분이었다. "경건하지 않는 자들"은 그리스 사회나 로마 사회에서 아무리 지위가 높다 하더라도 더 이상 들어가도록 허락되지 않았다. 그다음 뜰은 여자들의 뜰로서 이 곳은 모든 유대인에게 개방되었다. 그러나 유대인 여성은 거기까지만 들어갈 수 있었다. 유대인 여성은 여인들의 뜰 위에 있는 남성들의 뜰로 올라가는 열다섯 계단 위에 올라갈 수 없었다. 남성들의 뜰 안에 신성한 구역이 있었다. 제사장들만 제사장의 뜰을 지나 성소로 들어갈 수 있었다. 히브리 성전의 가장 깊은 곳인 지성소(몇몇 번역에서는 '가장 거룩한 곳'으로 부른다)는 대제사장을 제외한 모든 사람에게 금지되었는데, 그곳에 들어갈 자격이 있는 대제사장조차도 일 년에 단 한 번, 레위기 16장에 묘사된 속죄일에만 들어가도록 허락되었다.

이 모든 구별은 진지하게 받아들여졌다. 예루살렘 성전에서 "어떤 외국인도 앞뜰과 성전을 둘러싼 담 안으로 들어가서는 안 된다. 들어갔다가 붙잡히면 죽음을 면치 못할 것이고, 그 죽음의 책임은 본인에게 있다"고 경고하는 명문(銘文)이 발견되었다. 알렉산드리아의 필론은 일반 유대인이나 대제사장보다 직급이 낮은 제사장이 지성소에 들어가면 예외 없이 죽음에 처해진다고 보도한다.[75] 이처럼 경건의 정도에 따라 사람의 등급을 매기는 것은 종교 일반에 기본적인 사항이며, 오늘날의 모든 사회에서도 이러한 등급이 존재한다. 전체 구조는 집단들을 서로 분리한 구별에 근거했으며, 자비의 보좌(속죄소)에 대한 접근을 제한했다. 이것은

---

75   Brown, *Death of the Messiah*, 1:366-67.

이상한 개념이 아니다. 십대라면 누구나 다 이것을 이해한다. 그들은 클럽의 지성소에 들어가지 못하도록 차단하는 밧줄에 대해 알고 있다.

학자들은 성전에 적어도 두 개의 휘장이 있었고 어쩌면 그보다 더 많았을 수도 있다고 지적한다. 그중 하나는 보통 사람들이 성소에 들어가지 못하도록 막는 것이었지만 히브리서에서 말하는 휘장은 그것이 아니다. 마지막 장벽은 대제사장을 제외한 **모든 사람**으로부터 지성소를 격리한 휘장이었다. 앞에서 언급했듯이 히브리서 저자가 구약의 제사들과 그리스도의 제사 사이의 차이를 거듭해서 대조한 것으로 미루어볼 때 이 서신에서 속죄소(자비의 보좌)는 매우 중요하다. 일단 기본적인 개념을 이해하면, 독자들은 자비의 보좌 앞에 직접 나아가기를 열망하게 된다. 그리스도의 제사에 귀속된 모든 탁월함 중 여기서 가장 중요한 것은 **모든 사람에게 그 길이 열렸다**는 점이다. 옛 언약의 어느 제사장도 이 일을 할 수 없었다. 아론계 대제사장은 속죄소에 홀로 들어갔다가 홀로 나왔다. 그러나 예수는 완전히 새로운 행위를 수행했다. 그 길이 열린 것을 설명하는 두 개의 구절은 다음과 같다.

우리가 이 소망을 가지고 있는 것은 영혼의 닻 같아서 튼튼하고 견고하여 휘장 안에 들어 가나니, **그리로 앞서가신** 예수께서 영원히 대제사장이 되어 **우리를 위하여 들어가셨느니라**(히 6:19-20).

그러므로 형제들아, 우리가 예수의 피를 힘입어 성소에 들어갈 담력을 얻었나니 **그 길은 우리를 위하여 휘장 가운데로 열어 놓으신 새로운 살 길이요** 휘장은 곧 그의 육체니라. 또 하나님의 집 다스리는 큰 제사장이 계시매 우리가 마음에 뿌림을 받아⋯씻음을 받았으니, 참 마음과 온전한 믿음으로 하나님께 나아가자(10:19-22).

히브리서 저자는 놀랍고 독창적인 상상력을 발휘해서 성전의 휘장을 예수의 육체로 재해석한다. 그리스도는 그의 성육신한 몸으로 우리의 선구자로서 우리보다 앞서갔고, 그와 함께 우리 인간의 본성을 데리고 갔다.[76] 죄악된 인간은 하나님의 임재에서 배제된다는 것을 끊임없이 상기시키던 물건인 휘장이 영원히 사라졌다. 성전이 비유적으로 파괴되었고 그리스도의 몸 안에서 "사흘 만에 다시 세워졌다"(요 2:19-21). 더 이상 성소에 대한 접근이 금지되지 않고, 더 이상 중재자가 필요치 않으며, 더 이상 속죄소에 대한 접근과 속죄가 제한되지 않는다. 이제—성전을 포함하도록 성막 이미지를 넓히면—더 이상 계층이 존재하지 않는다. 그 길이 이방인, 여인, 평민, 모든 종류와 모든 상황의 죄인들에게 열려 있다.

이제 우리는 복음서들과 더불어 히브리서에 의존할 수 있다. 예수가 십자가 위에서 죽음으로써 땅에 속한 이전의 성소가 끝났기 때문에 하나님께 가까이 나아가는 것을 금했던 구별들이 끝이 났다. 하나님이 친히 성소를 허물었다(마 27:51은 "휘장이 **찢어졌다**"고 말하는데, 다시 말하지만 수동태는 하나님이 행동했음을 나타낸다). 히브리서는 하나님의 아들이 죽음으로써—비유적으로 말하자면—그의 피가 하늘의 속죄소에 단번에 뿌려졌고, 휘장이 찢어짐으로써 하늘에 속한 유익이 구별이나 조건 없이 우리의 것이 되었다고 말한다. 이제 경건한 자와 불경건한 자 사이에 어떤 구별도 없어졌다(우리는 이 주제를 거듭 언급할 것이다). "전에는 막혔던 길이 이제 열렸다. 그가 십자가에서 죽는 순간에…위협적이고 방해가 되었던 휘장이 위에서 아래로 찢어졌다. 이는 하나님이 행동했고 마침내 그분의 거룩한 임재 안으로 들어가는 길이 열렸음을 나타낸다."[77]

---

76 찰스 웨슬리는 그의 위대한 교리적 찬송가인 "천사 찬송하기를"(Hark, the Herald Angels Sing, 찬송가 126장)에서 "신성이 육체로 가려진 것을 보네"라고 노래한다.

77 Philip Edgcumbe Hughes, *A Commentary on the Epistle to the Hebrews* (Grand Rapids:

마지막으로, 이 모든 것을 바울의 묵시적 용어로 표현하자면 회개를 통해 거듭 용서를 확보하던 옛 제도—"죽은 행실"의 옛 세상(kosmos)— 는 **단번에**(ephapax) 죽음에 처해졌다. 휘장이 찢어진 것은 그 옛 세상의 질서가 끝났음을 나타낸다. 옛 제사들은 갈라디아서 3:23-26의 "초등교사" 처럼 일시적인 것임이 입증되었다. 그것들은 "그리스도의 피"에 의한 새 창조를 위한 길을 준비하기 위해 존재했다. 이제부터는 회개와 믿음보다 **선행하는** 하나님의 아들의 자기희생이 능력을 나타내서 더 이상 제사가 필요치 않은, 하나님으로부터 오는 새로운 세계 질서에 속하는 회개와 믿음을 낳게 한다. "성 안에서 내가 성전을 보지 못하였으니 이는 주 하나님, 곧 전능하신 이와 및 어린 양이 그 성전이심이라"(계 21:22).

현대 문화에서 인기가 없는 자기희생

새 예루살렘의 환상을 고찰하다 현대 문화에서 광고의 영향을 생각하면 충격적이지만, 복음을 해석하는 사람들이 오늘날 성경적인 믿음을 가르치기 위해서는 반드시 이것을 고려해야 한다. 광고 산업의 역사에서, 아니 어쩌면 세계 문화 전체에서 가장 파급력이 큰 변화 중 하나는 단순히 제품을 선전하던 데서 "생활 방식"을 파는 데로 이동한 것이었다. 어떤 의미에서는 이에 관해 참으로 새로운 것은 아무것도 없다. 인간은 늘 패션과 진기한 것에 마음을 빼앗겨 왔기 때문이다. 하지만 다른 의미에서는 오늘날 존재하는 소비 사회는 이전과는 완전히 다른 세상이다. 특히 시각 이미지들의 힘, 유명 인사들의 유혹, 즉각적인 서비스 전달, 가상 세

Eerdmans, 1977), 407.

계의 즉시성, 점점 더 많은 자극에 대한 수요 등이 젊은 사람들에게 그릇된 가능성을 제시하며, 더 고상한 목적을 위해 만족을 뒤로 미룰 수 있는 그들의 능력을 훼손한다. 교회나 그런 추세에 대항하는 강력한 다른 영향력의 약화는 말할 것도 없고, 가족의 유대, 학교 동아리, 공동체 교제의 약화로 말미암아 젊은 사람들에게 [소비 사회에서 중시되는 가치 외의] 다른 어떤 가치들을 전달하기가 매우 어렵게 되었다. 이 모든 사실이 잘 알려져 있으며 우리는 종종 이에 대해 애석하게 여긴다. 우리가 여기서 이 점을 언급하는 이유는 일상생활에서 **희생의 가치**에 대한 의식이 없다는 것을 강조하기 위함이다.

또한 21세기 초 이란과 이라크에서 전쟁이 벌어지고 있던 시기에 "희생"이라는 단어는 대개 엄숙하고 반쯤은 종교적인 어조로 전사자들에 대해 사용되었다.[78] 희생이 삶의 이 영역에서는 존경을 받지만 다른 영역에서는 무시되는 것으로 보인다. 사려 깊은 분석가들은 이러한 갈등의 시기에 사회 전체가 내핍에 참여했던 제2차 세계대전 때와 비교해서 미국 전체에 희생에 대한 요구가 없었다는 것에 오랫동안 불평을 제기하고 있다. 징병이 없던 시기에 전쟁에서 희생이라는 짐은 거의 전적으로 농촌 지역과 작은 마을 출신의, 교육 수준이 낮고 경제적 전망이 없는 아주 어린 군인들이 부담한 반면에 다른 미국인들은 가서 쇼핑하라고 부추기는 광고 속에서 살았다는 점이 반복적으로 언급되었다. 이 현상은 2008년과 2009년의 경기 침체 기간에도 여전히 더 인기를 끈 일종의 금언이었다. 불우한 젊은이들로 하여금 모든 희생을 부담케 해서는 안 된

---

78 희생이라는 용어가 광적으로 사용된 극단적인 예는 히틀러가 "희생적인 죽음"(*Obfer-tod*)이라는 독일어 어구를 자극적으로 사용한 데서 찾을 수 있다. 오늘날 독일 신학에서는 이 어구를 사용할 수 없게 되었다. Stephen W. Sykes, *The Story of Atonement*, Trinity and Truth Series (London: Darton, Longman, and Todd, 1997), 123-24.

다는 이의들은 대체로 무시되었다. 군 복무에 관해 상당한 수준의 감상성이 있지만, 우리에게 미국의 국기를 달고 자동차에 '우리 군대를 지원하자'라는 스티커를 붙이는 것보다 더 많은 비용이 드는 방식으로 그 희생을 기리려는 열정은 미미했다.

여성의 이의에 대한 재고: 능력 부여로서 희생

현재 여성의 경험에 뿌리를 두고 희생 개념 전체를 격렬하게 반대하는 사람들이 있다. 이는 희생 신학에 대한 가장 중요한 도전 중 하나이며, 몇몇 진영에서는 이 주장이 매우 진지하게 취급되고 있다. 여성들이 전통적으로 불균형적으로 희생을 당해왔다고 주장된다. 많은 여성이 자기들에게는 무시되거나, 후견의 대상이 되거나, 착취되거나 학대를 받는 것 외에는 다른 대안이 없다고 생각하도록 길들여졌다. 이로 인해 여성의 능력이 약화된 사례가 너무 많은데, 우리 시대에 교회는 이 모든 문제를 재고할 필요가 있다.

　　최근 수십 년 동안 거의 읽히지 않았던, 75년 된 유명한 책이 새천년이 시작되는 시대에 지정학적인 몇 가지 이유로 다시 필독서 목록에 올랐다. 레베카 웨스트의 대작 『검은 어린 양과 회색 매』(*Black Lamb and Grey Falcon*)는 발칸 반도 여행에 관한 책으로 알려져 있지만, 실제로는 다양한 문제에 대한 레베카 웨스트의 관점에 관한 책이다. 우리의 주제와 관련하여 그녀는 "고통이 어떤 선한 것에 대한 적절한 대가라는 혐오스러운 가식"에 관해 많은 것을 말한다.[79] 희생제사에 대한 웨스트의 거의 강박

79　Rebecca West, *Black Lamb and Grey Falcon* (New York: Viking, 1941), 827.

적인 혐오는 그녀가 마케도니아의 신성한 바위에서 실행되는 것을 보았던 무슬림의 다산 제의를 서술한 묘사에 표현되어 있다. 그 제의에서 검은 어린 양을 비롯한 많은 동물이 도살되었다. 웨스트는 희생제사 개념 전체를 통렬히 비난하면서 예수의 십자가 처형은 절대로 하나님의 계획이었을 리가 없고, 선한 것을 반대하는 인간의 악함을 최고로 잘 보여주는 사건이었다고 결론짓는다. 예수의 십자가 처형이 인간의 악함을 보여준다는 웨스트의 지적은 절대적으로 옳다. 나는 웨스트가 우리가 심취해 있다고 이해한 희생제사 개념에 대해서 제기한 이의들은 다른 어떤 이의보다 심미적이라고 생각한다. 그녀는 희생제사를 너무 문자적으로 이해한다(그녀가 양의 들판에 있는 바위에서 행해진 도살 장면을 구역질 날 정도로 자세히 묘사한 것으로 미루어볼 때 이 점을 이해할 만하기는 하다). 그녀는 도살자들이 그들의 일을 즐겁게 수행하는 것에 초점을 맞춘다.[80] 당신이나 내가 이 장면을 실제로 보았다면 우리 역시 똑같이 반응했을지도 모른다. 그러나 이 광경을 희생제사의 전체 개념에 대한 주석의 토대로 삼은 웨스트의 시각은 상상력을 발휘하지 못한 하나의 예인데, 이는 그토록 놀라운 재능을 지닌 작가에게는 참으로 이상한 일이다. 사실 여기에 희생에 대한 정확한 이해가 걸려 있다. 웨스트는 평생 특히 여성들이 "[그들의] 훼손되지 않은 영혼[들]의 고요한 불길이 무한히 확대된 가족 위에 순결과 고결성을 비추게끔" 집안에 틀어박혀 지내도록 권장된 형태의 "자기희생의 죄"를 통렬히 비난했다.[81] 문제는 희생에 대해 이처럼 지극히 부정적인 관점에서만 바라볼 수 있는지 여부다.[82]

---

80 이 즐거움은 공교롭게도 실로 십자가 처형에서 하나님의 아들에게 완전히 퍼부어진 "남성의 비열함"의 일부였다.

81 인용구의 출처는 Brian Hall, "Rebecca West's War," *New Yorker*, April 15, 1996이다.

82 West는 어느 정도 혼동(확실히 낭만주의)을 드러낸다. 그녀는 바위 위의 검은 어린 양 내

많은 여성 신학자들과 성경학자들이 비평을 제공함에 따라 70년도 더 전에 웨스트에 의해 제기된 이런 종류의 페미니스트적인 이의들이 우리 시대에 활기를 띠게 되었다.[83] 핵심적인 이의는 희생 개념이 여성에게는 자아 실현을 부정하는 수단으로 기능했으며 그렇게 평가되었다는 데 있다. 희생 모티프가 이렇게 억압적으로 사용된다면 우리는 그것에 대해 저항해야 하고 반대해야 한다. 예수의 생애나 가르침에는 그분이 우리에게 십자가를 지는 삶을 살도록 요구할 때 남성과 여성을 구별했다는 암시가 전혀 없다. 문제는 희생의 정의에 놓여 있다. 페미니스트들의 이의는 희생적인 삶의 방식이 취약한 상태에 있는 많은 여성으로 하여금 그들이 처해 있는 종속적이고 과도한 부담을 진 위치에서 벗어나지 못하게 했다는 것이다. 이는 오늘날 성령이 우리에게 비춰준 빛에 비춰볼 때 허용될 수 없으며, 우리는 결코 그 빛이 우리에게 이루어내라고 격려하는 진보로부터 후퇴할 수 없다. 하지만 동시에 새로운 희생 개념이 필요하

러티브에서 그녀가 전날 밤에 목격한 다른 장면에 대한 호의적인 평가를 삽입하는데, 이 평가는 바위 위의 희생제사에 대한 그녀의 격렬한 반감과 모순되는 것으로 보인다. 그녀가 극렬한 페미니스트 입장을 보인다는 점을 고려하면 이 점은 특히 주목할 만하다. 그녀는—매우 호의적인 용어로—무슬림 사원에서 여성들에게 팔을 펴서 영적인 속성을 지녔다고 생각된 돌을 껴안으라고 요구하는 제의를 떠올린다. "무슬림 여인들은…그들의 팔을 내밀어 검은 돌을 품에 안고 그들의 머리를 숙여 그것에 입을 맞추었다.…그런 동작은 사랑할 때 영혼이 한 동작을 몸이 흉내낸 것이다. 그 동작은 이렇게 말한다. '나는 당신에게 헌신하는 데 내 자신을 쏟아 부을 것입니다. 나는 돌려받을 것을 바라지 않고 나 자신을 비울 것입니다.…'"(West, *Black Lamb and Grey Falcon*, 825). 그러나 만일 이것이 희생이 아니라면 무엇인가? 이것은 문자적인 피 흘림은 아니지만, 오래된 여성의 신조를 반복하는 것처럼 힘있게 들린다.

83 이러한 비평들은 11장에서 형벌 대속 모델에 대한 이의들을 다루는 부분에서 다뤄질 것이다. 희생 개념이 페미니스트들이 속죄에 대해 비판하는 유일한 측면은 결코 아니다. 대체 주제뿐만 아니라 안셀무스의 만족 사상 역시 개탄의 대상이 되어왔다. 여기에는 교회, 특히 복음주의 진영의 가르침에서 부주의하게도 성부를 성자로부터 떼어내 아버지가 그의 무력한 아들을 잔인하게 희생시키는 것(아동 학대)으로 보이게 한 것에 일말의 책임이 있다. 페미니스트 신학자들에게서 나온 이 비판은 오류를 교정하는 데 도움이 되어왔다.

다. 희생이 일종의 약함과 비참한 자기 억압으로 생각된다면 우리는 결코 이 장애를 극복할 수 없을 것이다. 희생에 대해 재고하는 방법은 힘의 관점에서 생각하는 것이다.

힘은 나쁜 힘과 선한 힘 두 가지가 있다. 예수 그리스도의 삶과 죽음에 의해 정의된 희생적인 섬김의 삶은 약한 것이 아니라 **힘의 대안적인 형태**다.[84] 이 진리는 자기를 내줌에 관한 신약성경 전체의 메시지를 뒷받침한다. 사도 바울보다 이 점을 더 잘 이해한 사람은 없었다. 우리는 바울이 그의 서신에서 ─ 레위기는 두말할 것도 없고 ─ (예컨대) 히브리서의 지배적인 용어인 제의 용어에 별로 관심을 기울이지 않았음을 보았다. 그것은 부분적으로는 바울이 그리스도의 십자가형을 주로 제의적 의미의 희생제사로 이해하지 않았기 때문이다. 바울은 그것을 적들의 세력과의 결정적인 묵시적 전쟁으로 이해했는데, 예수가 자기를 버린 것은 세대들 간의 그 전장(戰場)에서 궁극적인 무기였다. 그것은 적을 압도하고 궤멸하는 "소극적 저항"의 궁극적인 형태였다. 이것은 요더가 "어린 양의 전쟁"의 전선이라고 묘사한 것과 궤를 같이한다. 그런데 히브리서에서는 이 주제가 생략되어 있지 않다. 히브리서 2:14-15은 성육신, 목숨을 바침, 사망의 정복, 종노릇으로부터 해방을 한 문장으로 아름답게 결합한다. "자녀들은 혈과 육에 속하였으매 그도 또한 같은 모양으로 혈과 육을 함께 지니심은 죽음을 통하여 죽음의 세력을 잡은 자 곧 마귀를 멸하시며, 또 죽기를 무서워하므로 한평생 매여 종노릇 하는 모든 자들을 놓아

---

84 동일한 함의가 있는 어구인 "혁명적인 종속"은 John Howard Yoder의 유명한 저서인 『예수의 정치학』(*Politics of Jesus*, 한국기독학생회출판부 역간) 9장의 제목이다. Yoder가 논박할 수 없는 성적 학대 혐의를 받은 결과 급격히 은혜에서 떨어진 사건 ─ 그는 그것에 대해 회개하지 않고 그 사건을 자신의 신학 연구와 연결하려 했다 ─ 으로 인해 그의 명성이 영구적으로 손상되기는 했지만, 그 책의 논증의 힘과 영향력은 부정될 수 없다.

주려 하심이다."

진정한 힘은 다른 사람들을 위해 거꺼이 자신의 생명을 희생하는 데
서 가장 잘 드러난다. 그 희생이 강요되거나 부과된 것이 아니라 선한 힘
과 보조를 같이하기 위해 자발적으로 수용될 때, 이러한 희생에는 최고
의 힘이 있다. 넬슨 만델라의 예를 보면서 누가 그것을 의심할 수 있겠는
가? 또 다른 예는 왜소한 체구에 안개꽃처럼 가녀린, 노벨 평화상 수상
자인 아웅산 수치 여사다. 버마(현재는 미얀마)의 억압적인 정부는 그녀를
죽이겠다고 위협하고 수십 년 동안 그녀를 가택에 연금했다. 그녀는 폭
정 너머에 놓여 있는 힘을 끌어내도록 희생을 올바로 사용하는 법을 알
았다. 그녀에게 자유가 제공된 것은 그녀가 억압받고 위협받았기 때문이
아니라, 단호하고 강했기 때문이었다.[85]

여성을 위한 진정한 자유의 헌장은 옛 종교의 세상의 새로운 형
태—율법주의(갈라디아 교회)나 영성(고린도 교회)의 등급의 차이를 지닌
형태—에 놓여 있는 것이 아니라, 옛 세상을 파괴하고 새 세상을 창조하
는 십자가의 힘에 놓여 있다. 실로 그리스도인의 삶에서 희생의 진정한
의미는 옛 세상에 대해 죽는 것이다. "그리스도 예수와 합하여 세례를 받
은 우리는 그의 죽으심과 합하여 세례를 받았다"(롬 6:3), "세상이 나를
대하여 십자가에 못박히고 내가 또한 세상을 대하여 그러하다"(갈 6:14).

하나님의 묵시적 전쟁은 자신을 내어주는 사랑과 누구든 "영문 밖에
서" 고난을 받는 사람들과의 완전한 동일시(히 13:13)라는 무기로 싸운다.
도래하는 하나님 나라에 대한 귀신들의 저항은 강렬하고 결연한바, 우리
는 이에 대해 계속 대적해야 한다. 그러나 하나님의 전신갑주는 이 세대

---

85 본서의 출판 작업이 진행되고 있는 현재 아웅산 수치가 가택 연금에서 풀려난 이후 버마
    군부를 포용한 데 대해 상당히 실망하는 사람들이 있다. 하지만 요점은 같다.

에서 사용되는 것과는 정반대다.

> 칼이 부딪히는 시끄러운 소리나 둥둥 울리는 북소리를 통해서가 아니라,
> 사랑과 자비의 행위를 통해서 하늘나라가 온다네.[86]

도로시 데이는 이렇게 쓴다. "인내, 인내—그것은 고난을 의미한다."[87] 희생적으로 가난한 사람들을 섬긴 그녀의 삶의 위대한 힘으로 인해 그녀는 가장 먼저 기억될 그리스도인 중 하나가 되었다. 이런 종류의 희생적인 증언은 구타를 당하는 굴종적인 아내의 증언과는 너무도 달라서 그 둘 사이에는 거의 아무런 관련이 없다고 할 수 있다. 중요한 차이는 희생적인 삶에 대한 도로시 데이의 헌신이 약한 데서 나온 것이 아니라 힘이 있는 데서 나왔다는 점이다. 이런 삶은 바르게 이해되면, 예수 그리스도 안에서 하나님이 자기를 내어준 것과 궤를 같이하기 때문에 독특하게 능력을 부여한다. 자비로운 이타적 행위가 있는 곳마다 서로 자기를 내어주는 것에 근거해서 새로 만들어진 관계라는 하나님 나라의 표지가 존재한다. **죄**와 **사망**에 의해 지배되는 이 옛 세상에서도 누가 완전히 이기적이기만 한 삶을 살기를 원하겠는가? 남을 조금이라도 배려하기 위해서는 매일 모종의 희생이 필요하다. 앙심을 품는 대신에 관대하게 대하기, 다른 사람이 각광을 받게끔 자신은 뒤로 물러나기, 확고한 지침을 보여주기 위해 십대의 분노를 이해하기, 알츠하이머 병을 앓고 있는 부모에게 인내하기, 동료를 험담하지 않기, 사치품에 소비하고 싶은 돈을 기부하

---

86 찬송가, "그리스도인의 군사여, 전진하라"(Go Forward, Christian Soldier), by Ernest Warburton Shurtleff.

87 Dorothy Day, *The Duty of Delight: The Diaries of Dorothy Day*, ed. Robert Ellsberg (Milwaukee: Marquette University Press, 2008), 279.

기, 담배를 피우지 않기, 담배를 끊지 못하는 사람을 참아주기 등은 모두 크든 작든 희생을 요구한다. 희생이 없다면 삶이 어떻게 되겠는가?

경건하지 않은 자를 위한 희생

그러나 그리스도의 희생의 삶은 우리가 생각하는 것보다 훨씬 더 과격하다. "그리스도께서도 단번에 죄를 위하여 죽으사 의인으로서 불의한 자를 대신하셨다"(벧전 3:18). **의인으로서 불의한 자를 대신하셨다**고? 인간적으로 말해서 이것은 터무니없는 얘기다. 우리는 **불의한** 자를 위해 자신을 희생하지 않을 것이다. 우리는 우리의 가족이나 국민, 부족, 집단을 위해 기꺼이 죽을지도 모르지만 의인이 불의한 자를 위해 죽는 것은 다르푸르(수단 공화국의 서북부에 있는 내전 지역 — 역자 주)에서 도망쳐 나온 난민에게 잔자위드 민병대를 위해 죽으라고 요구하는 격이고, 남아메리카 농부들에게 암살단 지휘자를 위해 죽으라고 요구하는 격이며, 고문 피해자가 고문을 가한 사람을 위해 죽기를 기대하는 격이다. 바울은 이 점을 이렇게 설명한다. "**불의**한 자는 고사하고 심지어 **의인**을 위해서도 기꺼이 죽으려는 사람은 드물다. 어쩌다가 혹시 의인을 위하여 용감히 죽으려는 사람이 있을지도 모르지만 말이다"(롬 5:6-8, 개역개정의 번역을 따르지 아니함).

그리스도의 십자가에서 우리는 혁명적인 어떤 것, 전통적인 도덕뿐만 아니라 종교 간의 구별도 무너뜨리는 어떤 것을 본다. 그리스도는 경건하지 **않은** 자, 의롭지 **않은** 자를 위해 죽었다. 바울은 당신과 나라면 그렇게 하지 않을 거라고 말한다. 우리는 "선한 사람"을 위해서는 죽을 수 있을지도 모른다. 하지만 "악인"으로 지목된 사람을 위해서는 죽으려

하지 않을 것이다. 하지만 예수는 "경건하지 않은 자를 위해 죽었다"(롬 5:6). 이 급진적인 선언의 완전한 의미가 흔히 잘 이해되지 않고 있다. 최후의 만찬에서 예수는 "사람이 친구를 위하여 자기 목숨을 버리면 이보다 더 큰 사랑이 없다"고 말한다(요 15:13). 이 친숙한 말씀은 종종 전사한 군인들을 기리는 데 전용되어왔다. 그래서 그리스도인의 희생은 우리 편 사람들을 위한 것이라고 오해된다. 우리는 사람들, 특히 남성들이 이렇게 이해하는 것을 쉽게 볼 수 있다. 참전 용사들은 전우들에게 느꼈던 연대 감에 대해 종교적 경외감을 갖고 말한다. 물론 여기서 적들은 배제된다. 그러므로 만일 예수의 희생을 전시의 군인들에 대해 생각하는 것과 같은 방식으로 생각한다면 우리는 전체 요점을 놓치게 될 것이다. 예수는 전쟁터에서 자기 곁에 있지 않을 일단의 사람들에게 말하고 있다. 오히려 전우와는 정반대다. 그들은 계속 예수를 오해해왔고 이제 곧 그를 부인하고 버릴 것이다. 열두 제자들은 친구라 하기에는 매우 나쁜 사례다. 예수의 희생에서만 그들은 원수가 아니라 친구로 취급되었다.[88]

바울은 경건하지 않은 자들을 위한 좋은 소식을 다른 어떤 사도적 인물들보다 명확하게 설교했다. 그 과정에서 바울은 불의한 자를 위한

---

88 나는 꼼꼼하게 주해하기 위해 요한복음은 나머지 세 복음서와 달리 일반적으로 제자들의 실패를 특별히 강조하지 않는다는 점을 지적해야겠다. 베드로의 경우는 두드러진 예외다. 요한복음의 최후의 만찬 기록에서, 예수는 열한 제자에게(유다는 이미 거기서 나갔다) 이렇게 말한다. "너희는 내가 일러준 말로 이미 깨끗하여졌다"(요 15:3). 예수의 말의 '이미'를 강조하는 것이 이 복음서의 특징이다. 하지만 최후의 만찬 후 불과 몇 시간 뒤에 베드로가 예수를 부인한 것은 요한복음에서 중요한 역할을 하며, 이 복음서만 예수를 세 번 부인한 그 제자를 회복시키는 예수의 "회복 장면"을 포함하고 있다(요 21:15-19). (요한복음 서론에 나오는) 말씀과 "내가 이미 너희에게 일러준 말" 그리고 베드로의 회복 사이의 관계를 좀 더 분명하게 이해하기 위해—8장에서 다루게 될—바울이 사용한 위대한 단어인 '로기조마이'(logizomai, "여기다"로 번역되는 단어로서, 그것이 "이미" 묘사하고 있는 것을 환기시키고 현실로 나타나게 해주는 "표현")를 살펴볼 수 있다. 바울은 다른 여러 방식에서와 마찬가지로 이런 식으로 우리가 복음서들에서 읽는 내용을 계속 설명해준다.

그리스도의 죽음은 그의 제자들이 끊임없이 그 죽음과 동일시해서 그렇게 희생적인 삶을 살아야 함을 의미한다는 점을 명확히 밝힌다. 그는 고린도에 보낸 편지에서 자기의 사도로서의 삶의 방식을 여러 차례 언급하는데, 이는 자신을 자랑하기 위해서가 아니라 그 교회가 자기희생적인 관점이 아니라 승리주의적인 관점을 갖고 있었기 때문이었다.

> 우리[사도들]가 사방으로 욱여쌈을 당하여도 싸이지 아니하며 답답한 일을 당하여도 낙심하지 아니하며, 박해를 받아도 버린 바 되지 아니하며 거꾸러 뜨림을 당하여도 망하지 아니하고, 우리가 항상 예수의 죽음을 몸에 짊어짐은 예수의 생명이 또한 우리 몸에 나타나게 하려 함이라. 우리 살아 있는 자가 항상 예수를 위하여 죽음에 넘겨짐은 예수의 생명이 또한 우리 죽을 육체에 나타나게 하려 함이라. 그런즉 사망은 우리[사도들] 안에서 역사하고 생명은 너희[그리스도인 공동체] 안에서 역사하느니라(고후 4:8-12).

여기서 중요한 요소는 **힘과 희생적인 삶의 결합**이다. 바울은 부서지거나, 절망하거나, 파괴되지 않았다. 그는 자신의 사명이 생명을 나눠주는 것임을 알았기 때문에 점점 더 강해졌다. 그는 자기가 죽음에 의해 끝장나지 않는다는 것을 알고 있었다. "이제 후로는 아무도 나를 괴롭게 말라"(갈 6:17)는 말은 그리스도인 페미니스트들이 사용하기에 좋은 성경 구절일 텐데, 이 말은 전혀 농담이 아니다. 놀라울 정도로 확신에 차 있는 바울의 거의 무심한 맺음말의 문맥에 주목할 가치가 있다. "그러나 내게는 우리 주 예수 그리스도의 십자가 외에 결코 자랑할 것이 없으니 그리스도로 말미암아 세상이 나를 대하여 십자가에 못박히고 내가 또한 세상을 대하여 그러하니라.…이후로는 누구든지 나를 괴롭게 하지 말라. 내가 내 몸에 예수의 흔적을 지니고 있노라"(갈 6:14-17).

바울이 여기서 제의상의 희생제사에 대해 말하고 있는 것은 아니지만, 그는 갈라디아 지역의 교회들을 위해 희생적으로 전력을 기울였다. 이제 바울은 그의 가장 전투적인 편지를 그의 가장 강력한 무기—이 무기는 그리스도의 십자가인데, 그 안에서 구별과 분리와 계층의 옛 세상은 죽임을 당했다—를 사용해서 가장 강한 어조로 마무리하고 있다. 기억하라. 이 편지에 "더 이상 유대인이나 그리스인이 존재하지 않고, 더 이상 종이나 자유인이 존재하지 않고, 더 이상 남자나 여자가 존재하지 않습니다. 여러분 모두 그리스도 예수 안에서 하나이기 때문입니다"(갈 3:28. 원서, 특히 각주의 의미를 명확히 살리기 위해 개역개정을 따르지 아니함)는 구절이 들어 있음을 기억하라.[89]

힐라스테리온: 화해인가 속죄인가?

바울은 그의 논증의 고점 중 하나인 로마서 3:25에서 "이 예수를 하나님이 그의 피로써 믿음으로 말미암는 **힐라스테리온**(*hilasterion*)으로 세우셨

---

89 J. Louis Martyn의 번역을 옮겼음. Martyn이 "남자나 여자가 존재하지 않는다"라는 일반적인 번역 대신 "더 이상 남자나 여자가 존재하지 않는다"에서처럼 "더 이상 ~하지 않는다"를 사용한 것에 주목하라. Martyn의 번역은 구별과 분리, 특히 신성한 자(할례자)와 세속적인 자(무할례자) 사이의 구별과 분리가 만연한 세상(그리스어로 *kosmos*) 전체가 존재하지 않고 다른 세상으로 대체되었다는 바울의 요지를 강조한다. "~이나 ~이 존재하지 않는다"에는 두 세상의 묵시적 변화라는 급박감이 결여되었다.

다"라고 선포한다.[90] 우리는 이 단어를 어떻게 이해해야 하는가?[91] 영어 번역 성경에 사용된 두 단어는 "화해"와 "속죄"인데, 힐라스테리온의 번

---

90 롬 3:25의 표현은 이전에 존재하던 (그러므로 매우 이른) 유대인 출신 그리스도인의 신앙 고백에서 나온 것 같다. 바울 서신에서 그런 "전통적인" 용어 차용의 역할에 관해 많은 논쟁이 이어져왔다. 바울이 이전에 존재하던 자료들에서 받은 자료를 인용할 때, 그는 그 자료에 얼마만큼 동의했고 그것을 얼마만큼 재해석했는가? 여기서 바울이 "[그리스도의] 피를 믿는 믿음"에 대해 말하고 "힐라스테리온"이라는 단어를 사용하는 롬 3:25은 중요한 예다. 이 단어는 "속죄"(RSV), "화해"(KJV), 그리고 "속죄제물"(NIV) 등으로 다양하게 번역되었다. 이 제의적 표현들은 바울에게 전형적인 용어가 아니다(James D. G. Dunn, *The Theology of Paul the Apostle* [Grand Rapids: Eerdmans, 1998, 『바울신학』, CH북스 역간]은 이와 반대되는 견해를 취한다). 그는 로마에 있는 교회가 이미 알고 있을 수도 있는 내용을 설명하려고 로마에 가고 싶어 했는가? 그는 유대인 출신의 그리스도인들에게 자기가 그들의 용어를 말할 수 있다는 것을 보여 주기를 원했는가? T. W. Manson은 그 구절의 본질적인 메시지를 잘 요약한다. "십자가에 못박히신 그리스도는 지성소에 있는 자비의 보좌(속죄소)처럼…하나님의 자비가 최고로 잘 나타난 곳이었다"("Hilasterion," in *Theological Dictionary of the New Testament*, ed. G. Kittel and G. Friedrich, G. W. Bromiley 역, 10 vols. [Grand Rapids: Eerdmans, 1964-1976], 3).

우리가 로마서를 전체적으로 읽으면, 누구나 그 표현들이 전반적인 논증에 어울리지 않는 것 같으며 바울이 이 표현들을 다시는 사용하지 않는다는 것을 알아차린다. 하지만 많은 복음주의자들은 오랫동안 롬 3:25을 신약성경에 나타난 속죄 사상을 이해하는 열쇠로 여겨왔다. 다른 쪽의 극단에는 Käsemann의 영향을 받아 이런 제의 언어로부터 바울을 완전히 분리하기를 원하는 집단이 있다. 이들은 바울이 유대인의 제의에서 나온 이 희생 이미지를 자신의 전반적인 설명에 통합하기를 원했기 때문에 이 문맥에서 '힐라스테리온'이라는 단어를 사용했지만, 그 단어는 바울의 십자가 신학에서 중심적인 요소는 아니라는 입장을 취한다. 바울이 로마를 향해 서쪽으로 방향을 돌렸을 때 예루살렘 성전의 제의는 그가 가장 중요하게 생각한 요소가 아니었다. 로마서에서는 권세들로부터의 해방 이미지가 압도적으로 지배적인데, 우리는 이 점에 대해 9장 승리자 그리스도에서 살펴볼 것이다.

91 이 단어 집단은 신약성경에서 롬 3:25에서 *hilasterion*으로 나오고, 요일 2:2; 4:10에서 *hilasmos*로 나오며, 히 2:17에서 *hilaschomai*로 나온다. 『성공회 기도서』 개정 전에는 이 구절들 중 하나가 성공회의 모든 신자들에게 잘 알려졌었다. 성찬 예배의 "위안을 주는 말씀"에 이런 내용이 포함되어 있다. "만일 누가 죄를 범하여도 아버지 앞에서 우리에게 대언자가 있으니 곧 의로우신 예수 그리스도시라. 그는 우리 죄를 위한 **화목제물**이시라." 이것은 1928년판 기도서에 사용된 흠정역이다. 1979년의 개정 기도서는 **힐라스모스**를 "속죄제물"로 번역하는 RSV을 사용했다(또한 그 기도서 개정자들은 지혜롭게도 요일 2:2의 마지막 부분—"우리만 위할 뿐 아니요 온 세상의 죄를 위하심이라"—을 추가했다). 흥미롭게도 히 9:5에도 **힐라스테리온**이 등장하는데 거기서는 그 단어가 대제사장이 속죄일에 속죄제를 드린 지성소에 관하여 일반적으로 "자비의 보좌(속죄소)"로 번역된다.

역은 오랫동안 논란이 되어왔다. **힐라스테리온**과 그 단어군의 번역은 종종 번역자들의 신학적 선입견에 의존한 것으로 보인다. 모든 번역에는 어느 정도 이런 문제가 있지만, 이 경우에는 문제가 좀 더 많이 드러난다. 그 논쟁에 대한 철저한 논의는 본서의 범위를 넘어선다.[92] 그 대신에 이 단락에서 우리는 **힐라스테리온**의 번역과 관련된 신학적, 설교학적, 목회적 함의를 숙고할 것이다.[93]

두 단어 모두 죄를 극복하기 위해 반드시 제거해야 할 장애물이 존재함을 전제한다. 성경 저자들이 이렇게 예리하게 구별했는지는 매우 의심스럽지만, 종종 두 단어를 아래와 같이 대조해왔다.[94]

• "속죄"는 죄로 말미암아 만들어진 장애물이 하나님 외부와 인간 안에 있음을 의미한다. 속죄는 종종 죄를 제거하는 것을 목표로

---

92 성경 사전들에 수록된 많은 항목들이 이 주제에 대한 개요를 제시한다. Gundry-Volf, "Expiation, Propitiation, Mercy Seat," in *Dictionary of Paul and His Letters: A Compendium of Contemporary Biblical Scholarship*, ed. Gerald F. Hawthorne, Ralph P. Martin, and Daniel G. Reid (Downers Grove, Ill.: IVP, 1993), 279-84는 독일어에서 아직 번역되지 않은 연구들에 대해 잘 숙지하고 있음을 보여주는 최근의 항목이다.

93 화목제물에 대한 논의를 여기서 다루기보다는 대리에 관한 장(11장)에서 다루는 것이 나을 수도 있지만, 나는 이 문제를 거기서 다루지 않기로 했다. 이는 내가 지금 영어권의 복음주의자들이 아마도 바울이 의도했던 것보다 롬 3:25이 더 지배적인 역할을 하는 방향으로 이 텍스트에 호소해서 신약성경의 모든 부분을 특정한 교리 형태로 대리 속죄의 근거로 삼으려는 경향에 대해 비판하고 있는 중이기 때문이다. 화목제/속죄제 논의는 이 장에도 전혀 어울리지 않지만 **힐라스테리온**이 속죄소(자비의 보좌)와 성전의 제사라는 주제와 아주 밀접히 연결되어 있기 때문에 나는 그 문제를 이곳에 남겨 두었다.

94 Martin Hengel의 **힐라스테리온**에 대한 설명이 도움이 된다. 그는 자발적으로 드린 **속죄적**, **화해적** 피의 제사 사상이—특히 자주 공연된 에우리피데스의 연극을 통해—그리스-로마 세계 전체에 친숙했다고 주장한다(*The Atonement: The Origins of the Doctrine in the New Testament* [Philadelphia: Fortress, 1981], 19-21, 『신약성서의 속죄론』, 대한기독교서회 역간). Hengel은 프랑스어로 에우리피데스에 관한 글을 쓰면서 마치 "속죄의"(*expiatoire*)와 "화해의"(*propitiatoire*)라는 두 단어 사이의 연결 관계가 명백하고 논란이 없는 듯이 그 단어들을 함께 사용하는 고전학자 P. Roussel을 인용한다.

하는 행위로 해석된다.

- "화해"는 장애물이 하나님 자신 안에 있음을 의미한다. 따라서 화해는 일반적으로 하나님의 진노를 만족시키는 것을 목표로 하는 행위로 해석된다.

몇몇 진영에서는 화해 개념을 강력하게 반대해왔다. 복음주의 해석자들이 화해를 고수한 것이 아마도 무의식적으로, 그럼에도 불구하고 그릇되게 성부를 성자에게서 분리한 결과를 초래했기 때문에 그들은 어느 정도 비난을 받아야 한다. 그런 가르침으로 말미암아 마치 인간의 희생제사를 통해 하나님의 마음이 바뀔 필요가 있는 것처럼 들리게 되었다. 우리가 삼위의 행위라는 개념을 유지하고, 하나님의 모든 행위가 삼위 하나님의 각 위격들 간의 협의에 의한 것이라는 점을 상기하는 것이 매우 중요하다.[95] 성자가 개입해서 우리에 대한 성부의 성향을 바꾸는 것이 아니다. 우리를 향한 성부의 성향—우리를 구속하기로 작정한 성향—은 언제나 동일하다. T. F. 토랜스는 화해에 대해 오해할 위험을 충분히 인식하면서 이렇게 쓴다. "바로 자기 아들을 통한 중재(reconcilation)와 의롭다 함이라는 이 화해(propitiation)의 조치로써 성부 하나님은 자신의 가장 내밀한 마음과 생각을 열어서 우리에게 그의 사랑을 계시한다."[96]

화해로부터 멀어지는 것은 일어날 필요가 있는 과정이었다. 선도적 복음주의 학자인 레온 모리스처럼 철저한 "화해주의자"조차 그의 선배들이 좀 더 주의를 기울여서 그 개념을 정확하게 해석했어야 했다고 인

---

95 Robert W. Jenson, *Systematic Theology*, vol. 1, *The Triune God* (New York: Oxford University Press, 1997), 135.

96 Torrance, *The Mediation of Christ*, 111.

정한다.[97] 그는 속죄 개념의 대부인 C. H. 도드가 화해를 반대하면서 지적한 많은 요점들로부터 돌이킬 수 없음을 인정하면서 그에게 경의를 표한다. 모리스는 화해가 잘못 이해되면 예수의 죽음을 마치 화를 달래는 원시 제사처럼 들리게 만든다고 인정한다. 그는 "성경의 하나님이 이교의 신들과 같은 방식으로 화를 달랠 수 있는 존재가 아니라는 사실을 알게 되어 다행이다"라고 인정한다.[98] 우리는 오해가 완전히 매장될 수 있기를 바란다. 이제 진정시키거나, 달래거나, 분노를 비껴가게 하거나, 진노를 만족시킨다는 의미의 **힐라스테리온** 개념은 받아들일 수 없다는 데 일반적으로 합의가 이루어지고 있다.

화해에 대한 이러한 이해를 단호히 거부하는 더 중요하고 참으로 근본적인 이유는 성경이 **하나님을 行動하는 主體**로 묘사하는 반면에, 그런 이해는 **하나님을 객체로** 생각하기 때문이다.[99] 이 점은 바울이 **힐라스테리온**을 딱 한 번 사용하고 있는 문맥인 로마서 3장에서 특히 두드러진다. 바울은 이렇게 쓴다.

차별이 없느니라. 모든 사람이 죄를 범하였으매 하나님의 영광에 이르지 못

---

97 그런데 실상은 오늘날의 표준에 의하면 Morris 자신은 그런 주의를 기울이지 않았다. 그는 어디에서도 충분히 주의를 기울여서 하나님의 진노에 앞서 하나님의 자비가 있고 하나님의 진노는 하나님의 자비로 쌓여 있음을 보여주지 않으며, "형벌의"라는 단어에 대해 어떤 문제도 인식하지 못한다. 그가 자신의 고전적인 저서 『사도들의 십자가 설교』(The Apostolic Preaching of the Cross)를 30년 뒤에 썼다면, 그는 이 문제들을 재고하도록 압력을 받았을 것이다. 하지만 1955년에 출간된 그의 이 연구는 하나님의 목적들을 망치고 파괴하는 모든 것에 대한 하나님의 진노라는 성경의 주제가 편만함을 주의 깊게 설명한다는 점에서 여전히 가치가 있다.

98 Leon Morris, The Apostolic Preaching of the Cross (Grand Rapids: Eerdmans, 1955), 148.

99 "**힐라스모스**는 하나님의 화해를 암시하지 않는다. 그 단어는 하나님 자신이 아들을 보냄으로써 성취한 목적을 지칭한다." Friedrich Büchsel, in Theological Dictionary of the New Testament, 3:317.

하더니, 그리스도 예수 안에 있는 속량으로 말미암아 하나님의 은혜로 값 없이 의롭다 하심을 얻은 자 되었느니라. 이 예수를 하나님이 그의 피로써 믿음으로 말미암는 **화해/속죄**(개역개정에서는 화목제물)로 세우셨으니, 이 는 하나님께서 길이 참으시는 중에 전에 지은 죄[들]를 간과하심으로써 자 기의 의로우심을 나타내려 하심이니, 곧 이 때에 자기의 의로우심을 나타내 사 자기도 의로우시며 또한 예수 믿는 자를 의롭다 하려 하심이라(롬 3:22- 26).[100]

이 구절은 복잡하지만 우리는 바울이 말하려고 하는 것에 관해 몇 가지 를 알 수 있다. "차별이 없음"은 종교적인 분류에 의해 누가 의롭고 누가 의롭지 않은지가 결정되는 옛 **세상**의 죽음을 지칭한다. 비록 **죄**의 **권세** 때문에 의로움이 지배한 것도 아니고 그럴 수도 없었지만 말이다. 순수 한 은혜로 말미암은 하나님의 의로움이라는 선물인 새 **세상**이 십자가를 통해서("그의 피로써") 도래했다. **전에는** 하나님이 죄들을 "간과하셨다." 그러나 **이제는** 하나님이 메시아 예수 안에서 그의 의로움을 계시했는데, 이 의로움은 외적인 준수를 통해서 받는 것이 아니라 믿음을 통해서 받 는다. 종종 간과되고 있지만 여기서 바울이 이전의 **"죄들을 간과한 것"** 과 **"현재의"** 하나님의 **의로움이 나타난 것** 사이를 날카롭게 대조하고 있 다는 점이 매우 중요하다. 이 계시는 (바울이 롬 4장에서 말하듯이) 지금까지 용납할 수 없을 정도로 의롭지 않는 사람들까지도 의롭게 한다.

---

100 바울이 "전에 지은 죄들을 간과하셨다"는 어구에서 복수형으로 "죄들"이라는 단어를 사용 하고 있다는 점에 주목하라. 이 단어는 바울이 전형적으로 쓰는 단어가 아니다. 그는 옛 체 제에 대해 말하고 있다. 이것은 그의 고점 중 하나인, 성령 안에 있는 새 생명을 통해 **사르 크스**(*sarx*, "육체")를 멸하였다고 선언하는 롬 8:3에서 매우 바울다운 표현인 "[하나님이] 죄[단수]를 정죄하셨다"와 대조된다.

이 구절은 옛 언약과 새 언약 사이에 주목할 만한 불연속성이 있는 구절 중 하나다. 우리는 이미 "의로움"과 "칭의"가 그리스어에서 같은 단어(*dikaiosyne*)라는 것과 둘 다 동사의 박진감을 지니고 있음을 보았고, 앞으로도 계속 보게 될 것이다. 그리스도 안에서 행하는 하나님의 의롭게 하고, 교정하는 행위가 새로운 세계 질서를 가져온다. 죄는 더 이상 "간과되지" 않는다. **죄들을 간과한 것**과 **하나님의 의로움이 나타난 것** 사이의 대조가 우리로 하여금 화해를 이해하게끔 도움을 줄 것이다. 바울은 로마서 8:3에서 하나님이 "죄를 **정죄하셨다**"고 말한다. 이것은 죄를 "간과하는 것"과는 완전히 다르다. "하나님의 의로움"을 "잘못된 것을 바르게 하는 하나님의 방법"으로 번역하는 새영어성경(New English Bible)의 번역이 도움이 된다.[101] 하나님이 죄인들을 의롭게 하는 것은 잊는 것이 아니고 단순히 용서하는 것도 아니다. 그것은 **권세**로 이해된 **죄**에 가해지는 결정적, 전면적, 최종적인 공격이며 죄의 패배와 새로운 인간의 창조다.

C. K. 바레트는—(그가 추천하듯이) "속죄"라는 단어가 번역에 사용되었지만—화해가 하나님의 진노와 연결되었기 때문에 화해 개념이 중요한 역할을 한다고 생각하는, 균형 잡히고 신중한 해석자다. 바레트는 그의 로마서 주석으로부터 자주 인용되는 구절에서 하나님이 주체가 아니라 객체라고 암시하는 흔적이 전혀 없기 때문에 "우리는 그[바울]가 화해가 아니라 속죄를 염두에 두고 있다는 것을 거의 의심할 수 없다"고 말한다. 하지만 바레트는 계속해서 이렇게 말한다. "속죄에 이를테면 **화해의 효과**가 있다는 사실을 소홀히 하는 것은 잘못일 것이다. 하나님의 진노를 유발했을지도 모르는 죄는 (하나님의 뜻에 따라) 속죄되며 따라서 더 이상 하나

---

101 J. L. Martyn 과 Markus Barth 모두 이 해석을 칭찬한다.

님의 진노를 유발하지 않는다."[102] 쿠사는 바레트의 주장을 "화해가 속죄의 **주된 원인**이라기보다는 **부차적인 결과다**"라고 요약한다.[103] 이 말은 논쟁의 결론에서 우리가 반드시 알아야 할 것을 한 문장으로 말해준다.

하나님은 자신을 대항하여 나뉘지 않는다. 우리는 예수를 볼 때, 아버지를 본다(요 14:7). 아버지가 십자가에 달린 예수를 보고 갑자기 마음을 바꾼 것이 아니다. 속죄의 목적은 반역한 피조물에 대한 하나님의 태도에 변화를 가져오는 것이 아니었다. 우리에 대한 하나님의 태도는 언제나 동일했다. 하나님의 자비는 죄에 대한 심판보다 앞서며, 그것과 동행하고, 그것을 뒤따른다. 하나님이 우리를 대적한 때는 결코 존재하지 않았다. 하나님은 진노할 때조차 우리를 위한다. 하지만 동시에 그는 진노 **없이** 우리를 위하지는 않는다. 자신의 세상을 완전하게 만드는 데 적대적인 모든 것을 파괴하는 것이 그의 뜻이기 때문이다. 십자가의 역설은 우리를 향한 하나님의 승리하는 사랑을 보여주는 동시에 죄에 대한 하나님의 심판을 보여준다.

요약

이 장에서 계속 염두에 두고 있는 주요 개념은 하나님의 정의와 그의 자비가 "온 세상의 죄를 위한 **힐라스모스**[속죄/화해]"(요일 2:2)에서 동시에 시행되게 하는 방법을 하나님이 **직접** 정했다는 것이다. **하나님 자신이 힐라스모스가 될 것이다.** 우리는 앞에서 "희생"이라는 단어가 동사와 명

---

102 C. K. Barrett, *A Commentary on the Epistle to the Romans,* Harper's New Testament Commentaries (New York: Harper and Row, 1957), 77-8, 강조는 덧붙인 것임.

103 Cousar, *Theology of the Cross,* 64, 강조는 덧붙인 것임.

사 둘 다 될 수 있음을 보았다. 하나님의 아들인 예수는 희생제사를 **드릴** 뿐만 아니라 자신이 직접 제물이 **된다**. 요한복음 17장의 "대제사장의 기도"에 분명하게 암시되었듯이("그들을 위하여 내가 나를 거룩하게 하오니 이는 그들도 진리로 거룩함을 얻게 하려 함이니이다", 17:19), 그가 자신을 드리기 때문이다.

조지 헌싱어의 "그리스도의 보혈 묵상" 중 이 부분은 이번 장에 적합한 결론이다.

> 그리스도의 피라는 모티프는 실제로 기독교 구원론(구원의 신학) 전체 범위를 포괄한다. 그 모티프는 우리 위에서, 우리를 위해, 우리 안에(*extra nos*—*pro nobis*—*in nobis*)라는 구원의 전반적인 기본 구조와 관련이 있다. 그것은 말하자면 십자가부터 성찬까지 모든 것으로 확장된다.…
>
> 그리스도의 피는 일차적으로 하나님의 고통당하는 사랑을 가리키는 비유다. 그 피는 그리스도 안에서 세상을 하나님 자신과 화해시키기 위해 하나님이 모든 슬픔을 알았고, 모든 상심을 겪었으며, 어떤 대가라도 기꺼이 치렀다는 것을 암시한다.…그리스도의 피는 그 목적들을 달성하기 위해 고난과 죽음이라는 가장 쓰라린 현실을 견딘 사랑이다.…그리스도의 피라는 모티프는 일차적으로 그렇게 하지 않으면 잃어버릴 사람들을 구원하고 보호하고 지탱하기 위한 하나님의 헌신의 깊이를 의미한다.[104]

---

104 Hunsinger, *Disruptive Grace*, 361-62.

7장

대속과 구속

아무도 자기의 형제를 구원하지 못하며

그를 위한 대속물을 하나님께 바치지도 못할 것은

그들의 생명을 속량하는 값이 너무 엄청나서

영원히 마련하지 못할 것임이니라.

그가 영원히 살아서

죽음을 보지 않을 것인가?

시편 49:7-9

여호와께서 야곱을 구원하시되 그들보다 강한 자의 손에서 속량하셨다.

예레미야 31:11

†

구속(redemption)은 세속 사회에서도 낯선 개념이 아니다. "구속적인" 주제를 가지고 있다고 묘사되는 책이나 영화가 적지 않다.[1] 이 단어는 세속 작가들에 의해서도 놀라울 정도로 자주 사용되는데, 적어도 "구출"(deliverance) 또는 "해방"(liberation)만큼 자주 사용되며, "구원"(salvation)이라는 단어보다는 훨씬 자주 사용되고 있다.[2] 사실 구속은 우리의 문화에서 좀 더 인기 있는 주제 중 하나라고 주장될 수도 있는데, 이는 구속이 쉽게 얻을 수 있고 그다지 큰 대가를 필요로 하지 않는다고 암시하는 감상적인 결정에 부합하기 때문이다. 종종 흉악범과 악한들, 특히 월스트리트, 정치인, 회사의 간부에 속하는 자들에게 "구속"의 기회가 허용되어야 한다고 주장된다. 심지어 그들이 후회하고 있고 사회에 마땅한 대가를 치르려 한다는 것을 보여주기 전에도 말이다. 하지만 우리가 그 주제를 그리스도의 사역에 적용해서 그 대가를 생각해보면 모든 감상성이 사라진다.

---

1   영화 배우 겸 감독인 클린트 이스트우드마저 "더티 해리"(*Dirty Harry*) 시절에 보였던 모습과는 다르게 요즘은 구속 주제에 관심을 보이는 영화를 감독했다(이 점에서 가장 현저한 영화는 "그랜 토리노[*Gran Torino*]"다).
2   물론 이는 정보에 입각한 추측이다. 나는 실제로 단어 사용 빈도를 검색해 보지는 않았다.

이 장의 과제는 구속에 대한 성경의 언급들을 해석하는 것이다. 우리가 살펴본 바와 같이 그리스도의 십자가 해석에 사용된 성경의 많은 용어들이 열띤 논쟁의 대상이 되고 있다. "구속"과 "대속"(ransom) 간의 관계로 인해 문제가 상당히 복잡해졌다. 이 장에서 우리는 편리한 중심점으로서 **뤼트론**(lutron, 대속)을 비롯한 그리스어 단어 집단을 사용하여 "구속"을 살펴보려 한다. 이 단어는 마가복음의 친숙한 문장에 등장한다. "인자가 온 것은 섬김을 받으려 함이 아니라 도리어 섬기려 하고, 자기 목숨을 많은 사람의 대속물(lutron)로 주려 함이니라"(막 10:45; 또한 마 20:28).

우리는 즉각적으로 우리가 앞서 직면했던 것과 똑같은 질문에 직면한다. 이 주제와 관련된 개념들을 문자적으로 취해야 하는가, 그렇지 않은가? 어쩌면 이 질문은 문제를 다소 과장하고 있을지도 모른다. 근본주의자들조차 예수가 실제로 어떤 것을 인질범에게 건네준다고 생각하지 않을 것이기 때문이다. 오히려 이 질문은 이렇게 표현되어야 한다. 대속과 구속 개념은 지불된 모종의 대가를 언급하는가, 아니면 구속은 단지 일반적인 구출을 언급하는 것에 지나지 않는가?

교회의 처음 몇 세기 동안, 교부들의 저술에서 속전 모티프가 매우 많이 나타났다.[3] 속전이 마귀에게 실제로 치러졌다고 제안되었다. 이 개념은 중세까지 인기를 끌었지만 사탄에게는 하나님의 아들의 생명은 말할 것도 없고 어떤 것도 주장할 권리가 없다는 합의가 증가함에 따라 대속 모티프에 대한 반쯤은 문자적인 이 해석은 영구적으로 인기를 잃게 되었다. 하지만 대속 이미지의 핵심에 대해 갈등이 계속되었는데 이제 우리는 그 논쟁을 살펴볼 것이다.

---

3   이에 관한 요약은 J. N. D. Kelly, *Early Christian Doctrines* (New York: Harper and Row, 1959, 『고대 기독교 교리사』, CH북스 역간), 382-83, 396을 보라.

대가 지불: 비유를 버리라고?

1970년대에 성공회 찬송가 개정 작업을 할 때 잘 알려진 고난주간 찬송인 "저 멀리 푸른 언덕에 그 십자가 위에"에서 한 절을 제거하려는 시도가 있었다.

> 죄의 값을 치르기에 충분한 다른 것은 없었네.
>
> 그분만이 하늘 문을 열어 우리를 그리로 들어가게 할 수 있었네.[4]

이에 대해 문제를 제기한 성공회 신자들은 찬송가 개정 위원회가 "값"이라는 모티프를 "덜 강조하기"를 원한다는 말을 들었다. 사도 바울이 연이어 두 번 사용한 "너희는 값 주고 산 바 되었다"(고전 6:19-20과 7:23)는 텍스트를 인용하려고 생각한 사람은 거의 없었다. 그 찬송가에 들어 있던 문제의 행들은 강압에 못 이겨 원상태로 복귀되었다.[5] 그 찬송가를 둘러싼 이 갈등은 우리가 앞에서 보았던 "피"에 대한 반감이나 나중에 보게 될 대리 모티프에 대한 비슷한 적대감과 마찬가지로, 십자가를 대가의 지불로 해석하는 것에 대한 우리 시대의 광범위한 반감의 한 예다. 찬

---

4 Cecil Francis Alexander(1818-1895) 작사, 성공회 찬송가 #167.

5 이 절을 마지 못해 복귀했다는 점은 이 찬송에 문제의 절에 대해 "생략할 수도 있다"는 별 표시를 달아 둔 데서 명백히 알 수 있다. 이 문제들에 대해 사람들은 감수성이 없었고 지금도 마찬가지다. 1970년대에 이 찬송 및 "대가 지불" 이미지를 두고 한창 논쟁이 벌어지고 있을 때, 당시 평신도였던 나는 유명한 신학 교수 한 분에게 왜 이 단어들에 반대하는지 물었다. 그는 다소 거만하게 이렇게 말했다. "우리는 그 속죄 개념에서 떠나고 있는 중이랍니다." 나는 상처를 받았다. 나는 그가 말한 "우리"가 누구였는지 이해하지 못했다. 그리고 그는 "이 속죄 개념"이 많은 사람에게 생명의 말씀이었다는 것에 관심이 없는 듯했다. 그리스도가 우리를 위해 값을 치렀다는 개념을 소중히 여기고 있는 그리스도인들을 향한 이러한 태도가 오늘날에도 여전히 흔하다.

송가들의 가사는 확실히 오랫동안 우리의 마음에 울려퍼진다.

교회 안에서 구속에 관한 이의는 확실히 **대가** 개념을 중심으로 전개된다. 좀 더 일반적인 구속 개념이 예전과 찬송가에 종종 사용되었는데, 이 개념은 "대가", "피", "대리" 같은 개념만큼 심한 비판을 받지는 않았다. 구속은 예전을 중시하는 교파들에 속한 신자들에게는 제2의 천성이다. 이 단어가 누가복음에 수록된 유아 내러티브 중 사가랴의 찬송— "찬송하리로다! 주 이스라엘의 하나님이여, 그 백성을 돌보사 **속량하시며**"(눅 1:68)—과 같이 의심할 여지가 없는 문맥에 등장하기 때문이다. 아래의 시편 구절은 구속자를 언급하는 텍스트 중 평범한 그리스도인들에게도 익숙한 구절이다.

> 나의 반석이시요 나의 **구속자**이신 여호와여,
> 내 입의 말과 마음의 묵상이
> 주님 앞에 열납되기를 원하나이다(시 19:14).

그리고 (헨델의 "메시아"에 등장하는) "나는 나의 **대속자**가 살아 계심을 안다"(욥 19:25)는 진술 역시 대가를 언급한다.[6] 많은 성공회 신자들이 저녁 기도에 사용하는 구절에는 시편 31:5 — "진리의 하나님 여호와여, 나를 **속량**하셨나이다" — 이 포함된다.

플래너리 오코너는 이 인기 없는 주제들을 끈질기게 다룬다. 수필

---

6   욥 19:25에 대한 충격적인 주석에서 Otto Procksch는 욥을 대신하여 논쟁하는 하나님이 그를 친 하나님과 동일한 분임을 우리에게 상기시킨다. "하나님이 욥으로 하여금 자신을 볼 수 있게 할 때, [욥의] 피의 복수자로서 하나님은 자신에 대적하여 논쟁한다"(Otto Procksch, *Theological Dictionary of the New Testament*, ed. G. Kittel and G. Friedrich, trans. G. W. Bromiley 10 vols. [Grand Rapids: Eerdmans, 1964–1976], 4:330).

"남부 소설에서 괴상한 몇 가지 측면"에서 오코너는 이렇게 쓴다. "오늘날의 독자"는 참으로 구속을 바라는데, "그렇게 하는 것은 옳지만, 그들은 **구속의 대가**가 무엇인지를 잊었다. 악에 대한 그들의 감각이 희석되었거나 완전히 결여되었고 따라서 그들은 **회복의 대가를 잊었다.**"[7]

오코너는 그 논증의 핵심을 적시했다. 인간은 평범한 방법으로는 치유할 수 없는 극심한 곤경에 처해 있다. 만일 우리가 이 사실을 보지 못한다면 우리는 "아직 죄의 중대성을 고려하지 않은 것이다."[8] 그러므로 구속(되시는 것)은 싸구려가 아니다. 예수의 죽음에서 우리는 하나님 자신이 **죄**의 결과로 고통당하고 있음을 본다. 그것이 그 "대가"다. 기독교의 가르침이 이 선포에 미치지 못하면, 십자가 상의 그리스도의 사역이 작아져 소멸될 것이고, 그것이 감탄하고 존경하고 심지어 모방할 만한 모범적인 죽음은 되겠지만, 확실히 이 세상 질서의 기초를 흔들 만한 사건은 아니게 될 것이다.

이것이 앞서 우리에게 문젯거리였던 문자적인 자세인가라는 질문이 제기되는데, 오스틴 파러는 특히 성경의 이미지가 기능하는 방식을 탁월하게 묘사한다. 그는 "대속물"과 "값" 같은 성경의 은유와 모티프에 대해서 "비유"(parable)라는 용어를 사용한다. 그는 "저 멀리 푸른 언덕에" 찬송의 같은 행—"죄의 값을 치르기에 충분한 다른 것은 없네"—을 인용한다(그는 우리가 앞에서 언급했던 "만세 반석"의 가사를 인용하기도 했다). 그러고 나서 그는 이 행들에서 그 이미지가 문자적으로 참인지 묻는다. 그는 이렇게 대답한다. "만일 당신이…그렇다 또는 아니다라는 답을 요구한다면, 나는 아니다라고 답할 수 밖에 없다. 그 이미지들은 문자적으로는 참

---

7 Flannery O'Connor, *Mystery and Manners* (New York: Farrar, Straus and Giroux, 1969), 48, 강조는 덧붙인 것임.
8 Anselm, *Cur Deus Homo?* 1,21.

이 아니다. 하지만 나는 마지못해 그렇게 답할 것이다. 그리스도의 무한한 너그러움으로 말미암아 구속 받은 절망적인 채무자 비유가 탁월한 비유이기 때문이다."[9] 파러는 "비유들"에는 "진리의 희미한 빛"이 있으며, "비유의 큰 장점은 **열정을 전달하거나 도덕적인 색채를 입히는 것**에 있다. 우리가 그것을 문자적인 진술로 해체하면 색이 바래고 열정이 소멸한다"고 설명한다. 하지만 그는 조직신학 작업을 하려면 우리가 이것을 해체해야 한다고 말한다. 그럴 경우 그 질문은 "제시되고 있는 신학적인 명제들에서 그 비유의 진리가 정확하게 전달되고 있는가"로 바뀌게 된다. 파러는 현명하게 독자로 하여금 여러 단계를 거치게 하는데, 그는 먼저 이미지에 대한 이러한 이의를 다루고 나서 다음과 같이 확고하게 결론짓는다. 그리스도 안에서 행한 하나님의 행위는 "[죄를 진 채무자인 죄인에게서 대가를 받은 것이 아니라 그리스도라는] 제3자에게서 지불받았기 때문에 [받아야 할 채권] 원장에서 지운 것만큼 공식적인 것이 아니고 그만큼의 효과를 지니는 것도 아니지만" 그럼에도 불구하고 "하나님의 보편적인 용서 행위는 그가 그리스도를 통하여 일하는 일련의 행위다.…그리고 **그리스도의 피는 다시금 이 위대한 과정의 대가였다.**"[10]

따라서 파러는 "비유들"(은유들)이 전달하는 "열정"과 "도덕적인 색채"를 버리지 않고서도 우리가 그것들을 어떻게 조직적으로 및 신학적으로 심사숙고할 수 있는지 보여준다. 나는 이어서 구속을 구출 일반으로 이해해야 하며, 구체적으로는 **비용을 들인 구출**로 이해하거나, 빈센트 테일러가 사용했고 많은 다른 학자들이 채택한 어구인 **매입을 통한 구출**로

---

9 Farrer는 "대가" 이미지를 대속보다는 부채 상환의 의미로 해석하기를 더 좋아한다. 그 구별은 여기서 제기하고 있는 요점에 그다지 중요하지 않다.

10 Austin Farrer, *Saving Belief* (New York: Morehouse-Barlow, 1964), 102-7, 강조는 덧붙인 것임.

이해해야 한다고 주장할 것이다.[11]

그 이미지 설교하기

최근까지 주류 신학교 졸업생 대다수는 그리스도의 속죄 죽음과 관련된
구절들에 대한 보수적-복음주의적 주석을 경멸하도록 길들여졌다. 하지
만 이 설명 중 몇몇은 다른 극단적인 입장의 많은 연구들보다 더 감동적
이고 **설교할 만하다**는 것이 입증되었다. 마가복음 저자는 예수가 "인자
가 온 것은…자기 목숨을 많은 사람의 대속물로 주려 함이니라"[12]고 말
했다고 전해줄 때 "속죄 이론"을 염두에 두지 않았다. 우리는 마가가 이
말을 듣는 모든 사람이 **자신이 그 많은 사람들에 포함된다는 것을 알고**
서 강한 인상을 받기를 원했다고 확실하게 말할 수 있다.

회중에게 좀 더 직접적으로 이렇게 호소하는 구절의 예는 베드로전
서 1:18-19이다. "너희가 …대속함을 받은 것은 은이나 금 같이 없어질
것으로 된 것이 아니요, 오직 흠 없고 점 없는 어린 양 같은 그리스도의
보배로운 피로 된 것이니라."[13]

---

11 Vincent Taylor, *The Gospel according to St. Mark* (London: Macmillan, 1952; reprint 1966),
   444. Leon Morris, *The Apostolic Preaching of the Cross* (Grand Rapids: Eerdmans, 1955),
   27과 William L. Lane, *The Gospel of Mark*, New International Commentary on the New
   Testament (Grand Rapids: Eerdmans, 1974), 383도 보라.

12 "역사적" 예수가 "실제로" 이렇게 말했는지는 무관하다. 사도들과 복음서 저자들은 성령
   의 인도를 받아 예수가 부활 전에 말하고 행한 것들을 (J. L. Martyn이 사용한 어구로 표현
   하자면) "새로운 인식론"에 비추어 이해했다. 부활한 주님은 그의 말의 형성에서 및 오늘
   날의 교회가 그 말씀을 받아들임에 있어서 능동적으로 활동한다. 이것이 바로 그가 부활
   해서 다스리고 있다는 말이 의미하는 바의 일부다.

13 우리는 벧전 1:18-19의 "대속물"이 **환유**(어떤 것이 다른 것을 나타내는 것)라고 말할 수
   있다. 비유적인 "피"가 문자적인 "은이나 금"과 대조되고 있기 때문이다. "대속", "값",

직접적으로 "너희"라고 이야기하는 데 주목하라. 만일 복음전도 텍스트라는 것이 있다면, 이것이야말로 복음전도 텍스트다. 사도적 저자는 모인 교회가 "그분이 자기 피로 교회를 샀으며, 교회의 생명을 위해 죽었다"—달리 말하자면 바로 그 순간에 선포되는 복음을 듣는 사람들을 위해, 그리고 바로 지금 이 문장을 읽고 있는 사람들을 비롯하여 모든 시간과 장소에서 "십자가의 도"를 믿음으로 듣는 사람들을 위해 값이 치러졌다—[14]는 것을 알기를 원한다.

우리는 결코 "속량에 관한 말씀"에서 **예수 자신**이 우리의 구속을 위한 대가라고 우리에게 전달된 내용의 의미를 상실하지 않아야 한다. 교회는 예수의 죽음이 비교할 수 없는 가치를 제공한 것이라는 사도적 진리를 들을 필요가 있다. 이것이 대속과 구속에서 기본적인 사상이다. 단지 어떤 구출이 아니라 **비용을 들인 구출**이다. 좀 더 일반적인 의미와 좀 더 문자적인 의미의 균형을 유지하는 한 우리는 두 의미를 동시에 유지할 수 있다. 구속은 매우 광범위한 의미에서 "풀어줌" 또는 "자유롭게 함"을 의미할 수 있다. 그러나 우리가 만일 매우 특별한 십자가형의 참상을 감안한다면 우리는 반드시 대가 개념을 유지해야 한다.

"피" 같은 용어들은 그리스도의 죽음에 대한 비유다.

14 또 다른 찬송가 가사를 보라.

> 교회의 하나의 기초는
> 교회의 주 예수 그리스도다.…
> 그는 하늘로부터 와서 그의 교회를 찾아
> 그의 거룩한 신부가 되게 하려고
> 자신의 **피**로 교회를 샀으**며**
> 교회의 생명을 위해 그가 죽었다
> (Samuel John Stone 작사, 성공회 찬송가, #525. 우리 말 찬송가 600장)

"피"와 샀다는 이중적인 언급이 있지만, 나는 이 노랫말에 이의를 제기했다는 말을 들어본 적이 없다.

뤼트론(*lutron*)의 복음 메시지

앞 단락의 요지는 구약성경으로부터 신약성경으로 전해진 이 "대속"과 "구속"에 관한 논쟁이 **대가** 또는 **지불** 개념과 관련이 있다는 것이었다. 구약 시대에 "구속"으로 알려진 거래는 법적인 교환의 영역에서 발생했다. 이스라엘은 그 용어를 사용해서 하나님이 자기들 가운데서 행한 일을 묘사함으로써 그것을 신학 용어로 만들었다. 히브리 성경이 70인역에서 그리스어로 번역되었을 때, 구속과 관련이 있는 몇몇 히브리어 단어들과 개념들이 단 하나의 그리스어 단어 집단으로 번역되었다.[15] 대다수 성경 연구자들은 히브리어 **고엘**(*go'el*)이라는 단어가 원래는 단순히 친족을 의미했지만, 그것이 점차 의무를 지닌 친족, 특히 재정적으로나 개인적으로 중대한 도움을 줄 의무를 지닌 친족을 의미하도록 변한다는 것을 알게 된다.[16] 그 개념이 신학적으로 발전된 방식에 대한 하나의 예를 들자면, 포로 후의 이사야서(40-66장)에서 하나님은 13번에 걸쳐 **고엘**("구속자"로 번역된다)로 불리며, 바빌로니아에서 돌아오는 것은 계속 **구속**과 동일시된다. 이사야는 종종 **고엘**이라는 단어를 사용하여 하나님과 이스라엘 사이의 친족 관계와 하나님이 자신이 선택한 백성을 향해 보여주는 개인적인 의무감을 강조한다. **코페르**(*kopher*)는 동사로 사용될 경우 "대신하다"를 의미했다. 이 단어는 명사로 사용될 경우 특히 어떤 이유로 몰수당한 생명을 되사기(구속하기) 위해 지불된 대속 가격을 의미했다. 몇몇

---

15 표준적인 다양한 참고서들이 그 복잡성을 자세히 서술한다. 여기서는 히브리어의 *go'el*, *kopher* 그리고 *padha*가 그리스어 *lutron*(다소 부정확할 수도 있지만, 나는 간편하게 표현기 위해서 이 단어를 *lutron, lutroo, lutrosis*, 그리고 *apolutrosis* 등 전체 단어 집단을 의미하는 것으로 사용하고 있다)으로 번역되었다고 말하는 것으로 충분하다.

16 구약성경에서 가장 잘 알려진 친족-구속자는 룻기에 나오는 보아스다. 룻 2:19-29; 3:12-13; 4:1-10을 보라.

학자들은 **코페르**가 특히 대체-보상 또는 대행으로서 어떤 것 대신 지불된 다른 것-사상을 전달한다는 점을 강조한다.[17] **파다**(padha)의 어근 역시 대속으로 치른 가격을 의미하지만, 하나님이 이 동사의 주어인 경우 그 의미는 반드시 비용 지불을 암시하지는 않으면서 일반적인 풀어줌 또는 자유롭게 해줌 개념으로 변하는 것 같다.

구속(apolutrosis)은 지불과 관련되는가 아니면 대속과 관련되는가? 그것은 어느 정도 하나님이 자기 백성을 구출한다는 비유적인 방식이 된 것은 아닌가? 이스라엘이 이집트에서 꺼내졌을 때, 그리고 그 후 포로에서 귀환할 당시 바빌로니아에서 꺼내졌을 때 그것은 구속으로 불렸지만 하나님에 의해 대가가 치러졌다는 분명한 사상은 없다. 하지만 몇몇 해석자들은 하나님이 노력("능한 손과 편 팔")과 개인적 헌신을 수반하는 방식으로 이스라엘의 구출에 능동적으로 관여했다고 지적해왔다. 출애굽 내러티브를 반복하는 시편들은 그 사건들에서 하나님이 **하나님 자신**을 쏟아붓는다는 강력한 느낌을 준다.[18] 예수의 부활 후 뒤돌아보니 예수의 죽음은 출애굽 때보다 훨씬 더 광범위하고 더 다양한 집단의 노예로 살

---

17   Kopher의 번역으로 lutron이 사용될 경우, 그 단어는 언제나 빚을 보상하는 대리적 또는 대체적인 선물을 암시한다. 빚은 그저 취소되지 않는다. Otto Procksch, "The Lutron Word-Group in the Old Testament," in *Theological Dictionary of the New Testament*, 4:329.

18   시 77:15에서 하나님은 자신의 팔로 자기 백성을 구속했다. 시 78:52-54에서 하나님은 그들을 양 떼 같이 인도했다. 하나님은 그들을 안전하게 이끌었고, 그들을 자신의 **오른손으로 매입한**(구출과 값을 치른 구입이 혼합된 점에 주목하라) 자기의 성소로 인도했다. 이와 관련하여 특히 눈에 띄는 텍스트는 호 7:13-14이다. 여기서 하나님은 그의 사랑하지만 불순종하는 백성에 관해 이렇게 말씀하신다.

      내가 그들을 건져 주려 하나
      그들이 나를 거슬러 거짓을 말하고
      성심으로 나를 부르지 아니하였다.

      이 텍스트는 장차 임할 구속에서 하나님의 고통을 표현한다. 그 구속은 하나님의 백성의 감사, 협력 또는 인정이 없이 수행될 것이기 때문에 하나님이 치를 대가는 엄청나게 클 것이다.

던 사람들―유대인과 그리스인, 노예와 자유인, 남자와 여자(갈 3:28) ―
을 구출하기 위해 대가를 치른 것으로 보였다. 이것은 그리스도 안에서
구속함을 받은 새 창조다. 여기서도 융합이 나타난다. 구속과 출애굽이
융합되고, 출애굽과 세례가 융합되며, 세례가 유월절과 융합되고, 유월절
과 희생제물이 융합되며, 희생제물과 대가 지불이 융합된다. 구약성경 자
체의 유동성을 반영해서, 목회자들은 자신이 이 텍스트들과 주제들을 더
많이 설교할수록 그것들이 더 많이 앞뒤로 오가며 혼합된다는 것을 알게
된다. 하나의 신학적인 의제를 위해 그 그림에서 대가 개념을 빼내는 것
은 우리에게서 복음의 메시지의 핵심, 즉 **하나님이 우리의 구원에 관여
한다**는 핵심을 빼앗는 심각한 실수다. 하나님은 뒷전에서 지렛대만 당긴
것이 아니라 직접 개인적으로 그 상황에 발을 들여놓았다. 이것이 성경
에서 **대속**이라는 단어가 의미하는 바의 큰 부분이다. 주된 개념은 **하나
님께 소요된 비용**이다.[19]

신약성경에서는 **뤼트론** 단어 집단이 그리스도의 구속 사역을 가
리키는 데 사용된다. 여기서도 우리는 일반적인 구출 개념에 대가지
불 사상이 포함되지 않았는지를 묻는다. 4복음서에서 **뤼트론**은 마가복
음 10:45과 그 병행 구절인 마태복음 20:28에만 등장한다. "인자는…
자기 목숨을 많은 사람의 대속물(*lutron*)로 주러 왔다." "인자"(*ho huios tou
anthropou*)라는 이 복잡한 칭호와 관련하여 많은 책이 쓰였지만 우리는 예
수 당시에 이 칭호가 그들이 바라고 있던, 다니엘 7:13-14의 인자처럼

---

19 그래서 B. F. Westcott는 이렇게 말한다. "70인역의 용어에서 포로가 구출된 능력으로 말
     미암아 속죄를 받았다는 사상이 실질적으로 상실되었음이 분명해질 것이다.…다른 한편
     으로는 강력한 힘이 발휘된다는 사상, 즉 **'구속'에는 많은 비용이 소요된다는 사상은 도처
     에 있다**"(B. F. Westcott, *The Epistle to the Hebrews* [1889; reprint, Grand Rapids: Eerdmans,
     1967], 296, 강조는 덧붙인 것임).

하나님 자신의 특권과 힘을 지니게 될 메시아적 인물인 장차 올 천상의 인물에 대한 칭호가 되었다고 어느 정도 자신 있게 말할 수 있다. 따라서 예수가 "인자가 왔다"라고 한 말은 "메시아가 왔다"라고 말한 것과 마찬가지다. 확실히 예수는 자신이 갈릴리에서 온 것이 아니라 **하나님에게서** 왔다는 의미로 이 말을 했다. 우리는 신비의 영역에 있다. 우리가 니케아 신조에서 고백하듯이 인자는 "하늘에서 내려왔다." 두 개의 암시된 대조가 마가의 진술에 힘을 실어준다. 첫 번째 대조는 하늘에서 오는 메시아적 인물과 대속물이 되기 위해 ("내려") 온 존재 사이의 모순이다. 두 번째 대조는 암시된 "소수"와 명시된 "다수" 사이의 모순이다. 그 진술은 특히 마가복음의 문맥에서는 매우 놀라운 진술이다. 예수는 제자들 사이에 당혹스럽고 유치한 시기심이 드러난 상황에서 이 말을 했다. 그들 중 두 사람(야고보와 요한)이 자신들을 위한 특권을 구하고 있었고 그 결과 다른 제자들의 분노의 대상이 되었다. 이것은 매우 역설적이다. 예수는 자신을 넘겨주기 위해 예루살렘으로 갈 준비를 하고 있는데 곧 그를 버리게 될 제자들은 예루살렘에서 대관식이 거행될 것으로 생각한다. 예수는 매우 절제하며 야고보와 요한에게 "너희는 너희가 구하는 것을 알지 못한다"고 말한다.

> 열 제자가 듣고 야고보와 요한에 대하여 화를 내거늘 예수께서 불러다가 이르시되, "이방인의 집권자들이 그들을 임의로 주관하고 그 고관들이 그들에게 권세를 부리는 줄을 너희가 알거니와 너희 중에는 그렇지 않을지니, 너희 중에 누구든지 크고자 하는 자는 너희를 섬기는 자가 되고 너희 중에 누구든지 으뜸이 되고자 하는 자는 모든 사람의 종이 되어야 하리라. 인자가 온 것은 섬김을 받으려 함이 아니라 도리어 섬기려 하고 자기 목숨을 많은 사람의 대속물로 주려 함이니라"(막 10:41-45).

이 말을 그 맥락에서 읽으면 얼마나 더 인상적이고 마음을 파고들겠는 가? 완전한 순종의 길을 받아들이고 그것을 추구하라는 요구는 성육신한 하나님의 아들 나사렛 예수의 강렬한 투쟁으로부터 나왔다. 이 말은 그 들의 것이 될 삶과 죽음의 방식에 관해 미숙하고 이해하지 못하는 제자 들과 소통하려는 노력에서 나왔다. 그리고 이 말은 장차 그들이 인도할 공동체를 위해 자신이 곧 제공하게 될 희생의 성격을 그들과 공유함에 있어서 그들의 주님의 무한한 관대함과 확고함에서 나왔다. 예수가 "그 들을 자기에게 불렀다"는 간결한 묘사는 많은 것을 말한다. 제자들과 그 들의 연약함에 대한 예수의 참을성 있는 이해심, 그들의 어리석음을 사 랑스럽게 교정함, 참을성 있게 그들의 길을 자신의 길로 재설정함, 그들 의 영원한 미래를 위해 자신을 온전히 헌신함—이 장면에 이 모든 것과 그 밖의 더 많은 것들이 나타난다.

맥락 안으로 좀 더 깊이 들어가면 우리는 대속물이라는 표현이 마가 복음과 마태복음—"십자가 위의 말씀"으로는 유기의 부르짖음만을 전 해 주는 두 복음서—에만 등장한다는 것을 알게 된다. 이는 이 두 복음서 저자들이 대속 모티프와 하나님께 버림 받은 성격을 지닌 그리스도의 죽 음을 연결하고 있음을 암시한다. 우리는 십자가형의 특별한 참상과 대가 개념 간의 연결을 누차 언급해왔다. 인간의 극단적인 사악함 가운데 신 이 스스로를 버린 성자의 죽음만이 **죄**의 중대성 및 힘에 상응한다. 이것 이 **구속**을 성취하기 위해 치른 대가다. 마가의 내러티브 기술은 "하나님 의 아들 예수 그리스도"(막 1:1)의 지상의 투쟁을 특유의 거칠고 타협하 지 않는 문체로 우리 앞에 제시하지만, 동시에 다가오고 있는 희생에 대 한 놀라움도 환기시킨다. 전에는 그렇게 허풍을 떨었지만 이제 "그를 버 리고 도망친"(막 14:50)—그럼으로써 본질적으로 그의 원수가 된—이 제 자들이 보는 앞에서 원수들에게 자신을 넘겨준 인자 이미지는 값에 관한 논쟁과는 무관하게 우리의 마음을 뭉클하게 한다. 교회에서 마가복음에 등장하는 **뤼트론**의 전체 범위를 선포한다면 그 단어와 연결된 모든 풍성함과 깊이는 예수가 위해서 죽은 "많은 사람"에게 깊은 영향을 줄 것이다. 예수는 대속 모티프를 사용해서 자신에게로 나아가는 많은 길을 열었다.

"구속"(*apolutrosin*)이라는 단어는 저자에 관해 논쟁의 여지가 없는 바울 서신에 세 번 등장한다. 그 단어가 등장하는 모든 사례가 중요하다. 우리는 앞 장에서 바울이 이미 존재했던 예전 공식을 사용했다고 언급했다. "모든 사람이 죄를 범하였으매…그리스도 예수 안에 있는 **속량**으로 말미암아 하나님의 은혜로 값 없이 의롭다 하심을 얻은 자 되었다. 이 예수를 하나님이 그의 피로써 믿음으로 말미암는 화목제물로 세우셨다"(롬 3:23-25). 두 번째와 세 번째 용례는 바울 자신의 것이다. "우리는 양자 될 것 곧 우리 몸의 **속량**을 기다린다"(롬 8:23). "예수는 하나님으로부터 나와서 우리에게 지혜와 의로움과 거룩함과 **구속함**이 되셨다"(고전 1:30). **뤼트론**에 상당하는 단어도 에베소서 1:7, 4:30과 골로새서 1:14 그리고 디모데전서 2:6에 등장한다.[20] **뤼트론**의 역사에 비춰볼 때 이 구절들이 우리가 기대할 수 있는 바와 달리 특별히 대속물을 통해 속박에서 놓이는 이미지를 사용하지 않는다는 점은 다소 놀랍다. 하지만 쿠사는 바울의 십자가 신학을 다루면서 "바울이 **죄**를 인간이 반드시 그것으로부터 구출되어야 할, 통제하는 **권세**로 이해한다는 점(롬 3:9)과 [몇 절 뒤에서] 죄와 [뒤에 이어지는 몇 절에 등장하는] 구속이라는 단어가 결합된 것은 속량/구속 이미지가 무리 없이 확대 사용되고 있음을 의미한다"고 설득

---

20 딤전 2:5-6은 *antilutron*을 사용하는데 거기서는 "대속물"로 번역되었다. "하나님은 한 분이시요 또 하나님과 사람 사이에 중보자도 한 분이시니 곧 사람이신 그리스도 예수라. 그가 모든 사람을 위하여 자기를 **대속물**로 주셨으니, 기약이 이르러 주신 증거니라."

력 있게 지적한다.[21] 우리는 고린도전서에서 "값"이 등장하는 텍스트들에 비추어 이 점을 훨씬 더 강력하게 주장할 수 있다. 우리는 바울이 고린도전서에서 십자가에 대한 강한 강조와 두 번 반복된 "너희는 값으로 산 바 되었다"는 말을 결합한 것을 보았다. 신약성경의 저자 중 그리스도의 사역이 **죄**와 **사망**과 **율법**의 속박에서 구출하는 것임을 가장 많이 강조하는 사람은 바울이다. 그러므로 구출이 "값을 치르고" 이루어졌다면 그 값은 틀림없이 십자가였을 것이라고 추측하는 것은 합리적이다. 로마서 3:24-25과 갈라디아서 3:13은 말할 것도 없고, 고린도전서의 문맥에서 그 값은 다른 어떤 것을 의미할 수 없다. 십자가형은 하나님의 메시아에 의해 지불된 대가였다.

따라서 예수 그리스도 안에서 그리고 그로 말미암아 이루어진 구속에 대한 신약성경의 선포는 구약성경의 중요한 두 주제를 가져온 것이다. 첫째, 구속은 구약성경의 몇몇 포로기 이후 자료들에 나타난 바와 같이 강한 힘에 의한 해방을 계속 의미한다. 둘째, 구속은 지불된 가격이라는 구약성경의 원래 의미를 계속 지니고 있다. 그러므로 신약성경에서의 의미와 구약성경에서의 의미 사이의 상당한 변화를 감안해도 신약성경에서 구속의 의미는 **값을 치르고 산 구출**이다.[22] 이것이 우리가 찾고 있는 균형이며, 바울이 "구속"(*apolutrosis*)이라는 단어 자체를 빈번하게 사용하지는 않지만 두 의미가 가장 분명하게 함께 등장하는 곳은 바로 그의

---

21 Charles B. Cousar, *A Theology of the Cross: The Death of Jesus in the Pauline Letters*, Overtures to Biblical Theology (Minneapolis: Augsburg Fortress, 1990), 62.

22 Cousar, *Theology of the Cross*, 61. 이와 비슷하게 C. K. Barrett는 이렇게 말한다. "이 단어 (*apolutrosis*)는 단순히 '구출', '해방'을 의미할 수 있다.…하지만 이 단어가 피 와 죽음과 연결되었다는 것은 그 단어가 그것의 원래 의미인 '속량', 즉 **가격 지불을 통한 해방**이라는 뜻을 완전히 잃지는 않았음을 암시한다(C. K. Barrett, *A Commentary on the Epistle to the Romans*, Harper's New Testament Commentaries [New York: Harper and Row, 1957], 76, 강조는 덧붙인 것임).

서신들이다. 다른 영역에 속한 힘으로부터의 구출이라는 주제 역시 염두에 두고 있는 한, 설교자나 성경을 읽는 사람이 "죄에 대한 대가를 충분히 치를 만한 다른 것은 없었다"고 믿고 선포하기를 겁낼 필요가 없다.

하지만 이 대속에 대해서는 뭐라고 말할 것인가? 대속의 목적은 무엇인가? 확실히 그것의 목적은 누군가를 구출하기 위함이다. 현대의 유비로 말하자면 우리는 인질 납치 상황을 생각할 수 있다. 인질들은 스스로 풀려나오기에는 무기력하다. 그들은 모종의 특수 기동대가 투입되어야만 풀려날 수 있다. 그러나 때로는 인질을 억류하고 있는 사람들이 그들의 포로 중 한 명과 우리의 포로 중 한 명을 교환하자고 요구하기도 한다. 이것은 동등한 가치의 대속으로 생각될 수 있을 것이다. 많은 유비와 마찬가지로 이 유비도 자세히 검토해보면 예수의 십자가형에 적용되기 어렵다(이것은 실제로 도움이 되기에는 너무 문자적이다). 하지만 자유의 상실, 외부의 개입, 대등한 교환 등 핵심적인 사상은 유지된다. 예수는 인자가 자기 목숨을 많은 사람의 대속물로 준다고 말한다. **한** 사람과 **많은** 사람이 대조된다. 인자 한 사람의 목숨이 많은 사람의 목숨과 동등한 가치를 지니고 있다. 유비를 벗어나면 우리는 훨씬 더 많은 것을 말할 수 있다. 예수의 참혹한 죽음은 **죄**와 **죽음**의 심각함과 이루 말할 수 없을 정도로 상응한다. 그는 이 **권세**들에게 굴복함으로써 그것들을 이겼다. 히브리서가 반복적으로 말하듯이 그분 안에서 전 인류를 구원하기에 충분히 강한 힘이 **단번에** 나타났다. 확실히 이것이 바로 복음의 핵심이다.

누가 값을 치르는가?: 삼위일체적인 이해

어떤 대의를 위해 사람의 생명을 내주는 것은 늘 영웅적이고 감동을 준다. 그러나 기독교의 메시지는—바르게 이해될 경우—질적으로 다르다. 그것은 우리가 예수를 누구로 생각하느냐에 달려 있다. 우리는 그를 2011년에 분신하여 "아랍의 봄"을 촉발한 튀니지인과 비슷한 인간 순교자라고 생각할 수도 있다. 하지만 대속물 어록에 나타난 예수의 분명한 암시는 그런 개념과는 완전히 다르다. **예수 안에서 삼위 하나님 자신**이 잃어버린 자신의 피조물을 되찾기 위해—또는 그렇게 표현하기를 원한다면 되사기 위해—개입했는데, 그가 치르는 대가는 신적인 인자의 위격 안에 있는 자기 자신이다. 원수가 상상할 수 없을 정도로 거대하기 때문에 그 값도 상상할 수 없을 정도로 거대하다. 신약성경 저자들이 **죄와 죽음과 마귀**를 모두 언급하기 때문에 그 원수 역시 일종의 마귀적인 삼위일체("사악한 삼위일체")로 이해될 수 있다.[23] 구출의 대가는 하나님의 아들의 목숨이다. 인질 억류 유비를 지나치게 밀어붙이지 않으면서도 우리는 여전히 교환 개념을 인정할 수 있다. 즉 예수는 우리를 대신하여, 우리를 위해 자신을 내주었다.[24] 여기서도 베드로전서가 적실성이 있다. "그리스도께서도 단번에 죄를 위하여 죽으사 의인으로서 불의한 자를 대신하셨

---

23 *Sin, Death, and the Devil*, ed. Carl E. Braaten and Robert W. Jenson(Grand Rapids: Eerdmans, 2000)의 책 제목에 주목하라. 히 2:14-15에서 죽음과 마귀가 결합된 점 역시 눈에 띈다. "자녀들은 혈과 육에 속하였으매 그도 또한 같은 모양으로 혈과 육을 함께 지니심은 죽음을 통하여 **죽음**의 세력을 잡은 자 곧 **마귀**를 멸하시며 또 죽기를 무서워하므로 한평생 매여 종 노릇 하는 모든 자들을 놓아 주려 하심이다." 죄에 관해 말하자면 그것은 히브리서의 다른 많은 구절에서 중심 주제다.

24 나는 이 유비가 축소적일 수 있음을 인정한다. 일반적으로, 대속/구속 주제에 대해 말할 때 "인질", "납치", "갈취"나 "지불" 같은 단어는 피하고 대신에 "비용", "가치", "값"에 집중하는 것이 나을 것이다.

다"(벧전 3:18).

우리는 십자가형의 극단적인 성격에 상응하는 죄의 극단적인 무게와 중대성(안셀무스의 말로 표현하자면, *ponderis peccatum*)에 주목했다. 온 세상과 모든 세대는 극단적인 범죄에 대해 배상을 요구한다. 아르헨티나의 "더러운 전쟁"(1976-1983) 기간에 수천 명의 정치범이 비행기에서 대서양으로 내던져졌다. 한 젊은 여성은 이렇게 말했다. "내가 엄마를 마지막으로 본 것은 일곱 살 때였어요. 나는 엄마를 다시는 보지 못할 거에요. 내가 당한 고통에 대해 누군가 배상해야 돼요."[25] 쉽게 이해할 수 있는 이 항변은 배상의 필요가 마음 깊은 곳에 흐르고 있음을 보여준다. 배상은 때때로 (예컨대 이라크와 아프가니스탄에서 실수로 죽임당한 민간인의 가족에게 지불된 배상금처럼) 금전 배상과 같은 문자적인 지불 형태를 띠기도 하고, 징역형이나 남아프리카공화국에서처럼 법정에서 공식적으로 인정하는 것과 같은 비유적인 지불 형태를 띠기도 한다. 중대한 범죄에 대해 모종의 대가를 요구하는 열망은 보편적인 현상이다.

이런 예들 및 많은 유사 사례로 미루어볼 때 하나님이 "지불"로서 자신을 내어준 것은 좋은 소식에 속한다. 여기서 지불이라는 단어에 인

---

25 "Argentines Are Reliving a Nightmare," *New York Times*, April 5, 1999. 이 예를 설명하기 위해서는 더 많은 맥락이 필요하다. 1990년대에 더러운 전쟁 기간 중 수천 명의 정치범들이 "실종"된 문제를 은폐하기 위한 아르헨티나 정부의 온갖 노력이 있었다(앞에서 언급했듯이 실종자 중 한 사람은 위대한 신약학자의 딸인 Elizabeth Käsemann이었다). 라틴 아메리카의 인권 위기에서 교회가 수행한 역할에 대해 할 말이 많을 것이다. Jorge Mario Bergoglio—그는 후에 프란치스코 교황이 되었다—의 행위에 대해 질문이 계속 제기되었다. 그는 더러운 전쟁의 초기 수년간 예수회의 고위직을 맡고 있었는데 자기 휘하에 있던 신부들이 공격을 당했을 때조차 공개적으로 비판하지 않았다. 추가 정보는 Jon Lee Anderson, "Pope Francis and the Dirty War," *The New Yorker*, March 14, 2013을 보라. 이와는 대조적으로 Pinochet의 독재 정권 시절에 칠레의 Raul Silva Henriquez 대주교는 그의 휘하에 있는 신부들에게 잔혹 행위에 반대하는 목소리를 높이라고 적극적으로 권장했다. 그는 현재 인권과 칠레 국민들의 위대한 옹호자로 여겨지고 있다.

용 부호를 단 것은 그것이 비유적 표현임을 보여주기 위한 것이지만, 반드시 그런 표시를 할 필요는 없다.[26] 마가복음 10:45의 대속물 어록이 엄격하게 도식적인 거래라기보다는 유연하고 암시적인 비유로 이해된다면, 우리는 십자가 위에서 **하나님 자신**이 값을 치르고 있다는 것을 믿음의 눈으로 볼 수 있다. 이는 우리가 줄곧 **무언가가 잘못되었고 그것이 반드시 바로잡혀야 한다**고 강조하고 있는 요지와도 일치한다. 구속의 전체 개념은 잘못된 것을 바로잡는 하나님의 방법을 식별하는 또 다른 방법이다. 이것이 바울이 말한 "바르게 함"—신약성경 그리스어로는

---

26 "값"과 "대속"을 언급하는 I. Howard Marshall의 다음 진술은 해석자들이 혼란에 빠질 수 있는 유감스러운 예 중 하나다. "우리가 여기[갈 3:13]서 '값'이라는 개념을 보는 것이 옳다면 받는 사람이 누구인가라는 문제가 있는데, 속전을 받는 존재가 있다면 그 존재가 하나님이라는 것은 의심의 여지가 없다"(I. Howard Marshall, "The Development of the Concept of Revelation in the New Testament," in *Reconciliation and Hope: New Testament Essays on Atonement and Eschatology*, ed. Robert Banks [Grand Rapids: Eerdmans, 1974], 156; Büchsel, "God is the recipient of the ransom," in *Theological Dictionary of the New Testament*, 4:344도 같은 취지로 말한다). Marshall과 Büchsel은 모두 "속전"이 마귀에게 "치러졌다"는 사상에서 자신을 분리하려고 노력하는데, 이는 논의가 금지된 영역으로 넘어가는 것이다. 이 사상은 특히 수 세기 전에 안셀무스에 의해 매장된 오리게네스 및 기타 그리스 교부들과 관련이 있다. (하지만 Christopher Morse, *Not Every Spirit: A Dogmatics of Christian Disbelief* [New York: Trinity, 1994], 246에 "마귀에게 치러진 속전" 개념이 아주 짧게 재등장한 것을 보라.) 오늘날 많은 해석자들은 속전 이미지를 이해하는 가장 좋은 방법은 그것이 문자적으로 누군가에게 치러졌다는 개념을 추구하지 않으면서, 그것을 대가 관점에서 생각하는 것이라는 데 동의한다. 이레나이우스의 편집인들 중 한 사람인 Edward Rochie Hardy는 이렇게 쓴다. "이레나이우스는 [복잡한 체계를 갖고 있는 영지주의자들과는 달리] 신앙의 단순성을 고수하지만 신조를 서사로, 교리를 드라마로 묘사하도록 허용하여 신앙에 어느 정도의 스릴을 부여한다. 하나님의 아들은 공정한 싸움에서 옛 원수를 이김으로써 그 원수의 노예 상태로부터 인류를 구해냈다"(Edward Rochie Hardy, "An Exposition of the Faith: Selections from the Work *Against Heresies* by Irenaeus, Bishop of Lyons," in *Early Christian Fathers*, ed. Cyril C. Richardson [New York: Simon and Schuster, Touchstone, 1995], 351). 또한 Hardy는 예컨대 Hastings Rashdall이 *The Idea of the Atonement in Christian Theology*(London: Macmillan, 1919), 233-48에서 주장하듯이 "'구속했다'라는 한 단어에 마귀에게 속전을 치렀다는 사상을 삽입하여 읽는 것은 전혀 적절하지 않다"고 덧붙인다.

dikaiosyne—의 의미다.

하지만 속전 이미지에는 두 가지 심각한 문제가 있다. 우리는 자기 아들을 희생시키는 신은 예배를 받을 가치가 없다는 빈번한 비판을 언급했다. 이 관점에서는 십자가가 일종의 아동 학대로 묘사되어왔다.[27] 하나님이 자기 아들의 죽음을 "요구"하는 것은 야만적이라고 말하는 사람도 있다. 비평가들이 교리의 **왜곡**에 반대하는 것은 중요하고 필요한 일이지만 왜곡과 교리 자체는 구별되어야 한다. 우리가 이미 살펴보았듯이, **하나님이 그리스도 안에 계셨다**는 확신(고후 5장)이 삼위일체 신학에 근본적인 요소다. "십자가에 달린 하나님"이라는 언어를 사용한 사람은 위르겐 몰트만뿐만이 아니다. 이 언어는 고대 때는 안티오케이아의 이그나티오스("하나님의 피")에 의해 사용되었고, 최근에는 얀 소브리노("예수의 십자가 위에 하나님이 계셨다")에 의해 사용되었다.[28] 그러한 비판자들은 이 점에서 틀렸다. 그리스도의 십자가는 연합한 삼위 하나님에 의해 수행된 사건이라는 사상이 이 전통 전체의 배후에 견고하게 자리잡고 있다.[29]

속전 이미지에 관련된 두 번째 문제는 좀 더 미묘하고 훨씬 중요하다. 우리가 "무언가가 잘못되었고 그것이 **반드시** 바로잡혀야 **한다**"라고

---

27 이 관점에서 쓴 여러 논문이 Joanna Carlson Brown and Carole R. Bohn, eds., *Christianity, Patriarchy, and Abuse: A Feminist Critique* (New York: Pilgrim Press, 1989)에 수록되어 있다.

28 Ignatius, *To the Ephesians* 1. Jon Sobrino, *Jesus in Latin America* (Maryknoll, N.Y.: Orbis, 1987), 153.

29 하나님이 고통을 당할 수 있었는가? 우리는 신성을 인성으로부터 분리하지 말아야 하는가? 네스토리우스는 그 둘을 분리하려고 했고, 알렉산드리아의 키릴로스로부터 맹렬한 비난을 받았다. 이 문제는 특히 종교개혁자들에게 핵심적인 문제가 되었다. 그들은 교부들의 논의를 열정적으로 받아들였다. 특히 루터주의자들은 칼뱅주의자들보다 쉽게 하나님이 십자가에서 고통당했다고 말했다. 그래서 Moltmann은 소위 유기의 부르짖음의 순간에 하나님이 하나님을 버렸다고 말할 수 있었다(Moltmann, *The Crucified God: The Cross of Christ as the Foundation and Criticism of Christian Theology* [New York: Harper and Row, 1973], 243-44). Moltmann의 주해는 삼위일체 신학의 경계를 넘어서지만, 어느 정도의 설득력을 갖고 있다. 이 난제는 추가적인 신학적 탐구를 기다린다.

말할 때, 이 말은 마치 우리가 죄에 속박된 결과로 하나님이 행동해야만 하는 것처럼 들린다. 이것은 나아가 그리스도 안에 나타난 하나님의 사랑의 행위가 죄에 의존하거나, 죄에 대한 반응이거나 심지어 죄에 의해 강요받은 것으로까지 보이게 한다. 마치 하나님이 에덴동산에서 무슨 일이 일어날지 미리 알지 못했고, 예기치 못한 상황을 겪어서 대안적인 계획을 마련할 수밖에 없었던 것처럼 말이다. 만일 하나님의 아들의 성육신한 삶과 희생적인 죽음이 예기치 못하게 그의 원래 계획에서 벗어난 데 대한 하나님의 비상 대응이었다면, 우리에게는 성경의 창조주 하나님이 존재하는 것이 아니라 우리와 같이 뜻밖의 놀라운 일에 취약하고 따라서 어느 정도 창조질서의 여러 사건들에 의존하는 피조물이 존재하는 것이다.[30]

창조 질서로부터 나온 개념들을 사용해서 창조되지 않은 존재를 표현하기는 어렵지만, 이것이 우리가 갖고 있는 유일한 언어다. 기본적인 개념은 사랑 안에서 하나님의 자아로부터 나오는 하나님의 성품이다(그것은 삼위일체 교리와 밀접한 관련이 있다). 삼위일체 자체 안에서 하나님으로부터 나오는 사랑이 영원 전부터 먼저 표현되었다. 하나님은 사랑할 피조물을 필요로 하지 않는다.[31] 하나님의 나섬과 자기를 내어줌은 시간이 시작되기 전에 이미 발생하고 있었고, 외적인 어떤 것에도 의존하지 않는다. 우리가 십자가에서 보는 자기희생적인 사랑은 창조 전부터 신격

---

30 중세의 걸출한 프란체스코회 신학자였던 요한네스 둔스 스코투스(약 1265-1308)는 토마스 아퀴나스 추종자들과 대조적으로 설령 타락이 없었더라도 성육신이 발생했을 것이라는 논증을 제시했다.

31 Mark Connelly의 인기 있는 연극 "푸른 목장"(Green Pastures)은 창 1장에서 이야기를 시작하는데 하나님이 "나는 외롭다. 나는 나를 위해 세상을 만들 거다"라고 말한다. 이 말은 사랑스럽지만 교리적으로는 더 이상 틀릴 수 없을 만큼 완전히 틀렸다. 하나님은 외로울 수 없다. 그는 시간과 영원 이전부터 그리고 그것을 넘어 영원까지 삼위 안에 계신 사랑이다(Dante, Paradiso, canto 23, 『신곡』, 열린책들 등 역간).

안에 존재했다. 그것은 인간의 타락으로 말미암아 촉발된 획기적인 것이 아니다. 밀턴은 『실락원』(*Paradise Lost*)에서 이 점을 잘못 이해한 것 같다. 밀턴은 성부와 성자가 타락에 관해 어떻게 할지를 상의해서 결정했다고 말한다. 반면에 단테는 삼위일체를 누구보다 장엄하게 기록했다.[32] 『신곡(천국편)』(*Paradiso*)은 시간과 공간이 시작되기 전부터 하나님 안에서 진행되어온 "불타는 사랑"(*Paradiso* 28.45)의 교향곡이자 빙글빙글 도는 춤이다. 창조되지 않은 하나님의 사랑과 빛에 대한 단테의 환상이 바로 그의 웅장한 『신곡』(*Divine Comedy*)의 절정을 이룬다(유감스럽게도, 번역은 단지 근사치에 지나지 않는다).

> 창조되지 않은 힘[아버지]은 말씀하시고,
> 사랑으로 낳으신 이[아들]를 바라보신다.
> 그 호흡 자체[성령]는 각자에게서 영원히 나온다.
>
> (*Paradiso* 10.1-3, Dorothy L. Sayers 역)

> …깊고 밝은
> 그 높은 빛의 본질 안에서 원 세 개가
> 내게 나타났다. 그 원들은 세 개의 다른 색을 지니고 있었다.
> 하지만 세 개의 원 모두 같은 차원에 속했다.
> 원 하나[성부]는 두 번째 원[아들]에 의해 반영되는 듯이 보였다.
> 마치 무지개가 무지개에 의해 반영되듯이 말이다.
> 그리고 세 번째 원[성령]은

32　이탈리아어를 읽을 수 있었던 T. S. Eliot는 『신곡(천국편)』(*Paradiso*)의 마지막 칸토(장 편시의 한 부분)가 "시가 도달한 또는 도달할 수 있는 최절정"이었다고 쓴다(T. S. Eliot, "Dante," in *Selected Essays* [London: Faber and Faber, 1972], 251).

이 두 개의 원에 의해 동일하게 호흡하는 불처럼 보였다.

...

영원한 빛이시여, 당신은 당신 자신 안에만 거주하십니다.

그리고 오직 당신만이 당신을 아십니다. 당신은 자신을 알고

자신에게 알려졌습니다. 당신은 자신을 사랑하고 자신에게 미소를 짓습니다.

(*Paradiso* 33.118-226, Allen Mandelbaum 역)

삼위일체를 찬양하는 형언할 수 없는 이 행들에 아무것도 덧붙여질 수
없다. 우리는 하나님은 이미 **하나님의 자아 안에서** 완전한 사랑이며, 그
자아로부터 나온 것은 무엇이든 하나님의 본래적이고 양도할 수 없는 본
성의 측면들이라는 핵심적인 요점을 강조하기 위해 그 행들을 인용했다.
세상과 세상의 구속은 하나님의 본성이라는 토대 위에 기초를 둔다. 예
기치 않았던 **죄**와 **사망**의 등장으로 새로운 전략이 필요해졌기 때문에 처
음부터 하나님인 그 사랑이 갑자기 다른 어떤 것으로 변하는 것이 아니
다. 오히려 하나님의 근원적이고 불변하는 본성이 사랑으로 하나님의 자
아를 쏟아붓는다.[33] 영원한 자신을 내어주는 이 이미지가 요한계시록에
"세상의 창조 때부터 죽임 당한 어린 양"(the Lamb slain from the foundation
of the world, KJV. 계 13:8)으로 잘 표현되어 있다.[34] 보충적인 절 "흠 없고

---

33   따라서 "낙원"의 마지막 칸토는 지복직관(Beatific Vision)을 이루는, 점증적인 절정의 세
     가지 이미지로 마무리한다. 첫째, 하나의 빛 안에 있는 세 개의 빛(삼위일체); 둘째, 삼위
     일체 안으로 받아들여진 인간 본성에 대한 환상(성자의 성육신한 삶과 죽음); 마지막으로,
     거대한 천상의 춤 안에서 인간의 의지와 욕망을 신적인 의지 안으로 융합하는 "태양과 그
     외의 다른 별들을 감동시키는 사랑."

34   계 13:8의 번역은 논쟁거리다. G. B. Caird는 *A Commentary on the Revelation of St. John
     the Divine* (New York: Harper and Row, 1966), 168에서 KJV을 강력히 옹호한다. "세
     상이 시작된 이래로 죽임당한 어린 양"으로 번역한 Paul Minear, *I Saw a New Earth:
     An Introduction to the Visions of the Apocalypse* [Washington, D.C.: Corpus Publications,

점 없는 어린 양…창세 전부터 미리 알린 바 되신 이"(벧전 1:19-20)와 "그는 하나님께서 정하신 뜻과 미리 아신 대로 내준 바 되었거늘"(행 2:23)은 이를 보충해주는 구절들이다.

구속에 대한 성경의 이미지들

속전과 구속 개념은 어떤 때는 암시적으로 그리고 다른 때는 다각적으로 성경 전체에서 발견된다. 잠언에는 히브리어 **고엘**(go'el)에 대해 몇 가지 다른 함의들을 지니는 흥미로운 절이 들어 있다.

> 옛 지계석을 옮기지 말며
> 고아들의 밭을 침범하지 말지어다.
> 대저 그들의 **구속자**는 강하시니
> 그가 너를 대적하여 그들의 원한을 풀어주시리라(잠 23:10-11).

여기에 좀 더 친숙한 공통의 전통(재산의 보호자로서의 고엘)에 대한 의무와 공동체의 취약층(개인적인 관계 또는 가족 관계에서의 "구속자"로서 고엘)에 대한 의무 개념뿐 아니라 소송의 대의를 주장하는 **변호사**라는 법정적인 개념에 대한 암시가 있다. 다양한 모티프가 상호작용하고 서로를 강화한다.

예레미야애가의 한 구절에서는 그 사상들이 유사하게 서로 혼합되

1968], 335-36)도 보라; Robert H. Mounce, *The Book of Revelation*, New International Commentary on the New Testament (Grand Rapids: Eerdmans, 1977), 256(『요한계시록』, 부흥과개혁사 역간)도 보라. Mounce는 "그리스도의 죽음이 **영원한 계획 안에서 정해진** 구속적인 희생이었다"고 첨가한다(강조는 덧붙인 것임).

어 있다. "대의를 취하는" 변호사가 공의를 베풀고 잘못을 바로잡을 재판장이 된다.

> 주여, 주께서 내 심령의 원통함을 풀어주셨고
> 내 생명을 **속량**하셨나이다.
> 여호와여, 나의 억울함을 보셨사오니
> 나를 위하여 원통함을 풀어 주옵소서(애 3:58-59).

다른 사상들도 구속과 관련이 있다. 예컨대 구속의 윤리적인 내용의 한 예가 신명기 24:17-18에 등장한다. 이 텍스트에서 하나님에 의한 노예 상태로부터의 구속과 공동체 구성원들의 일상적인 계약이 연결된다. "너는 객이나 고아의 송사를 억울하게 하지 말며 과부의 옷을 전당 잡지 말라. 너는 애굽에서 종 되었던 일과 네 하나님 여호와께서 너를 거기서 **속량하신** 것을 기억하라. 이러므로 내가 네게 이 일을 행하라 명령하노라."

구속 사상에 대한 창의적인 다양성과 범위의 또 다른 한 예를 보여주는 이 텍스트는 이스라엘의 해방에 하나님이 몸소 관여한 것을 누군가에게 빚을 갚아야 하는 과부의 재정적인 곤경과 연결한다. 이처럼 큰 대상과 작은 대상을 나란히 두는 것이 이스라엘의 하나님의 특징이다. 홍해 해안에서 행한 그의 능력 있는 행위들은 그분이 누구인지의 일부분일 뿐이다. 하나님을 "구속자"라고 부르는 것은 하나님이 세세한 모든 무력한 자들에게 관심을 갖고 있다는 의미를 포함한다.

이사야서의 한 구절은 하나님을 이스라엘을 자신의 소유로 되찾기 위해 값진 선물을 가져오는 구속자로 묘사한다. 그것은 확실히 "속전", 그것도 "왕의 속전"처럼 들린다. 그런데 왕은 속전을 **받는** 존재가 아니다. 진정한 역전의 복음에서 왕이 속전을 **지급하는** 존재다. 이 멋진 구절은 길게 인용할 가치가 있다. 이 구절은 주현절과 관련된 성경 읽기의 일부이며, 그 계절의 의미와 잘 어울린다. 이 텍스트는 특히 주의 영광의 눈부신 나타남을 묘사한다. 이 포로 후 예언자는 성령에 사로잡혀서 미래를 다시 창조하기 위해 힘차게 이 세상 질서 밖의 세상으로부터 이 세상에 들어오는 신적 도래를 그리고 있다. 특히 이스라엘을 되찾기 위해 구속자에 의해 정해진 가치를 강조하는 것을 주목하라.

전에는 네가 버림을 당하며 미움을 당하였으므로
네게로 가는 자가 없었으나,
이제는 내가 너를 영원한 아름다움과
대대의 기쁨이 되게 하리니…
나 여호와는 네 구원자,
네 **구속자**, 야곱의 전능자인 줄 알리라.
내가 금을 가지고 놋을 대신하며
은을 가지고 철을 대신하며
놋으로 나무를 대신하며
철로 돌을 대신하며…
다시는 강포한 일이 네 땅에 들리지 않을 것이요,
황폐와 파멸이 네 국경 안에 다시 없을 것이며…
다시는 낮에 해가
네 빛이 되지 아니하며
달도 네게 빛을
비추지 않을 것이요,
오직 여호와가 네게 영원한 빛이 되며

네 하나님이 네 영광이 될 것이다(사 60:15-19).[35]

이사야서에서 이 빛나는 구절 거의 바로 뒤에 누가복음의 기사에서—나사렛 예수가 그의 고향의 회당에서 공생애 사역을 시작할 때—구속자가 직접 읽은 구절이 이어진다는 것은 우연이 아니다. 예수는 이 구절을 읽음으로써 자신을 종말론적 구원자로 선언한다. 결정적인 순간이 도래했다는 명백한 의식이 존재한다. 새 창조가 이미 작동하기 시작한다.

> 주의 성령이 내게 임하셨으니,
>
> 이는 가난한 자에게 복음을 전하게 하시려고 내게 기름을 부으시고
>
> 나를 보내사 포로 된 자에게 자유를,
>
> 눈먼 자에게 다시 보게 함을 전파하며,
>
> 눌린 자를 자유롭게 하고
>
> 주의 은혜의 해를 전파하게 하려 하심이라
>
> (눅 4:18-19; 참조. 사 61:1-2).

예수가 읽은 이 텍스트와 그 결론("이 글이 오늘 너희 귀에 응하였느니라")은 그가 선언했을 수도 있는 어떤 선언에 못지않게 자의식이 가득한 메시아적 선언이다. 그가 등장함으로써 하나님 나라의 때가 임했다.

그래서 우리는 아주 고무된 어조로 이 장을 마무리한다. 그리스도 안에서 하나님이 행한 구속은 실로 능력 있는 구출이며, 하나님의 통치

---

35 우리가 이 내용을 완전히 이해하기 위해서는 포로 후 공동체가 이 예언을 종말론적으로, 즉 세상 끝날의 관점으로 읽기를 배워야 했다는 것을 깨달을 필요가 있다. 바빌로니아 유배 후 본토로의 귀환은 매우 실망스러운 것이었으며, 이사야의 황홀케 하는 예언들과 전혀 비슷하지 않았다.

의 영광스러운 미래를 가리킨다. 속전 이미지는 이 위대한 해방이 속박에서 풀려남**만이 아니라** 죄에 대한 속죄 **역시** 포함하며, 우주적인 승리**뿐만 아니라** 궁극적인 대가 **역시** 포함한다는 사실을 우리에게 상기시켜준다. 하나님의 아들의 십자가형이라는 대가를 치르고 우리가 구속되었다. 그렇지 않았다면 우리는 그와 같은 죽음의 끔찍한 참상과 불경을 전혀 이해하지 못했을 것이다.

8장

최후의 심판

†

누구나 법정 드라마를 안다. 영화와 텔레비전에서 배심원이 평결을 내리는 순간보다 우리에게 더 친숙한 순간은 없다. 실생활에서 평결 결과는 1994-95년의 O. J. 심슨 재판과 2013년의 조지 짐머만 재판에서 같이 인종 간의 갈등, 광범위한 시위, 문화 단절을 촉발할 수 있다. 학계의 특정한 분야에서는 우리 사회가 더 이상 죄책감에 신경을 쓰지 않는다는 견해를 갖고 있지만, 모의 법정 평결 드라마 "길티!"(Guilty!, 1997-99년에 Sky One에서 방송된 드라마로, 참가자가 자신이 문제를 겪고 있는 가족이나 친구 사이의 사연을 소개하면 방청객이 유죄 여부를 알려 주는 내용임—편집자 주)는 미국 문화에서 여전히 친근하게 받아들여지고 있다. 이 장에서 우리는 구약성경에서 매우 빈번하게 예언된 야웨의 날이라는 주제 및 이에 대응하는 신약성경의 최후의 심판이라는 주제를 다루는데, 이 주제에 대해서는 신학자들 사이에서뿐만 아니라 많은 문화 해석자 사이에서도 견해가 갈리고 있다. 폴 틸리히가 제안한 3단계 문화 발전은 매우 유명하다. 우리는 한때는 죽음에 대한 공포로 겁에 질렸고 그다음에는 죄책감으로 겁에 질렸었지만, 21세기에 실존적 불안의 주요 형태는 무의미라는 망령이었다.[1]

---

1   Paul Tillich, *The Courage to Be*, 2nd ed. (New Haven: Yale University Press, Yale Nota Bene,

좀 더 최근의 주석가들은 우리가 종교개혁자들의 설교의 중요한 부분을 차지했다고 생각되는 극심한 죄책감으로 인해 더 이상 고통을 받지 않으며, 따라서 이러한 관심사에 대해서 설교되는 그리스도의 죽음과 관련된 이미지들은 오늘날 우리에게는 별로 소용이 없다고 주장한다.

이런 비난들은 진지하게 받아들여져야 한다. 우리는 역설적이게도 불안 속에서 거래하지만, 죄책감을 거의 느끼지 않는 "사인필드"(*Seinfeld*, 미국의 NBC방송에서 1989년 6월부터 1998년 5월 사이에 방영한 시트콤 — 역자 주) 이후 문화 속에 살고 있다. "그것에 아무런 잘못이 없다는 뜻은 아니다" 가 거의 모든 것에 적용할 수 있는 보편적인 표어가 되었다. 이러한 풍조가 교회에 널리 퍼짐으로써 교회의 예전과 설교가 죄책감과 죄로부터 멀어지게 되었다. 양심의 가책은 참으로 1960년대 말 이후 우리에게 매우 난처해진, 다른 모든 중산층 시민의 사고방식의 길을 갔는지도 모른다. 호손의 『주홍 글씨』(*The Scarlet Letter*)에 등장하는 아서 딤즈데일 목사의 고통에 시달리는 영혼은 1978년 이후에 태어난 밀레니엄 세대에게는 이해되지 않을 것이다. 하지만 놀랍게도 여전히 죄책감이 많이 언급되고 있다. 우리는 많은 예를 제시할 수 있다. CBS 방송사의 "60분"(*Sixty Minutes*) 프로 인터뷰에서 다이애나 왕세자비를 사망에 이르게 한 교통사고의 유일한 생존자였던 경호원이 인터뷰 진행자에게서 죄책감을 느끼느냐는 질문을 받았다. 경호원 트레버 리스-존스는 "그것은 인간의 본성이지요"라고 대답했다.[2] 미국의 유명한 등산가가 자신의 자서전에 쓴 말은 특히 눈에 띈다. 그는 자신의 결혼의 파경에 대해 언급하면서 이렇게 썼다. "나는 그녀가 그리웠고 **죄책감**을 느꼈다.…내 **죄**는 비겁함이었다."[3] 이

2000), 40 각주(『존재의 용기』, 예영커뮤니케이션 역간).

2   *60 Minutes*, March 12, 2000.

3   David Brashears, *High Exposure: An Enduring Passion for Everest and Unforgiving Places* (New

러한 예들은 죄책감의 범주가 결코 우리에게 죽은 것이 아님을 보여주는
데 도움이 될 것이다.[4]

우리가 **신학적인** 죄책감에 대해 말하는 것은 하나님이 보시는 우리
자신에 대해 말하는 것이다. 신학적 의미의 죄책감은 죄와 관련이 있는
데, 성경적 의미의 죄는 **하나님을 거스르는** 것이다. 이 점은 어떤 **권세**로
서의 **죄**든 위반으로서의 죄(들)든 마찬가지다. 하나님에 대한 지식이 없
다면 죄란 개념은 의미가 없으며, 레위기의 규정들이 전적으로 **신학적
인** 방향성을 갖고 있음을 이해하기가 어려워진다. 우리가 앞에서 살펴보
았듯이 레위기의 규정들은 의도적으로 죄를 저지른 사람을 위한 것이 아
니라 과실이나 부주의로 죄를 범한 죄인들을 회복시키기 위해 마련된 것
들이다. 고의가 없다는 것이 핑계가 되지는 않는다. "그것을 깨닫게 되었
을 때에는 그에게 허물이 있을 것이다"(레 5:2-4). 실제로 "모르고서" 지
은 죄를 용서하는 것이 레위기 법전에 규정된 제사의 주요 목적이다. 하
나님이 실재하기 때문에 죄와 죄책감은 우리가 그것을 인식하든 인식하
지 않든 간에 실재한다. 따라서 리쾨르는 예언서에 나타난 죄와 죄책감
에 관해 이렇게 쓴다. "진짜 악은…예언자의 소환에 의해 폭로되고 비난
을 당하는 것이지, 죄인이 그 악을 알고 있는지 여부에 의해 측정되는 것
이 아니다. 이것이 바로 죄의 '실재'—우리는 이것을 심지어 죄의 존재론
적 측면이라고 말할 수도 있을 것이다—를 죄책감이라는 '주관성'과 대
조해야 하는 이유다.…[하나님을] 보게 되면 내가 의식하는 수준을 넘어
서는 나의 존재의 실재가 보존되며, 특히 죄책감을 넘어서는 죄의 실재

York: Simon and Schuster, 1999), 223, 강조는 덧붙인 것임.

4 모든 문화가 이런 현상을 같은 방법으로 경험하는 것은 아니다. 예컨대 일본에서 수치는
   집단적인 성격이 있는 반면에, 미국인들은 **개인적**인 죄책감을 강조한다. 중동에서는 명예
   심과 수치심이 훨씬 더 중요하다.

가 보존된다."[5]

우리를 지배하는 폭군: 불안

그렇다면 죄책감은 인간의 삶에서 여전히 중요한 고민거리다. 하지만 우리 시대에는 불안이 더 많이 강조되어왔다(이 통찰은 W. H. 오든이 "불안의 시대"라는 어구를 만듦으로써 유명해졌다). 그런데 이 불안은 어떤 형태를 취하는가?

주류 교회들은 적어도 지난 30년간 자신들을 가장 잘 특징짓는 용어로 "포괄적인"이라는 단어를 사용해왔다. 성공회 수석 주교는 "아무도 거절당하지 않는다"는 약속을 자신의 1990년대의 표어로 삼았다. 이 말은 자신이 거절당하고 있다고 생각하거나 다른 사람들이 거절당한다고 생각하는 것을 우려하는 사람들이 많다는 것을 암시한다. 이것은 확실히 우리 시대의 불안에 대한 단서 중 하나다. 사람들은 자기가 "잘 해내지" 못할까 봐 걱정하거나―여기서 그것이 좀 더 복잡해진다―다른 사람들을 충분히 포함하지 않을까 봐 우려한다. 우리는 선조들만큼 죄의식으로 괴로워하지 않을 수도 있지만, 그럼에도 불구하고 다양한 종류의 불안에 이끌려가고 불안으로 말미암아 분열되어 있다. 그런 불안 중 하나는 우리가 눈에 보이지 않는 어떤 구분선의 옳은 쪽에 있지 않다는 두려움이다. 우리의 불안에 대해 제시할 수 있는 수많은 예 중에서 한 가지만 제시하자면, 최고의 부촌인 롱아일랜드의 햄튼으로 새로 이사 오는 사람이 그 이유가 아니라면 왜 "새로운" 지역번호 대신 "확립된" 지역번호를 받

---

5   Paul Ricoeur, *The Symbolism of Evil* (Boston: Beacon Press, 1967), 82, 86.

으려고 이례적이며, 심지어 터무니없고 발작적이기까지 할 정도로 무슨 짓이든 다 하려고 하는가?

불안감은 심판에 대한 두려움과 관련이 있다. 알베르 카뮈의 소설 『전락』(*La Chute*)의 주인공 장 바티스트는 세상 물정에 밝은 교양인이다. 어느 운명적인 밤, 그는 젊은 여성이 자살을 시도하는 것을 본다. 그는 물이 튀는 소리를 듣고 그냥 지나친다. 그러고는 그 사실을 아무에게도 알리지 않는다.[6] 그 후 그는 도피자처럼 산다. 그는 "문제는 특히 심판을 피하는 것입니다"라고 말한다. 하지만 그는 심판을 피하는 것은 헛된 노력임을 발견한다. "선생님, 제가 큰 비밀을 하나 알려드리지요. 최후의 심판을 기다리지 마세요. 그것은 매일 일어나거든요."

그는 더 나아가 자신의 상황을 인간의 보편적인 관점에서 분석한다. "우리는 자기가 선택한 경로에 대해 동정받고 격려받기를 원하지요. 간단히 말해서 우리는 죄책감을 느끼지 않기를 원하면서 동시에 우리 자신을 정결케 하려고 노력하지 않기를 원해요." 십자가 신학의 관점에서 말하자면 우리는 "죄책감을 느끼지 않을" 수도 없고, "우리 자신을 정결케 하려는 노력도 할" 수 없다는 것을 안다. 그것은 우리가 자신의 본성 안에 갇혀 있는 이 현재의 세상 질서 **바깥에** 있는, 아르키메데스 점 위에

---

6   Albert Camus, *The Fall*, Justin O'Brien 역 (New York: Knopf, 1956. *New York Review of Books*에 독서평은 Camus가 『전락』에서 그의 두 번째 부인의 자살과 관련된 자신의 죄책감을 해결하려고 시도했다고 암시한다. Camus는 평생 여성을 거만하게, 그리고 이기적으로 대했다. 하지만 독서평을 쓴 작가는 또 다른 비열한 인간으로 잘 알려진 Jean-Paul Sartre와 달리 Camus는 헌신적인 인본주의자였다고 지적한다. 이는 통찰력과 회한을 발휘할 수 있는 사람과 계속 비난받을 행동을 하는 사람 사이의 도덕적 차이를 보여준다. Camus의 명성은 1970년대와 1980년대에 다소 퇴색되었지만, 좀 더 최근에는 그를 새롭게 평가하는 경향이 나타났다. 예컨대 John Weightman, "The Outsider," *New York Review of Books*, January 15, 1998을 보라.

서 있는 존재에 의해서만 가능하다.[7]

우리가 자신을 무죄한 자로 보는 견해는 아담과 하와의 이야기까지 거슬러 올라간다. 거기서 남자가 이렇게 말한다.

"하나님이 주셔서 나와 함께 있게 하신 여자, 그가 그 나무 열매를 내게 주므로 내가 먹었나이다." 여호와 하나님이 여자에게 이르시되 "네가 어찌하여 이렇게 하였느냐?" 여자가 이르되 "뱀이 나를 꾀므로 내가 먹었나이다"(창 3:12-13).

우리는 할 수만 있다면 누군가 다른 사람을 비난한다. 최초의 부부가 저지른 최초의 불순종의 첫 번째 결과는 인간이 "심판을 회피하는" 방법으로서 습관적으로 다른 사람을 끌어들이는 것이다. 이것은 단순히 죄책감을 느끼는 문제가 아니다. 이것은 심오한 실존적 두려움이다. 서구인들의 집단적인 무의식에 자리하고 있는 법정 장면에는 여전히 깊은 수준에서 우리의 감정을 끌어들일 수 있는 능력이 있다. "탐탁치 않다! 낙오자다! 내게서 떠나가라!"라는 평결 전망이 도깨비같이 불쑥 나타난다(마 7:2;

---

7   고대 그리스의 수학자이며 발명가인 아르키메데스(기원전 212년 사망)는 그의 지렛대와 관련하여 만일 그에게 서 있을 곳만 있다면 세상을 움직일 수 있다고 말한 것으로 전해진다. 사탄의 집에 갇혀 있는 사람은 아무도 그 집 바깥에 있는 아르키메데스 점에 접근하지 못한다. 사탄이 점령하고 있는 영역은 완전히 다른 영역에서 오는 힘을 통해서만 들어갈 수 있다. 그리스도 안에서 바로 이 일이 발생했다. 그리스도는 또 다른 최고의 힘의 영역으로부터 왔고 그곳에 속하기 때문에, 그리스도만이 우주를 움직일 수 있는 아르키메데스 점에 접근했다. 그러므로 그는 "이 세상의 임금은…내게 관계할 것이 없다"고 말할 수 있다(요 14:30; 12:31과 16:11도 보라). 이것은 하나님이 그곳으로부터 작동하는, 완전히 다른 힘의 영역을 나타내는 유용한 비유다. 우리는 이것을 다시 만나게 될 것이다. 나는 그 비유를 Paul Leamann이 신학적으로 사용한 것을 처음 들었지만, 그것은 Karl Barth에게서 유래했을 수도 있다(Karl Barth, *Church Dogmatics* IV/1 [Edinburgh: T. & T. Clark, 1956], 258, 『교회교의학』, 대한기독교서회 역간).

25:41; 눅 5:8; 13:27).

그래서 T. S. 엘리어트의 심오한 기독교적 희극 「칵테일 파티」(*The Cocktail Party*)에서 주인공인 심리학자 헨리 하코트-라일리 경은 이렇게 논평한다.

이 세상에서 자행된 피해의 절반은
자신이 중요한 존재라고 느끼고 싶은 사람에게서 기인한다.
그들은 피해를 줄 의도가 없다. 그러나 피해가 그들의 관심을 끌지 않는다.
또는 그들은 피해를 보지 못하거나 그것을 정당화한다.
그들은 자기를 좋게 생각하려는
끝없는 투쟁에 여념이 없기 때문이다.[8]

단호한 세속적 유대인인 필립 로스는 남성으로서의 특징에 대한 방대한 투쟁 목록을 제시한다. 남성적인 특징들은 "모호한 도덕적 가치, 실제적인 잘못과 가상의 잘못, 상충하는 충성, 다급해하는 욕망, 제어할 수 없는 갈망, 실행 불가능한 사랑, 범죄자적 열정, 성적 무아지경, 격분, 자아 분열, 배반, 극단적인 손실, 천진함의 흔적, 발작적인 비통함, 광적인 관여, 중대한 오판, 압도당한 이해, 오래 계속되는 고통, 무고(誣告), 끊임없는 불화, 질병, 기진맥진, 반목, 혼란, 늙어감, 죽어감에 굴복한다.…남성들은 자신이 **무방비로 노출된 삶에 경악한다.**"[9] 이것이 바울이 적시하는

---

8 T. S. Eliot, *The Cocktail Party*, in *The Complete Poems and Plays* (New York: Harcourt, Brace, 1952), 348, 강조는 덧붙인 것임.

9 Philip Roth와의 인터뷰, *New York Times Book Review*, March 16, 2014. John Updike는 "래빗 시리즈"(Rabbit Series)에서 죄와 죽음에 사로잡힌 사람에 대해 이와 비슷한 관점을 제시했다.

상황이다. "생명에 이르게 할 그 계명이 내게 대하여 도리어 사망에 이르게 하는 것이 되었도다. 죄가 기회를 타서 계명으로 말미암아 나를 속이고 그것으로 나를 죽였는지라"(롬 7:10-11).

이것은 **죄**에 사로잡힌 종으로서 역할을 하는 **율법**의 영역이다. 이 모든 것이 더해져 이러저러한 심판에 대한 보편적인 불안을 쌓는다.[10] 그것의 냉혹성, 필연성, 불가피성으로 말미암아 바울은 마치 우리 모두를 대변하여 말하는 듯이 "오호라! 나는 곤고한 사람이로다. 이 사망의 몸에서 누가 나를 건져내랴?"라고 부르짖는다(롬 7:24). "사망의 몸"은 **권세**들 아래에 있는 인간의 존재 전체다. 그것은 배제의 공포, 비난의 두려움, 심판의 위협, **죄**의 노예가 됨, 그리고 **율법**에 따르면 자신이 매우 불안정한 상황에 있다는 사실을 아는 지식을 망라한다.

하지만 독자들 중 더러는 우리 모두 모종의 "배제"나 비난에 관해 염려한다는 주장에 납득되지 않을 것이다. 좋다. 이것이 보편적인 인간의 마음의 상태가 아니라고 가정하자. 지구상의 모든 문화 및 인종에게 해당하는 절대적으로 보편적인 또 다른 특성이 있다는 제안이 있는데, 그것은 인간은 때때로 그 사람을 없애버리기를 원할 정도로까지 **다른 사람을 비난**하는 성향이 있다는 것이다. 이것은 바로 결백 및 포용과는 정반대인 원죄의 한 형태다. 뉴욕의 어퍼웨스트사이드에 거주하는, 매우 귀엽고 감상적이지 않은 소피라는 여덟 살 난 아이에 관한 「뉴요커」 기사는 오늘날 대중적인 몇몇 "관용" 프로그램이 얼마나 순진한 것인지를 보여준다. 기자는 소피와 함께 놀이터에서 그네를 타면서 소피로부터 몇몇

---

10 내가 지금 기술하고 있는 현상은 (아마도) 지나치게 민감한 양심을 갖고 있는 앵글로색슨계 개신교인이나 유대인에게 한정된 것이 아니다. 자신이 "경멸을 받고" 있거나 "존경을 받지 못하고" 있다고 생각하는, 교육 수준이 낮은 도시의 젊은이들은 폭력으로 반응할지도 모른다.

통렬한 견해를 이끌어낸다. 소피는 자기가 다니는 학교가 어떤 집단에 대해 부정적으로 묘사하는 것을 금지하고, 서로 좋아하지 않는 사람들을 함께 모아 놓으며, "밉다"는 단어를 사용하지 못하게 한다고 불평한다. 정직한 소피는 이 모든 것을 간파한다. "그 사람을 미워한다고 해서 뭐가 어떻다는 건대요? 무슨 일이 일어난다고 해도 누가 진짜로 신경을 쓰나요? 가령 그 사람들이 알래스카나 땅끝 멀리 이사를 간대도 누가 신경을 쓰나요?"[11] 우리의 최근 역사에 확대하면, 이는 이스라엘 정착민들과 다르푸르의 난민들 그리고 콥트인 그리스도인들을 "심지어 땅끝 멀리" 보내거나, 더 낫게는 죽기를 원하는 팔레스타인 무장단체들과 수단의 잔자위드 민병대 그리고 무슬림 극단주의자들에게 적용될 수 있다. 여덟 살난 아이는 인간을 개선하려는 선의의 프로그램들이 그 프로그램 입안자들로 하여금 자신에 관해 기분이 좋아지게 만드는 것 외에는 별로 달성하는 것이 없음을 어른들보다 더 분명히 볼 수 있다.[12] 우리에게는 **프로그램**이 필요한 것이 아니라, 폭력과 복수심의 순환으로부터의 **구출**이 필요하다. 인류는 자신으로부터 구원받을 필요가 있다.[13]

---

11 Rebecca Mead, "Sophie's World," *New Yorker*, October 18 and 25, 1999.

12 우리 시대에 가장 창의력이 있고, 두려움을 모르며 인습타파적인 블로거 중 한 사람으로서 늘 감상성을 경계하는 Andrew Sullivan은 이렇게 쓴다. "다양한 증오를 근절할 수 있다고 기대하는 것은 미친 짓이다.···증오는 인간의 의식에서 결코 사라지지 않을 것이다. 사실 증오는 어느 정도는 인간성에 가장 확실한 요소일 것이다"(Andrew Sullivan, "The Fight against Hate," *New York Times Magazine*, September 26, 1999).

13 Steven Pinker는 2011년 저서 『우리 본성의 선한 천사』(*The Better Angels of Our Nature: Why Violence Has Declined*, New York: Penguin Books, 2011, 사이언스북스 역간)에서 문명이 큰 발전을 이룩했다고 주장한다. 그는 일반적으로 인정되고 있는 인물들을 이용해서 히틀러, 스탈린, 마오쩌둥이 자행한 살생에도 불구하고 이전의 세기들에 폭력으로 죽은 사람이 훨씬 더 많았음을 보여준다. 그 말이 사실일 수도 있지만 여기서 취한 견해는 더 나은 **사회**를 조직하는 것이 참으로 가능할 수는 있어도 더 나은 **인류**를 만드는 프로젝트는 인간의 능력을 벗어난다는 점이다. 문명이라는 겉치장은 언제나 그랬듯이 지금도 매우 얇다. 잘못에 대해 처벌이 없다면 어느 곳에서나 그리고 언제나 동료 인간에게 최악의 대우를 하려

집단 소송: 심판 아래 있는 사회

20세기의 대부분 동안 그리스도의 재림과 최후의 심판에 대한 성경의 가르침이 주류 교단들에서 의심의 대상이 되었다. 하지만 최후의 심판 사상은 여전히 지속되고 있다. 1997년에 많은 사람들이 페루의 리마에서 126일간 반군들에게 인질로 잡혀 있었다. 오랜 감금 기간 동안 그들은 살아 나올 것이라고 생각지 못했다. 한 기자는 그들 중 많은 이들이 심판을 피하는 것에 관해 생각하기 시작했다고 보도했다. 그들은 "자기 삶의 대차대조표"를 작성했다. 이 기사는 계속해서 그들 중 몇몇은 "종교에 귀의했다"고 보도한다.[14] 이 보도는 다음과 같은 질문을 제기한다. 심판대에서 적절한 방어는 무엇인가? 우리가 인생의 대차대조표에서 잘못을 상쇄하기 위해서는 얼마나 많은 공적을 쌓아야 하는가? 어떤 종교가 효과가 있을 것인가?

구약성경은 처음부터 끝까지 하나님이 자기 백성의 유죄를 입증할 논거를 갖고 있다는 내용으로 가득 차 있다.[15] 포로기 전후의 히브리 예언자들 모두 온 세상뿐만 아니라 하나님의 선민도 책임 추궁을 당하게 될 미래의 결정적인 순간인 야웨의 날을 경고했다. "보라, 여호와의 날이 이르리라"(슥 14:1). 하나님의 심판 권한은 당연한 것으로 여겨진다.

는 사람이 많이 있을 것이다. 2010년대 중반에 시리아의 바샤르 알 아사드의 정권이 아동에 대한 고문까지 사용한 것이 이 점을 증언한다. 더욱이 핵의 재앙이라는 망령이 늘 존재한다. 이 재앙이 발생할 경우 문명이 향상되었다는 모든 통계 수치는 무의미해질 것이다. Pinker의 책에 대한 서평은 Jeremy Waldron, "A Cheerful View of Mass Violence," *New York Review of Books*, January 12, 2012를 보라.

14 *New York Times*, April 26, 1997.
15 이 사상은 지혜 문학에서는 훨씬 눈에 덜 띄지만 그 사상은 그곳에도 존재한다. 대체로 성찰적인 이 문학에서는 개인에 대한 판단으로서가 아니라 백성에 대한 심판으로 등장하는 경우가 적기는 해도 말이다(전 12:14; 잠 2:22; 3:33 등).

보라, 여호와께서 그의 처소에서 나오사

땅의 거민의 죄악을 벌하실 것이라(사 26:21).

악을 파괴하는 하나님의 능력이 핵심적인 주제다.

여호와의 날이 크고 심히 두렵도다.

당할 자가 누구이랴?(욜 2:11)

이스라엘 백성이 다가오는 이 위기에 대해서 안일해질 때마다 예언자들은 끔찍한 이미지들을 사용해서 그들을 맹렬히 비난했다.

화 있을진저, 여호와의 날을 사모하는 자여!

너희가 어찌하여 여호와의 날을 사모하느냐?

그날은 어둠이요 빛이 아니라.

마치 사람이 사자를 피하다가

곰을 만나거나,

혹은 집에 들어가서 손을 벽에 대었다가

뱀에게 물림 같도다.

여호와의 날은 빛 없는 어둠이 아니며

빛남 없는 캄캄함이 아니냐?(암 5:18-20)

야웨의 날은 가난한 사람들에게 불의하게 행했거나, 그들을 무시한 사람들에게 특별한 심판이 내려지는 재판 장면으로 묘사된다.[16]

---

16 하나님이 자기 백성의 유죄를 입증할 논거를 갖고 있다는 사상, 따라서 심판대 사상을 전

여호와께서 변론하러 일어나시며

백성들을 심판하려고 서시도다.

여호와께서 자기 백성의 장로들과 고관들을

심문하러 오시리니,

"포도원을 삼킨 자는 너희이며

가난한 자에게서 탈취한 물건이 너희의 집에 있도다.

어찌하여 너희가 내 백성을 짓밟으며

가난한 자의 얼굴에 맷돌질하느냐?" 주 만군의 여호와 내가 말하였느니라

(사 3:13-15).

온 백성이 하나님의 심판대 앞으로 소환된다.[17] 하지만 우리는 대개 심판에 대한 **개인적**인 공포가 **집단적**인 죄책감보다 이해하기 쉽다고 생각한다. 미국의 그리스도인들은 대개 이 둘이 마치 서로 배타적인 양 이 둘 중에서 어느 하나를 선택하려고 한다. 소위 기독교 우파는 개인의 악행에 초점을 맞추고, 자유주의적인 좌파는 사회의 불의를 강조한다. 사악한 개인들과 불경건한 사회 **모두에게 동시에** 심판이 내려질 것이라는 사상은 예언자 이사야가 주님의 임재를 직면했을 때 부르짖었던 말 속에 요약되었다. "화로다 나여!…나는 입술이 부정한 **사람**이요 나는 입술이 부정한 **백성** 중에 거주하면서 만군의 여호와이신 왕을 뵈었음이로다"(사 6:5).

달하기 위해—논쟁, 고소, 개인적 또는 법적 다툼을 뜻하는(미 6:2-3)—히브리어 **리브** (*rib*)가 사용되었다.

17 내가 1960년대에 버지니아에서 활동하던 젊은 활동가였을 때 동료들과 나는 히브리 예언자들의 격렬한 구절들을 좋아했다. 우리는 그 구절들이 인권과 베트남 전쟁과 관련하여 여전히 바깥 어두운 곳에서 장황하게 논의하고 있던 남부의 모든 보수주의자들 위에 내리는 하나님의 심판으로 생각했다. 많은 젊은 이상주의자들과 마찬가지로 우리는 우리 자신을 빛을 가져오는 사람으로 생각했다. 훗날 나는 우리 모두가 심판 대상에 포함되어 있음을 알게 되었다. 나 역시 "가난한 자의 얼굴에 맷돌질하기(학대하기)"에 연루되었다.

구약의 예언자들은 백성의 모든 집단을 기소하는 것으로 잘 알려져 있다. 다른 사람에게 관심을 기울이지 않는 부자, 뇌물을 받는 재판관, 가난한 사람들을 속이는 상인에게 결산할 날이 있을 것이다.[18] 가장 충격적인 것은 자기들은 심판에서 면제된다고 생각했던 택함 받은 백성이 실제로는 가장 먼저 심판을 받는다는 점이다.

"내가 땅의 모든 족속 가운데

너희만을 알았나니,

그러므로 내가 너희 모든 죄악을

너희에게 보응하리라" 하셨다(암 3:2).

베드로전서는 교회에 대해 직접적으로 "하나님의 집에서 심판을 시작할 때가 되었다"고 말한다(벧전 4:17). 새천년의 초기에 미국에서 지극히 부유한 소수의 상위층과 기반을 잃고 있는 중산층 및 노동자층 사이의 극적인 격차 확대를 고려하면, 하나님이 우리 사회 전체의 유죄를 입증할 근거가 적어도 예언자 이사야와 아모스 당시만큼 강력하다는 결론을 피하기가 어렵다.

---

18 가난한 사람들은 이것을 훤히 보고 있다. '힘의 탑'이라는 별명이 붙은 카이로의 한 건물은 200만 달러부터 1500만 달러 이상을 호가하는 아파트들을 포함하고 있다. 근처 슬럼가에 사는 한 기술자가 기자에게 말했다. "이집트에서 이런 식의 돈을 버는 사람은 가루[코카인]를 파는 사람들뿐이에요." 인구가 과밀된 카이로의 1인당 [월] 평균 수입은 600달러이며, 주택이 부족하다. 자기 아내와 더불어 여섯 명의 아이들과 함께 슬럼가에서 사는 38살의 한 택시 운전사는 "이 건물[아파트]은 우리와 같은 사람들을 위한 것이 아니에요"라고 말했다. "나는 도둑질을 해야 저곳에서 살 수 있다고 생각합니다. 나는 부럽지 않지만 **이 사람들은 심판 날에 책임을 질 것이라고 믿습니다.**" 그 택시 운전사는 의심할 나위 없이 무슬림 교도이지만, 그가 표현하는 내용은 그리스도인들도 받아들일 수 있다. Youssef M. Ibrahim, "Cairo Journal: The 'Tower of Power'; Something to Babble About," *New York Times*, August 17, 1995.

구약의 예언자들은 하나님의 백성이 자기들은 죄가 없다고 항의하는 것을 비난한다. 하나님은 (예레미야를 통해) 이스라엘 백성의 모든 배교를 열거하고 나서 이렇게 말한다.

"또 네 옷단에는
죄 없는 가난한 자를 죽인 피가 묻었나니…
오직 이 모든 일 때문이니라.
그러나 너는 말하기를 '나는 무죄하니
그의 진노가 참으로 내게서 떠났다' 하거니와
보라, 네 말이 '나는 죄를 범하지 아니하였다' 하였으므로
내가 너를 심판하리라"(렘 2:34-35).

간단히 말해서 개인에게 임하는 하나님의 심판은 집단에게도 똑같이 임한다. 현대의 삶에서는 개인의 책임과 공동체의 책임이 서로 섞여 있어서 우리는 이 둘을 좀처럼 분리할 수 없다. 예절 바른 아이와 함께 회중석의 옆자리에 앉아 있는 멋진 사람은 해외의 십대 아이들을 유혹하여 자신의 제품을 사게 하는 담배 회사의 정책들에 참으로 책임이 없는가? 테크놀로지 대기업에는 경제적으로 부유하고 미국 경제에 기여하는 사람들로 가득 차 있다. 그 기업들의 시스템이 수상한 위험분자들에 관한 파일을 보관하는 데 사용된다면, 어떻게 그 사람들이 비난받을 수 있겠는가?[19] 신발 회사들은 국내 총생산에 일익을 담당하고 있다. 설령 이렇

---

19 2005년에 중국의 반체제 저널리스트이자 시인인 Shi Tao의 이메일 계정이 야후에 의해 중국 정부에 넘겨져서 Shi Tao는 8년이 넘게 혹독한 감옥 생활을 해야 했다. 그 문제로 열린 의회 청문회로 야후의 최고경영자인 Jerry Yang이 대중의 주목을 받게 되었다. 그는 자기 회사가 끼친 피해에 대해 전혀 모르는 것 같았다. 캘리포니아주의 민주당 의원인

게 하는 대가가 가난한 나라들에서 노동력을 착취하는 공장을 운영하는 것이라 해도 그 회사는 그 일을 할 것이다.[20] 오늘날 사람들은 이런 식으로 생각한다. 하지만 구약성경과 신약성경 모두 하나님의 심판이 개인들에게뿐만 아니라 집단에게도 임할 것이라는 것과 특히 부자와 특권층은 자신들이 면제받으리라고 생각했던 사안에 책임을 지게 될 것을 압도적으로 증언한다. 천사가 예수의 탄생을 알려줄 때 마리아가 노래한 것처럼 말이다.

> [그가] 권세 있는 자를 그 위에서 내리치셨으며
> 비천한 자를 높이셨고,
> 주리는 자를 좋은 것으로 배불리셨으며
> 부자는 빈손으로 보내셨도다"(눅 1:52-53).

그리고 우리가 최후의 심판은 개인 수준에서 발생하는 사건만이 아님을 깨닫는 것이 우리에게 도움이 될 것이다. 대체로 성경은 집합적, 공동체적, 그리고 궁극적으로는—묵시적 틀이 구약성경 말기에 자리를 잡기 시작함에 따라—우주적으로 생각한다. 장차 오실 재판관에 의해 정체가 드러나고 형이 선고될 **권세**들은 이 세상에 속한 권세와 통치자들이며, 최종적으로는 사탄 자신이다.

Thomas P. Lantos는 이렇게 말했다. "기술적으로 및 재정적으로 당신들[야후의 직원들]은 거인들이지만 도덕적으로 당신들은 난장이들이입니다"(Neil Gough, "Chinese Democracy Advocate Is Freed after 8 Years in Prison," *New York Times*, September 7, 2103). 평생 인권 옹호자였던 Lantos는 홀로코스트의 생존자로서 의원이 된 유일한 인물이다.

20 2000년대에 나이키는 해외 공장들의 상황에 대한 독립적인 조사에 극렬히 저항했다. 그 논쟁은 수년간 계속되었으며, 여러 면에서 지금도 계속되고 있다(2012년 11월에 방글라데시의 의류 공장에서 발생한 재앙적인 화재로 미국과 유럽의 여러 회사들에 대한 또 다른 비난의 폭풍이 촉발되었지만, 구체적인 결실은 별로 없었다).

성경에 나타난 심판과 교회

세상의 모든 것이 잘못되었기 때문에 우주적인 결산이 요구된다. 성경은 마르쿠스 바르트가 강력한 어구로 "큰 최종적 소송"[21]이라고 부른 것을 상상한다. 하지만 교회의 많은 지도자가—크고 작은 이유로—예수의 죽음에 대해 말하면서 법정 이미지를 무시하거나 강조하지 않으려고 했다. 이러한 경향으로 인해 현재 널리 사용되고 있는 어휘 사전에서 심판과 재판에 관한 구절들이 대체로 삭제되거나 생략되는 중대한 결과가 초래되었다. 신학적인 훈련을 받지 않은 평신도들조차 "우리는 이제 더 이상 그런 것을 믿지 않는다"는 사상을 집어 들었다. 심판과 관련된 사상들 전체는 저주가 되었다. 현재 우리의 문화에서 "비판적인"(judgmental)이라는 단어는 어떤 사람에 관해 말할 수 있는 최악의 단어 중 하나가 되었다. 우리는 "심판"을 긍정적인 함의를 지닌 것으로 이해할 능력을 상실한 것 같다.[22]

우리가 어떤 문화적 편견을 갖고 있든, 심판대에서의 정죄 이미지가 성경에 만연하다는 것은 이론의 여지가 없다. 우리는 구약성경에서 대표적인 몇 가지 예를 간략히 살펴보았다. 예수가 얼마나 자주 동일한 이미지에 의존했는지 알지 못한 채 경멸적으로 "구약의 하나님"이라고 말하곤 하는 사람이 많다. 예수의 많은 언급 중 하나만 예를 들어도 요점이

---

21 Markus Barth, *Justification* (Grand Rapids: Eerdmans, 1971), 18.
22 이 경향은 아주 최근에 발전된 것이기 때문에, 아마도 우리는 이에 대한 어떤 관점이 필요할 것이다. 1971년판 옥스퍼드 영어 사전에는 "심판의, 비판적인"(judgmental)이라는 단어가 **아예** 포함되지 않았다. 이 단어에 가장 가까운 단어는 좀처럼 쓰이지 않는 "judgmatical"이라는 단어인데, 이 단어는 "신중한, 분별력이 있는"이라는 대체로 적극적인 의미를 지녔다. 옥스퍼드 사전의 다음번 판은 이 단어가 최초로 오늘날의 부정적인 함의를 갖고서 등장한 것은 **1965년**이라고 알려준다.

드러날 것이다. "**그날에** 많은 사람이 나더러 이르되 '주여, 주여…' 그때에 내가 그들에게 밝히 말하되 '내가 너희를 도무지 알지 못하니 불법을 행하는 자들아, 내게서 떠나가라' 하리라"(마 7:22-23).

공관복음의 심판 비유들에서뿐만 아니라 요한복음에서도 예수는 심판의 날에 대해 여러 번 직접적으로 말한다. 그것을 깡그리 제거하지 않는 한, 그 전승에서 심판을 피할 길이 없다.[23] 심판은 신조들에도 들어 있다. "그는 산 자와 죽은 자를 심판하러 영광 중에 다시 올 것이다." 찬미의 노래인 "테데움"(Te Deum)에서 "주께서 우리의 재판관으로 오실 것을 믿습니다"라고 노래한다. 헨리 퍼셀과 G. F. 헨델의 음악에서 이 기도가 울려진다. "가장 합당한 영원한 재판관이신 주님, 우리를 주님에게서 떨어지는 죽음의 고통을 당하지 않도록 허락하소서." 그리스도인들의 삶에서 심판이란 주제를 짓누르려는 현대의 시도들 역시 그것을 추방하는 데 성공하지 못했다. 앞에서 언급했던 심판과 비난을 다른 사람에게 돌리려는 편만한 경향은 말할 것도 없고, 이와 동일한 해묵은 정죄에 대한 두려움이 표면 아래 잠복해 있다가 어느 순간에라도 튀어나올 채비를 하고 있다.[24]

『개정표준성구집』을 사용하는 현대의 교회들에서는 심판 주제가 어

---

23 예컨대 T. F. Torrance는 우리가 성경 어디에서도 "하나님이 심판하지 않고 용서하거나 구속할 것이라는 어떤 암시도 발견하지 못한다.…하나님은 심판과 희생제사의 속죄 없이는 용서하지 않을 것이라"고 쓴다. 하지만 "궁극적으로 하나님 자신이 그리고 하나님만이 죄를 제거하고 구원한다." 출처: George Hunsinger, *Disruptive Grace: Studies in the Theology of Karl Barth* (Grand Rapids: Eerdmans, 2000), 34에 인용된 미발표 원고.

24 현저한 예가 2011년 성탄절 오전 심야에 일어났다. 코네티컷주의 스탬퍼드에서 재앙적인 화재가 일어나 세 명의 어린아이와 그 아이들의 조부모의 목숨을 앗아간 반면에, 아이들의 엄마와 그녀의 정부는 피신했다. 불과 몇 시간 안에 사이버 공간은 두 종류의 신랄한 메시지로 가득찼다. 한쪽은 아이들을 두고 도망친 엄마를 비난했고, 다른 쪽은 그 사람들을 비난했다.

느 정도 유지되는 기간이 있다. 만성절(萬聖節)부터 대림절의 세 번째 일요일까지 읽는 신약성경의 성구에 그 주제에 대한 약간의 구절들이 보존되어 있어서, 설교자들은 소망과 약속의 맥락에서 하나님의 진노와 최후의 심판에 관해 설명할 기회를 얻는다.[25] 대림절 직전 몇 주의 일요일에 읽도록 지정된 성경 텍스트들은 특별히 심판 주제를 담고 있다. 지혜로운 처녀와 어리석은 처녀, 포도원 일군 비유, 달란트 비유가 이런 텍스트에 포함되며 가장 현저한 텍스트로는—3년에 한 번 그리스도 왕 대축일에 읽는—마태복음 25:31 이하의 최후 심판 텍스트가 있다. "인자가 자기 영광으로 모든 천사와 함께 올 때에 자기 영광의 보좌에 앉으리니, 모든 민족을 그 앞에 모으고 각각 구분하기를 목자가 양과 염소를 구분하는 것같이 하여, 양은 그 오른편에 염소는 왼편에 두리라.…"

[성경에서는] "모든 민족"이 재판관 앞에 모이게 될 것이라고 말했지만, 우리는 곧바로 개인들을 생각하는 경향이 있다. 우리는 개인적으로 심판대 앞에 서는 것을 상상하고, 어느 정도 불편하게 생각한다. 사실 그곳에 서지 않을 사람은 아무도 없으며, 만일 우리가 이로 인해 어느 정도 위협을 느끼지 않는다면 그것은 우리가 무감각해졌다는 표지다. 하지만 다시 말하거니와 만일 우리가 **개인적**인 심판의 관점에서만 생각한다면 그것은 성경 메시지의 **집단적**인 특성을 오해하는 처사일 것이다.

요한계시록은 이 점에서 매우 귀중하다. 개인의 죄책감에 대한 용서

---

25 공관복음의 묵시는 늘 다른 문화에서는 성탄절 계절로 돌입하는 시기인 대림절 첫 주간에 읽는다. 세례 요한의 타협하지 않는 메시지는 대림절 둘째 주와 셋째 주의 초점의 대상이다. 1990년대 뉴욕 은혜 교회에서는 중세 교회의 대림절 전통이 재연되었는데, 이때 설교는 **전통적인 순서대로** 죽음, 심판, 천국, 지옥 등 마지막 네 가지 일들에 집중했으며, 출석률도 좋았다. 이는 성탄절에 대한 준비로서 가장 위협적인 곳들을 깊이 묵상하려는 의지를 암시한다. 하지만 성구집과 성공회에 나타난 대림절에 대한 이처럼 긍정적인 평가가 수정되어야만 할지도 모른다. 『개정표준성구집』은 대림절에 읽을 구약의 두 구절들에서 심판이라는 주제를 약화시키고 더 편안한 어조를 지닌 구절들로 대체했다.

는 요한계시록의 주제가 아니다. 신약성경을 마무리하는 본서는 개인들의 관점에서가 아니라 **부족, 교회, 백성, 도시** 그리고 **민족들**의 관점에서 마지막 날들을 묘사한다. 오늘날 우리는 전체주의적인 체제들에 의해 자행된 세계적 규모의 사악함의 상속자들로서 정경의 이 마지막 책의 사회적 의미와 세계적 의미를 다시 회복하고 있다. 현대의 최상의 요한계시록 주석들은 모두—좋은 주석들이 참으로 많다—이 책이 우리 시대의 정치적인 갈등들에 적실성이 있음을 강조한다.[26] 성경의 재판과 심판 용어는—그보다 더 많이는 아니더라도—최소한 개인들과 관련되는 것만큼은 구조 및 체계들(정사와 권세들)과 관련이 있다.[27]

법정 이미지

리처드 A. 노리스에게는 "큰 최종적 소송" 모티프를 바라보는 창의적인 방법이 있다.

---

26 뛰어난 요한계시록 주석서로는 (출판 순서대로) G. B. Caird, Paul Minear, Elisabeth Schüssler-Fiorenza, Allan Boesak, William Stringfellow, Bruce Vawter, 그리고 Joseph Mangina의 주석이 있다. Boesak은 많은 무분별한 행동과 부적절한 처신으로 개인적으로 신빙성이 없는 인물이지만, 그럼에도 불구하고 남아프리카인의 저항에서 나온 그의 주석은 주목할 가치가 있다.

27 일간 신문에서 정사와 권세들의 작용을 감지하기는 어렵지 않다. 예를 들어 호주의 장기수 교도소 검사장은 종종 인권 남용에 연루되었던 다국적 경비업체에 관해 이야기하면서, "이 거대한 세계적 기업들은…그들이 거래하는 정부들보다 더 권력을 가지고 있다"고 말했다(Nina Bernstein, "Getting Tough on Immigrants to Turn a Profit," *New York Times,* February 29, 2011). 가장 악명높은 이 회사들 중 하나는 블랙워터(검은 물)였다(이 회사는 나중에 스스로 Xe라고 불렀다). 이 회사는 이라크 전쟁 내내 상대적인 면책 특권을 받으며 운영되었다.

예수의 고난과 죽음 이야기가 우리에게 복음서들에서 긴 재판 장면으로 묘사되었다는 것은…참으로 적절하다. 법정은 즉시 각기 다른 주장들과 대의들이 자신의 주장을 관철하기 위해 싸우는 **갈등의 무대**가 된다. 그곳은 다투는 문제의 진실을 선언하려는 평결이 내려지는 **판단의 장소**다. 예수의 마지막 날들은 바로 상충하는 이해들과 서로 다른 가치들의 투쟁이 벌어지고 있고 그것에 관해 모종의 판단을 내려야만 하는 상황을 대표한다. 복음서들은 장엄하도록 역설적인 어조로 그 이야기를 말해준다. 우리는 빌라도의 법정이나 산헤드린의 법정을 참관하도록 허용된다. 하지만 시종 우리는 이 인간 세상의 장면이 단순한 전경이라는 사실을 알게 된다. 심리가 진행되고 있는 이 사건은 "하나님은 누구이며 그는 어디에 있는가?"라는 궁극적인 진리에 대한 질문과 관련이 있다. 그리고 바로 그 이유로 **불가피하게 심판을 할 수밖에 없는 존재는 바로 하나님일 것이다.** 선언될 결정은 빌라도가 내리는 것이 아니라 하나님이 내릴 것이다. 결과가 나오는 방식을 통해서 **하나님이 자신의 평결을 내리고, 그런 식으로 자신을 계시하고 자신이 누구인지를 밝힐 것이다.** 하나님은 자신이 바로 예수가 선포했던 하나님과 성부인지 아닌지를 보여줄 것이다.[28]

노리스는 예수가 지상에서 받은 재판을 최후의 심판이 미리 발생한 것으로 묘사한다. 그리스도에게 내려진 심판에서 모든 심판이 수렴된다. 표면적으로는 수난 내러티브에서 인간 재판관들이 일을 수행하는 것처럼 보인다. 믿음만이 오직 한 분의 재판관만 존재한다는 더 깊은 의미를 알아차린다. 이 재판관의 참된 성품과 능력이 십자가에서 드러날 것이다. 최

---

28 Richard A. Norris, *Understanding the Faith of the Church* (New York: Seabury Press, 1979), 132-33, 강조는 덧붙인 것임.

후의 심판 주제에서 고려해야 할 것들이 많이 있다. 스티븐 사이크스는 법정 이미지의 심리학적 중요성에 대해 설득력 있게 설명했다.

> 믿음을 통해서 받는 은혜에 의한 칭의의 중요성은—속죄에 적용되는 전체 사법 체계 개념으로서—**사죄 선고의 최종성**에 놓여 있다. **뭔가가 끝났다.** 우리가 죄와 곤혹스러움과 모호함으로 얼마나 많이 계속 갈등하든지, 우리는 우리의 구원자인 하나님과 우리의 관계에서 복수, 분노 그리고 노예 같은 의무가 가까이 있지 않다는 것을 안다. 하나님께 감사하게도 그리스도 안에 새 창조가 존재한다[고후 5:17].[29]

따라서 "끝난 것은 무엇이며, 우리는 그것을 어떻게 아는가?"라는 질문이 제기된다. 완료된 하나님의 무죄 평결이 결정적이라는 것을 우리가 어떻게 알 수 있는가? 그리고 우리가 억측하지 않고서도 그것을 어떻게 알 수 있는가? 하인리히 하이네의 유명한 마지막 말은 "Bien sûr, il me pardonnera; c'est son métier"(대충 번역하자면, "물론 하나님은 나를 용서하실 거야. 그것이 그분이 하시는 일이거든"이다)다.[30] 우리는 논란의 여지가 있지만 도전적인, 본회퍼의 비싼 은혜와 값싼 은혜 간의 구별을 생각할 수 있다.[31] 그가 말하고 있는 그 문제는 언제나 신선하다. 우리는 어떻게 그리

---

29 Stephen W. Sykes, *The Story of Atonement,* Trinity and Truth Series (London: Darton, Longman, and Todd, 1997), 62, 강조는 덧붙인 것임.

30 여기에 실존주의적 불안은 없다. (기독교 세례를 받았지만 그것을 진지하게 취급하지 않았던) 독일계 유대인인 하이네는 그의 생애 마지막 20년을 파리에서 보냈다. 따라서 그는 프랑스어로 말했다.

31 Dietrich Bonhoeffer, *The Cost of Discipleship* (New York: Macmillan, 1963), 45-60. 값싼 은혜와 비싼 은혜 간의 구별에 대해 논란이 있었던 이유는 그것이 하나님의 은혜에 대한 조건을 부과하고 그럼으로써 행위에 의한 칭의의 방향으로 옮겨간다고 해석될 수도 있기 때문이었다. *Letters and Papers from Prison,* ed. Eberhard Bethge, enlarged ed. (New York:

스도의 십자가에서 하나님이 끝마친 사역을 당연하게 받아들이지 않으면서 전용할 수 있는가?

심판을 제거하려는 노력

재판, 평결, 선고 등의 용어가 인간 사회에 깊이 뿌리내린 주제라면 왜 속죄 해석에 있어서 법정 모티프에 대해 그토록 격렬하게 저항하는가? 많은 설교자가 필요 이상으로 즐거워하며 지옥에 대해 강조해온 것은 사실이다. 하지만 그런 유형의 설교가 오랫동안 결코 눈 밖에 나지 않았다. 미국에서 이런 유형의 설교에 대한 부정적인 반응은 19세기 말 미국 문화에서 인기를 끈 감상성의 부상과 동시에 발생했는데, 이는 신학적으로 흥미로운 결과를 자아냈다. 하나님은 자기 아들의 희생에서 더 이상 죄에 대한 심판을 표현하지 않고 죄인들에 대한 사랑만을 표현했다. 하나님의 행위는 더 이상 맹공격이 아니라 잠입으로 묘사되었다. 우리는 묵시적인 침입 대신 "부드러운 설득"을 받았다. 따라서 이전 시기의 칼뱅주의 설교자들에게 전형적이었던 하나님의 공의와 죄에 대한 반대를 열정적으로 강조했던 설교가 오늘날 우리가 가지고 있는 치료적 설교와 같은 것으로 변했고, 따라서 죄와 속죄 교리를 약화시켰다.[32]

이렇게 문화적으로 굴절된 우선순위의 변화는 **그 반대가 아니라** 하

Macmillan, 1972)에서 Bonhoeffer는 거기에는 실제로 그런 문제가 있는데 자기가 젊었을 적에는 그것을 알아차리지 못했다고 지적했다. "비록 나는 내가 쓴 내용을 지지하지만, 나는 지금은 그 책에 그 위험들이 있음을 알고 있다." Eberhard Bethge에게 보낸 편지, July 21, 1944.

32 Ann Douglas, *The Feminization of American Culture* (New York: Knopf, 1977), 121-64를 보라.

나님의 자비의 **한 측면**으로서 죄에 내려진 하나님의 심판이라는 성경의 주제를 무시한다.[33] 19세기 칼뱅주의 신학자에게서 나온 이미지가 여기서 도움이 될 수 있을 것이다. 그는 우리에게 나침반의 자석 바늘을 상상하라고 요청한다. 바늘의 위쪽 끝은 **계속** 북극을 **가리키려고 한다.** 동시에 동일한 위쪽의 자석 끝은 남극에서 **밀쳐진다.** 별개의 두 자력이 작용하지 않고, 하나만 작용한다. 바늘의 끝이 북쪽을 가리키도록 작용하는 동일한 자기력이 그것을 남쪽에서 **멀어지게** 만든다.[34] 따라서 하나님이 "우리를 **위하고** 우리의 구원을 위하려면" 그 목적을 위협하거나 파괴하려는 모든 것에 반드시 **대항해야** 한다.

그러므로 결국 이 문제는 우리가 누가 우리의 재판관이 되기를 원하느냐는 문제로 집약된다. 우리는 다른 사람들에 의해 심판을 받기를 원치 않으며, 하나님에 의해 심판을 받기도 원치 않는다. 따라서 심판할 사람은 우리 자신만 남게 된다. 심판이 참으로 중요한 지점에서 우리는 우리 자신의 재판관이 되기를 원한다. 우리는 자신을 평가하는 일을 맡기를 원한다. 우리는 프랭크 시내트라가 부른 노래의 가사처럼 "나는 그것을 내 방식으로 했다"(I did it my way)라고 노래할 수 있기를 원한다. 『자아 창조』(Self-Creation), 『1등을 추구하기』(Looking Out for Number One), 『당신의 인생을 책임지는 법』(How to Take Charge of Your Life)과 같은 제목의 자기개발서들이 폭발적으로 출판되어 우리의 사고방식에 심대한 영향을 주

---

33 Colin Gunton은 그토록 많은 비판을 받았던 법정 모티프들은 은혜로 충만하다고 쓴다. "참으로 많은 것들이 법적 비유의 가능성에 대한 민감한 이해에 의존한다"(Colin Gunton, *The Actuality of Atonement: A Study of Metaphor, Rationality, and the Christian Tradition* [Grand Rapids: Eerdmans, 1989], 87).

34 Robert L. Dabney, *Christ Our Penal Substitute* (Richmond, Va.: Presbyterian Committee of Publication, 1898), 50.

었다.[35] 심지어 그리스도인들 사이에서조차 이런 식의 언어가 흔해졌다. "내 방식대로"의 삶과 죽음이 많은 사람에게 좋은 생각으로 들린다. 우리는 다양한 형태의 자아실현, 자아 성취 또는 그 밖에 "자아"와 다른 단어가 결합된 것을 통해서 깨달음을 얻을 수 있으며, 이러한 기법들 중 몇몇은 분명히 종교적인 것이라고 믿도록 부추김을 받아왔다. 따라서 우리 모두의 내면에서 맹위를 떨치는 깊은 무의식적 갈등과 불안들은 은폐되고, 관리할 수 있거나 심지어 사해질 수 있는 것처럼 보이게 된다. 그 결과 불안과 불안감이 더 커진다.

자유를 주는 복음의 위대한 작용은 자기 중심성이라는 이 혼란에서 우리를 구출한다. 단테는 『신곡(천국편)』(*Paradiso*)에서 자기가 낙원의 더 높은 곳으로 올라가 삼위일체의 지복직관(至福直觀)에 더 가까이 다가감에 따라 자신에 관해 생각하는 것을 완전히 그쳤음을 알게 된다. 불안은 빙글빙글 도는 거대한 "불타는 사랑"의 춤 안으로 녹아든다. 이것은 우리가—폴 자흘의 적절한 언어로 표현하자면—"가치에 대한 질문이 우리의 손을 떠났고" 우리에게 유리하게 결정되었음을 깨달을 때 모든 그리스도인이 겪는 경험이다.[36] 이는 모든 것 중 가장 근본적인 문제—우리가 하나님의 구속 사역의 모든 측면에서 주권을 하나님께, 그리고 하나님께만 양도하는지 여부—가 연결된 지점이다. 이것은 하나님을 재판관으로 인정한다는 의미가 무엇인지의 문제다. 복음은 하나님이 예수 그리스도 안에서 "우리를 거스르고 불리하게 하는 법조문으로 쓴 증서를 지

---

35 "새로운 성"(그녀가 만든 용어) 분야의 연구로 유명한 Mary Calderon은 1970년대에 자신이 설립한 미국 성정보교육위원회(SIECUS)가 "교회들이 가고 있는 것과 같은 방향"인 "스스로 선택한 윤리"의 방향으로 가고 있는 데 대해 자부심을 느낀다고 진술했다(출처: 1970년대 중반의 내 노트. 정확한 날짜는 기록되지 않았음). 그런 견해들의 영향을 아무리 강조해도 지나치지 않을 것이다.

36 Paul F. M. Zahl, *The Protestant Face of Anglicanism* (Grand Rapids: Eerdmans, 1998), 78.

우시고 제하여 버리사 십자가에 못박으셨다"(골 2:14)는 소식에 사로잡히는 것을 의미한다.

믿음으로 말미암지 않고서는 우리는 이것을 이해할 수 없다. 그것은 보편적인 지식이나 상식이 아니다. 가능한 모든 공적 체계가 그리스도로 말미암아 치워지고 그의 죽음에서 그와 함께 매장되었다면(롬 6:4), 우리에게는 자신을 의존할 만한 것이 아무것도 없다. 만일 "대차대조표"가 찢어졌고 영원히 폐기되었다면, 우리는 어떤 사람이 자기보다 더 적은 시간을 일하고도 똑같은 일당을 받았다고 화를 내는 포도원 품꾼들의 위치에 있는 것이다. 그것이 바로 우리가 하나님이 재판관이 되는 것을 좋아하지 않는 이유다. 만일 그런 상황에서 인간이 재판관이 된다면 우리는 일한 시간과 생산성에 따라 지불할 것이다. 그러나 하나님은 그렇게 하지 않는다. 하나님은 그 비유의 포도원 주인처럼 이렇게 말씀한다. "네가 내 관대함을 못마땅해 하느냐?"(마 20:15) 그래서 하나님이 재판관이라는 사실은 양날의 칼이다. 한편으로는 하나님이 우리를 위하기 때문에 그 칼은 우리가 좋아하는 방식으로 자른다. 그러나 다른 한편으로는 하나님이 통상적인 구별을 하지 않고 모든 사람을 위하는데, 그것은 더 이상 A 목록과 B 목록이 없으며 따라서 더 이상 다른 사람의 희생하에 우리의 자아를 쌓아 올릴 수 없음을 의미하기 때문에 그 칼은 우리가 좋아하지 않는 방식으로 자른다.

이제 우리는 대중문화와 교회에서 논의되는 심판 주제에서 관심을 돌려 "심판에 관한" 모든 것에 대한 일반적인 혐오에 빛을 던져줄, 좀 더 학문적인 이의들을 살펴볼 것이다.

법정적인가 아니면 우주론적인가? 몇 가지 목회적 관심사

신약학자 J. 루이스 마틴과 마르티누스 C. 드보어는 각각 에른스트 케제만의 영향을 받은 2세대와 3세대의 학자들을 대표한다. 그들은 바울의 우주론적 묵시(그들은 이것을 선호한다)와 그리스도의 사역에 대한 법정적 해석을 뚜렷이 구별했다.[37] 그들의 출발점은 법정 모티프를 반대하는, 우리가 교회 주변에서 들을 수 있는 좀 더 친숙한 목소리들의 출발점과 다를 뿐만 아니라 그것보다 훨씬 더 과격하기 때문에 그들이 제기한 이의들은 가급적 잘 들을 가치가 있다. 그들이 보기에 법정 모티프는 불충분하다. 법정 모티프가 **심판**과 관련이 있기 때문이 아니라—그것은 쟁점이 아니다—그것은 바울 사도가 그의 편지들에서 묘사하는 것처럼 우주적인 **전쟁**을 묘사하지 않기 때문이다. 우리는 다음 장에서 신약성경의 전쟁 이미지를 검토할 것이다. 하지만 현재로서 우리는 **법정적 주제와 묵시적 주제 모두 성경에서 두드러지고, 실제로 결정적이기 때문에** 두 주제가 다 필요하다고 주장할 것이다.[38]

마틴과 드보어가 보여주듯이, 법정적 이미지가 가장 중시될 경우 문제가 발생한다. 법정 모티프가 우리의 최상위의 지배적인 이미지라면 철

---

37 Martinus C. de Boer, "Paul and Jewish Apocalyptic Eschatology," in *Apocalyptic and the New Testament: Essays in Honor of J. Louis Martyn*, ed. Joel Marcus and M. L. Soards (Sheffield: JSOT, 1989), 169-90. Douglas Campbell은 이 계열에서 좀 더 최근의 세대를 대표한다 (Douglas Campbell, *The Deliverance of God: An Apocalyptic Rereading of Justification in Paul* [Grand Rapids: Eerdmans, 2009]). 내가 보기에, Campbell의 900쪽에 달하는 저서에서 법정 모델(그는 이것을 "칭의 이론"이라고 칭한다)에 가해진 가장 중요한 비판은 그것이 "윤리적으로 무기력하다"는 것이다(887). 내 사상과 좀 더 가까운 de Boer의 사상은 그의 갈라디아서 주석에서 한층 더 깊이 있게 전개되는데, 거기서 그는 묵시적 시나리오에 법정적 모티프가 유지될 필요가 있다고 주장한다.

38 앞서 인용한 Norris의 글에서 그 글이 대체로 법정적 시나리오를 묘사하고는 있지만, 거기에는 전투에 대한 암시가 있다. 그가 그것을 **싸움**이라는 말로 표현했지만 말이다.

저한 묵시적 관점의 가능성은 존재하지 않는다. 수백 년 동안 대체로 신약성서신학의 묵시적 토대를 전혀 의식하지 못한 해석이 진행되어왔다는 것은 사실이지만, 이제 묵시적 토대가 회복되었고 그것이 신약성경의 주된 세계관이라는 것이 드러난 이상 우리는 더 이상 그것을 무시할 수 없다.[39] 우리가 묵시를 무시한다면, 21세기에 그 손실은 헤아릴 수 없을 것이다. 묵시적인 이해 방식은 개인주의적, 경건주의적, 내부 성찰적 "영성"을 초월하며, 오늘날 우리의 세상의 상태와 그 세상에서 그리스도인으로서 우리의 역할과 관련이 있는 모든 것에 대한 정치적, 사회적, 우주적 함의의 지평을 연다. 우리가 묵시적 관점을 지배적인 관점으로 삼고서 그 렌즈를 통해 법정적 이미지를 볼 수 있는지 살펴보자.

법정 이미지가 지배하도록 허용되면 우리는 옳음과 그름, 유죄와 무죄라는 법적 표준의 영역에 놓이게 된다. 우리가 지금까지 "모든 사람에게 선악의 양면성이 있음"을 보이기 위해 애써 왔음에도 불구하고, 법정 이미지가 지배하게 되면 즉각적으로 거의 모든 사람은 유죄인 사람과 무죄인 사람이 있다고 생각하기 시작한다. 우리가 "경건치 않은 사람을 의롭게 하는" 복음에 충실하다면(참조. 롬 4:5), 우리는 일련의 법적인 계명들에 따른 **도덕적 옳음**에 대해 말하는 것이 아니라 하나님의 목적에 대항하여 전쟁을 벌이고 있는 적대적이고 종노릇하게 하는 **권세들로부터 구출**되는 것에 대해 말할 것이다. 만일 우리가 법정에서 무죄 선언을 받은 것부터 말하기 **시작**한다면 우리는 축소된 관점에서 작업하는 것이다. 처음부터 법적인 언어가 소개된다면 성경 해석자들은 우주론의 영역이

---

39 묵시가 만연해 있음을 인정하면서도 그것을 제쳐두는 신약 해석의 계보가 여전히 이어지고 있는데, 현재 Troels Engberg-Pedersen의 연구가 이를 대표한다. 내가 다음 장에서 명확히 하기를 바라는 몇 가지 이유로 인해 나는 이것이 신학적·윤리적·정치적으로 불행한 조치라고 주장한다.

아니라 도덕의 영역에서 작업할 것이기 때문에 어려움에 봉착할 것이다. 그리고 그로 인해 교회는 지정학적으로 서로 맞물린 우리의 세상에서 신학적으로 무기력해질 것이다.

그러므로 목회적, 설교적 관심이 분명해진다. 설교자나 목회자가 법정의 영역에 고착되어 있다면 복음의 제시가 도덕적인 준거 틀 속으로 떠내려갈 가능성이 크다. 따라서 마틴은 갈라디아서 주석에서 바울의 적대자들이었던 갈라디아의 교사들이 본질적으로 인간의 곤궁에 대한 법정적인 개념을 가졌다고 설명한다. 이 말은 그들은 옳음과 그름 사이의 선택을 다룬 반면에 바울은 그 영역을 완전히 단념하고 그리스도의 십자가를 통한 하나님의 승리의 통치의 시작을 선포한다는 뜻이다.[40] J. C. 베커는 법정적 비유를 하나님이 **죄**와 **사망**과 **율법**의 영역으로부터 구출하는 나팔 소리와 대조적으로 "사법적 공로"라고 칭함으로써 이 점을 강조한다.[41] 따라서 법-법정 이미지를 어떻게 처리할 것인가라는 문제는 난해한 학문적 논쟁의 문제일 뿐만 아니라 목회적 관심의 문제도 된다.

그럴 것 같지 않은 자료에서 예를 끄집어낼 수 있는데, 기독교 신학에는 그런 경우가 종종 있다. O. J. 심슨의 살인 사건 재판의 여파에 관해

---

40 J. Louis Martyn, *Galatians*, Anchor Bible 33A (New York: Doubleday, 1997), 597과 그 외 여러 곳(『앵커 바이블 갈라디아서』, 기독교문서선교회 역간). 공관복음서에서 하나님의 통치, 또는 나라를 선포하는 예수의 설교는 법정적인 준거 틀에서보다는 묵시적인 영역에서 작동한다는 점은 놀랄 만하다. 예수의 선교를 이해함에 있어서 매우 중요한 하나님 나라는 본질적으로 묵시적 개념이지 도덕적 개념이 아니다. 그 나라는 **선언**이지 **권고**가 아니다. 만일 우리가 인간이 "하나님 나라를 건설하는" 것에 대해 말한다면, 그것은 (주제 넘는 것일 뿐만 아니라) 도덕적인 것이다. 하나님이 그 나라를 세우는 분이기 때문이다. 그러므로 "참여"가 제자로서 우리의 역할을 지칭하기에 더 나은 용어다.

41 J. Christiaan Beker, *Paul the Apostle: The Triumph of God in Life and Thought* (Philadelphia: Fortress, 1980), 209. Beker 자신은 법정적 모티프와 묵시적 모티프를 결합하는 데 어느 정도 성공했는데, 그것이 이 장의 의도이기도 하다. J. Louis Martyn, *Theological Issues in the Letters of Paul* (Nashville: Abingdon, 1997), 109 각주 56에 인용된 Alexandra Brown도 마찬가지다.

"흑인을 보는 열세 가지 방법"이라는 제목의 기사에서 아프리카계 미국인 학자인 헨리 루이스 게이츠는 이렇게 썼다.

> 우리는 비난과 맞비난, 불만과 이에 맞서는 불만, 피해자와 가해자 같은 **이분법적 담화**에 사로잡혀 있다.…그 담화에서 모든 사람이 보상에 대해 말하는데 아무도 보상을 받지 못한다. 그 결과 인종 정책은 상상의 법정이 되고, 거기서 흑인들은 백인들이 저지른 악행에 대해 백인을 처벌하려 하고 백인들은 흑인들이 저지른 악행에 대해 흑인을 처벌하려고 하며, 계속 이어지는 복수라는 무한한 퇴보가 일어난다.…정의를 실천하기보다 책임을 전가하기가 훨씬 더 쉽다는 것은 의심의 여지가 없다. **그러나 만일 법정 이미지가 계속 대화를 한정한다면, 그것이야말로 참으로 범죄일 것이다.**[42]

게이츠는 정책 논쟁에서 법정 이미지가 "대화를 제한하도록" 허용될 경우 무슨 일이 일어날 수 있는지를 매우 잘 보여주었다. 법정 용어가 지배적인 영향을 행사하는 데 대한 게이츠의 이의 제기는 마틴과 드보어의 이의 제기와 평행한다. "이분법적 담화"와 "계속 이어지는 복수"의 세계에서는 불운한 정치적 통일체가 "볼모"로 잡힌다. 이는 게이츠가 그것을 인정하든 인정하지 않든 그가 성경 문헌에 친숙하다는 데서 도출되었을 가능성이 큰 놀라운 통찰이다. 우리는 "종이나 자유인이…없는"(갈 3:28) 그리스도의 십자가로 말미암아 이 속박에서 완전히 건짐을 받았다는 것이 복음의 메시지다. "얼룩말" 모티프를 적용하자면, 복음의 메시지는 검은 것이나 흰 것이 없는 세상이다.

---

42 "Thirteen Ways of Looking at a Black Man," *New Yorker*, October 23, 1995, 강조는 덧붙인 것임.

법정 이미지는 **그것 하나만 취한다면** 복음에 반하지만, 많은 비판자가 생각하는 이유로 그런 것은 아니다. 문제는 우리가 심판 개념을 제거해야 한다는 것이 아니다. 심판 개념은 구약성경과 신약성경 모두에서 중요한 주제다. 심판을 법정의 심리, 평결, 선고 비유 관점에서만 이해하는 것이 문제다.[43] "그러므로 이제 그리스도 예수 안에 있는 자에게는 결코 정죄함이 없다"(롬 8:1)와 같은 절들은 때때로 법정이 일차적인 준거틀인 것처럼 해석되어왔다. 하지만 로마서에 나타난 바울에게는 묵시적 드라마가 복음을 지배하는 중심이다. 그러므로 이 장에서 다룬 내용과 관련하여 주의할 점은 어느 한 시대에서 다른 시대로 구출된다는 묵시적 틀을 그리스도의 십자가형과 부활 메시지를 신학적으로 생각하는 **출발점**으로 삼아야 한다는 것이다. 그럴 때 법정 이미지는 전체에서 차지하는 자신의 귀중한 위치를 발견한다.

---

43 정신분석학자인 Dorothy Martyn은 변호사들이 그녀가 유죄나 무죄를 믿지 않는다는 것을 발견해서 자기는 한 번도 배심원단으로 선정되지 못했다고 보도했다. 아마도 우리는 재미있어 하거나 불평할 것이다. 하지만 이것은 배심원 의무에서 벗어나기 위한 기술도 아니고 대중의 도덕성이 쇠퇴했다는 또 다른 예도 아니다. 그녀의 입장을 **문자적으로** 취한다면(변호사는 분명히 그렇게 할 것이다), 우리는 사법 체계를 가지고 있지 못할 것이다. 하지만 **신학적인** 준거틀에서 보면, 우리는 하나님의 "법정"은 인간 법정의 가정들 위에서 작동하지 않는다는 것을 깨닫는다. 그러므로 Martyn 박사의 관찰은 분석적이라기보다는 신탁적이다. 그 관찰이 다른 실재의 질서를 가리키기 때문에 현재의 사법 체계에 혼동을 준다 해도 놀랄 일이 아니다. 2004년 코네티컷주 베다니에서 나눈 Dorothy Martyn과의 대화.

목회적으로 이해된 하나님의 진노

하나님의 진노는 법정 이미지와 관련이 있으며(여호와는 자기 백성의 유죄를 입증할 근거를 갖고 있다), 우리가 앞의 여러 장에서 소개하기 시작한 묵시적 틀의 필수적인 부분이기도 하기 때문에 우리는 이 대목에서 하나님의 진노로 다시 돌아간다. 오늘날 대다수 설교자는 가급적 이 주제에서 벗어나려고 하지만 이 주제는 성경에 강하게 새겨져 있다. 이사야서에서 야웨의 진노를 다룬 대표적인 구절을 살펴보자.

> 내가 세상의 악과
> 악인의 죄를 벌하며,
> 교만한 자의 오만을 끊으며
> 강포한 자의 거만을 낮출 것이며…
> 나 만군의 여호와가 분하여
> 맹렬히 노하는 날에
> 하늘을 진동시키며
> 땅을 흔들어 그 자리에서 떠나게 할 것이다(사 13:11-13).

이 텍스트 및 이와 같은 다른 텍스트들은 오늘날 주류 교회에서 좀처럼 읽히거나 해석되지 않아서 자유주의적인 성향의 많은 그리스도인은 우리가 이 텍스트들을 폐기했다는 인상을 받는다. 하지만 복음의 놀라운 점은 바로 진노와 약속의 이러한 결합이다. 이 텍스트들을 연구하거나 가르치기 위해서는 그것들을 붙들고 씨름하는 노력과 위험을 감수해야 한다. 하지만 우리가 그렇게 하지 않는다면 우리에게는 변화 대신 감상성만 남게 된다. 구약 예언자들에게 야웨의 날로도 알려진 "여호와가 분하여 맹렬히 노하는 날"은 피조물이 마침내 올바르게 되는 때다. 하나님의 영원한 계획을 위협하는 모든 것에 대한 결정적인 심판과 폐기가 없이는 이 일이 발생할 수 없다. 환경적인 유비를 사용하자면, 만일 독성이 있는 오염 물질이 대기와 물에 배출되었다면 하나님의 새로운 피조물이 호흡하고 영생을 얻기 위해서는 그 오염 물질이 영원히 제거되어야 한다.

하나님의 성품에 비춰볼 때 하나님의 진노는 제약 조건 없이 언제나 하나님의 선한 목적에 기여하도록 행사된다는 점을 보여주는 것이 목회자들과 설교자들의 도전 과제다. 그것은 하나님의 사랑의 계획을 좌절시키거나 파괴하려는 모든 것에 대항하여 나타난 하나님의 무조건적인 사랑이다.

로마서의 한 구절에 이 사상을 이해하는 열쇠가 있다. "우리가 아직 죄인 되었을 때에 그리스도께서 우리를 위하여 죽으심으로 하나님께서 우리에 대한 자기의 사랑을 확증하셨느니라. 그러면 이제 우리가 그의 피로 말미암아 의롭다 하심을 받았으니 더욱 그로 말미암아 진노하심에서 구원을 받을 것이니, 곧 우리가 원수 되었을 때에 그의 아들의 죽으심으로 말미암아 하나님과 화목하게 되었은즉, 화목하게 된 자로서는 더욱 그의 살아나심으로 말미암아 구원을 받을 것이니라"(롬 5:8-10).

언뜻 보면 이것은 하나님의 진노에 대한 **시간적인** 서술처럼 들린다. 바울은 우리가 처음에는 하나님의 진노로부터 구원을 받아야 할 필요가 있는 하나님의 원수들이었는데 "그의 피로 말미암아 의롭다 함을 받아" 하나님과 화목하게 되었다고, 즉 하나님의 진노가 치워졌다고 말하는 것 같다. 그러나 이는 그 구절을 잘못 읽은 것이다. 하나님은 십자가나 다른 어떤 것 때문에 우리에 대한 자신의 마음을 바꾸지 않았다. 하나님은 마음을 바꿀 필요가 없었다. 하나님은 결코 우리를 대적한 적이 없다. 극복되어야만 했던 것은 **하나님이 우리를 대적한 것**이 아니라 **우리가 하나님**

을 **대적한 것**이며 그것이 극복될 수 있었던 유일한 방법은 하나님 편에서, 하나님의 주도에 의해서, 인간의 육신 안에서—하나님의 아들의 인간의 육신 안에서—나왔다.[44] 하나님의 적대감 또는 하나님의 진노는 늘 그의 사랑의 한 측면이었다. 그것은 하나님의 사랑으로부터 분리되지 않고, 하나님의 사랑에 상반되지 않으며, 하나님 안에서 극복되어야 하는 어떤 것이 아니다. 신학자 브루스 L. 맥코맥은 이 점을 잘 표현했다.

> 하나님은 어떤 것도 자신의 사랑에 방해가 되는 것을 허용하지 않을 것이다. 하나님의 사랑의 거룩성은 그 사랑의 저항할 수 없음에 있다. 피조물을 사랑하려는 하나님의 의지는 그 사랑에 저항하려는 피조물의 의지로 인해 중단되지 않을 것이다. 설령 하나님의 사랑의 목표에 이르는 길이 그것에 대한 모든 저항을 정죄하고, 배제하고, 전멸시키는 것을 통하는 길일지라도 하나님의 사랑은 그 목표에 도달할 것이다. 하나님의 사랑이 저항을 받을 때에는 진노로 변한다. 하지만 하나님의 사랑이 진노로 표현되는 때조차도 그것은 잠시도 사랑이기를 그치지 않는다.[45]

인간의 영역에도 하나님의 진노와 유사한 것이 있다. C. S. 루이스의 『페렐란드라』의 한 구절은 우리가 이것을 이해하는 데 도움이 될 것이다. 아

---

44 Ricoeur는 성경의 내러티브에서 모순처럼 보이는 것을 특색 있게 설명하는 능력이 있다. "용서는…종종 마치 하나님이 그분의 생각, 그분의 계획을 바꾼 것처럼 '하나님의 후회'라는 비유적 형태를 취한다(출 32:14).…우리가 하나님 안에서 일어났다고 상상하는 이 변화에는 풍성한 의미가 있다. 그것은 사람과 하나님 간의 관계에 새겨진 **새로운 방향의 기원이 하나님께 있음**과 **하나님에 의해 주도되었음**을 의미한다. 이 기원, 이 주도권은 신적 영역에서 발생하는 사건으로 제시된다"(Ricoeur, *The Symbolism of Evil*, 78, 강조는 덧붙인 것임).

45 Bruce L. McCormack, "For Us and Our Salvation," in *Studies in Reformed Theology and History* (Princeton: Princeton Theological Seminary, 1993), 28-29.

직 타락하지 않은 행성인 금성에서 그 행성마저 타락시키려는 큰 원수인 사탄과 대결하기 위해 지구 출신의 랜섬이라는 사람이 선택되었다.

> 그 사람[랜섬] 앞에 있는 존재는 더 이상 의지가 부패한 인격이 아닌 것 같았다. 그것은 의지가 도구로서만 붙어 있는 부패였다. 오래전에 그것은 하나의 인격이었다. 하지만 인격의 잔해는 이제 스스로 추방된, 격노한 부정의 처분에 따르는 무기로만 생존했다. 이 사실이 왜 랜섬을 공포가 아니라 일종의 기쁨으로 충만하게 했는지 이해하기는 어려울 것이다. **그 기쁨은 드디어 증오의 목적이 무엇인지를 발견한 데서 나왔다.**[46]

이 통찰의 탁월함은 루이스의 산문의 창의성에만 있는 것이 아니다. 요점은 증오라는 용어는 적절한 목적을 갖고 있고 선만을 달성할 수 있기 때문에, 사탄의 증오는 우리가 일반적으로 사용하는 것과 같은 의미의 증오가 전혀 아니라는 데 있다. 하나님의 진노는 그런 진노다. 하나님의 진노가 우리에게 향한다면, 그 진노는 예언자 말라기의 책에 기록된 연단하는 자의 불처럼 순수한 선을 초래할 수밖에 없다.

> 너희가 구하는 바 주가 갑자기 그의 성전에 임하시리니, 곧 너희가 사모하

---

46   C. S. Lewis, *Perelandra* (New York: Macmillan, 1956), 156(『페렐란드라』, 홍성사 역간), 강조는 덧붙인 것임. 이와 비슷하게, 남아프리카의 성공회 신부이며 적극적인 반인종분리 정책 후원자인 Gonville Ffrench-Beytagh는 체포되어 감옥에서 정신적 학대를 당했을 때, 비로소 증오를 사용하는 방법을 배우게 되었음을 느꼈다. "증오는 신학적인 단어다. 그것은 사랑의 대조이자 보충이다. 만일 당신이 어떤 것이나 어떤 사람을 매우 사랑한다면, 당신은 확실히 당신이 사랑하는 대상을 파괴하는 것을 증오할 것이다. 그리고 성경은 하나님이 미워하는 많은 것들에 대해 매우 분명하다. (나는 그리스도인들이 악을 참으로 미워해야 할 필요를 시험하는 것과 그 필요로부터 벗어나는 것에 너무 능숙하다고 생각하며, 그래서 그들의 사랑이 싱겁고 약하다고 생각한다.)" Ffrench-Beytagh, *Encountering Darkness* (London: William Collins Sons and Co., 1973), 162.

는 바 언약의 사자가 임하실 것이라. 그가 임하시는 날을 누가 능히 당하며 그가 나타나는 때에 누가 능히 서리요? 그는 금을 연단하는 자의 불과…같이…레위 자손을 깨끗하게 하되 금 은 같이 그들을 연단하리니, 그들이 공의로운 제물을 나 여호와께 바칠 것이라. 그때에 유다와 예루살렘의 봉헌물이 고대와 같이 나 여호와께 기쁨이 될 것이다(말 3:1-4).

이 구절은 복음 선포의 효과가 있는 유명한 음악적 배경(헨델의 "메시아")을 갖고 있다. 말라기서에 길게 묘사된 자기 백성의 신실치 못함에 대한 하나님의 진노는 확실히 **의롭게 함에 있어서 하나님의 강력한 행동**의 한 측면이다. 하나님이 임할 때 누가 살아남으려면("당하려면") 하나님의 적극적인 개입이 필요하다. 그런 행동이 없으면 주께 "공의로운 제물을 바칠" 사람은 아무도 없을 것이다. "그가 나타나는 때에 누가 능히 서리요?" 그런 절들의 누적적인 효과는 인간의 무능을 인정하고 주님이 언젠가—하나님이 과거에 하신 행동에 대해 이스라엘이 기억하고 있는 바대로—다시금 이스라엘을 똑바로 설 수 있게 할 것임을 바랄 수 없는 중에 바라도록(롬 4:18) 상기시킨다. 그러므로 말라기서 구절은 바로 장차 주님이 와서 백성들이 기억하고 있는 공의를 행사함으로써 만물을 의롭게 하는 장면에 대한 강력한 선포다. "너희가 구하는 바 주가 갑자기 그의 성전에 임할 것이다." 아직은 아무도 주님이 와서 자신을 "공의로운 제물"로 바칠 것이라고 생각할 수 없었겠지만, 말라기는 완전히 자격이 없는 레위의 자손들이 그들 자신이 기여하는 어떤 것으로가 아니라 하나님의 정결케 하시는 행동을 통해서 깨끗해질 것이라는 점을 분명히 한다. 그것은 처음부터 끝까지 하나님이 이루는 일일 것이다.

성경에 기록된 '디카이오쉬네'라는 단어와 그것의 비밀

하나님은 죄 문제를 정확히 어떻게 다루는가? 또는 좀 더 포괄적으로 표현하자면 하나님은 어떻게 "의롭게 만드는가?" 하나님은 잘못된 것을 어떻게 바로잡는가? C. F. D. 모울은 죄를 보완적인 두 가지 방법으로 정의한다.

> 1. 죄는 인간의 본성을 왜곡하는 해로운 힘이다.
> 2. 죄는 짊어져야 하는 무거운 짐이다.[47]

여기까지는 괜찮다. 우리는 성경의 증거들에서 구별할 수 있는 두 개의 가닥을 제시했는데, 하나는 **권세**들로부터의 구출을 강조했고, 다른 하나는 속죄 또는 화해를 강조했다. 하지만 모울이 계속해서 "용서에 의해 떠맡아지고, 치워진다"고 말할 때, 우리는 그가 너무 약한 용어를 사용했다는 것을 감지할 수 있다. 우리는 3장에서 정의가 없는 상황하의 용서 문제를 검토할 때 이 문제를 상당히 길게 논의했다.

공관복음서에서 용서는—일반적으로 생각하는 것만큼 그렇게까지 두드러진 주제는 아니지만—두드러진 주제다. 제4복음서에서는 그 단어가 한 번만 등장한다. 실제로 놀랍고 암시적인 것은 용서라는 주제가 논란의 여지가 없는 사도 바울의 서신들에서는 거의 등장하지 않는다는 점이다. 용서에 대한 아주 드문 언급 중 한 곳은 시편에서 인용한 것이고

---

47 C. F. D. Moule, "The Energy of God: Rethinking New Testament Atonement Doctrines" (Sprigg Lectures, Virginia Theological Seminary, Alexandria, Virginia, March 1-2, 1983). 나는 1983년 테이프를 타이핑함으로써 이 강의들을 모두 녹취했지만 어떤 자료에서도 이 강의들이 공식적으로 출판되었는지를 확인할 수 없었다.

(롬 4:7), 다른 편지에서 바울은 그 개념을 빈정대는 말투로 사용한다(고후 12:13). 확실히 이것은 의도적이다. 이것은 바울이 용서하지 않는 사람이거나 그가 용서가 중요하지 않다고 생각했음을 의미하는가? 전혀 그렇지 않다. 용서에 대한 바울의 중요한 언급 중 하나가 고통으로 가득한 편지인 고린도후서의 한 부분(고후 2:4-11)이라는 사실은 의미심장하다. 여기서 바울이 고린도에 있는 그리스도인 공동체에게 **바울 자신을 대적한 사람을 용서하라고 촉구하는 것을 주목하라.**[48] 바울이 용서에 관해 길게 이야기한 유일한 때는 자신이 상처를 받은 당사자인 상황이었다는 것은 참으로 놀라운 일이다. 바울이 "용서"라는 단어를 아주 드물게 사용한다는 사실로부터 우리는 그가 좀 더 근본적인 것, 즉 하나님의 메시아적 개입에 비추어 본 **하나님의 공의**를 완전히 재정리하는 것에 집중하기 위해 용서를 강조하지 않았다고 결론지을 수 있다.

우리가 정의에 관한 장에서 주장했듯이 용서는 그 이야기의 일부이긴 하지만 전부는 아니다. 죄 용서가 중요한 역할을 하는 예수의 말과 예수에 관한 이야기는 많이 있다.[49] 하지만 용서 자체는 정의에 대한 인간의 갈망을 만족시키지 못한다. 이 점이 더 중요한데, 용서는 하나님의 능

---

48 실제로 고린도후서의 이 특별한 부분에서 우리는 바울 개인에 대한 중요한 내용을 배운다. 그가 대적자를 용서할 뿐만 아니라 위로하라고 지시하기 때문이다. "그런즉 **너희는 차라리 그를 용서하고 위로할 것이니,** 그가 너무 많은 근심에 잠길까 두려워하노라. 그러므로 너희를 권하노니 사랑을 그들에게 나타내라.…**너희가 무슨 일에든지 누구를 용서하면 나도 그리하고**"(고후 2:7-8, 10). 이것이 바로 참으로 성인답고 사랑을 실천하는 바울의 모습이다. 그는 특히 자신에게 개인적으로 상처를 준 사람에게 기꺼이 자신을 내어준다. 그 말은 십자가 위의 그리스도를 떠올리게 한다. 바울이 예수가 십자가에서 한 용서의 말을 하지는 않았지만 말이다. 이 사도는 단지 명성을 통해서나 선택적인 독서를 통해서만 알고 있는 사람들에 의해 얼마나 자주 오해를 받고 있는가!

49 공관복음(특히 누가복음)은 예수가 죄를 용서하기 위해 왔다고 여러 번 말한다. 그리고 예수는 지붕을 통해서 내려진 중풍 환자를 고친, 표지 기능을 하는 예에서(막 2:5-12; 마. 9:1-8; 눅 5:22-25) 그 치유를 자신이 죄를 용서하는 메시아적 권위를 가진 존재로 밝히는 기회로 사용한다.

력이나 사랑을 충분히 표현하지 못한다.[50] 우리는 야웨가 정의의 하나님 이라는 구약성경의 많은 증언을 무시할 수 없다.

특히 시편과 예언 문학에서 하나님의 공의는 중요한 주제이며, 야웨 와의 언약적 신실함에서 분리될 수 없다. 구약학자인 제임스 러더 메이 스는 (일반적으로 "공의"로 번역되는) **체다카**(*tsedaqa*)가 "절대적인 윤리 규범" 이라기보다는 언약에 근거한 "관계적 개념"이라고 지적했다. 메이스는 또한 (일반적으로 "정의"로 번역되는) **미쉬파트**(*mishpat*)는 **체다카**의 열매라고 주장한다. 달리 말하자면 인간의 정의는 하나님의 공의에서 나온다.[51] 따 라서 공의는 개발될 인간의 미덕이 아니라 언제나 야웨의 성품 및 행동 과 관련이 있고 거기서 나온다. 구약성경의 이 근본적인 사상이 신약성 경에 이어져 바울의 설교에서 폭발적인 힘을 발휘한다. 바울의 설교에서 **체다카**와 **미쉬파트**는 단지 포괄적인 공의로서 **디카이오쉬네**(*dikaiosyne*)가 아니라, 네 개의 핵심적인 절에서 **디카이오쉬네 테우**(*dikaiosyne theou*), 즉 **하나님의** 의다(롬 1:17; 3:21-22[2회]; 고후 5:21).

어떤 언어에도 신학적인 깊이와 울림에서 **디카이오시스**(*dikaiosis*) 에 필적할 단어는 거의 없다.[52] 그 단어는 수 세기 동안 학자들의 중요한

---

50 누가-행전에서는 바울의 좀 더 급진적인 묵시적 개념인 바로잡음/칭의(*dikaiosis*)와 달리 용서가 강조된다. 바울과 칭의보다 누가와 용서를 선호하는 것이 대다수 사람의 기본적인 입장이다. 이는 부분적으로는 널리 받아들여지는, 용서가 기독교의 핵심적인 특징이라는 견해 때문일 것이다. 용서에 이처럼 특권적 지위를 부여하는 것은 용서하는 자**와** 용서받 는 자 **모두** 완전한 점검을 필요로 한다는 점을 인정하는 것의 어려움을 피하는 방법이 될 수 있다. 요한복음은 자신의 방식으로 인간의 곤경을 바울만큼 과격하게 제시한다("용서 하다/용서"라는 단어가 요한복음 전체에서 단 한 번 등장한다). 그러므로 신약성서 신학 에서 **디카이오시스**에 대한 강조가 병행함이 없이(또는 실로 그것을 뒤엎고) 용서를 우선 시하는 것은 도전을 받아야 한다.

51 James Luther Mays, *Amos: A Commentary*, Old Testament Library (Philadelphia: Westminster, 1969), 92.

52 우리는 3장에서 히브리어의 **체다카**(*tsedaqa*) 단어군을 영어로 번역하기가 벅차다는 점을 언급했다. 구약성경의 영어 번역들에서 때때로 "정의"(justice)라는 단어가 사용되었지만,

논쟁 대상이었다. 대체로 "칭의"로 알려진 이 단어는 여전히 전체 기독교 세계의 논의에서 핵심 단어다. 그런데도 영어로 이 단어를 번역하기는 참으로 어렵다. 우리는 "하나님께는 행동이 아닌 태도가 없다. 그 둘은 하나다"라고 지적하는 오스틴 파러의 가르침을 받아들일 필요가 있다.[53] 그래서 우리는 **디카이오스**(*dikaios*) 단어군을 번역할 때 줄곧 "교정"(rectification)이라는 단어를 사용했다(본 번역서에서는 교정/바르게 함을 사용했음—편집자 주). 기독교의 종말론적인 소망을 구성하는 것은 (단지 용서의 힘이 아닌) 이 바르게 함의 힘이다.

성경의 독자가 "의롭게 하다"로 번역된 **동사**와 "칭의", "공의", "정의"로 번역된 **명사들**이 **같은 단어**라는 것을 알게 되면 그 독자의 이해에 큰 변화가 일어날 수 있다.[54] 에른스트 케제만은 21세기에도 계속해서 결

"공의/의로움"(righteousness)이 더 자주 사용된다. 신약성경에서 **체다카**에 해당하는 그리스어의 *dikaios* 단어군에 이르면, 우리는 번역에서 한층 더 난처한 어려움에 직면한다. 유명한 텍스트인 암 5:24에서는 구약성경의 다른 부분에서처럼 히브리어의 두 단어 **미쉬파트**(정의)와 **체다카**(공의)가 사실상 동의어나 이사일의로 사용되었다(3장 각주 59를 보라). Martin Luther King 목사가 아모스서의 이 절을 좋아했기 때문에 오늘날 대부분의 친숙한 영어 번역은 RSV과 KJV를 결합해서 "정의가 물같이 흐르고, 공의가 힘찬 강같이 흐르게 하라"고 번역한다. 예루살렘 성경은 특이하게도 **체다카**를 "정의"로 번역할 때도 있고, "미덕", "선량함", "고결" 같은 단어로 번역할 때도 있다. 같은 절에 대한 또 다른 로마가톨릭 번역인 새미국성경은 이 절을 "정의가 물처럼 쇄도하게 하고, 선량함이 끊이지 않는 시내처럼 쇄도하게 하라"고 번역한다. 앵커 바이블(Andersen and Freedman)은 "정의"와 "형평"이라는 단어를 사용한다. J. L. Mays(Westminster Old Testament Library)는 RSV와 NRSV처럼 가장 전형적 번역인 "정의"와 "공의"를 제시한다. 이 단어를 번역하기가 어렵다는 것은 명배하다. **디카이오쉬네**를 바울의 관점에서 이해하려면 "덕"이나 "선량함" 같은 단어들이 사용되어서는 안 된다. 이 단어들은 하나님의 능력 있는 행동보다는 인간의 특성을 암시하기 때문이다. 또한 하나의 그리스어 단어(**디카이오쉬네**)를 지칭하기 위해 영어의 다른 두 단어("정의"와 "공의")를 사용하는 것은 잘못된 인상을 준다.

53 Austin Farrer, *Saving Belief* (New York: Morehouse-Barlow, 1964), 106.
54 엄밀히 말하자면, 나는 그리스어에서 "정의"와 "공의"는 "같은 단어"라고 말하는 대신 "같은 어근을 가진 단어"라고 말해야 할 것이다. 그러나 영어에서는 전문가가 아닌 독자들에게는 그것들이 같은 단어라고 해도 틀린 말이 아니다. 그리스어에서 이 단어는 몇 가지 형태로 나타난다. **디카이오쉬네**는 "하나님의 공의"(*dikaiosyne theou*)에서처럼 "공의"다. **디카**

실을 맺고 있는, 전통적으로 "칭의"로 번역되는 용어인 **디카이오시스**에 대한 새로운 이해의 장을 열었다.[55] 획기적 논문인 "바울 서신에 나타난 하나님의 의로움"(The Righteousness of God in Paul)에서 케제만은 하나님의 **디카이오쉬네**가 속성이 아니라 **힘**, 즉 "구원을 이루는 힘"이라는 것을 보여준다.[56] 따라서 "의로움"은 도덕적인 완벽이 아니다. 그것은 인간이 본받거나 모방하려고 노력해야 할, 멀리 있는 하나님의 무서운 성품이 아니다. 거기에 좋은 소식은 없다. 대신에 **하나님의 의로움(공의)은 이 세상의 잘못을 바로잡는 하나님의 능력 있는 활동**이다. 우리가 구약성경이나 신약성경에서 하나님이 의롭다는 내용을 읽을 때, 우리는 하나님이 그의 창조세계에서 올바른 일을 하시고 있다는 것을 이해해야 한다. 하나님은 악을 정복하고, 압제 받는 사람들을 구출하며, 가난한 자들을 먼지에서 일으키고, 자신을 옹호해줄 사람이 아무도 없이 무시당하고 있는 희생자들을 신원한다.[57]

이오시스는 "칭의" 또는 "바르게 함"이다(이 단어가 더 바람직하다). **디카이오오**는 ("하나님이 의롭게 하다" 또는 "하나님이 바르게 하다"에서처럼) "의롭게 하다"이다. **디카이오스**는 ("의롭게 되다" 또는 "의롭게 하다"에서처럼) "의로운"이다. 신약성경의 코이네 그리스어 전문가들은 본서에서 사용된 단어군들이 완전히 정확하지는 않다고 생각할 수도 있다. 하지만 일반 독자들에게 명백한 요점은 독자들이 영어의 **명사** "공의"나 "정의"(두 단어 모두 **디카이오쉬네**를 번역하기 위해 사용됨)와 영어의 **동사구**인 "의롭게 하다" 또는 고치다 간의 직접적인 대응 관계를 이해하지 못하면 그 단어군이 지니고 있는 힘을 영어로 번역하지 못한다는 것이다.

55   이와 상응하는 구약 연구에서의 발전은 Elizabeth Achtemeier, "Righteousness in the Old Testament," in *The Interpreter's Dictionary of the Bible*(New York: Abingdon, 1962)에 잘 묘사되어 있다.

56   Ernst Käsemann, *New Testament Questions of Today*, trans. W. J. Montague (London: SCM, 1969), 181.

57   여기서도 눅 1:46-55의 마리아 송가는 하나님의 의로운 행위에 대한 놀라운 증언이다. 이 찬양은 예기적으로 작용해서 종말론적 미래에 대해 약속된 것을 지금 실현시킨다. 따라서 어떤 것이 마리아에게 실제로 드러나기 **전의** 천사의 단순한 고지는 미래의 일들이 이미 성취된 것처럼 작용한다.

하지만 그보다 더 놀라운 것은 하나님이 장차 권세 있는 자들을 그 자리에서 끌어내릴 뿐만 아니라(눅 1:52), 마음을 개조하기도 해서 권세 있는 자, 교만한 자, 이기적인 자들조차 그리스도께 순응하여(롬 12:2) 겸손해지고, 사랑하고 이기적이지 않게 될 것이라는 점이다. 달리 말하자면, 하나님의 의는 위대한 역전("처음 된 자가 나중 될 것이다")뿐만 아니라 실제적인 변화와 재창조를 포함한다. 각 사람에게 존재하는 선악의 양면성에 관한 바츨라프 하벨의 통찰이라는 관점에서 과격하게 표현하자면, 하나님의 **디카이오쉬네**는 누구도 그의 의롭게 만드는 행동에서 제외되거나 면제되지 않음을 의미한다. 이것을 한 단계 더 발전시키면, 우리는 하나님이 단지 "무죄를 선고할 것이다"라고 말하기보다 "의롭게 할 것이다"라고 말할 때, 의롭게 하는 행위에는 재건하는 **힘**이 있으며 그런 의미에서 "무죄를 선고하다"라는 법정 비유가 불충분하다는 것을 깨닫기 시작한다. 하나님의 공의는 그분의 정의와 같은 것이며, 그분의 정의는 강력하게 작용해서 의롭게 한다. 그것은 용납, 간과 또는 "용서하고 잊어버리기"를 의미하는 것이 아니라 적극적으로 **잘못된 것을 바로잡는 것**이다.[58]

> 권세 있는 자를 그 위에서 내리치셨으며,
> 비천한 자를 높이셨고,
> 주리는 자를 좋은 것으로 배불리셨으며,
> 부자는 빈손으로 보내셨도다.

(마리아 송가가 기초한 것으로 보이는, 삼상 2:1-10에 수록된 한나의 노래 역시 어느 정도 이 현재 시제 용법을 보여준다.)

58 단어 **디카이오쉬네**가 작동하는 복합적인 방법 및 복음에서 그것의 중요성에 대한 가장 현저한 예는 롬 3장의 그리스어에서 쉽게 살펴볼 수 있다. 거기서 10개의 절에서 **디카이오쉬네**가 아홉 번 등장하는데, 그중 네 번은 명사로 나오고 다섯 번은 동사로 등장한다. 유감스럽게도 우리는 영어 번역 성경들에서는 이에 대한 완전한 함의를 볼 수 없다. 3:25-26에서 **디카이오쉬네**가 사용된 방식은 특히 좋은 사례다. 여기서 우리는 하나님 자신이 공의로운(또는 의로운) 분이고, 동시에 의롭게 하는(또는 의롭게 만드는) 분이라는 사실을 알

종종 칭의/교정이 마치 십자가형에서 행한 하나님의 행동과 그 결과들이 모두 우리의 머리 위에서, 말하자면 우리의 관여가 없이 일어나고 있는 것처럼 들린다고 불평하는 사람이 있다. 우리가 **죄**와 **사망**의 **권세들**로부터 해방된 것이 처음부터 끝까지 하나님의 은혜로운 능력으로 말미암아 이루어졌다는 의미에서는 그것이 우리의 머리 위에서 이루어진 것이 맞다. 예수께서 홀로 그 일을 이루었다. 우리가 그 그림에 우리 자신을 넣으려고 하는 순간, 우리는 다시금 하나님의 공의를 침범하기 시작하며 그것을 우리 자신의 것으로 만들려고 시도하게 된다. 이것은 우리가 그리스도가 십자가에서 끝마친 사역에 우리의 율법 준수를 더해야 한다고 주장한 갈라디아 교사들에게 굴복하는 것이다. 이것은 또 다른 형태의 나쁜 소식이다. 의롭게 되기 위해 당신과 내가 기여해야만 하는 어떤 것이 있다면, 우리는 압제하고 속박하는 "사법적 공로" 사상의 세계로 돌아가게 된다. 그런 세계에 적절한 질문은 '얼마나 많이 해야 하는가?', '얼마나 자주 해야 하는가?', '내가 충분히 했는지 어떻게 아는가?' 같은 것들이다.

이 문제에서 해석의 도전 과제는 인간에게서 선을 행하려는 유인을 제거하는 것으로 보이지 않으면서도 하나님의 공의의 주된 주체에 계속 확고하게 초점을 맞추는 것이다. 이것이 핵심적인 이슈다. 교회에서 이 이슈는 일반적으로 하나님의 초대, 하나님의 부르심에 대한 인간의 반응이라는 측면에서 틀이 짜인다. 이것이 지닌 문제는 인간의 **반응**에 대해

게 된다. 영어에서는 이것을 완전하게 전달할 수 있는 방법이 없다. "하나님 자신도 의롭고 그가 예수를 믿는 사람을 의롭게 만든다는 것을 증명하는 것"은 효과가 없으며, "의로운"이나 "정의로운"이라는 단어를 대체할 "교정"에 적합한 명사형이 없다. 이것이 매우 중요한 이유는 바울이 우리가 하나님 자신의 공의에서 나와서 우리를 의롭게 만드는(바르게 교정하는) 강력하고 매끄러운 조치가 있다는 것을 이해하기를 원하기 때문이다.

말하면 주체가 하나님에게서 인간에게로 옮겨간다고 암시된다는 점이다. 달리 표현하자면 "반응"이라는 말의 사용은 우리로 하여금 하나님이 시작했지만 다음 단계의 조치는 우리 자신에게 달려 있다고 생각하도록 조장한다. 그러나 실상은 이와 반대다.『성공회 기도서』에 표현되었듯이, 우리의 모든 선행은 "주님 안에서 시작되고 계속되며 마쳐진다."[59] 이것이 복음의 핵심을 차지한다. 하나님의 의로움은 부르심**에서만** 능동적인 것이 아니라 반응, 심지어 믿음의 반응**에서도** 능동적이다. 그렇다면 여기서 우리에게 핵심적인 단어는 "참여"다. 참여는 하나님의 행위와 인간의 행위 간의 올바른 균형이다.

믿음은 행위가 아니다

하나님의 공의/의로움이 하나님께서 만들어내는 공동체의 삶에서 유일한 행위 주체라면, 믿음 자체는 어떤 역할을 하는가? 우리가 위에서 말한 바와 같이 믿음이 "행위"가 아니고 반응도 아니라면, 그것은 무엇인가? 바울은 믿음에 대한 율법의 관계를 묘사하는 구절에서 이 문제를 다룬다. "믿음이 오기 전에 우리는 율법 아래에 매인 바 되고 계시될 믿음의 때까지 갇혔느니라. 이 같이 율법이 우리를 그리스도께로 인도하는 초등교사가 되어 우리로 하여금 믿음으로 말미암아 의롭다 함을 얻게 하려 함이라. 믿음이 온 후로는 우리가 초등교사 아래에 있지 아니하도다. 너희가 다 믿음으로 말미암아 그리스도 예수 안에서 하나님의 아들이 되었

---

59 1979년『성공회 기도서』안내를 위한 모음집, 832. 나는 일요일 아침마다 이 기도를 들으며 자랐다. 내게 지금 참으로 이 기도가 필요할 때 그것이 생각난 것은 축복이다.

으니"(갈 3:23-26).

바울은 "믿음"을 동사 "오다"의 주어로 사용한다. 확실히 여기서 "믿음이 온 것"은 그리스도 자신의 오심과 동의어다. 위의 구절에서 "믿음"이라는 단어 대신 그리스도라는 이름으로 대체할 수 있으며, 그래도 이 구절은 완전히 의미가 통한다.[60] 이는 바울에게는 믿음이 우리 안에 믿음을 일으키는 그리스도 자신의 능력임을 드러낸다. "믿음은 복음을 선포할 때 복음의 토대이신 주님이 그곳에 임하셔서 우리에게 지배권을 행사하신다는 사실로 구성된다."[61] 그러므로 우리는 그리스도가 믿음을 유발하고, 믿음을 낳고, 믿음을 생기게 하고, 믿음을 끌어낸다고 말할 수 있다. 그리고 우리는 믿음이 우리가 공적을 인정받을 수 있는 우리 자신의 소유가 아니라 언제나 그리스도 자신의 사역이라는 것을 이해한다.[62] 이 점이 마가복음 9장의 귀신 들린 아이 이야기에서 잊을 수 없게끔 예시되었다. 그 소년이 땅바닥에서 몸부림치고 있을 때, "예수께서 그 아버지에게 물으시되 '언제부터 이렇게 되었느냐?' 하시니, 이르되 '어릴 때부터니이다. 귀신이 그를 죽이려고 불과 물에 자주 던졌나이다. 그러나 무엇을 하실 수 있거든 우리를 불쌍히 여기사 도와주옵소서.' 예수께서

---

60 고전 13장의 **아가페**(사랑)라는 단어도 그리스도로 대체될 수 있다.

61 Ernst Käsemann, *Commentary on Romans* (Grand Rapids: Eerdmans, 1980), 108.

62 널리 영향을 준 논문에서 Richard Hays는 "예수 그리스도를 믿는 믿음"(갈 3:22)이 실제로는 "예수 그리스도의 믿음"이라는 점을 보여주었다. 이는 그의 목숨을 내줌에 있어서 그리스도의 신실함이 그리스도인의 실존을 이루는 요인이지, 설령 믿음과 신뢰의 행위라 할지라도 우리 자신의 행위가 그 요인이 아님을 의미한다(Richard Hays, *The Faith of Jesus Christ: The Narrative Substructure of Galatians 3:1-4:11*, 2nd ed. [Grand Rapids: Eerdmans, 2002], 『예수 그리스도의 믿음』, 에클레시아북스 역간). Martyn은 J. Haussleiter를 인용한다. "그리스도는 자신을 소통한다는 점에서 믿음을 성취한다.⋯그리고 나서 그분은 우리 믿음의 배후에 능동적으로 계시며, 따라서 믿음의 구속하는 힘은 살아 계시는 그리스도가 믿음을 일으키는 분인 동시에 믿음을 계속되게 하는 분이기도 하다는 사실에 놓여 있다"(J. Louis Martyn, *Galatians*, 270 각주).

이르시되 '할 수 있거든이 무슨 말이냐? 믿는 자에게는 능히 하지 못할 일이 없느니라' 하시니, 곧 그 아이의 아버지가 소리를 질러 이르되 '내가 믿나이다. **나의 믿음 없는 것을 도와주소서**' 하더라"(막 9:21-24).

　이 이례적인 이야기에서 우리는 예수의 능력이 작동해서 믿음을 낳게 하는 것을 본다. 성경 전체에서 가장 큰 믿음의 발언이라고 불리는 그 아버지의 부르짖음은 분명한 언어로 온전한 실상을 진술한다. **첫째**, "믿는 자에게는 능히 하지 못할 일이 없다"는, 예수의 능력을 부여하는 말에 의해 믿음이 유발된다. 이는 "순식간의 굴복이라는 굉장한 대담성"―"내가 믿나이다!"라는, 모든 위험을 무릅쓰는 갑작스러운 외침―을 낳는다.[63] **둘째**, 이렇게 유발된 믿음은 인간의 업적이 아니라 영원히 선물로 남는다. 이생에서는 결코 우리가 주님께 "나의 믿음 없는 것을 도와주소서"라고 말할 필요가 없을 때가 존재하지 않을 것이다.[64] 우리는 믿음을 갖기로 "선택할" 수 없고 단지 기쁨과 감사로 그것을 받을 뿐이다. 우리가 행위가 아니라 믿음으로 말미암아 칭의/바르게 함을 받는다고 말할 수 있는 이유는 믿음이 행위가 아니기 때문이다. 믿음은 하나님의 은혜로운 선물로서, 그리스도 자신이 우리의 옹호자인 경우에만 심판대에서 우리에게 필요한 동반자다.[65]

63　T. S. Eliot, "The Waste Land," in *The Complete Poems and Plays*, 49.

64　Flannery O'Connor, "It [faith] comes and it goes." in *The Habit of Being* (New York: Farrar, Straus and Giroux, 1979), 452. "A"가 교회를 떠났을 때 그녀에게 보낸 편지.

65　"옹호자"(또는 "돕는 자", "중재자", "상담자")라는 단어는 성령을 지칭하는 **파라클레토스**(*parakletos*)를 번역한 단어다. 이 단어는 요한 문서에서 다섯 번(요한복음 14:16, 26; 15:26; 16:7에서 성령으로, 그리고 요한일서 2:1에서 제2위로) 등장한다.

로기조마이: 의롭게 만드는 말씀

믿음을 통해 은혜로 얻은 칭의("교정/바르게 함"이 더 나은 번역일 것이다)라는 이 강력한 선물이 어떻게 존재하게 되었는가?[66] 이 논의와 관계가 있는 또 다른 그리스어 단어인 **로기조마이**(*logizomai*)는 상업의 영역에서 온 단어로서 "~라고 믿다", "~라고 추정하다"라는 뜻이다. 이차적인 의미는 "~라고 여기다" 또는 "~라고 간주하다"라는 뜻이다. 바울은 그의 편지들에서 그 단어를 다양한 의미로 여러 번 사용한다. 하지만 그는 로마서 4장에서 자신의 신학적 목적을 위해 그 단어의 상업적 함의("~라고 여기다" 또는 "~라고 간주하다")를 전용해서 그것을 대담하게 새로운 의미로 사용한다. 로마서의 이 부분에서 **로기조마이**라는 단어는 단지 정신적인 활동만이 아니라 복음의 핵심, 즉 하나님의 구원하는 말씀이 된다. 우리는 이 단어를 "~하라고 말하다" 또는 약간은 덜 어색하게 표현하자면 "~하게 만드는 말씀"(예컨대 하나님이 "우리에게 말씀함으로써 믿음을 만들다"처럼)로 번역할 수 있다. 약간은 서투른 이 번역들의 요점은 **로고스**(*logos*, 말씀)를 **로기조마이**(*logizomai*)라는 동사로 만드는 것인데, 이는 우리가 **디카이오쉬네**에 대해서 취했던 것과 같은 조치다. **로기조마이**가 등장하는 핵심 구절은 로마서 4:3-8로서, 이 구절은 어느 모로 보나 핵심적인 텍스트다. 바울은 창세기 15:6과 시편 32:1-2을 완전히 새로운 맥락에서 인용하면서 이렇게 쓴다.

---

66 오늘날 많은 학자는 믿음이 "행위"가 아니라는 요점을 강조하기 위해 이곳에서처럼 "믿음으로"보다는 "믿음을 통해 은혜로"라고 말하기를 더 좋아한다. 따라서 **솔라 그라티아**(*sola gratia*, 오직 은혜로)와 **솔라 피데**(*sola fide*, 오직 믿음으로)가 결합되었지만 강조는 **그라티아**에 있다.

성경이 무엇을 말하느냐? "아브라함이 하나님을 믿으매 그것이 그에게 **의로 여겨진** 바 되었느니라." 일하는 자에게는 그 삯이 은혜로 **여겨지지** 아니하고 보수로 여겨지거니와, 일을 아니할지라도 경건하지 아니한 자를 **의롭다 하시는** 이를 믿는 자에게는 그의 믿음을 **의로 여기시나니**, 일한 것이 없이 하나님께 **의로 여기심을 받는** 사람의 복에 대하여 다윗이 말한 바 "불법이 사함을 받고 죄가 가리어짐을 받는 사람들은 복이 있고, 주께서 그 죄를 **인정하지** 아니하실 사람은 복이 있도다" 함과 같으니라.[67]

이 절들(3-8절)에서 **로기조마이**와 **디카이오쉬네** 간의 연결 및 두 단어가 매우 중요하다는 점이 분명히 드러난다. **로기조마이** 단어군은 다섯 번 등장하고(9-11절에서 세 번 더 등장한다), **디카이오쉬네**는 네 번 등장한다(9-11절에서 세 번 더 등장한다). 확실히 이 결합이 바울이 우리에게 말하고자 하는 바의 핵심이다. 시편 32:1-2 인용은 70인역의 번역 그대로 가져온 것이지만, 우리는 바울이 이 모든 것을 완전히 새로운 방향으로 취하고 있음을 이해해야 한다. 그 새로운 방향은 이 세대의 관점에서는 가능치가 않고, 그리스도 안에 있는 하나님의 최종적인 행위의 등장으로 말미암아 제공된 묵시적 관점에서만 가능하다.

바울의 주장은 다소 복잡하지만 이런 식으로 전개된다. "지나가 버리는"(고전 7:31) 세대의 관점에서는 아브라함의 믿음이 공로로 여겨질 것이고 따라서 칭의/바르게 함은 "마땅히 그에게 주어져야 할 것"으로 여겨졌을 것이다. 그러나 새 창조의 관점에서는 칭의가 전적으로 선물이다. 아브라함이 "일을 하지" 않았고, "경건하지 아니한 자를 의롭다 하시는

---

67 이 구절은 바울이 "용서"라는 단어를 사용한 매우 희귀한 예들 중 하나다. 그는 인용할 때―이 경우 시 32편에서 인용했음―를 제외하고는 사실상 이 단어를 사용하지 않는다.

이를 믿었기" 때문이다. 여기서 요점은 죄인을 의롭다고 "말하는 것"(로기조마이) 또는 "여기는 것"(디카이오쉬네)은 때때로 그렇게 불려왔던 것처럼 "법적인 허구"가 아니라는 것이다. 그것은 단순한 사면 선언이 아니다. 그것은 죄를 "간과하는" 처사로서 우리가 앞의 여러 장에서 강력히 반대해왔던, 받아들일 수 없는 해법이다. 이것은 실제로 말함으로써 의롭게 만드는(로기조마이) 것이다. 그것이 바로 하나님의 말씀(로고스)이 행할수 있는 일이다. 구약성경에서 하나님의 말씀은 수행적으로서, 거명하는 것을 창조한다. 성경의 맨 처음 몇 절은 하나님이 발화로써 무로부터(ex nihilo) 창조하는 것을 보여준다. "하나님이 이르시기를 '빛이 있으라' 하시매, 빛이 있었다"(창 1:3). 하나님의 말씀만이 피조물을 존재하게 한다. 이와 동일한 방식의 새로운 세상의 창조에 있어서 하나님의 **로기조마이**가 변화된 사람을 존재하게 한다. 이것을 **디카이오시스** 즉 바르게 함(칭의)이라고 일컫는다.

그래서 바울은 상업 용어인 "~라고 여기다/간주하다"를 하나님의 창조적 로고스라는 독특한 히브리 개념과 연결했다. 고전적인 기독교 교리는 우리에게 예수 그리스도 자신이 우리 가운데 계신 살아 있는 말씀이라고 가르친다. "그런즉 누구든지 그리스도 안에 있으면 새 피조물이라. 이전 것은 지나갔으니 보라, 새 것이 되었도다. 모든 것이 하나님께로서 났으며"(고후 5:17-18). "모든 것이 하나님께로서 났다"는 표현은 바울이 자신들의 "영성"이 의로움을 가져다준다고 생각하는 경향이 있었던 고린도 교회와 더불어 전개한 논쟁과 관련이 있다. 바울은 그런 것이 아니라 **모든** 것이 하나님께로서 났다고 말한다.[68]

---

68 루터교와 개혁교회 전통에 속한 개신교인들에게 "그것이 그에게 전가되었다"라는 번역은 커다란 반향이 있다. 이 어구가 함의하는 바는 우리에게 "말해진" 의는 언제나 결코 우리 자신의 소유가 아니고 언제나 하나님으로부터 은혜롭게 선물로 받는 (마르틴 루터가 사용

"말하기"가 작용하는 방법을 쉽게 예시할 수 있다. 우리는 "여김을 받는" 존재로 되는 경향이 있다. 예컨대 여기 두 장면이 있다. 하나는 최근에 통합된, 1960년대 중반의 테네시주 동부의 초등학교 1학년 학급에서 벌어진 장면이다. 초라해 보이는 작은 흑인 소년 세 명이 백인 교사로부터 다른 (백인) 아이들과 격리되어 특별한 보충 지도를 받았다. 얼마 동안 그들과 함께 학습한 후 그 교사는 책상에서 일어나 한 참관자에게—모두가 들으라는 듯이 속삭이는 말로—이렇게 말했는데, 이 말을 그 아이들도 들었을 것이 확실했다. "어떻게 이 아이들이 무언가 배울 수 있다고 생각하겠어요?" 이와 같은 상황에 어울리는 "자기실현적 예언"이라는 어구는 그런 상황을 위해 만들어진 말이다. 두 번째 장면은 20년 뒤 뉴욕 교외에 있는 한 마을의 슈퍼마켓에서 일어난다. 어느 엄마가 두 살이 채 되지 않은 아기가 탄 유모차 위로 몸을 굽히고 있다. 그 엄마는 매우 강렬하게 거듭 말하고 있었다. "이 나쁜 놈아! 이 나쁜 놈아!" 그 나이에 그 아이가 무슨 짓을 할 수 있었겠는가? 그 아기가 무슨 큰 죄를 지었을까? 우유를 흘렸을까? 선반에서 사탕을 움켜쥐었을까? 짜증이 나서 울어댔을까? 이 아기가 그의 마음에 "너는 나쁜 아이야!"라는 말을 품은 채 성장하게 될 것을 의심할 수 있는 사람이 누가 있겠는가? 말에는 엄청난 힘이 있다. 그렇다면, **부끄럽다! 유죄가 입증되었다! 버림받았다!**"라고 말하는 하나님의 말씀의 힘을 상상해보라.

한 용어로 표현하자면) "외부로부터의 의"(alien righteousness)다. "전가된 의"와 "외부로부터의 의"는 여전히 매우 중요한 개념들이다. 두 개념은 고린도 교회에 보낸 바울의 편지들에서 *panta ek tou theou*("모든 것이 하나님께로 왔다"—고후 5:18)라는 그의 중심 주제를 보호하고, 행위에 의한 의 개념에 대해 경계하기 때문이다. 이 어구들이 단순히 이론적으로 "간주되는 것"을 언급하는 것이 아니라 실제로 발생하는 어떤 것을 언급하는 것으로 이해된다는 **전제에서** 말이다. 하나님의 의로움은 주는 분으로부터 매일 새롭게 받는 선물로서, 그것을 통해 의로움을 받는 자는 그리스도를 통해 의로움에 **참여한다.**

하지만 이 말들은 우리를 대적해서 발설된 말이 아니다. 실제로 그 말씀은 우리를 대적해서 발설된 것이 아니라 우리를 위해서 발설되었다. "하나님이 우리의 죄를 우리를 대적하는 것으로 **여기지 않았다**"(고후 5:19, 개역개정을 사용하지 아니함). 이 절은 우리의 죄를 우리를 대적하는 것으로 "간주하지 않았다"(not counting," RSV)로 해석되어왔는데, 이를 부주의하게 해석하면 죄를 "간과하다"라는 의미로 이해될 수 있다. 하지만 "여기지 않았다"나 "간주하지 않았다"라는 말들이 **로기조마이**라는 어근에서 유래했다는 사실을 이해하면, 우리는 그 그림의 나머지를 채울 수 있다. "여기지 않았다"는 "의롭다고 여기다"의 이면이다. 다시 말하지만, 하나님의 말씀은 **수행적**이다. 하나님의 말씀에는 그 말씀이 요구하는 것을 창조할 힘이 있다. 하나님이 어떤 사람을 의롭다고 간주하면, 진정한 변화가 일어난다.[69]

성경에서 하나님의 "말씀하심"의 힘과 효능을 보여주는 많은 예가 있다. 기드온 이야기가 좋은 예다. "여호와의 사자가 아비에셀 사람 요아스에게 속한 오브라에 이르러 상수리나무 아래에 앉으니라. 마침 요아스의 아들 기드온이 미디안 사람에게 알리지 아니하려 하여 밀을 포도주 틀에서 타작하더니, 여호와의 사자가 기드온에게 나타나 이르되 '큰 용사여, 여호와께서 너와 함께 계시도다' 하매"(삿 6:11-12).

이 이야기는 참으로 재미있다. 이 시점에서 기드온은 전혀 "큰 용사"가 아니었다. 그는 힘을 과시하지도 않았고 "우두머리 남자"가 할 만

---

69 여기서 빌 2:5-8이 중요하다. 그리스도가 모양(*morphe*)의 교환을 경험했듯이, 그리스도 안에서 말씀에 의해 다뤄진 사람 역시 의롭게 **변화된다**. 이것이 "너희 안에 이 마음을 품으라. 곧 그리스도 예수의 마음이니"(5절)라는 말이 의미하는 바다. 그러므로 바울은 마치 그것이 이미 이루어진 듯이 "우리는 그리스도의 마음을 가졌느니라"고 말할 수 있었다(고전 2:16).

한 역할을 시작하지도 않았다. 사실 천사의 등장에 뒤이은 그의 행동은 소심하고 조심스러웠다. 하지만 야웨는 계속해서 그에게 "말씀하신다." "여호와께서 그를 향하여 이르시되 '너는 가서 이 너의 힘으로 이스라엘을 미디안의 손에서 구원하라. 내가 너를 보내는 것이 아니냐?' 하시니라"(14절). 다시금 이 장면은 우리로 하여금 웃음 짓게 한다. 야웨는 그것이 실제로 기드온의 힘이라고 암시하기까지 한다. 하지만 곧바로 이렇게 상기시킨다. "내가 너를 보내는 것이 아니냐?" 기드온은 계속 핑계를 댄다. "오 주여, 내가 무엇으로 이스라엘을 구원하리이까? 보소서, 나의 집은 므낫세 중에 극히 약하고 나는 내 아버지 집에서 가장 작은 자니이다"(15절). 그의 핑계는 능력을 주는 말씀으로 일축 당한다. "여호와께서 그에게 이르시되 '**내가 반드시 너와 함께 하리니**, 네가 미디안 사람 치기를 [그들을] 한 사람[인 것처럼] 치듯 하리라' 하시니라"(16절). 이처럼 하나님은 용기가 없던 곳에서 용기를 만들어낸다.

신약성경에서 "말씀하심"에 대해 가장 잘 알려진 예는 부활 후 그리스도가 베드로와 화해하는 장면일 것이다. 예수는 베드로에게 "네가 나를 사랑하느냐?"고 세 번 묻는다. 세 번 반복된 질문은 예수가 심문을 당할 때 베드로가 주를 세 번 부인한 것을 반영한다. 우리는 그 장면에서 "주께서 세 번째 '네가 나를 사랑하느냐?' 하시므로 베드로가 근심하여 이르되 '주님, 모든 것을 아시오매 내가 주님을 사랑하는 줄을 주님께서 아시나이다.' 예수께서 이르시되 '내 양을 먹이라'"(요 21:17)는 내용을 읽는다. 예수는 베드로를 목자장으로 "여기고" 있다. 예수는 단지 베드로를 그렇게 "여기고" 있기만 한 것이 아니라 실제로 "그에게 말씀해서" 그를 사도로 만들고 있다. 이처럼 자주 사용되지만 결코 물리지 않는 공식으로 예수는 베드로로 하여금 하나님의 은혜로 말미암아 그가 이미 되어

있는 존재가 될 수 있게 한다. 이것이 **로기조마이**이다.[70]

케제만의 또 다른 공헌을 살펴보면 **로기조마이**와 **디카이오쉬네**("~로 여김"과 "바르게 함")에 관한 이 부분을 요약하는 데 도움이 될 것이다. "잘못된 것을 바로잡는 하나님의 방법"(NEB)이라는 어구를 사용하는 해석자들은 그의 통찰을 활용한다. 케제만의 특별한 공헌은 하나님의 의가 **선물**이라기보다는 **힘**이라는 점을 보여주는 데 있다.[71] 하나님은 단지 우리에게 "내가 이제 너를 의인**인 것처럼** 대우할 것이다"라고 "말하지" 않는다(그러므로 "~라고 여기다"나 "~라고 간주하다"라는 번역은 적절하지 않다). 오히려 바울은 하나님의 능력이 묵시적으로 이미 현존하며 인간에 대한 지배를 재확립해서 그(녀)를 새로운 피조물로 만들고 있다고 선언한다. 그래서 케제만은 이렇게 쓴다.

> "~인 것처럼"과 비슷한 해석은 [하나님의 능력 있는 행위로 말미암아] 이미 일축되었다.…하나님은 경건하지 않은 사람을 새로운 피조물로 만든다. 하나님은 **그 사람을 실제로 의롭게 만든다**.…하나님의 말씀의 창조력이 전제되며 칭의[**디카이오쉬네**]와 이 말씀[**로기조마이**] 간의 연결은 끊어지지 않는다. 새로운 피조물은 말씀을 통해 생겨나며, 그 말씀 아래에서만 보존될 것이다.…그렇다면 종말론적 말하기로서 칭의는 재판관에 의한 무죄 선고다.

---

70 1970년대에 FitzSimons Allison이 뉴욕 은혜 교회의 교구 목사였을 때 그의 **로기조마이** 설명은 매우 강력하고 기억하기 쉬워서 그가 사우스캐롤라이나주의 주교가 되기 위해 은혜 교회를 사임할 때 교인들은 그에게 그리스어로 그 단어를 새긴 패용(佩用) 십자가를 선물했다.

71 Ernst Käsemann, "The Righteousness of God in Paul," in Käsemann, *New Testament Questions of Today* (Philadelphia: Fortress, 1969), 174. 개혁자들은 경건하지 않은 자들을 의롭다고 하는 것이 죄인들의 상태에 사실상 변화가 없는데도 그들을 의인으로 선언하는 비진리("법적 허구")로 들린다는 비난을 받았다. **디카이오쉬네**에 대한 Käsemann의 연구는 이 문제를 해결한다.

그것이 우리를 자유롭게 해서 우리로 하여금 새로운 피조물이 되게 하며 **그 것만이 우리를 새로운 피조물이 될 수 있게 한다.**[72]···그 사도에게 있어서 **구 원은···일차적으로 과거의 죄책감을 제쳐놓는 것이 아니라 죄의 힘으로부터 자유케 됨**이다. 이는 다른 관점의 다른 신학적 지평으로 귀결된다.[73]

이 중요한 구절은 다시 살펴볼 가치가 있다. 칭의(바르게 함)는 "종말론적 말하기"다. 이 점이 매우 중요하다. "종말론적"이라는 용어는 우리가 **마 지막 일들**에 관하여 그리고 마지막 때에서 파생된 것들에 관해 이야기하 고 있음을 암시한다. 케제만은 이를 더 자세히 설명한다. 즉 **로기조마이 와 디카이오쉬네**("~로 여김"과와 "의롭다 함")가 함께 취해지면 그것들의 힘 과 효과성은 바로 **하나님의 미래에서** 비롯된다. 하나님만이 미래를 책임 지기 때문에 이것들은 빼앗길 수 없다. 그러므로 우리는 이것을 저항할 수 없는 은혜라고 부를 수 있다! 의롭다고 선언하는 것(의롭게 함/바르게 함 다)은 "현재에 예기적으로 일어나는, 마지막 날에 행하는 재판관의 종말 론적 행위"다.[74] 이로써 우리가 사실은 그렇지 않다는 것을 알면서도 어 떻게 어떤 사람이 "의롭게 된다"고 말할 수 있는지가 설명된다. 그것은 **종말론적으로** 사실이다. 하나님이 마지막 날에 선언하는 "의롭다"는 평 결은 현재 이미 사실이 되었다. 따라서 거듭 말하지만, 우리는 "당신이 이미 되어 있는 존재가 되라"고 말할 수 있다. 이것이 명령법을 복음의 완전한 힘을 전달하도록 사용하는 유일한 용례다. 이는 에베소서 1:14에

---

72 이것은 아우구스티누스의 위대한 통찰을 다른 말로 반복한 것이다. "오 주님, 주께서 명하 시는 것을 주소서. 그리고 나서 주께서 원하시는 것을 명령하소서"(*Da quod jubes, et jube quod vis*). Augustine, *Confessions* 10.29(『고백록』, CH북스 등 역간).

73 Käsemann, *Commentary on Romans*, 112-13, 강조와 대괄호는 덧붙인 것임.

74 Käsemann, *Commentary on Romans*, 112.

서 성령을 **아라본**(*arrabon*) — 첫 번째 분할금, 계약금 또는 보증 — 으로 묘사한 것과 직접적인 관련이 있다. 성령은 삼위일체의 세 번째 위격으로서 어떤 창조된 한계들과 완전히 무관하고 계속하여 **무에서** 새로운 창조를 이루어내는 힘을 적극적으로 행사하는, **탁월한** 종말론적 힘이다.

화해 모티프: 그것이 어디에 들어맞는가?

화해(*katallage*)는 신약성경에서 가장 중요한 개념 중 하나다. 그것을 본서의 어디에서 다룰지는 골치 아픈 문제였다. 화해가 자체의 범주를 지녀야 하는가?[75] 아니면 그것은 다른 범주 아래에 속한 부분집합이어야 하는가? 이것은 실로 중요한 이슈다.

본서에서는 칭의/바르게 함은 화해를 **포함하는** 더 넓은 범주라는 입장을 취한다. 화해는 의롭게 하고 바르게 하는 하나님의 행위의 **결과다**.[76] 그러므로 이 주요 범주는 본서의 여러 장들에서 몇 개의 다른 제목들 아래 다뤄진다. 우리는 몇 단락 앞에서 베드로의 화해를 언급했고, 화해에 관한

---

75 Karl Barth의 방대한 『교회 교의학』의 4권 전체는 "화해에 관한 교의"(*The Doctrine of Reconciliation*)라는 제목이 붙어 있다.

76 **화해**와 **바르게 함** 사이의 관계를 유비를 통해 예시할 수 있다. 전기 공학에서 "바르게 함"(정류[整流])는 교류를 직류로 바꾸는 것을 의미한다. (누군가 내게 이것을 제안했을텐데 그 사람이 누구였는지 잊어버렸다.) 아담과 하와 이야기는 신화적인 용어로 어떻게 하나님과 그분의 피조물 간에 존재하던 원래의 조화가 상실되어서 그들이 반대 방향으로 가는 교류가 되었는지 말해준다. 이 이미지에서 화해는 우리 인간의 흐름이 하나님의 흐름의 방향으로 되돌려져서 우리의 뜻이 그분의 뜻과 일치하게 되는 것이다. 이 일이 발생하면 우리는 다른 사람과도 조화를 이룰 것이다. 모든 유비들이 그러하듯이 이 유비도 불완전하지만, 그것이 제안하는 화해와 바르게 함(정류) 사이의 연결 관계는 칭의에서 하나님의 행위가 어떻게 바르게 함(그 행위가 우리를 잘못된 방향에서 바른 방향으로 돌리기 때문에)과 아울러 화해(우리가 이제 모두 같은 방향으로 가고 있기 때문에)를 가리킬 수 있는지를 보여줄 것이다.

바울의 가르침의 고전적 구절인 고린도후서 5장을 여러 번 인용했다.

급진적 견해로 잘 알려진 미국의 행동주의 신학자인 윌 캠벨과 제임스 Y. 할러웨이는 그들이 자신들의 저널을 「카탈라게테!」(화해하라!)라고 작명할 때 바로잡음으로서의 화해의 힘을 알았다.[77] 그들은 이 단어를 이미 우리가 여러 번 인용한 구절에서 가져왔지만 여기서 처음으로 그 구절 전체를 다시 언급한다.

> 그런즉 누구든지 그리스도 안에 있으면 새로운 피조물이라! 이전 것은 지나갔으니 보라, 새 것이 왔도다(개역 개정은 '되었도다').[78] 모든 것이 하나님께로서 났으며, 그가 그리스도로 말미암아 우리를 자기와 **화목하게** 하시고 또 우리에게 **화목**하게 하는 직분을 주셨으니, 곧 하나님께서 그리스도 안에 계시사 세상을 자기와 **화목하게** 하시며 그들의 죄를 그들에게 돌리지 아니하시고 **화목하게** 하는 말씀을 우리에게 부탁하셨느니라. 그러므로 우리가 그리스도를 대신하여 사신이 되어 하나님이 우리를 통하여 너희를 권면하시는 것 같이 그리스도를 대신하여 간청하노니, 너희는 하나님과 **화목하라**(*katallagete*). 하나님이 죄를 알지도 못하신 이를 우리를 대신하여 죄로 삼으신 것은 우리로 하여금 그 안에서 하나님의 의가 되게 하려 하심이라 (고후 5:17-21).

---

77 *"Katallagete!"*는 명령법이다. 이것이 우리가 줄곧 명령법의 약점에 대해 말해왔던 것을 무효화하지 않는가? 이 질문에 세심한 답변을 제시할 가치가 있다. **케리그마**에서 명령법이 사라지지 않았는데, 특히 바울의 권고(충고나 지시) 구절에 등장한다. 하지만 바울의 권고는 직설법에 견고히 자리하고 있어서 결코 케리그마적이기를 중단하지 않는다. Campbell과 Holloway 두 사람은 (그들의 논문들은 『정치에서 우리의 첨탑 꼭대기까지』[*Up to Our Steeples in Politics*]라는 책에 수집되어 있다) 별난 측면이 있기는 하지만, 선포와 권면 간의 차이를 거의 항상 이해하는 신학자의 좋은 예다.

78 이는 Richard Hays가 좋아한 번역이며 그리스어에 가장 가깝다. 듀크 신학교 현관에 쓰인 글귀는 그다지 좋은 번역은 아니지만 거의 버금간다. "누구든지 그리스도 안에 있으면, 그곳에 새 창조가 있다."

이 구절의 문맥이 중요하다. 고린도후서의 대부분은 고통스럽다. 바울이 그 편지를 쓸 때 틀림없이 매우 고통스러워했을 텐데, 우리가 그것을 읽는 것도 고통스럽다. 고린도 교회 회중에게는 화해가 거의 없었다. 구성원들은 서로 갈등했고, 특히 바울과 갈등했다. 바울 사도는 그 편지(사실은 여러 편지)의 거의 모든 단어에서 그들의 충성을 사도적 메시지로 되돌리기 위해 몸부림치고 있다. 인간적으로 말하자면 이 과제는 불가능하다. 바울은 로마서와 고린도후서에서 화해에 대해 말할 때, 그의 명령에서 가장 압도적인 용어를 사용해서 하나님의 다가올 세대—이는 고린도 교회에서 화해를 이루기 위한 현재의 힘의 유일한 원천이다—를 환기시킨다. "이전 것은 지나갔으니 보라, 새 것이 왔도다"(고후 5:17). 바울은 바로 이어서 "모든 것이 하나님께로서 났다"고 단언한다. **현재의 실재**(분열된 공동체)와 **종말론적 선물**(화해) 사이의 변증법에서 이 구절의 역설적인 성격이 보인다. 이것이 바울로 하여금 "화해하라!"고 말할 수 있게 한다. 당신이 이미 되어 있는 존재가 되라!

화해를 설명하는 핵심적인 다른 구절은 에베소서에서 발견된다. 유명한 그 구절은 그 편지의 나머지 부분과 마찬가지로, 저자에 관해 의심할 여지가 없는 바울의 편지들이 지니고 있는 역설적 또는 변증법적 특성이 결여되어 있다. 이는 대다수 학자가 이 편지를 제2의 바울 서신으로 간주하는 이유 중 하나다.[79] 에베소서 2:11-16은 화해를 유보 조건 없이 완성된 실재로 묘사한다.

그러므로 생각하라. 너희는 그때에…이방인이요…그때에 너희는 그리스도

---

79 Markus Barth는 현저한 예외다(Markus Barth, *Ephesians: Introduction, Translation, and Commentary on Chapters 1-3*, Anchor Bible 34 [Garden City, N.Y.: Doubleday, 1974]).

밖에 있었고 이스라엘 나라 밖의 사람이라. 약속의 언약들에 대하여는 외인이요 세상에서 소망이 없고 하나님도 없는 자이더니, 이제는 전에 멀리 있던 너희가 그리스도 예수 안에서 **그리스도의 피로 가까워졌느니라**. 그는 우리의 화평이신지라. 둘로 하나를 만드사 원수 된 것 곧 중간에 막힌 담을 자기 육체로 허시고 법조문으로 된 계명의 율법을 폐하셨으니, 이는 이 둘로 자기 안에서 한 새 사람을 지어 화평하게 하시고, 또 **십자가로 이 둘을 한 몸으로 하나님과 화목하게** 하려 하심이라. 원수 된 것을 십자가로 소멸하시고.

고린도서들의 구절에서 우리가 느끼는 긴장은 결여되었지만, 여기서 마친 행위를 강조하는 것은 바울과 일치한다. 아무튼 이 편지에도 유명한 "하나님의 전신갑주를 입으라"는 구절이 들어 있기 때문에 우리는 에베소서의 "실현된" 측면을 너무 강조하지 말아야 한다. 교회는 확실히 "통치자들과 권세들과 이 어둠의 세상 주관자들과 하늘에 있는 악의 영들을 상대"로 전쟁하라고 부름을 받았다(엡 6:12).

두 구절 모두 화해를 십자가와 연결하는데, 에베소서는 명시적으로 연결하고 고린도후서는 암시적으로 연결한다("하나님이 그를 죄로 삼았다"). 그러므로 십자가 처형에 관한 어떤 논의에서든 화해가 확실히 중요한 부분을 담당한다는 점은 분명하다.[80] 화해 주제를 논의할 때 도전 과제는

---

80   R. P. Martin과 C. F. D. Moule은 화해가 가장 포괄적인 범주라고 주장해온 신약학자에 속한다. Moule은 이 장과 관련된 관점에서 칭의의 법정적 비유를 반대한다(앞에서 법정적 해석 대 묵시적 해석에 관해 다룬 내용을 보라). 그의 견해에 따르면 화해 경험은 우리가 비유에 도달하지 않고서도 개인적인 경험으로부터 인식하고 알 수 있는 것이기 때문에 화해가 칭의보다 더 범위가 넓으며 칭의를 포함하고 있지, 그 반대가 아니다. Moule에게는 비유적 실재와 문자적 실재 사이의 이 구별이 중요하다. 그는 비유들이 "비인격적"이며 (그는 특히 **디카이오쉬네**를 염두에 두고 있다), 그러므로 인격적이고 쉽게 이해된 화해의 "실재"에 "보조적"이라고 생각하는 것 같다. 화해라는 주제가 널리 인기를 끈다고 믿는다는 점에서 그는 확실히 옳다. 그것이 오늘날 다른 어떤 방법보다 그리스도의 사역에 관하

한편으로는 그 주제에 관해 너무 많이 말하기를 피하는 것과 다른 한편으로는 너무 적게 말하기를 피하는 것이다. 케제만은 논쟁 목적상 그 주제가 소멸될 정도로 그것을 강조하지 않는다. 다른 쪽 극단에서는 찰스 쿠사가 지적하듯이 화해는 오늘날 균열된 문화에서 큰 호응을 받다 보니 그것이 지나치게 강조되고 있는지도 모른다.[81] 우리는 그 사이에서 올바른 균형을 찾아야 한다. 화해는 확실히 하나님의 거대한 바로잡는 일이 완수된 결과일 것이다. 하지만 바르게 된 세상은 화해 이상의 것들을 포함할 것이다.

투쟁으로서 화해

케네스 리치는 『우리는 십자가에 못박힌 그리스도를 전한다』(We Preach Christ Crucified)의 중요한 구절에서 우리에게 화해라는 주제를 좀 더 깊이 성찰하라고 압박한다.

> 가장 널리 퍼져 있고 지속되는 예수의 이미지 중 하나는 그가 어디를 가든지 관용과 화해를 증진한, 위대한 조정자라는 이미지다. 비그리스도인들은 종종 선의, 관용, 친절의 정신으로서 "예수의 정신"에 경의를 표한다. 이

여 이야기하는 훨씬 더 대중적인 방법이라는 데는 의심의 여지가 없다. 하지만 몇 가지 질문이 제기되어야 한다. **첫째**, 비유가 참으로 실재로부터 한 걸음 떨어져 있는가? 만일 그렇다면 신약성경의 모든 비유들은 어떻게 되는가? **둘째**, 화해 범주가 만일 신학의 중심이 된다면, 그것이 옛 세대와 다가올 세대 사이의 최전선에 있는 이생에서의 투쟁과 갈등이라는 실재를 충분히 설명하는가?(Moule, "The Energy of God")

81 Charles B. Cousar, *A Theology of the Cross: The Death of Jesus in the Pauline Letters*, Overtures to Biblical Theology (Minneapolis: Augsburg Fortress, 1990), 82.

는 복음서 기사들에서 예수가 화해를 낳기는 고사하고 분열을 낳았고, 평화가 아니라 검을 가져왔으며, 가족 구성원들을 서로 대적하게 하고, 분노와 사회적 불안을 조장했다고 암시하는 내용을 깡그리 무시하는 처사다. 하지만 우리도 이 다른 여러 측면을 보지 못한 채 너무도 쉽게 화해를 강조한다. [영국] 감리교회의 한 연구에서 목회자의 42%가 화해가 교회의 첫 번째 과제라고 응답했다. 이것이 무엇을 의미하는가? 확실히 신약성경에는 어둠의 세력과 화해한다는 사상이 없으며, 따라서 예수의 사역에서 축귀가 핵심적인 사역이다. 악한 세력들은 쫓아낼 대상이지 화해할 대상이 아니다. 화해는 투쟁의 **결과**이며, 갈등과 궁극적으로는 죽음 자체를 통해서만 이루어진다.[82]

"화해는 **투쟁**의 **결과**다." 화해를 너무 빨리 강조하면 우리가 앞서 검토한 무죄 주장과 마찬가지로 감상적일 수 있는 때가 있다. 이 세상에서 화해는 임시적인 것일 수 밖에 없다. 남아프리카에서 자신의 성향과는 달리 그가 시무하던 교회를 인종차별에 반대하여 싸우도록 이끌었던 네덜란드 개혁교회의 백인 목회자 자코 쿠시는 훗날 백인 교인과 흑인 교인 간에 화해를 조성하기 위한 매우 감정적이고 어려운 회의들의 사회를 맡아 달라는 요청을 받았다. 그는 그가 "값싼 화해"라고 불렀던 것을 원하는 사람들을 대처하는 어려움에 대해 말했다. 그는 "그 순간이 시작에 불과했다는 사실을 이해하지 못한" 백인 목회자를 예로 제시했다. 쿠시는 "그 백인 목사는 모든 것이 잊히고 지나가기를 원했습니다. 그는 그것을 너무 쉽게 생각했고, 우리가 실제로 있었던 지점보다 훨씬 더 멀리 나아

---

82 Kenneth Leech, *We Preach Christ Crucified* (New York: Church Publishing, 1994), 49-50, 강조는 덧붙인 것임.

가 있기를 원했습니다"라고 말했다. 그는 생각에 잠겨 이렇게 계속했다. "화목은 고통과 십자가…"—그는 한참을 말없이 있다가 말했다—"그리고 죽음을 통해서만 일어납니다."[83]

종말론적 선물로서 화해

어렵기로 유명한 한 구절에서 예수는 열두 제자에게 자기가 화평이 아니라 "검을 주러" 왔다고 말한다(마 10:34). 여기서 다소 놀랍게도 "십자가를 지는 것"은 화해가 아니라 분열을 의미한다. 이 말은 리치가 지적한 요점인 화해가 투쟁을 통해서만 주어진다는 것을 보여준다. 화해는 **종말론적 선물**이기 때문에 하나님의 약속된 미래에 속하지만, 이생에서 주어지는 승리들은 늘 잠정적이다. 그래서 익명의 알코올 중독자들(Alchohloics Anonymous) 회원들은 결코 자신들을 "회복된" 사람들이라고 말하지 않고 언제나 "회복 중에 있는" 사람들이라고 말한다. 그들이 "하루하루 조금씩"이라고 말할 때 그들은 매일 술 취하지 않고 깨어 있는 것이 벅찬 도전임을 증언한다. 특히 그들이 계속 술을 마시는 데 이해관계가 걸려 있는 사람이 늘 있을 것이기 때문에 그들이 매일 절주하는 것이 중요하다.[84] 예수는 임박한 하나님 나라의 선포가 분열을 일으킬 것이라고 제자들에게 경고한다. 화해의 사역은 실로 그리스도인 제자들에게 주어진 명령이지만, 우리는 결코 이 세상에서 화해로부터 너무 많은 것을 기대할

---

83 Jaco Coatzee와 나눈 대화, Princeton, New Jersey, July 31, 2002.
84 따라서 알코올 중독자와 "조력자" 또는 "상호 의존적인 관계에 있는 사람" 사이의 불화는 불가피해질 수도 있다. 우리 모두 어떤 의미에서는 현재 상황에 대한 조력자다. 이 말은 메시아의 도래가 **모든 사람**에게 파괴적일 것임을 의미한다.

수 없다. 화해가 일어날 때마다 우리는 도래할 시대의 표지로서 기쁨과 찬양으로 그것을 환영하지만, 그것은 **표지**일 뿐 그것 자체가 완성된 사역은 아니다.

구약성경의 많은 구절은 화해를 마지막 때에 있을 하나님의 묵시적 개입의 관점에서 묘사한다. 구약성경은 다음과 같은 놀라운 말로 끝난다. "'보라, 여호와의 크고 두려운 날이 이르기 전에 내가 선지자 엘리야를 너희에게 보내리니, 그가 아버지의 마음을 자녀에게로 돌이키게 하고 자녀들의 마음을 그들의 아버지에게로 돌이키게 하리라. 돌이키지 아니하면 두렵건대 내가 와서 저주로 그 땅을 칠까 하노라' 하시니라"(말 4:5-6).

이 종결이 얼마나 이례적인지가 항상 인식되는 것은 아니다.[85] 이 절들의 배경은 "여호와의 크고 두려운 날"인데 이를 좀 더 이전 시기의 『성공회 기도서』에 사용된 용어로 표현하자면 그날은 "모든 마음의 비밀들이 드러날" 날이다.[86] "보라, 용광로 불 같은 날이 이를 것이다"(말 4:1). 이 최후의 심판일은 보통 우주적 규모의 눈부신 기상학적 상세 내용으로 상상되지만 여기서 예언자의 초점은 갑자기 가능한 가장 작은 인간 단위인, 가족이라는 소우주의 소원해진 부모와 자식으로 축소되는데, 그들의 깨진 관계는 창조주에게서 멀어진 전체 우주를 대표한다. 자녀와 부모 간의 적대감은 가슴이 찢어지는 듯한 현상이며, 인간적인 모든 것과 경건한 모든 것에 대한 침해이며, 그것을 실제로 경험하거나 공감하며 상상하는 모든 사람에게 큰 고통을 환기한다. 말라기 4장에 기록된 이 절정

---

85 히브리 성경(타나크)은 성문서로 끝난다. 그러므로 타나크는 에스라, 느헤미야, 역대기상하로 마무리된다. 기독교의 구약성경은 동일한 자료를 담고 있지만 상당히 다르게 배열되어 말라기서로 끝난다. 이 배치는 전체 구약성경 정경에 강력한 종말론적이고, 기독론적인 추동력을 부여하며 구약성경이 신약성경의 서론 역할을 하게 한다.

86 출처: 1928년 『성공회 기도서』, 300에 수록된 거룩한 혼례. 소수이지만 아직 혼인 예배에서의 이 기도문이 사라진 것을 애석해 하는 사람이 생존해 있다.

의 구절들에서 소원해진 부모와 자녀들의 재결합은 인간사의 모든 수준에서 온 세상의 화해를 나타낸다. 하나님에 의해 야기된 이 놀라운 긴장 완화는 여기서 인간관계들을 하나님 나라의 패턴으로 돌리는 야웨의 주권적인 재배열의 표지로 이해된다.

수동적인가, 능동적인가? 지금인가, 아직 아닌가?

우리는 하나님의 화해 사역에서 수동적인가, 능동적인가? 우리가 이 질문에 대답하는 방식에 상당히 많은 것이 달려 있다. 우선 "**하나님이 그리스도 안에서** 세상을 자신과 화해시키고 있었기" 때문에 우리는 확실히 수동적인 참여자다. 우리는 그 일을 할 수 없었고 하나님이 그 일을 하셔야만 했다. 성경 어디에서도 에베소서보다 이것을 더 분명하게 진술한 곳은 없다. 세 절에 불과한 짧은 구절에서 사도적 저자는 믿음과 행위 사이의 관계를 명백히 진술한다. "너희는 그 은혜에 의하여 믿음으로 말미암아 구원을 받았으니, 이것은 너희에게서 난 것이 아니요 하나님의 선물이라. 행위에서 난 것이 아니니 이는 누구든지 자랑하지 못하게 함이라. 우리는 그가 만드신 바라. 그리스도 예수 안에서 선한 일을 위하여 지으심을 받은 자니, 이 일은 하나님이 전에 예비하사 우리로 그 가운데서 행하게 하려 하심이니라"(엡 2:8-10).

설교하기에 아주 좋은 이 구절은 모든 그리스도인이 그리스도 안에 있는 생명에 대해 이해해야만 하는 두 가지를 진술한다.[87] 복음의 기반은

---

[87] 특히 엡 2:5에 대한 Karl Barth의 "은혜로 구원받았습니다!"라는 설교를 주목하라. Barth, *Deliverance to the Captives*, 페이퍼백 초판 (New York: Harper and Row, 1978), 36-42.

(엡 1:7-2:7에 제시된) 화해에 관한 모든 사안이 처음부터 끝까지 하나님의 사역이며, 우리는 하나님의 의롭게 하는 은혜를 **수동적으로**, 순전한 선물로 받는다는 것이다. 하나님이 우리에 대해 **행동을 취한다.** 하지만 이것은 그 그림의 절반에 불과하다. 우리가 하나님의 은혜로운 행동을 수동적으로 받을 때조차 우리는 [하나님의] 동일한 행동에서 섬김의 삶을 위해 **활성화된다.** 10절은 인간의 행동과 하나님의 행동 간의 관계를 참으로 잘 가르쳐준다. 이 이례적인 구절은 하나님의 행동을 강조하면 우리가 할 일은 아무것도 남지 않는다는 모든 불평을 가라앉힐 것이다.[88]

우리는 우리를 움직이게 만드는 하나님의 여김(logizpmai)을 통해 "그리스도를 위한 사신"이 된다(고후 5:20). 저자에 관한 논란이 없는 그의 편지들에서 바울은 **현재의** "디아코니아 테스 카탈라게스"(diakonia tes katallages, 화해의 섬김 또는 사역)를 할 수 있게 해주는, 실현되지 않은 **미래의** 소망을 강조한다. 우리는 이미 하나님과 화해하였으므로 우리의 동료 인간들과 "화해하기" 위해 성령을 통해 활성화된다. 이것이 신약성경의 특징인 이미와 아직의 패턴이다. 에베소서는 이 모든 것을 명시적으로 십자가의 영역 안에 배치함으로써(엡 2:13-16) 그리스도인의 삶의 성격이 긴장과 투쟁과 고난 가운데 살아야 하는 것임을 암시한다. 부활이 이 투쟁이 옳다고 인정했기 때문에 화해의 지금과 아직 측면들 사이의 긴장은 신자들을 무력하게 만들기보다는 그들에게 활력을 불어넣는다.

몽고메리 버스 승차 거부 운동과 워싱턴 행진의 뛰어난 전략가인 베

---

88 『성공회 기도서』에 수록된 성만찬 후의 감사기도는 이렇게 요청한다. "하늘에 계신 우리 아버지,…주님의 은혜로…우리가 아버지께서 우리를 위해 행하라고 준비하신 선한 일을 다 행할 수 있도록 도우소서." 이는 엡 2:10을 거의 그대로 인용한 기도다. 동일한 사상이 수사학적으로는 덜 장엄하고 하나님의 행동을 덜 강조하는 새로운 의식에 재구성되었다. "주께서 우리에게 행하라고 주신 것들을 할 수 있도록"(Book of Common Prayer [1979], 339, 366).

이어드 러스틴은 의식적인 신학자는 아니었더라도 본능적인 신학자였다. 그는 인터뷰에서 현재와 미래의 이 역학 관계에 많은 빛을 던져준다. "[마틴 루터] 킹 박사에게는 사람들에게 그들이 자기가 할 수 있다고 생각하는 것보다 더 크고, 더 강하고, 더 용감해질 수 있다는 느낌을 주는 뛰어난 능력이 있었습니다.…킹 박사에게는 승리를 전달하는 능력이 있었고, 누구나 그가 승리를 위해 대가를 지불할 준비가 되어 있음을 알게 하는 능력이 있었습니다."[89]

실제 삶의 상황에 대한 이 묘사에서 우리는 다음과 같은 중요한 세 가지 역학이 작용하고 있음을 본다. (1) **로기조마이**(*logizomai*, 여기다 또는 간주하다), (2) **디카이오시스**(*dikaiosis*, 바르게 함/칭의), (3) 지금 그리고 아직의 변증법. 이 모든 요소가 하나로 결합해서 **디아코니아 테스 카탈라게스**(화해의 사역)가 된다. 다소 장황하더라도 우리가 이에 대해 자세히 살펴볼 가치가 있을 것이다.

첫째, 킹 박사의 설교에서 **로기조마이**가 발생하고 있었다. 킹 박사는 계속해서 그 운동을 위협하는 옹졸함, 경쟁, 자아, 복수심, 두려움 같은 **죄**의 다양한 발현을 모르거나 "계산하지 않거나" "고려하지 않지" 않았다. 킹 박사의 "말하기" 사역은 그 사람들 가운데 존재하는 이런 문제들을 무시하는 것도 아니었고 그들에게 더 잘 처신하라고 권하는 것도 아니었다. 하나님이 그에게 은사를 준 바에 따라 그는 전혀 다른 세상의 질서에서 발생한 무언가를 행했다. 그는 전에는 존재하지 않았던 어떤 것을 창조할 힘을 가진 말씀을 위한 통로였으며, 그의 추종자들은 그 힘이 자기들 가운데서 작용하고 있음을 느꼈다.[90] 몇 년이 지난 후에도 여전히

89 Howell Raines, *My Soul Is Rested: Movement Days in the Deep South Remembered* (New York: Putnam, 1977), 56.
90 Richard Lischer의 King 박사의 설교 분석은 이 점을 명확히 보여준다. Richard Lischer, *The*

이에 대해 놀라워하는 러스틴은 자기가 KKK의 반응을 어떻게 보았는지를 말해주었다. "그들은 새로운 것을 이해할 수 없었어요. 그들은 더 이상 두려움을 야기할 수가 없었지요."[91]

둘째, 킹 박사의 지도 아래서 발생한 여김(*logizomai*)이 실제로 의로움(*dikaiosyne*)을 불러 일으켰다. 사람들이 단지 다르게 느낀 것이 아니라 실제로 달라졌다. 인권운동의 역사를 읽는 사람이라면 누구나 그렇게 결점이 많은 사람들이 이토록 변혁적인 방식으로 사용될 수 있었다는 데 놀랄 것이다. 냉정하게 다시 말하자면, 유혹과 실패가 너무 많아서 그 운동이 몇 년은 고사하고 어떻게 몇 주 동안 계속되었는지 궁금해한다. 하지만 의로움이 계속 일어났다. 의롭게 하고 바르게 하는 하나님의 행동이 진척되고 있었다.

셋째, 러스틴은 우리로 하여금 우리가 본서 전체에서 추천하고 있는 현재와 미래의 역학 관계를 보게 한다. 앞서 언급한 마리아의 찬가에서와 마찬가지로("권세 있는 자를 그 위에서 내리치셨으며"), 마틴 루터 킹 박사의 설교에서 승리는 기정 사실이다. 하지만 동시에 러스틴은 이미 결정된 현재의 승리와 자신을 온전히 내어줄 것을 요구하는 아직 실현되지 않은 측면을 단 한 문장으로 결합한다. "그에게는 승리를 전달할 능력이 있었고" **동시에** "누구나 그가 승리를 위해 대가를 지불할 준비가 되어 있음을 알게 하는 능력이 있었습니다."

여기에 화해의 사역이 실제 삶에서 작동하는 방식을 보여주는 예가 있다. 이것을 아는 사람은 적지만, 어떤 의미에서 인권운동은 몽고메리 버스 승차 거부 운동보다 20년 전인 1940년대에 배태되었다. 당시 제

Preacher King: Martin Luther King, Jr., and the Word That Moved America (Oxford: Oxford University Press, 1995), 212 및 여러 곳.

91 Raines, *My Soul Is Rested*, 56.

임스 파머는 시카고 소재 화해 펠로우십의 인종 관계 서기였다. 이 단체는 1961년 자유 승차 운동(Freedom Rides)의 선구자를 지원했다. 그 단체는 화해의 여행(Journey of Reconciliation)으로 불렸는데, 몇몇 사람은 단지 그들이 탄 버스에서 내리기를 거부했다는 이유로 노스캐롤라이나주에서 30일간 쇠사슬에 묶인 채 강제노역을 했다.[92] 오늘날 화해에 관해 말하는 교인 중 기꺼이 그런 대가를 지불하려는 사람은 많지 않다. 교회 안에서든 바깥에서든 화해에 대해 가장 말을 많이 하는 사람이 힘들여 문제를 해결하기보다는 문제를 덮어두기가 더 쉽다고 생각하는 사람인 경우가 드물지 않다. 그래서 케네스 리치는 이렇게 주장한다. "악한 세력들은 쫓아낼 대상이지 화해할 대상이 아니다. 화해는 투쟁의 결과이며, 갈등과 궁극적으로는 죽음 자체를 통해서만 이루어진다."[93]

요약과 전망

법정 이미지는 신약성경에서 그리스도의 십자가와 부활에 나타난 묵시적 승리라는 주제에 종속된다. 하지만 그것은 성경의 전체 그림에서 매우 중요한 역할을 담당한다. 특히 오늘날 예전과 성구집들에서 심판 주제를 제거하는 경향에 비춰볼 때, 구약성경과 신약성경 모두에 기록되어 있는 최후 심판의 날("여호와의 날")의 중요성을 깡그리 무시할 수는 없다. 구약의 예언자들이 쉬지 않고 설교했듯이 야웨는 자기 백성의 유죄를 입증할 근거를 지니고 있으며, 신약성경은 이 주제에서 물러나지 않는다.

---

92 Raines, *My Soul Is Rested*, 34.
93 Kenneth Leech, *We Preach Christ Crucified* (Cambridge, Mass.: Cowley, 1994), 50.

확실히 하나님 앞에서 결산할 때가 온다. 예컨대 마태복음 25장의 지혜로운 처녀와 어리석은 처녀 비유, 달란트 비유, 마지막 심판 비유에서 강력하게 상기되듯이 말이다.

하지만 급진적인 형태의 그 **케리그마**를 이해하면 우리는 "무죄"인 사람들과 "유죄"인 사람들 사이의 구별이 타락한 이 세상에서는 잠정적으로 필요하지만 마지막 때의 관점에서 볼 때에는 그 힘을 잃는다는 것을 알 수 있다. **죄와 사망**의 이 시대에는 적절한, 큰 죄인과 작은 죄인이라는 범주들과 사면의 선언은 야웨 앞에서는 "의인은 한 사람도 없다"(시 14:3; 롬 3:10)는 것을 깨닫게 되는 하나님의 새로운 날에 비춰보면 무의미해진다. 이것이 전 인류에 대한 성경적 이해의 핵심이다. "최고"인 사람들의 모략과 이중성 그리고 협력으로 말미암아 하나님의 아들에게 가해지도록 허용된 일에 비춰볼 때, 우리는 현재의 우리보다 훨씬 더 강한 세력들에게 스스로 속박되어 있음을 알게 된다.

구약성경의 후기와 신구약 중간기에 나타난 묵시문학의 대두는 자신의 인격 안에 하나님 나라가 도래했다는 예수의 설교뿐만 아니라, 주께서 마침내 그리고 결정적으로 세상을 심판할 때가 온다는 선언의 배경이기도 하다(막 13:26-27; 마 25; 눅 21:25-28; 요 12:47-48). 약속된 이 최종적인 완성에 비춰볼 때, 우리는 "여호와의 법은 진실하고 다 의롭다"(시 19:9)라는 시편 저자의 선언이 지금까지 쭉 참이었으며, 우리의 매일의 투쟁에서 강력히 작동하고 있음을 알게 될 것이다.[94] 따라서 야웨의 날 이미지는 현 시대의 갈등에서 그 입지를 발견한다. "우리가 육신으로 행하나 육신에 따라 싸우지 아니하노니, 우리의 싸우는 무기는 육신에 속

---

94 Abraham Lincoln이 내전이 끝나자마자 행한 재임 취임 연설에서 시 19:9을 인용한 것은 매우 적절했다.

한 것이 아니요 오직 어떤 견고한 진도 무너뜨리는 하나님의 능력이라"(고후 10:3-4). 이 관점에서 볼 때 법정의 유비로 인해 신약성경 **케리그마**의 묵시적 단계에 관한 다른 모티프들이 밀려나도록 허용되어서는 안된다.[95] 법정에서의 "무죄!" 선언은 하나님의 새로운 시대에는 유죄나 무죄라는 범주가 존재하지 않고, **경건하지 않는 자를 의롭게 하는** 묵시적 복음으로 말미암아 무의미해진다(롬 4:5; 5:6) 것을 우리가 깨달을 때에만 적절히 이해될 수 있다.

현 시대에는 하나님의 새 창조에 대한 그분의 "말씀하심"(*logizomai*)은 대체로 은밀하게 진행된다. 장차 임할 하나님의 변화시키는 힘은 동시에 결함이 있는 현재의 인간 상황의 실재들 안에서 그리고 그것들을 통하여 작동한다. 이것은 "이 악한 세대에"(갈 1:4) 그리스도의 제자들이 종종 지금과 아직 사이의 절망적인 위치처럼 보일 수 있는 것에 단단히 매달려 있음을 끊임없이 의식함을 의미한다. 우리는 "말세를 만난" 사람들이며(고전 10:11), 성령을 통해 두 시대 사이에서 그에 따라 사는 힘을 공급받는다. 이것이 바울이 다음과 같이 쓴 말이 의미하는 바다. "형제들아, 내가 이 말을 하노니 그때가 단축하여진 고로 이후부터⋯세상 물건

---

95 방금 전에 개괄한 선상에서 Dillistone은 롬 3:25에 대해 이 절이 "율법과 범죄와 정죄의 배경에 비춰 제시되기는 했지만", 이 텍스트를 "무법한 행동에 대한 엄격한 대가의 관점에서" 해석해서는 안 된다고 쓴다(Dillistone, *The Christian Understanding of Atonement* [Philadelphia: Westminster, 1968], 183). 특히 이 절과 딱 들어맞는 구절에서 그는 계속해서 이렇게 쓴다. "로마서 5-8장의 분위기는 법정 분위기가 아니며 형벌을 선고하는 분위기도 아니다. 오히려 그것은 여느 법률 체계의 엄격한 명령에 구속되기를 거부함으로써 가능해진, 인간사의 완전히 새로운 시작의 분위기다.⋯그 분위기는 **큰 구출, 극적인 반전, 영광스러운 신원의** 분위기다. 그것은 **형량이 정해지는 분위기가 아니다**"(182). (그리스도의 죽음에 관한 Dillistone의 저술은 탁월한 통찰로 가득하다. 하지만 그는 문학적 관심으로 인해 너무 멀리 나갔으며, 이에 따라 신학적으로 일관성이 없고 종종 혼란스러운 그림을 그리기도 한다. 하지만 승리자 그리스도에 관한 장인 "독특한 구속"은 매우 명확하며 의존할 만하다. 여기서 인용된 내용도 그 장에 수록되었다.)

을 쓰는 자들은 다 쓰지 못하는 자 같이 하라. 이 세상의 외형은 지나감이니라"(고전 7:29, 31).

성경은 여러 곳에서 화해를 마지막 때의 주요 표지라고 밝힌다(예컨대 말 4:5-6; 고후 5:18-19; 엡 2:13-16). 이 장에서는 화해라는 주제가 **디카이오시스**(칭의/바르게 함)라는 전반적인 범주 아래 포함된다. 이생에서 화해의 표지들은 늘 하나님이 행할 일에 대한 예기적인 비유들이고 따라서 추구할 것이 많지만, 화해의 성취는 마지막 때의 사역, 즉 최후의 심판 때 오실 재판관의 선물이다.

C. F. D. 모울은 정복, 구출, 해방에서처럼 "주요 힘의 사용"에 관해 "원수의 진영에 대한 대습격"이라는 성경의 용어를 인용한다. 용서와 화해가 이 관점에서 묘사될 경우 그것들은 묵시적 투쟁의 색채를 띤다. "만약 우리가 승리의 용어를 빼앗긴다면 우리는 매우 중요한 도구를 장착하지 못하게 될 것이다. 그 언어는 죄가 가져오는 소원함과 무질서를 하나님이 용인하지 않을 것이고, 그가 궁극적으로 우리를 자신의 것이라고 주장할 것이고, 그가 우리를 원수의 아가리에서 가로챌 만큼 충분히 강하다고 말한다."[96]

마지막으로, 이것은 강력한 단언이다. 구출과 승리의 이미지는 화해와 용서의 주제를 완전히 다른 맥락에 위치시킨다. 거기서 이 두 주제는 **하나님이 지금까지 잘못되었던 것을 바로잡기 위해 행동하심**(바르게 함)이라는 제목 아래 놓인다. 그때, 그리고 오직 그때에만 모든 사상과 이미

---

96 Moule, "The Energy of God." Moule이 실제적이고 문자적인 경험을 선호하며 회화적인 언어나 비유를 덜 강조하는 것을 목표로 한다고 진술한 점에 비추어 볼 때, 이 대목에서 회화적인 언어가 강력하게 재천명되고 있다는 것은 흥미롭다. 나는 속죄 용어에 대한 Moule의 재고에 대해 비판적이면서도 그것에 대해 감사하게 생각한다. 나는 Moule이 회개, 용서, 화해의 개인적이고 인격적인 성격에 관한 자신의 명제들에 반하는 주장을 펼치는 것으로 보이는 부분들을 인용했다.

지들의 복합체는 그것이 속하는 위치, 즉 권세들과 싸우는 그리스도의 전쟁터에 놓이게 될 것이다. 이는 최후의 심판 이미지를 배치할 대단히 중요한 전경이다.

9장

묵시적 전쟁: 승리자 그리스도

[성경의] 스타일은 수도원 스타일이 아니라 전쟁터 스타일이다.

노스럽 프라이, 『위대한 코드』(*The Great Code*)[1]

---

1   Northrop Frye, *The Great Code: The Bible and Literature* (New York: Harcourt Brace Jovanovich, 1982), 213.

†

이 장을 "묵시적 전쟁"이라고 명명할 경우 즉각 몇 가지 문제가 제기된다. "묵시적"이라는 낯선 단어에 관한 광범위한 신비화가 있으며 거기에 더하여 군사적인 은유도 있다. 두 번째 난제를 먼저 다루자면 만일 기독교 공동체가 자신의 진정한 정체성에 걸맞게 행동한다면 그 공동체는 전투 이미지에 대해 매우 의심스럽게 생각할 것이라는 점이 솔직히 인정되어야 한다. 기독교 군국주의의 역사는 교훈적이지 않았다. 수백 년 동안 "기독교" 국가들과 집단들은 하나님이 자기 편이라고 생각했고, 그렇게 행동해왔다. 21세기에 고통스럽게도 "그리스도인들"과 "무슬림들"이 아프리카의 여러 나라에서 잔인하게 서로 공격하고 있다는 소식이 들려온다. 모든 그리스도인은 어느 지역에 거주하든지 이로 말미암아 심히 부끄러워해야 한다. 군사 행동을 미화하는 세상에서는 대체로 기독교의 전투 이미지가 역설적이라는 것이 종종 잊히곤 한다. 보이지 않는 영역에서 일어나는 전쟁을 환기시키기 위해 "칼", "방패", "전차", "군대" 같은 군사 용어들이 비유적인 의미로 사용된다. 성경에서 "묵시"(*apokalypsis*)라는 단어는 참으로 중요한 전투는 만군(*Sabaoth*,[2] 군대들을 의미하는 히브리어)

---

2   "군대들"을 의미하는 히브리어 **체바오트**(*tsebaoth*)의 그리스어 형태다. 따라서 RSV(롬

의 주 하나님과 정사들과 **권세**들을 배치하는 원수(엡 2:2) 사이에 진행 중
인 전투라는 세계관을 포함한다. 천상의 차원에서 벌어지는 이 전쟁은
인간사의 영역에서 일어나는 크고 작은 투쟁을 통해 지상의 차원에서 시
행된다. 그것은 세상의 무기로 싸우는 전투가 아니라 하나님의 영적인
무기로 싸우는 전투다(엡 6:11-17).[3]

묵시: 복습

이 장은 이미 앞의 몇몇 장에서 논의하기 시작한 묵시적 해석에 관한 주
된 요점 중 몇 가지를 회상하고 확장할 것이다. 정의를 다룬 장에서 우
리는 포로 생활이라는 구덩이에서 출현하여 이스라엘의 신학이 묵시적
인 것으로 전환되는 전기가 되는 예언자의 절묘한 음성을 기록한 이사야
40-55장을 특별히 주목했다. 이 열여섯 장에서 우리는 이스라엘의 거룩
한 이가 "보라, 내가 새 일을 행하리라"고 말하는 음성을 듣는다. 다른 실
재와 힘의 영역에서 나온 이 선언은 그 자체로 "묵시" 또는 "계시"다. 이

9:29; 약 5:4)와 테 데움(Te Deum, 은혜에 감사하여 성부와 성자를 찬양하는 라틴어 찬미
가로서 Te Deum laudamus의 줄임말—역자 주)에서는 "만군의 주"(Lord of hosts)로 번역
한다. KJV에서는 Sabaoth를 유지한다.

3   지금은 대체로 사용되지 않고 있고 잊혀진 1928년 『성공회 기도서』에서 많은 보화들이 발
     견된다. 예컨대 특히 교회의 총회를 위한 기도에서 **죄**와 **사망**과 사탄의 "나라"가 "무너질"
     것을 언급하는 대목에 묵시적 틀이 상정되었다. "주님께 간청하오니 성령의 능력 있는 힘
     으로 우리의 사역에서 우리를 이끄시고 거룩하게 하시고 다스려 주소서. 그리스도의 압도
     적인 복음이 참되게 설교되고, 참되게 받아들여지고, 참되게 준수되며,…죄와 사탄과 사망
     의 나라가 무너지게 해주소서. 마침내 우리 구주 예수 그리스도의 공로와 죽음으로 말미
     암아 흩어져 있는 주님의 모든 양이 하나의 우리 안으로 모아져 그들이 영생에 참여하는
     자들이 될 때까지 그리 하소서. 아멘." 대적하는 영역과 원수가 내쫓길 것이라는 이 의식
     이 복음의 많은 버전들에서는 대체로 빠져 있다.

스라엘의 치욕의 깊은 곳에서 나온 그 선포는 그 안에 하나님의 말씀이 원래의 창조에서 지니고 있던 것과 똑같은, 새로운 세계를 창조하는 능력을 갖고 있다.[4] 이사야는 **인간의 협력과 무관하게** 장차 임할 하나님의 승리를 선언한다. 장차 오실 이의 저항할 수 없는 힘으로 말미암아 재창조되고 구속된 세상의 출현이 선언되고 존재하게 된다.[5] 포로기의 미지의 이 예언자로부터 우리는 최초로 완전히 발달한 묵시의 특징이 될, 보편적이고 우주적인 언급을 분명한 어조로 듣는다. 이후 역사 안에서 나오는 구속 사상은 예언자들의 글에서 사라지기 시작한다. 대신에 우리는 "여호와께서 천하의 왕이 되시리니 그날에는 여호와께서 홀로 한 분이실 것이요…다시는 저주가 있지 아니"할 때인(슥 14:9, 11), 묵시적 전쟁터에서 주의 승리의 날을 묘사하는 스가랴 9-14장의 내용과 같은 신탁들을 듣기 시작한다.

안셀무스를 다룬 가교 장은 묵시적 신학과 거의 또는 전혀 관련이 없는 것처럼 보일 수도 있지만, 인간의 곤경(*ponderis peccatum*, 죄의 무게 또는 중대성)의 정도에 대한 그의 주장은 묵시적 관점과 모순되지 않는다. 안셀무스의 기획은 신인(神人)이신 그리스도 안에 계시는 하나님이 **인간의 영**

---

4 이사야서에서 계시적이고 수행적인 하나님의 말씀을 가리키는 단어는 **쉬무아**(*šemu'a*)다. 70인역(신약성경 저자들이 사용한, 히브리 성경의 그리스어 번역본)에서 이 단어는 **아코에**(*akoē*)로 번역되었다. 바울 서신들(예컨대 롬 10장)에서 이 단어는 종종 "듣기"로 번역되어 사람의 듣는 행위를 강조하는데, 이는 중요한 문제다. 하지만 이사야서에서 이 단어는 분명히 **메시지 자체**를 의미한다. NEB은 롬 10:16-17을 바르게 번역한다(이 점에서 KJV와 RSV는 틀렸다). "이사야는 '주여, 우리의 메시지를 누가 믿었나이까?'라고 말한다. 우리는 [바울은 계속해서 이렇게 말한다] 그러므로 믿음은 그 메시지로 말미암아 일깨워진다고 결론을 내린다(저자의 의도를 충실히 표현하기 위해 개역개정을 따르지 않았음—편집자 주)." 이것은 번역에서 중요한 문제다. 묵시 신학은 죄로 왜곡된 인간이 하나님의 말씀을 받아들이는 데 근거하는 것이 아니라 하나님의 말씀의 의도적인 행동에 근거하기 때문이다.

5 서론에서 언급되었듯이, 요한계시록의 그리스어는 "장차 오실 이"(*ho erchomenos*)를 실제적인 칭호로 사용한다(계 1:8).

역 밖으로부터 행동하여 **죄**와 **사망**과 마귀를 그들의 왕좌에서 끌어내렸다는 확신에 의존한다. "사람이 마귀에게 정복당했듯이, 그리스도가 마귀를 정복했다."[6] 따라서 안셀무스는 그의 학문적 담론 세계 내부로부터 기본적인 묵시 사상―하나님이 자신의 더 큰 힘의 세계로부터 이 죄의 세계 안으로 불가항력적으로 침입했다―에 관한 뭔가를 파악했다고 말해도 지나친 것은 아니다. 안셀무스는 우리의 존재가 무죄 선고를 받았거나 심지어 도덕적으로 바르게 되었다는 것만을 생각하는 것이 아니라, 무엇보다도 우리가 대항하기에는 너무 강한 세력들로부터 우리의 존재가 해방되었다고 생각한다. "이 목표는 인간이 그들의 창조주에 의해 구원되지 않는 한 달성될 수 없었다."[7]

6장("피의 제사")에서 우리는 속죄를 위한 레위기의 규정에서, 하나님이 이스라엘에게 죄 문제의 해결로서 **회개**에 그들의 소망을 두라고 가르쳤음을 살펴보았다. 바빌로니아 유배에 의한 신학적인 위기가 촉발될 때까지 이 방식이 유지되었다.[8] 그러나 유배라는 극단적인 상황으로 인해 이스라엘은 인간적인 해결책에 대한 소망을 포기할 수밖에 없었다. 그러므로 포로기 후에 만개한 묵시문학은 특정한 불연속성을 특징으로 한다. 십자가 처형의 순간에 성전의 휘장이 찢어진 것을 마가복음과 마태

---

6 Anselm, *Cur Deus Homo?* 2.19를 다른 말로 바꾸어 표현했음.
7 Anselm, *Cur Deus Homo?* 1.4.
8 유배의 신학적인 위기가 신약성경에 반영된 방식과 랍비 유대교에 반영된 방식이 달랐기 때문에 회개의 역할은 계속해서 기독교와 유대교 사이의 차이점이 되고 있다. 우리는 4장에서 "회개하면 엄한 판결이 내리지 않을 것이다"라는 속죄일 예전에 사용하는 말을 주목했다. 기독교 복음, 특히 십자가에서 **인간적인 어떤 것도** 엄한 판결이 내리지 않게 할 수 있는 것이 **없음**이 드러났다. 회개는 하나님 자신에 의해 점화된, 십자가 위에서 완성된 그리스도의 사역에 대한 적절한 **반응**이다. 그리스도의 대리적인 자기희생이 단번에 "엄한 판결"이 내리지 않게 했다(성부가 성자를 거스른다는 의미에서는 **아니라는** 것을 아무리 반복해서 강조해도 지나치지 않지만 말이다).

복음은 옛 질서에 결정적인 타격이 발생하고 있음을 보여주는, 하나님으로부터 오는 묵시적 표지로 이해했다. "성전보다 더 큰 것이 여기 있느니라"(마 12:6). 묵시적 예언자들의 환상들—에스겔의 마른 뼈 환상, 스가랴의 예루살렘 신원, 다니엘의 인자의 도래에 대한 꿈—은 **자기 백성의 반응과 무관하게 행동하는 하나님**을 계시한다. 그리고 우리는 다시금 하나님의 구원이 **창조 질서 전체**를 포함할 것이라는 우주적이고 보편적인 통고를 듣는다.

유월절-출애굽기를 다룬 5장은 "종말론"과 "묵시"라는 단어들 사이의 중요한 유사성과 비유사성에 대한 논의를 소개했다. 7장에서 우리는 속전(몸값) 비유가 사람들이 자기들이 대적하기에는 너무 강한 포획자들에 의해 자신의 의지에 반하여 속박되어 있음을 암시한다는 것을 보았다. 그러므로 해방은 반드시 다른 힘의 영역으로부터 와야 한다. 예수는 누가복음 4:18-19의 취임 설교에서 자신을 종말론적 해방자로 선언한다. 5장과 8장에서 우리는 인간의 행위가 하나님의 목적을 **실현하는** 것이 아니라 이미 세상에서 작동하고 있는 하나님의 행위를 **가리킨다**는 점을 강조했다. 성경의 묵시라는 렌즈를 통해 세상을 보면 **보는 방식에 변혁이 일어난다.** 그것은 하나님이 약속한 미래에 대한 보증인, 세상에서의 하나님의 행동을 인식하고 거기에 참여하는 방법이다.

8장은 하나님의 택함 받은 백성이나 "민족들"뿐만 아니라 특히 하나님의 창조 질서의 파괴자들—신약성경에서 적시된 **권세들**—의 유죄를 입증하는 하나님의 근거의 집단적, 우주론적 측면들을 강조했다. 장차 임할 심판이 부분적으로는 하나님의 백성에 대한 법정 심리로 생각될 수 있다면, 그것은 얼마나 더 왜곡된 구조들과 비인간적인 제도들로 가득찬 온 **세상** 위에 내리는 하나님의 의로운 심판이 되겠는가? 우리는 하나님의 의(*dikaiosyne*)가 단지 하나님의 속성(명사)에 불과한 것이 아니라 그 속성이 요구하는 바를 줄(동사) 수 있기 때문에 이 모든 것이 발생한다는 점을 살펴 보았다. 이것이 칭의(*dikaiosis*) 개념에서 중심 사상이다. 하나님의 의는 **의롭게 만드는**, 말하자면 **잘못된 것을 바로잡는 하나님의 능력**과 동일하다.

이 장에서 우리는 법정적 묵시와 우주론적 묵시라는 두 종류의 묵시를 소개했다. 둘 다 성경에 등장하지만 그중 법정 이미지가 지배적인 비유가 되어서는 안 된다. 그것은 너무 개인적이고, 따라서 축소적이다. 그것은 유죄와 무죄라는 범주에 속한 것들을 너무 많이 다루며, 그에 맞서 전쟁을 치러야 하는 원수를 상상하지 못한다. 이제 신약성경 해석자들에 의해 묵시의 우주적이고 보편적인 관점이 재발견되었으므로 세계적인 상호의존의 시대에 우리는 이 관점을 놓치지 말아야 한다.

지금까지 논의한 내용을 복습했으니 우리는 이제 묵시적 관점과 묵시와 **예수가 주**(*Kurios Iesous*)시라는 신약성경의 선포 사이의 관계에 대해 좀 더 자세하게 살필 것이다.

묵시에 대한 오해와 바른 이해

"묵시"라는 단어는 사실상 모든 사람에게 친숙해졌지만 그 단어를 성경적인 의미로 이해하는 사람은 별로 없다. 대다수 사람에게 그 말은 단지 극단적인 사건—대변동—특히 한 사람의 세계나 이 세상의 종말에 대한 실제적 또는 상상의 표지들이 동반된 사건을 의미한다. 세속 문화에서 "묵시"라는 단어의 성경적 의미는—기적을 제외하고는—사라졌다. 그래서 교회가 종교적 목적이나 배타적 목적에서가 아니라 자기이해를 위해서 그 단어의 성경적 의미를 되찾아야 할 이유가 더 절실하다. 포로 후 유대교의 묵시적 경향—이는 신약성경으로도 이어진다—은 상상 속의 대재앙적 사건들에 대한 기이한 집착이 아니다. 그것은 특히 윤리적 차원을 지닌 포괄적인 세계관이다. 더욱이 그것은 역사 이론이다.[9] 이스라엘의 사상가들은 포로로 끌려간 후 일반적인 의미의 역사를 포기했지만 역사는 여전히 하나님이 활동하는 무대다. [둘 사이의] 차이는 역사적 사건들을 **보는 방식**에 놓여 있다. 성경의 묵시 신학 관점에서 보면 인간사의 여러 사건은 다른 의미를 지닌다.

묵시(*apokalypsis*)라는 단어의 어근은 "드러냄", "벗김" 또는 "계시"를 의미한다. 그 단어는 신구약 중간기에 유대에서 번창했던 문학의 한 유형을 의미하게 되었다. 우리에게 구약성경의 다니엘서로 알려진 글이 이 장르의 가장 훌륭한 작품이다. 요한계시록은 다니엘서의 직계 자손이다.[10] 이 묵시문학에서 생겨난, 세계를 보는 방식이 예수 당대에 만연했기 때문에 예수가 이 세계관을 공유했다고 가정하는 것은 합리적이다. 좀 더 이른 세대의 현대 학자들은 예수를 이 세계관과 분리하려고 했지만, 묵시적 세계관에 대해 더 깊이 이해하게 됨에 따라 많은 학자가 그 입장을 지지할 수 없다고 생각하게 되었다. 이제 적어도 "공관복음 묵시"의 일부(마 24장; 막 13장; 눅 21장)는 예수 자신에게로 거슬러 올라갈 가능성이 커 보인다.[11]

---

9 마르크스주의 역시 그 자체의 "묵시적" 차원을 가진 역사 이론이다. 차이여, 영원하라(*Vive la différence*).

10 본서에서는 "묵시"로 불리는 **장르**와 묵시적 **세계관** 사이의 구별이 유지된다. 묵시 장르는 전문가에게 지대한 관심 대상이지만 본서의 범위를 벗어난다. 여기서 우리는 사도 바울의 편지들에서 가장 철저한 형태로 발견되는 묵시적 **세계관**(실제로는 **세상**을 보는 관점)에 집중할 것이다.

11 Raymond E. Brown은 1970년대에 당시 일반적이던 의견에 맞서 묵시가 예수 자신의 세계관의 일부였음이 틀림없다고 주장한 가장 뛰어난 성경학자 중 한 명이었다. 그는 1973년 유니온 신학교에서 묵시 장르 전 과정을 설계하고 가르쳤으며, 묵시가 복음서에 어떻게

우리가 이 대목에서 예컨대 신구약 중간기의 특정한 "묵시들"을 전문적으로 분석하느라 지체할 필요는 없다.[12] 대신에 우리는 좀 더 구체적으로 십자가 자체가 어떤 면에서 하나님의 결정적인 **묵시**인지, 그리고 그것이 이미 존재하고 있었지만 감춰져 있던 뭔가를 어떤 식으로 계시하거나 계시하지 않는지에 초점을 맞출 것이다. 비전문가인 독자는 묵시적 틀에서 십자가의 위치를 이해할 필요가 있다. 여기에 기독교 복음의 필수적인 핵심이 있으며, 그리스도를 알고자 하는 사람은 누구나 그것에 쉽게 접근할 수 있다. 이 장의 목적은 십자가형을 당하고 부활하신 주님을 하늘 군대의 수장(首長)으로 묘사하는 신약의 그림을 설명하고, 그럼으로써 이 관점이 제공하는 확신과 소망을 알려주는 것이다.

신약성경 연구에서 획기적 발전

묵시적 관점이 신약성경의 상징 세계를 이해하는 열쇠인지 아니면 열쇠가 아닌지에 관한 입장을 취하지 않고서는 승리자 그리스도 주제를 논의할 수 없다. 이 장의 배후에 놓여 있는 학문적 성과가 아직 교회에 잘 알려지지 않았지만 그것이 학계에서는 점점 더 두드러지고 있으며 교인들

등장하는지를 지속적으로 보여주었으며, 당시 지배적인 입장을 대표했던 Norman Perrin 을 초청하여 그 주제에 관해 토론하고 논쟁했다.

12 관심이 있는 독자들은 예컨대 다음과 같은 많은 묵시문학 연구서나 성경 연구서를 찾아볼 수 있다. John J. Collins, *The Apocalyptic Imagination: An Introduction to Jewish Apocalyptic Literature,* 2nd ed. (Grand Rapids: Eerdmans, 1998)(『묵시문학적 상상력』, 가톨릭출판사 역간); P. D. Hanson, "Apocalypticism," in *Interpreter's Dictionary of the Bible: Supplementary Volume,* ed. K. Crim (Nashville: Abingdon, 1976); Joel Marcus and M. L. Soards, eds., *Apocalyptic and the New Testament: Essays in Honour of J. Louis Martyn* (Sheffield: JSOT Press, 1989).

에게도 전해지기 시작할 것이다. 묵시 신학과 관련된 내용을 파악하면 승리자 그리스도 주제를 포괄적으로 이해하기 위한 기초가 크게 강화될 것이다. 에른스트 케제만의 저술에 영향을 받은 성경신학자들은 신약성경에 나타난 묵시 신학의 기초를 다양하지만 본질적으로는 통일되게 정의해왔다.[13] 우리는 가장 중요한 두 학자인 J. 크리스티안 베커와 J. 루이스 마틴의 저술에 의지할 것이다.[14]

베커는 우리에게 무엇이 걸려 있는지에 대한 감을 제공한다. "이 세

---

13 "성경신학자"(biblical theologian)라는 용어를 혼동하는 대중매체가 많다. 이 단어는 정확한 정의를 갖고 있으며, "성경학자"(biblical scholar)라는 용어를 포함하기는 하지만 그것과는 구별된다. 본서에서 어떤 학자가 "성경신학자"로 적시될 경우, 이는 그 사람이 텍스트로서 텍스트를 연구하는 학자이지만, 이 요소와 더불어 그 사람이 조직신학에도 정통하며, (이 점이 더 중요하다) 성경의 증언을 **선포로서** 연구하는 은사와 경향을 가지고 있는 사람이라는 뜻이다. 그렇다고 해서 내가 텍스트에 대한 설명으로 유명한 학자들의 연구를 약화시키려는 것은 아니다. 모두 그런 것은 아니지만 본서에 인용된 대다수 학자들은 성경신학자라고 할 수 있는데, 이는 대체로 그들이 설교에 대해 관심을 갖고 있고 교회를 돌보며 기독교 교리를 잘 알고 있기 때문이다.

14 Charles Cousar는 Käsemann의 계보에 속한 세 번째 신약신학자다. 그는 이렇게 쓴다. "예수의 죽음은 죄 있는 인간과 하나님 사이의 상황에 완전한 변화를 가져왔기 때문에 그 죽음에는 묵시적이고 세상을 변화시키는 특성이 있다"(Cousar, *A Theology of the Cross: The Death of Jesus in the Pauline Letters*, Overtures to Biblical Theology [Minneapolis: Augsburg Fortress, 1990]). Cousar는 Käsemann으로부터 큰 영향을 받았지만, 거기서 한층 더 나아가 윤리를 강조한다. 그는 바울이 "십자가형이라는 언어"를 사용한 것은 단지 논쟁으로서만이 아니라 "독자들에게 그들의 몸에 예수의 죽음을 지니고 있는 십자가의 백성으로서의 정체성을 양성하기 위해서"였음을 강조한다(18).

Beker, Martyn, Cousar 외에, 성경신학에서뿐만 아니라 조직신학에서도 Paul Lehmann, Paul Minear, Roy A. Harrisville 같은 선배 학자들이 있다. 이들 이후에는 Käsemann 이후 중요한 **3세대** 학자들이 많이 있는데, 그들 중 일부는 성서학자들이고 일부는 조직신학자들이다. 학계에서 조직신학과 성서학 사이에는 일반적으로 메울 수 없는 간격이 존재하는데, 이 경우에는 그 간극이 상당히 메워졌다는 것이 참으로 놀랍다. 두 분야의 동료들로는 Christopher Morse, Martinus C. de Boer, Douglas Harink, Philip Ziegler, Alexandra Brown, Beverly Gaventa, Joel Marcus, Douglas Campbell, Joseph Mangina, James F. Kay, Stephen Westerholm, Susan Eastman 등이 있다. 어느 특정한 분야로 분류할 수는 없지만 중요한 묵시적 윤리학자로는 Will Campbel, James Holloway, William Stringfellow, Vernard Eller, Jacques Ellul, John Howard Yoder 등이 있다. Desmond Tutu는 성서학자도 아니고 신학자도 아니지만, 그의 오랜 공직 생활 내내 묵시적 윤리학에 조화되게 행동했다.

대와 다가올 세대 간의 불연속성은 현 세상의 질서가 철저하게 변혁될 것임을 가리킨다. 세상은 현재 사탄과 사망과 악한 세력들에 의해 지배되고 있기 때문이다. 부정과 긍정이라는 이 변증법에 하나님의 우주적인 통치에 대한 즉각적인 기대감이 동반된다."[15]

바울에 대한 평가에서 베커는 자신이 이런 식의 사고에 개인적인 이해관계를 갖고 있음을 알려준다. 복음의 윤리적 차원에 대한 그의 강조는 묵시문학이 현재의 난국에서 벗어나 이후의 삶에만 소망의 초점을 맞추는 것으로 보는 대중의 이해와 뚜렷이 대조된다. 베커는 오히려 묵시문학은 "치유에 사로잡힌 복음"에 대한 강력한 해독제라고 말한다. 베커는 바울의 메시지가 미국 기독교의 많은 예에서와 같이 사안별로 치유될 개인들에게 머무르지 않는다는 점을 강조한다. 오히려 베커는 언제나 해방시키려는 하나님의 목적을 망치려고 위협하는 **권세들**에게 세상이 예속되어 있다는 바울의 시각에서 생각한다. 베커는 극심한 고통 속에서 소망이 필요한 사람들에게 지속적으로 관심을 보인다. 그는 『사도 바울』(*Paul the Apostle*)의 서문을 이렇게 마무리한다. "'묵시적'이라는 말이 악몽과 만연해 있는 제도적 악을 의미하는, 우리 시대와 같은 시기에 판이한 묵시적 추진력과 신실한 하나님께 대한 확고한 믿음을 갖고 있는 바울의 복음은 우리에게 환난 속에서 새 힘을 고취한다."[16]

---

15 J. Christiaan Beker, *Paul the Apostle: The Triumph of God in Life and Thought* (Philadelphia: Fortress, 1980), 136-37(『사도 바울』, 한국신학연구소 역간).

16 Beker, *Paul the Apostle*, 페이퍼백 초판 서문, xxi.
독자들은 Beker의 생애에 관해 알고 싶을 것이다. 그는 신경이 매우 예민하고 감정적으로 취약한 십대 시절이었던 1943년 나치에 의해 네덜란드에 있는 그의 가족으로부터 떨어져 홀로 베를린으로 보내졌다. 그는 독일 군수품 공장에서 노예노동을 했다. 그는 노동 수용소에서 발진티푸스에 걸려 하마터면 죽을 뻔했다. 그가 수용소 양호실에 있을 때 그의 곁에는 맞서서 의식불명에 빠진 폴란드 소년이 누워 있었다. 그 소년은 그의 곁에 사흘 밤낮을 누워 있다가 죽었다. "아무런 이유도 없이 살해된 폴란드 소년의 버려진 시신 곁에 누

베커는 J. 루이스 마틴과 마찬가지로 케제만에게 빚을 지고 있다. 마틴은 케제만 이후 세대에서 바울의 묵시 신학에 대한 가장 영향력 있는 해석자일 것이다.[17] 오랜 세월에 걸친 마틴의 가르침과 저술, 특히 승리자 그리스도 주제와 관련된 저술로부터 사도 바울의 메시지와 세계관을 식별하는 몇몇 표시들을 도출할 수 있다.[18]

첫째, 새 것이 **묵시화되었다**. 즉 하나님으로 말미암아 존재하게 되었다. 십자가/부활 사건은 진정한 새 것이며, 이전의 모든 제도의 전면적인 반전이고, **무로부터의** 완전한 새 창조다. 우리는 "존재하지 않는 것을 존재케 하는"(롬 4:17. 개역개정은 "없는 것을 있는 것으로 부르시는") 하나님에 대해 말하고 있다. 바울은 그리스도에 대한 믿음을 하나님의 행위에 대한 인간의 반응이 아니라 하나님의 직접적인 창조, 즉 전에는 존재하지 않았으나 지금은 존재케 하는 어떤 것이라고 말한다.

둘째, 옛 **세상**(*kosmos*)과 새 세상 간의 단절이 있다. 하나님의 새 것은 구약성경에 예시되었으며, 구약성경은 대체되지 않았다. 하지만 바울은 우리로 하여금 히브리 성경(결국은 그것이 그가 유일하게 알았던 성경이다)을 다른 방식으로 읽도록 안내한다. 세상의 변화는 율법과 복음, 종교와 믿음, 명령형과 서술형 간의 관계를 철저하게 재정립했다. "우리 주 예수

위 있을 때 그는 신학자가 되기로 결심했다." 그는 창가로 가서 연합군의 폭격으로 불에 타고 있던 베를린을 내다보았다. 그리고 거기서 "발진티푸스에 걸려 묵시적인 장면을 바라보면서, 그는 '오직 하나님만 참되다'라고 고백했다"(Ben C. Ollenburger, *"Suffering and Hope: The Story behind the Book," Theology Today*, October 1987, 350-9). Ollenburger는 여기서 "묵시"라는 단어를 Beker에게 신학적인 중요성을 암시하는 방식으로 사용한다.

17 이어지는 내용은 Martyn의 논문, 그의 갈라디아서 주석, 그리고 1970년대와 1980년대에 행한 내 강의 노트에서 추려낸 것이다.

18 이것은 제2이사야에서 예견되었다. 사 40-55장에는 하나님이 새 일을 할 것이라는 선언이 예언 곳곳에 스며 있다. 이 열여섯 장 전체에서 행동의 유일한 주체는 하나님이며, 그분은 인간의 자격이나 인간의 준비 또는 인간의 반응과 관계없이 행동한다.

그리스도의 십자가로 말미암아 세상(*kosmos*)이 나를 대하여 십자가에 못 박히고 내가 또한 세상을 대하여 그러하니라. 할례나 무할례가 아무것도 아니로되 오직 새로 지으심을 받는 것만이 중요하니라"(갈 6:14-15).

그러므로 십자가와 부활의 "묵시"는 질서정연한 과정의 불가피한 최종 단계나 어떤 목표를 향하여 나아가는 점진적인 단계들의 축적이 아니었다. 그것은 하나님이 자신의 자아 전체를 쏟아부은 극적인 구원의 작업이었다.[19] 인간의 상황은 너무나도 절망적이어서 하나님의 그러한 조치 외에는 아무것도 이 상황을 타개하지 못할 것이다. 전통적인 관점에서 그토록 핵심적이었던 회개는 더 이상 그 문제를 해결하지 못한다. 옛 세상이 십자가에 못박히는 것(갈 6:14)만이 문제를 해결할 수 있다.[20]

셋째, 하나님은 세상 밖으로부터 세상에 대해 행동한다. 유배와 그 이후의 쓰라린 실망과 수치의 경험은 이스라엘의 신학적 관점에 비상사태를 초래했다. 구약성경이 마무리될 즈음에 태동한 묵시적 사고 방식은 사물을 보는 새로운 방식을 반영한다. 인간의 상황은 너무도 비극적이어서 역사 내부로부터는 어떤 해답도 없다는 것이다. 그러므로 그리스도 사건은 타자, 즉 자신이 창조한 세상을 탈환하는 분이 이 세상을 침공한

---

19 이는 C. K. Barrett가 본서 5장("유월절과 출애굽")에서 제시한 것보다 더 과격한 묵시에 대한 정의인데, 이것은 구원사적 관점과는 다르다. 구원사적 관점은 우주적 곤경이나 그리스도의 사명에서 옛 세상에 대한 하나님의 결정적인 침공의 극단적 성격에 대해 덜 철저한 견해를 취한다. N. T. Wright는 구원사적 관점을 취해서 묵시 신학을 반대하는 (몇몇은 불필요하게 이런 식으로 말할 것이다) 작금의 신약학자 중 특히 주목을 받는 사람이다. 나는 Wright의 신약성경 해석에 찬성하지 않는다. Wright는 그가 명쾌하게 설명하는 많은 해석학적 쟁점들 중 특히 복음의 정치적 차원 및 구약의 언약을 이스라엘로부터 분리할 수 없음을 열정적으로 강조한다. 여기서 표현된 견해들의 관점에서 볼 때, 난제는 그가 건설적인 대화를 추구하는 대신에 다른 학자들과 양립할 수 없는 불일치를 제시하기를 좋아한다는 것이다. 그가 계속해서 더 넓은 개념인 바르게 함을 받아들이지 않은 채 용서를 강조하는 점은 특히 실망스럽다.

20 이 불연속성은 바울의 관점과 누가-행전의 관점 간의 주된 차이다.

사건이다.

넷째, 역사의 무대에는 적대적인 세력들이 있다. 바로 앞 구절에서 사용된 "침공"과 "탈환"이라는 단어는 전투 용어다. 마틴이 표현하듯이 그 드라마에 등장하는 배우는 둘—하나님과 인간—이 아니라 셋—하나님, 인간 그리고 **권세들**—이다. 그리스도가 세상에 "묵시화되었을"(나타났을) 때, 그는 중립적인 영토에 온 것이 아니다. 점령하고 있는 세력—사탄과 그의 군대로 묘사되었다—이 그곳에서 쫓겨나야 했다. 이것은 다음 장의 주제가 될 것이다.

다섯째, 묵시 신학에는 우주적인 차원이 있다. 바울에게 독특한 포괄적인 관점(제2이사야를 통해서만 접근했다)에서[21] 사도는 온 세상—전체 창조 질서—이 구속을 기다리며 "탄식하고" 있다고 본다(롬 8:22).

마지막으로, 묵시적 관점은 "이중 초점"이다. 묵시 신학은 이 세상 중심적이지 않고 저 세상 중심적이지도 않으며 "두 세상 중심적"이다. 그것은 오로지 "지금"이나 "아직"이 아니다. 그것은 동시에 둘—폭력과 잔인함, 욕심과 탐욕, 질병과 사망의 "이 악한 세대"와 우리에게 약속의 형태로 알려지고 성령에 의해 보장된 "다가올 세대"—모두를 염두에 둔다.[22] 따라서 우리는 자신을 내어주는 행위들을 개인의 도덕적 선택의 모범으로 해석하는 것이 아니라 계시(*apokalypsis*)와 약속을 통해 우리에게 알려진 장차 임할 하나님의 새로운 세상을 향한 표지판으로 해석한다.

이 관점은 성경신학 연구와 윤리에 직접적인 적실성을 지닌다. 레슬

---

21 이 주제는 구약성경의 슥 9-14장뿐만 아니라 스바냐서, 학개서, 다니엘서와 신약성경 요한계시록의 여러 곳에도 강하게 등장한다. 하지만 주된 자료는 보편적이고 우주적인 차원들이 가장 분명하게 묘사된 제2이사야와 바울 서신들이다.

22 Martyn은 이것을 "이중 초점" 관점이라고 부른다. 앞으로 설명할 이유로 인해 나는 "초월적 관점"(transvision)이라는 단어를 더 좋아한다.

리 뉴비긴(1909-98)은 포스트모던 시대의 가장 중요한 기독교 사상가 중한 명이었다. 그는 생애의 대부분을 인도에서 보냈으며, 주로 선교학에 대한 기여로 알려졌다. 그는 학자로 훈련을 받지 않았으며, 대개는 묵시 신학자들 가운데 이름이 거론되지 않는다. 그러나 놀랍게도 그는 케제만과 접촉하지 않고서도(그들은 동시대인이었다) 신약성경 연구를 통해 묵시적 관점을 이해했다. "십자가는 그리스도와 죄 사이의 결정적인 전투가 벌어졌던 곳이고, 사탄의 세력들이 전력을 기울여 공격한 곳이며, 그들이 패한 곳이다. 십자가는 온 인류를 대신하는 죄의 삯이 받아들여진 곳이다."[23]

뉴비긴은 종종 속죄에 대한 법정적 관점("죄의 삯은 사망이다")에 소환되는 바울의 이미지를 택해서 그것을 우주적 묵시의 영역으로 끌어올릴 수 있었다.

조직신학자인 필립 지글러 역시 신자에게 그리스도 안에 있는 새로운 삶을 살라고 촉구할 때조차 묵시적 침공 이미지를 사용한다. "바울의 복음에서 '계시'(apokalypsis)는 타락한 만물의 질서에 대한 하나님의 구속적인 침공을 의미한다. 그래서 실재 자체가 그 사건으로 인해 결정적으로 다시 만들어진다. 그리스도 안에서의 하나님의 강림은 이전의 사고 방식과 행동 방식을 완전히 파괴하고 대체하며, 하나님과 적극적으로 화해한 세상의 실재와 더 잘 어울리는 새로운 사고 방식과 행동 방식을 낳는다. 서로 연결된 신학과 윤리에서 특히 그렇다."[24]

---

23 이 인용의 출처는 *Sin and Salvation*(London: SCM, 1956, 『죄와 구원』, 복있는사람 역간), 58이다. *The Gospel in a Pluralist Society*(『다원주의 사회에서의 복음』, 한국기독학생회출판부 역간)에서 그는 참으로 놀라운 신약성경의 묵시에 대해 좀 더 자세히 설명한다. Newbigin은 권세들에 대한 Walter Wink의 연구들에서 약간의 단서를 취했지만, 하나님의 행동에 관한 장로교 신앙의 깊은 확신의 인도를 받아 그것들을 넘어섰다.

24 Philip Zeigler, "Dietrich Bonhoeffer: An Ethics of God's Apocalypse?" *Modern Theology* 23, no. 4 (October 2007).

요약하자면 하나님은 **현재** 행동하고 있다. "지극히 천한 자"(단 4:17)를 통하여 일하는 성령의 능력으로 말미암아 하나님은 계속해서 역동적인 힘을 가지고 정복된 영토 안으로 밀고 들어온다. "우리의 싸우는 무기는 육신에 속한 것이 아니요 오직 어떤 견고한 진도 무너뜨리는 하나님의 능력이라"(고후 10:4). 그러므로 **권세들**에 저항하는 것은 그리스도인의 의무다.

종말론 대 묵시 그리고 불연속성 문제

"종말론"과 "묵시"는 가까운 단어들이지만 동의어는 아니다.[25] 모든 묵시는 종말론적이지만, 모든 종말론이 묵시적인 것은 아니다. "종말론"은 "마지막"을 의미하는 그리스어 **에스카톤**(*eschaton*)에서 유래했다. 신학생들에게는 "종말론"이 종종 최후의 심판, 재림, 죽은 자들의 최후의 부활과 같은 "마지막에 일어날 일들"에 관한 연구로 정의된다. 하지만 이 정의는 종말론을 특정 신학 과목의 끝에 붙여둔 몇 가지 항목으로 축소하기 때문에 유용한 정의가 아니다. 적절하게 말하자면 신약성경의 종말론

---

25 J. Christiaan Beker는 『사도 바울』(*Paul the Apostle*) 페이퍼백 서문에서 세심한 노력을 기울여 묵시와 종말론을 구별했다. 그는 독특하고 도발적인 어구로 그 차이가 왜 그렇게 중요한지 설명한다. "만일 내가 '묵시적'이라는 단어를 논쟁적인 취지로 사용한다는 점을 솔직히 강조했더라면 내가 그 용어를 사용하는 것에 관한 질문들이 잠잠해질 수 있었을 것이다. 나는 '묵시적'이라는 말이 다면성을 허용하지 않는다고 생각했고…최근에 신학이 '종말론'—이는 실존적 최종성과 초월적 실재부터 '죽음 이후의 삶'에 이르는 모든 것을 가리키는 개념이다—에 집착했다고 생각했다. 내가 '묵시적'이라는 용어를 사용한 것은 그것이 바울신학에 부합하기 때문만이 아니라 묵시의 미래 시제적, 우주적-보편적 그리고 이중적인 요소들이 우리 시대의 교회와 교회의 신학에 도전이 되기 때문이다. 달리 말하자면 나는 그 단어의 공격적인 특성을 강조하려고 했다. 이는 특히 성서학자와 신학자 모두 묵시에 적대적인 신학 전통의 풍조를 영속시키고 있기 때문이다"(xiv).

은 일군(一群)의 주제들이 아니라 포괄적인 세계관이다. 그러므로 종말론이 가리키는 것은 묵시를 넘어선다.[26] 우리는 5장에서 신약성경의 종말론에 관한 C. K. 바레트의 1953년 논문을 인용했다. 그의 설명은 여전히 유용하다. 우리는 그 가운데 일부를 다음과 같이 요약할 수 있다.

1. 종말론은 "마지막에 일어날 일들"이라는 제목하에 연구할 주제 목록이라기보다는 **사고방식**이다.
2. 성경적 종말론은 하나님의 행동의 감춰진, "아직 아닌"의 특성을 가리키는데 이는 성경 전체를 통해 신자로 하여금 미래 지향적인 믿음을 갖도록 요구한다.
3. 시리즈의 마지막 사건은 그보다 선행한 것들과 다르고 그것들과 **불연속적**이라는 점에서 **묵시적** 종말론은 실존적 종말론과 다르다.

바레트가 사용한 "마지막 사건"이라는 어구는 시리즈 중에서 마지막 명제 또는 마지막으로 발생한 일을 가리킨다. 사도의 복음 설교에서 이것은 세대의 전환점인 십자가와 부활 사건이다. 바레트는 계속해서 이렇게 말한다.

마지막 사건은…단순히 옛 것의 끝이 아니라 **존재의 다른 질서**에 속하는 새로운 시리즈의 시작이다. 그것은 하나님이 참신하고 반복될 수 없고 초자

---

26 독자들은 여전히 신약성경 해석에서 "묵시적"이라는 단어의 의미를 혼란스러워할지도 모른다. 묵시가 (그리스의 종교 환경에서처럼) 두 "방식"이 아니라 두 세대─죄와 사망의 세대와 그리스도의 통치─를 전제한다는 사실을 상기하면 도움이 된다. 두 방식 개념은 인간의 선택을 강조한다. 묵시 신학은 하나님의 선택을 강조한다. "그런즉 누구든지 그리스도 안에 있으면 새로운 피조물이라. 이전 것은 지나갔으니 보라, 새것이 되었도다. 모든 것이 **하나님께로서 났으며**"(고후 5:17-18, 강조는 덧붙인 것임).

연적인 조건으로 역사의 연속적인 사건들 안으로 뚫고 들어온 것을 나타낸다. 우리는…이 세상과 다른 세상 간의 경계에 걸쳐 있고, 그러므로 **그에 선행하는 사건을 연구함으로써 추론할 수 없는** 사건을 본다.…[묵시적 저자들의] 사상이 의존하고 있는 기본 원리는 두 세대 원리다. 현 세대에서는 악한 **권세들**이 하나님을 대항하여 반역하며,…장차 임할 세대에서는 하나님이 자신의 권위를 주장하고 악한 자들을 심판하고 처벌하며 그의 성도들을 복되게 다스릴 것이다.[27]

바레트의 이 유익한 글에서 우리는 옛 세대와 장차 임할 세대 간의 **불연속성**이 묵시의 주요 특징이라는 것을 본다. 이 불연속성은 이사야 40-55장과 구약성경의 그 밖의 후기 책들에 예시되었다.[28] 여기에 매우 중요한 주제인 복음의 급진성이 걸려 있다. 예수 그리스도 안에서 그리고 특히 그의 십자가와 부활에서 우리는 완전히 새로운 어떤 것을 보는가? "**예수는 주**"라는 교회의 초기 고백에 **승리자 그리스도** 주제가 단지 그리스도의 우월성에 대한 확인으로서가 아니라 세대들이 전환되었다는 표지로서도 등장하는가? 나사렛 예수 안에 있는 새로운 체제는 시내산 언약에서 일직선으로 이어지는가, 아니면 이 둘 사이에 모종의 단절이 존재하는가? 그리스도의 복음과 함께 완전히 새로운 어떤 것이 소개되는가? 뜨거운 논쟁이 되고 있는 이 질문은 신약신학에 중대한 영향을 미친다. 확실히 족장 아브라함과 무조건적인 언약을 맺었다는 점에서는 구약성경과 근본적인 연속성이 있지만(롬 4:1-24; 또한 행 3:25; 갈 3:14; 히 6:13-15),

---

27 C. K. Barrett, "New Testament Eschatology," *Scottish Journal of Theology* 6, nos. 2-3 (1953): 135-55와 225-43(강조는 덧붙인 것임). "악한 자들"이 누구이고 "성도들"이 누구인지는 본서를 마무리하는 장에서 다뤄질 것이다.
28 예컨대 학 2:10-23, 즉 9-14장과 스바냐서 전체를 보라.

불연속성도 있다(눅 3:8과 요 8:56의 아브라함에 대한 언급들은 좀 더 전복적이다). 이러한 모순은 우리가 논의를 진행하면서 다뤄질 것이다.[29]

바울은 특히 불연속성을 강조하는 것으로 보인다. 로마서 10:5-6에서 그는 "율법에 근거한 의"와 "믿음에 근거한 의"를 대조한다. 고린도후서 3:9에서 그는 "정죄의 체제"와 "의의 체제"를 뚜렷이 구별한다. 하지만 동시에 그는 히브리 성경을 거의 지속적으로 인용하며, 믿음으로 말미암는 의를 지지하는 그의 주요 논거의 중심인물은 바로 아브라함이다. 바울은 아브라함이 할례를 받기 **전에** 무조건적으로 선택되었음을 강조한다(롬 4:10-12). 이 대목에서 요점은 예수 그리스도 안에서 주어진 선택 개념은 하나님이 그의 택한 백성을 대하는 첫 장(창 12:1)으로 거슬러 올라가며, "그 자식들이 아직 나지도 아니하고 무슨 선이나 악을 행하지 아니한 때에 택하심을 따라 되는 하나님의 뜻이 행위로 말미암지 않고 오직 부르시는 이로 말미암아 서게 하려 하사"(롬 9:11)에서가 아니라 야곱을 택한 데서 예시된다는 것이다. 따라서 구약성경 구절들에 대한 바울의 파격적인 재해석은 연속성과 불연속성에 관해 예리한 질문을 제기한다. 이 문제는 앞으로 여러 곳에서 검토될 것이다.

---

29 예컨대 Ernst Käsemann의 이름은 불연속성과 결부되고 N. T. Wright의 이름은 연속성과 결부된다. 쟁점은 경건하지 않은 자를 의롭다고 하는 것과 **가능성**이라는 집요한 종교 개념에 집중된다. Simon Gathercole은 "바울에 대한 새 관점"에 관한 논문에서 평신도들이 이해할 수 있는 용어로 이것을 유익하게 잘 설명했다. 그는 "새 관점" 학자들(특히 E. P. Sanders, J. D. G. Dunn, N. T. Wright)이 우리에게 예수 당대의 제2성전기 유대교를 마치 루터 당대의 중세 로마 가톨릭교회인 것처럼 희화하지 말도록 경고하는 것은 옳다고 쓴다. 하지만 바울의 때부터 "바울의 동시대인 중 많은 사람이 하나님의 급진적인 침입이 없이도 순종이 가능하다고 믿은 것으로 보인다"는 것을 암시하는 많은 증거가 있다. 바울에게는 "십자가, 부활 그리고 오순절이라는 경천동지할 사건들 없이는 구원이 불가능했다." "하나님의 능한 행동"이 없이는 언약에 대한 순종이 불가능했다. "육체"는 순종할 능력이 없었을 뿐만 아니라 실제로 하나님을 대적한다(롬 8:7). Gathercole, "What Did Paul Really Mean?" *Christianity Today*, August 2007.

구스타프 아울렌의 『승리자 그리스도』

신학생이라면 모두가 구스타프 아울렌의 책『승리자 그리스도』(*Christus Victor*)를 안다. 본서는 1931년 출간 이후 계속 필독서 목록에 올라 있다. 스웨덴 루터교회의 주교이자 신학자였던 아울렌은 자신이 **승리자 그리스도** 모티프로 파악한 것들을 좋아했기 때문에 그 책을 논쟁적이기도 하지만 역사적이고 서술적인 책으로 기획했다. 본서의 라틴어 제목은 모든 곳의 신학 어휘 속으로 들어갔으며 본서의 핵심적인 논증의 중요성은 이제 일반적으로 인정되고 있다. 물론 다른 모든 획기적인 연구와 마찬가지로 이 책도 이후의 발전에 비추어 읽어야 하지만 말이다. 이 책이 나온 지 80년이 넘었지만 모든 것을 고려할 때, 아울렌이 다룬 승리자 그리스도 주제는 여전히 유효하다.

지금은 친숙해진 아울렌 주교의 논지는 십자가와 부활에서 이루어진 속죄에 관해 세 가지 중요한 설명이 있다는 것이다.

1. 안셀무스에 의해 최초로 설명되었고 중세 스콜라 철학을 통해 전해져서 종교개혁을 거쳐 개신교 정통신학에까지 이어진 라틴적, 법정적, "객관적" 견해.
2. 아벨라르두스와 관련된 "주관적", 인본주의적 견해.
3. 교부들이 주장했고 마르틴 루터에 의해 되살아난 신약성경의 "고전적", "극적" 또는 승리자 그리스도 견해.

이러한 구분과 식별은 많은 논쟁의 대상이 되었으며, 특히 안셀무스에 대한 아울렌의 평가는 상당한 비판을 받았다.[30] 첫 번째와 두 번째 견해에 관해 그가 쓴 글 대부분은 무시될 수 있다. 우리의 목적과 관련해서 아울렌의 중요성은 그가 승리자 그리스도 주제를 집중적으로 조명하는 방법에 놓여 있다. 이 주제에 관한 그의 정의는 우리가 지금까지 묘사해 왔던 묵시적 관점과 매우 유사하다. "그리스도의 사역은 우선 인류를 속박하고 있는 죄와 사망과 마귀 같은 **권세들**에 대한 승리다.…그리스도의 승리는 새로운 상황을 창조하고, 그것들의 지배를 끝내며, 사람들을 그것들의 지배로부터 풀어준다."[31]

아울렌은 이 관점이 중세 시대에는 빛을 보지 못했으며 종교개혁 때 잠시 되살아났다가 다시 억눌렸다고 주장한다.[32] 이와 관련한 핵심적인 통찰은—여기서 아울렌은 큰 기여를 했다—마르틴 루터가 신약성경에 대한 자신의 이해에 근거하여 성경적 및 교부적인 **승리자 그리스도**에 대한 설명을 확고하게 재확인했다는 점이다. 아울렌은 루터의 간략한 갈라디아서 주석에서 길게 인용한다.

하나님의 능력, 의로움, 축복, 은혜와 생명인 그리스도는 죄와 사망과 저주 같은 이 괴물들을 이기시고 그것들을 치워버리셨다. 그러므로 당신이 이 [구속함을 받은] 사람을 볼 때 당신은 죄, 사망, 하나님의 진노, 지옥, 마귀

---

30 Jaroslav Pelikan은 『승리자 그리스도』 1969년 판(*Christus Victor*, New York: Macmillan)에 쓴 유익하고 유려한 서문에서 몇 가지 비판들을 요약하고 자신의 비판을 제시한다. 좀 더 최근의 논문에서는 David B. Hart가 우리를 위한 하나님의 행동에 대한 안셀무스의 견해가 실제로는 Aulén이 안셀무스가 이를 포기한다고 비난하는 교부적 내러티브에 상당히 가깝다고 주장했다. 이 점은 안셀무스에 관한 가교 장에서 강조되었다.

31 Gustav Aulén, *Christus Victor: An Historical Study of the Three Main Types of the Idea of the Atonement*, foreword by Jaroslav Pelikan (New York: Macmillan, 1969; org. 1931), 106.

32 묵시적 관점이 콘스탄티누스 이후 상실되었다는 John Howard Yoder의 견해가 옳은 것 같다(John Howard Yoder, *The Politics of Jesus* [Grand Rapids: Eerdmans, 1972], 137과 여러 곳).

와 모든 악이 정복되고 죽었음을 본다.…

　　…이것은 어떤 피조물이 한 일이 아니라 전능하신 하나님이 행하신 일이다. 그러므로 이것들을 이기신 이[그리스도]는 틀림없이 그의 속성이 하나님인 분일 것이다. 세상과 모든 피조물을 지배하고 있는 죄, 사망, 저주 같은 능력이 있는 **권세들**을 대항하려면 이것과 다르며 더 높은 권세가 등장해야 하는데 그 존재는 하나님 외에 다른 존재일 수가 없다.[33]

루터의 신약성경 이해에 대한 아울렌의 설명에는 묵시 신학의 여러 특징이 드러난다.[34]

- 행동하는 주체로서 하나님
- 묵시적 드라마의 우주적, 보편적 특성
- 물리쳐야 할 적대적인 **권세들**의 존재
- 하나님의 메시아적 행위자에 의한 원수의 결정적인 패배
- 완전히 새로운 어떤 것의 도래

아울렌은 그 드라마에서 지금/아직 요소를 충분히 언급하지 않았으며, 파루시아(재림)를 바라봐야 할 긴급성을 대체로 빠뜨렸다. 그러나 묵시에 대한 그의 이해가 불완전하기는 하지만 그는 참으로 뭔가를 알고 있다.

33　Aulén, *Christus Victor*, 106-7. 나는 루터의 글을 인용한 부분이 Aulén의 책에서 최상의 부분에 해당한다고 생각한다.

34　Aulén으로부터 2세대 뒤의 인물인 Philip Ziegler는 Aulén에게 감사하며 그에 대해 이렇게 쓴다. Aulén은 Käsemann과 상당히 비슷하게 "부분적으로는 우리를 역사의 장에서 유일한 행위자로 잘못보고 절망하려고 하는 우리의 너무도 인간적인 의식을 비신화화하는 묵시의 힘 때문에 **승리자 그리스도**라는 묵시적 담화를 추천한다"("Christ Must Reign: Ernst Käsemann and Soteriology in an Apocalyptic Key," in *Apocalyptic and the Future of Theology*, ed. Joshua B. Davis and Douglas Harink [Eugene, Ore.: Cascade Books, 2012], 216).

예컨대 이 구절을 보라.

> 우리는 바울의 사상에서 적대적인 **권세들**에 대한 그리스도의 승리가 얼마나
> 근본적인 것인지를 보았다. 그것들이 아직 완전히 섬멸되지는 않았지만, 그
> 는 새 시대가 도래할 때 "그의 원수들"이 모든 힘을 빼앗기게 될 "마지막"을
> 바라본다(고전 15:24 이하). 하지만 결정적인 승리는 이미 쟁취되었다. 그리
> 스도는 자신의 힘을 취했고 마침내 그의 모든 원수들이 자신에게 복종할 때
> 까지 다스리실 것이다. 그의 승리는 모든 인류에게 유용하다. 그는 새로운 영
> 적 인류의 머리다.[35]

대다수 요소가 이 간략한 요약문에 들어 있다.

아울렌의 관심은 성경의 다른 모티프를 대체하는 데 있지 않았다.
그는 그 책을 출간하고 나서 20년쯤 지난 뒤 쓴 어떤 논문에서 구체적으
로 이렇게 말한다.[36] 그는 승리자 그리스도라는 모티프가 다른 모티프와
비교할 때 그것 자체로 완전한 교리는 아니지만 그 주제는 무엇보다 "그
리스도 안에서 하나님의 사랑이 적대적인 **권세들**을 대항하여 싸우고 승
리하는 드라마"라고 설명한다. 이 사실은 다른 모든 주제를 다양한 방법
으로 아우르는 **드라마**로서 묵시적 복음의 특성을 강조한다. F. W. 딜리
스톤은 특히 승리자 그리스도라는 드라마에 애착을 느끼고 문학적인 솜
씨를 발휘하여 『속죄에 대한 기독교의 이해』(*The Christian Understanding of
Atonement*)에서 이에 관한 훌륭한 장을 썼다. 우리는 로마서 5-6장을 설명
하는 단락으로 넘어가기 전에 딜리스톤의 책에서 인용할 가치가 있다.

---

35 Aulén, *Christus Victor*, 70-71.
36 Aulén, "Chaos and Cosmos: The Drama of the Atonement," *Interpretation* 4, no. 2 (April
    1950): 156-67.

신약성경의 다른 어느 곳에서도 그리스도의 구원 사역을 통한 구출이라는 주제가 바울 서신에서처럼 서정적이고 포괄적으로 축하되지 않는다. 과거와 현재와 미래로부터의 구출, 악한 우주적인 영향의 사악한 지배로부터의 구출, 그 요구들로부터 피할 길이 없어 보이는 율법의 짐으로부터 구출, 깨뜨릴 수 없는 악한 습관의 사슬로부터의 구출, 마지막 원수인 **사망**의 무서운 힘으로부터의 구출—바울은 이 모든 것이 구속자의 죽음과 부활로 말미암아 이루어졌다고 믿었다.[37]

로마서 5장과 6장에 나타난 승리자 그리스도로서 주(Kurios)

승리자 그리스도 드라마의 맥락에서는 로마서 5, 6장이 특별히 강조되어야 한다. 로마서 6장은 바울이 앞의 몇 장에서 닦아둔 기초 위에 논지를 전개한다. 우리는 바울이 그의 편지를 나쁜 소식으로 시작하지 않고 좋은 소식(복음)으로 시작한다는 것을 인식할 필요가 있다. 바울의 첫 진술(롬 1:17)은 "믿음에서 믿음으로 계시된['**묵시화된**']" 하나님의 의(dikaiosyne)의 복음(euanggelion)에 대한 당당한 선포다. 그리고 나서 바울이 하나님에 의해 인간이 어떻게 폭군의 세력—**죄**와 **사망**과 **율법**—에 "넘겨졌는지"를 보여주는 긴 단락이 이어진다.[38] "죄 아래"(3:9), "율법 아래"(3:19)라는 어구들은 로마서가 진행됨에 따라 점점 더 중요해지는 이 개념에 대한 이 서신 앞부분의 단서들이다. 우리가 처음 세 장을 한꺼번

---

37 F. W. Dillistone, *The Christian Understanding of Atonement* (Philadelphia: Westminster, 1968), 88. Dillistone이 속전/구속자 주제를 얼마나 손쉽게 통합하는지 주목하라.

38 **죄**와 **율법** 사이의 관계는 Paul Meyer의 영향력 있는 논문 "The Worm at the Core of the Apple"의 주제다. 우리는 이에 대해 본서의 결론 장에서 더 자세히 검토할 것이다.

에 다 읽을 때 유대인과 이방인 모두에 대한 심판이 쌓이는 것이 강력한 효과를 발휘한다. 유대인과 이방인은 각자 저마다의 방식대로 비슷하게 율법 아래 갇혀 있었다(2:14-16; 3:19; 행 13:39도 보라). 바울은 그의 청중을 하나님의 의가 **율법과 별도로** 알려졌다는 선언(롬 3:21)의 충격적인 효과에 대비시킨다. 이 선언의 과격함을 아무리 강조해도 지나치지 않다. 이것은 위에서 논의한 불연속성의 한 측면이다. 바울이 이후에 계속 설명하고 있듯이, 경건한 사람과 경건하지 않은 사람, 종교적인 사람과 비종교적인 사람, "선한" 사람과 "악한" 사람 사이에 **차별이 없다**(3:22)고 말하면 종교적 확신의 기초가 없어져버린다. 인간의 종교적 확신 대신에 바울은 비교할 수 없을 정도로 더 나은 어떤 것―인간의 행위로 말미암지 않고 믿음을 통해 은혜로 말미암아 우리에게 [의로] "여겨지는"(*logizomai*) 하나님의 의의 메시지―을 가져온다(4:3-8).[39]

로마서 5:14-19에서 바울은 "아담"을 온 인류를 상징하는 것으로 표현한다. 손턴 와일더는 소설 『산 루이스 레이의 다리』(*The Bridge of San Luis Rey*)에서 주인공 마르케사에 대해 이렇게 쓴다. "그녀는 이 세상 사람들이 이기주의로 무장했고, 자기 응시로 취했고…자신들의 욕구와 오랫동안 교감해온 것을 중단시킬지도 모르는 모든 호소에 대한 두려움 속에

---

39 하나님의 의가 **율법과 무관하게** 나타났다(롬 3:21)는 것이 **율법**(과 선지자들)**에 의해** 증언되었다, 또는 긍정되었다는 바울의 선언은 위의 선언만큼이나 놀랍다. 확실히 바울에게 **율법**은 이중적인 역할이 있다. 즉 **율법**은 우리에게 폭군처럼 굴며 우리를 압제하고 가두지만, 하나님의 진리의 계시에 있어서는 동반자로서 "거룩하고 의롭고 선하다"(롬 7:12). 바울에게 **율법**은 미묘한 분별을 요구하는 주제다. J. Louis Martyn은 바울에게는 **율법**에 역사가 있다고 설명한다. **율법**은 **죄**에 사로잡혀 거룩하지 않은 연합을 이루었지만(롬 7:9-11) 새로운 세대에는 **율법**이 더 이상 **죄**에 사로잡히지 않고 그리스도의 영의 자유로운 지배 하에 있게 된다(롬 8:2). Martyn, "Nomos Plus Genitive Noun in Paul," in *Early Christianity and Classical Culture: Comparative Studies in Honor of Abraham Malherbe*, ed. John T. Fitzgerald, Thomas H. Olbricht, and L. Michael White (Boston: Brill, 2003). **율법**의 역할은 본서 11장의 본문에서 더 충분하게 논의될 것이다.

갈팡질팡하는 것을 보았다. 이들은 중국에서 페루로 온 아담의 자손들이었다."[40] 이 구절은 "자신의 욕구"에 예속되어 있는 인류의 조상으로서 "아담" 개념을 멋지게 요약한다. 하지만 바울은 여기서 한 걸음 더 나아가 하나님의 개입이 없다면 권세들은 우리에게 너무 벅차기 때문에 인간의 죄악된 본성에 "호소하는 것"이 궁극적으로 아무 소용이 없음을 알았다. 로마서 5장의 마지막 부분은 세 가지 권세들을 적시하고 은혜가 어떻게 그것들을 이기는지 보여준다. "율법이 들어온 것은 범죄를 더하게 하려 함이라. 그러나 죄가 더한 곳에 은혜가 더욱 넘쳤나니, 이는 죄가 사망 안에서 왕 노릇한 것 같이 은혜도 또한 의로 말미암아 왕 노릇하여 우리 주 예수 그리스도로 말미암아 영생에 이르게 하려 함이라"(롬 5:20-21).

이 두 절은 죄와 사망의 지배(죄에게 사로잡힌 무기는 율법이다) 및 그리스도를 통한 은혜로 말미암는 의와 생명의 지배라는 두 개의 영역을 가진 묵시적 틀을 제시한다. 바울은 명백히 새로운 아담과 의와 생명의 성령에게 지배되는 힘의 영역을 위한 여지를 만들기 위해 반드시 쫓겨나야 할 적대적이고 능동적인 권세들을 생각하고 있다.

바울은 로마서 5:16-21에서 옛 세대와 대조되는 승리의 새 세대를 제시하면서 몇 가지 현저한 평행을 전개한다.

심판 → 한 사람의 범죄 → 정죄
은사 → 많은 범죄 → 의롭다 함(16절)
아담의 범죄 → 사망이 지배함
그리스도의 은혜와 의 → 생명 안에서 지배함(17절)

---

40 Thornton Wilder, *The Bridge of San Luis Rey* (New York: HarperCollins, 1986, 『산 루이스 레이의 다리』, 샘터사 역간), 17.

한 사람의 범죄 → 모든 사람이 정죄에 이름

한 의로운 행위 → 모든 사람이 의롭다 함을 받아 생명에 이름(18절)

한 사람[아담]의 불순종 → 많은 사람이 죄인이 됨

한 사람[그리스도]의 순종 → 많은 사람이 의인이 될 것임(19절)

죄 → 지배 → **사망**

은혜 → 지배 → 의(*dikaiosyne*) → 영생(21절)

이 놀라운 평행 어구들은 두 개의 힘의 영역들이 경쟁한다는 개념에 기초하고 있다. 이 **권세들** 모두 지배권(*basileia, basileuo*)을 행사하는데, 이 단어는 지배, 통치, 통제, 주권(일반적으로 "통치"로 번역됨)을 의미한다. **죄의** 다스림 또는 지배는 **사망**으로 이어지는 반면에 그리스도 안에 있는 하나님의 은혜의 지배는 의와 생명으로 이어진다. 21절을 문자적으로 번역하면 다음과 같다.

죄가 사망[*thanatos*]을 통해 통치[*basileus*에서 파생]한 것 같이

은혜 역시 의[*dikaiosyne*]를 통해 통치[*basileus*]해서 우리 주[*Kurios*] 예수 그리스도로 말미암아 영생에 이르게 하기 위함이다.

이 절들을 이런 식으로 제시함으로써 우리는 바울의 대립하는 문장들이 어떻게 우리에게 대립하는 두 통치에 대한 명확한 이미지를 제시하는지를 보여준다. 이 대립들은 종종 영어에서는 분명히 드러나지 않는다. 이제 5:20-21에 대한 좀 더 관습적인 영어 번역을 살펴보자. "where sin increased, grace increased all the more, so that, just as sin reigned in death, so also grace might reign through righteousness(*dikaiosyne*) to bring eternal life through Jesus Christ our Lord (*Kurios*)"(NIV)(죄가 사망 안에서 통치한 것처럼, 은혜 역시 의를 통해 통치해서 우리 주 예수 그리스도를 통해 영생을 가져오기 위해서 죄가 증가한 곳에 은혜는 한층 더 증가했다).

바울이 **디카이오쉬네**를 능력(*dunamis*)과 연결한 로마서 1:16-17에서 시작하여 로마서 전체에서 그 단어를 사용하는 방식을 고려할 때 우리는 **디카이오쉬네**를 **동사**, 즉 능동적인 행위로 이해하지 않는 한 방금 전에 인용한 구절이 말이 되지 않는다고 결론을 내린다. 바울은 여기서 두 **권세들**을 대조하고 있다. 한 **권세**가 다른 **권세**보다 강하다. 그래서 바울은 습관적으로 "더욱"(대안적으로는 "하물며 얼마나 더")이라는 표현을 사용한다. 여기서 바울이 전하려는 메시지는 **사망**은 큰 **권세**이지만 **디카이오쉬네**(하나님의 의)는 그것보다 훨씬 더—더욱—**권세**이며, 그것은 하나님의 은혜와 함께 적극적으로 작용해서 **죄**와 **사망**의 통치를 전복시키고 피조물을 되찾아서 의와 영생의 새로운 통치를 시작한다는 것이다. 이것이 바로 십자가와 부활에서 발생한 일이다.

이제 5장의 마지막 절에 등장하는 "주"(*kurios*)라는 단어를 살펴보자.[41] 바울은 습관적으로 이 단어를 사용해서 예수를 묘사하고 그가 누구인지를 밝힌다. 이 단어는 우리에게 너무도 친숙하며, 우리는 이 단어에 거의 주목하지 않는다. 우리는 그 말이 무슨 뜻인지 생각하지 않은 채 기도 마지막에 "우리 주 예수 그리스도의 이름으로"라는 말을 재잘거린다. 그것은 "예수 그리스도"라는 말을 좀 더 근사하게 표현한 데 지나지 않는 것처럼 보인다. 하지만 바울에게 **퀴리오스**라는 단어는 엄청난 무게를

---

41 예전을 중시하는 교파에서 자란 그리스도인들과 고전 음악 애호가들은 미사곡의 "키리에 엘레이손"(Kyrie Eleison, "주여, 불쌍히 여겨주소서")에서 (약간 다르게 음역한) 그리스어 **퀴리오스**를 알아차릴 것이다.

갖는다. 바울은 6장에서 이 단어를 사용해서 이 점을 놀라운 방식으로 보여준다. "통치"(dominion; RSV, KJV, NRSV)나 "지배"(mastery; NIV)로 번역되는 이 단어는 "주인"(lord)이라는 뜻의 **퀴리오스**에서 파생했다. 이 단어도 영어로 번역하기 어려운 단어다. 우리가 그 단어의 동사 형태를 "~위에 군림하다"(lord it over)라고 번역하지 않는 한 그 단어의 명사와 동사 구문 간의 연결이 드러나지 않는다. 그 단어가 그렇게 번역되면 바울의 사고의 흐름이 우리 눈에 들어온다. 그것은 이렇게 진행된다.

- 로마서 6:9에서 바울은 "사망이 더 이상 그[그리스도] 위에 군림하지[*kurieuo*] 못한다"고 말한다.
- 그리고 나서 바울은 "죄가 너희 위에 군림하지[*kurieuo*] 못할 것이다"라고 말한다(6:14).
- 마지막으로 바울은 "**죄**의 삯은 **사망**이지만, 하나님의 거저 주시는 은사는 우리 주(*Kurios*) 그리스도 예수 안에 있는 영생이다"라고 결론짓는다(6:23).

바울은 **퀴리오스** 단어군을 세 번 사용함으로써 우리 앞에 그의 전체 세계관—각각의 주인을 두고 있는 두 개의 통치 또는 영역—을 제시한다.[42] 우리가 위에서 로마서 5:17의 대조적인 어구들에서 보았듯이 바울은 지배하는 **권세들**에 대해 말한다. 아담의 범죄를 통해서 **사망**이 타락한

---

42 바울 서신을 읽는 많은 독자가 왜 이 점을 놓쳤는지를 우리는 쉽게 이해할 수 있다. 바울은 여러 곳에서 다양한 용어로 두 영역에 대해 말한다. 바울이 갈 1:4에서 그리스도가 "이 악한 세대"에서 우리를 건진다고 한 말은 죄와 **사망**의 영역에 대한 언급이다. 실제로 (로마서 8장에서뿐만 아니라) 갈라디아서에서 바울은 "육체"(*sarx*)와 "성령"(*pneuma*)이라는 단어들을 사용해서 두 영역을 적시한다.

피조물을 지배했다. 바울은 이제 그리스도가 "얼마나 더" 의를 통해 지배하는지에 대해 기뻐한다. 이에 관해 어떤 의문이 있다면 로마서 14:9이 그 의문을 결정적으로 해소해줄 것이다. "이를 위하여 그리스도께서 죽었다가 다시 살아나셨으니 곧 죽은 자와 산 자의 주[*Kurios*]가 되려 하심이라."[43]

그러므로 이곳 로마서에서 우리는 바울이 "주"라는 단어를 사용하는 방식에 표현된 그리스도의 사역에 대한 아울렌의 "극적인" 사상을 본다.[44]

---

43 N. T. Wright는 이 세상의 제국들 위에 군림하는 **퀴리오스**의 주권과 그것의 지정학적·사회적 행위에 대한 영향이라는 주제에 매우 박식하다. 독자들 중에는 그의 입장에 지지하고 칭찬하며, 거기에 기릴 만한 점이 아주 많은데도 불구하고 내가 칭의(*dikaiosis*)에 관한 그의 연구를 왜 좀 더 많이 사용하지 않는지 의아해하는 사람이 있을 것이다. Wright는 특히 개신교 진영에서 수백 년 동안 만연되어왔고 지금도 종종 그런 경향이 있는, 그리스도의 십자가 사역을 개인화하고, 영적으로 해석하고, 비정치적으로 제시하는 것을 강력히 반대한다. 본서 전체에서 우리는 속죄와 화해에 대한 이와 같은 잘못된 견해를 교정하려고 노력했다. 하지만 Wright는 **전체 창조 질서**가 죄와 **사망**의 지배하에 사로잡혀 있다는 내러티브를 배제함으로써 바울의 급진성을 제거한다. 그는 예수를 제2성전기 유대교 환경에 재상황화하려는 욕구(이는 E. P. Sanders에 의해 개시된 주제다)에서, 바울이 종교적인 세계를 포함하여 현존하는 **모든** 세상이 십자가에 못박혔다고 선포하는(갈 6:14-15) 급진성을 훼손한다. 나는 Wright의 연구와 영향을 평가절하하기를 원치 않는다. 그의 저서 중 교회에 유익한 것이 많지만 그는 묵시 신학자들(Wright는 그들의 저서를 무척 싫어한다)이 우리로 하여금 바울의 우주관에 대한 이해를 넓힐 수 있게 해준 방향에서 연구하지 않는다. 실제로 Wright가 묵시를 강력히 거부하기 때문에 그의 입장이 약화된다. 이 주제에 관한 더 자세한 내용은 Stephen Westerholm, *Justification Reconsidered*(Grand Rapids: Eerdmans, 2013)와 *Journal for the Study of Paul and His Letters* 4, no. 1(Spring 2014)을 보라. 이 저널에는 Beverly Gaventa, Martinus C. de Boer, Michael Gorman 등의 기고문들과 Wright의 답변 하나가 수록되어 있다.

44 C. Kavin Rowe는 누가가 그리스도를 지칭하는 칭호로서 **퀴리오스**를 얼마나 선호하는지를 보여준다. 그는 누가에 대해 만연되어 있는 묘사에 반대하며, 누가-행전에 대해 일반적으로 주장되는 것보다 로마 제국에 관한 좀 더 혁명적인 입장을 촉구한다(*World Upside Down: Reading Acts in the Graeco-Roman Age* [New York: Oxford University Press, 2010], 103-16과 여러 곳).

노예 상태로부터 자유

바울이 묘사한 각각의 영역에는 그 종들이 있다.

> 너희 자신을 종으로 내주어 누구에게 순종하든지 그 순종함을 받는 자의 종
> 이 되는 줄을 너희가 알지 못하느냐? 혹은 죄의 종으로 사망에 이르고, 혹
> 은 순종의 종으로 의에 이르느니라. 하나님께 감사하리로다. 너희가 본래
> 죄의 종이더니, 너희에게 전하여 준 바 교훈의 본을 마음으로 순종하여 죄
> 로부터 해방되어 의(*dikaiosyne*)에게 종이 되었느니라(롬 6:16-18).

아무도 자신의 영혼의 선장, 자신의 운명의 주인이 되지 못한다.[45] 우리
각 사람은 우리가 의식하지 못하고 통제하지도 못하는 무의식적인 충동
에 따라 행동한다.[46] 바울은 전형적인 미국인과 달리 자율적인 인간의 관
점에서 생각하지 않는다. 그는 자랑스럽게 자신을 "그리스도의 종"으로
밝힌다(갈 1:10). 묵시적 시나리오가 진정한 실재에 대한 그림이라면, 현
상태의 이 세상의 영역에서는 **아무도** "자유롭지" 않다. 우리는 영혼을 파
괴하는 **권세들**의 수중에 붙잡혀 살거나, 아니면 구출되어 "믿음의 순종"

---

45 역설적이게도 오클라호마시의 폭파범 티머시 맥베이는 시(詩) "인빅터스"가 그의 마지막
유언과 증언이 되기를 원했다. 우리는 여기에 확실히 "내 영혼의 주인"이 **아니라** 죄와 사
망의 노예인 사람이 있었다는 데 동의할 수 있는가? (하지만 우리가 나중에 주장하겠지만,
그에게도 하나님의 의가 미치지 못한 것은 아니었다.)

46 최근에 중요성이 상당히 퇴색한 Sigmund Freud에 대해 우리가 어떻게 생각하든 그가 무
의식의 힘에 대해 밝혀낸 것은 영원히 인간의 이해에 있어서 가장 중요한 진보 중 하나로
남을 것이다. 위대한 저자들은 오래전에 직관에 의해 그것을 알았지만, Freud는 그것을 수
면 위로 드러냈다. (심리분석학자인 Dorothy Martyn은 『미들마치』[*Middlemarch*]를 읽다
가 "Freud가 그녀[George Eliot]에게 도움을 주지 않았더라면 그녀가 어떻게 이 말을 썼을
까?"라고 탄성을 질렀다. Marcel Proust는 가장 뚜렷한 모델이다. 그와 Freud는 동시대인이
었지만 서로 상대를 무시했다.)

안으로 들어가야 한다(롬 1:5; 16:26). 역설적으로 그리스도 안에 있는 새 생명은 노예 상태(하나님을 섬김)와 자유 **모두**로 불릴 수 있다.[47] 복음의 핵심에 놓여 있는 노예 상태와 진정한 자유라는 외관상의 이 모순이 『성공회 기도서』에 수록된 그리스도께 드리는 기도에서 아름답게 상기된다. "주님을 섬기는 것은 완전한 자유입니다."[48] 마지막으로, 우리는 로마서 6:20에 주목한다. 이 절을 문자적으로 다시 쓰면 다음과 같을 것이다. "너희가 죄의 노예였을 때 너희는 의에 대하여 자유로웠다." 구문상 이것은 말이 되지 않는 것처럼 보인다. 그러나 만일 우리가 두 영역을 기억한다면 우리는 바울의 말이 "우리가 **의의 지배로부터** 자유로웠다"(NIV) 또는 "**의에 관해서는** 자유로웠다"(NRSV)라는 의미라는 것을 이해할 것이다. 바울이 이 표현을 통해 의미하는 바는 우리가 **죄**의 노예였기 때문에 의가 우리 안에 들어설 자리가 없었고 의지할 만한 발판이 없었다는 것이다.[49] 여기서 명백한 함의는 **죄**의 왕국에 대한 외부로부터의 침입이 없다면 사람들이 **죄**의 영역에서 하나님의 의의 영역으로 옮겨갈 방법이 없다는 것이다. **죄**의 영역은 사망으로 이어진다. 그것의 목표와 목적(telos)은 **사망**이다. 나락으로 떨어지는 이 사멸의 소용돌이에서 빠져나올 길이

---

47 "그리스도 예수 안에서 우리가 가진 자유"(갈 2:4)는 갈라디아서의 중심 주제라고 할 수 있지만 바울은 자랑스럽게 자신을 그리스도의 노예(doulos)라고 밝힌다(1:10). 그 역설은 고전 7:22에서 고조된다. "주 안에서 부르심을 받은 자는 종이라도 주께 속한 자유인이요, 또 그와 같이 자유인으로 있을 때에 부르심을 받은 자는 그리스도의 종이니라."

48 『성공회 기도서』, 아침 기도, 평화 기도 모음, 57과 99. 이는 "하나님을 섬기는 것은 왕으로서 다스리는 것"이라고 쓴 아우구스티누스의 말을 다른 말로 고쳐 쓴 것이다. Augustine, 시편 43:1 설교.

49 이는 원래 칼뱅주의자들의 전적 타락 교리에서 의미했던 내용이다. 불행하게도 여기서 영어 단어의 선택이 잘못되었음이 입증되었지만, 기본적인 사상은 바울의 것이다. 『성공회 기도서』 일반 고백에는 "우리 안에는 전혀 건강함이 없습니다"라는 어구가 포함되곤 했는데, 이 어구는 같은 사상—신적 구출이 없다면 우리의 상황은 절망적이다—을 표현한다. 우리에게는 스스로 어떻게 해볼 만한 힘이 없다.

없다. 하지만 여기에 좋은 소식이 있다. "그러나 이제는 너희가 죄[의 영역으]로부터 해방되고 하나님께 종이 되어 거룩함에 이르는 열매를 맺었으니 그 마지막[telos]은 영생이라"(롬 6:22).[50]

"의의 노예"와 "순종의 노예"가 되는 것은 대다수 현대인의 귀에는 참을 수 없는 말로 들릴 것이다. 바울의 사상 세계로 들어가서 이 어구들이 압제적인 외부 세력에 의해 우리에게 부과된 엄격한 청교도적 규율에 속박된 상황을 묘사하는 것이 아님을 이해하려면 주의 깊은 정신 노동이 요구된다. 바울의 말은 이런 상황과는 정반대다. 그리스도의 복음은 바로 압제적인 외부 세력**으로부터 구출**되어 "믿음의 순종"만이 유일하게 자연스럽고 기쁨의 길이 될 빛과 생명의 영역으로 들어가는 것을 의미한다. 바울이 로마서 6:16에서 순종이 의롭다 하심에 이른다고 한 말은—그 말의 일반적인 용례에서와 같이—의가 우리 편에서 순종하느라 오랫동안 힘든 투쟁을 한 데 대한 보상이라는 뜻이 아니다. 오히려 그의 말은 **하나님의 의는 순종의 새 삶을 형성할 수 있게 하는 능동적이고 재창조하는 힘**이라는 뜻이다. 이것이 바로 그리스도 안의 새 생명이 의미하는 바다.

이것은 매우 중요한 개념이며 우리는 이를 표현할 수 있는 다양한 방법을 찾아야 한다. 많은 사람이 빅토르 위고의 『레미제라블』(Les Misérables)에 등장하는 장발장 이야기를 강력한 예로 이해했다. 여기서 기본적인 사상은 범죄의 삶을 향하여 추락하기 시작한 한 사람이 한 주교의 그리스도와 같은 무조건적인 보상 행위 때문에 구출되어 새로운 삶을 살게 된다는 것이다.[51] 그 주교가 장발장을 무조건적으로 **용서**해줬다

---

50 이와 똑같이 선포하는 딤후 1:10; 히 2:15; 롬 8:38-39; 고전 15:55-57도 보라.

51 나는 뮤지컬이 아니라 소설을 말하고 있다. 오늘날 그 소설 전체를 읽은 사람은 별로 없는데, 이는 애석한 일이다. 소설은 훨씬 더 많은 복잡성을 드러내기 때문에 소설의 효과는 어

고 말하는 것으로는 충분치 않다. 주교의 **로기조마이** 행위—방금 전에 자기의 은을 훔친 사람을 의롭다고 여긴 것—는 훔친 물건과 함께 장발장을 주교에게 데려온 경찰들을 놀라게 했다. 하지만 그 행동이 장발장에게 미친 효과는 변혁적이었다. 장발장은 속박에서 구출되었을 뿐만 아니라 적극적으로 새 사람이 되었다. 그는 더 이상 **죄**의 노예가 아니다. 그는 "의의 노예"가 되었다. 신약성경에 사용된 이미지로 표현하자면 그는 "의의 옷을 입었으며" "그리스도로 옷 입었다." 이것이 하나님의 의 (*dikaiosyne theou*)가 작동하는 방식이다. 그것은 모방해야 할 특질이 아니라 **적극적이고 침공하는 힘**이다. 『레미제라블』의 예시는 자기 앞에 있는 사람에게서 쫓아내야 할 적극적인 **권세들**에 맞서는 주교를 묘사하기 때문에 어느 정도까지는 도움이 된다. 관습적인 정의를 대표하기 때문에 그들이 목격하고 있는 전복 행위를 이해할 수 없었던 경찰들을 그 주교가 조금 속이는 점도 똑같이 중요하다.[52] 용서가 이런 식으로 이해될 때, 용서는 묵시 드라마에서 제 위치를 발견한다.

　하나의 힘의 영역에서 다른 영역으로 구출된다는 주제—장발장 이야기에서 기억하기 쉽게 예시된다—는 로마서 6장을 주도하며 7장과 8장 그리고 그 뒤에도 계속된다. "오호라, 나는 곤고한 사람이로다! 이 사망의 몸에서 누가 나를 건져내랴?"라는 바울의 외침은 수 세기 동안 자신의 곤경을 인식하고 "우리 주(*Kurios*) 예수 그리스도로 말미암아 하나님께 감사하리로다"라는 해답을 들어서 기뻐하는 그리스도인들에게 상징적인

떤 드라마의 효과보다 크다.

52　베트남 전쟁 중에 반전주의자인 Daniel Berrigan 신부가 수갑에 차인 채 그보다 체구가 두 배나 되는 두 명의 경찰에 끌려가고 있는 모습을 찍은 사진 한 장이 널리 유포되었다. 많은 사람이 냉혹한 표정을 짓고 있는 두 명의 건장한 경찰들과 내면에서 우러나는 신비스러운 기쁨으로 빛나는 Berrigan 신부의 얼굴 사이의 대조를 알아차렸다. 이 사진에는 "누가 자유인인가?"라는 표제가 달렸다.

표현이 되었다(롬 7:24-25). 8장의 유명한 맺음말("사망이나 생명이나…능력이 나 높음이나 깊음이나 다른 어떤 피조물이라도 우리를 우리 **주** 그리스도 예수 안에 있 는 하나님의 사랑에서 끊을 수 없으리라")은 만능의 포괄적인 종교적 고양이 아 니다. 바울은 선포할 참으로 계시적인 소식을 갖고 있기 때문에 이렇게 약 속할 수 있다. 주(*Kurios*) 그리스도를 통해 새로운 세상이 존재하게 되었다.

바울은 로마서를 마무리하면서 복음만이 줄 수 있는 확신을 갖고 이 렇게 단언한다. "평강의 하나님께서 속히 사탄을 너희 발아래에서 상하 게 하시리라"(롬 16:20). 십자가는 악과 죄와 사망이 군림하지 못하게 될 새로운 세계의 기초다. 바울은 로마서 6장에서 세례에 대해 말하면서 신 자들에게 이것을 명확히 깨닫게 한다. "무릇 그리스도 예수와 합하여 세 례를 받은 우리는 그의 죽으심과 합하여 세례를 받은 줄을 알지 못하느 냐? 그러므로 우리가 그의 죽으심과 합하여 세례를 받음으로써 그와 함 께 장사되었나니, 이는 아버지의 영광으로 말미암아 그리스도를 죽은 자 가운데서 살리심과 같이 우리로 또한 새 생명 가운데서 행하게 하려 함 이라"(롬 6:3-4). 세례를 받은 사람들에게는 묵시적인 **세대들의 이동**이 있 다.[53] 구출되어 승리한 그리스도의 지배 안으로 들어가는 것은 오직 하나 님에 의해서만 성취된다. 이 선포는 많은 주제 중 하나의 주제가 아니다. 바울에게는 이것이 모든 것의 토대다.

이제 우리는 서신서를 떠나 이와는 완전히 다른 성경의 그림으로 이 동해서 공관복음(마태복음, 마가복음, 누가복음)의 장면에서 하나님의 묵시 적 전쟁이 어떻게 묘사되었는지를 보여주고자 한다.

---

53 추가적인 증거가 필요할 경우, 세례식에 사용되는 (아마도 바울이 기록하지 않은 것으로 보이는) 골로새서의 단언이 이 점을 명백히 보여준다. 성부가 "우리를 흑암의 권세에서 건 져내사 그의 사랑의 아들의 나라로 옮기셨으니 그 아들 안에서 우리가 속량 곧 죄 사함을 얻었도다"(골 1:13-14).

원형적인 투쟁으로서 겟세마네 장면

독자들이 종종 이 점을 인식하지 못하지만, 묵시적 투쟁의 분위기는 공관복음의 많은 구절에 스며 있다. 우리는 예수가 배반당하고 잡힌 날 밤 겟세마네 동산의 장면이라는 특별한 예를 살펴볼 것이다. 예수는 제자들과 함께 마지막 식사를 한 뒤 일어나 곧바로 감람산으로 간다. 제자들은 예수를 따라 "겟세마네라 불리는 곳"에 이르렀고 예수는 그들에게 자신이 떨어져 기도하는 동안 그와 함께 깨어 있으라고 부탁한다.

레이먼드 E. 브라운은 방대한 연구서인 『메시아의 죽음』(*The Death of the Messiah*)에서 그 구절을 분석하고 그 구절의 해석사("믿을 수 없을 정도로 다양한 학자들의 의견")를 자세히 조사한다.[54] 그는 유려한 문장으로 이 주제를 소개한다.

> 겟세마네에서 예수가 기도하는 장면은 기독교의 경건에서 특별한 위치를 차지해왔다.…인간의 고통, 하나님의 힘 주심, 고독한 자기희생의 결합은 예수가 그를 믿는 사람들로부터 많은 사랑을 받게 만들었다. 그런데 대다수 그리스도인들은 그 장면이 외인들에게 수치스럽고 터무니 없는 것으로 여겨진다는 것을 발견하고 깜짝 놀랐다. 신자들은 학자들이 그 장면의 여러 부분이 비논리적이며 전체가 어색하게 합쳐졌다고 판단했다는 말을 들으면

---

[54] Raymond E. Brown, *The Death of the Messiah: From Gethsemane to the Grave; A Commentary on the Passion Narratives in the Four Gospels*, 2 vols. (Garden City, N.Y.: Doubleday, 1994), 1:305. Joel Marcus가 마가복음 주석에서 신학적으로 깊이 있게 겟세마네를 다룬 부분은 특히 가치가 있다(Joel Marcus, *Mark 8-16: A New Translation with Introduction and Commentary*, Anchor Yale Bible 27A [New Haven: Yale University Press, 2009], 974-1000, 『앵커바이블 마가복음 2(8~16장)』, 기독교문서선교회 역간).

불쾌해진다.[55]

수 세기 동안 신자들의 마음에 자리잡고 있는 겟세마네에 대한 이러한 관심들 때문에 브라운은 회의적인 역사비평가들을 비판하고, 가장 이른 시기부터 "예수가 죽기 전에 그의 운명에 관해 기도하면서 싸웠다"는 살아 있는 전통이 있었고, 이 기억은 복음서 저자들이 그들의 작품을 쓰기 오래전에 기독교 공동체에서 이미 생생하게 살아 있었다고 주장한다.[56] 브라운은 이렇게 말한다. **"예루살렘에서 그의 생애의 마지막 며칠을 보내는 동안 백성의 지도자들이 끊임없는 적대감을 보였을 때, 예수가 자신의 죽음이 하나님 나라의 침입에 어떻게 들어맞는지를 두고 기도로 하나님과 투쟁하곤 했다는 것[전승]은 내가 보기에는 매우 개연성이 높아서 확실하다고 해도 무방하다"**(강조는 저자의 것임). 브라운은 이 장면이 논리적으로 "하나님 나라의 침입은 마귀의 저항과의 거대한 싸움을 수반했다는 예수의 견해"에서 나온 것이라는 결론을 내린다.[57]

그렇다면 예수가 싸웠다는 **사실**은 당연한 것으로 여겨질 수 있다. 그러나 그것이 의미하는 바는 무엇인가? "마귀의 저항과의 거대한 싸움"이라는 브라운의 언급은 우리를 묵시적 전장에 위치시키며, 해석의 방법을 가리킨다. 브라운은 학자들의 다양한 의견을 모두 검토하고 나서 특히 **페이라스모스**(peirasmos, "시련" 또는 "시험")라는 단어에 초점을 맞춘다. 이 단어는 마태복음 26:41, 마가복음 14:38, 누가복음 22:40의 겟세마네 이야

---

55 Brown, *Death of the Messiah*, 1:216-17. 평신도 그리스도인들에 대한 이러한 민감성은 Raymond Brown의 후기 연구의 특징이 되었다.

56 Brown, *Death of the Messiah*, 1:225.

57 Brown, *Death of the Messiah*, 1:234.

기에 등장한다.[58] 브라운은 이 용례들에 기초해서 신약성경에서 **페이라스모스**가 등장하는 다른 구절들이 어떻게 최후의 묵시적 전투를 언급하는지를 보여준다.[59] 우리는 여기서 더 많은 통찰을 이끌어낼 수 있을지도 모른다. 이 텍스트에서 두 모티프가 서로 융합된다. 즉 공관복음 기사에 나타난 우주적 투쟁 모티프가 법적인 이미지와 연결된다. 브라운은 겟세마네 전체 장면이 "최후의 시험의 분위기"로 가득 차 있다고 쓴다.[60] 브라운의 누가복음 22:40 번역에서 예수는 그의 제자들에게 "시험(peirasmos)에 들지 않도록 계속 기도하라"고 말한다. 이 단어는 좀 더 오래된 영어 성경들에서 "유혹"으로 번역되었다.[61] 페이라스모스가 때때로 단순히 삶의 평범한 유혹들을 의미하는 것은 사실이다. 하지만 브라운은 문헌들을 검토한 뒤 대다수 학자가 보기에 예수가 제자들에게 "**페이라스모스**에 들지 않도록 계속 기도하라"고 말했을 때, "좀 더 위험한 어떤 것을 의미했음이 틀림 없다"고 지적한다.[62] 예수는 (앞 장에서 논의된) **권세들**에 대한 하나님

---

58   겟세마네 장면이 요한복음에는 간접적으로만 등장하지만, 이 복음서 저자는 이 모티프를 강조한다. 배교와 체포가 임박했을 때, 주님은 이렇게 말한다. "이제 이 세상에 대한 심판이 이르렀으니 이 세상의 임금이 쫓겨나리라"(요 12:31). 나중에 그는 "이 세상 임금이 심판을 받았음이라"(16:11)고 말한다. 제4복음서는 예수를 그의 전체 사역 동안 줄곧 제국적 통치자로 묘사한다고 알려졌다. 요한은 처음부터 끝까지, 심지어―아마도 특히―일관성 있게 그리스도를 승리자로 묘사한다. Brown은 마가복음과 요한복음 모두에서 겟세마네에서의 체포의 맥락이 "악과의 종말론적 투쟁"의 맥락이라는 데 동의한다(Brown, *Death of the Messiah*, 1:224-25).

59   Brown, *Death of the Messiah*, 1:160. 예컨대 전면적이고 우주적인 함의가 있는 계 3:10에 주목하라 "너를 지켜 **페이라스모스**의 때를 면하게 하리니, 이는 장차 온 세상에 임하여 땅에 거하는 자들을 시험할 때라." 이것은 각각의 개인을 사례별로 시험하는 것에 관해 말하는 것이 아니다. 주기도문 역시 이 단어를 포함하고 있는데―"우리를 시험(peirasmos)에 들게 하지 마시옵고"―현대의 성경은 이를 "시험의 때로부터 우리를 구원해주소서"라고 번역한다. 신약성경에서 우리는 하나님의 심판대 앞에 설 것이라는 말을 반복해서 듣기 때문에(예컨대 롬 14:10) ["시련의 때에서"보다] "시련의 때**에**"가 더 나은 번역일 것이다.

60   Brown, *Death of the Messiah*, 1:157.

61   하지만 NEB의 "시험의 때"와 NRSV의 "시련의 때"라는 번역을 주목하라.

62   Brown, *Death of the Messiah*, 1:159-60.

의 심판과 관련된 거대한 묵시적 시련 또는 투쟁을 언급하고 있다. 하나님의 심판과 관련된 모든 것은 천상의 심판석, 민족들의 소환, 형량 또는 평결을 내림, 한 세상(kosmos)이 다른 세상으로 침입함, 그리고 특히 **권세들의 결정적 패배**(심판이 십자가에 못박힌 존재에 의해 흡수된 뒤 최종적으로 그들에게 내려질 것이다) 같은 성경의 이미지의 맥락에서 고찰되어야 한다.[63]

브라운의 통찰이란 측면에서 보면, 우리는 십자가 처형 전날 밤 겟세마네에서 하나님이 결정적인 묵시적 대면을 시작하고 있었다고 말할 수 있다. 겟세마네는 두 가지 방식으로 시련의 시작 장면이다. 그것은 세상의 신화에서 아주 흔한 영웅의 시련과 같은, 메시아의 헌신의 시련 또는 시험이다. 하지만 그것은 최종적인, 혹은 마지막 심판의 의미에서 시련이기도 하다. 어떤 의미에서 겟세마네 장면은 그리스도의 수난이 시작되는 지점이며 따라서 그것은 장차 올 시대의 첫날의 시작이다. 우리는 여기서 이 세상의 통치자에 대한 심판—따라서 세상 자체에 대한 심판—이 예수가 우리 대신 친히 짊어진 심판과 동시에 일어난다는 심원한 아이디어를 다루고 있다.

겟세마네의 장면은 전통적으로 동산에서의 고뇌(Agony)로 불렸다. 그리스어 **아곤**(agon, 전투, 싸움, 전쟁)은 **아고니아**(agonia, 고통, 걱정)와 관련이 있으며, 누가복음(22:44)에서 겟세마네 동산의 예수를 묘사하는 데 사용되었다.[64] 여기에 우리가 예상치 못한 중요한 요소가 있다. 예수는 묵

---

63 어느 정도 나이가 든 성공회 교인들은 모든 곳에서 행해지던 결혼식 예배에서 이것을 언급한 것을 기억할 것이다. 1928년 『성공회 기도서』는 신랑과 신부에게 "모든 마음의 비밀들이 드러나게 될 심판의 두려운 날"에 관하여 경고한다. (나뿐만 아니라) 지금도 여전히 자기들이 결혼할 때 들은 이 말을 소중하게 기억하며 살아가는 사람들이 있다. 이 촉구는 땅에서 행해진 헌신이 하늘에서 어떤 결과를 가져오는지를 보여준다. 만일 묵시적 사상이 있다면 이것이야말로 묵시적 사상이다.

64 Brown, *Death of the Messiah*, 1:189-90.

시를 위해 준비하고 있다. 그는 **아고니스티코스**(*agonistikos*, 전투원)다. 그리스어 **아고니제스타이**(*agonizesthai*)는 "다투다, 싸우다"라는 의미다.[65] 겟세마네 이야기는 예수가 종말론적 "시간"에 직면해서 그것에 대한 두려움과 어떻게 싸웠는지를 보여준다. 예수가 맞이하고 있는 극단적인 경험 중 일부는 하나님의 심판에 대한 두려움과 관련이 있다고 추측하는 것이 합리적이기 때문에, 여기서 시련 장면과 묵시적 전장 사이에 또 다른 연결 지점이 있다. 하나님의 죄 없는 아들이 왜 아버지의 심판을 두려워하는가? 삼위일체의 관점에서 보면 아들은 자신을 두려워할 수 없는 것처럼 아버지를 두려워할 수 없다. 아들이 다른 사람에게 향해졌을 심판을 자신이 짊어지고 있다는 것이 단 하나의 가능한 대답으로 보인다.

이로 인해 우리는 악명 높은 해석 문제에 직면한다. 다른 사람들—종종 소크라테스가 거론되고, 유대의 맥락에서는 마카비 가문의 순교자들이 언급된다—은 평온하고 결연하게 죽음을 맞이하는데, 예수는 왜 자신에게 어울리지 않는 고뇌를 보이는가? 수백 년간 많은 주석가들이 이 당혹스러운 질문과 씨름했다. 마가복음은 여느 때처럼 움츠러들지 않고 그 고뇌를 가장 노골적으로 제시한다. 마가가 예수의 감정을 묘사하기 위해 사용한 단어(*ekthambeisthai*)는 아주 강력하다. 마태는 이 단어를 누그러뜨렸고 누가는 그것을 생략했지만, 히브리서 5:7에 이 단어의 독특한 반향—"심한 통곡과 눈물"—이 있다. 레이먼드 브라운은 마가의 **에크탐베이스타이**를 "대단히 심란한"으로 정의하며, "두려운 사건 전에 신체적으로 표현된 심원한 혼란, 몸서리치는 공포"라고 부연 설명한다.[66]

---

65 바울도 **아곤**(*agon*)을 파생적인 의미로, 자신의 싸움을 지칭하는 데 사용한다. 바울은 빌립보 교인들에게 그들이 그리스도와 함께 고난을 받아야 하고, 그들이 바울에게서 목격한 동일한 **아곤**을 가지고 있다고 쓴다(빌 1:29-30).

66 Brown, *Death of the Messiah*, 1:153. 겟세마네 동산의 그리스도에 대한 묘사 대다수는 그가

브라운은 최종적인 묵시 드라마를 시작하는 장면으로서 예수의 **아고
니아**(*agonia*)에 초점을 맞추기 때문에 개혁주의 전통에서 친숙한 겟세마네
의 투쟁에 대한 다양한 해석들을 가볍게 넘어간다.[67] 브라운은 누가복음
기사에서 "이제 시합에 들어갈 준비가 된 운동 선수의 긴장을 반영하는…
활력의 표시로" 일어서는 것으로 묘사된, 전투자로서 예수를 강조한다.[68]
하나님의 아들은 어둠의 **권세들**에 맞서 결정적인 전투를 시작하려고 한
다.[69] 승리자 그리스도란 주제의 맥락에서 볼 때 브라운의 해석은 무조건

경건하게 무릎을 꿇고 기도하는 모습을 보여준다. 내가 어린 시절에 다니던 교회의 스테
인드글라스 창에 그려진 주님은 평화롭고 평온한 표정이었다. 나는 최근에 옛날 미술책에
서 들라크루아가 그렸다는 유화 스케치(나는 그 그림을 온라인에서 발견할 수 없었다)를
보고 충격을 받았다. 그 그림은 예수를 땅바닥에 엎드려(막 14:35) 필사적인 간구의 자세
로 거의 몸부림치다시피 팔을 뻗고 손바닥을 펴고 있는 모습으로 그리고 있다. 예수는 "단
지 개인적으로 자신의 죽음을 대면한 것이 아니라 우주적인 악의 세력들을 대항하여 종말
론적인 전쟁을 수행하고 있으며, 그의 고뇌는 세상을 구원하기 위한 계속적인 전투의 한
부분이다"(Marcus, *Mark 8-16*, 984).

67 Brown, *Death of the Messiah*, 1:154. 하지만 개혁 신학자 Karl Barth 역시 "세계적 사건", 시
대들의 충돌, 최종적이고 절정인 사탄과의 대면 같은 묵시 용어로 겟세마네를 강조한다
(Karl Barth, *Church Dogmatics* IV/1 [Edinburgh: T. & T. Clark, 1956], 266-7).

68 Brown, *Death of the Messiah*, 1:193. 대체로 저속한 영화인 Mel Gibson의 "패션 오브 크라
이스트"(*The Passion of the Christ*) 거의 처음 부분에 매우 좋은 장면이 하나 있다. 예수는 겟
세마네에서 무릎을 꿇고 있다가 일어서서 결연한 발걸음으로 그곳을 떠나는데, 거기서 떠
나면서 뱀을 그의 발아래에 짓이긴다. 그것은 기독론적으로 해석된 창 3:14-15에 대한 언
급이다.

69 우리는 많은 주석들에서 비슷한 결론을 발견할 수 있다. 예컨대 William L. Lane은 마가복
음의 "우주적인 언어"에 대해 말한다(William L. Lane, *Gospel of Mark, New International
Commentary on the New Testament* [Grand Rapids: Eerdmans, 1974], 60). D. E. Nineham
은 "거대한 종말론적 전투가 합쳐졌다"고 쓴다(D. E. Nineham, *Saint Mark*, Pelican New
Testament Commentary [Middlesex: Penguin Books, 1963], 63). Joel Marcus는 마가복음
의 "수난 내러티브를 이해하는 데 있어 매우 중요한 묵시적 틀"을 강조한다. 그는 사탄의
세력들의 옛 시대와 다가올 시대 사이에 발생하는 충돌을 여러 번 언급한다. 이 묵시적 전
투가 거꾸로 전개되어 악인이 의인에게 넘겨지는 것이 아니라 의인이 "죄인의 손에 팔린
다"(막 14:41). 이 전도(顚倒)는 "하나님의 기름 부음을 받은 왕이 십자가 위에서 수치스
럽게 죽음으로써…승리한다는 모순적이고 역설적인 복음과 일치한다." 하지만 이것은 기
독교 복음의 독특한 특성의 또 다른 예다(Marcus, *Mark 8-16*, 989, 997, 1000).

적으로 받아들일 수 있다. 하지만 우리는 논의를 진행하면서 종합을 제안할 것이다. 예수는 완전히 무방비 상태인, 주님의 군대의 지휘자**로서뿐만 아니라 우리를 대신하여** 최전선에서 **죄**와 **사망**과 마귀의 전면적인 맹공을 받으며 홀로 서 있을 존재**로서도** 그 싸움에 접어들 준비를 하고 있다.

추가적인 성경의 증거

대다수 독자는 로마서 5장과 겟세마네 이야기 중 어느 것도 묵시적 전장과 연결하여 생각하지 않기 때문에 우리는 그 구절들을 승리자 그리스도 주제에 비춰 살펴보았다. 그 모티프가 실제로 얼마나 성경에 편만해 있는지 보여주기 위해 우리는 이제 신약성경에서 비묵시적으로 보이는 구절들을 조사하고자 한다. 우리가 좀 더 명백한 구절들을 다 열거한다면 다른 구절들을 언급할 공간이 없을 것이다. 여기서는 바울 서신이 아닌 많은 구절 중에서 두 구절만 언급한다.[70]

> [예수께서 이르시되] "내 이름으로 말미암아 너희에게 손을 대어 박해하며 회당과 옥에 넘겨 주며 임금들과 집권자들 앞에 끌어가려니와 이 일이 도리어 너희에게 증거가 되리라. 그러므로 너희는 변명할 것을 미리 궁리하지 않도록 명심하라. 내가 너희의 모든 대적이 능히 대항하거나 변박할 수 없는 구변과 지혜를 너희에게 주리라. 심지어 부모와 형제와 친척과 벗이 너

---

70 물론 신약성경에는 좀 더 묵시적 언어로 표현된 책도 있고 덜 묵시적인 언어로 표현된 책도 있다. 묵시적 언어는 복음서, 바울 서신, 유다서, 요한1서, 베드로후서 그리고 요한계시록에 가장 편만해 있다. 사도행전에서조차 **사탄**, **죄**, **사망**을 능동적인 행위자로 지칭하는 다양한 언급들(행 2:24; 5:3; 10:38; 13:10; 26:18)은 누가가 전달하고 있는 묵시적 바탕을 드러낸다.

희를 넘겨 주어 너희 중의 몇을 죽이게 하겠고 또 너희가 내 이름으로 말미암아 모든 사람에게 미움을 받을 것이나, 너희 머리털 하나도 상하지 아니하리라. 너희의 인내로 너희 영혼을 얻으리라"(눅 21:12-19).

사랑하는 자들아, 너희를 연단하려고 오는 불 시험을 이상한 일 당하는 것 같이 이상히 여기지 말고 오히려 너희가 그리스도의 고난에 참여하는 것으로 즐거워하라. 이는 그의 영광을 나타내실 때에 너희로 즐거워하고 기뻐하게 하려 함이라.…만일 그리스도인으로 고난을 받으면 부끄러워하지 말고 도리어 그 이름으로 하나님께 영광을 돌리라. 하나님의 집에서 심판을 시작할 때가 되었나니(벧전 4:12-17).

마지막으로 승리자 그리스도 주제와 다른 주제들을 결합한 유명한 두 구절을 제시한다. 골로새서에서 취한 첫 번째 구절은 법정적 모티프("법적인 요구들")를 **권세들**을 무장 해제시켜 그들을 포로로 끌고 가는 정복자 그리스도 비유와 융합한다. 히브리서에서 취한 구절은 **죽음**을 이긴 승리자 그리스도의 이미지를 제사장이 드리는 제물 이미지와 결합한다.

또 범죄와 육체의 무할례로 죽었던 너희를 하나님이 그와 함께 살리시고, 우리의 모든 죄를 사하시고, 우리를 거스르고 불리하게 하는 법조문으로 쓴 증서를 지우시고 제하여 버리사 십자가에 못박으시고, 통치자들과 권세들을 무력화하여 드러내어 구경거리로 삼으시고, 십자가로 그들을 이기셨느니라(골 2:13-15).

자녀들은 혈과 육에 속하였으매, 그도 또한 같은 모양으로 혈과 육을 함께 지니심은 죽음을 통하여 죽음의 세력을 잡은 자 곧 마귀를 멸하시며 또 죽

기를 무서워하므로 한평생 매여 종 노릇하는 모든 자들을 놓아 주려 하심이
니…그러므로 그가 범사에 형제들과 같이 되심이 마땅하도다. 이는 하나님
의 일에 자비하고 신실한 대제사장이 되어 백성의 죄를 속량하려 하심이라
(히 2:14-17).[71]

권세들

삶의 계획을 고안한 마음은 그 혼돈에 대항해서 그러한 패턴을 도출해 냈다
는 점을 놓쳐서는 안 된다.

랠프 엘리슨, 『보이지 않는 인간』[72]

우리의 구원은 단지 일반화된 악이 아니라 최고의 악이라고 결정된, 악한
지성인 마귀에 대해서 전개된다.

플래너리 오코너, 어느 친구에게 보낸 편지[73]

엘리슨의 무명의 영웅은 압도적으로 불리한 상황에 직면해서 자신의 권
리를 주장하기 위하여 영웅적으로 분투하는 개인의 본보기다. 오코너의

---

71 Dillistone은 히 2:14에 관한 책 『정복자 그리스도』(*Christ the Conqueror*)의 저자인 Ragnar
    Livestad를 인용한다. "골 2:14과 마찬가지로 이 절은 신약성경에서 예수의 죽음에 관한 가
    장 극적인 해석을 대표한다"(Dillistone, *Christian Understanding of Atonement*, 88).
72 Ralph Ellison, *Invisible Man*, 2nd ed. (New York: Vintage, 1995, 『보이지 않는 인간』, 문예
    출판사 역간), 580.
73 Flannery O'Connor, *The Habit of Being* (New York: Farrar, Straus and Giroux, 1979), John
    Hawkes에게 보낸 편지, November 20, 1959.

지평은 좀 더 의식적으로 우주적이다. 하지만 두 사람 모두 확실한 언어로 인간은 우주적 원수들과 평생에 걸친 사투를 벌이는 가운데 살아갈 수밖에 없다고 진술한다.[74] 이는 우리를 그리스도의 승리의 드라마에서 적대적인 **권세들**의 현존과 연결해준다. 대다수 현대 성경 해석은 이 드라마에 하나님과 인간이라는 두 등장인물만 있는 것처럼 생각함으로써 세 등장인물을 제시하는 신약성경에서 신비적인 요소를 제거했다. 크로아티아 출신 신학자인 미로슬라브 볼프는 자신이 경험한 발칸반도 분쟁을 토대로 이 문제들에 관해 권위 있게 글을 썼다. 그는 **권세들**의 현존과 피조물이 점령지임을 강조했다 "예수의 공적 사역은⋯텅 빈 무대 위에서 연기한 드라마가 아니었다.⋯특히 죄로 만연해 있는 창조세계에서 진리와 정의의 나라에 대한 선포와 실행은 순수한 가정 행위가 아니라 **언제나 타인들에게 점령당한 공간에 대해 이미 침입하기 시작한 것이다.**"[75]

점령하고 있는 이 "타인들"은 특히 에베소서 6:10-12과 로마서 8:38에서 통치자들과 권세자들로 불린다.[76] 그 "타인들"은 사탄과 그의 군대

---

74 실제로 Ellison의 인용은 창 1장을 의식하고 있음이 거의 확실하다. 창조 자체는 혼돈의 거부로서, 하나님의 원래 부인 행위였다.

75 Miroslav Volf, *Exclusion and Embrace: A Theological Exploration of Identity, Otherness, and Reconciliation* (Nashville: Abingdon, 1996, 『배제와 포용』, IVP 역간), 293, 강조는 덧붙인 것임. Volf가 "침범"(transgression)이라는 단어를 사용한 것과 관련해서, 이 단어는 어원상으로는 정확하지만 마치 어떤 부당한 것이 있는 것처럼 잘못된 인상을 준다. 그래서 나는 적이 점령하고 있는 영토를 수복하기 위한 작전 개시로서 '노르망디 침공'에서와 같이 "침공"이라는 용어를 선호한다(이는 Oscar Cullmann이 처음 만든 유비다).

76 이 주제에 대한 영향력이 큰 연구서는 Hendrikus Berkhof, *Christ and the Powers*(1953)다 (『그리스도와 권세들』, 대장간 역간). 본서는 1962년에 John Howard Yoder가 영어로 번역했다. 1960년대 이후 **권세들**의 본질에 관한 많은 논의가 있었다. **권세들**에 관한 간략하고 아주 명확하며 접근하기 쉬운 묘사를 Lesslie Newbigin, *The Gospel in a Pluralist Society* (London: SPCK, 1989), 199-210에 찾아볼 수 있다. 20세기 중반의 두 평신도 신학자들인 Jacques Ellul과 William Stringfelllow는 "통치자들과 권세자들"이 마귀적인 **권세들**에 의해 타락한 지상의 제도들이라는 입장을 취했다. 두 가지 예가 이 점을 분명히 보여줄 것이다. 2002년에 미국 기업(특히 엔론과 월드콤)의 엄청난 탐욕과 회계 부정이 탄로되어 전

로도 불린다(막 5:9). 바울은 사탄을 열 번 이상 거명하지만(고전 5:5; 7:5; 고후 12:7 등), 그는 공관복음서 저자들이 광야의 시험 이야기에서 묘사하는 것처럼 주님(*Kurios*)이신 그리스도가 사탄과 직접 전투를 벌이는 것으로 묘사하지 않는다.[77] 점령하고 있는 원수의 정체를 밝히는 데 있어 바울이 선호하는 방법은 그것을 **죄, 사망, 율법**으로 다양하게 나타내거나 그것을 통치자들, 권세들, 주들(*kurioi*), 보좌들, 권위들 등으로 표기하는 것이다. 바울의 가장 현저한 구절 중 한 곳에서 이 **권세들**은 "이 세대의 통치자들"로 불린다. "그러나 우리가 온전한 자들 중에서는 지혜를 말하노니, 이는 이 세상의 지혜가 아니요 또 이 세상에서 없어질 통치자들의 지혜도 아니요 오직 은밀한 가운데 있는 하나님의 지혜를 말하는 것으로서 곧 감추어

세계적으로 미국 시장의 신뢰가 상실되었다. 월드콤의 최고 경영자인 Bernard J. Ebbers는 침례교회의 열성적인 교인이며 주일학교 교사였다. 그는 현재 25년형을 받고 수감 중이다. 그 뒤 2008년에는 몇몇 강력한 금융 기관들의 무모한 대출과 차입으로 대불황이 초래되었다. 이 맥락에서 Ellul과 Stringfelllow의 분석은 매우 신선해 보인다. Stringfelllow의 깊은 영향을 받은 저자이자 활동가인 Bill Wylie-Kellerman은 **권세들**에 관련된 설명을 제시했다. 1995년 연설에서 그는 이렇게 말했다. "권세들은 선했는데 타락했고 반드시 구속을 받아야 한다. 통치자들과 권세들이 창조 때 받은 소명은 하나님을 찬양하고 인간의 삶을 섬기라는 것이었다. 하지만 타락으로 말미암아 그 소명은 완전히 거꾸로 뒤집어졌으며, 그것들은 자기들이 하나님이라고 믿고 그래서 인간의 삶을 종으로 삼았다. **권세들**은 스스로를 무자비한 자기 생존의 윤리에 넘겨줬다. 이는 모든 통치자와 권세에 해당한다. 그들은 사망을 두려워하며, 따라서 사망의 종이 되었다"(*Living Church* magazine, November 26, 1995).

77 John Milton은 『실락원』 제2권에서 의인화된 **죄**가 자기 아버지인 사탄에게 다음과 같이 말하는 것을 보여준다.

> …나를 곧
> 빛과 행복의 신세계로 데려가실 것이지요.
> 편히 사는 신들 가운데로 말이에요. 그곳에서 나는 다스릴 거예요.
> 당신의 향락적인 오른편에 어울리는
> 당신의 딸과 당신의 사랑받는 자로서, 영원히 말이에요.

Milton은 어떤 면에서는 이단적이었지만, 이 점에서는 옳았다. 사탄과 **죄**("죄들"이라고 복수로 묘사되지 않고 **권세**로 표현되었음) 사이의 이 대화는 "끝없는" 하나님의 통치에 대한 가증스러운 패러디다.

졌던 것인데, 하나님이 우리의 영광을 위하여 만세 전에 미리 정하신 것이라. 이 지혜는 이 세대의 통치자들이 한 사람도 알지 못하였나니 만일 알았더라면 영광의 주를 십자가에 못박지 아니하였으리라"(고전 2:6-8).

바울이 "이 세대의 통치차들"이라고 한 말은 가야바나 빌라도 또는 "유대인들"을 지칭한 것이 아니다. 그는 "지나가 버리는 이 세상의 형적"(고전 7:31) 위에 군림하는 우주적 권세들에 대해 말하고 있다. 우리는 그들에게 속아서 스스로 결정하고 있다고 생각한다. 사실은 그들이 대원수의 타락한 목적에 따라 속임수로써 우리를 강제하고 있는데 말이다.[78]

널리 논의되는 책 『배제와 포용』(Exclusion and Embrace)의 마지막 장에서 볼프는 이 점들을 진척시키는 요한계시록의 신학을 불과 몇 쪽으로 묘사한다.[79] 프랑스 작가 질 들뢰즈는 그의 대화 상대 중 한 사람이다. 볼프에 따르면 들뢰즈는 기독교, 특히 요한계시록이 "우주적인 공포"라고 비난했다. 그는 새 예루살렘이 "전체주의적"이라고 보고, 밧모의 요한이 복음서의 사랑스러운 예수를 피 묻은 옷을 입은 복수심에 불타는 인물(계 19:15)로 바꾸었다고 쓴다.[80] 볼프는 이 비평을 존중하지만 이분법을 거부한다. 그는 요한계시록에 나타난 폭력적인 이미지들에 대한 자신의 해석을 전개한다. 들뢰즈의 도전에 대한 볼프의 반응은 멋지게 전환된 문장이다. **"심판의 공포 없이 공포에 대한 궁극적인 심판이 있을 수 있는가?"**[81]

---

78 『유대 주석 신약성경』(The Jewish Annotated New Testament)은 흥미롭게도 이 점에 동의한다. "통치자들"은 "곧 멸망되거나 철저히 변화될, 악하고 마귀적인 세력들이다. 그리스도의 죽음이 사람들을 이 세력들로부터 구원한다"(333).

79 볼프는 여러 구절에서 "이 세대의 통치자들"에 의한 예수의 십자가 처형에서 어떤 면에서는 빌라도와 가야바 등이 인간 가해자들이었지만, 그것이 실제적으로는 묵시적인 "구원 드라마"라고 제시한다(Exclusion and Embrace, 291).

80 Deleuze의 비평에 대한 이 요약문은 지나치게 단순화되었다. Volf의 반응이 내 관심 대상이다.

81 Volf, Exclusion and Embrace, 290.

볼프는 계속해서 신랄하게 말한다. "구원 드라마는 폭력으로 시작하고 폭력으로 끝난다"(그는 무죄한 자들을 살육하는 자와 아마겟돈 전쟁을 언급하고 있다). 더욱이 예수에 대한 잔인한 처형은 "신약성경 드라마의 중심적인 행동"이다.[82] 볼프가 반복적으로 그리고 거의 고집스럽게 "드라마"라는 단어를 사용하는 점은 아울렌을 떠올린다. 하지만 이 점이 더 중요한데, 이 단어는 신약성경의 분위기 중 하나를 상기시킨다. 그는 계속해서 예수의 고뇌를 분석한다. 볼프는 십자가 처형이 단순히 끔찍한 고통을 견딘 것에 지나지 않았다면 그것은 본질적으로 무의미하고 우리는 결코 나사렛 예수에 대해 듣지 못했을 것이라고 설명한다. 그것은 단지 연민의 정을 자아내는 장면이 아니었다. "예수의 사명은 확실히 단순히 수동적으로 폭력을 받아들이는 데 있지 않았다." 볼프는 비폭력을 이해하는 다양한 방법을 성찰하고 나서, 순전히 수동적인 해석은 "공포의 체제의 영역 **안으로** '**침입해 들어온 것**'을 회피하기 때문에 쓸모가 없다"고 지적한다. 이 통찰은 십자가의 능력에 근거한 비폭력적 저항이 "수동적이기는"(즉 효과가 없기는)커녕 존 하워드 요더가 "어린 양의 전쟁"[83]이라고 부르는 곳에서 사용되는 무기라는 통찰로 이어진다. 실제로 요더는 "혁명적인 복종"이라는 용어를 소개하는데, 이 어구는 좀 더 친숙한 어구인 "비폭력적 저항"보다 한층 더 전복적인 함의를 지닌다.

볼프와 요더는 서로 다른 관점에서 **권세들**이 진정한 원수라고 이해한다. 20세기 신학은 우리의 유익을 위해 임명되었지만 **죄**와 **사망**의 수중에 떨어진 제도들—정부, 대학, 회사, 신문, 은행, 노동조합 등—을 포

---

82 Volf, *Exclusion and Embrace*, 290-91.

83 이 어구는 Yoder의 『예수의 정치학』(*Politics of Jesus*) 마지막 장의 제목이다. Glen Stassen 과 Mark Thiessen이 편집한 『어린 양의 전쟁』(*The War of the Lamb*, Grand Rapids: Brazos, 2009, 대장간 역간)이라는 Yoder의 유작이 있다.

함하는 신약성경의 통치자들과 권세들 개념을 발전시켰다.[84] 이것이 바로 신약성경에서 "통치자들과 권세들"이라는 말이 의미하는 바다. 사탄은 통치자들과 권세들을 장악하고 조정하여 그것들이 자기 종이 되게 했다.[85]

볼프는 요한계시록 19장에 등장하는 백마를 탄 사람이 사랑에 대한 복수심의 승리, 비폭력에 대한 폭력의 승리로 해석될 수 있음을 인정한다. 하지만 그는—요한계시록에서 로마 제국으로 대표되는—정치적 폭력과 경제적 압제 체제들에 내리는 심판이 없다면 "평화, 진리, 정의의 세상은 존재할 수 없다. 공포(집어삼키는 '짐승')와 선전(속이는 '거짓 예언자')은 반드시 극복되어야 하고, 악은 선으로부터 분리되어야 하며, 어둠은 빛으로부터 분리되어야 한다. 이것들은 반드시 제거되어야 할 폭력의 원인들이다"라고 말한다.[86] 볼프가 그의 책 전체에서 전개하는 이 주장은 **권세들**에 대한 신약성경의 신학과 일치한다. 하지만 하나님이 볼 때 폭력의 원인들은 체제들에만 놓여 있는 것이 아니라 모든 사람 안에도 있다. 아무도 죄가 없다고 자랑할 수 없으며 집단적으로뿐만 아니라 개별 인간

---

84 Joseph Mangina는 조나단 에드워즈가 세계적인 전자 통신과 그것들이 마귀적인 힘들에 의해 사용될 방법을 예견한 것으로 보이는 특이한 글을 인용한다(Mangina, *Revelation* [Grand Rapids: Brazos, 2010], 230).

85 여기 하나의 예가 있다. 담배의 해악에 관한 청문회에서 담배 회사의 한 임원은 정색하고 이렇게 증언했다. "제가 알기로 담배 연기가 암의 원인이라는 것은 입증되지 않았습니다." 몇 년 뒤 전자 담배 제조사들이 사탕 맛이 나는 그들의 제품이 아동들에게 매력적일 수 있을지 모른다는 가능성조차 부인할 때 그 악명높은 진술이 재등장했다. 한 대변인은 자기 회사의 입장을 지지하면서 자기 회사의 자금 지원을 받은 연구를 인용했다. 일리노이 주 상원의원인 Richard J. Durbin은 한 인터뷰에서 이렇게 말했다. "저는 가급적 그들의 말을 무시하겠습니다. 그들이 자신의 연구에 대해 말하기 시작하면 저는 '됐습니다'고 말합니다. 우리가 이 담배 회사들의 말을 수십 년 동안 들어왔는데 그들의 소위 전문가들은 명백한 사실에서 다른 곳으로 우리의 관심을 돌리려고 했습니다"(*New York Times*, July 16, 2014). **권세들**의 가식을 무력화하는 것은 자유의 전사의 무기고에 있는 귀중한 무기다.

86 Volf, *Exclusion and Embrace*, 296.

이 하나님의 목적에 따라 심판을 받을 것이다. 볼프가 하나님은 "지옥의 자식들까지" 포용할 것이다(마 23:15을 보라)고 단언한 말은 이것을 지지하는 것으로 보인다.[87] 실제로 그는 로마서 3:23을 성찰하고서 감동을 받아 "우리" **모두** "지옥의 자식들"이지만 그럼에도 불구하고 하나님의 사랑의 대상이라고 지칭한다.

볼프는 "자유주의적"으로 하나님의 진노를 무시하는 것을 맹렬히 비난한다. 그는 하나님의 진노가 부분적으로는 역사 안에서의 죄의 결과들에서 나오는 것으로 이해될 수 있다는 것이 사실이라고 쓴다(그는 로마서 1:16-3:18에 대한 전형적인 자유주의 해석을 언급하고 있다). 그러나 볼프는 이것은 적절하지 않다고 주장한다. **하나님 자신이 권세들에 맞선 전쟁에 능동적으로 관여한다**(우리가 앞에서 살펴보았듯이, 볼프는 "폭력"이라는 단어를 사용하기를 두려워하지 않는다). 특히 신랄한 구절에서 그는 이렇게 쓴다.

종말론적[묵시적] 차원이 없다면 하나님의 진노에 대한 논의는 순진하고 매우 부적절한 이념으로 퇴보한다.…희망 사항에 불과한 세상의 밖에서는 악을 행하는 자들이 너무도 자주 번성하고, 그들이 전복될 때 승리자들은 패배자들보다 나을 것이 별로 없다. 하나님의 종말론적 분노는 무능한 하나님의 사랑의 반대다.…"마음 좋은" 하나님은 자유로운 상상이 만들어낸 허구이자 사회 운동가들이 선, 자유, 합리성에 관해 품고 있던 환상을 포기하지 못하고 허공에 투사한 개념이다.[88]

---

87 그는 이 점에서 Elaine Pagels의 오류를 바로 잡고 있다(Volf, *Exclusion and Embrace*, 85).

88 Volf는 승자들이 아주 일관되게 패자들보다 별로 나을 것이 없다는 이 중요한 통찰을 늘 고수하지는 않는다. 이 비일관성은 가장 다루기 힘든 이 신비를 붙들고 씨름해서 어떤 결정적인 결론에 도달하는 것의 어려움을 보여준다. Volf는 모순적인 입장들 사이를 오락가락한다. 때때로 그는 방금 전에 인용한 진술에서처럼 모든 사람이 악을 저지를 수 있다고 말하고, 다른 때에는 마치 선한 사람과 "구제할 길이 없는" 악한 사람들이 있는 것처럼 말한

기독교 교회사에서 일관성 있게 가장 평화적인 교파였던 재세례파는 전통적으로 하나님의 진노와 심판을 말하기를 주저하지 않았는데, 그들이 그렇게 할 만한 이유가 있었다. 구약성경이든 신약성경이든 그리고 나사렛 예수에게서든 밧모 섬의 요한에게서든 성경 텍스트에는 분노하지 않는 하나님에 대한 흔적이 없다. 시편 저자는 "빵을 먹듯이 내 백성을 먹는" 행악자들이 "큰 두려움에" 놓이게 될 것(시 14:4-5)이라고 말한다. 왜 "두려움"인가? 왜 단순히 질책이 아닌가? 그들과 토론하면 훨씬 더 좋을 텐데 왜 그렇게 하지 않는가? 또는 왜 그들에게 고통스러운 사랑을 보여주지 않는가? 악을 행하는 자들이 "부패하고" "그들이 혐오스러운 짓을 하기" 때문이다(14:1).[89]

우리 시대의 대다수 미국인은 상상할 수도 없는 비극적인 갈등을 몸소 경험한 신학자인 볼프는 "죄 없는 사람들을 심판 없이 왕국에" 들어가게 하는 "진노 없는 하나님" 개념을 완강하게 거부한다.[90] 볼프 자신이 비폭력적이고 평화적인 기독교의 입장에 대한 증인으로 자주 언급되기 때문에, "분노하는 하나님"과 "하나님의 폭력"에 관한 그의 대담한 선언은 더욱 두드러진다. 볼프는 자신을 이렇게 설명한다. "나는 최근의 역사에서 잔인한 침략을 당한 백성의 한 사람으로서 내가 어떻게 반응해

다. 그는 "사회 활동가들"의 비합리성을 확신하는 것으로 보이지만, 그는 사람들이 비합리적으로 행동하는 것에 책임을 지는 것이 합리적이라고 믿는 것처럼 보인다. 결국 그는 사실상 "십자가에 처형된 메시아가 벌린 팔의 강렬한 유혹"에 저항할 수 있는 사람들이 있다고 생각하는 듯하다(Exclusion and Embrace, 298). 그는 실제로 "계속 짐승들과 거짓 예언자들로 남아 있기를 고집하는 사람들을 변화시킬 수 있을 만큼 충분히 강력한 것은 **아무것도 없다**"고 쓴다(297). 아무것도 없다고? 아무도 없다고? Volf는 "나는 보편 구원론자가 아니지만 하나님은 그럴지도 모른다"는 격언을 언급한다(299 각주 8). 우리는 12장에서 이 논의를 계속할 것이다. 하지만 지금으로서 그것은 별도의 문제다. 나는 여기서 Volf가 **권세들**과 하나님의 진노에 관한 우리의 이해에 크게 기여한 데 초점을 맞추고 있다.

89 Volf, *Exclusion and Embrace*, 298.
90 H. Richard Niebuhr의 저서에서 취한 완전한 인용문은 본서 1장에 수록되어 있다.

야 하는가에 관해 나 자신을 설명하려고 [『배제와 포용』] 저술에 착수했다."[91] 그는—권세들의 전복과 관련된 하나님의 폭력을 포함하는—성경의 하나님의 약속을 믿는 믿음의 관점에서 비폭력에 대한 자신의 헌신을 설명했다. 그는 우리가 하나님이 결국 정의롭게 심판할 것이라고 믿지 않는다면 거대한 악에 직면했을 때 비폭력의 경로를 추구하기란 불가능할 것이라고 말한다. 따라서 폭력의 하나님을 말한다고 해서 잘못된 것이 아니다. 이것은 요한계시록에 등장하는 바빌로니아의 멸망 이미지 배후에 놓여 있는 사상이다.

> 할렐루야! 구원과 영광과 능력이 우리 하나님께 있도다.
> 그의 심판은 참되고 의로운지라.…
> 할렐루야! 그 연기가 세세토록 올라가더라(계 19:1-3).

볼프가 요한계시록 내면의 의미를 간파했다는 사실은 하나님의 묵시적 전쟁 이미지들이 참혹한 세상의 갈등과 고난의 때에 어떻게 기능하는지를 보여준다. 볼프는 요한계시록의 언어 그림들이 어떻게 신학적으로 모든 고난과 폭력을 자신에게로 모은 분에 의해서만 다스림을 받는 새 예루살렘에 관한, 모든 것을 포함하는 환상의 문을 열어주는지를 보여준다. "만왕의 왕이요 만주의 주"로서 백마를 타고 정복하기 위해 나오는 이는 바로 "지옥의 자식들"을 위해 십자가 위에서 죽은 분과 동일한 존재다.

---

91 Volf, *Exclusion and Embrace*, 100.

전투 이미지는 그리스도인의 삶을 위한 지침인가?

볼프의 책의 "말 탄 자의 정복에 관한 폭력적 이미지"에 관한 부분은 이렇게 마무리된다.

> [요한계시록에 관한] 가장 놀라운 점은 우리가 보좌 한 가운데서 보좌와 그 보좌의 다스림을 받는 온 우주를 붙들고 있는, 희생당한 **어린 양**을 발견한다는 것이다. "보좌에 앉으신 이"의 중심에 십자가가 있다. 장차 올 세상은 원수를 정복하고 포용하기 위해 십자가 위에서 직접 폭력을 떠맡은 이에게 다스림을 받는다. 어린 양의 통치는 "검"을 통해서가 아니라 어린 양의 "상처들"로 말미암아 정당화된다. 어린 양의 통치의 목표는 사람들을 종속시키는 것이 아니라 그들로 하여금 "영원히 다스리게 하는 것"이다(계 22:5). 어린 양이 보좌 한 가운데 있고, "보좌"와 "신하들" 간의 거리는 삼위 하나님의 포용 안에서 붕괴되었다.[92]

요한계시록은 만만한 표적이 된다. 그 책은 광신자들에 의해 지독하게도 잘못 적용되어왔는데, 특히 헤일-밥 혜성이 나타났을 때(1997) 캘리포니아주의 천국의 문 교파가 집단 자살한 것이 끔찍한 예다. 그 교파의 가르침은 유성들에 관한 요한계시록의 몇몇 이미지들과 연결되었다. 요한계시록과 그 책의 묵시적 환상들에 관해 많은 불평이 제기된다. 전형적인 현대의 이의는 다음과 같다. (1) 요한계시록의 메시지는 "천국"에 초점을 맞추고 수동성을 권장하는 경향이 있다. (2) 요한계시록은 과대망상에 걸린 지도자들과 정신적으로 불안정한 추종자들에게 매력이 있다. (3) 요한

---

92 Volf, *Exclusion and Embrace*, 300-1.

계시록은 사람들에게 종파의 고립된 지역으로 물러나 세상과 세상의 투쟁에 관여하지 말라고 권장한다. 이 이의들에 대해 답변할 필요가 있다. 하지만 적절한 해독제는 묵시 신학을 포기하는 것이 아니라 그것의 진정한 성경적 특성을 좀 더 열정적으로 변호하는 것이다.

지난 세기에 기독교 윤리와 묵시적 관점 사이에 밀접한 관계가 있음을 보여주는 많은 연구가 수행되었다. 존 하워드 요더의 영향력 있는 책인『예수의 정치학』(*Politics of Jesus*)은 묵시에 의존해서 "**혁명**적인 복종"—**권세들**에 대한 비폭력적 **저항**—을 변호한다. 남아프리카공화국의 교회들은 인종차별정책에 반대하는 수십 년간의 분투 기간 동안 요한계시록에서 지속적으로 영감을 받았다. 1970년대에 행한 데스몬드 투투 대주교의 설교 내용 일부를 발췌해보자.

> 나는 하나님의 교회의 주교입니다. 나는 51세인데도 투표권이 없습니다. 생물학적으로는 아무런 차이가 없음에도 불구하고 나타나는 경이 중 하나—흰 피부—를 통해서 18세의 백인은 투표할 수 있습니다.…그들은 데스몬드 투투를 제거할 수 있습니다. 그들은 남아프리카교회협의회를 끝장낼 수 있습니다. 그러나 하나님의 교회는 계속됩니다. 정부는 교회가 세상의 어떤 힘도 두려워하지 않는다는 것을 알아야 합니다.…우리를 반대하는 사람들보다 우리를 지지하는 사람들이 더 많습니다. 모든 민족과 모든 족속 출신의, 아무도 셀 수 없는 큰 무리가 흰옷을 입고 손에 종려나무 가지를 들고 보좌 앞과 어린 양 앞에 서서 "우리 하나님께 승리가 있도다!"라고 외칩니다. 우리는 천사들과 천사장들, 그리고 하늘의 모든 무리에 합류합니다.[93]

---

[93] 투투 주교는 약간 다른 버전으로 이 열정적인 연설을 여러 번 행했다. 연설문 하나가 *Living Church* 185, no. 16 (October 17, 1982): 6에 실렸다.

투쟁과 전투 용어가 비폭력에 대한 헌신과 양립할 수 없는 것은 아니다. 비폭력적인 전투 요원들은 "원수 갚는 것이 내게 있으니 내가 갚으리라" 고 약속한 하나님에 대한 신뢰로 말미암아 어려움을 견뎌낸다. 가혹하고 거슬리는 소리로 들릴 수도 있겠지만, "전쟁"을 권세들에 맞서 싸우는 묵시적 전쟁으로 이해할 때 주를 "용사"로 묘사한 것(출 15:3; 사 42:13)은 용기의 강력한 원천이다. 미국의 인권 투쟁(1953-64)에서 취한 아래의 일화들은 비폭력 투쟁에서 성경에 묘사된 것과 같은 군사적 이미지가 사용됨으로써 어떻게 영감을 주고 격려하며 [그들이 처한 상황을] 해석하는지를 보여줄 것이다. 그 이미지는 자유의 전사들을 의미 있는 내러티브 안에 배치하여 그들이 당하는 시련을 이길 힘을 부여한다.

로자 파크스가 버스 뒷자리로 자리를 옮기기를 거부한다는 이유로 몽고메리에서 체포되었을 때, 두 사람 모두 앨라배마주 백인 사회에서 특권층으로 출생한 인권 운동의 선구자 클리포드 듀르와 버지니아 듀르 부부는 구치소에 가서 보석금을 내고 파크스를 석방시켜주었다. 1999년 2월에 버지니아 듀르가 사망하자 로자 파크스는 그녀를 수신인으로 하는 편지를 써서 듀르의 유가족 전체에게 보냈다. 그 편지에는 "노병이여, 나는 당신이 그리울 겁니다"라는 말이 적혀 있었다. 늙고 기력이 쇠약해진 할머니가 이렇게 말하고 있다!. 파크스 여사에게는 군사적 이미지가 적절하지 않다고 그녀에게 말해줄, 정치적으로 옳은 사람이 필요하지 않았다. 파크스 여사와 듀르 여사는 전투에 참여하는 것이 어떤 것인지 알고 있었다.[94]

1964년 6월, 패니 루 해머 여사는 오하이오주 옥스퍼드시에 가서 프리덤 서머(Freedom Summer) 자원봉사자 오리엔테이션을 위해 모인 사람

---

94 Eric Pace, *New York Times*, February 25, 1999에 실린 Virginia F. Durr의 부고.

들에게 연설했다. "첫째, 나는 작년에 내게 일어난 일을 그들에게 말하고 나서 내게 일어난 일이 올해에 그들에게도 일어날 수 있다고 말해주었습니다. 우리는 그들에게 거짓말을 하지 않았습니다. 우리는 그들에게 그것이 어떤 것이었는지에 관해 대비하게 했습니다. 그것은 전쟁에 나가는 것과 같았습니다. 여러분도 알다시피 나는 전쟁에 대해 말로 듣기만 했었는데 우리는 이곳에서 바로 그 전쟁을 경험하고 있습니다."[95] 하웰 레인즈는 "미시시피주를 교전 지역으로 보는 은유가 이 인터뷰에 반복해서 등장한다"고 말한다.[96] PBS 방송과의 인터뷰에서 인권 운동을 담당했던 존 시겐설러는 이렇게 말했다. "그것은 종군 기자 같았습니다. 전쟁이 진행되고 있었음이 분명했습니다. 우리[기자들]는 비폭력의 무기들이 폭력의 무기들보다 강하다는 것을 볼 수 있었습니다."[97] 인권 운동에서 나온 이야기들은 거듭해서 위험이 커질 때 지원자들이 보여준 초인적인 용기, 인내, 고난을 견디는 능력을 목격하고서 기자들이 어떻게 큰 감동을 받았는지 들려준다.[98] 인권 운동의 영광의 날들이 끝나고 베트남 전쟁이 격

---

95 Hamer 여사는 1963년 미시시피주 위노나에서 잔인하게 매를 맞고, 모욕을 당하고, 투옥되었다. 이 인용문의 출처는 Howell Raines, *My Soul Is Rested: Movement Days in the Deep South Remembered* (New York: Putnam, 1977), 275다.

96 Raines, *My Soul Is Rested*, 275. Raines의 책은 그 운동에 관한 이야기의 가장 좋은 자료 중 하나다. 그 책의 제목은 몽고메리 버스 승차 거부 운동에서 따왔다. 걷느라 피곤하지 않았느냐라는 질문에 대해 나이가 많은 이 여성은 킹제임스 역본을 듣고 자란, 글을 읽을 수는 있으나 쓰지는 못하는 남부의 흑인들에게서 종종 발견되는 특유의 유창한 어조로 이렇게 말했다. "내 발은 피곤하지만, 내 영혼은 쉼을 얻습니다." 버지니아주에서 자랄 때 나는 종종 나이 많은 아프리카계 미국인들이 이런 식으로 성경을 인용하는 것을 들었다.

97 PBS 시리즈, September 2000, "더 강한 힘"(*A Force More Powerful*)은 Steve York가 글을 쓰고 연출을 맡았으며 York Zimmerman Inc. and WETA, Washington의 합작으로 제작되었다. Ben Kingsley 경이 해설을 맡았다.

98 이 이야기는 Gene Roberts and Hank Klibanoff, *The Race Beat: The Press, the Civil Rights Struggle, and the Awakening of a Nation*(New York: Knopf, 2006), 271-2, 390과 그 외 여러 곳에서 잘 전달되고 있다. David Halberstam은 *The Children*(New York: Fawcett, 1999)에서 이와 관련한 자신의 이야기를 들려준다.

화된 후 인권 운동 세력이 분열되었는데, 젊은 세대는 더 반항적으로 되었고 전선은 구별하기가 더 어려워졌다. 킹 목사의 투쟁은 더 격렬해졌다. 그는 자신이 "에벤에셀[침례교회]에서 보냈던 평온했던 시절의 '우호적인 세상'"이 "무서운 전쟁이 실재의 중심에 자리잡고 있는 환상—우주의 중심에 자리 잡고 있는 선과 악 사이의 긴장"—에 밀려나는 것을 보았다.[99]

우리가 이 예들 및 앞서 언급한 내용들에서 보듯이, 1960년대 초 비폭력 인권 운동에서 묵시적 심판과 승리라는 주제는 망상이나 희망에 불과했던 것이 아니라, 해방하러 오시는 하나님의 능력을 막을 수 없다는 지식을 통해 그들이 무서운 시련을 겪을 때 힘이 되어주었다. 자유의 노래가 표현하듯이 "아무도 나를 돌이키도록 허용하지 않을 것이다, 절대로." 찰스 마쉬는 노래를 통한 해머 여사의 리더십이 "그들의 고통 또는 그들의 구체적인 굴욕들을 제거한 것이 아니라 그 고통을 포용하고, 지목하며, 소망과 구원의 우주적인 이야기 안에 배치했다"고 쓴다.[100] 그것은 바로 바울과 신약성경의 다른 저자들이 말하는 우주적 이야기다. 해머 여사는 그것을 성경에서 발견했다. **그것은 다른 곳에서는 발견될 수 없는 이야기다.** 예수 그리스도의 십자가 처형이라는 독특한 사건에서 하나님이 행동하고 계시다는 것이 드러났다. 하나님이 이 세상에 침입하심으로써 "현재의 이 악한 세대/세상"에서 통치하도록 허용되었던 **권세들**

---

99 Richard Lischer, *The Preacher King: Martin Luther King, Jr., and the Word That Moved America* (Oxford: Oxford University Press, 1995), 108. 우리가 선과 악 사이의 전쟁에 관해 말할 때 선한 **사람들**과 악한 **사람들** 사이의 전쟁에 대해 말하는 것이 아님을 명심하는 것이 매우 중요하다(Martin Luther King도 거의 확실히 그렇게 말하지 않았다). 그는 어느 누구 못지않게 "모든 사람에게 선과 악의 양면성이 있다"는 것을 인식했다(Havel). 이 대목에서는 선한 **권세**와 악한 **권세**에 대해 말하고 있다.

100 Charles Marsh, *God's Long Summer: Stories of Faith and Civil Rights* (Princeton: Princeton University Press, 1997), 22.

은 장차 올 세상의 **권세들**에 의해, 즉 성령의 무기들을 통해 무장이 해제되었다. 주님이신 그리스도는 그를 따르는 사람들이 고난을 당하는 중에서조차 승리자다.

묵시적 관점의 장점

일반적으로 신약성경(특히 바울 서신), 교부 시대, 그리고 마르틴 루터의 글에서 승리자 그리스도의 중심성에 관한 아울렌의 논제는 수정과 교정을 거치기는 했지만 여전히 유익하다. 수정/교정의 결과 많은 이득과 약간의 손실이 있었다. 이에 관해 간략히 살펴보자.

묵시적 배경에서 승리자 그리스도 주제의 가장 중요한 특징은 그것이 하나님의 행동을 극적으로 만들고 보증한다는 것이다. 아울렌이 그의 책 마지막 페이지에 썼듯이 "근본적인 사상은…무엇보다도 먼저 사람이 하나님께로 이동하는 것이 아니라 하나님이 사람에게 이동한다는 것이다." 나아가 우리는 점령지로 침입하는 비유가 몇 가지 이유에서 필수적이라고 주장했다. 특히 그 비유는 (**죄, 사망,** 마귀로 다양하게 적시된) 원수들이 점령하고 있는 영역의 압제 받는 거주자들인 우리가 어떻게 "다른 구역으로부터" 오는(엡 4:14) 움직임에 의해서만 해방될 수 있는지를 보여주기 때문이다. 예수가 비유로 얘기한 말로 표현하자면 해방하는 힘은 "강한 자를 [결박할]"만큼 충분히 강해야 한다(마 12:29; 막 3:27; 참조. 눅 11:21).[101] 서력 기원 시대의 대부분 동안 성육신 자체가 사탄의 영토에

---

101 마태, 마가, 누가 모두 예수가 그의 제자들에게 말한 비유를 전한다. "그러나 내가 하나님의 성령을 힘입어 귀신을 쫓아내는 것이면 하나님의 나라가 이미 너희에게 임하였느니라. 사람이 먼저 강한 자를 결박하지 않고서야 어떻게 그 강한 자의 집에 들어가 그 세간을 강

대한 하나님의 침입으로 널리 이해되었다. 성탄절 음악으로 사용되는 다양한 중세의 시들에서 이 점을 쉽게 볼 수 있다.

지옥의 군주가 그의 노략물을 잃었다네.···[102]

생후 이틀 밖에 되지 않은 이 갓난아이는
사탄의 소굴을 약탈하러 왔다네.[103]

때가 되자, 아버지는···하늘 보좌로부터 외아들을 보냈다네.···이 육체의 거
주지에서 마귀를 정복하려고 말이지.[104]

종교개혁 때는 이렇게 말한다.

탈하겠느냐? 결박한 후에야 그 집을 강탈하리라." 예수가 말한 "강한 자"는 사탄을 의미하며 사탄의 "집"은 이 세상이다. 예수는 사탄을 "이 세상의 통치자"라고 칭한다(요 12:31). 에베소서에서 사탄은 "이 세상 풍조"를 이끌고 "불순종의" 자녀들 가운데 역사하는 "공중의 권세 잡은 자"로 불린다(엡 2:2). 강한 자 비유에서 예수는 사탄이 자기보다 더 큰 힘을 가진 존재를 만나지 않는다면, 그는 결코 포기하지 않을 것이라고 말하고 있다. 사탄은 그보다 더 강한 자가 그를 무력하게 만들고 그의 소유물을 빼앗을 때까지 자신의 나라를 소유하고 있다(John Calvin, *Harmony of the Gospels*, 마 12:29과 그 병행 구절들에 관한 주석). 구체적으로 십자가에 관해 골로새서는 이렇게 말한다. "통치자들과 권세들을 무력화하여 드러내어 구경거리로 삼으시고, 십자가로 그들을 이기셨느니라"(골 2:15).

102 이 텍스트 원문 *"Perdidit spolia princeps infernorum"*의 번역이다. 성공회에서 성탄절에 자주 부르는 "오늘 울리게 하라"(*Personent hodie*)의 텍스트는 *Piae Cantiones*(1582)에 처음 등장했지만, 훨씬 더 오래된(1360년) 라틴 캐럴의 한 버전인 것으로 보인다. 좀 더 감상적인 영어 번역들에서는 이 텍스트가 상실되었다. 그중 하나는 작곡가인 Gustav Holst를 위해 번역되었는데 그는 1924년에 그것을 편곡했다.

103 Robert Southwel(1561?-96)이 쓴 이 텍스트는 Benjamin Britten의 캐럴송(*Ceremony of Carols*)에 들어 있어서 현대인에게도 친숙하다.

104 강림절을 위한 전통적인 응답가의 하나에 근거한 라틴 모테트.

이 아이, 이 무력한 작은 사내아이가

우리의 확신과 기쁨이 될 거야.

사탄의 힘을 깨뜨리고,

우리의 평화를 영원하게 할 거야.[105]

이 주제는 18세기에도 계속된다.

우리가 길을 잃었을 때 사탄의 권세로부터 우리 모두를 구하기 위해

우리 구주 그리스도가 성탄절에 탄생하셨다는 것을 기억하라.[106]

현대의 문화에서 "관습을 거스르는" 예술이나 행위라는 언급은 칭찬이
며, 역설은 여전히 우리 시대의 편만한 어조다. 하지만 오늘날 이런 주제
를 가진 성탄절 캐럴을 생각할 수 없다는 것은 우리 문화의 근저의 감상
성을 나타내는 표지다. 우리 주변의 모든 공포와 고통에도 불구하고 우
리는 성탄절 카드에 평화와 기쁨의 이미지라는 부드러운 초점을 요구한
다.[107] 이와 대조적으로 묵시적 복음은 악에게 그것의 기한을 부여하고
테러 분자의 공격과 같은 사건이 침입해 들어올 때를 미리 대비하는 상

---

105 Johann Rist(1607-67)가 작사한 찬송가 가사.
106 "God Rest You Merry, Gentlemen," 18세기 런던의 캐럴
107 내 남편과 내가 지금까지 받았던 성탄 카드 중 가장 잊지 못할 카드는 1960년대 후반에 미
  니애폴리스-세인트폴의 가톨릭 인종간협의회가 디자인한 것이었다. 카드 앞면에는 붉은
  색 배경에 "베네딕투스"의 가사가 적혀 있었다. "돋는 해가 위로부터 우리에게 임하여 어
  둠과 죽음의 그늘에 앉은 자에게 비치리로다"(눅 1:78-79). 내지에는 빈민가 주택의 음산
  하고 쓰레기가 버려진 뜰에서 누더기를 입은 아프리카계 미국인 남자 아이가 쓸쓸히 앉아
  있는 흑백 사진이 실려 있었다. 인종간협의회는 1, 2년 정도 더 이런 식으로 카드를 만들
  다가 유감스럽게도 소비자라는 현실에 굴복해서 흑인과 백인 아이들이 손에 손을 잡고 원
  을 만들어 웃고 있는 카드를 만들었다.

징적인 세상에서 선과 악, 빛과 어둠, 낮과 밤의 우주적인 전쟁을 극적으로 표현한다. 공관복음서의 묵시에서 예수는 이렇게 말한다. "너희는 삼가라. 내가 모든 일을 너희에게 미리 말하였노라"(막 13:23). 신약성경에서 묵시적 관점을 지지하는 가장 강력한 논거 중 하나는 신약성경이 마귀에게 기한을 준다는 것이다. 거대한 악부터 아주 작은 악까지, 수백만 명의 학살부터 아이 한 명을 고문하고 살해하는 것에 이르기까지, 모든 것을 아우르는 근본적인 악이 부정되거나 얼버무려지지 않는다. 악은 놀라움으로 다가오지 않는다. 예수는 제자들에게 "이런 일이 있어야" 한다고 경고한다(막 13:7). 그러므로 주의 강림은 "깨어 있어" "저항하라"고 촉구한다.

> 근신하라! 깨어라! 너희 대적 마귀가 우는 사자 같이 두루 다니며 삼킬 자를 찾나니, 너희는 믿음을 굳건하게 하여 그를 대적하라! 이는 세상에 있는 너희 형제들도 동일한 고난을 **당하는 줄을** 앎이라. 모든 은혜의 하나님, 곧 그리스도 안에서 너희를 부르사 자기의 영원한 영광에 들어가게 하신 이가 잠깐 고난을 당한 너희를 친히 온전하게 하시며, 굳건하게 하시며, 강하게 하시며, 터를 견고하게 하시리라. 권능이 세세무궁하도록 그에게 있을지어다. 아멘(벧전 5:8-11).

이것은 지휘관이 그의 부하들에게 행하는 연설처럼 격려의 말이다.[108] 신

---

108 인권 운동의 지도부는 Fannie Lou Hamer—그녀는 글을 읽을 줄을 알았지만 쓸 줄은 몰랐던 여성이었다—역사가 생존한 동안에는 그녀의 큰 공헌에 경의를 표하지 않았고 심지어 그것을 인정하지도 않았다. 하지만 그녀는 묵시적 전쟁의 최전선에 선 지휘관의 훌륭한 모델이었다. Charles Marsh는 『하나님의 긴 여름』(*God's Long Summer*)에서 그녀에게 바치는 이례적인 헌사를 썼다.

약성경의 이미지는 **우리를 전장에 위치시킨다.**[109] 역설적으로(그리고 이것이 바로 십자가의 핵심이다) 고난과 박해는 교회가 효과적으로 저항하고 있는 표지다. 이 고난들은 온 세상의 그리스도인 가족 구성원들 안에서 그리고 그들 가운데서 "성취되어야"(epiteleisthai) 한다. 그리고 이 소식은 오늘날 많은 나라에 사는 그리스도인들에게 낯설지 않다. 원수가 지칠 줄 모르기 때문에 규율("정신을 차리라")과 경계("깨어 있으라")가 필요하다. 마귀의 약탈 활동이 가정되었기 때문에 그것이 텍스트에 설명되거나 언급되지 않았음을 주목하라. 이것은 신약성경의 세계관의 일부다.

이 상징 구조는 소모품이 아니다. 그 구조는 단지 포장에 불과한 것이 아니다. 베드로전서에서나 오늘날의 설교에서 그것은 한 번 사용하고 버릴 수 있는 것이 아니다. 복음은 악과 **죽음**의 손아귀로부터 **구원하는 메시지**이기 때문에 상징 구조는 복음의 일부다. 어떤 의미에서 마귀가 상징이라는 것은 사실이지만 그 상징은 실재를 포함한다. 신약성경의 묵시는 실재를 비할 데 없이 잘 설명한다. 실재는 악, 고통, 궁극적으로는 고통에 대한 승리에 관한 것이다. 우리의 문화에서는 이 승리를 "인간 영혼의 승리"로 부르는 데 지나치게 친숙해 있다.[110] 하지만 복음의 관점에서 볼 때 그것은 잘못된 곳을 강조한다. 베드로전서의 저자는 인간 영혼이 승리할 경우, 그것은 인간 영혼을 통하여 역사하는 하나님의 자비와 능력 덕분이라고 선포한다. "모든 은혜의 하나님, 곧 그리스도 안에서 너

---

109 이것은 공동체적인 의미나 개인적인 의미 모두에 해당한다. 언제나 맹위를 떨치는 전쟁에는 두 가지 측면이 있다. (1) 전쟁은 **권세들**과 통치자들에 맞서는 전쟁의 형태로 우리 **주변에** 있다. (2) 전쟁은 우리 **내부에** 있다. Dostoevsky가 썼듯이, "마귀가 하나님과 싸우고 있는데, 그 전쟁터는 인간의 마음이다"(The Brothers Karamazov, Pevear-Volokhonsky translation, 108).

110 작가인 Sebastian Junger는 "인간 갈등의 고요한 존엄"에 대해 말한다. 이 어구는—그가 이 점을 알든 모르든—"인간 영혼의 승리"보다 성경적 인간관에 훨씬 더 충실하다.

희를 부르사 자기의 영원한 영광에 들어가게 하신 이가 잠깐 고난을 당한 너희를 친히 온전하게 하시며, 굳건하게 하시며, 강하게 하시며, 터를 견고하게 하시리라"(벧전 5:10).

하나님의 승리에 대한 묵시적 강조는 그리스도 안에서 **하나님의 개시**뿐만 아니라 그리스도 안에서 하나님의 **다가올 승리**도 축하한다. 이것이 바로 언제나 균형이 유지되어야만 하는 신약성경의 이미/아직의 관점이다. 예컨대 예수의 축귀 이야기들에서 우리는 귀신들이 **이미** 예수 앞에서 도망하는 것을 본다. 하지만 예수가 십자가에 처형당할 때 그들에게는 예수를 공격할 완전한 자유가 부여될 것이기 때문에 그들은 **아직** 멸망되지 **않았다**. 이와 유사하게, 요한계시록은 사탄이 "성도들과 싸워 이기게 되고 각 족속과 백성과 방언과 나라를 다스리는 권세를 받"는다고 말한다(계 13:7). 다른 말로 표현하자면, 고린도 교인들이 그럴 거라고 생각했던 것과 다르게, 세례를 통해 그리스도의 죽음과 부활에 연합한다(롬 6:3-11)고 해서 우주적인 전쟁에서 면제되지는 않는다. 교회는 그리스도의 초림과 재림 사이에서 균형을 유지하며 산다. 그것은 복음을 위하여 고난을 받는 삶이지만, 그 삶에는 묵시적인 어조로 들리는 단어인 "소망"이 있다. 그 소망은 예수 그리스도의 미래에 대한 약속에 근거하기 때문에 인간의 소망을 넘어서는 소망이다(롬 4:18). 여기서 아브라함은 위대한 모델이다. 그는 "**[하나님이] 약속하신 그것을 또한 능히 이루실 줄을** 확신하였"다(롬 4:21). 이것이 기반(基盤)이다. "하나님이 할 수 있기" 때문에—흑인 교회의 교인들이 자주 말하듯이—우리는 **권세들의 포로**가 아니다. 오히려 예언자 스가랴가 선포했듯이, 우리는 "소망의 포로들"(개역개정은 "소망을 품은 자들"로 번역했음)이다(슥 9:12).[111]

---

111 투투 주교의 저서 중 한 권에 『소망의 포로들』(*Prisoner of Hope*)이라는 제목이 붙은 것은

승리자 그리스도 및 그 모티프들을 결합하는 데 대한 비판

많은 성경학자들과 신학자들은 묵시적 관점을 복음의 핵심으로 되돌리려는 움직임에 저항해왔다. 거기에는 몇 가지 이유가 있다.

승리자 그리스도 주제에 관한 **한 가지 불만**은 그 주제가 인간과는 동떨어져서 벌어지고 있는 전투를 보여주는 것 같다는 것이다. 우리는 예비적으로 다음 사항들을 보여주기 위해 노력했다. 그리스도인은 우주적 전쟁에 **참여한다.** 그들은 자신의 주님과 함께 세상에 내려진 사망 선고하에 놓여 있으며, 빛의 갑옷을 입고 전쟁을 준비하고 있다. 그들은 하나님의 의로 옷 입으며 말씀의 검을 가지고 전쟁에 나간다. 그들은 자신의 십자가를 져야 하며 "이기는 자에게는 생명의 면류관이 있을 것이다.[112] 그리스도인이 된다는 것은 우리가 귀신들과 맞서 싸우는 전쟁에 **연루되었다**는 것을 의미한다. 우리가 하나님의 레지스탕스 운동원이 되어야한다는 것은 하나님이 우리에게 주신 존엄이다. 우리는 성공회 교회에서 수백 년간 아이들에게 말해주는 장엄한 세례 환호송으로 실례를 보여줄 수 있다. "우리는 이 아이를 그리스도의 양 떼의 회중 안으로 받아들입니다. 그리고 이제부터 **이 아이가** 그리스도께서 십자가에 못박히셨다는 믿음을 고백하고, 그분의 깃발 아래에서 죄와 세상과 마귀를 대적하여 용감하게 싸우며, **자기의** 생명이 다할 때까지 계속 그리스도의 충실한 군인과 종으로 살기를 부끄러워하지 않는다는 증거로 이 **아이에게** 십자가의 성호로 축복합니다."[113]

우연이 아니다.

112 찬송가, "십자가 군병들아, 주 위해 일어나"(Stand Up, Stand Up for Jesus).

113 1979년 개정 『성공회 기도서』에서는 이 내용이 제거되었는데, 이는 의심할 나위 없이 전쟁 이미지 때문이었다.

승리자 그리스도 주제에 대한 **두 번째 중요한 비판**은 그 주제의 윤리적 영향과 관련이 있다. 예컨대 더글러스 존 홀은 해방신학에서 자신을 해방될 필요가 있는 것으로 보는 집단에 "지나치게 많은 순수함과 선함"을 귀속시키면서 모든 비난을 외부의 악한 행위자들에게 돌리는 경향에 주의를 준다.[114] 이것은 지혜롭고 필요한 통찰이다. 이 통찰은 **만일 경건하지 않은 자를 의롭다고 하는 로마서 4:5과 5:6의 묵시적 기치하에서 모든 주제가 자신의 특정한 강조점들을 주장하도록 허용된다고 하더라도, 이 오류에 대한 성경의 교정책이 내장되어 있다**는 견해를 강화시켜 준다. 하지만 바울은 육신—*sarx*, 죄의 통치 아래 있는 인간의 본성—이 그런 경향을 가지고 있기 때문에 자격이 있는 사람들과 자격이 없는 사람들을 구분하려는, 도처에 편만한 성향에 대해 주의를 주곤 했다.[115] 현대의 승리자 그리스도 주제의 제시는 승리하는 해방의 그리스도 주제를 **경건하지 않은 자**를 바르게 함(칭의)이라는 맥락에서 전한 사도의 제시처럼 복잡하거나 심오하지 않다. 되풀이해서 등장하는 이 주제는 해방신학이 기독론적, 케리그마적 토대에서 분리되어 교회에서 한 집단을 다른 집단의 위에 두고는 한 집단은 하나님과 바른 관계에 있고 다른 집단은 그렇지 않다거나, 한 집단은 희생자이고 다른 집단은 가해자로서 희생자들은 대개 무죄한 자라고 보는, 상존하는 위험을 경계한다.

두 번째 비판과 관련이 있는 **세 번째 비판**은 승리자 그리스도란 주제가 그리스도인들에게 허가증을 준다는 것이다. 루터교 학자인 게르하르트 포드는 이 점을 생생하게 설명했다. 그는 그리스도가 십자가 위에

---

114 이 비판은 René Girard의 저서에도 해당한다.

115 그리스도인 공동체의 삶의 특성으로서 끊임없는 경계는 공관복음의 묵시와 열 처녀 비유 같은 비유들의 핵심적인 모티프다. 이것은 예컨대 롬 13:11에 기록된 "너희가 이 시기를 알거니와 자다가 깰 때가 벌써 되었다"라는 바울의 권면의 핵심이기도 하다.

서 우리를 위해 한 일을 이해하기 위해서는 우리가 "현행범으로 체포될" 필요가 있다고 쓴다. 포드는 이렇게 설명한다. "그리스도의 사역은 우리가 거기에 **참여하고 연루되는** 행동이며 앞으로도 늘 그럴 것이다. 그것은 **편리하고 조용한 아이디어들**로 변화될 수 없다."[116] 그는 "이론들"이 "우리를 책임에서 면제해주기" 때문에 안셀무스의 이론과 아울렌의 이론을 비롯한 모든 종류의 "이론들"을 논박한다. 그는 "이론들"이 예수의 십자가형을 하나님께 필요했던 것으로 돌리거나(Anselm) 마귀적인 **권세들**의 증오로 돌림으로써(Aulén) 우리로 하여금 책임에서 면제되었다는 느낌을 갖게 한다고 생각한다. 후자의 경우 우리는 심지어 "마귀가 내게 그렇게 하도록 시켰다"고 말하기까지 한다.

포드의 논지는 적절하고 유용한데, 특히 우리가 대속 주제를 살펴볼 것이므로 더욱 그러하다. 포드는 안셀무스를 정당하게 평가한다. 그는 우리에게 안셀무스가 승리자 그리스도 주제를 잘 알고 있었지만 **그 주제는 예수가 왜 마귀의 세력을 무찌르기 위해 그토록 참혹한 죽음을 당해야 했는지를 설명하지 않았**기 때문에 부족한 점이 있다고 상기시켜준다. 포드는 안셀무스를 인용하여 이렇게 묻는다. "하나님은…귀신들을 날려보낼 수 있으면서도 왜 '그렇게 비천한 일에 자신을 낮추었는가?' 또는 '왜 어떤 일을 이런 큰 수고를 해가면서 하는가?'" 본서의 핵심에 이 질문이 놓여 있다. 본서의 2장과 4장 그리고 안셀무스를 다룬 장에서 우리는 매우 역겨운 십자가형이 안셀무스가 기억하기 쉽게 죄의 중대성(*ponderis*

---

116 Gerhard O. Forde, "Caught in the Act: Reflections on the Work of Christ," *Word and World* 3, no. 1 (Winter 1983): 22-31, 강조는 덧붙인 것임. 나는 Mark Reasoner 덕분에 이 논문을 알게 되었다. 이 논문은 내게 Forde를 신학적 사상가로서뿐만 아니라, 기쁘게도 오늘날의 용어에 친숙한 사람으로서도 알게 해줬다. 그는 우리가 십자가형에 연루되었음을 입증할 "결정적 증거"를 파악할 필요가 있다고 쓴다. 하지만 나는 그가 교환(대속) 주제까지 나아간다고는 생각하지 않는다.

peccatum)이라고 부른 것과 부합한다는 점을 역설했다. 승리자 그리스도를 다루는 이 장에서 우리는 더 나아가 십자가형이라는 섬뜩한 야만성이 **권세들**이 침투할 수 있는 악의 외적인 한계들**에도 부합한다**고 주장한다. 우리는 안셀무스의 어구를 이런 식으로 풀어 쓸 수 있을 것이다. "당신은 아직 **권세들**의 극악무도함을 고려하지 않았다."

그렇다면 승리자 그리스도 주제에 가해지는 이 비판들은 중요한 몇몇 요지들을 끄집어내서 우리로 하여금 추가로 성찰하게끔 한다.

요약과 전망: "아이디어 복합체"[117]의 균형 잡기

신약성경에서 승리자 그리스도는 없어서는 안 될 필수적인 주제다. 그 주제는 성경과 전통에 깊이 뿌리박혀 있으며, 악에게 정해진 기한을 부여하므로 오늘날 새로운 힘과 적실성을 지닌다. 이 주제는 마귀의 **권세들**의 극악무도한 지능, 멸망시키는 힘, 파괴적인 분노를 강조한다. 현대의 세상에서 우리는 이런 종류의 악을 너무도 많이 알고 있다. 21세기가 계속해서 드러내는 뉴스를 따라가는 사람이라면 누구나 우리의 세계에는 참으로 참을 수 없는 사악함이 거주하고 있으며 우리는 이 사악함을 통제하지 못한다는 느낌을 알 것이다. 그 느낌은 "느슨하고 세상의 심장을 두드리는" 어떤 것이다.[118] 이 상황에서 그리스도인들은 자기 앞에 놓인 두 이미지—하나는 완전한 공포와 명백한 패배의 장면인 십자가형이고,

---

117 앞서 언급했듯이, 이 어구의 출처는 Stephen Sykes, *The Story of Atonement*, Trinity and Truth Series(London: Darton, Longman, and Todd, 1997)다.

118 이 어구는 Dick Tripp, *The Biblical Mandate for Caring for Creation* (Eugene, Ore.: Wipf and Stock, 2013), 34에 인용된 Loren Eiseley의 멋진 저서 *The Firmament of Time*에서 따왔다.

다른 하나는 면류관을 썼으며 승리했고 부활한, 장차 임할(*ho erchomenos*) 왕이신 그리스도(*Christus Rex*)다—를 가지고 살며 증언한다. 이것들은 나란히 놓여 있는 별개의 이미지들이 아니다. 이것들은 서로 동화된다.

권세들 가운데 하나인 **죄**에 대해 언급하지 않은 채 십자가 상의 그리스도의 승리를 해석하려는 경향은 그것이 무엇이든 윤리에 악영향을 준다. 그것은 개인의 경건과 사회적 행동 간의 건강하지 못한 분리를 조장한다. 이것은 교회 안에서 어떤 집단이 다른 집단에 대적하는 것을 용인하며, 해방 사역을 행하는 집단과 그것을 방해하는 집단을 허용한다. 교회 안에 피차 모두 죄인이라는 의식이 없다면, 교회 안에서 자신을 참 신자라고 여기는 한 무리가 미묘하게 또는 그다지 미묘하지 않게 덜 깨우쳐진 사람들을 멸시하는 위험한 상태가 존재하게 된다.[119]

무엇보다도 바울은 그리스도인이 마치 세상이 계속 변화되지 않는 상태로 남아 있는 것처럼 살지 않음을 보여주는 데 관심이 있다. 교회는 구속받지 못한 바다에 떠다니는 구속받은 배가 아니다. 우리의 죄가 사함을 받고, 우리 한 사람 한 사람이 예수를 믿게 된 것이 변한 것의 전부는 아니다. 오히려 이미 한 세상(*kosmos*)과 다른 세상의 교환이라는 세대의 변화가 발생했다. **권세들**과 통치자들은 이 사실을 모를 수도 있지만 그들의 기반은 훼손되었고 지속될 수 없다. **피조물 자체**가 장차 올 시대인 새로운 세상에 의해 침입당했고, 지금도 침입당하고 있다. "피조물이 고대하는 바는 하나님의 아들들이 나타나는 것이니, 피조물이 허무한 데

---

119 이것은 바울이 로마서와 고린도전서에서 "강한 자"들에게 "약한 자"들에 대한 사랑과 배려를 보여주라고 엄중히 경고한 맥락이다. 결국 하나님이 보기에는 우리 **모두** "약한 자들"이다. 이 점이 중요한데, 한 집단이 다른 집단을 약하다고 생각하는 이 시나리오가 사랑에 관한 유명한 장인 고전 13장의 맥락이다. 고린도전서 전체는 고린도 교회에게 십자가의 메시지로 돌아가라는 촉구다.

굴복하는 것은 자기 뜻이 아니요 오직 굴복하게 하시는 이로 말미암음이라. 그 바라는 것은 피조물도 썩어짐의 종 노릇한 데서 해방되어 하나님의 자녀들의 영광의 자유에 이르는 것이니라"(롬 8:19-21).

우리는 승리자 그리스도 이론이 신약성경의 다른 모티프들과 상호작용하도록 허용되지 않고 엄격히 분리될 경우, 이 이론과 관련된 몇몇 문제들을 적시했다. 본서는 하나님을 계속 행동하는 주체로 제시하는 한편 동시에 가장 비천한 그리스도인조차(**특히** 가장 비천한 그리스도인을) 하나님의 저항군 무리에 소집하는, **모든 것을 포함하는 묵시적 드라마**에서 그리스도의 죽음을 둘러싼 **모든** 이미지를 강조하도록 고안되었다.[120] 이렇게 이해된 승리자 그리스도 주제는 속죄와 죄인들을 바르게 함(칭의)을 **모두** 유지한다.

이제 마지막으로, 다음 장을 내다보면서 우리가 맥밀란 출판사 페이퍼백 판의 『승리자 그리스도』(Christus Victor)에 쓴 야로슬라프 펠리칸의 서문을 인용하면 좋을 것이다. 펠리컨은 아울렌의 비판자들이 제안한 많은 수정안들을 검토하고 그것들 중 많은 부분에 동의했지만, 계속해서 논의의 조건을 정하는 책으로서 그 책은 [다른 책들보다] "항상 더 좋아 보인다"고 결론을 내린다. 그리고 나서 그는 20세기에 그랬던 것보다 21세기에 더 시의적절하게 들리는 말로써 이렇게 마무리한다. "그리고 만일 우리 시대에 우리가 아무도 처리할 수 없는 비인격적인 힘들의 손에서 패배라는 허무주의적인 실재를 깊이 있게 그리고 새롭게 경험했다면, 우리

---

120 이것이 바로 J. R. R. Tolkien이 『반지의 제왕』(The Lord of the Rings, 동서문화사 역간)에서 길게 전개하는 드라마다. 호빗인 샘과 프로도는 "이들 중 가장 작은 자들"이지만 그들은 그 전쟁에 정면으로 맞서도록 선택된 사람들이다. Tolkien은 그의 편지들에서 하나님이 이 모든 전개의 배후에 있는 보이지 않는 배우라고 인정한다. 나의 책 The Battle for Middle-earth: Tolkien's Divine Design in "The Lord of the Rings"(Grand Rapids: Eerdmans, 2004)를 보라.

는 죽음, 그것도 십자가 상의 죽음을 통해 그의 주권을 행사하고 승리를 쟁취하는 존재의 힘과 미묘한 지배 역시 새롭게 배워야 한다."[121]

---

121 Jaroslav Pelikan, *Christus Victor* 페이퍼백 판 서문 (New York: Macmillan, 1968).

10장

지옥 강하

그 어느 때보다

저 바깥의 삶은 선하고, 기적적이고, 사랑스럽다

그러나 우리는 스탈린과 히틀러 이후

다시는 우리 자신을 신뢰하지 않을 것이다.

우리는 주관적으로

모든 것이 가능하다는 것을 알고 있다.

W. H. 오든, "제작의 동굴"(The Cave of Making)[1]

하나님의 아들이 나타나신 것은 마귀의 일을 멸하려 하심이라.

요한1서 3:8

---

1 W. H. Auden, "The Cave of Making (In Memoriam Louis MacNiece)," in *Selected Poems*, ed. Edward Mendelson, expanded 2nd ed. (New York: Vintage Books, 2007), 267.

†

나는 이 장과 다음 장에서 논의된 복잡한 주제들을 밝히는 데 도움을 주기 위해 각 장의 개요를 제공한다. 이 장에서는 다음과 같은 주제를 다룬다.

1. 이 장이 왜 필요한가? 네 가지 목표

2. "지옥"이란 무엇인가?

- 성경의 배경

  - **스올**(*Sheol*)

  - **하데스**(*Hades*)

  - **게헨나**(*Gehenna*)

  - 우주론의 출현

- 지옥 강하와 관련된 신약성경의 텍스트

  - 베드로전서 3:17-21

  - 에베소서 4:8-10

3. 지옥 강하와 관련된 성경의 주제들

- 하데스의 짝인 죽음을 대면하기

- **권세**의 또 다른 영역으로부터 구출

- 지옥의 불경건성

- 정죄: 임시적이고 끝에서 두 번째인가, 아니면 궁극적이고 최종적인가?

4. 신조와 전통에 나타난 지옥 강하

- 초기 주석에 나타난 해방신학의 단서

- 지옥 정복도

- 중세: 토마스 아퀴나스와 "폭력적 불가피성"

- 종교개혁: 장 칼뱅

- 20세기: 칼 바르트

  - 전망: 집단 학살 시대에 지옥 강하 해석하기

  - 몇 가지 예비적 결론들

5. 악의 기원

- 창세기에 등장하는 뱀

- 루시퍼라는 인물

6. 악의 본질

- 고전적 정의: 선의 부재로서 악

- 전통이 긍정하는 것과 부정하는 것

7. "악으로부터 논증"이 하나님의 오류를 입증하거나 그의 신임을 떨어뜨리는가?

- 다양한 설명들과 그 설명들의 부적절성

- 매릴린 매코드 애덤스와 "끔찍한 악"

- 신정론: 리스본 지진, 아우슈비츠 그리고 2004년 쓰나미의 영향

8. 악은 하나님의 목적의 한 부분인가?

- 오, 복된 죄여!

- 신정론: 결론

9. 무효화하려는 의지: 왜 "사탄"이 필요한가?

- 포스트모던 담화에서 낯선 **권세**

- 존재의 부정

1. 이 장이 왜 필요한가? 네 가지 목표

내용을 잘 아는 독자는 중세 교회에서 그리스도의 지옥 강하 또는 "지옥 정복"이라고 불렸던 이 모티프는 그것 자체에 한 장을 할애할 만한 모티프가 아니라고 이의를 제기할지도 모른다. 이 어구는 성경에 거의 등장하지 않으며—확실히 이런 명칭들로는 등장하지 않는다—사도신경에 등장하는 조항인 "그는 음부에 내려가셨으며"(*descendit ad inferna*, 한국 개신교회에서 사용하는 사도신경에는 이 조항이 없음)는 오랫동안 논쟁의 주제가 되어왔다.[2] 그러므로 이 모티프에 상당히 긴 주요 장을 할애하는 것이 엉뚱해 보일 수도 있다. 화해라는 현저한 주제가 **바르게 함**이라는 제목하에 논의되었던 것처럼, 지옥 강하가 승리자 그리스도라는 제하의 하위 주제로 다뤄질 수도 있었다. 하지만 나는 다음과 같은 이유로 그렇게 하지 않았다.

이 장의 목적은 다음과 같이 진술될 수 있다.

1. 철저한 악의 현존과 힘을 직시해서 **우리 모두 안에** 특정한 환경에서는 수면으로 부상할 수도 있는 어두운 경향들이 깊이 감춰져 있다는 사실을 인식함으로써 인간의 본성에 관한 최악을 기록하고, 그 최악에 저항하기 위해 우리 자신을 강화하며, 이 저항을 준비한다.

2. 끔찍한 악이 인간의 모든 기획에 의문을 제기하지는 않는지, 따라서 하나님의 목적에 대한 믿음을 훼손하지 않는지 질문한다. 하나님을 믿는 우리는 하나님께 그가 우리에게 닥친 철저한 악을 이생

---

2 이 어구는 니케아 신조에는 전혀 등장하지 않는다.

에서 설명하지 않는다면 적어도 그 악을 다룰 수 있는 어떤 틀이라도 줄 것을 요구한다.

3. 본서의 가장 중요한 목적 중 하나는 예수 그리스도의 이야기가 우주론적 함의를 지니고 있음을 보이는 것이기 때문에 "지옥에 내려갔다"(*descedit ad inferna*)[3]라는 어구가 우주론을 암시한다는 것을 보여준다.

4. 지옥 강하가 승리자 그리스도 모티프**뿐만 아니라** 대속 모티프를 비롯한 몇몇 다른 모티프들 **역시** 강력하게 결합시키고 그것들을 설명한다는 것을 주장하고 이를 미리 제시한다.

신조의 지옥 강하를 긍정함은 우리에게 그런 틀을 가리키며, 우리로 하여금 그 악한 자에게 저항하도록 준비시킨다. 이러한 고려 사항들은 본서의 목적에 매우 중요하기 때문에 그것들에 긴 장을 할애하는 것이 정당화된다. 그러나 이번 장의 전반부의 배경 자료를 건너뛰기를 원하는 독자는 곧바로 "6. 악의 본질" 부분으로 넘어갈 수도 있다.

---

3 때때로 *ad inferna*("아래 있는 것"을 뜻하는 *infernus*에서 유래함) 대신 *ad inferos*("지하 세계"를 뜻하는 *inferus*에서 유래함)가 사용되기도 한다. 아퀴나스, 칼뱅 그리고 Barth는 *inferos*를 채용한 사도신경 버전들을 사용했다.

2. "지옥"이란 무엇인가?

성경의 배경

그리스도의 지옥 강하 모티프가 논쟁의 대상이 되고 있으며 잘 이해되고 있지 않기 때문에, 그리고 그것의 기원이 매우 복잡하기 때문에 이 장에는 본서의 다른 장들에서보다 더 많은 배경 자료들이 포함되었다. 겹치는 개념들이 많기 때문에 "지옥의 역사"는 정리하기가 어렵기로 악명 높다. 우리는 그중 중요한 것들을 선별했다.

영어 단어 "지옥"(hell)은 앵글로 색슨 언어에서 유래했다.[4] 이 단어는 구약성경의 킹제임스 역본에서 **스올**(*Sheol*)을 번역하는 데 사용되었다.[5] 구약성경의 현대 버전들은 일반적으로 "스올"을 번역하지 않고 그대로 사용한다. 하지만 신약성경에서는 사정이 다른데, 이것은 무척 중요하다. NRSV에서는—주로 마가복음과 마태복음에서—**하데스**(*Hades*)와 **게헨나**(*Gehenna*, 한 번은 *Tartaros*)를 "지옥"(hell)이라는 영어 단어를 사용해서 번역했다. 현대의 영어 번역 성경들은 일반적으로 "하데스"는 번역하지 않았지만 흥미롭게도 **게헨나**에 대해 "지옥"(hell)이라는 단어를 사용한다.[6]

---

4   *hellae*는 8세기에 표준이 된 라틴어 신조에서 번역한, 1125년경 사도신경의 옛 영어 번역인 것으로 보인다.

5   다른 언어들에서 *Sheol, Gehenna, Hades*를 번역하기 위해 사용된 단어들을 조사하면 유익할 것이다. 프랑스어에서는 *enfer*, 독일어에서는 *Hölle*를 사용한다. 하지만 이런 조사는 본서의 범위를 넘어선다.

6   성경 번역자들은 마 16:18에 등장하는 **퓔라이 하두**(*pulai hadou*, 문자적으로는 "하데스의 대문들") 같은 그리스어 어구들과 씨름해왔다. 그 어구는 KJV에서는 "지옥의 대문들"로, RSV와 REB에서는 "사망의 힘들"로, NRSV와 NIV에서는 "하데스의 대문들"로, NAB에서는 "사망의 턱들"로 번역되었다.

스올

스올은 **모든** 죽은 자들이 이럭저럭 음침한 반존재(半存在) 상태에서 거주하는 지하 세계를 의미하는 히브리어 단어다. **구약성경의 세계에서는 의미 있는 사후의 삶이 없다.**[7] 우리는 잠시 멈춰서 이것을 충분히 이해할 필요가 있다. 오늘날 그리스도인(이 문제와 관련해서는 유대인도 마찬가지다) 중에서 구약성경은 사후의 삶에 대한 어떤 추측도 거부한다는 것을 완전히 이해하는 사람은 거의 없다. 우리는 "영혼의 불멸"에 대해 막연하게 일반적으로 종교적이고, 반쯤은 그리스적인 관점에서 생각하는 데 익숙해 있다 보니 고대 이스라엘 공동체에게는 어느 정도로 **의미가 있는, 사후의 생존에 대한 어떤 소망도 포기하도록** 요구되었다는 점을 좀처럼 이해할 수 없다.[8] 이 단호한 교리는 이스라엘을 주변의 근동 종교들로부터 구별했는데, 이것은 아무리 자주 반복해도 지나치지 않다.

스올에서는 개인이 하나님과 함께하는 삶은 종결된다. 시편 88편은 이 점을 가장 암울한 언어로 서술하지만 이 외에도 살펴볼 다른 텍스트가 많이 있다. 스올에 있는 망령들은 하나님을 찬양하지 않으며 찬양할 수도 없고, 하나님은 더 이상 그들을 기억하지 않는다(시 6:5; 115:17 등). 그들은 땅에서 무슨 일이 일어나는지 알지 못하며 모든 연결이 끊어진다(전 9:5; 사 63:16 등). 스올에서 돌아올 수도 없다(욥 7:9-10). 모든 것이 적막하고 어둡다(시 94:17; 49:19 등). 이런 상태에서 지내는 사후의 삶에 대한 전망에서는 어떤 위로나 소망도 존재하지 않는다. 오히려 그와 정반

---

7 이에 대한 예외는 매우 늦은 시기에 기록된 구절들인 사 26:19과 단 11:2-3이다. 두 구절은 아주 늦게 기록되었기 때문에, 규칙을 증명해주는 예외들이다.

8 시편에서 이 점이 자주 한탄되었지만 결코 도전되지는 않았다. 이것은 모든 살아 있는 자와 죽은 자들 위에 권위를 가지고 있는 의로운 하나님의 처분이었다.

대다(시 39:13; 49:20).[9] 외경인 집회서의 한 구절이 이를 요약한다.

> 살아서 감사를 드리는 사람처럼
> 스올에서 지극히 높으신 이에게 찬송을 부를 자가 누가 있으랴?
> 존재하지 않는 사람들에게서와 마찬가지로, 죽은 자들에게서 감사가 그쳤
> 도다(17:27-28).

이스라엘이 그렇게 오랫동안 이 엄격한 믿음을 고수했다는 것은 참으로 놀라운 일이다. 이것은 히브리 신앙의 가장 감탄할 만한 측면 중 하나다. 영원한 하나님은 하나님 자체로서 중요했다. 죽음 이후 개인의 보상은 그것과 아무 관계가 없었다. 공동체에게는 **이생에서** 자신의 백성을 위한 하나님의 놀라운 행위로 인해 계속해서 하나님을 찬양할 책임과 의무가 있었다.

　이 장에서 스올의 가장 강력한 측면은 아마도 **죽음**의 영역에 부재하고 그곳의 거주자들에게 관심을 보이지 않는 하나님 개념일 것이다. 이 것은 죽음이 오염물, 철저하게 부정한 어떤 것이라는 개념으로 이어진다. 마가복음 5:1-20은 거라사의 귀신들이 인간 사회에서 쫓겨나 "무덤들 사이에 살고 있었다"고 전한다. 그러므로 예수가 그 사람의 "더러운 영" 을 이긴 것은 기적적인 치유와 사탄에 대한 승리이기만 한 것이 아니다. 그것은 두려운 사망의 영역으로 진군을 개시한 것이기도 하다는 점이 똑같이 중요하다.

9　사 38장에 기록된 히스기야의 기도는 스올에 대한 특히 통렬한 묘사다.

하데스

고전 그리스어에서 **하데스**는 (호메로스의 『일리아스』에서와 같이) 지하 세계의 신의 이름이거나 더 일반적으로는 (헤시오도스나 『오디세이아』에서와 같이) 실체가 없는 죽은 자들의 거처였다.[10] 이 점이 중요한데, 신약성경에서는 하데스와 스올이 융합되었다. 히브리 성경의 그리스어 역본(70인역)은 **하데스**라는 단어를 사용해서 히브리어 **스올**을 번역한다. 그러므로 신약성경에서는 **하데스**라는 한 단어가 죽은 자들의 영역과 그 영역의 통치자 **모두**를 의미하게 되었다. 때때로 이 단어는 문에 빗장이 질러지고(마 16:18) 그리스도가 가진 열쇠로 잠긴(계 1:18) 요새로 상상된다. 그러나 요한계시록 20:14에서는 **죽음**과 **하데스**가 의인화되었다. 영역으로서의 하데스와 통치자로서의 하데스 용법 **모두** 타당한 신학적 해석이다.

신구약 중간기에 외경이 기록될 당시 중요한 변화가 발생했다. 하데스 개념이 확장되어서 하데스는 죽은 자들의 영역만이 아니라 불경건한 자들의 징계의 장소도 의미하게 되었고 이에 따라 —우리에게 좀 더 친숙한(그리고 더 두려운)— **죽은 자**들의 영역이 아니라 **저주받은 자**들의 영역으로서의 특성을 지니게 되었다. 따라서 미켈란젤로의 "최후의 심판" 같은 친숙한 그림들에서 지옥으로 가는 사람들은 확실히 저주 받은 자들의 고통을 겪게 된다.

우리의 재판관인 하나님께 대한 책임 의식이 찾아볼 수 없을 정도로 약화되었기 때문에 현대인들은 이러한 저주로서의 지옥 개념을 일축하기 쉽다. 하지만 이런 생각으로 고심하는 것은 중요하다. 저주받은 자들

---

10 그리스 신화에서 하데스는 죽은 자들의 두려운 왕국의 통치자였을 뿐만 아니라 부의 신인 플루톤이기도 했다. 하데스의 아내는 봄철의 온화한 여신인 페르세포네였는데, 그녀는 복수의 여신들의 지도자이기도 했다. 고대 지중해와 근동 신화에서 종종 발견되는 이런 종류의 양면성은 히브리 성경에서는 발붙일 곳이 없었다.

의 목적지로서 (문자적이라기보다는 은유적으로 이해된) "지옥"이라는 상징이 신약성경에서 두드러진 모티프라는 이유만으로도 이 개념을 파악할 필요가 있다. 이 개념이 무시된다면 우리의 하나님 개념은 심판 차원을 결여할 것이기 때문에, 그 개념은 조잡한 모조품이 되고 말 것이다.

게헨나

게헨나는 영어의 "지옥"에 가장 가까운 단어다. 게헨나는 아람어 **게힌남** (*gêhinnâm*)의 그리스어 형태다.[11] 예수 당시에 이 단어는 최후의 심판에 이어질, 모든 것을 태워버리는 불을 가리켰기 때문에 불길한 의미를 지녔다. 게헨나는 그 이미지가 어떻게 우주적인 영역으로 이동했는지를 보여주기에 때문에 중요하다. 신약성경에서 **게헨나**와 **하데스**라는 그리스어 단어는 서로 연관된 개념이 되었는데, "게헨나"가 최후의 심판에 이어질 종말론적인 "지옥 불"과 더 가깝게 동일시되었다(마 5:22). 마태복음과 마가복음에 빈번하게 사용된 "게헨나"는 이 함의를 갖고 있다. 예수 자신이 가차 없는 말투로 그것을 여러 번 언급한다. 예수는 서기관과 바리새인에게 경고하면서 그들을 "게헨나의 자식들"로 부르고, "뱀들아, 독사의 새끼들아, 너희가 어떻게 게헨나[지옥]의 판결을 피하겠느냐?"라고

---

11 이 단어는 원래 실제 지리적 장소를 의미했기 때문에 이 용어의 발전은 흥미롭다. 그 단어의 히브리어 형태인 게힌놈(*gêhinnôm*)은 영어 구약성경 역본들에 "힌놈의 아들들의 골짜기"로 등장한다. 예루살렘 남쪽에 위치한 이 골짜기는 한때 자녀를 제물로 바치는 제사가 시행되었던 저주받은 곳으로 구약성경에 여러 번 언급되었다. 요시야 왕이 이곳의 신성을 더럽혀 "어떤 사람도 몰록에게 드리기 위하여 자기의 자녀를 불로 지나가지 못하게 했다"(왕하 23:10). 예레미야서의 생생한 구절에서 하나님은 그 예언자에게 "힌놈의 아들(들)의 골짜기"에 있는 도벳 사당으로 가서 그곳을 다가오는 하나님의 심판의 장소로 선포하라는 명령을 받는다(렘 19:1-9. 7:30-34도 보라). "게헨나" 골짜기에서 아동 제사를 드리기 위해 세워진 "높은 곳"(사당)인 도벳(렘 7:31-32)은 성경이 편찬되고 난 뒤의 설교와 훗날의 문학 작품에서 지옥을 가리키는 또 다른 동의어로 사용되어 심판 개념을 이어받았다.

말한다(마 23:15, 33).[12]

이 세 개념들은 신약성경의 다양한 곳에서 서로 융합되지만 이 개념들을 정확히 밝히기는 여전히 어렵다. 그러나 "지옥"이라는 단어로 말하려고 하는 것이 무엇인지를 이해하기 위해서는 그 배경에 어느 정도 익숙해질 필요가 있다.[13]

우주론의 출현

우리는 성경에서 지옥을 표현하기 위해 사용된 세 개의 주요 단어들의 배후에 두 개의 중심 사상이 놓여 있음을 보았다. 구약성경에서 두드러지는 개념은 스올이었는데 그곳은 죽은 **모든** 자들이 의미 없이 어둠 속에 거하는 영역이었다. 하지만 포로기 이후 묵시 문학이 발흥함에 따라서 죽은 자들 간에 구분을 하지 않던 이 개념이, 죽음 이후에 심판이 있는데 의인들은 하나님과 함께 영원한 복을 누리고 악인들은 게헨나에서

---

12 예수의 가르침에는 이런 종류의 언어가 오늘날 많은 사람이 깨닫거나 인정하는 것보다 더 자주 등장한다.

13 다른 명칭들도 있다는 사실로 말미암아 그 문제가 한층 더 복잡해지거나 심화된다.

아뷔소스(*Abyssos*, 개역개정에서는 "무저갱")는 "심연"(abyss)을 의미하는 그리스어 단어다. 집회서에서 지하 세계 또는 죽은 자들이 거주하는 장소를 지칭하는 데 여러 번 사용되며 신약성경에서도 대략 같은 의미로 등장한다(눅 8:31; 롬 10:7; 계 9:11; 20:1, 3).

아바돈(*Abaddon*)은 욥기와 잠언에서 "스올"과 동의어로 여러 번 등장하는 히브리어 단어다. 하지만 방금 전에 언급한 계 9:11에서 아바돈은 "바닥이 없는 구덩이[**아뷔소스**]의 천사"의 이름이 되었다. "히브리어로 그 천사의 이름은 아바돈이며, 그리스어로 그는 아폴뤼온[파괴자]으로 불린다." "하데스"라는 단어와 마찬가지로 "아바돈"은 지하 세계뿐만 아니라 지하 세계의 **통치자**도 의미하게 되었다.

타르타로스(*Tartaros*, 좀 더 친숙한 라틴어 명칭은 *Tartarus*다)는 벧후 2:4에 사용되었는데, 거기서 그 단어는 "게헨나"와 동의어다. 『일리아스』에서 타르타로스는 하데스의 가장 깊은 곳으로 묘사된다. 훗날—이런 단어들의 발전 과정에서 전형적으로—타르타로스는 사악한 자들의 처벌 장소가 된다. 훗날 그리스의 시인들은 이 단어를 이런 의미에서 하데스와 동의어로 사용한다.

조포스(*Zophos*)는 "어둠" 또는 "어둑어둑함"이라는 뜻으로서 벧후 2:4, 17과 유 6에서 처벌의 장소를 나타내는 데 사용되었다.

파멸하는 방향으로 최종적인 분리가 일어난다는 새로운 개념으로 대체되었다. 이 시기에 통치하는 원수라는 개념이 발전했는데 그는 특히 하데스, **사망**, 바알세불(막 3:22에 등장하는 "귀신의 왕") 또는 사탄으로 의인화될 수 있었다.[14] **나사렛 예수는 바로 이 개념적 세계에서 태어나서 성장했다.**[15]

우리는 사도 바울이 이 우주적 틀 안에서 그리스도의 주권을 이해하는 방식을 논의하기 시작했다. 게헨나를 악한 자들의 최후의 처벌과 동일시하는 것이 우리가 논의할 다음 질문들의 배후에 놓여 있다. 그것은 참으로 **최종적인** 정죄인가, 아니면 최종적인 심판 직전에 행해지는 정죄에 불과한가? 그것은 궁극적인가? 아니면 끝에서 두 번째인가?

---

14 신약성경에서 우리는 사탄, 마귀, 바알세불 또는 바알세붑(공관복음), **죄와 사망**(바울), "이 세상의 통치자"(요 14:30), "거짓의 아비"(요 8:44), "공중의 권세 잡은 자"(엡 2:2), 하데스(계 20:14) 등 다양한 명칭을 발견한다. 복수형으로 사용된 마귀적인 힘들은 군대(막 5:9), "우주의 기초적인 영들"(개역개정에서는 세상의 초등학문, 골 2:8), "이 어둠의 세상 주관자들"(엡 6:12)이다. 요점은 그 원수가 어떻게 불리든 간에 하나님을 대적하는 악한 **권세**가 있다는 것이다.

15 복음서에서 예수는 "게헨나"를 더 자주 사용하기는 하지만, "게헨나"와 "하데스"를 다소 교대로 사용한다. 그가 베드로에게 하데스의 문들이 교회를 이기지 못할 것이라고 말한 잘 알려진 약속(마 16:18)에서 성경의 번역본들은 때때로 혼란을 노정했다. RSV는 자유롭게 "죽음의 힘들"이라고 번역한다. 이 번역은 확실히 요점의 일부를 이해하기는 했지만 처벌 개념을 포함하지는 않는다. 번역자들은 예수의 "하데스" 사용과 "게헨나" 사용을 나누려고 애를 썼다. NRSV는 게헨나를 "지옥"으로 번역하지만 마 16:18을 "하데스의 문들"로 번역한다. 이는 지나치게 까다로운 것으로 보인다. 부자와 나사로 이야기에서 "하데스"는 부자가 "고통을 받는" 영역을 가리키는 데 사용된다. 내게는 공관복음이 전하는 예수의 가르침에서—예수를 언제나 온화한 교사로 보는 대중적인 개념과 달리—저주와 처벌에 대한 암시로서 "게헨나"와 "하데스"라는 단어가 겹치는 것으로 보인다. 선동가로 알려진 바울은 지옥을 한 번도 언급한 적이 없으며, 특히 정죄에 대한 언급을 우주적 칭의의 약속으로 둘러싼다.

아무튼 나는 하나님의 목적을 대적하거나 그 목적으로부터 분리됨으로써 야기되는 결과의 모든 측면을 전달하기 위해서 "하데스"라는 단어를 "지옥"(hell)이라고 번역하는 것이 좋다고 주장하고자 한다.

지옥 강하와 관련된 신약성경의 텍스트(벧전 3:17-21; 엡 4:8-10)

우리의 주제를 다루는 가장 유명한 구절은 베드로전서 3:17-21인데, 우리는 그 구절의 일부를 여기서 인용한다. "그리스도께서도…육체로는 죽임을 당하시고 영으로는 살리심을 받으셨으니, 그가 또한 영으로 가서 옥에 있는 영들에게 선포하시니라. 그들은 전에 노아의 날 방주를 준비할 동안 하나님이 오래 참고 기다리실 때에 복종하지 아니하던 자들이라."[16]

이 구절이 주목을 끌게 됨에 따라 그것의 입지가 넓어졌다. 이곳에 "저승"에 관한 특별한 내용은 전혀 없지만, 그리스도가 "전에 복종하지 아니하던 옥에 있는 영들"에게 전파했다는 구절은 상당히 이른 시기에 지옥 강하(descensus)에 대한 묘사로 인정되었다.[17] 베드로전서 4장은 그 사건에 대한 두 번째 언급을 포함하고 있는 것으로 생각되었다. "그들[불순종한 자들]이 산 자와 죽은 자를 심판하기로 예비하신 이에게 사실대로 고하리라. 이를 위하여 죽은 자들에게도 복음이 전파되었으니 이는 육체로는 사람으로 심판을 받으나 영으로는 하나님을 따라 살게 하려 함이라"(벧전 4:5-6).

지하 세계의 힘들에 대한 그리스도의 승리를 암시하는 것으로 보이는 또 다른 성경 구절은 에베소서 4:8-10이다.

---

16 이 장의 뒷부분에서 우리는 이 구절과 여기서 생략한 부분으로 다시 돌아올 것이다.

17 제2차 세계대전의 암울한 시기에 영국에서 쓰인 E. G. Selwyn의 베드로전서 주석은 벧전 3:17-21을 목회적으로 또 신학적으로 사용한다. 그의 해석을 여기에 다 인용하기에는 너무 길지만, 이 멋진 주석의 나머지 부분과 마찬가지로 그의 해석은 복음과 교회에 대한 사랑으로 가득하다. 그는 이 두 구절을 분석하면서 "그리스도의 사역의 우주적인 범위"와 "그의 구속의 사명의 보편성"을 강조한다. Selwyn, *The First Epistle of St. Peter* (London: Macmillan, 1964), 특히 "The Relevance of I Peter 3:18ff. to Modern Times", 359-60을 보라.

그러므로 이르기를 "그가 위로 올라가실 때에 사로잡혔던 자들을 사로잡으시고[KJV '억류를 억류했다'] 사람들에게 선물을 주셨다"[시 68:18] 하였도다. ("[그가] 올라가셨다" 하였은즉, 땅 아래 낮은[*katoteros*] 곳으로 내리셨던 것이 아니면 무엇이냐? 내리셨던 그가 곧 모든 하늘 위에 오르신 자니 이는 만물을 충만하게 하려 하심이라.)

"땅 아래 낮은 곳"으로 "내리셨다"는 어구가 성육신 자체를 언급할 수 있기 때문에 에베소서의 이 구절은 논쟁의 대상이 되고 있다.[18] 하지만 그 어구가 그 이상의 어떤 것을 언급한다고 가정하더라도 그것은 최소한 그저 그리스도가 죽었을 때 죽은 자들의 영역으로 "내려갔다"는 것을 의미할 수 있다. 하지만 그럴 경우 사로잡혔던 자들(이것은 의인화한 표현으로 보인다)을 사로잡으신다(또는 이끈다)는 언급은 무슨 뜻인가? **카토테로스**로 내려가는 것, 사로잡혔던 자들을 사로잡는 것, 올라가고 앉는 것 등 전체 사상의 흐름을 연결하는 것은 무엇인가?[19] 이 구절을 그리스도가 하데스를 약탈했다는 증거의 한 부분으로 생각하는 것은 지나치게 무리한 해석이 아니다.[20] 이 모든 것을 이해하는 최상의 방법은 우리가 사용할 수 있는 다양한 모든 이미지로 이 구절들에 대한 유동적인 해석을 추구하는 것이다.

---

18 이렇게 이해하면, 본문의 "사로잡혔던 자들을 사로잡는다는 것"은 아들이 "아래로 내려와" 인간의 모양으로 태어났을 때 그의 케노시스(*kenosis*, 비움)를 통해서, 그리고 그 후 능력의 우편에 앉음으로써(빌 2:7-11) 성취했다는 의미일 것이다. 하지만 **카토테로스**라는 단어를 통해서 이 땅 자체를 의미했는가? 70인역에서 이 그리스어 단어는 시편에서 죽은 자들의 영역을 의미하기 위해 사용된(시 63:9; 86:13; 139:8 등) 히브리어 **타하톤**(*tahtôn*)을 번역한 것이다. 나는 우리가 어떻게 두 의미를 다 취할 수 있는지 모르겠다.

19 Selwyn은 이 텍스트는 강하(*descensus*)가 이미 초기교회에서 완전히 수용된 교리였음을 보여준다고까지 말한다(*The First Epistle of St. Peter*, 321).

20 역사비평 해석자들은 대체로 이런 독법을 거부한다. 나는 해석사를 비롯하여 좀 더 확장된 정경적 방법으로 작업하고 있다.

3. 지옥 강하와 관련된 성경의 주제들

"스올", "하데스", "게헨나" 같은 성경의 용어들은 우리가 예수 그리스도
의 지옥 강하를 이해하도록 도움을 줄 겹치는 주제들을 제시한다. 지옥
강하는 그 단어가 예변적 또는 예기적으로 이해될 때 오늘날 우리에게
가장 유의미하게 작용한다. 하지만 우리는 먼저 성경과 전통에서 닦인
기초를 이해할 필요가 있다. 성경 전체를 관통하는 몇 가지 가닥들을 파
악해보자.

하데스의 짝인 죽음을 대면하기

신약성경에 등장하는 하데스에 대한 모든 언급은 그것 또는 그(지하 세
계의 통치자로 의인화된 하데스)를 명시적으로나 암시적으로 **죽음**과 연결한
다.[21] 그러므로 예수가 사탄과 씨름할 때, 그는 **죽음**과도 씨름한다. 하데
스와 마찬가지로 **죽음**은 인간의 영혼들을 풀려날 소망 없이 가둘 수 있
는 자율적인 **권세**로 이해된다.[22]

---

21 마 4:6; 16:18; 행 2:24; 롬 5:14; 6:9, 13; 7:24; 딤후 1:10; 히 2:14-15; 계 1:18; 20:13 등.
22 이 원수가 구약성경에는 등장하지 않는다고 생각되어서는 안 된다. "욥기는 현재의 세
    상—개인의 운명을 비롯하여 자연과 역사—이 직접 하나님의 사역과 의지를 구성한다
    는…잘못된 전제를 시편과 공유한다. 이것이 성경의 가장 깊은 의미는 아니다. 물론 성경
    은 하나님의 창조를 알고…그것이 '매우 좋다'는 것을 인정한다. 하지만 성경은 타락과 타
    락에서 나오는 파괴에 관해서도 알고 있다. 성경은 **대적하는 힘**에 관해 욥보다 훨씬 많이
    안다. 성경은 하나님의 정의 문제에 대한 해법이 그리스도로 말미암는 구속으로부터 오기
    를 기대한다. 성경은 그리스도의 모범을 따르는 하나님의 행위와 사람의 행위로부터 그
    해결책이 나와서 악과의 투쟁 및 그 안에 내재된 수수께끼를 통한 하나님의 사역을 밝혀
    주기를 기대한다"(Leonhard Ragaz, "God Himself Is the Answer," in *The Dimensions of Job:
    A Study and Selected Readings*, ed. Nahum Glatzer [New York: Schocken Books, 1969], 130-
    31, 강조는 덧붙인 것임).

신약성경에 묘사된 **죽음**은 자연적인 생명이 끝날 때의 소멸만을 가리키지 않는데, 구약성경의 히브리인들은 (확실히 그것을 환영하지는 않았지만) 소멸을 당연하게 생각했다. 신약성경에서 **죽음**은 적대적인 **권세**가 되었다. 그러므로 죽는다는 것은 단순히 스올로 들어가는 것이 아니고, 불멸을 상속하는 것이 아니라(바울은 이 점을 명시적으로 밝힌다)[23] **하나님의 원수의 수중에 떨어지는 정죄와 패배**로 경험된다. 이것은 신구약 중간기에 강력하게 등장했던 묵시 사상이며, 나사렛 예수와 서신서들의 상징세계의 불가결한 부분이었다.[24] **죽음**을 거대한 **원수**에 의한 패배로 보는 이러한 이해가 나사로의 무덤에서 보인 예수의 격한 반응(요 11:33, 35, 38)의 배후에 놓여 있다. 이러한 이해와 죽음을 부드럽게 불멸로 이동하는 것으로 보는 개념 간에는 공통점이 거의 없다.

권세의 또 다른 영역으로부터 구출

신약성경의 상징 세계에서 "지옥"은 외부로부터 기원하는 적극적인 구출이 없다면 거기서 탈출할 수 없는 감옥이다. 이에 관한 예수의 가르침은, 비록 간접적인 비유 형식에 포함되어 있기는 하지만, 이보다 더 분명

---

23 바울은 이 점에 관해 "혈과 육은 하나님 나라를 이어받을 수 없고 또한 썩는 것은 썩지 아니하는 것을 유업으로 받지 못하느니라"(고전 15:50)라고 통렬하게 말한다. 그는 롬 6:9에서 "사망이 다시 그[그리스도]를 주장하지 못할 줄을 앎이로라"라고 말하면서 분명하게 **죽음**을 어떤 영역을 가진 하나의 **권세**로 묘사하고 있다.
24 사도 바울은 **권세들**로 이해된 **죄**와 **죽음**을 명시적으로 연결한다. 그는 사탄을 덜 빈번하게 언급하지만, 사탄이 언급된 곳에서 그의 현존과 힘을 명확하게 가정한다. 제2차 세계대전 중에 Selwyn은 벧전 5:8에서 배회하며 삼킬 자를 찾는 사자로 묘사된 마귀를 "악의 힘, 편재성, 파괴성을 묘사하는 생생한 직유"로 서술했다(*First Epistle of St. Peter*, 237). 그것은 "잔인하고 의도적인 악의 목적"을 표현한다(238). 그는 사자를 게슈타포와 비교한다(237).

할 수 없다. "만일 사탄이 자기를 거슬러 일어나 분쟁하면 설 수 없고 망하느니라. 사람이 먼저 강한 자를 결박하지 않고는 그 강한 자의 집에 들어가 세간을 강탈하지 못하리니, 결박한 후에야 그 집을 강탈하리라"(막 3:26-27).

공관복음에 언급된 관련된 축귀는 이 "강한 자의 결박"을 보여준다. 마가복음에서 예수의 첫 번째 공적 행위가 축귀인 것은 우연이 아니다.

> 마침 그들의 회당에 더러운 귀신 들린 사람이 있어 [그 사람이 아니라 귀신이] 소리 질러 이르되 "나사렛 예수여, 우리가 당신과 무슨 상관이 있나이까? 우리를 멸하러 왔나이까? 나는 당신이 누구인 줄 아노니, 하나님의 거룩한 자니이다." 예수께서 꾸짖어 이르시되 "잠잠하고 그 사람에게서 나오라!" 하시니 더러운 귀신이 그 사람에게 경련을 일으키고 큰 소리를 지르며 나오는지라. 다 놀라 서로 물어 이르되 "이는 어쩜이냐? 권위 있는 새 교훈이로다! 더러운 귀신들에게 명한즉 순종하는도다" 하더라(막 1:23-27).

마가복음의 메시지는 그 귀신이 그가 괴롭히고 있는 사람과는 **별개의 존재**라는 것과 그런 귀신들에 대한 예수의 권위는 아들이 성육신하기 전에는 육체의 영역에서 완전한 힘을 갖고 등장한 적이 없는 다른 영역으로부터 나온다는 것에 대한 우리의 이해에 의존한다.

지옥의 불경건성

(앞에서 인용한) 베드로전서의 두 구절은 명백히 **복종하지 않은** 불신자들이었던 사람들을 언급한다. 사실 그들은 "노아의 날에" 그들의 불경건함으로 말미암아 물에 빠져 죽은 사람들이다. 이 말은 틀림없이 그들이 하

나님의 진노를 받아 지하 세계에 들어갔음을 의미할 것이다. 지옥이 스올처럼 어두운 곳으로 이해되든 하데스처럼 **죽음**의 영역으로 이해되든 게헨나처럼 고통스런 처벌의 장소로 이해되든, (신약성경에서처럼) **이 모든 것이 종합되어** 이해되든, 지옥은 최악의 영역이다.[25] 우리는 이미 구약성경의 사상에서 죽은 자들이 아무것도 할 수 없는 스올로 "내려간다"는 것을 살펴보았다. 그들은 하나님을 찬양할 수도 없다. 경건한 히브리인에게 이보다 더 나쁜 것은 있을 수 없었다. 에베소서 저자는 신약성경의 관점에서 이 상태를 규정하는데―"약속의 언약들에 대하여는 외인이요,… **소망이 없고 하나님도 없는 자**"(엡 2:12)―이보다 암울한 상태는 상상할 수 없다.

그러므로 십자가에 처형된 그리스도께서 지옥에 내려갔다는 이미지는 그가 **하나님이 없는** 영역으로 들어갔음을 의미할 것이다. 우리는 즉각적으로 유기의 부르짖음을 생각할 것이다. 만일 그리스도가 하나님에게서 버려졌다면, 그리고 만일 지옥이 하나님의 부재라면, 전례가 없는 어떤 일이 그리스도에게 일어난 것이다. 하나님이 여전히 하나님으로 남아 있으면서도 하나님으로부터 분리되었다.[26] 한스 우르스 폰 발타자르는 성토요일에 대한 특이한 설명에서 그리스도가 **죄와 죽음**에서 우리와

---

25 "유대교 신학에서 죽음은 군주 또는 심지어 왕국 그 자체로 생각된다. 그래서 우리 주님이 죽기까지 복종했다는 것(빌 2:8)은 일종의 **지옥 강하**인 이 영역에 들어간 것과 같을 수 있다. 곳곳에서 인간을 종으로 삼는 악마적인 힘으로 거의 인격화되는 이러한 죽음 개념은 신약성경에 확고하게 뿌리박혀 있다." Ralph P. Martin, *An Early Christian Confession: Philippians 2:5-11 in Recent Interpretations* (London: Tyndale, 1960), 31.

26 이 사건의 형이상학적 측면들이 많은 논쟁의 대상이 되어왔는데, 나는 그 특정한 논의를 평가할 만한 자격이 없다. 내가 철학신학자들이나 조직신학자들의 연구를 평가절하하려는 것은 아니지만, 설교자이자 목회자로서 나는 성경과 전통에 기원을 둔 이미지와 제안들을 가지고 작업하고 있는데 내가 언제나 합리주의적으로 작업하지는 않았을 것이다.

맺은 연대의 완전함을 강력히 논증한다.[27] 특히 그는 죽은 그리스도가 어떤 소망의 빛도 닿을 수 없는 깊은 어둠의 구덩이에 빠졌다고 주장한다. 즉 십자가와 부활 사이의 상징적인 공간에서 그리스도는 그의 능력, 그의 아버지, 구속이나 승리에 대한 어떤 소망으로부터도 철저하게 끊어졌으며, 바로 이 **케노시스**(비움)에서 그리스도가 우리 및 우리의 운명과 맺은 연대가 완성되었다. 그러므로 그는 우리를 대신해서 요한계시록이 "둘째 사망"이라고 부른 것(계 2:11; 20:6; 20:14; 21:8)을 겪었다. 그리스도가 고난 받은 것에 대한 발타자르의 묘사는 확실히 우리가 표현할 수 있는 한 가장 충격적인 지옥의 모습이다. 그 묘사는 몇몇 개념적인 문제들을 제기하지만,[28] 그리스도가 저주와 멸절의 극한의 한계에 이르기까지 우리와 연대를 맺은 것에 대한 그의 강조는 유례가 없다.[29]

---

27 Hans Urs von Balthasar, *Mysterium Paschale: The Mystery of Easter*(San Francisco: Ignatius, 2000; orig. German ed., *Theologie der Drei Tage*, 1970)의 "Going to the Dead: Holy Saturday"라는 제목의 장. Balthasar는 **죄**와 **죽음**을 우리가 본서에서 제시하는 개념—개별적인 인간이나 심지어 공동체에 끼치는 영향에서뿐만 아니라 그들의 "적나라한 실재"에서도 경험되는 **권세들**—과 어느 정도 비슷하게 이해하는데, 그는 (Lance Morrow의 표현을 사용하자면) 그것들의 지위를 자체적으로 계속되어온 독립적인 세력들로 본다.

28 우리가 Balthasar에게 묻고 싶은 질문은 "지옥 강하"를 그리스도가 사탄의 영역을 공격적으로 침입한 것으로 보는 전통적인 대안적 이해에 초점이 맞춰진다. 이것은 죽은 그리스도가 그의 힘을 완전히 빼앗겼다는 개념과 쉽게 공존하지 못한다. 독자들은 내가 침입/결박/약탈 이미지를 선호한다는 사실을 알 것이다. 하지만 나는 Balthasar가 중요한 평행추를 제공한다고 주장할 것이다. 우리는 언제나 그리스도가 참으로 그리고 완전히 죽지 않았다거나 우리의 무력함에 있어서 그가 우리와 맺은 연대가 완전한 것은 아니었다는 어떤 생각도 경계해야 하기 때문이다. 기독교 신학의 많은 부분에서 그러하듯이, 우리가 모순되어 보이는 두 가지 모티프를 창조적이고 변증법적인 긴장 관계 안에서 유지할 경우 유익을 얻을 수 있을 것이다.

29 James F. Kay는 Balthasar의 "신화-시적 신학"이 우리로 하여금 성토요일을 그리스도가 불경건의 영역으로 향한 성금요일을 "연장하고 강화하는" 시간으로 삼게 한다고 지적한다 ("He Descended into Hell," *Word and World* 31, no. 1 [Winter 2011]: 17-21).

정죄: 임시적이고 끝에서 두 번째인가, 아니면 궁극적이고 최종적인가?

우리는 "게헨나"가 정죄 사상과 지옥 개념을 통합한다는 것을 보았다. 사도 바울은 결코 지옥을 언급하지 않는 대신에 정죄와 하나님의 진노에 대해 말한다. 이것은 동일한 개념이지만, 바울이 하나님의 의가 강력하게 **죄**를 극복하고 하나님의 택함 받은 자들을 정죄로부터 구출하는 데 초점을 맞추는 것과 좀 더 구체적으로 관련된다(롬 8:1-2, 33-34). 우리는 논의를 진행하면서 특히 택함 받은 자들의 정체 및 지옥의 최종성(또는 비최종성)과 관련하여 바울의 개념과 신약성경의 다른 책들의 개념을 유념할 것이다.

　　신약성경의 몇몇 중요한 대목에서 "지옥"은 특히 (천사들이든 인간이든) 불경건한 자들이 최후의 심판 **때까지** 갇혀 있는 영역으로 묘사된다(벧후 2:4, 9; 유 6; 고전 5:5).[30] 달리 말하자면 지옥은 요한계시록의 궁극적인 "둘째 사망"과 반대되는, 끝에서 두 번째 상태로 이해된다. 심판에 **이어지는** 것으로 보이는 "둘째 사망"은 "불의 지옥" 또는 "영원한 불"(마 25:41)로 언급되기도 한다. 이것이 문자적으로 이해되어야 하는가, 비유적으로 이해되어야 하는가? 바울의 경우에는 확실히 비유적 의미가 우세한데, 그가 비록 불과 유황 이미지를 완전히 제거하기는 했지만 그는 확실히 하나님의 진노가 "진정한" 의미로 이해되기를 의도한다. 또한 베드로전서에서 이미 검토한 구절들은 죽은 자들조차 재창조하고 다시 살리는 말씀이 미치는 범위에서 벗어나지 않는다는 것을 암시한다. 바울은 "죽은 자 가운데서 살아나는 것"을 강력하게 상기시키는 로마서 11:15에

30　살전 2:16(하나님의 진노가 마침내[또는 끝까지, *eis telos*] 그들에게 임했다)도 여기에 해당할 수 있다. 고전 5:5에서 근친상간을 저지른 사람의 출교는 분명히 끝에서 **두 번째**에 해당한다.

서, 무덤 너머에서조차 전개되는 **불신자들 가운데서의** 하나님의 구속 활동을 강하게 암시한다.

4. 신조와 전통에 나타난 지옥 강하

어떤 의미에서 "지옥에 내려가셨다"라는 어구는 확실히 사도신경의 바로 앞에 있는 "죽으시고 장사되셨다"의 해석이자 연장이다. 따라서 우리는 지옥 강하를 성부의 독생자가 죽어서 장사되셨다는 것이 무엇을 의미하는가에 관한 주석으로 이해할 수 있다. 신경이 형성되고 영지주의적인 영성과 싸우던 초기에 "장사되었다"라는 단어는 예수가 단순히 죽은 것 같았던 것이 아니라 실제로 죽었다는 사실을 강조하는 기능을 했다(특히 바울이 **죽은 자 가운데서의** 부활을 주장하는 고전 15:4 이하를 보라). 초기 몇 세기 동안 신앙의 선포가 전개됨에 따라, 발견될 내용의 깊이가 더해졌다. 우리는 신경의 조항에서 이 깊이를 물려받는다.

초기 주석에 나타난 해방신학의 단서

지옥 강하 주제는 교회에서 해석사가 매우 중요함을 보여준다. 지옥에 내려갔다(*descendit ad inferna*)라는 어구는 4세기 말 또는 5세기 초에 루피누스의 사도신경 주석에 처음 등장했다는 데 이론의 여지가 없다.[31] 우리에게 많은 것을 알려주는 이 자료에서 루피누스는 특히 그 신조의 확언을 우리

---

31 루피누스(345-410년경)는 북이탈리아 아퀼레이아 출신의 수도사였다. 그는 로마, 이집트 그리고 성지를 여행했다. 루피누스의 사도신경 주석은 4세기에 로마에서 사용되던 사도신경의 가장 초기의 텍스트를 제공하기 때문에 큰 가치가 있다.

가 앞에서 인용한 베드로전서 3:18-19과 연결하고 이것을 상당히 강조한다. "그래서 베드로는 이렇게 말한다. '그리스도는 육체로 죽임을 당하셨으나 영으로는 살아나셨으며, 직접 **옥에 갇혀 있던** 영들에게 가서 노아의 날에 믿지 않던[의심하던] 자들에게 선포하셨다'"(강조는 덧붙인 것임).

이 구절을 주의 깊게 읽으면, 루피누스가 베드로의 텍스트에 주의를 환기하면서, "옥에 있는 영들에게"라는 원래 그리스어에 라틴어 단어를 첨가함으로써 그 텍스트를 미묘하게 확대했음이 드러난다. 루피누스는 "옥에 **갇혀 있던**(또는 **감금되어 있던**) **영들**(*in carcere inclusi erant spiritibus*)이라고 썼다. 제임스 F. 케이는 루피누스가 라틴어 단어 *inclusi*(갇히다)를 첨가한 것은 그가 이 구절에서 구출 또는 해방 모티프를 강조하려 했음을 보여준다고 생각한다.[32]

속사도 시대에 그리스도의 생애에 관한 많은 전설들과 더불어 지옥 강하 개념이 발전했다. 하지만 장 칼뱅이 썼듯이, "교부들 중에서 자신의 저서에 그리스도의 지옥 강하를 언급하지 않은 사람이 한 명도 없지만, 그들의 해석은 각기 달랐다."[33] 이 점이 중요하다. 예컨대 알렉산드리아의 키릴로스(444년 사망)는 이렇게 말한다. "예수 그리스도가 우리를 위하여 피를 흘렸을 때 그는 사망과 부패를 멸망시켰다.…만일 그가 우리를 위해 죽지 않았더라면 우리는 구원을 받지 못했을 것이고, 만일 그가 죽은 자 가운데로 내려가지 않았더라면 죽음의 잔악한 제국이 결코 무너지지 않았을 것이기 때문이다."[34] "죽음의 잔악한 제국"이라는 어구에서

---

32 James F. Kay, "He Descended into Hell," in *Exploring and Proclaiming the Apostles' Creed*, ed. Roger Van Harn (Grand Rapids: Eerdmans, 2004), 120.

33 칼뱅은 그의 『기독교 강요』(*Institutes of Christian Religion*) 2.16.8-12에서 지옥 강하를 다룬다.

34 J. N. D. Kelly, *Early Christian Doctrines* (New York: Harper and Row, 1959), 397-98에서 인용함.

다양한 주요 개념들이 얼마나 쉽게 다른 개념들로 바뀌는지를 주목하라. 죽음은 좋은 것이 아니라 잔악한 것으로, 지배하는 폭군, 통치(영역), **권세**로서 **죽음**으로 바뀐다. 키릴로스는 단순히 "죽은 자"라고 언급하지 않는다. 여기서 그는 우주론을 염두에 두고 있다.

지옥 정복도

우리의 주제는 기독교 시대의 초기 몇 세기 동안, 특히 비잔틴 예술에서 미술의 큰 관심 대상이었다. 동방 기독교 전역에서 프레스코화, 벽화, 모자이크들이 지옥의 문들을 공격하는 주님을 묘사한다.[35] 중세 영국에서 그 모티프는 "지옥 정복"(The Harrowing of Hell)으로 불리게 되었다. 옛 영어에서 *herian*은 "침략하다, 침입하다"를 의미한다.[36] 맹렬한 그리스도가 지옥의 자물쇠를 짓밟고 자신의 강한 팔로 구약의 남녀 족장들을 지옥에서 끌어 내오는 그림에는 흥미진진한 어떤 것이 있다.[37] 놀랍게도 아담과

---

35 가장 위대한 작품 중 하나가 이스탄불의 코라 거룩한 구주 성당(이 성당은 카리예 박물관으로도 알려져 있음)에 있다. 그리스도가 빛나는 흰옷을 입고서 의기양양하게 무너진 지옥의 문에 걸치고 있다. 내가 1965년에 카리예 박물관에 갔을 때, 고고학자이며 골동품 연구가인 Stewart Perowne이 우리의 가이드였다. 그는 "순전한 장엄함과 주권이네요!"라고 탄성을 질렀다.

36 *Oxford English Dictionary*, 고어 *herian*(중세 영어 *herweng* 등). "Harrow: 급습하다, 빼앗다, 약탈하다; 또한 특히 그리스도가 지옥을 약탈한다는 어구에서 사용되는, (어떤 나라에 대한) 약탈, 강탈, 노략질." 멋진 19세기의 정의는 다음과 같다. "지옥 약탈은 **그리스도의 승리의 원정**이었다"(Hensleigh Wedgwood, *Dictionary of English Etymology* [1859], 강조는 덧붙인 것임). 나는 이것이 바로 그리스도인들이 출 15:3과 사 42:13에서 하나님을 "전사"(戰士)로 언급한 것을 이해하는 방법이라고 생각한다.

37 위대한 르네상스 화가인 만테냐는 그 주제를 여러 번 그렸다. 그의 그림들에는 대개 "림보에 들어가시는 그리스도"라는 제목이 달려 있다. 2006년에 로마 가톨릭교회는 세례를 받지 않은 영아들이 어둡고 구원받지 못하는 존재로 있는 장소로서의 림보 개념을 폐기했다. 하지만 이것이 림보를 이해하는 유일한 방법은 아니다. 나는 여기서 이 개념을 그리스도가 오시기 전에 죽었지만 그들의 구원자로서 그가 오시기를 기다리고 있는 사람들을 가

하와가 종종 맨 처음 구원 받는 사람으로 묘사된다는 것이 눈에 띈다. 그래서 원죄가 되돌려진다.

그렇다면 우리는 지옥 강하를 문자적으로 취해야 하는가? 비잔틴 시대와 중세 시대에 지옥 정복을 수천 번 그렸던 화가들은 자기들이 십자가형이라는 역사적 사건의 장면과 같은 의미에서 실제 장면을 그리고 있다고 생각했는가? 이것은 해결되지 않은 질문이지만 확실히 이 화가들은 겉으로 보이는 것처럼 그렇게 순진하지 않았다. 그들은 문자적인 실재 못지않게 **어떤 사상**을 그리려고 했다.[38] 그 사상은 그 사건의 신성한 의미와 내적인 진리를 갖고 관찰자의 의식에 스며들었다.[39] 그리스도의 지옥 강하와 마귀적 **권세들**에 대한 승리를 묘사하는 장면들은 우리로 하여금 만일 악의 지배가 정복되어야 한다면 그것이 하나님에 의해 정복되어야 한다는 관점에서 생각하도록 요구한다. 나아가 이 이미지들은 우리에게 하늘과 지옥의 주님을 신뢰하라고 요구한다.[40]

리키는 *limbus patrum*(아버지와 어머니들의 림보)의 의미로 사용하고 있다. 나는 이 개념이 기독교 교제의 범위 밖에 있는 많은 사람을 위하여 지옥의 문을 이기는 승리의 메시아 비전에 대한 여지를 남긴다고 생각한다. 이 개념은 통상적으로 그렇게 이해되며 이 장과 본서를 마무리하는 장에서 강하게 암시되는 사상이다.

38 이 문제와 관련하여 십자가형의 성화들과 기타 이미지들은 신화적인 특성도 취했다. 따라서 그 장면이 실제로 어떻게 보일 수 있는지에 강조가 있는 것이 아니라 성화 작가가 그것의 의미를 전달하고자 했던 내용에 강조가 있다. 확실히 아무도 예수가 처형된 십자가가 황금 나뭇잎으로 둘러싸여 있다고 생각하지 않았다!

39 사실 정교회에서 성화는 실제 그 자체를 전달한다고 생각된다. 이 주제를 공정하게 다루기에는 그것이 이 간략한 논의의 범위 밖에 있기 때문에 나는 정교회의 이 중요한 신념을 그저 지나가는 말로 언급하기만 했다.

40 초기 수 세기에 예수의 세례는 신화적으로 **죽음**과 사탄의 영역에 내려간 것으로 해석되었다. 그가 물에 잠김으로써 물들이 정화되었고, 귀신들이 정복되었다고 말이다. 따라서 세례 이야기가 지옥 강하와 강력하게 연결되었다(Aloys Grillmeier, *Christ in Christian Tradition* [New York: Sheed and Ward, 1965], 79-80을 보라). 바울이 그리스도인은 그리스도의 문자적 죽음 안으로 세례를 받을 뿐만 아니라 "죄에 대한 죽음" 안으로도 세례를 받는다고 주장하는 롬 6:1-11에 이 해석을 지지하는 강력한 성경의 근거가 있다. 그래서 아우구스티누스는 이렇게 말한다. "거룩한 교회의 성례들은 영아들이 태에서 갓 나왔

중세: 토마스 아퀴나스와 "폭력의 불가피성"

토마스 아퀴나스는 사도신경 설교에서 그리스도가 지옥에 내려간 네 가지 이유를 제시한다.[41] 그중 두 가지 이유는 죽은 신자들의 구원과 관련이 있다. 여기서 우리의 목적에는 토마스가 죽음의 영역으로서 하데스(스올)와 처벌과 저주의 장소로서 게헨나라는 중요한 성경의 개념 **모두**를 사용하는 방법이 더 중요하다. 토마스는 두 개념을 깔끔하게 구별하지 않는다. 이 점에서 그는 성경을 따른다. 십자가형에 관한 성경의 모티프들이 서로 조금씩 바뀌듯이, 신약성경에 등장하는 지옥 모티프도 그렇다. 그 주제들은 별개의 구획을 유지하지 않는다. 하지만 토마스는 그리스어 단어들을 사용하지는 않지만, 그 둘을 별도의 방식으로 개념화하기도 한다. 그는 하데스에 대해 그리스도가 마귀 자신의 영역에서 그를 사로잡아 그의 영역의 소유물을 취했다고 쓴다.[42] 그는 게헨나에 대해 그리스도

을 때조차 그리스도의 은혜를 통해 마귀의 속박에서 구출 받는다는 것을 충분히 명확하게 보여준다"(Augustine, *On Original Sin* 45). 쾰른의 성 마리아 임 카피톨 성당의 문들에 새겨진, 그리스도의 세례에 관한 강렬한 부조(1050년경)는 그리스도가 물에서 나오는 모습을 묘사하는데 그의 몸은 아직 반쯤 물에 잠겨 있고, 성령의 비둘기가 그의 머리 위에 내려 앉아 있으며, 마귀가 물속에서 그의 발 아래에 엎드려 있다. Vigen Guroian은 예전 그림과 아르메니아 정교회의 주현절 의식에 나타난 이 주제를 강력하게 묘사한다. 그는 요한네스 크리소스토모스를 인용한다. "[그리스도]가 세례를 받고 물에 잠기고, 그 후에 물에서 나온 것은 지옥 강하와 그곳에서 귀환한 것에 대한 상징이다"("O Death, Where Is Your Sting?" in *Sin, Death, and the Devil*, ed. Carl E. Braaten and Robert W. Jenson [Grand Rapids: Eerdmans, 2000], 122). 세례 자체가 축귀다. 그 의식을 통해서 새로 그리스도인이 된 사람이 마귀의 **권세들**을 이긴 그리스도의 승리에 참여한다. 이것을 마태복음에서 예수가 "모든 의를 이루려고"(마 3:15) 세례 요한에게 세례를 받으러 왔다고 한 말을 이해하는 하나의 방법이라고 말해도 지나친 해석이 아닐 것이다.

41 Nicholas R. Ayo, C.S.C. ed. and trans., *The Sermon-Conferences of St. Thomas Aquinas on the Apostles' Creed* (Eugene, Ore.: Wipf and Stock, 1988; 전에 University of Notre Dame Press에서 출판되었음), 77-85.

42 여기서 토마스는 "하늘에 있는 자들과 땅에 있는 자들과 땅 아래에 있는 자들로 모든 무릎을 예수의 이름에 꿇게 했다"는 빌 2:10을 인용한다.

가 그곳에 내려가 "죄의 완전한 처벌을 짊어지고 모든 죄책을 속했다"고 쓴다.

토마스는 그리스도가 어떻게 그의 지옥 강하에서 "주관적인 무게"로서 죄에 대한 속죄와 "객관적인 해악"으로서 마귀의 정복자가 되는 길 **모두**를 발견했는지를 보여준다. 토마스는 한 걸음 더 나아가 그리스도가 실제로 죄인들의 운명에 완전히 참여하기를 "원했고"(*voluit*), 따라서 죽었을 **뿐만 아니라** 정죄와 처벌의 장소로 내려가기**도** 했다는 것을 강조한다(여기서도 두 모티프가 전면에 부각된다).

토마스는 그리스도의 지옥 강하가 **자발적**이었다는 것도 강조한다. 그리스도는 "자유인으로서" 지하 세계에 간 반면에 죄인들은 "부득이하게, 그리고 마치 폭력적으로 끌려가듯이" 갔다.[43] **폭력적 불가피성**(violent necessity)이라는 이 언급은 성경이 하나님의 진노를 선포하는 것과 잘 조화되며, 이 문제와 관련해서 예수가 여러 차례 죄인들이 바깥 어두운 데 던져져 거기서 울며 이를 갈 것이라고 한 말들과도 일치한다. 우리는 성경에 등장하는 이 구절들로부터 움츠러들지 않아야 한다. 죄인들을 내쫓는 데서 암시된 폭력은 구원 이야기에서 하나님의 심판이 차지하는 위치를 강조한다. 인간들을 정죄 상태로 몰아넣는 하나님은 바로 그 인간들을 구원하기 위해 폭력적인 사망에 자신을 내어주는 바로 그 하나님이다. "하나님이 모든 사람을 순종하지 아니하는 가운데 가두어 두심은 모든 사람에게 긍휼을 베풀려 하심이로다"(롬 11:32). 우리는 나중에 이 심오한 텍스트를 다시 다룰 것이다.

우리는 어떤 면에서는 하나님의 사랑을 "폭력"으로 이해해야 할 필

---

43 Thomas Aquinas, in Ayo, *The Sermon-Conferences*, 79. (다른 곳에서도 빈번하게 그러하듯이, 토마스는 히브리 전통은 그렇게 하지 않는다는 것을 알지 못하고서 당대의 전형적인 방식대로 몸과 영혼을 분리한다.)

요가 있다. 마귀의 폭력을 정복하기 위해서 하나님은 자신이 사탄을 공격할 때 "폭력적으로" 행동한다. 예수의 지상 사역은 공격적이었고 그 사역은 전쟁 선포였다. 플래너리 오코너는 특히 자기 자녀들을 구출함에 있어서 하나님의 침략 행위를 보여주기 위해 그녀의 이야기를 폭력적으로 구상했다. 그녀가 자신의 소설 제목을 『난폭한 자가 그것을 강탈한다』(*The Violent Bear It Away*)라고 명명한 데는 충분한 이유가 있다.[44] 하지만 이 "폭력"은 하나님의 사랑 안에서 시작되고, 실행되며, 완성되기 때문에 우리가 일반적으로 폭력이라는 단어로 의미하는 것과는 공통점이 전혀 없다.[45]

복음서에 기록된 예수 자신의 언어가 지옥 강하를 (그곳을) 점령하고 있는 원수를 공격하는 행동으로 보는 토마스의 해석을 뒷받침한다. 요한복음 12:31과 마태복음 12:29(그리고 골 2:15)에 의존한 토마스의 생생한 묘사에서 십자가는 전쟁터이고 지옥 강하는 주님이 사탄을 그의 집에서 결박함으로써 그의 소굴을 탈취하는 것이다. "누군가가 상대방을 공개적으로 정복할 뿐만 아니라 그들의 왕국의 심장부를 탈취하기도 할 때 완

---

44 O'Connor가 라틴어 불가타 역본의 마 11:12을 영어로 번역한 것을 의존했기 때문에 신학적인 요지가 약화되지는 않는다. *Et violenti rapiunt illud*는 "난폭한 자가 그것을 강탈한다"로 번역된다. 칼뱅은 이렇게 쓴다. "하나님께서 사람들 가운데 그분의 나라를 세우기 위해 사탄이 난폭하게 쫓겨날 필요가 있다"(Calvin, *Commentary on a Harmony of the Gospels*, trans. William Pringle, vol. 1 [Grand Rapids: Baker, 1984], 마 12:28-29 및 그 평행구에 대한 주석). **침략하는 힘으로서 은혜**라는 모티프를 O'Connor보다 더 생생하게 이해하는 사람은 없다. 그것은 그녀의 일관성 있는 주제인데, 그 주제는 아마도 그녀의 이야기 "계시"(Revealtion)에서 가장 뚜렷이 나타날 것이다. 그 이야기에서 아주 못 생기고 매력 없는 젊은 여자(그 여자의 이름이 메리 그레이스[Mary Grace; 은혜로운 마리아라는 뜻]라는 것은 우연이 아니다)는 화가 나서 책 한 권을 루비 터핀의 머리에 내던지고 그 후 심하게 모욕한다. 루비는 충격을 받아 자기만족이라는, 지금까지의 난공불락의 요새에서 빠져 나왔다. 이런 유의 일화들이 그녀의 작품 곳곳에서 발견된다.
45 유감스럽게도, 많은 사람이 과거는 물론이고 현재에도 이 폭력이라는 단어가 인간사에 이월되어서 그리스도인의 공격성과 전쟁을 정당화한다고 주장했다.

벽하게 승리한다는 것을 생각하라.…그러므로 완전하게 승리하기 위해 그리스도 역시 마귀의 나라의 심장부를 탈취하고 그의 집인 지옥에서 그를 결박하기를 원했다."[46]

종교개혁: 장 칼뱅

장 칼뱅은 『기독교 강요』(Institutes of Christian Religion)에서 지옥 강하를 매우 강조한다. 그는 그것이 사도신경에 늘 포함된 것은 아니었다는 점을 인정하면서도 "그것은 구원을 이루는 데 있어서 하찮은 순간이 아니었다.…만일 그 일이 없었더라면 그리스도의 죽음의 혜택 중 많은 부분이 상실될 것이다"라고 주장한다. 칼뱅은 몇몇 해석자들에게는 "지옥"이 단순히 "무덤"을 의미했다는 것을 인정하지만, 이 해석은 사도신경의 구조의 논리에 반할 뿐만 아니라 그 조항의 핵심적인 단언의 내용—**그리스도는 "일반적인 죽음보다 더 가혹하고 더 힘든 싸움"을 싸웠다**—을 없애기도 한다고 열정적으로 주장한다. [47]

모든 시대의 많은 기독교 사상가들이 그랬던 것처럼 칼뱅은 이사야 53장("그가 찔림은 우리의 허물 때문이요, 그가 상함은 우리의 죄악 때문이라")에 의존해서 우리의 죄와 사악함은 하나님의 영원한 저주를 받아 마땅하지만 고난받는 종이 우리 자리에 들어와서 우리 대신 이 저주를 견뎠다는 그의 핵심적인 확신을 뒷받침한다. 그리스도는 최종 선고로부터 우리를 구하기 위해 그것 아래 굴복했다. 그래서 칼뱅에게 지옥 강하는 십자가에서 일어났다.

---

46 Thomas Aquinas, in Ayo, *The Sermon-Conferences,* 80-81.

47 Calvin, *Institutes of the Christian Religion* 2.16.8, 11.

우리는 지옥 강하를 겟세마네와 연결할 수도 있다. 칼뱅은 그리스도가 그의 아버지께 자기를 죽음에서 또는 심지어 고통에서 구해달라고 부탁하지 않았을 것이라고 주장한다. 그리스도가 그 잔을 옮겨 달라고 부탁했을 때 그는 죽음을 피하게 해 달라고 기도한 것이 아니라 "죄인으로서 [죽음에게] 삼켜지지 않게 해 달라고 기도했는데, 이는 그가 거기서 우리의 본성을 짊어졌기 때문이다."[48]

이사야 53장의 유명한 몇 절(예컨대 "여호와께서는 우리 모두의 죄악을 그에게 담당시키셨도다")에서 대리 또는 교환 모티프가 분명히 나타난다. 칼뱅은 "그리스도는 악인들이 마땅히 당해야 할 모든 처벌을 당하기 위해 보증과 담보로서 악인들의 자리에 놓였다(심지어 자신을 저주받은 자로 내어주었다)"라는 말로 그 주제를 강조한다. 하지만 칼뱅을 한 가지 밖에 모르는 해석자로 생각하는 것은 잘못이다. 승리자 그리스도 주제는 보통 루터와 결부되지만, 칼뱅이 얼마나 수월하게 그 주제를 대속 및 만족과 혼합하는지 주목하라. "그리스도가 육체적으로만 죽었다면 그것은 효과가 없었을 것이다. 그러나 그리스도는 육체적인 죽음만 당한 것이 아니었다. 그리스도가 하나님의 진노를 달래고, 그의 정의로운 심판을 만족하기 위해 하나님의 혹독한 복수를 당한 것은 시의적절하기도 했다. 이런 이유로 그는 지옥의 군대 및 영원한 죽음의 공포와 육박전을 벌여야 했다."[49]

이 구절은 한 주제가 다른 주제와 상호 침투하는 것을 보여주는데, 본서는 이러한 접근법을 추천한다. 하지만 우리는 늘 다시 생각하고, 다시 해석할 필요를 인정해야 한다. 이런 구절에서 칼뱅은 "복수"나 "만족" 같은 용어의 사용을 삼위일체적인 문맥에서 충분히 밝히지 않는데, 이런

---

48   Calvin, *Institutes of the Christian Religion* 2.16.11.
49   Calvin, *Institutes of the Christian Religion* 2.16.10.

접근법은 죄 없는 아들이 아버지의 복수심에 불타는 의도들 때문에 고난을 받는 것처럼 들리기 때문에 문제들을 야기했다. 칼뱅이 이러한 범주들이 후대에 야기할 난제들을 내다봤더라면 좋았겠지만 어떤 신학자도 몇 세기 앞을 예상할 수는 없다.

칼뱅은 주님의 비유적인 지옥 강하의 표로서 유기의 부르짖음에 초점을 맞춘다. 그것은 (스올에 있는 것처럼) 하나님으로부터 분리되는 문제일 뿐만 아니라, 이 점이 더 중요한 바, **죄**에 대해 선언되어야 하는 저주(게헨나의 신학적 확장)의 극한을 완전하게 경험하는 것의 문제이기도 했다. "[하나님이] 그[그리스도]를 죄로 삼았다"라는 고린도후서 5:21은 바로 이것을 가리킨다. 우리는 이 그림에 전율해야 한다. 하지만 칼뱅의 저서 전체에 나타난 그의 관심사는 목회적인 것이었음을 기억할 필요가 있다. 그는 우리가 그리스도가 자신의 몸으로 모든 해악에서 우리를 보호했다는 것을 알고 불안과 두려움 없이 살기를 원한다.

20세기: 칼 바르트

칼 바르트는 칼뱅이 해석하는 것과 같은 방식으로 지옥 강하를 해석하는데, 한층 더 그렇게 해석한다. 그는 구체적으로 사도신경의 어구를 자주 언급하지는 않지만 그의 많은 저서의 다양한 곳에서 겟세마네와 십자가 위에서 그리스도가 겪은 극단적인 시련을 공들여 힘차게 설명한다. 바르트는 칼뱅처럼 겟세마네와 십자가를 (저주받은 모든 사람이 가는 곳인 게헨나로 이해된) 지옥 강하와 동일시한다. 동시에 그는 성부와 성자를 분리시키는 어떤 의혹도 피한다. "하나님은 우리가 저주를 받고 유죄 판결을 받은 바로 그 자리에서 자신이 책임을 져야 하는 존재가 되었다.…십자가에 처형된 이 사람이 우리에게 가해져야 할 모든 것을 골고다에서 짊어

진다.…하나님이 우리를 대신해서 우리의 벌을 스스로 받는다."⁵⁰

그리스도가 버림받았을 때 그는 참으로 그리고 결정적으로 인간이 경험한 모든 잔혹한 행위들을 합한 것을 넘어서는 지옥을 경험했다. 그리스도가 우리 대신 그 지옥을 감당함으로써 우리에게서 그것을 제거했기 때문에 우리는 이 지옥을 알지 못할 것이다. 바르트에게는 지옥을 원수의 영토 또는 영역으로 보는 예민한 감각이 있었는데, 그는 예컨대 하이델베르크 교리문답 주석 등에서 지옥을 종종 언급한다. "죄인은 사탄의 힘, **낯선** 힘의 수중에 떨어진다."⁵¹ 바르트는 놀라운 어구로 이렇게 쓴다. "인간은 앞으로 나아갈 수 없다. 그는 **역사적인 힘** 아래 있으며 그것에 관해 아무것도 할 수 없다."⁵² 이 말은 사탄의 활동을 강조한다. 사탄의 활동은 신화적 수준에서만 작용하는 것이 아니고, 개인의 삶뿐만 아니라 세상의 역사에서도 작용한다. 바르트는 칼뱅처럼 승리자 그리스도 주제를 손쉽게 다루며, 그것을 그의 다른 자료에 매끄럽게 배치한다. 대속 주제에 관한 "우리 대신 심판을 당한 재판관" 단락에서 바르트는 **죄**와 **사망**을 반드시 정복되어야 할 **권세**로 본다. 우리가 지옥 강하에 관해 이미 살펴본 내용 중 많은 부분과 일치하는 신의 폭력 이미지에 주목하라. "예수 그리스도의 수난은…그 핵심과 중심에 **죄**에 대한 싸움에서 우리 대신 우리를 위하여 이긴 승리가 놓여 있다.…그것은 세상에 있는 근

---

50 Karl Barth, *Dogmatics in Outline* (New York: Harper Torchbooks, 1959), 118-19(『칼 바르트 교의학 개요』, 복있는사람 역간). Barth가 "하나님"을 "십자가에 처형된 이 사람"과 어떻게 서로 바꿔가며 사용하는지 주목하라. 이것은 아버지가 아들에게 끔찍한 일을 자행하고 있는 것이 아니다. 하나님과 예수는 하나다.

51 Karl Barth, *Learning Jesus Christ through the Heidelberg Catechism* (Grand Rapids: Eerdmans, 1964), 31. Barth가 『교회 교의학』에서 겟세마네를 길게 해석한 내용은 놀라울 정도로 격렬하게 사탄을 대항하여 싸우는 것을 환기한다(Karl Barth, *Church Dogmatics* IV/1 [Edinburgh: T. & T. Clark, 1956], 264-73).

52 Karl Barth, *Learning Jesus Christ*, 37, 강조는 덧붙인 것임.

본적인 악의 뿌리 자체를 공격하여 부숴 버리는 급진적인 하나님의 행위
다."[53]

바르트는 겟세마네에서의 분투를 지옥으로 들어가기 위한 준비로
묘사한다. 그는 더 나아가 그날 밤에 무슨 일이 발생했는지에 관해 이렇
게 쓴다. "앞으로 악과 악인들의 주권 아래 하나님의 주권이 가려질 것이
라는 사실이 [예수를] 어지럽혔다. 그는 이 끔찍한 일이 자신에게,…하나
님 자신의 사역에 일어나서 모든 것을 망가뜨리는 것을 보았다."[54]

그리스도를 강력한 정복자로 제시하는 구절에서 바르트는 주께서
"우리가 최고의 자부심이라고 부를 수 있는" 것을 가지고 그의 무릎을
일으켜 세웠다고 쓴다. "예수가 [겟세마네에서] 행한 일의 본질은 하나
님의 실제 뜻에 대한 빛나는 순종이다. 이것은 예수 편에서 후퇴한 것이
아니라 **위대하고 저항할 수 없는 전진**을 한 것이다."[55] 바르트는 속죄 주
제에 초점을 맞춘 것으로 유명하지만 승리자 그리스도 주제의 중요성을
명시적으로 인정하는데, 이 주제가 지옥 강하와 밀접하게 연결되어 있다
는 것은 두말할 필요가 없다.[56]

---

53 Karl Barth, *Church Dogmatics* IV/1, 247, 254. 나는 Barth를 인용하면서 임의로 죄를 대문
     자로 표현했다. (물론 독일어에서는 그 단어가 대문자로 쓰였을 것이다! 나는 Barth가 이
     문제에 대해 생각했더라면 이 단어를 영어의 대문자로 표현하기를 원하지 않았을지 궁금
     하다.)
54 Karl Barth, *Church Dogmatics* IV/1, 269-70.
55 Karl Barth, *Church Dogmatics* IV/1, 271, 강조는 덧붙인 것임.
56 Karl Barth, *Church Dogmatics* IV/1, 274.

전망: "집단 학살 시대"[57]에 지옥 강하 해석하기

이 장의 논지 중 하나는 20세기의 끔찍한 역사로 인해 기독교 신학이 집단 학살 시대의 도전에 맞설 수 있도록 지옥 개념을 확장하고 발전시킬 필요성이 대두되었다는 것이다. 칼뱅과 바르트가 지옥 강하를 겟세마네와 십자가 처형에서의 그리스도의 유기로 해석한 것은 이례적인데 여기서 이 문제를 좀 더 언급할 필요가 있다. 바르트는 지옥을 하나님의 심판에 대한 상징적인 표현으로뿐만 아니라 세계-역사에서의 마귀의 실제적인 영토 또는 영역으로도 이해하는 방향으로 나아가고 있다는 표지를 보여줌으로써 이러한 필요를 예견하는 것으로 보인다.

그렇지만 바르트의 그림과 종교개혁 전통의 기쁨에 찬, 개인적인 하이델베르크 교리문답(1562년)에도 빠져 있는 차원이 있다.[58] 바르트는 이 교리문답에 대한 짧은 주석서에서 그리스도가 "십자가 위에서 **그리고 그 전에**" 지옥의 고통을 견뎠다고 결론지음으로써 구체적으로 지옥 강하의 한계를 정한다. 놀랍게도 여기서 "**그리고 그 이후**"가 빠져 있다.[59] 아마도 중세의 지옥 정복 이미지가 종교개혁자들에게 지나치게 문자적으로 보였고, 그 이미지가 림보와 연옥에 대한 성경 밖의 신화와 너무 밀접하게 결합되었던 것으로 보인다. 이 장의 논지 중 하나는 21세기에 우리가 그 이미지 중 일부를 되찾을 필요가 있다는 것이다. 우리는 확실히 지옥을 장소로 이해할 것이 아니라 악이―키릴로스가 사망의 **제국**이라고 부

---

57 Samantha Power가 사용한 어구다.
58 하이델베르크 교리문답은 더 잘 알려져야 한다. 그것은 종교개혁의 칼뱅주의자에게서 나왔지만 루터의 친근감, 멜란히톤의 자비심, 그리고 칼뱅의 불을 갖추었다고 묘사되었다.
59 Karl Barth, *Learning Jesus Christ*, 71.

른[60]—통치하는 실재가 된 **영역**으로 이해할 필요가 있다. 확실히 바르트는 제3제국에 대항하여 발표한 바르멘 선언에서 자신은 마귀의 찬탈에 맞서 일어설 수 있음을 보여주었다. 우리 시대에 그리스도인들이 사탄의 영역, 그곳에 대한 그리스도의 침입, 그리고 하나님의 백성에게 그분의 이름으로 사탄의 영역에 저항하라는 촉구를 완전히 고려하는 묵시적 시나리오를 사용하는 것이 불가피해졌다. 원수가 무슨 일을 꾸미고 있는지 분별하기 위해서는 정사들과 권세들에 대한 인식이 필요하다.[61]

몇 가지 예비적 결론

지금까지 우리는 지옥 강하와 관련이 있는 성경 텍스트와 모티프들을 살펴보았고, 지옥 강하의 해석사를 간략하게 개관했다. 우리는 그리스도의 사역이 십자가 위에서 완성되지(*tetelestai*, 요 19:30) 않았다는 인상을 주지 않도록 매우 조심해야 한다. 지옥 강하에 대한 논의에서 우리는 예수가 죽었을 때 아직 그가 해야 할 일이 더 남아 있었다고 제안하기를 원치 않는다. 이에 관한 전통들을 따라서 우리는 지옥 강하를 둘 중 하나로 이해할 수 있는데, 두 가지 이해 모두 십자가 위에서 구속 사역이 완료되었음을 인정하며 한 쪽이 반드시 다른 한 쪽을 배제하는 것은 아니다.

• 지옥 강하는 **십자가** 위에서 일어난 일을 확인하는 상징적인 내러

---

60 Kelly, *Early Christian Doctrines*, 397-8에서 인용됨.

61 블랙 유머 감각 역시 도움이 된다. 루터는 마귀가 조롱당하는 것을 견디지 못한다고 말한 것으로 유명하다. C. S. Lewis의 『스크루테이프의 편지』(*Scretape Letters*, 홍성사 역간)는 사탄의 모략을 유머러스하면서도 예리하게 묘사하는 데 있어서 아직까지도 견줄 상대가 없다.

티브다.
- 그리스도의 지옥의 **권세** 전복은 **사망**을 정복한 존재의 첫 번째 행위인 **부활**을 시작하는 사건이다.

케이는 다음과 같이 이 둘을 결합한다. "지옥 강하는 예수 그리스도가 죽은 자 가운데서 살아났다고 고백한다는 의미가 무엇인지에 대한 해석으로 이해될 수도 있다."[62]

성금요일과 부활 주일 사이에 하나님의 삶에 무슨 일이 일어나고 있었는가? 우리는 이 신비를 들여다보도록 허용되지 않았다. 이 질문에 대한 우리의 답변은 과학보다는 시(詩)의 영역에 속할 것이다. 우리는 한편으로는 그리스도가 온 인류와 연대해서 죽음에 완전히 넘겨져 마치 그가 스올에 있는 것처럼 무덤 속에 무기력하게 있는 것으로 묘사한 발타자르의 성토요일 그림과, 다른 한편으로는 "강한 자"의 영역에 침입하여 그를 파멸시키고 그의 소유물을 탈취하는 맹렬한 정복자 이미지 사이를 교묘히 오감으로써 그 진리의 일부를 알아낼 수 있을 것이다. 두 경우 모두에서 그리고 이의 다양한 조합에서 그리스도의 지옥 강하에 대한 사도신경의 고백은 우리에게 계속 반복되는 악의 문제에 접근할 수 있는 기초를 제공할 것이다. 이 대목에서 우리는 **사망**의 지배와 지옥이라고 부르는 영역이 무슨 뜻인지 질문해야 한다. 다음 단락은 이 고통스러운 문제를 다루는데, 이 문제는 종종 기독교 신학에서 가장 어려운 문제로 인식되었다.

---

62 Kay, "He Descended into Hell," *Word and World*, 21 각주 10.

5. 악의 기원

얼마나 많은 소설가들이 감히 악의 기원이라는 엄청난 신비에 접근하려 했을까? 그들은 현명하게도 그렇게 하려고 시도하지 않았다.[63] 하지만 철학자들과 신학자들은 이 문제를 두고 끝없이 논쟁해왔다. 우리는 잠시 후에 그 논쟁을 짧게 살펴볼 것이다. 하지만 본서의 서두에서 우리는 지금까지 악의 기원에 대해 만족할 만한 설명이 없었고 하나님 나라가 완성되기 전에는 그런 설명이 없을 것이라는 입장을 취했다. 악은 거대한 방해물이며, 설명될 수 없고 그것이 나타날 때마다 비난하고 저항해야 하는 가공할 모순이다.[64]

창세기에 등장하는 뱀

성경은 의미심장하게도 어떤 설명도 시도하지 않는다. 성경의 은유, 비유, 내러티브 그리고 비유적 표현은 우리에게 단서들을 제공하지만 그 이상은 제공하지 않는다. 창세기의 타락 이야기는 뱀이 어떻게 에덴 동

---

63 예컨대 악에 관한 엄청난 대작인 Herman Melville의 『모비 딕』(*Moby Dick*)과 Cormac McArthy의 『핏빛 자오선』(*Blood Meridian*)을 생각해 보라. 악의 신비가 두 책 모두를 지배하지만 저자들은 설명을 시도하지 않으며, 바그너의 오페라 "파르지팔"(*Parsifal*)의 주인공 암포르타스의 벌어진 상처처럼 그 질문에 대한 답을 열어둔다.

64 이 입장은 악이 창조와 "자유의 위험"에서 나온다는 과정신학자 등의 관점과 현저하게 대비된다. 그 개념은 악이 선에 기여하게 하려는 시도로서, 우리가 이 장에서 강하게 거부하는 입장이다. 더욱이 이 개념은 하나님을 악을 만든 존재로 보는데, 전통은 이 입장을 거부한다. 마지막으로, 이 개념은 악을 선택할 "자유"가 아무튼 진정한 자유라고 주장한다. 이 견해는 바로 아담과 하와 이야기가 거부하는 견해이고 아우구스티누스가 거부한 견해다. 나는 이런 견해가 Christpher Morse가 "신실한 불신앙"이라고 부른 것의 사례라고 주장한다.

산에 들어갔는지 말하지 않는다.[65] 비록 그 의미는 여전히 이해하기 어렵지만, 그 내러티브와 그것의 모든 세부적인 내용은 수 세기에 걸쳐 존중을 받아왔다. 야웨 문서 저자[66]는 가나안 신화의 특정한 요소들을 사용했는데 거기서 뱀은 이 동물들 중에서 사악하고 신비로운 모든 것을 대표했다. 야웨 문서 저자는 뱀의 신화적인 특성을 유지하지만 그것이 **하나님의 주권 아래 있는 피조물에 불과했다**고 단언한다.[67] 이 혁명적인 통찰은 훗날 그 전통에서 커다란 가치가 있는 것으로 입증되었다.

클라우스 베스터만은 창세기 2-3장에 나타난 모순들을 잘 요약한다. "하나님 자신이 사람을 불순종으로 이끈 존재를 창조했다. **이 역설의**

---

65 여기서 타락 이야기는 신화로 가정된다. 달리 말하자면, 그 이야기는 진실을 명제나 역사점 관점에서 말하는 것이 아니라 내러티브 관점에서 말한다고 가정된다. 따라서 Paul Ricoeur는 이렇게 설명한다. "우리는 **두 개의 존재론적 체계들 간의 틈새의 상징**인 사건이라는 생각을 유지하고, **과거의 사실**이라는 생각을 버려야 한다.…타락 이야기에는 신화의 위대함이 있다"(Paul Ricoeur, *The Symbolism of Evil* [New York: Harper and Row, 1967], 235 각주 1과 236, 강조는 덧붙인 것임). 이 "틈새"는 바울이 롬 5장에서 아담 이야기에 의지해서 그리스도가 이룬 것을 해석할 때 염두에 두었던 것임이 확실하다. 타락 신화가 작동하는 방식을 Ricoeur보다 더 잘 설명한 사람은 없었다.

  뱀은 다음과 같은 상황을 대표한다. 인간의 역사적 경험에서 모든 개인은 이미 악이 존재하고 있음을 발견한다. 아무도 절대적으로 악의 시발점이 되지 않는다. 아담이 그 단어의 순수하게 시간적 의미에서 첫 번째 사람이 아니라 전형적인 사람이라면, 그는 각각의 개인에게서 인류의 "시작" 경험과 사람들의 "승계"라는 경험을 모두 상징할 수 있다.…[이것이 바로 바울이 롬 5장에서 명확하게 추론한 내용이다].
  뱀은…인간의 책임 있는 자유에 흡수될 수 없었던 악의 측면을 나타낸다.…유대인 자신들은 그들의 고집스러운 유일신 사상을 통해서 마귀론에 대항할 무장이 잘 되어 있었지만…유배 이후에 발견하게 될 거대한 이원론에…무언가를 인정해야 할…진실의 제약을 받았다[그래서 묵시가 발흥했다].…물론 사탄은 절대로 또 다른 신이 되지 못할 것이다. 유대인들은 언제나 뱀이 피조물의 일부라는 점을 기억할 것이다. 하지만 적어도 사탄이라는 상징은 그들로 하여금 악의 기원을 인간 이전의 마귀적인 실재에게 돌리는 제2의 움직임을 통해서 악의 기원을 인간에게 집중시키려는 움직임과 균형을 이룰 수 있도록 만들어주었다(Ricoeur, 257-8).

66 창 2-3장의 미지의 저자에 대해 널리 받아들여진 명칭.

67 Brevard Childs, *Myth and Reality in the Old Testament*, 2nd ed., Studies in Biblical Theology 27 (London: SCM, 1962), 49.

힘이 약화되어서는 안 된다. '그 결함은…하나님이 만든 모든 선 가운데서 전혀 설명할 수 없는 어떤 것으로 남는다. 그것은 **수수께끼로 남겨둬야 한다.**' 그 해설자는 또한 **악의 기원을 받아들이는 것이 가능하지 않다**고 말하기를 원한다."[68]

근동의 다양한 마귀론과 비교할 때 창세기에 기록된 뱀의 역할에 대해 놀라운 점은 뱀 그 자체는 "자연스럽고, 중요하지 않으며, 비신화화된다"는 것이다.[69] 뱀은 하나님과 달리 피조물이며 창조적인 힘이 없다. 뱀은 심지어 악하다고 기술되지도 않으며 단지 약삭빠르다고 서술될 뿐이다. 설명할 수 없는 뱀의 현존에도 불구하고 그 내러티브는 아담과 하와에게 가급적 책임을 많이 부과한다. 뱀에게 초점이 맞춰지는 것이 아니라 하나님께 대한 인간의 반란에 초점이 맞춰진다.[70]

하지만─이 점은 신약성경의 묵시적 틀을 이해함에 있어서 매우 중요하다─그 뱀은 불가사의하며 뱀의 신비로운 암시 능력은 창조세계에서 설명할 수 없고 단지 저항만 할 수 있는, 허무주의적인 현존을 암시하는 것처럼 보인다. 데릭 키드너는 창세기 주석에서 신약성경이 뱀의 배후에 있는 사탄의 "정체를 드러냈다"고 쓰면서 이에 대한 숨이 막힐 것

---

68 Claus Westermann, *Creation* (Philadelphia: Fortress, 1974), 92, 강조는 덧붙인 것임. 인용문 안의 인용은 Walther Zimmerli의 글이다.

69 Nahum Sarna, *Understanding Genesis: The Heritage of Biblical Israel* (New York: Schocken Books, 1970), 26.

70 Gerhard von Rad, *Genesis*, rev. ed., Old Testament Library (Philadelphia: Westminster, 1972), 87, 92-93. von Rad는 그의 강한 신학적 취향으로 인해 오늘날까지도 설교자들과 성경 교사들이 그를 재미있고 유익하다고 여기는 구약성서학자였다. 그는 뱀 이야기가 그곳에 존재하는 이유는 기원에 관한 어떤 것을 설명하기 위함이 아니라 훨씬 더 중요한 목적이 있기 때문이라고 주장한다. 그것은 우리 모두가 지니고 있는 기본적인 악과의 투쟁을 제시한다. "그 해설자는 분명히 사람에게서 가급적 책임을 적게 이동시키고자 한다. 그 이야기는 단지 인간과 **인간의** 죄책감에 관한 문제일 뿐이다."

같은 통찰을 제시했다. [71]

루시퍼라는 인물

J. R. R. 톨킨의 『반지의 제왕』(*Lord of the Rings*)에서 요정의 현자인 엘론드는 이렇게 말한다. "처음부터 악한 것은 없다. 심지어 사우론[그 이야기에서 사탄과 같은 인물]마저 악하지 않았다." 톨킨이 이 이야기에서 놀라울 정도로 잘 구상한 악의 개념은 악을 반역의 결과로 하늘에서 쫓겨난 천사로 보는, 기독교 전통에서 발전한 사상과 평행한다. 이 실체는 훗날 이사야 14:12이 "오! 아침의 아들 루시퍼여, 네가 어떻게 하늘에서 떨어졌는가?"(KJV을 번역함)라고 암시한 이후 루시퍼로 불리게 되었다.[72]

톨킨은 엘론드의 말에서 타락한 천사 개념을 보존했다.[73] 고대의 성경 해석에서 루시퍼의 이미지는 예수가 "내가 사탄이 하늘에서 번개처럼 떨어지는 것을 보았다"고 말한 누가복음 10:18과 쉽게 연결되었다. 이처럼 영감을 받은 사탄과 루시퍼의 융합은 아주 이른 시기까지, 적어도 오

---

71 Derek Kidner, *Genesis: An Introduction and Commentary*, Tyndale Old Testament Commentaries, vol. 1 (Downers Grove, Ill.: InterVarsity, 1967), 71.

72 히브리어 단어는 헬렐 벤-샤하르(*helel ben-shahar*)이며, 그 뜻은 "아침의 빛나는 아들" 또는 "새벽의 아들"이다. 이 단어는 70인역에서 헤오스포로스(*heosphoros*)로 번역되었는데, 그 뜻은 "새벽을 가져오는 자"다. 이 단어는 불가타 역에서 루시퍼(*lucifer*, 빛의 담지자, 빛의 전달자)가 되었다. 킹제임스 역본은 본서에서 인용한 번역에서 불가타 역을 따랐는데, 이는 그것 자체의 역사에 따른 영어 표현이다. 이것은 영어의 역사와 영어에서 신학적 성찰의 역사에서 킹제임스 역본이 필수불가결하다는 좋은 예다. 이 번역에서 사탄이 참으로 종말론적 새벽의 빛인 분에 대한 가증스러운 패러디가 되는 것을 주목하라. 그리스도는 강림 응답 송가인 "오, 위대하신 분" 등에서 그렇게 적시된다. "오, 오소서. 위로부터 임하는 돋는 해시여." 이는 눅 1:78의 "돋는 해가 위로부터 우리에게 임했다"를 따른 것이다.

73 Tolkien의 편지는 그가 평생을 악의 문제와 씨름했음을 보여준다. 그의 개념은 놀라우리만큼 박식하고 미묘하다. 엘론드가 "처음부터 악한 것은 없다"고 한 말은 피조물이 전적으로 선했다는 정통적인 합의를 반영한다.

리게네스(185년경-254년경)까지 거슬러 올라간다.[74] 뱀 이미지와 마찬가지로, 루시퍼 전승은 유용하다. 그 전승은 악이 반드시 하나님으로부터 분리되어야 한다는 확신을 강화하는 한편, 마귀가 본래 하나님에 의해 창조되었고 따라서 하나님과 동등하기는커녕 그분에게서 완전히 독립적일 수 없다고 단언하기 때문이다.[75] 이 역설은 반드시 유지되어야 한다. 우리에게는 원수가 있다. 그의 악함은 창조주에 의해 창조되거나 의도된 것이 아니었지만 그럼에도 불구하고 창조주의 궁극적이고 주권적인 권위 아래에 있다.[76]

뱀 이야기나 루시퍼 이미지 중 어느 것도 어떻게 창조주가 이와 같은 악의 출현을 허용했는지를 설명하지 않는다. 하지만 둘 다—이미지와 내러티브를 통해—**악이 하나님께서 선하다고 선언한 창조에 속한 것이**

---

74 오리게네스는 또한 겔 28:12-19에 언급된 두로 왕을 멋지게 인용해서 사탄을 타락한 천사로 보는, 완벽하고 만족할 만한 그림을 만들어냈다. Jeffrey Burton Russell, *Satan: The Early Christian Tradition* (Ithaca, N.Y.: Cornell University Press, 1981), 130.

75 니사의 그레고리오스(330년경-395년경)는 이렇게 쓴다. "그 천사적 힘은 시기심을 품어 선을 버림으로써 이제 악에 빠지는 성향으로 발전했다. 일단 이 일이 발생하자 그는 산등성이에서 잘려 나온 바위처럼 자체의 무게로 말미암아 곤두박질치는 바위와 같았다. 그는 본래 갖고 있던 선에 대한 친화성과 결별하여 악의 성향을 띠게 되었다. 그리고 그는 마치 어떤 압박에 의해 그러는 것처럼 자연스럽게 불의의 최종적인 한계까지 이르렀다.…교활하게도 그는 사람을 설득하여 사람을 속이고 기만해서 사람으로 하여금 자신의 살인자와 암살자가 되게 한다"("An Address on Religious Instruction," in *Christology of the Later Fathers*, ed. Edward Rochie Hardy and Cyril C. Richardson, Library of Christian Classics, vol. 3 [Philadelphia: Westminster, 1954], 280).

    칼뱅은 하나님이 마귀를 창조했지만, 그의 악의는 그의 창조된 본성에서 나온 것이 아니라 그 본성의 "왜곡"에서, 즉 마귀의 "반란과 타락"에서 나온 것이라고 주장함으로써 이 도전적인 이미지에 대처한다. "타락으로 말미암아 그들[타락한 천사들]은 자신들을 망쳤고, 다른 사람들을 망치는 도구가 되었다"(『기독교 강요』, 1.14.16). 이러한 창의적인 언어는 아무것도 엄격한 분석적 조사를 지탱하지 못한다. 그것은 역설과 신비로 가득 차 있다.

76 Reinhold Niebuhr는 간략하게 논평한다. "마귀가 존재한다고 믿는 것은 어떤 사람의 행위에 앞서 악의 원리나 힘이 있다고 믿는 것이다. 인간이 타락하기 전에 마귀가 타락했다"(Reinhold Niebuhr, *The Nature and Destiny of Man: A Christian Interpretation*, 2nd ed., 2 vols. [New York: Scribner, 1964], 1:180).(『인간의 본성과 운명』, 종문화사 역간)

아니었다고 가르친다.[77]

성경에는 많은 내적 모순들이 있기 때문에 이러한 문제들에 대해 하나의 성경적 "대답"이 있을 수 없다. 하지만 우리가 이에 관해 할 말이 아주 없는 것은 아니다. 고전적인 기독교에서는 전승사 내내 반복해서 특정 내용이 단언되었기 때문에 그 말들에는 상당히 권위 있는 무게감이 있다. 이제 이에 관해 살펴보기로 하자.

6. 악의 본질

고전적 정의: 선의 부재로서 악

아우구스티누스는 일반적으로 악이 비존재(nonbeing)라는 아이디어에 대한 영향력 있는 옹호자로 간주된다. 악은 실체가 없다. 그러므로 악은 존

---

77 몇몇 성경 텍스트는 하나님이 악을 창조하지 않았다는 근본적인 단언에 모순되는 것으로 보인다. 때때로 이사야서의 한 구절이 인용된다.

> 나는 여호와라. 나 외에 다른 이가 없나니,
> 나밖에 신이 없느니라.
> 너는 나를 알지 못하였을지라도 나는 네 띠를 동일 것이요,
> 해 뜨는 곳에서든지 지는 곳에서든지
> 나밖에 다른 이가 없는 줄을 알게 하리라.
> 나는 여호와라. 다른 이가 없느니라.
> 나는 빛도 짓고 어둠도 창조하며,
> 나는 평안도 짓고 환난도 창조하나니,
> 나는 여호와라. 이 모든 일들을 행하는 자니라(사 45:5-7).

이 구절은 하나님이 "재난을 창조했다"고 말하는 것으로 보인다. 하지만 이 텍스트의 중요한 기능은 이스라엘의 하나님의 포괄적인 단일성을 선언하는 것이다. 많은 해석자들은 수사적인 히브리어의 대조에서 완고한 형이상학적 원리들을 짜내는 것은 큰 실수라는 데 동의한다.

재의 결여다.[78] 우리는 여기서 시작한다. 데이비드 B. 하트가 썼듯이 "기독교 전통의 가장 유서 깊고 가장 불가결한 형이상학적 개념 중 최고는 악을 창조된 실재의 순전히 기생충 같은 부패인, 선의 결핍(그리스어로는 *steresis agathou*, 라틴어로는 *privatio boni*)으로 정의한 것이다."[79] 이 **프리바티오 보니** 개념이 불가결한 이유는—직설적으로 말해서—그 개념이 하나님이 어떤 식으로든 악에 대해 책임이 있다는 모든 생각을 막아 주기 때문이다. 하나님은 완벽한 **존재**다. 그러므로 하나님은 **비존재**를 창조할 수 없다.

하지만 이 근본적인 교의를 작동시키기는 어렵다. 때때로 피상적인 신학 훈련을 받은 그리스도인들이 그 말이 악의 힘과 활동을 부인하는 것처럼 보인다는 점을 모르는 채 "악은 선의 부재다"라는 경박한 진술을 내뱉는다.[80] 어떻게 세상에서 **부재**가 **현존**하고 **활동**할 수 있는가? 아우구스티누스의 의도는 이 두 개념을 함께 유지하는 것이었다. 주요 대학에서 『고백록』을 정기적으로 가르치는 어느 세속적인 문학비평가의 말로 표현하자면, 아우구스티누스는 "기독교 전통에서 어느 저술가보다도

---

78 그리스 교부 중에서는 니사의 그레고리오스가 이 점을 잘 표현했다. "모든 악은 선의 부재[*steresis agathou*]를 통해 나타내진다. 악은 그 자체로는 존재하지 않으며, 존재가 목격되지 않는다.…비존재는 존재를 갖고 있지 않으며, 존재하는 것의 창조주는 존재를 갖고 있지 않은 것의 창조주가 아니다. 그러므로 존재하는 것의 하나님은 존재를 갖고 있지 않은 것의 창조주가 아니기 때문에 악에 대한 책임이 없다"("Address on Religious Instruction," 282). 그레고리오스는 악을 빛의 결핍인 눈먼 것과 비교한다.

79 David B. Hart, *The Doors of the Sea: Where Was God in the Tsunami?* (Grand Rapids: Eerdmans, 2005), 72-73.

80 물론 아우구스티누스의 **프리바티오 보니** 개념은 그 말이 표면상으로 들리는 것보다 훨씬 더 미묘하다. 그의 관심은 악에 의해 저질러진 해악을 최소화하는 것이 아니라 악을 창조된 존재로 보기를 부인하는 것이다. 아우구스티누스는 **실체**(substance)와 **우연들**(accidents)을 대조한다. "상처나 질병은 **실체**가 아니라 육체적 실체에서 나타나는 **결함**이다. 육체는 **실체**이며 따라서 무언가 선한 것이다. 그것의 악, 즉 우리가 건강이라고 부르는 선의 결핍은 **우연들**이다"(*Enchiridion* 11, 강조는 덧붙인 것임).

악이 객관적 실재임을 부인하면서도 악의 주관적 공포를 표현하는 데 더 가깝게 접근했다."[81]

폴 리쾨르는 악을 선의 부재로 정의할 경우 내재되어 있는 난제를 잘 알고 있다. 그는 이렇게 씀으로써 이 난제를 다룬다. "악은 무(無)가 아니다. 그것은 단순한 부족, 단순한 질서의 부재가 아니다. 악은 어둠의 힘이고, 사실로 상정된다. 이런 의미에서 악은 '제거되어야 할' 어떤 것이다. **나[예수]는 세상 죄를 지고 가는 하나님의 어린 양이다.**"[82] 악은 존재의 결핍이지만 그것은 **무가 아니다.**[83] 신학자이며 윤리학자인 폴 L. 레만은 가장 난해한 개념 강의를 하면서 관용적인 표현들을 쏟아내곤 했는데, 한번은 도전자에게 이렇게 답변했다. "나는 악의 존재론적 상태가 어떠한지 모릅니다. 하지만 그것이 시시한 것은 아닙니다." 레만은 기독교 전통에서 말하는 비존재로서의 악의 존재론적 상태에 관해 그 강의를 들은 어떤 학생보다 더 많이 알았다. 그는 악의 포악성이 인간의 삶에 명백

---

81 Andrew Delbanco, *The Death of Satan: How Americans Have Lost the Sense of Evil* (New York: Farrar, Straus and Giroux, 1995), 48, 강조는 덧붙인 것임.

82 Ricoeur, *The Symbolism of Evil,* 155.

83 이런 식으로 말하는 것이 매우 어렵다는 점은 동독의 학자인 Volf Krötke를 통해 명확하게 묘사되었다. 냉전 시기에 "국가에 해로운 선전물을 유포한다"는 "범죄"로 무시무시한 비밀경찰에 의해 변덕스럽게 투옥된 그는 악에 대해 상당히 많이 알았다. 나는 이 난국에서 빠져나올 방법을 찾기가 어려웠기 때문에 Krötke의 관찰들이 매우 유익하다고 생각한다. 그는 Karl Barth의 『교회 교의학』(*Church Dogmatics* III/3 [Edinburgh: T. & T. Clark, 1960], 289-368)에 나타난 무(*das Nichtige*)라는 개념을 확장한 연구에서, 창조 때 무가 등장하는 것은 "어떤 방식으로든 창조된 존재가 되는 것과는 아무 관계가 없다"고 쓴다. "하지만 Barth에게는 이 외에는…실태를 설명할 만한 다른 범주가 없었다. 그래서 무는 창조된 실재에 속하지 않고 그것과 유사한 방식으로 이해될 수 없음에도 불구하고 Barth는 무를 피조물의 범주로 묘사한다"(Wolf Krötke, *Sin and Nothingness in the Theology of Karl Barth,* trans. Philip G. Ziegler and Christina-Maria Bammel, Studies in Reformed Theology and History [Princeton: Princeton Theological Seminary, 2005], 29). 이 악의 문제에서 우리는 존재와 비존재라는 이러한 역설 안에서 작업해야 한다. (내게 Krötke를 소개해 준 Philip G. Ziegler에게 감사한다.)

하게 각인되어 있다는 점을 보여주기를 원했다.

제프리 버튼 러셀은 **절대적** 비존재와 **제한적** 비존재를 구분하는데, 이 구분은 매우 유용하다.[84] 만일 우리가 악을 **프리바티오 보니**로 보는 고전적 정의가 절대적 비존재를 의미하는 것으로 생각한다면, 그것은 악을 하나님을 대적하는 동등한 원리로 만드는 것이다. 그렇게 되면 궁극적인 존재와 궁극적인 비존재가 대립하게 된다. 이러한 이해에 대한 저항이 사도적 신앙을 마니교나 몇몇 형태의 영지주의 같은 체계들로부터 분리했다. 따라서 악을 **제한적** 비존재를 지니고 있는 것으로 생각하는 것이 나을 것이다. 악은 "참된" 존재(하나님)에 참여하지도 않고 참여할 수도 없지만, 이 세상에서 악의 현존과 힘은 환상에 불과한 것이 아니다. 악은 "시시하지 않다."[85] 성경의 묵시적인 단락에 대한 러셀의 논평에 **프리바티오 보니**를 이해하는 또 다른 방법이 제시된다.

---

84 Russell, *Satan*, 187. Russell은 Josef Hun(독일어에서 번역됨)을 따른다.

85 Hannah Arendt의 유명한 어구인 "악의 평범성"은 많은 논란이 되어왔다. Arendt는 Gershom Scholem에게 보낸 편지에서 이렇게 쓴다. "악은 깊이나 어떤 마귀적인 차원을 지니고 있지 않다. 악은 바로 표면에 있는 곰팡이처럼 번지기 때문에 너무 커져서 온 세상을 초토화할 수 있다"(Daphne Merkin, in the *New York Times Book Review*, October 21, 2007에 인용됨). 이 말은 부분적으로는 옳고 부분적으로는 옳지 않다. Arendt가 악이 그것 자체의 적절한 창조된 현존을 지니고 있지 않는 기생충이라고 한 것은 옳은 말이다. 그러나 나는 그녀가 "마귀적 차원"은 존재하지 않는다고 암시한 것은 틀렸다고 생각한다. 아마도 Arendt는 매우 실제적이고 반복되는 현상인, 왜곡된 악의 미화를 방지하고 싶었을 것이다(대중문화에서 조직 폭력배들이 인기 있는 것을 보라). 문화 평론가인 Judith Schulevitz는 Arendt의 "악의 평범성" 개념을 옹호했다. Schulevitz는 Arendt의 말은 악 자체가 평범하다는 뜻이 아니라, "아이히만이 너무 천박한 영혼의 소유자라서 그가 악의 거대함을 이해하지 못했다"는 뜻이었다고 주장했다(Judith Shulevitz, "There's Something Wrong with Evil," *New York Times Magazine*, October 6, 2002). 이 말은 우리 시대의 거대한 악들을 바라보거나 이에 관해 성찰하기를 의도적으로 거부하는 매우 많은 사람(그런 사람이 대다수인 것 같다)이 이런 식으로 영혼이 천박하다는 의미인가? 만일 그렇다면 기독교 공동체는 좀 더 의도적으로 사탄을 대적하라고 요구할 필요가 있다(벧전 5:8-9).

묵시 문학과 기독교 문학에서 제안된 해결은 이원론적이다. 세상의 종말에 악은 제거될 것이다. 그런데 하나님의 어떤 부분도 없어질 수 없기 때문에 악은 하나님의 본성의 일부가 아니다. 그리고 하나님의 본성은 궁극적으로 존재하는 것이기 때문에, 악은 그것 자체의 진정한 존재를 갖고 있지 않다. 세상에서 악은 스위스 치즈에 난 구멍처럼 존재한다. 구멍이 존재하지만 그 구멍은 치즈가 아닌 것으로만 존재하며, 치즈와 별개로는 존재하지 않는다. 아무도 치즈를 먹고 나서 구멍을 상자 안으로 버릴 수 없듯이, 선을 제거하고 악을 다른 범주에 넣을 수 없다.…이 신학적 가정들이 묵시 문학에 명시적으로 나타나지는 않지만 그 가정들이 암시적으로는 존재한다.[86]

악을 **프리바티오 보니**로 보는 정의는 형이상학적으로나 교리적으로 실로 엄청난 중요성을 갖고 있지만, 그 정의는 수사학적으로는 추상적으로 들린다. 거기에는 충격의 가치가 없다. 우리는 스위스 치즈를 생각함으로써가 아니라 나치의 죽음의 수용소 같은 지상의 지옥을 상상함으로써 악의 개념을 파악하는 데 도움을 받을 수 있다. 이런 곳들은 진정한 의미에서 **영역들**이었다. 그곳은 악의 왕국이었다. 그 의도는 계획적이고 조직적으로 선을 배척하는 것이었다. 그것의 목적은 수백만 명의 사람들을 제거하는 것만이 아니라 가장 철저하고 과격하게 없애는 것이었다. 만일 우리가 이것을 상상할 수 있다면, 어쩌면 우리는 **프리바티오 보니**, 즉 선의 부재가 완전히 지옥 같음을 알아차릴 수 있을 것이다.[87]

---

86 Jeffrey Burton Russell, *The Devil: Perceptions of Evil from Antiquity to Primitive Christianity* (Ithaca, N.Y.: Cornell University Press, 1977), 205.
87 전후 독일에 관한 영화인 "더 리더: 책 읽어주는 남자"(*The Reader*)의 끝 부분에서 뉴욕시에 거주하는 어느 홀로코스트의 생존자는 용서를 받기 위해 찾아온 독일인 변호사 미하엘 베르크에 대해 판단한다. 그녀는 베르크에게 수용소는 치료의 장소도 아니었고 학문을 배우는 대학도 아니었기 때문에 "당신은 수용소에서 무엇을 배웠나요?" 같은 질문을 하지

[사람들이] 마귀적인 것들에 큰 매력을 느낄 때에는 부재 개념을 상상하기가 특히 어렵다. 책이나 영화에서는 종종 악당이 주인공보다 더 존경을 받는다. 대중 문화는 사탄 같은 인물들을 끝없이 만들어낸다. 배우들은 이런 배역을 맡기 위해 경쟁하고, 그 배역으로 오스카상을 받기까지 한다.[88] 상류 문화에서는 밀턴의 『실락원』(Paradise Lost)에서보다 더 매력적이고 성적 매력이 있기까지 한 사탄은 없다. 시몬 베유의 견해는 마귀를 매혹적인 **현존**으로 보는 이런 견해에 대한 중요한 평형추를 제공한다. 그녀는 "상상의 악은 낭만적이고 다양하지만 실제 악은 음침하고, 단조롭고, 황량하고, 지루하다"고 쓴다.[89] 단테의 『신곡』(Devine Commedy)을 해설하면서 러셀은 **프리바티오 보니**에 대해 다음과 같은 통찰을 제시한다.

몇몇 비평가는 단테가 훗날 밀턴이 만들어낸 것과 같은 인상적인 마귀를 제시하지 못했다고 주장했지만, 이 설명은 단테의 요점을 놓친다. 단테는 특히 루시퍼를 하나님의 에너지에 대한 무의미하고, 어리석고, 경멸할 만하고, 헛된 대조로 의도했다. 단테는 악을 무로 보았고, 밀턴의 마귀를 너무 활동적이고 효과적인 존재로 생각했을 것이다.…[단테는] 마귀의 역할을 제한하는 면에 있어서 스콜라 신학에 [동의한다].…단테의 루시퍼 역할에 극적인 행위가 결여된 것은 루시퍼가 본질적인 존재를 지니고 있지 않다는

___

말라고 요구한다. 그녀는 계속해서 퉁명스럽게 이렇게 말한다. "당신이 카타르시스를 원한다면 극장에 가세요. 수용소에서는 아무것도 나오지 않았어요. **아무것도.**" ("더 리더"의 각본을 쓴 사람은 존경받는 극작가인 David Hare였다. 나는 이 대사가 그 영화에서 최고의 대사라고 생각한다. 내게는 이 영화가 전체적으로 볼 때 윤리적으로 뒤죽박죽이고, 구속에 대한 어떤 원천도 없는 곳에서 그것을 암시하는 것으로 보인다.)

88 예컨대 "다크 나이트"(The Dark Night)의 조커 역 Heath Ledger, "바스터즈: 거친 녀석들" (Inglorious Barsters)의 SS 대령 역 Christoph Waltz.

89 Simone Weil, *Gravity and Grace* (Lincoln: University of Nebraska Press, 1952), 120.

것을 전달하기 위한 의도적인 진술이다. 사탄의 참된 존재는 **그의 존재의 결핍, 그의 헛됨과 무**다. 거기서 사탄은 죄들이 자신의 적절한 자리로 가라앉은 곳인 땅의 바로 한가운데의 어둠 가운데 있다.[90]

마귀를 현존이 아니라 부재로 보는 개념에는 윤리적인 함의가 있다. 홀로코스트의 생존자로서 가장 심오한 작가 중 한 사람으로 알려진 이탈리아 출신 유대인 프리모 레비는 비존재로서의 악의 개념을 특히 윤리적 맥락에서 제시한다. 그는 이렇게 쓴다. "[쇼아(홀로코스트를 뜻하는 히브리어―역자 주)에서] 발생한 것은 변경할 수 없다. 그것은 결코 다시 깨끗해질 수 없다. 거기서 발생한 것은 인간, 인류―간단히 말해서 우리―에게는 무한히 극악무도한 범죄의 고통을 만들어낼 가능성이 있다는 것과 그 고통은 어떤 대가나 노력도 없이 **무에서 창조된** 유일한 힘이라는 것을 입증할 것이다. [그렇게 큰 고통을 만들어 내기 위해서는] 보지 않고, 듣지 않고, 행동하지 않는 것으로 충분하다."[91]

평론가인 클라이브 제임스는 프리모 레비의 책에 관한 예리한 기사에서 이렇게 쓴다. "역사에는 너무 악해서 선을 정의하는 데조차 아무 쓸모가 없는 몇몇 일화들이 있다. 그것들은 단지 **완전한 손실**(dead loss)일 뿐이다."[92] 완전한 손실이라는 어구는 **프리바티오 보니**와 그것과 관련된

---

90 Jeffrey Burton Russell, *Lucifer: The Devil in the Middle Ages* (Ithaca, N.Y.: Cornell University Press, 1984), 225, 강조는 덧붙인 것임. C. S. Lewis는 그의 우주 3부작 소설 중 두 번째 소설인 『페렐란드라』(*Perelandra*)에서 악의 저속하고 천박한 우둔함을 거의 성공적으로 묘사한다. 그의 마귀에게는 마음을 끌거나 매력적인 것이 아무것도 없다. 실제로 독자는 강한 혐오를 경험한다. Lewis의 마귀 묘사들은 이 점에서 기억할 만하다.

91 Primo Levi, *The Drowned and the Saved* (New York: Vintage Books, 1988), 86, 강조는 덧붙인 것임.

92 Clive James, Jacob Burckhardt, "Writing about Tamburlaine," *New Yorker*, May 23, 1988을 인용한 글. 강조는 덧붙인 것임.

개념인 비존재로서 악에 대한 좀 더 깊은 함의들을 암시한다. 악은 일상의 대화에서 마치 어떤 사람이 우리가 상처를 입은 순간에 우리를 위로할 때 "그건 아무것도 아니야"라고 말하는 의미에서 "아무것도 아닌 것"이 아니다. 조너선 에드워즈는 "완전한 손실"로서 "비존재"의 명백한 힘에 관한 어떤 것을 포착했다. 이에 대해 그는 이렇게 말했다. "하나님의 아름다움"이 없이 존재한다는 것은 "무한한 악이 될 것이다. 그 아름다움이 없다면 우리는 존재하지 않았더라면 더 좋았을 것이다. 그 아름다움이 없다면 아무 존재도 없는 것이 더 좋았을 것이다."[93]

전통이 긍정하는 것과 부정하는 것

우리가 정통적인 기독교 전통(기독교를 고대와 현대의 다양한 형태의 영지주의와 구별해 주는 전통)을 총체적으로 고려할 때, 우리는 이 위대한 전통 내에서 의견의 일치를 보이는 다음과 같은 진술들을 열거할 수 있다.

- 하나님은 악을 창조하지 않았고 그것을 의도하지도 않는다.[94]
- 악은 하나님의 존재의 구성 요소가 아니다.[95]

---

93 Jonathan Edwards, *Treatise on the Religious Affections*. Delbanco, *The Death of Satan*, 87에 인용된 글.

94 "인과 관계의 아담 신화는 악의 기원을 선의 기원에서 분리하려는 가장 극단적인 시도다. 그것의 의도는 만물의 선함의 좀 더 원시적인 기원과 구별되는 급진적인 악의 기원을 수립하는 것이다.…그것의 기능은 창조의 '시작'과 구별되는 악의 '시작'을 상정하고, 그것을 통해서 죄가 세상에 들어온 사건을 상정하는 것이다.…따라서 타락 신화는 이미 완성되고 선한 피조계에 악이 처음 출현한 것의 신화이며,…[그러므로] 그 신화는 한편으로는 하나님의 절대적 완전함을 인정하고 다른 한편으로는 인간의 철저한 사악함을 인정하는 유대인 신자의 2중적인 고백을 만족시키는 경향이 있다." Ricoeur, *The Symbolism of Evil*, 233, 243.

95 이는 "신실한 불신앙"을 요구하는 사례라는 것이 명백해질 것이다(Christopher Morse). 성

- 악이 창조 때 등장하기는 했지만, 악은 그 자체의 현존이나 존재를 지니지 않으며 존재의 부정 또는 부패다.
- 하나님은 악에 대해 무기력하지 않지만, 그분은 우리가 알 수 없는 어떤 이유로 지정된 한계 내에서 악이 작동하도록 허용한다.[96]
- 하나님은 인간 행위자들을 통해 적극적으로 활동해서 악에 도전하고 저항한다. 따라서 이 세상에서 악을 이기는 끝에서 두 번째의 승리는 하나님의 궁극적인 승리의 표시다.
- 악은 최후의 심판 때 하나님에 의해 결정적으로 그리고 최종적으로 패하고 없어질 것이다.

위와 같이 말했지만 우리는 여전히 악을 비존재로 묘사하는 어려움에 직면한다. 위의 묘사들은 힘과 악의가 결핍된 것으로 보인다. 우리는 어떻게 해야 하는가?

경이나 전통 어느 것도 하나님을 빛과 어두움의 음양의 복합체로 이해한 Carl Jung의 주장과 비슷한 어떤 주장도 지지하지 않는다(요일 1:5; 약 1:17과 상반됨).

96 여기서 나는 (칼뱅과 **달리**) 하나님의 의도적인 뜻과 하나님의 허용적인 뜻을 구별해야 한다는 입장을 취한다.

7. "악으로부터의 논증"이 하나님의 오류를 입증하거나 그의 신임을 떨어뜨리는가?

다양한 설명들과 그 설명들의 부적절성

18세기 스코틀랜드의 위대한 철학자 데이비드 흄 이후 "악으로부터의 논증"이라고 불리는 특정한 표현이 철학자들을 점령했다. 좀 더 최근에는 J. L. 매키의 유명한 1955년 논문 "악과 전능의 문제"가 잘 알려져 철학 지식이 없는 많은 사람이 이 논증의 축약판을 흡수했다. 우리는 도처에서 이에 관한 여러 형태의 이야기를 듣는다.[97] 재해, 특히 2004년에 인도양에서 발생한 쓰나미와 같이 수천 명의 목숨을 앗아가는 자연 재해가 발생할 때마다 하나님이 존재하지 않는다는 것이 드디어 결정적으로 입증되었다고 선언하는, 분노에 찬 목소리가 들린다.

대다수 사람들은 매키의 논증을 그것의 가장 단순한 형태—하나님이 존재한다면 그는 악을 허용하지 않을 것이다[98]—로 알고 있다. 하지만 데이비드 B. 하트가 썼듯이 하나님은 정의상 한낱 피조물들이 그에게 배정할 수 있는 어떤 범주도 초월하기 때문에 "여기에는 논박할 논증이

---

97 J. L. Mackie, "Evil and the Problem of Omnipotence," in *The Problem of Evil*, ed. Marilyn McCord Adams and Robert Merrihew Adams (Oxford: Oxford University Press, 1990), 25-37.

98 매키의 논증은 다음과 같이 전개된다.

> 하나님은 전지하고, 전능하며, 전적으로 선하다.
> 그러므로 그는 어떤 세상이 최선인지를 알 것이다.
> 그는 가능한 모든 세상 중에서 최선의 세상을 창조할 능력이 있을 것이다.
> 그는 전적으로 선하기 때문에 그런 세상을 창조할 것이다.
> 그러나 악의 존재에서 쉽게 알 수 있듯이 그는 그렇게 하지 않았다.
> 그러므로 하나님은 존재하지 않는다.

없다."[99] 좀 더 두드러진 질문은 하나님의 **선함**에 관한 것이다. 따라서 대중의 생각에서 매키의 논증은 다른 형식을 취했다.

- 하나님이 선한 동시에 능력이 있다면 그는 악을 허용하지 않을 것이다.
- 그러므로 그는 능력이 있지만 선하지 않거나, 선하지만 능력이 없다.

넬슨 파이크는 매키의 "악으로부터 논증"을 다듬었다. 그는 악을 제거할 능력이 있는 완벽하게 선한 하나님이라도 그에게 "도덕적으로 충분한 이유"가 있다면 그렇게 하지 않을 수도 있다고 주장했다.[100] 끔찍한 악에 대해 도덕적으로 충분한 이유가 무엇인지에 관해 합의가 이뤄진 적이 없기 때문에 이 주장은 방어하기 어렵다. 신학자인 존 R. 슈나이더는 "엉뚱한 일들이 존재하는 곳에서 하나님을 보기"라는 논문에서 악의 문제를 다룬 것으로 유명해진 앨빈 플랜팅가와 존 힉 같은 철학자들조차 어떤 설명으로도 용납되지 않고 그것에 대해 도덕적으로 충분한 어떤 이유도 있을 수 없는, 집단 학살 같은 악이 있다는 것을—적어도 암묵적으로—받아들임으로써 모순에 빠진다고 주장한다. 플랜팅가와 힉은 자기들의 주장이 인식론적으로 방어될 수 있다고 믿고서 그들의 주장을 제시

---

99 Hart에게 전형적인, 단호한 문체의 전문은 다음과 같다. "여기에는 논박할 논증이 없다. 전체 문제가—현존하는 신앙 체계로부터 끌어낸—하나님을 유한한 윤리적 행위자로 축소하는 무의미한 신인동형론을 전제로 한다.···[이 전제에서는] 하나님의 목적들은 우리의 목적과 같은 척도로 측정될 수 있고, 그의 피조물들에 대한 그의 궁극적인 목적들은 우리가 인식하고 있는 우주를 초월하지 않는다. 그렇다고 해서 그 논증에 상당한 감정적인 힘과 도덕적인 힘이 있음을 부인하려는 것은 아니다. 하지만 논리 면에서는 [그 논증에] 어떤 힘도 없다"(Hart, *Doors of the Sea*, 13).

100 Pike, "Hume on Evil," Marilyn McCord Adams, *Horrendous Evils and the Goodness of God* (Ithaca, N.Y.: Cornell University Press, 1999), 10에 인용됨.

한다. 하지만 결국 그들의 주장은 확실히 최악의 참상을 설명하기에 적절하지 않다.[101] 각양각색의 많은 철학자들과 신학자들이 설득력 있고 적절한 신정론(악에 대한 설명)을 구축하려는 시도들이 엄격한 분석적 조사를 견뎌내지 못했다고 결론지었다.[102]

악은 주로 철학을 소명으로 삼은 사람들을 위한 철학적인 문제다. 이것은 철학이 소용 없다는 의미가 아니다. 실제로 최근 수십 년간의 논의로 인해 신학자들은 그 문제를 어떻게 더 잘 다룰 수 있는지를 이해하는 데 큰 도움을 받았다.[103] 나는 철학자들이 개인적으로 고난을 경험한 적이 없다고 암시하려는 것도 아니다. 하지만 일반 사회로부터 동떨어진 그들의 논의의 특성상 그런 논의를 다루는 책에는 일반적인 설교자, 목회자, 평신도의 손길이 닿지 않는다. 결국 악의 문제에 대한 다양한 철학적 접근법은 자신의 삶에서나 다른 사람들의 삶에 대한 관심에서 실제로 끔찍한 악과 싸우고 있는 사람들에게 거의 도움이 되지 않는다.

---

101 John R. Schneider, "Seeing God Where the Wild Things Are," in *Christian Faith and the Problem of Evil*, ed. Peter Van Inwagen (Grand Rapids: Eerdmans, 2004).

102 예컨대 Alvin Plantinga가 *God, Freedom, and Evil* (Grand Rapids: Eerdmans, 1974)에서 Nelson Pike를 정교하게 해체한 것을 보라. 하지만 Plantinga의 잘 알려진 "자유 의지 변호" 역시 결정적인 것으로 입증되지 않았다. 실제로 내가 판단할 수 있는 한 Plantinga의 접근법은 끔찍한 악을 받아들이지 않은 채 가장 엄격한 칼뱅주의자의 결론을 완화하려고 한 노력이 실패한 것이라는 인상을 준다.

103 악의 문제는 내가 성인이 된 이후의 삶 전체를 사로잡았다. 나는 농담을 좋아하는 어떤 사람이 "매키, 매클로스키와 플루, 무신론자 일반의 기업"(the firm of Mackie, McClosky & Flew, Atheist at Large)이라고 언급한 어구(Stephen Griffith, "The Problem of Pomegranates," in *Christian Faith and the Problem of Evil*)에 의해 잘 알려진 책과 논문 등 몇몇 고전적인 설명들에 면밀한 주의를 기울였다.

매릴린 매코드 애덤스와 "끔찍한 악"

매릴린 매코드 애덤스는 예외다. 애덤스의 책 『끔찍한 악과 하나님의 선하심』(*Horrendous Evils and the Goodness of God*)은 악의 문제에 대해 좀 더 실질적으로 도움이 되는 논의를 찾는 사람들을 위한 새로운 영역을 열었다.[104] 그녀는 철학적 해법들의 역사를 검토하고 모든 해법이 부족하다는 것을 발견했다.[105] 그녀가 사용한 "끔찍한 악"과 "참상"이라는 용어가 이 장에서 사용될 것이다. 그런 용어들은 애덤스가 악—철학적인 난제로서 악이 아니라 좀 더 절박한 이성, 믿음, 삶에 대한 존재론적 도전으로서 악—의 문제에 밀접하게 관여하고 있음을 반영한다.

이러한 밀접한 관여는 애덤스가 "끔찍한 악"을 정의하는 많은 구절에 명백하게 나타난다. 예컨대 "끔찍한 악은 인간의 의미를 만들어 내는 능력을 압도하여…참상으로 손상된 삶은 다시는 긍정적인 의미를 지니는 전체와 하나가 되지 못하고 그 전체에 통합될 수 없다고 믿게 하는 강한 이유를 제공한다." 끔찍한 악은 "그 사람의 삶에 파괴적이다." 그런 악은 "사람의 가치를 떨어드려" "개인적인 의미"를 파괴하는 힘이 있기 때문에 끔찍하다. 애덤스는 이렇게 설명한다. "끔찍한 악이 치명적인 이

---

104 Adams, *Horrendous Evils and the Goodness of God* (Ithaca, N.Y.: Cornell University Press, 1999). Adams의 글은 문법적으로 서툴고 오늘날 많은 학문적인 저술에 전형적인 억지스러운 어구로 가득 차 있다. 하지만 그 책을 읽어 나가다 보면 우리는 그 책에서 인간미가 있는 가치들이 작동하고 있음을 알 수 있다.

105 자신이 그리스도인이라고 고백하는, 오늘날 흔치 않은 세계적인 철학자인 Alvin Plantinga에 대한 Adams의 분석은 특히 흥미롭다. 그녀는 Plantinga가 하나님의 존재를 버리지 않고서도 하나님이 악과 공존한다는 개념을 유지할 수 있다고 "무신론적" 철학자들을 설득하기를 바라면서 그들과 변증을 벌이기 위해, 악에 대해 지나치게 추상적이고 일반화된 견해를 지니고 있다고 비판한다. 이 평가에 대한 예로, 그녀는 Plantinga의 프로필에서 그가 매우 개인적인 하이델베르크 교리문답에서 인용했다고 언급하는 "감동적인 구절"을 인용한다(Adams, *Horrendous Evils*, 22).

유는 그 악의 삶을 파괴하는 잠재력", 영혼을 파괴하는 힘 때문이다. 참혹한 악은 "긍정적인 개인적 의미의 가능성을 단번에" 삼켜버린다.[106]

이런 정의들은 우리에게 개념상의 이점을 제공한다. 이런 정의들은 악에 대한 우리의 이해를 진척시키고 우리의 선한 하나님 개념에 정면으로 맞선다. 몸이 파괴되든 그렇지 않든 "끔찍한 악"이 실제로 개인의 **자아**를 파괴할 수 있다는 아이디어는 자비로우신 하나님에 대한 믿음에 특히 예리한 도전을 제기한다.

신정론: 리스본 지진, 아우슈비츠 그리고 2004년 쓰나미의 영향

2004년 12월 26일 가장 큰 자연재해 중 하나로 기록된 일련의 거대한 쓰나미가 인도양의 해안 마을들을 초토화했다. 227,000명에서 280,000명의 사망자가 발생한 것으로 공식 집계되었다. 이 사건이 발생한 뒤 "악은 어디서 오는가?", "하나님은 어디에 있었는가?", "어떤 하나님이 이런 일을 허용하겠는가?"라고 질문하는 논문과 기사가 쏟아져 나왔다. 악에 대한 모든 "전문가"가 토론에 초대되었고, "신정론 문제"에 대한 검토가 범람했다.[107] 누구보다도 목소리를 높인 사람은 동방 정교회 신학자인 데이

---

106 Adams, *Horrendous Evils,* 26-27, 107, 166.
107 사람들 대다수는 악의 존재와 선한 창조주의 존재를 조화시키기 위한 시도를 가리키기 위해 "신정론"이라는 단어를 만들어낸 18세기 독일 철학자 고트프리트 라이프니츠를 거론했다. 라이프니츠는 "최선의 가능한 세계" 신정론과 관련이 있다. 이 신정론은 1755년 리스본 지진 이후 볼테르의 『캉디드』(*Candid*)를 통해 잘 알려지게 되었다. 볼테르가 라이프니츠에게 가한 무자비한 공격은 2004년 쓰나미 때(그리고 2005년 허리케인 카트리나가 발생한 뒤 다시) 거듭 재활용되었다. 칸트 철학자이자 『현대 사상에서의 악』(*Evil in Modern Thought*)의 저자인 Susan Neiman이 자주 인용되었다. 그녀는 리스본 지진을 유럽 지성사에서 중요한 전환점으로 적시하고, 제2차 세계대전 이후 집단 학살이 이와 비슷하게 악의 문제를 재정의했다고 주장한다("The Moral Cataclysm," *New York Times Magazine*, January 16, 2005). 2001년 9월 11일 테러 공격 사건과 관련하여 신정론 이슈를 제기한 「뉴욕 타임즈」의 문화 비평가 Edward Rothein은 허리케인 카트리나가 발생한 뒤 다시금 공격한다(October 5, 2002 및 September 8, 2005). 히틀러에 대한 조사로 알려진 「뉴욕

비드 B. 하트였다. 「월스트리트 저널」에 실린 "의심의 전율"이라는 그의 비범한 짧은 글이 많은 관심을 받았다.[108] 하트는 어드만스 출판사의 권유로 그의 생각을 확장해서 『바다의 문들: 그 쓰나미에서 하나님은 어디 계셨는가?』(*The Doors of the Sea: Here Was the God in the Tsunami?*)라는 제목의 책을 펴냈다. 하트의 저술은 "성공적인" 신정론이라는 개념 자체를 완전히 해체한다. 본서의 뒤에 이어지는 내용들에 하트의 영향이 명백히 드러날 것이다.

1755년 리스본에서 강력한 지진이 발생하기 전에는 사람들이 대체로 자연 재해가 하나님의 섭리적 사역에 귀속될 수 있다고 믿었다. 리스본 지진 이후로 자연은 중립적이라는 견해가 등장해서 오늘날에도 여전히 존재한다. 나치의 죽음의 수용소로 말미암아 이보다 더 중요한 진전이 이루어졌다. 이 집단 학살 전에는 인간의 본성은 실제로 선하지 않다고 하더라도 본질적으로 개선될 수 있으며, 그 과정이 예상될 수 있다고 주장할 수 있었다. "이 계몽주의적 이해는 죽었다"는 메시지를 받아들이지 않고 있는 사람이 많다는 점은 놀랄 만한데, 선천적으로 낙관적인 미국인들이 특히 그렇다.[109]

리스본 지진 이후 수 세기 동안 신정론을 정립하기 위한 진지한 노력이 기울여졌다. 끔찍한 재앙이 점점 더 많이 발생할 때마다 기존의 신정론을 대체하는 더 좋은 많은 신정론이 계속 요구되었다. 하지만 우리

옵저버」의 Ron Rosenbaum은 Herold Kushner의 『선한 사람들에게 나쁜 일이 일어날 때』(*When Bad Things Happen to Good People*)에 대해 경멸을 퍼부었다(January 10, 2005, "쿠슈너의 책임 회피"[Kushner cop-out]).

108 Hart, "Tremors of Doubt," *Wall Street Journal,* December 31, 2004.

109 Lance Morrow는 이렇게 쓴다. "아우슈비츠와 히로시마 이후 진보 개념은 결코 전과 같지 않았다. 그 사건들은 그 뱀을 계몽주의라는 정원에 불러들였다.…이제 진보는 동시에 어두워지게 만드는 위험을 암시한다"(Lance Morrow, *Evil: An Investigation* [New York: Basic Books, 2003], 213).

는 여기서 현대 철학에는 낯선 개념을 주장하고 있다. 이 장에서 취하는 입장은 신정론들은 정의상 만족스럽지 않다는 것이다. 신정론들은 하나님에 대한 인간의 개념으로부터 구축되는데, 그럼으로써 **신**정론에서 **신**을 무효화하기 때문이다. 만일 히브리 성경이 선포하는 것과 같은 하나님이 실제로 존재한다면, 하나님은 인간의 논리를 통해 발견될 수 없다. "내 생각이 너희의 생각과…다름이니라. 여호와의 말씀이니라"(사 55:8).

신정론은 우리로 하여금 "악으로부터의 논증"이 하나님의 오류를 입증하거나 그의 신임을 떨어뜨리는지 묻도록 요구한다. 독실한 그리스도인은 그 논증이 하나님의 오류를 입증하는지 여부에 대해서는 하트가 인용한 이유로 말미암아 별로 문제를 느끼지 않을 것이다. 성경에 계시된 하나님께 대한 믿음은 그분의 목적이 우리의 목적과 같은 척도를 통해 측정될 수 없는 하나님에 대한 신뢰를 수반한다. 그분은 하나님이고 우리는 피조물일 뿐이다. 하나님이 **존재**하는지 여부에 대한 질문은 악의 문제에 의해 제기된 "가장 심오한 질문"이 아니다. 이 문제에 걸려 있는 것은 하나님의 **선하심**이다.

8. 악은 하나님의 목적의 한 부분인가?

오, 복된 죄여!

기독교 전통에는 **펠릭스 쿨파**(*felix culpa*, 행복한 또는 복된 죄)라는 개념이 내포되어 있다.[110] 그 개념은 매우 복잡하지만, 우리로 하여금 죄와 고난은

---

110 라틴어 부활절 전야 기도문에는 *O felix culpa, quae talem ac tantum meruit habere*

거기서 나오는 더 큰 선에 의해 어느 정도 정당화될 수 있는지 묻게 만든다.[111] 철학자 앨빈 플랜팅가는 고난에 "구원론적 의미"가 있을 수 있다고 주장하면서 **펠릭스 쿨파** 개념을 변호한다.[112] 이렇게 익숙한 제시에는 이반 카라마조프의 도전이 빠져 있다. 표도르 도스토옙스키의 『카라마조프가의 형제들』(*The Brothers Karamazov*)에는 이반이 그의 독실한 동생 알료샤에게 도전하는 유명한 장면이 있다. 그 도전은 이 대목의 요점과 잘 들어맞는다. "네가 궁극적으로 사람들을 행복하게 만들어주겠다는 목적을 갖고 인간의 운명의 천을 짜고 있는데…아주 작은 피조물[갓난아이나 어린아이] 하나를 고문하는 것이 필수적이고 불가피하다고 상상해봐.…너는 이런 상황에서 그 천을 짜는 사람이 되기로 동의하겠니?" 알료샤는 "아니, 나는 동의하지 않을 거야"라고 대답할 수밖에 없다.

오늘날 **펠릭스 쿨파**의 축약판으로 맹세하는 그리스도인이 많이 있다.[113] 그들은 "모든 일은 다 이유가 있어서 발생한다"고 말한다. 이 말은

---

*Redemptorem*이라는 말이 들어 있다. 로마 가톨릭교회의 영어 번역은 이를 "오, 우리에게 그토록 위대하고 그토록 영광스러운 구원자를 얻게 해 준 행복한 잘못이여"라고 번역한다.

111 이 개념의 이형(異形)으로 "영적 진보" 개념이 있는데, 이 개념은 고난이 사람들에게 고난을 겪지 않았을 경우 가능했을 수준보다 더 높은 수준의 영적 발전을 달성할 수 있게 해 준다는 논증이다. 바울이 로마서 5:1-5 및 다른 곳에서 이를 암시하는 것으로 보이지만, 그가 다루는 대상과 신정론이 다루는 대상은 다르다. 바울은 변증가가 아니다. 그는 고난에 대한 설명이나 고난의 정당성을 제시하지 않는다. 그는 하나님의 사랑과 성령을 부어주심이 어떻게 고난당하고 있는 그리스도인을 붙드는지를 보여주고 있다.

112 Plantinga, "Supralapsarianism, or *O Felix Culpa!*" in *Christian Faith and the Problem of Evil*, 25. Plantinga에게 공정하게 말하자면, 그는 고난이 결국 선한 것이라는 암시를 피하려고 매우 열심히 노력한다. 그의 논증은 여전히 철학적이며, 따라서 나는 그의 논증이 신학적으로나 목회적으로 무익하며, 적극적으로 해를 끼친다고 주장한다. 그는 "자유 의지 변호"를 지지하면서 그의 난해한 철학적 묵상에 사탄을 도입하기는 했다. 하지만 나는 이 둘을 나란히 놓는 것은 매우 이상하다고 생각한다. 그렇게 하는 과정에서 마치 사탄이 그 논증을 먹어 치운 것 같다.

113 **펠릭스 쿨파** 개념은 성탄절 무렵에 들을 수 있는 대중적 찬송가인 벤저민 브리튼의 "아담이 속박되어 누워 있네"에 멋지게 표현되었다. "그 사과를 따 먹지 않았다면, 우리의 성모

이유에 대한 진술이라기보다는 믿음에 대한 진술인데, 우리는 사람들에게서 그들이 이런 사고에서 발견하는 위안을 빼앗기를 원치 않는다. 하지만 이 말은 우리가 여기서 논의할 끔찍한 참상들을 설명하기에 충분치 않다. 매릴린 애덤스는 끔찍한 악들이 "참여자들의 삶이 지금까지 살 가치가 있었거나 앞으로 살 가치가 있는지 의심할 만한 근거가 된다"고 쓴다.[114] 이 말은 극단적으로 들릴 수 있지만 지옥같은 일을 경험한 많은 사람에게 적용될 수 있다. 예컨대 이 말은 캄보디아 대량 학살 이후 물리적인 원인이 없었지만 앞을 보지 못하게 된 난민 여성들에게 적용된다.[115] 프리모 레비는 아우슈비츠가 퇴각하는 독일군들에 의해 버려진 뒤 40년이 지나 스스로 목숨을 끊었다. 이 행위는 레비가 그의 저술에서 이루었던 그의 모든 업적을 무효로 만드는 표시로 보였기 때문에 그를 숭배하던 사람들을 크게 동요시켰다.[116] 마찬가지로, 『난징의 강간』(*The Rape of Nanking*)을 저술하기 위해 절대적인 최악의 상황에 용감하게 맞섰던 젊은 여성 아이리스 장은 널리 호평을 받은 그녀의 책-그 책은 무시무시한 세

는 하늘의 여왕이 되지 못했겠지." 다른 말로 표현하자면 우리는 아담의 반역 때문에, 그 반역이 없었더라면 우리가 이렇게 될 모습보다 더 나아졌다는 것이다. 이것은 이해하기가 매우 어려운 영역이다. 칼뱅의 사고 체계에서 **펠릭스 쿨파**는 모든 우발 상황에 대한 하나님의 절대적 주권을 보장하는 기능을 수행하는데, 이는 매우 중요한 단언이다. 하지만 문제는 **펠릭스 쿨파**가 하나님의 원래 계획에 뭔가가 부족했는데 죄가 발생함으로써 그것이 보충되었다고 제시하는 것처럼 보인다는 것이다.

114 Adams, *Horrendous Evils*, 26.

115 Alexandra Smith, "Long Beach Journal: Eyes That Saw Horrors Now See Only Shadows," *New York Times*, September 8, 1989. 온라인에 이 현상에 대한 상세한 기사들이 많이 있다.

116 "[프리모] 레비는 우리에게 발생하지 않은 어떤 것을 보게 하려고 노력하고 있다.…레비마저 이 과업에서 완전히 성공할 수 없었다. 우리는 그의 기억을 갖고서 살 수 없다. 그리고 결국 레비조차 그럴 수 없었다는 것이 드러났다." Clive James, *The Drowned and the Saved*, Primo Levi의 서평, *New Yorker*, May 23, 1988. (레비가 위층 계단통에서 떨어진 사건을 조사한 사람 중 소수는 그것이 사고였다고 주장하지만, 대다수는 그것을 자살로 받아들였다.)

부 사항이 계속 이어진다-이 출판된 지 오래지 않아 자살했다.[117] 앞에서 인용되었던 다이애나 오티즈 수녀는 고문당하기 전의 삶의 모든 기억을 잃어버렸다. 그녀는 자기 가족을 다시 소개 받아야 했다. 훗날 그녀는 자신의 내부의 중심에 치유될 수 없는 뭔가가 발생했다고 증언했다.[118]

악은 "완전한 손실"이며, 달리 말하는 것은 일종의 기만이다. 하트는 그의 작은 책 내내 심오한 목회적 동기를 보여준다. 그는 늘 우리가 고난을 당하고 있는 사람에게 실제로 해줄 말에 관심이 있다. 그는 설명을 원하는 사람들이 보여준 둔감함과 공감 부족에 화를 낸다. "소망을 '하나님의 위대한 계획'에 대한 진부한 확신으로 전락시킴으로써 고난이라는 스캔들을 경감시키려고 하는 것은 지겨운 짓거리다.…그런 확신은 우리로 하여금 너무도 쉽게 신약성경의 영적 세계에 대해 눈을 감게 한다.… 설령 하나님의 경륜으로 말미암아 악에서 선이 나올 수 있다고 하더라도 말이다. 그런 확신은 결코 하나님의 선하심이나 창조의 선함에서 상상된 어떤 결함도 보충할 수 없다. **그것은 어떤 '기여'도 하지 못한다**."[119]

신정론: 결론

신정론 전체는 잘못 태어났다. 철학적 "변호들"이 신정론의 창시자다. 설명하려고 시도함으로써 우리는 피해자와 가해자 모두의 실제 삶의 곤경

---

117 Iris Chang, *The Rape of Nanking: The Forgotten Holocaust of World War II* (New York: Penguin Books, 1998, 『역사는 누구의 편에 서는가: 난징대학살, 그 야만적 진실의 기록』, 미디스북스 역간). 부제로 "홀로코스트"를 사용한 데 대해 어쩌면 정당하다고 할 수 있는 약간의 항의가 있었다. 그 부제는 사실 적합하지 않은 것 같다. 하지만 엄청난 규모의 잔혹 행위가 있었다는 점은 부인할 수 없다.

118 *Theology Today* 63 (October 2006): 344-48.

119 Hart, *Doors of the Sea*, 69-70, 74, 강조는 덧붙인 것임.

에서 시선을 빼앗긴다. 악은 창조된 선으로서 실존을 갖고 있지 않기 때문에 **결코** 하나님의 선한 목적의 일부가 **아니며**, 그럴 수도 없다. 우리는 악을 이성적으로나 도덕적으로 이해할 수 없으며, 반드시 혐오의 대상과 저항의 대상으로 삼아야 한다. 저항의 시작은 **설명하는** 것이 아니라 **보는** 것이다. 보는 것은 그 자체가 일종의 행동이다. 우리는 악의 실상을 보아야 한다. 그것은 하나님의 계획의 한 부분이 아니라 창조의 거대한 미지의 요인이며, 엄청난 모순이고, 그것이 발생할 때마다 반드시 식별되고 비난되고 반대되어야 하는 거대한 부정(否定)이다.

9. 무효화하려는 의지: 왜 "사탄"이 필요한가?

포스트모던 담화에서 낯선 권세

"신약성경의 영적 세계"에 대한 데이비드 하트의 언급은 우리를 이 세상에서 활동하는 어둠의 행위자라는 주제로 돌아가게 한다. 신약성경의 개념적 파노라마를 이해하기 위해서는—우리가 그것을 믿든 믿지 않든—다양한 이름으로 적시된 원수인 제3의 힘의 존재가 전제되어 있음을 인식할 필요가 있다. 이 그림은 확실히 많은 어려움을 제기하지만, 그것은 성경적일 뿐만 아니라 세상에 있는 근원적인 악과 고난의 문제에 대해 가급적 가장 큰 중요성을 부여한다는 점에서 매우 진지하다는 장점이 있다.

제프리 버튼 러셀은 마귀를 다룬, 권위 있는 다섯 권짜리 책에서 이 논증을 제시한다.

신약성경의 마귀는 근본적인 메시지와 별로 관계가 없는 것이 아니며, 단순한 상징이 아니다. 그리스도의 구원하는 사명은 마귀에 대한 대적이라는 관점에서만 완전하게 이해될 수 있다. 그것이 신약성경의 모든 요점이다. 세상은 슬픔과 고난으로 가득 차 있지만, 사탄의 힘 너머에 더 큰 힘이 있다.…[신약성경에는] 본질적인 요점에 관한 완전한 일관성이 있는데 그것은 그리스도로 말미암아 초래된 새 시대가 사탄에게 지배를 받는 옛 시대와 전쟁 중에 있다는 것이다.[120]

러셀이 마귀에 관해 이야기하는 유일한 사상가는 아니다. 앤드루 델반코는 1995년 저서 『사탄의 죽음』(The Death of Satan)에서 우리에게 그런 이미지가 필요하다고 주장한다. 제2차 세계대전의 참상으로 많은 사람이 더 강력한 상징주의로 회귀해야 했다. 2001년 9월 11일에 발생한 테러 공격은 미국에 비슷한 영향을 주었다. 이런 현상들은 우리를 옳고 그름이라는, 친숙하고 관리 가능한 범주 너머로 밀어내는 것 같다. 수필가인 랜스 모로우는 "악"과 막연한 "잘못"의 차이에 관한 글을 썼다. 그는 나치를 "최종 해결"로 부르거나 어린아이를 고문하고 살해하는 것을 "잘못"이라고 부르는 데는 문제가 있다고 말한다.

잘못과 악의 중요한 차이는 사람들이 은연 중에 옳은 것과 잘못된 것이 논의되고 있는 세계를 책임지고 있다는 것이다. 사람들은 잘못된 것들을 바로잡기 위한 법 체계를 갖고 있다. 하지만 **악은** 인간 외부의 세력에 의해 통제되는 **다른 세계를 암시한다.** 잘못은 회복이 가능하고 마땅하다고 암시하는 인간의 잘못이다. 잘못은 신비롭지 않다. **악은 자체적으로 작동할 수 있고,**

---

120 Jeffrey Burton Russell, *The Prince of Darkness: Radical Evil and the Power of Good in History* (Ithaca, N.Y.: Cornell University Press, 1988), 51, 48.

인간 행위자를—선과 악, 하나님과 사탄 사이의—**더 큰 우주적 투쟁**의 일부로 이용할 수도 있는 **신비로운 세력을 암시한다.**[121]

이 마지막 문장은 신약성경의 묵시적 관점과 매우 가까워서 그 문장이 성서학자의 저술에 묘사되어도 무방할 것이다.

다른 저자들과 문화 비평가들도 이런 사상을 표현했다. 예컨대 로버트 콜스는 마귀에 관한 러셀의 방대한 저서를 이렇게 평가한다. "금세기 [20세기]는 [18세기와 19세기의 낙관주의를] 친절하게 대하지 않았다. 어떤 의미에서는 마귀가 귀환했다. 오늘날 우리는 우리의 공동체에서 너무도 안락하게 살고 있는 철저한 악에 대해 어떻게 생각해야 하는지 고심하고 있다.…우리의 일반적인 세속적 경건은 최근의 어두운 과거에 직면하여 제대로 작동하지 못한다."[122]

1980년대 러셀의 책과 콜스의 서평이 쓰일 때 진단할 필요가 있었던 위기는, 평범한 사람이 보기에 나치가 유럽의 유대인들을 전멸시키는 데 거의 성공했다는 사실이었다. "인간의 진보적 자기 해방"을 믿었던 유대계 독일 철학자인 에른스트 카시러는 전후에 자기가 홀로코스트에 관해 완전히 속았다는 것을 인정했다. 카시러는 나치의 인종 신화들에 대해 이렇게 말했다. "우리는 그것들을 진지하게 받아들이지 않았다. 하지만 전쟁이 끝날 무렵에는 이것[불신]이 큰 실수였다는 것이 우리 모두에게 분명해졌다.…**신화적 괴물들은 완전히 파괴되지 않았다.** 그들은 새로운 세계를 창조하는 데 익숙하며, **여전히 이 세계에 생존하고 있다.**"[123]

---

121 Morrow, *Evil*, 51, 강조는 덧붙인 것임.

122 Robert Coles, "Eternally Evil and Never Out of Work," review of *Mephistopheles: The Devil in the Modern World*, by Jeffrey Burton Russell, *New York Times Book Review*, March 8, 1987.

123 Delbanco in *The Death of Satan*, 189에 인용됨, 강조는 덧붙인 것임. Delbanco는 계속해서

존재의 부정

이 시대에 세상을 절대 악과 절대 선으로 양분하려는 경향에 반대한 사람들 사이에서 "마니교도"라는 용어가 다시 통용되었다.[124] 히포의 아우구스티누스가 당시의 마니교와 절연했을 때, 그는 악(비존재)에게 하나님(존재)과 동일한 지위를 부여하기를 거부하는 방법으로 **프리바티오 보니**(*privatio boni*) 개념에 관심을 기울였다.[125] 하지만 우리가 이미 살펴보았

이렇게 말한다. "나는 우리에게는 더 이상 악을 묘사하기 위한 상징적인 언어가 없는데… 악이 우리 모두에게 피할 수 없는 경험으로 존속하고 있기 때문에 우리 문화가 지금 위기에 처해 있다고 믿는다." 그는 자칭 세속적 자유주의자다. 그는 기독교 신앙을 이해하지 못하며 때때로 그것을 경멸한다. 하지만 그는 많은 사람이 옛날의 진리가 없이 "남겨져 있다"는 것을 인정한다(223). 컬럼비아 대학교의 인문학 및 사상사 교수인 Mark Lilla는 비슷한 맥락에서 이렇게 쓴다. "현대 철학은 종교적 신화에 의존할 이유가 없다. 하지만 현대 철학은 이 신화들에 대한 연구를 무시함으로써 특정 근본적인 이슈들에 대한 자신의 관점을 축소하는 위험을 무릅쓴다. [고트족에 의해 로마가 약탈당해 초토화된] 아우구스티누스가 로마의 그리스도인들에게 보낸 메시지가 리스본 지진 후 현대 유럽인들이 받았던 것보다, 그리고 확실히 아우슈비츠 학살 후 우리가 받았던 것보다 더 많은 위로를 줄 수 있었던 한 가지 이유는 아우구스티누스의 성경적 신앙이 그에게 **악의 궁극적 기원에 관한 가장 심오한 질문들―우리가 그다지 주의를 기울이지 않게 되었을지도 모르는 질문들―에 대한 답**을 제공했다는 데 있다"(Mark Lilla, "The Big E," *New York Review of Books*, June 12, 2003).

124 특정 문화 평론가와 정치 평론가들이 미국의 이라크 침공을 지지한 신보수주의자들을 정의하기 위한 용어를 찾다가 아우구스티누스의 『고백록』에 언급된 마니교도를 떠올렸기 때문에, 21세기의 첫 10년에 마니교가 많이 논의되었다. 이 목적을 위해 마니교 체계가 지나치게 단순화되었다. 정치 분석가들이 마니교의 유용성을 발견한 것은 세상과 그 안에 있는 모든 사람들이 선과 악으로 나뉠 수 있다는 함의였다. 특히 조지 W. 부시 대통령은 가끔 마니교도로 언급되었다. 부시와 그의 최측근 참모들이 가까운 곳에 악이 존재할 가능성을 인정하기를 거부하면서도, 그들의 적으로 간주된 사람들을 악으로 지칭했기 때문이다. (이와는 대조적으로, 에이브러햄 링컨은 남북 전쟁이 마무리되는 시점에 강력한 지적, 신학적 노력으로 자신과 북부의 주들이 남부의 주들을 마귀로 취급하기를 거부했다[두번째 취임 연설].)

125 마니교의 문제는 그것이 절대적인 선과 절대적인 악이 존재하고 그것들이 깔끔하게 구분된다고 믿은 것만이 아니었다. 4세기의 마니교도는 철저한 이원론자였다. 그들은 악이 하나님과 동등한 지위를 갖고 있다고 가르쳤다. 기독교 신학에 더 큰 이슈는 마니교 체계가 **존재**를 어둠의 힘에 귀인시킨다는 것이었다. 아우구스티누스는 이것이 잘못이라고 보았

듯이 만일 우리가 악을 단지 **부재**로만 말한다면 우리는 그것의 악의적인 영향을 추상화하거나 그 영향과 거리를 두는 위험에 빠진다. 악을 정의하는 더 좋은 방법은 존재의 **부정** 또는 선의 **부정**이다. 이 표현에는 힘이 있다. "사탄"은 **무효화하려는 의지**의 의인화다. 우리는 여기서 은유적으로 말하고 있지만 본서 전체는 은유가 순수한 개념이나 원리보다 성경의 진리를 더 잘 표현한다고 주장한다. 악을 마귀로 의인화하는 것은—우리가 마귀를 뭐라고 부르든—악이 하나님의 창조 목적을 무력화하기 위해 적극적으로 모색하면서 "자체적으로 작동한다"는 개념을 구현한다.

1899년 위대한 저술가인 조지프 콘래드는 다음 세기에 유례 없는 사악함의 출현을 예견했다. 『어둠의 심연』(*Heart of Darkness*, 을유문화사 역간)에서 콘래드의 해설자인 말로우는 신비에 쌓인 존재인 "그곳의 밑바닥에 있는" "내부 주둔지의 수장" 커츠 씨를 찾아서 콩고강을 거슬러 올라가는 이야기를 들려준다. 그는 그 증기선이 강 내부로 더 깊이 들어갈 때 자신이 악에 대해서 느낀 생각을 "가늠하기 어려운 의도를 품고 있는 잔혹한 힘의 고요함"으로 묘사한다. "그것은 보복적인 관점에서 당신을 바라보았다." 이 묘사는 무효화하려는 인격적인 의지의 어떤 것을 포착하는데 바로 이것이 사탄적인 상징들에 의미를 부여한다.[126]

다. 그는 자신이 젊은 시절에 마니교를 신봉했을 때 "나는 악이…모종의 실체이며 그 자체가 더럽고 끔찍한 모습을 하고 있다고 믿었다"고 쓴다(*Confessions* 5.10.20). 그래서 그는 악에게 존재를 부여하기를 부인하는 **프리바티오 보니**를 주장한다.

126 이 점이 중요한데, Marlow는 그의 내러티브에서 "고상하고 정의로운" 동기를 갖고 있다고 상정되는, 화려한 유럽에 기반을 둔 식민지의 "마귀들"과 내부의 "무기력하고, 겉치레하고, 시력이 약한 마귀" 사이에 매우 역설적인 구분을 가한다. 내부로 들어갈수록 마귀들은 덜 화려해지고, 더 "음흉해지고", 더 "탐욕스럽고 매정해진다." 물론 그것은 인간의 상황에 대한 설명이다. 더 안쪽에 있을수록 "참상"을 발견할 가능성이 더 커진다. (나이지리아의 유명한 소설가인 Chinua Achebe는 많이 인용되는 에세이에서 Conrad를 "철저한 인종차별주의자"로 비난하고, 그 고전 소설을 "무례하며 개탄스럽다"고 비난했다["An Image of Africa: Racism in Conrad's 'Heart of Darkness,'" *Massachusetts Review* 18 (1977)]. 그 에세

사탄에 대해 말하기

따라서 우리는 엘리트 지식인 진영 안에 사탄에 대해 말하는 것을 지지하는 사람이 상당히 많이 있음을 발견한다. 하지만 우리가 마귀에 대해 말할 때, 우리는 여전히 복잡한 지적·도덕적 도전에 직면한다. 우리는 세 가지 필요를 적시할 수 있다.

첫째, 우리는 비난을 우리에게서 옮기기 위해 사탄에 대해 말하는 것("마귀가 내가 그렇게 하도록 만들었다")을 피해야 한다. 우리는 마귀에 대해 말할 때, 동시에 적극적으로 악을 야기하거나 적어도 수동적으로 그것에 협력할 수 있는 **인간의** 보편적인 능력을 이해하면서 그렇게 해야 한다.

둘째, 우리는 우리가 속한 집단 밖의 악을 다른 집단에게 투영하기 위해 사탄이라는 존재를 이용하는 것을 피해야 한다. 인간의 보편적인 이 성향이 늘 전세계적인 갈등에 기름을 붓는다.[127]

셋째, 우리는 모순되어 보이는 두 개념을 동시에 유지해야 한다.

- 사탄은 세상을 지배하기 위하여 하나님과 경쟁하는 능동적인 지성이다.
- 사탄에게는 자체의 독립적인 존재론적 지위가 없다. 그는 무효화하기 위한 의지로서만 "존재한다."

이는 중요하며 그것의 관점은 유익하다. 하지만 위대한 모든 예술 작품과 마찬가지로 『어둠의 심연』에는 그것을 포착하거나 축소하려는 **모든** 시도를 피하고 초월하는 차원들이 있다.)

127 기독교 교회는, 나이지리아에서 이미 발생했듯이, 특히 무슬림과 관련하여 다시금 "적을 마귀로 만들" 위험에 처해 있다. 이 일이 다시는 반복되지 않도록 늘 조심해야 한다.

여기서 주장하려는 논지는 신약성경의 우주론에서 이 세 가지 필요 모두를 이끌어낼 수 있고 실제로 그것들이 필수적이라는 것이다. 우리가 다른 인간 집단을 마귀화해서는 안 되지만, 때때로 **어떤 것**을 악마화할 필요가 있다. 개인적 수준과 집단적 수준 모두에서 나타나는 악의 세계적인 범위와 악의적인 힘으로 인해 우리는 단지 개인적인 범죄들의 총합보다 훨씬 더 가공할 힘에 대해 말해야 한다. 이 지점이 바로 사탄이라는 존재가 들어설 자리다.[128]

20세기—인종 학살의 세기—개인의 경험에서 나온 많은 증언이 있다. 르완다 대학살 기간에 「타임」은 수십 년 동안 이어진 관행을 벗어나 앞 표지에 사진 대신 한 인용구를 실었다. 그것은 형언할 수 없는 몇 달 동안 그 나라에서 활동했던 한 선교사의 진술이었다. "지옥에는 마귀가 남아 있지 않다. 그들은 모두 르완다에 와 있다."[129] 르완다 대학살 기간 중에 유엔 평화 유지군 사령관을 역임했던 프랑스계 캐나다인 로메오 달레르 중장의 고뇌에 찬 회고록에 동일한 맥락에서 사탄을 지칭하는 또 다른 언급이 발견된다. 그는 이렇게 쓴다. "나는 르완다에서 귀환한 뒤 그 일에 대해 여러 번 발표했는데, 한번은 발표 후 캐나다 군대의 종

---

128 Cormac McVarthy의 책 『노인을 위한 나라는 없다』(*No Country for Old Men*)에서 보안관 벨은 이것을 다음과 같이 서술한다. "'만일 자네가 사탄이고 자네가 인류를 그것의 무릎에 굴복시킬 어떤 것을 생각해내려고 노력하고 있다면, 나는 자네가 찾고 있는 것이 마약이라고 생각하네. 아마도 사탄은 그렇게 했을 걸세. 내가 어느 날 아침에 식사하고 있는 누군가에게 그것을 말해 주었더니 그들은 내게 사탄을 믿느냐고 묻더군. 나는 그것이 문제의 핵심이 아니라고 말해 주었네. 그러자 그들은 자기들도 알지만 아무튼 내가 사탄을 믿느냐고 물었지. 나는 그 문제에 대해 생각할 수밖에 없었지. 아마도 나는 어렸을 때에는 사탄을 믿었던 것 같아. 나는 중년에 접어 들어 사탄에 대한 믿음이 다소 시들해졌다고 생각하네. 이제 나는 다른 길을 의지하기 시작했어.' 그는 그가 설명하지 않았더라면 다른 설명이 없었을—또는 그들이 내게 설명해주지 않은—많은 것을 설명한다"(Cormac McCarthy, *No Country for Old Men* [New York: Knopf, 2005], 218).

129 「타임」 표지, May 16, 1994.

군 사제한 분이 내게 어떻게 이 모든 것을 보고 겪은 뒤에도 하나님을 믿을 수 있는지 물었다. 나는 르완다에서 마귀와 악수했기 때문에 하나님이 계신다는 것을 안다고 대답했다. 나는 마귀를 보았으며, 그의 냄새를 맡았고, 그를 만졌다. 나는 마귀가 존재한다는 것을 안다. 그러므로 하나님이 계신다는 것을 안다."[130]

이 두드러진 인용문은 어떤 뛰어난 사람이 신약성경의 우주론을 이해할 수 있는 능력이 있음을 보여준다. 교회에서 이 상상력이 배양될 필요가 있다.

10. 정체를 드러낸 악

천진성의 허위

수전 손택은 참상이 발생할 때 계속 놀라거나 무관심한 사람들에 관해 이렇게 썼다. "특정한 나이가 지난 사람 중 이런 종류의 천진성, 피상성 그리고 이런 정도의 무지와 기억 상실증에 대한 권리가 있는 사람은 아무도 없다."[131] 그리스도의 지옥 강하에 무엇이 관련되어 있는지를 이해하려면 우리는 반드시 끔찍한 악을 직시하려고 노력해야 한다.

---

130 Roméo Dallaire, *Shake Hands with the Devil: The Failure of Humanity in Rwanda* (Toronto: Random House Canada, 2003), xviii (서문).

131 Susan Sontag, *Regarding the Pain of Others* (New York: Farrar, Straus and Giroux, 2003)(『타인의 고통』, 이후 역간). 전체적으로 Sontag의 저술에는 우리를 가르쳐 주는 바가 많이 있다. 비록 9.11 직후 「뉴요커」에 실린 그녀의 짧은 글이 정치적으로 순진하다고 널리 (그리고 올바로) 비판을 받았다—이 점은 바로 그녀가 다른 곳에서 개탄한 결함이다—는 것을 여담으로 언급해야 하겠지만 말이다.

우리가 왜 이 문제를 탐구해야 하는가? 많은 사람에게는 이것을 탐구할 용기가 없다. 어떤 사람은 우리가 잔혹 행위에 관해 듣는 것에 대해서 병적이고 반쯤은 외설적인 매력을 느끼는 것에 관하여 올바르게 문제를 제기한다. 하지만 우리는 손택이 주장하듯이 참상을 성찰하지 않는 사람은 그런 일들에 눈을 감을 가능성이 더 클 수도 있다고 생각한다. 존 업다이크가 관찰했듯이, "아마도 악을 알지 못하는 것이 악의 정수일 것이다."[132] 이 문제에서 기독교 신학과 이 세상의 모든 종류의 도덕적인 존재는 천진성 개념을 폐기할 필요가 있다. 남아프리카의 소설가이자 노벨상 수상자인 J. M. 쿳시는 이 문제를 이렇게 표현했다. "도덕적으로 품위가 매우 저하된 상태에 있어서 우리가 그것들에 눈을 감을 수 없는… 특정한 잔혹 행위들이 있다. 우리가 우리 자신에 관한 최악을 알고, 늘 그 최악에 대해 주의하기 위해서 알아야 할 것들이 있다."[133]

공모라는 숨겨진 요인

20세기가 끝나갈 무렵 "결코 이런 일이 되풀이 되도록 하지 않겠다"는 경건하고 결연한 외침에도 불구하고 600만 명의 유대인과 수백만 명의

---

132 John Updike, "Elusive Evil," *New Yorker*, July 22, 1996.

133 *New York Times Book Review*(1987)에 실린 Jacobo Timerman, *Chile: Death in the South*에 대한 서평에 인용됨. Timerman은 지금도 주목해야 할 중요한 인물이다. 그는 아르헨티나의 "더러운 전쟁"에 대해 거침없이 반대한 것으로 유명해졌다. 그 활동으로 인해서 그는 아르헨티나 군사정부에 의해 오랫동안 투옥되어 고문당했다. 그는 상을 받은 1981년의 회고록 『이름 없는 수용자, 숫자 없는 감옥』(*Prisoner without a Name, Cell without a Number*)에서 이 경험에 관해 썼다. 그는 훗날 흠잡을 데 없는 시온주의자의 기록으로 이스라엘의 레바논 침공(*The Longest War: Israel's Invasion of Lebanon* [1982])과 팔레스타인에 대한 이스라엘의 대우를 비난한 최초의 이스라엘 시민이 되었다. 이로 인해서 그는 이스라엘에서 공격의 표적이 되었다. 그의 사후인 2000년 그는 국제언론협회에 의해 지난 반세기의 세계 언론자유 영웅 50인 중 한 명으로 지명되었다.

슬라브인, 집시, 동성애자, 정신지체 장애인, 저항군 지도자 등이 나치의 손에 희생된 것이 우리 시대의 마지막 인종학살이 아니었다는 점이 분명해졌다. 1994년 르완다 인종학살이 자행되는 동안 기독교 지도자들과 기관들이 때때로 그 잔학 행위에 열정적으로 참여했는데, 이는 유럽의 유대인들이 검거되는 동안 기독교 교회가 명백하게 실패한 것을 능가했다. 이런 사건들로 인해 자칭 그리스도인들이 철저한 악에 참여할 때 기독교 신앙이 참으로 어떤 차이를 만들어내는지에 관해 끊임없이 의문이 제기된다. 스티븐 R. 헤인즈는 「크리스천 센추리」에 기고한 글에서 르완다가 아프리카에서 가장 기독교화된 국가(90퍼센트)였지만 많은 희생자들이 피신한 교회 건물 안에서 죽임을 당했다고 지적한다. "나치의 독일처럼, 인종학살이 자행된 르완다는 그리스도인의 자기 진단에 매우 매력적이지 못한 장소다. 대부분의 증거는 '피'가 세례의 물보다 진하다는 것, 신앙이 계급과 인종이라는 이해관계를 극복하는 데 무기력했다는 것을 암시한다.…**그리스도인들은 대규모 살상에 관한 이 일화 및 다른 일화들이 우리의 타락의 본질과 정도에 대해 무엇을 보여주는지 질문해야 한다.**"[134]

르완다에서 벌어진 잔혹 행위는 우리로 하여금 인간의 본성에 대한 우리의 이해를 재검토하도록 한다. 수십만 명이 벌채용 칼로 난도질 당했고, 교회당 안에서 불타 죽었으며, 눈을 가리지 않은 채 총살당했기 때문에 살해 방법이 특히 주목을 받았다. 이것은 눈을 가리지 않은 채 "그저 자신의 일을 할 뿐인" 소수의 열성적인 관리들에 의해 멀리 떨어져서 집행된, 선진국의 익명의 작업이 아니었다. 그것은 많은 경우에 그들의

---

134 Stephen R. Haynes, "Never Again: Perpetrators and Bystanders in Rwanda," *Christian Century*, February 27-March 6, 2002, 강조는 덧붙인 것임.

희생자를 알고 있었고 심지어 그들과 함께 일하던 병원의 직원이나 같은 교회의 교구에 속한 신자들에 의해 일대일로 저질러진 대학살이었다. 기독교의 증언에 신경을 쓰는 사람이라면 "나라면 어떻게 했을까?"라는 질문이 뇌리에서 떠나지 않아야 한다.

악의 도덕적 불가해성

많은 사람이 도스토옙스키의 『카라마조프가의 형제들』에서 이반 카라마조프가 그의 동생 알료샤를 공격한 것이 하나님과 악이라는 주제에 대해 지금까지 나온 글 중에서 가장 심오하고 고통스러운 도전이라는 것을 인정해왔다. 이반이 어린아이들의 고문에 대해 제시한 끔찍한 사례들은 도스토옙스키가 신문 기사에서 취한 것이다. 이반은 구원이 그런 참상들과 공존할 수 있다고 설명할 수는 없음을 보여주기 위해 이 기사들을 알료샤에게 퍼붓는다. 이반 카라마조프에 대한 데이비드 하트의 훌륭한 통찰은, 볼테르는 "고통과 죽음의 역사가 도덕적으로 이해할 수 없다는 끔찍한 진리"만을 보는 반면에 카라마조프는 "그 역사가 이해될 수 있다면 그것은 훨씬 더 끔찍할 것이라"는 점을 본다는 것이다. **악의 도덕적 불가해성**은 하트의 위대한 주제다.[135] 말이 너무 많다는 위험이 있지만 불가해성이라는 이 요지를 확실히 해두기 위해서 나는 보다 최근에 일어난 두 가지 예를 더 인용할 것이다.

첫 번째 예는 아이다호주의 쿠르 달렌에서 일어난 이야기다. 2005년에 조지프 E. 던컨 3세가 13세의 남자아이를 포함한 일가족 세 명을 살해했다. 그리고 나서 그는 그보다 더 어린 두 아이—9세의 남자아이와 8

---

135 Hart, *Doors of the Sea*, 44.

세의 그 아이의 누이동생―를 납치했다. 던컨은 이 두 아이를 7주간 고문하고 성추행하고 결국 남자 아이를 죽였다(여자아이는 구조되었다). 판사는 그 범죄가 "인간의 이해의 한계를 넘었다"고 진술했다.[136]

참혹한 악의 두 번째 예는 인종학살에 관해 쓴 사만다 파워의 책 『지옥에서 나온 문제』(*A Problem from Hell*)에 묘사되어 있다. 파워는 1990년대 중반 보스니아 분쟁에서 일어난 이야기를 전해준다.

> [미국의 젊은 지성인 분석가는] 보도를 회의적으로 받아들이라고 배웠다. 보스니아에서 나온 이야기들은 확실히 믿을 수 없는 것으로 보였다. 한 케이블 방송이 아홉 살짜리 무슬림 여자 아이가 세르비아 [정교 그리스도인] 민병대원들에게 성폭행당하고 피로 가득 찬 수영장에 이틀간 버려져 그 아이의 부모가 울타리 뒤에서 지켜 보는 가운데 죽어가는 것을 묘사했다. 그는 그것을 믿지 않았다.…하지만 난민들은 계속 이야기했고, 사람들 귀에 들리게 했다. 별도의 증인들이 미국의 조사관들에게 독립적으로 그것을 확인했을 때 무슬림 여자 아이에 관한 똑같은 보도가 그의 데스크를 두 번째 거쳐 갔다.[137]

두 번째 이야기는 두 범주를 연결하는 가교다. 그것은 한 어린아이와 그 아이의 부모에게 행해진, 말할 수 없이 잔혹한 행위에 대한 기록일 뿐만 아니라 **정책에 의해 주도된 행위**이기도 하다. 보스니아 분쟁 때 세르비아인들의 행위는 라틴 아메리카 군사 정권의 행위, 쿠르드족에 대한 사담 후세인의 안팔 작전 기간 중 취해진 행위, 르완다의 인종학살 행위, 콩

---

136 *New York Times*, National Briefing: Associated Press, November 4, 2008.
137 Samantha Power, *"A Problem from Hell": America in the Age of Genocide* (New York: Basic Books, 2002), 265(『미국과 대량 학살의 시대』, 에코리브르 역간).

고에서 저질러진 고의적인 윤간 정책, 그리고 수 없이 많은 다른 예들과 마찬가지로 **사전에 계획된, 구체적인 탄압이나 말살 프로그램의 도구들**이었다. 끔찍한 악에 대한 두 번째 예는 개인의 정신병적인 범죄성에서 나온 것이 아니라 정부의 의도적인 전략이나 집단적 계획에서 나온 것이기 때문에 첫 번째 예보다 훨씬 더 위협적이다.[138]

두 종류의 악이 있는 것과 마찬가지로, 이해할 수 없는 두 종류의 **행악자들**이 있다. 첫째는 연쇄 살인범 H. H. 하웰과 같은 정신병자다. 하웰의 경력은 베스트셀러 소설 『하얀 도시의 악마』(*The Devil in the White City*)에 서술되어 있다. 그런 사람은 인간의 모조품에 불과한 것으로 보인다.[139] 우리가 이런 사람들로부터 거리를 두기는 비교적 쉽다. 우리는 그런 사람을 "악의 화신", 악을 행하는 악한 사람으로 본다. 두 번째 유형인, 악에 연루된 "착한" 사람은 상상하기가 훨씬 더 어렵다. 특정한 상황하에서는 우리 모두가 그런 행위를 할 수 있기 때문에, 집단의 잔학 행위를 이해하기는 좀 더 어렵다.

뉘른베르크 재판의 수석 통역관이었던 리하르트 W. 조넨펠트가 여든세 살 때 인터뷰에 응했다. 그는 나치 고위층에 대해 여전히 생생하게

---

138 21세기의 첫 10년에 다르푸르에서 계획적으로 잔자위드 민병대에 의한 강간을 사용한 것은 정부의 전략에 의한 행동의 사례다. 미국 남부 지역의 KKK의 공포의 지배는 집단 계획의 사례다.

139 탁월한 정신과 의사인 Otto Kernberg는 행동은 괴물 같지만 미치지는 않은 사람들—특히 히틀러와 스탈린—의 사례 같은 극단적인 인격 장애를 "악성 자아도취"라고 불렀다. 그런 사람들은 자기 주변에 있는 사람들을 유혹하고 조작하는 데 능하지만, 다른 사람의 고통을 전혀 느낄 수 없다. 그들의 인격에서는 타인에 대해서는 전혀 공감이 없고, 자신에 대해서는 무한한 당당함, 확신 그리고 무엇보다 자기가 무엇을 해야 할지 안다는 자신감을 갖고 있다. Kernberg는 사담 후세인을 연구하지 않았다. 하지만 정신 질환 연구자들인 Jerrold M. Post(조지 워싱턴 대학교)와 Amatzia Baram(이스라엘 하이파 대학교)은 그것은 후세인에게도 적용된다고 결론짓는다(Erica Goode, "Stalin to Saddam: So Much for the Madman Theory," *New York Times*, May 4, 2003).

기억했다. 그는 나치의 인격이 끔찍하게도 정상이었다고 기억했다. "그들은 의심할 여지 없이 세상의 가장 흉악한 범죄자들이었습니다. 하지만 그들의 손은 깨끗했고, 그들의 표정은 정상이었으며, 그들은 여러분이 거리에서 만나는 평범한 사람이었을 수 있습니다. 여러분은 '도대체 어떤 사람이 이런 일을 저지를 수 있을까? 어떻게 히틀러 같은 사람을 섬길 수 있을까?'라고 생각할 것입니다. 그런데 그것은 아주 간단합니다. 줏대 없는 사람, 아첨꾼은 그럴 수 있습니다. 지위나 일자리나 돈이나 명예를 위해 그런 일을 하는 사람 말입니다.…사람들은 **힘과 악은 동일한 노선을 간다**는 것을 알아야 합니다."[140] 우리는 그런 상황에서라면 우리 자신의 영혼이 위험에 빠질 수 있다는 것을 알지 않는가?

하지만 이 중에 아무것도 우리가 이런 경향이 어디서 왔는지 이해하는 데 도움이 되지 않는다. 론 로젠바움은 『히틀러 설명하기』(*Explaining Hitler*)에서 히틀러가 미친 사람이 아니었다면 그가 어떻게 인종 학살자가 될 수 있었을지에 관한 모순되는 이론들을 검토한다. 결국 로젠바움은 "설명은 아무리 번지르르하더라도 이해할 수 없는 참상, 참상의 설명 불가능성에 직면하지 않도록 막아주는 방패"라고 쓴다.[141] 그의 결론은 옳다. **어떤 설명도 없다.**

---

140 Peter Applebome, "Veteran of the Nuremberg Trials Can't Forget Dialogue with Infamy," *New York Times*, March 14, 2007, 강조는 덧붙인 것임.

141 Ron Rosenbaum, "Explaining Hitler," *New Yorker*, May 1, 1995. John Gross는 Rosenbaum의 책 *Explaining Hitler: The Search for the Origins of His Evil* (New York: Macmillan, 1998)을 평하면서 이 점을 강조한다. "악은 **신학적으로** 격론을 불러일으키는 개념이다.…히틀러를 설명하려고 할 때, 우리는 조만간 설명할 수 없는 영역으로 들어간다"(*New York Review of Books*, December 17, 1998, 강조는 덧붙인 것임).

11. "설명에 대한 분노"

"내가 주께 부르짖으나 주께서 대답하지 아니하시나이다"(욥 30:20).

지옥 강하 모티프를 다루고 있는 이 장의 서두에서 우리는 네 가지 목표를 밝혔다. 첫 번째 목표는 "선한" 사람들의 삶에서조차 존재하는 철저한 악과 그 힘을 직시하는 것이었다. 두 번째 목표는 세상에 횡행하는 악의 존재 및 힘과 부당한 고난에 관해 하나님께 어떤 대답을 요구하는 것이었다. 시편 저자가 종종 그랬고, 이반 카라마조프가 그랬으며, 욥이 원형적인 예로 그랬듯이 말이다.

"누구든지 나의 변명을 들어다오!
나의 서명이 여기 있으니 전능자가 내게 대답하시기를 바라노라!"(욥 31:35)

욥기의 가장 훌륭한 신학적 해석자들은 한결같이 이것이 신정론이 아니라는 데 의견의 일치를 보인다. 실제로 욥기는 위대한 반(反)신정론이다. 죄에 대한 심판과 의로움에 대한 보상과 관련된 질문은 무시되었다. 하나님의 **존재** 문제는 나오지 않는다. 구약성경 전체에서 그러하듯이 하나님은 단지 상정될 뿐이다. 실제로 하나님이 주인공이다. 욥기에는 하나님이 존재하지 않음을 증명하기 위한 "악으로부터의 논증"이 전혀 등장하지 않는다.[142] 이반 카라마조프의 매우 강력한 사례에서 우리가 주목할 점은 이반이 욥과 마찬가지로 하나님의 존재에 의문을 제기하지 않는다는 것

---

142 앞에서 살펴보았듯이, 하나님이 존재하지 않는다는 "악으로부터의 논증"은 18세기의 데이비드 흄 및 20세기의 J. L. Mackie와 관련이 있다.

이다. 도스토옙스키의 도전은 하나님이 창조한 세계가 **도덕적인 근거에서 참을 수 없다**는 것이다.[143] 이것이 바로 이반이 하나님을 비난하는 내용이며, 이것이 유일하게 참으로 중요한 내용이다. 악의 존재가 하나님의 비존재를 입증한다고 말하는 것은 논리적이지 않다. 사실 이런 시도들은 비록 최고의 기독교 사상가들에 의해 오랫동안 제기되었지만, 궁극적으로는 불쾌한 짓이다. 그런 시도들은 우리에게 그와 같은 고난에 어떤 의미나 목적이 있다고 믿으라고 요구하기 때문이다. **끔찍한 악에는 어떤 설명도 있을 수 없다.**[144] 악의 존재에 대해 이해할 수 있는 설명을 제시하려는 노력은 지적으로 적절하지 않을 뿐만 아니라 도덕적으로 불쾌하다.[145]

우리가 지금까지 묘사해오고 있는 악에 직면하여 격분하는 것 말고 어떤 종류의 "설명"이 가능하겠는가? 그리고 만일 하나님이 자신의 웅대한 계획의 일부로 그런 일들을 허용한다면 우리가 하나님을 어떻게 괴물 이외의 다른 어떤 것이라고 말할 수 있겠는가? 우리는 고문 받으면서 하

---

143 이 비난의 배후에 있는 사고가 C. S. Lewis의 『페렐란드라』(*Perelandra*)에 그대로 복제되었다. 옥스퍼드 대학교의 교수인 랜섬은 과학자 웨스턴(이 이야기에 등장하는 마귀 같은 인물)이 순전히 가학증으로 말미암아 자기 손톱으로 개구리들의 배를 가르고는 그것들이 서서히 죽게 내버려 두었다는 것을 발견하자, 악이 "그에게 수치를 안겨준, 참을 수 없는 역겨움"이라는 것을 알게 된다. 그는 "그 순간에 이 일이 일어나려면 차라리 전체 우주가 결코 존재하지 않았더라면 더 나았을 것이라고 생각했다"(109).

144 Adams는 "나는 우리가 발견할 수 있는 [하나님이 악을 허용하는] 어떤 이유라도 부분적일 뿐이라는 안셀무스의 견해에 동의한다"고 쓴다(Adams, *Horrendous Evils*, 54).

145 "설명에 대한 분노"와 관련한 놀라운 예가 Lea Evans Ash의 특집 기사에 실렸다. 그녀는 1973년 뉴욕시 지하철 승강장에서 그녀의 아기의 유모차를 내려다 보다가 세 명의 십대 아이들에게 척추를 걷어 차였다. 그녀는 극심한 신경 손상과 외상성 관절염에 걸렸고 회복될 것으로 기대할 수 없었다. 그녀는 "나의 남편이 다니는 첼시 신학교의 사제"에게 갔다. 그분은 "내게 '이런 일이 발생한 이유가 무엇인지' 말할 도덕적 권리를 주장하는 것 같았다." 그는 그 십대 아이들(그들이 누군지는 밝혀지지 않았다)의 경제적 빈곤, 사회적 고립, 흑인의 분노 등을 거론했다. 12년 후에도 Ash 여사는 "합리적인" 설명을 하려는 이 시도에 여전히 화가 나 있었다. 그녀는 이 외에도 그 공격을 목격한 사람들과 그녀가 힘겹게 집에 가는 것을 보고도 아무런 도움을 주지 않은 사람들의 얼굴에서 보았던 "위협적인 악"에 관해 글을 썼다. Lea Evans Ash, *New York Times*, December 14, 1985.

나님께 부르짖는 아이의 사례에서 지지할 수 있는 어떤 "대답"도 없다고 결론짓는다.[146]

그러므로 우리가 추구하는 것은 바로 욥이 추구했던 것이다. "전능자가 내게 대답하시기를 바라노라!" 우리는 이생에서 어떠한 대답도 얻을 수 없기 때문에 "대답"을 찾지 않는다.[147] 도덕 질서가 철저하게 위협을 받는 세상에서 믿음으로 살 수 있도록 우리는 욥처럼 고통에 대한 어떤 **반응**을 요구한다. 우리는 이제 이 장의 두 번째 목적인 반응의 문제를 다루려고 한다.

폭풍우 가운데서

하나님은 폭풍우 가운데서 등장해서 욥에게 세계를 바라보라고 강하게 요구함으로써 욥에게 응답한다.[148] 욥의 고난에 관해서는 아무것도 말해지지 않는다. 조시마 신부도 마찬가지로 이반 카라마조프에게 연설로 반

---

146 나는 우리가 여기서 개괄한, 악에 대한 기독교적 관점에 대한 훌륭한 대안이 오직 하나라고 생각한다. 그것은 스토아 철학의 지적으로 엄격한 무신론적 입장인데, 이 입장을 취하려는 사람은 많지 않다. 스토아 철학은 세상이 본질적으로 무작위적이며 의미 없다고 생각하는데, 여기서는 어떤 악도 적절하게 교정되지 않는다. 나는 이 사상이 이 땅을 심판할 하나님을 믿는 믿음에 대한 오직 하나의 훌륭한 대안이라고 생각한다. 경건하고, 차별이 없고 일반적으로 종교적인 사후의 더 좋은 삶에 대한 소망들은 우리가 이 장에서 환기하려고 하는 고난을 보상하기에 충분치 않다.

147 Dorothy Day는 끔찍한 통증을 겪고 있는 환자를 방문한 경험에 관해 썼다. "거기에는 아무것도 하지 않고 그곳에 있는 것 외에는 할 수 있는 일이 거의 없었다.…나는 그녀에게… 우리는 고난에 직면하여 침묵하는 것 외에는 할 수 있는 일이 없다고 말했다"(Dorothy Day, *The Duty of Delight: The Diaries of Dorothy Day*, ed. Robert Ellsberg [Milwaukee: Marquette University Press, 2008], 279).

148 구약성경과 신약성경에서 "보라"(behold)라고 번역된 단어가 등장할 경우, 그 단어는 최근의 여러 번역본과는 달리 단지 물리적으로 "보아라!"(see 또는 look)를 의미하지 않는다. 이 단어는 이해, 통찰, 믿음으로 이어지는 강력한 계시를 의미한다.

응한다. 도스토옙스키의 소설에 주인공이 있다면, 그 "주인공"인 알료샤 역시 그의 형의 항의에 대한 "대답"으로 열정적인 연설을 제공한다. 알료샤의 반응이나 욥기의 반응이 만족스럽지 않다고 생각하는 사람이 많다. 사실 두 반응 모두 부적절하고 적실성이 없다는 불평이 많이 제기되어 왔는데, 우리가 앞서 침묵의 중요성에 관해서 언급한 점에 비추어 이러한 이의에 뭔가가 말해져야 한다.[149] 그렇다면 하나님이 욥에게 해준 "반응"(그것을 이렇게 부를 수 있다면)에 대해 우리는 무슨 말을 할 것인가?

욥기 25:6("구더기 같은 사람/벌레 같은 인생)과 38:1-3("그때에 여호와께서 폭풍우 가운데서 욥에게 말씀하여 이르시되/… '너는 **사람[대장부]처럼** 허리를 묶고, /내가 네게 묻는 것을 대답할지니라'") 사이에 중요한 연결이 있다. 욥에 대한 하나님의 놀라운 말은 지극히 적실성이 없어 보이지만 욥에게 커다란 자존감을 준다. 욥은 구더기도 아니고 벌레도 아니며, 하나님이 온 몸이 부스럼으로 덮힌 그를 불러 그의 발로 일어서게 한다. 그는 하나님께 대답하기 위해 "선언하라"는 명령을 받기도 한다. 확실히 이 명령은 괴롭히는 것으로 보이기 쉽다. 욥의 "선언"은 "내가 내 손을 내 입에 대나이다"와 "내가 녹아 없어지나이다. 내가 먼지와 재 가운데서 회개하나이다"에 지나지 않기 때문이다. 하지만 구약성경의 개념적 세계에서 그런 결론을 내리는 것은 잘못이다. 거기서 경이는 욥이 하나님으로부터, 말하자면 인간 대 인간으로 대우를 받는다는 것이다. 욥은 가련한 희생자가 아니라 하나님의 형상으로 지음을 받은 존재이며 실제로 하나님과 소통하고 하나님의 계시를 받는다. 이는 우리가 인식해야 할 놀라운 영예다. 우리는 이것이 참으로 **하나님 자신**을 보여주는 신현이라고 말할 수 있다. 욥

---

149 내게는 알료샤 카라마조프가 그의 형 이반에게 한 대답이 결코 만족스러운 것으로 보이지 않았다. 이반의 항변은 무엇이 기억에 남는가다. 하지만 하나님이 욥에게 한 응답은 무시될 수 없다.

은 이것을 깨달은 것으로 보인다. 그리고 이 사건은 그를 만족시켰을 뿐만 아니라 그의 방향을 완전히 재설정한 것으로 보인다. 하나님의 계시된 의에 비추어 욥이 자신을 정당화하기로 한 결정(욥이 "나는 결코 너희를 옳다 하지 아니하겠고 내가 죽기 전에는 나의 온전함을 버리지 아니할 것이라"고 말한 27:5에 명확하게 나타나 있다)은 무너져 버린다.

욥기는 항상 논란이 될 것이다. 우리는 폭풍우 가운데서 나온 말이 얼마나 "대답"이나 "설명"과 **거리가 먼**지를 보여주기 위해 욥기를 이 논의에 끌어들였다. 대신에 욥기는 우리를 하나님의 임재 안으로 데려간다. 욥의 최후의 진술이 이 점을 확인한다.

> "주께서는 못 하실 일이 없사오며,
>
> 무슨 계획이든지 못 이루실 것이 없는 줄 아오니…
>
> 나는 깨닫지도 못한 일을 말하였고,
>
> 스스로 알 수도 없고 헤아리기도 어려운 일을 말하였나이다.…
>
> 내가 주께 대하여 귀로 듣기만 하였사오나
>
> 이제는 눈으로 주를 뵈옵나이다.[150]
>
> 그러므로 내가 자신을 경멸하고(개역개정은 '스스로 거두어들이고'로 번역했음),[151]
>
> 티끌과 재 가운데서 회개하나이다"(욥 42:1-6).

---

150 여기서 "눈"은 실제로는 귀라는 데 주의해야 한다. 욥은 일반적인 의미로 하나님을 "본" 것이 아니다. 욥은 하나님의 말을 듣고 믿는데, 이것이 본다는 의미다(요 9:35-41). 이는 하나님의 말씀에 관한 성경적 교리와 전적으로 일치한다. 성경에 나타난 하나님의 자기 계시는 시각적인 것이 아니라 청각적인 것이다. 하나님은 말씀을 통해 자신을 알린다(요 1:1-18).

151 많은 영어 번역본에서 "경멸하다"로 번역된 단어는 실제로는 "녹아 없어졌다"와 비슷한 뜻이었을 수도 있다(Samuel Terrien, *Job*, The Interpreter's Bible, vol. 3 [New York and Nashville: Abingdon, 1957], 1193).

그것은 새로운 인식론이고 새로운 앎의 방식이다. 하나님이 자신을 계시할 때 옛 방식은 구식이 된다. 결국 욥의 뚜렷한 특징은 그가 하나님으로부터 반응을 듣기를 열망했다는 것이다. 그는 반응을 얻었다. 그것은 그가 예상할 수 있었던 반응이 아니었지만 하나님은 이상한 방식으로 욥에게 은혜로웠다. 우리에게 필요한 단서는 고난에 관한 질문을 하나님의 자기계시로부터 떼어내는 것이다. "왜?"라는 질문은 올바른 질문이 아니며, 결코 올바른 "설명"을 내놓지 못할 것이다.[152]

데이비드 하트는 『카라마조프가의 형제들』에 관해 쓰면서 이반의 자세를 "설명에 대한 분노"로 서술한다.[153] 하트는 우리가 발생하는 모든 것이 이해되어야 한다는 입장을 지니지 않아야 한다고 주장한다. 고통받는 사람에게 "이 일에는 분명히 뭔가 이유가 있을 겁니다"라고 말하는 것은 시기상조다. 고통 받는 사람은 **고통 중에 그리고 그 고통을 통해** 결국 스스로 이 믿음에 이르게 될 수도 있고 그렇게 되지 않을 수도 있을 것이다. 하지만 위로하려는 사람이 고통 받는 사람에게 억지로 그 말을 하게 해서는 안 된다는 것이 목회 사역의 첫 번째 규칙이다. 여러 상황에서 "위로자"의 최상의 규칙은 침묵하는 것이다. 안타깝게도 대체로 제공

---

152 1994년 3월 27일 종려 주일에 토네이도가 앨라배마주 피드몬트에 있는 고센 연합감리교회를 강타했다. 그 교회 목사의 어린 딸을 포함하여 스무 명이 목숨을 잃었다. 그날 아침 예배에 참석한 사람 중에 토네이도 긴급 경보를 들은 사람은 아무도 없었다. 한 기자에게서 질문을 받고 Kelly Clem 목사는 이렇게 말했다. "우리는 그 일이 '왜' 일어났는지 모릅니다. 저는 '왜'가 지금 우리가 해야 할 질문이라고 생각하지 않습니다. 우리는 그저 이 어려움을 헤쳐 나가도록 서로 도와야 할 뿐입니다"(*Atlanta Constitution*, March 29, 1994). Rick Bragg가 그 아이의 장례에 관해서 쓴 기사에 그 장례 예배에서 설교자가 전한 설교 내용이 인용되었다. "사람들은 왜 이 일이 교회에 닥쳤는지 물었습니다. 이유는 없습니다…우리의 신앙은 이유가 없을 때 믿음에 의해 뒷받침됩니다"(*New York Times*, April 3, 1994). Marilyn McCord Adams는 Peter Steinfels와 행한 인터뷰에서 이런 아이디어를 지지했다("신앙" 칼럼, *New York Times*, October 13, 2001). 20년 후 감동적인 모임에 관한 기사를 www.al.com/living/index.ssf/2014/03/goshen_tornado_memorial.html에서 찾을 수 있다.

153 Hart, *Doors of the Sea*, 44.

된 "설명"은 "위로자"에게만 위안이 되고 고통 받는 사람에게는 그렇지 못하다. 참상에는 두 가지 반응만이 가능하다. 첫 번째는 고통 받는 사람의 아픔을 침묵하는 가운데 오랫동안 함께 나누는 것이다.[154] 두 번째는 하트가 결론을 내리는 것처럼 "이런 일을 심히 미워하는 것"이다.[155]

12. 신약성경의 우주론과 범법자들의 지옥

"폭력에 대한 하나님의 독점"[156]

이제 우리는 이 장 처음에 제시된 우리의 네 가지 목표 중 세 번째인 그리스도의 지옥 강하 고백이 우주론을 암시한다는 주장을 살필 것이다. 우리 시대에 미로슬라브 볼프보다 이것이 의미하는 바를 더 잘 이해한 해석자는 없다. 세 개의 공관복음서 모두의 핵심적 선언인 하나님 나라가 예수의 인격 안에 성육신했다는 선언은—그것이 아무리 획기적일지라도—메시아적인 인물이 중립적인 영토에 들어왔다는 소식만은 아니다. 오히려 그것은 다른 존재가 점령하고 있는 나라에 주님이 침입한 것이다. **"사탄의 나라에 대한 적극적인 반대**는…그러므로 하나님 나라 선포와 분리될 수 없다. 바로 이 반대가 예수 그리스도를 십자가로 데려갔

---

154 욥기에서 욥의 친구들이 처음에 그를 찾아 왔을 때, 그들의 행위는 본보기가 될 만했다. 그들은 7일 동안 아무 말도 하지 않고 욥과 함께 바닥에 앉아 있었다. 이것이 유대인의 "7일간 앉아 있기"(*sitting shiva*) 풍습의 기원이다. 그 친구들이 침묵을 깨고 말하기 시작했을 때 욥의 고통은 가중되었다. 그래서 "욥의 위로자들"이라는 역설적인 어구는, 의도는 좋지만, 실제로는 고통받는 사람이 고통을 더 심하게 느끼게 만드는 사람을 의미한다.

155 Hart, *Doors of the Sea*, 101("심히 미워하다"라는 어구는 시 139:22에서 발견된다).

156 Miroslav Volf, *Exclusion and Embrace: A Theological Exploration of Identity, Otherness, and Reconciliation* (Nashville: Abingdon, 1996), 302.

다.…그러므로 구속은 순전히 사실로 가정하기만 하는 행위일 수가 없고 그것은 부정과 갈등, 심지어 폭력을 수반한다."[157]

독자는 여기서 극단적인 결론으로 도약해서는 안 된다. 그 언어는 은유적이기 때문이다. 요점은 바울이 "설득하는" 하나님이 아니라 **파괴적인** 하나님을 선포한다는 것이다. 이것이 "우리의 옛 자아가 예수와 함께 십자가에 못 박힌 것은 죄의 몸이 죽기 위함이다"(롬 6:6)라는 절이 전하려는 의도다. 그 사도의 언어는 설득의 언어가 아니다. 갈라디아서 6:14에서 그는 "내게는 우리 주 예수 그리스도의 십자가 외에 결코 자랑할 것이 없으니 그리스도로 말미암아 세상이 나를 대하여 십자가에 못 박히고 내가 또한 세상을 대하여 그러하니라"라고 말한다. 그리스도의 십자가 처형의 실행이 "폭력적"인 한, 그것은 **죄와 사망**이 그들의 주권을 지키기로 작정한 세상(*kosmos*)을 타도하기 위한 필수적인 폭력이다.[158]

제기할 두 번째 질문은 폭력과 설득 간의 대조와 관련이 있다. 이에 대한 우리의 반응은 우리가 폭력이라는 말로 의미하는 바가 무엇인지에 의존할 것이다. 우리는 밤에 공격을 받아 평생 다리를 절게 된 야곱 이야

---

157 Volf, *Exclusion and Embrace*, 293, 강조는 덧붙인 것임.
158 우리는 2세기의 위대한 신학자인 이레나이우스가 재연(recapitulation)에 대해 설명한 장에서 배움을 얻을 수 있다. 하지만 그가 모든 것을 올바로 제시한 것은 아니다. 그는 "온화한 설득"이라는 주제에서 그리스도가 "포로로 붙잡힌 사람들을 위한 대속물로 자신을 내어주었다"고 쓴다. 그는 계속해서 이렇게 말한다. "배교가 불의하게 우리를 압제했기 때문에…모든 일에 능력이 있고 자신의 정의와 관련해서 흠이 없는 하나님의 말씀이 의롭게 그 배교에 등을 돌렸으며, 그것으로부터 자신의 소유물을 구속했다. 그는 [배교가] 처음에 자신의 소유가 아닌 것을 탐욕적으로 빼앗아가서 우리 위에 군림했을 때 사용했던 **폭력적인** 수단을 통해서가 아니라, 자신이 원하는 것을 폭력적인 수단을 통해 얻지 않는 상담의 하나님이 되어서 **설득**을 통해 그렇게 했다. 그분은 자신이 바라는 것을 얻기 위해 폭력적 수단을 사용하지 않는다. 그래서 정의도 침범당하지 않았고, 하나님이 옛적에 손으로 만든 것들이 파괴되지도 않았다(Irenaeus, *Adversus haereses* 5.1.1, 강조는 덧붙인 것임). 바울, 마르틴 루터, Miroslav Volf 그리고 Flannery O'Conner의 관점에서, 우리는 설득이 원수의 "포로로 붙잡음"과 "압제"에 맞서 싸우기에는 너무 빈약한 무기라고 말할 것이다.

기를 떠올릴 수 있을 것이다(창 32:22-32). 이것은 그 순간까지 그의 아버지와 조부의 하나님에 대체로 무관심해 왔던 사람의 삶의 경로를 바로잡기 위한 "설득적인" 방법은 아니다. 하지만 가장 분명한 예는 바울 자신이다. 다메섹 도상에서 일어난 그의 회심은 어떤 의미에서도 설득의 사건이 아니었다. 그는 자신의 회심을 뭔가 자연스럽지 않은 일—"만삭되지 못하여 태어난 것"(고전 15:8)—로 묘사한다. 바울의 빈번한 군사적 비유 사용은 성경의 하나님의 침입하는 힘이라는 주제를 강조한다.

복음 이야기에서 나타난 폭력이라는 주제는 토마스 아퀴나스에 관한 부분에서 소개되었다. 여기서 폭력 주제는 **하나님**이 폭력에 대한 독점권을 가진다는 볼프의 통찰을 통해 확장된다. 살아 계신 하나님의 분노가 우리 자신을 향하지 않고 우리의 대적을 향하지도 않으며, 악한 자의 영역을 겨냥하기 때문에 그리스도인들은 **비폭력적인** 저항을 할 수 있다. 만일 우리가 보는 불의로 말미암아 분노한다면, 그것은 하나님의 의로운 진노의 표시가 아닌가? 하지만 우리는 어둠의 **권세들**을 정복할 수 없다. 궁극적으로 우리 편인 하나님의 진노가 없다면 우리는 승리할 수 없다.

볼프는 하나님에 의한 폭력적 침입 개념이 "많은 그리스도인에게 인기가 없다"는 점을 인정한다. 하나님의 폭력적 자비 없이 구속이 성취될 수 있다는 아이디어를 그는 장난스럽게 "자유로운 마음의 유쾌한 속박" 중 하나로 부른다.[159] 스탠리 하우어워스도 같은 점을 지적한다. 하우어워스는 전형적인 건조한 문체로 자유주의적인 기독교가 교회로 하여금 원수를 두어서는 안 된다고 믿게 만들었다고 쓴다. "원수가 없는 기독교는 이해할 수 없다.…그리스도인이 된다는 것은 군대들을 대적하는 군대

---

159 Volf, *Exclusion and Embrace*, 304.

의 일원이 되는 것이다." 그리스도인들은 "교전 중"이며 "어느 정도 사상자를 낼 각오를 하는 한편 맹렬히 반격할 준비를 갖추는 것이 낫다."[160]

볼프와 하우어워스가 그들의 책에서 환기시켜주듯이 본서의 곳곳에 인용된 많은 신약학자와 성경신학자의 저서의 근저에는 신약성경의 우주론이 놓여 있다. 신약성경의 우주론이 교회의 신도석에 앉아 있는 교인들에게 깊은 인상을 주기 시작하면 교회는 우리 시대의 갈등과 도전에 직면해 있는 자신의 역할을 더 잘 알아차리게 될 것이다. 그럴 경우, 악에 대한 저항의 언어가 희생당해온 모든 사람들에게**만이 아니라** 다른 사람들을 희생시킨 사람들**에게도** 좋은 소식으로서 적절한 모습을 취할 것이다. 하나님의 의(*dikaiosyne*)는 우리 각 사람과 우리 모두를 교정할 수 있다.

누가 어떤 대우를 받을 만한가?

사도신경의 그리스도의 지옥 강하 긍정에 관한 네 번째이자 마지막 요점은 그것이 승리자 그리스도 모티프**뿐만 아니라**, 우리가 다음 장에서 검토할 대속 주제를 비롯한 다른 여러 주제들 **역시** 강력하게 밝혀준다는 것이다. 어떻게 그런가?

우리는 한편으로 쓰나미나 암과 같은 **비인격적** 또는 **무작위적**인 악과 다른 한편으로는 **도덕적**인 악을 구별할 수 있다. 본질적인 차이는 도덕적인 악에는 희생자와 가해자가 모두 관련되는 반면에 홍수나 지진,

---

160 Stanley Hauerwas, "No Enemy, No Christianity: Theology and Preaching between 'Worlds,'" in *The Future of Theology: Essays in Honor of Jürgen Moltmann*, ed. Miroslav Volf, Carmen Krieg, and Thomas Kucharz (Grand Rapids: Eerdmans, 1996), 26-34. Volf는 지지 않으려고 *The End of Memory: Remembering Rightly in a Violent World* (Grand Rapids: Eerdmans, 2006)(『기억의 종말』, IVP 역간)에서 이 주제들을 계속 설명했다.

전염병 같은 재앙들은 희생자만을 낳고 가해자[범법자]가 없다는 점이다.[161] 지옥에 관한 우리의 생각에 가장 큰 도전을 제공하는 것은 **범법자 문제**다. 우리의 신약성경 모티프의 대다수는 우리로 하여금 범법자에 관해 생각하도록 요구하지 않는 것으로 보인다. 예컨대 대속 이미지와 희생 이미지를 생각해보라. 우리는 그럴 가치가 있는 누군가를 위해 대속하거나 희생을 치르는 것을 승인하는 데 별로 어려움을 느끼지 못한다. 만일 우리가 최후의 심판을 상상한다면, 우리는 흉악범들에게 하나님의 심판이 내리는 것을 아무 문제 없이 기뻐할 수 있다. 유월절/출애굽과 승리자 그리스도 주제들을 압제 받는 자, 갇힌 자, 노예가 된 자들을 구원하기 위한 원정으로 이해할 경우 우리는 이 주제들을 어렵지 않게 파악할 수 있다.

하지만 가해자 자신, 간수, 노예의 주인들에 대해서는 어떠한가?

2003년 미국의 이라크 침공 때 미국 정부는 해외 비밀 수용소 프로그램에 착수했는데, 오랜 시간이 지나서야 그곳에서 자행된 온갖 종류의 고문들이 완전히 드러났다.[162] 2001년 9월 11일의 테러 공격 후 백악관

---

161 확실히 많은 사람은 허리케인 카트리나가 뉴올리언스시를 소거한 데는 미국 육군 공병대가 제방을 적절하게 유지하지 못한 것이 큰 기여를 했다고 말할 것이다. 이와 비슷하게, 남캘리포니아의 협곡들에서 자연적으로 산불이 발생한다면, 우리는 애초에 그곳에 집을 짓지 말았어야 했다고 말할 수 있을 것이다. 몇몇 암들은 흡연에 의해 유발된다. 인간적인 요인이 언제나 비인격적인 요인으로부터 쉽게 분리되는 것은 아니다. 자연 세계의 무질서에 사탄의 손길이 빠져 있는 것도 아니다. 그렇지만 가해자에 관한 요점은 대체로 타당하다.

162 *New Yorker*("The Black Sites," August 13, 2007)에 실린 Jane Mayer의 폭로 기사를 보라. 조지 W. 부시 대통령은 2008년 말까지도 "미국은 고문하지 않는다"고 주장했다. 부시는 이것을 믿은 것으로 보인다. John Yoo에 의해 기록된 법정 보고서(소위 고문 메모)는 고문의 뜻을 재정의함으로써 CIA의 운영에서 사용된 "강화된 심문" 기법을 고문에 포함시키기 위해 기획되었다. 부시 대통령의 심복인 리처드 체니 부통령이 이것을 지지한 것으로 알려졌다. 체니 부통령과 럼스펠드 국방장관이 사용한 몇몇 언어가 계속 인용되었다. "본격적으로 싸우게 될 것이다"; "누군가의 손은 더럽혀지게 되어 있다"; 미국은 "어두운 쪽으로 건너가야" 했다. Mark Danner가 *New York Review of Books*(2013-2014)에 쓴 체니와 럼

을 위한 비밀 계획이 작성되었고 미국 국무부에는 비밀에 부쳐졌다는 것이 알려졌다. 딕 체니는 이 계획에 대해 "우리는 이 계획이 그런 대우를 받아 마땅한 부류의 인간들에 대해 대처할 수단을 우리에게 갖춰주고 우리를 준비시켜준다고 생각합니다"고 말했다.[163] 이는 범법자 이슈와 **그럴 만함**이라는 문제를 예리하게 제기한다.

인간의 일부는 정당화될 자격이 있고 다른 일부는 그럴 자격이 없는 것으로 나누는 보편적인 경향이 인간성의 가장 큰 특징이다. 그러나 우리가 이런 식으로는 결코 정당화될 수 없음을 인식하는 것이 바로 기독교 신앙의 가장 중요한 기초다. "그럴 자격이 있다"라고 말하는 것은 복음과는 완전히 동떨어진 방식으로 세상을 나누는 것이다. 그리스도는 명백히 죄인, 자격이 **없는** 사람, 경건하지 **않는** 사람을 위해 죽으러 왔다(롬 5:6). 칼뱅은 그에게 특징적인 목회적 위로에 대한 관심에서 이렇게 쓴다. "주님은 **우리의 자격이 아니라 우리의 비참함을 고려하셔서** 우리에게 기꺼이 그리고 거저 구원의 약속을 주셨다."[164] 위대한 고난주간 찬송인 "아, 거룩하신 예수님"은 십자가에 처형된 주님께 드리는 기도로 마무리된다. "우리의 **자격 있음**이 아니라, 주님의 불쌍히 여기심과 주님의 사랑을 생각하소서."

필립 G. 짐바르도는 유명한 스탠퍼드 감옥 실험의 설계자였다.[165] 그

스펠드에 관한 5부로 된 기사도 보라.

163 "After Terror, a Secret Rewriting of Military Law," *New York Times*, October 24, 2004.

164 Calvin, *Institutes* 3.2.29.

165 Stanley Milgram과 Philip G. Zimbardo가 1960년대와 1970년대에 실행한 유명한 실험들은 오늘날까지도 계속 인용된다. Zimbardo의 실험은 하도 잘 알려져서 사회학자들은 그것을 단순히 SPE(스탠퍼드 감옥 실험)로 지칭한다. 이 두 실험 모두 동료 집단에 의한 지독한 남용의 여러 사례에서 복종하거나 동조하기를 거절하는 개인이 거의 없다는 것을 보여주었다(2006년 코트 TV와 선댄스 채널에서 상영한 TV 다큐멘터리 "인간 행동 실험"). Alessandra Stanley, "The Darkest Behaviors, in the Name of Obedience," *New York Times*,

는 수십 년 뒤 『루시퍼 이펙트: 무엇이 선량한 사람을 악하게 만드는가』
(*The Lucifer Effect: Understanding How Good People Turn Evil*, 웅진지식하우스 역간)라
는 책을 펴냈다.[166] 그 책이 출판되었을 때 그가 인터뷰에서 밝힌 바와 같
이 그는 실험이 진행되어 갈 때 자신이 도덕적 관점을 상실한 데 대해 여
전히 매우 힘들어 했다. 그 실험에서 "교도관" 역을 맡은 사람들이 점점
더 잔인하고 비인간적인 행위에 빠져들수록 짐바르도와 그의 팀은 그들
의 연구에 몰두하여 그들 역시 자제력을 잃었다. 그의 여자 친구가 모의
"감옥"을 찾아와서 절교하겠다고 위협했을 때에야 비로소 짐바르도는
자기가 무슨 짓을 하고 있는지를 완전히 인식했다.[167] 그가 내린 결론은
우리 중 "최고"인 사람의 정신이 번쩍 들게 한다.[168]

　매릴린 매코드 애덤스는 매우 악한 행동들을 언급할 때 "참상 **참여**

June 1, 2006의 리뷰도 보라. 스탠퍼드 행동과학 고등 연구센터의 동료인 Steven Marcus는
Milgram의 발견 사항에 대한 리뷰에서 그 실험의 방법론에 대해서는 비판했지만 그 실험
의 중요성은 인정했다. "우리가 우리 자신에 관해 이런 것들을 아는 것, 또는 잊지 않는 것
이 여전히 중요하기" 때문이다(review of *Obedience to Authority*, by Stanley Milgram, *New
York Times Book Review*, January 13, 1974).

166 New York: Random House, 2007. 독자는 제목에서 타락한 천사의 상징이 사용된 것을 알
아차릴 것이다.

167 Claudia Dreifus, "Finding Hope in Knowing the Universal Capacity for Evil," *New York
Times*, April 3, 2007. Zimbardo는 훗날 미국의 경비병들이 처벌 받지 않고 미친 듯이 날뛰
도록 허용된 이라크의 아부 그라이브 교도소의 상태가 용모 단정한 미국의 대다수 젊은이
도 그런 행위에 참여하도록 유혹 받을 지경이었다고 증언했다.

168 난징 대학살(난징의 강간)에 관한 영화 "난징! 난징!"(*City of Life and Death*)의 에세이 리
뷰에서 걸출한 작가이며 사회 참여 지식인인 Ian Buruma는 이렇게 말했다. 이 영화를 만
든 감독이 "평범한 젊은이들이 힘이 없는 사람들에게 힘을 행사할 때 이들이 얼마나 두
려운 존재가 될 수 있는지를 보여주었다.···그것은 마치 희생자들의 무력함이 더 큰 공격
성을 유발할 뿐인 것 같다." 십자가형은 죄의 권세 아래 있는 이 인간적 특성을 활용했
다. Buruma의 리뷰는 "From Tenderness to Savagery in Seconds," *New York Review of Books*,
October 13, 2011였다. (Ian Buruma는 그의 인간미 넘치는 작품으로 2012년 프린스턴 신
학교에서 아브라함 카이퍼상을 수상했다.)

자들"이라는 어구를 일관성 있게 사용한다.[169] 그녀가 "참여자들"이라는 단어를 선택한 것은 놀랄 만하다. 애덤스는 이 단어에 참상의 희생자뿐만 아니라 가해자, 협력자, 그리고 "죄 없는" 방관자도 포함시킨다. 우리는 여기서 참상에 참여하는 사람들과 그렇지 않은 사람들 사이를 구분하는 것이 모호한 일이라고 주장하고 있다. 우리는 모두 모종의 방식으로 참상의 가해자나 참여자, 또는 수동적인 조력자가 될 가능성이 있다.[170] W. H. 오든은 그의 시에 이 확신을 깊이 박아놓았다. "스탈린과 히틀러 이후, 우리는 다시는 자신을 신뢰하지 않을 것이다." 만일 이것이 사실이라면, 복음은 희생자들**에게만 아니라** 범법자들**에게도** 좋은 소식이어야 한다. 우리가 예수 그리스도가 지옥에 내려갔다고 말한다면, 우리가 말하려는 의미는 아마도 **범법자들의 지옥**일 것이다. 단순히 죽었기 때문에 스올에 있는 사람들, 정복자를 기다리면서 림보에 있는 사람들만이 아니라, 영원한 정죄 선고를 받고 게헨나에 있는 사람들의 지옥 말이다.

---

169 Adams, *Horrendous Evils*, 105 및 그 외 여러 곳.

170 나는 여기서 내 견해를 이해 받기를 원한다. "우리 모두 희생자입니다" 또는 이와 비슷한 말을 함으로써 희생자와 가해자를 하나로 합치는 것은 도덕적으로 비난 받을 일이다. Clive James는 Primo Levi에 대해 이렇게 썼다. "레비는…가해자들의 죄를 면해 달라는 요청을 받지 않는 한 그는 [그 가해자들을] 기꺼이 **이해**하려고 했다. 그의 인내는 자기들이 죄 없이 죽은 사람들의 기억을 짓밟고 있다는 사실을 인식하지 못한 채 자신의 동정심을 과시하는 사람들에게만 바닥이 난다." James는 Levi를 인용한다. "그는 살인자들을 그들의 희생자들과 혼동하는 것은 '도덕적인 질병이거나 심미적 허세이거나 공모의 불길한 징후'라고 말한다"(Clive James, "Last Will and Testament," *New Yorker*, May 23, 1988, 강조는 덧붙인 것임. 이 글은 레비가 죽은 직후에 쓰였다). 본서의 3장에서 주장했듯이, 이러한 혼동은 "분노는 어디에 있는가?"라는 질문을 마주해야 한다.

범법자들의 지옥

많은 사람이 어떤 유형의 행악자들에 대한 구속의 가능성을 상상하지만 모든 사람에 대해서 그렇게 상상하지는 않는다. 이것은 복잡한 문제다. 확실히 고문을 가하는 사람들의 얼굴에서 사탄의 얼굴을 보는 것은 잘못이 아니다.[171] 그렇다면 9.11 이후 "억류자들"에게 공격을 퍼부은 CIA 요원들의 경우 우리는 누구의 얼굴을 보는가?[172] 여기 그들 중 한 사람에 관한 증언이 있다. 전직 CIA 요원이었던 한 사람이 장기간의 심문 수행이 그의 동료 중 한 사람에게 끼친 영향을 이렇게 묘사했다. "[그는] 끔찍한 악몽을 꾸었다. 우리가 어둠의 선을 넘으면 돌아오기 어렵다. **우리는 영혼을 잃는다.** 우리는 그 일을 정당화하려고 최선을 다할 수 있지만 그것은 정상에서 벗어나는 일이다. 우리가 그 어두운 곳에 들어가면 반드시 변하게 된다. 그는 착한 사람이다. 그 기억이 그의 뇌리에서 떠나지 않는다. 우리는 누군가에게 참으로 악하고 끔찍한 짓을 가하고 있다."[173]

고문의 피해자들만 그들의 영혼을 잃지는 않는 것 같다. 이 "착한 사람"이 "범법자"인가? 특정한 상황에서는 평범한 사람도 "악하고 끔찍한" 짓을 저지르게 되어 있다. 대일 전승 기념 50주년에 제2차 세계대전 기간 중 태평양에서 복무한 「워싱턴 포스트」의 은퇴 기자인 리처드 J.

---

171 Dietrich Bonhoeffer의 형제 Klaus는 나치에 의해 처형되기 며칠 전에 종이에 이렇게 썼다. "나는 교수형에 처해지는 것을 두려워하지 않는다.…나는 그들[그를 고문했던 사람들]의 얼굴을 다시 보기보다는 차라리 죽겠다. 나는 마귀를 보았고, 그것을 잊을 수 없다"(Eberhard Bethge, *Dietrich Bonhoeffer: Man of Vision, Man of Courage* [New York: Harper and Row, 1970], 803, 832).

172 9.11 이후 "수감자"보다 "억류자"라는 단어가 널리 사용된 것은 그 포로들이 합법적인 전쟁 포로로 간주되지 않았으며, 따라서 제네바 협약을 적용 받을 자격이 없었음을 암시한다.

173 Jane Mayer, "The Black Sites"에 인용됨, 강조는 덧붙인 것임. "누군가"는 9.11 테러의 기안자인 Khalid Sheik Mohammed였다.

하우드는 자기 동료들이 일본인들에 의해 끔찍하게 신체가 절단된 것을 본 목격담을 썼다. 훗날 이오지마에서 하우드와 그의 동료 해병대원들은 "화염 방사기에 의해 구워진" 한 일본 군인을 만났다. 그는 물을 원했다. 대신에 브루클린 출신의 한 소년에 의해 담배 한 대의 불이 붙여진 쪽이 그의 입에 물려졌다. 우리 부대가 가장 좋아한, 사이판에서 찍은 스냅 사진 중 하나는 열두어 명의 해병대원들이 대나무 장대에 일본인들의 머리를 높이 달아 놓고 환하게 미소를 짓고 있는 사진이었다."[174] 이처럼 잔인함은 잔인함을 낳고, 냉혈은 냉혈을 부른다. 그 당시에는 미국인 전체가 일본인들을 향해 적개심을 가졌다.[175]

정확히 누가 범법자인가? 『이웃들』(Neighbors)이나 『보통 사람들』(Ordinary Men) 같은 제목의 홀로코스트를 다룬 책들은 "평범한" 사람들의 전체 공동체가 어떻게 몇 주에서 몇 달 동안 살인적인 광란에 사로잡힐 수 있는지를 기록한다.[176] 그들이 범법자였는가? 수동적인 방관자, 심지어 행동을 취하지 않는 겁에 질린 방관자들이 어느 시점에 참여자나 조력자가 되는가? 잔학 행위의 여러 사례에서 방관자 명부는 우리 모두를 포함할 것이다. 누가 취약한지, 그리고 누가 처벌을 받지 않고 자유롭게

---

174 Richard L. Harwood, "Americans and Japanese Haunted by Horrors of the Pacific War," *Washington Post* Service, *International Herald Tribune*, August 1, 1995. Harwood 씨는 1943년부터 1946년까지 제5 해병대 상륙부대 소속으로 태평양에서 복무했으며 많은 전투를 치렀다.

175 제2차 세계대전 기간에 11만 명의 일본계 미국인들이 국가 안보를 위해 억류되었다. 이는 일본인들("Japs")을 죽음보다 더 비참한 운명을 받아 마땅한, 인간 이하의 사람으로 묘사하는 치명적인 선전 같은 정책과 궤를 같이했다. 따라서 심사위원단에 의해 20세기 저널리즘 중 가장 중요한 저서로 선정된 John Hersey의 『히로시마』(Hiroshima)라는 책이 출간되기 전에는 히로시마와 나가사키에 원자 폭탄을 투하한 데 대한 자성의 목소리가 별로 제기되지 않았다. 이 기념비적인 작품은 보이지 않고 알려지지 않았던, 1945년 8월 6일 원자 폭탄 폭발 희생자들에게 인간의 얼굴을 찾아주었다.

176 Jan T. Gross의 『이웃들』(Neighbors)과 Christopher R. Browning의 『보통 사람들』(Ordinary Men) 모두 이와 같은 극단적인 일화들을 이야기한다.

행동하는지에 따라 전선은 이동한다. 프리모 레비는 "모든 논리에도 불구하고 동정과 잔인성이 같은 사람 안에 그리고 같은 순간에 공존할 수 있다"고 썼다.[177]

불의한 자를 위한 의로운 자의 지옥 강하

우리가 앞에서 일부만 인용한 베드로전서 텍스트는 전체를 연구해야 한다. 그 텍스트는 다음과 같다.

> 그리스도께서도 단번에 죄를 위하여 죽으사 의인으로서 불의한 자를 대신하셨으니, 이는 우리를 하나님 앞으로 인도하려 하심이라. 육체로는 죽임을 당하시고 영으로는 살리심을 받으셨으니, 그가 또한 영으로 가서 옥에 있는 영들에게 선포하시니라. 그들은 **전에…복종하지 아니하던 자들**이라(벧전 3:18-20).

이 완전한 문장이 **범법자들이 지옥으로 내려가는 것**과 가까이 놓인다면, 이 문장은 심오한 함의를 갖는다. 여기서는 그 연결이 충분히 설명되지 않았다. 그리스도가 전에 순종하지 않았던 옥에 있는 영들에게 선포한 것은 의로운 하나님의 아들이 "**불의한** 자들을 위해" 죽었다는, 매우 특수한 맥락에서 발생한다. 우리는 다시금 저자의 사상의 흐름을 따라갈 수 있다. 저자는 의로운 그리스도가 **불의한 자들을 대신하여** 죽었다고 선언하고 나서—애초에 이 자체가 충분히 놀라운 사상이다—**살아 있는** 불의한 자들뿐만 아니라 오래전에 죽은 많은 불의한 자들에 대해서도 말함으

---

177 Levi, *The Drowned and the Saved*, 56.

로써 지금까지 살았던 모든 사람을 다 망라하는 것이 논리적이라고 생각한다.

"의인으로서 불의한 자를 대신하셨다"라는 이 어구는 다음 장의 주제인 대속 또는 교환 모티프를 암시한다. 하지만 여기서 우리는 하나님이 **죄, 사망,** 사탄 등 모든 **권세들**을 절대적이고 궁극적으로 정복했다는 점을 인정하지 않는다면 베드로전서의 텍스트에서 아무것도 이해되지 않는다는 점에 주목한다. 확실히 그 텍스트의 의미는 다양하지만 그리스도는 **불의한** 자를 위하여 그리고 그들을 대신하여[178] "단번에 죄에 대해" 죽음으로써 "우리를 하나님께 인도하는" 의로운 분이라는 것은 명확해 보인다. 이는 지금까지 살았던 모든 불의한 자들을 위해 교환이 이루어졌음을 암시한다. 그는 하나님의 능력으로 "육체 안에서는 죽임을 당했지만 성령 안에서는 살리심을 받음으로써" 이렇게 한다. **불의한** 자들을 자신에게 이끌기 위해 **죄와 사망**에 대해 행사되는 하나님의 힘이 승리자 그리스도가 지하 세계에 갇힌 **복종하지 아니하던** 영들에게 선포한 것으로 극적으로 그려졌다.[179] 베드로전서 3:18-20은 성경에서 하나님의 말씀이 죽은 자를 살리고 존재하지 않는 것을 존재하는 것으로 부를 수 있음을 보여주는 구절 중 하나다(롬 4:17).

---

178 다음 장에서 우리는 전치사 **휘페르**(*hyper*)에 이 두 의미가 다 있다는 입장을 취할 것이다.

179 흥미로운 수식어 "**전에** 복종하지 아니하던"도 주목하라. 이것이 "그리스도 이전에"라는 의미에서 "전에"를 의미하는가? 아니면 "전에"가 연대기적인 시간과 무관하게 어느 때든지 "그리스도를 만나기 전"을 의미할 수 있는가? 그리스도의 힘은 그가 매장되어 있을 동안의 특정한 행위에 제한되는가? 오히려 이것은 그리스도가 우리의 해방자로 등장하는 경우 언제나 그리고 어디서나 속박을 풀 수 있다고 말하는 상징적인 방법이 아닌가? 우리가 확신할 수는 없지만 그 텍스트에는 그런 암시가 있다.

저항할 수 없는 말씀

베드로전서 4:3-6은 이 급진적인 노선을 따라 한층 더 멀리 나아가는 것으로 보인다.

> 너희가 음란과 정욕과 술취함과 방탕과 향락과 무법한 우상 숭배를 하여 이방인의 뜻을 따라 행한 것은 지나간 때로 족하도다. 이러므로 너희가 그들과 함께 그런 극한 방탕에 달음질하지 아니하는 것을 그들이 이상히 여겨 비방하나, 그들이 산 자와 죽은 자를 심판하기로 예비하신 이에게 사실대로 고하리라. 이를 위하여 **죽은 자들에게도** 복음이 전파되었으니, **이는 육체로는 사람으로 심판을 받으나 영으로는 하나님을 따라 살게 하려 함이라.**

그리스도는 참으로 "사람으로서" 심판을 받을 것이지만 궁극적으로는 성령 안에서 하나님의 생명을 얻게 될 "죽은 자들에게까지" 생명의 복음을 선포했다(벧전 4:6). 그리스도가 죽은 자들에게 선포한 전체 내용은 여기서 명시적으로 서술되지 않았다. 하지만 그것은 생명을 주는 말씀으로 말미암는 죽은 자들의 부활 이외의 다른 내용일 수 없었을 것이다. 우리는 4세기 말에 루피누스가 그의 라틴어 번역에 "가두다"라는 뜻의 **인클루시**(*inclusi*)를 첨가해서(*in carcere inclusi*, "shut up in prison") "전에 복종하지 않은" 영들의 무기력함에 주의를 환기했음을 살펴보았다. 감옥에 갇힌 사람은 구출자 없이는 그곳에서 나올 수 없다. 문은 밖에서 잠겼고 교도관과 독립적인 누군가—교도관, 감옥, 수감자와 독립적인 초월적 영역으로부터 작동하는 어떤 존재—에 의해 열려야 한다.[180] 이것이 바로 베드

---

180 테르툴리아누스가 번개를 발하고 지옥의 문을 짓밟는 그리스도에 대한 생생한 이미지를

로전서에서 선언하는 내용이다. 그리스도의 강림으로 모든 것이 변했다. 더욱 큰 힘의 영역으로부터 **전에 복종하지 않은 사망**의 수감자들에게 오는 하나님의 말씀이 그들을 "영 안에서 하나님처럼" 살게 한다.

사도적 권위를 가진 저자는 히브리의 위대한 하나님의 말씀 개념에서 글을 쓴다. 하나님의 아들의 음성은 죽음이 있던 곳에 생명이, 불순종이 있던 곳에 순종이, 불신이 있던 곳에 신앙이 존재하도록 할 수 있다. **없는 것을 존재하도록 부르는** 하나님의 능력은 하나님에 관한 근본적인 진리들 중 하나다. 이것은 창세기 1장의 창조 이야기를 통해 성경으로부터 쉽게 예시될 수 있다. "그리고 하나님이 말하자…그대로 되었다"라는 말이 한 장에 아홉 번 당당하게 반복되는데, 이 반복은 세심한 청중에게 강력한 인상을 준다. 그 구절은 존재하지 않는 것들을 불러서 존재케 하는 하나님의 음성의 즉각적인 효과를 선포한다. 이것이 바로 하나님의 말씀에 의한 무로부터의(*ex nihilo*) 창조 교리다.

그러므로 "전에 복종하지 않은" 죽은 자들에 대한 복음 선포는 그들에 대한 정보의 부여나 권고 또는 초대가 아니다. 그것이 초대에 불과했다면 "옥에 있는 영들"은 **사망**과 지옥에 속박되어 그들이 있는 곳에 그대로 무기력하게 누워 있어야 했을 것이다. 베드로가 그리스도께서 옥에 있는 영들에게 선포했다고 한 말은 주님이 그들에게 연설이나 설교를 했다는 의미가 아니다. "옥에 있는 영들"에 대한 그리스도의 선포는 하나님이 "빛이 있으라"고 말하자 발해진 말씀의 직접적인 결과로 **빛이 있었던** 것과 유사하다.

지옥의 감옥에서 선포된 말씀은 그리스도의 빛을 가져옴으로써 **조**

창안했다(*quae portas adamantinas mortis at aeneas seras infererorum infregit*). Tertullian, *De resurrectione carnis* 44, in Russell, *Satan*, 121 각주 39.

포스(*zophos.* 어둠)를 효과적으로 파괴할 수 있다. 수 세기 동안 화가들은 구약성경의 신실한 자들을 하데스에서 구출하는 그리스도 이미지를 수 없이 많이 그려왔다. 하지만 우리가 살펴보고 있는 베드로전서의 텍스트는 한층 더 나아간다. 이들은 **신실한** 자들이 아니라 "노아의 날에" 회개하지 않은 **중생하지 않은** 자들이다. 이 "옥에 갇힌 영들"은 하나님의 아들이 그들에게 선포한 뒤에도 그곳에 남아 있는가? 베드로전서의 저자가 가차없이 규탄하는 "이방인들"은 어떻게 되는가? 그들도 "산 자와 죽은 자를 심판하기로 된 이에게 설명할" 것이다. 죽을 운명의 우리가 어떻게 우리 자신과 우리와 함께 심판 받게 될 다른 사람들을 최종적으로 구별할 수 있겠는가? 베드로전서는 계속해서 "하나님의 집에서 심판을 시작할 때가 되었"다고 말한다(벧전 4:17).[181]

모든 것은 "심판"을 어떻게 이해하는가에 달려 있다. 본서 3장("정의 문제")에서 우리는 하나님의 심판은 언제나 그의 완벽한 자비에서 나오고 따라서 무조건적으로 신뢰할 수 있기 때문에, 그의 심판이 정의를 시행하려는 인간의 노력들과는 전혀 다르다는 것을 살펴보았다. "하나님의 집"이 이것을 이해한다면, 그 집은 하나님의 약속에 대한 신뢰에서만 나올 수 있는 확신을 가지고 최후의 심판으로 달려갈 것이다.

하지만 그리스도께서 "전에 복종하지 않은" 죽은 자들에게 선포한 말씀, 즉 복음은 어떤 효과가 있는가? 그 질문은 다른 질문의 형식으로

---

181 그 문맥은 확실히 좀 더 복잡한 그림을 제시한다. 그리스도인 공동체는 심판 때 가장 먼저 심판석에 서게 된다. 하지만 "전에 복종하지 않은" 죽은 자들의 보상에 관해 주어진 단서들이 벧전 4:17-18 같은 절들에 의해 균형을 이룬다. "만일 [심판이] 우리에게 먼저 하면 하나님의 복음을 순종하지 아니하는 자들의 그 마지막은 어떠하며, 또 '의인이 겨우 구원을 받으면 경건하지 아니한 자와 죄인은 어디에 서리요?'" 여기서 사도는 "경건하지 않은 자와 죄인들"의 구원을 거의 생각할 수 없는 일이라고 말하는 것 같다. 나는 신약성경의 관점에서 **거의** 생각할 수 없다는 말은 **전혀** 생각할 수 없다는 의미가 아니라고 제안한다.

제기되어왔다. 무덤에 있던 나사로가 "나사로야, 나오너라"라고 말씀하시는 하나님의 아들의 명령을 거부할 수 있었는가? 말씀이 육신이 되신 분(요 1:1, 14)은 명령을 내리기만 하면 된다. "그리고 하나님이 말하자… 그대로 되었다"

존 던은 이렇게 설교했다.

> 죽은 자들은 천둥 소리를 듣거나 지진을 느끼지 않는다. 대포가 그들이 묻혀 있는 교회의 벽을 두드린다 해도, 그것이 그들을 깨우거나 흔들거나 그들에게 영향을 주지 않는다.…하지만 죽은 자들이 듣게 될 한 음성이 있다. 죽은 자들은 하나님의 아들의 음성을 들을 것이고, 듣는 자들은 살 것이다. 그 음성은 떠들썩한 함성이다. 그 음성은 침투이고, 능력이며, 명령이다. 창조 때 그 음성이 **"세상이 있으라"**고 말한 이후 **"너희 죽은 자들아, 일어나라"**와 같은 음성은 결코 들리지 않았다.[182]

이와 같은 죽은 자의 부활의 복음만이 범법자들의 문제를 적절하게 다룰 수 있다.

지옥의 미래

제임스 나크웨이와 세바스티오 살가도는 전쟁, 빈곤, 기근 그리고 질병의 참상을 묘사해온 사진작가들이다. 퓰리처상을 수상한 비평가 헨리 알렌은 그들의 작품에 대한 리뷰에서 이렇게 말한다. "이 사진들은 **홀로코스트가 사실상 규칙인지**, 그리고 폐기된 **인간의 선천적인 사악성**이란 개

---

182 John Donne, 1622년 부활절에 살전 4;17을 근거로 한 설교.

넘이 인간이 지난 백 년간 만들어 냈고 향후 수백 년간 만들어 낼 광기를 자유주의적 낙관론보다 더 잘 설명하는지 묻는 것 같다."[183] 이 장은 20세기의 참상과 21세기에 어렴풋하게 나타나는 참상을 설명하는 데 적합한 지옥 개념과 관련이 있다. 이 대목에서 나의 논지는 철저한 악—교육, 이성 또는 선한 의도에 굴복하지 않는 악—의 실재와 힘을 인식하기 위해 비유적인 지옥의 존재를 사실로 상정해야 한다는 것이다. 악에는 인간의 악행의 총합과는 별도의 어떤 실존이 있다. 지옥 개념은 악의 본질과 규모를 진지하게 다룬다. 지옥 개념이 없다면, 기독교 신앙은 감상적이고, 종잡을 수 없으며, 이 세상의 실재와 맞설 수 없다.[184] 악의 철저한 본질을 단호하게 파악하지 않는다면 기독교 신앙은 희망 사항에 불과할 것이다.

지옥은 **영토**다. 그것은 악의 영토이자 **사망**의 영토이며 사악함이 다스리는 영역이다. 철저한 악에는 그것 자체의 합목적성이 있으며, 따라서 우리는 그것의 지배자를 사탄으로 의인화한다.[185] 그것은 사악함, 어리석

---

183 Henry Allen, "Seasons in Hell," *New Yorker*, June 12, 2000, 강조는 덧붙인 것임. Salgado는 르완다 인종학살의 여파를 사진들로 남긴 이후 일종의 신경쇠약을 겪었다. 우리가 르완다의 참상에 대한 다른 목격자들의 사례에서 이미 언급한 것과 마찬가지로, 그는 인간의 구원 가능성에 대한 모든 믿음을 잃어버렸다. 2014년에 만들어진 영화 "제네시스: 세상의 소금"(*The Salt of the Earth*)은 그가 브라질에서 기근으로 폐허가 된 농장에서 자신이 개발한 프로젝트인 Instituto Terra를 통해 어떻게 회복할 수 있었는지를 말해준다.

184 이러한 관심은 3장에 인용된 여성의 말을 통해 잘 예시된다. 그녀는 자신은 천국이 없다 해도 견딜 수 있지만 지옥은 반드시 있어야 한다고 말했다. 만일에 지옥이 없다면, "히틀러와 폴 포트는 어디로 갈 것인가?" (그녀는 지옥이 실제 장소인 것처럼 말하지만 이것은 **텔로스**[*telos*], 즉 최종적인 처리를 암시하는 환유다.)

185 "[엡] 2:2에 묘사된 공중의 권세 잡은 자는 군주이며, 그의 영역은 절대 왕조다." Markus Barth, *Ephesians: Introduction, Translation, and Commentary on Chapters 1-3*, Anchor Bible 34 (Garden City, N.Y.: Doubleday, 1974), 228. 이 점이 중요한데, M. Barth는 같은 면의 각주에서 이에 대해 제한을 가한다. "눅 4:6에 따르면, 이 영역의 통치자는 자기의 힘이 절대적인 것이 아니라 파생된 것임을 알고 있다: '이것은 [하나님이] 내게 넘겨 준 것이다.'"

음, 절망의 영역이다. 토머스 케닐리는 흥미진진한 책 『쉰들러 리스트』 (*Shindler's List*, 영화 각본이 아님)에서 아우슈비츠를 "공국", "왕국", "아우슈비츠 행성" 등으로 다양하게 부른다. 그는 우리가 악을—거의 문자적으로—아무도 반박하지 않고, 아무도 의문을 제기하지 않으며, 아무도 그것에 대해 저항하지 않는 거짓말로부터 그 자체의 실재를 만들어내는 **영역**으로 이해하기를 원한다. 이것이 지옥이 아니라면 무엇이 지옥인가?

그렇다면 이 영역의 최종적인 운명은 무엇인가?

J. 크리스티안 베커는 도발적으로 이렇게 쓴다. "하나님의 최종적인 묵시적 승리는 하나님의 창조세계에서 영원한 악의 지대나 하나님께 대한 저항을 허용치 않는다."[186] 이에 대한 베커의 견해가 옳다면 마귀나 지옥은 병행하는(또는 심지어 종속된) 영역으로 한없이 계속되도록 허용될 수 없다. 사탄의 통치는 그 영토를 하나님 나라와 나란히 존재하는 영원한 영역으로 보유하도록 허락되지 않을 것이다. 사탄의 통치는 반드시 최종적으로 그리고 완전히 제거되고 기억에서 사라져야 한다.[187] 우리의

---

186 J. Christiaan Beker, *Paul the Apostle: The Triumph of God in Life and Thought* (Philadelphia: Fortress, 1980), 194. "영혼멸절설"을 찬성하는 이 신학적 논증은 인종학살 시대의 대규모 살인자들이 단지 영원히 고통 받지 않기를 바라는 것보다 더 강하다. 이러한 바람은 너무 마음이 약한 것이고, 계속 "울며 이를 갈" 지옥—우리 대다수가 우리의 삶의 어느 순간에 부지불식간에 누군가가 그렇게 되기를 바라는—이미지와 경쟁하기에는 충분히 가혹하지 않다. 이 이미지는 예수 자신의 가르침을 비롯한 신약성경의 많은 곳에서 매우 강하게 나타나기 때문에 우리가 그것을 단순히 무시할 수는 없다. 마 25:46에서 예수 자신이 "영원한 처벌"을 말한다. 문제는 이 말이 문자적으로 취해져서는 안 된다고 가정할 경우, 우리가 이 말을 상징적으로 어느 정도까지 취할 수 있느냐다. 우리는 본서를 마무리하는 장에 이를 때까지 이 질문과 계속 씨름할 것이다.

187 잘못된 것뿐만 아니라 잘못된 것에 대한 **기억**까지 삭제되는 것의 중요성이 Miroslav Volf 의 책 『기억의 종말』(*The End of Memory*)의 주제다. 그는 단테의 연옥과 낙원의 마지막 편 (canto)에 의존한다. "망각은 결함이 있는 것이나 견딜 수 없는 것으로부터의 도피가 아니다.…악을 잊는 것은 선한 것을 기억하는 데 도움이 된다. 선한 것을 기억하는 것은 '모든 갈망의 끝'인 하나님께 몰두하는 것의 결과다"(*The End of Memory*, 141, Canto 33.47을 인용함).

연구는 지금까지 바로 이 결론을 지향해왔다.[188] 이것이 히틀러와 폴 포트의 **구속**을 의미하는지 아니면 그들의 **소멸**을 의미하는지 우리는 알 수 없다. 우리가 믿음으로 예변적으로 확실하게 알 수 있는 것은 "세상 나라가 우리 주와 그의 그리스도의 나라가 되어, 그가 세세토록[*eis tous aionas ton aionon*; 문자적으로는 '세대들의 세대들 안으로'] 다스리실 것이라"는 점이다.[189]

지옥 강하와 그리스도의 승리는 성육신에서 줄곧 예시되었다. 우리는 앞에서 중세 음악에서 지옥이 어떻게 성탄절과 가까운 주제가 되었는지를 언급했다. 우리는 그것을 거듭 발견한다. 성탄절의 의미는 하나님이 어둠의 주관자가 차지하고 있던 영토에 침입한 것이다. 이 우주적 침입의 결정적인 종료는 그것의 D-Day에 대한 V-Day인 하나님의 최후의 날이 될 것이다.[190] 그 마지막 날에는 오직 한 분의 통치자, 오직 한 분의 주

---

188 요한계시록에 대한 방대한 연구는 본서의 범위를 넘어서지만, 나는 요한의 환상이 궁극적으로 이 결론을 지지한다고 주장한다. "그 연기가 세세토록 올라가더라"(계 19:3)는 말은 그저 그것의 계속되는 불이 아니라 바빌로니아의 궁극적이고 최종적인 멸절을 상징적으로 언급할 수 있다.

　이 견해에 대한 심각한 도전이 계 20:10에 나타난다. 짐승과 거짓 예언자가 (11:15을 비롯하여 요한계시록에서 여러 번 사용되는 어구인) *eis tous aionas ton aionon*("세세토록") 괴로움을 받는다는 말은 무슨 뜻인가? 그것은 단순히 수사적인 표현인가? 요한계시록에는 저자가 하나님 나라의 "세세토록"을 20:10에 등장하는 짐승과 거짓 예언자의 괴로움의 "세세토록"과 동일시한다고 우리가 주장할 수 있는 곳이 두 곳 밖에 없다. 다른 곳은 14:11에 나타난다("누구든지 밤낮 쉼을 얻지 못하리라"). 우리는 이것을 악이 인간 역사의 모든 참상에 상응하는, 우리가 상상하지 못할 운명을 맞이하게 될 것을 의미하는 비유적 언어로 읽을 수 있다.

　더 깊은 탐구를 위해서 나는 George Hunsinger의 신학적, 성경적 지형 리뷰인 "Hell and Damnation," in George Hunsinger's *Disruptive Grace: Studies in the Theology of Karl Barth*(Grand Rapids: Eerdmans, 2000)를 추천한다.

189 계 11:15. 그리고 우리는 "성도들의 인내와 믿음에 대한 요구가 여기 있다"고 확실히 말할 수 있다(13:10).

190 제2차 세계대전에서 유래한 V-Day 유비는 Oscar Cullmann, *Christ and Time*(1964)에서 가져왔다.

님만 계실 것이다. 성경은 이 점에 대해 아주 분명하고 확실하다. 온 우주의 재판관은 사탄이 아니다. 철저한 악은 심판의 날, 또는 볼프가 부르는 식으로 표현하자면 최후의 화해의 날[191]에 어떤 지위도 차지하지 못할 것이다. "사망은 더 이상 왕 노릇하지 못할 것이다"(참조. 롬 6:9). 만일 악이 선의 부재라면, 우리 주님과 그의 그리스도의 승리는 "영원무궁히" 악의 부재가 될 것이다.

13. 요약과 전환

그리스도의 지옥 강하 주제는 어떤 인간도 악의 힘에 적절한 반응을 할 수 없음을 의미한다. 참상이 너무 크고, 고통이 너무 끔찍하며, "어둠의 중심"은 너무도 처리하기 어려워서 어떤 "종교적인" 대답도 소용이 없다. 모든 종교에서, 인간의 사악성의 오랜 역사에 맞설 수 있는 것은 십자가에 처형된 하나님 이야기밖에 없다. 기독교는 독특하다. 우리는 이 주장으로 시작했다. 우리는 다음 두 장과 본서의 절정에 접근하면서 이 주장을 반복한다.

성경은 그리스도의 죽음과 부활이 역사의 중심점임을 희석하지 않고 선포한다. 이것은 인간의 **모든** 기획—특히 우리의 종교적 기획을 포함한다—에 의문을 제기하는, 옛 세상을 뒤엎고 새 세상을 구성하는 독특한 사건이다. 지옥 강하 개념과 제2이사야, 스가랴서, 베드로전서 3:18-22 그리고 로마서 11:32에 제시된 암시는 사람을 의로운 사람과 의롭지 않은 사람, 경건한 사람과 경건하지 않은 사람, 선한 사람과 악한 사

---

191 Volf, *The End of Memory*, 179.

람으로 나누는 관점으로는 상상할 수 없었던 하나님의 궁극적인 힘과 목적에 대한 전경으로 우리를 인도한다. 그리스도의 지옥 강하는 **사망**과 마귀의 영역을 포함한 우주의 어느 곳에도 아무도 하나님의 구원하는 능력에서 끊어질 수 있는 영역이 없음을 의미한다.

나는 이 장을 칼 바르트가 지옥 강하를 논의한 한 구절로 마무리하려고 한다. 그 말은 우리가 대속 주제를 다룰 다음 장으로 넘어가는 데 도움이 될 것이다.

> 하나님 자신이 동시에 참된 하나님이면서 참된 사람인 그의 아들 예수 그리스도 안에서 정죄 받은 인간을 대신한다. 하나님의 심판이 집행되었고, 하나님의 법이 집행되었다. 하지만 그것은 사람이 겪어야 할 것을 하나님의 아들로서 다른 모든 사람을 대표한 이 분이 겪는 방식으로 집행되었다. 그것이 바로 우리에게 속한 것을 자신이 짊어짐으로써 하나님 앞에서 우리를 대표하는 예수 그리스도의 주 되심이다. 예수 그리스도 안에서 하나님은 우리가 저주를 받고 죄가 있으며 잃어 버린 자가 된 바로 그 지점에서 자신이 책임을 진다. 이 일을 하신 분은 우리에게 지워져야 할 모든 것을 골고다에서 감당한, 십자가에 처형당한 이 사람의 인격 안에서 그의 아들 안에 계신 하나님이다.[192]

---

192 Karl Barth, *Dogmatics in Outline*, 119.

11장

대속

†

이 장의 개요

1. 대속 모티프의 역사 개관

- 신약성경에 나타난 대속

    - **우리를 위해서**인가, 아니면 **우리를 대신해서**인가?

    - 바울의 로마서

    - 갈라디아서 3:10-14: 나무에 달린 자

    - 신약성경에 인용된 이사야 53장

- 교부 시대

- 중세 시대

- 예비적 결론

- 안셀무스 이후 대속 모티프

    - 마르틴 루터

    - 장 칼뱅

    - 종교개혁 후기 스콜라주의에서 형벌 대속

2. 형벌 대속 모델에 대한 이의

- 그것은 "조잡하다"

- 그것은 나쁜 친구를 사귄다.

- 그것은 문화적으로 조건지어졌다.

- 그것은 죽음을 부활과 분리된 것으로 본다.

- 그것은 일관성이 없다. 죄 없는 사람이 다른 사람의 죄책을 감당할 수 없다.

- 그것은 고난을 미화하고 피학대성 행위를 조장한다.

- 그것은 너무 "이론적"이고 너무 스콜라주의적이며 추상적이다.

- 그것은 보복적인 하나님을 묘사한다.

- 그것은 본질적으로 폭력적이다.

- 그것은 도덕적으로 비난받을 만하다.

- 그것은 그리스도인의 성품을 발전시키지 않는다.

- 그것은 지나치게 개인적이다.

- 그것은 형벌에 대한 강조의 지배를 받는다.

- 그것은 법정적이며 묵시적 우주론을 추방한다.

- 비판 요약

3. 칼 바르트와 "우리 대신 심판 받은 심판자"

- 내러티브 접근법

- 성경의 구원 내러티브

- 원(原) 대속으로서 성육신

- 행동하는 주체로서 하나님

- 바르트, 승리자 그리스도 주제 그리고 본서의 계획

- 경건치 않은 자들의 부지 중의 참여

- 제시된 대속 주제

- "우리를 위하여"의 의미

- 형벌 주제를 올바른 위치에 놓기

- 추방 주제

대속 주제 서론

랍비 마이클 골드버그는 탁월한 재능이 있는 성경 이야기 해석자다. 『유대인과 그리스도인: 우리의 이야기 분명히 밝히기』(*Jews and Christians: Getting Our Stories Straight*)에서 그가 마태복음에 기록된 그리스도의 수난과 십자가형을 개작한 것은 이 복음서 저자가 우리에게 알려 주고자 하는 내용을 공감적으로 이해한다는 측면에서 많은 그리스도인의 저술을 능가한다. 예컨대 이 질문을 주목하라. "예수는 왜 그 십자가에서 내려와 하나님이 그 자리에 **자기 대신 참으로 죽어 마땅한** 사람들—유대인, 로마인, 모종의 방식으로 그와 같은 극악무도한 범죄를 저지르는 데 참여한 **모든 인류**—을 두게 하지 않았는가?"[1] 여기서 이 유대인 주석가는 마치 대속 모티프와 모든 인류의 유죄성이 마태복음을 읽고 있는 모든 사람에게 명백하고 분명한 듯이 중요한 요지 두 개를 한 문장으로 쉽고 우아하게 제시한다. 여기서 "유대인"과 "로마인"은 모든 세기의 모든 유형의 사람들을 대표하기 때문에 실제 1세기의 유대인과 로마인보다 훨씬 더 커진다.

  랍비 골드버그는 한동안 교회를 휘저어왔던 논쟁을 알지 못하며, 그것을 일부러 무시하지도 않는다. 그는 예수가 "참으로 죽어 마땅한" 사람들, 즉 "모든 인류"를 대신하여 십자가에서 처형되었다는 개념에 문제가 있다고 여기지 않는다. 그러나 그리스도의 십자가에 적용된 이 대속(또는 교환) 개념은 오늘날 많은 진영에서 불안과 심지어 적개심을 일으킨다. 실제로 이 적대감이 널리 퍼져 있으며 증가하고 있다. 이 적대감은 한 세

---

1   Michael Goldberg, *Jews and Christians: Getting Our Stories Straight* (Valley Forge, Pa.: Trinity, 1991), 193-4, 강조는 덧붙인 것임.

기의 대부분 동안 학계에서 주류 교회들로 퍼져오고 있다.[2] 이런 태도의 대부분이 높은 위치에 있는 학자들과 교회 지도자들에게서 온다는 사실은 소위 "대속"[3]이라 불리는 것을 언제나 의심하지 않고 믿어 온 사람들에게 불안과 심지어 고통을 더한다. 어떤 진영에서는 예수가 **우리를 대신하여** 자신을 내주었다는 개념을 간직하고 있는 사람들은 새로운 십자군으로서 폭력적 경향이 있고 여성에 대한 압제자이며 아동 학대의 조력자들이라고 느끼게 만드는, 위협 캠페인과 유사한 일을 벌여왔다고 말해도 과장이 아니다.[4]

새천년의 첫 십 년의 중반에 대속 모티프에 대한 공격이 상당한 입지를 확보해서 가장 "칼뱅주의적인" 보루에서조차 그 모티프가 후퇴하고 있다는 말이 들리고 있다. 이런 배경에 비춰볼 때 몇몇 독자들은 이

---

2   Hans Urs von Balthasar는 "예수가 그의 고난으로 세상의 죄를 짊어졌다는 개념은 현대 세계에서 거의 완전히 폐기된 모티프다"라고 썼다(George Hunsinger, *Disruptive Grace: Studies in the Theology of Karl Barth* [Grand Rapids: Eerdmans, 2000], 361에 인용됨).

3   "대속적 속죄"(substitutionary atonement)라는 다루기 힘든 용어는 다시는 본서에 등장하지 않을 것이다. 이 용어는 학문적이고, 이론적이며, 매력이 없는 것으로 들린다. 이 용어는 많은 사람 사이에 의구심을 불러일으킨다. 대신에 나는 좀 더 단순하게 "대속 모티프" 또는 대안으로 "교환 주제"라고 칭할 것이다.

4   이런 비난들을 다루고 후기 종교개혁의 스콜라주의에서 발전된 "형벌 대속"에 대한 오류들을 교정하기 위해 기획된 최근의 가장 유용한 논문집은 Brad Jersak and Michael Hardin, eds., *Stricken by God? Nonviolent Identification and the Victory of Christ* (Grand Rapids: Eerdmans, 2007)다. 특히 Miroslav Volf, C. F. D. Moule, N. T. Wright, 그리고 Mark D. Baker의 논문들이 가치가 있다. 하지만 지라르 학파와 재세례파의 후원 아래 수집된 이 논문집은 전체적으로 (이 탁월한 논문들은 예외로 하고) 오로지 비폭력이 복음의 골자라는 것을 보여주기 위해 존재한다는 인상을 주는데, 이 논문집에 수록된 논문들의 저자 중 한 명(Andrew P. Klager)도 이 문제를 인정한다. 공동 편집자인 Brad Jersak은 그의 개론 에세이에서 식물의 가지를 너무 많이 쳐내서 식물 자체를 죽여버린 회심자의 무분별한 모든 열정을 보여준다. 가장 지독한 형태의 형벌 대속 이론으로 양육 받았던 그는—그는 이 이론을 올바로 거부한다—이제 대속 모티프에 대한 현대의 지지자들이 그 이론을 옹호하는 데 보여주는 것과 마찬가지로 분명하고 정형화된 열심을 가지고 대속 모티프에 반대하는 주장을 펼친다.

장이 현재의 추세에 역행하는 것은 아닌지 의심할 것이다. 그러나 대속 주제는 종교개혁의 스콜라주의에서 발견되는 것과 같은 지나치게 합리적이고 도식적인 형태의 형벌 대속으로 귀결될 필요도 없고 실제로 그래서도 안 된다. 이 장은 공격자들과 후퇴자들 **모두**와 대화하면서 많은 성경의 문맥과 전통에 등장하는 대속 **모티프**("이론"이 아님)의 핵심적인 중요성을 변호한다. 하지만 우리는 우리가 검토한 다른 성경의 이미지들, 특히 우리를 하나님의 묵시적 전쟁의 최전선에 배치하는 승리자 그리스도와 지옥 강하 주제의 중심성을 유지하면서 이 작업을 하려고 한다.

이 장의 첫 번째 부분에서 우리는 대속 주제의 역사를 추적할 것이다. 두 번째 부분에서 우리는 이 모티프에 대한 광범위한 찬성 철회와 노골적인 공격의 이유를 밝히려고 할 것이다. 세 번째 부분에서 우리는 두 번째 부분에서 제시한 요점들에 대응할 것이다. 네 번째 부분에서는 우리가 지금까지 검토해온 다른 모든 이미지와 함께 대속 또는 교환을 이해하는 좀 더 포괄적인 방법을 제안할 것이다.

우리 시대에 승리자 그리스도 주제에 대한 신망이 증가하는 이유는 부분적으로 전에 널리 퍼져 있었지만, 지금은 상당히 많은 욕을 먹고 있는 "형벌 대속 이론"에 대한 대안으로서 그 주제의 효과성과 관련이 있다. 여기서 우리의 논증에 더 중요한 점은 오늘날 종종 다른 주제들을 배제할 정도로까지 승리자 그리스도 주제를 강하게 선호하는 것은 주류 교회들과 자유주의 신학이 **죄**의 심각성과 힘, 그리고 그것에 대한 하나님의 심판—이는 희생제사, "만족"(안셀무스), 대속에 기초한 모델들의 주요 특징이다—을 혐오하는 것과 관련이 있다. 성경의 모델, 성경 후의 모델, 비성경적 모델에는 겹치는 부분이 상당히 많기 때문에, 많은 해석자는 오랫동안 신약성경에서 반복적으로 증언되고 있는 **우리를 위한 그리고 우리를 대신한** 예수의 죽음 주제가 형벌 개념, 추상적인 보상 제도, 도식적인 전이된 공적 체제 등과 밀접하게 엮여 있다고 잘못 생각하게 되었다.

그리스도가 우리를 위해서뿐만 아니라 우리를 대신해서도 죽었다는 성경의 단순한 진술의 혼란과 그 진술에 덧붙여진 다양한 설명을 착각해서는 안 된다. 우리는 올바로 이해된 대속 주제가 다른 모든 주제의 배후 및 안에 존재함을 보여주려고 할 것이다. 더욱이 대속 주제는 우리가 그 주제 없이는 지낼 수 없는 특성을 갖고 있다. 인간의 마음 깊은 곳에는 대속 개념에 반응하는 어떤 것—누군가가 나를 살리기 위해 나 대신 죽는다—이 있으며, 교회의 설교와 가르침에서 대속 주제가 상실된다면 이는 통탄할 일일 것이다.[5]

1. 대속 모티프의 역사 개관

기독교 교리사에서 "언제나, 모든 곳에서, 그리고 모든 사람에 의해"[6] 믿어져왔던 것에 새로운 내용이 첨가되었던 주목할 만한 경우가 몇 번 있었다. 이 첨가 사항 중 몇몇에 관해서는 논쟁이 계속된다. 우리는 이미 훗날 사도신경에 첨가된 "그가 지옥에 내려갔다"는 구절을 찬성하는 논의를 했다. 또 다른 고전적인 예는 후대(6세기)의 *filioque*(그리고 아들로부터) 구절인데, 이 구절은 동방 교회와 서방 교회 간의 논쟁의 중추로 남아 있다.[7] 우리 시대로 옮겨 오면, 노예 제도와 교회에서 여성의 지위에 관한

---

5 인기 있는 책과 영화 시리즈 『헝거 게임』(Hunger Game, 북폴리오 역간)은 대속 개념의 보편적인 호소력을 보여준다. 어린 소녀가 추첨에 의해 싸우다 죽도록 선발되자 그녀의 언니가 동생을 대신하겠다고 자원한다. 이것은 상상할 수 있는 가장 단순하고 쉽게 인식될 수 있는 줄거리다. 누가 그것을 이해하지 못하겠는가?

6 빈센트 규범: *quod semper, quod ubique, quod ab omnibus*

7 유명한 교부학 학자인 Richard Noris는 *filioque* 구절이 늦게 (6세기에) 출현했다는 문제를

성경의 증언에 대한 철저한 재해석은 설령 우리가 그것을 되돌리기를 원한다 하더라도 이제는 그렇게 할 수 없다.[8] 첫 번째 천년기의 막바지에 안셀무스가 그의 논증의 핵심에 성육신과 속죄를 연결하자 그것이 지형을 영원히 바꿔놓았다. 그 개념은 항상 존재해왔지만 교부들에게는 주목을 받지 못했는데, 안셀무스가 그것을 표면화했다.[9] 그리스도인의 사고와 헌신에서 그것을 제거하려는 시도는 사악한 짓으로 간주될 정도로 그 연결은 설교와 신앙에 강력한 모티프가 되었다.

대속을 반대하는 학자들은 대개 교부들이 교회를 위한 공식적인 속죄 교리를 만들어내지 않았다는 사실에 주의를 집중한다.[10] 그러나 야로슬라프 펠리칸 같은 포괄적이고 보편적인 사상가조차 심지어 아우구스티누스를 포함한 교부들이 "구속과 구원 계획 교리"를 충분히 생각하지 않았다고 주장하며, 안셀무스가 그를 향한 모든 비난에도 불구하고 그 빈틈을 성공적으로 채웠다고 암시한다.[11]

인정했지만, 그 구절이 일단 자리를 잡고 난 뒤에는 그 구절을 제거하면—설사 그 제거가 동방 교회와 서방 교회 사이의 분열을 치유하려는 시도라고 할지라도—교리상 심각한 결과가 초래될 것이라고 생각했다(1975년 제너럴 신학교의 내 강의 노트).

8 본서를 저술하고 있는 현재 동성애에 관한 성경의 가르침을 재해석하려고 하는 시도가 예전에 노예 제도에 대한 재해석이 그러했듯이 거의 모든 기독교 교회에서 대세가 될 정도로 성공을 거둘지는 예측할 수 없다. 교회에서 여성 평등 사안에서는 바티칸조차 압박을 느끼고 있다. 동성애에 관한 논의의 찬반 양 진영 모두 이에 관한 전통을 재해석하는 성경의 지지를 발견하기가 노예 제도나 여성의 역할에서보다 어렵다는 데 의견의 일치를 본다. 동성애 행위에 관한 성경의 구절들이 비교적 적기는 하지만 매우 명확하게 등장하며, 이에 반하는 구절들을 찾기 어렵기 때문이다(노예 제도나 여성의 역할에서는 그렇지 않다). 동성 간의 결혼에 관한 논의는 구체적인 텍스트를 언급하지 않은 채 정경 전체의 일반적인 관점에서 이루어져야 한다.

9 안셀무스의 핵심적인 은유는 만족 은유이지만 대속 개념은 그의 논증에서 본질적이며, 그는 종종 그 모티프를 도입한 인물로 인용된다.

10 T. F. Torrance의 의견으로는, "[사도 교부들의] 가장 놀라운 특징은 그리스도의 죽음의 중요성을 포착하지 못했다는 것이다"(*The Doctrine of Grace in the Apostolic Fathers* [Edinburgh: Oliver and Boyd, 1948], 137).

11 Jaroslav Pelikan, *The Christian Tradition: A History of the Development of Doctrine*, 5 vols.

우리가 앞의 장들에서 주장했듯이 대속 모티프에 대한 반대는 적어도 부분적으로는 죄와 심판 주제를 회피하고자 하는 현대의 바람에서 유래한다. 이것이 오늘날 문화와 교회들의 전형적인 분위기다. 현대의 많은 십자가형 설명에서 **죄**는 등장하지 않는다. 대신에 우리는 다음과 같은 교환에 대해 듣는다.

질문: 예수는 왜 죽었습니까?
답변: 하나님이 우리를 얼마나 사랑하는지 우리에게 보여주기 위해서 죽었습니다.

비록 하나님의 사랑에 관한 이 대답이 참으로 사실이기는 하지만, 그 대답은 골고다에서 발생한 것에 대한 적절한 설명이 되지는 못할 것이다. 이 설명에는 적어도 세 가지 요소가 **빠져** 있다.

1. 십자가형의 끔찍함, 혐오감 그리고 수치스러움
2. 그리스도가 "죄를 위하여" 죽었다는 신약성경의 반복적인 선언
3. 세상의 상태, 많은 사람의 지옥 같은 고통, 인간의 곤경

만일 우리가 그리스도의 십자가형의 깊이를 철저히 조사하고자 한다면

(Chicago: University of Chicago Press, 1975-1991); 여기서는 제4권, *Reformation of Church and Dogma (1300-1700)* (Chicago: University of Chicago Press, 1983), 22-23; 그리고 vol. 1, *The Emergence of the Catholic Tradition (100-600)* (Chicago: University of Chicago Press, 1975), 141-55. 이 점이 중요한데, Pelikan은 주님의 구원 사역을 논의하면서 "그리스도에 대한 **그림**"과 "그리스도에 대한 **교의**"를 구별한다(*Emergence*, 142, 강조는 덧붙인 것임). 이는 다루고 있는 책의 서술 방식을 묘사하는 좋은 방법이다. 나는 **교리**보다는 이미지, 은유, 모티프 등 **그림들**을 강조하고 있다.

이 세 요소들을 연결하는 것이 매우 중요하다. 우리가 앞에서 다룬 내용의 많은 부분이 이 주제들을 다루고 있지만 우리는 이제야 가장 도전적인 아이디어의 복합체를 다루려고 하고 있다.

신약성경에 나타난 대속

신약성경에 나타난 대속에 대한 논의들은 흔히 베드로전서 3:18이나 고린도후서 5:21 같은 친숙한 짧은 텍스트들에 초점이 맞춰진다. 이 중요한 절들은 본서의 다른 곳에서 논의되었다. 그러나 이 텍스트들은 대속의 맥락에서 때때로 명확한 목적을 가지고 자주 인용되었으므로 우리는 여기서 이 구절들을 더 검토하지는 않을 것이다. 대신에 우리가 살펴볼 다른 구절들은 산재해 있는 개별 절들뿐만 아니라 성경의 큰 부분들 배후에 대속 개념이 놓여 있음을 보여줄 것이다.

우리를 위해서인가, 아니면 우리를 대신해서인가?

그리스도의 죽음의 의미에 대한 논의에는 언제나 그리스어 전치사 **휘페르**(*huper*)와 **페리**(*peri*)가 연루된다. 이 전치사들은 영어에서는 "예수 그리스도가 우리를 **위하여** 죽었다"나 "예수 그리스도가 죄를 **위하여** 죽었다"에서처럼 "위하여"로 번역된다. 신약성경의 저자들은 종종 **휘페르**와 **페리**라는 단어를 사용해서 십자가의 의미를 전달한다.[12] 예수 그리스도가

---

12   그리스어 단어 **안티**(*anti*) 역시 "대신하여" 또는 단순히 "위하여"라는 뜻으로 여러 번 사용되지만, 그리스도의 죽음과 관련해서는 사용되지 않는다. 여기서 바울 서신에 사용된 **휘페르**의 더 많은 예(그리고 **페리**의 한 예)를 제시한다.

　　그리스도께서 경건치 않은 자를 **위하여**(*huper*) 죽으셨다(롬 5:6).
　　그리스도께서 우리를 **위하여**(*huper*) 죽으셨다(롬 5:8).
　　그리스도께서 **위하여**(*huper*) 죽은 사람(롬 14:15).

우리를 위하여 죽었다는 말은 무슨 뜻인가? 이 두 단어를 둘러싼 논쟁은 그 단어들의 빈도와는 관계가 없고(이 점에 대해서는 반론의 여지가 없다) 그 단어들의 의미 및 적실성과 관련이 있다.

이 단어들은 때로는 "우리를 위해서"를 의미하고, "우리의 유익을 위하여"를 의미할 때가 있으며, 대표나 대체로서 "우리를 대신하여"를 의미할 때도 있는 것 같다. 이 단어들이 **결코** "우리를 대신하여"를 의미하지 않는다고 주장하는 것은 신뢰성과 상식에 대한 왜곡이다. 이 단어들이 **결코** 이런 의미를 가질 수 **없다**고 주장하는 것은 그 단어들에 **항상** 이런 의미가 있다고 주장하는 것보다 더 편향적이다. 이처럼 고정된 입장을 취하는 것은—대속이 중요한 **유일한** 개념이라고 완고하게 주장하는 정반대 입장만큼이나—대속 개념에 대한 불합리한 반감을 드러내기 때문이다.

속죄에 대하여 방대한 책을 쓴 학자 중 몇몇은—전 세대에 속한, 존경할 만한 빈센트 테일러가 특히 그랬다—예수가 모종의 방식으로 우리를 대신했다는 개념에 대해 매우 불편해 하거나 반감이 있어서 아예 "대속"이라는 단어를 사용할 수도 없었다. 하지만 좀 더 최근에 찰스 쿠사는 경우에 따라 다양한 의미를 지니는 전치사(*huper*)에 정확한 의미를 부여하는 것의 어려움을 인정하면서도, 몇몇 구절들에서 **휘페르**가 "확실히 한 쪽이 다른 쪽을 대체하는 '대신해서'를 의미하며(갈 3:13과 고후 5:21이 그러하며, 고후 5:14 등은 그럴 가능성이 있다), 따라서 대속적 죽음을 의미한

[그리스도가] 모든 사람을 **위하여**(*huper*) 죽으셨다(고후 5:14).
우리 죄를 **위하여**(*huper*) 자신을 내어주신 주 예수 그리스도(갈 1:4).
나를 사랑하여 나를 **위하여**(*huper*) 자신을 주신 하나님의 아들(갈 2:20).
그리스도께서…우리를 **위하여**(*huper*) 저주가 되셨다(갈 3:13).
우리를 **위하여**(*peri*) 죽으신 우리 주 예수 그리스도(살전 5:9-10).

다"고 진술한다.[13]

인용을 바울 서신에만 한정하지 않는다면, 우리는 베드로전서 3:18 뿐만 아니라 (휘페르를 사용하지 않으면서) 대속 또는 교환 개념을 명확하게 제시하는 또 다른 텍스트인 베드로전서 2:24을 제시할 수 있다. "[그가] 친히 나무에 달려 그 몸으로 우리 죄를 담당하셨으니, 이는 우리로 죄에 대하여 죽고 의에 대하여 살게 하려 하심이라. 그가 채찍에 맞음으로 너희는 나음을 얻었나니." 이 마지막 문장은 그런 예가 비교적 드물기는 하지만 틀림없이 이사야 53장을 인용한 것이다. 이 구절은 신약성경에서 이사야 53장을 가장 명확하게 사용해서 그리스도가 우리를 대신했다는 개념을 뒷받침하는 예다. 하지만 대속이 이 맥락에 적절한 유일한 단어는 아니다.

바울의 로마서

바울이 로마서 5:12-21에서 제시하는 핵심적인 구원 내러티브에서 사도는 창조(창조가 가정된다. 롬 1:20을 보라)와 "아담"의 타락부터 예수 그리스도 안의 구속에 이르는 인간 역사 전체를 추적한다. 여기서 "대속 이론"에 관해 명시적으로 언급되는 것은 없다. 로마서에서 강조되는 핵심 주제는 승리자 그리스도다. 하지만 15-21절에는 반복적으로 나타나는 공통 주제가 있는데 이를 다음과 같이 요약될 수 있다.

- **"한 사람"** 예수 그리스도는 자신의 역사에서 온 인류를 의미하는 **"많은 사람"**의 자멸의 경로를 바꿨다.

---

13   Charles B. Cousar, *A Theology of the Cross: The Death of Jesus in the Pauline Letters*, Overtures to Biblical Theology (Minneapolis: Augsburg Fortress, 1990), 56.

- "죄의 사람"인 "아담"은 대표적인 인간이다.
- 바울은 일곱 개의 다른 용어로써 적어도 7번 이상 "아담의" 불순종의 행위로 **모든 사람이 정죄**에 이르게 된 반면 그리스도의 의로운 행위로 **모든 인류가 죄 사함과 생명**에 이른다고 단언한다.

이것이 바울의 논증을 잘 요약한 것이라면 이는 그리스도가 "아담"을 재연함으로써 자신이 그를 대신했다는 의미가 아닌가?[14] 설령 대표와 반복이 여기서 핵심 사상이라고 해도 이것을 대속으로 생각하는 것이 논리적이지 않은가?[15] 우리가 여기서 대속 주제의 특정한 **형태**를 주장하는 것은 아니다. 우리는 단지 그 주제가 존재한다는 점을 지적할 뿐이다. 바울은 **정죄**가 "아담"의 불순종의 논리적인 결과였다고 명시적으로 말한다. 우리는 앞 장들에서 예수가 십자가 위에서 **정죄 받은 사람**으로 죽었다는 것을 보여주었다. 여기서 바울은 모든 사람에 대한 정죄 대신에 모든 사람을 위한 죄 사함과 생명이 얻어졌다고 선언한다. 이는 우리가 마땅히

---

14 다시 말하지만 "아담"은 대표적인 인간으로 이해되어야 한다. 상징으로서의 "아담"은 의도적으로 창조주의 선한 통치를 떠난 것(롬 1:25을 보라)과 피조물을 결정자로 세움으로써 시작하는 인간의 이야기에서 전개되는 노선을 대표한다. 바울 자신이 아담이 실제로 역사적 인물이었는지에 관심이 있었는지는 확실치 않다. 아무튼 이 구절의 의미를 밝힘에 있어서 그런 믿음은 전혀 요구되지 않는다.

15 이레나이우스는 그의 특징적인 재연 교리(이에 대해서는 다음 장에서 더 자세하게 검토할 것이다)에서 바울이 아담과 그리스도에 관해 설명한 것에 초점을 맞춘다. 이레나이우스는 그리스도가 "아담을 통해 우리를 타격한 것을 아담을 통해 극복하기" 위해 육체 안으로 들어왔다고 쓴다(Irenaeus, *Demonstration of the Apostolic Preaching* 31). 이 말은 구체적으로 하나의 모티프로서 대속을 강조하지도 않고, 배제하지도 않는다. Karl Barth는 대속 모티프를 다루는 장에 이르는 논의(*Church Dogmatics* [앞으로 *CD*로 표기할 예정이다] IV/1 [Edinburgh: T. & T. Clark, 1956], 192 이하)에서—첫째 아담의 불순종이 둘째 아담의 순종에 의해, 특히 그의 고난과 죽음으로 극복되었다고 쓴 이레나이우스(Irenaeus, *Adversus haereses* 3.18.7; 5.16.3)와 같은 맥락에서—그리스도가 "십자가에서 죽기까지"(빌 2:8) 순종한 것을 강조한다.

받아야 할 정죄를 그리스도가 짊어진다는 사상으로 쉽게 연결되지 않는가? 그것이 대속이나 교환이 아니라면 무엇인가? "모든"이라는 단어의 반복은 그 단어가 지니는 보편적 함의를 통해 그리스도가 전체 인류를 대신한다는 점을 강조한다. 이렇게 이해하는 것이 다른 모든 이해를 차단하는 복잡한 추상적 모델이 되지 않는 한, 그것이 왜 거슬리는지 이해하기 어렵다.

로마서 8:3-4은 원시적 재앙으로부터 우리의 구원이 어떻게 달성되었는지에 대해 바울 사도가 이해한 내용을 더 핵심적으로 요약한다. "율법이 육신(sarx)으로 말미암아 연약하여 할 수 없는 그것을 하나님은 하시나니, 곧 죄로 말미암아 자기 아들을 죄 있는 육신의 모양으로 보내어 육신에 죄를 정하사, 육신을 따르지 않고 그 영을 따라 행하는 우리에게 율법의 요구가 이루어지게 하려 하심이니라."

여기서 주된 아이디어는 **죄**(hamartia가 세 번 반복된다)가 인간의 **사르크스**(sarx는 네 번 반복됨) 안에서 정죄되었다는 것이다. 일반적으로 "육신"(flesh)으로 잘못 번역되는 **사르크스**는 바울에게 핵심적인 개념이다. 바울의 여러 편지에서 이 단어는 (성행위를 비롯한) 감지할 수 있는 물질적인 육체라는 뜻으로는 거의 쓰이지 않는다. 이 단어의 일차적인 의미는 **죄**의 통치 아래 있는 인간의 전 존재다.[16] 그러므로 바울이 하나님이 자기 아들을 "**하마르티아**로 말미암아 **사르크스**의 모양으로 보내어 **사르크스**에 **하마르티아**를 정했다[정죄했다]"라고 한 말은 하나의 문장에 여러

---

16 **사르크스**를 "육신"(flesh)으로 번역하면 오해를 일으킨다. 이 단어가 ("육신의 죄"에서처럼) 성욕을 암시하기 때문이다. 바울에게 있어서 **사르크스**라는 단어는 인간 안에서 작용하는 **죄**와 **죽음**의 전체 영역을 의미한다. NIV의 초판은 "죄성"(sinful nature)이라는 더 나은 번역을 시도했는데, 이는 좋은 요점을 지녔다. 하지만 NIV 개정판에서는 이 번역을 포기했다.

충의 의미를 압축해 놓은 것이다. "죄"와 "육신"이라는 단어들이 강조적으로 반복된 것은 **권세들**의 세력권 안에 갇혀 있는 인간의 곤경이 중대함을 강조하는 효과가 있다.

우리의 구속은 "영적인" 차원에서 발생하지 않는다. 그것은 "육체적"이다. 따라서 인간의 정신과 육체의 통일성이 강조된다. 여기서는 영적인 영역으로의 영지주의적 도피는 고려되지 않는다. 성령의 사역은 인간의 **사르크스**의 연약함 때문에 율법이 효과를 미치지 못했던 실존인, 물질적 실존 안에서의 인간의 전 존재에 작용한다.[17] 참으로 충격적인 것은 삼위 하나님이 아들의 인격 안에서 바로 이 **사르크스**의 모든 차원 안으로 들어와서 **죄**로 말미암아 정죄 받은 자의 죽음을 당했다는 점이다. 이것은 특히 그 안에서 죄가 정죄된 구주의 **사르크스**가 우리의 **사르크스**에 대한 대속, 즉 그와 우리 사이의 교환이었다는 아이디어를 포함하지 않는가? 그리고 만일 그가 대표적인 죄인으로서 육신에 정죄를 받았다면, 그가 누구를 대신하고 있었는가? 모든 인류가 아니라면 누구를 대신했겠는가?

로마서 6장의 두 절도 같은 요점을 말한다. "무릇 그리스도 예수와 합하여 세례를 받은 우리는 그의 죽으심과 합하여 세례를 받은 줄을 알지 못하느냐?…우리가 알거니와 우리의 옛 사람이 예수와 함께 십자가에 못박힌 것은 죄의 몸이 죽어 다시는 우리가 죄에게 종 노릇 하지 아니하려 함이니"(롬 6:3, 6).

여기서 주된 주제는 세례에서 그리스도께 동화된다는 주제이지만,

---

17 성육신의 핵심적인 사실이 여기에 암시되었다는 것이 확실하다. 바울은 요한이 말한 것과 정확히 일치하게(요 1:14) "말씀이 육신(사르크스)이 되어"라고 말하지 않고, 예수가 "죄 있는 육신의 모양으로" 보냄을 받으셨으며 하나님께서 "육체 안에" 죄를 정죄하셨다고 말한다. 하지만 바울이 말한 것과 요한이 말한 것은 비슷하다.

우리가 참으로 "그와 함께 십자가에 못박힌다면" 이는 (실제로 발생한 유일한 십자가형은 그리스도의 십자가형이었으므로) 어떤 의미에서 그리스도만이 **죄**와 그것의 유기의 완전한 영향을 받아서 그 영향으로부터 우리를 보호하기 위해 그가 우리를 대신했다는 것이 분명하지 않은가?

로마서의 이 텍스트들은 대속 옹호자들이 인용하는 전형적인 텍스트가 아니다. 이 텍스트들은 우리가 다음 장에서 살펴볼 재연 모티프에 특히 적합하다. 우리는 대속 개념은 그것이 두드러지게 나타나지 않는 경우에도 존재한다는 점을 보여주기 위해 이 대목에서 이 텍스트들을 전면에 제시했다. 그 개념은 그리스도의 죽음으로 성취된 것에 대한 전체 그림으로부터 유기적으로 생겨난다.

갈라디아서 3:10-14: 나무에 달린 자

교부들이 종종 인용한 바울의 텍스트는 갈라디아서 3:10-14이다. 이 구절은 바울 서신에서 대속 모티프에 대한 가장 분명한 진술일 것이다. 우리는 2장에서 이 구절을 다뤘지만, 이 대목에서 우리는 신명기 12-26장의 "규례와 법도"의 관점에서 이 구절을 살펴볼 것이다. 바울은 나무에 달린 저주 받은 사람에 관한 그의 아이디어를 바로 이 부분에서 취한다. 신명기의 이 부분의 많은 내용은 가난한 자를 돌봄, 노예 해방, 안식년의 채무 면제, 십일조, 환대 등 관대함과 인도적임으로 유명하다. 하지만 이 부분에는 오늘날 우리에게 충격적인 내용도 더러 있다. 관대함과 동정심에 관한 지시와 더불어 위반자들을 무자비하게 돌로 쳐 죽이라는 명령이 반복된다. 이 처형이나 다른 처형 수단에 의해 공동체에서 제거될 사람은 반항적인 자손, 거짓 예언자, 제사장이나 재판장이 내린 결정을 무시하는 사람, 특히 우상숭배자—다른 신들을 좇고 그 신들을 예배하는 자—등이다.

바울이 갈라디아서 3장에서 인용한 절들("나무에 달린 자마다 저주 아래에 있는 자라")은 신명기에서 우상을 숭배하는 도시의 주민을 학살하라는 명령(신 13:15), 살인자의 처형에 관한 단호한 구절(19:13), 동해복수법(lex talionis, "눈에는 눈", 19:21), 정복한 도시들에 대한 약탈과 그 주민을 포로로 잡는 것의 허용(20:14-17), 그리고 불순종하는 아들을 돌로 침(21:21) 같은 규정들이 등장하는 부분에서 취한 것이다. 돌로 치라는 명령 직후에 바울이 인용한 텍스트가 나온다. 신명기에 등장하는 그 구절은 다음과 같다.

> 사람에게 완악하고 패역한 아들이 있어 그의 아버지의 말이나 그 어머니의 말을 순종하지 아니하고 부모가 징계하여도 순종하지 아니하거든…그 성읍의 모든 사람들이 그를 돌로 쳐죽일지니, 이같이 네가 너희 중에서 악을 제하라. 그리하면 온 이스라엘이 듣고 두려워하리라. 사람이 만일 죽을 죄를 범하므로 네가 그를 죽여 나무 위에 달거든, 그 시체를 나무 위에 밤새도록 두지 말고 그날에 장사하여 네 하나님 여호와께서 네게 기업으로 주시는 땅을 더럽히지 말라. **나무에 달린 자는 하나님께 저주를 받았음이니라**(신 21:18-23).

바울이 갈라디아서에서 인용하고 있는 구절이 신명기의 맥락에서 읽히면(그리고 바울은 그 맥락을 잘 알았을 것이다) 그 효과는 엄청나다. 땅을 더럽힌다는 언급이 십자가형의 상황에 부합한다는 점에 주목하라. 십자가형은 유대인들과 로마인들에게 극단적인 더럽힘의 예로 이해된 사형 방법이어서 희생자들은 성벽 바깥에서 처형되었다(2장 "십자가의 비경건성"을 보라). 바울은 "그리스도께서 **우리를 위하여 저주를 받은 바 되사** 율법의 저주에서 우리를 속량하셨으니, 기록된 바 '나무에 달린 자마다 저주 아래에 있는 자' 하였음이라"고 결론짓는다(갈 3:13).

이 맥락에서 나무에 달린 자에 대한 신명기 구절의 압도적인 효과는 그리스도가 **율법** 아래에서 돌로 침을 당한 자, 학살된 자, 노예가 된 자, 더럽혀진 자, 목 베인 우상숭배자, 반역자, 배교자, 살인자 모두를 **대신한다**는 점이다. 그리스도는 그들, 즉 **우리에게** 임한 저주와 더럽힘을 겪고 있다. 갈라디아서의 이 구절을 다른 식으로 이해하는 것은 명백한 의미를 납득할 수 없게 왜곡하는 것이다.

갈라디아서 3:10-14은 파악하기가 쉽지만은 않은 논리에 의해 구약성경에서 인용한 **네** 개의 구절(한 절은 하박국에서, 다른 한 절은 레위기에서, 두 절은 신명기에서 인용됨)이 함께 연결되어 있기 때문에 확실히 어려운 구절이다. 이 장의 문맥에서 우리는 바리새인인 바울이 그의 마음속에서 나무에 달린 사람에 관한 텍스트를 숙고하는 것을 상상할 수 있다. 그것은 그를 당황스럽게 했고 불편하게 했다. 하나님께 저주를 받아 "나무에 달린", 십자가에 처형된 메시아가 어떻게 예배를 받을 대상으로 인정될 수 있는가? 그의 결론은—그리고 여기에 "아! 그렇구나"라고 무릎을 치는 순간이 있다—그리스도가 가능한 모든 조건적 형태의 언약을 무효로 만들기 위해 **우리를 위해**(huper hemon) 저주가 되었다는 것이다. 신명기에 열거된 **율법**으로 말미암아 저주를 받은 죄인의 범주에 드는 사람 중 하나님의 독특한 구원 행위의 범위에서 벗어나는 사람은 아무도 없다. 바울의 복음은 급진적으로 포괄적이며, 그리스도가 **죄**의 저주 아래 있는 경건한 자나 불경건한 자, 유대인이나 이방인을 막론하고 우리 모두를 대신했다고 분명히 제시한다. 갈라디아서 3:10-14에서 다른 의미들도 발견될 수 있지만, 확실히 대속이 두드러진다.

사실 바울은 형벌 대속 교리가 그의 사상 어디서도 발견될 수 없을 때 정교하게 다듬어진 이 교리를 증언하기 위해 부름을 받았다. 바울이 말하는 모든 것 배후에는 예수가 "우리를 위해서"뿐만 아니라 "우리를 대신해서" 죽었다는 개념이 놓여 있다.

신약성경에 인용된 이사야 53장

그리스도의 죽음에 대한 신약성경의 묘사와 관련된 이사야 53장의 역할은 많은 논쟁의 대상이 되고 있다. 이 구절은 대충 읽기만 해도 명백한 이유로 오랫동안 비잔틴과 라틴 교회의 성금요일 예전과 관련되어왔고, 교부들도 이 구절에서 풍성하게 인용했다.[18] 이사야 53장의 원래 의미의 신비는 예언적 발언으로서 그것에 힘을 더해줄 뿐이다. 그리스도의 죽음의 상황에 대한 그 장의 적실성은 놀라울 정도로 명백하다.

> 그는 멸시를 받아 사람들에게 버림받았으며
>
> 간고를 많이 겪었으며 질고를 아는 자라.
>
> 마치 사람들이 그에게서 얼굴을 가리는 것 같이 멸시를 당하였고…
>
> 그는 실로 우리의 질고를 지고
>
> 우리의 슬픔을 당하였거늘
>
> 우리는 생각하기를 "그는 징벌을 받아
>
> 하나님께 맞으며 고난을 당한다" 하였노라.
>
> 그가 찔림은 우리의 허물 때문이요
>
> 그가 상함은 우리의 죄악 때문이라.
>
> 그가 징계를 받으므로 우리는 평화를 누리고
>
> 그가 채찍에 맞으므로 우리는 나음을 받았도다.
>
> 우리는 다 양 같아서 그릇 행하여
>
> 각기 제 길로 갔거늘

---

18 아래의 아타나시오스, 알렉산드리아의 키릴로스, 그리고 요한네스 크리소스토모스에 관해 설명한 부분을 보라. Brevard Childs는 키릴로스가 "이 장 전체를 마치 반사작용인 듯이 그리스도의 수난을 반영한 것으로 읽는다"고 쓴다(Brevard Childs, *The Struggle to Understand Isaiah as Christian Scripture* [Grand Rapids: Eerdmans, 2004], 124).

여호와께서는 우리 모두의 죄악을

그에게 담당시키셨도다.

그가 곤욕을 당하여 괴로울 때에도

그의 입을 열지 아니하였음이여,

마치 도수장으로 끌려가는 어린 양과

털 깎는 자 앞에서 잠잠한 양 같이

그의 입을 열지 아니하였도다.…

"그가 살아 있는 자들의 땅에서 끊어짐은

마땅히 형벌 받을 내 백성의 허물 때문이라" 하였으리요.

그는 강포를 행하지 아니하였고

그의 입에 거짓이 없었으나

그의 무덤이 악인들과 함께 있었으며

그가 죽은 후에 부자와 함께 있었도다.

여호와께서 그에게 상함을 받게 하시기를 원하사…

그의 영혼을 속건 제물로 드리[셨도다](53:3-10).

이 구절이 전통에서 담당했던 역할 및 찬송과 설교, 헨델의 "메시아"(*Messiah*), 대중의 경건에서 행사하고 있는 강력한 영향이란 관점에서 볼 때, 그것이 신약성경에 남긴 발자취가 그렇게 적다는 것은 이례적으로 보인다.[19] 이와 같이 두드러진 구절을 [신약성경 저자들이] 상대적으로 소홀히 한 것이 어떤 의미일지를 알기는 쉽지 않다. 최소한 우리는 이 구절을 무비판적으로 사용해서 십자가의 의미를 해석하는 것에 주의해

---

19 사 53장이 직접 인용된 또 다른 곳은 행 8:26-39의 빌립과 에티오피아 내시 이야기다. 여기서는 그 종이 양처럼 침묵한 것에 관한 절이 인용되었지만, 누가의 특징적인 접근법과 궤를 같이해서 그 절이 십자가와 명확하게 연결되지는 않았다.

야 한다는 데 동의할 것이다. 우리가 주의해야 하는 데는 적어도 두 가지 이유가 있다.

1. 신약성경의 침묵에 비춰볼 때, 우리는 이사야 53장을 사용해서 "징벌"에 근거한 속죄의 철저한 형벌 대속 모델을 구성해서는 안 된다.[20]
2. 우리는 "하나님께 맞는다"와 같은 어구를 사용해서 삼위일체의 위격을 구분해 성자로부터 성부를 분리하지 않도록 주의해야 한다.[21]

그러나 우리가 이 두 함정을 피하기 위해 열심히 노력한다면, 이사야 53장에는 십자가에 처형당하신 분에 대한 개인적 헌신과 신학적 이해를 위한 신학적 금광이 있다. 여기서 취한 입장은 그 구절이 신약성경 전체의 지침이나 부분적인 하위 구조 역할을 한다는 것이다. 이사야 53장은 메시아의 고난이 고대 이스라엘에게 예변적으로 계시된 하나님의 구원 계획의 일부라는 단언을 강력하게 지지한다. 위에서 인용한 마지막 절에 행동하는 두 주체가 있다는 점에 주목하자. "여호와께서 그에게 상함을

---

20 많은 교부가 사 53장을 이런 식으로 사용했지만 말이다! 아래의 아타나시오스와 알렉산드리아의 키릴로스에 관해 설명한 부분을 보라. 특히 많은 사람이 일반적으로 안셀무스가 그랬을 것이라고 믿고 있는 것과 달리 안셀무스는 『인간이 되신 하나님』(*Cur Deus Homo?*)에서 이 구절을 사용해서 처벌을 그의 해석의 한 부분으로 삼지 **않았다**.

21 이 오류에 대한 매우 단순한 진술이 Arthur Lyttletondp 의해 제시되었다. "죄에 대한 하나님의 진노와 그 진노를 제거한 그리스도의 사랑의 진리는 성부 하나님의 의지와 성자 하나님의 의지 간에 차이가 있다는 믿음으로 왜곡되었다. 죄인들이 멸망 받아야 한다는 것은 성부의 뜻이고, 그들이 구원 받아야 한다는 것은 성자의 뜻인 양 말이다"(Arthur Lyttleton, "The Atonement," in *Lux Mundi,* ed. Charles Gore [London: John Murray, 1889], 307). 이 말은 요점을 매우 잘 나타낸다.

받게 하시기를 원했다"와 "그의 영혼을 속건제물로 드린다"가 이 점을 보여준다. 겨우 몇 단어에 불과한 공간에서 이 절은 능동적인 행위자로 서의 성부와 능동적인 행위자로서의 성자라는 내러티브의 두 요소를 결 합한다.

사실 놀랍게도 신약성경에서 명확하게 이사야 53장을 사용해서 그 리스도의 죽음을 해석한 곳은 베드로전서 2:21-24뿐이다.[22] 이 구절의 맥락은 종들로 하여금 그들의 주인들, 심지어 "고압적인" 주인들에게까 지 순종하라고 촉구하는 것이다.

> 그러나 선을 행함으로 고난을 받고 참으면 너희는 하나님의 인정을 받으리 라. 이를 위하여 너희가 부르심을 받았으니, 그리스도도 너희를 위하여 고 난을 받으사 너희에게 본을 끼(쳤느니라).…그는 욕을 당하시되 맞대어 욕 하지 아니하시고, 고난을 당하시되 위협하지 아니하시고, 오직 공의로 심판 하시는 이에게 부탁하시며, 친히 나무에 달려 그 몸으로 우리 죄를 담당하 셨으니, 이는 우리로 죄에 대하여 죽고 의에 대하여 살게 하려 하심이라. 그 가 채찍에 맞음으로 너희는 나음을 얻었나니(벧전 2:20-24).

마지막 문장 "그가 채찍에 맞음으로 너희는 나음을 얻었다"는 이사야 53:5의 직접 인용이다. 하지만 그 어구는 그것을 통해서 십자가라는 묵 시적 드라마의 심오한 의미를 해석하기 위한 이미지를 얼핏 제시할 뿐이 다. 그 구절은 십자가의 의미에 대한 "모범적" 또는 "도덕적 영향" 접근 법을 권고하는 것으로 보이는데, 이 접근법은 안셀무스와 거의 같은 시

---

22 행 8:26-39에서 빌립이 만난 내시는 사 53장을 읽고 있었지만, 누가는 이 구절을 사용해 서 십자가를 해석하지 않는다. 빌립은 그 구절을 사용해서 "예수의 좋은 소식" 일반을 선 포한다.

대 사람인 페트루스 아벨라르두스와 관련이 있다. 단독으로 취해진 모범
적 모델은 펠라기우스주의의 기미와 부적절한 기독론을 갖고 있다.[23] 하
지만 그 모델이 다른 모델들, 특히 베드로전서 2:24에서처럼 대속 모델
과 결합될 때 모범 모델은 제 위치를 찾는다. "선을 행함으로 고난받는
것이 하나님의 뜻일진대 악을 행함으로 고난받는 것보다 나으니라. 그리
스도께서도 단번에 죄를 위하여 죽으사 **의인으로서 불의한 자를 대신하
셨으니**, 이는 우리를 하나님 앞으로 인도하려 하심이라"(벧전 3:17-18).[24]

---

23 Eamon Duffy는 W. H. Auden의 글—가능한 사건은 어느 것도 우리를 구원할 수 없다. 죽
    어 마땅한 우리는 기적을 필요로 한다—에서 거부된 "기독교 자유주의의 특별한 형태"를
    반영하는 아벨라르두스의 "쾌활한 낙관주의"를 폭로한다(Eamon Duffy, *New York Review
    of Books*, July 5, 2001). Green과 Baker는 "모범적" 또는 "도덕적 영향" 이론의 문제를 잘
    요약한다. "**죄**가 다른 설명들에서는 절대적이고 극복 불가능한 장애물인 것과 대조적으
    로 이 이론에서는 상대적이고 극복할 수 있는 장애물로 보인다"(Joel B. Green and Mark
    D. Baker, *Recovering the Scandal of the Cross: Atonement in New Testament and Contemporary
    Contexts* [Downers Grove, Ill.: InterVarsity, 2000], 139).
24 이것이 피학성 고난을 권장한다는 이의가 제기될 수 있다. 하지만 그것이 설령 (그릇되게)
    그런 식으로 이해된다고 할지라도, 공평한 독자에게는 그 텍스트가 일반적인 의미의 고난
    을 권고하는 것이 아니라 구체적으로 그리스도가 수난을 받는 동안 보여준 태도를 본받는
    것으로서 고난을 권고한다는 것이 명백할 것이다. 이 고난은 피학성 연약함에서 나오는
    것이 아니라 내적 강인함에서 나올 것이다. 벧전 3:18은 "의인으로서 불의한 자를 대신하
    셨다"는 어구에서 확실히 일종의 대속을 암시한다. 하지만 이 말들은 "대속적 속죄"나 안
    셀무스의 "만족"이라는 과도한 맥락에 기여하는 방향으로 무리하게 해석되지 말아야 한
    다. 이와 비슷하게, 아내들을 향해 남편들에게 복종할 것을 명하는 엡 5:22-24의 구절—
    이 구절은 여성의 예속을 지지하는 것으로 오용되어왔다—은 "대속적 속죄" 프로그램 개
    념의 맥락에서 이해될 것이 아니라 그리스도가 교회의 머리됨이라는 맥락에서 이해되어
    야 한다. 십자가에서 단서를 얻는 것은 **남편들**에게 주는 명령이다. "남편들아, 아내 사랑하
    기를 그리스도께서 교회를 사랑하시고 그 교회를 위하여 자신을 주심같이 하라"(엡 5:25).

교부 시대

종종 처음 천 년, 즉 안셀무스 이전의 신학에는 대속 또는 교환 모티프가 빠져 있다고 말하거나 그것이 공리로 받아들여졌다. 하지만 그것은 사실이 아니다. 대속은 확실히 우세하지 않았고, 안셀무스 이후에야 비로소 교리적으로 정립되었지만, 그 주제는 그리스 교부들과 라틴 교부들 모두의 시대에 존재한다. 사실 우리가 앞에서 로마서를 언급하면서 주장했듯이 대속은 마치 그것이 당연히 받아들여졌다는 듯이 특별한 강조 없이 등장하는데, 이는 주목할 만한 현상이다.[25]

아타나시오스

그는 성육신을 통해 그리스도 안으로 통합된다는 주제를 다룬 것으로 유명하다. 하지만 "성육신에 대하여"(*On the Incarnation*)라는 그의 논문에서 십자가가 중요한 역할을 한다. 그는 명시적으로 예수가 왜 죽었는지, 그리고 왜 **그런 방법으로** 죽었는지 묻는다. 이 질문들에 대한 그의 대답은 그리스도의 죽음의 **공적인** 특성에 집중된다. 그는 부활의 능력을 보여주기 위해 이것들이 필요하다고 해석한다.[26] 아타나시오스는 마치 그것

---

25 J. N. D. Kelly는 고전적인 책 『고대 기독교 교리』(*Early Christian Doctrines* [New York: Harper and Row, 1959])에서 카이사레아의 에우세비오스, 예루살렘의 키릴로스, 바실레이오스, 나지안주스의 그레고리오스 그리고 요한네스 크리소스토모스 모두 "새로운 아담으로서 구주와 우리 사이의 동족 관계에 기초한 대속"을 말한다는 점을 보여준다(380-6). 하지만 그 뉘앙스에 주목하라. 이 대속 개념은 19세기에 개신교의 정통이 된, 완전히 발전한(과도하게 발전한) 교리와는 같지 않다.

26 아타나시오스의 요점은 저주받은 것으로서 십자가에 대한 그의 강조(갈 3:10-13)에 상응하는, 부활에 대한 바울의 개인적인 믿음의 강렬함(고전 15:1-9)을 암시한다. 달리 말하자면 부활은 십자가에 못박힌 사람의 운명으로는 더욱더 놀랄 만한 것이었다. 사도행전에 나타난 베드로의 설교들 역시 십자가형과 부활 간의 대조를 (누가의 방식으로) 강조한다(행 2:23; 4:10).

이 명백한 듯이 "대신에"라는 어구를 여러 번 사용해서 교환 사상을 제시한다. 그는 그리스도의 죽음에 관해 성경 자체에서 나오는 유동적이고 교환할 수 있는 방식으로 쓴다. 확실히 아타나시오스의 **주요** 주제는 대속(또는 교환)이 아니지만 그의 글에 그 개념이 존재하며 그것이 그에게는 어떤 문제도 야기하지 않는 것 같다. "우리 모두 죽음의 부패에 빠질 운명이기 때문에, 그는 우리의 몸과 같은 몸을 취하여 자기의 몸을 **모든 사람 대신** 죽음에 굴복시켰고 그것을 성부께 드렸다.…그러므로 내가 앞서 말했듯이 말씀 자체는 죽을 수 없었기 때문에 죽을 수 있는 몸을 취해서 **모든 사람 대신** 그 몸을 드렸다."[27]

아타나시오스를 고찰하면 우리는 십자가 신학(*theologia crucis*)은 결코 성육신과 분리되지 않아야 한다는 것을 상기하게 된다. 예수가 자신을 내어준 것은 그가 체포되던 때에 갑자기 발생한 것이 아니었다. 그의 전 생애가 우리로 하여금 인간의 죄성에서 구출받아 의와 생명으로 들어가게 하려고 그가 우리 인간의 죄 있는 본성을 취한, 자신을 내어준 행위다.[28] 우리가 이런 식으로 말할 때마다 교환 사상이 존재한다. 둘째 아

---

27 *De Incarnatione* 8, 강조는 덧붙인 것임. 21에서 아타나시오스는 이 어구("모든 사람 대신")를 세 번째 말한다. 이와 마찬가지로, 『아리우스주의에 반대하는 연설들』(*Orations against the Arians*, 3.31)에서 아타나시오스는 사 53장을 인용하면서 대속과 교환 이미지를 쉽고 자연스럽게 사용한다. 그의 주된 초점은 말씀-육신(*Logos-sarx*) 기독론에 있지만 말이다. 아타나시오스는 교부들 중에서 이례적으로 십자가형의 "무섭고 수치스러운" 특성을 강조하면서 그것을 갈 3:13과 명시적으로 연결한다. "주께서 우리를 대신하여 이것을 겪은 것은 당연한 일이었다. 그분이 우리에게 지워진 저주를 친히 짊어지기 위해 오셨다면, 어떻게 우리가 '저주를 받았는데' 그가 저주받은 자의 죽음을 당하지 않을 수 있었겠는가? 바로 이것이 '나무에 달린 자는 저주를 받은 자'라고 기록된 말씀의 의미다"(*De Incarnatione* 24, 25).

28 Arthur Lyttleton은 성육신과 십자가형 간의 연결 관계를 멋지게 설명한다. 그는 "[하나님께서] 죄를 알지 못하신 자를 죄가 되게 하셨다"(고후 5:21)는 바울의 말을 인용하고 어떻게 이 일이 가능한지 묻는다. 그러고 나서 그는 이렇게 대답한다. "그 난제의 해결은 성육신의 진리에서만 발견할 수 있다. 그 희생제물이 대표적인 것이 되기 위해, 그[그리스도]

담이 승리자로서 (첫째) 아담을 대신하여 그 자리로 들어왔기 때문에 "아담"은 **죄**와 **사망**의 통치 아래 있던 자기의 자리에서 **쫓겨난다**.

푸아티에의 힐라리우스

그는 교부 시대에 일반적이었던 재연(다음 장을 보라)이라는 단어를 사용해서 라틴 교부들로부터 나온 예를 제시한다. 하지만 그는 그것을 갈라디아서 3:13에서 빌려온 대속 용어와 부드럽게 결합한다. "그는 율법의 저주를 없애기 위해 자신을 저주 받은 자의 죽음에 내주었다."[29] 안셀무스의 선구자로 여겨져온[30] 힐라리우스는 "만족"을 "희생제사"와 동의어로 사용했다. 이와 비슷하게 힐라리우스와 같은 시대 사람인 **빅토리누스**는 희생제사보다는 대속을 말한다.[31]

암브로시우스

그는 갈라디아서에 나타난 주제를 눈에 띄게 반향하는데, 그것을 "육신의" 성육신에 대한 강조와 결합한다. "예수는 죄 있는 육신의 저주를 없애기 위해 육신을 취했으며 저주가 축복에 삼켜지게 하려고 우리 **대신**

는 우리의 인성 전체를 취했다.…우리가 그를 죄를 담당한 자로 보는 것은 그의 죽음에서만이 아니고 그의 삶 전체를 통해서였다.…십자가형은 비록 특별한 의미에서 그가 그 아래에 자신을 내어준 "저주"의 발현인 것은 의심의 여지가 없지만[갈 3:11-13에 대한 언급과 십자가형에서 제 2위격의 능동적 선택을 주목하라], 영광스럽고 괴롭힘을 당하지 않은 삶의, 예기치 못한 수치스러운 종말로 다가오지 않는다. 우리는 그의 생애의 어떤 한 순간에…그가 비로소 죄악을 짊어지기 시작했다고 말할 수 없다. 그가 취한 본성은…그것 자체가 필수적인 인간 관계에 의해 죄를 짊어지는 것이었기 때문이다." Lyttleton은 많은 성공회 신자들처럼 예수의 대속적 희생으로서 십자가를 강조한다. Lyttleton, "The Atonement," 296.

29 Hilary, *Tractatus super Psalmos* 68, 23, in Kelly, *Early Christian Doctrines*, 388.
30 Pelikan, *Emergence of the Catholic Tradition*, 147; Kelly, *Early Christian Doctrines*, 388도 보라.
31 Kelly, *Early Christian Doctrines*, 388.

저주를 받았다.…그는 또한 그 선고가 집행되어서 죄 있는 육신은 죽음에 이르기까지 저주를 받아야 한다는 심판을 만족시키기 위해 친히 죽음도 짊어졌다."[32] 켈리는 암브로시우스에게서 교부들의 재연 모티프가 대속 모티프 및 심지어 형벌을 당한다는 언급과도 결합되었음에 주목한다. "그리스도는 인성을 공유하기 때문에 자신이 죄 있는 인간을 대속하고, 그들 대신 그들의 벌을 받을 수 있었다."[33]

알렉산드리아의 키릴로스

그는 아마도 [대속을] 가장 명시적으로 언급한 교부일 것이다. 그는 그리스도가 "우리의 허물 때문에 맞았고[사 53장],…죄인들에게 임해야 마땅한 이 징벌이…그에게 임했다"고 썼다. 켈리는 키릴로스의 "지침이 되는 사상"이 "형벌 대속"이라고 말하는 데까지 (아마도 너무 지나치게) 나아간다.[34]

사르디스의 멜리토

멜리토는 놀라운 부활절 설교에서 적어도 다섯 개의 모티프를 연결한다.

주님은…고난 받는 사람을 위해 고난 받으셨고, 옥에 갇힌 사람을 위해 결박되셨고, 정죄 받은 사람을 위해 심판을 받으셨으며, 묻힌 사람들을 위해

---

32 Ambrose, *De fuga saeculi* 44, in Kelly, *Early Christian Doctrines*, 389, 강조는 덧붙인 것임. 목록은 계속된다. 히에로니무스는 그리스도가 "우리가 우리의 범죄로 인해 당해야 할 형벌을 우리 대신 당했다"고 썼다(Kelly, 390에 인용됨). Kelly는 암브로시우스가 그리스도의 죽음을 하나님의 공의의 요구를 만족시키는 희생제물로 설명한 안셀무스의 원형적인 설명을 제시함을 보여준다(389).

33 Kelly, *Early Christian Doctrines*, 389.

34 Kelly, *Early Christian Doctrines*, 398에 인용됨.

묻히셨습니다. 그러므로 죄로 더럽혀진 모든 인간 가족들이여, 와서 죄 사함을 받으십시오. [우리 주님은 이렇게 말씀하십니다.] "나는 너의 사면이다. 나는 너의 구원의 유월절이다. 나는 너를 위해 희생된 어린 양이다. 나는 너의 속전이다. 나는 너의 생명이다. 나는 너의 부활이다. 나는 너의 빛이다. 나는 너의 구원이다. 나는 너의 왕이다. 나는 너를 하늘의 높은 곳으로 인도한다. 내가 네게 영원한 아버지를 보여주겠다. 나는 너를 내 오른손으로 일으킬 것이다."[35]

칼 바르트는 멜리토의 이 증언이 "우리 대신 심판 받은 심판자" 모티프가 이르게는 2세기에 존재했다는 설득력 있는 증거라고 생각한다.[36]

나지안주스의 그레고리오스

그는 매우 구체적으로 표현한다. 그리스도는 "온 세상을 깨끗하게 하기 위해 죄의 권세에서 우리를 해방하고 **우리 대신** 자신을 속전으로 주기 때문에" 우리를 구원한다.[37]

---

35 Melito of Sardis, 유월절 설교(또는 유월절에 관한 설교). 이 설교는 kerux.com에서 쉽게 찾아볼 수 있다. 문학적으로나 수사학적으로 놀라울 정도로 현란한 이 작품은 1930년에야 비로소 발견되었으며(Michigan-Beatty Papyrus), 1949년대에 출판되었다. 멜리토는 사르디스의 주교였고 190년쯤에 사망했다.

36 Barth, *CD* IV/1, 211. 개인적인 증언을 하자면 나는 로마에 있는 미국 성공회 성당인 성 바울 성당의 부활절 예배에서 멜리토의 설교가 낭독되는 것을 처음 들었는데, 그것을 듣고 깜짝 놀랐다.

37 Gregory of Nazianzus, *Oratio in laudem Basilii* 30.20, in Kelly, *Early Christian Doctrines*, 384.

요한네스 크리소스토모스

그는 모든 교부 중에서 가장 분명하게 이것을 설명한다. 켈리는 우리의 주제와 관련이 있는 가르침을 요약한다. "그리스도는…우리 대신 자신을 대체함으로써 우리를 구원했다. 그는 의로움 자체였지만, 하나님은 그가 죄인으로서 정죄 받고 저주 아래 있는 자로서 죽도록 허락했다. 하나님은 우리가 마땅히 당해야 할 죽음뿐만 아니라 우리의 죄책도 그에게 옮겼다."[38]

이 예들은 우리가 종종 듣는, 대속 모티프가 첫 번째 천 년에는 알려지지 않았다는 주장이 지지될 수 없음을 보여준다. 대속 모티프는 처음부터 존재했다. 그것은 단지 개신교 정통파의 고정 관념이 아니었다. 교부들에게 그 모티프는 그들이 성경에 몰두한 데서 유기적으로 발생했으며 그들의 저술에서 다른 주제와 결합되었다.

중세 시대

교부 시대의 이러한 예들에 덧붙여 우리는 그 후 몇 세기의 예들에 주목한다(우리는 앞서 안셀무스를 다루었다).

생 빅토르의 리샤르(1173년 사망)

안셀무스의 한 세대 뒤 인물인 리샤르는 안셀무스와 독립적으로 글을 썼다. "그들은 영원한 정죄의 빚에 사로잡혀 있었다. 그 정죄가 그들에 대한 것이었기 때문이 아니라 그리스도의 죽음으로 그들이 풀려나지 않았

---

38 John Chrysostom, *Homiliae in epistulam ad Hebraeos* 15.2, in Kelly, *Early Christian Doctrines*, 386. (하지만 우리는 이 구절에서 성부와 성자 간의 분열을 암시하는 이례적인 경향을 주목해야 한다. 그것은 오늘날 대중적인 기독교 신앙에서와 마찬가지로 교부들에게도 허용되지 않는다.)

다면 그 저주가 그들에 대한 것이었을[fuisset] 것이기 때문이다."³⁹ 이는 갈라디아서 3장과 로마서 5장이 반향하는 것과 똑같은 방식으로 교환 또는 대속 주제를 강하게 반향한다. "아담"에게 속하는 것이 적절했던 **율법** 하의 "영원한 정죄" 선고가 그리스도의 죽음으로 말미암아 제거되었다. 교부 시대에도 대속 모티프는 주장된 것이 아니다. 그것은 단순히 사실로 상정되었다.⁴⁰

토마스 아퀴나스(약 1225-1274년)

그가 말한 다음과 같은 구절이 인용될 수 있다. "우리를 죽음에서 구하기 위해 그가 죽는 것이 적절했듯이, 우리의 죄책을 담당하고 우리를 지옥에 내려가는 것에서 구하기 위해 그가 지옥에 내려가는 것이 적절했다." 그러고 나서 토마스는 자기보다 앞선 시기의 많은 사람이 그랬듯이 이사야 53장을 인용한다. "이사야의 말에 의하면, '실로 그는 우리의 질병을 짊어지고 우리의 고통을 당했다.'"⁴¹ 앞 장에서 우리는 토마스가 그리스도께서 죄인들의 상태와 운명에 완전히 참여했음을 강조한다는 것을 보았다. 대속 주제는 명시적으로 드러나지 않지만 그 개념은 배경에 존재하는데 특히 이사야 53장이 인용될 때 그러하다.

---

39 Hans Urs von Balthasar, *Mysterium Paschale: The Mystery of Easter* (San Francisco: Ignatius, 2000), 166에 인용됨.

40 성육신적인 구원의 방법 설명은 승리자 그리스도 주제를 갖고 있는 그리스 교부들에게서 두드러진다. 실제로 십자가를 명시적으로 언급하지 않고도 성육신을 환기할 수 있었다. 오늘날에도 많은 사람이 이 방법을 선택해서 복음을 크게 훼손한다. 교부들의 글은 치밀하고 조심스럽게 읽혀야 한다. Aulén 이후 많은 사람이 그리스 교부들과 라틴 교부들에게서 승리자 그리스도 모티프가 지배적이었다고 널리 가정해왔다. 따라서 "4세기에 그리스 구원론의 주류"는 성육신이나 승리자 그리스도가 아니라 "그리스도의 사역을 성부께 드려진 희생제물의 관점에서 해석한 교리"였다는 것을 알게 되면 우리는 경악할 것이다(Kelly, *Early Christian Doctrines*, 384).

41 *Summa Theologiae* IIIa, q. 52, a. I, c.

예비적 결론

대속 주제가 안셀무스와 함께 등장했다고 말하는 것은 정확하지 않으며, 우리가 그것을 벗어나 승리자 그리스도 모티프로 들어갈 수 있다고 제안하는 것은 무책임하다. 신약성경, 교부, 스콜라/중세 신학, 그리고 훗날 루터에게서 나타난 모든 형태의 승리자 그리스도 이미지에서 그 이미지는 인간이 죄에 속박되어 있고 구출될 필요가 있다는 깊은 확신을 지니고 있다. 십자가에 관해 말하는 이 두 가지 방식은 성경에 창의적으로 공존하며 서로를 해석한다. 안셀무스와 종교개혁자들보다 오래전에 교부들의 해석에서 그러했듯이 말이다.

안셀무스 이후 대속 모티프

우리는 "가교"장에서 안셀무스를 정당하게 평가하려고 시도했다. 그가 "만족"을 그를 지도하는 아이디어로 사용했다는 점에서 "대속"이라는 단어가 그의 주제를 정확히 요약하지는 않는다. 하지만 일반적으로 그가 주의깊게 논증한 입장을 통해 개신교에서 대속이 십자가에 관해 말하는 **지배적인** 방식이 되었다고 평가되는데, 이는 부정확하지 않은 평가다. 안셀무스의 합리주의적이고 스콜라주의적인 논증 방식은 엄청난 영향을 주었으며, 훗날 십자가 해석에서 궁극적으로 불행한 결과에 이르게 된 경향으로 나아가는 길을 열었다. 그러나 이런 일이 곧바로 발생하지는 않았다. 특히 칼뱅은 성경과 교부들에 대한 방대한 지식을 가지고 대속 모티프를 매우 권위 있게 다루었다.

마르틴 루터

개신교의 여러 진영에서 믿음으로 말미암는 칭의와 전가된 의가 더 강조됨에 따라 루터에게 매우 두드러졌던 승리자 그리스도 주제는 중요성이 줄어들었다. 아울렌은 루터의 확고한 선포에 주의를 되돌리는 데 성공했다. "그리스도의 승리…**율법, 죄,** 우리의 육신, 세상, 마귀, 사망, 지옥 그리고 모든 악에 대한 승리. 그는 이 승리를 우리에게 주셨다."[42] 루터는 신약성경 서신서 서론에서 이렇게 쓴다. "이 책들[요한 서신, 베드로전서, 바울 서신]에서 당신은 그리스도에 대한 신앙이 어떻게 **죄와 사망**과 **지옥**을 정복하고 생명과 의로움과 구원을 주는지에 관한 훌륭한 설명을 발견할 것이다. **이것이 바로 복음의 진정한 정수다.**"[43]

이것은 루터가 승리자 그리스도의 복음을 옹호하는 수천 개의 예 중 두 가지 예일 뿐이다. 이보다 더 힘차고 분명한 개인적 확신을 가지고 이렇게 선포한 사람은 아무도 없었다. 하지만 루터를 이 주제에만 제한하는 것은 잘못이다. 그의 갈라디아서 주석을 예증 텍스트로 사용하면 우리는 놀라울 정도로 광범위한 이미지들을 발견한다. 갈라디아서 1:4과 3:13을 다루는 불과 몇 쪽의 지면에서 우리는 속전, 구속, 값, 희생양, 만족, 희생제물, 사탄, 하나님의 진노, 경건치 않은 자의 칭의, 중재자이신 그리스도, 우리 죄를 십자가에 못 박음(골 2:14에서처럼), 유월절 양, (구체적으로 인용된 사 53장과 더불어) 대속 그리고 승리자 그리스도 주제에 대한 언급을 발견한다.[44] 아울렌은 루터가 3:13("그리스도가 우리를 위하여 저주를 받

---

42   Martin Luther, *Commentary on the Epistle to the Galatians* (1535) (Wheaton, Ill.: Crossway, 1998), 1:1(『마르틴 루터, 갈라디아서』, 복있는사람 역간).

43   *Preface to the New Testament* 초판(1522)에서 인용함.

44   모든 사람이 그를 알 만한 Jaroslav Pelikan은 "그리스도의 구속 사역에 관한 루터의 묘사의 이질성"을 지적하고, 이 다양성을 해석하는 방법은 바로 "서로 모순되는 이 모든 언어를 단 하나의 이론으로, 심지어 '고전적인 아이디어'로도 [Aulén은 승리자 그리스도 주제가 첫 천년기에 매우 두드러졌기 때문에 그것을 '고전적'이라고 불렀다] 축소하지 **말도록** 경고한다"(Jaroslav Pelikan, *Christus Victor: An Historical Study of the Three Main Types of the Idea of the Atonement* [New York: Macmillan, 1969] 초판 서문, xvi). 이것은 바로 본서의 목표다.

왔다")을 다룬 갈라디아서 주석의 한 구절을 길게 인용하는데, 그 구절은 확실히 루터의 가장 활기찬 문체로써 승리자 그리스도 주제를 우렁차게 선언한다. 루터는 대개 그리스도가 **죄, 율법, 사망,** 마귀에 맞서 싸운 "전투"를 언급한다. 하지만 이 "전투"에 대한 루터의 숙고는 **그리스도께서 승리자가 된 방법은 우리를 위한 그리고 우리를 대신한 그의 죽음을 통한 것이었다**고 암시한다. 두 적수의 충돌은 십자가에서 절정에 이르렀다.

루터는 우리가 정죄에서 해방될 수 있도록 그리스도가 **율법**의 고소에 복종한 것을 거듭 강조한다. "**율법**은…저주 받고 지옥에 떨어질 우리를 대적했다." 하지만 그것은 무엇보다도 자신을 그리스도 위에 두었다. "그것은 그리스도를 하나님 앞에서 온 세상의 죄를 진 죄인으로 만들었으며, 그분을 정죄해서 죽음 심지어 십자가의 죽음에까지 이르게 했다."[45] "대속"이라는 단어가 사용되지는 않았지만 그 개념은 분명히 존재한다. 이 부분의 다른 전형적인 구절에서 루터는 그리스도가 "우리의 인격을 입고, 자신을 **율법**에 복종시켰다"고 쓴다. 루터가 "우리를 대신하여"라고 쓰지 않았다고 주장하는 것은 논리를 왜곡하는 것이다. 갈라디아서 3:13을 주석한 구절이 이 점을 잘 지적한다.

> [그리스도는] 온 세상의 죄를 위해 희생제물이 되고 있기 때문에 그는 이제 무고한 사람이자 죄가 없는 사람으로 [십자가에] 달려 있는 것이 아니다.…
> 그는 신성 모독자·압제자·박해자였던 바울의 죄와 그리스도를 부인한 베드로의 죄 그리고 간음한 자·살인자·이방인들로 하여금 주의 이름을 모독하게 했던 자인 다윗의 죄를 짊어지고 있는 죄인이다. 간단히 말해서 그는 자신의 피로 모든 사람을 위해 만족스러운 보상을 지불하려고 자신의 몸에

---

45   Luther, *Galatians*, 갈 4:4 주석.

사람들의 모든 죄를 지니고 그것을 견딘다.[46]

루터는 그의 갈라디아서 주석 내내 이 주제를 다양하게 제시한다. 하나
님의 아들은 아담으로서, 죄 있는 인간으로서, **율법** 아래에서 정죄받은
사람으로서 자신을 내어준다. 이것이 우리가 12장에서 검토할 재연 주제
다. 이런 의미에서 그는 원래의 아담, 즉 우리 모두를 자신으로 대체했다.

장 칼뱅

칼뱅은 대속 모티프를 강조한 것으로 유명하다. 칼뱅이 교회의 많은 사
람에게서 부당한 오명을 받았기 때문에, 칼뱅과 대속 모티프가 연결된
것이 몇몇 진영에서 일반적으로 대속을 싫어하는 데 기여했을지도 모른
다. 많은 칼뱅 비방자는 종종 그의 신학적 관심사들이 얼마나 심오하게
목회적인지 이해하지 못한다. 칼뱅은 자신을 "떠는 양심"이라고 칭한다.
그의 모든 저술은 그리스도인들이 하나님 앞에 서는 것에 대해 염려하지
않기를 바라는 바람으로 가득 차 있다. 그리스도는 우리가 "심판에 대한
평온한 기대"를 갖고 살 수 있도록 "자기 백성의 양심을 보살피기" 위해
임명되었다.[47] 그가 그리스도에 대해 말하는 모든 것은 이에 비추어 이해
되어야 한다.

　　칼뱅과 안셀무스가 가까운 협력자로 보이겠지만, 그들의 방법은 판
이하다. 안셀무스를 가장 높이 평가하는 사람들조차 안셀무스가 제시하
는 방법은 칼뱅의 방법처럼 목회적인 의도를 지니기는 했지만 지나치게

46　Luther, *Galatians*, 갈 3:13 주석.

47　이 단락에서 칼뱅에 대한 모든 인용은 그의 *Institutes* 2.16.5에서 온 것이다. 사용된 영어
　　번역본은 *Institutes of the Christian Religion*, ed. John T. McNeill, trans. Ford Lewis Battles,
　　Library of Christian Classics(Philadelphia: Westminster, 1960)이다.

도식적인 합리주의에 빠졌다는 점을 인정할 것이다. 안셀무스와 비교하면 칼뱅은 설교자와 이야기꾼에 더 가깝다. 예컨대 여기서 칼뱅은 문자적으로 또는 융통성 없이 그것을 고집하지 않으면서 일반적인 대속 사상을 포착한다. "따라서 우리는 그리스도가 죄인과 범죄자를 대표하는 것으로 이해한다. 동시에 그의 무죄가 빛을 발하고 그가 자신의 범죄로 고난당하는 것이 아니라 다른 사람을 위하여 고난당한다는 것이 명백해진다"(2.16.5).

대속과 관련하여 칼뱅을 더 깊이 이해하기 위해서는 우리가 성경에 나타난 하나님의 진노 주제를 간략히 다시 살펴볼 필요가 있다.[48] 우리는 칼뱅이 하늘에 (또는 이 문제에 대해서는 제우스나 오딘이 이 세상을 활보하듯이 지상에) 있는, 화를 잘 내고 심술궂은 노인을 언급하고 있는 것이 아니라는 점을 이해하기 위해 열심히 노력해야 한다. "하나님의 진노"를 **상징적인 언어**로 읽는 것이 중요하다. 그것은 하나님의 선한 창조를 망치고 파괴하려는 모든 것에 대한 하나님의 영원한 반대를 표현하는 비유적인 방법이다.[49]

---

48 확실히 오늘날의 독자에게는 많은 어려움이 있다. 칼뱅의 언어는 종종 현대의 정서에 거슬린다. 예컨대 그는 "하나님의 진노와 복수", "하나님의 진노와 적대감"에 대해 말한다. 그는 진정, 만족, 심판, 형벌, 복수 등을 언급한다(2.26.1). 인간은 "진노의 상속자, 영원한 죽음의 저주를 받은 자…사탄의 종, 죄의 멍에 아래 사로잡힌 자, 궁극적으로 끔찍한 멸망이 예정된 자"다. 성자는 하나님의 "의로운 복수"를 "자신이 감당했다"(2.16.5). 이 용어를 싫어해서 그것을 통해 칼뱅의 저의를 파악하기를 어려워하는 사람들이 있다. 그들은 이 진노와 복수가 본질적으로 파괴적인 힘으로 이해되는 **죄**를 향하지, 성자를 향하지 않는 것은 물론이고 무력한 개인들을 향하는 것도 아니라는 것을 이해하지 못한다.

49 칼뱅은 그가 쓰고 있는 많은 내용이 신인동형론적이고 우둔하게 들린다는 것을 알고 있다. 그는 구약성경의 제사들을 그리스도가 수행한 속죄에 대한 **비유**로 사용한다. 주의깊게 읽으면 우리는 그가 이것을 **문자적으로** 의미하지 않았다는 것을 알 수 있다. 구약의 제사들은 그리스도 안에 있는 그것들의 원형과 "같았다." 우리는 칼뱅의 교의적이고 단호한 어조에 의해 오도당하지 말아야 한다. 그는 이 모든 것을 올바로 말하는 방법을 모색하고 있으며, 자기가 사용하는 용어가 부적절하다는 것을 인식한다. 그래서 그는 "말하자면"과

대속과 관련한 주된 문제 중 하나는 그것이 너무 쉽게 조잡하게 해석될 수 있다는 것이다. 『기독교 강요』에서 핵심적인 구절을 대충 훑어본 독자는 우리가 피하고 싶어 하는 신학적 오류들을 뒷받침하는 것으로 보이는 어구들과 문장들을 재빨리 찾아낼 것이다. 예컨대 이 구절에서 칼뱅은 진정(鎭靜)을 말한다. "아무도 자신을 향한 하나님의 진노와 적대감을 느끼지 않고 자신 안으로 깊이 내려가 자신의 존재를 심각하게 고려할 수 없다. 그러므로 그는 반드시 하나님을 진정시킬 방법과 수단을 진지하게 찾아야만 한다. 그리고 이것은 만족을 요구한다"(2.16.1).

칼뱅은 우리가 인간과 하나님 사이의 단절이 얼마나 치명적이고 심각한지 이해하기를 원한다. 바울이 로마서 1:18-3:19에서 하나님의 진노에 대해 묘사한 것은 이 대목의 논의와 잘 들어맞는다. "최고의 의로움인 하나님은 그가 우리 모두 안에서 보는 불의를 사랑할 수 없다"(2.16.3). 하나님이 우리를 "현재 모습 그대로" 사랑할 수 없다는 이 개념은 "자존감"에 익숙해진 오늘날의 많은 그리스도인에게 대단히 모욕적이다. 하지만 "주님은 우리 안에 있는 자신의 소유인 것을 잃어버리지 않기를 원하기 때문에, 자신의 호의에서 여전히 사랑할 어떤 것을 찾는다"(2.16.3). 우리의 자아도취에 대한 교정으로서, 죄 있는 인간과 의로운 하나님 간의 단절에 관한 칼뱅의 용어를 이해하기 위해 추가로 노력을 기울일 가치가 있다.

하나님의 "진노와 적대감"은 소심한 영혼에 걱정의 원인이 되지만 칼뱅은 우리가 "진정의 수단"이 우리 안에 있지 않다는 것과 그것을 우

"어찌어찌하여"라는 말을 사용한다(예컨대 우리의 죄가 "어찌어찌하여" 성자에게 옮겨졌다). 칼뱅은 심지어 십자가가 분명히 물질적인 대상이지만 그것을 "상징"으로 언급하기까지 한다(2.16.6-7). 이와 같이 다양한 방식으로 칼뱅은 "옛 비유들"(2.17.4)이 그 자체를 넘어 무한히 더 큰 의미의 복합체를 가리킬 수 있다고 암시한다.

리에게서 찾는 것은 시간 낭비라는 것을 깨닫기를 원한다. 그는 우리가 그 수단을 하나님에게서 찾기를 원한다. 하나님이 우리 안에서 사랑하는 것은 (오늘날 우리가 끊임 없이 "존중"하라고 촉구받는) 우리의 구원 받지 못한 자아가 아니다. 하나님이 우리 안에서 사랑하는 것은 **그분이 우리 안에서 중생의 사역을 수행할 때 우리가 장차 될 모습**이다. 칼뱅은 2.16.1에서 시작해서 십자가에 달리는 것이 어떤 의미인지에 대해 마음을 쓰는 사람에게 상당한 긴장감을 자아내는 논증에 착수한다. 2.16.2에서 그는 로마서 5:10, 갈라디아서 3:10 그리고 골로새서 1:21-22을 인용한다. 이 세 구절 모두 그리스도가 중재할 "때까지"는 마치 성부가 우리를 정죄하는 경향이 있는 것처럼 들리게 하는 "때까지"가 포함되었다. 이것을 읽는 사람 대다수는 이것이 그사이에 어떤 일이 일어나서 성부의 마음에 변화를 일으켰음을 의미하는 것으로 이해하는 경향이 있을 것이다. 하지만 칼뱅은 지적으로 세련된 방식으로 우리가 이런 유의 표현들을 문자적으로 해석해서는 안 된다고 설명한다. "이런 유의 표현들은 그리스도가 아니었다면 우리의 상태가 얼마나 비참하고 파괴적인지를 우리가 더 잘 이해할 수 있게끔 우리의 능력에 맞춰진 것이다. 하나님의 진노와 복수 그리고 영원한 죽음이 우리 위에 놓여 있다는 것이 분명하게 진술되지 않는다면, 우리는 하나님의 자비가 없이는 우리가 얼마나 비참했을지 인식하지 못할 것이고 해방의 유익을 평가 절하할 것이기 때문이다"(2.16.2).

칼뱅은 그리스도 안에서 발생한 것에 관한 "이런 종류의 표현들"이 "[성령에 의해] 우리의 연약한 이해력에 맞게 완화되어야" 한다고 우리에게 주의를 준다.[50] 오늘날 신학자들은 이런 이미지를 암시하는 것조

---

50 칼뱅의 "표현들"이 충분히 누그러지지 않은 것 같다고 항의할 사람이 있을 것이다! 우리가 칼뱅이 실제로 그 표현들이 어떤 의미로 이해되기를 원했는지 알기 위해서는 상당한 노력이 필요하다. 오늘날 많은 독자들은 성부의 "진노와 복수"를 "누그러뜨리기" 위해 성

차 피하려고 조심할 것이다. 칼뱅이 우리를 덫에 빠뜨렸는가? 이것이 우리가 그의 글을 읽을 때 느끼는 긴장의 일부다. 그러나 우리가 주의한다면 칼뱅이 우리가 살펴볼 또 다른 "때까지" 구절을 제시했다는 것을 알게 될 것이다. "우리는…그의 자비로써 우리를 기다리고 있는 하나님이 그리스도를 통해 우리에게 화해될 때까지 우리의 원수여야 했다는 것이 얼마나 맞는 말인지 알아야 한다. 하나님이 그의 값 없이 주는 은총으로 우리를 이미 포용하지 않았더라면 어떻게 그의 단 하나의 사랑의 보증인 자신의 독생자를 우리에게 내줄 수 있었겠는가?"(2.16.2)

이 두 문장에 역설이 들어 있다. 독자는 혼동할 수도 있지만 칼뱅은 매우 영리한 사상가여서 자기가 여기서 무슨 말을 하고 있는지 모르지 않는다. 첫째, 그는 성자가 **성부를 우리**에게 화해(이는 달램의 언어다)시킬 "때까지" 성부가 우리의 원수였다고 말한다. 그리고 나서 그는 수사학적 질문을 제기함으로써 그가 향하고 있는 방향에 대해 우리의 동의를 구한다. 성부가 **먼저** "그의 값 없이 주는 은총으로 우리를 포용했고" **그리고 나서** 아들을 주시지 않았더라면 어떻게 성자의 삶과 죽음이 그의 적의가 아닌 사랑의 표가 될 수 있단 말인가? 이것이 어떻게 "맞는 말인가?"

이제 우리는 『기독교 강요』(2.16.1-4)에서 기독교 신학의 정점 중 하나에 이른다. 사려 깊은 독자는 성부가 십자가형이라는 역사적 사건을 통해 우리에게 화해되어야 했다고 말하는 것으로 보임으로써 칼뱅이 궁지에 몰리지는 않았는지 궁금해 한다. 성부와 성자는 분리된 것으로 보이고 성부 안에서 변화가 일어난 것으로 보인다는, 우리가 규명한 두 가

자의 고난이 필요했다는 칼뱅의 묘사가 사실이라고 결론을 내리기 쉬울 것이다. 칼뱅이 오늘날 글을 쓴다면, 자기가 말하려는 요지를 정확히 하기 위해 다른 단어를 사용해야 했을 것이다. 우리는 칼뱅의 가장 중요한 수정자인 Karl Barth가 이런 종류의 언어를 포기한다는 점을 잠시 후에 살펴볼 것이다.

지 오류 모두 여기서 유리한 위치를 차지하는 듯하다. "하나님이 그리스도를 통해 우리에게 화해될 때까지…우리의 원수여야 한다는 것이 맞는 말이다"[51]는 문장을 읽을 때 우리는 근본적인 뭔가가 위협받고 있음을 알아챈다. 독자들은 거의 확실히 하나님 안에서 시간적 변화가 일어났다고 추정할 것이다.

하지만 칼뱅은 이 모든 것을 예상했다. 그는 네 번째 단락에서 자신이 요한복음 3:16과 로마서 5:10을 비교한 데서 기인한 것으로 보이는 문제를 언급하면서 하나님의 사랑하는 목적이 "창세 전에" 존재했다는 에베소서 1:4-5을 인용하여 모든 오해를 불식시킨다. 그러고 나서 칼뱅은 다소 매력적으로 이렇게 쓴다. "하지만 고대 교회의 증언을 요구하는 사람들에게 이 점을 더 확실히 하기 위해, 나는 바로 그렇게 가르치는 아우구스티누스의 한 구절을 인용하겠다." 장 칼뱅(16세기)을 통해 인용된 히포의 아우구스티누스(5세기)의 구절은 다음과 같다.

하나님의 사랑은 헤아릴 수 없고 변하지 않는다. 우리가 그의 아들의 피로 말미암아 그에게 화해된 **뒤에** 그가 우리를 사랑하기 시작한 것이 아니었다. 오히려 그는 세상이 창조되기 전에 우리를 사랑했다.…우리가 그리스도의 죽음을 통해 화해되었다는 사실은 그의 아들이 우리를 [성부께] 화해시킴으로써 전에는 그가 미워했던 자들을 이제 사랑하기 시작한 것처럼 이해되어서는 안된다. 오히려 우리는 죄 때문에 우리가 원수가 되어 있던 그분, 우리를 사랑하는 그분과 이미 화해된 상태였다. 내가 진리를 말하고 있는지 그 사도가 증언할 것이다. "우리가 아직 죄인 되었을 때에 그리스도께서 우

---

51 오늘날 일반 독자는 여기에 생략된 "그의 자비로 우리를 기다리고 있는"이라는 어구를 간과할 것이다.

리를 위하여 죽으심으로 하나님께서 우리에 대한 자기의 사랑을 확증하셨느니라"(롬 5:8). 그러므로 우리가 하나님을 향하여 적대감을 품고 악행을 저지를 때에도 그는 우리를 사랑했다. 따라서 놀랍고 신적인 방법으로 그는 우리를 미워할 때에도 우리를 사랑했다. 그는 우리의 모습이 자기가 만든 모습이 아니기 때문에 우리를 미워했다. 그러나 우리의 사악함이 그의 작품을 완전히 소멸하지 않았기 때문에 그는 우리 각 사람 안에서 **우리**가 만들어 놓은 것을 미워하는 동시에 또한 **그분**이 만든 것을 어떻게 사랑할지 알았다.[52]

이로써 우리는 갈라디아서 3:13-14의 이 단순한 요약에 전달된 칼뱅의 대속 교리를 받아들일 더 나은 위치에 있게 될 것이다. "십자가는 인간의 견해에서만 아니라 하나님의 율법에서도 저주를 받은 것이다(신 21:23). 그러므로 그리스도가 십자가에 달렸을 때 그는 자신을 저주에 복종시킨 것이다. 모든 저주—우리의 죄로 인해…우리에게 놓인 저주—가 우리에게서 제거되고 그에게 옮겨질 수 있도록 그 일이 이런 식으로 발생해야 했다"(2.16.6).

종교개혁 후기 스콜라주의에서 형벌 대속

칼뱅 이후 개신교 학자들은 다른 경향을 보였다. 신약성경은 차치하고 칼뱅의 저술에서 대속 모델은 다른 어떤 것보다 정형화되었다. 특히 개혁주의 진영 전통에서 발전된 대속 모델은 다음과 같이 요약될 수 있다.

---

52 Augustine, *John's Gospel* 110.6, 칼뱅의 *Institutes* 2.16.5에서 인용됨, 강조는 덧붙인 것임. 아우구스티누스가 사용한 "미워하다"라는 단어는 "완강히 반대하다"와 비슷한 뜻이다. 그는 확실히 "미워하다"를 인간의 감정의 의미로 사용하지 않았다.

- 아담의 원죄의 결과 모든 인류는 죄로 더럽혀졌고 하나님의 진노의 대상이 되었다.

- 하나님은 마치 죄가 발생하지 않은 것처럼 죄를 간과할 수 없다. 죄는 반드시 처벌되어야 한다.

- 하나님의 독생자 예수가 죄인의 자리로 들어와 그 처벌을 자신이 짊어졌다.

- 십자가 상에서, 특히 유기의 부르짖음에서 보여진 것처럼 예수는 죄에 대한 저주에 처해졌고 하나님의 심판을 받았다.

- 예수는 하나님의 진노를 자신에게 돌림으로써 인류에게서 그 진노를 제거했다.

소위 대속 모델이라는 이 발전된 모델은 19세기 개신교와 복음주의 진영 및 개혁주의 전통과 관련이 있다. 이 모델은 찰스 하지(1797-1878)가 프린스턴 신학교에서 50년간 재직하는 동안 그를 통해서 강력하게 확산되었고, 몇몇 보수적인 복음주의 진영에서 오늘날까지도 표준이 되어 있다(그것이 최근에는 토대를 잃어왔지만 말이다). 하지만 오늘날 미국, 캐나다, 영국의 일부 보수적인 개신교 진영 내부에서조차 19세기와 20세기에 널리 가르쳐진 형벌 대속 모델은 재고되고 수정되어야 한다는 의견의 일치가 이루어지고 있다.

실제로 그 모델이 성경적인지 의문을 제기할 좋은 이유가 있다. 예컨대 하지는 성경에 사용된 표현과 조금도 비슷해 보이지 않는 "법정적인 형벌적 만족" 같은 표현들을 사용했다.[53] 형벌 대속을 지지하는 설교자들과 교사들은 성경의 다채로운 모티프들을 부분적으로는 안셀무스에

---

53   Charles Hodge, *Systematic Theology*, vol. 2 (Grand Rapids: Eerdmans, 1981), 488.

게서 유래한, 협소하게 정의되고, 도식적이며, 합리주의적이고, 매우 개인주의적인 대속 모티프 안으로 욱여넣었다(안셀무스의 지나치게 합리주의적인 접근이 악영향을 주었다는 점이 인정되어야 한다). 이처럼 안셀무스를 몰지각하게 사용한 것이 "법정적인 형벌" 모델에서 돌아선 사람들이 그의 저서에 가했던 엄청난 경멸에 대해 전적으로는 아니라 해도 상당한 책임이 있다. 따라서 안셀무스를 잘못 적용한 것이 지나치게 강조되어온 것은 불행한 일이다. 그로 말미암아 그를 옹호하기가 더 어려워졌기 때문이다. 하지만 안셀무스는 "주께서 고난을 받았을 때 하나님의 진노가 그에게 쏟아졌고, 그래서 성부가 만족하셨다"와 같은 표현을 **결코** 사용하지 **않았다.**[54] 그런 진술들은 (성부에 대한 참으로 비참한 견해임은 말할 것도 없고) 우리가 밝힌—성부를 성자로부터 분리하고 성부 안의 변화를 암시하는—두 가지 오류로 쉽게 이어진다. 이처럼 안셀무스를 잘못 이해한, 좀 더 정교한 설명은 하나님이 자신 안에서 격렬하게 분리되어—그의 진노와 자비가 충돌한다—그의 통일성이 파괴된 것으로 제시한다. 이러한 왜곡에 대해 그처럼 항의가 많았던 것은 놀라운 일이 아니다.[55]

---

54 David Clark, "Why Did Christ Have to Die?" *New England Reformed Journal* 1 (1996): 35-6.

55 예컨대 J. Denny Weaver, *The Nonviolent Atonement*(Grand Rapids: Eerdmans, 2001)를 보라. 또 다른 메노파 신학자인 David Eagle의 논문, "Anthony Bartlett's Concept of Abyssal Compassion and the Possibility of a Truly Nonviolent Atonement," *Conrad Grebel Review* 24, no. 1 (Winter 2006): 66도 보라. 비폭력에 대한 메노파의 헌신은 때때로 실제로 폭력이 존재하지 않는 곳에서 폭력이 있다고 생각하는 경향으로 이어지기도 한다.

2. 형벌 대속 모델에 대한 이의

앞서 칼뱅을 다룬 단락에서 우리는 대속 모델이 제시될 때 (항상 그런 것은 아니지만) 종종 존재하는 가장 중요한 오류들을 언급했다. 아래에 열거된 그 주제에 대한 더 많은 비판 중 몇몇은 다른 것들보다 더 강력하다. 개신교 스콜라주의에 편만한 "법정적 형벌 대속"에만 협소하게 초점을 맞추지 않았더라면 이런 반론 중 어떤 것도 그렇게 강력하게 대속 모델을 반대하지는 않았을 것이다.

그것은 "조잡하다"

형벌 대속은 종종 "조잡한"이라는 단어로 묘사된다.[56] 그 단어는 "날것의, 가공되지 않은"을 의미하는 라틴어 **크루두스**(*crudus*)에서 유래했다. 이 단어는 영어에서 "원초적인, 마치지 않은, 다듬지 않은, 미성숙한, 품위와 맛이 부족한" 등 여러 의미가 있다. 이것은 심미적 판단 또는 심지어 미묘한 계급 의식이 아닌가? 이 단어는 때때로 그렇게 보여왔다. 속죄 교리의 맥락에서 "조잡한"이라는 단어가 광범위하게 사용되는 것은 십자가 선포의 내용뿐만 아니라 **스타일** 역시 혐오됨을 암시한다. 그런 선포는 시골 교회에 모인, 교육 수준이 낮고 경신(輕信)하는 사람들에게나 호소력이 있다는 것이다. (특히 성공회의 경우)[57] 비판자들은 내용 못지않게

---

56 유명한 성공회 복음 전도자인 Bryan Green(1901-93)은 특별히 "조잡한 속죄 이론들은 내게 매력이 없다"고 말했다. 그는 최근까지 "대속"을 가르치는 특별한 방법을 신학적인 "건전성"의 중요한 테스트로 여긴 영국 교회의 복음주의자들로부터 자신을 의식적으로 구별했다.

57 성공회 신자들은 종종 취향을 강조한다고 풍자되곤 한다. 만일 누군가가 그러한 근거에서 풍자할 사람을 찾는다면, 나는 내가 그 줄 맨 앞 쪽에 서 있을 것이라고 고백한다.

형식에 대해서도 반론을 제기하고 있다고 결론을 내릴 유혹을 받는다.[58] 이것이 공정한 판단이든 아니든 본서 2장에서 우리는 종교사에서 **조잡함**으로 **십자가형**에 근접할 만한 것은 없다는 점을 길게 설명했다.

하지만 19세기와 20세기의 대중적인 설교에서 대속이 "공로" 체계 및 그리스도로부터 우리에게 공로가 이전되는 것과 밀접하게 동일시될 경우, 그것은 실제로 "조잡하게 거래적인 속죄 개념"이 될 수 있다는 광범위한 증거가 있다.[59] 요즘에도 속죄를 놀라울 정도로 문자적으로 제시하는 경우가 흔하다. 마치 하나님이 손에 실제로 저울을 들고 있거나 장부에 목록을 기록하면서 우리의 공적과 과오를 비교해서 우리에게 좋지 않은 결과가 나오는 것처럼 말이다.[60] 이런 유의 축소적인 설명은 만족 개념에 오명을 주었고, 만족이 속죄에 부착되었기 때문에 둘 다 상처를

---

58 성공회 신학교의 두 세대 신학생들에게 가장 잘 알려진 비판은 John Macquarrie의 비평이다. 그의 『기독교 신학 원리』(*Principles of Christian Theology*)는 정규적으로 읽을 책으로 지정되었다. 우리는 그의 반론들에 주목해야 한다. "속죄에 대한 이런 견해는…설령 그것이 성경이나 신학사로부터 지지를 받을 수 있다고 주장할 수 있다고 해도, 이성과 양심에 모욕을 주기 때문에 거부되어야 할 것이다." Macquarrie(그의 수업에서 나는 헤겔을 읽었다)가 성경이나 전통이 아니라 이성과 양심을 그의 규범으로 삼고 있으며 그런 의미에서 본서에서 지지하는 견해와는 상당히 다른 관점에서 말한다는 것을 주목하라.

59 C. F. D. Moule, "The Energy of God: Rethinking New Testament Atonement Doctrines" (Sprigg Lectures, Virginia Theological Seminary, Alexandria, Virginia, March 1-2, 1983, 오디오 테이프).

60 "공적"이라는 용어 사용이 항상 오도하는 것은 아니다. 예컨대 토머스 크랜머의 성찬 말씀 (1928년 『성공회 기도서』, 81)을 이해하는 몇 가지 방법이 있다. 거기서 미사를 집전하는 신부는 하나님께서 "우리의 공적을 헤아리지 마시고 우리의 잘못을 용서해 주셔서" 성만찬 자리에서 우리를 받아 주실 것을 요청한다. 1979년 개정판에서는 이 위대한 어구가 제거되었는데, 이는 의심할 나위 없이 기도문 수정자들이 신뢰받지 못하는, 속죄에 대한 대차대조표식 접근법을 암시하는 "공적"이라는 단어를 말하고 싶지 않았기 때문이었다. 하지만 이 말들이 없어진 것을 유감스럽게 생각하는 사람들은 그 말들을 인간의 소망의 근거로 이해한다. 문자적, 거래적인 의미에서가 아니라 그리스도의 의가 우리의 유일하게 확실한 의가 되었다는 확신에서 말이다. 바울은 롬 5:19과 10:3-4에서 이 점을 아주 명확히 진술한다.

입었다. **십자가 신학**에 대한 이런 설명에 반대하는 반응이 이제는 널리 퍼져 있어서 우리는 일반 신도들의 부흥 모임 수준에서조차 이런 설명이 계속 회피될 것이라고 예상할 수 있다.

그것은 나쁜 친구를 사귄다

오랫동안 형벌 대속을 지지하는 많은 사람이 구원 받지 못한 사람들이 고통 받는다는 사상을 즐긴 것으로 보였다. "형벌적" 측면에 지나치게 초점을 맞춘 "칼뱅주의자 기질"이 있다고 주장될 수 있다.[61] 이것은 항상 적용되는 것은 아니지만 공정한 비판이며, 진지하게 취급되어야 한다.

그것은 문화적으로 조건지어졌다

이 익숙한 논거는 우리 시대의 전형적인 논거다. 지적인 기류가 우리에게 텍스트들은 권력 투쟁을 반영하며 그 텍스트의 사회적, 문화적 배경에 비춰 읽혀야 한다고 가르쳐왔기 때문이다. 따라서 안셀무스는 봉건주의를 배경으로 하고 있기 때문에 시대에 뒤졌고, 형벌 대속은 19세기의 정의 개념에 근거하고 있기 때문에 현대에는 실행 가능하지 않다고 주장된다. 맥락을 이해하면 확실히 어느 정도 장점이 있다. 하지만 그것이 우리의 신학 텍스트나 교리에 대한 평가를 어느 정도로 인도하도록 허용되어야 하는가? 문화적 맥락의 영향이 과장될 수도 있다. 『일리아스』는 여전히 전장

---

61 17세기 스코틀랜드의 카메론파 또는 언약파들은 칼뱅주의를 가장 열렬히 추종한 예일 것이다(하지만 성경에 대한 그들의 박식한 지식과 사랑에 대해서는 칭찬할 점이 많다). 카메론파에 대한 Walter Scott의 소설 『미들로디안의 심장』(*The Heart of Midlothian*)과 『옛적의 죽음』(*Old Mortality*)은 그들을 생생하게 묘사한다.

에 있는 군인들에게 말한다. 오늘날의 "절망적인 주부들" 중 보바리 부인과 비슷한 사람이 있다. 마르셀 프루스트는 프로이트 없이 프로이트를 이해했다.…이런 예가 많이 있다. 더욱이 문화적으로 조건지어짐에 관한 부정적인 판단은 종종 실제로 무슨 일이 발생하고 있는지와 관계없는, 무차별적인 문화적 "관용"에서 유래한다. 우리는 다문화주의 자체의 문제가 있으며, 모든 문화적 관습이 똑같지는 않다는 것을 배우고 있다.[62]

속죄와 대속 모티프를 반대하는 중요한 논거 중 하나는 여러 다른 문화에 사는 사람들이 자신을 우리가 논의하고 있는 범주—죄책감, 무능력, 속박, 수치, 실패, 패배—에 속한다고 여기지 않는다는 것이다.[63] 하지만 이것을 더 많이 들을수록 더 많은 범주가 나타나는 것으로 보인다. 미국의 만화 서적 문화에서 기원하여 전세계적으로 퍼진 한 예가 있다.[64] 2002년 블록버스터 영화 "스파이더맨"(*Spider-Man*)에 대한 지적인 에세이 리뷰에서 라이브러리 오브 아메리카 출판사의 수석 편집자인 제프리 오브라이언은 1962년의 원작 만화를 회상한다.

> 원작 에피소드에서 핵심적인 요점은 피터 파커가 거미의 힘을 받고서 처음에는 이례적인 오만함을 보여서…그의 사랑하는 삼촌 벤이 죽음에 이르게 되었다는 것이다. **결코 속죄할 수 없는 도덕적 타락**(그의 순간적인 교만)이 그 만화책에 영원한 불만족의 분위기를 부여했다. 스파이더맨이 된다는 것은…그 영웅에게 자신의 결점을 영원히 상기시켰는데 이는 **일종의 참회**였다. 그가 다시 실수할 가능성이 상존했으며, 그래서 그는 **자신의 반응과 충**

---

62 가장 분명한 예는 여성 할례와 여성에 대한 "명예 살인" 풍습이다.

63 이 요점은 Green and Baker, *Recovering the Scandal of the Cross*에 잘 제시되어 있다.

64 많은 찬사를 받은 2005년 영화 "시리아나"(*Syriana*)에서, 중동의 유전에서 일하던 젊은 파키스탄 사람들이 쿠란을 공부하지 않을 때 스파이더맨을 토론하는 장면이 등장한다.

동을 주의해서 모니터링하도록 운명지어졌다. 그런 상황에서 무조건적인 승리감은 정의상 불가능했다. 그 나름의 바보 같은 방법으로 "어메이징 스파이더맨"(*The Amaging Spider Man*)은 비극적인 삶의 의미를 인정했다.[65]

세속 잡지에서 인용한 이 놀라운 단락은 우리가 지금까지 이야기하려고 한 많은 내용을 포함하고 있다. 이 단락은 또한 자신의 행동을 모니터하려는 마르틴 루터의 분투와 그에 뒤이은 "무조건적인 승리감"이 "정의상 불가능"하고 그것은 그리스도의 승리를 통해서만 경험될 수 있다는 발견을 거의 불가사의한 방식으로 반영한다. 확실히 루터의 영향으로 "서양의 자기 성찰적 양심"이 성경 내러티브에 인위적으로 첨가되어 개별적인 죄인들의 곤궁이 지나치게 강조되어왔다.[66] 하지만 오브라이언이 "비극적인 삶의 의미"를 언급한 것은 한 개인의 죄책감을 어디에나 존재하는 인간의 실패라는 맥락 안에 넣으려는 것이다. 조지프 콘래드의 소설 같은 보편적 중요성을 지닌 위대한 소설들에도 똑같은 역학이 드러난다. 콘래드의 화자인 말로는 한 사람(『로드 짐』[*Lord Jim*, 민음사 역간])의 죄책과 수치가 우리 모두를 대표하며, 대영제국(『암흑의 핵심』(*Heart of Darkness*, 민음사 역간)의 죄책은 개인의 영혼에 관해서 뿐만 아니라 "어둠의⋯지옥 같은 흐름" 안에 있는 우주적 올가미에 관한 거대한 대하 드라마 안으로 들어왔음을 보여주는 이야기를 들려준다.

이것이 "서구적"이라면, 그것을 최대로 이용하라.

---

65 Geoffrey O'Brien, "Popcorn Park," *New York Review of Books*, June 13, 2002, 강조는 덧붙인 것임. O'Brian은 그 영화가 이 주제들을 너무 무겁게 몰고 간다고 생각하지만, 그 주제들이 여전히 매우 현대적이라는 그의 확신은 의심의 여지가 없다.

66 이것은 Krister Stendhal의 유명한 논문 "The Apostle Paul and the Introspective Conscience of the West"에 대한 언급이다.

그것은 죽음을 부활과 분리된 것으로 본다

예수 그리스도가 죽은 자 가운데서 부활했다는 "분명하고 확실한 소망"이 없이는 대속에 대한 어떤 설명도 주어져서는 안 된다.[67] **죄**와 **사망**의 **권세**들에 대한 그리스도의 승리가 없다면 그가 우리를 위해 자신을 대신한 것 또는 자기와 우리를 교환한 것의 혜택이 설교될 수 없음은 물론이고 그것이 이해될 수도 없다. 이것은 승리자 그리스도 주제와 대속 주제 간의 불가결한 관계다. 그는 자신을 우리와 교환함으로써 우리를 사망에서 생명으로, 죄에서 의로 옮긴다. 부활은 다가올 세대의 "첫 열매", 하나님의 **초**역사적인 목적의 역사 **안에서의** 표지다. 이 힘만으로 우리는 우리를 위해 그리고 우리 대신 십자가에 못박힌 그리스도에 대한 믿음을 고백할 수 있다.

그러므로 우리의 신앙은 부활 신앙이라는 것이 분명하게 확인되어야 한다. 세계적으로 유명하지만 심각한 결함이 있는 멜 깁슨의 영화 "패션 오브 크라이스트"(*Passion of Christ*)의 결점 중 하나는 그 영화가 고난과 죽음에만 자세히 초점을 맞춘다는 것이다. 그리스도의 부활은 너무도 슬쩍 지나가며 모호하게 등장해서 마치 그것이 전혀 등장하지 않는 것 같다. 부활은 아무리 자주 말해도 지나치지 않다. 만일 그리스도가 죽은 자 가운데서 부활하지 않았더라면 우리는 결코 그분에 대해 듣지 못했을 것이다. 로마 시대에 수만 명이 십자가에 처형되었다. 이 모든 사람 중에서 나사렛 예수의 이름만이 우리에게 알려졌다. 그는 로마에 의해 십자가에 처형된 죄수로서 망각 속에 묻힐 운명이었다. 하지만 몇 주 만에 그는 모

---

67 "분명하고 확실한 소망"("Sure and certain hope"). 1979년 『성공회 기도서』, 485, 501에 수록된 장례식, 무덤에서의 위탁 기도에 포함된 어구.

든 이름 위에 뛰어난 이름으로 선포되었다(행 4:12). "그리스도께서 다시 살아나신 일이 없으면 너희의 믿음도 헛되고 너희가 여전히 죄 가운데 있을 것이요"(고전 15:17).

하지만 교회를 위하여 십자가와 부활을 해석할 때, 죽은 자 가운데 서의 부활이 십자가형을 **취소**하지 않았다는 점을 이해할 필요가 있다. 부활은 십자가형의 **정당성을 입증했다.** 부활은 최초의 제자들에게 그리스도의 죽음이 무엇을 성취했는지 이해할 수 있게 해 주었고, 바울의 십자가 설교는 이 새로운 계시적 관련성에 근거를 두고 있다.[68]

그것은 일관성이 없다. 죄 없는 사람이 다른 사람의 죄책을 감당할 수 없다

이것은 합리주의적인 반대다. 또는 다른 식으로 표현하자면 이것은 상상력이 모자라는 문자적 사고에 고착된 반대다. 그리스도는 일반적인 인간적 관점에서 묘사될 수 있는 방식으로 우리의 죄책을 자신이 짊어진 것이 아니다. 그런 의미에서라면 그것은 논리적이지 않으며, 비유들은 부적절할 수밖에 없다. 성경에 등장하는 많은 개념과 마찬가지로, "여호와께서 우리 모두의 죄악을 그에게 담당시키셨다"는 이사야 53장의 개념은 믿음으로 받아들여야 하는 **시적인** 진리이지, 우리가 합리적으로 설명할 수 있는 진술이 아니다.[69] 바울이 "[하나님이] 죄를 알지도 못하신 이[예수]를 죄로 삼으셨다"고 한 말을, 우리가 이런 진술이 철학적 명제인 것

---

68 이 대목에서 바울은 다시금 매우 중요하다. 그의 "십자가의 도"는 만일 우리에게 사도행전의 설교만 있었더라면 우리가 간과했었을지도 모르는 것을 알려준다.

69 헨델이 "메시아"(*Messiah*)에 이 행을 배치한 것은 신앙고백적인 분위기를 자아낸다. 신비로운 이 말은 그 논리적인 일관성을 통해서가 아니라 본질적으로 케리그마적인 진리로 심금을 울린다.

처럼 이해할 수는 없다. 이 진술은 우리에게 실재에 대해 말하지만, 다른 방식으로 그리고 다른 관점에서 말한다. 여기서 삼위 하나님이 행동하고 있다. 이것 역시 인간 종교의 범주를 넘어서는 개념이다.

그것은 고난을 미화하고 피학대성 행위를 조장한다

1980년대와 1990년대에 페미니스트 신학자들이 많은 형태로 이 이의를 제기했다.[70] 그들은 대속 내러티브가 수백 년 동안 수동적인 고난을 미화하고 여성들에게 말로 할 수 없는 피해를 끼쳤다고 주장했다.[71] 그들은 대속 기반의 십자가 모델을 자주 사용되는 어구인 "신적 아동 학대"로 지칭했다. 이 비판에 주어진 관심이 성공의 기준이라면 이 비판은 매우 성공적이었다. 최근의 대다수 해석자는 이 비판에 대응해야 한다고 느꼈다. 하지만 이 특별한 이의는 다른 여성 신학자들의 반응을 포함한 많은

---

70 특히 Joanna Carlson Brown and Carole R. Bohn, eds., *Christianity, Patriarchy, and Abuse: A Feminist Critique* (New York: Pilgrim Press, 1989)에 수록된 논문 모음을 보라.

71 Darby Kathleen Ray는 페미니스트 관점에서 이렇게 쓴다. "한 사람이 다른 사람에 대해 일방적인 힘을 행사하는 것에 근거한 관계에 내재된 모델은 조직적인 폭력과 개인적인 학대 상황들을 반영할뿐더러 그런 상황에 신의 승인을 부여하기도 한다"(*Deceiving the Devil: Atonement, Abuse, and Ransom* [Cleveland: Pilgrim Press, 1998], 35). 그녀가 특정한 형태의 속죄를 전적으로 반대하는 것은 아니다. "불공정한 관계와 정책들"에 대한 그녀의 초점은 묵시적인 해석—이는 본서에서 지지하는 입장이다—을 개인을 뛰어넘어 구조와 체계들을 살피기를 원하는 사람에게 매력이 있게 만드는 주제다. 하지만 그녀는 "신학적인 폭력"이 (다소 협소하게 그리고 공감이 없이 이해된) "현대의 정통 속죄 이론"의 문제라고 생각한다(130). 그녀는 "교부의 모델"(본질적으로 승리자 그리스도 모델)을 우리가 지녀야 할 모델로 적시한다. 여기에는 긍정할 점이 많다. 하지만 본서에서 주장하는 바는 하나의 모델을 따로 떼어놓고 다른 모든 모델을 배제하는 것은 중대한 실수라는 것이다. 그것이 바로 형벌 대속을 옹호하는 사람들이 오랫동안 자행해왔던 태도다. 승리자 그리스도 모델이 다른 모티프들을 몰아낸다면 그 모델은 피폐해질 것이다. 여러 모티프들이 결합하면 풍성해진다. "여기에 우리를 향한 그분의 비교할 수 없는 사랑에 대한 이례적인 증거가 있었다. 끔찍한 공포와 싸우고, 그 잔인한 고통 가운데서 자신에 대한 걱정을 다 떨쳐버리고 우리를 위해 자신을 내어준 사랑 말이다"(Calvin, *Institutes* 2.16.5).

반응을 받아서 이미 전성기가 지난 것으로 보인다. 그러므로 이 입장이 관심을 끄는 데 성공한 것은 그 입장을 교정해 주려는 동기에 기인한 것이었다.

가부장적 사회로부터 받은 여성의 고난 배후에 "안셀무스"의 교리나 심지어 형벌 대속 교리가 놓여 있었던 것은 아니다. 불평 없이 견디는 것이 여성의 숙명이라는 사상 배후에는 성경의 다른 구절들이 놓여 있다. 예컨대 하와가 에덴동산에서 추방될 때 그녀에게 가해진 저주나 "가정의 규칙"(엡 5:21-33; 골 3:18-4:1; 벧전 3:1-7) 또는 그리스도의 본에 순종할 것을 촉구하는 베드로전서의 잘 알려진 구절("이를 위하여 너희가 부르심을 받았으니, 그리스도도 너희를 위하여 고난을 받으사 너희에게 본을 끼쳐 그 자취를 따라오게 하려 하셨느니라"[2:21])이 그런 구절들이다.[72] 확실히 속죄 이론보다는 이런 성격의 많은 구절이 여성, 노예 그리고 아동들의 종속 및 고난과 더 많은 관련이 있었다.[73]

---

72 실제로, 베드로전서의 이 구절을 이 맥락에서 검토할 경우 대속 모델이 아니라 아벨라르두스의 **"모범"** 모델이 비난의 대상이 될 것이다.

73 예수를 **대속자**로 이해하는 것이 아프리카계 미국인 여성들에게 불쾌하다는 여성주의 신학자인 Delores Williams의 지적이 내게는 대속에 대한 어느 백인계 페미니스트의 반대보다 더 설득력이 있다(*Sisters in the Wilderness: The Challenge of Womanist God-Talk* [Maryknoll, N.Y.: Orbis, 1993], 162-65). 하지만 나의 적지 않은 흑인 여성 그리스도인과의 교류 경험으로 판단하건대, 비교적 극히 일부 사람들만 이해하는 이 해석의 문제는 전형적인 아프리카계 미국인 여성 교인에게는 문제가 되는 것으로 보이지 않는다. 그리고 Williams 역시 예수의 죽음에서 능동적인 행위자는 인간의 악이었다고 주장한다. 이 말에는 매우 중요한 진실이 존재한다. 대속 모티프에서 폭력에 관해 불평하는 많은 사람은 십자가형에 대해 하나님만을 비난하고 인간(과 마귀)의 악의 역할은 간과한다. 문제는 그녀의 제안의 다른 반쪽과 관련이 있다. 그녀는 하나님이 그리스도의 죽음에서 어떤 역할도 하지 않은 것으로 생각하기를 원한다. 이것은 예수가 **순전히** 희생자로서만 죽었고 그의 죽음으로 아무것도 이루지 못했음을 의미한다. (긍정적인 면에서는, 예수의 **목숨**의 가치에 대한 Williams의 주장은 형벌 대속 모델의 많은 설명에 빠져 있는 성육신과 대속 간의 관계를 보존한다. T. F. Torrance, *The Mediation of Christ*, rev. ed. [Colorado Springs: Helmers and Howard, 1992; orig. 1983], 40-41; 또한 계속해서 예수의 죽음만을 따로 떼어서 말하지 않고 그의 "전 생애"를 말하는 Christopher Morse, *Not Every Spirit*도 보라.)

"하나님의 아동 학대" 주제는 지금까지 철저히 연구되었다.[74] 이러한 재고의 유익한 결과는 우리가 전통의 특정한 진술들을 다시는 같은 방식으로 읽을 수 없게 되었다는 점이다. 다양한 스펙트럼의 신학적 의견을 갖고 있는 우리 모두가 앞으로는 성부와 성자를 분리하는 것으로 보이는 언어를 피하기 위해 훨씬 더 조심해야 한다는 점을 잘 상기하게 되었다.[75]

그것은 너무 "이론적"이고 너무 스콜라주의적이며 추상적이다

(안셀무스의 글과 같이) 논리적으로 필연적인 용어는 은혜에서 무조건적인 특성을 제거하는 것 같다는 주장이 제기된다. 구스타프 아울렌은 안셀무스에게서 도출되었거나 그와 관련이 있는 속죄의 관점은 "합리화하는 특성이 있다"는 이유로 그것을 반대한다. "사실 그 관점은 속죄에 대한 합리적인 설명을 제시한다.…만족은 그것을 통해서만 속죄가 이루어질 수 있는, 합리적인 필요성으로 취급된다."[76]

---

74 J. Denny Weaver는 *The Nonviolent Atonement*에서 논의를 잘 개관한다. 그가 제안한 "내러티브 승리자 그리스도"는 많은 부분에서 내가 본서에서 지지하고 있는 노선과 궤를 같이한다. 하지만 나는 그가 (안셀무스가 "만족적 속죄"라고 부른) 안셀무스의 기획을 거부한 것은 전혀 동의하지 않는다. 훨씬 더 심각한 반대는 그가 신적 행위자를 없앰으로써 우리를 성경적 세계관에서 완전히 멀어지게 한다는 점이다.

75 예를 하나 들어보자. "그[예수님]**에게** 집행된 하나님의 심판"이라는 Herman N. Ridderbos의 어구는 "그를 **통해서**"로 표현되었더라면 훨씬 더 좋았을 것이다. Ridderbos는 거의 확실히 성부와 성자 간의 구분을 의도하지 않았다. 하지만 전치사 "에게"(upon)는 그가 의도하지 않았을 수도 있는 방식으로 이해될 수 있다("The Earliest Confession of the Atonement in Paul," in *Reconciliation and Hope: New Testament Essays on Atonement and Eschatology*, ed. Robert Banks [Grand Rapids: Eerdmans, 1974]).

76 Gustav Aulén, *Christus Victor: An Historical Study of the Three Main Types of the Idea of the Atonement* (New York: Macmillan, 1969; orig. 1931), 페이퍼백판 서론, 128. 기계적 적용 또는 추상성에 대한 비난은 특히 Vincent Taylor와 관련이 있다. 그는 대속이 신자가 믿음

"필연성" 개념은 여러 방법으로 사용될 수 있는데, 그중 몇몇 방법은 다른 방법들보다 신학적으로 더 도움이 된다.[77] 칼뱅은 성자의 자발성을 강조하기 위해 이 단어를 부정적으로 사용한다. "그는 폭력이나 **필연성**에 의해 강요된 것이 아니라 순전히 우리를 위한 그의 사랑에 의해, 그리고 그 사랑에 복종하려는 그의 자비에 의해 그렇게 했다."[78] 십자가의 맥락에서 "필연성"이라는 단어와 관련된 어려움은 하나님이 타락한 자신의 피조물에 대한 사랑이 아니라 외부의 논리에 종속된다는 사상이다.[79] **내러티브** 형태로 제시될 경우 대속 모티프에는 비교할 수 없는 따뜻함이 있다. 하지만 몇몇 형태의 형벌 대속 설명은 성경의 내러티브보다 논리에 더 의존하는 것으로 보인다는 것이 사실이며, 그럼으로써 의

으로 그리스도와 연합하는 것과 무관한 의의 전가를 통해 새로운 생명을 가져오는 것을 묘사한다고 생각했다. (승리자 그리스도 모델도 신자의 머리 위에서 일어난 것으로 해석될 수 있기 때문에 어떻게 이것이 대속 모델에서는 사실이고 승리자 그리스도 모델에서는 그렇지 않은지가 명확하지 않다.) Jaroslav Pelikan은 추상성이라는 비난과 조잡함이라는 비난을 결합한다. 그는 19세기와 20세기의 접근법에 대해 말하면서 그것을 "저속해진 정통을 통한 구속의 기계적 적용"으로 부른다.

77 Karl Barth는 이 미로를 헤쳐 나가도록 도와주는 훌륭한 안내자다. 그는 "필연성"이라는 단어가 두 가지 방법으로 사용될 수 있음을 보여준다. 그는 거듭해서 하나님은 필연성에 의해 행동하지 않는다고 주장한다. "우리는 원칙적으로 어떤 면에서도 그것[성육신]이 **반드시 그러해야** 하는 것이었고 하나님이 [우리를 돕기 위해] **그래야만 했다**고 말할 수 없다." 하지만 그는 그러고 나서 마치 안셀무스를 곤경에서 벗어나도록 도와주려고 하는 듯이 말하면서 이렇게 쓴다. "만일 우리가 여기서 모종의 필연성에 대해 말할 수 있다면, 그것은 오직…그것이 하나님으로부터 유래하고 하나님에 의해 사실로 상정되기 되기 때문에 그럴 수 있다"(*CD* IV/1, 213). 달리 말하자면 어떤 추상적인 논리적 힘이 외부로부터 하나님께 작용한다고 말할 수 없다. 만일 어떤 필연성이 존재한다면 그것은 하나님 자신의 본성에 충실한, 하나님의 하나님 됨이라는 필연성이다. 이것이 고전적인 Barth의 주장이다. 형이상학적 필연성은 하나님과 아무 관련도 있을 수 없다. 그분의 본질은 자유이며, 그분은 인간의 어떤 논리적 구성 개념이나 인간의 합리적인 구성 개념에 의해 파악될 수 없다.

78 Calvin, *Institutes* 2.16.12, 강조는 덧붙인 것임.

79 『인간이 되신 하나님』(*Cur Deus Homo?*)은 이런 식으로 잘못 읽히기 쉽다. 하지만 안셀무스의 기도를 읽는 사람은 누구도 그가 이와 같은 실수를 의도했다고 생각할 수 없을 것이다.

도와 정반대의 효과를 내고 있다.[80]

그것은 보복적인 하나님을 묘사한다

현대의 프랑스 작가인 앙투안 베르고트는 이렇게 묻는다. "자신의 분노를 만족시키기 위해 자기 아들에게 죽음에 이르는 고통을 요구하는 하나님에 대한 환상보다 더 강박적인 환상을 우리가 상상할 수 있겠는가?"[81] 이는 극단적인 형태의 비난인데, 유감스럽게도 19세기와 20세기의 복음 제시에 많은 왜곡이 존재함으로 인해 이런 비난이 초래된 것이 이해될 만도 하다. 우리는 앞에서 이런 형태의 속죄 교리를 배척했는데, 이는 그런 설명이 안셀무스의 해석으로 부적절할 뿐만 아니라 하나님의 진노 개념을 지나치게 문자적으로 취하며, 더 중요하게는 삼위일체 교리를 완전히 오해하기 때문이다. 베르고트의 이러한 이의 및 이와 비슷한 많은 다른 이의들에는 성부와 성자가 한 분으로서 행동한다는 암시가 전혀 없

---

80 19세기 형벌 대속 모델의 한 예를 소개한다. "만일 하나님이 우리를 치유하기를 원한다면, 그는 '치유되라!'고 말씀하기만 하면 된다. 그러므로 자비심이 처벌의 유일한 동기일 수 없다. 하나님의 동기는 교정적일 뿐만 아니라 보복적이기도 해야 한다.…이 모든 정당하고 자비로운 정책들 배후 및 근저에 하나님의 근본적인 판단이 놓여 있다. 죄는 마땅히 처벌받아야 하고, 공정한 정의는 미덕에 대한 보상을 필요로 하듯이 적절한 처벌을 요구하기 때문에 죄가 처벌되어야 한다는 판단 말이다"(Robert L. Dabney, *Christ Our Penal Substitute* [Richmond, Va.: Presbyterian Committee of Publication, 1898], 43-46). 오늘날 이 글을 읽으면, 우리는 이 글이 "~일 수 없다", "~해야 한다", "필요로 한다" 그리고 "요구한다" 같은 단어와 어구들로 점철된, 지나치게 합리주의적인 형식임을 눈치챌 것이다. 안셀무스는 비록 스콜라주의적이지만 결코 이렇게 들리지 않는다. 또한 우리는 Dabney의 설명이 특히 처벌 개념을 좋아하고, 주로 성경의 내러티브에 대한 관심에 의해 주도된 것이 아니라고 의심한다(파멸 주제를 즐기는 듯이 보이는 설교자들에 대한 Emily Dickinson의 불평이 옳았다).

81 Anthony W. Bartlett, *Cross Purposes: The Violent Grammar of Christian Atonement* (Harrisburg, Pa.: Trinity, 2001), 4 각주 4에 인용됨.

다.[82] 그럼에도 불구하고 이러한 풍자는 마치 그것이 마음이 연약한 사람들을 스콜라주의 신학자들의 잔혹한 행위로부터 보호하기 위한 책임 있는 비판인 것처럼 널리 제시되었다. "형벌 대속" 모델에 들어 있는 위험들이 오랫동안 무시되었기 때문에 기독교 신학자들과 설교자들에게는 이와 관련하여 대답할 것이 많이 있다.

그것은 본질적으로 폭력적이다

이것은 특히 흥미로운 이의다. 최근에 대속 모델에 대한 많은 불평은 "폭력"에 초점을 맞춰왔다.[83] 십자가가 왜 정확히 이런 식으로 이해되는지가 늘 명확한 것은 아니다. 십자가형을 받은 사람이 폭력을 당했다는 것은 명백하지만, 폭력은 십자가형에서 받은 고난의 유일한 요소도 아니고 신약성경에서 그리스도의 죽음의 가장 특징적인 측면도 아니다. 사실 신약성경은 십자가형의 물리적인 측면들에 거의 또는 전혀 주의를 기울이

---

82 대속을 가학적인 성부의 행위로 보는 해석에서 독생자에게 고문을 가하여 죽음에 이르게 하는 것이 아담의 타락과 관련이 있다는 어떤 인식도 없다는 점이 특히 주목할 만하다. 이 비판들에는 **고문자들 자신**이 설령 "자기들이 하는 것을 알지 못했다"(눅 23:34)고 하더라도 여기서 어떤 역할을 수행하고 있었을 수도 있다는 암시가 전혀 없다. 십자가형을 보복적인 아버지의 증오에 찬 행위로 그리려는 사람은 무슨 일이 벌어지고 있는지, 즉 **경건치 않은** 자를 의롭게 하는 것(롬 4:5; 5:6-9)을 이해하지 못한다. 이 비판들에는 늘 그 비판자가 자신을 가해자 중 하나로 포함시키지 않는다는 암시 이상이 있다. 이 점은 결론 장에서 좀 더 자세히 검토될 것이다.

83 이런 풍조에 영향을 받았거나 이런 이슈를 다루는 책들은 『폭력적인 속죄의 문법』(*The Violent Grammar of Atonement*)(Bartlett), 『비폭력적인 속죄』(*The Nonviolent Atonement*)(Weaver), 『폭력, 환대 그리고 십자가』(*Violence, Hospitality, and the Cross*, 기독교문서선교회 역간)(Boersma) 같은 제목 또는 부제가 달려 있다. Bartlett과 Weaver는 Boersma와 견해를 달리 하지만, Joseph Mangina가 지적하듯이 이 모든 저자들의 저서에서는 "'폭력' 주제가 다른 모든 것을 막는 경향이 있다"(Mangina, Hans Boersma의 *Violence, Hospitality, and the Cross* 서평, *Scottish Journal of Theology* 61, no. 4 [2008]: 494-502).

지 않는다. 대신에 신약성경은 수치(히 12:2), 멸시와 조롱(눅 23:11), 물의와 어리석음(고전 1-2장), 예수의 죄 없음(눅 23:13-25, 39), 그리고 그의 유기 또는 하나님께 버림받음(마 27:46; 막 15:34; 고후 5:21)에 초점을 맞춘다. 이런 내용들은 물리적인 세부사항과는 전혀 관계가 없다.

최근의 해석에서 메노파 신학자, 르네 지라르의 제자, 페미니스트 등은 "폭력적인 속죄의 문법"에 초점을 맞춰왔다.[84] 이 비판은 두 가지 형태를 띤다.

1. 대속 모티프는 그리스도인들에게 폭력을 저지를 근거를 제공하며, 심지어 폭력을 조장하기도 한다.
2. 대속-만족 주제, 특히 안셀무스에 의해 제시되어 형벌 대속 모델들에서 정교화된 주제는 하나님의 존재에 폭력의 요소를 들여온다.

첫 번째 이의는 논박하기가 좀 더 쉽다. 이와 관련해서 대속 주제만 떼어내 비난하는 것은 이치에 맞지 않다. 인간의 본성에서 폭력이 늘 분출할 준비가 되어 있다는 점에 비추어볼 때, 승리자 그리스도 모티프가 대속 모티프보다 더는 아니라 해도 그것만큼이나 공격성에 기름을 끼얹는다는 점은 확실하다. 정복하는 영웅으로서 그리스도 개념은 십자군 심리에 빠지기가 너무 쉽다.[85] 콘스탄티누스의 좌우명인 "이 표지를 보고 정복하라"(*In hoc signo vinces*)에는 피의 역사가 있었다.[86] 그리스도인들이 십자가

---

84 Bartlett, *Cross Purposes: The Violent Grammar of Atonement*.
85 Hans Boersma는 승리자 그리스도와 콘스탄티누스 체제에 관해 어느 정도 같은 주장을 한다(Boersma, *Violence, Hospitality, and the Cross: Reappropriating the Atonement Tradition* [Grand Rapids: Baker Academic, 2006], 154-58).
86 전설에 의하면, 콘스탄티누스 황제는 십자가와 *in hoc signo vinces*, 즉 "이 표지를 보고 정복하라"는 환상을 보았다. 그는 십자가를 그의 군기로 채택했다. 콘스탄티누스 치하에서 기

를 정복의 무기나 표지로 휘두를 때, 그들을 폭력적인 전투로 이끌어가는 것은 "속죄 이론"이 아니다.[87] 그들의 행위에 대한 지지는 여호수아의 정복 이야기나 다윗의 위업 또는 기드온과 미디안 사람들의 이야기 같은 구절에서 더 많이 발견될 수 있을 것이다.[88] 콘스탄티누스의 십자가 자체

독교에 대한 박해가 중단되었고 그 신앙이 "확립되었다." 콘스탄티누스의 회심의 진정성에 관한 문제는 결코 만족스럽게 해결되지 않았다. 아무튼 그가 십자가 디자인을 그의 개인적인 군기로 채택한 점으로 볼 때 그는 그리스도의 죽음의 진정한 의미를 이해하지 못했을 것이다. "콘스탄티누스 이후" 우리의 시대에는 콘스탄티누스 치하의 기독교가 이룬 업적이 과거에 생각되었던 것보다 훨씬 덜 화려해 보인다. 이 승리의 표지로 그들의 길을 인도하셔서/ 하나님의 군대가 다양한 사람들을 정복하게 하셨네"라는 가사를 갖고 있는 대중적인 찬송가, 특히 성공회 찬송가집에 실린 버전의 찬송가 "십자가를 높이 들고"가 내게는 "콘스탄티누스적인" 찬송 또는 "십자군" 찬송이라는 생각이 든다(원래의 몇 절은 생략되었다). 요즘 불리는 이 찬송에는 긴장감이나 갈등이 없다. 그 찬송의 또 다른 문제는 십자가가 "승리의 표지"로 칭송된다는 것이다. 이것이 틀린 것은 아니다. 우리는 유월절에 관한 장과 승리자 그리스도에 관한 장에서 승리가 그리스도의 사역의 중요한 측면 중 하나라는 사실을 이미 살펴보았다. 하지만 그 찬송에는 그에 상응하는 대가나 비용에 대한 암시가 없을 뿐만 아니라, 통상적으로 이 찬송을 부르는 때인 승리의 행군에서 십자가를 들고 가는 것 말고는 "십자가를 높이 들다"는 의미가 무엇인지에 대한 암시가 전혀 없다.

87 Anthony W. Bartlett은 『십자가의 목적들』(Cross Purposes)에서 (지라르의 관점에서) 십자가형의 대속적 해석에 내재된 "폭력"이 폭력적인 기독교를 낳았으며, 성전에 대한 근거를 제공했다고 길게 주장한다. 그는 안셀무스의 노선에 있는 사상이 십자군 및 기독교 문화에서 "의로운" 군사적 대의에 대한 일반적인 열정으로 직접 이어진다고 믿는다. 나는 이런 견해가 억지스럽고 편향적이라고 생각한다. 최근 역사의 여러 일화들은 이 견해를 반박하는 평형추 역할을 한다. 폭력적인 경향이 있는 집단은 속죄 이론과 전혀 관계가 없는 상황에서 종교적인 구호를 이용하기 마련이다. 9.11 테러분자들은 비행기를 쌍둥이 빌딩에 들이박기 전에 "알라후 아크바르"(신은 위대하시다)라고 외쳤다. 2013년 미얀마에서 칼을 휘두르는 불교 광신도들이 무슬림 로힝야 이웃들을 습격하기 시작했다(어떤 사람들은 "폭력적인 불교도"는 모순어법이라고 지적했다). 2011년에 나이지리아 기독교 폭도들은 불에 탄 모스크의 잔해에 "예수는 주님이시다"라고 썼다(Adam Nossiter, "Election Fuels Deadly Clashes in Nigeria," *New York Times*, April 24, 2011). 그런 사례들에서 종교적 표지와 구호들은 내용이 없다. 그것들은 만자(卍字)가 의미없이 사용되었던 것 만큼이나 그것들의 깊은 의미에 대해 고려하지 않은 채 아무 생각 없이(그리고 광신적으로) 문화적 상징들로 전용되어왔다.

88 중세 초기 기독교의 "독일화"에 관한 매우 흥미로운 부분(Cross Purposes, 95-139)에서 Bartlett은 십자군 설교와 9세기 고대 영어 서사시인 『헬리안트』(Heliand)를 인용한다. 이 구절들은 기독교가 독일의 전사(戰士) 문화에 흡수되어 십자군 기질로 이어졌다는 논제를 놀랍게 뒷받침한다. Bartlett는 G. Roland Murphy, *The Saxon Saviour*와 James C. Russell,

에는 신학적인 내용이 없다. 그것은 [구소련 국기의] 망치와 낫 등과 다르지 않다. 그것은 그 집단과 그 집단의 사명—그것이 무엇이든—을 나타낸다. 십자가를 지니고 있는 사람들이 십자가를 이런 식으로 사용하는 것은 참으로 적절치 않다는 생각을 하지 못하는 것이 인간의 본성이다. 보스니아 분쟁 당시 세르비아 정교가 무슬림 공동체들에 대한 그들의 "승리"를 나타내기 위해 십자가를 세웠을 때, 그들은 "폭력적인 속죄의 문법"을 생각하지 않고 단지 야만적으로 그들의 우월성을 기뻐하기만 했다.[89] 참된 그리스도인이라면 그런 예들에 대해 부끄러워 울어야 한다. 그러나 특정한 속죄 모델에 책임을 돌릴 이유는 없다.

하나님의 존재 내부의 폭력에 관한 두 번째 이의는 좀 더 많은 주의와 집중을 요구한다. 우리는 성부를 성자에게서 분리할 것을 요구하는 모델은 그 어떤 것이라도 근본적인 삼위일체 신학을 훼손하며, 따라서 이런 모델은 거부되어야 함을 거듭 설명하려고 했다. 하나님은 변하지 않는다는 것도 삼위일체만큼이나 중요한 주장이다. 특히 그는 자발적으로 아들을 내어준 결과로 변하지 않는다.[90] 이것은 핵심적인 단언이다.

---

*The Germanization of Early Medieval Christianity*를 인용한다). 나는 이것이 설득력이 있다고 생각한다. 그리고 우리 시대에도 무섭게 살아 있는 기독교적 전사 제의에 대한 Bartlett의 비판에는 감탄할 만한 점이 많다. 하지만 그가 인용하는 십자군 설교가 십자가에 못박힌 그리스도 이미지로 기사들을 고무하려고 했을지라도, 이 전술은 영웅의 죽음을 소환해서 전쟁의 열정에 타오르게 한 다른 상황들에서 "순교자 열전"이 수행한 역할과 크게 다르지 않다. Bartlett의 모든 논의에서 어느 것도 대속 모티프와 중대하게 연결되지 않는다. Bartlett는 십자군에 대해 안셀무스를 비난할 뻔했는데, 나는 Bartlett가 그렇게 하는 이유는 그가 안셀무스의 정신에 전혀 공감하지 못하기 때문이라고 생각한다.

89 Roger Cohen, "In a Town 'Cleansed' of Muslims, Serb Church Will Crown the Deed," *New York Times*, March 7, 1994.

90 Anthony Bartlett은 십자가형이 구체적인 신약성경의 묵시적 관점에서 시대의 전환을 나타낸다는 것을 열심히 보여주려고 한다. 하지만 그는 결국 "그리스도의 최종적인 굴복이 하나님의 역사에 결정적인 영향을 주었다"고 말함으로써 자신의 주장을 무효로 만든다 (*Cross Purposes*, 227-8). J. C. Beker와 Ernst Käsemann은 Bartlett의 책에 등장하는 자신의

십자가 사건은 하나님의 존재 안에서 이루어진 **영원한** 결정이 **역사 안**에서 일어난 것이다. 하나님은 역사적 사건에 의해 변하지 않으며, 항상 희생적인 사랑 안에서 하나님의 자아로부터 나왔다. 하나님의 존재에는 그분의 사랑을 거스르는 모든 것에 대한 그분의 반대("진노")도 포함된다. 하나님의 "진노" 또는 당신이 그렇게 부르기를 원한다면 그의 "폭력"은, 마치 그가 어떤 순간에는 분노를 터뜨리고 다른 순간에는 분노를 거둬들이기라도 하는 것처럼 문자적으로 이해되어서는 안 된다. 성자의 삶과 죽음과 부활에서 성육신된 **죄**와 **사망**에 대한 하나님의 심판은 창세 전부터 그의 존재 안에 상존하고 있다. 하나님은 자신의 목적에 속하지 않는 모든 것을 대적한다. 이것이 바로 그의 "진노"의 의미다.

대속 주제가 하나님의 존재에 폭력을 부과한다고 주장하는 것은 비뚤어진 것으로 보인다. 하나님의 아들이 "죄인들의 손"에 의해 폭력적인 죽음에 넘겨졌다면(마 26:45), 그 폭력이 어떻게 하나님의 존재 안에 있겠는가? 하나님은 폭력을 행사하지 않는다. 성육신한 아들의 위격 안에 있는 하나님 자신이 아담이 타락한 결과로 창조세계에 들어온 폭력에 대한 자발적이고 의도적인 희생자다. 이것이 어떻게 하나님 안에 있는 폭력의 표지인가? 우리가 십자가형에서 보는 폭력은 원수가 한 짓이다.

그것은 도덕적으로 비난 받을 만하다

이 비판은 대속 모티프가 우리로 하여금 처벌과 보복에 초점을 맞추도록 요구한다는 확신에 의존한다. "조잡한" 해석이 그리스도의 고난의 세부사항들이 마치 성부에 의해 거래의 한 부분으로 부과된 것처럼 그것들을

글을 알아보지 못할 것이다.

강조하는 한, 이것은 공정한 비판이다.[91] 하지만 이 모티프가 한 가지 방법으로만 해석되는 것은 아니다. 우리가 논의를 진행해 나감에 따라 모순되는 것처럼 보이는 두 가지 요점이 논의될 것이다.

1. 우리는 도덕 질서에서 형벌 개념을 완전히 제거할 수 없음을 보여주기 위해 **처벌 받지 아니함**(impunity) 개념을 살펴볼 것이다.
2. 우리는 대속에 대한 칼 바르트의 설명을 살펴볼 것이다. 그의 설명은 형벌을 배제하지는 않지만, 처벌과 보복이 무관한 또 다른 준거틀 안에서 작동한다.

그것은 그리스도인의 성품을 발전시키지 않는다

이 견해는 대속 모티프에 대한 현대의 다양한 비판자들에 의해 제시되었다. 예컨대 J. 데니 위버는 승리자 그리스도 주제가 그리스도인으로 하여금 사회적 악에 저항하도록 자극하는 반면에, 안셀무스에게서 유래되었다고 추정되는 모델들은 (이 견해에 따르면) 수동성을 조장한다고 주장한다.[92] 이 개념이 소위 미국의 기독교 우파에만 적용된다면, 우리는 그 주

---

91 Robert Duvall의 훌륭한 영화 "사도"(*The Apostle*)에서 하나의 예를 볼 수 있다. 그 영화에서 오순절 설교자는 아버지가 아들의 손에 못을 박는 것을 극적으로 표현하기 위해 어린 아이의 손을 치켜든다.

92 Green과 Baker의 글도 보라. 그들은 "예수의 죽음의 의의를 이런 식으로 묘사하면, 우리가 교회 안팎에서 또는 보다 넓은 사회적-인종적 이슈들에서 서로 어떻게 관련을 맺는지에 대해 목소리를 거의 내지 못하게 된다"고 진술한다(Green and Baker, *Recovering the Scandal*, 31). 하지만 승리자 그리스도 모델(이나 그외의 다른 모델)이 이 점에서 더 효과적이라는 것을 실제로 보여줄 수 있는가? 우리는 왜 하나님의 아들이 우리를 위하여 제시한, 희생적으로 죄를 짊어지는 패턴을 따르기를 원치 않는가? 그렇게 하면 우리가 필요하다면 다른 사람들을 대신하여 그들의 짐을 지려고 생각하게 되지 않겠는가? 나는 이러한 주장에 설득되지 않는다.

장에 동의하려는 유혹을 받을 수도 있을 것이다. 하지만 다른 나라들의 신학자들과 성서학자들이 포함될 경우, 이 주장은 유지될 수 없다. 대속 모델을 채택하는 여러 개혁주의 진영에서 저항과 사회 정의에 대한 강력한 추진력이 존재해왔다.[93] 보수적인 교회들에서조차 많은 복음주의자들이 열정적으로 악에 저항했다. 비록 그들이 저항하는 악이 그들의 비판자들이 염두에 두고 있는 악은 아니지만 말이다![94]

이 특정한 비판을 미묘한 방식으로 자신에게 유리하게 보려는 유혹이 있다. "우리 교회는 너희 교회보다 더 훌륭하게 행동했고 더 의로웠다"라는 형태로 논쟁이 전개된다. 이것은 그 자체로 그런 모든 구별이 무의미해지며(롬 3:23) 각 사람에게 선과 악의 양면성이 있음이 드러나는 십자가의 급진성을 훼손한다. 대속 모티프를 포기하면 [악에 대해] 더 저항하게 되고 더 관용을 베푼다는 것이 실제로 입증될 수 있는가? 하나님의 본질 자체가 우리를 위한, **그리고 우리를 대신한** 성자의 죽음에서 입증되었음을 우리가 믿는다면, 이 신앙의 논리적인 발현은 다른 사람들을

---

93 칼뱅에게서 유래한 개혁주의 전통은 용기 있고 희생적인 많은 그리스도인을 배출했다. 예컨대 네덜란드 하를렘에 거주하던 경건한 칼뱅주의자인 텐 붐 가족 중 여러 명이 유대인들을 숨겨주었다는 죄목으로 나치 수용소에서 목숨을 잃었다(Corrie ten Boom이 『은신처』[*The Hiding Place*]에서 이 이야기를 들려준다). 세벤느의 프랑스 개신교도들은 제2차 세계 대전이 진행되는 내내 많은 유대인을 숨겨주었다(*Lest Innocent Blood Be Shed*, by Philip Hallie). 대속 모델의 열렬한 신봉자였던 Karl Barth는 히틀러에 대항하는 "바르멘 선언"의 저자였다. 네덜란드의 칼뱅주의는 남아프리카의 인종차별정책에 순응했지만—이 점이 핵심이다—**그 내부에 인종차별정책에 저항하는 사람들이 있었고**, 그들은 1986년 주목할 만한 벨하 선언에서 인종차별정책을 신학적 이단이라고 선언했다(이 선언은 훨씬 더 많이 알려져야 한다). 사회정치적 관여를 지배적인 주제로 삼았던 개혁주의 윤리학자인 Paul L. Lehmann(*Ethics in a Christian Context*)은 대속 주제에 대한 공공연한 신봉자였다. 대속/교환의 지지자인 개혁주의 신학자 George Hunsinger는 고문 반대 전국 종교 위원회(National Religious Committee against Torture; NRCAT)의 설립자이자 지도자였다. 이런 목록이 계속 이어질 수 있다.

94 나는 전 세계적으로 자행되고 있는 인신매매, 기아, 에볼라, 난민 그리고 박해받는 그리스도인들과 같은 대의들을 생각하고 있다.

위해서 살고 필요할 경우 그들을 대신하기까지 하는 생활 양식이 될 것이다. 대속 모티프가 어떻게 이것을 가르치지 **않는단** 말인가?[95]

그것은 지나치게 개인적이다

이 비판은 대속 모티프가 교회에서 사용되어온 방식에 대한 가장 중요한 비판 중 하나이며, 그 주제에 관한 수정된 설명에 반영되어야 한다. 하나님은 그리스도 안에서 전부터 지금까지 별개의 개인들을 하나하나 부르는 것이 아니라 **한 백성**을 자신에게 부르고 있다. 예수 그리스도의 성육신, 생애, 죽음, 부활 그리고 승천에 나타난 하나님의 **텔로스**(*telos*, 목표, 목적)는 (유월절과 출애굽에서처럼) 실로 자기 백성의 구출을 위한 것이었지만, 그의 계획은 거기서 끝나지 않았다. 그 구출은 거룩한 백성, 왕 같은 제사장을 창조하려는 목적을 위한 것이었다(출 19:6; 벧전 2:9). 하나님은 "우리를 사랑하사 그의 피로 우리 죄에서 우리를 해방하시고 그의 아버지 하나님을 위하여 우리를 나라와 제사장으로 삼으신" 분이다(계 1:5-6). 자신이 그리스도 안에서 해방되었음을 아는 사람은 자신이 독립된 개인이 아니라 "구름같은 증인들"(히 12:1)의 일부라는 사실 역시 이해할 것이다. 성령에 의해 부름을 받아 존재하게 된 새로운 공동체는 자신이 세상을 위한 그리스도의 성육신한 사랑의 이미지로서 세상 안에서 **공동으로** 산

---

95 Ephraim Radner는 레위기에 관한 신학적 주석에서 이렇게 쓴다. "속죄 이론으로서 대속은 그리스도가 우리를 구속하는 기제를 묘사하려고 시도하지만, 그리스도 안에 있는 우리의 운명이 확실하다는 사실을 확립하기는 고사하고 설명하지도 않는다"(*Leviticus*, Brazos Theological Commentary on the Bible [Grand Rapids: Brazos, 2008], 171 각주 10). 대속 모델이 왜 그렇게 하지 않는가? 하나님의 아들이 자신과 우리를 위하여 교환한다면(일종의 대속), 그것은 죽은 자 가운데서 부활한 능력을 통해 우리를 그리스도 안으로 통합시키는 것을 가리키지 않는가?(롬 6:1-4) 그리고 우리는 왜 단순한 감사에서 주님을 본받기를 원치 않는가?

다는 것을 깨닫는다.

　대속 모티프가 개인들 한 사람 한 사람의 구원에 초점을 맞추는 방식으로 사용되어 결과적으로 기독교 공동체와 그 소명을 소홀히 하게 된 것은 중대한 오류였다. 우리 시대에는 이 실수를 교정하기 위해 교회의 보수주의 진영과 자유주의 진영 모두에서 유의미한 운동이 일어나고 있다. 하지만 개인을 지나치게 강조하는 책임을 오로지 대속 모티프에만 물을 수는 없다. 18세기와 19세기에 서양의 사상과 문화에 큰 변화가 일어나 공동체 개념이 기독교 선포의 중심에서 주변으로 밀려나고, 자율적이라고 가정되는 개인에 초점을 맞추는 추세가 촉진되었다. 이는 많은 사회학 연구에서 지적되었다. 특히 미국의 역사와 문화가 개인주의를 강화하기 때문에, 미국의 그리스도인들은 자신의 구속을 이해하는 방식에서 이 개인주의를 떨쳐버리기가 어렵다.

그것은 형벌에 대한 강조의 지배를 받는다

이 비판은 징벌적인 하나님 개념을 거부하는 우리 시대의 문화에서 나온다. 처벌에 대한 전반적인 개념은 소매를 걷어 올리고 회초리를 찾는, 몹시 화가 난 19세기의 아버지 이미지를 떠올린다. 분노한 아버지에 대한 원형은 인간의 마음에 영원히 그리고 섬뜩하게 자리하고 있으며, 이생에서는 제거할 수 없다. 아버지가 각각의 자녀와 감정적으로 친밀한 관련을 맺고 있어서 (잠 3:11-12과 히 12:6에서처럼) 그의 체벌이 사랑의 한 측면—단지 하나의 작은 측면—으로 받아들여진 가정에서 자란 사람은 참으로 운이 좋은 사람이다.

　그러나 **신학적** 처벌 개념을 오로지 이 진노라는 이미지에 따라서만 이해하는 것은 잘못일 것이다. 우리는 3장에서 논의한 **처벌 받지 아니함**

개념을 한 번 더 살펴볼 필요가 있다.[96] 이 개념은 우리로 하여금 하나님과 그리스도의 십자가에 관한 우리의 많은 생각들에서 처벌 또는 형벌을 유지할 필요가 있음을 이해하도록 도움을 줄 것이다. "처벌 받지 아니함"(라틴어로는 *impunis*)은 처벌로부터의 면제를 의미한다.

처벌 받지 않는 상황을 묘사하기 위해 좀 더 일반적으로 사용되는 단어는 "무법 상태"(lawlessness)다. 미국의 "서부 개척 시대"(Wild West)는 일반적으로 "무법 천지"로 불렸지만 고전적인 서부영화들이 악을 소탕하는 영웅에 신비로운 명성을 부여하기 때문에 그런 매체를 통해서는 참으로 악행을 저지르고도 처벌 받지 않는 무법 상태라는 개념이 우리에게 실감나게 다가오지 않는다. 처벌 받지 아니함을 이해하려면 우리는 오늘날 우리 주변의 세계를 볼 필요가 있다. 21세기 초 아마존에 만연했던 분위기는 이에 대한 하나의 예일 것이다. 거대 자본의 이해에 의해 끔찍한 가혹 행위가 자행되었는데—남자들이 거세되었고 수녀 한 명이 살해되었고 노동자들이 "사라졌다"—가해자들은 어떤 처벌도 받지 않았다. 어떤 지역 사회 운동가는 절망하여 그것은 "처벌 받지 않는 문화"였다고 증언했다.[97] 2011년 아프가니스탄 전쟁 중에 발생한 미국 육군의 스트라이커 여단에 관한 증언은 그 그룹 내부의 처벌 받지 않는 문화를 묘사했다. 그 문화는 사병들뿐만 아니라 명령 구조와도 관련이 있었는데, 그 결과 단지 재미 삼아 민간인을 냉혹하게 살인하는 일이 발생했다.[98] 실제로

---

96 과테말라에서 끔찍한 고문을 당했던 Dianna Ortiz의 흥미진진한 증언에서 그녀는 처벌 받지 아니함 개념의 중요성을 강조했다. 그녀의 경우에서처럼 범죄를 저지르고서도 처벌 받지 않는 곳에서는 잔인함이 번성할 수밖에 없다. 처벌 받지 않는 환경에서 Philip G. Zimbardo에 의해 수행된 스탠퍼드 감옥 실험은 10장에서 이미 논의되었다.

97 Julie McCarthy, "Reporter's Notebook: Violence in the Amazon," Dom Earwin 주교와의 NPR 인터뷰, June 7, 2008.

98 William Yardley, "Soldier Is Given 24 Years in Civilian Afghan Deaths," *New York Times*, March 24, 2011.

우리는 최근 몇 년간 "처벌 받지 않는 일"이 과거보다 뉴스에 더 자주 등장하고 있다는 인상을 받는다. 콩고, 투르크메니스탄, 중국에 장악된 티베트 등 지구 전역에 만연해 있는 갈등과 정세들로 인해 우리는 이 요인에 대해 좀 더 의식적으로 생각할 수밖에 없다.

처벌 개념은 완전히 제거될 수 없으며, 실제로 제거되어서도 안 된다.[99] "그가 채찍에 맞으므로 우리는 나음을 받았도다"(사 53:5)는 말할 것도 없고 "하나님이 죄를 알지도 못하신 이를 죄로 삼으셨다"(고후 5:21), "그가 나무에 달려 그 몸으로 우리의 죄를 담당하셨다"(벧전 2:24), "우리를 위해 저주를 받은 바 되셨다"(갈 3:13), "나의 하나님, 나의 하나님, 어찌하여 나를 버리셨나이까?"(마 27:46과 막 15:34) 같은 중요한 신약성경 구절들의 배후에 이 개념이 놓여 있다. 배제나 거부라는 관점에서 이해하는 것이 아마도 우리 시대에 처벌 개념을 이해하는 가장 좋은 방법일 것이다. 하나님이 도래하는 그의 나라에서 폭력과 불의를 배제하려면 폭력과 불의 그리고 하나님의 목적을 위협하려고 하는 모든 다른 형태의 적의에 대해 뭔가가 행해져야 한다. 이런 것들은 **죄와 사망**의 발현이며, 간과되거나 무시될 수 없다. 비록 구원에 대한 많은 이해가 그렇게 하려고 하지만 말이다. 다시 말하지만 **디카이오시스**(*dikaiosis*, "칭의"로 잘 알려졌지만 "바로잡음"이 더 좋은 번역이다)라는 단어는 의로움과 심판 **모두**를 포함하기 때문에 이 단어가 매우 중요하다. 잘못된 것을 바로잡는 것은 하나

---

99   처벌을 배제하는 문화가 있다면, 그런 문화는 구제 받지 못하는 희생자를 양산할 것이다. 논란에 의해 위축되지 않는 Stanley Hauerwas는 처벌이 교회 자체 내부에서 중요한 역할을 한다고 주장했다(*Performing the Faith: Bonhoeffer and the Practice of Nonviolence* [Grand Rapids: Brazos, 2004], 189-200). 십자가의 맥락에서 처벌을 논의함에 있어서 도전은 새로운 실재가 처벌 받지 않는 세상에 침입하여 이를 바로잡는다—이는 예변적으로, 그러나 분명히 확실한 사실이다—는 선포 안에 그 논의가 설정되어야 한다는 것이다. 하나님은 **권세들**의 통치(롬 6:9-14)와 **율법**의 횡포(갈 3:19-26)를 철폐함으로써 이 일을 행했다.

님의 행동이며, 이는 모종의 최종적인 거부가 반드시 발생해야 함을 의미한다.

십자가형과 부활을 통한 그것의 정당성 입증에서 우리는 하나님을 대적하여 싸우는 모든 **권세**가 어떻게 지금까지 정복되어왔고 장차 정복될 것인지, 그리고 궁극적으로 섬멸될 것인지를 본다. 이것이 유기의 외침과 어떻게 연결될 수 있는지 파악하기 위해 무리하게 상상력을 발휘하지 않아도 된다. 이런 의미에서 우리는 예수 그리스도가 **죄**와 **사망**에 대해 내려진 하나님의 판결을 자기 안으로 받아들인다고 말할 수 있다. 바울이 "하나님이 그를 죄로 삼으셨다"고 한 말은 성자의 고통당하고 십자가에 처형된 몸 안에서 **죄**와 온갖 악에 빠진 전체 우주가 집약되어 심판을 받은 것—**용서되었을** 뿐만 아니라 결정적이고, 최종적이고, 영원히 **심판을 받아** 하나님과 그의 창조세계로부터 **분리된** 것—이라는 뜻으로 이해될 수 있다.[100]

마지막 이의: 법정적 이미지는 신약성경의 묵시적 관점을 배제한다

많은 형태의 대속 모티프는 그 힘을 법정적 이미지에 의존한다.[101] 그러므로 대속에 대한 모든 이의 중 실질적으로 가장 성경적인 이의는 묵시적 관점에서 제기된다. 이 주장은 주류 교파들의 대속 교리에 대한 반감에서 일익을 담당하지는 않는데, 이는 대체로 신약성경의 묵시적 전망의 회복이 아직 지역 교회들에 스며들지 않았기 때문이다.

---

100 Christopher Morse는 하나님에 의해 "궁극적으로 패배하고 거부된" 원수의 일이 하나님께 "영원히 종속"된다고 쓴다(*Not Every Spirit: A Dogmatics of Christian Disbelief* [New York: Trinity, 1994], 340).

101 8장 "최후의 심판"을 보라.

대속에 대한 이 중요한 비판에서 법정적 모티프들은 불충분한 것으로 여겨지는데, 이는 그 모티프들이 처벌에 초점을 맞추거나 가학적 고난을 추천하거나 폭력을 조장하기 때문이 **아니다**. 이런 요소들은 **주된** 이의에 비하면 주변적인 것들이다. 주된 이의는 법정적 시나리오가 개인에게 너무 초점을 많이 맞출 뿐만 아니라—이 점이 더 중요한데—능동적인 원수와의 우주적 전투를 묘사하지 않는다는 것이다. 신약성경 전반, 특히 사도 바울의 결정적인 묵시적 관점은 하나님과 그분께 반역한 창조 세계뿐만 아니라 능동적이고 적대적으로 점령하고 있는 **권세들**도 관련된 삼자 간의 경쟁을 우리가 어떻게 상상하는지에 달려 있다.[102]

하지만—그리고 이것이 본서의 논지에 핵심적이다—많은 복음주의 진영에서 매우 친숙한 법정적 모티프와 신약성경의 묵시적 세계관은 서로 배타적이지 않다. 이 둘은 서로를 강화할 수 있다. 법정적 이미지가 다른 이미지, 특히 승리자 그리스도 이미지보다 **우선권**을 부여받고 그것을 모호하게 할 경우에 문제가 발생한다. 이 일이 발생하면 개념적 전경에서 자기만의 죄책을 가진 개인이 부각되고 우주적 투쟁이란 드라마의 여지가 남겨지지 않는다(우주적 투쟁에서 그리스도의 몸 안으로 부름을 받은 새롭고 살아 있는 유기체는, 파멸할 운명이고 죽어가는 옛 시대가 도래하는 하나님의 시대와 대치하는 전선에 있는, 보이지 않는 하늘의 군대와 연합한다). 대다수 대속 시나리오에서 그러는 것처럼 법정 이미지가 우위를 차지하도록 허용된다면, 우리는 위에서 인용한 많은 오용으로 이어지는 "이원적 담론"의 세계와 "[공과에 대한] 점수 정산"의 수렁에 빠지게 될 것이다.[103] 특히 서로

---

102 이 점 역시 8장에서 법정적 묵시론과 우주론적 묵시론에 관한 부분에서 논의되었다.

103 Martinus C. de Boer는 특히 최근에 쓴 갈라디아서 주석에서 법정적 주제에 대해 Martyn과 의견을 달리한다. Martyn은 법정적 주제를 외면하지만, de Boer는 묵시적 시나리오가 우선시되는 한 법정적 주제를 고려 대상에 포함시키기를 원한다.

관련이 있는 국제적 세력들에 의해 독특하게 형성된 오늘날 우리 시대에 대속을 순전히 또는 주로 개인적인 관점에서 이해하지 않는 것이 매우 중요하다.

비판 요약

소위 개신교 정통에서 가르쳐진 형벌 대속 모델은 철저한 점검이 필요하다. 그러나 대속 모티프에 대한 **재고**가 그것의 **제거**를 의미하지는 않는다.

대속 모티프에 대한 작금의 적대감의 근본적인 이유가 앞서 언급한 대다수 비판에서 발견되지는 않는 것 같다. 만일 그 비판들이 우호적이라면 대속 모델에 대해 재작업한 결과를 제안했을 것이다. 그러나 그 비판들은 일반적으로—늘 그런 것은 아니지만—그 주제를 전면적으로 거부했다. 그래서 대속 모티프에 대한 상당히 많은 반대는 근본적으로 **죄**의 지배와 죄에 대한 하나님의 심판을 인정하기를 싫어하는 데 뿌리를 두고 있다는 결론을 피하기가 어렵다.

그러므로 우리는 대속 모티프에 대한 현대의 최고의 재작업을 살펴보고자 한다. 그것은 칼 바르트의 재작업으로서 지금까지 이것을 능가한 연구는 없다.

3. 칼 바르트와 "우리 대신 심판 받은 심판자"

대속 모티프와 속죄 개념 일반에 관해 현재 진행되는 논의에서 가장 심각한 결함은 그 주제에 관해 칼 바르트를 관여시키지 않는 것이다. 미국의 기독교에는 "바르트의" 시대가 없었다. 성직자를 준비시키는 많은 신학교, 특히 "복음주의" 신학교—그러나 복음주의 신학교에만 국한되지는 않는다—에서 학생들에게 이 걸출한 인물과 조화를 이루는 법을 배우도록 요구하지 않는다. 놀랍게도 십자가형 주제를 다루는 많은 책이 바르트를 전혀 언급하지 않거나 슬쩍 언급하기만 한다. 바르트가 제시한 내용과 조화를 이루지 않고서는 대속에 대한 어떤 불후의 비판도 유지될 수 없는데, 이상하게도 너무도 많은 해석자들이 그렇게 하지 않는다.[104]

바르트는 대속 모티프를 『교회 교의학』(Church Dogmatics) IV/1 "우리 대신 심판 받은 심판자"라는 긴 부분에서 다룬다. 이 부분은 똑같이 긴 삽입 부분인 "하나님의 아들이 먼 나라로 간 길"과 "성부의 판결" 부분과 더불어—특히 많은 "개신교 정통" 교파의 입장과 달리—우리가 이 주제에 관해 접할 수 있는 가장 포괄적이고 가장 성경적이며 가장 균형 잡힌 동시에 가장 독창적인 견해다.[105] 칼 바르트의 설명은 이런 설명들

---

104 최근의 연구들 중에서 Hans Boersma의 *Violence, Hospitality, and the Cross*와 Green과 Bakerand의 *Recovering the Scandal of the Cross*는 Barth를 무시한 점을 제외하면 탁월한 책들의 두드러진 예다. 나는 그들이 Barth를 무시함으로써 그들의 논거가 상당히 약화되었다고 생각한다. 나는 Scot McKnight가 다른 면에서는 멋진 선언문인 『속죄라 불리는 공동체』(*A Community Called Atonement*)에서 대속의 중요성을 완전히 이해했는지 확신하지 못한다. 그는 본서에서 제시하고 있는 것과 같은 요지들을 많이 제시한다. 하지만 그는 대속에 대한 다른 많은 비판자들처럼 가장 심오하고 가장 편향적이지 않은 형태의 대속을 파악하려고 노력하지 않은 것 같다. 그렇다고 해서 내가 Barth에게는 경향(*tendenz*, 우리는 이를 "의제"로 부를 수 있을 것이다)이 없다고 암시하려는 것은 아니지만, 지난 수십 년 동안 자신의 개인적인 선입견을 말씀이 제시한 내용에 복종시키기 위해 그보다 열심히 씨름한 신학자는 없었다.

105 본서를 집필하기 위해 연구를 수행하는 동안 나는 교부들의 자료와 종교개혁 시대의 자료들이 놀라울 정도로 신선하다는 것을 발견했다. 하지만 19세기와 20세기의 그리스도의 속죄의 죽음에 대한 많은 설명에서 나타나는 정교한 구별 중에는 비전문가들을 문자적으로 망연자실하게 만드는 것들이 더러 있다. 보여줄 것이 거의 없는 이 설명들을 검토하느라 몇 년을 보내고 난 후, 나는 브리태니카 백과사전의 유명한 11판에서 박식한 W. H. Bennett 박사(M.A., D.D., D.Litt.[케임브리지 대학교])가 쓴 "속죄" 항목을 접했다. 그때 나는 내 역량의 부족을 인정하고 Barth의 내러티브적 설명을 받아들이기로 결정했다.

과는 아주 판이하다.[106] 그의 **빽빽한** 텍스트는 확실히 어렵기는 하지만, 칼뱅에 대한 철저한 점검과 아울러 따뜻함과 에너지를 갖고 있으며 학술적인 전문 용어가 없어서 대속 모티프에 대한 다른 어떤 논의보다 추천할 만하다.

이 주제에 관해 바르트를 소개하는 좋은 방법은 사도신경 해설인 그의 소책자 『칼 바르트의 교의학 개요』(*Dogmatics in Outline*, 복있는사람 역간)에서 그가 직접 간략하게 요약한 내용을 살펴보는 것이다. 그는 이렇게 쓴다. "사람과 하나님 사이의 화해는 하나님이 자신을 사람의 자리에 놓고, 사람이 순전히 은혜의 행위로써 하나님의 자리에 놓이는 것을 통해 발생한다. 상상조차도 할 수 없는 이 기적이 바로 우리의 화해다."[107]

내러티브 접근법

칼 바르트에게는 탄생부터 죽음과 부활에 이르는 예수 그리스도의 전체 이야기가 속죄다. 바르트는 대표자와 대속 두 단어를 번갈아 사용해서 그리스도를 우리의 대표자와 대속자로 설명한다.[108] 그는 그리스 교부들

---

106 Barth는 자신의 입장이 "이전의 독단적인 개념에 있는 특정한 일방적인 요소들과는 대조적으로" 선택된 부분들에 근거한 것이 아니라 신약성경의 전체 증언에 근거하였다고 조심스럽게 선언한다(*CD* IV/1, 231). 십자가가 성육신으로부터 분리되어서는 안 된다. 그리스도의 생애와 죽음은 끊김이 없는 완전체다. 지나치게 합리주의적인 설명이 주도했기 때문에 대속 주제에 대해 상당히 많은 오용이 발생했다. 여기서 Barth는 우리가 앞서 지적했던 개혁적 스콜라주의 학자들을 겨냥한다. (나는 오랫동안 "형벌 대속"을 가르치는 전통에 서 있는 교회에서 부활절이 지난 첫 주일에 예배에 참석했다가 그날 그 교회의 설교가 부활에 관한 것이 아니라 십자가에 관한 것이어서 깜짝 놀랐던 것을 기억한다!)

107 Karl Barth, *Dogmatics in Outline* (New York: Harper Torchbooks, 1959), 115.

108 몇몇 학자들은 대표와 대속이 별개의 모티프들이라고 주장했다. 이것은 앵글로-색슨 신학에서 하나의 주제였다. Horace Bushnell, P. T. Forsyth 그리고 F. D. Maurice는 이 두 주제가 같은 것이 아니라고 다양하게 주장해왔다. Bushnell은 "대리적"(vicarious) 고난이라고 말하기를 선호했는데, 몇몇 학자는 이를 대속에 대한 다른 표현으로 보았다. F. D. Maurice

의 진정한 상속자로서, 성육신과 삼위일체의 세 위격의 맥락에서 이것을 설명한다. 바르트는 "이론"을 조금도 암시하지 않고 이 작업을 수행한다. 그리스도의 속죄 사역에 대한 묘사에서 그는 추상적인 표현을 삼가고 수난 내러티브 자체에 초점을 맞춘다. 여러 권으로 된 바르트의 『교회 교의학』(*Church Dogmatics*)은 읽기가 쉽지 않다. 하지만 그 책을 읽기 시작할 때 그리스도의 죽음에 대한 그의 설명이 **내러티브** 형식으로 되어 있다는 것을 이해하면 도움이 된다.[109] 바르트의 논지가 복잡해서 그의 방법론이 종종 숨겨지지만 그는 기본적으로 구원의 **이야기를 말하고 있다.** 그리스도의 수난은 하나의 **사건**이며, 그것을 전달하는 적절한 방식은 **내러티브** 다. 따라서 바르트는 여느 때와 마찬가지로 교회에서 설교하고 가르치는 과제에 대한 그의 헌신을 보여준다. 그는 글을 쓰면서 늘 "이것은 설교할 만한가?"라고 자문했던 것으로 보인다. 이 가장 덜 "주관적인" 신학자가 그리스도의 수난을 설교자가 했을 법하게 감정적이자 감동적으로 묘사

는 속죄에서 죄책과 처벌이 십자가상에서 그리스도께로 옮겨진다는 어떤 암시도 제거하기를 원해서 "대리적"이라는 단어를 삼간다(우리는 이 이의에 대해 어느 정도까지는 동의할 수 있다). Maurice는 대속 개념을 형벌의 범주에서 성육신의 맥락으로 옮기기를 바랐다. Maurice는 다음과 같은 글을 쓸 때 자기가 대속 모티프를 거부하고 있다고 생각했다. "그리스도는 우리 자신이 짊어질 수 없었던 것을 우리 대신 짊어졌다. 하지만 그것은 우리를 위해 대속자로서 자신에게 형벌을 옮긴 것을 통해서가 아니라, 그가 하나님의 진노 아래 있는 우리의 영역에 들어와 그 가운데서 우리의 대표자로서 그 진노를 완벽하게 앎으로써 그렇게 한 것이다"(F. D. Maurice, *The Doctrine of Sacrifice Deduced from the Scriptures* [London: Macmillan, 1893], 179). Maurice는 대표를 선호하고 대속 개념을 부인하기를 원하지만, Barth가 그렇게 말하는 것으로 보이듯이, 그것은 궁극적으로 차이가 없는 구별이다.

109 사실 그는 『교회 교의학』의 여러 곳에서 이것을 무용담(saga)으로 지칭한다. 그가 *CD* III/1 (Edinburgh: T. & T. Clark, 1958), 81-94에서 "신화, 무용담, 우화, 전설, 일화"를 조심스럽게 구별한 것은 특히 창 1-3장의 "신화"에 관한 논의에 기여한다. 그가 "신화"보다는 "무용담"이라는 단어를 더 좋아한 것은 그가 창조 이야기를 "시공의 한계 안에서 단번에 그리고 영원히 집행된 역사의 전(前)역사적 실재에 대한 직관적이고 시적인 그림"(81)으로 이해한 것에 근거한다.

했다는 것은 이상하고도 역설적으로 잘 어울린다. 우리는 십자가를 바라보고 전율하라는 초대를 받는다. 이젠하임 제단화가 삽화이며, 유기의 부르짖음이 그 사운드 트랙이다.[110]

성경의 구원 내러티브

바르트가 그의 교의 신학의 역작을 에덴동산에서 발생한 타락으로 시작하지 않는다는 것은 의미심장하다. 그는 하나님의 말씀과 그 능력으로 시작하며, 그러고 나서 신론과 창조론을 취급한다. 그는 4권에 와서야 비로소 십자가를 충분히 설명한다. 달리 말하자면 하나님의 은혜가 하나님의 심판보다 앞에 나온다. 로마서도 동일한 패턴을 따른다. 바울은 하나님의 진노에 관한 긴 부분으로 향하기 전에 복음을 설교한다(롬 1:1-17).

　　바르트는 자기 아버지 집을 떠나 "먼 나라"로 간 탕자 비유(눅 15:13)에서 취한 이미지를 사용한다. 그는 이것을 하나님의 아들이 그의 성육신을 통해 죄와 사망의 세상으로 들어 온 여정에 대한 틀로 삼는다. 구약성경의 드라마는 하나님과 그의 창조물 간에 발생한 불화를 진술한다. 바르트는 이것을 의로운 하나님과 인간의 타락으로 말미암은 고난 간의 "대립"으로 부른다. 우리는 창조주와 우리 자신 간의 이러한 단절을 이해해야만 복음 선포를 충분히 흡수할 수 있다. "신약성경의 수난 이야기에서 이 대립은 없어졌다. 고난을 당하던 자들을 **대신하고** 그들의 고난의 쓰라림이 **자신 위에** 떨어지도록 허용하는 이는 바로 하나님 자신이

---

110 그의 생애 내내 Barth는 그의 연구에 꾸준히 마티아스 그뤼네발트의 이젠하임 제단화를 재생산했다. 옛적의 모든 거장 중에서 그뤼네발트는 십자가에 달린 그리스도의 몸을 가장 소름끼치게 그렸다. Barth는 자신을 "그는 흥하여야 하겠고, 나는 쇠하여야 하리라"는 글과 함께 십자가에 달리신 분을 가리키는 세례 요한의 커다란 검지 손가락과 동일시했다.

다."[111]

바르트는 대속을 이처럼 분명하게 언급하고 나서 곧바로 묵시적 언어로 이동한다. 그는 "먼 나라"를 지리적 장소나 심지어 신화적인 장소로 보지 않고 묵시적인 장소로 상상한다. "하나님이 모든 낯선 영역 중에서 가장 끔찍한 이곳에 자신을 내어준다"고 말이다(175). 여기서 "낯선" 원수에 의해 지배되는, 경쟁하는 영역이란 개념이 암시되어 있는데 이는 신약성경의 묵시 신학에 속하는, 없어서는 안 되는 특징이다.[112]

바르트는 그의 저서의 특징인 성경의 여러 주제를 광범위하게 망라하면서, 이스라엘을 그의 내러티브 안으로 끌어들여 은혜와 사랑이 하나님의 심판보다 **앞선다**는 것과 비록 감춰졌기는 했지만 그것이 이스라엘의 배교에 대한 하나님의 심판의 배후에서도 **여전히 작동한다**는 것을 보여준다. "골고다의 십자가에서 벌어진 일은 옛 역사의 마지막 말이자 새로운 역사의 첫 번째 말이다. 하나님은 언제나 인간 예수의 고난과 죽음 안에서 그의 낮아짐이 무한하다는 것을 보여준 분이었다. 그분은 의로운 진노의 형태로 자신의 사랑을 감춘 가운데 이스라엘에게 참으로 은혜로웠던, 동일한 하나님이다"(176).

죄에 대한 하나님의 진노를 강조해왔던 개혁신학 전통에 바르트가 끼친 커다란 공헌 중 하나는 그가 이 점을 명쾌하게 설명했다는 것이다. 『교회 교의학』 곳곳에서 바르트는 하나님의 심판이 완전히 그의 자비에 싸여 있다고 주장한다.

---

111 Barth, *CD* IV/1, 171, 강조는 덧붙인 것임. Barth가 "자신"(Himself)이라는 단어로써 성부와 성자가 하나라는 것을 얼마나 명확하게 보여주는지를 눈여겨보라. 이어지는 텍스트에서 페이지 표시는 *CD* IV/1를 가리킨다.

112 그렇다고 해서 Barth가 이것이 훗날 하나의 운동이 될 것이라고 생각했음을 암시하는 것은 아니다. 하지만 가장 성경적인 이 신학자는 Käsemann 이후 사실상 묵시 신학에 관심이 있는 모든 사람에게 이런 방식으로 생각하고 이해하는 중요한 인물로 인정받아왔다.

원(原) 대속으로서 성육신

바르트의 논의에서 가장 중요한 특징은 십자가를 성육신의 전체성 안에서 보는 그의 관점의 일관성이다. "전능하신 분이 이곳에서 약하고 무기력한 이의 형태로, 영원하신 분이 시간에 제한을 받고 없어지는 이로, 그리고 지극히 높으신 분이 가장 겸허하게 존재하고, 행동하고, 말한다. 거룩하신 분이 죄인의 자리에 서서 다른 죄인들과 함께 죄인이라는 고소를 받고 있다. 영광스러우신 분이 수치로 덮였다. 영원히 사시는 분이 죽음의 희생자로 전락했다"(176).

이런 구절들에서 바르트의 서술 방식은 단순한 이야기하기(storytelling)다. 여기에 이론적인 것, "논리적"이거나 명제적인 것은 하나도 없다. 대신에 바르트는 우리가 성자의 탄생과 생애와 죽음에서 보는 놀라운 대조들을 수수하게 제시한다. 그는 여기서 단지 십자가형만이 아니라 "다른 죄인들과 함께 죄인이라는 고소를 받고" 있는 예수의 생애의 모든 범위에 대해서도 이야기한다. 그는 인간 어머니의 자궁에 잉태되는 순간부터 "죽음의 희생자"였다.

행동하는 주체로서 하나님

아래 구절에서 우리는 **행위자**라는 중요한 문제를 만난다. 바르트는 일관성 있게 하나님은 그의 아들을 통해 발생하는 모든 일에서 행동하는 주체라는 입장을 유지한다. 이 점은 본서에서도 가장 중요한 주장 중 하나다. **하나님**이 이 일을 하고 계신다.

예수 그리스도 안에서 하나님의 임재와 행동의 형태인 종의 형태에서조차,

우리는 하나님의 진정한 신성 안에 계신 하나님 자신을 대한다.…하나님이 겸손하게 예수 그리스도 안에서 거하고 행동하는 것은…그분이 자신 안에, 그분의 신격(Godhead)의 가장 내밀한 곳에 계신 것이다.…우리의 속죄의 진리와 실재는 이러한 요소에 의존한다. 세상을 하나님과 화해시키는 분은 그분의 진정한 신격에서 하나님 자신일 수밖에 없다. 그렇지 않다면 세상은 하나님과 화해하지 못할 것이다(193).

아래의 구절에서 바르트는 모순을 옹호하는 주장을 한다. 예수는 영원한 신격에서 하나님인 것과 똑같이 성육신에서 및 십자가 상에서도 하나님 이시다. **하나님은 자신이 속죄를 떠맡은 것으로 여겨져야 한다.** "하나님은 자신을 심판에 복종시킬 때에도 이 모순[즉 그 자신의 심판을 받음]에 대해서조차도 주님으로서 행동한다.…그분은 이 낮아짐, 먼 나라로 가는 길에서 자신에게 일치하지 않는 것이 아니라 자신에게 일치한다"(273). 바르트가 어떻게 그의 내러티브 구조를 고수하면서 그 구조를 확장하여 하나님의 아들을 "먼 나라로 간" 탕자와 동일시하는지 주목하라.

그리스도의 생애와 죽음에 관한 이 내러티브에서 누가 책임 있는 행위자인지 여전히 의심이 남는다면, 그 의심은 이 구절로 사라질 것이다.

그것은 세상을 하나님과 화해시키는 행동의 주체를 결정하는 문제다.…우리가 예수 그리스도를 대할 때 우리는 이 사역의 입안자이자 완성자를 대하는 것이다.…그분은 세상 위에 내린 저주를 짊어지고 세상으로부터 하나님께 대한 적대감을 없앤 분, 세상에 대한 피할 수 없는 심판을 없애기 위해서 그것을 친히 짊어짐으로써 그 심판을 완수하는 분이다.…**모든 것은 그가 이 사역에서 행동하는 주체라는 것을 우리가 신약성경이 알고 이해하는 것처럼 알고 이해하는지에 달려 있다**(197, 강조는 덧붙인 것임).

바르트, 승리자 그리스도 주제 그리고 본서의 계획

바르트는 승리자 그리스도 주제를 잘 알고 있었으며, 그의 전반적인 설명에서 그것을 쉽고 무리 없이 제시한다. 바르트는 "영역"에 대해 말함으로써 그가 신약성경의 우주론을 파악했음을 암시한다. 그는 **죄**와 **사망**을 **권세**로 이해하는데, 오늘날 많은 바울신학자들처럼 철저하게 인식하는 것은 아니지만 아무튼 그렇게 인식하고 있다. 그는 그리스도가 "사망의 권세에 자신의 목숨을 내어준다"고 쓴다(252). 바르트는 그의 의미심장한 설명에서 승리자 그리스도의 전쟁 용어를 대속과 결합해서 "죄에 대항하는 전쟁에서 우리를 위해 우리를 대신해서 얻어진 승리"에 대해 말한다 (254).

바르트의 내러티브에서 그리스도는 "모든 죄의 토대가 없었기 때문에"(258) 죄가 없는 분으로서 우리를 대신할 수 있었다. 바르트가 이것을 이례적인 방식으로 제시하는 것을 주목하라. 그는 그리스도께서 일체의 죄가 없었다고 말하는 대신에 **모든 죄의 토대**에 대해 말한다. 달리 말하자면 예수는 하나님의 통치의 영역에서 이 세상으로 왔는데, 그곳은 **죄**의 통치의 밖에 있을 뿐만 아니라 그것에 대해 주권을 가진 곳이다. 메시아의 힘의 소재는 오직 그곳으로부터만 **죄**를 몰아내고 사탄의 찬탈을 뒤집을 무기를 휘두를 수 있는 유일한 지점이다. 마귀의 차원에 대한 바르트의 사고의 함의에 관해 어떤 의심이 있다면, 몇 페이지 뒤에 나오는 [그리스도의] 시험에 대한 긴 설명으로 그런 의심이 해소될 것이다. 만일 그리스도가 마귀와 합의했더라면 세상은 "표면상으로는 그리스도에 의해 다스려지지만 비밀스럽게 사탄에 의해 다스려지게" 되었을 것이고 "예수는 계속 어둠의 왕국과 관련을 맺어야 했을 것이다." 바르트는 명시적으로 겟세마네를 마귀의 관점에서 설명한다. 그는 세상이 사탄의 "영향이 미치는 영역"이라고 말한다. 바르트는 생생한 내러티브를 통해 그리스도가 겟세마네 동산에서 어떻게 자신이 죽을 때 **홀로 남겨질 것**뿐만 아니라 사탄의 도구 역할을 하는 인간을 통해서 일하는 **사탄의 권세에 넘겨질 것**을 알았는지를 우리에게 힘 있게 보여준다. 겟세마네에서의 "그 시점의 격동"은 사탄이 승리하는 것을 지켜보는 공포에 관한 어떤 것을 우리에게 보여준다(258-66).[113]

"우리 대신 심판 받은 심판자" 단락을 건너뛰어 간략히 말하자면, 우리는 바르트가 작은 활자로 된 긴 단락으로 결론짓는 것을 발견한다. 거기서 그는 대속 주제—특히 그 중요성에 있어 "우리를 위해"와 "죄를 위해"—가 다른 모든 주제를 포괄한다고 주장한다. 하지만 바르트가 "대속적 속죄"에 그런 우월성을 부여한다는 이유로 우리가 그를 무시한다면 그것은 실수일 것이다. 그는 다른 모티프들을 철저히 조사한다. 그는 속전 이미지를 사소한 것으로 생각하기는 하지만, 전체에서 그 이미지의 위치를 부여하려고 한다. 그는 성경적 관점에서 "만족"을 회복시키기를 원한다.[114] 바르트는 승리자 그리스도를 "군사적" 주제로 언급하며, 특히 승리자 그리스도 이미지가 "특정한 진리"를 나타내고 있으며 그에 합당

---

113 Barth의 겟세마네에 대한 설명과 Raymond E. Brown의 묵시적 해석 사이에는 중요한 유사점이 있다(본서 9장 "묵시적 전쟁"을 보라).

114 "제의" 이미지(본서 6장 "피의 제사"에서 논의되었다)에 대한 긴 분석에서 Barth는 십자가에서 "만족—세상과 하나님의 화해를 위해 **충분한**—이 이루어졌다(*satis fecit*)"고 간단히 말함으로써 안셀무스의 "만족"이라는 용어의 최상의 표현을 제시한다. Barth는 피의 제사 이미지를 매우 중요한 것으로 간주하며, 그것이 자신의 전반적인 대속 범주에 얼마나 잘 들어맞는지를 보여준다. "[히브리서에서처럼] 이 제사장은 제물을 드리는 존재일 뿐만 아니라 드려지는 제물이기도 하다. 그가 심판자이면서 동시에 심판을 받는 자인 것처럼 말이다. 그는 다른 어떤 것을 드리지 않는다.…그분은 단지 자신을 드릴 뿐이다. 그는 다른 동물, 즉 수소나 송아지의 피를 쏟아서 이 제물을 가지고 지성소에 들어가지 않는다. 그것은 자신의 피의 문제, 즉 자신의 목숨을 죽음에 내어주는 문제다"(*CD* IV/1, 276-77, 강조는 덧붙인 것임). Barth가 얼마나 깊이 성경적으로 접근하는지를 주목하라. 이것은 특히 『교회 교의학』의 이 부분의 특징이다.

한 평가를 받아야 한다고 주장한다.[115] 바르트가 다른 주제들을 경시하지 않고 "다른 집단의 용어들이 빈번하게 서로 넘나든다"고 지적하듯이— 특히 설교자들에게는— 이러한 교차가 자주 발생하는 것을 허용하는 해석과 설명을 추구해야 한다(*CD* IV/1, 274)는 것이 본서에서 주장하는 요점이다. 성경이 스스로 해석하기 때문에(*Scriptura sui interpres*) 구약성경과 신약성경의 방대한 분량을 암기하고 있던 지난 날의 설교자들은 당연히 이런 교차를 추구했다.

경건치 않은 자들의 부지 중의 참여

십자가를 직접 다루는 "우리 대신 심판받은 심판자" 부분의 서두에서 바르트는 하나님이 이스라엘을 다룬 내러티브로 돌아가서 그 이야기를 이방인들에게 열어 놓는다.

> 하나님은…그것을 너무 창피한 일로 여기지 않고…궁핍하고 배교한 이스라엘 백성의 하나님으로서 자신을 온전히 내주었다. 그는 이 백성의 아들로 태어났고, 그들의 사악함이 자기에게 임하게 했으며, 그로 말미암아 죽게 되었다. 하지만 그는 이스라엘 백성을 대신해서 그리고 그들의 죄를 용서하기 위해서 자신을 이방인들에게 죽임을 당하게 했다. 그리고 자신의 유기와

---

115 Barth는 대표와 대속을 서로 바꿔가며 사용한다. 신약학자인 J. D. G. Dunn은 대속이 아버지가 행위자임을 보존하지 못한다고 주장한다. (어떻게 그럴 수 있는가? 확실히 그것은 성부와 성자가 함께 행동하는 Barth의 논의에는 해당하지 않는다.) Dunn은 "대표"를 선호한다. 하지만 그는 "제사장과 죄인이 동물의 죽음이 그 동물 자신의 죽음이 아니고, 그 동물이 그 자체의 부정함 때문에 죽는 것이 아님을 확실히 하기 위해 그 동물은 거룩하고 전적으로 정결해야 한다"고 말한다. 동물이 자신의 죄 때문에 죽는 것이 아니라면 누구의 죄 때문에 죽는가? 이것이 대속을 암시하지 않는가? Dunn, "Paul's Understanding of the Death of Jesus," in *Reconciliation and Hope*, 136.

굴욕에서 이방인들과 결정적으로 협력함으로써 그들[이방인들]도 대신해서, 그리고 그들의 죄도 용서하기 위해서 자신을 죽게 한다(214).

이 구절에서 바르트는 아들의 처형에서 이방인들의 "결정적인 협력"에 관해 분명히 말한다. 그는 "그들도 대신한" 그리스도의 죽음의 드라마에서 가해자들의 역할을 분명하게 진술하기 시작한다. 따라서 대속은 확실히 "우리의 유익을 위해서"라는 의미에서뿐만 아니라 실제 처형 집행자들을 "대신해서"라는 의미에서도 "우리를 위해" 발생한다. 모든 그리스도인은 자신을 그리스도가 그들을 위해서 자신을 대체한 범법자 중 하나로 보도록 요구된다. "그는 우리가 우리 주변에서 죄인일 때, 우리가 그의 원수일 때, 우리가 죄인과 그의 원수로서 그의 고소와 저주 아래 있을 때, 그리고 우리 자신의 파멸을 자초할 때 우리를 대신한다"(216). 지금까지도 우리가 우리 주변에서 세상의 선한 것과 소망스러운 것들을 파괴하는 경향—제방의 붕괴·주택 단지의 방치·지원 사업의 와해·실패한 국가 건설 등—을 살펴볼 때 우리는 대실패가 발생하고 있는 곳에서 주님이 고난당하는 희생자들의 자리에만 아니라 의무 태만자·협력자·위반자·가해자들의 자리에도 서 계시는 것을 본다. 이것이 부분적으로는 사도 바울이 하나님이 '경건치 않은 자를 의롭다 하신다'고 말한 의미다. 그리스도가 어떻게 우리를 대신하는지를 설명하는 이 말들은 예외 없이 모든 사람에게 해당할 뿐만 아니라, 그분이 개입하지 않았더라면 우리는 "자신의 파멸을 자초할" 죄인들과 원수들로 머물러 있을 것이라는 점을 우리가 인식할 때 커다란 기쁨으로 각 사람의 심금을 울린다는 뜻이기도 하다.

제시된 대속 주제

바르트가 몇 페이지 뒤에서 "그러나 무슨 일이 발생했는가?"라는 질문을 제기했을 때 그는 골고다뿐만 아니라 "먼 나라로" 내려가는 아들의 여정의 전체 이야기도 의미했다. 그러고 나서 그는 대속 주제를 매우 직선적으로 그리고 요점만 제시한다. "이 대목에서 우리는 무슨 일이 발생했느냐 하면 하나님의 아들이 직접 인간으로서 우리의 자리에서 우리를 대신하여 우리에게 내려진 심판을 받음으로써 우리 인간에게 내려진 의로운 심판을 성취했다고 결정적으로 진술할 수 있고, 또 그렇게 진술해야만 한다.…그것이 바로 하나님의 아들이 와서 우리 가운데 있었던 이유다. 이런 방식으로, 이 "우리를 위해"에서 그는 우리를 대적하는 우리의 심판자였다"(222).

여기서 "개신교 정통"의 과도한 형벌 대속과 같은 내용은 전혀 들리지 않는다. 강조점은 항상 "우리를 위해서[*pro nobis*]"에 있다. 그가 심판자일 때조차 처음부터 끝까지 "우리를 위한다." 그는 우리를 대적하기 **전에** 우리를 위했고 우리를 대적했을 때에도 우리를 위했다. 그는 처음부터 끝까지 언제나 우리를 위한다(*pro nobis*).

그러고 나서 바르트는 우리를 신약성경의 내러티브 안으로 데려간다. 공관복음서는 모두 세례 요한의 설교에서 그리스도를 오실 심판자로 제시하며, 우리는 그의 사역 기간 내내 그를 자신감이 넘치고 적극적인 주인이자 지도자로 본다. 그러다 수난 내러티브가 시작될 때 갑자기

예수는 더 이상 발생하는 일의 주체가 아니라 객체인 것으로 보인다. 사실 완벽한 역전, **역할 교환**이 있다. 심판을 받을 사람들에게 심판할 공간과 자유와 힘이 주어진다. 심판자는 자신이 심판 받도록 허락한다.…수난 내러티

브가 언급하는 고소와 정죄와 처벌은 이런 것들이 내려져서는 안 되는 바로 그분에게 다 내려지고, 마땅히 내려져야 할 사람들에게는 전혀 내리지 않는다. 이 언어도단의 대조에 대한 가장 강력한 표현이 살인자 바라바가 모든 면에서 예수 대신 사면 받고, 예수는 **그 사람 대신** 정죄 받아 십자가형을 당하는 바라바의 일화다.…그는 영웅답게 죽은 것이 아니라 범죄자로 죽었다 (226, 강조는 덧붙인 것임).

바르트의 어투와 구문은 복잡하고 고풍스러우며 불필요한 반복으로 보일 수 있는 것을 많이 채용하기 때문에 그가 말하는 내용의 본질적인 단순성을 놓치기가 쉽다. 그와 같은 위상에 있는 다른 신학자 중 이런 식으로 단순하게 설명하는 사람은 없다. 반복적인 모든 문장의 배후에는 성경 이야기를 형성하도록 인도한 성령에 대한 어린아이 같은 신뢰, 그리고 이 위대한 주체에 대한 신앙 및 그를 알리고자 하는 욕구가 그들의 유일한 동기였던 복음서 저자들과 사도들에 대한 어린아이 같은 신뢰가 놓여 있다. 바르트는 우리를 이성적으로 설득하기 위해 그 이야기를 하는 것이 아니라 우리로 하여금 그 이야기 안에서 우리 자신을 보도록 설득하려고 그 이야기를 하고 있다.

"우리를 위하여"의 의미

바르트에게 있어서 가장 중요한 선언은 **프로 노비스**(*pro nobis*), 즉 "우리를 위하여"다. "모든 신학은…이 십자가 신학(*theologia crucis*)에 의존한다. 그리고 그것은 대속 교리의 특정한 측면 아래 있는 십자가 신학에 의존한다." 바르트는 이 점을 매우 강조해서 "이 대목이 바로 마침표를 찍을 곳이다"(273)라고 말한다. 하나님의 아들이 성육신부터 십자가형에 이르는 그의 전 생애 동안에 행한 모든 것은 **우리를 위해서** 행한 것이었다. 그는 성부에게서 났고 피조물이 아니기 때문에 피조물 중 아무도 그가 우리를 위하는 방식으로 "우리를 위할" 수 없었다. 다시금 대속 주제가 바르트를 통해 성육신한 분의 전체 이야기란 관점에서 제시되고 있음을 주목하라.

> 예수 그리스도가 "우리를 위한다"는 말은…하나뿐인 진정한 인간인 예수 그리스도가 우리 인간을 대신해서…우리 편에서의 어떠한 협력도 없이 우리를 대표한다는 뜻이다.[116]
>
> 우리는…이 분이 참된 인간으로 그리고 참된 하나님의 아들로 행동했다는 사실과 그가 우리의 대표자로 그리고 우리의 이름으로 행동했다는 사실 및 그의 성육신, 그의 순종의 방법이…그 궁극적인 의미와 목적을 성취했다는 사실과 그가 이것을 하기를 원했고 실제로 그것을 행했다는 사실을 회상한다(230).

바르트는 "이전의 독단적인 개념"의 도식적인 스타일과는 전혀 다른 방식으로 대속의 의미를 확대한다. 그는 대속을 결코 "개념"으로 생각하지 않는다. 그는 우리의 개인적인 관심을 끌어들이는 용어로써 그 거대한 교환을 묘사하려고 한다.

> 신약성경에서 예수 그리스도의 [대표와 대속으로서] 이 행위의 의미를 드러내기 위해 ['~를 위해'로 번역될 수 있는] **안티**(*anti*), **휘페르**(*hyper*) 그리

---

116 Barth는 여기서 예수의 처형에 모든 인류가 연루되었음을 강조하려고 한다. 달리 말하자면 모든 사람이 **죄**와 **사망**의 통치 아래서 살고 있기 때문에 그가 우리를 해방할 때까지는 우리가 우리의 구주와 "협력"할 수 없다.

고 **페리**(*peri*)라는 단어들이 사용되었다.…이 전치사들은 우리 것이어야 할 어떤 자리에 대해 말한다. 우리가 당연히 이 자리를 차지해야 하는데, 우리가 그곳에서 벗어났고, 그 자리를 다른 사람이 차지했으며, 이 다른 사람이 오직 그만이 할 수 있는 이 자리에서 우리의 대의와 이익을 위해 행동했고, 우리가 그렇게 할 수도 있는 자리가 그에게 점유되어 있기 때문에 우리는 그가 거기서 하는 일에 아무것도 첨가할 수 없으며, 추가로 발생할 수 있는 것은 모두 오로지 그가 우리 대신 우리의 대의를 위해 행한 것으로부터만 비롯될 수 있다(230).

형벌 주제를 올바른 위치에 놓기

바르트는 계속해서 "이전의 속죄 교리 제시들"[117]과 자신의 대속적 해석을 구별한다(273). 자신과 같은 전통에 속해 있는 다른 많은 사람과 달리 그는 개혁적 스콜라주의 전통에서 이러한 "이전의 제시들"에서는 엄격하게 도식적인 형벌 대속 개념을 고정관념화함으로써 다른 모든 모델을 밀어냈다고 이해했다. 바르트는 이것이 잘못이라고 생각했는데, 이는 그것이 풍부한 성경의 이미지에 둔감했을 뿐만 아니라 건건하지 않은 방식으로 형벌에 초점을 맞췄기 때문이었다. 바르트는 형벌을 완전히 제거하기를 원하는 것이 아니라, 그것을 중심에서 주변으로 옮긴다.

형벌 개념은…이사야 53장에서 왔다. 신약성경에서 형벌 개념은 이 텍스트

---

117 여기서 그는 주로 17세기 칼뱅주의자들을 의미한다. 그는 "특히 캔터베리의 안셀무스를 따르는 사람들"이라는 말을 덧붙임으로써 그들을 좀 더 자세히 정의한다. 대개 안셀무스의 변호자인 Barth는 안셀무스를 이런 식으로 (잘못) 해석하는 것으로부터 거리를 둔다. 안셀무스 자신은 처벌보다는 만족을 제안한다(본서 265-74쪽과 특히 274쪽의 각주 28을 보라).

와 연결되어 등장하지 않는다. 그러나 그렇다고 해서 처벌 개념이 완전히 거부되거나 회피될 수는 없다. 내가 하나님을 버리면 말살하는 하나님의 버림이 나를 따라온다. 하나님의 사랑이 저항을 받으면 그 사랑은 치명적인 진노로 작용한다. 만일 예수 그리스도가 바깥 어두운 데서 죄인인 우리의 길이 인도하는 끝까지 갔다면, 우리는 구약성경의 그 구절을 가지고 그가 우리에 대한 이 형벌을 받았다고 말할 수 있다. 하지만 우리는 이것을 주된 개념으로 삼지 말아야 한다(253).

바르트가 "치명적인 진노" 개념으로 설명하는 방식은 추상적이면서 내러티브적이다. 그는 하나님의 진노 **개념**을 하나님의 사랑이 저항을 받을 경우 느껴지는 방식으로 생각한다. 하지만 그는 이것을 "이전의 제시들"에서는 종종 결여되어 있는 따뜻함과 문학적인 재능을 가지고 극적인 용어로 표현한다. 이 단락에서 "말살하는" 하나님의 버림이라는 두려운 이미지가 취해져서 우리 대신 바깥 어두운 곳으로 가는 예수에게 적용된다. 이 그림에는 "처벌" 외에도 더 많은 요소가 있다. **죄**에 대한 하나님의 부정이 충분한 형벌이다. 아버지와 뜻을 같이하는 분으로서 행동하는 성자는 마지막 극단까지 그 부정을 받아들인다.

바르트의 저술에서 위의 구절에 뒤이어 그의 설명의 핵심을 이루는 행들이 등장한다.

속죄의 핵심은 죄—하나님께 대한 인간의 반역으로서의 죄, 그리고 인간이 절망적으로 죽을 운명에 처하게 된 근거인 죄—의 정복이다. 인간으로서 하나님의 아들이 죄인인 우리를 대신한 것은 죄에 대한 이 심판을 성취하기 위함이었다. 그는 인간으로서 죽음과 파멸과 하나님에게서 분리되는 무한한 고뇌의 쓰라린 끝까지 죄인들의 길을 걸음으로써 우리를 대신하여 심판

을 성취한다.···우리는 실로 그가 우리 모두가 자초한 형벌을 당함으로써 이
심판을 성취한다고 말할 수 있다(253).

그는 "결정적인 것"은 우리가 심판을 면한 것이 아니라고 쓴다. 비록 "이
것은 물론 사실이지만" 말이다. 결정적인 것은 예수 그리스도 안에서 하
나님 자신이 **죄**와 우리가 **죄**의 통치 아래 갇혀 있는 것을 끝장낸 것이다.
바르트는 예수가 죄 있는 인간(롬 5장의 용어로 표현하자면 "아담")을 **대신했
다**는 요지를 주장하지만(이것이 바로 그의 특징이다), 그가 강조하는 것은 예
수가 당한 형벌이 아니다. 확실히 예수는 형벌을 **당했지만**—이 점에 대
해서는 논쟁의 여지가 없다—바르트는 죄를 없앤 데 모든 무게를 둔다.
이 전체 섹션은 기독론의 중요성을 강조한다. 십자가형을 받은 분이 삼
위일체의 성육신한 제2위가 아니라면 이 중에서 아무것도 유효하지 않
다. 십자가에서 성자가 **죄**와 **사망**과 **율법**으로 인해 우리에게 놓인 저주에
복종함으로써 하나님의 독생자가 죄 있는 인류("아담")를 **하나님 자신의
위격 안에서** 멸망에 넘겼다. 따라서 대속 모티프는 교조주의적인 감옥에
서 해방되어 철저히 재작업되고 승리자 그리스도와 재연 관점에서 크게
확장되었다.[118] 결국 바르트는 확실히 대속 모티프의 열렬한 옹호자이지
만 엄청난 창의력을 발휘하여 그 모델을 재구성한다. 비록 바르트가 **죄**를
정확히 이런 용어로써 묵시적인 **권세**로 말하지는 않지만 그는 확실히 죄
를 그런 식으로 생각한다.

---

118 "죄의 인간이 십자가 위에서 그분 안에서 그리고 그분과 함께 잡혀서 죽임을 당하고 장사
되었다. ···**[이로써]** 막혔던, 인간이 하나님께로 가는 길이 다시 열렸다"(254). 이것이 롬 5
장에 서술된 아담과 그리스도 이야기에 대한 해석이며 따라서 이는 재연 주제와 밀접하게
연결되어 있다. 우리는 재연 주제를 다음 장에서 살펴볼 것이다.

추방 주제

바르트의 독창성은 그의 추방(displacement) 또는 폐위(deposition) 개념에서도 드러난다. 창세기 2-3장의 최초의 부부 이야기가 분명히 보여주듯이 우리의 "원죄"는 우리 자신을 심판자, 즉 스스로 선과 악을 결정할 수 있는 사람으로 세우려는 것이었다. 우리가 이렇게 주제넘게 행동하는 것은 큰 잘못이다. 하나님께만 속하는 역할의 찬탈은 모든 피조물의 속박으로 이어졌다(롬 8:20-23). 그러므로 하나님이 그리스도 안에서 창조세계에 침입한 것은 우리가 자신의 의를 증명하려는 끝없는 필요를 뒷받침하기 위해 스스로 만든 보좌 또는 의자에 앉아서 다른 사람을 판단하는 자리에서 쫓겨났거나 폐위되었음을 의미한다. 우리는 "우리 자신은 자유롭고 의로우며, 다른 사람은 대개 죄가 있다고 선언하기"를 원한다. 우리는 이 역할을 즐긴다. 그러나 십자가에서 우리는 진정한 심판자인 동시에 "철저하게 그리고 전적으로 우리를 위하고 우리를 대신하는" 분에 의해 우리가 "쫓겨났음"을 본다(231-32). "우리 자신의 판단은 늘 어디로 인도하는가? 우리 자신을 죄 없다고 선언하는 곳으로 인도한다.…이것이 우리가 살아가는 방식이다. 그리고 예수 그리스도 안에서 발생한 일의, 굴욕을 주는 힘 안에서 우리는 더 이상 이런 방식으로 살 수 없다. 사정이 완전히 역전되었기 때문에 우리는 그것에 의해 위협당한다. 거기서 심판자로 행동한 분이 나 역시 심판할 것이고, 내가 아니라 그분이 다른 사람을 심판할 것이다"(233).

이 그림에는 승리자 그리스도 시나리오에 매우 중요한 마귀적인 제3자가 존재하지 않는다고 주장할 수 있다. 하지만 추방/축출/폐위란 이미지는 쿠데타를 암시한다. 인류를 자신이 세운 재판석에서 쫓아내기 위해 하나님은 "굴욕을 주는 힘"으로 공격적으로 행동해야 한다.

이것은 인간의 상태와 대속의 전체 개념에 대한 우리의 저항에 관한 설득력 있는 진단이다. 우리는 심판자로서 우리의 지위를 포기하기를 원치 않는다. 바르트는 구체적으로 태초의 인간의 죄를 스스로 심판자가 되어 자신에게는 무죄를 선언하고 다른 사람은 정죄하는 것이라고 정의한다. 이것이 아담과 하와의 즉각적인 대답에 묘사되었다. 그들은 금지된 선악과를 먹은 후 무죄─회복할 수 없게 상실된 무죄─의 환상을 붙잡기 위해 상대방 및 뱀을 비난하기 시작한다. 우리는 유일한 참 심판자인 하나님의 자리를 찬탈했으므로 대속은 그 특정한 지점에서 일어나야 한다. 하나님 편에서 침입하고, 축출하는 움직임이 분명히 시사된다. 그러나 그것은 역설적으로 굴욕을 주는 동시에 해방하는 침입이다. 바르트는 종종 그의 저술을 특징짓는 기쁨으로 이렇게 쓴다.

> 그리스도의 행위의 2차 효과(1차 효과는 인간의 폐위와 전복이다)는 측량할 수 없는 해방과 소망이다.…예수 그리스도가 우리의 심판자가 될 때 무겁고 참으로 포악한 짐이 우리에게서 벗겨진다.…언제나 우리는 죄가 없으며 우리는 옳고 다른 사람은 모두 그르다고 자신을 설득해야 하는 것은 제약이다.…
>
> 우리는 모두 사칭했던 이 심판자의 직위에서 죽는 과정에 있다. 그러므로…[그리스도 안에서] 우리가 이 직위에서 쫓겨나고 해임당하는 것은 해방이다. 그가 **우리 대신** 그 직위를 수행하러 왔기 때문이다.…
>
> 나는 심판자가 아니다. 예수 그리스도가 심판자다. 그 문제는 내 손을 떠났다. 그리고 그것은 해방을 의미한다. 가장 큰 걱정거리가 없어졌다. 나는 더 중요하고 더 행복하고 더 생산적인 활동으로 향할 수 있다. 내게는 예수 그리스도 안에서 발생한 것에 비추어 이런 활동을 하기 위한 공간과 자유가 있다(233-4, 강조는 덧붙인 것임).

그러고 나서 바르트는 최후 심판에서의 소망에 대해 말한다. 참된 심판자인 분이 이미 **우리를 위하기로** 결정했고, 마지막 날에도 우리를 위하기로 결정할 것이다. 바르트는 그리스도 안에서 행한 하나님의 행위가 "말씀이 육신이 되었을 때와 육신이었을 때 이미 결정되었다"고 말함으로써 이것을 성육신과 연결한다. 그러므로 우리는 "두려움에 휩싸인 기쁨으로" 심판자의 궁극적인 결정을 고대할 수 있다.

바르트는 그리스도의 대속적이고, 추방하며, 폐위시키는 활동의 **효과**를 같은 책의 한참 뒤에 나오는 "믿음의 행위" 부분에서 한층 더 묘사한다. "자신을 극복하지 못했고 앞으로도 극복하지 못할 죄인인 나는 내가 그분 안에서 극복되었음을 알게 된다. 나의 교만한 마음은 격파된다. 마음에서 나의 교만한 생각과 말과 행위들이 흘러나올 때 그것들이 격파된다. 죄인은 격파되고⋯제거되며, 파괴되고, 죽임을 당한다. 그것이 예수 그리스도의 대속의 실재와 활동이다.⋯그것이 바로 그가 자기의 죽음에서 나를 위해 한 일이고 그의 부활에서 나를 위해 한 일이다"(770).

땅에서 펼쳐진 영원한 결정: 묵시적인 초월적 시각

바르트와 본서 9장의 주제인 "묵시적 전쟁"을 연결하면, 우리는 "우리를 위한" 그리스도의 생애와 죽음의 의미에 대한 바르트의 논의의 또 다른 독창적인 특징을 발견할 수 있다. 이러한 탐구는 겟세마네의 고뇌를 예수의 생애와 사명의 전환점으로 보는 바르트의 설명과 같은 노선을 따른다. 사복음서의 내러티브에서 수난이 시작되기 전에 예수는 "인간에 대한 신적 심판의 **주체**"다. 그의 사역에서 예수는 심판하고 폐위할 힘을 가진 존재로서 말하고 행동하기 때문이다. 하지만 겟세마네 이후 그는 이 심판의 **객체**, 자신이 폐위당한 존재―우리를 대신하여 심판 받은 심판자—다. "[죄에 대한 하나님의] 심판이 성취되었다면…그것은 이 역전으로 성취된 것이다. 예수는 하나님의 심판에 따라 사람들이 있어야 할 자리에서 그들을 대표한다. 그는 자신을 인간의 불의에 근거하여 그리고 그 불의에 따라 인간이 있어야 할 자리에 둔다"(238).

이어서 바르트는 우리에게 그의 특징적인 또 다른 표현 하나를 제시한다. 이 표현은 특히 우리로 하여금 땅에서 발생하는 일과 "하늘", 즉 하나님의 능력의 영역에서 발생하는 일 사이의 신비로운 관계를 이해하도록 도움을 준다. 예수가 죽었을 때 그가 참으로 하나님께 버림받았는지에 관해 꾸준히 제기되어온 질문의 맥락에서 바르트는 성자가 그 "잔"을 자기에게서 옮겨 주되 "그러나 내 뜻대로 하지 말고 아버지의 뜻대로 해 달라"고 간구한, 겟세마네에서 겪은 고뇌를 **신격의 내부에서 내려진 영원한 결정**이 **역사 안에서 재연**된 것으로 설명한다(238-39).[119] 성부가 성자를 버렸다면, 그것은 성자의 뜻과 허용으로 이루어진 것이다. 성부와 성자는 하나이기 때문이다.

여기에 신학자들이 동시에 두 차원에서 보는 이중적 시각이 있다. 우리는 이것을 현재 사건을 **통해** 하나님의 초월적인 목적을 보는 "초월적 시각"으로 부를 수 있다. 성경에서 발견되는 이런 종류의 초월적 시각이 있는 곳에서,[120] 우리는 인간의 책임에 관한 성경의 많은 메시지 배후에 놓여 있는 자유와 예정, 땅과 하늘, 지금과 아직, 교리와 윤리 간의 영

---

119 Barth는 뛰어난 신인동형적 이미지로 이 영원한 결정이 큰 어려움과 갈등을 겪고 나서야 내려졌다고 주장한다. 몇 년 뒤 Hans Urs von Balthasar는 이 내용을 비슷한 방식으로 표현했다. "예수가 그 가운데서 하나님 앞에서 죄인의 상태를 견뎌내는, 하나님께 버림받는 경험은 불가사의하게…성령 안에서 성부와 성자 간에 **역사 안에서** 이루어진 삼위일체적 거래의 동의로부터 나온다"(George Hunsinger, *Disruptive Grace*, 30에서 인용).

120 예언자들이 초월적 시각을 통해 활동하는 경우가 많다(예컨대 사 40:3-8). 하지만 특별히 극적인 초월적 시각의 내러티브는 아람인들에 의해 도단이 포위된 이야기를 다룬 왕하 6:8-17이다.

원한 상호작용의 단서를 볼 수 있다.

바르트의 대속에 관한 가르침 결론

본서의 거의 시작부터 우리는 인간의 본성에 대한—위대한 문학 작가에게는 매우 잘 이해되었고 자립심을 교사하는 현대인에게는 완강한 저항을 받은—성경의 그림의 안내를 받아왔다. "아담"이라는 성경의 인물은 도처에 편만한, 자신의 무죄를 주장하고 우리의 심판자가 될 하나님의 권리를 거부하는 인간의 집착을 의인화한다. 따라서 우리는 만족할 줄 모르고 요구하며 명백히 거짓인, 망상 가운데서 산다. 우리가 우리의 삶에 깊게 박혀 있는 **죄**의 힘에서 자유로울 수 있다는 망상 말이다. 이것은 **인간학**의 실패라기보다는 **신학**의 실패다. 그것은 비참하게도 창조와의 관계에서 신(*theos*, 하나님)이 어떤 존재인지를 충분히 파악하지 못한 것이다. 우리는 하나님에 대한 지식이 없는 곳에는 **죄**에 대한 지식이 없다는 것을 살펴보았다.[121] 성경의 기록에서 (천사, 불타는 떨기나무, 폭풍의 모습으로 나타나는) 하나님의 출현에 대한 인간의 반응은 언제나 동일한 두려움과 공포였다. 시몬 베드로가 기적적으로 물고기를 잡는 것을 보았을 때, 그는 많이 잡은 것을 기뻐하는 대신에 무릎을 꿇고 "주여, 나를 떠나소서. 나는 죄인이로소이다"라고 말한다(눅 5:8). 물고기를 엄청 많이 잡은 것은 신현의 증거였다. 주님의 은혜로운 반응은 하나님께 직접 보냄 받

---

121 유명한 물리학자이자 원자폭탄 발명 책임자인 Robert Oppenheimer는 동료 과학자들을 대상으로 한 연설에서 이렇게 말했다. "어떤 천함, 유머, 과장으로도 없앨 수 없는 모종의 상스러운 감각에서 **물리학자들은 죄를 알고 있었다**. 그리고 그들은 이 지식을 잃을 수 없다"(*Time*, July 29, 1985, 강조는 덧붙인 것임). 이것은 놀라운 진술이다. (유대인이자 갈등을 많이 겪은 인물인) Oppenheimer는, 인정하지는 않았지만, 하나님에 대한 어느 정도의 인식이 있었다. 그렇지 않았다면 그가 이렇게 말할 수 없었을 것이다.

은 성경의 천사들의 반응과 똑같다. "두려워 말라."[122] 안심시키는 자비로운 이 말이 없었다면, 인간은 불타는 하나님의 거룩에 의해 소멸되고 말았을 것이다. 하나님과 그분의 피조물 간의 이러한 **거리감**은 은혜롭게 우리에게 가까이 오시는 인격적인 하나님의 친밀한 **가까움**과 늘 **긴장을 유지해야** 한다. 그렇지 않으면 우리는 우리 자신에게 적합하게 만들어낸 신을 제외하고는 어떤 신도 없는 위험에 빠진다.

가장 간결한 형태의 승리자 그리스도 모델이 현재 인기를 누리는 것은 그 모델이 **죄** 대신 **악**(과/또는 **죽음**)을 인간을 위협하는 비인격적인 힘으로 보는, 좀 더 구미에 맞는 견해를 제공한다는 신념에 근거하고 있는 것으로 보인다. 이러한 움직임은 성경적으로 불가능할 뿐만 아니라 목회적으로 무책임하다. 이 견해는 사람들에게 **죄**의 기원에 관한 인간의 책임을 부정하며 살라고 부추기기 때문이다. 그것은 단지 비인격적인 세력들로부터 구출되는 문제만이 아니다. **죄**가 이러한 세력들을 촉발했다.[123] 자체적인 정체성과 존재를 가진 **권세들**을 묘사함에 있어서 승리자 그리스도 모델의 강점을 긍정하는 것은 매우 중요하지만, 우리 인간이 이러한 **악들에게 사로잡혀 있음**에도 불구하고 이 모든 악에 대한 **책임이 있다**는 것을 이해하는 것도 중요하다.

이것은 아마도 미묘한 주장일 것이다. 우리는 **죄와** 우리 자신 간의

---

122 폴란드에서 스탈린으로부터 자유를 얻기 위해 투쟁하던 동안, 폴란드 출신 교황 요한 바오로 2세는 폴란드 국민, 자유노조 조합원, 사제 그리고 다른 저항자들에게 습관적으로 "두려워하지 마세요!"라는 말로 인사했다.

123 지옥 강하를 다룬 장에서 우리는 에덴동산의 뱀의 등장을 우리에게 모순되어 보이는 주장을 할 수 있게 해주는 은유로 설명하려고 했다. (1) 하나님은 악을 창조하지 않았기 때문에 악은 자체의 존재를 갖고 있지 않지만, 그것은 인간이 불순종하기로 결정하기 전에 동산에 등장했다. (2) 그럼에도 불구하고 우리 각자와 우리 모두를 대표하는 "아담"과 "하와"는 (바울이 롬 5:12-21에서 설명하는 것처럼) 그들의 원래의 잘못으로 모든 인류를 속박 상태에 이르게 한 책임이 있는 존재다.

관계에 대해 말할 때 모순되어 보이는 두 명제를 동시에 염두에 둘 필요가 있다. 이것을 구어체로 다음과 같이 진술할 수 있다. **첫째**, "마귀가 나로 하여금 그렇게 하도록 시켰다." **둘째**, 그렇지만 나는 여전히 죄가 있다. 우리는 우주적인 악한 힘들의 희생자이지만, 개인적인 죄인으로서 책임이 있다. 이 두 가지가 어떻게 다 사실일 수 있는가? 이 대목에서 프로이트가 도움이 된다. 프로이트는 우리가 스스로 구제할 수 없다고 가르쳤다. 우리는 태어나기 전에 가족의 패턴에 의해 작동된 다양한 충동과 동인의 영향을 받는다. 프로이트 체계의 이 측면은 자주 희화화될 정도로 잘 알려져 있다. 그러나 프로이트가 결코 환자에게 책임을 **면제**해주려고 하지 않았다는 점은 덜 알려져 있다. 오히려 그는 환자를 **이해**해서 그(녀)가 비이성적인 행위로부터 해방되도록 도와주려고 했다.[124] 우리가 우리의 "선택"이라고 생각하는 것에서의 무의식과 그 역할에 관해 프로이트로부터 배울 점이 많다. 우리 속에 있는 이런 마비 상태를 인식하면 우리의 옛 굴레와 그리스도 안에 있는 우리의 새로운 자유의 차원에 대한 이해에 비약적인 발전이 이루어진다.

바르트는 대속 모티프를 "이론"으로부터 구출했으며, 그것을 우리에게 성경 이야기의 형식으로 되찾아주었다. 다음과 같은 요약문에서 우리는 바르트의 개념의 핵심을 볼 수 있다.

예수 그리스도의 수난은 하나님의 심판인데, 거기서 심판자 자신이 심판을 받은 자였다. 그래서 그 심판의 핵심에 죄에 대한 전투에서 우리를 위해, 우리 대신에 달성된 승리가 있다. 이제 이 수난을 **처음부터 하나님의 행위**로

---

124 여기서 나는 Cyril C. Richardson의 강의 및 Dorothy Martyn과의 대화에 빚졌음을 인정한다.

이해하는 것이 왜 중요한지 분명해졌을 것이다.…그것은 세상에 있는 근원적인 악을 그 근저에서 공격해서 파괴하는, 철저한 하나님의 행위다. 그것은 첫째 아담을 대신한 둘째 아담의 행위다. 이 둘째 아담은 이 세상에서 첫째 아담의 행위를 뒤엎고 전복시켰으며, 그렇게 함으로써 새로운 사람을 만들고, 새로운 세상을 창설하고, 새로운 시대를 시작했다.[125]

바르트가 우리는 "이 **수난**을 처음부터 하나님의 **행위**로 이해해야 한다"고 주장한 말은 옳은가? 십자가에 처형된 분을 생각할 때, 누가 주인공인가?

4. 행위자 문제

이제 본서의 주요 논제 중 하나는 신적 행위자라는 것이 분명해졌을 것이다. 바르트는 바로 위에 인용된 글에서 이 논제를 펼친다. 성경이 그 자체의 관점에서 이해된다면 다른 식으로 이해될 수 없다. 처음부터 끝까지 행동의 주요 주체는 하나님이다. 그러므로 "그리스도 안에서 하나님이 세상을 자기와 화해시켰다"(고후 5:19)는 근본적인 진술로부터 물러날 수 없다. 그러나 그 말은 십자가 처형 자체가 하나님의 행위였다는 의미인가? 아니면 그것은 사탄의 행위였는가? 아니면 그것이 인간의 악의 결과였는가? 이들은 신약성경에 나오는, 그들이 갖고 있는 힘의 크기 순서로 나열된 세 행위자들이다.

복음서에 수록된 네 개의 수난 내러티브는 구약성경을 광범위하게

---

125 Barth, *CD* IV/1, 253-54, 강조는 덧붙인 것임.

인용해서 하나님이 자신의 계획을 실행하기 위해 언제나 일하고 있음을 보여주도록 기획되었다. 바울은 그 내러티브를 명시적으로 진술한다. "누구든지 그리스도 안에 있으면 새로운 피조물이라. 이전 것들은 지나갔으니 보라, 새 것이 되었도다. **모든 것이 하나님께로서 났으며** 그가 그리스도로 말미암아 우리를 자기와 화목하게 하시고,…곧 하나님께서 그리스도 안에 계시사 세상을 자기와 화목하게 하시며 그들의 죄를 그들에게 돌리지 아니하시고"(고후 5:17-19).

"모든 것이 하나님께로서 났다"는 것이 고린도 교회에 보낸 편지 전체의 주제임을 설득력 있게 주장할 수 있다.[126] 실제로 어떤 의미에서는 이것이 바울의 사역 전체를 관통하는 주요 메시지다. 바울의 복음은 그리스도 중심적인 것만큼이나 매우 **신학적**이고 **하나님** 중심적인 복음이다.[127] 위와 같은 구절에서 삼위일체 교리가 내포되어 있으며, 삼위의 각 위격이 활발하게 일하고 있다.[128] 더욱이 바울은 하나님이 그리스도 안에 계셨듯이 하나님이 사도적 메신저인 자신 안에서도 강력하게 일한다고 말할 수 있고, 실제로 그렇게 말한다.

행위자에 대한 질문은 기독교 신학과 실천에서 근본적인 질문 중 하나다. 우리가 이 문제를 명확히 하는 것이 본서의 목적에 필수적이다. 누가 세상에서 인간을 하나님과 화해시키고 또 인간을 서로 화해시키기 위해 행동하고 있는가? 그리고 예수의 십자가형에서 능동적인 행위자는 누구였는가? 이 두 질문은 관련이 있다. 대속 모티프의 맥락에서 행위자 문

---

126 고린도 교회 교인들은 자신들과 그들의 영적인 활력을 높게 평가했다.
127 저자에 대한 논란이 없는 바울의 편지들에서 그는 "하나님"을 "그리스도"나 "예수"만큼 많이 언급한다. 성령 역시 100번 넘게 언급되었다.
128 바울의 성령 신학은 요한의 성령 신학이나 누가의 성령 신학만큼 강력하다. 롬 8장이 고전적인 구절이다.

제는 매우 중요하다. 골고다에서 책임자는 누구인가? 아마도 이 질문이 더 적실성이 있을 텐데, 겟세마네 동산에서 책임자는 누구인가?

이 질문에 다양한 대답이 제시되어왔다. 먼저―단지 "유대인들"이나 "로마인들"만이 아니라 모든 인류를 의미하는―"우리"가 행위자로 여겨질 수 있다. 유명한 찬송가 텍스트들은 이 사상을 받아들여서 찬송을 부르는 사람은 십자가형에 자신이 연루되었음을 고백한다. "주 예수여, 저였습니다. 주님을 부인한 사람은 저였습니다. 제가 주님을 십자가에 못 박았습니다." "그는 자기의 고통을 야기한 나를 위해 죽으셨네. 그를 죽게 한 나를 위해서."[129]

최근의 재세례파 신학자들은 페미니스트 관점과 여성주의자의 관점에서 속죄 이론을 비판하면서 하나님이 행위자임을 완전히 부인하고 마귀적인 힘에게 그 지위를 부여하려고 했다.[130] 확실히 이 입장이 완전히 틀린 것은 아니다. J. 루이스 마틴은 갈라디아서 3:13로부터 **율법**이 이차적인 행위자임을 설득력 있게 주장한다.

기다려졌던 하나님의 약속된 복이 십자가에서 처음으로 **율법**의 저주를 만났다. 바울이 신명기 21:23(갈 3:13)을 들었을 때, 십자가에 처형된 이에게 저주를 선언한 존재는 하나님이 아니라 **율법**이었다. 따라서 율법에게 저주를 받은 존재는 사실은 하나님의 그리스도였다.[131] 사도는 바로 이 십자가에서 **율법**에 관한 중대한 사실―율법의 저주하는 음성은 하나님의 음성이

---

129 Johann Heermann (1585-1647), "Ah, Holy Jesus, How Hast Thou Offended?"; Charles Wesley (1707-1788), "And Can It Be That I Should Gain?"

130 Weaver, *The Nonviolent Atonement*는 이 입장들을 요약한다.

131 갈 3:13. "그리스도께서 우리를 위하여 저주를 받은 바 되사 율법의 저주에서 우리를 속량하셨으니 기록된 바 '나무에 달린 자마다 저주 아래에 있는 자라'[신 21:23에서 인용] 하였음이라."

아니다—을 알게 되었다. 그러나 바울은 또한 그리스도가 율법의 저주를 받은 자신의 죽음에서 하나님께 승인을 받아 율법의 저주를 **구현했을** 때, 그 저주하는 음성이 힘을 잃었다는 것도 알았다. 그리스도가 그 구현에서 그 저주를 격파했고, 온 인류를 그것의 힘으로부터 해방시켰기 때문이다.[132]

그러나 결국 복음서들과 바울의 증언은 그리스도의 십자가형에서 **하나님**이 일차적인 행위자임을 압도적으로 증언한다. 이 장의 결론으로서, 우리는 행위자에 관한 이 질문에 대해서뿐만 아니라 대속 주제에 대해서도 분명한 관점을 제시하는 랜슬롯 앤드류스(1555-1626)의 설교를 살펴볼 것이다.

5. 랜슬롯 앤드류스의 설교에 나타난 대속과 행위자

17세기 위대한 성공회 사제들의 설교는 현대의 언어와 교회사를 공부하는 학생에게는 경외감과 놀라움을 고취한다. 유감스럽게도 셰익스피어와 킹제임스 역본, 존 던과 랜슬롯 앤드류스의 구문은 오늘날 일반 독자에게는 난해해졌다. 더욱이 던과 앤드류스의 설교는 현대의 설교자들이 모방하기를 바랄 수 없다는 의미에서 **성경적**이다. 그들의 설교는 감탄을 자아낼 정도로 하나님의 말씀 사역에 연결되어 있지만, 현대의 교인들은 조용히 앉아서 이 유능한 지성인들의 박식하고 복잡한 성찰을 들으려 하

---

132 J. Louis Martyn, *Galatians*, Anchor Bible 33A (New York: Doubleday, 1997), 326, 강조는 덧붙인 것임. **구현**이라는 이 언급은 바로 위에서 인용된 Barth의 구절들과 쉽게 연결될 수 있다. Martyn은 **권세들** 중 하나로서 율법의 지위를 나타내기 위해 **율법**을 대문자로 표기함을 주목하라(본 번역서에서는 굴림체로 표기되었음).

지 않을 것이기 때문이다.

그러나 우리가 이 걸작 중 일부를 읽기 위해 필요한 노력을 기울이면 그것은 우리를 겸손하게 만들어주고 우리에게 유익하기도 할 것이다. "결코 같지 않았다"(Never the Like Was)라고 불리는 성금요일 설교에서 앤드류스 주교는 예레미야애가의 한 절을 설명한다. "나의 고통과 같은 고통이 있는가 볼지어다. **여호와**께서 **그의** 진노하신 날에 **나**를 괴롭게 하신 것이로다."[133] 그리스도의 수난에 관한 이 긴 설교에서 앤드류스는 우리가 조사해온 성경의 모든 이미지 및 그 외에도 더 많은 이미지들을 끼워 넣는다. 그가 도식적인 형벌적 설명으로 방향을 바꾸지 않는 것은 물론이고 안셀무스를 기웃거리지 않고도 대속 주제를 전개하는 방식은 특히 흥미롭다. 앤드류스는 속전·대가·피의 제사 모티프들을 짜 넣으면서 그의 주제를 진술한다. "**그분**이 **수난** 당한 오늘, 그분은 우리의 모든 구속을 사기 위해 유일하게 충분한 대가로서 **자기**의 가장 귀한 **피**를 쏟아부으셨습니다." 우리가 이런 문장을 읽을 때 그 이미지에 오류가 있을 수 있음에 대해 불평하는 것은 비뚤어진 것으로 보인다.

---

133 애 1:12에 대한 1604년 설교, *Ninety-six Sermons of the Right Honourable and Reverend Father in God, Lancelot Andrewes* (Oxford and London: James Parker and Co., 1832), 139-58에 수록된 내용. 인용문은 이 판본에서 취했다. 1841년 판에 실린 그 설교의 페이지 번호는 138-57이다. (앤드류스가 사용했던) 예레미야애가의 이 번역에서 대문자 표기는 그가 제시한 기독론적 견해를 이해하는 단서다. (그가 히브리어는 물론이고 열 두 개의 다른 언어도 통달했다는 것은 우연이 아니다.) 앤드류스가 이렇게 하는 것은 결코 순진한 것이 아니다. 그는 특별히 신약성경의 모형론과 교부들을 인용해서 그리스도가 구약성경의 단어들과 예표들을 취해서 자신에게 적용했다고 주장한다. 나는 내게 이 설교들에 주의를 기울이게 해준 Ellen Davis에게 감사한다.

행위자: 앤드류스에게서 행동하는 주체로서 하나님

그리스도의 십자가형에서 행위자에 관한 앤드류스의 설명은 특히 주목할 만하다. 우리는 방금 전에 예수에게 임한 저주(갈 3:13)가 율법이었다는 마틴의 주장을 고찰했다.[134] 이를 다소 확장해서 바울이 로마서 7:8-11에서 그렇게 하는 것처럼 율법을 죄와 연결하면, 우리는 앤드류스가 어떤 의미에서는 율법을 3중적인 상황에 놓으면서 율법에 행위자의 지위를 부여하는 것을 지지한다고 말할 수 있다. 그는 그리스도의 **독특한**("**결코 같지 않았다**") 고난에서 작용하는 세 원인에 대해 말한다.

앤드류스는 그의 교인들에게 첫 번째 원인은 "어둠의 힘,…사악한 빌라도, 잔혹한 가야바, 시기하는 제사장들, 야만적인 군인들"이었다고 제안하면서 능숙하게 시작한다(그가 특히 "유대인들"을 비난하지 않고 있음에 주목하라). 그리고 나서 그는 재빨리 이것은 **신학**적으로 부족하다고 주장한다. "우리가 사람들 가운데서 [원인을] 찾으려고 생각한다면, 우리는 너무 수준이 낮습니다. '그것을 행한 분은 하나님이었습니다'(*Quae fecit Mihi Deus*). 그날의 한 시간은 '어둠의 힘'의 시간이었습니다. 하지만 그날 전체는 하나님의 진노의 날이었습니다."[135]

앤드류스가 그것에게 원인적인 순간("그날의 한 시간")이 귀속된 사탄의 힘[136]과 하나님의 전체적인 계획("그날 전체")을 얼마나 섬세하게 구별하는지 주목하라. 위대한 종말론적 드라마 안에서 사탄은 엄격히 한정된

---

134 **율법**은 **율법 수여자**와 분리될 수 없다는 점이 이미 강조되었다. 이 변증법은 개념적 민첩성과 기꺼이 역설―10장에서 논의된 바와 같이 악의 존재가 하나님께 의존하지만 창조의 일부는 아니라는 경우에서와 같은―안에서 살겠다는 의지를 요구한다.

135 우리가 여기서 설교 전체를 인용할 수는 없지만, 앤드류스는 우리가 성자를 성부의 희생자로 생각하지 않도록 삼위일체의 위격들을 함께 언급하려고 공을 들인다.

136 복음서들에서 어둠의 힘과 사탄의 힘은 본질적으로 동일하다.

역할을 수행한다. **죄**와 사탄은 2차적인 행위자이며 반드시 하나님이 허용하는 한계 안에서 움직여야 한다.

앤드류스는 인간에 대한 **죄**(와 그것이 선정한 종인 **율법**)의 힘은 설교를 듣고 있는 교인에게도 작용한다는 것을 보여주려고 애쓴다. 그는 바울을 인용한다. "사도는 **우리**가 하나님의 원수들이었다고 말합니다"(롬 5:8). 앤드류스는 하나님의 진노를 죄 앞에 놓음으로써 죄를 하나님의 행위의 첫 번째 원인으로 만드는 것을 피한다. 2차적 원인인 죄는 첫 번째 원인인 하나님의 진노를 촉발했다. 그러나 우리를 위한 그리스도의 고난을 야기한, 훨씬 더 중요한 세 번째 요인은 사랑이었다. 앤드류스는 계속해서 "그래서 우리는 세 가지 원인을 다 가지고 있습니다"라고 말한다.

1. 하나님 안에 있는 진노
2. 우리 안에서 일하는 죄
3. 하나님 안에 있는 사랑

이것은 우리가 어떻게 십자가형의 원인들을 구별하고 그럼으로써 "우리"가 범법자로 이해되지만 첫 번째 원인으로서 하나님과 특히 하나님의 사랑을 제거하지 않을 수 있는지를 보여준다. 앤드류스는 죄와 "어둠의 힘"의 역할에 그의 모든 주의를 기울임에도 불구하고 행동하는 주체로서 하나님을 결코 사라지게 하지 않는다.

앤드류스에게서의 대속 주제

이 장의 목적상 가장 두드러진 점은 앤드류스가 대속 모티프를 태연하게 사용한다는 것이다.[137] 그는 대속 모티프를 강요하거나 고집하거나 또는 "이론" 안으로 통합하지 않으면서 마치 그것이 세상에서 가장 자연스러운 듯이 그 모티프를 사용한다.

> 그에 대해서 천사가 예언자 다니엘에게 "메시아가 죽임을 당할 테지만 자신을 위해 죽임을 당하는 것이 아니다"[138]라고 말한 것처럼 말하지 않고서는 하나님의 정의와 그리스도의 무죄를 동시에 다 보존할 길은 없습니다. 자신을 위해 죽임을 당하는 것이 아니라고요? 그렇다면 누구를 위해서라는 말입니까? 어떤 다른 사람들을 위해서입니다. 그는 다른 위치에 섰습니다. 어떤 사람이 자기가 하지 않은 일에 대해 대가를 지불하는 것을 본다는 것은 딱한 일입니다. 그러나 만일 그가 보증인이 된다면, 그가 채무자의 자리에 선다면 그는 반드시 그렇게 해야 합니다.···그리스도 역시 자기 안에는 죄가 없지만 만일 그가 다른 사람의 자리에 서게 된다면 그는 보증인으로서, 희생제물로서 정당하게 다른 사람들을 위해 고난을 당할 수 있습니다.

그리고 나서 앤드류스는 오늘날 우리처럼 이사야 53장을 잘못 전용하는 것은 아닌지 걱정하지 않고 그 텍스트를 인용한다. 그는 우리가 요점을 놓치지 않도록 이사야가 4-6절에서 그의 메시지를 일곱 번의 다른 방

---

137 앤드류스는 일반적으로 당대의 몇몇 성공회 신자, 예컨대 캔터베리의 대주교인 존 휘트기프트(1530-1604년경)와 비교하면 반칼뱅주의자로 여겨진다. 그래서 우리는 대속 모티프에 대한 그의 해석에 더 주의를 기울여야 한다.
138 단 9:26. 앤드류스는 이 구절에 교회의 전통적인 메시아적 해석을 부여한다.

식으로 일곱 번 반복하고 있다는 것을 우리가 알기를 원한다. "**여호와께서 우리 모든 사람의 죄악을 그에게 담당시키셨다.**" 앤드류스는 "모든 사람"을 강조하며, 세상을 변혁시키는 그 사건을 "지나치고" "존중하지" 않는 사람들까지 포함한다. 이 고난은 그들을 위한 것이기도 하다. 그는 그들이 자기를 존중하는지 여부에 관계없이 그들의 자리에 섰다.

앤드류스는 이어서 누구 못지않게 생생하게 대속 주제를 환기하는 구절로써, 교인들에게 그것을 살아 있는 말씀으로부터 그들에게 개인적으로 전해진 말로 들으라고 열정적으로 호소한다.

> 요점은 우리가 바로 우리의 죄로 인해, 우리의 크고 지독한 많은 죄로 인해…이러한 땀을 흘려야 했고 이런 외침을 외쳐야만 했던 사람이었다는 것입니다. 그가 그 타격과 우리 사이에 끼어들어서 하나님의 맹렬한 진노를 자신의 몸과 영혼에 가두지 않았더라면 우리가 그 진노에 의해 이런 슬픔을 겪어야 했을 것입니다.…
>
> 우리의 텍스트는 이것을 우리의 가슴속까지 뼈저리게 느끼게 하고, 예언자 나단이 "당신이 바로 그 사람이오"라고 적용한 말로써[139] 말하는 저나 듣는 여러분이나 우리 모두에게 가장 효과적으로 적용합니다.

대속에서 우리의 개인적 관여

승리자 그리스도 주제는 우리의 머리 위에서, 말하자면 우리와 관련 없이 발생한 일이라고 비판을 받아왔다. 중요한 의미에서 이는 대속 모티

---

139 그리스도의 죽음에서 **그리스도인들의** 책임을 명확하게 인정하는 이 생략된 텍스트는 그리스도인과 유대인이라는 주제와 관련이 있다.

프 및 다른 여러 모티프에도 해당한다. **하나님은 우리의 도움이나 협력 없이 우리를 위해 이 일을 행했다.** 이미지들은 이 점을 다양하게 표현한다. 우리는 발버둥치고 싫다고 비명을 지르면서 이집트에서 광야로 끌려 나왔다. 우리는 자신을 해방시킬 수 없는 인질이었다. 우리는 유죄이며 사형 언도를 받았다. 바울은 우리가 **여전히 무력한** 상태에 있었을 때, "그리스도께서 경건치 않은 자들을 위해 죽었다"(롬 5:6)고 말하며 이 점을 강조한다. 우리는 행위자 이슈와 관련해서 이 점을 확실히 해둘 필요가 있다. 우리의 구원과 화해는 처음부터 끝까지 **행동하는 주체로서 하나님에 의해** 이루어졌다. 하나님께서 우리를 사망에서 생명으로 옮겼다. "허물로 죽은 우리를 [하나님께서] 그리스도와 함께 살리셨다"(엡 2:5).

하지만 우리는 그리스도의 사역에 **관여**하고 그것에 **연루**된다.[140] 하나님이 새로운 **공동체**를 생기게 하지만, 대속 개념에는 근본적인 차원에서 우리를 **개인적으로,** 감정적으로 관여시키는 독특한 힘이 있다. 우리는 이미 지나치게 개인주의적인 십자가 해석을 반대하고, 구속받은 하나님의 백성의 공동체적 성격을 강조했다. 그러나 우리가 개인 및 개인들의 회심과 제자도에 대한 요구에 대한 시야를 상실해서는 안 된다. 예수의 사역에서 가장 두드러진 특징 중 하나는 그가 사람들에게 개인적으로 말했다는 점이다. 그는 그들의 이름을 불렀고, 그들의 삶의 친근한 환경에 대해 말했으며, 그들 각각을 독특한 사람으로 대했다. 대속 모티프가 모든 모티프 중 개인적인 관여를 가장 직접적으로 다룬다. 이 점이 헤르만의 찬송 가사에 "내가 주님을 십자가에 못 박았나이다"라고 표현되었다.

대속 주제는 우리로 하여금 그리스도가 인간의 상태에 관여한 깊이

---

140 Gerhard O. Forde, "Caught in the Act: Reflections on the Work of Christ," *Word and World* 3, no. 1 (Winter 1983): 22-31.

와 완전함의 전 범위를 이해할 수 있게 해준다. 이 관점에서 볼 때 대속 주제에 대해 왜 이처럼 많은 저항이 있는지 참으로 이해하기 어렵다. 대속 주제가 어떻게 그리스도의 자기희생을 그가 **우리를 대신하여** 자신을 내어준 것이 아니라 오로지 **우리의 유익을 위해서**만 자신을 내어주었다고 말하는 것을 더 마음에 들게 만드는가? 설령 그 주제가—승리자 그리스도 모티프에서처럼—**권세들**에 대한 승리로서만 이해된다고 하더라도, 그것이 **죄**와 **사망**과 마귀를 패배시키기 위해 왜 하나님의 아들이 십자가형을 당해야 했는지를 설명하는가? 그것은 어쨌든 어느 정도 불신앙의 보류를 요구하지 않는가? 십자가에 달린 예수의 경우에서 우리는 왜 "우리를 위해"와 "나를 위해"라는 단어의 가장 명백한 의미에 저항하는가? 그는 확실히 자신에게 일어난 일을 당할 만한 일을 하지 않았는데, 우리가 그 대신에 그곳에 있어야 했다고 결론을 내리는 것이 왜 옳지 않은가? 그것이 가장 기본적인 인간의 반응이 아닌가? 우리는 모두 사람들이 "그가 아니라 내가 그곳에 있었어야 했다"라고 말하는 것을 듣는다. 우리는 왜 십자가에 달린 그리스도에 관한 이런 생각을 무자비하게 제거하기를 원하는가? 신약성경 전체의 평범한 의미는 예수가 **우리를 위해서**만 아니라 **우리를 대신**해서도 온 세상의 목전에서 굴욕과 침 뱉음과 채찍질과 품위를 떨어뜨리는 공개적인 죽임을 당했다는 강한 인상을 준다.[141]

---

141 네 개의 수난 내러티브 모두 제자 베드로가 뻔뻔스럽게 자신을 무조건적으로 사랑한 주님을 세 번이나 부인한 것을 매우 강조한다. 이 끔찍한 행위의 관점에서 볼 때, 베드로가 어떻게 예수가 자기를 대신해서 고난을 받은 분으로 생각하지 **않을** 수 있었겠는가? "그가 아니라 내가 그곳에 있었어야 했다"라고 말이다. 베드로가 "심히 통곡"했을 때(눅 22:62), 그것은 단지 닭이 울 때 예수가 그를 빤히 쳐다본 것이 그에게 자신이 비겁한 겁쟁이며 고의적인 거짓말쟁이라는 것을 드러냈기 때문이었는가? 그것은 베드로가 자신이 유다보다 나을 것이 없는 배신자이고 그래서 정죄를 받아 마땅하지만, 정죄를 받은 분은 죄 없는 주님이라는 것을 깨달았기 때문이기도 하지 않은가? 우리는 "대속"이라는 단어를 피하고 싶을지도 모른다. 하지만 나는 죄 있는 베드로가 방면되고 죄 없는 예수가 고난을 받는다는

이 복음 메시지에는 비교할 수 없는 목회상의 효과가 있다. 그것은 위안과 평화뿐만 아니라 자유와 생명도 준다. 그 사도적 메시지가 개인적으로 적용될 때, 그것은 적극적인 믿음을 불러일으킨다. 이 특별한 소식은 다른 어떤 주제보다, 심지어 희생 주제보다(이 주제는 희생 주제에서 분리될 수 없다) 더 개인적인 감사와 감정적인 헌신을 일으킨다. 이 **복음**(*evangel*)에는 매우 구체적인 결과가 있다. 그것은 그리스도가 어떻게 인간의 영혼 위에 놓인 죄와 죄책의 **무게가 제거된** 바로 그 순간에 그것을 **취했는지**를 보여준다. 그러므로 이 주제가 우리에게서 매우 깊이 감사하는 마음을 일으켜서 우리는 더 이상 책임을 회피할 필요 없이 그것을 기쁘게 받아들인다. 콜린 건튼이 (2세기의) 『디오그네투스에게』(*Epistle to Diognetus*, 분도출판사 역간)를 인용하여 표현했듯이 말이다. "'오, 달콤한 교환이여!…많은 사람의 죄악이 의로운 분 안에 감춰지고 그분의 의가 죄인인 많은 사람을 의롭게 한다.'…여기에는 음침한 공과의 비교 형량이 없고, 해방 안에서의 즐거움이 있다. 하나님의 아들이 우리가 있던 자리에 자신을 내줌으로써, 우리는 하나님의 생명에 참여하는 자들로서 그가 있는 곳에 있을 수 있게 되었다." [142]

명백한 개념을 억제함으로써 무엇이 얻어지는지를 알기 어렵다.

142 Colin Gunton, *The Actuality of Atonement: A Study of Metaphor, Rationality, and the Christian Tradition* (Grand Rapids: Eerdmans, 1989), 140. 비교할 수 없는 소식들이 우리의 강단에서 다시 울릴 수 있도록, Gunton이 여기서 그렇게 하듯이 만일 "대속"이라는 용어를 피하고 "교환"이나 "대속적 대표"와 같은 다른 용어를 사용할 필요가 있다면 그렇게 하라. 하지만 우리는 이 대목에서 "대속"이라는 단어의 오용 때문에 그 단어에 담긴 힘이 포기되어서는 안 된다고 주장한다.

6. 몇 가지 결론

대속과 승리자 그리스도

우리가 앞에서 가장 초기의 기독교 신앙고백("예수는 주님이시다", 고전 12:3)이 우리의 지도 원리이고 승리자 그리스도가 모든 것을 포괄하는 모티프라고 단언한 점으로 미루어볼 때, 이 장에서 **대속**이 필수불가결한 주제라고 말하는 것은 모순으로 보일 수 있다. 이 대목에서 어느 정도의 개념적 탄력성이 필요하다. 우리는 이 둘을 경쟁적으로 또는 서로 배타적으로 만들려고 하는 것이 아니라 둘을 같이 유지하려고 한다. 이렇게 함으로써 몇 가지 유익을 얻을 수 있다.

첫째, 묵시적 드라마는 대속 모델과 다른 모든 모델에 대한 타협할 수 없는 맥락이다. 신약성경 전체가 그 사상 세계로부터 기록되었다. 성육신한 성자는 중립 지대에 온 것이 아니라 원수의 힘에 의해 점령된 영역에 왔다.

둘째, 그리스도가 묵시적 승리자가 된 **방법은 대속을 통해서**였다.[143] **퀴리오스**(*kurios*, 주님)가 다른 방법으로 승리를 쟁취할 수도 있었지만 하나님은 이 방법을 선택했다. 성육신한 분은 그의 생애의 시작부터 자기의 영광을 십자가의 부끄러움과 바꿨다(히 12:2). 그는 수치스러운 환경에서 태어났고, 유아기에 폭군에 의해 생명의 위협을 받았으며, 처음부터 종교 당국에 의해 사기꾼이라는 낙인이 찍혔고(눅 4:28-29), 그의 사역기간 줄곧 머리 둘 곳도 없었고(마 8:20; 눅 9:58), 그가 가는 곳마다 적의

---

143 그렇다고 해서 내가 피의 제사 같은 다른 모티프들을 무시하려는 것은 아니다. 나는 그 모티프들을 부수적이고 보충적인 것으로 읽는다.

에 직면했다. 그가 견딘 수치는 종종 대속과 밀접한 관련이 있는 **교환**이라는 단어로 표현된다. 그는 하나님의 본체였지만 그의 영광을 종의 형체와 바꿨으며, 그의 부유를 우리의 가난과 바꿨고, 그의 의를 우리의 불의와 바꿨고, 심지어 십자가에 죽기까지 했다. 이것이 그가 승리를 얻은 방식이다. "그러므로 하나님께서 그를 지극히 높이셨다"(빌 2:9; 참조. 고후 8:9; 벧전 3:18).

셋째, 그리스도의 죽음, **율법**(토라, 또는 "계명"), 그리고 **율법** 아래 있는 인간의 상황 사이에 관련성이 있다. 우리는 앞서 하나님으로부터 기원한 **율법**이 비록 "거룩하고 의롭고 선하"지만(롬 7:12), 그것은 **죄**에게 전용되어 모습이 왜곡되었으며, 멸망의 무기로 사용되었다(7:5, 8-11)는 것을 보았다. 그리스도는 파멸하는 이 **권세**들의 연합 공격 아래서 고난당하고 죽었다. 그는 **율법** 아래서 정죄 받고 죽임당했다.

예수가 겪은, 저주 받고 하나님의 버림을 받은 죽음은 어떤 면에서는 **죄의 권세**에게 무기로 사용된 **율법**의 저주하는 음성 아래서 우리가 마땅히 당해야 할 죽음이었는데, 우리는 이 점에 대해 충분히 표현할 수 없다.[144] 성육신한 아들이 이 거룩하지 않은 삼위일체의 세 번째 **권세**인 사

---

144 J. L. Martyn은 **율법**의 "두 음성", 즉 저주하는 음성과 약속하는 음성을 구별한다(J. L. Martyn, "A Formula for Communal Discord!" in *Theological Issues in the Letters of Paul* [Edinburgh: T. & T. Clark, 1997], 267-78과 *Galatians*, 506-12). "**율법**의 저주하는 음성"은 죄의 시녀다. 반면에, "**율법**의 약속하는 음성"은 **오래 전, 시내산 전에**—바울의 좀 더 대담한 통찰 중 하나에서—("[우리] 모든 사람의 아버지"인) 아브라함에게 선포되었다(롬 4:11; 갈 3:8, 14-16). 저주하는 음성은 노예로 삼는 음성이다. 약속하는 음성은 자유로운 "약속의 자녀"를 낳는 음성이다(갈 4:21-31; 5:6-14). 십자가에서 결정적으로 패배한 것이 바로 이 **율법**의 저주하고 정죄하는 음성이다. Marilyn McCord Adams는 이렇게 쓴다. "만일 하나님이 십자가에 처형된 그리스도 안에서 저주를 받는다면, 저주의 힘은 취소된다. 저주는 더 이상 우리를 하나님에게서 쫓아낼 수 없다. 마찬가지로 그리스도가 우리를 위해 죄를 짊어진다면, 죄는 하나님의 사랑에서 우리를 끊을 힘을 상실한다"(Marilyn McCord Adams, *Horrendous Evils and the Goodness of God* [Ithaca, N.Y.: Cornell University Press, 1999], 99).

망의 선고 아래에 있는 우리를 대신했다.

윌리엄 블레이크는 "예루살렘"이라는 시에서 이 점을 완벽하게 포착한다.

> 사탄이 먼저 어두운 활을 당기자
> **도덕적인 율법**이 복음으로부터 떨어져 나갔네.
> 그가 **율법**을 벼려서 검으로 만들자
> 주님의 피가 쏟아졌네.[145]

블레이크가 바울처럼 사탄을 가리켜 율법을 복음에서 분리시킨 행위자로 묘사하는 것을 주목하라.[146] 우리가 10장에서 보았듯이 이것은 계명이 하나님의 직접적인 뜻에서 분리되어 왜곡되었다는 입장을 취하면서도 계명의 선함을 유지하는 것을 묘사하는 회화적인 방법이다. 바울은 그 결과를 "생명에 이르게 할 그 계명이 내게 대하여 도리어 사망에 이르게 하는 것이 되었도다"라고 묘사한다(롬 7:10). 바울이 "나"라고 말하지만(그가 여기서 자서전적으로 생각하고 있을 가능성이 높다), 그는 "나"를 "아담" 아래 있는 모든 인류를 대표하는 표현으로 사용한다. 율법이 죄에게 징집되어왔기 때문에 [외부의] 도움을 받지 않은 인간은 계명이 제대로 작동하게 만들 수 없다. 종종 인용되는 "의도하지 않은 결과를 낳는 율법"이

---

145 나는 누가 내게 Blake의 4행시를 처음 소개했는지 기억하지 못한다. 하지만 로마서를 멋지게 함축하고 있는 그 시는 나보다는 다른 사람들의 주목을 받아왔다.

146 칼뱅은 "율법의 세 번째 용도가…일차적인 용례이기도 하고, 그것의 적절한 목적과 밀접한 관계가 있다"고 가르치면서, 그리스도의 사역의 결과로 율법과 복음이 새로운 관계 안에서 재연합될 때 원수의 이 사역이 성령으로 말미암아 어떻게 실패하는지 보여준다(*Institutes* 2.7.6-17). "너희가 만일 성령의 인도하시는 바가 되면 율법 아래에 있지 아니하리라"(갈 5:18).

이를 증언한다. "내가 원하는 바 선은 행하지 아니하고 도리어 원하지 아니하는 바 악을 행하는 도다"(롬 7:19).[147]

죽음을 가져다주는 **율법**의 역할을 강조한 목적은 저속하고 저주받은 십자가형의 특성이 어떻게 은혜로운 하나님의 **율법**의 마귀적인 왜곡과 연결되는지를 보여주기 위함이다. **이것이 바로 사탄이 우리 모두를 대상으로 계획했던 죽음이었다.** 승리자 그리스도께만 집중하면 우리는 **죄** 및 **사망**과 분명하고 개인적으로 밀접하게 연결된 대속 주제를 회피하게 될 것이다. 성자는 자신을 참수 같은 다른 종류의 죽음에 내어줄 수도 있었을 것이다. 하지만 그것은 우리가 앞에서 살펴본 것처럼 일반 **시민의 죽음**이지 **종의 죽음**이 아니었다. 죄의 종이었던 자는 그리스도가 아니라 우리였기 때문에 그는 **우리 대신** 종으로서 고난을 받았다.

넷째, 우리의 대속자로서 그리스도를 통해 십자가 상에서 이뤄진 "위대한 교환"은 그가 지옥에 떨어지고 우리가 정죄로부터 해방된 것이었다. 그래서 "나의 하나님, 나의 하나님, 어찌하여 나를 버리셨나이까?"라는 유기의 부르짖음이 특히 중요하다.[148] 그 부르짖음은 참으로 그리스도가 우리를 건져 낸 지옥으로 내려갈 때 나온 것이기 때문에 우리는 이 부르짖음—비명이나 지독한 신음에 좀 더 가까웠다—의 깊이를 헤아릴 수 없다. 하지만 이 부르짖음에서 우리는 우리의 주님이 "죄가 된다"는 것이 무슨 의미인지에 관해 무언가를 듣는다. 고린도후서 5:21에 기록된

---

147 2010-2020년 사이에 특히 우울하게 만드는 몇몇 연구는 자연재해, 전쟁, 기아, 에볼라 바이러스 및 기타 질병으로 고통을 받는 나라들에 대한 외국의 많은 원조가 낭비, 무능, 부패 그리고 다른 문화에 대한 이해 부족으로 역효과를 낳았음을 보여주었다. 좋은 의도가 때때로 지옥으로 가는 길을 닦는 것으로 보인다. 그래서 "좋은 일을 하고도 욕 먹는다"는 말이 있다.

148 Barth는 *CD* IV/1에서 이 "십자가에서 하신 말씀"에 이례적으로 많은 주의를 기울인다. 요 1:14("말씀이 육신이 되어 우리 가운데 거하셨다")만 더 많은 주목을 받는다. 이 두 절을 특별히 강조하는 것은 Barth가 십자가**만 아니라** 성육신**도** 강조한다는 표시다.

"[하나님이] 죄를 알지도 못하신 이를 우리를 대신하여 죄로 삼으셨다"
는 바울의 신비로운 언급은 지금까지 완전히 이해된 적이 없지만, 많은
주석가는 그것과 유기의 부르짖음 간의 관련성에 주목해왔다. 예수가 어
떤 죄도 알지 못했음에도 불구하고 하나님은 그를 죄가 되게 했으며, 형
언할 수 없는 끔찍하고 독특한 거래에서 예수는 분명히 성부로부터 철저
하게 분리되는 것을 온전히 느꼈다. 이것이 바로 그가 우리 인간의 본성
을 다시 만들기 위해―그것을 개선하거나, 받아들이거나, 심지어 그것을
완전하게 하려는 것이 아니라 그것을 완전히 다시 생기게 하기 위해―
겪은 것이다. 그는 "죄가 되었고", 우리는 "하나님의 의가 되었다."[149]

이 네 가지 요점들은 지배적인 두 모티프들이 **어떻게** 서로 맞물려
있는지를 보여준다.

7. 요약

우리는 이 장의 내용을 다음과 같이 요약할 수 있다.

- 대속 주제는 유기적인 전체의 일부로서, 다양한 맥락에서 등장하
  는 **성경의 내러티브에서** 적절하게 나온다.[150] 그것은 그리스도의
  죽음의 의미를 선포하기 위해 그리스어 **휘페르**(*hyper*, 위하여)와 **페
  리**(*peri*, ~ 때문에)가 사용될 때마다 하나의 주제로 등장한다.
- 대속 주제는 전반적인 성경의 내러티브와 분리되어 이해되거나

---

149 교환으로 인해 그리스도는 우리와 같이 되었고, 우리는 지금 그의 의에 참여한다.
150 그리스도의 십자가를 이해하는 비슷한 시각에 대해서는 Hans Urs von Balthasar, *Theo-
   Drama: Theological Dramatic Theory*, vol. 4 (San Francisco: Ignatius, 1994)도 보라.

다른 모티프들과 경쟁하는 방식으로 이해되는 것이 아니라, 다른 주제를 뒷받침하고 주제의 의미를 밝혀주며 그것들에 의해 의미가 밝혀지는, **근저의 모티프**로 이해되는 것이 가장 좋다.[151]

- 대속 주제는 하나님의 아들의 **성육신한 전체 생애**, 처음부터 십자가로 가는 길로 나아간 생애의 맥락에서 해석되어야 한다.
- 우리의 문화가 아무리 이 불쾌한 진리를 피하길 원할지라도 대속 주제는 다른 어떤 모티프보다 **죄에 대한 하나님의 심판에 관한, 편재하는 성경의 가르침**과 더 밀접하게 연결되어 있다.
- 대속 주제는 복음주의 진영에서만 아니라 "가톨릭적" 성공회에서도(예로 사용되었다) 강해설교에서 "피"와 더불어 의식되지 않은 채로 존재했다.
- 대속 주제는 본서를 마무리하는 장의 주제인 **경건치 않은 자의 칭의** 선포에 특히 적합하다.

그리스도가 우리를 대신하여 죽었다고 해서 우리에게 무엇이 달라지는가? 이 믿음이 자기 마음대로 하는 회개의 눈물을 흘리게만 할 뿐 더 이상은 없는가? 그것은 우리에게 그렇지 않았더라면 우리가 보지 않았을

---

151 Brevard Childs는 오늘날 많은 주석에서 승리자 그리스도 모티프가 지배하고 있음에도 대속 주제의 수월성을 주장하기 때문에, 그의 *Biblical Theology of the Old and New Testaments: Theological Reflection on the Christian Bible*(Minneapolis: Fortress, 1993)에서 인용한 다음 구절이 적실성이 있다. "신약성경과 구약성경 모두 전투 이미지와 해방 이미지를 사용해서 인류를 죄와 악의 힘들에서 해방시키는 하나님과 그리스도의 사역을 묘사한다는 점에 의문이 있을 수 없다. 그러나 아무튼 이 이미지가 칭의나 희생적 속죄 주제들과 비교하여 어느 정도 독립적이고 자족적인 그리스도의 구속 신학을 뒷받침한다고 말할 수 있는지에 관한 신학적 이슈는 여전히 남아 있다. 이 언어가 신약성경이 초점을 맞추고 있는, 기독론적 단언에 확고하게 뿌리를 두고 있는 칭의, 속죄, 화해라는 **좀 더 핵심적인** 차원을 가리킨다는 데 이 이미지의 중요성이 놓여 있다고 할 수 있는가?"(518, 강조는 덧붙인 것임)

어떤 것을 드러내주지 않는가? 우리는 골고다에서 희생자가 누구인지, 가해자가 누구인지에 대해 완전히 새로운 어떤 것, 인간 타락의 포괄성에 관한 어떤 것을 보지 않는가? 그리고 이 계시는 시편 저자가 간청하듯이, "내 속에 깨끗한 마음을 창조하고 내 안에 정직한 영을 새롭게"하지 않는가?[152]

예수의 십자가 상의 죽음은 **죄**와 그 죄의 그리 비밀스럽지도 않은 무기인 **율법**의 저주로부터 모든 인류를 구원하기 위해 삼위 하나님이 한 뜻으로, 하나의 목적을 위해 **함께** 행동한 것이다. 인간의 대표자, 우리의 대속자인 예수는 인간의 의지가 어떻게 하나님의 의지에 맞춰질 수 있는지를 **보여줄** 뿐만 아니라, **자신의 성육신한 위격 안에서 그 일이 실제로 일어나게 한다.** 그러고 나서 그는 지금까지 발생한 가장 큰 사랑의 행위로 십자가에 처형되었다가 죽은 자 가운데서 부활하고, 그에게 속한 모든 사람의 첫 열매인 자신의 인격을 우리에게 돌려준다. "이는 너희가 죽었고 너희 생명이 그리스도와 함께 하나님 안에 감추어졌음이라. 우리 생명이신 그리스도께서 나타나실 그때에 너희도 그와 함께 영광 중에 나타나리라"(골 3:3-4).

요한 헤르만의 찬송 "오, 거룩하신 예수여, 얼마나 불쾌하셨는지요?"는 대체로 성공회 교회에서 종려주일과 성금요일에 불린다. 그 가사는 십자가에 달린 예수가 우리를 대신해서 그곳에 있다는 것을 가급적 분명하게 보여준다. 보기 드물게 효과적인 그 가사는 이 일을 성공적으로 수행하며 비판을 초월한다. 수난 내러티브 읽기에 대한 반응으로 불리는 그 찬송은 모든 논쟁을 잠재우는 듯하다.

---

152 시 51편은 재의 수요일에 읽을 텍스트로 지정되었다.

보라, 선한 목자가 양을 위해 드려졌도다.

종이 죄를 지었고, 아들이 고난을 받았네.

우리를 속죄하기 위해, 우리는 어느 것에도 주의를 기울이지 않았지만,

하나님이 탄원하셨네.

12장

재연

우리는 낙원과 갈보리,

그리스도의 십자가와 아담의 나무가 한 곳에 있었다고 생각한다.

나는 주님을 바라보면, 내 안에서 두 아담이 만난 것을 발견한다.

첫 번째 아담의 땀이 내 얼굴을 둘러쌌듯이,

마지막 아담의 피가 내 영혼을 껴안으소서.

존 던[1]

---

1 John Donne, "Hymn to God, My God, in My Sickness," Poetry Foundation 웹 사이트에서 구할 수 있다.

†

대속 모티프는 정확히 똑같은 것은 아니지만 **대표** 개념과 밀접한 관련이 있다.[2] 그것은 또한 비난할 수 없는 **재연**(recapitulation, 총괄갱신) 모델과도 양립할 수 있다. 우리는 이제 우리의 신약성경 주제 목록 중 마지막 모티프인 이 모티프를 살펴볼 것이다.

이 모델은 가장 나중에 제시된다. 이 주제에 관해서는 논란이 별로 없다. 그것은 사도 바울이 로마서 5장에서 이례적으로 그리스도를 새로운 아담으로 제시한 데서 유래하며, 따라서 내러티브가 "이론"에 대해서 갖고 있는 모든 장점이 있다. 더욱이 재연 주제는 다른 모든 주제를 통합

---

2   대표 개념이 전면에 나서면 그리스도가 실제로 우리가 겪었어야만 했던 것을 겪었다는 대체 개념이 그다지 명백해지지 않는다. 재연에 관해 Morna Hooker는 우리가 앞 장에서 다뤄왔던 요점을 제안한다. "그것은…그리스도와 신자가 **자리를 교환하는** 사례가 아니라 신자가 **그리스도의 생명을 공유하는** 사례다"(*Not Ashamed of the Gospel: New Testament Interpretations of the Death of Christ* [Grand Rapids: Eerdmans, 1994], 33). 이는 대속 주제를 좀 더 왜곡되게 사용하는 몇몇 용례들의 방향을 재정립하는 데 유용하다. 대체에서 참여로 강조점을 옮기면서 그녀는 우리가 십자가를 통해 죄책을 용서받았다기보다(이는 많은 형벌 대속 모델이 강조하는 요점이다) 우리는 십자가에 처형된 그리스도의 생명 안으로 통합된다는 것을 보여주기를 원한다. 이는 매우 중요한 강조이며 무시되어서는 안 되지만, 그것은 잔인하고, 지속하고, 수치스러운 예수의 공개적인 죽음을 충분히 고려하지 않는다. 본서 전체에서 주장되고 있는 바와 같이 하나의 모티프를 배타적으로 선택하고 다른 모티프를 거부하는 것은 필요하지도 않고 바람직하지도 않다.

하는 것으로 이해될 수 있다. 대속에 관한 앞 장에서 우리는 그리스도가 "아담"의 삶의 역사를 재연함으로써 어떻게 자신을 아담의 자리, 즉 개인적으로 및 집단적으로 모든 인류의 자리에 두었는지를 논의했다.

50살이 넘은 사람 중 실수를 바로잡고 잘못을 피하고 피해를 없애고 기회를 최대로 활용하고 낭비한 시간을 회복하고 깨진 관계를 교정하고 잃어버린 미래를 회복하기 위해 인생을 다시 살고 싶지 않은 사람이 누가 있겠는가? 이 점이 훨씬 더 중요한데, 우리는 커다란 잘못이 지워지기를—모든 대량 살해, 아동 학대, 문화와 인구의 파괴, 자연 훼손 및 다른 모든 불행한 일과 잔혹행위가 교정되고 그 기억이 잊히기를—원하지 않겠는가? 바울은 우리에게 종말의 시대에 이 모든 일이 일어날 뿐만 아니라, 우리가 인간을 다시 만드는 그의 능력을 신뢰할 때, 그리스도의 능력이 우리와 모든 창조세계를 위해서 성취한 일이 지금도 우리의 삶에서 활동한다고 말한다.

재연은 교회 교부들에게 일관성 있게 나타난 가장 오래된 성경의 주제다. 켈리의 『초기 기독교 교리』(*Early Christian Doctrines*)에서 취한 이 발췌문은 그것의 내용과 중요성을 설명한다.

구속을 설명하려는 거의 모든 교부의 설명 안에 그리스도의 사역에 대한 교부들의 이해에 단서를 제공하는 한 가지 위대한 주제가 있다. 이것은 이레나이우스가 그리스도를 모든 인류의 **대표**로 제시한 바울에게서 이끌어낸, 고대의 **재연** 개념이다. 모든 인간이 모종의 방식으로 아담 안에 있었던 것과 마찬가지로 그들은…하늘에서 온 사람인 두 번째 아담 안에 있었다. 그들이 첫 번째 아담의 죄에 연루되어 그 오싹한 결과를 지니게 된 것처럼 그들은 또한…두 번째 아담의 죽음 및 죄, 악의 세력 그리고 죽음 자체에 대한 궁극적인 승리에 참여한다. 하나님이신 그리스도가 자신을 인간과 동일시했기 때문에 그는 인간을 위해서 그리고 인간을 대신해서 행동할 수 있었다. 그리고 그가 얻은 승리는 그에게 속한 모든 사람의 승리다.[3]

켈리는 짧은 구절 하나에서 **대표, 재연, 참여**라는 세 가지 핵심 개념을 사용한다. "인간을 대신해서"라는 말에 대속 모티프도 존재함을 주목하라. 그리고 나서 그는 "모든 교부는 어떤 학파에 속하건 간에 그 모티프를 재생산한다"라고 덧붙인다.[4] 교부 시대를 점점 더 존경하는 요즘, 재연이 점점 더 존중되는 것은 놀라운 일이 아니다.[5] 그것은 교회사의 매우 이른 시기에 등장했다는 장점이 있다. 재연은 로마서 5:15-21의 깊은 우물에서 재연 교리를 길어낸, 사도 이후 교회의 최초의 위대한 신학자인 이레

---

3 J. N. D. Kelly, *Early Christian Doctrines* (New York: Harper and Row, 1959), 376-7, 강조는 덧붙인 것임. Kelly의 글에는 "또는 할 수 있게 되다"와 "할 수 있다"가 빠져 있다. 이 단어들은 "가능성"과 관련된 언어를 사용하지 않는 바울에 반한다. 모든 사람이 두 번째 아담 안에 있다. 그것으로 끝이다. 그들의 궁극적인 운명은 하나님의 손에 있다. 바울이 예컨대 "아담 안에서 모든 사람이 죽은 것 같이 그리스도 안에서 모든 사람이 삶을 얻으리라"(고전 15:22)에서와 같이 가장 광범위하게 말할 때 그는 "모든"(*pantes*)을 한정하지 않는다. 그는 "살 수 **있게 된다**"라고 말하지 않는다. 롬 11:26("온 이스라엘이 구원을 얻으리라")과 특히 11:32("하나님이 모든 사람을 순종하지 아니하는 가운데 가두어 두심은 모든 사람에게 긍휼을 베풀려 하심이로다")도 보라.

4 예컨대 아우구스티누스는 암브로시우스를 인용한다. "나는 아담 안에서 타락했고, 아담 안에서 낙원에서 추방되었으며, 아담 안에서 죽었다. 그리고 [하나님은] 그가 아담 안에서 나를 발견하지 않는 한 나를 기억하지 않는다.…그러나 그리스도의 육체가 죄를 정죄했다.…전에 죄를 통한 불결함이 있던 우리의 육체에 은혜를 통한 의롭다 함이 있을 수 있도록 그가 십자가에 처형되어 죽음으로써 말이다." Augustine, *On the Grace of Christ, and on Original Sin* 2.47.

5 이레나이우스보다 거의 1000년 뒤에 안셀무스가 그의 기본적인 주제를 재진술했다. "인간의 불순종으로 말미암아 인류에게 죽음이 왔듯이, 인간의 순종을 통해 생명이 회복되는 것은 적절했다"(『인간이 되신 하나님』[*Cur Deus Homo?*] 1.3). 안셀무스와 현대 신학자들 사이에는 또다시 1000년의 시간 간격이 있지만 그 주제는 언제나 신선하다. "예수의 완벽한 순종은…인간의 다른 모든 내러티브나 삶의 이야기에 대한 반전을 구현한다"(Stephen W. Sykes, *The Story of Atonement*, Trinity and Truth Series [London: Darton, Longman, and Todd, 1997], 16).

나이우스의 반영지주의 변증에서 출현했다.[6]

리옹의 주교 이레나이우스(130년 경-200년 경)는 기독교 역사에서 놀라운 인물이다. 우리는 그의 저술을 그리스어 원문으로는 갖고 있지 못하고 라틴어 번역본만 갖고 있지만, 그의 본질적인 특징은 명확히 전달된다. 그는 학자로서 글을 쓰는 것이 아니라 자신의 양떼를 사랑하는 목자로서 글을 쓰는데, 특히 그들을 참된 신앙 안에서 강하게 해주고 상존하는 영지주의의 유혹에서 지켜주기를 원한다(그는 영지주의를 상당히 재미있게 풍자한다). 그는 신앙의 필수 요소들을 단순하고 강력한 단언으로 제시해서 니케아 신조를 예견하며, 향후 수 세기 동안 그 안에서 기독교 교리가 논의될 관점을 제시한다. 놀랍게도, 그는 오늘날에도 참신하게 들린다.[7] 그리스도의 죽음의 의미를 그의 성육신, 사역 그리고 부활의 맥락에서 재고하는 많은 학자가 재연에 관한 이레나이우스의 가르침을 열정적으로 받아들였다.

이레나이우스는 교회 역사의 초창기에 로마서 5:12-21의 함의를 통찰력 있게 이끌어낼 수 있었는데, 교회 역사상 그것을 능가한 통찰은 거

---

6 이레나이우스가 사용하는 단어 **아나케팔라이오시스**(*anakephalaiosis*)는 일반적으로 (라틴어로부터) "재연"으로 번역되지만, 그 단어는 단지 "반복"만을 의미하지 않기 때문에 "요약" 또는 "회복"(regathering)으로 이해될 수도 있다. Ephraim Radner는 레위기 주석에서 이렇게 쓴다. "예수는 자기 안에 모든 역사와 역사의 모든 형태를 보유한다.…이 모든 것이 그리스도 안에서 하나님 아래 그리고 하나님과 연합하여 그것의 화해된 질서 안으로 들어온다"(*Leviticus*, Brazos Theological Commentary on the Bible [Grand Rapids: Brazos, 2008], 288-89). 그것은 이레나이우스가 생각하는 재연에 대한 좋은 정의다.

7 비전문가에게는 한 가지 주의할 점이 있다. 이레나이우스는 선별적으로 읽는 것이 좋다. 그의 저술의 편집인인 Edward Rochie Hardy는 환상적인 영지주의 구성 개념에 대한, 때로는 지루하고 수사적인 논박을 통해 "과장되게 서술하는 작품에 나타난 광채의 섬들"에 대해 언급한다(*Early Christian Fathers*, ed. Cyril C. Richardson, Library of Christian Classics [Philadelphia: Westminster, 1953], 344에 수록된 이레나이우스에 관한 부분의 서문). 그럼에도 불구하고 이레나이우스의 저술에는 읽을 만한 구절이 많이 있으며, 영지주의를 겨냥한 그의 풍자적인 언급은 오늘날에도 매우 적절하다.

의 없었다. 그는 로마서 5장을 **통해서** 모든 인류가 창세기 2-3장의 거대한 신화에 묘사된 최초의 불순종에 연루되었다고 보았다.[8] 우리가 이미 살펴본 바와 같이 "아담"의 중요성은 은유적이다. 즉 그 이름은 **죄**의 지배 아래 있는 모든 인류의 연대를 나타낸다.[9] "우리"는 "아담"이고, "아담 안에서 우리 모두는 죽는다"(고전 15:22). 이것이 기독교 신앙의 핵심적인 선언이다. 이로부터 그리스도가 **권세들**과의 싸움 안으로 들어오고, 이레나이우스의 모든 것을 포괄하는 표현으로 말하자면 "[첫 번째] 아담을 통해 우리에게 닥친 것을 [두 번째] 아담을 통해 극복한다."[10]

두 아담에 관한 바울의 이야기(반복)

우리는 9장에서 로마서 5:12-21을 길게 검토했다. 독자들은 이 부분과 그 장의 "로마서 5장과 6장에 나타난 승리자 그리스도로서의 주(*Kurios*)" 부분을 함께 읽을 수 있다. 리쾨르는 창세기 2-3장을 논의하면서 바울의 독창성에 빛을 비춘다. "아담은…사실상 구약성경의 모든 저자에게 침묵하는 인물로 남아 있었다.…말하자면 [아담의 신화는] 성 바울이 그것을 두 번째 아담인 예수 그리스도와 평행하게 만듦으로써 그것을 되살리기까지는 정지된 동영상 상태에 머물렀다."[11] 로마서 5장에서 예수 그리스

---

8   바울은 아담과 하와라는 이름의 실제 인물이 존재했다고 믿지 않았을 수도 있다. 아무튼 그런 믿음은 결코 필수적인 것이 아니다.

9   엡 1:10에서 그리스어 단어 **아나케팔라이오**(*anakephalaioo*)는 "이끌다"(head up, 새번역 성경은 "머리로 하다")로 어색하게 번역되었다. 이레나이우스는 아담이 중생하지 않은 인류의 맨 앞(*kephale*) 줄에 서 있는 반면 이제 그리스도가 구속받은 인류의 맨 앞줄에 있다고 생각하는 것으로 보인다.

10 Irenaeus, *On the Apostolic Preaching* 16.68.

11 Paul Ricoeur, *The Symbolism of Evil* (Boston: Beacon Press, 1967), 6. 그 신화는 바울이 그

도의 묵시적 사건으로 말미암아 잊힌 아담 이야기의 우주적인 중요성이 회복되고 반전되었다.

우리는 앞서 바울의 평행을 살펴보았지만 이를 다른 맥락에서 보았다. 9장에서 우리는 시대의 전환기에 정복자로서의 그리스도께 초점을 맞췄다. 여기서 우리는 두 번째 아담의 이야기를 추적하면서 다른 관점에서 평행을 지적한다.

'심판 → 하나의 죄 → 정죄'가
'선물 → 많은 죄 → 의롭다 하심'과 **대조된다**(롬 5:16).

그리고 로마서 5:17에서

'아담의 범죄 → 사망의 왕 노릇'이
'그리스도의 은혜와 의 → 생명 안에서 왕 노릇'과 **대조된다.**

로마서 5:18에서 바울은 재진술하고 요약한다.

'한 범죄 → 모든 사람에게 정죄가 초래된 것'이
'의의 한 행동 → 모든 사람에게 의롭다 함과 생명이 초래된 것'과 **대조된다.**

우리가 9장에서 보았듯이, 바울은 그의 주장을 뒷받침하기 위해 이 대조되는 평행구들을 여러 번 반복한다. 그는 그의 전형적인 어투인 "얼마나

것을 전용했을 때 진가를 발휘했다.

더"구조를 사용해서 그리스도 안에서 행한 하나님의 행위가 아담의 불순종에 따른 모든 재앙보다 무한히 크다는 것을 보여준다.

이레나이우스는 이것을 다음과 같이 표현한다.

> 그가 성육신하여 인간이 되었을 때 인류의 긴 계통을 새롭게 시작했고 우리에게 간단하고 포괄적인 방법으로[in compendio] 구원을 제공했다. 그래서 우리는 아담 안에서 잃어버린 것—하나님의 형상과 모양에 따른 존재가 되는 것—을 그리스도 예수 안에서 회복할 수 있게 되었다(Adversus haereses 3.18.1).

> 하나님은 죄를 죽이고 사망에게서 그것의 힘을 빼앗아 인간에게 생명을 주기 위해 옛적의 인간 형성을 자신 안에서 재연(요약)했다[in seipso recapitulavit](3.18.7).

> 그리스도 안에서 동일한 형성이 요약되도록[재연되도록] 말씀이었던 그가 자신 안에서 아담을 재연하여 올바르게 탄생하고, 아담을 [자신 안에서] 요약했다(3.21.10).

20세기 후반까지 성서 연구를 지배했던 포스트계몽주의와 모더니즘 환경 이전의 거의 모든 중요한 기독교 사상가와 마찬가지로 이레나이우스는 그리스도가 성취한 것에 대한 여러 이미지 사이를 쉽게 이동했다. 그는 최근까지 군림했던 "과학적" 거리낌이 없이 신약성경의 개념 세계를 전용할 수 있었기 때문에 상당히 많은 신약성경의 우주론을 채택했다. "그러므로 그[그리스도]는 만물을 완전히 새롭게 했다. 그는 우리의 원수와 전투를 시작했고 태초에 아담 안에서 우리를 사로잡았던 그 원수를 분쇄했다"(5.21.1).

여기서 우리가 주목해야 할 점이 많이 있다. 재연은 단지 그리스도가 인간의 이야기를 다시 살고 잘못된 결정 대신에 바른 결정을 하는 것으로 이해되어서는 안 된다.[12] 대다수의 현대 해석자와 달리 이레나이우스는 20세기까지는 신약성경 해석의 주류에서 대체로 빠져 있었던 제3자인 원수에 대해 아주 자연스럽게 이야기한다. 이레나이우스 역시 바울이 그러하듯이 **죄**와 **사망**을 거의 의인화한다. 죄는 분쇄되어야 하고, 사망은 그것의 힘을 빼앗겨야 한다고 말이다. 이런 식으로 이해되면, 로마서 5장으로부터 꽃을 피운 이레나이우스의 재연 교리는 "태초에 아담 안에서 우리를 포로로 삼았던 자"에 대한 하나님의 묵시적 전쟁이라는 가장 완전한 맥락에서 승리자 그리스도 주제와 섞인다.

아담-그리스도 구절의 마지막 절(롬 5:21)에서 바울은 두 왕국과 두 주인 간의 충돌을 상기시킨다. 그는 두 개의 평행적 대조를 더 제시함으로써 그렇게 한다. 우리가 여기서 두 경쟁적인 영역을 지닌 두 능동적인

---

12 나는 이것을 변증적으로 의도했다. 매일 "좋은/옳은 선택" 대 "나쁜/잘못된 선택"이라는 단어를 사용하는 것이 우리 시대 미국 문화의 특징이다. 이처럼 선택을 강조하는 것은 펠라기우스주의 같다는 의심이 든다. 그것은 우리의 의지가 묶여 있다는 바울/아우구스티누스의 견해와 어울리지 않는다. 세속적인 사회과학에서 수행된 상당히 많은 연구가 "자유로운" 선택 개념을 약화시킨다(노트르담 대학교의 철학교수인 Gary Gutting은 「뉴욕 타임즈」 2011년 10월 19일자 의견 난에서 상황을 조사한다). 성경적으로 그리고 신학적으로 말하자면 우리는 오직 하나님의 은혜로 말미암아 그리스도인의 형성에 관한 의식이 없는 사람들이 우리에게 촉구하는 "좋은 선택"을 할 수 있다. 재능이 많은 가수 겸 작곡가였던 Amy Winehouse가 사망했을 때, 많은 사람이 그녀가 "잘못된 선택을 했다"고 말했다. 그러나 그렇지 않다. 그녀는 약물 남용이라는 마귀적인 힘의 지배하에 있었다. 어떤 사람이 나쁜 선택을 했다는 암시는 마치 말하는 사람에게는 그런 문제가 없다고 생각하는 것처럼 가르치려 하고 거리를 두는 것으로 들린다. 흥미롭게도 나는 위대한 배우였던 Philip Seymour Hoffman이 "나쁜 선택"을 했다고 말하는 사람을 한 명도 기억하지 못한다. 모든 사람이 그가 자신이 통제할 수 없는 어떤 힘에 의해 이끌렸고, 그 힘에게 삼켜졌다고 인정하는 것 같다.

행위자에 관해 말하고 있음을 보여주기 위해 왕국(*basileia*)이라는 단어가 어떻게 **동사**의 형태로 등장하는지 주목하라.

> **죄**가 **사망** 안에서 왕 노릇한 것[동사, *basileuo*] 같이
>
> 은혜도 또한 의로 말미암아 왕 노릇하여[동사, *basileuo*]…

이 싸움에서 승리자가 누구인지 의심이 들 경우에 대비해서 바울은 멋진 수사학적 이동으로 그의 정확한 평행어법을 떠나 또 다른 어구를 첨가함으로써 일련의 대조를 힘차게 마무리한다. "은혜도 또한 의로 말미암아 왕 노릇하여 **우리 주**(*Kurios*) **예수 그리스도로 말미암아** 영생에 이르게 하려 함이라."

로마서 5:12-21의 포괄적인 범위는 유례 없이 강력하다. (당신이 그렇게 표현하기를 원한다면 유례없이 포괄적이라고 표현할 수도 있다.) **이것은 우리의 이야기다.** 케제만이 썼듯이 "아담의 운명을 겪는, 자신에게 사로잡힌 사람은 어디서나 존재한다."[13] **죄**에 직면한 우리의 무력함에 관해 조금이라도 의구심이 있다면 우리는 다만 **사망**의 통치를 생각하고 우리가 그 전투를 이길 수 있는지 상상하기만 하면 된다. **사망**은 실로 하나의 영토—**바실레이아**(*basileia*)—이며, 다른 어떤 종교의 희망도 성경 이야기의 소망에 필적할 만큼 사망의 영역에 대한 총체적인 승리를 거두었다는 결정적인 선언을 제공하지 않았다. 예수가 주님이라면, 우리에게 주어진 도전은 지금 "이 악한 세대"(갈 1:4)에서조차 그의 승리에 참여하는 것이다. 재연과 매우 밀접한 관련이 있는 **참여** 주제는 바울이 로마서 6장 등에서 전개하듯이 아담과 그리스도 이야기에 이어진다. 이 연결에서 십자가 신학

---

13   Ernst Käsemann, *Commentary on Romans* (Grand Rapids: Eerdmans, 1980), 209.

과 기독교 공동체의 십자가를 짊어지는 삶 간의 뗄 수 없는 관계가 분명하게 드러난다. 바울은 십자가 신학에 대한 가장 열정적인 설명에 이어서 곧바로 고린도 교회 교인들에게 "우리가 그리스도의 마음을 가졌다"고 선언한다(고전 2:16).

로마서 6장의 세례

로마서 5장의 아담-그리스도 구절에 이어서 바울은 곧바로 둘째 아담에 관한 모든 대화를 세례의 영역으로 옮긴다. "영역"(*basileia*)이라는 단어는 일반적으로 이전의 세례 찬송의 한 부분이라는 데 의견이 일치하는, 골로새서의 제2 바울 텍스트를 반영한다. "…아버지께 감사하게 하시기를 원하노라. 그가 우리를 흑암의 권세에서 건져내사 그의 사랑의 아들의 나라[*basileia*]로 옮기셨으니"(골 1:11-13). 여기까지 논의를 따라온 사람은 이 **바실레이아**의 이전—새롭게 세례를 받은 신자가 하나님의 능력으로 말미암아 한 영역에서 또 다른 영역으로 옮겨진 것—을 인식할 것이다. 이것은 순수한 신약성경의 묵시다. 세례는 단순한 복의 수여가 아니다. 그것은 완전한 세대의 전환, 세례를 받은 사람을 원수의 손아귀에서 건져내 장차 올 세대로 옮기는 것이다.[14]

로마서 6장은 바울이 "그렇다면 우리는 어떻게 살 것인가?"라는 질문을 예상하는 것으로 시작한다. 만일 바울이 선포하듯이 우리의 구원이 전적으로 둘째 아담에 의해 쟁취된 것이 사실이라면, 세례는 어떤 차

---

14 골로새서에서 "**옮기다**"라는 묵시 용어는 종종 상상되는 "여행"과 같은 개념이 아니다. 세례에서 성령의 행위는 즉각적이며, 세례 받은 사람이 영적인 목표를 향하여 진보하는 것에 의존하지 않는다.

이를 만드는가? 왜 우리가 그저 계속 열정적인 죄인들로 살아가지 않는가? 이것이 바로 바울이 우리가 "죄에 대하여 죽었다"고 설명할 기회다. "무릇 그리스도 예수와 합하여 세례를 받은 우리는 그의 죽으심과 합하여 세례를 받은 줄을 알지 못하느냐? 그러므로 우리가 그의 죽으심과 합하여 세례를 받음으로 그와 함께 장사되었나니, 이는 아버지의 영광으로 말미암아 그리스도를 죽은 자 가운데서 살리심과 같이 우리로 또한 새 생명 가운데서 행하게 하려 함이라"(롬 6:3-4).

사실 이 점에 관하여, 우리가 고려하는 모든 속죄 모델을 특징짓는 "객관성"이 있다.[15] 로마서 6장을 따라가면, 우리는 우리의 구속의 **객관적 사실**이 그리스도에 대한 모든 **주관적 반응**과 **그 결과로 일어나는 그리스도를 본받는 것**을 나오게 하는 힘이라는 것을 배운다. 만일 우리가 세례를 통해서 그리스도의 죽음 안으로 객관적으로 장사된다면, 그 결과 "사망에서 생명으로 옮긴"(롬 6:13) 사람들로서 우리의 삶과 의지가 객관적으로 방향이 재설정된다. 실제로 바울은 우리의 옛 아담이 그리스도와 함께 십자가에 못박혔다고 말한다(6:6).[16] 사실 그는 갈라디아서 2:20에서 이례적으로 개인적인 용어로써 자신에 대해 이 점을 명시적으로 말한다. "내가 그리스도와 함께 십자가에 못 박혔나니, 그런즉 이제는 내가 사는 것이 아니요, 내 안에 그리스도께서 사시는 것이라.···"[17]

---

15 이것은 아벨라르두스와 연결된 "주관주의적" 모델에도 해당할 수 있다. 십자가 이야기에는 신자의 사랑과 그리스도를 본받기를 바라는 동기를 불러일으키는 모종의 객관적인 순간이 있어야 한다.

16 롬 6:6은 바울의 가장 특징적인 단어로 이 사상을 진술한다. "우리가 알거니와 우리의 옛 사람이 예수와 함께 십자가에 못 박힌 것은 죄의 몸이 죽어 다시는 우리가 죄에게 종노릇하지 아니하려 함이니."

17 여기서 바울이 말한 문장 전체를 계속 읽는 것이 중요하다. 그는 그리스도 안에 있는 삶이 어떻게 "본받음"이 아니라 그리스도의 성육신한 삶과 특히 그의 죽음에서 그리스도가 "아담"의 삶을 재연한 것의 발현인지를 보여준다. "내가 그리스도와 함께 십자가에 못 박혔나

로마서 5장과 6장에서 믿음의 순종

순종은 이레나이우스의 재연 모델의 핵심적인 요소다. 우리의 순종과 믿음을 일으키고 형성하는 것은 그리스도의 순종이다. 그러나 인간이 **죄**의 죽음의 손아귀에 붙잡혀 있다는 점에 비춰볼 때, 이것이 어떻게 적용될 수 있는가? **권세들**의 지속적인 현존을 간과하고 모방 개념에 빠지려는 유혹을 받기가 쉽다. 첫 번째 아담과 두 번째 아담에 관한 바울의 이야기가 이레나이우스의 재연 개념 전체의 씨앗이었기 때문에 우리는 바울의 사고의 흐름을 단단히 파악할 필요가 있다.

태초의 사건에서 "아담"은 순종하지 않았다. 불순종의 특징은 창세기 2-3장에서 가급적 광범위하게 묘사된다. 그것은 바로 하나님의 선한 목적을 거스르는 반역이다. 그 비극적인 태초의 불순종 사건 때문에 그 후 인류의 역사 전체는 관계의 소원과 어리석은 행동의 대하소설이 되어 왔다. 인간의 인성에서 **죄**에 감염되지 않은 영역은 존재하지 않는다. 말하자면 **죄**가 인간의 DNA에 스며들었다.[18] 하나님의 아들이 바로 **이 인간의 상태** 안으로 성육신했다. 바울은 인간의 이 곤경을 다섯 절에서 다섯 번이나 언급한다. "한 사람의 범죄를 인하여 많은 사람이 죽었은즉…심판은 한 사람으로 말미암아 정죄에 이르렀으나…한 사람의 범죄로 말

니 그런즉 이제는 내가 사는 것이 아니요 오직 내 안에 그리스도께서 사시는 것이라. 이제 내가 육체 가운데 사는 것은 나를 사랑하사 나를 위하여 자기 자신을 버리신 하나님의 아들을 믿는 믿음 안에서 사는 것이라."

18 확실히 이것은 생물학적 현상이 아니다. 이것은 많은 오해를 받고 있는 칼뱅의 "전적 타락" 개념이 전달하려고 하는 것을 제시하기 위해 사용된 비유다. 인간 실존의 어떤 부분도 타락의 영향을 받지 않은 것이 없다. 유대-기독교적 전통에 연결되지 않은 많은 종교적·"영적" 가르침과 대조적으로, 인간성의 중심에서 **죄**에 영향을 받지 않는 순수하고 훼손되지 않은 "영적" 핵심이란 존재하지 않는다. 우리는 그리스도가 성육신에서 완전한 인성을 취했듯이 내부로부터 다시 지어져야 한다.

미암아 사망이 그 한 사람을 통하여 왕 노릇하였은즉⋯한 범죄로 많은 사람이 정죄에 이른 것같이⋯한 사람이 순종하지 아니함으로 많은 사람이 죄인 된 것 같이"(롬 5:15-19). 심판, 정죄, **사망**의 통치를 언급하는 고리를 주목하라. 이것은 구속 받지 못한 사람의 상태다. 그러므로 구속은 인간 본성의 철저한 재구성과 관련된다.[19]

로마서 5장에서 이 철저한 재창조는 그의 지상 생애의 매 단계에서 성부께 순종함으로써 아담의 역사를 다시 쓴, 성육신한 그리스도로 말미암아 성취되었다.[20] 바울의 복음은 **인간의 가능성과 잠재력**이 아니라 **하**

---

19 재연 모티프가 로마서에서만 발견되는 것은 아니다. 예컨대 마태복음은 여러 곳에서 재연을 암시한다. 마태는 4장에서 예수를 완전히 하나님의 아들이자 이스라엘의 메시아로 제시했다. 예수는 자기 백성을 그들의 죄에서 구원하는데(예수라는 이름 자체가 "하나님이 구원한다"는 뜻이다—마 1:21), "모든 의를 이루기 위하여" 세례를 받은 것부터 시작해서 (마 3:15) 하나님께 완전히 순종하여 이스라엘의 불순종을 뒤집음으로써 구원한다. J. D. Kingsbury는 마태복음 주석에서 이렇게 쓴다. "이 시험들이 이스라엘 백성이 이집트에서 가나안까지 방랑하면서 경험했던 것들에 대한 예표라는 점에서, 예수는 그들 역시 하나님에 의해 자기 아들로 지정되었던 (출 4:22-23) 이스라엘의 이 역사를 자신의 인격 안에서 **재연**한 것으로 묘사된다. 그러나 하나님의 아들인 이스라엘은 하나님께 대한 믿음을 깨뜨린 반면에 하나님의 아들인 예수는 그분께 완벽하게 순종한다"(*Matthew*, Proclamation Series [Philadelphia: Fortress, 1977], 40).

20 이처럼 평생 하나님의 뜻에 순응한 것을 강조하는 것 때문에, 이레나이우스의 재연 모델은 아벨라르두스의 도덕적 영향 주제와 연결되어왔다. 확실히 재연 모델은 평생 순종한 그리스도를 "본받음" 모티프에 잘 들어맞는다. 그러나 롬 5:12-21을 설명하고 나서 곧바로 "본보기"로서 재연을 강조하는 방향으로 이동하는 것은 바울에 대한 심한 오해일 것이다. 예컨대 Jaroslav Pelikan, *The Christian Tradition: A History of the Development of Doctrine*, vol. 1, *The Emergence of the Catholic Tradition (100-600)* (Chicago: University of Chicago Press, 1975), 144-6을 보라. "아담이 그리스도의 본보기였듯이, 그리스도는 사람들의 본보기가 되었다." Pelikan은 이것이 불충분하다고 생각했는지 계속해서 좀 더 분명하게 설명한다. "그리스도는 모델이었을 뿐만 아니라 사람이 그것에 따라 창조된 하나님의 형상의 전형이자 원형이기도 했다." 그는 "모델"이라는 말이 너무 약하다고 생각했는지 "원형"이라는 단어를 제시하는데, 이 단어는 롬 5장과 좀 더 일치한다(히브리서는 2:10과 12:2에서 "창시자"라는 단어를 제시한다). 그리스도가 우리의 **대표자**였다고 말하는 것이 롬 5장과 좀 더 일치한다. 이 단어는 그리스도가 "아담"을 대신할 때 자신을 개입시킨다는 의미를 지니기 때문이다.

나님의 능력을 토대로 제시된다. 이 단언은 기독교 신학에서 아우구스티누스 계열 전체의 본질적인 토대다. 오늘날 교회에서—주류 교회들과 복음주의 교회 모두—바울을 소홀히 하는 것은 가장 중요한 이 한 가지 내용에 대한 뿌리 깊은 인간의 저항에서 비롯된다. 아담과 그리스도의 이야기는 아담 편에서의 **무능력**과 하나님 편에서의 **능력**에 관한 이야기다.

바울의 "믿음의 순종" 개념은 로마서를 시작하고 마무리하는 주목할 만한 주제지만, 바울은 그의 독자들에게 일반적으로 이해되는 방식으로 그리스도의 순종을 "본받으라"고 권하지 않는다. 바울은 "믿음의 순종"이라는 어구를 두 번밖에 사용하지 않지만 그가 이 어구를 사용하는 방식은 우리의 관심을 끈다.[21] 이 어구는 로마서를 시작할 때 한 번(롬 1:5) 그리고 로마서의 결론에 다시 한 번(16:26) 등장해서 그의 긴 논증을 괄호로 묶는 놀라운 방식으로 등장하는데, 가장 중요한 것은 문장 구조다. 두 경우 모두 "믿음의 순종"을 "하게" 만들어진다. 이것은 **권고**나 **본받음**의 구문이 아니라 **선포**와 **약속**의 구문이다.

"두 길" 개념이 그리스 세계 전역에 널리 퍼져 있었고 그리스적 유대교에 깊이 박혀 있었다.[22] 두 길에 대한 모든 교리에서 인간에게 선택이 제시된다. 구약성경의 많은 부분은 이 구조에 따라 구성된 것으로 보인다. 신명기 11:26-28은 말하자면 사람이 선택할 수 있는 두 길을 제시한다. 여호수아 24:15의 익숙한 구절은 이것을 "너희가 섬길 자를 오늘 택하라"는 말로 요약한다. 이것은 초기 구약성경의 강력한 주제이며, 자

---

21 Paul Minear의 논문 "믿음의 순종"(*The Obedience of Faith*)은 바울이 로마 교회의 상황에 관해 소식을 들었을 수도 있음에 비추어 바울에게 이 주제가 중요했음을 강조하기 위해 이 점을 논문의 앞 부분에서 지적한다.

22 두 길에 대한 교리에 대해서는 J. Louis Martyn, "The Apocalyptic Gospel in Galatians," *Interpretation* 54, no. 3 (July 2000): 247-52를 보라.

신의 선택 능력을 믿는 인간의 경향을 고려할 때 우리들 대다수의 기본적인 입장이다. 하지만 신구약성경을 지배하는 전반적인 내러티브는 아브라함 내러티브인데, 거기서 이스라엘—그리고 더 나아가 교회—은 하나님의 무조건적이고 선행하는 약속에 의해 선택되고 보증된다. 모세-시내산 언약이 아니라 아브라함 언약이 신약성경을 압도적으로 지배한다. 이는 우리로 하여금 자기 백성이 올바른 선택을 하는지 여부와 관계없이 거의 오로지 **하나님이 무엇을 할 것인지**만을 강조하는 제2이사야 및 기타 포로 후 예언자들의 눈을 통해 구약성경을 다르게 읽도록 요구한다. 바울의 관점에서 볼 때, 이는 구약성경 중 이른 시기에 기록된 부분을 되돌아보며 다시 읽는 것을 의미한다. 그래서 바울은 무리한 해석이라고 느끼지 않고 오경에서 자유롭게 인용한다.[23]

바울 서신에 가장 분명하게 제시되지만 복음서와 다른 서신들에도 어느 정도 존재하는 신약성경의 우주론은 우리에게 생명의 **두 길**이 아니라 **두 나라**—힘의 두 영역—를 제시한다. 바울은 "육신"(*sarx*, 즉 죄와 사망의 영역)의 압제 아래 있고 따라서 간절히 바랄 때에도 자유롭게 선한 성향을 행사할 수 없는 "아담"을 묘사한다(롬 7:15-24).[24] 성육신한 아들이

---

23 그리고 실제로, 하나님의 선행하는 행위를 찾는 사람들에게는 그것에 대한 강조가 신명기에 이미 존재한다. "네 하나님 여호와께서 네 마음과 네 자손의 마음에 할례를 베푸사 너로 마음을 다하며 뜻을 다하여 네 하나님 여호와를 사랑하게 하사 너로 생명을 얻게 하실 것이며"(신 30:6). 바울은 거기서 하나님의 선행하는 행위를 보았다. 그는 롬 10:5-13에서 신 30장에 기록된 사람의 선택("율법에 근거한 의")과 "두 길"에 관한 구절들을 무시하고 30:11-14을 취해서 그 전체를 인용하여 "믿음으로 말미암는 의"를 설명한다.

24 랍비들은 훗날 다른 방향으로 나아가 헬레니즘의 "두 길"과 비슷하게 두 성향—**예체르 하-라**(*yetser ha-ra*, 악한 성향)와 **예체르 하-토브**(*yetser ha-tov*, 선한 성향)—을 가르쳤다. 『유대 주석 신약성경』(*The Jewish Annotated New Testament*)은 롬 7:15—"내가 원하는 것은 행하지 아니하고 도리어 미워하는 것을 행함이라"—에 대한 해석에서 두 성향에 의지하여 바울의 진술을 설명한다. 여기까지는 문제가 없다. 이 절은 확실히 악한 성향이 선한 성향과 싸우는 것으로 해석될 수 있다. 하지만 유사성은 거기서 끝난다. 랍비들은 **예체르 하-토브**를 통해서 우리가 **예츠르 하-라**를 이길 수 있도록 **율법**이 주어졌다고 가르쳤고,

"아담"의 생명 안으로 들어온 것이 완벽한 순종의 새 삶을 시작한다. 이것이 재연으로 이해될 경우, 그리스도 안에서의 삶은 순종을 불러오지만, 이 "믿음의 순종"(롬 1:5; 16:26)은 사람이 두 길 중 하나를 선택함으로써 이루어지는 것이 아님이 분명해진다.[25] 순종하라는 요구와 새로운 세계 질서로의 이전 사이에는 결정적인 차이가 있다. 신약성경의 우주론에서 예수의 십자가형과 부활에서 절정에 이른 예수의 생애는 다가올 시대, 즉 새롭게 태어난 세례 받은 모든 신자가 입양과 은혜로 말미암아 속하게 되는 하나님의 통치가 시작하는 사건이다. 완전히 새로운 이 방식으로부터만 성령의 능력으로 말미암아 순종이 생겨난다. 아브라함은 하나님의 약속에 따라(롬 4:1-22) 이런 종류의 순종을 "미리"(갈 3:8) 추구할 수 있었다. 이런 종류의 순종이 하나님이 우리에게 그렇다고 여겨주심으

지금도 그렇게 가르친다. 바울의 전체 요점은 우리의 선한 성향마저 죄의 법에 사로잡혀 있기 때문에(사 64:6) 이것이 가능하지 않다는 것이다. 그러므로 롬 7:9-11은 바울이 "계명의 아들"이 되었을 때인 자신의 성년식(*bar mitzvah*)을 반영한 것일 가능성이 높다. "그리스도의 종"으로서 새 관점에서 바울은 "생명을 약속한 계명이 내게 사망에 이르게 했음"을 깨닫는다(7:10). 이렇게 고백하는 바로 그 순간에 신자는 이미 "우리 주 예수 그리스도로 말미암아 하나님께 감사하리로다"라고 말하고 있다(롬 7:24-25). 사실 이 고백은 철저하게 다시 힘을 공급하는 감사가 없이는 불가능할 것이다.

25 Rowan Williams는 그리스도인의 순교에 대한 논의에서 그리스도인의 순종의 성격을 성찰한다. 폴리카르포스가 기꺼이 폭도들에게 던져진 것(기원후 156년)은 그가 자신을 "값없이 구원을 받은 자"로 인식한 데 기초했다. Williams는 폴리카르포스가 왕이신 예수께 순종한 것은 "예수가 자기를 구원했고, 자신을 그[폴리카르포스]의 생명의 선물로 주었다는 그의 확신에 근거한다"고 쓴다. Williams는 계속해서 이렇게 쓴다. "그 순교자에게 중요한 힘은 **단순히 명령하는** 힘이 아니라 **생명을 주는** 힘이다.···순교자는 그가 받은 명령 때문이 아니라 그가 **부여받은** 어떤 것 때문에 가장 끔찍한 협박 아래에서 예수께 충성을 유지할 수 있다"(*Christ on Trial: How the Gospel Unsettles Our Judgement* [Grand Rapids: Eerdmans, 2000], 99-100, 강조는 덧붙인 것임). 그리스도인의 순종은 자유, 즉 그리스도의 무조건적인 생명의 선물에서 나오는 자유에서 나온다. 이 생명의 선물은 본문 텍스트에 설명되었듯이, 불순종한 아담 이야기에 대한 그리스도의 재연에서 성부께 완벽하게 순종한 그의 복종을 통해 주어진다. 이 렌즈를 통해 읽히면 요한1서는 동일한 메시지를 전달한다. (사랑하라는) 명령과 신자가 그리스도 안으로 연합되는 것은 하나이고 동일하다.

로써(*logizpmai*) 우리의 것이 된다(롬 7:23-25). 이것은 재연에 대한 이레나이우스의 가르침과 완전히 부합한다.

주 그리스도의 생애에서 나타난 순종

순종 주제는 그리스도를 **퀴리오스**(*Kyrios*), 즉 "주님"으로 고백하는 데서 나온다.[26] 여기에는 그리스어를 모르는 독자라도 쉽게 이해할 수 있는 그리스어의 강력한 연결이 있다. 힘의 두 영역에는 저마다 그 힘의 주(*kurios* 또는 *kurioi*)가 있다.[27] "군림하다"라는 뜻인 그 단어의 동사형 **퀴리유오**(*kurieuo*)가 로마서 6:9과 6:14에 사용되었다. 6:9에서 바울은 **사망**이 더 이상 그리스도 위에 "군림하지"(개역개정은 '주장하지') 못한다고 진술한다. 6:14에서 그는 **죄**가 더 이상 세례받은 신자 위에 "군림하지" 못한다는, 상응하는 진리를 진술한다. "군림하다"는 누가 "주님"인지를 우리가 이해할 때 비로소 진정한 의미를 지닐 수 있다. 우리를 **권세들**의 궤도에서 끄집어내서 자신의 순종의 궤도 안으로 옮기는 분은 주 예수 그리스도다. "아담" 안으로 태어난 우리의 보편적 상태는 **죄**와 **사망**의 지배 아래 있다는 의미다. 하지만 그리스도 안에서 **죄**와 **사망**은 더 이상 우리 위에 "군림할" 수 없다. 그들의 통치는 주님이신 예수 그리스도 안에서 하나님의 의로 대체되었다. 예수 그리스도에게 "지배된다"는 것은 최초로

---

26 순종에 관해 안셀무스는 때때로 이레나이우스와 거의 똑같은 말을 한다. "인간[아담]의 불순종으로 말미암아 사망이 인류에게 온 것 같이, 인간[그리스도]의 순종으로 말미암아 생명이 회복된 것은 적절했다"(『인간이 되신 하나님』[*Cur Deus Homo?*] 1.3).

27 Recoeur는 그 영역들을 "두 개의 존재론적 체제"로 칭한다(*The Symbolism of Evil*, 235 각주 1).

참으로 자유로워진다는 뜻이다.[28]

나는 이 대목에서 로마서 6:16에서 시작하는 관련 구절을 제시하는데, 강조를 위해 특정한 단어들을 진하게 표시했다.

> 너희 자신을 **종**으로 내주어 누구에게 **순종**하든지 너희가 **순종하는** 자의 **종**이 되는 줄을 너희가 알지 못하느냐? 혹은 죄의 종으로 사망에 이르고 혹은 **순종**의 종으로 의에 이르느니라. 하나님께 감사하리로다. 너희가 본래 죄의 **종**이더니 너희에게 전하여 준 바 교훈의 본을 **마음으로 순종**하여 죄로부터 **해방되어 의의 종**이 되었느니라(롬 6:16-18).

노예 상태와 순종에 관한 내용을 다루는 것으로 보이는 로마서 6장에서 바울이 사용하는 언어는 실제로 해방과 자유에 관한 것이다. 우리의 전체 문화는 개인의 자유와 족쇄를 떨쳐버리는 것을 축하하는 쪽으로 방향이 설정되어 있기 때문에 이를 예시하기는 쉽지 않다. 하지만 이것이 그렇게 단순하지는 않다. 우리는 우리가 이 자유를 이해하는 방식을 좀 더 면밀히 살펴봐야 한다. 해로운 충동을 억누르기 위한 강렬한 투쟁과 관련된 자유는 자유에 대한 우리 문화의 정의에 언제나 꼭 들어맞는 것은 아니다. 알코올 중독자는 이론적으로 술을 마실지 말지에 대한 자유가 있다. 그러나 회복 중인 알코올 중독자는 아무도 그런 식으로 생각하지 않는다. 그는 자신이 치명적인 충동의 노예라는 것을 안다. 알코올 중독자가 아닌 사람은 그 특정한 형태의 굴레의 노예가 아니다. 이것이 곧 술

---

28 요한복음은 바울처럼 이 용어를 자유롭게 사용한다. "예수께서 대답하시되 '진실로 진실로 너희에게 이르노니 죄를 범하는 자마다 죄의 종이라. 종은 영원히 집에 거하지 못하되 아들은 영원히 거하나니 그러므로 아들이 너희를 자유롭게 하면 너희가 참으로 자유로우리라'"(요 8:34-36).

취하지 않은 사람이 "좋은 선택을 했다"는 뜻인가? 그렇지 않다. 그가 과도한 음주를 즐기지 않거나, 그의 삶에서 강력한 역할 모델이 있었거나, 그가 술을 잘 마시지 못해서 음주가 그에게 유혹거리가 되지 않았을 뿐이다. 회복 중인 알코올 중독자에게는 그의 삶의 이 영역에서 이런 자유가 없다. 그는 마르틴 루터가 그의 고전적인 논문에서 "의지의 속박"으로 부른 것을 이해한다.

범죄를 좋아하는 우리의 문화는 한 종류의 자유를 다른 종류의 자유로 착각한다. "그리스도 예수 안에서 우리가 가진 자유"(갈라디아서)는 문화적 경계를 넘어 우리가 원한다면 무엇이든지 움켜잡는 자유가 아니다. 그런 "자유"는 단지 한 유형의 속박을 다른 유형의 속박으로 교환한 데 지나지 않는다. 우리는 여전히 우리의 욕망에 이끌린다. 그리스도 안의 자유는 영구적인 내적 갈등에서 해방되어 "하나님의 자녀들의 영광의 자유"(롬 8:21)에 이르는 것이다. 거기서 우리는 우리 자신의 압제적인 욕구에 따라 사는 것이 아니라 다른 사람을 사랑하기 때문에 살 수 있게 된다. 이것이 바로 하나님께 대한 참된 순종의 모습이다. 이것은 신자가 둘째 아담의 생명에 연합됨으로써 **우리 자신의 인간성 내부로부터** 우리에게 주어지는 선물이다. 이레나이우스는 이렇게 쓴다. "따라서 그분은 이런 식으로 영광스럽게 우리의 구원을 이루었고…우리를 위하여 생명을 얻기 위해 자기 안에서 이런 것들을 재연함으로써…**옛 불순종을 해소했다.**"[29]

야고보가 두 번 사용하는 "자유의 율법"(약 1:25; 2:12)이라는 어구는 우리에게 또 다른 단서를 제공한다. "율법"과 "자유"는 마치 이 둘이 서로를 상쇄하는 것처럼 들리지만, 그리스도 안에서 이 둘은 같은 개념이

---

29 Irenaeus, *On the Apostolic Preaching* 1.37, 강조는 덧붙인 것임.

다. 완벽하게 자유롭다는 것이 반역이든 순종이든 선택할 기회를 의미하는 것은 아니다. 그것은 우리가 인간의 완전한 번영에 아무런 장애가 없고 아무도 다른 사람을 침해할 가능성이 없는 영역으로 구출되었기 때문에, 선택해야 하는 상황에서 벗어난다는 의미다. 주 그리스도의 노예가 된다는 것은—비록 한갓 인간의 비유로 암시할 수 있는 수준을 훨씬 넘기는 하지만—그것과 유사하다.

로마서 8장에서 성육신과 십자가형 간의 연결

십자가 신학에서 재연 주제는 가치가 높다. 그러나 한 가지 문제가 있다. 재연만으로는 십자가형의 특성을 충분히 설명할 수 없다. 이레나이우스의 설명은 설득력이 있지만 그리스도의 끔찍한 죽음의 요소를 포함하지 않으며 그것을 제대로 이해하지 못한다. 이것은 교회사에서 십자가를 다룬 많은 글에 존재하는 공백—채워져야 할 여백—이다. 예수가 죽은 방식에 내재된 스캔들, 끔찍함, 역겨움 그리고 특히 수치와 버림 받음은 자주 침묵 가운데 누락되어왔다.

이레나이우스는 그리스도의 고난과 그의 피에 대해 말하며, 그런 방법으로 신약성경과 보조를 같이한다. 그러나 이 모티프들은 그에게 핵심적인 모티프가 아니다. 예수의 죽음의 **방식**이 구체적으로 표현되지 않는다면, 대체로 성육신이나 심지어 그의 "죽음"에 초점을 맞추는 모델들에서 그 고난의 특정한 특성에는 충분한 관심이 기울여지지 않는다.[30] 재연

---

30 우리가 앞서 살펴보았듯이 바울이 빌 2:5-11에서 그리스도에 관한 기존의 증언을 전용했을 때 그는 죽음의 특별한 **방식**에 주의를 집중하려고 "**십자가에서 죽음**"이라는 단어를 첨가했다.

은 때때로 "물리적" 속죄 모델로 불린다. 성육신 자체가 구속을 가져왔기 때문이다. 재연을 이런 식으로 이해하면, 그리스도의 십자가형은 그의 성육신한 삶에 부수적이었고 부활을 위한 길을 마련하기 위해서만 필요했다고 보인다.[31] 그렇게 되면 예수가 끔찍한 방법으로 죽은 십자가형의 문제는 다뤄지지 않는다.

로마서 8:3은 번역하기가 어렵기는 하지만 그 문제에 대한 단서를 제공한다. "율법은 죄악된 본성[sarx] 때문에 무력했다. 그래서 하나님이 자기 아들을 죄악된 본성[sarx]의 모양, 즉 죄의 그리고 죄에 관한 모양으로 보내어 육신[sarx] 안에서 죄를 정죄했다."[32]

바울이 대담하게 육신(sarx)에 이중적인 의미를 부여하는 것에 주목하라. 이 단어는 비유적으로 죄악된 인간의 본성 일반을 지칭하며, 이와 동등하게 예수의 문자적·물질적 육신도 지칭한다.[33] 그 문장은 복잡하고 번역하기가 매우 어렵지만 기본적인 아이디어는 이런 식으로 설명될 수

---

31 예컨대 Hastings Rashdall, *The Idea of the Atonement in Christian Theology* (London: Macmillan, 1919), 238.

32 나의 번역이다. 그리스어를 좀 더 표기하자면 다음과 같다. "율법은 죄악된 본성[sarx, 대체로 그리고 그릇되게 '육신'으로 번역된다] 때문에 무력했다[adunatos, '불가능하다'도 의미한다]. 그래서 하나님이 자기 아들을 죄악된 본성[sarx]의 모양[homoioma], 즉 죄의 그리고 죄에 관한[hamartias kai peri hamartias] 모양으로 보내어 육신[sarx]에 죄를 정했다[katekrinen ten hamartian]." NRSV는 좋은 시도를 했다. "하나님은 율법이 육체로 말미암아 연약해져 할 수 없었던 것을 했다. 그는 자기 아들을 죄 있는 육체의 모양으로 보내어 죄를 다루기 위해 육신 안에서 죄를 정죄했다." *hamartias kai peri hamartias*를 어떻게 번역할지가 가장 어려운 문제다. Käsemann은 로마서 주석에서 그것을 "죄를 위하여"나 "죄에 관하여"로 번역하는 대신에 이 어구를 "속죄제"(expiatory sacrifice)로 번역한다. 이것은 무리한 해석으로 보이지만 그는 여기서 KJV와 NRSV에서 대안으로 제시된 보다 덜 예리한 해석인 "속죄제로"(as a sin offering)와 비슷한 주장을 펼치고 있다. 70인역에 정기적으로 사용된 *peri hamartias*는 때때로 "죄"와 "속죄제"를 의미했던 히브리어 단어에 해당한다.

33 C. K. Barrett는 이 문맥에서 *sarx*를 "죄의 지배하에 지내온 육체의 형태"로 유용하게 번역한다(*A Commentary on the Epistle to the Romans*, Harper's New Testament Commentaries [New York: Harper and Row, 1957], 153).

있다. 예수는 그의 성육신 때부터 **율법**을 통해서는 불가능했던 것을 행하셨다. 그는 바로 "연약함"—율법의 의로운 요구를 이행할 수 없음—가운데 있는 죄악된 인간의 본성("아담")을 취했으며, 그의 순종을 통해 율법의 처벌하고 정죄하는 효과들을 무력화했다. 이것은 바로 성자의 성육신한 육신 안에서 행해졌다.[34]

인간의 본성에 대한 **죄**의 지배는 하나님에 의해 단호하게 정죄되고, 결정적으로 거부되었다.[35] 여기서 가장 분명한 관련이 있는 바울 서신의 중요한 절들은 고린도후서 5:21과 갈라디아서 3:13이다.

- 하나님이 죄를 알지도 못하신 이[그리스도]를 우리를 대신하여 (*huper hemon*) 죄로 삼으신(*hamartian epoiesen*) 것은….

---

34 **호모이오마**(*homoioma*, 모양)라는 단어는 연상적이며 가현설을 연상시킬 가능성이 있어서 많은 논란의 대상이 되어왔다. 여기에 성육신 교리가 걸려 있다. 예수는 단지 *sarx*의 "모양"으로만 있었는가? 바울이 빌 2:6-7에서 아들이 자신을 비워 인간의 형태를 취했다고 명시적으로 말하기 때문에 그럴 가능성은 거의 없어 보인다. J. D. G. Dunn은 중요한 정황을 조사하고 이렇게 결론짓는다. "하나님이…타락한 상태에 있는 인간을 통하여 일함으로써 죄와 사망이 인간의 육신 안에서 소진되게 하고, 그를 죽음을 넘어 성령을 따라 생명의 창시자와 원동력으로 다시 만듦으로써 인간을 향한 자신의 목적을 달성했다는 기본적인 사상이 첨가된다. 그러므로 **호모이오마**의 정확한 효력이 무엇이든 그 단어에는 틀림없이 예수가 "죄악된 육신"과 완전히 동일하게 되었다는 사상이 포함되어야 한다.…가현설적인 해석은 이 텍스트에서 적절한 뒷받침을 받는다고 주장할 수 없다"(*Romans 1-8*, Word Biblical Commentary 38A [Dallas: Word, 1988], 421[『로마서 상 1-8』, 솔로몬 역간]). Marilyn McCord Adams는 칼케돈 기독론을 다룬 장에서 이렇게 쓴다. "이 가치[참상을 바로잡음]는 [하나님이] 다른 어떤 존재를 보냄으로써 얻을 수 없다. 그 존재가 아무리 고귀한 존재라 해도 말이다. 악의 패배를 달성하는 것은 **하나님**이 인간이 되어 내부로부터, 유한한 의식의 관점으로부터 인간의 본성을 경험하는 것이다"(*Horrendous Evils and the Goodness of God* [Ithaca, N.Y.: Cornell University Press, 1999], 168). 그녀가 하나님이 인간과 동일해진 것과 하나님이 참상에 참여한 것을 끔찍한 악을 이김에 있어 중요한 요인으로 적시할 때, 재연과의 연결 관계가 분명히 드러난다. "복음을 통해서 그것이 인간의 구원에 필요한 한 가지 요인임이 보여진다."

35 그리스도가 타락하지 않은 인간의 본성을 취하지 않고 죄악된 인간의 본성을 취하는 것을 주목하라. "취해지지 않은 것은 치유되지 않는다"(Gregory of Nazianzus, *Epistle* 101.32).

• 그리스도께서 우리를 위하여(*huper hemon*) 저주를 받은 바 되사 율법의 저주에서 우리를 속량하셨으니.

하나님이 "그를 죄로 삼으셨다." 그 구문은 낯설다. 바울이 이 어구로써 의미한 바가 정확히 무엇인가? 우리가 확실히 알 수는 없지만, 그것은 틀림없이 "우리를 위하여 저주가 되셨다"와 비슷한 뜻일 것이다. 예수는 그의 전 생애 동안 "죄가 되고" "저주가 되었는가"? 죄 **없음**이 그의 존재의 중요한 측면이다. 그러나 그는 "죄 있는 육신의 모양으로 보내졌다[성육신]."[36] 이것은 결국 우리가 믿음으로만 긍정할 수 있는 난제다.[37] 그러나 우리가 지금까지 진행해온 모든 관련 논의는 이 **저주받음**과 이 **정죄**가 겟세마네의 고뇌에서 시작하여 유기의 부르짖음을 거쳐 저주받은 죽음에 이를 때까지 계속되었다고 생각되지 않는 한, 그것들이 언제 어떻게 일어났는지 이해될 수 있는 합리적인 방법이 없다는 결론으로 이어진다. 그때 그리고 그곳에서가 아니라면 죄가 달리 어떻게 "육신 안에서 정죄를 받았겠는가?"[38]

---

36 추가적인 문제는 성부 하나님이 능동적인 행위자로 보이는 두 절—"그의 아들을 인간의 육신(*sarx*)의 모양으로 보냈다(*pempsas*)"(롬 8:3)와 "하나님이 그를 죄로 정했다"(고후 5:21)—이 서로 상충하는 것 같다는 것이다. 능동적인 행위자가 두 번째 위격인 것으로 보이는 두 절이 서로 상충되는 듯이 보이는 경우도 있다. 그리스도는 빌 2:7-8에서는 "자신을 비어 종의 형체를 취했"는데, 다소 모호하게 "우리를 위하여 저주를 받은 바 되었다"(갈 3:13). 삼위일체를 나누어지지 않은 하나로 선포하는 도전적인 소명에서 이러한 외관상의 모순들은 함께 유지되어야 한다.

37 Dietrich Bonhoeffer는 이것을 "기독론의 핵심적인 문제"로 불렀다(*Christ the Center* [New York: Harper and Row, 1960], 107[『그리스도론』, 복있는사람 역간]).

38 십자가에서 정죄를 받은 것은 성육신한 성자가 취한 죄악된 인간의 본성(*sarx*)이다. 이것이 곧 그리스도의 인성이 신성과 분리되었다는 의미인가(네스토리우스 이단)? 이 대목에서 문제가 되는 기독론적 이슈에 대한 자세한 분석을 이 지면에서 제시할 수는 없다. 하지만 우리는 위험을 무릅쓰고 영원한 존재 안에 있는 성자는 정죄를 받지 않는다고 단언한다. 그 사안을 이런 식으로 제시할 때 우리는 성부를 성자로부터 분리하는 문제를 피하게

재연을 로마서 5장에 비추어 이해할 뿐만 아니라 특히 십자가의 불경건성과 관련해서도 이해하는 방법이 있음을 보여주기 위해 우리는 이레나이우스가 설명한 것보다 이 문제를 한층 더 깊이 다루고 있다.[39] 바울 서신에서 인용한 이 추가 구절들에도 대속, 대표 그리고 교환 사상이 들어 있다. 이 모티프들은 서로 겹치는데 이는 신약성경에서 흔한 일이다. 복음서 내러티브들에 관해 말하자면, 그 내러티브들은 우리로 하여금 죄가 예수의 전 생애를 통하여 그의 육신 안에서 정죄를 받았다고 생각하도록 이끌지 않는다. 예수는 죄인들을 치유하고 회복시키면서 죄를 대적하기도 하고 용서하기도 했다고 묘사된다. 그래서 겟세마네에 도달하기 전에는 우리가 그의 사역에서 "그곳!"이라고 말할 수 있는 곳이 없다. 복음서에 서술된 예수의 생애와 사역은 그가 이 독특한 짐을 지는 것을 **가리킨다**. 이런 의미에서 그의 생애와 사역은 필요한 서막이다. 확실히 공관복음의 세 수난 예언(과 그 외에 제4복음서에 있는 몇몇 예언)의 공식적인 엄숙성 및 네 개의 수난 내러티브의 길이와 무게 자체가 우리로 하여금 십자가가 메시아의 사명의 절정이라고 이해하도록 이끈다. 그 이야기의 궤적은—십자가의 참상과 함께 고려되면—우리로 하여금 하나님께 버림받은 그리스도의 끔찍한 공개 처형은 극단적으로 영혼을 파괴하는 죄의 본성에 **상응한다**는 결론에 이르게 한다. 하나님이 죄를 거부하고 그것에 최종적인 심판을 집행하기 때문이다.

예수 그리스도는 우리의 인간성을 완전하게, 마지막 극단까지 경험했다. 그는 **바로 그** 대표적인 인간이 되었다. 하지만 우리는 "대표적"이라는 말이 무슨 뜻인지 이해해야 한다. 하나님의 아들이 국회의원이 그

된다.

39 이레나이우스에게는 2장에서 다뤄진 불경건성 이슈가 발생하지 않았다. 그는 초기의 많은 교부처럼 그리스도의 죽음의 모든 측면을 다루지는 않았다.

선거구의 유권자를 대표하듯이 우리를 대표하는 것은 아니다. 더욱이 예수가 최후의 심판대 앞에서 우리를 "대표"하며 따라서 우리의 변호자(*parakletos*)로 불리는 것은 사실이지만, 제4복음서에 등장하는 이 중요한 법정적 은유조차도 십자가 위에서 예수가 우리를 대표하는 것을 완전하게 전달하지 못한다. 모나 후커는 대속 주제는 그리스도가 우리를 죽음에서 생명으로, 원수의 영역에서 장차 올 하나님의 시대로 데려가는 방법을 설명하지 않기 때문에 **그 자체만 취하면** 충분하지 못하다고 주장한다.[40] 멀리 이레나이우스와 더더욱 멀리 바울과 요한까지, 기독교 사상가들은 하나님이 그리스도 안에서 모종의 방법으로 인류의 전체 역사를 자신의 유일한 참 사람(*vere homo*) 안에서 통합하고, 그렇게 함으로써 우리를 그의 영원한 승리의 참여자로 만든다고 이해했다.[41]

더욱이 아담의 불순종의 결과를 떠맡은 아들 안에서 하나님이 가장 뚜렷하게 하나님이시고 **우리와 같지 않다**는 점이 드러난다. **우리는 그렇게 하지 않았을 것이고, 그렇게 할 수도 없었을 것이다.** 메시아가 고난을 받고 죽을 때 발생한 거래는 과거나 지금이나 **우리의 능력을 넘어서는** 것임을 우리가 이해하는 것이 매우 중요하다. 우리는 이 독특한 행위를 "모방할" 수 없다. 그런 의미에서 우리는 그 일이 발생했을 때 수동적이었다. 우리는 원수의 영역에 있는 전쟁 포로들이었다. 십자가는 하나님이 단번에 그 영역으로 침입한 사건이었다. 이는 이레나이우스의 설명을 확장한 것이다. 우리가 재연으로 말하려고 하는 것이 무엇이든, 만일 그것이 신약성경의 전체 그림을 통합하려면 그것은 반드시 이 우주론을 포함

---

40 Hooker, *Not Ashamed*, 36.

41 바울이 이렇게 이해한 유일한 사람은 아니다. 제4복음서는 자신의 방식으로 포도나무와 가지 이미지를 사용해서 우리가 그리스도 안으로 통합된 것에 관한 비슷한 내용을 말한다(요 15:1-11). 요한1서는 참여와 통합을 강조한다(요일 4:12-13, 15-16).

해야 한다. 신약성경의 모든 저자들은 예외 없이 어느 정도 이 전제를 상정한다.

성령 안에 있는 생명의 능력

로마서 8장은 성령 안에 있는 생명이란 주제를 설명하기 때문에 재연 주제와 직접적인 관련이 있다. 특히 우리가 이미 인용한 8:3에서 바울이 도출하는 결론을 주목하라. "[하나님이] 육신[*sarx*] 안에 죄를 정죄하셨다." 4절은 이렇게 계속한다. "우리의 죄악된 본성을 따르지 않고 성령을 따라 사는 우리 안에서 율법의 의로운 요구가 완전히 이루어지게 **하려 하심이니라**."[42]

우리는 이것이 예수 그리스도에 의한 인간 이야기(아담)의 재연의 결과라고 자신 있게 말할 수 있다. **율법**의 의로운 요구가 **우리 안**에서 완전히 이루어지게 하려고 **율법**의 의로운 요구가 **그리스도 안**에서 이루어졌다. 바울의 이 선언은 그것이 재연 개념 및 그 결과와 정확히 상응한다는 점에서 숨이 멎을 정도로 놀랄 만하다. 하지만 이 외에 더 많은 내용이 있다. 우리는 바울의 복음이 **인간의 잠재력**이나 **인간의 가능성**에 관한 것이 아니라 **하나님의 능력**에 관한 것임을 강조했다. 이곳 로마서 8:4에 분명한 예가 있다. 우리의 "재연", 즉 그리스도 안에 있는 새 생명은 삼위

---

42 NIV의 이 번역은 특히 우리 안에서 율법의 요구를 이루는 이 사역을 하는 능동적인 행위자가 성령임을 분명히 한다. 하지만 NIV는 5-17절에서 *sarx*를 단지 "육신" 또는 "죄악된 본성"으로 번역하지 않고 "너희의" 죄악된 본성과 "그들의" 죄악된 본성으로 번역함으로써 빗나갔다. 그 번역은 그것이 **권세** 문제가 아니라 개인적인 문제인 것처럼 들리게 만든다. 우리가 그리스어(이 대목의 전체 담화)에 통달하지 않았다면, 원어는 물론이고 여러 번역본을 가지고 작업하는 것이 중요하다.

하나님의 제3위인 성령의 **능력**을 통해서만 **가능**하다. 이어지는 스물세 개의 절들은 성령의 능력을 설명하며, 그 단락은 성령이 하나님의 뜻대로 성도들을 위해 간구하는 것으로 절정에 이른다(롬 8:27).

　　달리 말하자면 주님(*Kurios*)의 순종의 능력에는 그에 상응하는, 그 능력으로 우리를 이끄는 성령의 능력이 있다. 이 점은 바울이 **한 절**에서 삼위일체의 세 위격 모두를 한 번만이 아니라 **두 번** 언급하는 로마서 8:11에 놀라운 방법으로 강조되었다. 그는 본질적으로 **아들**을 죽은 자 가운데서 다시 살린 **아버지**의 **성령**이 이제 세례를 받은 신자 안에 거하며, "[같은] 성령으로 말미암아 너희 죽을 몸도 다시 살릴 것"이라고 말한다. 대충 읽으면 바울이 **성령**으로 말미암아 **그리스도** 안에서 새로운 아담, 새로운 인간을 존재케 한 **하나님**의 능력 있는 행위를 전달하기 위해 반복적으로 표현하고 있음을 놓치기가 쉽다. 이것이 우리의 생명을 살리기 위하여 우리에게 하나님의 의로움을 주는 일련의 거대한 사건들이다.

"인계"로서 재연

세례 받은 그리스도인에게 자신의 의는 없지만 하나님의 의가 이미 그의 것이다. 그가 스스로 이룬 것이나 이룰 것 때문이 아니라, 그가 지금 "그리스도 안에" 있기 때문이다. "그리스도 안에"(이 어구는 논란의 여지가 없는 바울 서신에서 이런 의미로 약 40번 사용된다) 있다는 것은 확실히 재연 개념과 관련이 있다. 바울이 안드로니고와 유니아(또는 유니아스)가 "나보다 먼저 그리스도 안에 있었음"(롬 16:7)을 인정한 데서와 같이 이 어구는 시간적

인 의미를 지닐 수 있다.[43] 때때로 이 어구는 윤리적인 의미를 지닌다(빌
2:1, 5; 롬 12:5; 몬 8, 20). 가장 자주 그리고 가장 근본적으로 이 어구는 은
혜로 말미암아 믿음을 통하여 **그리스도 안으로 통합된** 신자의 종말론적
지위를 지칭한다.[44]

그러므로 그리스도인의 순종의 삶은 보통 생각하듯이 목표를 향하

---

43 유감스럽게도 이 사도들은 이 언급 외에는 우리에게 알려진 것이 없다. 요즘 많은 사람이
유니아(스)가 여성이었을 것이라고 주장하지만, 이것은 여전히 논쟁의 대상이 되는 문제
다. 이 주제에 대한 균형 잡힌 연구는 https://bible.org/article/junia-among-apostles-double-
identification-problem-romans-167에서 찾을 수 있다.

44 이 대목에서 **테오시스**(*theosis*, 신성화) 개념을 간략하게 요약할 필요가 있다. 이 개념은 동
방 정교회에 널리 퍼져 있는데, 최근에 서방 교회에 속한 몇몇이 이 개념을 열정적으로 취
했지만 그것을 충분히 이해하지는 못했다. 확실히 *theosis*는 오해되기 쉽다. 성경의 주된 자
료는 세상의 부패에서 벗어나 "하나님의 성품에 참여하는 자들"이 된 그리스도인에 대
해 말하는 벧후 1:4이다. 비교적 모호한 베드로후서의 이 언급 하나가 큰 비중을 지니도
록 요구된다. 더 두드러지는 개념은 "그리스도 안에 있는" 존재에 대해 자주 말하는 바울
의 개념이다. 이 말은 무슨 뜻인가? 사람들은 흔히 *theosis*를 "사람이 하나님이 될 수 있도
록 하나님이 사람이 되었다"로 정의하며(Athanasius, *De incarnatione* 54.3; Patrologia graeca
25:192B), 이 진술은 로마 가톨릭 요리문답(460.79)에도 들어 있다. 그러나 이 진술은 이
개념을 부주의하게 전용하는 것을 부추길 수 있다. Douglas Harink는 베드로후서 주석에서
동방 교회와 서방 교회의 관련 자료들을 철저히 조사했다. 비록 많은 정교회 학자들이 신성
화가 "사람이 하나님이 되는 것"을 의미하지 않는다고 주장하지만, 고백자 막시무스에 대
한 면밀한 조사는 그가 선을 넘어 인간의 본성을 "그 적절한 한계 너머로" 고양시켰음을 암
시한다(Douglas Harink, *1 and 2 Peter*, Brazos Theological Commentary on the Bible [Grand
Rapids: Brazos, 2009], 141-45). John Meyendorff 역시 "인간이 신의 본질에 조금도 참여할
수 없다"고 쓰기는 하지만(*Byzantine Theology: Historical Trends and Doctrinal Themes* [New
York: Fordham University Press, 1974], 164), 특히 오늘날 교회의 영지주의적인 경향이 있
는 일부 진영에서 *theosis*가 느슨하게 정의되고 있는 점에 비춰볼 때 그는 그 점에 관해 개신
교 신학자만큼 꼼꼼하지 않다. Harink는 Bruce McCormack의 논문 "Participation in God,
Yes; Deification, No," in a 2004 Festschrift for Eberhard Jüngel(독일어로 쓰였다)을 추천한
다. *Theosis*는 사실 방금 언급한 것처럼 주의 깊게 해석할 경우에도 요 15장과 바울 서신에
나타난 **그리스도 안으로의 통합**이라는 좀 더 큰 그림을 이해하기 위한 가장 유용한 방법
은 아니다. 바울의 관점에서 이것을 생각하는 최상의 방식은 하나님의 자녀들이 "영화롭게
될" 것이라는 것이다. "자녀이면 또한 상속자 곧 하나님의 상속자요 그리스도와 함께 한 상
속자니, 우리가 그와 함께 영광을 받기 위하여 고난도 함께 받아야 할 것이니라"(롬 8:17;
8:30도 보라). 이것은 창조된 생명과 창조되지 않은 생명 사이를 구별하지 않고도 그 약속
을 보존한다. (나는 이 통찰에 대해 George Hunsinger에게 감사한다.)

여 가는 순례가 아니다. 그것은 주님이신 그리스도에 의해 이미 성취되었고, 마지막 날에 하나님의 행동(*parousia* 또는 재림)에 의해 완성될 **텔로스**(*telos*, 목적, 목표)에 대한 증거 또는 표지판이다. 의로우시고, 의롭게 하시는 하나님의 행위와 그 행위의 능력 있는 활동으로 말미암아 생겨난 믿음은 순종을 낳는 두 개의 효과적인 요인이다. 다음의 구절은 "너희가 이미 되어 있는 자답게 되라"는 바울의 이 원리를 보여준다. "또한 너희 지체를 불의의 무기로 죄에게 내주지 말고 오직 너희 자신을 죽은 자 가운데서 다시 살아난 자 같이 하나님께 드리며, 너희 지체를 의의 무기로 하나님께 드리라. 죄가 너희를 주장하지(*kurieusei*, 주인 노릇하지) 못하리니 이는 너희가 법 아래에 있지 아니하고 은혜 아래에 있음이라"(롬 6:13-14).

한 **퀴리오스**(죄)에서 다른 **퀴리오스**로 옮긴 것에 주목하라. "은혜"와 "믿음"은 바울 서신에서 자주 그리스도에 대한 동의어로 기능하며, 따라서 "아래"("율법 아래 있지 않고 은혜 아래 있다")라는 뜻의 휘포(*hupo*)는 그리스도인들이 죄와 사망의 영역에서 한 분이신 참 **퀴리오스**의 영역으로 이동한 것을 상징한다. 그의 은혜로운 **바실레이아**(*basileia*, 영역)에서는 종의 주인처럼 우리 위에 "주인 노릇하는" 다른 **퀴리오스**가 있을 수 없다. 우리의 모든 "지체들"(*melos*, 자아를 구성하는 모든 구성 요소)은 세례를 통해 **이미** 사망에서 생명으로 **옮겨졌다**.

모나 후커는 재연 관점에서 죄에 대해 죽고 새 생명으로 다시 살아나는 것에 관한 바울의 가르침을 잘 이해했다. 그녀는 갈라디아서 2:20을 인용한다. "이제는 내가 사는 것이 아니요 오직 내 안에 그리스도께서 사시는 것이라. 이제 내가 육체 가운데 사는 것은…하나님의 아들을 믿는 믿음 안에서 사는 것이라." 그러고 나서 그녀는 이 구절을 이렇게 설명한다. "그것은 그리스도가 우리의 삶을 넘겨받아 우리 대신 사는 경우인 것 같다."[45] 달리 말하자면 행동하는 주체는 신자 자신이 아니라 그리스도다. 후커는 이 점을 자세히 설명하면서 "인계" 주제를 생생하게 반복한다. "다소 신비로운 의미에서 인류 전체는 갈보리에서 죽었다.… 그는 우리를 위해 죽었지만, 그것은 우리가 그와 함께 죽는다는 의미다. 그는 다시 살아났다. 그리고 그는 매우 강력한 힘으로 다시 살아나서 우리의 생명이 이제 그에게 인계되었다."[46]

이것은 확실히 바울이 로마서 8장에서 서술하고 있는 내용인 것처럼 들린다. 후커는 **참여**를 강조하는데, 이 단어는 우리가 의의 생명 안으로 다시 살아나는("그것에게 인계되는" 또는 "그것에게 제약을 받는") 것에 관해 계속 생각할 때 유용하다.

서술형과 명령형: 변화됨

로마서 12장에서 바울은 "**그러므로** 형제들아,…내가 너희를 권하노니"라는 말로 시작한다. "그러므로"라는 단어를 볼 때마다 우리는 앞에 나온 내용을 되돌아볼 필요가 있다. 로마서 12:1-2에 선행하는 구절은 유대인에 관한 바울의 묵상을 결론짓는 송영과 그가 지금까지 해온 선언 중 가장 보편적인 선언이다. 하나님의 행위에 대한 강조가 이보다 더 명확할 수는 없다. "이는 만물이 주에게서 나오고 주로 말미암고 주에게로 돌아감이라. 그에게 영광이 세세에 있을지어다. 아멘."

이 구절에 바로 뒤이어 "그러므로"가 나온다. 그리고 "내가 하나님

---

45 Hooker, *Not Ashamed*, 30.
46 Hooker, *Not Ashamed*, 36.

12장 재연 887

의 모든 자비하심으로 너희를 권하노니 너희 몸을 하나님이 기뻐하시는 거룩한 산 제물로 드리라. 이는 너희가 드릴 영적 예배니라"가 이어진다.

명령형으로 가득한 로마서 12장은 너무도 자주 "그러므로"를 무시하고 맥락을 벗어나기 때문에 오해된다. 바울은 그리스도 안에 있는 새 생명에 관해 쓰면서 수동태 형의 두 단어를 대조해서 인간의 가능성을 뛰어넘는 힘이 구속받은 인간의 성품 안에서 역사하고 있음을 암시한다. 그 단어들은 "본받음"(*suschematizo*)과 "변화"(*metamorphoo*)다. "너희는 이 세대를 **본받지** 말고 오직 마음을 새롭게 함으로 **변화를 받아** 하나님의 선하시고 기뻐하시고 온전하신 뜻이 무엇인지 분별하도록 하라"(롬 12:2. 영어 성경에서는 "본받다"가 "be conformed"로 수동태로 표현되었다—편집자 주).

이 절은 일반적으로 바울이 **케리그마**(*kerygma*, 선포)에서 **디다케** (*didache*, 교훈 또는 권면)로 이동한다고 해석되면서 마치 바울의 사고에서 급변을 알리는 것처럼 설교되고 있는데, 이는 바울의 복음의 급진성을 공정하게 다루지 못하며 앞서 나온 내용의 효과 중 많은 부분을 빼내 버린다. 실제로 이로 인해 그 효과가 훼손되었다. 12장은 앞의 설명에 굳게 기반을 두고 있어서 그것으로부터 분리될 수도 없고 분리되어서도 안 된다. "변화를 받아"(**trans**formed)라는 단어를 주목하라. **본**받음(**con**formation) 이 **변화**를 받음(**trans**formation)과 대조된다. 본받음(**con**-form-ity, **함께** 형성됨)은 **죄**와 **사망**의 이 세대와 **함께 형성**되거나 그것**에 의해 형성**됨을 암시한다. 즉 이 세대에 의해 형성되었기 때문에 자유가 없다. 이것은 5장에서 "아담"으로 의인화된 상황이다. 우리가 이러한 포로 상태에서 어떻게 빠져나오는가? 이 질문에 대한 전형적인 대답은 종교적 노력이나 도덕적 노력을 더 기울이도록 촉구하는 것이다. 그러나 그것은 복음이 아니다. 그렇다면 우리는 변화의 원천을 어떻게 이해해야 하는가?

여기서 "새롭게 함"으로 번역된 그리스어는 "갱신"보다 훨씬 더 철저한 어떤 것을 의미한다. 바울이 사용한 **아나카이노시스**(*anakainosis*)라는 단어는 여기서 단지 "상쾌하게 함"이나 "활력을 되찾게 함"을 의미하지 않는다. 이 단어는 완전히 인계되었다는 의미다. 이 단어는 고린도후서 5:21("하나님이 죄를 알지도 못하신 이를 우리를 대신하여 죄로 삼으신 것은 우리로 하여금 그 안에서 하나님의 의가 되게 하려 하심이라")에서 사용된 것처럼 **"하나님의 의가 되었다"**—이는 하나님만이 만들어낼 수 있는 변화다—를 의미한다. 이것은 하나님이 우리 안에서 시작하고, 이어서 옆으로 물러나 우리가 어떻게 반응하는지 관찰하는 과정이 아니다. "그리스도 안에" 있다는 것은 계속해서 성령의 능력으로 말미암아 새롭게 되는 것이기 때문에 하나님이 처음부터 끝까지 이 **안에** 계신다. 그래서 18세기와 19세기에 종종 사용된 단어인 "갱생시키다"가 "갱신된"보다 실제로 더 정확하고 효과적이다.[47]

달리 표현하자면 바울의 복음에서 갱신은 단순히 의롭다고 **선언되는** 것("칭의"로 번역되는, **디카이오시스**에 대한 일반적인 이해)이 아니라, 올바르게 만드는 하나님의 힘으로 말미암아 실제로 의롭게 만들어지는 **디카이**

---

47 "위로부터 나다" 또는 "위로부터 중생하다"가 요 3:3에서 우리에게 친숙하게 번역된 "거듭난"보다 **겐네테 아노텐**(*gennethe anothen*)에 대한 더 나은 번역이다. 제4복음서 저자가 그 이야기를 말하는 방법이 바울이 말하는 방법과 매우 다르기는 하지만, 위로부터 남은 바울이 **메타모르포시스**(*metamorphosis*), "그리스도 안에" 있음, "그리스도의 마음"을 가짐을 언급할 때 말하는 것과 본질적으로 동일한 하나님의 행위다. 그것이 우리가 "하나님의 의가 되는" 방법이다. 초월적인 힘의 영역으로부터 이 세상의 영역으로 들어와 "이 세상의 통치자"를 쫓아낸 하나님의 은혜로운 행위로 말미암아 우리는 새 생명의 복을 받는다(요 12:31; 14:30; 16:11). 그러므로 요한복음의 서론에서 우리는 육신이 되신 말씀이 "하나님의 자녀가 되는 권세를 주셨으니, 이는 혈통으로나 육정으로나 사람의 뜻으로 나지 아니하고 오직 하나님께로부터 난 자들이니라"(요 1:12-13)라는 구절을 읽는다. 예수는 이 맥락에서 요 15장의 포도나무와 가지에 관해 말한다. 그리스도 안에 "거한다"는 개념은 바울의 "그리스도 안에" 있다는 개념과 다르지 않다. 이 두 사도의 음성은 모두 우리가 하나님의 생명 안으로 받아들여졌다는 사실을 가르친다(*theosis*에 대해 앞에서 언급한 내용을 보라).

오쉬네란 관점으로도 정의될 수 있다. 이제 이 의롭게 만들어지는 것 또는 바르게 함이 **과정**이 아니라는 것이 분명해졌을 것이다. 그것은 그리스도 안에서 **이미 사실**이지만, 종말의 관점에서 **종말론적으로** 사실이다. 이 대목에서 "지금-아직"의 역동성이 작동한다. 아직 우리 자신이나 세상이 바르게 되지 않았다. 하지만 마지막 때가 성령으로 말미암아 이미 힘 있게 현존하기 때문에 "하나님의 의가 된다"는 이 선포에 "이미"의 특질이 존재한다. 복음이 우리에게 "너희가 이미 되어 있는 존재다워지라"고 말한다는 것은 참으로 맞는 말이다. 요한1서는 이 점을 잘 표현한다. "사랑하는 자들아, 우리가 지금은 하나님의 자녀라. 장래에 어떻게 될지는 아직 나타나지 아니하였으나 그가 나타나시면 우리가 그와 같을 줄을 아는 것은 그의 참모습 그대로 볼 것이기 때문이니"(요일 3:2). "우리가 안다"는 말은 그것이 "아직" 실현되지 않았지만 그 약속에 대해 우리가 지니고 있는 확신을 전달한다.

앞에서와 마찬가지로 오늘날 우리에게 명령형으로 들릴 수도 있는 내용("변화를 받아")이 실제로는 그리스도 안에서 이미 발생한 어떤 것을 묘사한다. 로마서 12장 앞에 나오는 장들에는 둘째 아담인 그리스도 예수의 이야기와 우리가 세례의 "인계"를 통해 그의 통치 안으로 통합되었다는 내용이 수록되었다. 명령형은 서술적 또는 선언적 선포에 **의존**할 뿐만 아니라 그 선포에 의해 **유기적으로 산출**되기도 하였다. 당신은 그리스도와 함께 죽었고, 이제 하나님의 의에 참여한다는 보증과 함께 새로운 주권(*basileia*)으로 옮겨졌다.

복음 선포에서의 재연, 대속 그리고 성육신

T. F. 토랜스가 목회자와 평신도 지도자를 위해 쓴 소책자 『그리스도의 중재』(*The Mediation of Christ*)는 재연과 대속 간의 관계를 잘 보여준다. 그는 **대속**과 **대표**(그의 설명에서 이 두 단어는 **재연**과 거의 동의어다)를 반드시 함께 유지해야 한다고 주장하면서 어떻게 그렇게 할지를 보여준다. 그의 논거는 그리스도가 "우리 자리에서, 우리를 대신하여, 우리를 위해" 행동한다는 진리에 의존하는데, 그는 이것을 재연―그리스도가 "우리의 실제적인 인간 존재의 존재론적인 깊은 곳으로부터" 아담의 이야기를 다시 살아내는 것―으로 해석한다.[48] 그러므로 성육신 교리가 절대적으로 필요하다. 하나님의 아들이 우리의 구속을 보증하는데, 그것은 우리를 더 높은 신적인 존재로 만드는 것이 아니라 우리 인간의 본성을 우리의 깊은 불의의 **내부로부터** 하나님의 의로 회복하는 것이다. 따라서 그는 변변치 못한 우리 자신의 종교적 성취(믿음, 기도, 영성, 개인적 헌신, 선행)를 통해서가 아니라 자신의 의로움의 "성육신적 매개"를 통해 우리를 의로움으로 회복한다.[49] 이것을 표현하는 또 다른 방법은 우리는 우리 자신의 의지나 결정에 의해 구원 받지 않았다고 말하는 것이다. 반역적이고, 자기중심적이고, 충성스럽지 않은 우리 인간의 의지는 "그 중요한 대목에서 예수 그리스도 자신에 의해 대체됨으로써 완전히 다른 토대 위에" 세워졌다.[50] 이것이 바로 "인계" 주제다.

---

48 "우리의 실제적인 인간 존재로부터"는 "우리의 육신[*sarx*, 죄악된 인간의 본성]으로부터"로 정의될 수도 있을 것이다. 어느 경우든 그것은 강렬한 성육신적 표현이다.

49 T. F. Torrance, *The Mediation of Christ*, rev. ed. (Colorado Springs: Helmers and Howard, 1992; orig. 1983), 94.

50 Torrance, *The Mediation of Christ*, 93

설교자를 향한 구절에서 토랜스는 독자에게 모조품을 거부하고 참된 복음 선포와 씨름하라고 도전한다. 그는 인간의 행동과 결정을 강조하는 "비복음적인" 설교와 참된 "복음적" 설교를 구별한다. 그는 이 용어들을 오늘날 미국인들이 사용하는 방식으로 사용하지 않고, 하나님이 인간을 위해 행하신 일의 무조건적인 특성과 직접 연결하여 사용한다. 토랜스는 복음 메시지의 요약에서 재연과 대속 사이의 관계를 묘사하는데, 그는 믿는 개인들에게 직접 말할뿐더러 동시에 하나님의 모든 백성과 실로 전체 창조질서에게 말한다.

처음부터 끝까지 예수 그리스도가 당신을 위해 한 일은 그가 하나님으로서뿐만 아니라 인간으로서도 행한 것이다. 그는 당신의 개인적인 결정, 하나님의 사랑에 대한 당신의 반응, 그리고 심지어 당신의 믿음의 행동까지 포함한 당신의 인간적 삶과 활동의 전 범위에서 당신을 대신하여 행동했다. 그는 하나님 앞에서 당신을 그 안에서 이미 하나님께 반응했고, 그를 통하여 이미 하나님을 믿었고, 당신의 개인적인 결정이 이미 그리스도가 성부께 자신을 드린 것에 연루된 사람으로 인정하기 위해서 당신을 위해 믿었고, 하나님에 대한 당신의 인간적 반응을 이행했고, 당신을 위해 당신의 개인적인 결정까지 내렸다. 이 모든 행위에서 그는 성부께 충분히 그리고 완전히 받아들여져서 당신은 이미 예수 그리스도 안에서 아버지께 받아들여졌다.[51]

---

51 Torrance, *The Mediation of Christ*, 94. 『그리스도의 중재』(*The Mediation of Christ*)에서 Torrance의 제시 방법은 어떤 특정한 성경 구절을 인용하지 않고 복음을 설명하는 것이다. 그럼에도 불구하고 그가 특히 아담-그리스도 이야기를 언급하지 않는다는 것은 놀랍다. 그리스도가 우리 인간의 존재론적 중심으로부터 우리를 구속하는 것에 관해 그가 말하는 모든 것 배후에 확실히 아담-그리스도 이야기가 놓여 있는 것으로 보이기 때문이다. 아무튼 대속에 대한 그의 해설은 이 핵심적인 측면에서 그의 선조인 후기 개혁주의 학자들과 구별될 수 있다. 초기 개신교 신학에서는 정교하게 구성된 법정적 대속이 너무 지배적이어서 다른 중요한 모델들이 들어설 여지가 없었다. 대속은 다른 모티프들을 밀어내기보다

나는 나의 신앙, 나의 믿음 또는 나의 개인적인 헌신에 의존하는 것이 아니라 오로지 그가 나를 위해, 즉 **나를 대신해서** 그리고 **나를 위해서** 한 일과 그가 아버지 앞에 **나를 위해서 설** 때 그가 누구이며 누구일지에만 의존한다.[52]

원수의 영역의 침입

이 점을 제외하고 매우 훌륭하게 제시된 토랜스의 복음 메시지에 뭔가 빠진 것이 있다. 그는 묵시적인 신약성경의 드라마에서 세 번째 당사자인 원수를 언급하지 않는다.[53] 토랜스가 제시하듯이 그리스도가 "아담"의 생애를 재연했을 때 그는 "그 안에서 우리가 하나님의 의가 되게 하려고"(고후 5:21) 인간의 본성 내부로부터 일했다(성육신). 하지만 완전한 성경의 그림은 우리로 하여금 **디카이오쉬네 테우**(*dikaiosyne theou*, 하나님의 의)의 이 재현(재연)이 그리스도가 아담과 속박당하고 있는 전체 창조질서를 장악하고 있는 적대적인 **권세들**에 관여함이 없이는 이루어질 수 없었다는 점을 이해하도록 요구한다. 여기서 우리는 공관복음에서 중요한 역할을 하는 광야의 시험 이야기와 축귀 그리고 제4복음서에 나타난 "이 세상의 통치자"에 대한 반복적인 강조를 떠올린다. 신약성경의 모든 저자는 플래너리 오코너의 용어로 표현하자면 **세상**(*kosmos*)과 그 안에 있는 모

는 그 전체 안에서 자체의 위치를 차지해야 한다는 것이 바로 본서에서 주장하는 논지다.

52　Torrance, *The Mediation of Christ*, 94-95. 그가 대속, 재연, 참여, 통합 이미지를 얼마나 쉽게 통합하는지를 보여주기 위해 강조를 덧붙였음.

53　나는 Torrance 사후에 출판된 그의 몇몇 강의에서 그가 실제로 이 방향으로 움직였다는 정보를 들었다.

든 피조물을 장악하여 노예 삼기로 작정한 "악한 지성"인, 세상을 점령하고 있는 적대자의 현존과 힘을 상정한다.[54] 성경의 재연 주제를 완전히 이해하면 우리는 이렇게 생각할 수밖에 없다.

예수의 세례에 대한 마태의 설명에서 세례 요한이 처음에는 자기가 자신보다 "더 크신 분"에게 세례를 베풀기에 합당하지 못하다고 항변하지만, 예수는 자기가 "모든 의를 이루기 위해"(마 3:15) 요단강에 왔다고 말함으로써 세례 요한의 주저함을 극복한다. 예수의 그 말이 무슨 뜻인지 논란이 많았지만, 그 말은 확실히 재연 모티프 및 그 모티프가 하나님의 의와 연결된 것에 의미를 부여한다. 다윗의 자손(마태의 통상적인 메시아 칭호)이 **권세들**에게 노예가 된, 의롭지 못한 인류에게 하나님의 이 의를 값없이 준다. 예수의 세례는 "많은 아들들[과 딸들]을 이끌어 영광에 들어가기" 위해 내부로부터 행동하려고 우리의 죄악된 본성을 취한 메시아 예수의 상징적인 행위다.[55]

우리는 예수의 세례를 그가 아담의 이야기를 재연한다는 점을 보여주는 첫 번째 공적인 암시로 볼 수 있다.[56] 그는 이후에 자기를 따를 그의

---

54 사탄 또는 "악한 자"(요일 2:13, 14)를 인칭 대명사 ("그녀"는 말할 것도 없고) "그것"으로 지칭하지 않고 "그"로 지칭한 점이 중요한데, 이는 하나님의 목적을 좌절시키기로 작정한 "악한 지성"의 인격적인 성격을 나타내기 때문이다. 본서 10장을 보라. (O'Connoer 는 John Hawks에게 보낸 편지에서 사탄을 "악한 지성"으로 묘사한다. *The Habit of Being* [New York: Farrar, Straus and Giroux, 1979], November 20, 1959.)

55 히브리서는 통합을 더 암시한다. "거룩하게 하시는 이와 거룩하게 함을 입은 자들이 다 한 근원에서 난지라. 그러므로 [그가] 그들을 형제라 부르시기를 부끄러워하지 아니하시고"(히 2:11).

56 문자적으로 생각하는 사람은 아담이 세례를 받은 적이 없다고 항변할지도 모른다! 하지만 바울이 롬 6장에서 보여주듯이 세례 자체가 새로운 아담이 그의 인간의 육신 안에서 쓰고 있는 새로운 이야기 안으로 들어온 의식이다. "너희 자신을 죽은 자 가운데서 다시 살아난 자 같이 하나님께 드리며, 너희 지체를 의(*dikaiosyne*)의 무기로 하나님께 드리라"(롬 6:13). 오직 하나님의 아들이 선구자였기 때문에 이것이 우리에게 해당한다(히 2:10; 12:2). 그는 말하자면 길을 냈다. 그는 우리에 앞서 이 길을 갈 때 "험한 곳이 평지가" 되게

모든 제자가 받을 세례를 받았고, 따라서 **우리를 위해서**뿐만 아니라 **우리를 대신해서도** 자신의 생명을 제공하기 시작했다. 세 권의 공관복음서 모두에서 예수의 세례 직후에 광야에서 예수와 사탄 간의 직접적인 대면이 이어진다. 우리는 앞서 세례가 (특히) 세례 받은 사람을 장악하고 있던 귀신의 세력이 쫓겨나는 것임을 살펴보았다. 세례 받은 예수는 여기서 사탄과 그의 희생자 사이에 개입해서 그 원수와 대결한다. 그는 그들의 대표로서 그들의 모든 시험을 겪고 그들을 대신하여 승리자로 등장한다. 비록 우리가 알고 있듯이 그 승리가 이 시점에서는 잠정적이지만 말이다.

마태복음에서 예수를 가장 먼저 "하나님의 아들"이라고 부른 존재가 광야 시험 장면에서의 사탄이라는 점은 매우 중요하다(마 4:6). 이것은 마태복음 저자가 그의 강력한 기독론적 제시를 밝힌 의도적인 시도다. 세 권의 공관복음서 모두 사탄의 존재를 예수가 누구인지, 그리고 그가 온 이유가 무엇인지를 정확히 알고 있는 거대한 적대자로 강조한다. 마가복음에 등장하는 최초의 축귀에서 사탄과의 대결(막 1:21-28)은 인식 장면이다. 귀신들은 "나사렛 예수여, 당신이 우리와 무슨 상관이 있나이까?"라고 소리 지른다. "우리를 멸하러 왔나이까? 나는 당신이 누구인줄 아노니 하나님의 거룩한 자이니이다." 원수의 영역에 대한 예수의 습격이 두 번째 복음서 저자의 "즉시"(*euthus*)라는 단어의 사용을 통해 예리하게 묘사된다. 마가는 예수의 강력한 움직임을 보여주는데, 예수의 말만으로도 귀신들이 쫓겨남으로써 그가 큰 힘을 갖고 있다는 인상을 준다. 구경꾼들은 "이는 어찜이냐? 권위 있는 새 교훈이로다. 더러운 귀신들에게 명한즉 순종하는도다"라고 중얼거린다(막 1:27). 누가만이 사탄이 광야에

서 패배한 후 예수를 "적당한 때까지(개역개정에서는 '얼마 동안') 떠났다"고 매우 암시적인 세부 사항을 제시한다(눅 4:13). "둘째 아담"은 우리처럼 그의 인간으로서 생애 내내 (문자적으로) 괴롭힘을 당할 테지만, 대결과 결정의 "적당한 때"인 겟세마네에서는 독특하게 그럴 것이다.[57] R. E. 브라운은 겟세마네에서 "하나님 나라의 습격은 마귀의 반발과의 거대한 싸움을 수반했다"고 쓴다.[58] 재연 이야기는 이 본질적인 성경의 요소가 없이는 완전하지 않다.

조지 허버트(1593-1633)는 탁월한 시인이었을 뿐만 아니라 참된 성경신학자이기도 했다. 그가 "**죄**가 나를 아담의 타락에 참가시켰다"[59]라고 쓴 글은 우리 모두에 대해서 한 말이다. 그의 시 "확신"(Assurance)은 마귀의 반발과 싸우는 개인의 투쟁 관점에서 재연을 이야기한다. 그는 자신의 "양심을 품은 쓰라린 생각에 대한 내적 갈등과 심판에 대한 두려움을 환기한다. 그는 글쓰기를 통해서 이런 공격들을 피할 수 없었다. 이 "냉혹한 절망"에 직면해서 그는 "악마들을 불러내려고" 위협하는 그의 "신경을 갉아먹는 깊은 생각"을 성부께 가져가기로 결심한다.

---

57 눅 22:43-44에 기록된 천사와 피 같은 땀방울에 관한 세부적인 내용들이 누가복음에 원래 있던 것인지는 아무도 모른다. 하지만 이 내용이 원래 없던 것이라고 해도, 누가가 겟세마네의 고통이 사탄이 돌아와 전력을 기울여 예수를 공격하기에 "적당한 때"라는 것을 말하려고 했음이 분명해 보인다. 누가가 종말론적인 단어인 **페이라스모스**(*peirasmos*)를 사용한 것이 이 대목의 열쇠다. (주기도에서처럼) "시험"과 "시련"이라는 일반적인 번역은 겟세마네에 나타난 **페이라스모스**의 묵시적인 의미—"현재의 이 악한 세대"(갈 1:4)의 힘과 장차 올 세대의 힘 간의 궁극적인 대결—를 충분히 전달하지 못한다. Raymond E. Brown, *The Death of the Messiah: From Gethsemane to the Grave; A Commentary on the Passion Narratives in the Four Gospels*, 2 vols. (Garden City, N.Y.: Doubleday, 1994), 1:186을 보라.

58 Brown, *Death of the Messiah*, 1:234.

59 "Faith," in *The Complete English Poems*, ed. John Tobin (London: Penguin Books, 1991), 44 에서 인용.

…오, 은혜로우신 주님,

만일 내가 끌어모은 모든 소망과 위로가

제게서 나온 것이라면, 저는 할 말이 없습니다.

제 원수가 제기하는 이의에

반 글자도 반박할 수 없습니다.

하지만 주님은 저의 상급이십니다.

그리고 지금 제 원수들이 침략한 이 싸움에서

주님은 주님이 맡은 역할만 수행하지 마시고,

제 역할도 해주십시오.…[60]

여기에 모든 요소가 다 들어 있다. 원치 않는 생각에 대한 인간의 속박, 기소하는 귀신들의 침입, 이 침입에 대한 인간의 반대의 부적절성, 두려움과 절망의 현존, 아버지께로 나아감, 이 싸움에서 자신의 불충분성에 대한 고백, "주님은 저의 상급(desert)"[61]이라는 확신에 찬 선언, 그리고 예수 그리스도는 구속자로서 자신의 역할을 할 뿐만 아니라 "**제 역할도**" 수행한다는 놀라운 단언이 있다. 이처럼 허버트는 그리스도가 하나님의 아들로서 자신의 "역할"에 추가해서 모든 육체(아담)의 역할을 인계하고 그럼으로써 내부로부터 원수를 이긴다고 확언한다. 하나님의 아들은 조지 허버트 개인을 위해서뿐만 아니라 "바위들과 만물이 해체될 때" 마지

---

60 George Herbert, "Assurance," in *The Complete English Poems*, 강조는 덧붙인 것임. "이의를 제기하다"(object)의 고대의 의미는 "반대하다"(oppose) 또는 "방해하다"(interpose)이다. 따라서 이것은 마귀가 "양심을 품은 쓰라린 생각"을 쫓아내려는 그의 시도를 방해한다는 (주관적이 아니라) "객관적인"(objective) 사실을 나타낸다.

61 이 문맥에서 "상급"은 "받을 자격이 있는 것"을 의미한다기보다는 "탁월함"이나 "가치" 같은 것을 의미하며, 그리스도가 그의 운명이라는 사상을 포함한다.

막 남은 모든 것까지 온 세상(*kosmos*)의 구원을 위해 이 일을 행한다. 가장 놀라운 것은 그가 아담(우리 자신)을 참여할 수 있게 한다는 점이다. "언젠가 사랑이 자신을 위해 시작한 것을, /이제 사랑과 진리가 사람 안에서 끝낼 것이다."[62]

십자가형의 특성과의 연결

우리가 앞에서 밝힌 것처럼 이레나이우스는 큰 원수를 강조하지 않았으며, 하나님의 아들이 섬뜩하고 저주 받은 죽음을 죽었다는 점도 강조하지 않았다. 사실 이 두 번째 요인은 대체로 모든 교부에게서 부재했다. 우리는 그것이 우리 시대에 이르러 비로소 주의를 끌게 되었다고 주장하려는 유혹을 받기 쉽다. 악의 개념에 대한 현대의 연구에서 20세기의 대량 학살로 말미암아 도덕적 지형이 바뀌었음이 분명해졌다. 우리는 이제 악을 새로운 방식으로 생각한다. 단지 개별적인 일화들의 합계가 아니라 그 자체의 생명을 가진 힘으로 말이다. 극단적인 악은 이제 좀 더 넓은 맥락에서 고찰되며, 더욱이 새로운 매체가 이전에는 불가능했던 방법으로 가혹 행위들에 우리의 관심을 집중시켰다. 그러므로 등한시되었던 그리스도의 죽음의 이 측면이 이제 최초로 인간이 극단적인 악을 저지를 잠재성에 관해 우리가 알게 된 것을 직면하는 필수적인 부분이 되었을 수 있지 않은가? 그가 좀 더 자비롭고 인간성을 덜 말살하는 방법으로 죽

---

62   여기서 "끝내다"에는 **텔로스**(*telos*, 목적 또는 목표)의 의미가 있다. 따라서 사랑과 진리는 하나님의 목적에 따라 사람 안에서 완벽해질 것이다. 이 분석은 Herbert의 시의 미묘함과 복잡성을 다루기 시작하지도 않았다. 하지만 나는 그 시가 사탄에 대한 승리를 재연 모티프와 어떻게 결합하는지를 보여주고 싶었다.

었더라면, 우리는 그의 죽음에서 참상의 총체를 보지 못했을 것이다.

그렇다고 해서 개인의 삶에서 십자가형의 극단적인 특성이 이해될 수 없다는 의미는 아니다. 오히려 정반대다. 전혀 무익하고 잔인한 고통으로 보이는 긴 고통의 시기를 보낸 후 암으로 부인이 죽은 한 남자가 그들의 2년간의 시련을 일기로 썼다. 그들이 일말의 구속적인 의미를 찾을 때, 예수가 십자가형을 받았을 뿐만 아니라 로마의 관습대로 그 전에 채찍에 맞아 초주검이 되었다는 사실을 깨닫게 된 것이 그들에게 도움이 되었다. 불필요하고 과도해 보이는 이 악이 그들에게는 주님께서 그들이 겪은 것과 같은 과도한 고통보다 몇 배나 더한 고통을 겪었다는 암시였다.

네덜란드 하를렘의 경건한 기독교 시계 제작자 가문에서 최초의 여성 시계 제작자였던 코리 텐 붐은 그녀의 가족이 유대인을 숨겨주었다는 것이 발각되어 나치 수용소에서 가족을 다 잃었다. 코리 텐 붐은 회고록 『주는 나의 피난처』(*The Hiding Place*)에서, 라벤스브뤼크에서 수용자들이 이른바 건강 검진이라는 명목으로 매주 금요일에 옷을 다 벗도록 요구되어 "반복되는 굴욕"을 받았던 것을 떠올린다. 그곳에서 나체로 줄을 맞춰 서 있는 수용자들은 손으로 몸을 가리도록 허락되지 않은 채 똑바로 서 있어야 했다. 어느 금요일에 코리가 쇠약해져서 죽어가는 동생 벳시 뒤에 서 있을 때, 그녀에게 "주님은 나체로 십자가에 달리셨다"는 생각이 떠올랐다. 그녀는 앞에 서 있는 벳시에게 속삭였다. "로마인들은 예수님의 옷도 벗겼어." 벳시는 이 말에서 위로와 힘을 받았다.[63] 예수가 겪

---

63 Corrie ten Boom은 (그녀가 구술한 회고록에서) 그 상황을 전해준다. "나는 알지 못했고, 생각한 적도 없었어요.…그림이나 조각의 십자가상에서 예수는 적어도 천 조각 하나는 걸치고 있었지요. 하지만 나는 갑자기 이것은 예술가의 존경과 경외였다는 것을 알게 되었어요. 그런데 같은 시간, 다른 금요일 아침에는 경외라는 것이 전혀 없었지요. 나는 지금 [라벤스브뤼크 수용소에서] 우리 주위에 있는 얼굴들에서 그것을 보았을 뿐이에요."(Corrie ten Boom, *The Hiding Place* [Old Tappan, N.J.: Revell, 1971], 195-96, 『주는 나

은 수모의 세부적 내용이 실제로 차이를 만들어낸다. "예수 그리스도에 의해 야기된 불쾌감은 그의 성육신—그것은 사실은 계시다—이 아니라 그의 굴욕 때문이다."[64]

그러므로 마치 우리가 예수가 간 곳에 가기를 참으로 두려워하는 듯이 그 죽음의 이 독특한 특성이 설교나 가르침에 좀처럼 포함되지 않는다는 것은 놀라운 일이다. 그리스도의 십자가의 의미에 대한 어떤 연구에든 십자가형의 불쾌하고, 잔혹하고, 인간성을 말살하는 측면이 반드시 포함되어야 한다. 단지 외설적이고 감각적인 쪽으로 넘어가지 않으면서 세심하고 감수성 있게끔 이렇게 하기가 쉽지는 않다. 그러나 바로 **죄**가 구주의 고통 안에서 극복되기 때문에 십자가형의 참상과 이런 참상에서 완전히 드러난 **죄**의 본성 사이에 어떤 관련성이 있다는 점을 지적할 수 있다. 하나님이 참으로 최악을 이기기 위해서 그의 아들이 최악을 겪으셨다. "경험되지 않은 것은 극복되지 못한다."[65]

재연과 윤리: 하나님의 의 안으로의 통합

"인계"로서의 재연을 강조하면 우리는 **죄, 사망, 율법**의 포로로부터의 인간의 해방이 신자들 안에 단순한 일반적인 사면이나 법적 허구가 아니라 역동적 실재인 참된 존재론적 변혁을 발생시킨다는 것을 긍정해야 한

의 피난처』, 생명의 말씀사 역간).

64 Bonhoeffer, *Christ the Center*, 46.

65 이것은 종종 인용되는, 그리스도가 완전한 인성을 취한 것에 관한 나지안주스의 그레고리오스의 표현("취해지지 않은 것은 치유되지 않는다")을 내가 다시 쓰는 표현이다. *Epistle* 101.32. 이 장의 각주 35도 보라.

다. 이것은 윤리의 문제다. 하나님의 의(*dikaiosyne theou*)가 무슨 의미인지에 대한 이해가 없이는 아담과 그리스도의 이야기의 완전한 측면들이 이해될 수 없다. 우리는 본서 전체에서 하나님의 의는 단순히 하나님의 속성의 한 측면이 아니며 전적으로 관계적인 용어이기만 한 것도 아니라는 점을 살펴보았다. 그것은 **힘**이다. 우리는 **디카이오시스**(*dikaiosis*)에 대한 번역으로 "의롭다 함"보다 "바르게 함"이 낫다고 주장했다. 루터 이후 칭의는 개신교인 사이에서 전통적으로 전가된 의로 해석되어왔지만, 그것은 유감스러운 "아담"의 전체 역사를 통하여 잘못되어온 모든 것을 바로잡는 하나님의 힘을 충분히 전달하지 못한다.[66] **하나님의 의**의 이 **바르게 하는 힘**이 기독교의 종말론적인 소망을 구성한다.[67] 그것은 단지 개별 신자를 회복시키는 것이 아니다. 그것은 마지막 날에 도래할 하나님의 도성의 영광 안에서 창조 질서가 포로로 잡혔던 기억마저 영원히 지워지도록, 그것의 전체 역사를 재연하고 재창조하는 것이다(계 21:1-5).

　"통합"이라는 단어는 재연이 인간의 역사에서 무엇을 이루었는지를

66　Douglas Campbell, in *The Deliverance of God*은 그가 "칭의론"으로 부르는 것을 무너뜨리려고 하는데, 그 과정에서 묵시적인 관점에서 "루터의" 견해를 완전히 재작업한다.

67　노리치의 율리아나의 "모든 것이 잘 될 것이다. 그리고 모든 것이 잘 될 것이다. 그리고 모든 온갖 것들이 잘 될 것이다"라는 말은 유명하다(*Revelations of Divine Love* 27). 이 말은 많은 사람의 마음에 간직되고 있으며 어느 정도까지는 기독교의 소망에 대한 참된 표현이다. 그러나 맥락에서 떼지면 그것은 약속된 미래에 대해 충분히 설명된 진술에 미치지 못한다. "모든 온갖 것들"이 행동하는 주체로 생각될 수 있기 때문이다(율리아나가 그런 식으로 의도했다는 뜻은 아니다). 롬 8:28은 아주 비슷한 선택을 제시한다. 그 절은 "우리는 하나님을 사랑하는 자에게는 모든 것이 합력해서 선을 이룬다는 것을 안다"로 번역될 수 있다(그리고 종종 그렇게 번역된다). 그러나 바울의 설교의 궤적을 존중하는 번역자들은 그 절을 "우리는 하나님이 자기를 사랑하는 사람들에게 모든 일에서 선을 이룬다"로 번역한다(RSV, NRSV는 이 번역을 하나의 대안으로 제시한다). 두 번째 번역에서는 "모든 것"이 아니라 하나님이 행동하는 주체다. 잘 되게 하는 주체는 "모든 것"이 아니다. 하나님이 모든 것이 잘 되게 한다. 이것은 매우 중요한 구별이며, 의롭게 함과 재연 모두의 중심에 이것이 놓여 있다. 의롭게 함과 재연 모두에서 본질적인 행동은 하나님의 행동이다.

적시하기 때문에 그것은 재연 모티프의 동반자다. 통합은 하나님이 그것의 능동적인 행위자일 것을 필요로 하기 때문에 사용될 가치가 있는 단어다. 하나님이 아들을 통해 자신을 제공함으로써 하나님의 종들은 그리스도의 몸 안으로 통합된다(incorporated. 라틴어 *in*["~안으로 데려가다"]과 *corpore*["한 몸"]의 합성에서 유래했다). "통합"이 "침입"보다 훨씬 부드러운 단어지만, 바울의 사상을 연구하는 많은 학자는 바르게 함에서의 하나님의 행동이 우리의 죽음 및 부활과 관련이 있음을 명확히 하기 위해 침입이라는 이미지를 사용해왔다. 그리스도가 인간의 이야기를 재연한 것은 단순히 우리를 **신적인 삶 안으로 초대**하는 것이 아니다. 그것에는 객관적인 실재가 있다. 말하자면 그것은 우리의 죽은 몸에 대해서 일어났다. 로마서에서 아담-그리스도에 대한 설명에 곧바로 이어지는 구절에서 바울은 "그리스도 예수와 합하여 세례를 받은 우리는…세례를 받음으로 그와 함께 장사되었다"고 설명한다. 여기서 "인계"의 강력한 언어가 어울리지 않는 것이 아니다. "우리가 알거니와 우리의 옛 사람이 예수와 함께 십자가에 못박힌 것은 죄의 몸이 죽어 다시는 우리가 죄에게 종 노릇 하지 아니하려 함이니…이와 같이 너희도 너희 자신을 죄에 대하여는 죽은 자요 하나님께 대하여는 살아 있는 자로 여길지어다"(롬 6:6, 9-11).

세례에 관한 이 구절에서 재연 주제는 바울에 의해 놀랍게 확대되고 깊어진다. 그리스도가 십자가에 처형된 자신의 육체 안에서 "아담"을 "인계"한 것은—이전 시기의 지옥정복도에서 부활한 주님(*Kurios*)이 그렇게 한 것처럼—그가 "아담"을 강력하고 단호하게 무덤에서 끌어낼 수 있음을 의미한다. **죽음**은 더 이상 부활한 주님을 지배하지 못한다. **죽음**은 더 이상 그가 구출하는 사람들을 지배하지 못한다.

우리는 그리스도의 십자가형과 그의 부활 모두 안으로 똑같이 통합되었다.[68] 갈라디아서 2:20에서처럼 바울의 언어가 특히 참여적인 경우가 있다. "내가 그리스도와 함께 십자가에 못 박혔나니 그런즉 이제는 내가 사는 것이 아니요 오직 내 안에 그리스도께서 사시는 것이라." 그러나 "그리스도 같은" 삶을 산 사람의 수가 극소수라는 점에 비추어볼 때, 이 구절은 살펴볼 가치가 있다. 그 안에서 그리스도가 산다고 말해지는 사람들의 삶에 어떤 종류의 존재론적인 변화가 일어나는가?

콜린 건튼은 "이레나이우스의 신학"과 관련하여 이 문제를 확장시킨다. "이레나이우스는 재연 개념을 통해서 예수가 인간의 이야기를 살아내면서 승리한 것과 그의 승리가 교회의 삶에서 계속되는 것을 연결할 수 있었다. 그는 과거의 승리에 대한 이야기가 **현재의 실천 문제와 분리되어서는 안 된다**는 신약성경 저자들의 통찰에 충실하다."[69]

바울에 따르면 "그리스도 안에" 있는 사람들은 그의 이름의 힘, 그의 사랑의 한 없는 부요, 그의 죽음의 공적 그리고 우리가 그의 부활에서 갖고 있는 확실한 소망을 보여주는 삶을 살도록 요구된다. 이것이 십자가의 길이다. 달리 말하자면 그것은 그리스도의 십자가형의 흔적을 지닌다("이 후로는 누구든지 나를 괴롭게 하지 말라. 내가 내 몸에 예수의 흔적을 지니고 있노라"—갈 6:17). 그리스도인의 삶은 고통—모든 사람에게 오는 일반적인 고통이 아니라 주님의 죽음에 대해 증언하는 사람들에게 오는 특정한 고난—을 포함한다. "그러므로 내가 그리스도를 위하여 약한 것들과 능욕과 궁핍과 박해와 곤고를 기뻐하노니, 이는 내가 약한 그때에 강함이

---

68 이 점은 골 2:12에서 강력하게 반복된다. "너희가 세례로 그리스도와 함께 장사되고, 또 죽은 자들 가운데서 그를 일으키신 하나님의 역사를 믿음으로 말미암아 그 안에서 함께 일으키심을 받았느니라."

69 Colin Gunton, *The Actuality of Atonement: A Study of Metaphor, Rationality, and the Christian Tradition* (Grand Rapids: Eerdmans, 1989), 57.

라"(고후 12:10). 이 대목에서 "약함"과 "강함"을 나란히 둔 것은 변혁적인 사고다. 기독교의 증인이 겪는 고난은 약한 자리에서 나오는 것이 아니라 강한 자리에서 나온다. 그것이 기독교의 고난과 마조히즘 간의 차이다.

교회에 대한 베드로의 명령은 힘과 영광에서 모든 이름 위에 뛰어난 (행 4:5-12) "그 이름 아래에서"의 고난의 성격을 보여준다. "오히려 너희 가 그리스도의 고난에 참여하는 것으로 즐거워하라.…만일 그리스도인 으로 고난을 받으면 부끄러워하지 말고 도리어 그 이름으로 하나님께 영 광을 돌리라. 하나님의 집에서 심판을 시작할 때가 되었나니"(벧전 4:13, 16-17).

여기서 그리스도의 고난이 명시적으로 심판과 연결된다. 교회("하나 님의 집")가 자신의 적절한 역할을 수행할 때, 교회는 자발적으로 자기의 신랑이 저주 받은 죽음을 겪었을 때(갈 3:10-13) 받았던 것과 동일한 심판 을 받는다. 그러나 그리스도가 우리 대신 하나님께 저주 받은 죽음을 경 험했기 때문에 상황이 어떠하든지 그리스도인은 결코 참으로 하나님께 버림 받은 죽음을 겪지 않을 것이다. 그는 저주 받은 인간의 운명을 귀신 이 출몰하는 세상(kosmos)의 마지막 변경까지 살아냈고(재연했고), 그 과정 에서 우리를 영원한 속박과 정죄에서 건져 영원한 하나님의 의의 영역으 로 옮겼다.

그러므로 우리가 파괴적인 **권세들**에 대한 그리스도의 승리를 확신하 기 때문에 우리는 바울처럼 "하나님이 우리를 세우심은 노하심에 이르게 하심이 아니요, 오직 우리 주 예수 그리스도로 말미암아 구원을 받게 하 심이라"(살전 5:9)고 말할 수 있다. 구원은 인간의 노력, 특히 종교적 노력 으로부터 오는 것이 아니라 "심어진 말씀"(약 1:21)과 우리 안에 하나님의 사랑을 부어주는 성령(롬 5:5)을 통해 우리 안에서 작용하는 하나님의 힘 으로 말미암아 온다. 많이 오해되는 "예정" 개념은 여기서 그것의 적절한 위치를 발견한다. "하나님이 미리 아신 자들을 또한 그 아들의 형상을 본받게 하기 위하여 미리 정하셨으니"(롬 8:29).[70] 그리스도를 본받는다는 개념은 재연 이야기에서뿐만 아니라 기독교 윤리에도 매우 중요하다.[71] 우리는 모두 "그[그리스도]와 같은 형상으로" 변하고 있다. "이것은 영이신 주께로부터 오고"(고후 3:18), "그가 나타나시면 우리가 그와 같아질 것"(요일 3:2)이기 때문이다. 성령의 열매들이 이미 작용하고 있기 때문에 (갈 5:22-23) 우리는 참으로 "우리가 이미 되어 있는 존재다워져야" 한다고 말할 수 있다.

문법적으로 도전적인 바울의 문장인 고린도후서 5:21 — "하나님이 죄를 알지도 못하신 이를 우리를 대신하여 죄로 삼으신 것은 우리로 하여금 그 안에서 하나님의 의가 되게 하려 하심이라" — 은 우리를 **존재론적으로** 하나님의 의(*dikaiosyne theou*)와 연결한다. 이 일은 우리 자신의 행위를 통해서 일어나지 않고 — 이 점은 거의 말할 필요도 없는 것 같다 — "그분 안"에서 일어난다. 그리스도의 십자가형의 유익이 이미 신자들의 공동체 안에서 역사해서 그들의 행위를 형성하는데, 이는 단지 모방을 통해서 이뤄지는 것이 아니라 우리를 위해 다가올 시대에 그의 상속재산을 보존하는(벧전 1:5) 하나님의 능력으로 말미암아 이뤄진다. 그리스도를

---

70 에베소서와 골로새서에는 예정된 이 본받음에 대한 강력한 언급이 있다. 엡 1:3-5을 보라. "찬송하리로다! 하나님 곧 우리 주 예수 그리스도의 아버지께서…창세 전에 그리스도 안에서 우리를 택하사 우리로 사랑 안에서 그 앞에 거룩하고 흠이 없게 하시려고 그 기쁘신 뜻대로 우리를 예정하사 예수 그리스도로 말미암아 자기의 아들들이 되게 하셨으니." 예정 또는 선택과 입양 간의 연결은 너희가 이미 되어 있는 존재다워지라는 설교로 이어진다. "범사에 그에게까지 자랄지라. 그는 머리니 곧 그리스도라"(엡 4:15). 골로새서 저자는 그의 양떼에게 그들이 이미 그리스도 안에서 마귀의 힘들에 대해 죽었는데도 왜 그렇게 살지 않느냐고 상기시킨다(골 2:20) "너희가 죽었고 너희 생명이 그리스도와 함께 하나님 안에 감추어졌다"(골 3:3). 이 모든 구절에는 도덕적 용기를 불러일으키는 확실성이 있다.

71 여기서 바울은 "그리스도를 본받음"에 대해 말한다. 롬 12:2에서 그는 "본받음"을 세상을 본받는 것으로 사용해서 그것을 그리스도의 마음에 의해 변화되는 것과 대조한다.

위한 교회의 고난이 교회를 그들의 주님의 죽음과 연결한다. 교회로 하여금 "그리스도의 고난에 참여"하고(벧전 4:13), "다시 사람의 정욕을 따르지 않고 하나님의 뜻을 따라" 살(벧전 4:2) 수 있게 해주는 존재는 성령이시다.

우리 시대의 주류 교회들에서는 "우리가 부름을 받은 소명에 합당한"(엡 4:1) 삶에 대한 권고가 결여되어 있지 않다. 우리의 설교들은 "우리는 [더 포용적이고, 더 관대하게 베풀고, 평화를 도모하고, 궁핍한 사람을 섬기고, 가난한 사람들에게 음식을 주고, 관용을 배양하고, 정의를 추구하고, 환대를 보여주도록] 부름받았다"는 어구를 중심으로 이뤄진다. 그러한 권고들에는 종종 그렇게 부르는 분, 자신의 피로 우리의 소명을 재가한 분, **인성 안으로부터** 원수의 일을 패배시키려고 "아담"의 삶 속으로 들어온 분에 대한 강력한 선포가 빠져 있다. 이것은 그 위에 교회의 삶이 토대하고 있고 많은 성경의 메시지에서 선포된, 근본적인 복음 메시지다.

너희가 세례로 그리스도와 함께 장사되고 또 죽은 자들 가운데서 그를 일으키신 하나님의 역사를 믿음으로 말미암아 그 안에서 함께 일으키심을 받았느니라(골 2:12).

이는 너희가 죽었고 너희 생명이 그리스도와 함께 하나님 안에 감추어졌음이라(골 3:3).

아버지가 아들을 세상의 구주로 보내신 것을 우리가 보았고 또 증언하노니, 누구든지 예수를 하나님의 아들이라 시인하면 하나님이 그의 안에 거하시고 그도 하나님 안에 거하느니라. 하나님이 우리를 사랑하시는 사랑을 우리가 알고 믿었노니 하나님은 사랑이시라. 사랑 안에 거하는 자는 하나님 안에 거하고 하나님도 그의 안에 거하시느니라. 이로써 사랑이 우리에게 온전히 이루어진 것은 우리로 심판 날에 담대함을 가지게 하려 함이니, **주께서 그러하심과 같이 우리도 이 세상에서 그러하니라**(요일 4:14-17).

이 구절들은 다양한 저자의 독특한 음성으로 재연에 대해 말한다. 그 구절들은 바울에 의해 가장 완전하게 펼쳐진 아담과 그리스도의 이야기에 대한 자신의 버전을 제시한다. 그들은 우리 자신의 행위에 의해서가 아닌—특히 우리 자신의 경건함에 의해서가 아닌—"하나님의 일하심으로 말미암아" 우리가 그리스도의 삶에 동화되는 것에 대해 말한다.

오늘날 우리는 우리 자신의 행위—특히 우리 자신의 종교적 행위—에 대해서는 많이 듣고 있지만 하나님의 일하심에 대해서는 충분히 듣지 못하고 있다. 그러나 복음의 메시지는 마치 우리가 하도급자나 심지어 자유로운 행위자인 것처럼 하나님의 왕국을 세우는 것에 관한 메시지가 아니다. 신약성경은 다른 이야기를 한다. 우리를 위한 그리고 우리를 대신한 그의 자기희생 때문에 우리는 하나님의 일하심에 참여할 수 있다. 우리의 신앙의 중심에 놓여 있는 것은 우리의 영적 여정이 아니다. 그것은 바르트가 누가복음 15:13에 등장하는 예수의 비유 속의 표현에 대해 주장하듯이 "하나님의 아들이 먼 나라로 간 여행"이다. 우리로 하여금 하나님의 구속 사역에 참여할 수 있도록 해주는 것은 성육신한 분의 여정이다. 하나님의 사람들이 부지런해지라고 요구될 때마다 이 이야기가 들려지지 않는다면, 우리는 더 이상 복음을 듣고 있는 것이 아니다.

요한은 "[그리스도가] 그러한 것 같이 우리도 세상에서 그러하기 때문에" 우리 안에서 사랑이 완벽해진다고 쓴다(요일 4:17). 그것은 단순히 "서로에게 그리스도가 되는 것"을 의미하지 않는다. 그 익숙한 개념이 틀린 것은 아니지만, 그것은 우리의 무능력이나 우리를 대적해서 배치된 마귀의 세력에 대해서는 인식하지 못하는 단순한 모방적 도덕주의를 암시한다.[72] 요한은 독자들에게 다가오는 심판을 두려워 말라고 안심시킨다. 이 대목에서 그리스도가 우리의 이야기를 재연하고 스스로 심판을 짊어지기까지는 정죄가 우리에게 마땅한 운명이었음이 함축되어 있다. 하나님의 아들의 완전한 이야기 및 저주 받고 하나님께 버림 받은 그의 죽음이 없었더라면, 좋은 소식은 없고 「디다케」(*Didache*)가 거의 2천년 전에 가르친 바와 같은, 선택할 수 있는 오직 하나의 다른 "길"이 있을 뿐이다. 「디다케」는 신약성경에 포함되지 못했는데, 거기에는 타당한 이유가 있다. 그것은 아담과 그리스도의 이야기를 말하지 않고, 그것에는 묵시적인 분위기가 없으며, 그것이 생명의 길과 죽음의 길을 제시한 것은 아직 다가올 시대의 힘에 의해 침입되지 않은 세상을 가정한다. 모든 지점에서 교회의 가르침을 뒷받침하는 그리스도와 아담의 이야기 없이 "서로에게 그리스도가 되라"고 호소하는 것은 도덕적 권고와 크게 다르지 않다. 사도의 메시지는 우리가 "그리스도의 마음"을 가지는 것(고전 2:16), "그와 같아지는" 것(요일 3:2), 그리고 "그와 같은 형상으로 변하는 것"(고후 3:18)에 대해 말한다. 그러나 이것은 그리스도가 철저하게, 어찌할 수 없을 정도로 길을 잃은 피조물의 생명 안으로 들어가 자신의 육체와 피 안에서 피조물의 비참한 역사를 다시 쓴 한에 있어서만 해당하는 말이다. 이 대목에서보다 "오직 은혜로"(*sola gratia*)라고 말할 필요가 있는 곳은 없다.

---

72 Harry Emerson Fosdick은 "보라, 악의 군대가 우리를 둘러싸고 있다. / 그들은 당신의 그리스도를 비웃고 그의 길을 공격한다"고 쓴다(그는 대체로 묵시 신학과 관련이 없는 "자유주의적인" 설교자다). "오랫동안 우리를 결박해왔던 죄들로부터 / 우리의 마음을 해방시켜 믿음과 찬양을 드리게 하소서."

교회는 선의의 사람들뿐만 아니라, 해를 입히려고 하거나 해를 입고 있거나 다른 사람을 이끌어 해를 입히는 사람에게도 좋은 소식으로서의 급진적인 메시지를 들을 필요가 있다. 그리고 그것은 결국 우리 모두를 포함한다. 우리는 진노의 자녀였고, 우리의 죄로 죽었었다(엡 2:1-3). 하나님의 아들은 착한 사람을 더 나아지게 하려고 온 것이 아니라 죽은 사람에게 생명을 주려고 왔다. 행위 예술가인 로리 앤더슨은 "내 눈들"이라는 노래에서 이렇게 노래했다.

> 만일 내가 하룻동안 여왕이 된다면
> 나는 내가 가진 모든 돈을 추한 사람들에게 줄 거야.
> 나는 사랑의 책을 다시 쓸 거야.
> 나는 그것을 재미있게 만들 거야.[73]

이것이 바로 예수가 한 일이다. 그는 사랑의 책을 다시 썼다. 우리는 예수를 십자가에 매단 "추한 사람"임에도 불구하고 그는 자신의 모든 부요를 우리에게 줄 것이다. 바울은 정확히 동일한 것을 다른 식으로 말했다. "우리 주 예수 그리스도의 은혜를 너희가 알거니와, 부요하신 이로서 너희를 위하여 가난하게 되심은 그의 가난함으로 말미암아 너희를 부요하게 하려 하심이라"(고후 8:9). 바울은 우리가 이제 그리스도 예수 안에

---

[73] "My Eyes," 앨범 Strange Angel (1989) 수록곡. Anderson 여사는 거의 20년 뒤 인터뷰에서도 같은 생각을 품고 있었다. "나는 더 나은 이야기, 더 진실한 이야기를 말하고 싶어요." 문화 비평가인 Edward Rothstein은 이를 더 확대한다. "그녀는 하나의 이야기를 뒤집어 다른 이야기를 말한다." 그것은 롬 5장의 아담 구절에서 필요한 변경을 가하여 반복적으로 등장한다. 또한 이 이야기에서 원수가 완전히 빠진 것도 아니다. 2008년에 Anderson 여사가 "뒤집고" 있던 이야기는 이라크 침공 및 그로 인해 초래된 "혼란과 파괴"다. *New York Times*, July 29, 2008.

있는 이 마음을 우리 안에 갖기를 원한다(빌 2:5). 예수가 그 이야기를 다시 썼기 때문에 우리는 더 이상 우리의 최악의 자아에 매인 죄수가 아니고, 우리를 파괴하려고 하는 악한 힘들의 죄수도 아니다. 우리의 삶의 어떤 순간에도 하나님은 다시 쓰는 또 다른 기적을 일으킬 수 있다. 그리고 피조계의 가장 먼 곳으로부터 웃음이 울려 퍼질 것이다. "주 안에서 항상 기뻐하라, 내가 다시 말하노니 기뻐하라"(빌 4:4).

결론

구속받을 운명임: 경건치 않은 자를 바르게 함

마음이여, 일어나라. 네 주께서 부활하셨다.

지체없이 찬양의 노래를 부르라.

그는 네 손을 잡고 너도 마찬가지로

그와 함께 부활할 수 있게 하신다.

그의 죽음이 너를 먼지가 되게 했듯이

그의 생명이 너를 황금과 그보다 훨씬 더한 것으로 만들어 줄 것이다.

조지 허버트, "부활"(Easter)[1]

---

1   George Herbert, "Easter," in *The Complete English Poems*, ed. John Tobin (London: Penguin Books, 1991).

✝

이 마지막 장은 서론과 마찬가지로 기독교는 독특하다는 단언으로 시작한다.

이 독특성의 첫 번째 요소는 기독교 신앙이 하나님의 아들로 찬양하는 인물이 교회와 국가 모두의 선언으로 말미암아 그의 동료 인간들에 의해 가능한 가장 큰 모욕을 당하고 인간성을 말살 당했으며, 극단적인 경멸을 받게 하고 마침내는 인간의 기억에서 지워버리기 위해 고안된 방식으로 죽은 사람이라는 점이다.

기독교 복음의 두 번째 독특한 특성(이는 이 장의 주제다)은 **경건치 않은 자를 의롭다 하는**(롬 4:5; 5:6) 핵심 메시지다. 이 점에서 성경의 이야기는 지금까지 알려진 다른 모든 종교, 철학, 윤리 체계와 다르다. 랍비 유대교 및 기독교 자체에서 나온 몇몇 변종의 영지주의적 가르침을 포함한 다른 모든 체계는 경건한 자와 경건치 않은 자, 의로운 자와 불의한 자, 영적인 자와 영적이지 않은 자 간의 모종의 구분을 상정한다. 하지만 급진적인 형태의 기독교 복음은 "기록된 바 '의인은 없나니 하나도 없으며, 깨닫는 자도 없고 하나님을 찾는 자도 없고'"(바울은 구약성경에서 인용하고 있다), "차별이 없느니라. 모든 사람이 죄를 범하였으매 하나님의 영광에 이르지 못하더니"(롬 3:10-11, 22-23)라고 선언한다.

이는 모든 종교적·도덕적 사고와 결을 달리한다. **케리그마**(*kerygma*)
—사도의 메시지—가 여기서 제시된 대로 가장 급진적인 성경적 관점에
서 이해되면 그것은 더 이상 "종교"로 불릴 수 없다. 종교의 주장들은 어
떤 면에서는 최초의 유혹인 "네가 하나님과 같아질 것이다"(창 3:5)의 주
장과 유사하다. 다면적이고 거의 무한한 형태의 종교는 우리에게 영적
개발을 지시하고, 신에게 접근하는 방법을 제공하며, 경건해지는 방법을
가르치고, 이런 일에 성공하는 사람에게 축복을 약속한다. 종교에서 경
건치 않은 자를 위해 제공되는 것은 종교를 가지라는 권고뿐이다. 종교
에는 종교를 갖지 않았거나 가질 수 없는 사람을 위한 좋은 소식이 없다.
기독교 복음의 철저한 새로움의 중요한 측면은 그것이 바로 "세상에서
하나님이 없는"(엡 2:12) 사람들에게 하는 말이라는 점이다.

종교는 확연하게 "종교적"이다. 그런데 복음이 일반적인 "종교적"
관점에서 설명될 수 있다면 그것은 더 이상 **모로스**(*moros*, "어리석음", 고전
1:18, 23), **스칸달론**(*skandalon*, "걸림돌", 갈. 5:11), 또는 **프로스콤마**(*proskomma*,
"장애물", 롬 14:13, 20)가 아닐 것이다. 예수의 체포, 재판, 수난 그리고 십자
가형은 "종교적"인 이야기가 아니다. 이 대목에서 신학생들에게 친숙한
어구인 "독특성의 스캔들"이 특히 적절하다. 복음 이야기의 절정은 "영
적"이기에는 너무 많은 독특성을 갖고 있다. 그것은 정치적·사회경제적
삶의 한 복판에서 일어났고, 충격적이고 폭력적이며, 기성 종교 권위를 위
협하고 소외시킨다. 그리고 그것은 설명할 수 없는, 하나님께서 유대인을
선택한 것의 중요성을 드러내고, 그것의 중심인물은 자신 및 자신의 종교
적 환경에 대한 그의 관계에 대해 신경에 거슬리는 주장을 한다.

그리스도의 십자가를 이해하려는 사람은 누구나 어느 정도 좌절에
직면해야 한다. 신약성경 저자들이 사용한 내러티브, 이미지, 모티프들이
언제나 편안하게 자리를 같이하는 것은 아니다. 복음서들과 서신서들에

서 그리스도의 죽음과 부활에 대해 증언할 때 나타난 이형들은 그 사건의 독특한 중요성을 전달하기 위해 다양한 관점이 사용될 필요가 있었음을 보여준다. 이러한 이미지들과 모티프들이 보여주듯이 십자가의 풍부한 의미는 인간의 판단으로 헤아릴 수 없으며 그것을 이해하는 단 하나의 방법은 없다. 그럼에도 우리의 신앙은 이해와 선포를 요구하는데, 이것은 성경의 저자들이 이례적으로 다양한 모티프를 사용하는 방식에 충분한 주의를 기울임으로써만 가능하다.

종교적 구별 대 보편적 복음

본서의 모든 내용은 이 마지막 장을 지향해왔다. "경건치 않은 사람" 문제는 첫 장부터 등장해서 여러 장에 걸쳐 언급되었다. **죄**의 영역에 참여한 범법자, 협력자, 방관자 그리고 다른 여러 사람이 거듭 언급되었다. 구출, 속죄, 구속, 구원 또는 화해에 관한 어떤 관점도 범법자들을 고려하지 않고서는 참으로 "포괄적인" 복음에 미치지 못한다. 우리 중 누가 우리가 통제할 수 없는 특정한 상황에서 우리가 그 범주에 속하지 않을 것이라고 장담할 수 있겠는가?

그러므로 이 마지막 장에서 우리는 경건치 않은 자의 교정 주제를 진지하게 취급한다.[2] 나는 그것이 하나님이 우주를 움직이는 **텔로스**(*telos*, 목적, 완성)임을 강조하기 위해 지금까지 그 주제를 충분히 다루는 것을 미뤄왔다. 이 대목에 성경신학에서 뭔가 새로운 요소가 있다.[3] 그의 거대

---

2   그 주제는 6장의 "경건치 않은 자를 위한 희생" 단락에서 부분적으로 다뤄졌다. 독자들은
     그 논의를 다시 읽어보기 바란다.
3   확실히 그 주제는 오리게네스 등에 의해 윤곽이 제시되기는 했지만, 바울의 때 이후 경건

한 신학 체계에서 세례 받지 않은 아동과 믿지 않는 성인의 문제로 골치 아파했던 위대한 토마스 아퀴나스가 직면한 어려움이 이 주제와 관련이 있다. 아퀴나스의 설교 번역자 겸 편집인인 니콜라스 R. 아요는 "중세 시대는 불신자들을 어떻게 해야 할지를 알지 못했다"고 썼다. 그러고 나서 아무렇게나 하는 말로 보이지만 시사점이 많은 논평에서 아퀴나스의 논리는 "모든 사람을 구원하기를 바라시는 하나님의 무한한 지략"을 충분히 고려하지 않았다고 결론짓는다.[4]

치 않은 자를 바르게 하는 주제가 요즘처럼 많은 주의를 끈 적은 없었다.

4   Nicholas R. Ayo, in *The Sermon-Conferences of St. Thomas Aquinas on the Apostles' Creed*, ed. and trans. Nicholas R. Ayo, C.S.C. (Eugene, Ore.: Wipf and Stock, 1988), 77. 클레르보의 베르나르두스는 예외일 수도 있다. 『신곡(천국편)』(*Paradiso*)에서 단테는 베르나르두스가 세례받지 않은 아동은 림보에 머물러야 한다고 말한 것으로 묘사한다. 그러나 베르나르두스 자신은 생빅토르의 위그에게 이렇게 썼다. "우리는 고대의 성례들이 악명 높게 금지되지 않았음이 입증될 수 있다면 그것들이 효능이 있었다고 상정해야 합니다. 그다음에는 어떻게 될까요? 그것은 하나님의 손에 달렸습니다. 그 한계를 정하는 것은 나의 손이 아닙니다"(Bernard of Clairvaux, to Hugh of St. Victor, Mark Jay Mirsky, *Dante, Eros, and Kabbalah* [Syracuse, N.Y.: Syracuse University Press, 2003], 180 각주 17에 인용됨). Paul Rorem은 그 인용이 베르나르두스와 관련이 있고 위그에 의해 사용된 정서를 영어로 느슨하게 바꿔 쓴 것으로 보인다고 생각한다. Rorem은 그의 책 *Hugh of St. Victor* (Oxford: Oxford University Press, 2009)의 위그의 *De Sacramentis*에 관한 부분(82-85)에서 베르나르-위그 간의 서신에 관해 언급하며, 참고 문헌에서 방대한 참고자료들을 제시한다.

교부 시대로 거슬러 올라가면, 우리는 오리게네스의 유명한 만물의 회복(*De principiis* 2.10의 그리스어 텍스트에 등장하는 *apokatastasis ton panton*) 개념을 주목해야 한다. 이 개념에서 정련 또는 정화하는 불의 이미지가 큰 역할을 한다. 그는 말 3:2-3(제련업자의 불)을 인용하는데, 그것은 확실히 죄인들(즉 우리 모두)의 미래에 관한 우리의 고려에서 핵심적인 텍스트다. 니사의 그레고리오스는 오리게네스의 아이디어에 의존해서 고전 15:28을 인용하는 것으로 보인다. "만물을 그에게 복종하게 하실 때에는 아들 자신도 그때에 만물을 자기에게 복종하게 하신 이에게 복종하게 되리니, 이는 **하나님이 만유의 주로서 만유 안에 계시려 하심이라.**" 오리게네스에게서의 *apokatastasis*와 롬 11:32에서 바울이 경계를 바깥으로 확장한 것 간의 주된 차이는 바울의 사상 세계의 훨씬 더 급진적인 묵시적 맥락이다. 오리게네스의 개념은 (펠라기우스주의의 색조는 말할 것도 없고) 플라톤주의자의 영향을 받고 있는 반면에 바울에게서는 의존할, 구원해 줄 수 있는 영혼이나 영 문제가 없다. 육신(*sarx*)에 넘겨진 모든 인류는 전적으로 하나님의 의를 통해서 성령으로 말미암아 변화된다. "하나님이 모든 사람을 순종하지 아니하는 가운데 가두어 두심은 모든 사람에게 긍휼을 베풀려 하심이로다."

경건치 않은 자를 바르게 함을 뒷받침하는 것은 바로 하나님의 무한한 지략이다. 사도 바울은 로마서 11장에서 미리 계시를 통하지 않고서는 중세 시대나 우리 시대가 알 수 없는 것을 하나님은 알고 있으며, 그가 불신자를 자신의 목적에 따라 붙들고 있다고 선언한다. 우리가 이 점을 인정한다면 야요의 말은 바울과 같은 관점을 가리킨다. 그 관점에서는 승리하는 메시아가 일반적으로 이해되는 기독교 교제권 밖에 놓여 있는 많은 사람을 위해 원수의 통치를 제거한다. 예수는 이 점이 토마스 아퀴나스에게뿐만 아니라 그의 제자들에게도 문제를 제기하리라는 것을 알았다. 그것이 포도원 일꾼 비유의 맥락이다. 온종일 포도원에서 일한 노동자가 늦게 온 사람보다 더 많이 받은 것은 아니었다. 일찍 온 사람들은 자신의 품삯을 받고서 주인에게 "나중 온 이 사람들은 한 시간밖에 일하지 아니하였거늘 그들을 종일 수고하며 더위를 견딘 우리와 같게 하였나이다"라고 불평했다. 그러나 주인은 그들 중 한 사람에게 이렇게 대답했다. "친구여, 내가 네게 잘못한 것이 없노라. 네가 나와 한 데나리온의 약속을 하지 아니하였느냐?…나중 온 이 사람에게 너와 같이 주는 것이 내 뜻이니라. 내 것을 가지고 내 뜻대로 할 것이 아니냐? 내가 선하므로 네가 악하게 보느냐?"(마 20:11-15)

마태복음에서 이 비유에 곧바로 다음 구절이 이어진다는 점이 중요하다. "예수께서 예루살렘으로 올라가려 하실 때에 열두 제자를 따로 데리시고 길에서 이르시되 '보라, 우리가 예루살렘으로 올라가노니 인자가 대제사장들과 서기관들에게 넘겨지매 그들이 죽이기로 결의하고 이방인들에게 넘겨 주어 그를 조롱하며 채찍질하며 십자가에 못 박게 할 것이나 제삼일에 살아나리라'"(마 20:17-19).

메시아의 굴욕과 그 비유에 나오는 불공정해 보이는 분배 사이의 연결은 확실히 마태가 들을 귀 있는 사람들의 경계를 넓히려는 것이었다. 하나님과 마찬가지로 "사람을 외모로 보지 않는"(행 10:34) 포도원 주인의 관대함은 우리에게 편만한 인간의 반응—분개, 질투, 관대함의 결핍—을 야기하는데, 우리는 그것이 예수가 재판 받고, 정죄 받고, 고문을 받아 죽었을 때 자신의 몸으로 담당한 인간의 상태의 한 측면이라는 점을 이해해야 한다. 이 비유와 십자가 사이의 연결은 매우 중요하다. 하나님의 관대함은 아들의 십자가형을 의미한다. 경건치 않은 자의 칭의는 물의를 야기하는 하나님의 관대함에 참여하는 사람과 참여하지 않을 사람 또는 참여하지 못하는 사람에 대한 판단과 관련이 있다. 그러나 이것이 그들의 이야기의 끝이 아니다. 그 비유는 자기 연민에 빠져 하나님의 의에 이를 가망이 없는 탕자의 형의 이야기(눅 15:25-32)처럼 결말이 고정되지 않았다.[5]

지금까지의 논의를 따라온 독자들은 일반적으로 "칭의"로 번역되는 **디카이오시스**(*dikaiosis*) 및 그것과 구약성경에 나타난 하나님의 의(*dikaiosyne*) 사이의 관계에 대해 우리가 광범위하게 다뤘음을 기억할 것이다. 여러 성경신학자들이 경건치 않은 자의 칭의(롬 4:5과 5:6)를 기독교 복음의 핵심으로 본다.[6] 이 배후에 한 가지 전제가 놓여 있다. 성경에 나

---

5 Robert Farrer Capon은 그다운 심한 문체로 그 형의 문제는 그가 죽지 않은 것이라고 쓴다. 그의 아버지가 와서 그에게 부드럽게 말하지만 "은혜는 죽은 자에게만 작용하기 때문에 이것은 그릇된 시작이다. 이 젊은이의 문제는 바로 그가 죽기를 거부한다는 것, 즉 그가 모종의 허울만 좋은 질서에서 그의 삶으로 받아들여지는 것을 붙잡기 위해 미친 듯이 노력하고 있다는 것이다"(*The Parables of Grace* [Grand Rapids: Eerdmans, 1988], 142-43).

6 그의 생애 말년에, 영국의 저명한 학자인 F. F. Bruce는 학문 연구가 복음주의적 신앙 및 복음의 핵심적인 의미에 대해 갖는 의미 연구를 주제로 인터뷰에 응했다. 어떤 기준에 의해도 성경신학에서 걸출한 인물인 Bruce는 다른 많은 복음주의자와 달리 교회 및 신학의 다양한 진영에 속한 사람들로부터 존경을 받았기 때문에 특정한 범주에 포함시키기가 쉽지 않았다. 인터뷰 진행자로부터 그가 왜 "보수적인 복음주의자"라고 불리기를 거부하는가라는 질문을 받았을 때 Bruce는 "보수주의는 내 입장의 정수가 아닙니다"라고 답변했다. 인터뷰 진행자는 "'복음주의자'는 어떤 뜻입니까?"라고 물었다. Bruce는 이렇게 답변했다. "복음주의자는 **경건치 않은 자를 의롭다 하시는** 하나님[롬 4:5]을 믿는 사람입니다.

타난 하나님의 계시는 동시에 우리를 사랑하는 창조주로부터 분리되어 무력하게 **죄**와 **사망**에 매인 타락한 피조물로서의 우리 자신에 대한 계시다. 우리가 살펴본 바와 같이 **죄**에 대한 지식은 하나님의 은혜에 대한 지식의 **전제조건**이 아니라 그 **결과**다. 그러므로 기독교에 많이 존재하는 이런 역설 중 하나에서 "경건치 않은 자"에 대해 말하는 것은 이미 은혜의 지배 아래 있는 우리 자신에 대해 말하는 것이다. 성경에 등장하는 여러 인물 중 몇 명만 거명하자면 이사야와 시몬 베드로는 그들이 이미 하나님의 부름과 목적에 안전하게 들어가기까지는 자신이 경건치 않은 자에 속한다는 것을 알지 못했다(사 6:5; 눅 5:8).

"종교"는 모든 사람이 하나님 앞에서 동일한 필요를 갖고 있다는 차원에서 인간을 정의하지 않는다. 종교가 모든 사람을 동일한 영적 잠재력 차원에서 볼 수는 있다. 그러나 복음은 인간의 잠재력에 관한 것이 아니기 때문에, 복음은 이렇게 하지 않는다. 로마서 4장에 등장하는 아브라함이라는 인물은 여기서 원형이다. 그는 종교적 천재가 아니었다. 오히려 그 반대였다. 더글라스 하링크가 쓴 바와 같이 아브라함의 중요성은 우리가 "인간의 잠재력"으로 생각하기 좋아하는 것과는 아무 관계가 없다. 그가 별같이 많은 후손들을 갖게 되리라는 약속을 받은 사람으로서 아브라함—그는 나이 든 사람으로서 그의 아내는 불임이었다—에게는 **인간의 잠재력이 없었다.**[7] 바울은 아브라함이 할례를 받기 **전**에 선택되었음

그 이상도, 그 이하도 아니고 그 하나님을 믿는 사람이 복음주의자입니다." 그는 나아가 이렇게 말했다. "구원 사역에서 인간의 공적이나 업적의 어떤 요소라도 허용하기 시작하는 것은 무엇이든 그 한도에서는 복음적이지 않습니다." 미국에서는 복음주의가 전혀 이런 식으로 정의되지 않지만 Bruce(그는 스코틀랜드인이자 평생 플리머스 형제단 단원이었다)는 사회학적 정의를 제시한 것이 아니었다. 그는 오로지 **신**학적인 요소에 초점을 맞췄다. 그는 복음(**evangel**), 곧 하나님과 인간 사이의 관계를 정의하는 **선포**(*kerygma*)의 정수를 적시했다(*St. Mark's Review*, Spring 1989).

7 "인간의 잠재력이 없었다"는 이 어구는 Douglas Harink가 2006년 8월 27일 캐나다 앨버

을 강조하는데(롬 4:10-11), 이는 아브라함이 그 거래에서 아무것도 기여한 바가 없다고 말하는 바울의 방식이다. 하나님이 그를 선택한 것은 무로부터(*ex nihilo*) 선택한 것이었다.[8] 성경이 하나님을 묘사하는 중심에 이 놀라운 선언이 놓여 있다. 이것은 바울이 칭의에 관해 말하는 모든 것의 토대다. 그것은 바울이 "차별이 없다"(롬 3:22-23)고 말할 때 의미한 것을 보강한다.

인간의 다른 모든 기획에서와 마찬가지로 종교에서는 언제나 어느 정도의 근원적인 구별이 있다. 나누려는 이 편만한 경향 때문에 주류 교회들은 포용과 철저한 환대를 말함으로써 그 경향에 반대하려고 노력해 왔다. 몇십 년에 걸친 이러한 강조는 우리로 하여금 인종, 계급, 신조, 국적, 성별, 능력, 성적 기호 등에 의한 어떤 종류의 차별이나 분리에 반대하도록 올바로 가르쳤다. 그러나 이 대목에 미묘한 어려움이 있다. 회중들은 하나님께만 가능한 것을 인간에 대해 주장하고 있다. 어떤 회중도 모든 사람을 포용할 수는 없다. 포용적이고 환영하는 교회로 자처하는 어떤 교회도 자신에 대한 이 평가에 걸맞게 살지 못한다. 철저한 환대를 광고하는 교회에 출석해온 많은 사람이 교회에서 커피를 마시는 시간에 왔다 가도 아무도 인사하지 않는다. 교회들에는 환영받지 못한 많은 부류의 사람이 있다. 다운 증후군이 있는 사람을 지도자로 받아들이는 회

타주 애드먼튼 소재 제일침례교회에서 설교한 내용(출판되지는 않았음)에서 따온 것이다. 임신할 수 없었던 아브라함과 사라 부부는 그들의 "숨겨진 인간의 잠재력" 때문이 아니라 "바로 그들에게 아무런 인간적 잠재력이 없었기" 때문에 하나님께 "선택되었다." 이삭은 사래/사라가 아이를 낳을 수 있는 나이가 수십 년 지나서야 임신되었다.

8 하나님이 아브라함과 맺은 언약은 아브라함의 참여 없이 하나님에 의해서만 행동이 취해 졌다는 점이 매우 중요하다. 바울은 창세기 15:17-21에 나타난 연기나는 화로라는 고대의 섬뜩한 이야기를 언급하지 않지만, 그것은 하나님이 언약 당사자—강한 당사자뿐만 아니라 약한 당사자도—모두의 역할을 수행함으로써 일방적으로 아브라함과의 언약을 시작하고 승인하는 것에 대한 가장 극적인 예시다.

중이 씻지 않고, 치료를 받지 못하고, 문제를 일으키는 생면 부지의 사람은 포용하지 못할 수도 있다. 성전환자를 포용하는 신도들이 자아도취적 성격 장애를 갖고 있는 여성은 포기할 수도 있다. 현재 옳다고 지정된 모든 견해를 갖고 있지 않는 구성원은 자신이 주변으로 밀려나 있고 심지어 모욕을 받았다고 느낄 것이다. 자신을 다양하고, 환영하고, 포용적이라고 선언하는 회중의 선의에도 불구하고 어떤 사람이나 어떤 집단도 이 생에서는 모든 것을 포용하지는 못한다는 엄연한 사실이 상존한다. 언제나 "성공회 교회는 당신을 환영합니다"라는 표지를 조롱으로 생각하는 사람이 존재할 것이다. "열린 가슴, 열린 마음, 열린 문"을 가졌다는 연합 감리 교회의 주장에도 불구하고 언제나 친절한 환영을 받지 못했다고 생각하는 사람이 있을 것이다.[9] 이는 때때로 심각한 장애나 짜증나게 만드는 성격 때문일 수도 있고, 때로는 유행하고 있는 정통에 어긋나는 신념을 품고 있기 때문일 수도 있을 것이다.[10] 그러므로 새로운 유형의 배제가 좀 더 명백한, 인종이나 계급에 기초한 이전 유형의 배제를 대체한다. 그렇게 하는 것은 죄악된 인간 본성의 일부다.

예수 그리스도의 십자가형은 인간을 서로에게서 분리시키는 이 모든 종교적 범주를 끝장낸다. 누구에겐가, 어느 시점엔가 어떤 피해를 입히지 않는 사람은 없다.[11] 우리는 어떤 사람의 인간 관계에서의 실패가 또 다른 사람의 악의적인 공격과 동일한 것으로 보이지 않도록 정신적

9　이 모든 예는 실제 사람 및 실제 교회와 관련된 실제 삶의 상황에서 취한 것이다.

10　복음주의자들은(심지어 "자유주의적인" 복음주의자조차) 수십 년 동안 주류 교회로부터 차별, 경멸 그리고 심지어 배제를 경험했다.

11　Robert Penn Warren의 소설 『왕의 모든 부하』(All the King's Men)에서 정치인 윌리 스타크는 이제는 자신의 휘하에서 일하는 전직 기자에게 어떤 판사에 관해 "무언가를 알아내도록" 지시한다. 그 기자는 그 판사가 정직함의 모델이라서 얻어낼 게 없다고 대꾸한다. 스타크는 이렇게 대답한다. "누구에게나 뭔가가 있다네."

대차대조표를 기록하느라 (종종 무의식적으로) 상당한 정신적 에너지를 소비한다. 그러나 바울의 말로 표현하자면 "차이가 없다"(롬 3:22). 우리는 의로운 자와 의롭지 않은 자, 영적인 자와 영적이지 않은 자, 종교적인 자와 종교적이지 않은 자—그리고 특히 그들의 "인간의 잠재력"을 낭비한 자—모두에 관해 신학적으로 말할 수 있는 방법을 발견해야 한다. 특히 우리는 피해자와 가해자 모두를 고려해야 한다. 우리가 이렇게 하지 못하면 그것은 **복음**이 아니다.

구약성경에 나타난 고의성이 없는 죄 대 "고의적인" 죄

경건치 않은 자를 염두에 두고 성경을 사려 깊게 읽은 독자라면 구약성경이 경건치 않은 자(의롭지 않은 자로도 불린다)의 비참한 운명에 관한 언급으로 가득하다는 것을 즉시 알아챌 것이다. 이와 관련된 몇몇 예를 들면 이 점이 잘 보일 것이다.

> 하나님이 경건하지 못한 자들의 뼈를 흩으셨기에…
> 하나님이 그들을 물리치셨으니, 그들이 수치를 당할 것이다(시 53:5, 새번역).

> 여호와의 말씀이니라. "선지자와 제사장이 다 사악한지라.
> 내가 내 집에서도 그들의 악을 발견하였노라.
> 그러므로…그들을 벌하는 해에
> 내가 그들에게 재앙을 내리리라." 여호와의 말씀이니라(렘 23:11-12).

오경의 제사장 문서에는 "고의로" 죄를 범해서 "그의 죄악이 그에게로 돌아갈"(민 15:30-31) 사람을 위한 대비가 없다. 레위기의 제사들은 "본의 아니게" 죄를 지은 사람들을 위해 마련되었다. 이는 예리하게 범법자 문제를 제기한다. 만일 그리스도가 신약성경이 반복해서 선포하듯이 참으로 "죄를 위해" 죽었다면, 그리고 히브리서가 선언하듯이 그 죽음이 "단번에" 보편적인 중요성을 갖는다면 "고의로" 죄를 범한 사람을 위한 어떤 대비가 있어야 한다.

성경 시대 이래로 고의적인 범법자의 정의는 변해왔다. 오늘날 "경건치 않은 자" 또는 달리 말하자면 "의롭지 않은 자"의 정의는 구약성경 시대의 정의나 그 문제에 관한 한 예수 당시의 유대교의 정의와 달랐다. 우리는 참으로 경건치 않은 자를 생각할 때 아마도 하나님의 언약의 신실성에 대한 상습적인 위반자를 생각하기보다는 폴 포트나 반항적이고 참회하지 않는 연쇄 살인범을 생각하는 경향이 있다. 우리는 앞서 참으로 인간이 아니고 그들에게 적절한 운명을 상상할 수 없는[12] 소수의 사이코패스들이 있을 수도 있다고 주장했다. 죄와 악의 네트워크에 연루된 "보통" 사람들—형편없이 지도되고 있는 군대에서 강간 살인범이 된 미국의 젊은 남성들, 발달 장애가 있는 소녀를 잔인하게 공격한 고등학교 풋볼 선수들, 경제 전체에 재앙적인 결과를 가져온 탐욕스러운 관행을 조장하고 이를 은폐한 회사 임원들—에 관한 질문들은 훨씬 도전적이고

---

12 비록 Will Campbell이 그의 책 『그리고 당신도 마찬가지다』(*And Also with You*)에서 시도했지만 말이다. 백인 중 그보다 더 디프 사우스 지역에서 벌어진 백인 인종차별주의자 폭력의 참상을 잘 아는 사람이나, 자신의 목숨이 위험에 처할 정도로 인권 운동에 관여한 사람은 없었다. 그러나 그는 그 책의 끝에서 전적으로는 아니지만 거의 환상적인 시나리오에서 악마같이 홀린 샘 바워스(KKK의 우두머리)와 히틀러의 구속(redemption)조차 상상할 수 있다. 거기서 골다 메이어(천국의 사냥개 역할을 한다)는 마침내 그에게 노란 별을 꽂는 데 성공할 때까지 영겁의 시간 동안 "천국의 첨탑" 주위에서 히틀러를 쫓는다.

중요하다. 우리는 기꺼이 상황, 문화, 종족(소대, 스포츠 팀, 비즈니스 동료)을 참작하기 때문에 이런 일상적인 사건은 자주 무시되고 간과된다. 하나님이 어딘가에 그려둔 의로움과 의롭지 않음, 경건함과 경건치 않음 사이를 구분하는 선이 존재하는가? 만일 그런 선이 있다면 우리 자신이 어느 쪽에 있는지를 우리가 어떻게 알 수 있는가? 우리는 다른 사람을 어떻게 판단하는가? 요즘에는 "판단주의"(아주 최근까지 알려지지 않았던 단어다)를 거부하는 것이 규범이 되었는데, 그럼에도 불구하고 우리가 그것을 인식하든 인식하지 않든 간에 우리 모두 어느 지점에서는 판단을 한다. 설사 우리가 어떤 사람을 판단하는 사람이라고 생각하는 판단만 하더라도 말이다.[13]

그러므로 구약성경의 기준에 의하더라도 의로운 자와 불의한 자를 구분하는 데 문제가 발생한다. **이 어려움이 구약성경 자체에 언급되어 있다.** 성경은 철저하게 그리고 정경적으로 연구되면 자체 교정으로 가득하다는 것이 성경 해석의 불가결한 규칙이다. 구약성경에 수록된 특정한 핵심 구절들은 구별의 급진적인 말소를 기대한다. 우리는 이미 이사야 64:5-7을 언급했다. 사도 바울은 **히브리 성경** 자체에서 모든 인간이 **죄**의 힘 아래 있다는 그의 참으로 포괄적인 선언의 토대를 발견한다. 로마서 3:9-12에서 그는 시편 14:1-3을 인용하여 이렇게 쓴다.

유대인이나 헬라인이나 다 죄 아래에 있다고 우리가 이미 선언하였느니라.
기록된 바
"의인은 없나니 하나도 없으며
깨닫는 자도 없고 하나님을 찾는 자도 없고

---

13 우리는 3장("정의 문제")과 10장("지옥 강하")에서 이 이슈들을 다소 길게 살펴보았다.

다 치우쳐 함께 무익하게 되고 선을 행하는 자는 없나니 하나도 없도다."[14]

위대한 문학 작품의 저자들은 인간의 본성에 관해 우리의 가장 좋은 스
승들이다. 터키의 소설가인 오르한 파묵은 2006년 노벨상을 받았다. 그
해 4월 그는 펜 작가협회에 아서 밀러 저술 자유 강연을 했다. 여기에 그
가 말한 내용의 일부를 인용한다. "나는 결국 소설가입니다. 압제와 억압
의 희생자였던 사람이 아주 짧은 시간 안에 갑자기 압제자 중 한 사람이
될 수 있는 세상에 살면서…스스로를 자신의 등장인물, 특히 '나쁜' 등장
인물과 동일시하는 것을 업으로 삼는 소설가입니다."[15]

　허구의 문학 저자들이 그들이 창조해낸 인물에 대해 이렇게 할 수
있다면 자애로운 창조주 자신은 얼마나 더 그러하겠는가? 우리의 주 예
수가 바로 이렇게 자신을 "자신의 등장 인물, 특히 '나쁜' 인물"의 자리에
두어 그들과 동일시하지 않았는가? 파묵은 고의성이 없는 죄―레위기의
제사들에서 대비된 종류의 죄―에 관해 쓴 것이 아님을 주목하라. 그는
소극적인 협력자만이 아니라 "고의적인" 범법자들, 우리 가운데 최악인
사람, 다른 상황에서는 우리 중 최고로 여겨졌을 수도 있는 사람들까지
염두에 두고 있다.

　그러나 최고의 소설가들도 우리에게 고의적인 범법자들을 이해하며
용서하라고 권할 수 있을 뿐이다. 소설가는 잘못된 것을 바로잡을 수 없

14　시 53:1-3; 143:2도 보라.
15　Orhan Pamuk, "Freedom to Write," *New York Review of Books*, May 25, 2006. 비슷한 맥락
　　에서 소설가인 Jonathan Franzen은 노벨상 수상자 Alice Munro에 대해 쓰면서 이렇게 말한
　　다. "만일 당신이 당신의 마음에서 일어난 증오에 대해 불쾌하다면, 당신을 증오하는 사람
　　은 어떻겠는지 상상하려고 노력해보라. 당신은 사실은 당신 자신이 그 악한 자일 가능성
　　을 생각해볼 수도 있다. 만일 이렇게 생각하기가 어렵다면 당신은 며칠 밤을 [Alice Munro
　　와] 함께 보내는 것을 시도해볼 수도 있을 것이다"(Jonathan Franzen, *New York Times
　　Sunday Book Review*, November 14, 2004).

다. 오직 하나님만이 압제적인 **권세들**이 쫓겨나고 전복되는 체제 변화를 실행할 수 있다. 이것은 하나님의 목적의 이야기로서, 그 목적은 "그리스도 안에서 때가 찬 경륜을 위하여 예정하신 것이니 하늘에 있는 것이나 땅에 있는 것이 다 그리스도 안에서 통일되게 하려"(엡 1:9-10)는 것이다.

체제 변화로서 교정

"체제 변화"라는 용어는 불미스러운 정치적 맥락에서 출현했지만, 우리는 그 용어를 묵시적 드라마에서 하나님의 의가 무엇을 할 수 있는지에 대한 근사치로 이해할 수 있다.[16] **죄와 사망의 권세들**이 인류를 다스리는 옛 체제가 확실히 정복되고 "피조물도 썩어짐의 종노릇한 데서 해방될 것이다"(롬 8:21). 이는 하나님께만 가능한 것들만이 궁극적인 실재가 되는 새로운 미래가 있을 것임을 의미한다.

바울은 그의 서신들의 여러 곳에서 체제 변화에 대해 말한다. 가장 중요한 텍스트 중 하나는 로마서 13:12-14이다. "밤이 깊고 낮이 가까웠으니 그러므로 우리가 어둠의 일을 벗고 빛의 갑옷을 입자. 낮에와 같이 단정히 행하고…오직 주 예수 그리스도로 옷 입고 정욕을 위하여 육신의 일을 도모하지 말라." 로마서 13장과 14장에서 그가 **퀴리오스**(*Kurios*, 주)라는 단어를 사용하는 것은 그의 체제 변화의 복음 전체의 핵심이지만, 우리가 면밀히 보지 않는 한 이 점이 명백하게 드러나지는 않을 것이

---

16 조지 W. 부시 행정부는 그 용어를 이라크의 사담 후세인에 대한 선제적 전쟁의 목표를 가리키는 것으로 사용했다. 나는 내가 그 용어를 스스로 전용했다고 생각했는데, 2012년 5월 프린스턴에서 열린 로마서에 관한 컨퍼런스의 노트를 훑어보다가 내가 그 용어를 Susan Eastman의 강의에서 가져왔음을 알게 되었다.

다. 예컨대 14:4을 살펴보라. "네가 누구기에 남의 하인을 비판하느냐? 그는 잘했는지 여부에 관해 자기 주인(*kurios*)에 대해 서거나 넘어진다. 그리고 그의 주인/또는 주(*Kurios*)가 그를 세울 수 있기 때문에 그가 설 것이다"(NIV의 번역임).

이것이 바울의 고전적인 설교다. 이 사도가 "판단을 하는" 사람에 대해 단호하게 반박하는 것으로 보이지만, 그는 사실은 체제 변화의 복음을 설교하고 있다. 이 구절에 이어지는 부분은 모두 윤리적 행동에 대한 지시로 보이고 종종 그런 식으로(권고로) 특징지어졌지만, 그것이 세상(*kosmos*)의 변화와 매우 밀접한 관련이 있음을 알아차리지 못한 채 그런 식으로 생각하면 실수하는 것이다. 우리가 바울이 14:4-14에서 주(*kurios*)라는 단어를 계속 사용하는 것을 보면 이 점이 명백해진다. **바울이 13:12에서 묘사하는 체제 변화가 그리스도로 말미암아 초래되었다**는 것이 핵심 요점이다. 복음의 전체 구조는 자기 하인들을 넘어지지 않고 서게 할 수 있는, 십자가에 처형되고, 부활하고, 승리하는 그리스도의 주 되심에 토대를 두고 그 위에 세워진다.[17]

---

17 자기 발로 일어서는 것과 관련하여 성경에서 (신비스럽기는 하지만) 가장 눈부신 구절 중 하나는 에스겔의 취임 환상이다. 그 환상은 이런 식으로 마무리된다. "이는 여호와의 영광의 형상의 모양이라. 내가 보고 엎드려 말씀하시는 이의 음성을 들으니라. 그가 내게 이르시되 '인자야, 네 발로 일어서라. 내가 네게 말하리라' 하시며 그가 내게 말씀하실 때에 그 영이 내게 임하사 나를 일으켜 내 발로 세우시기로 내가 그 말씀하시는 자의 소리를 들으니"(겔 1:28-2:2). 사람을 서게 하는 존재는 주의 영이다.

진정한 포용

디카이오시스(*dikaiosis*)라는 단어가 "교정"으로 번역될 때 바울이 전한 승리자 그리스도 설교의 급진성이 좀 더 분명해진다. 본서의 독자들은 어느 정도까지는 최근에 주류 교파들에서 사실상 어떤 유보도 없이 취해진 "사회 복음"에 대한 강력한 지지를 알아차릴 것이다. 그러나 우리가 거듭 살펴본 바와 같이 사회 복음 및 그것의 가까운 사촌인 해방 신학에는 뭔가가 빠져 있다. 그들은 성경에 상당히 일치함에도 불구하고 충분히 포용적이지 않다. 다양한 형태의 해방신학은 유죄인 사람과 무죄인 사람 간의 구별을 권장한다. 여기서 다시금 생각이 있는 그리스도인들이 종종 모순되는 두 입장을 동시에 유지할 필요가 있다. 이 경우 우리는 하나님의 "가난한 자 우대"를 옹호하는 동시에 "우리 **모두** 가난한 자들이다"[18]는 플래너리 오코너의 주장에 동의할 수 있다. 한스 큉은 이에 관해 능숙하게 쓴다. "이 하나님이 사실상 약하고, 병들고, 가난하고, 혜택을 받지 못하고, 억압받고, 심지어 종교적이지 않고, 비도덕적이고 경건치 않은 자들의 편에 서는 하나님이라는 것이 십자가에서보다 더 명백히 드러나는 곳은 없다."[19]

　　인간에 대한 참으로 포괄적인 평가가 종종 전체주의 정권에서 고통을 받은 사람들의 설명에서 발견된다. 프리모 레비는 의로운 자와 불의한 자를 구분하는 것이 불가능한 극단적인 상황을 묘사하기 위해 "회색

18　Flannery O'Connor, Letter to "A," September 15, 1955, in *The Habit of Being* (New York: Farrar, Straus and Giroux, 1979), 103, 강조는 덧붙인 것임.

19　Hans Küng, *On Being a Christian* (New York: Doubleday, Image Books, 1984), 435, 강조는 덧붙인 것임.

지대"라는 말을 만들어냈다.[20] 얀 T. 그로스는 나치 시대 동안 폴란드에서 발생한 특히 끔찍한 잔혹행위에 관한 그의 영향력 있는 책에서 이렇게 썼다. "뚜렷한 공동의 정체성을 갖고 있는 집단으로서 사람이 **피해자인 동시에 가해자일 수 있는가?** 고통받으면서 동시에 고통을 가하는 것이 가능한가? 포스트모던 세상에서 그런 질문에 대한 대답은 간단하다. 그것은 물론 가능하다."[21]

현재 교회들이 획일적으로 단언하는 분위기에서 이런 주장을 열심히 살펴보기를 꺼렸기 때문에 우리 가운데서 분리와 분열이 악화되어왔다. 다양한 주류 교파들이 좀 더 다양하고 포괄적이거나 소위 덜 기독교 우파적인 사람을 놓고 경쟁하는 반면에, 기독교 우파는 그들의 입장에서 다른 이슈들을 갖고서 똑같은 일을 하고 있다. 그러나 성경 자체의 내적 단서에 충실할 경우 성경의 묵시적 해석은 모든 인간의 공통적인 곤경—그것이 우리를 하나로 묶어주는 요소이기 때문—을 강조할 것이다.[22] 신약성경 저자들은 성경의 이 내적 단서들에 익숙했다(히브리 경전이

---

20   Primo Levi, *The Drowned and the Saved* (New York: Vintage Books, 1988), 2장(36-69)의 제목.

21   Jan T. Gross, *Neighbors: The Destruction of the Jewish Community in Jedwabne, Poland* (Princeton: Princeton University Press, 2001), 144, 강조는 덧붙인 것임. 본서는 제2차 세계대전 초기에 폴란드에서 발생한 실제 대량 학살을 묘사한다. 폴란드의 한 마을의 인구 절반을 차지하던 유대인들이 또 다른 절반의 이방인들에게 살해되었다. Gross는 유대인 이웃을 열성적으로 헛간에 모아놓은 다음 그들을 산 채로 불태우고, 작은 아이들을 함께 묶어서 건초 포크로 그들을 불 속으로 집어 던진 사람은 독일인이 아니라 현지의 폴란드인이었음을 보여주었다. Gross는 철학자인 Eric Voegelin이 쓴 글을 인용하는데, Voegelin에 의하면 악한 체제는 "사회 전체가 질서를 유지하는 한 점잖은 사람이지만, 어느 곳에선가 무질서가 발생하고 사회가 더 이상 통합되지 않을 때에는 **자기가 무슨 짓을 하고 있는지 모르는 채** 미쳐 날뛰는 단순한 사람"을 모집할 수 있다(Gross, 156-7, 강조는 덧붙인 것임).

22   때때로 극단적인 우익 기독교 분파를 이해하기 위해 가장 많이 노력한 사람은 "자유주의적인" 그리스도인이 아니라 언론인과 작가인 것으로 보인다. Jeff Chu는 동성애자인 그리스도인으로서의 삶을 다룬 책 『예수께서 정말 나를 사랑하시는가?』(*Does Jesus Really Love*

신약성경의 그리스도인들이 갖고 있던 유일한 성경이라는 점을 잊기 쉽다). "경건치 않은 자를 의롭다 함[바르게 함]"이라는 바울의 어구는 시편에 수록된 "여호와께서 자기를 위하여 **경건한** 자를 택하신 줄 너희가 알지어다"(시 4:3) 같은 내용에 모순되는 것으로 보인다. 그러나 바울은 바로 시편에서 "의인은 없나니 하나도 없다"는 핵심적인 통찰을 확인한다.[23] 성경이 스스로 해석한다는 원칙에 입각해서, 이러한 상호 참조들에 면밀하게 주의를 기울이면서 경전을 읽는 것이 매우 중요하다. 그렇게 하지 않으면 우리는 틀림없이 자신의 무죄를 과시하려고 하는 인간의 보편적인 특징에 빠질 것이다.

스스로 깨끗한 자로 여기면서도
자기의 더러운 것을 씻지 아니하는 무리가 있느니라(잠 30:12).

사람의 행위가 자기 보기에는 모두 깨끗하여도
여호와는 심령을 감찰하시느니라(잠 16:2).

바로 이 상황—**죄**의 그물에 잡혀 있으면서도 자신의 정당성을 입증하는

Me?)에서 동성애자를 괴롭히는 것으로 악명 높은 웨스트보로 침례교회 교인들을 동정적으로 길게 묘사한다. "What God Wants," Chu의 책 서평, *New York Times*, April 11, 2013.

23 미국의 기독교 예전에서 200년 넘게 사용되어온 일반 고백이 이 보편적인 인간의 특징을 상쇄한다. 성공회 교회의 아침 기도 때 사용된 일반 고백은 공동 기도("우리는 그릇 행하였고 잃어버린 양처럼 주님의 길에서 벗어났나이다.…우리는 우리 자신의 마음의 계획들과 욕망들을 너무 많이 따랐나이다)의 일부였다. 그 기도는 신자들로 하여금 자신을 죄에 빠진 일반 시민의 일부로 보도록 격려했다. 개정된 『성공회 기도서』 일반 고백의 좀 더 약한 버전은 같은 방식으로 표현하지 않았고 일요일 오전 아침 기도에서 사용되지 않은 이후로는 교회에서 전과 동일한 탁월함과 권위를 지니지 않게 되었다. 주류 교회들에서 사용된 좀 더 새로운 기도들은 옛 버전들을 구별시켰던 표현의 힘과 무조건적인 보편성이 결여되어 있다.

데 관심을 기울이는 보편적인 인간의 본성―이 하나님의 의에 의해 다뤄진다.

시편에 나타난 하나님의 의

시편 25편(*Ad te, Domine, levavi*: "여호와여, 나의 영혼이 주를 우러러보나이다") 같은 구약성경 구절로부터 하나님의 묵시적 관점에서 경전을 읽는 것의 예를 들어보자. 다른 많은 시편에서와 같이 하나님의 신실하심이 찬양된다.

> 여호와의 모든 길은
> 그의 언약과 증거를 지키는 자에게 인자와 진리로다(시 25:10).

이 구절은 하나의 질문을 제기한다. 누가 "그의 언약을 지키는 자"에 대한 묘사에 부합하는가? 누가 자신이 그렇게 했다고 주장할 수 있는가? 누가 자신의 삶이 언약에 신실한 삶이었다고 확신할 수 있는가? 예수 시대의 유대교는 언약에 대한 충실함이 하나님의 바르게 하는 힘의 급진적인 침입이 없이도 인간이 도달할 수 있는 영역 안에 있다고 가정한 것으로 보인다. 바리새인으로서 바울은 그의 회심 전에는 확실히 그렇게 생각했다(빌 3:4-6). 이것은 후에 아우구스티누스가 조롱한 펠라기우스와 관련된 견해인데, 그는 펠라기우스가 "우리의 본성의 힘이 매우 위대하다고 믿고서 우리가 성령의 도움이 없이도―덜 쉽기는 할 수 있지만 어떤 정도까지는 여전히―악령에게 저항할 수 있다고 서둘러 기뻐했다"라고 조롱했다.[24] 비록 이론상으로는 아우구스티누스가 이 논쟁에서 "이겼지만" 그는 펠라기우스의 견해를 제거하지 못했다. 그 견해는 그 이후에도 대다수 그리스도인의 기본적인 입장으로 존속해왔다.[25] 영적·윤리적 개발에 관해서 더 진지한 사람일수록 더 "펠라기우스적"으로 되는 경향이 있으며, 자신이 도덕적·영적 진보를 이루고 있다고 생각할 유혹이 매우 크다. 그러나 시편 저자는 불안을 표현한다.

> 여호와여 나의 죄악이 크오니
> 주의 이름으로 말미암아 사하소서(시 25:11).

이 기도에 이어서 자신의 종들을 가르치고 인도할 것이라고 안심시키는 하나님의 확언이 표명된다.

> 여호와의 친밀하심이 그를 경외하는 자들에게 있음이여,
> 그의 언약을 그들에게 보이시리로다.
> 내 눈이 항상 여호와를 바라봄은
> 내 발을 그물에서 벗어나게 하실 것임이로다(25:14-15).

그러나 시편 저자는 여전히 자신의 토대가 취약함을 알고서 도움을 간청한다.

---

24 Augustine, *Treatise on the Grace of Christ* 28.27-28.
25 그것은 기본적인 입장일 뿐만 아니라 최근에 몇몇 사람들에게는 선택된 입장이기도 하다. 현재 특히 "켈트주의" 성향이 있는 사람들에게는 펠라기우스와 펠라기우스주의를 선호하는 선택으로 복권시키려는 움직임이 있다. John Philip Newell는 유명한 다수의 책에서, 그리고 특히 *Listening to the Heartbeat of God* (Mahwah, N.J.: Paulist, 1997)에서 이 움직임을 지지해왔다.

주여, 나는 외롭고 괴로우니

내게 돌이키사 나에게 은혜를 베푸소서.

내 마음의 근심이 많사오니

나를 고난에서 끌어내소서(25:16-18).

이 시편은 성경 전체와 마찬가지로 기본적으로 다른 두 가지 방법으로 읽힐 수 있다. 하나님은 스스로 돕는 사람을 돕는 분인가? 아니면 그는 무력한 사람을 돕는 분인가? 달리 표현하자면 **누구의 의**가 구원하는 힘을 갖고 있는가? 그 시편 전체를 통해 **하나님**이 능동적인 행위자, 사실상 모든 구절의 주체다. 하나님이 "보이시고", "그물에서 벗어나게 하시고", 괴로운 자에게 "돌이키시고", "근심을 경감하시고", "고난에서 끌어내신다." 그 시편은 아래의 행들로 끝난다.

내 영혼을 지켜 나를 구원하소서.

내가 주께 피하오니 수치를 당하지 않게 하소서.

내가 주를 바라오니

성실과 정직으로 나를 보호하소서.

하나님이여, 이스라엘을

그 모든 환난에서 속량하소서(25:20-22).[26]

---

26 신약성경에서 "이스라엘"은 때때로 유대인을 의미할 수도 있지만―예컨대 롬 9:3-5과 11:25에서와 같이―바울에게서는 그 말이 유대인과 이방인 모두를 포함하는 하나님의 모든 백성에 대한 보편적인 적용인 경우가 더 흔하다(바울이 그것을 지칭하는 표현인 "하나님의 이스라엘", 하나님의 "새 창조"―갈 6:15-16). 따라서 시편에서 인용된 "이스라엘을 그 모든 환난에서 속량하는 것"은 특수한 의미와 보편적인 의미 모두를 지닌다.

여기서 시편 저자는 **자신의** "성실과 정직"이 아니라 하나님의 성실과 정직을 언급한다. 하나님의 의—이것은 히브리 예언자들에게서 강력한 주제다—는 인간들 사이에서 성실과 정직을 지지할 뿐만 아니라 그것을 **발생**시키기도 한다. 바울은 이것을 경전에서 그가 읽는 모든 것의 토대로 본다.[27] "모든 환난에서" 이스라엘을 구속하는 것은 바로 하나님이 그리스도 안에서 한 일이다. 어떤 성실과 정직이 작동하더라도 그것들은 하나님의 의로서 작동한다.[28] 그 시편 저자는 적들과 위험들의 한복판에서 살아야 하지만 그는 주님의 구원하는 행위를 기다린다.

시편 69편(*Salvum me fac*: "하나님이여, 나를 구원하소서")은 비슷한 궤적을 갖고 있는데, 그 시편은 극한 상황에 놓여 있는 개인에서 시작해서 약속된 구속에 대한 비전으로 전개된다. 20-21절 때문에 이 시편은 성금요일과 연관된다.

> 비방이 나의 마음을 상하게 하여
> 근심이 충만하니,
> 불쌍히 여길 자를 바라나 없고
> 긍휼히 여길 자를 바라나 찾지 못하였나이다.
> 그들이 쓸개를 나의 음식물로 주며
> 목마를 때에는 초를 마시게 하였사오니.

---

27 Käsemann은 획기적인 논문 "바울에 나타난 하나님의 의"(The Righteousness of God in Paul)에서 우리로 하여금 **하나님의 의**(*dikaiosyne theou*)가 하나님의 미덕이나 속성과는 질적으로 다르다는 것을 알도록 도와준다. 하나님의 의는 **구원을 위한 하나님의 능력**이다 (롬 1:16-17).

28 Simon Gathercole이 말한 바와 같이 "구원에서 하나님만이 유일한 운영자다.…하나님이 정원을 채우기 위해 우리의 율법 준수를 어느 정도 성공적으로 마무리해야 할 필요가 있는 것이 아니다.…하나님은 자신만이 구원 사역 전부를 행한다는 것이 명백해지도록 일한다"(롬 11:6) ("What Did Paul Really Mean?" *Christianity Today*, August 2007).

그러나 이 절들 바로 뒤에 저주하는 기도가 이어진다.

> 그들의 밥상이 올무가 되게 하시며…덫이 되게 하소서.…
> 주의 분노를 그들의 위에 부으시며
> 주의 맹렬하신 노가 그들에게 미치게 하소서.…
> 그들의 죄악에 죄악을 더하사
> 주의 공의에 들어오지 못하게 하소서
> 그들을…의인들과 함께 기록되지 말게 하소서(69:22-28).

이는 범법자와 피해자 문제를 상당히 노골적으로 제기한다. 그 시편에서 말하는 사람은 피해자이며, 자신을 괴롭힌 사람들을 용서해달라고 기도했던 예수와 달리 그 피해자는 정죄하며 배제해달라고 기도한다. 그는 하나님의 정의에 호소하고 법정의 선고를 요구한다. 우리는 이것을 어떻게 이해해야 하는가?

신약성경의 묵시에 기반한 규범적인 독법은 시편 69편의 마지막 절들이 이 시편 전체에 결정적이라고 생각할 것이다. 증오, 보복, 정죄가 마지막 말들이 아니다. 이 시편은 하나님의 절대적인 의로움을 신뢰하는 가운데, 하나님이 축복하기로 선택할 모든 사람을 포함하여 모든 것을 하나님의 손에 맡기고 찬양하는 것으로 끝난다. 이처럼 신약성경에 비추어 읽으면 구약성경은 인간의 마음을 어둡게 하는 모든 것에 대한 하나님의 승리에 대한 증언으로 가득 차 있다.

> 천지가 그를 찬송할 것이요…
> 하나님이 시온을 구원하시고
> 유다 성읍들을 건설하시리니

무리가 거기에 살며 소유를 삼으리로다.

그의 종들의 후손이 또한 이를 상속하고

그의 이름을 사랑하는 자가 그중에 살리로다(69:34-36).

인간 곤경의 깊이와 하나님의 의(*Dikaiosyne*)

하나님의 의에 대한 이 신앙은 누가 경건한 자이고 누가 경건치 않은 자인지에 관해 매우 엄격한 판단을 내리기를 거부하는, 인간의 본성에 대한 새로운 관점을 요구한다. 허먼 멜빌의 걸작 『모비 딕』(*Moby Dick*)에서 피쿼드호는 인간의 소우주다. 이 서사 이야기는 보편적인 인간의 곤경에 대한 언급으로 가득 차 있다. 소설의 앞부분에서 이스마엘은 "신약성경의 저울에서…누가 노예가 아닌가?"라고 묻는다. 뱃머리 모양의 설교단에서 전한 메이플 신부의 유명한 설교는 그 사제의 "사랑하는 동료 선원들"을 대상으로 한 것으로서 위험에 처한 그들에 대한 설교자의 연대를 강조한다. 훗날 "미개인" 퀴퀘그는 "그것은 상호 관련이 있고 이해를 같이하는 세상이다. 우리 식인종들은 이 그리스도인들을 도와줘야 한다"고 말한다. 이스마엘은 이렇게 선언한다. "하늘이시여, 우리 모두에게, 곧 장로교인과 이교도에게 자비를 베푸소서. 우리 모두 뱃머리가 심하게 깨져서 절실하게 수선을 필요로 하나이다."

멜빌의 신비로운 이 소설이 여러 측면으로 해석될 수 있지만, 저자가 칼뱅의 하나님 및 자기 선조의 신앙에 맞서려고 애씀에도 불구하고 확실히 그 소설은 칼뱅주의 뉴잉글랜드의 신 중심적인 주제에 동화되었다고 말할 수 있다. 장 칼뱅은 인간 의지의 보편적이고 "전적"인 타락에 관해 썼다.[29] 우리가 인간의 곤경에 대해 이스마엘의 말로 "절실하게 수선을 필요로 한다"고 묘사한다면 우리는 오늘날 칼뱅의 말을 좀 더 잘 들을 수 있을 것이다. **용서**받을 필요만 있는 것이 아니라 **수선**할, 즉 바로잡을 필요도 있음을 유념하라. 다른 방법으로는 하나님의 정의가 우주적인 차원에서 시행될 수 없다.

우리는 수십 년간 주류 교회들을 지배해온 심판 개념에 대한 뿌리 깊은 저항을 지적했다. 심판은 대체로 성구집에서 삭제되었고 대부분의 설교에 등장하지 않는다. 그러나 우리 시대의 특징인, 느슨하게 정의된 "관용"에 대한 요구에도 불구하고 우리 공동체에는 공동체의 감수성을 심하게 해치는 경우 심판이 필요하다는 심원한 감각이 남아 있다. 정의와 의로움에 대한 요구는 유대-기독교 전통에 불멸의 요소로 내장되어 있는데, 인간의 사악함의 사례에 의해 그 정체성이 흔들릴 때 우리는 이 점을 가장 명확히 볼 수 있다. 유대인의 환경에서 나온 두 가지 예를 들어보자.

「뉴욕 타임즈」의 어느 기자는 이렇게 쓴다.

유대인인 버나드 메이도프가 역사상 가장 거대한 금융 사기 중 하나를 저질렀다는 사실이 알려졌을 때 미국의 유대인 공동체는 진지한 자기 분석 노력을 기울였다. 로스앤젤레스 시나이 사원이라 불리는 회당의 랍비인 데이비드 월프는 그것은 "세계적인 규모의 절도"라고 말했다.

랍비 월프는 자신은 메이도프 씨가 교정될 수 있을 것으로 믿지 않는

---

29 칼뱅은 "전적"이라는 용서를 널리 퍼진 사악함이라는 의미로 사용하지 않았다. 그는 인간 자아의 어느 구석에도 우리가 물러날 수 있고 죄의 힘에 의해 영향을 받지 않은 부분이 없음을 의미했다. "어느 부분도 죄로부터 면역되지 않는다"(*Institutes* 2.1.9). 이는 의존할 수 있는 순수한 내부의 영적 핵심을 추구하려는 영지주의적인 경향과 대조된다.

다고 말했다. 그 랍비는 이렇게 말했다. "그가 자신이 가한 모든 피해를 속죄하는 것은 가능하지 않습니다. 그리고 나는 그가 남겨놓은 삶의 파멸들에 대해, 그 범죄에 상응하는 처벌이 있다고도 생각하지 않습니다. 그가 자신의 여생에서 할 수 있는 유일한 일은 그가 결코 이룰 수 없는 구속을 위해 일하는 것입니다."[30]

그 랍비의 평가는 세 가지 이유로 인상적이다.

1. 세계적인 규모의 범죄 개념
2. "범죄에 상응하는 처벌"의 필요
3. 그런 경우 속죄의 불가능성

교회에서 속죄는 시대에 뒤진 개념이라고 말하는 많은 사람의 지속적인 항의에도 불구하고 그 단어는 유대교에서 욤 키푸르(Yom Kippur), 즉 속죄일에 간직되어 있다. 그러나 특히 악당 같은 범법자인 버나드 메이도프는 너무도 경건치 않아서 그 랍비는 그를 구속을 "이룰" 희망이 없는 사람으로 분류한다. 이 글을 읽는 사람은 용서할 수 없는 범죄에 대한 자신의 생각을 갖고 있을 것이다. 이 대목에서 밑바탕을 이루는 사고는 가해진 피해가 결코 바로잡아질 수 없다는 것이다. 그 랍비는 좀 더 작은 죄를 범한 자들에게는 구속을 "이루는 것"이 가능할지 몰라도 이런 규모의 범죄에 대해서는 가능하지 않다고 에둘러 암시한다. 그러나 이 저울에서 무게가 어떻게 측정되어야 하는가? 저울을 기울어지게 하려면 얼마나 많

---

30 Robin Pogrebin, "In Madoff Scandal, Jews Feel an Acute Betrayal," *New York Times*, December 23, 2009.

은 사람의 투자가 망쳐져야 하는가? 100명인가, 1000명인가?

유대인 공동체는 그들에게 깊이 심긴, 하나님이 주신 윤리와 동정심에 대한 관심을 보호할 권리가 있다. 그러나 유대인과 이방인 모두에게서, 문제는 비행을 관찰하고 그것에 대해 논평하는 사람들은 경건치 않은 범법자 범주에서 자신을 제외시키는 경향이 있다는 것이다. 이것이 보편적인 인간의 길이다. 이것이 우리 경건한 자들은 경건치 않은 자들과는 다른 위치에 있다는, 소중하게 품고 있는 우리의 확신을 강화하는 방법이다. 예수의 비유에서 "하나님이여, 나를 불쌍히 여기소서. 나는 죄인이로소이다"라고 부르짖은 세리와 달리 "하나님이여, 나는 다른 사람들과 같지 아니함을 감사하나이다"라고 기도한 바리새인(눅 18:9-14)은 이처럼 자신을 보호하는 자세를 간직하고 있다. 누가의 칭의 비유는 하나님의 의(*dikaiosyne*)가 달성할 수 있는 것에 관한 우주적인 개념에 의해 무한히 확대된다.[31]

유대인의 맥락에서 나온 두 번째 예는 잘못이나 사악함을 저지를 가능성이 우리 모두의 내면에 얼마나 표면 가까이 놓여 있는지, 그리고 범법자를 우리와 다른 누군가로 분리시키려는 우리의 유혹이 얼마나 보편적인지를 다른 방식으로 보여준다. 「뉴욕 타임즈」 첫 면에 실린 어느 기사는 몇몇 팔레스타인 청년들에게 사형(私刑)을 가하려고 한 일곱 명의 이스라엘 십대들에 관한 것이었다. 용의자 중 한 명은 13세의 소녀였다. 15세의 용의자 중 한 명은 이렇게 말했다고 한다. "내 입장에서 볼 때 그는 죽어도 된다. 그는 아랍 사람이다. 그것이 내게 달렸더라면 나는 그를 죽였을 것이다." 어느 이스라엘 신문의 평론가는 "도대체 성인식을 (갓)

---

31 누가가 사용한 단어는 *dedikaiomenos*—*dikaiosyne*와 같은 단어 집단—이다. 일반적으로 누가가 이 단어 집단에서 한 번만 사용한 이 단어는 바울의 사상 세계에서와 같은 비중을 지니지 않는다고 인정된다.

지난 나이의 아이 내면의 어디서 그런 악이 나오는가?"라고 물었다.[32]

그 질문은 이 장의 논증을 잘 요약하며, 모든 인간이—**이방인과 유대인 모두**—죄의 거대함과 편재성에 대해 고의로 눈을 감는다는 것을 보여준다. 우리는 어떤 인간의 "안"에 악이 있다는 데 놀라지 않아야 한다. 우리는 성인식이나 다른 어떤 "계명에의 소명"으로써 위대한 의로움이 달성될 것으로 기대해서는 안 된다. 우리는 사람들이 자신 및 다른 사람들 안에서 "그렇게 많은 악을 발견"하는 것에 대해 놀라지 않아야 한다. "유대인이나 헬라인이나 다 죄 아래 있기" 때문에(롬 3:9) 우리는 결코 충격을 받고, 슬퍼하며, 심지어 분개하기를 멈추지 않더라도 놀라지는 않아야 한다.[33]

이 두 예는 이스라엘을 선택한 하나님의 직접적인 행동의 은혜로 말미암아 모든 문화 중 가장 불멸의 문화인 유대교마저, 의는 실제로 인간의 의지가 도달할 수 있는 한계 안에 있다는 가정인, 펠라기우스적인 기본 입장을 통해 기독교와 공유하는 그들의 경전을 읽는다는 점을 보여준다.[34]

---

32   Isabel Kershner, "Young Israelis Held in Attack on Arab Youths," *New York Times*, August 21, 2012.

33   마틴 루터 킹은 어디서나 기념되는 현대의 영웅이지만 그 역시 **죄**의 속박을 이해한 사람 중 하나였다. 그의 내적 투쟁이 그가 갖고 있었던 자기 미화의 성향을 꺾었다. "킹은 악의 힘을 아주 잘 알고 있었고 결코 그것이 제도적이라거나 주로 적의 진영에 있다고 암시하지 않았다. 그는 어둠이 인간의 마음에, 즉 전선의 양쪽에 진을 치고 있음을 알았다"(Tim Stafford, Taylor Branch의 *Parting the Waters* 리뷰, *Christianity Today*, June 16, 1989).

34   1970년대 말 유니온 신학교에서 열린 모임에서 롬 7장이 논의되고 있었다. 그 모임에 참석한 몇몇 그리스도인 학자들은 Shaye J. D. Cohen(당시 유대 신학교[JTS] 학장이자 유대사 교수였고 훗날 하버드 대학교 교수가 되었다)이 자기는 (바울의 진술을) 이해하지 못한다고 말하자 깜짝 놀랐다. 그는 자기가 바울이 인간이 **죄**와 **율법**에 사로잡혀 있는 것으로 묘사한 것을 인식하지 못했다고 말했다. 그날 저녁 모임에 참석했던 몇몇은 이 말을 기억한다. 그것은 율법에 대한 순종이 가능하다고 믿는 유대인과 경전을 바울(및 아우구스티누스 그리고 그들의 후손들)의 눈을 통해서 읽고 **율법**에 대한 순종이 인간적으로는 불가능하다고 믿는(그러나 "하나님께는 모든 것이 가능하다"—마 19:26; 막 9:23; 10:27; 14:36도 보라) 그리스도인 간의 차이에 관해 우리가 거듭 지적해온 요점이다.

우리는 항상 안팎의 다양한 세력에 의해 시달리는 인간의 여러 측면의 견해를 우리 앞에 제시하는 시편 저자에게로 돌아간다. 성경은 우리의 좀 더 매력적이지 않은—그러나 완전히 이해할 수 있는—생각들을 제시하기를 꺼리지 않는다. 시편 저자는 자신을 박해하는 사람들에 대한 그의 분노를 감추지 않는다. 확실히 그는 자신을 의인 중 하나로 생각한다.

> 그들을 생명책에서 지우사
> 의인들과 함께 기록되지 말게 하소서(시 69:28).

그러나 그 시편이 마무리로 옮겨감에 따라 그 저자는 마음을 가라앉히고서 자신이 하나님의 자비에 의존하는 사람에 속한다는 사실을 인정하는 것으로 보인다.

> 여호와는 궁핍한 자의 소리를 들으시며
> **속박되어 있는 자기 백성**(개역 개정은 '자기로 말미암아 갇힌 자')을 멸시
> 하지 아니하시나니(69:33).

"구원을 주시는 하나님의 능력"(롬 1:16)이란 관점에서 볼 때 "속박되어 있는 자기 백성"에 대한 언급은 의로운 자와 불의한 자, 경건한 자와 경건치 않은 자 간의 분리에서 이동한 것이다. 시편 저자는 우리의 적을 의인들의 책에서 지워달라고 요청하다가 우리는 모두, 심지어 하나님의 "자기 백성"조차 **죄**에 속박되어 있으며 (따라서) 더 큰 **권세**에 의해 해방될 필요가 있음을 인식하는 데로 옮겨간다. 구약성경은 이런 식으로 신약성경을 예상하고 증거한다.

하나님의 의에 대한 최상의 정의는 '그릇된 것을 바로잡는 하나님의

능력'이라는 가장 단순한 정의다. 그리고 "아담" 이래로 그릇된 것은 인류 전체가 **죄, 사망** 그리고 **율법**의 심판하고 정죄하는 음성에 사로잡혔다는 사실이다. 우리는 **율법**이 토라를 강탈한 방식을 이해하지 않고서는 바르게 함(*dikaiosis*)의 완전한 의미를 파악할 수 없다. "좋은 일을 하고도 욕먹는다"는 유명한 말을 인용하는 사람들은 부지 중에 **죄**의 힘이 **율법**을 왜곡하는 것을 익살스럽게, 그러나 슬프게 인정한다. 파울 마이어는 "사과 한가운데 있는 벌레"라는 제목의 영향력 있는 논문에서 이 점을 명확하게 제시한다.

> **죄**의 악마적인 힘이 모세의 율법을 사용해서 심지어 그리고 특히 그것이 순종될 때조차 그 율법에 헌신된 신봉자들이 기대하는 것과 정반대의 효과를 낸다는 경험(롬 7:13)은 **죄** 자체의 사악한 성격을 보여줄 뿐만 아니라 종교적인 자아가 얼마나 심오하게 **죄** 아래 "팔렸고" **죄**에 사로잡혀 있는지(롬 7:14-20)도 보여준다. 하나님 자신의 좋은 율법이, 사람이 사실이라고 알고 있는 것과 반대의 특질 및 특성을 취해서 종교적인 자아가 하나님을 섬기는 대신 **죄**를 섬기는 가엾은 처지에 놓인다. 2000년의 기독교 역사는 이 힘 앞에서는 "경건한" 자와 "경건치 않은" 자 간의 구분이 없음을 보여주었다. 로마서 7장은 하나님이 왜 우리 모두를 대신해서 자신의 아들을 보내 율법이 할 수 없는, 죄를 다루는 일을 했는지(롬 8:3-4)에 대한 바울의 설명이다.[35]

철저한 회심이 없이는, 즉 무조건적인 은혜의 도달에 수반하는 인간의 허식의 전복이 없이는 이것이 어떻게 사실인지를 알 수 없다. 작가인 마

---

35 Paul W. Meyer, "The Worm at the Core of the Apple," *The Conversation Continues: Studies in Paul and John in Honor of J. Louis Martyn*, ed. Robert T. Fortna and Beverly K. Gaventa (Nashville: Abingdon, 1990), 80에 수록된 글, 강조는 덧붙인 것임.

크 리처드는 그의 회고록 『2번 기도의 집』(House of Prayer No. 2)에서, 우리는 얼마나 편리하게 자신에게서 나오는 악을 다른 사람에게 투사하는지 (우리가 "당신"이라고 말할 때 우리는 사실은 자신에 대해 말하고 있는 것이다)에 관해 말하면서 플래너리 오코너에게 경의를 표한다. "당신이 먼 곳[할리우드]에서 만난 사람들은 텔레비전 프로와 영화들에 더 관심이 있었다. 거기서 믿음의 사람들은 사탄의 10대 아이돌 에이전트, 불을 뿜는 용, 무슬림 집단, 정부 내의 특급 비밀 감옥과 싸움으로써 영혼을 보호했다. 문제는 당신이 좋아하는 작가인 플래너리 오코너와 마찬가지로, 당신이 자신의 영혼에 대한 최대의 위협은 **당신** 자신이라고 믿는다는 것이다."[36]

그것은 "하나님이 당신을 있는 모습 그대로 받아주신다"와 얼마나 다른가?

급진적인 환대인가 아니면 완전한 수선인가?

"하나님은 당신을 있는 모습 그대로 받아주신다(또는 사랑하신다)"는 말은 우리 시대의 교회에서 가장 자주 사용된 표어 중 하나였다. 그것은 매우 자주 사용되어서 거의 경전으로서의 자격을 갖출 지경이 되었고 종종 복음의 정수로 제시된다.[37] 그러나 받아들임은 정확히 무슨 의미인가?[38] 완

---

36 Mark Richard, House of Prayer No. 2: A Writer's Journey Home (New York: Nan A. Talese, 2011), 190.

37 Paul Tillich의 『흔들리는 터전』(The Shaking of the Foundations, 뉴라이프스타일 역간)에 수록된 유명한 설교 "당신은 받아들여졌습니다"(You Are Accepted)가 확실히 이 버전의 복음의 유행에 기여했다.

38 1999년 루터교 세계 연맹과 로마 가톨릭교회가 발행하고 서명한 칭의 교리에 관한 공동 선언(The Joint Declaration on the Doctrine of Justification; JDDC)은 현저한 성취였지만, 그것은 충분히 나아가지 않았다. 예컨대 그 선언에 수록된 이 마무리 진술을 보라. "우

전한 차원에서의 하나님의 사랑은 무엇인가?

"내 모습 그대로"라는 언어는 20세기에 빌리 그레이엄이 그의 영접 기도(altar call)에서 항상 사용한 "내 모습 그대로"(Just as I Am)라는 강력한 찬송가로 말미암아 크게 강조되었다. 그러나 그 찬송가의 가사는 그 어구에 의해 오늘날 일반적으로 이해되는 것보다 더 많은 무언가를 포함하고 있다.

> 내 모습 그대로, 아무 변명도 없이.
>
> 그러나 나 대신 주의 피가 흘려졌네.
>
> 그리고 주님은 나더러 주께 오라고 부르시네.
>
> 하나님의 양이여, 내가 옵니다.…[39]

그리스도의 피에 대한 이 특별한 언급은 "내 모습 그대로"라는 어구를

리는 함께 이렇게 고백한다. 은혜만으로 말미암아, 우리 편에서의 어떤 공적 때문이 아니라 그리스도의 구원 사역에 대한 믿음으로 말미암아 우리는 하나님께 받아들여지고 성령을 받는다. 성령은 우리의 마음을 새롭게 하셔서 우리로 하여금 선한 일을 하도록 채비를 갖춰주시고 부르신다." 이 선언이 환영할 만한 것이기는 하지만 이 진술에는 "받아들여진다"와 "부르심"이라는 두 가지 심각한 신학적 및 해석상의 문제가 있다. "받아들여진다"는 단어는 그 문장에 나타난 한정에도 불구하고 **디카이오시스**(*dikaiosis*, 칭의/교정)의 힘을 전달하기에는 너무 약하다. "채비를 갖춰줌"이라는 단어는 강하지만(그 단어의 성경의 선례는 **카타르티스모스**[*katartismos*, 엡 4:12]다), 부르실 뿐만 아니라 채비를 갖춰주시는 분은 하나님임을 보여주기 위해 "부르시고 채비를 갖춰주신다"로 순서가 바뀌어야 한다. "부르심"(**클레시스**, *klesis* [엡 4:1])이라는 단어는 대개 현대의 설교에서 그것이 마치 초대와 동의어인 것처럼 사용된다. 따라서 **디카이오시스**에서 하나님의 강력한 행위가—아마도 무의식적으로 그렇게 하는 것이겠지만 그로 인한 심각한 신학적 영향은 결코 덜하지 않다—인간의 행위와 선택으로 변한다. 만일 설교가 종종 그러듯이 "우리는 ~을 하도록 부름받았습니다"와 같은 말로 끝나면 복음 선포의 무조건적인 특질이 상실되고 인간의 결정에 대한 호소로 대체된다. 만일 하나님이 자신의 구속 계획을 참으로 책임지고 있다면 인간의 행위가 결정적이라는 어떤 암시도 그 전체 기획에서 신학적으로 치명적이다.

39 찬송가, "Just as I Am," by Charlotte Elliott (1835).

좀 더 도전적인 맥락 안에 놓는다. 그 찬송가에서 하나님의 환대—환영—는 참으로 "안팎의 싸움과 두려움"을 알고 있는 "가난하고, 비참하고, 눈먼" 죄인들에게 베풀어지지만 언제나 **십자가에 처형된 그리스도에 대한 고백 안에서** 베풀어진다. 따라서 하나님의 환영은 이미 묵시적으로 의로운 심판의 현존을 지니고 있다. 그리스도의 십자가형은 우리가 그것을 하나님의 심판의 맥락에서 보지 않으면 이해될 수 없다. 하나님의 **정의**와 하나님의 **의**가 같은 것(*dikaiosyne*)임을 상기하면, 우리는 여기에 단순한 받아들임—또는 단순한 "관용"—보다 더한 요소가 관련되어 있음을 알 수 있다. 하나님께서는 차치하더라도 흠이 있는 인간에게조차 받아들여지거나 관용될 수 있는 한계가 있다. 뭔가가 바르게 되고, 정당화되고, **교정되어야** 한다(*dikaiosis*).

사면의 선언이 죄책의 문제를 해결하지 않는다. 정의가 이행되고 구속이 성취되려면 그 상황을 교정하기 위해서 "범죄에 상응하는" 뭔가가 행해져야 한다. 우리는 이 뭔가로부터 안셀무스가 "만족"이라는 말로 의미하는 것과—그의 학자적이고 도식적인 용어란 측면에서가 아니라 죄의 중대성과 그리스도의 섬뜩한 죽음의 성격 간의 상응성에 빛을 비춰 준다는 측면에서—다르지 않은 어떤 것을 추정할 수 있다.

그러나 이보다 더한 것은 **죄**의 **권세**에 대한 그리스도의 승리로 말미암은 인간 본성의 완전한 변화에 대한 약속이다. "받아들임"은 그중 가장 작은 것이다. 구약성경을 진지하게 읽으면 그것은 **죄** 아래 있는 우리의 상태에서는 자애롭게 공존할 수 없는 하나님에 대한 이해를 대체하는 것이 아니라 그 이해를 가리킨다. 아카데미 프랑세즈 회원으로 선출된 최초의 미국인, 저명한 작가 줄리안 그린은 경건한 가톨릭 신자였다. 그는 90세 때 자신의 이전 삶의 측면들을 일종의 십자가형으로 말했다. 인터뷰 진행자에게 그는 "이제 오랜 투쟁 뒤에 평온하게 죽음을 기다릴 수 있다"고 말했다. 그는 자기가 "하나님 앞에 서서…마침내 내가 어떤 망상이나 작은 거짓말도 없이 정확히 누구인지 알고, 정화될 것을 알며, 매우 행복할 것을 알게 되기를" 고대하고 있었다.[40] 우리가 중세의 정화 교리의 세부 내용을 알아야만 이에 답변할 수 있는 것은 아니다. 본질적인 아이디어는 구약성경의 마지막 책에 존재한다. 레위의 타락한 자손들과 마찬가지로 우리 모두 제련업자의 불을 통과할 것이다. "그가 임하시는 날을 누가 능히 당하며, 그가 나타나는 때에 누가 능히 서리요? 그는 금을 연단하는 자의 불과 표백하는 자의 잿물과 같을 것이라. 그가 은을 연단하여 깨끗하게 하는 자 같이 앉아서 레위 자손을 깨끗하게 하되 금, 은 같이 그들을 연단하리니 그들이 공의로운 제물을 나 여호와께 바칠 것이라. 그때에 유다와 예루살렘의 봉헌물이 옛날과 고대와 같이 나 여호와께 기쁨이 되려니와"(말 3:2-4).

말라기를 기독교 구약성경의 맨 마지막에 둔 것은 초기 기독교 교회의 영감받은 조치였다. 타나크(히브리 경전)는 지혜문서(성문서)로 끝나지만, 구약성경은 묵시적인 방향으로 형성되었으며 따라서 성문서로 끝나지 않고 예언서로 끝난다. 그리고 마지막 두 절에 "여호와의 크고 두려운 날"(말 4:5)이 언급된다. 구약성경의 마지막 말들은 비록 하나님의 백성들 위에 놓여 있는 저주에 대한 강력한 상기가 없지는 않지만 그럼에도 약속의 형태다. 이 마지막 절들은 인간의 곤경이 단순한 "받아들임"에 의해 해결될 수 있다는 어떤 주장도 일축한다. 대신에 **무로부터의 창조**, 죽은 자의 부활이 있다.

하나님의 의(*dikaiosyne theou*)는 구속자의 부활의 날에 무덤에서 터져 나왔다. "아담 안에서 모든 사람이 죽은 것 같이 그리스도 안에서 모든

---

40   Richard E. Nicholls, Julian Green의 사망 기사, *New York Times*, August 18, 1998.

사람이 살게 될 것이다." 인류는 "받아들임"을 통해 구속되는 것이 아니라 죽음과 부활을 통해 구속된다. 이것이 부활절 메시지의 완전함이다.

참상을 바로잡음

로마서 11:33-36에 나타난 송영이 그 맥락에서 떼어내지면 그것이 완전히 이해될 수 없다. 바울은 그 당시 교회가 직면한 가장 심각한 분열에 대한 진지한 조사를 방금 전에 마쳤다. 지난 2000년 동안 성경 독자들이 대체로 등한시해온 그의 분투는 기독교 교회가 크리스텐덤의 중심에 있는 유럽의 유대인들을 보호하지 못하고 나서야 비로소 이해되었다. 이 실패에서 엄격하게 인간적인 관점에서는 구속적인 어떤 요소도 있을 수 없다. 우리는 육백만 명은 고사하고 단 한 명에 대해서도 보상할 수 없다.

그러므로 우리는 그리스도의 지옥 강하와 매릴린 매코드 애덤스의 용어인 "끔찍한 악"으로 돌아간다. 교회가 방관하거나 돕는 가운데 한 가정이라도 파괴된다는 것은 용납될 수 없다. 수백만 명의 가족이 목전에서 몰살되었다는 것은 생각할 수 없는 일이지만, 우리는 그것에 관해 생각해야만 한다. 경건치 않은 사람을 의롭게 하는 것이 참으로 기독교 복음의 핵심에 있다면 우리는 이 구원—하나님이 모든 잘못을 바르게 함—이 개인들의 개별적인 범죄에 대한 용서보다 훨씬 더한 뭔가를 의미해야 함을 인정해야 한다.

끔찍한 대가를 치르고 나치의 고문에서 살아남은 오스트리아 태생의 수필가인 장 아메리는 전쟁이 끝난 뒤 그가 참석했던 한 회의에 대해 썼다. "그곳에 있던 유대인들은 그것이 빅토르 골란츠의 생각이든 마르틴 부버의 생각이든 간에 용서와 화해 감정에 대해 이미 부르르 떨고 있었다.…화해에 관해 떠벌리는 것이 내게는 불쾌했다."[41]

우리가 본서에서 거듭 강조한 바와 같이 화해가 시기상조이고 용서로는 충분하지 않을 수도 있다.[42] 우리가 그리스도의 지옥 강하에 관한 장에서 논의한 바와 같이 이 세상이 제공할 수 있는 어떤 수단으로도 교정될 수 없는 악이 있다. **이 세상 너머로부터 오는 수단이란 관점에서 생각할 필요가 있다.**

21세기의 첫 10년 동안 우리가 "히틀러의 유아기 시절"이라는 범주로 분류할 수도 있는 격렬한 논쟁이 벌어졌다. 제2차 세계대전 후 50년 동안 히틀러에 대한 견해는 괴물, 악마, 악의 화신이었다. 그러나 21세기 초에 이르러 그를 "설명"하기 위해 히틀러의 초기 생애—그의 실패한 예술적 노력, 그의 강아지 블론디, 그의 조카딸 겔리, 그가 잠복고환이었다는 설, 그가 억압된 동성애 성향을 가졌을 가능성—를 조사하는(또는 조사한다고 주장하는) 책들이 쏟아져나왔다. 1995년, 히틀러의 "설명에 대한 격노"를 표출하기 시작한 론 로젠바움은 "히틀러를 용서해야 할, 금지된 가능성"을 계속 제기하고 있다.[43]

---

41 Jean Améry, *At the Mind's Limits: Contemplations by a Survivor of Auschwitz and Its Realities*, Sidney Rosenfeld and Stella P. Rosenfeld 역 (Bloomington: Indiana University Press, 1980), 94. 본명이 Hanns Chaim Mayer인 Jean Améry의 부친은 유대인이었고 모친은 가톨릭 신자였다. 로마 가톨릭 신자로 양육된 그는 자신을 그리스도인으로 간주했지만, 그의 팔에 아우슈비츠 번호가 새겨져 있는 한 유대인으로도 생각했다. 그는 한때 나치 수용소 중 잘 알려진 곳은 아니지만 가장 심하게 고문한 곳 중 하나로 인정되는 포트 브린동크에 수용되었다. 나는 W. G. Sebald의 소설 *Austerlitz* (New York: Modern Library, 2001), 19-27에서 브린동크를 최초로 알게 되었다. 제3제국과 그것의 참상에 관한 Jean Améry의 책은 그 장르에서 최고로 간주된다. 그 책의 많은 부분은 본서의 주제들을 보여준다. 예컨대 그는 나치 체제가 병적인 잔혹성—세상을 무효로 만들려는 소망—의 체제였다고 쓴다. 그의 책 제목은 *Jenseits von Schuld und Sühne*("죄책과 사죄를 넘어")인데, 영어로는 다소 밋밋하게 『마음의 한계에서』(*At the Mind's Limits*)로 불린다.

42 이 주제는 3장("정의 문제")에서 소개되었다.

43 Julie Salamon, "인간화된 악마는 더 이상 악마가 아닌가?"(Is a Demon Humanized No

947

이 마지막 장에서 우리는 바로 이러한 함의들을 다시금 제기한다. 역사에는 참으로 전혀 인간이 아닌, 또는 아니었던 사람이 존재한다. 우리는 아마도 그들은 순전히 사탄의 대리인이었다는 생각을 받아들일 것이다. 그런 경우 본서에서 논증하는 논리에 따르면 그들의 인격이 말살될 뿐만 아니라 그들의 기억도 말소될 것이다(그리고 이 점이 더 중요하다). 그들 또는 그들이 한 일에 대한 어떤 기억도 남지 않을 것이다. 그것은 마치 그들과 그들의 괴물 같은 소행들이 없었던 것과 마찬가지일 것이다. 그래서 우리는 결국 절대적인 악은 존재론적인 실존을 갖고 있지 않았음이 알려질 것이라는, 절대적 악에 관한 고전적인 교리의 주장을 마무리짓는다.

저널리스트인 지타 세레니가 매우 암시적 제목인 『외면된 절규』(Cries Unheard)[44]에서 말한 메리 벨은 네 살 된 남자아이와 세 살 된 남자아이를 살해했을 때 열 한 살이었다.[45] 『외면된 절규』는 그 범죄가 벌어진 지 30년 뒤 세레니와 그녀에게 협조한 범인 간의 대화에서 공들여 재구축된 메리 벨의 배경 조사다. 그들은 구속에 대한 소망과 함께 도덕적 책임의 이야기를 제시한다. 자신의 죄책에 대한 메리의 흔들리지 않는

Longer a Demon?), *New York Times*, February 2, 2003. 달라이 라마의 사고도 이와 궤를 같이하는데, 스탈린의 어린 시절에 관한 그의 성찰은 스탈린이 자기 어머니의 사랑을 기억하라고 설득될 수만 있었다면 덜 무자비해졌을 수도 있다고 암시하는 것으로 보인다 (Dalai Lama, with Howard C. Cutler, *The Art of Happiness: A Handbook for Living* [New York: Riverhead Books, 1998], 123). Ron Rosenbaum의 "설명에 대한 격노"는 그의 책 『히틀러 설명하기: 그의 악의 기원 탐구』(*Explaining Hitler: The Search for the Origins of His Evil*, Philadelphia: Da Capo Press, 1998), Ron Rosenbaum 서문 및 후기, 2014에서 자세하게 탐구된다.

44 Gitta Sereny, *Cries Unheard: Why Children Kill: The Story of Mary Bell* (New York: Metropolitan Books, 1999), 339.

45 논쟁적이기는 하지만 평판이 좋은 Sereny의 저술 경력은 악을 저지른 사람의 삶을 감상적이지 않게 분석한 것으로 유명했다.

주장은 이례적이다. 그녀는 자신이 잔학한 행위를 저지르고 있는 동안 자기 어머니가 "절규를 외면했다"고 변명하기를 거부했다. 그녀는 세레니에게 **"아무것도 내가 저지른 행위를 정당화할 수 없어요"**라고 말한다 (그 단어를 주목하라). **"아무것도 말이에요."**

세레니는 이렇게 쓴다. "아무것도 그것[그 죄책]과 그녀가 한 짓에 대한 슬픔을 제거할 수 없다.…그녀는 자신에게 어떤 경감도 허용하지 않는다. 그리고 그녀는 거듭해서 이렇게 말했다. '많은 아이들이 불행하고 불안정한 상태에 있지만 가족들에게서 그들의 자녀들의 생명을 빼앗아가지는 않아요.'"

지타 세레니와 메리 벨의 협력은 우리가 본서를 마무리하는 데 도움을 준다. "아무것도 내가 저지른 짓을 정당화할 수 없어요. 아무것도 말이에요." "정당화하다"(dikaioo)라는 단어를 주목하라. 실재의 이 영역으로부터는 참상을 극복하고 모든 잘못을 교정할―바로잡을―수 있는 것이 아무것도 없다. 그러나 바로 이것이 바로 dikaiosyne theou, 즉 하나님의 의와 정의에 의해 약속된 것이다.

끝에서 두 번째의 심판, 최종적인 교정?

신약성경 전체에는 확실히 경건치 않은 자에 대한 정죄라는 강력한 가닥이 있다. 우리는 이것을 거의 놓칠 수가 없다.[46] 확실히 이것은 매우 진지하게 취해져야 한다. 그러나 그리스도의 구속을 상속할 사람의 수는 아

---

46 확실히 성경의 이 주제는 오늘날 주류 교회들에서 너무도 철저하게 억압되어서 실제로 성경을 읽는 사람만 그것을 찾아낼 수 있을 것이다.

담의 타락을 상속한 사람의 수와 같을 것이라고 암시하는 듯한 반대 가
닥(고전 15:21-22; 고후 5:14-15; 롬 5:15-19)은 종종 간과된다. 진정한 바울
의 서신 전체를 통해서, 제어할 수 없는 죄에 대한 심판과 특정한 핵심
구절들(특히 롬 11:32)에서 모종의 보편적인 구원 쪽으로 경계를 넓히는
것으로 보이는 좀 더 광범한 구속 간의 변증법이 존재한다. 조엘 마커스
는 목회 서신들에서조차 이런 궤도의 뭔가를 발견해서, 마르틴 디벨리우
스의 목회 서신에 관한 주석[47]에서 제시된 주장을 확장한다.

디모데후서 2:11-13에 네 구로 된 진술이 등장한다.

우리가 주와 함께 죽었으면 또한 함께 살 것이요,

참으면 또한 함께 왕 노릇 할 것이요,

우리가 주를 부인하면 주도 우리를 부인하실 것이라.

우리는 미쁨이 없을지라도 주는 항상 미쁘시니 자기를 부인하실 수 없으시
리라.

이 유별한 구절은 "~하시니" 구에 의해 세 개의 "~하면"이라는 조건구
를 뒤집는다. 끝에서 두 번째의 심판이 최종적인 하나님의 신실함 안으
로 받아들여진다는—끝에서 두 번째의 심판이 궁극적인 구속에 기여한
다는—사상에 대한 암시가 있다.[48] 고린도전서 5:5의 근친상간의 죄를

---

47 Martin Dibelius and Hans Conzelmann, *The Pastoral Epistles*, Hermeneia (Philadelphia:
   Fortress, 1972), 109. Marcus는 딤후 2:11의 찬송과 같은 구절에 대해 논평한다. "[저자는]
   죄의 심각성을 약화시키는 아무것도 말하기를 원치 않는다. 그러나 그는 인간의 사악함
   에 대한 하나님의 궁극적인 승리, 하나님이 경건치 않은 자를 의롭다 함에서 이미 보이기
   시작한 승리도 확신한다"(Joel Marcus, 1977년경 Union Theological Seminary의 "The Paul
   Group"에서 나온, 내가 소유하고 있는 미발표 논문, 허락을 받아 인용함).

48 Dibelius는 이것을 "공식적인 보상" 또는 "공식적인 복복"(죄에 대한 하나님의 의롭고 마
   땅한 심판)과 이와 공존하는 하나님에 의한 그 공식적인 복복의 "억제"로 해석한다. 그는

저지른 사람의 경우 확실히 이 개념이 존재한다. 그는 그리스도 예수의 날에 구원을 받을 수 있도록 사탄에게 넘겨져야 한다.[49]

다른 곳으로부터의 권세

"사람에게는 불가능하지만 하나님께는 그렇지 않다. 하나님께는 모든 것이 가능하기 때문이다." 공관복음서 모두(마 19:26; 막 10:27; 눅 18:27)에 등장하는 예수의 이 말은 인간의 정의와 인간의 용서 너머를 힘주어 가리킨다. 용서는 하나님의 행동으로서 인간이 거기에 참여할 수는 있지만, 세상(kosmos)을 완전히 다시 만드는 것은 하나님만이 수행할 수 있는 행동이다. 동기부여에 관한 자료들에서 우리는 흔히 개인들이 "세상을 변화시키는 것"에 관해 듣는다. 확실히 특정한 개인들이 세상을 변화시키는 데 도움을 주었다는 것은 사실이다. 마틴 루터 킹은 특히 두드러진 예일 것이다. 그러나 그는 누구보다 더 강하고 일관성 있게 자신은 단지 확고한 하나님의 목적을 이루기 위한 도구에 지나지 않는다고 주장했다.

종종 하나님의 의의 맥락에서 인용되어온 쿰란 문서의 한 구절을 인용함으로써 자신의 해설을 강조한다. "그리고 만일 내가 비틀거린다 해도 하나님의 자비가 영원히 나의 구원이다. 만일 내가 육신의 죄 때문에 걸려넘어진다 해도 나의 칭의는 영원히 존재한 하나님의 의 안에 있다"(출처: Qumran *Community Rule*, 전에는 *The Manual of Discipline*으로 알려졌음 [1QS 11:11-12]). Ernst Käsemann 역시 그의 유명한 논문 "바울에 나타난 하나님의 의"(The Righteousness of God in Paul)에서 이 구절을 인용해서 바울이 그 말을 사용하기 전에 하나님의 의(*dikaiosyne theou*)가 존재했음을 보여준다. Käsemann은 이어서 "이 진술의 중요성은 거의 인식되지 않았다"고 덧붙인다. 그것은 약하게 한 말이지만 그것이 대체로 율법주의적이고 완벽주의자인 쿰란에 있던 유대인의 묵시적 분파에서 발견된다는 것은 놀랍고 고무적이다.

49 고전 5:5에서 "육신"과 "영"이라는 단어가 사용된 것은 "몸"과 "영혼"을 지칭하는 것이 아니라 두 영역―죄와 사망 대 그리스도의 주 되심―을 지칭하는 바울의 특별한 용법에서 **사르크스**(*sarx*)와 **프뉴마**(*pneuma*)다.

생명의 위험을 무릅쓰고 그와 함께 계속 행진하고 시위에 참가했던 사람들도 자기들이 하나님의 목적에 참여하고 있음을 알았다. 인간 행위자들 역시 어느 정도까지는 정의를 집행할 수 있으며 인간의 용서는 확실히 하나님의 힘을 지닐 수 있고 종종 그런 힘을 지닌다. 그러나 **인간이 실제로 교정하는 것—그 잘못이 더 이상 존재하지 않도록 잘못된 것을 바로잡는 것—은 불가능하다.** 야웨의 날의 도래(구약성경), 새로운 창조(제2이사야와 바울 서신), 하나님 나라(공관복음서), 영생(요한복음), 새 예루살렘(요한계시록)은 인간의 수단을 통해서는 이뤄지지 않고 하나님의 일하심을 통해서만 성취될 것이다.

우리가 마지막 주제를 전개하기 시작할 때 기억할 핵심 구절은 바울이 아브라함을 "우리 모두의 조상"으로 제시하는 로마서 4장에 수록되어 있다. 급진적으로 두드러지는 절은 로마서 4:17로서, 거기서 아브라함은 "그가 죽은 자를 살리시며 **없는 것을 있는 것으로 부르시는** 분으로 믿은 하나님의 현존" 안으로 부름을 받는다.

이 절의 중요성은 아무리 강조해도 지나침이 없다. 아프리카계 미국인 교회들은 하나님께서 길이 없는 곳에 길을 낸다고 말하기를 좋아한다. 그것은 단지 말의 비유에 그치는 것이 아니다. 무로부터 창조하시는 하나님은 우리가 그에 대해 생각하기 전부터 존재했다. 회의론자는 하나님이 존재하느냐고 묻지만 성경은 "존재" 같은 것이 있기 전 계셨던 하나님에 대해 증언한다. 우리는 우리의 교회들에서 하나님의 **자존성**("자신으로부터 존재함")에 대해 좀 더 많이 들을 필요가 있다.[50] 교회는 쉽게 일축할 수 있는, 인간의 소망·갈망·두려움의 산물로서의 신이 아니라 신이

50　하나님의 **자존성**은 하나님이 자기 자신으로부터만 존재함을 의미한다. 고전적인 기독교 교리에서 이것은 하나님을 그들의 존재를 하나님께 의존해야 하는 모든 피조물로부터 구분한다.

존재하느냐고 물을 수 있는 인간이 존재하기 전에 이미 삼위로 존재했던 하나님에 대한 신앙을 새롭게 할 필요가 있다.

> …만군의 여호와가 이같이 말하노라.
> 나는 처음이요 나는 마지막이라.
> 나 외에 다른 신이 없느니라
> …나처럼 외치며 알리며 나에게 설명할 자가 누구냐?
> 있거든…그들에게 알릴지어다.
> 너희는 두려워하지 말며 겁내지 말라.
> 내가 예로부터 너희에게 듣게 하지 아니하였느냐, 알리지 아니하였느냐?(사 44:6-8)

그러므로 우리는 무로부터 창조할 수 있는 하나님은 신앙이 없는 곳에서 신앙을, 의로움이 없는 곳에서 의로움을, 궁극적인 죽음만 있는 곳에서 생명을 창조할 수 있다고 추정할 수 있다. 이제 독자들은 이 단언들과 십자가형 간의 연결 관계를 쉽게 알 수 있을 것이다. **십자가에서 제자들의 믿음이 파괴되었다.** "경건한" 사람들(종교 당국)과 "경건치 않은 사람들"(제국의 이방인 당국)의 거룩하지 않은 공모에 의해 완벽한 의로움이 무(無)에게 넘겨졌다. 영원한 생명의 수여자가 죽음을 당하고 지옥에 넘겨졌다.

> 그러나 이제 그리스도께서 죽은 자 가운데서 다시 살아나사…아담 안에서 모든 사람이 죽은 것 같이 그리스도 안에서 모든 사람이 삶을 얻으리라(고전 15:20, 22).

내 영혼을 음부에 버리지 아니하시며 주의 거룩한 자로 썩음을 당하지 않게 하실 것임이로다(행 2:27).

18세기 런던에서 빚과 정신병으로 비참한 삶을 살았던 크리스토퍼 스마트의 놀라운 시는 뛰어난 감정과 창의성으로 십자가에 못박힌 존재의 부활을 무로부터의 창조로 묘사한다. 그 시의 마지막 두 절은 다음과 같다.

그의 원수들이 돌을 인봉했네.
빌라도가 그들에게 맡겼다네.
죽었고 벗이 없고 혼자인
그가 자기들의 계획을 망치지 못하도록.

죽은 분이여, 일어나소서! 벗이 없는 분이여, 일어서소서.
천사들에게 찬양을 받으소서!
오, 외로운 분이시여, 다시 명령하소서.
주의 하늘의 천군을 회복하소서. [51]

모든 잘못을 바로잡음

2013년 9월, 피노체트 장군의 잔인한 정권을 출범시킨 칠레의 군사 혁명 40주년을 주목하기 위해 「뉴욕 타임즈」는 자기 나라에서 사랑을 받았던

---

51 "Awake, Arise, Lift Up Your Voice," Christopher Smart(1722-71)의 찬송, 성공회 찬송가, #212. Smart가 실제로 정신병에 걸렸는지 여부는 확실치 않지만, 런던의 문학가 집단과 연결되었음에도 불구하고 그는 비참하게도 정신병원과 채권자의 감옥에 수용되었다.

칠레의 무대 연출가이자 음악가인 빅토르 하라의 정치적 살해에 관한 기사를 실었다. 억압 받는 사람에 대해 특별한 관심을 가졌던 좌파인 그는 1973년 9월 11일 쿠데타의 희생자였다. 매 맞고 고문당한 후 땅바닥에 버려졌던 그의 시신에서는 44발의 총탄 자국이 발견되었다. 쿠데타 뒤 수천 명이 수용되었던 그곳은 오늘날 빅토르 하라 스타디움으로 불리지만, 그를 살해할 책임을 맡았던 장교는 플로리다주 델토나에서 미국 시민으로 살고 있다. 하라의 아내는 재판을 받지 않은 살해와, 잔인하고 비인간적이며 품위를 저하하는 대우를 포함한 많은 범죄에 대한 손해 배상을 구하면서 40년 동안 정의를 얻기 위해 싸웠다. 그녀는 자신이 돈을 추구하는 것이 아님을 분명히 한다. 그녀는 "고통에 대한 피해를 치유할 수 있는 돈은 없습니다"라고 말했다. 1973년 이후 그녀의 삶은 완전히 뒤집어졌고 이생에서는 결코 이행될 수 없는 정의를 추구하는 데 바쳐졌다.[52]

잘못을 바로잡기에 관한 연구에서 미로슬라브 볼프는 "이 악한 세대"(갈 1:4)에서 불완전한 인간의 증언과 마지막 날에 달성될 하나님의 최종 목적의 완전성 간의 긴장을 유지할 수 있었다. 그러는 가운데 그는 **디카이오시스**(*dikaiosis*, 교정)의 관계적 측면과 사법적 측면을 놀랍게 결합한다. 예컨대 "마지막 심판은 사회적 사건이다. 그것은 단순히 개인들에게만 발생하는 것이 아니라 사람들 사이에서도 발생한다. 인간은 공간적으로 및 시간적으로 가까운 이웃 및 먼 이웃과 많은 유대로 연결되어 있다. 우리는 서로에게 잘못을 저지르고 당연히 서로에게 악감정이 있는 사례

---

52 Pascale Bonnefoy, "Chilean's Family Files Suit in US over His Torture and Death in '73," *New York Times*, September 5, 2013. U2는 1987년에 "원 트리 힐"(One Tree Hill)이라는 노래를 녹음했다. 그것은 성경적, 묵시적 분위기를 띠었다. 우리의 논의와 관련이 있는 가사는 다음과 같다. "하라(Jara)는 그의 노래를 불렀네, 사랑의 손에 들린 무기의 노래를. / 그대는 그의 피가 아직도 땅바닥에서 부르짖고 있음을 아네"(The Joshua Tree, Island Records, 1987). 이 노래를 소개해 준 Robert Dean에게 감사한다.

를 갖고 있다. 마지막 심판에서 하나님은 이 모든 "사례"를 해결할 것이다. 이웃에 대한 잘못은 하나님께 대한 잘못이기도 하기 때문에 이 사례들은 하나님께 대한 모든 잘못을 포함할 것이다. 궁극적으로 하나님은 모든 잘못을 바로잡을 것이다."[53]

그리스도인은 용서의 선언이나 일반 사면보다 훨씬 더 갱생시키는 이 약속을 품고 산다. 성경은 하나님의 말씀이 온 세상을 존재하게 만드는 것으로 시작하며("하나님이 이르시되 '빛이 있으라' 하시니 빛이 있었다"-창 1:3), 창세기부터 요한계시록까지 이어지는 내용은 모두 그 창조의 힘으로부터 진행된다. 그리스도 안에서 성육신한 하나님의 말씀만이 새 창조에서 "모든 잘못을 바로잡을" 수 있다. **죄**와 **사망**에 대한 하나님의 최종적인 심판을 통해서만 그것들이 전혀 존재한 적이 없었던 것처럼 멸절될 수 있다. 앞장에서 개괄된 것처럼 이 승리는 재연을 통해 하나님으로 말미암아서만 성취된다. 내부로부터 옛 아담의 삶을 산 예수 그리스도가(롬 5:12-21) 개인적으로 인간을 "홍해를 건너게"[54] 함으로써 말이다. 그리고

---

53 Miroslav Volf, *The End of Memory: Remembering Rightly in a Violent World* (Grand Rapids: Eerdmans, 2006), 180, 강조는 덧붙인 것임.

54 출처: 부활절 찬송가 "Come, Ye Faithful, Raise the Strain." 원래의 텍스트는 8세기 다마스쿠스의 요한의 것임. John Mason Neale(1818-60) 역. Dietrich Bonhoeffer는 나치 수용소에서 대림절 기간 중에 자신이 기억한 찬송가 가사에서 힘을 얻었다. Paul Gerhardt의 성탄절 찬송가에 아기 예수의 이 말이 들어 있다. "친구여, 마음을 진정시키라. / 무엇이 널 괴롭히든 / 무엇이 널 실패하게 하든 / 내가 그 모든 것을 회복하리라." Bonhoeffer는 이렇게 쓴다. "'내가 그 모든 것을 회복하리라'는 무슨 뜻인가? 아무것도 상실되지 않는다는 뜻이다. 그리스도 안에서 비록 변화된 형태로이기는 하지만 모든 것이 취해지고 보존된다.…그리스도가 참으로 이 모든 것을 죄에 의해 왜곡됨이 없이 하나님이 의도한 대로 되돌린다. 엡 1:10에서 유래하는 만물의 회복, *anakephalaiosis — recapitulatio*(Irenaeus) 교리는 장엄하고 더할 나위 없이 위안이 되는 생각이다.…아무도 이것을 P. Gerhardt가 아기 예수가 말한 것으로 표현한 것처럼 간단하고 아이 같이 표현할 수 없었다. '내가 그 모든 것을 회복하리라'"(*Letters and Papers from Prison*, ed. Eberhard Bethge, 확대판 [New York: Macmillan, 1972], 229-30).

바울이 그의 주요 주제 중 하나를 요약하듯이 "이 모든 것이 하나님께로 부터 온다"(고후 5:18). 달리 말하자면 그리스도를 통해 피조물이 속박으로부터 해방되는 것(롬 8:19-22)은 인간의 능력에 조금도 기인하지 않는 사역이다. 보편적인 포로 상태라는 옛 아담의 상황 때문에 그 모든 것은 하나님으로 말미암아 성취되어야 하고 또 그렇게 성취되어왔다. 레슬리 뉴비긴은 단순하지만 강력한 문장에서 바울을 반향한다. "우리의 구원의 저자는 하나님이시다."[55]

신앙과 인간의 의의 역할

하나님의 구원하는 능력에 관해 모든 것을 말하고 난 뒤 두 가지 질문이 남는다. 곧 그의 탄생, 생애, 십자가 처형과 부활이 장차 올 세대를 시작하게 한 구세주로서의 예수 그리스도를 믿는다는 것은 무엇을 의미하는가? 그를 거부하는 사람들은 어떻게 되는가?

신약성경에는 예수 자신이 그를 통해 구원받을 모든 사람으로부터 개인적인 헌신을 요구한다는 것—그리고 세상을 향한 선교 노력은 대위임령(마 28:19)에 토대를 두고 있다—과 구원은 그리스도로부터만 나온다는 풍부한 증거가 있다. 이로부터 도출할 수 있는 가장 명백한 추정은 인류는 구원을 받으려면 그리스도를 믿어야 한다는 것이다. 만일 그리스도께 대한 신앙의 경이와 기적이 불필요한 것으로 일축된다면 복음의 역동적이고 외향적이며 전도적인 맥박이 부정되고 기독교는 그것 자체의 연약한 그림자가 된다. 그러나 추가적인 문제가 있다. 사람들은 어

---

55   Lesslie Newbigin, *Sin and Salvation* (London: SCM, 1956), 56.

떻게 그리스도를 믿게 되는가? 무엇이 그들로 하여금 믿지 못하도록 방해할 수 있는가? 결국 믿음은 그리스도인을 구원하는 "일"인가? 이것이 바로 바울의 "인종상 친족"인 유대인들이 믿지 않는 것으로 보였을 때(롬 9:3) 그가 로마서 9-11장에서 씨름한 문제다. 이 장들에서 우리는 바울이 거대한 내적 갈등을 겪고 있음을 본다. 로마서 전체를 함께 묶는 주제들은 하나님의 의와 그리스도의 주 되심 주제다. 하나님의 섭리와 목적 안에서는 불신자조차도 일정한 역할을 담당할 수 있다.

하나님의 의와 모든 것을 무조건적으로 바로잡을 수 있는 그 의의 힘 개념은 구약성경의 여러 주요 구절에 토대를 두고 있다. 노아 이야기(창 6-9장), 에스겔서에 수록된 환상들(11:16-20 및 34:11-31), 그리고 예레미야서에 수록된 새 언약 구절(31:31-34)은 이를 예시하는 것으로 보일 수 있다. 이 각각의 자료에서 하나님의 진노는 공포, 심판, 황폐로 제시된다. 그럼에도 불구하고 하나님의 처벌 행위가 **그의 구원에 기여한다**는 것이 명백하다. 노아 언약은 "모든 육체를 가진 땅의 모든 생물"에 대한 포괄적인 약속(창 9:6)에서 아브라함 언약 및 모세 언약 모두에 선행한다. "사람의 마음의 생각이 어려서부터 악하지만"(창 8:21), 하나님은 그럼에도 불구하고 무지개의 표지(창 9:16)로 그의 "영원한 언약"을 맺는다.[56] 예레미야 역시 하나님의 백성의 상태가 다음과 같다는 것을 안다.

> [내 백성은] 지각이 없는 미련한 자식이라.
> 악을 행하기에는 지각이 있으나
> 선을 행하기에는 무지하도다(렘 4:22).

---

56   아브라함 언약은 창 12:2-3에 나온다. 모세 언약은 신 5장과 29장에 등장한다.

그러나 그의 예언은 새 언약이 "그들이 깨뜨린 내 언약"과 같지 않고, 그들의 마음에 쓰일 것(렘 31:31-32)이라고 무조건적으로 약속한다.

특히 에스겔서는 주류 교회에서 좀처럼 읽히거나 연구되지 않지만, 놀라운 책이다. 확실히 그 책의 좀 더 소름끼치는 장면들은 우리가 문자적으로 읽으면 취하기가 어렵다. 그러나 그 책의 회화적 이미지와 문학적 이미지는 종종 가혹하기는 하지만 하나님의 의와 모든 것을 새롭게 하는 그 의의 능력의 범위 및 그것에 대한 헌신이란 측면에서 본질적인 신학적 메시지를 담고 있다. 하나님의 백성은 "구속받을 운명이다"[57] 마른 뼈 구절(겔 37:1-14)은 가장 잘 알려져 있지만, 맥락에서 분리되면 그것의 놀라운 영향력을 상실한다. 오직 그 백성의 배교와 충실치 않음으로 인한 그들에 대한 전면적인 심판의 배경하에서만 마른 뼈들의 부활이 하나님의 영이 지닌 힘을 충분히 보여준다. 이 뼈들은 단지 죽은 것만이 아니라 **죄 가운데 죽었기** 때문이다. 하나님의 보복에 관한 에스겔의 예언이 산재된 곳에서 다음과 같은 후렴구가 들린다. " 새 영을 너희 속에 두고 새 마음을 너희에게 주되, 너희 육신에서 굳은 마음을 제거하고 부드러운 마음을 줄 것이며 또 내 영을 너희 속에 두어 너희로 내 율례를 행하게 하리니 너희가…내 백성이 되고 나는 너희 하나님이 되리라"(겔 36:26-28). 에스겔 48장 전체에서 하나님 자신이 그의 백성의 마음을 다시 만들 수 있으며, 그가 그들의 (풍부하게 묘사되는) 배교에도 불구하고 무조건 그렇게 약속한다는 내용이 제시된다.

그렇다고 해서 하나님이 단순히 죄를 "용서하고 잊어버린다"는 뜻은 아니다. 하나님이 예레미야 31:34에서 하는 말—내가 그들의 악행을 사하고, 다시는 그 죄를 기억하지 아니하리라—은 구약성경의 "기억하

---

57   William Shakespeare, *All's Well That Ends Well*.

다"라는 말의 개념에 따라 이해되어야 한다. 그것은 "마음에 두지 않다"를 의미하지 않는다. 그 말은 인간이 가능성을 뛰어넘는 개념이다. 성경의 용어에서 기억은 하나님의 행동이다. 기도할 때 하나님께 "기억"해 달라고 요청하면 그 탄원은 하나님이 기도하는 사람을 위해 행동을 취해 달라는 것이다. 예레미야 31:34을 바울을 통해서 읽으면 그것은 하나님이 행동을 취해서 **죄**의 속박을 깨뜨림으로써 자기 백성이 언약을 완전히 위반한 것을 바로잡고, **죄**의 영향뿐만 아니라 그 기억마저 지워서 악한 **권세들**의 활동을 그것의 적절한 위치인 부존재에 처하게 함을 의미한다. 아무도 하나님의 능력이 닿지 않는 곳에 있지 않기 때문에, 평화롭게 죽은 폴 포트처럼 회개하지 않는 괴물들은 완전히 변화되거나 완전히 멸절될 것이다.

> 이전 일을 기억하지 말며
> 옛날 일을 생각하지 말라.
> 보라, 내가 새 일을 행하리니(사 43:18-19).

이것이 바로잡음이다. 의로운 하나님이 잘못된 것을 모두 바로잡으실 것이다. 이것이 바로 "이전 일들"이 잊히고 그것들에 대한 어떤 기억도 남지 않을 것이라는 하나님의 약속이다. 그리고 여기에 어마어마한 역설이 있다. 이 모든 것은 예수 그리스도가 십자가형—특히 그 희생자가 마치 존재한 적이 없었던 것처럼 그에 관한 기억을 지워버리기 위해 고안된 방법—에 의해 죽음으로써 성취된다.

그것이 바로 죽은 자를 일으키는 하나님의 능력이다.

로마서 9-11장에 나타난 하나님의 목적의 원형으로서 야곱과 에서

본서의 앞에서 우리는 야곱과 에서 형제의 이야기를 나중에 살펴보기로 했었다.[58] 앞의 맥락에서 주제는 하나님이 섭리적으로 거절한 사람(에서)에 대한 하나님의 사랑과 돌봄이었다. 우리 독자들에게 이 점은 재미있는 요소다. 에서가 자기 어머니와 야곱으로부터 타당한 이유 없이 지독한 대우를 받았기 때문이다. 그러나 로마서 9장에서 야곱과 에서에 대한 바울의 언급은 훨씬 더 급진적이고 좀 더 도전적인 방향으로 경계를 밀어낸다. **디카이오시스**(*dikaiosis*, 칭의/교정)의 완전한 결과를 이해하기 위해서는 우리가 바울의 복음 중 가장 대담한 이 부분을 다룰 필요가 있다.

로마서 9-11장에서 바울은 저항하는 유대인 공동체 문제를 놓고 격렬하게 씨름한다. 이스라엘의 메시아가 자기 백성 가운데서 출현하게 되어 있지 않았는가? 그들은 메시아를 받아들이도록 특별히 준비되지 않았는가? 그렇다면 그들이 하나님의 기름 부음 받은 자를 거절한 것이 어떻게 설명되어야 하는가? 유대인 엘리트 중 한 명으로, 운명적인 만남에서 하나님께 징발된 바울은 동료 유대인들이 복음으로 회심하지 않는 데 대해 참으로 괴로워한다. 그는 이 문제를 참으로 예리하게 느껴서 전에 모세가 그랬던 것처럼(출 32:32) 기꺼이 자신의 구원을 걸려고 한다(롬 9:3).

그러나 바울은 놀랍게도 거의 숨을 돌리지 않고 하나님의 무한한 목적에 대한 숙고를 통해 그의 고민거리를 제거한다. 그가 유대인들과 그들의 완고함에 관해 생각하기 시작하자마자 그는 절망에서 빠져 나와 열

---

58 본질적인 야곱-에서 이야기는 창 25:19-28:22과 32:6-33:17의 두 부분에서 발견된다. 바울은 그 내러티브를 모형론적으로 해석한다. 순전히 문학적·인간적 관점에서 보면 에서가 사랑하는 아버지의 축복을 빼앗겼을 때 그의 고뇌는 구약성경 중 가장 감정적인 부분 중 하나다. 창 32장에 수록된 형제의 재회 역시 매우 감동적이다.

광적이고 자신을 잊은 찬양 안으로 들어간다. "그들은 이스라엘 사람이라. 그들에게는 양자 됨과 영광과 언약들과 율법을 세우신 것과 예배와 약속들이 있고, 조상들도 그들의 것이요, 육신으로 하면 그리스도가 그들에게서 나셨으니 그는 만물 위에 계셔서 세세에 찬양을 받으실 하나님이시니라. 아멘"(롬 9:4-5).[59]

하나님의 전능하심을 상기한 바울은 계속해서 유대인의 불신앙을 다른 관점에서 해석한다. 그는 아브라함에게 한 약속이 어떻게 확대됨으로써 전에는 그 약속에서 배제되었던 사람들이 그 안으로 들어왔는지를 보여준다. 로마서 9장에서 "육신의 자녀"는 아브라함의 적통 자손들이고 "약속의 자녀"는 비적통인 이방인들이다. "그러나 하나님의 말씀이 폐하여진 것 같지 않도다.…육신의 자녀가 하나님의 자녀가 아니요 오직 약속의 자녀가 씨로 여기심을 받느니라"(롬 9:6, 8).

---

59 바울의 신학적 관점에서 이스라엘과의 언약의 역할은 무엇인가? 편의적으로 그러나 다소 부정확하게 "바울에 관한 새 관점"을 옹호하는 학자 집단은 이스라엘과의 언약의 연속성을 매우 중요하게 보는 경향이 있다. 그러나 바울이 좀처럼 하나님과 이스라엘 간의 언약을 구체적인 용어로 언급하지 않는다는 점이 두드러진다. 바울의 사고의 배경에 항상 그것이 놓여 있다고 종종 주장된다. 그렇다면 그는 왜 그것을 좀 더 뚜렷하게 언급하기를 피하는가? 이 특별한 구절은 바울이 자신의 전반적인 제시에서 이스라엘의 언약에 부여하는 위치를 암시한다. 즉 그는 하나님의 다른 귀한 선물들과 더불어 "언약들"(복수인 diathekai)을 인정하지만, 그가 "율법을 세우신 것"을 포함시킨 것은 그것들에 대한 바울의 미묘한 관계를 암시한다. ("언약"에 대한 바울의 소수의 언급 중 하나는 고전 11:25에 수록된 예수의 성찬 제정의 말이다["이 잔은 내 피로 세운 새 언약이니"]. 이 말은 의심할 나위 없이 아주 이른 시기의 회중들에게서 사용됨으로써 신성해진 말이다. 옛 언약과 뚜렷이 구별되는 "새 언약"이라는 말 자체는 렘 31:31-34의 매우 중요한 종말론적인 구절에서 유래한다.) 바울은 대개 아브라함과 맺은 언약보다는 아브라함에게 한 약속을 언급한다. 이 어구의 사용은 롬 4장과 갈 3:18에서 두드러진다. 바울은 하나님이 종교 질서를 포함한 이전의 세상의 모든 질서를 십자가형을 통한 부활로 이끈 데서 하나님이 이룬 것의 새로움과 불연속성을 강조하기 위해 일부러 언약을 중요시하지 않고 약속을 선호하는 것으로 보인다. 바울은 공들여 구약성경의 이야기를 주장하지만, 롬 4장과 5장 그리고 갈 3:6-18과 4:21-31에서와 같이 그것을 그리스도의 새로운 사건에 기여하는 방식으로 활용한다. 우리가 본서의 두 곳에서 철저하게 논의한 롬 5장에서의 제시는 바울에게 독특하다.

그러고 나서 야곱과 에서가 다시 등장한다. 바울은 사실 원래의 야곱-에서 이야기가 등장하는 창세기를 인용하는 것이 아니라 "이스라엘 지역 밖"(말 1:5)으로 추방된 에서에 대한 하나님의 심판을 말하는 말라기서를 인용한다. 확실히 바울이 말라기 1:2-3을 주석적으로 사용하는 방식은 오늘날의 기준에 의하면 무책임할 정도로 임의적이다. 사도는 구약성경 예언서로부터 그 구절을 취해서 말라기가 그것을 사용하는 방식과는 무관한 종말론적 선언으로 바꾼다. 이처럼 명백히 자유롭게 해석되었음에도 불구하고 바울이 야곱과 에서를 묵시적 시나리오 안에 위치시킨 것이 말라기서의 정신에 완전히 어긋나지는 않는다. 말라기서는 하나님의 통치와 관련하여 뚜렷이 민족을 초월한 이미지(말 1:11, 14b)를 투사하며, 위에서 언급한 바와 같이 "내[야웨]가 정한 날"에 대한 환기로써 정경의 구약성경을 마무리한다.

이 대목에서 바울은 의로운 자와 불의한 자, 선택받은 자(야곱)와 거부된 자(에서) 사이의 뚜렷한 구분 개념과 씨름하고 있다. 이 선택이라는 언어 배후에 사람이나 사람의 집단 간에 궁극적인 구분이 없다는 바울의 확신이 놓여 있다. 물론 말라기서의 끝 부분은 야웨가 "내가 정한 날에⋯너희가⋯의인과 악인을 분별하리라"(말 3:17-18)고 말하는 것처럼 이런 종류의 뚜렷한 구분을 두는 것으로 보인다. 바울이 말라기서에 호소하는 경우에도 그는 "유대인이나 그리스인이나 다 죄 아래 있다"는 로마서 3:9의 선언 안에서 서신을 쓰고 있기 때문에 우리보다 앞서고 있다. 바울은 의로운 자와 불의한 자, 경건한 자와 경건치 않은 자라는 범주를 받아들이지만—이 대목이 요점이다—그는 우리가 본서에서 거듭 살펴본 바와 같이 **각 사람 안에 선과 악의 양면성이 있다**고 주장한다.

바울은 "내가 야곱을 사랑하였고 에서는 미워하였다"는 말라기 1:2-3을 인용한다. 말라기서의 맥락은 하나님이 에서의 백성을 영원히

거부한다는 것과, 이 거부는 야웨가 **"이스라엘 밖에서도"** 크심(말 1:5)을
결정적으로 보여준다는 것에 대한 암시로 보인다. 그러나 바울은 이 구
절을 취해서 그것을 완전히 뒤집는다. 바울 자신의 이방인 선교가 극적
으로 증명하듯이 실로 야웨는 이스라엘 밖에서도 크시지만, 이제 사도는
야웨가 이스라엘 안에서도 크심을 보여줄 필요가 있는데, 그는 야웨가
참으로 그러하다고 똑바로 말한다. "그러므로 내가 말하노니 하나님이
자기 백성을 버리셨느냐? 그럴 수 없느니라.…하나님이 그 미리 아신 자
기 백성을 버리지 아니하셨나니"(롬 11:1-2).

하나님의 불쾌한 선택들

그러므로 야곱-에서의 역학 관계는 뒤집을 수 없는, 하나님께서 유대인을
선택한 맥락 안에서 펼쳐진다. 바울은 유대인들의 설명할 수 없어 보이는
행동에 하나님의 어떤 목적이 있을 수 있는지 파악하려고 애쓴다. 이상하
고 모순적으로 보일 수 있지만 확실히 구속 계획에서 불신이 일익을 담당
한다. 이 대목에서 바울은 대담하게도 **하나님의 궁극적인 목적 안에서 발
생하는 완고한 저항**에 대해 말하는 구약성경의 당황스러운 여러 구절을
검색한다. 이사야서에서 도출한 말들이 그 아이디어를 제시한다.

> 하나님이 오늘까지
> 그들에게 혼미한 심령과
> 보지 못할 눈과 듣지 못할 귀를 주셨다(롬 11:8, 사 29:10에서 도출함).[60]

---

60 6장에서 이사야에게 주어진 위임은 29:10보다 훨씬 더 명시적이다.

한때는 무시되었던 로마서 9-11장이 이제는 바울 복음의 핵심에 가까운 것으로 재고되고 있다. 기독교 역사에서 대체로 이 장들을 소홀히 했던 점에 비추어볼 때 해석에 있어서 이처럼 새로운 전개는 이례적이며, 유럽의 유대인들을 학살한 것이 이 장들을 다시 보도록 만든 계기였기 때문에 이러한 전개의 원인을 생각하는 것은 고통스러운 일이다. 그리스도인과 유대인 간의 관계에 대한 바울의 완전히 독창적인 탐구는 경건치 **않은** 자에 대한 하나님의 목적에 대한 설명의 틈을 메우는 데 있어 필수적이다. 우선 바울의 맥락에서 **경건한 자**는 바로 유대인일 것이다. 경건치 **않고**, 영적이지 **않고**, 의롭지 **않은** 자는 이방인이다. 미리 귀띔하자면 우리는 바울의 사고의 흐름이 그 절정에 이르면 "경건치 않은"이라는 단어는 모든 인간을 포함하게 된다고 말할 수 있다. 그러므로 야곱-에서라는 이분법은 이분법이 되는 것이 아니라, 하나님이―버림받은 **동시에** 선택된―이중의 정체성 안에 있는 모든 인류를 다루는 것에 대한 요약이 된다.

가서 이 백성에게 이르기를
"너희가 듣기는 들어도 깨닫지 못할 것이요,
보기는 보아도 알지 못하리라" 하여
이 백성의 마음을 둔하게 하며
그들의 귀가 막히고…
그들이 눈으로 보고
귀로 들을까…하노라(사 6:9-10).

이 구절은 신약성경에서 다섯 번 인용되는데―각각의 복음서에서 한 번씩 그리고 사도행전에서 한 번―이는 구약성경의 다른 어느 텍스트보다 더 많이 인용된 것이다. 그러나 예루살렘 성전에서 일어난 이사야의 유명한 환상을 공개적으로 읽을 때 실제 그 위임의 말은 거의 언제나 생략된다. 하나님이 모든 사람을 선택하는 것이 아니라 몇몇을 선택한다는 개념은 언제나 부담스러운 내용이었다. 그러나 많은 설교자는 "내가 여기 있나이다, 나를 보내소서"라고 말한 초월적인 순간이 지나고 나면 자신이 설교자로서의 여생을 예수 그리스도의 좋은 소식이 종종 닫힌 귀에 떨어진다는 사실과 씨름해야 한다는 것을 증언할 수 있다.

바울은 계속해서 그의 사고의 흐름을 이야기한다. 만일 아무도 의롭지 않다면 이 선택에 아무런 이유가 없는데도 한 사람(야곱)은 선택하고 다른 사람(에서)은 선택하지 않는, 자의적으로 보이는 하나님의 선택의 의미는 무엇인가? 그리스도인과 유대인 간의 문제를 제시하는 데 확실히 적실성이 있는 이 문제에 대한 바울의 결론은 매우 중요함에도 불구하고 종종 간과되었다. 그것은 "하나님의 선택의 목적이 **행위 때문이 아니라** (아무도 선악 간에 아무것도 하지 않았기 때문에) **그의 부르심 때문에** 계속되게 하기" 위함이다(롬 9:11).

바울은 하나님이 이스라엘을 "밀어내기" 위해 고의로 이방인을 선택했는가라는 문제로 이동한다.[61] 그는 이렇게 계속한다. "리브가가 우리 조상 이삭 한 사람으로 말미암아 임신하였는데 그 자식들이 아직 나지도 아니하고 무슨 선이나 악을 행하지 아니한 때에…리브가에게 이르시되 '큰 자가 어린 자를 섬기리라' 하셨나니 기록된 바 '내가 야곱은 사랑하고 에서는 미워하였다' 하심과 같으니라"(롬 9:10-13).

이것은 현대의 독자에게는 확실히 언어도단으로 들릴 것이다. 그러나 현대의 독자에게만 그런 것은 아니다! 바울은 그런 항의를 예상했다.

그런즉 우리가 무슨 말을 하리요? 하나님께 불의가 있느냐? 그럴 수 없느니라. 모세에게 이르시되 "내가 긍휼히 여길 자를 긍휼히 여기고 불쌍히 여길 자를 불쌍히 여기리라" 하셨으니 그런즉 **원하는 자로 말미암음도 아니요, 달음박질하는 자로 말미암음도 아니요, 오직 긍휼히 여기시는 하나님으로 말미암음이니라.** 성경이 바로에게 이르시되 "내가 이 일을 위하여 너를 세웠으니 곧 너로 말미암아 내 능력을 보이고 내 이름이 온 땅에 전파되게 하

---

61 야곱의 이름은 "밀어내는 자"라는 뜻이다.

려 함이라" 하셨으니 그런즉 하나님께서 하고자 하시는 자를 긍휼히 여기시고 하고자 하시는 자를 완악하게 하시느니라(롬 9:14-18).

바울의 이 복음이 수백 년 동안 얼마나 어렵고 도전적이었는지—실로 얼마나 불쾌했는지—주목하면 도움이 된다. 많은 강해설교자와 기타 해석자가 마치 로마서 9-11장이 존재하지 않기라도 하는 것처럼 이 장들을 건너뛰었다.[62] 더구나 많은 그리스도인이 아직도 신약성경의 하나님을 시대에 뒤쳐진 것으로 추정되는 "구약성경의 하나님"으로부터 분리시키려고 하는 실수를 저지른다. 바울은 이와 대조적으로 예수 그리스도 안에서 행동하고 있는 하나님은 바로 히브리 백성의 하나님임을 보여주려고 애를 쓴다. 예수의 아버지는 아브라함을 선택했고, 바로에게 자신의 힘을 보여주었고, 에서보다 야곱에게 은혜를 베풀었고, 지상의 모든 백성 중에서 이스라엘을 선택했고, 때가 차자 그 선택을 **경건치 않은 자들에게** 확대한 바로 그 하나님이시다.[63]

바울은 이 급진적인 하나님의 뜻을 선포하는 일이 저항에 직면할 것임을 알았다. 미국인들이 최초로 인간의 자율성을 믿은 것이 아니다! 그는 겁내지 않고 계속 말한다.

이 사람아, 네가 누구이기에 감히 하나님께 반문하느냐? 지음을 받은 물건

---

62 19세기의 위대한 설교자인 Alexander McLaren(그는 스코틀랜드인으로서 잉글랜드에서 설교했다)이 그런 예다. 그의 방대한 성경 전체로부터의 강해설교집에 롬 9-11장에 관한 설교는 한 편도 포함되지 않았다.

63 놀랍게도 바울은 언약과 연계해서 모세를 결코 언급하지 않는다(사실 우리가 살펴본 바와 같이 그는 언약을 거의 언급하지 않는다). 이삭의 결박 이야기에 대한 분석에서 우리는 바울이 어떻게 아브라함에게로 되돌아가서 하나님의 약속이 무조건적이며 **율법** 아래에서의 실패와 연결되지 않음을 명확히 하는지를 보기 시작했다.

이 지은 자에게 "어찌 나를 이같이 만들었느냐" 말하겠느냐? 토기장이가 진흙 한 덩이로 하나는 귀히 쓸 그릇을, 하나는 천히 쓸 그릇을 만들 권한이 없느냐? 만일 하나님이 그의 진노를 보이시고 그의 능력을 알게 하고자 하사 멸하기로 준비된 진노의 그릇을 오래 참으심으로 관용하시고, 또한 영광 받기로 예비하신 바 긍휼의 그릇에 대하여 그 영광의 풍성함을 알게 하고자 하셨을지라도 무슨 말을 하리요? 이 그릇은 우리니 곧 유대인 중에서뿐 아니라 이방인 중에서도 부르신 자니라(롬 9:20-24).

이 전체 단락에서 바울은 스스로 의로운 자에게 거듭하여 경고한다. "그 가지들을 향하여 자랑하지 말라", "높은 마음을 품지 말고 도리어 두려워하라", "스스로 지혜 있다 하지 말라"(롬 11:18, 20, 25). 1:16부터 시작하여 3:22("차별이 없느니라")에서 잠정적인 정점에 도달하는, 그가 로마서 전체에서 말해온 급진적인 평등화는 이제 하나님의 의(*dikaiosyne theou*)로 말미암아 온 세상(*kosmos*)이 변화되는 비전의 핵심이 된다.[64]

---

64   우리는 바울 서신(특히 롬 11)에 수록된 이 구절들에 제한적으로 접근해야 한다. 그는 때 때로 "모두" 궁극적으로 영원한 세대의 생명 안으로 이끌릴 것이라는 보편적인 비전을 취하는 것으로 보인다. "아담 안에서 모든 사람이 죽은 것 같이 그리스도 안에서 모든 사람이 삶을 얻으리라"(고전 15:22). 이것이 보편적 구원인지 아닌지를 우리는 알 수 없다. 우리가 그것을 바라도록 허용될지라도 말이다(Karl Barth, *Church Dogmatics* IV/3, 477-8). 확실한 것은 하나님의 도성에서 사탄과 그의 모든 일들에 대한 결정적인 심판과 선과 악의 최종적인 분리가 있을 것이라는 점이다. "보라, 하나님의 장막이 사람들과 함께 있으매 하나님이 그들과 함께 계시리니, 그들은 하나님의 백성이 되고 하나님은 친히 그들과 함께 계셔서 모든 눈물을 그 눈에서 닦아 주시니, 다시는 사망이 없고 애통하는 것이나 곡하는 것이나 아픈 것이 다시 있지 아니하리니, 처음 것들이 다 지나갔음이러라"(계 21:3-4).

정점에서의 바울

로마서 9-11장에서 바울이 어떻게 아직 도달하지 못한 높은 곳에 오르는지를 알기 시작하려면 아마도 다소의 상상력이 필요할 것이다. 여러 세대 동안 그리스도인들이 바울이 불신 문제에 도전할 때 한층 더 높은 곳으로 똑바로 나아간다는 것을 깨닫지 못하고 로마서 8장에 등장하는 위대한 요약 구절을 로마서 전체의 절정으로 생각하는 데 익숙해져 있기 때문이다. 그의 서신들에 등장하는 많은 구절은 그가 설명하고 있는 것들에 대한 그의 열정을 보여주는데, 이 대목이 특히 그렇다. 그의 논증은 점점 고조되어, 성경 전체에서 가장 포괄적인 주장이라고 할 수 있는 11장에서 결론에 도달한다.

바울이 그의 서신들에서 보고 선포하는 것들은 "구원을 주시는 하나님의 능력"이다. 그는 로마서 1:16-17에서 그의 주제를 제시할 때 그것을 환기시킨다. 그러나 이 주제가 가장 보편적으로 표현되는 곳은 로마서 9-11장이다. 바울의 서신들에서 구원(*soteria*)은 단순히 우리가 너무도 자주 듣는, 미국의 기독교에서 사용되는 것과 같은 방식—개인들이 그리스도를 믿을 때 개인별로 먼저 한 사람을 구조하고 이어서 다른 사람을 구조하는 것—으로 이해되어서는 안된다. 오로지 개인들만 강조될 때 심각한 신학적·교회론적·지정학적 문제가 수반된다. 바울이 로마서에서 그의 메시지를 전개할 때 개별 그리스도인들이 그들의 개별적인 귀중함을 상실하지는 않지만, 그들은 신자들의 새로운 가족 안으로 및 궁극적으로는 하나님의 우주적인 계획 안으로 들어간다. 로마서 11:32은 성경이 담고 있는 가장 급진적으로 "포괄적인" 진술 중 하나다. "하나님이 모든 사람을 순종하지 아니하는 가운데 가두어 두심은 모든 사람에게 긍휼을 베풀려 하심이로다."

그에게는 창조주로부터 직접 나온 말처럼 보였을, 오랜 고심 끝에 나온 이 진술에 이어서 바울은 인간의 능력 밖에 있는 비전에 완전히 사로잡히는데, 아마도 그는 이 점을 알고 있었을 것이다. 자기가 방금 전 발설한 말에 대해 가능한 유일한 반응으로서 그는 송영을 표출하기 때문이다.

> 깊도다, 하나님의 지혜와 지식의 풍성함이여! 그의 판단은 헤아리지 못할 것이며 그의 길은 찾지 못할 것이로다.
> "누가 주의 마음을 알았느냐,
> 누가 그의 모사가 되었느냐?"
> "누가 주께 먼저 드려서
> 갚으심을 받겠느냐?"
> 이는 만물이 주에게서 나오고 주로 말미암고 주에게로 돌아감이라. 그에게 영광이 세세에 있을지어다. 아멘(롬 11:33-36).

요약

용서는 충분치 않다. 구속에 대한 신앙은 충분치 않다. 모든 인간의 본질적인 선함에 대한 희망적 사고는 충분치 않다. 포용은 충분히 포용적인 메시지가 아니며 진정한 정의를 갖다 주지도 않는다. 만일 우리가 정의와 자비 모두의 하나님을 선포하고자 한다면 많은 것들이 정죄되고 바로잡혀야 한다. 이 세상의 질서와 무관한 **권세**만이 자기 피조물에 대한 하나님의 목적에 대항하는 원수의 지배를 극복할 수 있다. "만물의 상속자"(히 1:2)인 예수 그리스도는 정죄 받고 거절된 의로운 자로서 자신을 드렸다. (겟세마네 후에) 자신에게 무슨 일이 일어날지를 완전히 알면서,

자기 아버지와의 완벽한 일치 가운데 자신을 내어주면서 그는 자기가 그 위에 못박힐 자기 십자가를 지고 골고다로 가서 "인간에게 멸시 받고 거절당했다"(사 53:3). 그가 비인간적이고 불경건하게 십자가에 처형된 역사적 시간과 공간에서, 이 세상에서 활동하던 악마의 모든 **권세들**이 예루살렘에 모여 성육신한 하나님의 아들에게 자기들이 가진 모든 힘을 다해 공격을 퍼부었다. 유기되고 내쫓기고 하나님께 버림 받은 그는 모든 인간에 대한 죄와 사망의 권세를 깨뜨리기 위해 모든 인간의 대표로서 그곳에서 매달려 모든 인간을 대신해 정죄 받았다.

하나님의 의(*dikaiosyne theou*)가 없이는 어느 것도 이 세상의 악에 대해 아무 소용이 없었을 것이다. 우리는 3일째에 예수 그리스도가 부활한 데서 믿음으로 잘못된 것을 바로잡는 하나님의 힘을 본다. 하나님이 죽은 자를 일으키고 존재하지 않는 것을 존재하게 하는 분이 아니라면 최악의 악(대규모 살해, 고문, 연쇄 살인 등)이나 작은 악(결혼을 실패로 돌아가게 하고, 우정이 끝장나게 하고, 기업이 망하게 하고, 고요한 불행을 수백만 명의 공통적인 운명이 되게 하는, 우리 인간에 대한 일상적인 공격)에 대한 용서를 진지하게 얘기할 수 없다. "어느 것도 죄를 속죄하지 못합니다. 당신이 구원하셔야 합니다. 당신 혼자만이." 이것이 골고다에서 일어난 일이다. 풍부하고, 복잡하고, 깊이 있는 성경의 모든 이미지들은 한결같이 그리스도의 십자가에서 하나님의 의가 나타난다고 말한다. 하나님의 아들의 "보혈"이 완벽한 속죄제다. 포로를 해방시키기 위한 보석금이 지불된다. 지옥의 문들이 습격받는다. 홍해가 건너지고 원수가 익사한다. 하나님의 심판이 죄에 대해 집행되었다. 아담의 불순종이 그리스도의 순종에서 재연된다. 새 피조물이 존재하게 된다. 그리스도를 믿는 사람은 그의 생명 안으로 통합된다. "이 악한 세대"의 왕국들은 사라지고 약속된 하나님의 왕국이 승리주의자의 십자군에서가 아니라 교회의 십자가에 대한 증언에서 나타난다. 성육신한 아들이 "아담의" (곧 우리의) 육신 안으로부터 우리를 위해서 그리고 우리를 대신해서 사탄과 싸워 그를 이겼다. 오직 이 힘, 하나님의 아들에 의해 얻어진 초월적인 이 승리만이 세상(*kosmos*)을 그것의 정당한 창조주께 방향을 재정립시킬 수 있다. 하나님의 의가 십자가와 부활을 통해 이것을 이루었고, 성령의 힘으로 말미암아 지금 이루고 있으며, 그리스도 예수의 날에 완성시킬 것이다.

그리고 결국

본서의 많은 부분은 예수 그리스도의 십자가의 공동체적이고, 집단적이며, 우주적인 중요성에 초점을 맞춰왔다. 그러나 어떤 독자도 복음 메시지의 묵시적이고 보편적인 측면이 개별 신자의 신앙과 확신에 대한 여지를 남기지 않는다고 생각해서는 안 된다. 본서에서 독자들은 사도 바울이 갈라디아서에서 개인적인 증언을 하는 것을 여러 번 만났다. 나 자신과 독자들 모두에게 이 말들은 지금과 다가올 모든 날들에 마음의 위안과 기쁨이 될 수 있다. "내가 그리스도와 함께 십자가에 못 박혔나니 그런즉 이제는 내가 사는 것이 아니요 오직 내 안에 그리스도께서 사시는 것이라. 이제 내가 육체 가운데 사는 것은 나를 사랑하사 나를 위하여 자기 자신을 버리신 하나님의 아들을 믿는 믿음 안에서 사는 것이라"(갈 2:20).

나는 크리스토퍼 스마트와 함께 이 고백을 함으로써 본서를 마무리 짓고자 한다.

깨어라, 일어나라, 네 목소리를 높여라.

부활절 음악을 크게 울려라.

그리스도 안에서 기뻐하고 또다시 기뻐하며

그를 찬양하며 살라.

성도들이 반가움과 놀라움으로

그들의 구주를 맞이하네.

그들은 자기들의 귀와 눈을 믿지 않지만

그의 손과 발로 말미암아 구원을 받았다네.

참으로 무한한

자유로운 사랑의 손과

여전히 자유롭게 움직이며 피를 흘리는 이 발들은

수백만 명을 위한 것이었고,

나를 위한 것이었네.[65]

아멘.

---

65 Christopher Smart(1722-1771)의 찬송가, 마지막 몇 단어들은 강조하기 위해 줄 간격을
주고 굵은 글씨체로 표현했다.

참고 문헌

성경의 특정한 책에 대한 주석서들은 997-1003쪽을 보라.

Achebe, Chinua. "An Image of Africa: Racism in Conrad's 'Heart of Darkness.'" *Massachusetts Review* 18 (1977).

Achtemeier, Elizabeth. "Righteousness in the Old Testament." In *The Interpreter's Dictionary of the Bible*. New York: Abingdon, 1962.

Achtemeier, Paul. "Righteousness of God in the New Testament." In *The Interpreter's Dictionary of the Bible*. New York: Abingdon, 1962.

Adams, James Rowe, ed. *The Essential Reference Book for Biblical Metaphors: From Literal to Literary*. 2nd ed. Dallas: Word, 2008.

Adams, Marilyn McCord. *Horrendous Evils and the Goodness of God*. Ithaca, N.Y.: Cornell University Press, 1999.

Adams, Marilyn McCord, and Robert Merrihew Adams, eds. *The Problem of Evil*. Oxford: Oxford University Press, 1990.

Alison, James. *Knowing Jesus*. Springfield, Ill.: Templegate, 1994.

_____. *The Joy of Being Wrong: Original Sin through Easter Eyes*. New York: Crossroad, 1998.

_____. *Raising Abel: The Recovery of the Eschatological Imagination*. New York: Crossroad, 2000.

Allison, Dale. *The End of the Ages Has Come: An Early Interpretation of the Passion and Resurrection of Jesus*. Philadelphia: Fortress, 1985.

_____. *Studies in Matthew: Interpretation Past and Present*. Grand Rapids: Baker Academic, 2005.

_____. *Reconstructing Jesus: Memory, Imagination, and History*. Grand Rapids: Baker, 2010.

Allison, FitzSimons. *The Rise of Moralism*. London: SPCK, 1966.

Améry, Jean. *At the Mind's Limits: Contemplations by a Survivor on Auschwitz and Its Realities*. Bloomington: Indiana University Press, 1980.

Andrewes, Lancelot. *Ninety-six Sermons of the Right Honourable and Reverend Father in God, Lancelot Andrewes*. Oxford and London: James Parker and Co., 1832. https://archive.org/details/ninetysixsermon0202andrgoog에서 구할 수 있다.

Anselm of Canterbury. *The Prayers and Meditations of Saint Anselm with the Proslogion*. London: Penguin Books, 1973.

_____. *St. Anselm, Basic Writings*. Translated by S. N. Deane. La Salle, Ill.: Open Court, 1974.

Antwi, Daniel J. "Did Jesus Consider His Death to Be an Atoning Sacrifice?" *Interpretation* 45 (January 1991).

Aquinas. Thomas. *The Sermon-Conferences of St. Thomas Aquinas on the Apostles' Creed*. Edited and translated by Nicholas R. Ayo, C.S.C. Eugene, Ore. Wipf and Stock, 1988.

Ash, Timothy Garton. "The Truth about Dictatorship." *New York Review of Books*, February 19, 1998.

Athanasius. *On the Incarnation*. Crestwood, N.Y.: St. Vladimir's Orthodox Theological Seminary, 1953–1978.

_____. *Orations against the Arians*. Cambridge Library Collection. Cambridge: Cambridge University Press, 2014.

Auden, W. S. *Selected Poems*. Edited by Edward Mendelson. Expanded 2nd ed. New York: Vintage Books, 2007.

Augustine. *Confessions and Enchiridion*. Edited by Albert Cook Outler. Library of Christian Classics. Philadelphia: Westminster, 1955.

_____. *On Grace and Free Will* and *On Forgiveness of Sins, and Baptism*. In Select Library of the Nicene and Post-Nicene Fathers of the Christian Church, edited by Philip Schaff, ser. 1, vol. 5. Grand Rapids: Eerdmans, 1971.

_____. *The City of God* and *On Christian Doctrine*. In Select Library of the Nicene and Post-Nicene Fathers of the Christian Church, edited by Philip Schaff. ser. 1, vol. 2. Grand Rapids: Eerdmans, 1973.

Aulén, Gustav. *Christus Victor: An Historical Study of the Three Main Types of the Idea of the Atonement.* Jaroslav Pelikan의 서문. New York: Macmillan, 1969; orig. 1931.

Balthasar, Hans Urs von. *Dare We Hope "That All Men Be Saved"? With a Short Discourse on Hell.* San Francisco: Ignatius, 1988.

_____. *Theo-Drama: Theological Dramatic Theory.* San Francisco: Ignatius, 1994.

_____. *Mysterium Paschale: The Mystery of Easter.* San Francisco: Ignatius, 2000; orig. German ed., *Theologie der Drei Tage*, 1970.

Banks, Robert, ed. *Reconciliation and Hope: New Testament Essays on Atonement and Eschatology.* Grand Rapids: Eerdmans, 1974.

Barmen Theological Declaration (1934): The Book of Confessions, Study Edition. Louisville: Geneva, 1999.

Barrett, C. K. "New Testament Eschatology." *Scottish Journal of Theology* 6 (1953): 136-55, 225-43.

Barth, Karl. *Church Dogmatics.* 13 vols. Edinburgh: T. & T. Clark, 1956-1975.

_____. *Dogmatics in Outline.* New York: Harper Torchbooks, 1959.

_____. *Fides Quaerens Intellectum: Anselm's Proof of the Existence of God in the Context of His Theological Scheme.* London: SCM, 1960; German orig. 1930.

_____. *Learning Jesus Christ through the Heidelberg Catechism.* Grand Rapids: Eerdmans, 1964.

_____. *Deliverance to the Captives.* First paperback ed. New York: Harper and Row, 1978.

Barth, Markus. *Justification.* Grand Rapids: Eerdmans, 1971.

Bartlett, Anthony W. *Cross Purposes: The Violent Grammar of Christian Atonement.* Harrisburg, Pa.: Trinity, 2001.

Beker, J. Christiaan. *Paul the Apostle: The Triumph of God in Life and Thought.* Philadelphia: Fortress, 1980.

_____. *Paul's Apocalyptic Gospel: The Coming Triumph of God.* Philadelphia: Fortress, 1982.

_____. *Suffering and Hope: The Biblical Vision and the Human Predicament.* Philadelphia: Fortress, 1987.

Belhar Declaration of 1986. www.pcusa.org/resource/belhar-confession/.

Bell, Daniel. *The Economy of Desire: Christianity and Capitalism in a Postmodern World.* Grand Rapids: Baker Academic, 2012.

Berkhof, Hendrikus. *Christ and the Powers.* Translated by John Howard Yoder. Scottdale, Pa.: Herald, 1962.

Berkhof, Louis. *Systematic Theology*. Grand Rapids: Eerdmans, 1996.

Berkouwer, G. C. *Sin*. Grand Rapids: Eerdmans, 1971.

———. *The Work of Christ*. Grand Rapids: Eerdmans, 1980.

Bernard of Clairvaux. *Life and Works of Saint Bernard, Abbot of Clairvaux*. Translated and edited by Samuel J. Eales. London: John Hodges, 1896.

Bethge, Eberhard. *Dietrich Bonhoeffer: Man of Vision, Man of Courage*. New York: Harper and Row, 1970.

Black, C. Clifton. "The Persistence of the Wounds." In *Lament: Reclaiming Practices in Pulpit, Pew, and Public Square*. Louisville: Westminster John Knox, 2005.

Bloesch, Donald G. *Essentials of Evangelical Theology*. 2 vols. Peabody, Mass.: Hendrickson, 1978.

———. *Jesus Christ: Savior and Lord*. Carlisle: Paternoster, 1997.

Blumhardt, Johann Christoph, and Christoph Blumhardt. *Thy Kingdom Come: A Blumhardt Reader*. Edited by Vernard Elle. Grand Rapids: Eerdmans, 1980.

Bockmuehl, Markus, ed. *The Cambridge Companion to Jesus*. Cambridge: Cambridge University Press, 2001.

Boff, Leonardo. *Passion of Christ, Passion of the World*. Maryknoll, N.Y.: Orbis, 1987.

Bonhoeffer, Dietrich. *Life Together*. New York: Harper and Row, 1954.

———. *Ethics*. Edited by Eberhard Bethge. New York: Macmillan, 1955.

———. *Christ the Center*. New York: Harper and Row, 1960.

———. *The Communion of Saints: A Dogmatic Inquiry into the Sociology of the Church*. New York: Harper and Row, 1963.

———. *The Cost of Discipleship*. New York: Macmillan, 1963.

———. *No Rusty Swords*. Fontana Library. New York: Harper and Row, 1970.

———. *Letters and Papers from Prison*. Edited by Eberhard Bethge. Enlarged ed. New York: Macmillan, 1972.

Bornkamm, Günther. *Jesus of Nazareth*. New York: Harper and Row, 1960.

———. *Early Christian Experience*. New York: Harper and Row, 1969.

———. *Paul*. New York: Harper and Row, 1971.

Braaten, Carl E., and Robert W. Jenson, eds. *Sin, Death, and the Devil*. Grand Rapids: Eerdmans, 2000.

Branch, Taylor. *Parting the Waters: America in the King Years, 1954-63*. New York: Simon and Schuster, 1988.

———. *Pillar of Fire: America in the King Years, 1963-65*. New York: Simon and

Schuster, 1998.

_____. *At Canaan's Edge: America in the King Years, 1965-68.* New York: Simon and Schuster, 2006.

Bright, John. *A History of Israel.* Philadelphia: Westminster, 1972.

Brock, Rita Nakashima, and Rebecca Ann Parker. *Proverbs of Ashes: Violence, Redemptive Suffering, and the Search for What Saves Us.* Boston: Beacon Press, 2001.

Brown, Alexandra R. *The Cross and Human Transformation: Paul's Apocalyptic Word in I Corinthians.* Minneapolis: Fortress, 1995.

Brown, Joanna Carlson, and Carole R. Bohn, eds. *Christianity, Patriarchy, and Abuse: A Feminist Critique.* New York: Pilgrim Press, 1989.

Brown, Peter. *Augustine of Hippo: A Biography.* New edition, with epilogue. Berkeley: University of California Press, 2000.

Brown, Raymond E. *The Birth of the Messiah: A Commentary on the Infancy Narratives in the Gospels of Matthew and Luke.* Garden City, N.Y.: Doubleday, 1977.

_____. *The Death of the Messiah: From Gethsemane to the Grave; A Commentary on the Passion Narratives in the Four Gospels.* 2 vols. Garden City, N.Y.: Doubleday, 1994.

_____. *Introduction to the New Testament.* New York: Doubleday, 1997.

Brown, Robert McAfee. *Making Peace in the Global Village.* Philadelphia: Westminster, 1981.

Brown, Sally A., and Patrick D. Miller, eds. *Lament: Reclaiming Practices in Pulpit, Pew, and Public Square.* Louisville: Westminster John Knox, 2005.

Bruce, F. F. "Justification by Faith in the Non-Pauline Writings of the New Testament." *Evangelical Quarterly* 24 (1952): 66-77.

Browning, Christopher R. *Ordinary Men: Reserve Police Battalion 101 and the Final Solution in Poland.* 2nd paperback ed. with afterword. New York: HarperPerennial, 1998.

Bultmann, Rudolf. *Theology of the New Testament.* 2 vols. New York: Scribner, 1951, 1955.

Buruma, Ian. "Who Did Not Collaborate?" *New York Review of Books*, February 24, 2011.

_____. "From Tenderness to Savagery in Seconds." *New York Review of Books*, October 13, 2011.

_____. "The Hell of Victory." *New York Review of Books*, November 24, 2011.

Calvin, John. *Institutes of the Christian Religion.* Edited by John T. McNeill. Translated by Ford Lewis Battles. Library of Christian Classics. Philadelphia: Westminster, 1960.

_____. *Calvin's Commentaries*. Edited by David W. Torrance and Thomas F. Torrance. Translated by William B. Johnston. Grand Rapids: Eerdmans, 1963.

Cameron, J. M. "A Good Read." *New York Review of Books*, April 15, 1982.

Campbell, Douglas. *The Deliverance of God: An Apocalyptic Rereading of Justification in Paul*. Grand Rapids: Eerdmans, 2009.

Campbell, Will D. *And Also with You: Duncan Gray and the American Dilemma*. Franklin, Tenn.: Providence House Publishers, Tennessee Heritage Library, 1997.

Campbell, Will D., and James Y. Holloway. *Up to Our Steeples in Politics*. New York: Paulist, 1970.

Camus, Albert. *The Fall*. Translated by Justin O'Brien. New York: Knopf, 1956.

Capon, Robert Farrer. *The Parables of Grace*. Grand Rapids: Eerdmans, 1988.

Chang, Iris. *The Rape of Nanking: The Forgotten Holocaust of World War II*. New York: Penguin Books, 1998.

Charry, Ellen. *By the Renewing of Your Minds: The Pastoral Function of Christian Doctrine*. New York: Oxford University Press, 1997.

Chartres, Caroline, ed. *Why I Am Still an Anglican*. London: Continuum, 2006.

Childs, Brevard. *Introduction to the Old Testament as Scripture*. Philadelphia: Fortress, 1979.

_____. *The New Testament as Canon: An Introduction*. Philadelphia: Fortress, 1984.

_____. *Biblical Theology of the Old and New Testaments: Theological Reflection on the Christian Bible*. Minneapolis: Fortress, 1993.

_____. *The Struggle to Understand Isaiah as Christian Scripture*. Grand Rapids: Eerdmans, 2004.

Chopp, Rebecca S. *The Praxis of Suffering: An Interpretation of Liberation and Political Theologies*. Maryknoll, N.Y.: Orbis, 1986.

Collins, John J. *The Apocalyptic Imagination: An Introduction to Jewish Apocalyptic Literature*. 2nd ed. Grand Rapids: Eerdmans, 1998.

Cousar, Charles B. *A Theology of the Cross: The Death of Jesus in the Pauline Letters*. Overtures to Biblical Theology. Minneapolis: Augsburg Fortress, 1990.

Culpeper, Robert H. *Interpreting the Atonement*. Grand Rapids: Eerdmans, 1966.

Dabney, Robert L. *Christ Our Penal Substitute*. Richmond, Va.: Presbyterian Committee of Publication, 1898.

Dalai Lama [Tenzin Gyatso]. *The Transformed Mind: Reflections on Truth, Love, and*

Happiness. London: Hodder and Stoughton, 2000.

_____. *The Essential Dalai Lama: His Important Teachings*. Edited by Rajiv Mehrotra. New York: Viking, 2005.

_____. *Essential Writings*. Edited by Thomas A. Forster. Modern Spiritual Masters Series. Maryknoll, N.Y.: Orbis, 2008.

_____. *Becoming Enlightened*. Edited and translated by Jeffrey Hopkins. New York: Atria Books, 2009.

Dalai Lama, with Howard C. Cutler. *The Art of Happiness: A Handbook for Living*. New York: Riverhead Books, 1998.

Dale, R. W. *The Atonement*. London: Congregational Union of England and Wales, 1875; 7th ed. 1878; 26th ed. 1914.

Dallaire, Roméo. *Shake Hands with the Devil: The Failure of Humanity in Rwanda*. Toronto: Random House Canada, 2003.

Danner, Mark. *The Massacre at El Mozote: A Parable of the Cold War*. New York: Vintage, 1994. 원래는 "엘 모조테의 진실"(The Truth of El Mozote)이라는 제목으로 1993년 12월 6일자 *New Yorker* 전체를 차지했던 기사였음.

_____. "Rumsfeld's War and Its Consequences Now." *New York Review of Books*, December 19, 2013.

_____. "Rumsfeld: Why We Live in His Ruins." *New York Review of Books*, February 6, 2014.

_____. "In the Darkness of Dick Cheney." *New York Review of Books*, March 6, 2014.

_____. "Cheney: 'The More Ruthless the Better.'" *New York Review of Books*, May 8, 2014.

Davis, Ellen F. "Reading Leviticus in the Church." *Virginia Seminary Journal* (Winter 1996–1997).

Davis, Joshua B., and Douglas Harink, eds. *Apocalyptic and the Future of Theology: With and Beyond J. Louis Martyn*. Eugene, Ore.: Cascade, 2012.

Day, Dorothy. *The Duty of Delight: The Diaries of Dorothy Day*. Edited by Robert Ellsberg. Milwaukee: Marquette University Press, 2008.

De Boer, Martinus C. "Paul and Jewish Apocalyptic Eschatology." In *Apocalyptic and the New Testament: Essays in Honor of J. Louis Martyn*, edited by Joel Marcus and M. L. Soards, 169–90. Sheffield: JSOT, 1989.

_____. "Paul, Theologian of God's Apocalypse." *Interpretation* (January 2002).

Delbanco, Andrew. *The Death of Satan: How Americans Have Lost the Sense of Evil*. New York: Farrar, Straus and Giroux, 1995.

Denney, James. *The Death of Christ*. Edited by R. V. Tasker. London: Tyndale Press, 1951; orig. 1902.

Dillistone, F. W. *The Christian Understanding of Atonement*. Philadelphia: Westminster, 1968.

Diognetus, *Epistle to*. In *Early Christian Fathers*, edited by Cyril C. Richardson. Library of Christian Classics. Philadelphia: Westminster, 1953.

Donne, John. *The Sermons of John Donne*. Edited by George R. Potter and Evelyn M. Simpson. 10 vols. Berkeley: University of California Press, 1953-1962.

Dostoevsky, Fyodor. *The Brothers Karamazov*. Translated by Richard Pevear and Larissa Volokhonsky. New York: Farrar, Straus and Giroux, 1990.

Douglas, Ann. *The Feminization of American Culture*. New York: Noonday Press/Farrar, Straus and Giroux, 1998; orig. 1977.

Duff, Nancy J. "Pauline Apocalyptic and Theological Ethics." In *Apocalyptic and the New Testament*, edited by Joel Marcus and Marion L. Soards. Sheffield: Sheffield Academic Press, 1989.

————. "Atonement and the Christian Life: Reformed Doctrine from a Feminist Perspective." *Interpretation* 53, no. 1 (January 1999).

Duffy, Eamon. "A Deadly Misunderstanding." *New York Review of Books*, July 5, 2001.

Dunn, J. D. G. "Paul's Understanding of the Death of Jesus." In *Reconciliation and Hope: New Testament Essays on Atonement and Eschatology*, edited by Robert Banks. Grand Rapids: Eerdmans, 1974.

————. "The New Perspective on Paul: Paul and the Law." In *The Romans Debate*, edited by Karl P. Donfried. Revised and expanded ed. Peabody, Mass.: Hendrickson, 1991.

————. *The Theology of Paul the Apostle*. Grand Rapids: Eerdmans, 1998.

Elliott, Neil. "The Anti-Imperial Message of the Cross." In *Paul and Empire: Religion and Power in Roman Imperial Society*, edited by Richard Horsley, 167-83. Harrisburg, Pa: Trinity, 2000.

————. *The Arrogance of Nations: Reading Romans in the Shadow of Empire*. Minneapolis: Fortress, 2008.

Ellis, Peter F. *Seven Pauline Letters*. Collegeville, Minn.: Liturgical Press, 1982.

Fairweather, Eugene, ed. *A Scholastic Miscellany: Anselm to Ockham*. New York: Macmillan, 1970.

Farrer, Austin. *Saving Belief*. New York: Morehouse-Barlow, 1964.

Fenn, Richard K. *Beyond Idols: The Shape of a Secular Society*. New York: Oxford University Press, 2001.

Ffrench-Beytagh, Gonville Aubie. *Encountering Darkness*. London: William Collins Sons and Co., 1973.

Fiddes, Paul S. *Past Event and Present Salvation: The Christian Idea of Atonement*. Louisville: Westminster John Knox, 1989.

Flew, Antony, and Alasdair MacIntyre, eds. *New Essays in Philosophical Theology*. American paperback ed. New York: Macmillan, 1964.

Forde, Gerhard O. *On Being a Theologian of the Cross: Reflections on Luther's Heidelberg Disputation, 1518*. Grand Rapids: Eerdmans, 1997.

_____. "Caught in the Act: Reflections on the Work of Christ." *Word and World* 3, no. 1 (Winter 1983): 22-31.

Forsyth, P. T. *The Work of Christ*. Eugene, Ore.: Wipf and Stock, 1996.

Fortna, Robert, and Beverly R. Gaventa, eds. *The Conversation Continues: Studies in Paul and John in Honor of J. Louis Martyn*. Nashville: Abingdon, 1990.

Fretheim, Terence E. *The Suffering of God: An Old Testament Perspective*. Overtures to Biblical Theology. Philadelphia: Fortress, 1984.

Frye, Northrop. *The Great Code: The Bible and Literature*. New York: Harcourt Brace Jovanovich, 1982.

Fuller, Reginald H. *The Mission and Achievement of Jesus: An Examination of the Presuppositions of New Testament Theology*. London: SCM, 1954.

_____. *Interpreting the Miracles*. London: SCM, 1963.

_____. *A Critical Introduction to the New Testament*. London: Duckworth, 1966.

Furnish, Victor. *Theology and Ethics in Paul*. Nashville: Abingdon, 1968.

Gathercole, Simon. "What Did Paul Really Mean?" *Christianity Today*, August 2007. Online at http://www.christianitytoday.com/ct/2007/august/13.22.html.

Gaventa, Beverly R. "You Proclaim the Lord's Death: I Corinthians 11:26 and Paul's Understanding of Worship." *Review and Expositor* 80 (1983): 380.

_____. "Is Galatians Just a 'Guy Thing'?" *Interpretation* 54, no. 3 (July 2000).

_____. *Our Mother Saint Paul*. Louisville: Westminster John Knox, 2007.

_____, ed. *Apocalyptic Paul: Cosmos and Anthropos in Romans*. Waco: Baylor University Press, 2013.

Gaylin, Willard. *The Killing of Bonnie Garland: A Question of Justice*. New York: Simon and Schuster, 1982.

Girard, René. *The Scapegoat*. Baltimore: Johns Hopkins University Press, 1989.

_____. *Violence and the Sacred*. New York: Continuum, 2005.

Goldberg, Michael. *Jews and Christians: Getting Our Stories Straight*. Valley Forge: Trinity, 1991.

Gourevitch, Philip. *We Wish to Inform You That Tomorrow We Will Be Killed with Our Families: Stories from Rwanda*. New York: Farrar, Straus and Giroux, 1998.

Gourevitch, Philip, and Errol Morris. "Exposure: The Woman behind the Camera at Abu Ghraib." *New Yorker*, March 24, 2008.

Green, Joel B. "Crucifixion." In *The Cambridge Companion to Jesus*, edited by Markus Bockmuehl. Cambridge: Cambridge University Press, 2001.

Green, Joel B., and Mark D. Baker. *Recovering the Scandal of the Cross: Atonement in New Testament and Contemporary Contexts*. Downers Grove, Ill.: InterVarsity, 2000.

Gregory of Nyssa. "An Address on Religious Instruction." In *Christology of the Later Fathers*, edited by Edward Rochie Hardy and Cyril C. Richardson. Library of Christian Classics, vol. 3. Philadelphia: Westminster, 1954.

Grieb, A. Katherine. *The Story of Romans: A Narrative Defense of God's Righteousness*. Louisville: Westminster John Knox, 2002.

Grillmeier, Aloys. *Christ in Christian Tradition*. New York: Sheed and Ward, 1965.

Gross, Jan T. *Neighbors: The Destruction of the Jewish Community in Jedwabne, Poland*. Princeton: Princeton University Press, 2001.

Gundry-Volf, Judith. "Expiation, Propitiation, Mercy Seat." In *Dictionary of Paul's Letters*, edited by Gerald F. Hawthorne, Ralph P. Martin, and Daniel G. Reid. Downers Grove, Ill.: InterVarsity, 1993.

Gunton, Colin. *The Actuality of Atonement: A Study of Metaphor, Rationality, and the Christian Tradition*. Grand Rapids: Eerdmans, 1989.

Hall, Douglas John. *Lighten Our Darkness: Toward an Indigenous Theology of the Cross*. Philadelphia: Westminster, 1976. See especially pp. 115–37.

————. *God and Human Suffering: An Exercise in the Theology of the Cross*. Minneapolis: Augsburg, 1989.

Hallie, Philip P. *Lest Innocent Blood Be Shed: The Story of the Village of Le Chambon and How Goodness Happened There*. New York: Harper and Row, 1979.

Harink, Douglas. *Paul among the Postliberals: Pauline Theology beyond Christendom and Modernity*. Grand Rapids: Brazos, 2003.

————. "Setting It Right: Doing Justice to Justification." *Christian Century*, June 14, 2005.

————, ed. *Paul, Philosophy, and the Theopolitical Vision: Critical Engagements with Ag-*

amben, Badiou, Žižek, and Others. Eugene, Ore.: Cascade, 2010.

Hart, David B. "A Gift Exceeding Every Debt: An Eastern Orthodox Appreciation of Anselm's Cur Deus Homo." *Pro Ecclesia* 7, no. 3 (Summer 1998): 330–49.

_____. *The Doors of the Sea: Where Was God in the Tsunami?* Grand Rapids: Eerdmans, 2005.

Hauerwas, Stanley. "No Enemy, No Christianity: Theology and Preaching between 'Worlds.'" In *The Future of Theology: Essays in Honor of Jürgen Moltmann*, edited by Miroslav Volf, Carmen Krieg, and Thomas Kucharz. Grand Rapids: Eerdmans, 1996.

_____. *With the Grain of the Universe: The Church's Witness and Natural Theology.* Grand Rapids: Brazos, 2001.

_____. *Performing the Faith: Bonhoeffer and the Practice of Nonviolence.* Grand Rapids: Brazos, 2004.

Hauerwas, Stanley, and William H. Willimon. *Resident Aliens: Life in the Christian Colony.* Nashville: Abingdon, 1989.

Havel, Václav. *Open Letters: Selected Writings.* New York: Knopf, 1991.

Hays, Richard B. *The Faith of Jesus Christ: The Narrative Substructure of Galatians 3:1-4:11.* 2nd ed. Grand Rapids: Eerdmans, 2002.

_____. *The Conversion of the Imagination: Paul as Interpreter of Israel's Scripture.* Grand Rapids: Eerdmans, 2005.

Hengel, Martin. *Crucifixion.* Philadelphia: Fortress, 1977.

_____. *Acts and the History of Earliest Christianity.* Philadelphia: Fortress, 1979.

_____. *The Atonement: The Origins of the Doctrine in the New Testament.* Philadelphia: Fortress, 1981.

Herbert, George. T*he Complete English Poems.* Edited by John Tobin. London: Penguin Books, 1991.

Hersey, John. *Hiroshima.* New York: Vintage Books, 1989. 1946년 8월 31일자 *New Yorker*에 전체가 게재되었다.

Hodge, Charles. *Systematic Theology.* Vol. 2. Grand Rapids: Eerdmans, 1981.

Hooker, Morna D. *Jesus and the Servant: The Influence of the Servant Concept of Deutero-Isaiah in the New Testament.* London: SPCK, 1959.

_____. "Interchange in Christ." *Journal of Theological Studies* 22 (1971): 349–61.

_____. "Interchange and Atonement." *Bulletin of the John Rylands University Library of Manchester* 60 (1978): 462–81.

_____. *Not Ashamed of the Gospel: New Testament Interpretations of the Death of Christ.*

Grand Rapids: Eerdmans, 1994.

Hultgren, Arland J. *Paul's Gospel and Mission: The Outlook from the Letter to the Romans.* Philadelphia: Fortress, 1985.

_____. *Christ and His Benefits: Christology and Redemption in the New Testament.* Philadelphia: Fortress, 1987.

Hunsinger, George. *Disruptive Grace: Studies in the Theology of Karl Barth.* Grand Rapids: Eerdmans, 2000.

Hurtado, Larry W. *Lord Jesus Christ: Devotion to Jesus in Earliest Christianity.* Grand Rapids: Eerdmans, 2003.

_____. *How on Earth Did Jesus Become a God? Historical Questions about Earliest Devotion to Jesus.* Grand Rapids: Eerdmans, 2005.

Husbands, Mark, and Daniel J. Treier, eds. *Justification: What's at Stake in the Current Debates?* Downers Grove, Ill.: InterVarsity, 2004.

Irenaeus. *Against Heresies.* Ante-Nicene Fathers, vol. 1. Grand Rapids: Eerdmans, 1987.

_____. *On the Apostolic Preaching.* Popular Patristics Series. Crestwood, N.Y.: St. Vladimir's Seminary Press, 1997.

Jenson, Robert. *Systematic Theology.* Vol. 1, *The Triune God.* New York: Oxford University Press, 1997.

_____. *Systematic Theology.* Vol. 2, *The Works of God.* New York: Oxford University Press, 1999.

Jersak, Brad, and Michael Hardin, eds. *Stricken by God? Nonviolent Identification and the Victory of Christ.* Grand Rapids: Eerdmans, 2007.

Jervis, L. Ann. *At the Heart of the Gospel: Suffering in the Earliest Christian Message.* Grand Rapids: Eerdmans, 2007.

John of Damascus. *Exposition of the Orthodox Faith.* In Select Library of Nicene and Post-Nicene Fathers, edited by Philip Schaff and Henry Wace, ser. 2, vol. 9. Grand Rapids: Eerdmans, 1973.

Judt, Tony. "The 'Problem of Evil' in Postwar Europe." *New York Review of Books*, February 14, 2008.

Julian of Norwich. *Revelations of Divine Love.* London: Penguin Books, 1998.

Jüngel, Eberhard. *God as the Mystery of the World: On the Foundation of the Theology of the Crucified One in the Dispute between Theism and Atheism.* Grand Rapids: Eerdmans, 1983.

Kähler, Martin. *The So-Called Historical Jesus and the Historic, Biblical Christ.* Philadelphia: Fortress, 1964.

Käsemann, Ernst. *Jesus Means Freedom*. Philadelphia: Fortress, 1968.

_____. *New Testament Questions of Today*. Translated by W. J. Montague. London: SCM, 1969.

_____. *Perspectives on Paul*. Philadelphia: Fortress, 1971.

_____. *On Being a Disciple of the Crucified Nazarene*. Grand Rapids: Eerdmans, 2011.

Kay, James F. "The Word of the Cross at the Turn of the Ages." *Interpretation* 53 (1999): 44-56.

_____. "He Descended into Hell." In *Exploring and Proclaiming the Apostles' Creed*, edited by Roger van Harn, 117-29. Grand Rapids: Eerdmans, 2004.

_____. "He Descended into Hell." *Word and World* 31, no. 1 (Winter 2011): 17-21.

Keck, Leander. *Paul and His Letters*. Philadelphia: Fortress, 1979.

_____. "Paul and Apocalyptic Theology." *Interpretation* 38, no. 3 (July 1984): 238.

_____. *The Church Confident: Christianity Can Repent but It Must Not Whimper*. Nashville: Abingdon, 1993.

Kelly, J. N. D. *Early Christian Doctrines*. New York: Harper and Row, 1959.

Kierkegaard, Søren. *"Fear and Trembling" and "The Sickness unto Death."* Garden City, N.Y.: Doubleday Anchor Book, 1941, 1954; 프린스턴 대학교의 주선을 통한 재발행판.

Kingsbury, Jack Dean. *Matthew: Structure, Christology, Kingdom*. Minneapolis: Fortress, 1991; orig. 1975.

Kittel, G., and Gerhard Friedrich, eds. *Theological Dictionary of the New Testament*. Translated and edited by Geoffrey W. Bromiley. 10 vols. Grand Rapids: Eerdmans, 1965-1976.

Koch, Klaus. *The Rediscovery of Apocalyptic: A Polemical Work on a Neglected Area of Biblical Studies and Its Damaging Effects on Theology and Philosophy*. London: SCM, 1972.

Kovály, Heda Margolius. *Under a Cruel Star: A Life in Prague, 1941-1968*. New York: Holmes and Meier, 1997.

Koyama, Kosuke. *Mount Fuji and Mount Sinai: A Critique of Idols*. London: SCM, 1984.

Krötke, Wolf. *Sin and Nothingness in the Theology of Karl Barth*. Translated by Philip G. Ziegler and Christina-Maria Bammel. Studies in Reformed Theology and History. Princeton: Princeton Theological Seminary, 2005.

Küng, Hans. *Justification: The Doctrine of Karl Barth and a Catholic Reflection*. New York: Nelson, 1964.

_____. *On Being a Christian.* New York: Doubleday, Image Books, 1984.

LaCugna, Catherine Mowry. *God for Us: The Trinity and Christian Life.* San Francisco: HarperSanFrancisco, 1993.

Leech, Kenneth. T*he Eye of the Storm: Spiritual Resources for the Pursuit of Justice.* London: Darton, Longman, and Todd, 1992.

_____. *We Preach Christ Crucified.* New York: Church Publishing, 1994.

Lehmann, Paul L. *The Transfiguration of Politics.* New York: Harper and Row, 1975.

_____. *The Decalogue and a Human Future: The Meaning of the Commandments for Making and Keeping Human Life Human.* Introduction by Nancy J. Duff. Grand Rapids: Eerdmans, 1994.

_____. *Ethics in a Christian Context.* Library of Theological Ethics. Louisville: Westminster John Knox, 2006; orig. 1963.

Lelyveld, Joseph. *Move Your Shadow: South Africa, Black and White.* New York: Times Books, 1985.

Levi, Primo. *The Drowned and the Saved.* New York: Vintage Books, 1988.

_____. *Survival in Auschwitz.* New York: Simon and Schuster, Touchstone, 1966. Italian ed. *Se questo è un uomo* ("If this be a man"; also translated "If this is a man").

Lischer, Richard. *The Preacher King: Martin Luther King, Jr., and the Word That Moved America.* Oxford: Oxford University Press, 1995.

Lochman, Jan. *The Faith We Confess: An Ecumenical Dogmatics.* Philadelphia: Fortress, 1984.

Longenecker, Bruce. *Narrative Dynamics in Paul: A Critical Assessment.* Louisville: Westminster John Knox, 2002.

Lose, David. *Confessing Jesus Christ: Preaching in a Postmodern World.* Grand Rapids: Eerdmans, 2003.

Luther, Martin. "The Bondage of the Will," "The Freedom of the Christian," and "Preface to the New Testament." In *Martin Luther: Selections from His Writings,* edited by John Dillenberger. Garden City, N.Y.: Anchor Books, 1961.

Lyttleton, Arthur. "The Atonement." In *Lux Mundi,* edited by Charles Gore. London: John Murray, 1889.

Mackintosh, H. R. *The Christian Experience of Forgiveness.* London: Nisbet, 1927.

Macleod, Donald. *Christ Crucified: Understanding the Atonement.* Downers Grove, Ill.: InterVarsity, 2014.

Macquarrie, John. *Principles of Christian Theology.* New York: Scribner, 1966.

Magill-Cobbler, Thelma. "A Feminist Rethinking of Punishment Imagery in Atonement." *Dialog* 35, no. 1 (Winter 1996).

Mangina, Joseph. "Hans Boersma's Violence, Hospitality, and the Cross." *Scottish Journal of Theology* 61, no. 4 (2008): 494-502.

Mannermaa, Tuomo. *Christ Present in Faith: Luther's View of Justification.* Minneapolis: Augsburg Fortress, 2005.

Manson, T. W. "Hilasterion." *Journal of Theological Studies* 46 (1945): 1-10.

Marcus, Joel, and M. L. Soards, eds. *Apocalyptic and the New Testament: Essays in Honour of J. Louis Martyn.* Sheffield: Sheffield Academic Press, 1989.

Margolius, Ivan. *Reflections of Prague: Journeys through the 20th Century.* Chichester: John Wiley and Sons, 2006.

Marsh, Charles. *God's Long Summer: Stories of Faith and Civil Rights.* Princeton: Princeton University Press, 1997.

Marsh, Charles, and John Perkins. *Welcoming Justice: God's Movement toward Beloved Community.* Downers Grove, Ill.: IVP, 2009.

Marshall, I. Howard. "The Meaning of Reconciliation." In *Unity and Diversity in New Testament Theology,* edited by Robert Allison Guelich. Grand Rapids: Eerdmans, 1978.

Martin, Ralph P. *An Early Christian Confession: Philippians 2:5-11 in Recent Interpretations.* London: Tyndale, 1960.

_____. *Reconciliation: A Study of Paul's Theology.* Atlanta: John Knox, 1981.

Martyn, Dorothy. "Compulsion and Liberation: A Theological View." *Union Seminary Quarterly Review* 36, nos. 2-3 (Winter/Spring 1981): 119-29.

_____. *The Man in the Yellow Hat: Theology and Psychoanalysis in Child Therapy.* Atlanta: Scholars Press, 1992.

_____. *Beyond Deserving: Children, Parents, and Responsibility Revisited.* Grand Rapids: Eerdmans, 2007.

Martyn, J. Louis. "Epistemology at the Turn of the Ages: II Corinthians 5:16." In *Christian History and Interpretation: Studies Presented to John Knox,* edited by W. R. Farmer, C. F. D. Moule, and R. R. Niebuhr. Cambridge: Cambridge University Press, 1967.

_____. *Theological Issues in the Letters of Paul.* Nashville: Abingdon, 1997.

_____. "The Apocalyptic Gospel in Galatians." *Interpretation* 54, no. 3 (July 2000): 246-66.

_____. "De-apocalypticizing Paul: An Essay Focused on Paul and the Stoics by Troels

Engberg-Pedersen." *Journal for the Study of the New Testament* 86 (2002): 61–102.

———. "Nomos Plus Genitive Noun in Paul." In *Early Christianity and Classical Culture: Comparative Studies in Honor of Abraham Malherbe*, edited by John T. Fitzgerald, Thomas H. Olbricht, and L. Michael White. Boston: Brill, 2003.

———. "World without End or Twice-Invaded World?" In *Shaking Heaven and Earth: Essays in Honor of Walter Brueggemann and Charles Cousar*, edited by Christine Roy Yoder et al. Louisville: Westminster John Knox, 2005.

Mathewes-Green, Frederica. "The Meaning of His Suffering." http://www.frederica.com/orthodox/meaning_of_his_suffering.html.

Maurice, F. D. "On the Atonement." In *Theological Essays*. London: Macmillan, 1853.

———. *The Doctrine of Sacrifice Deduced from the Scriptures*. London: Macmillan, 1893.

Mayer, Jane. "The Black Sites." *New Yorker*, August 13, 2007.

McCarthy, Cormac. *Blood Meridian*. New York: Vintage International, 1992.

———. *The Border Trilogy: The Crossing*. New York: Knopf, Everyman's Library, 1999.

McCormack, Bruce L. "For Us and Our Salvation." In *Studies in Reformed Theology and History*, 28–29. Princeton: Princeton Theological Seminary, 1993.

———. "What's at Stake in Current Debates over Justification? The Crisis of Protestantism in the West." In *Justification: What's at Stake in the Current Debates?* edited by Mark Husbands and Daniel J. Treier. Downers Grove, Ill.: InterVarsity, 2004.

McDonald, H. D. *The Atonement of the Death of Christ: In Faith, Revelation, and History*. Grand Rapids: Baker, 1985.

McFague, Sallie. *Metaphorical Theology: Models of God in Religious Language*. Philadelphia: Fortress, 1982.

McGrath, Alister. *Iustitia Dei: A History of the Christian Doctrine of Justification*. 2nd ed. Cambridge: Cambridge University Press, 1998.

McKnight, Scot. *A Community Called Atonement*. Nashville: Abingdon, 2007.

Meeks, Wayne. *The First Urban Christians: The Social World of the Apostle Paul*. New Haven: Yale University Press, 1983.

———. "On Trusting an Unpredictable God: A Hermeneutical Meditation on Romans 9–11." In *Faith and History: Essays in Honor of Paul W. Meyer*, edited by J. T. Carroll et al., 105–24. Atlanta: Scholars Press, 1990.

Meyendorff, John. *Byzantine Theology: Historical Trends and Doctrinal Themes*. New

York: Fordham University Press, 1974.

Meyer, Paul W. "The Worm at the Core of the Apple." In *The Conversation Continues: Studies in Paul and John in Honor of J. Louis Martyn*, edited by Robert T. Fortna and Beverly K. Gaventa. Nashville: Abingdon, 1990.

Michnik, Adam. "Letter from the Gdansk Prison." *New York Review of Books*, July 18, 1985.

_____. *Letters from Prison and Other Essays*. Berkeley: University of California Press, 1987.

Minear, Paul S. "The Time of Hope in the New Testament." *Scottish Journal of Theology* 6 (1953): 337–61.

_____. *The Golgotha Earthquake: Three Witnesses*. Cleveland: Pilgrim Press, 1995.

Moberly, R. C. *Atonement and Personality*. London: John Murray, 1901.

Moltmann, Jürgen. *The Crucified God: The Cross of Christ as the Foundation and Criticism of Christian Theology*. New York: Harper and Row, 1973.

Morris, Leon. *The Apostolic Preaching of the Cross*. Grand Rapids: Eerdmans, 1955.

_____. "The Meaning of *Hilasterion* in Romans 3:25." *New Testament Studies* 2 (1955): 33–43.

Morrow, Lance. *Evil: An Investigation*. New York: Basic Books, 2003.

Morse, Christopher. *Not Every Spirit: A Dogmatics of Christian Disbelief*. New York: Trinity, 1994.

_____. *The Difference Heaven Makes: Rehearing the Gospel as News*. London: T. & T. Clark/Continuum, 2010.

Moule, C. F. D. "The Energy of God: Rethinking New Testament Atonement Doctrines." Sprigg Lectures, Virginia Theological Seminary, Alexandria, Virginia, March 1–2, 1983. Audiotape.

_____. "Punishment and Retribution: Delimiting Their Scope in New Testament Interpretation." In *Stricken by God? Nonviolent Identification and the Victory of Christ*, edited by Brad Jersak and Michael Hardin. Grand Rapids: Eerdmans, 2007.

Nessan, Craig L. "Violence and Atonement." *Dialog* 35, no. 1 (Winter 1996).

Neuhaus, Richard John. *Death on a Friday Afternoon: Meditations on the Last Words of Jesus from the Cross*. New York: Basic Books, 2000.

Newbigin, Lesslie. *Sin and Salvation*. London: SCM, 1956.

_____. *The Finality of Christ*. London: SCM, 1969.

_____. *The Gospel in a Pluralist Society*. London: SPCK, 1989.

_____. *Lesslie Newbigin, Missionary Theologian: A Reader*. Edited by Paul Weston. Grand Rapids: Eerdmans, 2006.

Niebuhr, H. Richard. *The Kingdom of God in America*. New York: Harper Torchbooks, 1959; orig. 1937.

Niebuhr, Reinhold. *The Nature and Destiny of Man: A Christian Interpretation*. 2nd ed. 2 vols. New York: Scribner, 1964.

Norris, Richard A. *Understanding the Faith of the Church*. New York: Seabury Press, 1979.

_____, ed. *The Christological Controversy*. Sources of Early Christian Thought. Philadelphia: Fortress, 1980.

O'Brien, Niall. *Revolution from the Heart*. New York: Oxford University Press, 1987.

O'Connor, Flannery. *Wise Blood*. New York: Farrar, Straus and Giroux, 1949.

_____. *The Violent Bear It Away*. New York: Farrar, Straus and Giroux, 1955.

_____. *Mystery and Manners*. New York: Farrar, Straus and Giroux, 1969.

_____. *The Collected Short Stories*. New York: Farrar, Straus and Giroux, 1971.

_____. *The Habit of Being*. New York: Farrar, Straus and Giroux, 1979.

Origen. *De principiis*. Torchbook Edition. Gloucester, Mass.: Peter Smith, 1973.

Ortiz, Sister Dianna, O.S.U. *The Blindfold's Eyes: A Journey from Torture to Truth*. Maryknoll, N.Y.: Orbis, 2002.

_____. "Theology, International Law, and Torture: A Survivor's View." *Theology Today* 63, no. 3 (October 2006).

Pelikan, Jaroslav. *The Christian Tradition: A History of the Development of Doctrine*. 5 vols. Chicago: University of Chicago Press, 1975-1991.

_____. *Bach among the Theologians*. Philadelphia: Fortress, 1986.

Piper, John. *The Passion of Christ: Fifty Reasons Why Jesus Came to Die*. Wheaton, Ill.: Crossway, 2006.

Placher, William C. *The Domestication of Transcendence: How Modern Thinking about God Went Wrong*. Louisville: Westminster John Knox, 1996.

_____. "Christ Takes Our Place: Rethinking Atonement." *Interpretation* 53, no.1 (January 1999): 5-20.

Plantinga, Alvin. *God, Freedom, and Evil*. Grand Rapids: Eerdmans, 1974.

Power, Samantha. *"A Problem from Hell": America in the Age of Genocide*. New York: Basic Books, 2002.

Procksch, Otto. "The *Lutron* Word-Group in the Old Testament." In *Theological Dictionary of the New Testament*, edited by G. Kittel and G. Friedrich, translated by

G. W. Bromiley, 4:329. Grand Rapids: Eerdmans, 1964–1976.

Ragaz, Leonhard. "God Himself Is the Answer." In *The Dimensions of Job: A Study and Selected Readings*, edited by Nahum Glatzer, 130–1. New York: Schocken Books, 1969.

Raines, Howell. *My Soul Is Rested: Movement Days in the Deep South Remembered*. New York: Putnam, 1977.

Rancour-Laferrier, Daniel. "The Moral Masochism at the Heart of Christianity: Evidence from Russian Orthodox Iconography and Icon Veneration." *Journal for the Psychoanalysis of Culture and Society* 8, no. 1 (Spring 2003): 12–22.

Rashdall, Hastings. *The Idea of the Atonement in Christian Theology*. London: Macmillan, 1919.

Ray, Darby Kathleen. *Deceiving the Devil: Atonement, Abuse, and Ransom*. Cleveland: Pilgrim Press, 1998.

Rhinelander, Philip J. *The Faith of the Cross*. Paddock Lectures, General Theological Seminary, 1914. New York: Longmans, Green and Co., 1916.

Richard, Mark. *House of Prayer No. 2: A Writer's Journey Home*. New York: Nan A. Talese, 2011.

Ridderbos, Herman N. "The Earliest Confession of the Atonement in Paul." In *Reconciliation and Hope: New Testament Essays on Atonement and Eschatology*, edited by Robert Banks. Grand Rapids: Eerdmans, 1974.

Riesenfeld, Harald. "'Uper." In *Theological Dictionary of the New Testament*, edited by G. Kittel and G. Friedrich, translated by G. W. Bromiley, 8:507–16. Grand Rapids: Eerdmans, 1964–1976.

Rorem, Paul. *Hugh of St. Victor*. Great Medieval Thinkers Series. Oxford: Oxford University Press, 2009.

Rosenbaum, Ron. "Staring into the Heart of the Heart of Darkness." *New York Times Magazine*, June 6, 1995.

_____. *Explaining Hitler: The Search for the Origins of His Evil*. New York: HarperPerennial, 1999.

Rowe, C. Kavin. *World Upside Down: Reading Acts in the Graeco-Roman Age*. New York: Oxford University Press, 2010.

Russell, Jeffrey Burton. *The Devil: Perceptions of Evil from Antiquity to Primitive Christianity*. Ithaca, N.Y.: Cornell University Press, 1977.

_____. *Satan: The Early Christian Tradition*. Ithaca, N.Y.: Cornell University Press, 1981.

_____. *Lucifer: The Devil in the Middle Ages*. Ithaca, N.Y.: Cornell University Press, 1984.

_____. *Mephistopheles: The Devil in the Modern World*. Ithaca, N.Y.: Cornell University Press, 1986.

_____. *The Prince of Darkness: Radical Evil and the Power of Good in History*. Ithaca, N.Y.: Cornell University Press, 1988.

Sanders, E. P. *Paul and Palestinian Judaism: A Comparison of Patterns of Religion*. Philadelphia: Fortress, 1977.

Schell, Orville. *Virtual Tibet: Searching for Shangri-La from the Himalayas to Hollywood*. New York: Metropolitan Books, 2000.

Schnackenburg, Rudolf. *The Church in the New Testament*. New York: Herder and Herder, 1965.

Schneider, John R. "Seeing God Where the Wild Things Are." In *Christian Faith and the Problem of Evil*, edited by Peter Van Inwagen. Grand Rapids: Eerdmans, 2004.

Schütz, John Howard. *Paul and the Anatomy of Apostolic Authority*. Society for New Testament Studies Monograph Series 26. Cambridge: Cambridge University Press, 1975.

Schweizer, Eduard. *Jesus the Parable of God: What Do We Really Know About Jesus?* Princeton Theological Monograph Series. Allison Park, Pa.: Pickwick, 1994.

Seitz, Christopher R. *Word without End: The Old Testament as Abiding Theological Witness*. Grand Rapids: Eerdmans, 1998.

_____. *The Character of Christian Scripture: The Significance of a Two-Testament Bible*. Grand Rapids: Baker Academic, 2011.

Sereny, Gitta. *Cries Unheard: Why Children Kill: The Story of Mary Bell*. New York: Metropolitan Books, 1999.

Smail, Thomas A. *Reflected Glory: The Spirit in Christ and Christians*. Grand Rapids: Eerdmans, 1975.

Smit, Dirk J. *Essays on Being Reformed*. Stellenbosch, South Africa: SUN MeDIA, 2009.

Smith, C. Ryder. *The Bible Doctrine of Salvation: A Study of the Atonement*. Eugene, Ore.: Wipf and Stock, 2009.

Smith, Huston. *The Religions of Man*. New York: Harper, 1958.

Snyder, Timothy. *Bloodlands: Europe between Hitler and Stalin*. New York: Basic Books, 2010.

Sobrino, Jon. *Jesus in Latin America*. Maryknoll, N.Y.: Orbis, 1987.

_____. *Jesus the Liberator: A Historical-Theological Reading of Jesus of Nazareth.* Maryk-
noll, N.Y.: Orbis, 1993.

Solzhenitsyn, Alexsandr. *The Gulag Archipelago.* 3 vols. New York: Harper and Row,
1973.

Sonderegger, Katherine. "The Doctrine of Justification and the Cure of Souls." In *The
Gospel of Justification in Christ: Where Does the Church Stand Today?* edited by
Wayne C. Stumme. Grand Rapids: Eerdmans, 2006.

Sontag, Susan. *Illness as Metaphor.* New York: Farrar, Straus and Giroux, 1977.

Soulen, Kendall. *The God of Israel and Christian Theology.* Minneapolis: Augsburg For-
tress, 1996.

Southern, R. W. *Saint Anselm: A Portrait in a Landscape.* Cambridge: Cambridge Uni-
versity Press, 1990.

Stendahl, Krister. "The Apostle Paul and the Introspective Conscience of the West."
Harvard Theological Review 56, no. 3:199–215. Reprinted in Stendahl, Paul
among the Gentiles (Philadelphia: Fortress, 1976).

Stott, John R. W. *The Cross of Christ.* Downers Grove, Ill.: InterVarsity, 1986.

Stringfellow, William. A Private and Public Faith. Grand Rapids: Eerdmans, 1962.

_____. *Count It All Joy.* Grand Rapids: Eerdmans, 1967.

_____. *An Ethic for Christians and Other Aliens in a Strange Land.* Waco: Word, 1973.

_____. *Conscience and Obedience: The Politics of Romans 13 and Revelation 13 in Light
of the Second Coming.* Waco: Word, 1977.

Stuhlmacher, Peter. "Eighteen Theses on Paul's Theology of the Cross." In Stuhlmach-
er, *Reconciliation, Law, and Righteousness: Essays in Biblical Theology.* Philadel-
phia: Fortress, 1986.

_____. "Recent Exegesis on Romans 3:24." In Stuhlmacher, *Reconciliation, Law, and
Righteousness: Essays in Biblical Theology.* Philadelphia: Fortress, 1986.

Sykes, Stephen W. T*he Story of Atonement.* Trinity and Truth Series. London: Darton,
Longman, and Todd, 1997.

Taylor, Vincent. *Jesus and His Sacrifice.* London: Macmillan, 1937.

_____. *Forgiveness and Reconciliation*: A Study in New Testament Theology. London:
Macmillan, 1946.

_____. *The Atonement in New Testament Teaching.* London: Epworth Press, 1963.

Ten Boom, Corrie, with John and Elizabeth Sherrill. *The Hiding Place.* Old Tappan, N.J.:
Revell, 1971.

Terrien, Samuel. *The Elusive Presence: Toward a New Biblical Theology.* Religious Perspectives Series. San Francisco: Harper and Row, 1978.

Tillich, Paul. *The Shaking of the Foundations.* New York: Scribner, 1948.

_____. The *Courage to Be.* 2nd ed. New Haven: Yale University Press, Yale Nota Bene, 2000.

Tilling, Chris, ed. *Beyond Old and New Perspectives: Reflections on the Work of Douglas Campbell.* Eugene, Ore.: Cascade Books, 2014.

Torrance, David W., ed. *The Witness of the Jews to God.* Edinburgh: Handsel Press, 1982.

Torrance, T. F. *The Doctrine of Grace in the Apostolic Fathers.* Edinburgh: Oliver and Boyd, 1948.

_____. *The Mediation of Christ.* Rev. ed. Colorado Springs: Helmers and Howard, 1992; orig. 1983.

_____. *Atonement: The Person and Work of Christ.* Edited by Robert T. Walker. Downers Grove, Ill.: InterVarsity, 2009.

Tutu, Desmond. *No Future without Forgiveness.* New York: Image Books, 1999.

Van Dyk, Leanne. "Do Theories of Atonement Foster Abuse?" *Dialog* 35, no. 1 (Winter 1996).

_____. "The Three Offices of Christ: The *Munus Triplex* as Expansive Resources in Atonement." *Catalyst* 25, no. 2 (1999).

Van Inwagen, Peter, ed. *Christian Faith and the Problem of Evil.* Grand Rapids: Eerdmans, 2004.

Volf, Miroslav. *Exclusion and Embrace: A Theological Exploration of Identity, Otherness, and Reconciliation.* Nashville: Abingdon, 1996.

_____. "Theology, Meaning, and Power." In *The Future of Theology: Essays in Honor of Jürgen Moltmann,* edited by Miroslav Volf, Carmen Krieg, and Thomas Kucharz. Grand Rapids: Eerdmans, 1996.

_____. *The End of Memory: Remembering Rightly in a Violent World.* Grand Rapids: Eerdmans, 2006.

Von Rad, Gerhard. *Old Testament Theology.* 2 vols. New York: Harper and Row, 1962; Louisville: Westminster John Knox, 1965.

Watson, Francis. "The Quest for the Real Jesus." In *The Cambridge Companion to Jesus,* edited by Markus Bockmuehl. Cambridge: Cambridge University Press, 2001.

Weaver, J. Denny. *The Nonviolent Atonement.* Grand Rapids: Eerdmans, 2001.

Weil, Simone. *Waiting for God.* New York: Putnam, 1951.

_____. *Gravity and Grace.* Lincoln: University of Nebraska Press, 1952.

West, Rebecca. *Black Lamb and Grey Falcon*. New York: Penguin Books, 1994; orig. 1941.

Westerholm, Stephen. *Justification Reconsidered*. Grand Rapids, Eerdmans, 2013.

_____. "Righteousness, Cosmic and Microcosmic." In *Apocalyptic Paul: Cosmos and Anthropos in Romans*, edited by Beverly R. Gaventa. Waco: Baylor University Press, 2013.

_____, ed. *The Blackwell Companion to Paul*. Malden, Mass.: Wiley-Blackwell, 2011.

Westermann, Claus. *Creation*. Philadelphia: Fortress, 1974.

Whale, J. S. *Christian Doctrine*. Cambridge: Cambridge University Press, 1956.

_____. *Victor and Victim: The Christian Doctrine of Redemption*. Cambridge: Cambridge University Press, 1960; orig. 1927.

White, Ronald C., Jr. *Lincoln's Greatest Speech: The Second Inaugural*. New York: Simon and Schuster, 2002.

Wilder, Amos *Early Christian Rhetoric*. Cambridge: Harvard University Press, 1971.

Wilder, Thornton. *The Bridge of San Luis Rey*. New York: HarperCollins, Perennial Edition, 1986.

Wilken, Robert Louis. T*he Christians as the Romans Saw Them*. 2nd ed. New Haven: Yale University Press, 2003.

_____. *The First Thousand Years*. New Haven: Yale University Press, 2012.

Williams, Daniel Day. *The Spirit and the Forms of Love*. New York: Harper and Row, 1968.

Williams, Delores S. *Sisters in the Wilderness: The Challenge of Womanist God-Talk*. Maryknoll, N.Y.: Orbis, 1993.

Williams, Rowan. *Christ on Trial: How the Gospel Unsettles Our Judgement*. Grand Rapids: Eerdmans, 2000.

Williams, Sam K. *Jesus' Death as Saving Event: The Background and Origin of a Concept*. Missoula, Mont.: Scholars Press, 1975.

Wink, Walter. *Naming the Powers: The Language of Power in the New Testament*. Philadelphia: Fortress, 1984.

_____. *Unmasking the Powers: The Invisible Forces That Determine Human Existence*. Philadelphia: Fortress, 1986.

_____. *Engaging the Powers: Discernment and Resistance in a World of Domination*. Minneapolis: Fortress, 1992.

Wright, N. T. *Jesus and the Victory of God*. Minneapolis: Fortress, 1996.

_____. *The Scriptures, the Cross, and the Power of God: Reflections for Holy Week*. Louisville: Westminster John Knox, 2006.

_____. *Paul and the Faithfulness of God.* Minneapolis: Augsburg Fortress, 2013.

_____. *Pauline Perspectives: Essays on Paul, 1978-2013.* Minneapolis: Fortress, 2013.

_____. *Paul and His Recent Interpreters.* Minneapolis: Augsburg Fortress, 2014.

Yoder, John Howard. *The Politics of Jesus: Vicit Agnus Noster.* Grand Rapids: Eerdmans, 1972.

Young, Andrew. *An Easy Burden: The Civil Rights Movement and the Transformation of America.* New York: HarperCollins, 1996.

Zahl, Paul F. M. *The Protestant Face of Anglicanism.* Grand Rapids: Eerdmans, 1998.

Ziegler, Philip. "Dietrich Bonhoeffer: An Ethics of God's Apocalypse?" *Modern Theology* 23, no. 4 (October 2007).

_____. "Christ Must Reign: Ernst Käsemann and Soteriology in an Apocalyptic Key." In *Apocalyptic and the Future of Theology*, edited by Joshua B. Davis and Douglas Harink. Eugene, Ore.: Cascade Books, 2012.

성경 주석서

여기에 나열된 주석서들은 **신학적인** 주석임을 강조하기 위해 일반 참고 문헌에서 분리되었다. 이 주석서들은 본서를 준비하는 데 특히 도움이 되었으며 나는 설교자들에게 이 책들을 강력히 추천한다. 이 목록은 나의 연구에 도움이 된 특수한 목록이며 결코 완전한 것이 아니다. 주석서들은 성경책의 순서대로 배열되었다.

창세기

Kidner, Derek. *Genesis: An Introduction and Commentary.* Tyndale Old Testament Commentaries, vol. 1. Downers Grove, Ill.: InterVarsity, 1967.

Sarna, Nahum. *Understanding Genesis: The Heritage of Biblical Israel.* New York: Schocken Books, 1970.

Von Rad, Gerhard. *Genesis.* Rev. ed. Old Testament Library. Philadelphia: Westminster, 1972.

출애굽기

Childs, Brevard. *The Book of Exodus: A Critical, Theological Commentary.* Old Testament Library. Philadelphia: Westminster, 1974.

Sarna, Nahum. *Exploring Exodus: The Origins of Biblical Israel.* New York: Schocken Books, 1986.

레위기

Radner, Ephraim. *Leviticus.* Brazos Theological Commentary on the Bible. Grand Rapids: Brazos, 2008.

신명기

Miller, Patrick D. *Deuteronomy.* Interpretation Series. Louisville: John Knox, 1990.

열왕기

Ellul, Jacques. *The Politics of God and the Politics of Man.* Grand Rapids: Eerdmans, 1972.

욥기

McKibben, Bill. *The Comforting Whirlwind.* Grand Rapids: Eerdmans, 1994.

Terrien, Samuel. *Job.* The Interpreter's Bible, vol. 3, pp. 877-1198. New York and Nashville: Abingdon, 1957.

시편

Mays, James L. *Psalms.* Interpretation Series. Louisville: Westminster John Knox, 2011.

Terrien, Samuel. *The Psalms and Their Meaning for Today: Their Original Purpose, Contents, Religious Truth, Poetic Beauty, and Significance.* Indianapolis: BobbsMerrill, 1952.

_____. *The Psalms: Strophic Structure and Theological Commentary.* Grand Rapids: Eerdmans, 2002.

잠언

Davis, Ellen F. *Proverbs, Ecclesiastes, and the Song of Songs.* Westminster Bible Companion. Louisville: Westminster John Knox, 2000.

전도서

Davis, Ellen F. *Proverbs, Ecclesiastes, and the Song of Songs.* Westminster Bible Companion. Louisville: Westminster John Knox, 2000.

아가

Davis, Ellen F. *Proverbs, Ecclesiastes, and the Song of Songs.* Westminster Bible Companion. Louisville: Westminster John Knox, 2000.

Jenson, Robert. *Song of Songs.* Interpretation Series. Louisville: Westminster John Knox, 2012.

Norris, Richard A. *Song of Songs: Interpreted by Early Christian and Medieval Commentators*. Church's Bible Series. Grand Rapids: Eerdmans, 2003.

이사야

Muilenburg, James. *Isaiah 40-66*. The Interpreter's Bible, vol. 5. Nashville: Abingdon, 1956.

Seitz, Christopher. *Isaiah 1-39*. Interpretation Series. Louisville: Westminster John Knox, 2011.

Westermann, Claus. *Isaiah 40-66*. Philadelphia: Westminster, 1977.

Wilken, Robert Louis. *Isaiah: Interpreted by Early Christian and Medieval Commentators*. Church's Bible Series. Grand Rapids: Eerdmans, 2007.

예레미야

Bright, John. *Jeremiah*. Anchor Bible 21. New York: Doubleday, 1965.

다니엘

Porteous, Norman. *Daniel: A Commentary*. Old Testament Library. Philadelphia: Westminster, 1965.

소예언서

Birch, Bruce C. *Hosea, Joel, and Amos*. Westminster Bible Companion. Louisville: Westminster John Knox, 1997.

Mays, James Luther. *Amos: A Commentary*. Old Testament Library. Philadelphia: Westminster, 1969.

_____. *Hosea: A Commentary*. Old Testament Library. Philadelphia: Westminster, 1969.

마태복음

Allison, Dale. *Matthew: A Shorter Commentary*. Grand Rapids: Baker Academic, 2005.

Gundry, Robert H. *Matthew: A Commentary on His Literary and Theological Art*. Grand Rapids: Eerdmans, 1982.

Kingsbury, Jack Dean. *Matthew*. Proclamation Series. Philadelphia: Fortress, 1977.

Schweizer, Eduard. *The Good News according to Matthew*. Atlanta: John Knox, 1975.

마가복음

Marcus, Joel. *Mark 1-7: A New Translation with Introduction and Commentary*. Anchor Bible 27. New York: Doubleday, 2000.

_____. *Mark 8-16: A New Translation with Introduction and Commentary*. Anchor Yale Bible 27A. New Haven: Yale University Press, 2009.

Nineham, D. E. *Saint Mark*. Pelican New Testament Commentary. Middlesex: Penguin Books, 1963.

Schweizer, Eduard. *The Good News according to Mark*. Atlanta: John Knox, 1966.

누가복음

Caird, G. B. *Saint Luke*. Pelican New Testament Commentary. Middlesex: Penguin Books, 1973.

Marshall, I. Howard. *The Gospel of Luke*. New International Greek Testament Commentary. Grand Rapids: Eerdmans, 1978.

요한복음

Bultmann, Rudolf. *The Gospel of John*. Philadelphia: Westminster, 1971.

Dodd, C. H. *The Interpretation of the Fourth Gospel*. Cambridge: Cambridge University Press, 1965.

Hoskyns, Edwyn Clement. *The Fourth Gospel*. Edited by Francis Noel Davy. London: Faber and Faber, 1947.

Schnackenburg, Rudolf. *The Gospel according to St. John*. 3 vols. New York: Crossroad, 1982.

사도행전

Bruce, F. F. *Commentary on the Book of the Acts*. New International Commentary on the New Testament. Grand Rapids: Eerdmans, 1977.

Fitzmyer, Joseph A. *The Acts of the Apostles*. Anchor Bible 31. New York: Doubleday, 1998.

Pelikan, Jaroslav. *Acts*. Brazos Theological Commentary. Grand Rapids: Brazos, 2005.

로마서

Barrett, C. K. *A Commentary on the Epistle to the Romans*. Harper's New Testament Commentaries. New York: Harper and Row, 1957.

Barth, Karl. *The Epistle to the Romans*. 6th ed. Oxford: Oxford University Press, 1968.

Byrne, Brendan. *Reckoning with Romans: A Contemporary Reading of Paul's Gospel*.

Wilmington, Del.: Michael Glazier, 1986.

Cranfield, C. E. B. *A Critical and Exegetical Commentary on the Epistle to the Romans*. International Critical Commentary. Edinburgh: T. & T. Clark, 1975.

Dunn, J. D. G. *Romans 1-8*. Word Biblical Commentary 38A. Dallas: Word, 1988.

———. *Romans 9-16. Word Biblical Commentary* 38B. Dallas: Word, 1988.

Grieb, A. Katherine. *The Story of Romans: A Narrative Defense of God's Righteousness*. Louisville: Westminster John Knox, 2002.

Käsemann, Ernst. *Commentary on Romans*. Grand Rapids: Eerdmans, 1980.

Minear, Paul. *The Obedience of Faith: The Purposes of Paul in the Epistle to the Romans*. Naperville, Ill.: Alec R. Allenson, 1971.

Smart, James D. *Doorway to a New Age*. Philadelphia: Westminster, 1972.

고린도전서

Barrett, C. K. *A Commentary on the First Epistle to the Corinthians*. Harper's New Testament Commentaries. New York: Harper and Row, 1967.

Fee, Gordon D. *The First Epistle to the Corinthians*. New International Commentary on the New Testament. Grand Rapids: Eerdmans, 1987.

Hays, Richard B. *First Corinthians*. Interpretation Series. Louisville: John Knox, 1997.

고린도후서

Furnish, Victor. *II Corinthians*. Anchor Bible 32A. Garden City, N.Y.: Doubleday, 1984.

Hays, Richard B. *A Commentary on the Second Epistle to the Corinthians*. Harper's New Testament Commentaries. New York: Harper and Row, 1973.

Hughes, Philip Edgcumbe. *Paul's Second Epistle to the Corinthians*. Grand Rapids: Eerdmans, 1962.

갈라디아서

Luther, Martin. *Commentary on the Epistle to the Galatians*. Wheaton, Ill.: Crossway, 1998; orig. 1535.

Martyn, J. Louis. *Galatians*. Anchor Bible 33A. New York: Doubleday, 1997.

에베소서

Barth, Markus. *Ephesians: Introduction, Translation, and Commentary on Chapters 1-3*. Anchor Bible 34. Garden City, N.Y.: Doubleday, 1974.

———. *Ephesians: Translation and Commentary on Chapters 4-6*. Anchor Bible 34A.

Garden City, N.Y.: Doubleday, 1974.

데살로니가전후서

Gaventa, Beverly Roberts. *First and Second Thessalonians*. Interpretation Series. Louisville: John Knox, 1998.

히브리서

Bruce, F. F. *The Epistle to the Hebrews*. 2nd ed. New International Commentary on the New Testament. Grand Rapids: Eerdmans, 1997.

Hughes, Philip Edgcumbe. *A Commentary on the Epistle to the Hebrews*. Grand Rapids: Eerdmans, 1977.

Westcott, B. F. *The Epistle to the Hebrews*. 1889. Reprint, Grand Rapids: Eerdmans, 1967.

야고보서

Stringfellow, William. *Count It All Joy: Reflections on Faith, Doubt, and Temptation*. Grand Rapids: Eerdmans, 1967.

요한1, 2, 3서

Bruce, F. F. *The Epistles of John: Introduction, Exposition, and Notes*. Grand Rapids: Eerdmans, 1970.

Marshall, I. Howard. *The Epistles of John*. New International Commentary on the New Testament. Grand Rapids: Eerdmans, 1978.

Smith, D. Moody. *First, Second, and Third John*. Interpretation Series. Louisville: John Knox, 1991.

베드로전후서

Harink, Douglas. *1 and 2 Peter*. Brazos Theological Commentary on the Bible. Grand Rapids: Brazos, 2009.

Selwyn, E. G. *The First Epistle of St. Peter*. London: Macmillan, 1964.

요한계시록

Caird, G. B. *A Commentary on the Revelation of St. John the Divine*. New York: Harper and Row, 1966.

Mangina, Joseph L. *Revelation*. Brazos Theological Commentary on the Bible. Grand Rapids: Brazos, 2010.

Minear, Paul. *I Saw a New Earth: An Introduction to the Visions of the Apocalypse.* Washington, D.C.: Corpus Publications, 1968.

Schüssler-Fiorenza, Elisabeth. *Revelation: Vision of a Just World.* Proclamation Commentaries. Minneapolis: Fortress, 1991.

Stringfellow, William. *An Ethic for Christians and Other Aliens in a Strange Land.* Waco: Word, 1973.

성구 및 기타 고대 문헌 색인

외경

집회서
  17:27-28 649

쿰란 텍스트

공동체 규칙
  1QS 11:11-12   *951*

유대 묵시 문헌

에녹1서
  90:38   *426*

요셉의 유언
  19:8   *426*

예수와 십자가 처형

예수 그리스도의 죽음에 대한 신학적 해석

Copyright © 새물결플러스 **2021**

1쇄 발행	2021년 3월 23일
2쇄 발행	2023년 4월 27일

지은이	플레밍 러틀리지
옮긴이	노동래 · 송일 · 오광만
펴낸이	김요한
펴낸곳	새물결플러스

편 집	왕희광 정인철 노재현 이형일 나유영 노동래
디자인	황진주 김은경
마케팅	박성민 이원혁
총 무	김명화 이성순
영 상	최정호 곽상원
아카데미	차상

홈페이지	www.holywaveplus.com
이메일	hwpbooks@hwpbooks.com
출판등록	2008년 8월 21일 제2008-24호
주 소	(우) 04118 서울시 마포구 마포대로19길 33
전 화	02) 2652-3161
팩 스	02) 2652-3191

ISBN 979-11-6129-195-6 93230

책값은 뒤표지에 있습니다.